本书系高等学校学科创新引智计划（111 计划）"数据法治学科创新引智基地"（项目批准号：B21039）课题成果之一。

算法是人工智能的基本组成部分，甚至逐步成为社会的基本组成部分，但法律机构在很大程度上未能意识到或应对这一现实。由美国、欧盟和亚洲的法律学者撰稿的《剑桥算法法律手册》(The Cambridge Handbook of the Law of Algorithms)，讨论了算法不仅对现行法律，而且对算法取代人类决策者后对社会本身的基础所带来的具体挑战。本书广泛覆盖了算法相关的法律，包括多章内容，分析了人类的偏见是如何悄悄进入算法决策的，如谁可以获得住房或信贷，犯罪被告人的刑期，以及许多其他影响受宪法保护的群体的决策。本书也涉及算法对言论自由法、知识产权法、商法以及人权法的影响等问题。

伍德罗·巴菲尔德（Woodrow Barfield）拥有工程学博士（PhD in engineering）、法律博士（JD）、法学硕士（LLM）学位。巴菲尔德博士是美国国家科学基金会总统青年研究者奖的获得者，也是《可穿戴计算机和增强现实的基础》(Fundamentals of Wearable Computers and Augmented Reality) 的主编，同时还是《人工智能法律研究手册》(Research Handbook on Law of Artificial Intelligence) 的联合主编。他目前是《虚拟现实杂志》(Virtual Reality Journal) 的副主编，《人工智能前沿》(Frontiers in Artificial Intelligence) 的审稿编辑，以及《德尔菲：新兴技术跨学科评论》(Delphi: Interdisciplinary Review of Emerging Technologies) 的编委会成员。

数据法译丛 总主编◎时建中

CAMBRIDGE

The Cambridge Handbook of The Law of Algorithms

主编◎[美] 伍德罗·巴菲尔德（Woodrow Barfield）
主译◎郝俊淇 童肖安图

剑桥算法法律手册

中国政法大学出版社

2024·北京

声　明　1. 版权所有，侵权必究。

　　　　2. 如有缺页、倒装问题，由出版社负责退换。

图书在版编目（CIP）数据

剑桥算法法律手册 /（美）伍德罗·巴菲尔德主编；郝俊淇，童肖安图主译. -- 北京：中国政法大学出版社，2024.10. -- ISBN 978-7-5764-1662-6

Ⅰ. D912.174

中国国家版本馆 CIP 数据核字第 2024JT4276 号

书　　名	剑桥算法法律手册 JIAN QIAO SUAN FA FA LÜ SHOU CE	
出 版 者	中国政法大学出版社	
地　　址	北京市海淀区西土城路 25 号	
邮　　箱	fadapress@163.com	
网　　址	http://www.cuplpress.com（网络实名：中国政法大学出版社）	
电　　话	010-58908435（第一编辑部）58908334（邮购部）	
承　　印	固安华明印业有限公司	
开　　本	787mm×1092mm　1/16	
印　　张	45.75	
字　　数	1113 千字	
版　　次	2024 年 10 月第 1 版	
印　　次	2024 年 10 月第 1 次印刷	
印　　数	1~3000 册	
定　　价	139.00 元	

This is a Simplified Chinese Translation of the following title published by Cambridge University Press:

The Cambridge Handbook of the Law of Algorithms
edited by Woodrow Barfield
ISBN: 9781108481960

© Cambridge University Press 2021

This Simplified Chinese Translation for the People's Republic of China (excluding Hong Kong, Macau and Taiwan) is published by arrangement with the Press Syndicate of the University of Cambridge, Cambridge, United Kingdom.

© China University of Political Science and Law Press 2024

This Simplified Chinese Translation is authorized for sale in the People's Republic of China (excluding Hong Kong, Macau and Taiwan) only. Unauthorised export of this Simplified Chinese Translation is a violation of the Copyright Act. No part of this publication may be reproduced or distributed by any means, or stored in a database or retrieval system, without the prior written permission of Cambridge University Press and China University of Political Science and Law Press.

Copies of this book sold without a Cambridge University Press sticker on the cover are unauthorized and illegal.

本书封面贴有 Cambridge University Press 防伪标签，无标签者不得销售。

版权登记号：图字 01-2024-3108 号

总 序

我国《数据安全法》第三条规定,"本法所称数据,是指任何以电子或者其他方式对信息的记录。"基于此,可以将数据分为电子数据与非电子数据或者传统数据。传统数据,即非电子数据,古已有之。然而,受制于载体形式、处理技术、处理方式等限制,非电子数据只能止于信息的载体,无法成为生产要素。电子数据,作为新型的信息载体,是现代信息通信技术的产物。数据之间蕴含的相关性,使之具有了成为新兴生产要素的可能性、必要性和可行性,亦是经济发展、社会治理和政府服务得以进一步数字化、网络化、智能化的基础。数据已经融入生产、分配、流通、消费和社会服务管理等各个环节,深刻改变着生产方式、生活方式和社会治理方式。

数据可以作为文字、声音、绘画、档案、影像胶片、设计图纸、实验记录、地理环境、行星轨迹以及人的样貌、行为、信用、健康状况、社会关系乃至情绪变化、思维状态等任何信息的载体。随着ICT技术的蓬勃发展,数据的数字化、结构化、海量化、高速化、实时化、智能化、要素化、价值化,使人类社会呈现出数据驱动、技术介导、软件定义、网络协同、平台支撑、人机交互、跨界融合、虚实同构、群智开放等新特征。

"数化万物、万物皆数"的数字社会之所以可能,乃至成为现实,这与人类社会"技术安装基础"的重大变革密不可分。几十年前,充当人类社会"技术安装基础"的关键要素是电力、电话、电脑、手机、PC互联网等技术。当下,大数据、人工智能、云计算、超级计算、区块链、物联网以及量子计算等数字技术日新月异,不仅重构了人类社会的"技术安装基础",而且拖拽着人类以不可逆转之态势在数字化时空中加速驰骋。"技术奇点"降临后,如果人类没有被其他异族智能体降维吞噬,或者技术悲观主义者所预言的那些反乌托邦式的社会场景没有实现,那么可以预见,在当下以及未来,人类将继续利用"数据驱动"及一系列数字技术来拓展自身的可能性边界,并且会愈加普遍地深嵌于这种以数据及数字技术为介导或引擎的社会,简称"数据及技术介导型社会"或"数据及技术驱动型社会"。

这样的社会有着人们并不陌生的特点:消费者贡献其身份数据、行为数据、关系数据等各类数据,进而在移动互联网(数字平台)、动态定价算法、搜索优化算法、智能语音助手等数字技术的介导下,高效便捷地获取出行、购物、支付、娱乐、旅游、内容等服务;企业将用户提供的数据、观察获取的数据、推断派生的数据以及抓取、共享、授权、交易所得数据,与大数据、云计算、区块链、人工智能等数字技术紧密结合在一起,再造业务流程体系、提升生产力和竞争力,催生出日益繁荣的数字商业生态,带动产业结构和经济体系转型升级；诸多国家（政府）不仅明确将数据定位为生产要素，制定促进数据开发利用、培育壮大数据要素市场的基础政策和制度，而且明确将发展人工智能、传感网、脑联网、量子计算、生物计算、基因编辑等尖端科技作为核心战略，使它们共同作用于数字经济、数字政府等数字社会（广义）的建设，乃至共同作用于军事力量和国防安全的建设。

显然，数据和数字技术之间存在着相辅相成、共生互促的关系。无论是人工智能、区块链还是云计算、物联网等数字技术，它们本质上都属于"数据饥渴型技术"。也就是说，这些技术作用的发挥，以及其对人类生产生活和社会治理的赋能，根本上须以数据作为核心投入要素和底层驱动力量。如果脱离了数据，无论数字技术多么先进和尖端，它都会陷入"无源之水、无本之木"的困境。同时也应当看到，数字技术在社会各系统中的广泛嵌入和融合运用，让数据的可用性达到前所未有的规模，使数据的存储成本大幅下降，让数据整理、挖掘、分析、应用的能力今非昔比。质言之，数字社会的建设过程，也是社会数据化、社会数字化的泛化和深化过程。

但是，在期待"数据驱动"及数字技术进一步拓展人类可能性边界、造福人类生产生活和社会治理的同时，也应当清醒地意识到，利益之所在、风险之所在，它们在传播正能量的时候，也可能在释放负能量，因而可能会给传统的社会治理制度特别是法律制度带来挑战。一些基础性的法律问题包括但不限于：

1. 数字技术的部署越广、嵌入越深、效益越高，其对数据的"饥渴"程度就越强，对数据高效流通（开发利用）的需求也就越迫切，但当前用于促进和保障数据流通的相关制度安排，如数据访问制度、数据共享制度、数据开放制度、数据产权和交易制度等，是否足够健全完善以满足这种需求？

2. 数据流通的需求应当与数据权益特别是个人信息权益保护的需求相平衡，因为技术对数据越"饥渴"，其在收集、存储、使用、加工、传输、提供、公开数据过程中，侵犯个人信息和隐私信息的风险就越高，这促使我们不得不反思，以知情同意原则为基础所构造的个人信息保护制度是否存在重大局限？诸如匿名化、假名化、合成数据、机密计算、联邦学习、同态加密等隐私增强技术在克服上述难题中又能发挥多大作用？

3. "数据驱动"及数字技术可能会将效益（效率）的价值渐次放大，甚至将其推向极端，传统上以公平、安全、秩序、自由、人本等价值为基石的法律，如何平衡其与上述效益（效率）价值之间的冲突，在"数据驱动"过程以及数字技术系统中导入传统法律价值又具有多大程度的可能性？

4. 将"数据驱动"及数字技术应用于解决所有社会问题的诱惑似乎越来越大，但这种"数据万能主义"或"技术解决主义"如何与传统上作为社会制度基础设施的"法律"相协调，它们又是否会在解决小问题的过程中带来诸如隐私侵犯、泄密、僵化、偏见、歧视等更多更大的问题，乃至导致社会中的部分弱势群体不得不长期生存于制度的裂缝之中？

5. "数据驱动"及数字技术往往依赖于统计方法来挖掘数据中的特征、模式和规律，然而当采取这种统计视角来看待公平正义时，如果底层数据集存在代表性不足、代表性过度或者代表性错误等问题，那么这是否意味着它们仅仅是在武断剪裁公平正义的概念，同时仅仅是在肆意创建无限不公正的世界画像？

6. 随着"数据驱动"范式的扩张，以及数字技术所主导系统的自主性程度越来越高，甚至单独决定人们的交易价格、信贷额度、住房申请、医疗方案、行政裁决、假释条件、再犯风险等，法律应在多大程度上保障人类对它们的干预和导正，即是否应要求人类必须参与回路（human in the loop, HITL），还是应要求人类监控回路（human on the loop, HOTL），抑或应要求人类指挥回路（human in command the loop, HICL）？

7. 干预和导正"数据驱动"过程及智能系统的前提，是人类能够检查其运作机理，如对算法的源代码、底层数据集进行测试或审计，然而由于它们经常受到商业秘密、国家机密或保密协议的保护而免于披露，因此是否应当重新优化相关制度安排，以平衡秘密（机密）保护与源代码、数据集透明度之间的关系，同时更好地实现源代码、数据集专有性与可问责性之间的协调？

8. 此外，"数据驱动"及数字技术所引发的具体法律问题还有很多，包括数据类型划分、数据权利配置、数据收益分配、数据（数字）人权保障、数据（数字）鸿沟消解、数据跨境流动规范以及大数据杀熟、算法共谋、算法操纵、算法可专利性、人工智能的法律人格地位、人工智能致害的侵权责任、人工智能生成作品的著作权等相关法律问题。

就目前我国以及一些发达国家和地区的情况看，科学、技术、市场都已初步就位，但是，法律制度及相应的实施机制在很大程度上却未跟上步伐。毫无疑问，"数据驱动"范式的日益推广和人类社会"技术安装基础"的重大变革，迫切需要社会系统中的"知识基础设施""机构基础设施""制度基础设施"及时转型，做出有针对性的调适，否则，我们就难以充分把握并有效应对"数据驱动"及数字技术带来的机遇和挑战。中国政法大学积极致力于融入这一进程并做出贡献：2016年，学校将数据大规模开发利用以及数字技术引发的法律问题研究确定为科研战略，产生了一大批科研成果、科研项目；2019年，学校将"数据法学"作为新兴交叉学科进行培育建设；2020年，学校设置"数据法学"为法学目录外二级学科，获教育部备案；2021年3月，引入了16位国际专家的"数据法治学科创新引智基地（111计划）"获教育部、科技部批准；2021年5月，学校与中国司法大数据研究院签署协议共建"智慧法治联合实验室"；2021年6月，为高质量建设数据法学学科，学校批准成立"数据法治研究院"；2021年11月，"中国政法大学数据法治实验室"入选首批教育部哲学社会科学实验室，成为支撑数据法学研究、数据法治建设、引领法学创新的重要机制和重要平台；2023年2月，最高人民检察院数字检察研究基地落户中国政法大学，成为创新和发展"数字检察"相关理论的重要阵地；2024年6月，北京市教育委员会批准"数字时代首都新兴领域法治创新中心"立项建设。

依托于教育部哲学社会科学实验室——中国政法大学数据法治实验室、中国政法大学数据法治研究院、数据法治学科创新引智基地（111计划）等的支持，我们发起了"数据法译丛"项目，旨在精选域外数据法学领域的优秀作品，通过知识引进来助力我国数字化进程中"知识基础设施"的建设，以期推动数字中国的战略部署、建设实践与数据法学的知识体系、学科体系、学术体系、话语体系的构建，同频共振、相得益彰。当然，翻译作品和引进知识本身不是目的，而是希望立足中国、放眼世界，通过对域外相关理论、制度、经验的比较、反思和借鉴，为我国数据法学理论的高质量发展和数据立法、司法、执法、守法等数据法治的高质量建设，提供更充分更有益的养分。在此，我们期待并欢迎更多有志之士，特别是热爱数据法学、关心数据法治的青年才俊，加入到"数据法译丛"项目。

在数智化时代，数据和数智技术既是挑战法治的新对象，也是赋能法治的新工具，法学研究应该从容地直面现实、观照中国、拥抱未来。让我们以繁荣发展数据法学的学术方式和贡献，助力高水平的数据法治与高质量的数字中国有机结合、良性互动！

时建中
中国政法大学副校长、教授
中国政法大学数据法治研究院院长
教育部哲学社会科学实验室——中国政法大学数据法治实验室主任
2024 年 10 月 24 日

译者序

算法是现代信息和通信技术的核心构件，其在开发设计和部署利用中产生的各类问题，受到域内外理论和实务界的广泛关注。自2022年以来，大型基础模型、生成式人工智能等AI技术和应用的突破式发展，让"算法"一跃成为足以标榜时代的热词。一个人要是没听说过算法、不懂一点算法的常识，似乎就有被"算法时代"抛弃的风险。简单来说，算法是解决特定问题或完成给定任务的清晰、有限的步骤或指令。然而，在算法控制的智能系统越发普遍的社会情势下，当我们谈论算法时，也许不仅仅是在谈论算法这一类技术，而是在谈论庞大的技术族群或复杂的技术有机体。如果把算法比作人类的大脑，它本身虽然称得上足智多谋，但如果没有作为信息记忆和过滤的数据存储和处理技术的支撑，没有作为血液和氧气的计算技术和算力资源的辅助，没有作为神经系统和肌肉的传感器和执行器技术的加持，那么算法"才智"的全面发挥就会受到限制。事实上，在人工智能时代，对算法歧视、算法黑箱、算法操纵、算法共谋、算法言论、算法自动化决策等算法法律问题的探讨，必然涉及对一系列与算法互补的技术的关注。因此，所谓算法法律问题，在很多情况下也涵盖了数据法律问题、计算法律问题、物联网法律问题、传感器法律问题、互操作法律问题，等等。

《剑桥算法法律手册》由伍德罗·巴菲尔德（Woodrow Barfield）教授主编，来自美国、欧盟等多个国家和地区的学者共同撰写。本书着眼于算法广泛"嵌入"当今社会的现实及其所带来的一系列法律挑战，就算法法律体系的改进、变革、开发和构建展开了全面深入、鞭辟入里的分析探讨。毋庸讳言，《剑桥算法法律手册》是一部紧跟时代潮流、把握发展脉搏、回应社会关切的力作。概括来看，本书具有以下亮点：

一是宏观和微观兼备，内容体系全面。算法技术的进步和广泛应用，深刻改变人类生产生活和社会治理方式，带来前所未有的引擎动力和赋能利益，同时也导致技术运用风险迅速扩散和急剧增生。《剑桥算法法律手册》深刻洞察算法的技术特性及其给传统法律制度带来的挑战和机遇，一方面从整体层面呼吁加大"算法法律"（law of algorithms）的开发构建力度，其宏大所指包括"算法法律"的背景依赖、概念内涵、理念追求、核心制度等；另一方面从局部层面阐发"算法法律"的具体实现路径，其微观探求涵盖算法与合同法、侵权法、知识产权法、数据法、竞争法、网络法、科技法、行政法、刑法、国际法、人权法、言论自由法、宪法等诸部门法中的算法法律问题。

二是问题意识鲜明，理论构建有力。"算法法律"的理论和制度构建绝非空穴来风、无病呻吟，其导源于一系列基础性算法法律问题——这些问题在根本上导源于"旧的"法律理论、制度与"新的"算法社会现实、情事的冲突或不一致。《剑桥算法法律手册》深刻把握旧理论、旧制度与新现实、新情事之间的张力，针对算法与可问责性、算法与透明度、算法与协议及代理、算法与隐私、算法与歧视、算法与损害、算法与共谋、算法与精神操控、算法与金融信用、算法与社会信用、算法与商业秘密、算法与社会区隔、算法与公共管理、算法与行政决策、算法与刑事裁决、算法与知识产权、算法与人权、算法与言论自由、算法与思想自由等法律现象，有意识地对它们进行问题化的理论处理和构建，以夯实"算法法律"的理论基础，拓展"算法法律"的研究视域，助力"算法法律"的制度建设。

三是追踪技术前沿，绘制"未来算法法律"。算法是对解决问题方案的准确而完整的描述，它是一系列解决问题的清晰指令，这些指令能够指导人们或者计算机按照特定的步骤去解决问题，从而得到所期望的输出结果。尽管上述关于算法的定义是简洁明了的，但作为技术（数字技术）的算法并非亘古不变。从数学算法、计算机算法到人工智能算法，算法技术更迭无止境，"算法法律"发展无止境。当下以及未来，算法最显著的特征莫过于它是人工智能的核心要素乃至"根本要素"。《剑桥算法法律手册》紧跟算法特别是人工智能算法技术的演进趋势，聚焦一系列人工智能算法技术的前沿应用场景，针对可信赖的人工智能、合乎伦理道德的人工智能、法律世界的算法化、具备计算机意识的立法、蕴含环境智能技术的"自驱式法律"、基于算法嵌入的人类和机器人交互、商用脑机接口等有关"未来算法法律"问题展开了富有启示的前瞻性探讨。

《剑桥算法法律手册》的主译者为中国社会科学院法学研究所郝俊淇助理研究员和华南理工大学法学院童肖安图助理研究员。郝俊淇助理研究员负责本书贡献者、前言、序、致谢、缩写词、索引和第1、3、5、7、9、11、13、15、17、19、21、23、25、27、29、31、33、35章的翻译。童肖安图助理研究员负责本书第2、4、6、8、10、12、14、16、18、20、22、24、26、28、30、32、34章的翻译。中国政法大学数据法治研究院博士研究生刘思洁、中国政法大学民商经济法学院博士研究生李奇修、中国人民大学法学院博士研究生谭逍遥、中国人民大学法学院博士研究生赵栩、中国法学会法治研究所研究实习员陈宇航、中共中央党校（国家行政学院）博士研究生李晨、南京大学商学院博士研究生程果，协助郝俊淇助理研究员对相关章节作了初步翻译，在此一并致谢。感谢中国政法大学出版社艾文婷、李美琦等诸位编辑老师的辛勤劳动和细致编审，她们的工作使本书增色不少。当然，还必须感谢教育部哲学社会科学实验室——中国政法大学数据法治实验室、中国政法大学数据法治研究院对本书出版的慷慨资助，特别感谢中国政法大学副校长、数据法治实验室主任、数据法治研究院院长时建中教授，以及中国政法大学外国语学院苏桂梅教授、中国政法大学数据法治实验室和数据法治研究院诸位老师对本书翻译的指导和帮助。作为学识有限、资历尚浅的年轻学者，有缘参与"数据法译丛"项目并承担本书翻译工作，是我们求学路上莫大的幸运和荣幸！

可以预见，随着算法特别是人工智能算法日益广泛且深入地融入并影响我们的生产生活和社会治理，无论是作为一项理论或理念，还是作为一种制度或实践，"算法法律"的重要性只会与日俱增。用《剑桥算法法律手册》主编伍德罗·巴菲尔德教授的话来说，本书提出的一个根本性的重要问题是："随着越来越多的人工智能和算法技术融入社会，我们到底想要创造一个怎样的社会，以及法律在创造一个公正和平等的技术先进社会方面应该发挥什么作用？"当下，我国数字经济、数字政府、数字社会的建设方兴未艾，我们希望本书的出版能为法治轨道上"数字中国"的构建，提供更清晰的坐标方位、更彻底的问题意识、更有益的理论和制度借鉴。虽然译者的态度是比较诚恳的，但由于才疏学浅、能力局限，译文中的错误纰漏、逻辑矛盾、符号伤疤恐怕在所难免。敬请各位读者多加包涵、不吝指正，我们不胜感谢！

郝俊淇　童肖安图

2024年8月4日

本书贡献者

瑞恩·艾伯特（Ryan Abbott），拥有医学博士（MD）、法律博士（JD）、传统东方医学硕士（MTOM）和学术研究型博士（PhD）学位，是英国萨里大学法学院法律与医学教授，美国加州大学洛杉矶分校戴维·格芬医学院的兼职助理教授。他专注于研究法律和技术、健康法和知识产权。他的最新著作《理性机器人：人工智能与法律》(The Reasonable Robot: Artificial Intelligence and the Law) 于 2020 年由剑桥大学出版社出版。

大卫·雷斯特雷波·阿马里斯（David Restrepo Amariles），是巴黎高等商学院数据法与人工智能专业的副教授，DATA IA 研究所智能法律研究方向的主任。他作为网络司法实验室（蒙特利尔大学和麦吉尔大学合作）的副研究员，领导该实验室的"智能合约与监管技术"（ACT 项目）研究小组。他是佩雷尔曼中心的研究员、数字企业家，以及 Privatech.app 的联合创始人。

史蒂文·阿佩尔（Steven M. Appel），是沃顿社会影响倡议项目的成员，宾夕法尼亚大学法学院生物伦理学的法律博士与硕士（JD/Masters）候选人，并拥有可持续工商管理硕士学位（MBA）。他曾参与建立致力于民族、种族和宗教理解的非营利组织，曾竞选纽约市公职，并对创新、可持续发展以及伦理的交叉问题有广泛的关注。

亚菲特·列弗-阿雷茨（Yafit Lev-Aretz），是美国纽约城市大学巴鲁克学院齐克林商学院法学助理教授。她的研究和写作重点是算法决策、新闻传播的侵入性手段、大数据时代的选择架构，以及机器学习和人工智能系统带来的伦理挑战。列弗-阿雷茨教授的学术成果已发表在权威的法律评论杂志上，如《哈佛法律与技术期刊》(Harvard Journal for Law and Technology)、《耶鲁法律与技术杂志》(Yale Journal of Law and Technology) 和《耶鲁监管杂志》(Yale Journal on Regulation)。

杰西卡·巴菲尔德（Jessica K. Barfield），拥有文学硕士（MA）与理学硕士（MS）学位，曾担任杜克大学研究助理，对算法驱动系统、基于语音的数字助手，以及人类-计算机和人类-机器人交互等数字技术的设计和使用感兴趣。她负责为《虚拟现实杂志》(Virtual Reality Journal) 审稿，并为 Springer 出版社审阅过图书提案。

伍德罗·巴菲尔德（Woodrow Barfield），拥有工程学博士、法律博士（JD）、法学硕士（LLM）学位，曾担任工程学教授，并领导一个研究实验室，专注于虚拟和增强现实显示器的设计和应用。他是斯坦福大学互联网与社会中心的外部研究员，目前是《虚拟现实杂志》（Virtual Reality Journal）的副主编，著有《网络人类：我们与机器的未来》（Cyber Humans: Our Future with Machines），担任《虚拟和增强现实法律研究手册》（Research Handbook on the Law of Virtual and Augmented Reality）和《人工智能法律研究手册》（Research Handbook on the Law of Artificial Intelligence）的联合主编，同时担任第一版和第二版《可穿戴计算机和增强现实的基础》（Fundamentals of Wearable Computers and Augmented Reality）的主编，并与乌戈·帕加罗（Ugo Pagallo）合著《法律和人工智能高级入门》（Advanced Introduction to Law and Artificial Intelligence）教科书。

肖恩·拜恩（Shawn Bayern），是佛罗里达州立大学法学院拉里和乔伊斯·贝尔茨教授及学术事务副院长。在从事法律职业之前，他从事计算机研究，专注于计算机安全和编程语言规范的研究。

斯图尔特·米纳·本杰明（Stuart Minor Benjamin），是杜克大学法学院道格拉斯·B·马格斯法学教授兼创新政策中心联席主任。他专长于电信法、美国宪法第一修正案和行政法研究。他是《互联网和电信监管》（Internet and Telecommunication Regulation）（2019）和《电信法律与政策》（多版）(Telecommunications Law and Policy) 的合著者，并撰写了大量法律评论文章，曾以法律专家的身份就多个主题在众议院和参议院委员会面前作证。

莱里亚·贝内特·摩西（Lyria Bennett Moses），拥有理学荣誉学士（BSc，Hons）、法学学士（LLB）、法学硕士（LLM）、法学博士（JSD）学位，是艾伦斯技术、法律和创新中心的主任，也是悉尼新南威尔士大学法学院的教授。莱里亚的研究兴趣集中在技术与法律的关系问题上，包括随着技术发展产生的各类法律问题、澳大利亚及其他司法管辖区如何解决这些问题，以及将"技术"作为监管对象所面临的问题。莱里亚是《技术、监管与法律》（Technology and Regulation, Law）、《技术与人类》（Technology and Humans）、《情境中的法律》（Law in Context）编委会成员，并且是电气电子工程师学会（IEEE）技术社会影响学会澳大利亚分会成员。

马克·乔纳森·布利茨（Marc Jonathan Blitz），拥有学术研究型博士（PhD）和法律博士（JD）学位，现任俄克拉荷马城市大学法学院艾伦·约瑟夫·贝内特法学教授。他的学术研究重点是宪法对思想自由和言论自由的保护。他撰写了有关隐私和国家安全法的学术著作，尤其关注新兴技术领域的法律问题，包括公共视频监控、生物特征识别方法、虚拟现实和图书馆互联网系统等。

珍妮·鲍伊（Janina Boughey），拥有学术研究型博士（PhD）、法学硕士（LLM）、经济学学士（社会科学，荣誉一级）(BEc, soc. sci., Hons I) 和法学学士（荣誉一级）(LLB, Hons I) 学位，是新南威尔士大学法学院的高级讲师，从事行政法方面的教学和研究。她是

· 9 ·

《澳大利亚和加拿大的人权：最新专制主义？》（Human Rights in Australia and Canada: The Newest Despotism?）的作者，《政府责任：原则和补救措施》（Government Liability: Principles and Remedies）和《公法和法规解释：原则和实践》（Public Law and Statutory Interpretation: Principles and Practice）的合著者，《澳大利亚人权的法律保护》（The Legal Protection of Human Rights in Australia）的联合主编。此外，她还是《澳大利亚行政法杂志》（Australian Journal of Administrative Law）的评论编辑，以及吉尔伯特与托宾公共法中心行政正义与法规项目的主任。

安德鲁·钦（Andrew Chin），是北卡罗来纳大学保罗·B·伊顿杰出法学教授，同时兼任图书馆与信息科学副教授。他拥有牛津大学学术研究型博士（D. Phil.）学位和耶鲁大学法学院法律博士（JD）学位。

卡里·科格里尼斯（Cary Coglianese），是宾夕法尼亚大学法学院爱德华·B·希尔斯法学与政治科学教授，也是宾夕法尼亚大学监管项目主任。他的研究专长是行政法和监管问题，特别注重替代程序和策略的实证评估，以及公众参与、技术和企业-政府关系在监管政策制定和行政决策中的作用。

卡文·康纳利（Ciabhan Connelly），是一位对政治学和数据科学应用于政治特别感兴趣的研究员，尤其关注运用算法以实现社会公益。他在印第安纳大学完成了本科学位，目前是佐治亚理工学院以人类为中心的计算机项目的学术研究型博士生（PhD Student）。

丽莎·伯顿·克劳福德（Lisa Burton Crawford），拥有学术研究型博士（PhD）、民法学士（BCL）、文学学士和法学学士（荣誉一级）（BA/LLB, Hons I）学位。她是新南威尔士大学法学院高级讲师，主要从事公法领域的教学和研究，对宪法、行政法和法律理论的交叉研究特别感兴趣。丽莎是《法治与澳大利亚宪法》（The Rule of Law and the Australian Constitution）的作者，《公法和法规解释：原则与实践》（Public Law and Statutory Interpretation: Principles and Practice）的合著者，同时还是《民主宪法下的法律：纪念杰弗里·戈兹沃西的论文集》（Law under a Democratic Constitution: Essays in Honour of Jeffrey Goldsworthy）的联合主编。她是吉尔伯特与托宾公共法中心的副主任，也是该中心法规项目的主任。

马里亚诺-弗洛伦蒂诺·库埃拉（Mariano-Florentino Cuéllar），拥有法律博士（JD）和学术研究型博士（PhD）学位，现任加利福尼亚州最高法院法官。他曾任斯坦福大学赫曼·费莱格访问教授和前斯坦利·莫里森法学教授，同时兼任政治学教授（名誉），以及斯坦福大学弗里曼·斯波格利国际研究所所长，哈佛公司（哈佛学院院长与院士）的成员，以及惠普基金会和美国法律研究所的董事会成员。此外，他还是行为科学高级研究中心、AI Now 和斯坦福种子计划董事会的主席。库埃拉法官是一位研究公法和公共机构的学者，其著作和文章探讨了行政法和立法、网络法和人工智能、刑事司法、公共卫生、移民、国际法和安全以及公共机构历史等方面的问题。

卡尼·查加尔·费弗科恩（Karni Chagal-Feferkorn），拥有海法大学法学院的学术研究型博士（PhD）学位，在尼瓦·埃尔金·科伦（Niva-Elkin-Koren）教授的指导下撰写了有关算法和侵权法的文章。卡尼是一名获得纽约州、加利福尼亚州和以色列律师资格的律师，并拥有斯坦福大学法学院的法学硕士（LLM）学位。她还是Lexidale咨询公司的创始合伙人，该公司专注于法律与监管方面的比较研究。

阿维夫·高恩（Aviv Gaon）博士是奥斯古德霍尔法学院知识产权与技术中心的成员，多伦多大学蒙克全球事务与公共政策学院的研究员，以及IDC赫兹利亚大学哈利·拉德兹纳法学院体验项目学术主任。高恩博士专注于知识产权、法律与技术以及竞争法等领域的研究。

马纳斯温·戈斯瓦米（Manasvin Goswami），毕业于多伦多大学法学院，曾在加拿大最高法院担任书记员。他的学术兴趣包括言论自由问题，特别是涉及技术和算法的问题。

何之行（Chih-hsing Ho），拥有学术研究型博士（PhD）、法律科学硕士（JSM）和法学硕士（LLM）学位，现任欧美研究方向助理研究员/助理教授，并兼任信息技术创新研究中心研究员。她的研究主要关注法律与医学的交叉领域，尤其关注基因组学以及生物样本库、大数据和人工智能等新兴技术的治理问题。她的作品发表在《自然·遗传学》（Nature Genetics）、《BMC医学伦理》（BMC Medical Ethics）、《遗传学前沿》（Frontiers in Genetics）、《国际医疗法》（Medical Law International）、《亚洲生物伦理评论》（Asian Bioethics Review）以及《法律、信息与科学杂志》（Journal of Law, Information and Science）等权威期刊上。自2016年起，她一直担任《科学与遗传学—前沿》（Science and Genetics-Frontiers）杂志ELSI编辑部的审稿编辑。

帕特里克·霍奇（Patrick S. Hodge），即霍奇勋爵（Lord Hodge），自2013年起担任英国最高法院法官，此前他曾任苏格兰商事法院的高级法官，曾在英国和中国讲授金融科技与法律方面的课程。

阿吉罗·卡拉纳西乌（Argyro P. Karanasiou）博士是英国伦敦格林威治大学法学副教授和新兴技术与科学实验室的主任。她还访问过耶鲁大学法学院（ISP研究员）、纽约大学法学院（ILI校友）、哈佛大学法学院（CopyX附属教职人员）、马德里康普顿斯大学（ITC）。她的专业领域是数据保护和自动化决策，曾多次受邀为平等与人权委员会、查塔姆研究所、美国空军、皇家学会、欧安组织、欧洲委员会和电子前沿基金会提供专家见解。

玛戈特·卡明斯基（Margot E. Kaminski），是科罗拉多大学法学院的副教授，也是Silicon flatiron公司隐私倡议项目的主任。她专注于新技术法律领域的研究，近期特别关注自主性系统。她的学术作品发表在《加州大学洛杉矶分校法律评论》（UCLA Law Review）、《明尼苏达法律评论》（Minnesota Law Review）和《南加利福尼亚法律评论》（Southern California Law Review）等刊物上，并经常为大众媒体撰稿。

柯蒂斯·卡诺（Curtis Karnow），是旧金山县加州高等法院的法官，著有《法院如何运作》（*How the Courts Work*）、《诉讼实务》（*Litigation in Practice*）、《未来法则：计算机技术与法律前沿论文》（*Future Codes: Essays in Advanced Computer Technology and the Law*），同时还是《机器人法》（*Robot Law*）的合著者之一，并与他人共同撰写了加利福尼亚州民事法律实务领域的权威指南《审判前的民事程序》（*Civil Procedure before Trial*）。他的论文涉及法律程序、计算机法、人工智能和伦理学等主题；卡诺法官曾在耶鲁大学、斯坦福大学、旧金山大学、纽约大学和黑斯廷斯大学法学院讲授法律课程。

索尼娅·凯蒂尔（Sonia Katyal），是加州大学伯克利分校负责学院研究与发展的联席副院长和哈斯杰出法学教授，同时也是伯克利法律与技术中心的联席主任。她的研究重点是技术、知识产权和公民权利（包括反歧视、隐私和言论自由）的交叉领域，特别关注商标、商业秘密、人工智能和信息获取权等问题。她与爱德华多·佩纳尔弗（Eduardo Penalver）合著了《财产法外之徒》（*Property Outlaws*），并在《康奈尔法律评论》（*Cornell Law Review*）上发表了《源代码保密悖论》（*The Paradox of Source Code Secrecy*）；在《加利福尼亚法律评论》（*California Law Review*）上发表了《技术遗产》（*Technoheritage*）；在《芝加哥大学法律评论》（*University of Chicago Law Review*）上发表了《性的物权法定原则》（*The Numerus Clausus of Sex*）；在《伯克利法律与技术期刊》（*Berkeley Journal of Law and Technology*）上与莉娅·陈·格林瓦尔德（Leah Chan Grinvald）共同发表了《平台法与品牌企业》（*Platform Law and the Brand Enterprise*）。此外，她还担任了美国商务部首届数字经济顾问委员会委员，斯坦福大学法学院互联网与社会中心附属学者，以及加州大学伯克利分校媒体研究咨询委员会和CITRIS政策实验室咨询委员会委员。

罗南·肯尼迪（Rónán Kennedy），是爱尔兰国立大学高威分校法学院的成员。他从事环境法、信息技术法及其交叉领域的教学和研究工作。他毕业于爱尔兰国立大学高威分校、国王律师学院、纽约大学和伦敦大学学院。他拥有信息技术和信息系统知识背景，于2000年至2004年担任爱尔兰首席大法官罗南·凯尔（Ronan Keane）先生的执行法律官员，并于2016年至2019年期间担任环境保护局咨询委员会成员。

凯尔·朗瓦特（Kyle Langvardt），是内布拉斯加大学法学院法学助理教授，也是内布拉斯加大学内布拉斯加治理和技术中心的教研员。他从事宪法、技术和监管方面的教学和写作工作，毕业于厄勒姆学院和芝加哥大学法学院。

尼古拉·莱蒂耶里（Nicola Lettieri），拥有学术研究型博士（PhD）学位，是国家公共政策分析研究所（罗马）的研究员，也是桑尼奥大学（贝内文托）法律信息学和计算社会科学的副教授。现任《人工智能法律与技术前沿》（*Frontiers in Artificial Intelligence Law and Technology*）副主编、《未来互联网》（*Future Internet*）编委会成员、《法律、科学与技术》（*Law, Science and Technology*）国际丛书联合主编。他的研究重点在于法律、复杂性理论、认知科学和计算社会科学之间的交叉点。他致力于从这些交叉点入手，为社会法律现象提供更实证的理解，以及提供新的工具来加强社会生活的法律监管。

阿诺·索尔德（Arno R. Lodder），是阿姆斯特丹自由大学互联网治理与监管领域的教授，也是SOLV律师事务所的顾问。在他的研究和演讲中，他专注于法律和互联网相关的话题，如责任、合同、安全、隐私、言论自由、网络犯罪以及与算法、大数据、社交媒体、网络战争、物联网、智能设备和应用程序相关的现象。

萨拉·洛根（Sarah Logan），拥有学术研究型博士（PhD）学位，是澳大利亚国立大学国际关系方向的讲师，此前曾在新南威尔士大学法学院数据决策合作研究中心担任研究员。她的研究兴趣集中在技术与国际政治的交叉领域，特别是国家安全实践。她即将出版个人专著《抱紧你的朋友：反击英国和美国的激进化》（Hold Your Friends Close: Countering Radicalisation in Britain and America）。

罗纳德·路易（Ronald P. Loui），自1993年以来一直为人工智能与法律领域做出贡献，他曾在哈佛大学、罗切斯特大学、斯坦福大学、圣路易斯华盛顿大学、伊利诺伊大学任教或进行研究，目前在凯斯西储大学任教。在与国家安全局的一名分析师和美国国务院的一名官员合作后，他领导了关于网络战争和计算机监控的研究生研讨会。他是CivicFeed（现PeakMetrics）的联合创始人，该公司为有关倡议、政治竞选和国防等领域的人工智能项目提供媒体监测数据。

罗伯特·麦考恩（Robert J. MacCoun），是斯坦福大学法学院詹姆斯和帕特里夏·科瓦尔法学教授、斯坦福大学心理学系兼职教授，以及弗里曼·斯波格利研究所高级研究员。2019年，麦考恩因"在应用心理学研究领域的杰出终身贡献"获得了美国心理科学协会詹姆斯·麦基恩·卡特尔研究员奖，并自2018年起担任《法律和社会科学年度评论》（Annual Review of Law and Social Science）的编辑。

萨利尔·梅赫拉（Salil K. Mehra），是宾夕法尼亚州费城天普大学詹姆斯·E·比斯利法学院查尔斯·克莱因法律与政府学教授，主要从事反垄断法、市场和技术方面的教学和写作。

杰德热·尼克拉斯（Jedrzej Niklas），拥有学术研究型博士（PhD）学位，目前是卡迪夫大学数据正义实验室的博士后研究员。他曾在伦敦经济学院和利兹大学工作。他的研究重点是法律、新技术和政治理论之间的关系。杰德热也是伦敦经济学院媒体与传播系以及欧洲维滕贝格大学互联网与人权中心的访问学者。

罗宾·纳恩（Robin Nunn），担任律师事务所Dechert LLP消费者金融服务业务部的主席。纳恩女士帮助客户应对一系列产品和服务的传统法律、道德和政策风险，以及与新通信技术、区块链、人工智能和大数据相关的新问题。

尼赞·格斯列维奇·帕金（Nizan Geslevich Packin），是纽约城市大学齐克林商学院法学副教授，也是印第安纳大学互联网和网络安全治理项目的附属教师。她撰写了多篇文章、书籍章节和专栏文章，并发表于不同媒体，包括《华尔街日报》（*Wall Street Journal*）、《福布斯》（*Forbes*）、《美国银行家》（*American Banker*）、《哈佛法学院公司治理论坛》（*Harvard Law School Corporate Governance Forum*）、《牛津商法博客》（*Oxford Business Law Blog*）、《华盛顿大学法律评论》（*Washington University Law Review*）、《印第安纳法律杂志》（*Indiana Law Journal*）、《犹他法律评论》（*Utah Law Review*）、《休斯顿法律评论》（*Houston Law Review*）、《威廉与玛丽法律评论》（*William and Mary Law Review*）、《哥伦比亚商业法律评论》（*Columbia Business Law Review*）以及美国律师协会的出版物。

斯蒂芬妮·奎克（Stephanie A. Quick），是一位在知识产权法、商业诉讼以及行政法和监管事务方面拥有丰富经验的律师。她经常撰写有关法律和技术问题的文章，目前在华盛顿特区执业。

安珍妮特·雷蒙德（Anjanette Raymond），是奥斯特罗姆研讨会数据管理和信息治理项目主任、印第安纳大学凯利商学院商法与伦理系的副教授、莫雷尔法学院（印第安纳州）兼职法学副教授。她目前正在伦敦大学玛丽皇后学院商法研究中心攻读学术研究型博士（PhD）学位，专攻算法在司法环境中的应用。

安德里亚·伦达（Andrea Renda），是比利时布鲁日欧洲学院数字创新方向的教授，也是布鲁塞尔欧洲政策研究中心全球治理、监管、创新和数字经济部门的高级研究员兼负责人。他是欧盟人工智能高级别专家组成员、意大利经济发展部人工智能工作组成员、世界艺术与科学学院院士。

安德里亚·罗斯（Andrea Roth），是加州大学伯克利分校法学院法学教授，教授刑法、刑事诉讼法、证据和法医证据。她是伯克利法律与技术中心的联席主任之一，被任命为国家标准与技术研究所下属科学领域组织委员会法律资源委员会的成员，并在全国各地就刑事审判中的法医学和人工智能相关问题举办讲座。

达格·维塞·沙图姆（Dag Wiese Schartum），拥有法学博士（Doctor of Law）学位，是挪威奥斯陆大学计算机与法律研究中心教授兼主任。沙图姆的研究主要集中在法律决策自动化和数据保护方面。他出版了许多著作和文章。

劳伦·亨利·肖尔茨（Lauren Henry Scholz），是佛罗里达州立大学法学院的助理教授，也是耶鲁大学法学院信息社会项目的附属学者，毕业于哈佛大学法学院和耶鲁学院（耶鲁大学本科部）。

克里斯托弗·斯洛博金（Christopher Slobogin），是范德比尔特大学米尔顿·安德伍德法学教授，撰写了大量有关刑事司法问题的著作，包括哈佛大学、牛津大学和芝加哥大学出版社出版的著作以及100多篇文章。根据《莱特尔报告》（*Leiter Report*），他是过去五年美国被引用次数最多的五位刑法和刑事诉讼法教授之一。根据HeinOnline的数据，从2005

年到 2015 年，他更是跻身被引用次数最多的前五十位法学教授之列。他曾在加州大学黑斯廷斯法学院、斯坦福大学法学院、弗吉尼亚大学法学院和南加州大学法学院担任客座教授，还曾是乌克兰基辅的富布赖特学者。

西玛·塔内卡·蒂拉克（Seema Ghatnekar Tilak），是一位专门从事媒体法和娱乐法的知识产权律师。她曾代表名人和公众人物提起多起媒体纠纷诉讼，目前是加利福尼亚州洛杉矶的律师事务所 Create LLP 的创始合伙人，执业重点是交易性事务。西玛是一位热心的法律、技术和新媒体交叉领域的讲师和研究员。

阿里·埃兹拉·沃尔德曼（Ari Ezra Waldman），是美国东北大学法学院和库尔计算机科学学院的法律和计算机科学教授，耶鲁大学法学院信息社会项目的附属研究员。他在普林斯顿大学信息技术政策中心担任微软信息技术客座教授期间，撰写了本书相关章节。他是一位屡获殊荣的法律、社会和技术学者，拥有哥伦比亚大学的学术研究型博士（PhD）学位、哈佛大学法学院的法律博士（JD）学位以及哈佛大学的文学学士（AB）学位。

翁岳暄（Yueh-Hsuan Weng），是日本东北大学跨学科前沿研究所助理教授、RIKENAIP 客座科学家、斯坦福大学法学院 TTLF 研究员。他在北京大学获得法学博士学位，在台湾交通大学获得计算机科学硕士学位。他对跨学科研究非常感兴趣，特别是人工智能与法律之间的交叉问题，包括机器人法、社交机器人和法律信息学等。在攻读博士学位期间，他创立了 ROBOLAW. ASIA 和 CHINA-LII，这是中国在人工智能法律和自由获取法律方面的创举。自 2018 年 1 月起，他一直担任《德尔菲——新兴技术跨学科评论》（Delphi-Interdisciplinary Review of Emerging Technologies）的副主编。

莫妮卡·扎尼鲁特（Monika Zalnieriute），拥有学术研究型博士（PhD）、法学硕士（LLM）、法学学士（一级）(LLB, 1st Class)学位，是新南威尔士大学法学院艾伦斯技术、法律与创新中心的研究员，领导着技术与法治这一研究分支，该分支致力于探索在"数字时代"法律、技术与政治之间的相互作用。莫妮卡曾在《现代法律评论》（Modern Law Review）、《耶鲁法律与技术杂志》（Yale Journal of Law & Technology）、《伯克利性别、法律与司法杂志》（Berkeley Journal of Gender）、《法律与正义》（Law and Justice）、《斯坦福国际法杂志》（Stanford Journal of International Law）等期刊上发表文章，目前正在撰写有关数据隐私法、互联网架构和人权的专著。近来，莫妮卡花了很多时间思考和撰写关于法治与技术的文章。

前言：算法和法律

计算机处理能力的大幅提升，数据的可用性达到前所未有的规模，数据存储成本的下降，以及越来越复杂的软件服务等四个方面的发展，为社会带来了新的机遇和挑战。

人工智能初创企业的快速扩张（包括金融技术领域），以及老牌商业公司对这项技术的高水平投资，都表明国际社会对新兴技术潜力的兴趣。政府和企业都在探索新兴技术改善服务和降低服务成本的潜力。

人工智能超越了人类智力分析数据并根据分析做出决策的能力，这一现状正在许多领域创造机遇。一些涉及算法的技术，如自动驾驶仪（auto-pilots），已经很成熟了。最近，医疗设备、机器人手术和无人驾驶汽车的发展，扩大了这一技术的应用范围。在一些国家，该技术越来越多地用于刑事司法领域，如量刑、预测再犯以及对是否准予保释等影响个人自由的事项做出决策。

另一种技术，分布式账本技术（distributed ledger technology，DLT），也带来了诸多便利。例如，英国政府认为DLT提供了一种确保政府记录和服务完整性，以及以较低成本提供此类服务的工具。处理"大数据"则有望提高医疗诊断以及治疗方案的准确性。金融服务行业对这些技术的投资，旨在实现在银行交易和跨境支付方面已经预测到的巨额年度节省。

与此同时，人们对有意或无意使用数据来支撑歧视行为的做法提出了质疑，这些歧视行为是不可接受的。政府部门与商业组织使用人工智能技术的行为，引发了有关个人数据以及公民与消费者隐私保护的问题。私营组织对这些技术的使用引起了越来越多的关注。这些担忧不仅包括企业利用数据侵犯隐私，而且包括个人数据容易受到网络攻击。在信用评分中使用大数据的新颖手段，如通过潜在借款人在社交媒体上的互动来分析其个性，可能有助于增强金融的包容性，但会引起不公平歧视和隐私问题，这些问题需要监管加以规范。还有一个问题需要解决，那就是政府是否能够招聘到有能力且具备相应资质的监管人员，以便跟上技术发展，从而保护公民和消费者的利益。

新技术也对商法提出了挑战。对于那些认为计算机程序的运行将不再需要法律监管的观点，我并不认同。在我看来，需要修改法律以促进新技术带来的利益，并防止或至少提供可行的补救措施来应对新技术的滥用。

自动执行式"智能合约"不断发展，这需要对合同法进行调适以确保存在有效的补救措施——例如，在合同因错误陈述而达成或启动的情况下。不当得利法在许多情况下可以通过提供补救来填补空白。但是，如果随着时间的推移，人工智能逐步发展到能使程序在没有人类输入的情况下彼此交流，以优化它们的合同权利和义务，那么合同法可能需要更彻底的革新。

非自愿义务领域则需要发展侵权法（不法行为法）。当缺乏人类可预见性时（在过失的情况下），或在故意造成损害时（在经济侵权行为场景下），计算机造成的损害责任归属需要新规则的回应。我并不相信将责任施加给算法创造者的产品责任，能够在大多数案件中提供合适的模式，因为损害可能是由"思维算法"（thinking algorithm）通过数据分析和判断造成的，而在这种情况下算法并没有任何缺陷，且算法创造者也无法预见或控制算法将要执行的工作。因此，法院或立法机构可能需要对此类损害的赔偿责任以及因果关系制定新规则。

政府和立法机构可能希望考虑无过错赔偿和强制保险等选项，以及为用于特定目的的程序赋予独立法律人格的可能性。但是，如果采用严格责任制度，那么商业保险公司可能会因为风险太大而不愿意承保，这尤其体现在金融服务领域，因为该领域的潜在损失可能远远超出无人驾驶汽车造成的人身或财产损失。在非自愿义务领域，立法机构必须谨慎行事，避免两种极端情况：一是通过不加区分地为新技术提供便利，损害公民和消费者的利益；二是通过施加沉重的责任制度来压制新技术的潜力，使其无法为人类带来重大利益。

法律界和法官在理解支撑新技术的代码方面面临挑战。在涉及新技术的诉讼中，法院将需要更多的专家证据来指导审判，而这种诉讼的成本和复杂性可能会成为实现正义的严重障碍。

财产法也可能是必要的改革主题。确定诸如加密货币等投入了大量资金的加密资产作为财产的法律性质，是十分有必要的。算法应被视为知识产权的一种形式吗？可能也需要重新考虑知识产权法，以便为计算机创作的作品提供版权保护，并为计算机生成的发明提供专利保护。

只要新技术被用来促进国际金融交易和贸易，通过国际公约和示范法来实现监管和法律改革方面的国际合作，就将大有裨益。

在这种彻底的技术变革的背景下，经过深思熟虑的监管变革和法律改革举措可以帮助实现潜在利益，并最大限度地减少技术所造成的不利影响。我不相信法院采取零碎的、间歇性的法律创新，能够在现实的时间范围内实现所需的目标。就实现这些目标的最佳方式进行一场明智的辩论（an informed debate），是有效法律和监管改革的前提条件。

本手册包含来自多个国家的法官、法学教授、执业律师、经济学家和技术专家以及政策分析师的贡献，上述人员为这些重要问题的讨论提供了国际视角。这些贡献包括对合同法、侵权法、专利法、知识产权法、竞争法、刑法、政府行政和决策、监管、可问责性、透明度、隐私、言论自由以及歧视等问题的讨论。我非常期待本手册的出版，因为它对这一重要辩论做出了贡献。

帕特里克·霍奇（Patrick S. Hodge）

序

技术的最新进步引发了法律学者之间的许多讨论,这些讨论涉及法律如何与机器人、无人机、自动驾驶汽车以及任何嵌入人工智能的系统产生关联。人工智能的核心是利用算法来处理和解释数据、导航人工智能车辆、控制愈发不受人类监督控制的机器人的行为。算法也被用于控制家用电器、参与金融交易、决定人们是否获得信贷或就业机会,以及赋予技术倾听人类并与人类交谈的能力。在医疗领域,技术通常基于必要性而被植入体内或附着在身体上,使算法与人类的生物福祉(biological well-being)密切相关,在某些情况下甚至关涉人类生存。技术可以修复或扩展我们的运动、感觉和认知能力,我们因此也更加强大,此时法律会受到怎样的影响?随着算法内嵌于技术中,这些技术能够跟踪我们的每一个动作,在人群中识别我们的面孔,记录我们的击键,监控我们访问的网站,隐私和言论自由法会受到怎样的影响?此外,我们如何确保在技术快速进步的时代,(美国)州和联邦宪法所保障的个人权利是否得到了维护?这些只是法律学者和立法者需要迫切解决的问题中的一小部分。

显然,算法在整个社会甚至我们的身体内扩散,不断引发法律和政策层面的重要议题。这本包含三十五章内容的《剑桥算法法律手册》,讨论了新型算法驱动系统如何挑战法律,以及监管此类系统需要何种必要的解决措施。作为一本可能对学生、立法者、政策制定者或法律从业者有用的手册,这本关于算法法律的文集提供了众多算法驱动系统的实例,这些系统正对当前诸多法律领域构成挑战。作为回应,本书也包含直接或间接规范算法使用的判例法与法规。此外,本书还讨论了在一个由越来越智能的算法驱动系统主导的时代下,这些系统的设计和应用取代人类作出有关决策,法律未来的发展方向应当如何。

我之所以编辑本书,是为了给杰出的法律学者提供一个讨论的平台,让他们能够详细讨论法律与算法这一新兴领域的观点,并有机会就有关算法驱动系统的法律及政策的未来方向展开辩论。本书收录了来自美国、欧盟和其他国际学者的文章,内容广泛:有的章节探讨算法对商法与反垄断法、刑法的挑战,以及算法如何可能导致对受宪法保护群体的歧视行为的发生。最后,本书提出了一个重要问题,这也正是本书想要表达的关切所在:即随着越来越多的技术融入社会,我们到底想要创造一个怎样的社会,以及法律在创造一个公正和平等的技术先进社会方面应该发挥什么作用?

伍德罗·巴菲尔德(Woodrow Barfield)
教堂山,美国北卡罗来纳州

致谢

各位作者感谢他们的家人和朋友们给予的支持和鼓励，并感谢他们的同事就"法律和技术"进行的多次讨论，以及对与机器人、算法和人工智能相关的新兴法律领域的敏锐洞察。同时，我们要感谢剑桥大学出版社编辑马特·加拉维（Matt Gallaway）和卡梅隆·达迪斯（Cameron Daddis）对本书的支持，以及剑桥大学出版社制作团队的杰出工作。此外，我们还要感谢索菲·罗辛克（Sophie Rosinke）在编辑章节时对细节的关注以及与作者的高效合作。作为本书主编，我衷心感谢作者们贡献了出色的各章内容，并耐心回答了我提出的大量问题并提供了更多信息。最后，谨以此书纪念我们的朋友和同事伊恩·科尔（Ian Kerr），他是一位在诸多法律领域充满热情和创新精神的思想家，愿他安息。

缩写词

ABR	Algorithm-Based Republisher	（基于算法的再发布者）
ACLU	American Civil Liberties Union	（美国公民自由联盟）
AFRL	Air Force Research Lab	（空军研究实验室）
AI	artificial intelligence	（人工智能）
DLT	distributed ledger technology	（分布式账本技术）
HLEG	High-Level Expert Group	（高级别专家组）
ASR	automated speech recognition	（自动语音识别）
AUC	area under the curve	（曲线下的面积）
BCD	binary-coded decimal	（二进制编码的十进制）
BCI	brain-computer interfaces	（脑机接口）
BTBI	brain-to-brain interface	（脑对脑接口）
CAD	computer-aided design	（计算机辅助设计）
CDA	Communications Decency Act	（《通信规范法》）
CESCR	Committee on Economic Social and Cultural Rights	（经济、社会和文化权利委员会）
CFPB	Consumer Financial Protection Bureau	（消费者金融保护局）
CIPO	Canadian Intellectual Property Office	（加拿大知识产权办公室）
CJ	Chief Justice	（首席法官）
CNS	central nervous system	（中枢神经系统）
COMPAS	Correctional Offender Management Profiling for Alternative Sanction	（替代制裁的罪犯管理分析画像系统）
CONTU	Commission on New Technological Uses of Copyright Works	（版权作品新技术应用委员会）
COP	Child Online Protection	（儿童在线保护）
CPU	central processing unit	（中央处理器）
CSS	computational social science	（计算社会科学）
DAO	digital autonomous organization	（数字自治组织）
DARPA	Defense Advanced Research Projects Agency	（美国国防部高级研究计划局）
DEG	Digital Era Governance	（数字时代治理）

DLP	digital labor platform（数字劳动平台）
DMCA	Digital Millennium Copyright Act（《数字千年版权法》）
DMV	Department of Motor Vehicle（机动车管理部门）
DNN	deep neural network（深度神经网络）
DoDPI	Department of Defense Polygraph Institute（国防部测谎仪研究所）
DOJ	Department of Justice（司法部）
DRM	digital rights management（数字版权管理）
ECJ	European Court of Justice（欧洲法院）
ECOA	Equal Credit Opportunity Act（《平等信贷机会法》）
EEG	electroencephalography（脑电图）
EPA	Environmental Protection Agency（环境保护局）
ERP	event-related potential（事件相关电位）
ESI	electronically stored information（电子存储信息）
EU	European Union（欧盟）
FACTA	Fair and Accurate Credit Transactions Act（《公平准确信用交易法》）
FATML	Fairness, Accountability and Transparency in Machine Learning（机器学习中的公平、问责与透明）
FBI	Federal Bureau of Investigation（联邦调查局）
FCRA	Fair Credit Reporting Act（《公平信用报告法》）
FDA	Federal Drug Administration（美国联邦药物管理局）
FDIC	Federal Deposit Insurance Corporation（联邦存款保险公司）
FEMA	Federal Emergency Management Agency（联邦紧急事务管理局）
FICO	Fair Isaac & Company（费埃哲公司）
FINRA	Financial Industry Regulatory Authority（金融业监管局）
fMRI	functional magnetic resonance imaging（功能性磁共振成像）
fNIRS	functional near infrared spectroscopy（功能性近红外光谱）
FOIA	Freedom of Information Act（《信息自由法》）
FTC	Federal Trade Commission（联邦贸易委员会）
GA	genetic algorithm（遗传算法）
GAN	generative adversarial networks（生成式对抗网络）
GDPR	General Data Protection Regulation（《通用数据保护条例》）
GIS	geographic information system（地理信息系统）
GPS	Global Positioning System（全球定位系统）
GPU	graphics processing unit（图形处理单元）
HIC	human in command（人类指挥）
HIPAA	Health Insurance Portability and Accountability Act（《健康保险携带和责任法》）
HITL	human in the loop（人在回路）
HMRC	Her Majesty's Revenue & Customs（英国税务海关总署）
HOTL	human on the loop（人在循环）

	HRBA	human rights-based approach（以人权为本）
	ICESCR	International Covenant on Economic, Social and Cultural Rights（《经济、社会、文化权利国际公约》）
	ICT	information and communications technologies（信息和通信技术）
	III	institutional information infrastructures（机构（制度）信息基础设施）
	IoM	Internet of Minds（思维互联网）
	IoT	Internet of Things（物联网）
	IP	Internet Protocol（互联网协议）
	IPO	Intellectual Property Office（知识产权局）
	IRS	Internal Revenue Service（国家税务局）
	ISO	International Organization of Standardization（国际标准化组织）
	ITU	International Telecommunication Union（国际电信联盟）
	J	Justice（司法）
	LAW	lethal autonomous weapon（致命性自主武器）
	LEI	Legal Entity Identifier（法律实体标识码）
	LR	likelihood ratio（似然比）
	MEG	magnetoencephalography（脑磁图）
	METI	Ministry of Economy, Trade, and Industry（经济、贸易和工业部）
xxviii	MHLW	Ministry of Health, Labor, and Welfare（健康、劳动和福利部）
	ML	machine learning（机器学习）
	MoPP	Manual of Patent Practice（专利实务手册）
	MPEP	Manual of Patent Examining Procedure（专利审查程序手册）
	NBA	National Basketball Association（美国职业篮球联赛）
	NCCUSL	National Conference of Commissioners on Uniform State Laws（全国统一州法律专员会议）
	NSA	National Security Agency（国家安全局）
	PET	positron emission topography（正电子发射层析成像）
	NFL	National Football League（美国国家橄榄球联盟）
	NPM	new public management（新公共管理）
	OCC	Office of the Comptroller of the Currency（货币总核查办公室）
	OECD	Organization for Economic Co-operation and Development（经济合作与发展组织）
	OMB	Office of Management and Budget（管理与预算办公室）
	OODA	Observe, Orient, Decide, Act（观察、定位、决策、行动）
	PAC	political action committee（政治行动委员会）
	PAI	Partnership on AI（人工智能伙伴关系）
	PCLOB	Privacy and Civil Liberties Oversight Board（隐私和公民自由监督委员会）
	PIA	privacy impact assessment（隐私影响评估）
	QDF	query deserves freshness（查询新鲜度过滤器）
	RAI	risk assessment instruments（风险评估工具）

RIA	Regulatory Impact Analysis（监管影响分析）
ROM	read-only memory（只读存储器）
SAOP	senior agency official for privacy（高级隐私事务机构官员）
SD	social dilemma（社会困境）
SEC	Securities and Exchange Commission（证券交易委员会）
SEO	search engine optimization（搜索引擎优化）
SNA	Social Network Analysis（社交网络分析）
SSA	Social Security Administration（社会保障管理局）
SSDI	Social Security Disability Insurance（社会保障残疾保险）
SSL	Strategic Subject List（战略主题清单）
SVM	Support Vector Machine（支持向量机）
SVP	sexually violent predator（性暴力犯罪者）
TCP	Transmission Control Protocol（传输控制协议）
ToC	Tragedy of the Commons（公地悲剧）
UCC	Uniform Commercial Code（《统一商法典》）
UCITA	Uniform Computer Information Transactions Act（《统一计算机信息交易法》）
UETA	Uniform Electronic Transactions Act（《统一电子交易法》）
UK	United Kingdom（英国）
UN	United Nations（联合国）
UNICEF	UN International Children's Emergency Fund（联合国儿童基金会（官方译名））
US	United States（美国）
USPTO	US Patent & Trademark Office（美国专利商标局）
VA	Visual Analytics（可视化分析）
VLA	Visual Legal Analytics（可视化法律分析）
VR	virtual reality（虚拟现实）
VRAG	Violence Risk Appraisal Guide（《暴力风险评估指南》）

第一部分 算法法律的介绍和背景设定

第一章 法律和算法导论 ………………………………………………… 3
第二章 机器的意见 ……………………………………………………… 15
第三章 人工智能时代的私人问责 ……………………………………… 44
第四章 算法的合法性 …………………………………………………… 102
第五章 理解算法问责的透明度 ………………………………………… 114

第二部分 商业、法规和算法决策

第六章 算法与合同法 …………………………………………………… 133
第七章 算法、协议与代理 ……………………………………………… 143
第八章 算法治理与行政法 ……………………………………………… 151
第九章 算法时代的歧视 ………………………………………………… 168
第十章 算法竞争、共谋和价格歧视 …………………………………… 183
第十一章 法治与算法治理 ……………………………………………… 192
第十二章 算法治理
　　　　——公共部门利用算法进行预测的反思 ………………………… 213
第十三章 从法治到法规起草
　　　　——政府决策中算法的法律问题 ………………………………… 228
第十四章 算法决策系统
　　　　——公共管理的自动化与机器学习 ……………………………… 248
第十五章 从法律渊源到编程代码
　　　　——法治下的公共行政与计算机自动个案决策 ………………… 272

第三部分 知识产权与算法

第十六章 创造性算法与创新性质的演变 ……………………………… 303
第十七章 软件专利取得与美国《专利法》第 101 条的把关功能 …… 335
第十八章 十字路口的知识产权
　　　　——为算法提供知识产权保护 …………………………………… 352

第四部分 刑法、侵权问题和算法

第十九章 算法在刑事裁决中的运用 ………………………………………… 369
第二十章 通过算法评估犯罪风险 ……………………………………………… 392
第二十一章 算法造成的损害 …………………………………………………… 407
第二十二章 算法侵权者何时需要特殊法律待遇? …………………………… 426
第二十三章 侵权法
　　　　　——对算法应用"合理性"标准 ………………………………… 444

第五部分 宪法、人权和算法

第二十四章 以人权为本的人工智能和算法 …………………………………… 465
第二十五章 算法的四种言论保护模式 ………………………………………… 487
第二十六章 算法与表达自由 …………………………………………………… 501
第二十七章 美国宪法第一修正案边缘地带中的人工智能 …………………… 520
第二十八章 美国宪法第一修正案与算法 ……………………………………… 545
第二十九章 用于画像、排名和评估的社会行为算法分析 …………………… 568
第三十章 数据分析隐私的算法阶段
　　　　　——过程与概率 ……………………………………………………… 588

第六部分 法律与算法的应用及未来方向

第三十一章 道德机器:欧盟新兴的"可信赖的人工智能"政策 …………… 599
第三十二章 图灵大教堂中的法律
　　　　　——法律世界的算法转向 …………………………………………… 620
第三十三章 关于算法的争论:揭示"道德"人工智能实操化的固有困境 … 649
第三十四章 人机交互的嵌入与算法 …………………………………………… 662
第三十五章 成为超人类:商用脑机接口和自主性的追求 …………………… 680

索引 ………………………………………………………………………………… 698

第一部分

算法法律的介绍和背景设定

第一章

法律和算法导论

伍德罗·巴菲尔德（Woodrow Barfield）
杰西卡·巴菲尔德（Jessica Barfield）

引言

随着机器和算法变得越来越智能，其能够在复杂系统的决策中发挥越来越大的作用，甚至取代人类做出判断，这产生了一系列新的法律问题，因此需要构建一套新的法律体系来规范这些智能算法的行为，以保护人们的合法权利。这样的算法无处不在；它们被用于指导商业交易、评估信贷和住房申请，被刑事司法系统中的法院使用，也被用于控制自动驾驶汽车和机器人外科医生。然而，尽管由算法自动化执行通常由人类做出的决策已给社会带来了诸多益处，但其使用也对既定的法律领域带来了挑战。例如，算法可能在决策中表现出同样的人类偏见，导致人们的宪法权利受到侵犯；算法可能集体地共谋定价，从而违反反垄断法。

当算法驱动的系统以不同的方式使用时，算法不仅成为过滤数据的方法，而且成为将决策从人类外包给机器或软件机器人的一种方式。至关重要的是，尽管有些人声称算法数字化、计算机化的性质表明它们没有偏见，但我们知道事实恰恰相反。在人类有意识或无意识地编写算法的情况下，他们可能会用自己有缺陷的观点来散播算法。而在算法学习的情况下，它们利用现有的信息做出决策，因此如果训练数据在某种程度上存在缺陷，算法就有可能复制或加剧人类的偏见。

在本章中，我们回顾了算法的一些基本特征，我们认为这些特征对于构建算法法律至关重要。我们还讨论了当算法被用于传统上需要人类判断的领域时所面临的法律挑战。美国、欧盟和亚洲的立法者开始讨论如何监管由算法控制的日益智能的系统，[1] 在某种程度上，已经有涉及算法使用的诉讼案件；[2] 然而，我们仍然处于创制算法法律和确定如何规范算法使用的早期阶段。在我们看来，制定一种"算法法律"（law of algorithms）是必要的，因为算法是生物和非生物系统的基本组成部分，并且算法以这样或那样的形式成为专

---

[1] 2007年，韩国政府提出了《机器人伦理宪章》（Robot Ethics Charter）；2011年，英国研究委员会 EPSRC 发布了五项产业伦理原则；2017年，美国计算机协会（ACM）发布了算法透明度和可问责性的七项原则。
[2] Facebook Biometric Info. Privacy Litig., 185 F. Supp. 3d 1155 (ND Cal. 2016).

利、美国宪法第一修正案（以下简称第一修正案）、公民权利、就业和刑事法律等领域的主题。

4　　那么，什么是算法？算法是执行计算时遵循的一组规则或指令，或者更广泛地说，是一组解决问题的程序，遵循这些程序会产生特定的输出。[3] 在 Gottschalk v. Benson 案中，最高法院对算法采用了狭义的定义，即算法是为解决特定类型数学问题的程序。[4] 算法现在被人熟知的是计算机程序中的指令，比如那些使人工智能（AI）成为可能的程序。但在算法推动人工智能进步并对现有法律领域构成挑战之前，数亿年来，算法一直在进化过程中默默地发挥关键作用，促成了复杂的生命形式。[5] 事实上，自然人可以被描述成是一个由数万亿个细胞组成的有机体，每个细胞都使用算法在分子水平上进行计算。[6] 但是，与算法相关的法律权利是有限的，例如，在 Gottschalk v. Benson 案中，法院讨论了长期确立的原则，即"自然现象，即使刚刚被发现……不可申请专利……"[7] 然而，正如安德鲁·钦（Andrew Chin）在本书的章节中所讨论的那样，并不是所有算法都是自然的产物，因此如果满足专利法的要求，算法可能会受到专利保护。在这一点上，读者可以放心，笔者对生物学的题外话是暂时的，不会成为本章的重点，笔者谨慎地指出，算法并非新近出现的现象，而是历经数亿年进化过程的一个特征。当然，从法律的角度来看，作为自然进程的算法、程序员编写的算法以及源自机器学习技术的算法之间，存在着本质差异。其中的差异涉及算法的设计目的，以及独立于人类输入和控制的算法应用的法律后果。

随着算法在社会中的普及，法律学者、法院和立法者开始敏锐地就算法的使用提出问题，比如算法在表达对受宪法保护的群体的偏见时所起的作用，或者算法在导致自动驾驶汽车[8]或机器人外科医生发生事故中所扮演的角色，[9] 或者从版权法或专利法的角度来看，算法在编写故事、创作音乐或作为发明者方面所起的作用。从宪法的角度来看，随着算法对不同形式的技术所输出的言论产生影响，目前正在讨论的问题是，算法是否应该被视为一种言论形式，从而受到第一修正案的保护。[10] 我们认为，对于每一个这样的问题，法院都应该仔细审查所涉及的具体算法，以便确定算法的哪个方面是具有创造性的、应受谴责的（culpable）、言论的，或者为了确定责任归属，哪个方面是独立于人类监督控制的。

5　　当我们开始为这些问题提供答案，或当涉及算法的纠纷被提起诉讼时，我们同时也在制定算法法律，并为未来涉及算法的案件创造法律先例。

作为一次法律分析的练习，我们可以考虑一个由算法控制的系统，它可能会造成损害。

---

[3] R. Sedgewick and K. Wayne, Algorithms, 4th edn. (Addison-Wesley, 2011).

[4] Gottschalk v. Benson, 409 US 63, 93 S. Ct. 253, 34 L. Ed. 2d 273, 175 USPQ 673 (1972).

[5] W.-K. Sung, Algorithms in Bioinformatics: A Practical Introduction, 1st edn. (Chapman & Hall/CRC Mathematical and Computational Biology, 2009).

[6] C. Calude and G. Paun, Computing with Cells and Atoms: An Introduction to Quantum, DNA and Membrane Computing, CRC Press, 2000.

[7] Gottschalk, above note 4.

[8] S. Beiker and R. Calo, Legal Aspects of Autonomous Driving (2012) 52 Santa Clara Law Rev. 1145, https://ssrn.com/abstract=2767899.

[9] Taylor v. Intuitive Surgical, Inc., 355 P. 3d 309 (2015).

[10] T. Wu, Machine Speech (2012-13) 161 Univ. Pa. Law Rev. 1495, https://scholarship.law.upenn.edu/penn_law_review/vol161/iss6/2.

举例来说，我们可以问：对法律而言，算法的哪些方面具有重要性？在此我要指出的是，有许多不同类型的算法，其中一些可能比其他算法更能导致法律纠纷和法庭诉讼发生。出于这个原因，我们认为，对于那些希望制定算法法律的人来说，以及对于解决纠纷的法院来说，审查算法的具体特征是至关重要的。鉴于这些想法，请考虑用于讨论目的（但不涉及特定法律争议）的以下算法，因为它对我们想要阐述的观点具有普遍价值：

```
def find_max（L）：b
if lenL）＝＝1：
return L［0］
v1＝L［0］
v2＝find_max（L［1：］）
if v1＞v2：
return v1
else：
return v2
```

就像成文法的构建过程一样，法院需要对法规和法令的语言进行解释，对组成算法的代码行进行分析，也可以用来确定算法的语言和目的。事实上，涉及专利的争议通常涉及权利要求的解释，这些权利要求被一步步列出，从而代表了一个算法（下面将给出具体示例）。在上述算法中，指令集是明确的，因此法院通过专家证词等方式来确定算法的目的会相对容易。对那些缺少编程经验的人来说，该算法解决了以下问题：给定一个正数列表，它返回列表中的最大数字。为了实现这一点，算法的输入由正数列表 L 组成。这个列表必须包含至少一个数字，并且算法具有以下输出：一个数字，这个数字将是列表中的最大数字。当然，为了诉讼而检查算法的工作机理的前提，是算法可以作为法庭诉讼中的证据——这是安德里亚·罗斯（Andrea Roth）在本书第十九章中讨论的主题。了解算法的目的，对于确定算法在多大程度上违反了法律是至关重要的。然而，随着算法在数学上变得越来越复杂，诉讼律师很难向法官或陪审团解释他们的推理；这表明，在解决由算法指导性能的系统所产生的纠纷时，问题日益严重。

法院必然会面临的另一个涉及算法的问题是，系统将由多个而非一个算法来控制；因此，在法庭诉讼中，引起关注的是算法的综合"性能或表现"（performance）。当然，这增加了解决算法纠纷的复杂性。此外，如果可以确定编写算法的程序员身份，那么检查算法的特征可能会产生重要证据，用以确定程序员是否意图导致某种结果的发生。相比之下，如果算法源自深度学习等技术，其中没有人参与编写算法或确定系统输出，那么法院是否仍然有必要检查代码行以确定创建算法的非人类实体（即深度学习等技术）的"意图"？正如一些人所争论的那样，答案取决于"基于算法的系统"被授予法律人格地位（legal person status）的程度，因为若不赋予算法此种地位，那么法律中便会存在一个灰色地带，当发生损害时，可能没有法律主体承担责任。[11]

回到上面的算法，请注意，算法的每一步都很容易转换成编程语言。与机器语言（或目标代码）相对，编程语言为法官和陪审团提供了一种可读性更强的算法行为记录，这些算法行为可能会导致与法律相悖的结果。此外，上述算法定义了输入和输出，这对确定算法在多大程度上导致损害的事实认定者来说，无疑是饶有兴趣的事。在这里我们应该注意到，正如上文所述，人类行为可能是成千上万（甚至数百万）个神经元共同作用的结果一样，对于给定系统的"算法性能"也不仅仅依赖于一个算法，而是经常依赖于许多算法的组合输出；[12] 当然，这会使法院在确定算法需在多大程度上承担责任，以及解释算法在纠纷中的作用等问题时，面临更加复杂的挑战（这在法律学者中被称为缺乏透明度的问题）。

回顾之前的算法，如果列表 L 的长度为 1，则算法保证会终止（因此不是无限循环）。如果 L 有多个元素，则会用一个少一个元素的列表调用 find_max()，然后将结果用于计算。此外，对 find_max() 的嵌套调用总是会终止，每次调用 find_max() 时，列表都会缩短一个元素。最终，列表的长度将为 1，此时嵌套调用将结束。算法根据其代码提供的指令结束，这为法院审理纠纷提供了明确且无歧义的操作依据——这对于审理争议至关重要。因此，仅仅基于对上面只有 9 行代码的简单算法的思考，我们可以推测，对考虑算法行为的法官或陪审团，或者负责监管基于算法系统的立法者来说，算法的多个方面都可能引起他们的关注。为了在我们的算法与法律思考中增加另一层复杂性，我们认为，法律所关注的算法的具体方面，将取决于所涉及的法律纠纷类型。例如，如果违反刑法规定需要某种特定的意图，而被告编写的任何控制人工智能实体行为的算法都可以"数学化地建模"必要的意图，那么这将是刑事诉讼中的重要证据。

显然，如果算法的结果（或输出）用于决策，并且该决策导致了违反既定法律原则的行为，那么该算法就可能涉及法律问题。例如，在刑法中，如果出于量刑目的而使用算法，导致对受宪法保护的群体成员产生偏见，这将违反美国宪法第十四修正案（以下简称第十四修正案）。在我们看来，此处产生了一个问题：代码中的哪些部分体现了这种偏见？在主要的算法类别中，有些是通过诸如蛮力破解（brute force）、分而治之（divide and conquer）、减而治之（decrease and conquer）、动态规划（dynamic programming）、转换而治之（transform and conquer）以及回溯（backtracking）等技术来操作的。就前例而言，哪种算法技术（如果有的话）更可能导致对受宪法保护的群体成员产生偏见？

但是，就检查代码而言，仅仅知道程序使用了哪种高级算法技术是不够的，还需要对代码进行全面、深入的审查。例如，如果一个机器人的末端执行器因施加过大力量而损坏了财产，那么建模该力的算法和控制机器人视觉系统以及行为的算法，都可能是导致使用过度力量的原因。然而，这段特定的代码，包含矩阵计算、坐标变换和控制理论模型，数学上非常复杂，因此对于一个未接受过工程学或计算机科学训练的法官或陪审团成员来说，理解起来十分困难。但是，将这些信息传达给法官或陪审团对于解决纠纷至关重要。为了应对算法的复杂性，可能需要建立一个专注于处理算法诉讼的法院。这不是一个新想法，

---

[11] C. E. A. Karnow, Future Codes: Essays in Advanced Computer Technology and the Law (Intellectual Property Series, Computing Library), 1st edn. (Artech House, 1997).

[12] C. C. Aggaswal, *Neural Networks and Deep Learning: A Textbook*, 1st edn., Springer, 2018.

比如在美国有税务法院、联邦索赔法院、以前还有专利申诉和干涉委员会，这些只是众多处理专门事务的法院中的几个例子。就像瑞恩·卡洛（Ryan Calo）主张成立联邦机构来监管机器人一样，[13]法律体系在解决涉及算法控制系统（尤其是越来越自主的实体）的纠纷时面临的挑战，似乎也需要设立一个专门的法院予以应对，这样的法院在处理涉及算法（和其他人工智能技术）的诉讼纠纷方面拥有具备专业知识的人员。

算法也可能挑战现有的知识产权法，即算法是否仅仅是一种自然过程，因此不是可专利的主题，这是一个在不同司法管辖区受到关注的问题。就版权法而言，由算法生成的音乐作品、绘画和其他作品是否构成可受版权保护的主题，在法律界引起了激烈的争论。但是，在每种情况下，我们都可以提问：算法本身的哪个方面应被视为自然过程或独立创作的作品？此外，从宪法的角度来看，如果算法嵌入到使用自然语言进行交流的系统中，根据美国宪法，这种算法言论是否会受到第一修正案的保护？[14]如果是这样，哪些代码行构成了言论，因此应该受到保护；或者在算法层面的分析是否过于详细，因此法院应该只关注算法实体的输出或口头言论？更根本的是，算法本身是一种表达形式，从而也是一种言论吗（参见本书第二十五、二十七、二十八章）？就商法而言，重要的是要问算法是被视为产品还是服务。这是一个重要的区别，因为确定软件责任（算法通常嵌入在软件中）的一个主要因素是软件的分类。在美国，根据《统一商法典》（UCC），可以将软件归类为产品或服务。[15]如果归类为产品，则适用严格的产品责任。[16]如果归类为服务，则适用职业不当行为责任。当算法通过不同的软件平台越来越多地嵌入社会并担任决策角色时，这种区别对算法法律很重要。

就算法而言，上述例子表明，在发生损害时分配责任是法律界讨论的主要话题，也是法院在诉讼纠纷时考虑的主要问题。[17]例如，如果一个程序员编写了一个算法，而算法的使用导致了财产损失或人身伤害，那么责任主体可以追溯到编写代码的人类。在这种情况下，代码行将揭示（至少作为间接证据）程序员的思维或意图，一旦满足提供证据的民事诉讼规则，代码就可以作为法庭诉讼中的证据。但是，如果算法是使用深度学习技术生成的，可能没有人直接参与编写最终导致损害的算法，那么法院应该追究谁的责任？上述例子仅仅涉及算法的部分基本法律问题，随着由算法控制的系统在社会中变得越来越普遍，并逐渐渗透到我们的司法系统中，法律必须解决这些问题。本书的其他章节还包含了许多算法控制系统广泛应用的示例。

---

〔13〕 R. Calo, The Case for a Federal Robotics Commission, Brookings Institution Center for Technology Innovation (September 2014), https://papers.ssrn.com/sol3/papers.cfm? abstract_id=2529151.

〔14〕 T. M. Massaro and H. Norton, Siri-ously? Free Speech Rights and Artificial Intelligence (2016) 110Nw. Univ. Law Rev. 1169.

〔15〕 讨论《统一商法典》中软件作为产品或服务的概念，see R. Raysman and P. Brown, Applicability of the UCC to Software Transactions; Technology Today, NY Law J. Online (March 8, 2011), www.newyorklawjournal.com/id=1202484668508/Applicability-of-theUCC-to-Software-Transactions（承认第2条没有明确提到软件）（存档于《华盛顿与李法律评论》）; see Olcott Int'l & Co. v. Micro Data Base Sys., Inc., 793 NE. 2d 1063, 1071 (Ind. Ct. App. 2003)（将第2条应用于签订合同购买预先存在的软件模块）; see also Advent Sys. Ltd. v. Unisys Corp., 925 F. 2d 670, 676 (3rd Cir. 1991)（确认将《统一商法典》应用于电脑软件交易的好处）。

〔16〕 适用严格责任的侵权构成要件与适用过失责任的侵权构成要件（义务、违反义务和损害）相似，但在严格责任案件中，受害人无需证明过失。

〔17〕 W. Barfield, Liability for Autonomous and Artificially Intelligent Robots (2018) 9 Paladyn 193.

一、纠纷中涉及算法的例子

如前所述,有些纠纷已经被提起诉讼,这些纠纷"以某种方式"涉及算法;这表明我们正处于见证算法法律发展的初始阶段。作为挑战既有法律的算法,其主要分类我们可以区分为源自生物过程(例如,DNA 提供的指令)的算法与旨在控制"人造"系统(例如,自动驾驶汽车)的算法。当涉及"生物学"时,一个常见的问题是生物过程(通常可描述为一种算法)是否可以申请专利。[18] 当涉及人造系统时,法律问题通常围绕着适用于作为决策者的算法的商法和侵权法。为了说明,下文介绍了涉及算法的法规和判例法的例子,但在此之前,需要概述一下学界在"生物算法"这一广泛领域所做的工作。

多年来,科学家们一直致力于发现由细胞执行的"类似计算机"的计算。[19] 例如,人们认为细胞以大致接近计算机内存的方式存储信息,并且细胞使用类似编程语言的基于规则的表达式来响应刺激。[20] 每个细胞都包含足够的物理复杂性,理论上其可以单独成为一个相当强大的计算单元,但每个细胞又足够小,可以数以百万计地聚集在微小的物理空间中。麻省理工学院和加州理工学院的研究人员一直在设计细胞机器,这些机器目前能够执行简单的计算操作,并且能够存储信息、调用记忆(recall memory)。与现代计算机相比,生物算法及计算的一个主要优势是能源效率。[21] 运行人工智能算法需要许多千兆瓦时的电力,但使用基于生物的计算机来解决极其漫长和复杂的问题,最终可能会变得更加经济实惠。因此,尽管生物计算机比超级计算机慢几个数量级,但超级计算机每年要消耗数百万美元的能源,而生物计算机的能耗则远远低于这个水平。此外,生物计算机与非生物计算机的不同之处在于,究竟是什么可以充当输出信号。在生物计算机中,某些化学物质的存在或浓度作为输出信号。进一步地,受生物启发的计算机,依赖于特定分子在特定化学条件下形成特定物理构型的性质。随着生物计算机系统的使用变得越来越普遍,关注哪些法律受到了挑战,以及法院如何应对这些挑战,无疑是一件有趣的事情。

目前适用于算法的法规(尽管是间接的适用),是 2008 年由伊利诺伊州议会通过的《生物识别信息隐私法》(Biometric Information Privacy Act,BIPA)。[22]《生物识别信息隐私法》防范非法收集和存储生物识别信息。与本章相关的是,生物识别信息的收集和分析是通过算法完成的。因此,虽然《生物识别信息隐私法》的规定没有直接提到算法,但如若算法没有直接参与收集和分析生物特征数据,那么出台《生物识别信息隐私法》实际上就是不必要的。《生物识别信息隐私法》仍然是美国唯一一部处理生物识别数据的州法律,它允许个人因违规行为造成的损害而提起诉讼。[23] 由于这一损害赔偿条款,《生物识别信息

---

[18] Association for Molecular Pathology v. Myriad Genetics, Inc., 133 S. Ct. 2107 (2013).

[19] G. Templeton, How MIT's New Biological "Computer" Works, and What It Could Do in the Future, Extreme Tech (2016), www.extremetech.com/extreme/232190-how-mits-new-biological-computer-works-and-what-it-could-do-in-the-future.

[20] J. Windmiller, Molecular Scale Biocomputing: An Enzyme Logic Approach (thesis, University California, San Diego, June 2012).

[21] R. T. Gonzalez, This New DiscoveryWill Finally Allow Us to Build Biological Computers, Gizmodo (March 29, 2013), https://io9.gizmodo.com/this-new-discovery-will-finally-allow-us-to-build-biolo-462867996.

[22] Codified as 740 ILCS/14 and Public Act 095-994.

[23] 该法案规定,每次违规罚款1000美元,如果违规是故意或鲁莽行为,则每次罚款5000美元。

隐私法》引发了许多集体诉讼；诸如下面的例子。

在 Facebook Biometric Info. Privacy Litig. 案中，[24] 伊利诺伊州的 Facebook 用户声称，该社交媒体平台为了运行标签建议功能，在未经同意的情况下使用算法扫描他们的面部图像，违反了《生物识别信息隐私法》。此外，在 Monroy v. Shutterfly, Inc. 案中，[25] Shutterfly 用户声称，该公司使用基于算法的面部识别软件扫描用户上传的数码照片，违反了《生物识别信息隐私法》。在 Rivera v. Google, Inc. 案中，[26] Google 用户起诉该公司违反了《生物识别信息隐私法》，声称该公司未经用户同意，在其 Google Photos 服务上创建并存储了用户的面部扫描图像；然而，2018 年，该诉讼因原告缺乏起诉资格而被驳回。在 Rosenbach v. Six Flags Entm't Corp. 案中，[27] Six Flags 公司因未经知情同意收集公园游客的指纹而被起诉。伊利诺伊州上诉法院裁定，仅仅在技术上违反《生物识别信息隐私法》不足以维持诉讼，因为这并不一定意味着一方如法规所要求的那样"受到了侵害"。伊利诺伊州最高法院推翻了这一判决，裁定用户不需要证明损害（如身份欺诈或身体伤害）就可以起诉；仅仅违反该法案就足以要求获得损害赔偿。

有许多案例都试图确定算法是否应为自然产物，因此不属于可专利的主题。在 Mackay Radio & Telegraph Co. v. Radio Corp. 案中，[28] 申请人试图为一种定向天线系统申请专利，该系统的导线排列是由应用数学公式确定的。斯通（Stone）大法官在代表法院撰写意见时，将可专利性问题搁置一边，作为分析侵权问题的一个序言，他解释道："虽然科学真理或其数学表达不是可专利的发明，但借助科学真理知识创造的新颖且有用的结构可能是（可专利的发明）。"[29] Funk Bros. Seed Co. v. Kalo Co. 案[30] 也表达了类似的观点："发现未知的自然现象的人，不能据此主张法律所认可的垄断权。如果要从这样的发现中产生发明，它必须来自于将自然法则应用于新的、有用的目的。"[31] Mackay Radio 案和 Funk Bros. 案指出了对涉及算法的专利案件的正确分析：整个过程本身，而不仅仅是数学算法，必须是新颖的且有用的。事实上，数学算法的新颖性根本不是决定性因素。作为"科学技术工作的基本工具"[32] 之一，实际上，无论该算法在申请发明时是已知的还是未知的，它都被视为是先前技术中熟悉的一部分。

Association for Molecular Pathology v. Myriad Genetics, Inc. 案[33]，作为一个涉及基于生物过程可专利性算法的案例，在对其介绍之前，我们将简短地讨论一下 DNA 提供的指令可以被描述为一个算法的观点。首先，蛋白质是生命必不可少的组成部分，而创建蛋白质的指令被编码在 DNA 序列中。这些序列可以被写成算法，并且实际上也像算法一样运行。为了向大自然学习，对生物有机体的适应性操作系统进行逆向工程，一直是计算机科学家的

---

[24] See above note 2.
[25] Monroy v. Shutterfly, Inc., No. 16 C 10984, 2017 WL 4099846 (ND Ill. September 15, 2017).
[26] Rivera v. Google, Inc., 238 F. Supp. 3d 1088 (ND Ill. 2017).
[27] Rosenbach v. Six Flags Entm't Corp., 2017 IL App. (2d) (May Term 2018).
[28] Mackay Radio & Telegraph Co. v. Radio Corp. of America, 306 US 333, 1938.
[29] Ibid.
[30] Funk Bros. Seed Co. v. Kalo Co., 333 US 127, 1948.
[31] Ibid.
[32] See Gottschalk v. Benson, 409 US 63, 67 (1972).
[33] Gottschalk, above note 18.

目标。[34] 神经网络、遗传算法和细胞自动机（cellular automata）都试图在硅中再现生物系统的雅致。1994年，伦纳德·阿德曼（Leonard Adleman）利用DNA碱基配对的四元逻辑（quaternary logic），展示了如何利用分子生物学技术解决一个计算上的"难题"。[35] 传统的计算机通过串行的大规模计算来解决问题，而正确编码的"分子计算机"则可能通过同时并行执行数十亿次操作来快速解决同样的问题。我们预计，源自生物过程的算法将在控制系统中发挥越来越重要的作用，因此有可能对既定的法律领域构成挑战。我们再次指出，这种发展将催生对专门法院的需求，以解决涉及受算法控制实体的纠纷。

回到Association for Molecular Pathology v. Myriad Genetics, Inc. 案，被告Myriad Genetics公司（以下简称Myriad）发现了两个人类基因的确切位置和序列，这两个基因的突变会增加患乳腺癌和卵巢癌的风险。Myriad基于这一发现获得了多项专利。该案涉及三项专利的权利要求，并要求法院解决一个从人类基因组其余部分分离出来的天然DNA片段（我们将其视为一种算法），是否根据《美国法典》第35编第101条具有专利资格的问题。美国《专利法》第101条规定："任何发明或发现任何新颖且有用的……物质组成，或任何新颖且有用的改进者，均可依照本法规定的条件和要求取得专利权。"法院还处理了互补DNA（以下简称cDNA）之人工合成DNA的专利资格问题，该DNA包含与天然DNA片段相同的蛋白质编码信息，但省略了DNA中的某些部分。

在托马斯（Thomas）大法官撰写的代表大多数意见的判决中，不出所料，法院并没有将算法作为本案的一个根本问题进行讨论，而是认定天然存在的DNA片段是自然产物，仅仅因为其被分离出来并不具备可专利性，而cDNA因为不是天然存在的，所以具有专利资格。如果我们把DNA看作是一种算法，那么被认定为不是直接自然产物的算法（即它是合成制造的cDNA）就受到了专利保护。法院指出：

(c) cDNA不是"自然产物"，因此根据第101条具有专利资格。cDNA在可专利性方面，未面临与天然存在的分离DNA片段相同的障碍。cDNA的生成会产生一种仅包含外显子的分子，这不是天然存在的。它的外显子顺序可能由自然决定，但当从DNA序列中去除内含子以形成cDNA时，实验室技术人员无疑创造了一些新颖的东西。[36]

我们对这一裁决的看法是，法院是否应该考虑，由"自然决定"的外显子（基因的一部分）顺序其实是一种算法，因此它不属于可申请专利的主题。在这个案例中，作为"人类发明"功能的分子新顺序是决定性的，而不是其背后的算法过程。这一裁决受到了某种政策的指导，然而如果知识产权法的目的是刺激创新，那么不允许cDNA获得专利保护将阻碍这一目标的实现。

考虑到另一起涉及算法的案件，在Ibormeith IP v. Mercedes-Benz案中，[37] 美国联邦巡回上诉法院的结论是，对算法的描述如果没有对值的计算、组合或加权方式设置任何限制，那么这种描述就不足以使权利要求的范围变得清晰易懂。Ibormeith指控Mercedes侵犯了美

---

[34] B. R. Donald, *Algorithms in Structural Molecular Biology*, *Computational Molecular Biology*, MIT Press, 2011.

[35] L. M. Adleman, Molecular Computation of Solutions to Combinatorial Problems（1994）266 Science 1021.

[36] Gottschalk, above note 18.

[37] Ibormeith IP, LLC v. Mercedes-Benz USA, LLC, 732 F. 3d 1376（Fed. Cir. 2013）.

国专利第6313749号中的第1、5、8和9项权利要求，该专利标题为"车辆驾驶员或机器操作员睡意检测"。Mercedes辩称，独立权利要求1和9中的手段加功能[38]（一种权利要求撰写方法）限制是模糊不清的。联邦巡回上诉法院同意这一论点，以人们无法理解这些权利要求的界限为由，维持了地区法院的裁决。在复审中，联邦巡回上诉法院首先考虑了独立的手段加功能的权利要求。我们之前提到过，在涉及算法的纠纷中，专家证词是必要的。在Ibormeith案中，法院严重依赖Ibormeith的专家给出的意见，该专家表示，所披露的计算手段是一种"算法模板"（algorithm template），只需要使用某些算法要素（列在专利表10中）。因此，根据法院的说法，Ibormeith自己的专家断言，这个"算法模板"将需要"执行睡意检测系统的人员来确定在算法中使用哪些因素，如何获得这些因素、如何对它们进行加权，以及何时发出警告"。[39] 法院在听取了专家的证词后，将其视为有约束力的自认，从而导致了权利要求无效。因此，由于独立的权利要求是模糊不清的，联邦巡回上诉法院维持了地区法院的即决判决。

在专利法之外处理算法的一个有趣案例，是Bernstein v. United States Department of State案。[40]伯恩斯坦（Bernstein）对美国国务院和个别被告提起诉讼，寻求宣告性救济和禁令性救济，以阻止该等被告执行《武器出口管控法》（*Arms Export Control Act*，AECA）[41]和《国际武器贸易条例》（*International Traffic in Arms Regulations*，ITAR）[42]，理由是这些法律和条例本身以及适用于原告的方式均违反宪法。在提起诉讼时，伯恩斯坦是一名在密码学领域工作的数学博士候选人。在学生时代，伯恩斯坦开发了一种名为"Snuffle"的加密算法，即一种零延迟的私钥加密系统。伯恩斯坦以两种方式阐述了他的数学思想：在一篇题为"Snuffle加密系统"的学术论文，以及在用"C"编写的"源代码"中，详细描述了加密和解密过程，他分别称之为"Snuffle. C"和"Unsnuffle. c"。

在美国，《武器出口管控法》授权总统通过将国防物品和国防服务列入美国军火清单（United States Munitions List，USML）来控制这些物品的进出口。[43]一旦进入该清单，除非另有豁免，国防物品或服务在进口或出口之前需要许可证。[44]《国际武器贸易条例》[45]由国务卿颁布，并由行政命令授权该条例实施《武器出口管控法》。《国际武器贸易条例》采用"商品管辖程序"，通过该程序，国防贸易控制办公室（ODTC）确定一种物品或服务是否在美国军火清单范围内，包括"具有保持信息或信息系统的保密性或机密性能力的加密系统、设备、装配件、模块、集成电路、组件或软件……"。[46] 1992年，伯恩斯坦向美国国务院提交了商品管辖权请求，以确定"Snuffle. c""Unsnuffle. c"及其描述"Snuffle加密系统"的学术论文，是否受《国际武器贸易条例》的管控。作为回应，国防贸易控制办

---

[38] 从本质上讲，"手段加功能"权利要求允许起草者根据功能去申请发明专利，而不是采用传统的在权利要求书主体内部描述结构特征的方式去申请发明专利。

[39] Ibormeith, above note 37.

[40] Bernstein v. United States Department of State, 922 F. Supp. 1426 (1996).

[41] Arms Export Control Act, 22 USC § 2778.

[42] International Traffic in Arms Regulations, 22 CFR §§ 120-30 (1994).

[43] 22 USC § 2778 (a)(1).

[44] 22 CFR § 121.1 XIII (b)(1).

[45] 22 USC § 2778 (a)(1).

[46] 22 CFR § 121.1 XIII (b)(1).

公室通知伯恩斯坦，在与商务部和国防部协商后，其已确定商品 Snuffle 5.0 属于《国际武器贸易条例》下的国防物品，并在出口前必须获得国务院的许可。国防贸易控制办公室将该项目认定为"未整合到成品软件产品中的独立加密算法"。[47] 伯恩斯坦对初步的商品管辖权裁定提出上诉。

在上诉法院作出裁决后，政府要求对本案进行复审并获得批准，致使原裁决被撤回。然而，在审查开始之前，政府放宽了其加密法规的限制范围。因此，此案被发回地方法院。在接下来的几年，双方都提出了一些交叉动议，伯恩斯坦的法律团队再次对政府的加密法规提出宪法挑战。他们认为政府的政策违反了第一修正案，限制了研究。最后，在一次听证会上，联邦政府放弃了其加密规则的部分内容，表示不会执行其中的一些条款。地区法院随后以"成熟度"为由驳回了此案，认为任何所谓的对原告的损害都是假设而不是实际的。从上面的案例中，我们可以得出结论，算法的使用涉及从专利到国家安全的多个法律领域，随着算法越来越深入地嵌入社会，我们预计更多的法律领域将受到担任决策角色的算法的挑战。

二、机器人是算法的一个特例

13 由于瑞恩·卡罗（Ryan Calo）和杰克·巴尔金（Jack Balkin）等法学学者的努力，或许我们可以将机器人的发展，视为算法法律的主要生成动力，特别是考虑到算法被用于解释机器人收集的传感器信息，使其能够完成其他工作，形成环境的空间模型，为机器人提供多种运动自由度，并控制机器人的末端执行器在执行给定任务时所产生的力的大小。我们注意到，尽管在已发布的案例报告中并未直接提及，但在大多数涉及机器人的法律纠纷中，控制机器人行为的算法都直接相关。[48]

如 Jones v. W+MAutomation, Inc. 案，[49] 该案涉及一个机器人龙门加载系统（gantry-loading system）。当原告进入安全围栏后面的区域时，该系统袭击了原告。由于算法控制机器人夹持臂的运动，因此我们在算法的背景下讨论这个案例。具体来说，当原告站在安全围栏后面时，机器人系统的夹持臂击中了他的头部，他被钉在一个基座上，头部受了伤。本案的主要问题是，被告出售系统时该系统是否有缺陷。原告根据严格责任、过失、未发出警告和违反保证等理论提起诉讼。法院认为，根据"组件"原则，对作为组件制造商的被告适用即决判决是恰当的。该原则指出，如果产品的无缺陷组件部件被整合到另一种可能有缺陷的产品中，则组件制造商无需承担责任。被告也有权获得即决判决，因为原告未能提出反对即决判决的证据，以证明该系统存在缺陷。同样，在我们看来，（对机器人而言）由于机器人的使用而对现有法律带来的许多挑战，其实都可以归结为算法问题，以及算法在指导机器人行为中所起的作用。

---

[47] Bernstein, above note 40.

[48] See S. S. Wu, Summary of Selected Robot Liability Cases (2010), http://ftp.documation.com/references/ABA10a/ PDfs/2_5.pdf.

[49] Jones v. W + M Automation, Inc., 818 NYS. 2d 396 (App. Div. 2006), appeal denied, 862 NE. 2d 790 (NY 2007).

三、计算机科学与法律的整合

当法律界开始考虑如何解释算法的行为时,我们应该认识到,计算机科学家一直在向一代又一代的计算机科学学生传授算法技术,包括如何评估算法的性能。大多数情况下,算法分析涉及确定执行这些算法所需的资源量(如时间和存储空间)。通常,算法的效率或运算时间,被表述为输入长度与步骤数(时间复杂度)或存储位置(空间复杂度)之间的函数关系。此外,从计算机科学的角度来看,算法应该满足以下要求:①明确性——过程中的每一步都必须精确地表述;②有效的可计算性——过程中的每一步都可以由计算机执行;③有限性——程序最终会成功终止。第一个和第三个要求与算法法律紧密相关。重申一遍,本节的重点是指出,计算机科学领域开发的技术,可能为负责评估算法性能的法院,以及处理涉及算法的争议的律师,提供极大的帮助。

四、结论

除了使用算法引发的具体法律问题外,算法在社会中的使用也引发了一系列棘手的伦理、偏见和公平问题,这些问题必须由法律机构和立法者解决。在这一点上,迄今为止,算法的部署几乎没有受到监督,而且在许多情况下,适用于算法的法律是为涉及人类决策者的纠纷而制定的。法律如何调整以涵盖日益智能化的算法控制系统,是法律界和本书讨论的主要话题。显然,从机器人、自动驾驶汽车和无人机,到能够瞬间跨越物理管辖边界的软件机器人,配备有参与决策算法的系统正在以多种方式挑战现行法律。因此,一个很重要的问题是,我们如何监管那些由算法控制的、替代人类做出决策的新兴技术的发展,既要确保创新不受阻碍,又要同时保护人们的权利。

此外,尽管人工智能系统是否会达到甚至超越人类的智能水平引发了诸多争论,但在创制算法法律时,我们必须考虑这样一种可能性:算法驱动的实体可能会在决策能力上超越人类,并最终拥有自己的目标,采用人类未知的解决方案,甚至超出我们的理解范畴。如果出现这种实体,法律机构应如何应对其带来的挑战?"这种对未来的特殊看法如果成为现实,将导致法律机构和立法者面临极具挑战性的问题"。有作者在《网络人类:我们与机器的未来》(Cyber Humans: Our Future with Machines)一书中首次讨论了一些相关问题,但对"技术奇点"带来的问题的全面讨论超出了本章的范围。[50] 针对算法驱动的系统,一些人建议,谨慎的做法是规范科技公司的行为,这些公司通过其专有算法会影响我们在互联网上的所见所闻(在某种程度上,现在反垄断法和隐私法已经做到了这一点)。我们同意这一看法,但有一些保留意见。我们认为,随着能够取代人类决策、参与歧视行为、破坏互联网连接技术(包括植入式医疗设备或自动驾驶汽车)的算法的出现,有必要采取更广泛的方法。这些算法系统可能由个人或国家编写,意图对其他国家或个人采取敌对行动。所以,也许监管的重点不应该放在公司层面,而应该放在算法本身,这些算法用于控制我们的信息内容,并做出影响人类生活的决策。对于那些摆脱人类控制而获得自主性的系统来说,后一种方法将更具相关性。

---

[50] 技术奇点是这样一个时间点,一些人认为大约是21世纪中叶(或更早),那时人工智能在总体智力上达到并超过人类。之后,有人认为人工智能可能会经历"智能爆炸"。

随着算法系统自主性的提高，一些人提议在政府内部设立一个"算法沙皇"（algorithm czar），其唯一目的就是监管算法的使用；也许是为了在算法投入商业使用之前监督它们的注册，就像专利在授予专利所有者有限的垄断之前要经过审查程序一样。在这一点上，律师安德鲁·塔特（Andrew Tutt）提出了一个观点，即我们需要成立一个相当于美国联邦药物管理局（FDA）的算法监管机构。[51] 他说，刑法、侵权法等领域的法律将无法应对算法带来的监管难题。[52] 根据塔特的说法，算法监管将需要联邦层面的一致性、专家判断、政治独立和入市前审查，以便在不扼杀创新的情况下，防止将危险程度不可接受的算法引入市场。他认为，这样一个联邦机构应该拥有三种权力：[53] 首先，该机构应该有权根据算法的设计、复杂性和潜在危害（包括正常使用和滥用情况下的危害），将算法归类到不同的监管类别中。其次，该机构应有权禁止算法进入市场，直至其安全性和有效性通过基于证据的入市前试验得到证明。最后，该机构应该拥有广泛的权力来施加披露要求和使用限制，以防止算法滥用的危害。塔特的方法对"守法的"公司是有意义的，因为这些公司必须满足算法监管机构规定的标准。但是与 FDA 批准的医疗设备和药物的开发相比，私人团体或国家机构编写和发布算法要容易得多，因此许多算法不会受到政府审批的约束。此外，算法造成的危害往往难以察觉且分布广泛。因此，很难明确谁应对此类危害承担责任和赔偿。而对创新者来说，他们可能希望享有联邦对地方的、事后的责任（local and ex post liability）的预先豁免。正如本书中的许多章节所强调的那样，目前人们正在努力解决与算法和其他人工智能技术相关的日益增长的问题。例如，欧盟委员会赋予自己的使命是，在其作为在线隐私监管机构的传统基础上，为未来几年新兴的"人工智能时代"制定规则。

我们想指出的算法法律的另一个主要关注领域是致命性自主武器（lethal autonomous weapon，LAW）系统的开发。一些国家在开发"杀手机器人"（killer robots）方面付出了相当大的努力，这些机器人的行为将由算法指导。作为回应，一些国家主张制定一项新的"数字日内瓦公约"，以保护世界免受此类系统带来的日益严重的威胁。公约将需要处理许多极其重要的问题，例如，根据国际冲突法，谁应对智能机器造成的死亡或伤害负责仍不清楚——开发人员、制造商、指挥官抑或设备本身。还有人认为，绝不能允许杀手机器人自行决定是否参与战斗，因此需要制定一项新的国际公约来管理致命性自主武器技术的使用。最后，关于政府监管的问题，公民必须保持警惕并参与到与新兴智能技术相关的监管过程中。

---

[51] A. Tutt, An FDA for Algorithms（2017）69 Admin. Law Rev. 83，https：//ssrn.com/abstract=2747994 and http：//dx.doi.org/10.2139/ssrn.2747994.

[52] Ibid.

[53] Ibid.

第二章

机器的意见

柯蒂斯·E. A. 卡诺（Curtis E. A. Karnow）*

引言

人们理解深度学习（神经网络）背后的线性代数。但它产生的模型却不那么容易被人类读懂。这些模型是机器可读的，它们可以检索到非常准确的结果，但我们并不能总是逐一解释是什么导致它们得出这些准确的结果。[1]

"当我观看这些比赛时，我不知道有多紧张。我真的不知道会发生什么。"[2]

神经网络是一种特殊的软件架构，它不仅可以利用软件拥有的几乎完美的记忆能力和更快的处理速度，而且可以自学并掌握人类无法直接编程的技能，依靠这些神经网络来完成医疗诊断、金融决策、天气预报以及其他许多重要的现实任务。2016年，一个名为AlphaGo的程序在围棋比赛中击败了人类顶尖棋手。[3] 就在几年前，这还被认为是不可能的。[4] 高水平围棋需要非凡的技能，不仅是计算机显然擅长的计算，更关键的是判断、直

---

* 加州高级法院法官，旧金山郡。

［1］ C. Metz, AI Is Transforming Google Search. The Rest of the Web Is Next, Wired (February 4, 2016), www.wired.com/2016/02/ai-is-changing-the-technology-behind-google-searches.

［2］ 讨论了AlphaGo与自己的对局，并引用了围棋强手和职业围棋教练Nick Sibicky的一段话："有很多事情我不明白。" C. Metz, What the AI Behind AlphaGo Can Teach Us about Being Human, Wired (May 19, 2016), www.wired.com/2016/05/google-alpha-go-ai/. See also N. Sibicky, Nick Sibicky Go Lecture #256-Alpha vs. Go, YouTube (June 29, 2017), www.youtube.com/watch? v=yfUzW0gH8ts.

［3］ D. Silver, A. Huang, C. J. Maddison, et al., Mastering the Game of Go with Deep Neural Networks and TreeSearch (2016) 529 Nature 484, 488, http://web.iitd.ac.in/~sumeet/Silver16.pdf.

［4］ "但事实是，在世界上所有确定性完美信息游戏（井字游戏、国际象棋、国际跳棋、黑白棋、象棋、将棋）中，围棋是唯一一个计算机不可能战胜人类的游戏。" " '计算机要在围棋上打败人类可能还需要一百年，甚至更长的时间'，新泽西州普林斯顿高级研究所的天体物理学家Piet Hut博士说。" See, e.g., A. Levinovitz, The Mystery of Go, the Ancient Game that Computers Still Can't Win, Wired (May 12, 2014), www.wired.com/2014/05/the-world-of-computer-go/. See also G. Johnson, "To Test a Powerful Computer, Play an Ancient Game", *New York Times* (July 29, 1997), www.nytimes.com/1997/07/29/science/to-test-a-powerful-computer-play-an-ancient-game.html.

觉、模式识别,以及对位置平衡等不可言喻的因素的权衡。[5]

17　　　这些技能无法直接编程。相反,AlphaGo 的神经网络[6]通过成千上万盘棋局进行自我训练,后来又进行了数百万盘棋局的自我训练——这远远超过了任何人类个体所能进行的,[7] 现在它已经经常击败所有人类挑战者。[8] 由于它能根据经验不断学习和自我修正,这样的网络也被称为自适应网络。[9]

下文将详细介绍神经网络在工业和科学领域的应用。神经网络被提议用于导弹发射和拦截。[10] 本章认为,既然这些系统被认为是可靠的,那么陪审团也应有权吸纳神经网络的专家意见。

要采纳本章称之为"机器意见证据"的证据,既需要对提供专家意见的要求进行审查,也需要审判法官了解相关技术,因此法官能够对可采性作出裁决,并确保为陪审团正确提供意见,法官还必须具备处理技术问题的足够知识。此外,考虑到所涉及的风险,法官还必须拥有决定软件在科学上是否具有可靠性的法律权力。许多法官不具备这方面的知识,而现行法律可能也无法容忍这种可采性分析。[11] 本章通过对神经网络机制的详细概述,以及对评估机器意见可靠性作用的简短(虽然技术含量不高)背景介绍,可以帮助解决这两个问题。

---

　　[5]　之所以如此,是因为可能的排列组合数量实际上是无限的。可能的围棋对局数远远超过了宇宙中原子的数量,而单纯的计算甚至无法击败一个中等水平的人类棋手。See Number of Possible Go Games, Sensei's Library (March 24, 2016), http://senseis.xmp.net/?NumberOfPossibleGoGames. 这与国际象棋不同,国际象棋的选择比围棋少得多。就国际象棋而言,所谓的"穷举法"(brute-force)可以击败顶尖的人类棋手。Frequently Asked Questions: Deep Blue, IBM, www.research.ibm.com/deepblue/meet/html/d.3.3a.shtml. See C. Metz, In a Huge Breakthrough, Google's AI Beats a Top Player at the Game of Go, Wired (Jan. 27, 2016), www.wired.com/2016/01/in-a-huge-breakthrough-googles-ai-beats-a-top-player-at-the-game-of-go/, "1997 年,深蓝战胜了国际象棋世界冠军加里-卡斯帕罗夫(Gary Kasparov)。从本质上讲,IBM 的超级计算机分析了每一步可能的结果,比人类看得更远。围棋根本不可能做到这一点"。See also Johnson, above note 4.

　　[6]　有关 AlphaGo 神经网络的一般性讨论,See C. Burger, Google DeepMind's AlphaGo: How It Works, Taste-Hit, March 16, 2016. 神经网络之所以被称为神经网络,是因为它们分层运行,每一层都有不同的功能。See also I. Goodfellow, Y. Bengio, and A. Courville, Deep Learning (MIT Press, 2016), p. 6 (Draft Version), www.deeplearningbook.org/contents/intro.html.

　　[7]　See generally Metz, above note 2.

　　[8]　2017 年 1 月 4 日的报道,AlphaGo 被确认为击败五十位顶尖围棋高手的秘密棋手。See AlphaGo Confirmed as Master/Magister, Am. Go E-Journal (January 4, 2017), www.usgo.org/news/2017/01/alphago-confirmed-as-master-magister.

　　[9]　M. Hassoun, What Is a Neural Network and How Does Its Operation Differ from that of a Digital Computer? (In Other Words, Is the Brain like a Computer?), Scientific American (May 14, 2017), www.scientificamerican.com/article/experts-neural-networks-like-brain.

　　[10]　See, e.g., J. Xiao, W. Li, X. Xiao, and C. Lv, Improved Clonal Selection Algorithm Optimizing Neural Network for Solving Terminal Anti-Missile Collaborative Intercepting Assistant Decision-Making Model (2016) 644 Commun. Comput. Inf. Sci. 216, 216-31; M. B. McFarland and A. J. Calise, Adaptive Nonlinear Control of Agile Antiair Missiles Using Neural Networks (2000) 8 IEEE Trans. Control Syst. Technol. 749, 749-56, http://ieeexplore.ieee.org/stamp/stamp.jsp?arnumber=865848; E. Wahl and K. Turkoglu, Non-Linear Receding Horizon Control Based Real-Time Guidance and Control Methodologies for Launch Vehicles, 2016 IEEE Aerospace Conference (2016), http://ieeexplore.ieee.org/stamp/stamp.jsp?arnumber=7500857.

　　[11]　本章重点介绍加利福尼亚州的法律,并将其作为一个合理的例子,说明在美国司法管辖区更普遍适用的**法律状况**。

法官和律师都熟悉的是，专家拥有以其宣称的独立性和明显的权威性左右陪审团的能力。因此，陪审团极有可能认为计算机系统具有更大的权威性，因为此类系统表面上没有偏见、独立于各方且不会出错。[12] 特别是在这种情况下，审判法官必须认真履行把关职能，确保只有具有可靠性的证据才能提交给陪审团。[13]

虽然在某些专利案件中有一些涉及神经网络的法庭意见，[14]但似乎没有任何州或联邦案件讨论由软件生成的、人类无法完全解释的证据陈述，即所谓"机器意见"的可采性。然而，一些评论者认为此类证据应被采纳。例如，他们探讨了面部识别软件，该软件可在人类无法作出类似估计的情况下，确定模糊图片可能是被告。[15] 有评论家主张使用软件来证明医疗保健行业的欺诈行为，这就需要对大量数据进行模式检测。[16] 与此相关，加利福尼亚州最高法院的一位法官探讨了依靠软件为行政机构生成决定的影响，并对法院可能对这些决定进行何种审查提出了质疑。[17] 下文提供了更多实例。

本章的两个目标是：①介绍神经网络技术；②论证机器意见的可采性。首先，本章介绍了在典型案件中对文件进行技术辅助审查（TAR）这一相对熟悉的操作。其次，本章概述了神经网络在现实世界中的广泛应用，并以此论证在该领域中值得信赖的系统在法庭上也应值得信赖。再次，本章转向证据法，重点讨论计算机存储和计算机生成的数据（包括动画和模拟）的可采性规则。这些章节的主题同样是可靠性引领可采性。这为通过四个分论点提出的中心论点奠定了基础，即神经网络的输出结果在法庭上是具有可采性的。最后，本章提出了进行有意义的交叉质证的必要性，并阐明了采纳神经网络生成的观点所面临的风险，以及交叉质证可能针对的对象。

---

[12] "数字证据在公众心目中可能具有无懈可击的光环。" E. E. Kenneally, Gatekeeping Out of the Box: Open Source Software as a Mechanism to Assess Reliability for Digital Evidence (2001), 6 Va. J. Law Technol. 13, 39.

[13] "第702条赋予法官一定的把关责任。" See, e. g., Daubert v. Merrell Dow Pharm., Inc., 509 US 579, 600-1（1993）; "审判法院负有实质性的'把关'责任。" Sargon Enters., Inc. v. Univ. of S. Cal., 288 P. 3d 1237, 1250（Cal. 2012）. 需要明确的是，本章专门针对意见的可采性这一门槛问题。虽然意见的可靠性是或应该是检验意见是否可被采纳以及随后是否被事实审理者（法官或陪审团）接受的最重要因素（例如 Wendell v. GlaxoSmithKline LLC, 858 F. 3d 1227（9th Cir. 2017）），但意见的可采性与意见最终是否被事实审理者视为具有说服力是截然不同的。

[14] See, e. g., Neuromedical Sys., Inc. v. Neopath, Inc., No. 96 Civ. 5245（JFK）, 1998 WL 264845, at *4（SDNY May 26, 1998）.

[15] See, e. g., J. Nawara, "Machine Learning: Face Recognition Technology Evidence in Criminal Trials (2011)", 49 Univ. Louisville Law Rev. 601. 有一些有趣的"对质条款"问题。See, e. g., J. C. Celentino, Note, Face-to-Face with Facial Recognition Evidence: Admissibility Under the Post-Crawford Confrontation Clause (2016), 114 Mich. Law Rev. 1317.

[16] N. Issar, More Data Mining for Medical Misrepresentation? Admissibility of Statistical Proof Derived from Predictive Methods of Detecting Medical Reimbursement Fraud (2015) 42 N. Ky. Law Rev. 341. For other suggestions, see A. Roth, Machine Testimony (2017) 126 Yale Law J. 1972, 2021.

[17] M.-F. Cuellar, Cyberdelegation and the Administrative State, Stanford Public Law (2016)（Working Paper）, https://papers.ssrn.com/sol3/papers.cfm?abstract_id=2754385. See also M.-F. Cuéllar, Artificial Intelligence and the Administrative State, PPR News (December 19, 2016) www.theregreview.org/2016/12/19/artificial-intelligence-and-the-administrative-state/.

一、神经网络

（一）律师入门：预测编码

许多律师已经熟悉了神经网络这一基本技术，因为他们在大量电子文档的 TAR 中都已使用了神经网络技术。[18] 对数以百万计的电子邮件和其他文档进行人工审核是徒劳的，因为通常在 TAR 搜索相关项目时，不仅成本更低，而且几乎更准确。首先，该软件使用预测编码，程序在初步或起始文档集（"种子集"）上展开训练，这些文档集是人工挑选出来的，可代表所有有争议的文档。其次，向系统提供一般生产文件的样本。再次，系统就哪些是相关的或哪些是不相关的提出意见，人类通过指出错误来训练系统。最后，系统会不断改进其鉴别能力。它通过权衡文档的各个方面，如关键词和一系列单词，得出项目相关的概率。当系统在训练（或"控制集"）文档方面足够准确时，它会被应用到整个产品语料库（数以百万计的相关文件）并标记那些其认为相关的文件，"预测性发现比传统的发现方法更快、更便宜、更准确"。[19]

关于 TAR 的预测性发现系统，本书提出几点看法：无人知晓系统为什么会选择该文档，因为一旦系统经过训练，就无法向人工分拣员提供脚本来模仿系统对文档的选择，也就是说，无法准确总结所使用的标准。尽管如此，当事人在涉及重大利益的诉讼中仍需依赖预测编码，此技术仍然具有可靠性。

（二）面具之下：隐藏的层次

在指出法律界普遍熟悉并依赖某种神经网络之后，本章将简要介绍这些程序的典型机制。

笔者可以将神经网络与经典的"专家系统"对比。经典的专家系统只是由人类预先编程的规则集合。例如，试想一个汽车修理专家系统会提出一系列脚本化的问题，然后给出答案。人类专家编写了每个问题的脚本，并创建了矩阵，从而使某组回答产生脚本输出。[20] 这些

---

[18] See, e. g., S. Brown, Peeking Inside the Black Box: A Preliminary Survey of Technology Assisted Review (TAR) and Predictive Coding Algorithms for Ediscovery (2016) 21 Suffolk J. Trial & App. Advoc. 221; A. T. Goodman, Predictive Coding and Electronically Stored Information: Computer Analytics Combat Data Overload, Arizona Attorney (July/August 2016), p. 26.

[19] "尽管线性审查是电子发现流程'黄金标准'的误解广为流传，但考虑到其高昂的成本，详尽的人工审查出奇地不准确。作为 TREC Legal Track 的一部分，有关法律审查的学术研究表明，线性审查的准确率通常只有40%~60%。预测性编码技术涉及一个迭代过程，由资深律师根据审查标准对软件进行培训，创建一个数学模型，预测性编码软件利用该数学模型生成'预测'，即如果由经验丰富的律师审查，剩余文档将如何标记。研究表明，预测性编码能以极少的时间和成本达到更高的准确度。" J. H. Looby, E-Discovery-Taking Predictive Coding Out of the Black Box, FTIJ (November 2012), http://ftijournal.com/article/taking-predictive-coding-out-of-the-black-box-deleted (relying on M. R. Grossman and G. V. Cormack, Technology-Assisted Review in E-Discovery Can Be More Effective and More Efficient than Exhaustive Manual Review (2011) 17 Rich. J. Law Technol. 11). See also Veritas Techs. Corp., Predictive Coding Defensibility (2015), p. 3, www.veritas.com/content/dam/Veritas/docs/white-papers/21290290_GA_ENT_WPPredictive-Coding-Defensibility-Measuring-Accuracy-with-Random-Sampling-EN.pdf.

[20] F. P. Brooks, Jr., The Mythical Man-Month: Essays on Software Engineering, 2nd edn. (Addison-Wesley, 1995), p. 191. Brooks 在其经典著作（最初出版于1975年）中将这些现在相对简单的专家系统称为"推理引擎"。虽然神经网络也可以使用同样的术语，但推理手段及其灵活性却大相径庭。

操作都是"硬编码"到软件中的。[21] 这些系统或许可以完成一些法律工作。[22] 重要的是，人类能够理解这些经典的专家系统，并能解释它们执行的每个步骤。

在深入探讨能够学习的系统（如上文讨论的 TAR 系统）之前，有必要指出的是，这些系统需要从新数据中学习。但这种学习通常需要结构化的数据，这意味着人类实际上必须解释来自世界的数据，将其转换成程序可以接受的格式。[23]

表征学习系统，尤其是深度学习系统，不需要人为干预。这些程序可以接触到现实世界的数据，并学习（随后自学）原始数据与高层次表征和抽象概念之间的关系。[24] 神经网络是一种表征学习系统，其中有些是深度学习系统，有些是浅层学习系统，它们能解决人类编写的固定程序无法解决的问题。[25]

神经网络的系统学习使人类无法感知实际操作：概率权衡。人类无法确定权衡元素的方式，甚至通常无法确定权衡的元素。网络是自组织的。最近的研究结果更令人惊讶：网络在无标记数据的基础上进行自我训练，如识别人脸和猫，系统在不先输入待识别项目的情况下就能进行这些识别。[26] 这些系统利用源自概率论的统计和算法，在不确定和模棱两可的数据中得出结果，然后自学修改算法，以提高准确率。[27]

用于图像分析的神经网络就是一个很好的例子，如识别图片中的人脸或其他特征。[28] 系统首先接受输入。在前面的例子中，进一步想象这是一系列像素，为了方便起见，这些像素要么是黑的，要么是白的，要么是开的，要么是关的，网格可能是 200 * 200（即 40 000 个）像素或点。这些数据由一系列计算程序处理，每个程序实际上就是一个处理器或"节点"。第一层节点的工作，即系统的第一项任务是识别输入是开还是关。第二项任务是确定是否存在"边缘"，一排三个黑点可能是一条边缘，一排七个黑点也可能是一条边缘，一排十个黑点还可能是一条边缘。边缘检测可能是第二层处理，根据节点的调整方式，部分节点可能会"投票"决定是否存在边缘。在这个阶段，系统并不知道自己看到的是一张人脸还是一个棒球。

第二层的输出（"这里有边缘"或"这里没有边缘"）是第三层的输入，第三层可以称为形状检测器或眼睛检测器。

第三层的任务是将边缘确定为符合或不符合某种形状。这里的 输出可能是"有一只眼睛"，或鼻子等其他元素形状。

第三层的输出是第四层的输入，第四层则可能是人脸识别层。根据眼睛、鼻子或其他形状的输入，它将产生最终输出："有一张脸"或"没有脸"；如果其上一层被训练成可以

---

[21] Goodfellow et al., above note 6, p. 2.

[22] See generally L. Thorne McCarty, Reflections on Taxman: An Experiment in Artificial Intelligence and Legal Reasoning（1977）90 Harv. Law Rev. 837.

[23] Goodfellow et al., above note 6, pp. 2-3.

[24] Ibid., pp. 4-5.

[25] Ibid., p. 96.

[26] Q. V. Le, M. Ranzato, R. Monga, et al., Building High-Level Features Using Large Scale Unsupervised Learning, 2012 Proceedings of the 29th International Conference on Machine Learning（2012），p. 127, https: // static.googleusercontent.com/media/research.google.com/en//archive/unsupervised_icml2012.pdf.

[27] Goodfellow et al., above note 6, pp. 52-79.

[28] See generally ibid., p. 6, fig. 1.2.

寻找车轮、侧板、驾驶室等东西，最终（输出层）可能会报告"这是一辆卡车"。在每一层，输入的信息可能会有很大的不同，因为边缘有各种形状和大小，有时可能只有几个像素，有时可能更多。这些边缘在随后的图层中或多或少都会符合眼睛、鼻子、脑袋、车轮等，这些元素又或多或少地与卡车或棒球的形状相吻合。一层向下一层的输出是一个概率值。根据系统的训练，可能只需要微弱的概率就可以向链上发送肯定票，也可能需要高度的确定性才能发送"是的，这是一条边缘"或"是的，这是车轮"。一个层可能有一些输入，但不是确定结论所需的全部输入，因此，实际上，它的节点会对其结论的确定程度进行投票。网络中最终向下一层发送"是"或"否"的节点是可调整的，这就是训练的作用所在。

在训练过程中，系统会对节点进行调整，为前几层的输入分配更多或更少的权重。在传统的训练过程中，系统会收到大量带标签的图片（或在 TAR 中为文档），并获得人工反馈。反馈会告知系统是否作出了正确的决定。如果没有，就会对系统进行内部检验，调整其节点的权重，直到最大限度地提高正确估计或最终输出的数量。最典型的例子是"反向传播神经网络"，它利用最终输出误差"反向"调整节点权重，再运行一次，并注意输出的改进程度。无论技术上是否正确，与人类学习的比较是显而易见的。[29] 通过反复纠正儿童的输出语句（"小狗"或"小猫"），直到输出正确为止，从而教会儿童各种事物是狗还是猫。与神经网络一样，人类可以测量并最终相信输出的准确性，但却不知道网络（或儿童大脑）的内部状态是怎样的，也不知道为什么会这样。在神经网络中，内部状态只是大量的权重，也就是数字。因此，介于初始输入和最终输出之间的层通常被称为"隐藏层"。[30] 当系统从原始数据输入到最终输出的各层时，它会通过越来越复杂和抽象的概念得出结论。[31]

图 2.1，即本脚注所引文献展示了在此基础上，还可设想具备更多隐藏层的网络。[32]

---

[29] 大众对人工神经网络模仿生物网络的直觉可能是正确的。大卫·休伯尔（David Hubel）和托斯登·维塞尔（Torstein Wiesel）因研究视觉皮层的信息处理系统而获得 1981 年诺贝尔生理学或医学奖。See Press Release：The Nobel Prize in Physiology or Medicine 1981, The Nobel Assembly of Karolinska Institute（October 9, 1981），www. nobelprize. org/nobel_prizes/medicine/laureates/1981/press. html. 还有人告诫说，大脑就像神经网络，只是一种类比和比喻。See, e. g., C. Chatham, 10 Important Differences between Brains and Computers, ScienceBlogs（March 27, 2007），http：//scienceblogs. com/developingintelligence/2007/03/27/why-the-brain-is-not-like-a-co/. 这个问题在这里无关紧要。对于那些感兴趣的人来说，人工神经网络可能要到 2050 年左右才会拥有与人类同等数量的神经元（Goodfellow et al., above note 6, p. 21），但到那时，人工神经网络可能会发展得非常非常快，不受人类相对较慢的处理速度和有限的存储能力的限制。

[30] 目前，大约有十层的网络被称为"深层"或"超深层"网络。See J. Schmidhuber, Deep Learning in Neural Networks：An Overview（2015）61 Neural Netw. 85, 88, www. sciencedirect. com/science/article/pii/S0893608014002135.

[31] Goodfellow et al., above note 6, p. 8.

[32] M. Nielsen, Why Are Deep Neural Networks Hard to Train? in Neural Networks and Deep Learning（2017），ch. 5, http：//neuralnetworksanddeeplearning. com/chap5. html.

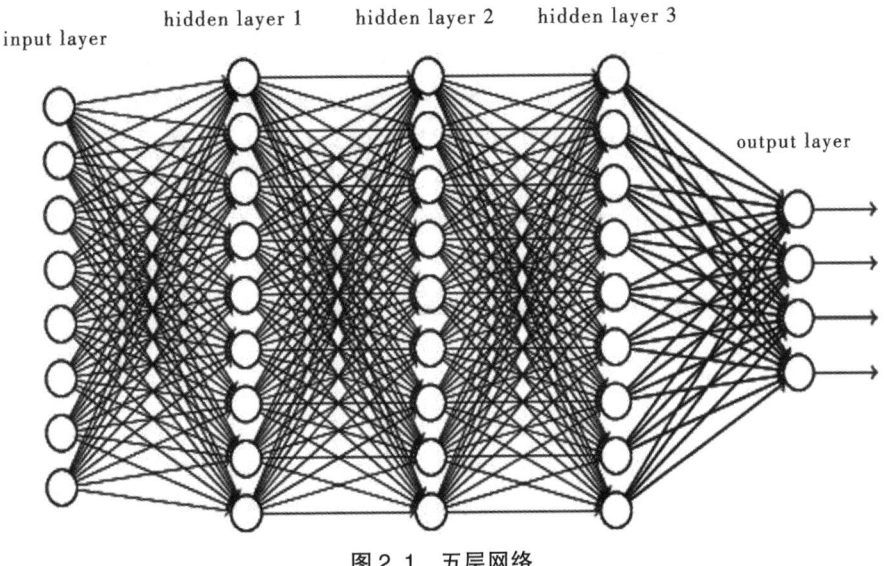

图 2.1 五层网络

监督网络使用标注数据进行训练，然后根据新的输入估算答案。如前所述，神经网络可以自我训练，充分利用近年来大幅增加的数字化数据量。[33]"大数据"使程序有更大的空间来训练和自我修正其机制。虽然监督学习和非监督学习之间的界限并不固定，[34]但非监督学习会检验未标记的数据，将其与随机数据进行比较，并提取一系列与非随机数据相比的常见特征。当然，这些特征是从输入层抽象出来的。输入层参数因此被固定，并作为该层的输出而构成下一层的输入，从而在下一层进一步进行抽象提取共同特征。一个简单的例子是聚类程序，它可以审查大量输入，就共同特征得出结论，然后将输入分成不同的组。这一切都可以在无标记数据的情况下完成，而且不需要人工纠正输入。例如，Google 的工程师们创造了 AlphaGo 的早期迭代，让它自学识别猫。工程师们没有告诉它任何关于猫的信息，只是让它检查了 13 026 张猫的图片和 23 974 张没有猫的图片。尽管工程师们没有指明哪张是猫，但系统最终还是自己检测出了猫的共同特征，并报告了它发现的共同实体。[35]通过将数据分类到由共同点定义的组或簇中，无监督学习系统因而创建了一系列更高层次的抽象概念。然后，这些系统通过学习自我完善。假设有这样一个系统，它能如上所述，将数字与非数字或猫与非猫区分开来，即分别进行聚类。现在，高层（产生"这是一个数字"或"这是一只猫"等结论的那些层）进行自上而下的分析，指导低层在进行判断时更具体地寻找什么。例如，自上而下的传递实际上可能会说："数字要找大约两到三个笔画"或"猫要找胡须和一定形状的耳朵"，然后迭代改进整个系统的性能，也即系统自学成才。[36]

---

[33] 在"风险与交叉质证"一节中将深入讨论。Goodfellow et al., above note 6, pp. 19–20.
[34] Ibid., p. 100.
[35] "与人们普遍持有的直觉相反，我们的实验结果表明，无需标注图像是否包含人脸，就可以训练人脸检测器……我们还发现，同一网络对猫脸和人体等其他高级概念也很敏感。" See Le et al., above note 26, p. 1.
[36] 关于技术性更强但仍不失平易近人的讨论，see G. E. Hinton, Learning Multiple Layers of Representation (2007) 11 Trends Cogn. Sci. 428, www.cs.toronto.edu/~hinton/absps/tics.pdf.

(三) 神经网络的用途

出于以下原因，必须注意对神经网络的广泛依赖。传统的分析手段不具备处理海量数据（即大众熟悉的"大数据"）的能力。但是，神经网络可以用来提取公因式，在这些大数据中大海捞针。例如，这些网络可用于自动银行贷款申请审批和信用卡欺诈检测，以及金融市场的其他广泛用途。它们还用于医疗诊断和 X 射线判读，并且还用于工厂的流程控制和科学研究，当然，在许多情况下还用于数据挖掘。有一篇文章指出了这些用途：[37]

（1）检测医疗现象。可以监测各种与健康相关的指数（如心率、血液中各种物质的水平、呼吸频率的组合）。特定病症的发生可能性与所监测的变量子集的非常复杂（如非线性和交互式）的变化组合有关。神经网络已被用于识别这种预测模式，以便开出适当的治疗处方。

（2）股市预测。股票价格和股票指数的波动是另一个复杂、多维、但在某些情况下至少存在部分确定性现象的例子。许多技术分析师正在使用神经网络，根据大量因素（如其他股票的过往表现和各种经济指标）对股票价格进行预测。

（3）信贷任务。贷款申请人的各种信息通常都是已知的。例如，可以获得申请人的年龄、教育程度、职业和许多其他信息。在对历史数据进行神经网络训练后，神经网络分析可以识别出最相关的特征，并利用这些特征将申请人划分为信用风险好或坏的类别。

（4）监测机器状况。神经网络可以为机器的预防性维护调度提供额外的专业知识，从而有助于降低成本。可以对神经网络进行训练，使其能够区分机器正常运行时发出的声音（"误报"）和机器濒临故障时发出的声音。经过一段时间的训练后，神经网络的专业技能就可以用来警告技术人员即将发生的故障，以免发生意外，造成代价高昂的"停机时间"。

（5）发动机管理。神经网络已被用于分析发动机传感器的输入。神经网络可控制发动机运行的各种参数，以实现特定目标，如最大限度地降低油耗。[38]

在更接近法律的领域，神经网络被开发或提议用于前述的电子识别用途，以及如检测

---

[37] 只要浏览一下谷歌学术，就会发现涉及这一主题的科学研究非常广泛。其他应用包括金融：股市预测；信用度；信用评级；破产预测；财产评估；欺诈检测；价格预测；经济指标预测。医疗：医学诊断；医疗现象的检测和评估；病人住院时间预测；治疗成本估算。工业：过程控制；质量控制；温度和力预测。科学：模式识别；配方和化学配方优化；化学化合物识别；物理系统建模；生态系统评估；聚合物识别；识别基因；植物分类；信号处理。教育：神经网络教学；神经网络研究；大学申请筛选；预测学生成绩。数据挖掘：预测分类；变化和偏差检测；知识发现；响应建模；时间序列分析。销售和营销：销售预测；目标营销；服务使用预测；零售利润预测；运营分析零售库存优化；调度优化；管理决策；现金流预测。人力资源管理：员工甄选和聘用；员工保留；员工调度；人员剖析。能源：电力负荷预测；能源需求预测；短期和长期负荷估算；天然气、煤炭指数价格预测；电力控制系统；水坝监测。其他：赛马和赛狗预测；定量天气预报；游戏开发；优化问题；路线选择；农业生产估算。See Neural Network Software Applications, Alyuda, www.alyuda.com/products/neurointelligence/neural-network-applications.htm.

[38] StatSoft, Inc., Neural Networks in Data Science Textbook (2013), https://docs.tibco.com/data-science/textbook.

枪击残留物、[39] 犯罪模式人口分析、[40] 走私自动检测[41]等其他用途，[42] 另外还包括法律服务。[43]

二、认可软件输出

本章对计算机生成证据（以下简称 CGE）可采性的基本规则进行一般性审查，为后文讨论机器意见的可采性做准备。

在审判中提出的证据（包括软件）可能涉及传闻证据问题，更广泛地说，可能涉及可靠性问题。真实性是可靠性的一个方面，因此，文件必须经过认证，否则就不具可靠性。反对性传闻证据适用于某些计算机输出结果，而不适用于其他输出结果。软件用于生成模拟和动画（两种截然不同的证据），具有不同的可采性要求。如下文所述，关于模拟的可采性规则尤其有用，但不足以决定神经网络的输出是否具有可采性。

先简要介绍一下 CGE 的分类方法会有所帮助。[44] 正如 Simons 大法官所指出的："必须将计算机生成的数据（如与信用卡刷卡和手机使用相关的数据）与由个人编写、然后以电子方式存储在计算机中的书面或电子文件区分开来。电子存储并不能使文件由计算机生成。"[45]

（一）档案柜

很多证据被认为属于 CGE，其实不然。[46] 有时所谓的 CGE 实际上是由将数据输入计算机的人类生成的：计算机只是作为存储系统，就像档案柜一样。信件、简报、电子邮件、

---

[39] R. Verena Taudte, C. Roux, D. Bishop, et al., Development of a UHPLC Method for the Detection of Organic Gunshot Residues Using Artificial Neural Networks（2015）7 Anal. Methods 7447, http：//pubs.rsc.org/en/content/articlepdf/2015/ay/c5ay00306g.

[40] X. Li and M. Juhola, Country Crime Analysis Using the Self-Organizing Map, with Special Regard to Demographic Factors（2014）29 AI Soc. 53, http：//link.springer.com/article/10.1007/s00146-013-0441-7.

[41] N. Jaccard, T. W. Rogers, E. J. Morton, and L. D. Griffin, Automated Detection of Smuggled High-Risk Security Threats Using Deep Learning, ArXiv（September 9, 2016）, https：//arxiv.org/pdf/1609.02805.pdf.

[42] M. Aikenhead, The Uses and Abuses of Neural Networks in Law（1996）12 Santa Clara Comput. High Technol. Law J. 31（法律推理）；M. Ebrahimi, C. Y. Suen, and O. Ormandjievab, Detecting Predatory Conversations in Social Media by Deep Convolutional Neural Networks（2016）18 Digit. Investig. 33, www.sciencedirect.com/science/article/pii/S1742287616300731；N. Issar, More Data Mining for Medical Misrepresentation? Admissibility of Statistical Proof Derived from Predictive Methods of Detecting Medical Reimbursement Fraud（2015）42 N. Ky. Law Rev. 341（统计检测证据）；G. Koukiou and V. Anastassopoulos, Neural Networks for Identifying Drunk Persons Using Thermal Infrared Imagery（2015）252 Forensic Sci. Int. 69, www.sciencedirect.com/science/article/pii/S0379073815001681；J. Nawara, Machine Learning：Face Recognition Technology Evidence in Criminal Trials（2011）49 Univ. Louisville Law Rev. 601（人脸识别系统的可靠性）；D. Olszewski, Fraud Detection Using Self-Organizing Map Visualizing the User Profiles（2014）70 Knowl.-Based Syst. 324, www.sciencedirect.com/science/article/pii/S0950705114002652.

[43] J. O. McGinnis and R. G. Pearce, The Great Disruption：How Machine Intelligence Will Transform the Role of Lawyers in the Delivery of Legal Services（2014）82 Fordham Law Rev. 3041.

[44] See generally G. P. Joseph, A Simplified Approach to Computer-Generated Evidence and Animations（1999）43 NY Law Sch. Law Rev. 875.

[45] M. Simons, California Evidence Manual（Thomson West, 2017），§ 2：2.

[46] Simons 法官称之为计算机生成信息（CGI）。"CGI"也用来指计算机增强的电影效果（计算机生成的图像）。M. Simons, California Evidence Manual（Thomson West, 2017），§ 2：2. 为避免歧义，此处用"CGE"表示计算机生成的证据。

PowerPoint、大部分电子表格和其他会计数据以及大多数照片都属于这一类。除照片外，这些类型的数据都是人类陈述的集合，因此，可以提出传闻证据抗辩。[47] 例如，可以根据商业记录的例外情况来应对反对意见。[48] 网站和聊天室的帖子也同样存放在档案柜中：人们将文字放在那里，其他人可以就真实性和相关问题作证，就像从实体文件柜中取出数据一样。数据库也包含人类输入的数据，也属于人类生成的信息。张贴在互联网上的照片通常与其他照片一样需要鉴定和承认，也就是说，要么有人证明照片是其拍摄的，要么熟悉照片所描述场景的人证明照片是准确的，间接证据可能因此具有可采性。[49]

诚然，将电子数据处理成照片或可读文本的行为涉及计算机处理，是将比特转换成人类可读的产品。但证据的提出者无需对这种处理方式进行解释或辩护，因为可以假定"计算机的打印功能已正常工作"。[50] 简而言之，"打印件具有可采性，并被假定为计算机中数据的准确呈现"。[51] 尽管如此，即使打印功能假定工作正常，打印数据仍可能是传闻证据，因为它是由人类输入的。[52]

计算机可以接收数据，并根据程序生成新数据，其准确性取决于程序的有效性。最简单的例子是电子表格中包含公式的单元格，这些单元格只需执行用户编写的类似迷你程序的东西，如"将单元格 B3 与 B4 相乘，并将结果放在这里"。如果人类选择了错误的单元格，或在本应是除法的情况下指令乘法，结果（如"今年的利润为 100 美元"）将是错误的。绘图程序可以自动生成圆形和方形，但它们是否准确取决于算法是否正确。总之，软

---

[47] "计算机数据库中的信息仍然是道听途说，往往是多层次的道听途说。" Simons, above note 45, § 2：63； People v. Romeo, 193 Cal. Rptr. 3d 96, 108（Cal. Ct. App. 2015）；Joseph, above note 44, p. 878.

[48] California Evidence Code（Thomson Reuters, 2017），§ 1271.

[49] "正常的可采性规则适用于从社交网络和其他在线网站获得的证据"，如果没有人有资格通过个人观察对网站上的照片进行鉴定，则可通过专家证词对照片进行鉴定。此外，还可根据其内容或主题提供真实性（People v. Valdez, 135 Cal. Rptr. 3d 628（Cal. Ct. App. 2011）案中社交网络网页上的照片据称由被告拍摄，其内容足以证明其真实性，因此具有可采性。See E. A. Rucker and M. E. Overland, California Criminal Practice：Motions, Jury Instructions and Sentencing, 4th edn.（Thomson West, 2017），Vol. 4, § 48：18. See also S. Goode, The Admissibility of Electronic Evidence（2009）29 Rev. Litig. 1, 24-25；P. W. Grimm, D. J. Capra, and G. P. Joseph, Authenticating Digital Evidence（2017）69 Baylor Law Rev. 1, 15. 讨论了联邦法院使用间接证据认证的问题，表明间接证据被广泛用于认证。

[50] People v. Goldsmith, 326 P. 3d 239, 246（Cal. 2014），quoting People v. Hawkins, 121 Cal. Rptr. 2d 627, 643（Cal. Ct. App. 2002）. 当然，与任何其他推定一样，另一方可以自由地对其进行攻击。但推定几乎总是足以将证据提交给事实审理者（如陪审团）。打印件的问题可能会受到质疑，但通常不会阻碍其可采性。See, e. g., People v. Martinez, 990 P. 2d 563, 580-2（Cal. 2000）. 这是因为对方没有证据证明打印输出不准确。但如果其确实有证据证明打印输出不准确，推定就不再有效，责任又回到打印输出的提出者身上，由其证明打印输出事实上是准确的。See People v. Rekte, 181 Cal. Rptr. 3d 912, 918-19（Cal. Ct. App. 2015）.

[51] B. E. Witkin, and members of the Witkin Legal Institute, California Evidence, 5th edn.（Witkin Legal Institute, 2012），Vol. 1, § 231（b）(3). 2017 年 12 月 1 日生效的新联邦证据规则使联邦法院更容易满足计算机存储数据的基本认证要求。See Fed. R. Evid. 902（13）-（14）. See also Grimm et al., above note 49, p. 39.

[52] 为证明其真实性而提供的打印件通常必须符合传闻规则的某些例外情况，例如商业记录例外情况。See Aguimatang v. Cal. State Lottery, 286 Cal. Rptr. 57, 72-3（Cal. Ct. App. 1991）；People v. Lugashi, 252 Cal. Rptr. 434, 439（Cal. Ct. App. 1988）.

件可能有漏洞，也可能没有漏洞，这些漏洞可能会影响其输出结果的正确性。[53]

典型的说法是，由于计算机内部处理的结果不是人的陈述，因此不涉及传闻。例如，著名法学作家 Bernard Witkin 宣称：[54]

> 区别：计算机内部操作。计算机内部运行结果的打印件根本不是传闻证据，因此商业记录例外情况不适用。这种打印件并不代表庭外陈述人输入计算机的陈述输出。有了机器，就不可能存在有意识的错误陈述。"对反映计算机内部操作的打印件是否具有可采性的真正检验标准不是打印件是否是在正常业务范围内制作的，而是在打印时计算机是否正常运行。"[55]

但是，内部处理的结果可能会使用人类输入的数据作为输入，而这些数据可能会受到各种理由的质疑。有时，数据似乎是通过传感器和数字成像等方式直接传入计算机的，无需人工干预，在这种情况下，可将其视为计算机内部处理的一部分。承认内部处理结果所使用的标准与传感器输入所使用的标准可能存在一些差异。在前一种情况下，如下文所述，提议者必须就系统的准确性提出一些根据（但不多），但实时传感器信息的输入，如自动照片，"被假定为准确的"[56]这种检验方式让人想起适用于计算机"打印功能"的检验方式。

对于典型的内部处理，在这一未发表的意见中简明扼要地阐述了可采性的基本规则：

> 检验机器创建的信息是否具有可采性的标准是，在打印输出时计算机是否正常运行……计算机记录的可采性也不要求确定计算机硬件或软件的准确性、维护性、可靠性或可接受性。（美国）最高法院指出，计算机生成的信息可能会出现错误。然而，这些错误不应影响可采性，而应在交叉质证时加以说明。[57]

---

[53] 实际上，所有普遍使用的软件都有足够的复杂性，都有错误。"所有软件的代码中都有漏洞或错误。其中一些漏洞会对 安全产生影响，使攻击者在未经授权的情况下访问或控制计算机。这些漏洞在我们使用的软件中比比皆是。像微软视窗这样庞大而复杂的软件会包含数百个漏洞，甚至更多。" B. Schneier, Why the NSA Makes Us More Vulnerable to Cyberattacks: The Lessons of WannaCry, Foreign Affairs（May 30, 2017）, www.foreignaffairs.com/articles/2017-05-30/why-nsa-makes-us-more-vulnerable-cyberattacks. 软件的复杂性是必要的，而不是偶然的。See Brooks, above note 20, p. 183. 而这种复杂性可能会导致意想不到的结果——事实上，这就是"漏洞"的全部含义。

[54] 曾任加州最高法院裁决报告人的 Bernard Witkin, 是下列著作的作者：these standard compendia of California law: Summary of California Law, 11th edn. (Thomson Reuters, 2017), California Procedure, 5th edn. (Thomson Reuters, 2008), and California Evidence, above note 51.

[55] 在案件（People v. Hawkins（2002）98 C. A. 4th 1428, 1449, 1450, 121 C. R. 2d 627.）中，在因被告从其前雇主的计算机系统中获取源代码而提起的诉讼中，主审法官采纳了显示计算机文件最后一次被访问时间的计算机打印件并无过错，因为引入的证据显示计算机运行正常，其时钟准确无误。See Witkin et al., above note 51, § 231（b）(3).

[56] 这一点"对政府维护的计算机尤其如此，这些计算机被推定为准确无误。因此，对自动化系统有一般了解的证人可以作证，说明他或她使用过该系统，并说明他或她下载计算机信息以制作录音。无需详细说明记录数据的准确性。加利福尼亚州的法院不要求'在类似情况下提供有关'计算机硬件和软件的'可接受性、准确性、维护性和可靠性'的证词"。People v. Dawkins, 179 Cal. Rptr. 3d 101, 110（Cal. Ct. App. 2014）.

[57] People v. Johnson, No. F069414, 2016 WL 4482963, at *3（Cal. Ct. App. August 25, 2016）(unpublished)."反映计算机内部操作的打印输出可采性的真正检验标准不是打印输出是否在正常业务过程中进行，而是在打印输出时计算机是否正常运行。" See also, e. g., People v. Hawkins, 121 Cal. Rptr. 2d 627, 642-3（Cal. Ct. App. 2002）. 这说明计算机"运行正常"这一基本证据的要求并不高。"我们的法院拒绝要求将计算机硬件和软件的'可接受性、准确性、维护性和可靠性'作为采纳计算机记录的前提条件。" See People v. Martinez, 990 P. 2d 563, 581（Cal. 2000）(quoting Lugashi, 252 Cal. Rptr. at 441). 错误可以通过交叉质证暴露出来，不需要详细的基础证明，尤其是政府维护的计算机。Ibid. Accord Dawkins, 179 Cal. Rptr. 3d at 110; People v. Peyton, 177 Cal. Rptr. 3d 823（Cal. Ct. App. 2014）.

例如，这种"机器创建的信息"或 CGE 包括元数据，如时间戳和作者标识信息，[58]这些都是由机器自动创建的。不过，元数据也会涉及一些人工输入，如在机器本身或机器所指向的其他机器上设置时间，创建作者首字母缩写等。尽管如此，数据一般都是自动创建的，遂符合 CGE 的条件。因此，不适用传闻证据抗辩的规定。

虽然 CGE 确实需要通过一些基础证词来验证，但标准并不高：

> 首先，如果提供电脑记录的证人大致上明白系统的运作，并且具备足够的技巧和知识，能够正确地使用该系统和解释所得的数据，即使该证人不能完成从初步设计和编程到最终打印的每一项工作，该证人也是适格的……[59]

一般来说，解释系统操作的要求似乎满足或相当于提供"计算机正常运行的基本证据"[60] 证明计算机运行"正常"意味着什么？似乎只是由有一定系统使用经验的人解释它的运行与通常一样。[61] 这就足以满足"可采性的最低要求",[62] 但仍然需要对证据进行交叉质证和事实调查者的论证。[63]

（二）模拟

1. 根据

CGE 的低门槛可能只是对一个不可能解决的问题的实际回应。计算机及其数据无处不在，但没有人真正知道它们是如何详细工作的。[64] 例如，没有人能够报告最普通的操作系统所使用的详细指令，更不用说在这个国家的每个企业和大多数家庭中存在的操作系统和应用程序之间的无数互动了。但该检验是合理的，因为它符合一个基本的前提条件，即法律世界中的可靠性概念反映了"真实"或普通世界中使用的可靠性概念。同样的推理也决

---

[58] United States v. Hamilton, 413 F. 3d 1138（10th Cir. 2005）.

[59] Simons, above note 45, § 2：63. See also text, above note 53. 关于这一功能性可能需要讨论的一系列问题，see Joseph, above note 44, p. 882. 这一系列问题可能是①反对方攻击功能性的重点，希望破坏可靠性推定，或②支持此后努力承担证明功能性的真正责任。如果证据被采纳，这些问题也可以用来向事实认定者论证证据是否具有说服力。

[60] 除其他因素外，还要考虑"证据是在英格尔伍德的 ATES 计划的正常运作过程和方式中适当接收的。" Hawkins, 121 Cal. Rptr. 2d at 643. Cf. Goldsmith, 326 P. 3d at 248.

[61] 根据工作人员如何使用扫描仪的证词采纳扫描仪证据，扫描仪的信息"来自枪击当晚，因为其数据仅持续'一两天'，证人将扫描仪与视频监控系统联系起来"。See, e. g., Johnson, 2016 WL 4482963, at ＊3；People v. Johnson, No. B224491, 2011 WL 4436451, at ＊2（Cal. Ct. App. September 26, 2011）（unpublished）"Stoltz 作证说，拥有贷款软件的软件公司设计了一个特殊程序来提取特定时间段内发布的'杂项'交易。运行特殊程序的结果是列出了相关期间的'杂项'交易。这足以推断计算机程序工作正常"。新联邦证据规则放宽了电脑证据的可采性。新联邦证据规则第 902 条第 13 款似乎适用于计算机 CGE（而第 902 条第 14 款适用于计算机存储的数据），但委员会说明明确指出，只有真实性是通过该规则的认证程序确定的，而不是可靠性本身。例如，委员会说明指出，"同样，认证计算机输出（如电子表格）的证书并不能排除对所生成的信息不可靠的反对——认证只能确定输出来自计算机"。Fed. R. Evid. 902（13）（advisory committee's note to 2016 amendment）.

[62] Lugashi, 252 Cal. Rptr. at 440.

[63] See also, e. g., People v. Nazary, 120 Cal. Rptr. 3d 143, 163－5（Cal. Ct. App. 2010）, overruled on other grounds in People v. Vidana, 377 P. 3d 805, 815-16（Cal. 2016）. 认为检验自动加油站岛泵机器生成收据的可采性的标准是"机器在读取收据时是否正常运行"。

[64] 关于典型的线控飞机自动控制系统，"世界上没有一个人真正了解让客机飞行的软件的所有知识"。M. Meysenburg, Introduction to Programming Using Processing, 3rd edn.（lulu. com, 2016）, p. 252. 特别讨论了计算机系统，"技术的复杂性已经超越了我们的理解能力"。See generally S. Arbesman, *Overcomplicated*：*Tech. at the Limits of Comprehension*, Portfolio, 2016, p. 3.

定了商业记录不受传闻证据规则的约束：如果传闻证据对企业来说足够可靠，那么对陪审团来说也足够可靠。[65] 这里也是一样：如果一个实体在日常工作中依赖于CGE的有效性，那么陪审团也有理由做出同样的有效性假设。如果对CGE抱有更高的期望，就会将其排除在大众的法庭之外。

但这一推理并不完全适用于作为采纳特意为审判制作的计算机模拟的理由——这些是专门设计的CGE。所使用的技术并非用于普通业务。[66]

模拟和动画是不同的。[67] 动画是一种辅助证据，仅用于说明其他证词，就像目击者绘制的车祸现场图用于说明和解释证人证词一样。[68] 作为证据，动画可能被采纳，也可能不被采纳，[69] 但这完全取决于主要证言，而接受交叉质证的正是人类证人。[70] 没有人会真正关心动画是如何制作的，例如，绘图程序是如何工作的，或它是如何计算距离或其他特征的，就像当证人证明照片是她所看到的场景中的公正再现，没有人会关心相机是如何工作的一样。

相比之下，模拟是作为主要证据或"实质性"证据提出的：它们依赖于准确的输入，但其有效性也依赖于有效的算法。因此，算法的有效性与动画的有效性不同，是可以质疑的：

> 法院将计算机动画与传统形式的演示证据（如说明专家证词的图表或示意图）进行了比较……如果"计算机动画公正准确地再现了与之相关的证据……"则计算机动画具有可采性。相比之下，计算机模拟只有在初步证明用于开发模拟的任何"新科学技术"已获得"相关科学界的普遍接受"后才具有可采性。[71]

对于这种定制的CGE，必须提出比上述最低标准更高的要求。如果受到质疑，提供者必须满足更严格的检验标准，即证明软件使用的方法有科学依据。例如，证明：

> 模拟所依据的事实和数据"属于特定领域专家可合理依赖的类型"，模拟是"可靠原则和方法的产物"，支持专家证人在创建或使用模拟时"可靠地应用了原则和方法"。[72]

---

[65] See, e. g., United States v. Ary, 518 F. 3d 775, 786（10th Cir. 2008）.

[66] 事实并非总是如此。有些企业的日常工作确实依赖于模拟。"模拟是最常见的科学和工程工具之一。在世界各地，计算机模拟了核爆炸、量子力学相互作用、大气天气模式以及其他无数难以或无法直接观测的系统。数学模型或计算机模型是一种完全可以接受的检验形式"Lapsley v. Xtek, Inc., 689 F. 3d 802, 815（7th Cir. 2012）. 在较低的审查水平下，这些模拟可能不具可采性，或者说可靠性可能更容易建立。

[67] "法院和评论员对计算机动画和计算机模拟进行了区分。" People v. Duenas, 283 P. 3d 887, 900（Cal. 2012）. For a detailed discussion, see, e. g., C. Karnow, *Litigation in Practice*, Twelve Tables Press, 2017, pp. 3-31.

[68] See, e. g., People v. Hood, 62 Cal. Rptr. 2d 137, 139-40（Cal. Ct. App. 1997）.

[69] 也就是说，法官不得让动画进入陪审团审议室，也不得成为送交上诉法院的记录的一部分。不过，陪审团当然会看到它，所以从这个不太专业的意义上来说，动画是被承认的。

[70] "出庭作证的证人必须说明计算机CGE公平准确地描述了有争议的主题。" B. S. Fiedler, Are Your Eyes Deceiving You? The Evidentiary Crisis Regarding the Admissibility of Computer Generated Evidence（2004）48 NY Law Sch. Law Rev. 295, 299.

[71] Duenas, 283 P. 3d at 901, quoting People v. Kelly, 130 Cal. Rptr. 144, 148（Cal. Ct. App. 1976）.

[72] V. Webster and F. E.（Trey）Bourn III, The Use of Computer-Generated Animations and Simulations at Trial（2016）83 Def. Couns. J. p. 439-441.

正如一位评论家所指出的,"在模拟方面,计算机本身就是专家"。[73] 例如,模拟可以分析飞机失事以及地下水污染的流动。输入的数据包括雷达回波记录、与坠机地点有关的事实(包括飞机各部分之间的距离)、所谓的"黑匣子"数据(包括随时间变化的速度、襟翼是否展开等)。将这些数据输入到一个程序中,该程序会从飞行员的角度再现事故的全貌,或提供一个依据以得出结论,即某个警告肯定已经发生但被忽视了,或者飞机当时处于某个迎角。对地下水污染的模拟可能需要输入一些数据,包括对某一地区一段时间内某种毒素的测量值以及该时间段内地下水的流动速度,然后得出结论,即在指定的较早时间内,污染地下水的毒素在上游某一点的浓度是一定的。

在这些情况下,模拟的有效性以及可采性取决于编程的有效性,包括计算和基本假设。加州最高法院认为,如果模拟在科学上是可靠的,则具有可采性,"只有在初步证明用于开发模拟的'任何新的科学技术'已在相关科学界获得普遍接受之后"。[74] 更成熟的技术仍然需要解释,因为作为专家系统它们受到通常的严格限制,包括基本的科学可靠性,[75] 以及意见的结论(或输出)与输入之间非推测性的联系。[76] 但很难知道如何才算充分证明了可靠性。

2. 插叙:软件解释

在某种程度上,法官和陪审团期望模拟的操作能够得到解释,"启发式基础"能够得到证明。[77] 例如,专家可能会根据经典的"伯努利方程",使用普遍接受的液体压力与释放液体的容器孔径之间关系的公式来计算液体的速度或液体对目标施加的压力。[78] 模型的提出者必须确定这种可靠性:

> 计算机生成的模拟以数学模型为基础,因此,必须特别注意模型的可靠性和可信度。模型是一组操作假设(一组确定事实或系统的数学表示)。为了准确,它必须产生与所模拟的物理事实(或系统)相同或非常相似的结果。要做到这一点,模型必须包含现实世界中发生的所有相关元素,并反映所有相关的相互作用。[79]

但是,解释软件(包括计算机模拟)运行的任何基础性要求应涉及哪些内容,目前还不清楚。

有一些定义上的问题,例如,"程序"是否包括操作系统、接口和常见的库。[80] 在某种程度上可以确定这些问题与程序无关。例如,陪审团可能不想听到一般的内核管理功能,

---

[73] Ibid., p. 440.

[74] Duenas, 283 P.3d at 901, quoting People v. Kelly, 130 Cal. Rptr. at 148.

[75] "专家程序和实验必须符合物理、化学和生物学定律。"People v. Jackson, 376 P.3d 528, 568 (Cal. 2016). 根据经典的多伯特标准对模拟进行分析,在案件中被认为是可靠的。See, e.g., Liquid Dynamics Corp. v. Vaughan Co., 449 F.3d 1209, 1221 (Fed. Cir. 2006);"有效的模拟……需要坚实的理论基础和切合实际的输入参数,才能得出有意义的结果。不了解这些基础,法院就无法评估模拟是否具有证明力。"Novartis Corp. v. Ben Venue Labs., Inc., 271 F.3d 1043, 1054 (Fed. Cir. 2001);"我们可以通过检查输入值和要求作证专家的透明度来衡量可靠性。"Lyondell Chem. Co. v. Occidental Chem. Corp., 608 F.3d 284, 294 (5th Cir. 2010).

[76] Sargon Enterprises, Inc. v. Univ. of S. Cal., 288 P.3d 1237, 1252-3 (Cal. 2012).

[77] W. R. Swartout, Explaining and Justifying Expert Consulting Programs, in J. A. Reggia and S. Tuhrim (eds.), Computer-Assisted Medical Decision Making, Springer, 1985, pp. 254-271.

[78] Lapsley v. Xtek, Inc., 689 F.3d 802, 815 (7th Cir. 2012).

[79] Joseph, above note 44, p. 65.

[80] 程序库包含"预写"的代码,其功能可被主执行程序调用。

如包括操作系统、标准接口和设备驱动程序在内的运行环境，或编写程序的语言（如 C++、FORTRAN 等）。这些都是基础技术的内容，通常并不体现为模拟奠定基础的决策过程。与这一基础技术并列的是法院感兴趣的决策机制，可称为"推理引擎"，这是程序中处理数据和生成结论的部分。[81] 与更一般的计算理论相比，推理引擎体现了模拟的核心理论。

撇开定义问题不谈，更令人担忧的是，软件（包括推理引擎）可以在许多抽象层次上进行描述，直至达到一些人所说的"裸机"（即在中央处理器上执行的机器代码）程度。

法院显然是以临时方式处理描述问题的，因为判例法中几乎没有相应的指导案例。有建议认为，基础应包括模拟软件中"所用方程的准确性"的证词，[82] 或关于"坚实的理论基础和现实的输入参数"的证词，[83] 或提出者将"解开他的代码并推导出其中必须包含的假设、算法、方程和参数"，或许可以通过"将其计算机模型的语言翻译成一种可理解的语言……"[84] 一些法院要求证明"输入和基本方程足够完整和准确……并且……程序已被相关科学家群体普遍接受"，[85] 然而，这些都没有告诉大众究竟什么样的解释才足以为决策过程奠定基础。

法官们当然不希望一步一步地被引导着学习裸机代码（如机器语言[86]），或者不那么

---

[81] 然而，推理引擎的代码可能位于各种子程序和库中。软件的法庭支持者可能知道也可能不知道推理引擎每一部分的具体机制，因为该引擎可能依赖于动态链接库（DLL）等由他人编写的组件，而支持者可能对这些动态链接库的作用有误解。See A. Bjorklund, J. Klovstedt, and S. Westergren, DLL Spoofing in Windows, Uppsala University（October 21, 2005）（unpublished student work）www. it. uu. se/edu/course/homepage/sakdat/ht05/assignments/pm/programme/DLL_Spoofing_in_Windows. pdf. 使用所谓面向对象编程（OOP）工具构建的普通程序，实际上是将其基本功能隐藏在有时由他人构建的"对象"（组件）中。See Brooks, above note 20, p. 272. Practically speaking, no witness is likely to be able to explain the processing of all these components.

[82] L. L. Levenson, California Criminal Procedure, 4th edn.（Thomson West, 2016），§ 22：26; accord, Rucker and Overland, above note 49, § 48：22.

[83] B. E. Bergman, N. Hollander, and T. M. Duncan, Wharton's Criminal Evidence, 15th edn.（Thomson West, 2016），§ 16：22.

[84] Novartis Corp. v. Ben Venue Labs., Inc., 271 F. 3d 1043, 1054（Fed. Cir. 2001）.

[85] Commercial Union Ins. Co. v. Boston Edison Co., 591 N. E. 2d 165, 168（Mass. 1992）.

[86] 在机器代码中，每条指令都直接在计算机中央处理器上执行。例如：
802078
8021A9 80
80238D 15 03
8026A9 2D
80288D 14 03
802B58
802C60
又如：
00000000
00000001
00000010
00000100
00001000
00010000
00100000
01000000

生硬的汇编语言。[87] 因为汇编语言只有少数人能够理解。法官（或陪审团）也不可能希望看到下一个更高层次的抽象，即大多数程序员用来编写软件的源代码。[88] 在更高的抽象层次上，可以有一般的流程图，但尽管这些流程图可以概括系统的组件和流程，却无法反映程序的大部分逻辑工作或假设。这些都太抽象了。

例如，在这些抽象层次之间，可能会在推理引擎中编入统计公式：[89]

$$z_1 = \frac{\sum_{l=1}^{M} y_k^l (\prod_{i=1}^{n} \mu A_l^i(X_i))}{\sum_{l=1}^{M} y_k^l (\prod_{i=1}^{n} \mu A_l^i(X_i))}$$

像这样的公式连同程序本身都是向另一方（即另一方的专家）披露的好对象，因为它们体现了推理引擎的统计规则，实际上说明了输入和输出的性质。但就其本身而言，它们对法官或陪审团毫无帮助。虽然可以用通俗易懂的语言解释这些公式，但其他形式的表述更为有用。

正如一位评论者所说，可以通过以下三种方式来实现：①命题逻辑；②模糊逻辑图；③决策树。[90] 在命题逻辑中，变量的值是陈述出来的。例如，A 和 B 可以是真或假，也可

---

[87] Start：.org $8020
SEI
LDA# $80
STA $0315
LDA# $2D
STA $0314
CLI
RTS
INC $D020
JMP $EA31
802DEE 20 D0
80304C 31 EA

[88] 源代码看起来如下：
print_cookies（CURL * curl）
{
CURLcode res；
struct curl_slist * cookies；
struct curl_slist * nc；
int i；
printf（"Cookies, curl knows：\ n"）；
res = curl_easy_getinfo（curl, CURLINFO_COOKIELIST, &cookies）；
if（res ! = CURLE_OK）{
fprintf（stderr, "Curl curl_easy_getinfo failed：%s \ n"，
curl_easy_strerror（res））；
exit（1）；}

[89] 这是模糊逻辑推理引擎专家系统中使用的公式。what-when-how, Supervised Learning and Fuzzy Logic Systems（Artificial Intelligence）, http：//what-when-how.com/artificial-intelligence/supervised-learning-of-fuzzy-logic-systems-artificial-intelligence/.

[90] Reid 针对的是神经网络，但他的观点在更大范围内也是有用的。S. Reid, 10 Misconceptions about Neural Networks, Turing Finance（May 8, 2014）. www.turingfinance.com/misconceptions-about-neural-networks/#blackbox.

以是任意指定范围内的一个数值。数值可以是数字，也可以是其他。在评论者提供的例子中，A可以有以下其中一个值：{BUY, HOLD, SELL}。然后，使用关系运算符，如"小于"或"等于"，将变量与其他变量或值进行比较。逻辑运算符，如And、Or或But Not，也可以应用。继续举例，将这些变量作为输入：价格（P）、简单移动平均线（SMA）和指数移动平均线（EMA）。这样的策略可能如此：[91]

If $(Sma > P) \wedge (Ema > P)$ Then Buy Else

If $(Sma > P) \wedge (Ema < P)$ Then Hold

笔者还可以使用模糊逻辑，它提供了一个变量是正确的或属于某个集合的范围。一个程序可能会得出结论：某公司股票的买入比例为20%，持有比例为30%，卖出比例为50%。输入也可以在一定范围内表示，并表达不确定程度，这至少在高层次上与神经网络中各层决定是否将某个发现传递给下一层的方式相对应。决策树生成的图表可以显示，当来自一系列来源的综合输入超过阈值时，就会做出决定。例如，医疗诊断系统可能会对{患有头痛——在某种程度上}{有皮疹——在某种程度上}{恶心——在某种程度上}{呼吸困难——在某种程度上}等输入信息的确定性和不确定性作出判断，然后表达一个结果，如{患有发烧，有一定的确定性}。

决策树最后显示了各种因素对一系列决策的影响。例如，在飞行模拟器中，一系列模型或子系统，如空气动力模型、齿轮模型、天气模型和发动机模型，都是计算运动的方程的输入，然后这些方程反过来输出为视觉、声音、运动、仪器显示和其他输出。[92] 每个组件模型都包括一系列方程。例如，一个复杂的发动机模型将得出"发动机推力、燃油流量、发动机压力和转速……发动机故障模式（如突波、失速或完全故障）……发动机特性在低速和极低高度时会发生很大变化……"的数据。[93] 飞行模拟器中的方程式数量远远超出了试验所能解决的问题。因此，实用的方法也将区分并忽略程序中常规的、可能被普遍接受的方面与新颖的特性。至于后者，专家可以用图形表示决策节点，[94] 每个节点的值都会导致该节点做出这样或那样的决策（例如，"如果[发动机温度] > [5000度]，则输出['爆炸']"），并说明图形背后的理论，如研究表明发动机在特定温度下会爆炸。

这里有两个结论。第一，重要的是，对传统专家系统而言，人类专家在展示、解释和论证计算背后的理论方面的能力至关重要。法官在决定是否受理以及陪审团在决定权重时，都希望人类专家能为模拟作担保，[95] 一步步解释软件的工作方式，说明软件的假设和其所

---

[91] "∧"意思是"和"。

[92] D. Allerton, *Principles of Flight Simulation*, Wiley, 2009, p. 17.

[93] Ibid., p. 18.

[94] See, e.g., D. Madigan, K. Mosurski, and R. G. Almond, Graphical Explanation in Belief Networks（1997）6 J. Comput. Graph. Stat. 160, 160-81.

[95] E. M. Chaney, Computer Simulations: How They Can Be Used at Trial and the Arguments for Admissibility（1986）19 Ind. Law Rev. 735, 743.

依据的有效科学理论[96]以及得出结果的逻辑。[97] 虽然意见可能是基于程序的结果，但人类证人要为其意见承担责任或遭受弹劾。如果专家无法解释模型（软件如何工作以及为何使用这些数字或公式）则证据不具可采性。

第二，解释是有限度的。审判中的所有证据都假定其他事实属实。例如，法院不会要求承包商证明其测量带是准确的，也不会要求医生证明血压计是准确的。虽然法院可能会要求目击者证词的基础是证人当时在现场的证据，但并不要求提供关于眼睛和大脑是如何工作以记录和回忆在法庭上背诵的记忆的证词。如上所述，计算机的日常操作只需要最低限度的基础。[98] 模拟可采性的大部分基础也是如此。法院通常会放弃对最精确层面（即源代码层面）的所有解释。即使是对大多数计算和内置假设的高层次描述，他们也会很快忽略。他们最多会寻求：①对几个核心公式的高层次解释；②证明这些公式合理性的基础（研究等）；③在某种程度上，将这两件事联系起来的逻辑。鉴于时间的限制、大多数法官和陪审团的专业知识，以及审判的基本任务是坚持不懈地关注核心实质性问题，这也是理所应当的。但法院不应自欺欺人，许多证据（包括计算机模拟）的可信度取决于实际上无限的未阐明的假设网络。尽管如此，法院还是会说证据是可靠的。

三、认可机器意见

人类无法解释神经网络是如何做出决策的。[99] 但他们仍然可以确定其结果是可靠的。人类可以解释神经网络是如何训练的，它们在过去是如何成功的，以及它们在使用新数据时又是如何成功的。这些特征使得神经网络在现实世界中是可靠的，这些因素也使得网络的输出结果可以被法庭采纳，因为在相关领域的可靠性表明神经网络在法庭上也应该是可靠的。

这里有四个支持机器意见可靠性的论点。首先，隐性专业知识，大众通常承认并信任隐性的专业知识，而这些专业知识的基础是无法完全阐明的。其次，与药物的类比，大众通常信任药物，有时甚至是人命关天的药物，即使没有人知道它们是如何工作的。再次，统计框架和逻辑解释，神经网络是统计模型，而法官通常依靠统计模型。最后，风险与交叉质证，可靠性在很大程度上取决于能否进行检验和交叉质证，而神经网络实际上可以进

---

[96] In re. TMI Litig., 193 F. 3d 613, 669 (3d Cir. 1999), amended, 199 F. 3d 158 (3d Cir. 2000). 正如法院在总结适用于公认科学理论与新科学理论的检验区别时所指出的那样，"使用标准技术会增强可靠性推论；而非标准技术则需要很好地解释"。In re Zoloft (Sertraline Hydrochloride) Prod. Liab. Litig., No. 16-2247, 2017 WL 2385279, at *6 (3rd Cir. June 2, 2017) (note omitted).

[97] D. Boies and S. Zack, Computer Generated Evidence - Admissibility of Computer Simulations, in R. L. Haig (ed.), ABA, Business and Commercial Litigation in Federal Courts, 4th edn., Thomson West, 2016, § 66: 17. 要求证明"专家在其计算机模型中作出的假设，并询问这些假设是否得到记录中证据的支持。这些假设既包括模型设计的理论原则，也包括得出输入参数的方法。"See generally Novartis Corp. v. Ben Venue Labs., Inc., 271 F. 3d 1043, 1051 (Fed. Cir. 2001).

[98] See text at note 57 above.

[99] "'我们可以建立这些模型，'Dudley沮丧地说，'但我们不知道它们是如何工作的。'引述一位研究人员的话：'这可能只是智能本质的一部分，它只有一部分能够得到理性解释。有些只是本能，或潜意识，或难以捉摸。'" W. Knight, The Dark Secret at the Heart of AI, MIT Technology Review, April 11, 2017, www.technologyreview.com/s/604087/the-dark-secret-at-the-heart-of-ai/.

行交叉质证。[100]

(一) 隐性专业知识

在马尔科姆·格拉德威尔（Malcolm Gladwell）的《眨眼》（*Blink*）一书中，[101] 一位艺术专家观看了一尊以 1000 万美元价格提供给盖蒂博物馆的希腊雕像。专家宣布这是一件赝品。他说不出原因，但他是对的。很多专业知识都是隐性的：无法明确表达。在体育（例如，职业运动员如何击打时速 100 英里的棒球[102]）、音乐、教学、行政机构的决策、[103] 甚至是判案、[104] 以及其他许多领域也是如此。[105] 在这些领域中，专业知识可以被观察到，但无法被描述出来。与新手使用明确的分步过程不同，专家倾向于使用更多的概念结构来解决问题，但很难使用这些结构向他人实际解释工作。[106] 有些专家意见的依据语焉不详，这对考虑可采性检验的方式提出了挑战。例如，根据加利福尼亚州的检验标准，法官应了解鉴定意见与鉴定意见基础之间的明确推理逻辑，包括案件事实和所使用的一般理论和技术，这些理论和技术应明显建立在研究或其他来源之上。[107] 该检验高度重视建立一般理论或技术的研究和其他基础，与案件事实以及最终意见之间的联系或"逻辑"。推理或"逻辑"应表述清楚。这使评估可采性的法官能够确定该过程中的每一步都是可靠的。[108]

但这不可能完全正确。拥有"特殊知识、技能、经验、培训或教育"的专家可以作

---

[100] 建议法庭允许"对方当事人以其他假设取代给定假设"以实现交叉质证，"可以肯定的是，我们通常不会认为机器生成的证据需要交叉质证，但现在可能是时候开始从这些角度思考了。"J. L. Mnookin, Repeat Play Evidence: Jack Weinstein, "Pedagogical Devices," Technology, and Evidence (2015) 64 DePaul Law Rev. 571, 577-8.

[101] M. Gladwell, *Blink*: *The Power of Thinking without Thinking*, Penguin, 2005.

[102] 击球手大约有 125 毫秒的决定时间，远远少于眨眼的时间。这使得这项任务无法完成。但击球手可以利用投手投球前的动作所提供的非特定信息来估计可能投出的球。A. Kuzoian, Hitting a Major League Fastball Should Be Physically Impossible, Business Insider (April 15, 2017), www.businessinsider.com/science-major-league-fastball-brain-reaction-time-2016-4.

[103] J. Gersen and A. Vermeule, Thin Rationality Review (2016) 114 Mich. Law Rev. 1355.

[104] L. Epstein, R. Posner, and W. Landes, *The Behavior of Federal Judges*: *A Theoretical and Empirical Study of Rational Choice*, Harvard University Press, 2013, p. 5; "决策过程中的许多内容是不可言传的。" C. M. Oldfather, Of Judges, Law, and the River: Tacit Knowledge and the Judicial Role (2015) J. Disp. Resol. 155, 156.

[105] 不要忘记高端旅行社的工作。R. Buckley and A. C. Mossaz, Decision Making by Specialist Luxury Travel Agents (2016) 55 Tour. Manag. 133, 133-8.

[106] 关于专家的"概念性、抽象的表述似乎是任务的简化表述。随着专家们开始将任务的某些方面自动化，任务的细节变得不那么突出，专家们开始以一种过于简化的方式来看待任务。在一项实验中，Langer 和 Imber 发现，专家的任务组件列表中包含的具体步骤明显少于专业技能较低者的列表。对任务进行抽象、简化的表述可以让专家更快地处理信息，全面地看待任务，避免陷入细节的漩涡。因此，抽象和简化的表征通常对专家很有帮助。然而，在某些情况下，这些表征会干扰专家分享其专业知识的能力，尤其是与专业知识明显不足的其他人分享时"P. J. Hinds and J. Pfeffer, Why Organizations Don't "Know What They Know": Cognitive and Motivational Factors Affecting the Transfer of Expertise, in M. S. Ackerman, V. Pipek, and V. Wulf (eds.), *Sharing Expertise*: *Beyond Knowledge Management*, MIT Press, 2003, pp. 3, 5.

[107] "如果专家意见纯粹是结论性的，因为没有附带将事实前提与最终结论联系起来的合理解释，则该意见没有证据价值，因为专家意见的价值不超过其所依据的理由。"Simons, above note 45, § 4: 22. See also Jennings v. Palomar Pomerado Health Sys., Inc., 8 Cal. Rptr. 3d 363, 369 (Cal. Ct. App. 2003). See generally C. Karnow, *Expert Witness*: *Sargon and the Science of Reliable Experts in Litigation in Practice*, Twelve Tables Press, 2017, pp. 161-7.

[108] 要求"分析中的每一步都有充分理由支持的结论……从而暴露出根据 Daubert 案中的因素使分析不可靠的任何步骤"。See e.g. In re. Paoli R. R. Yard PCB Litig., 35 F. 3d 717, 745 (3rd Cir. 1994).

证，[109]即使他们的经验或技能可能无法被详细描述。他们的技能一般来自多年作为银行家或土地所有者证明财产价值的经验，或多年作为木匠、水管工或瓦工的经验。[110]对其中一些专家而言，他们只能就其观点的基础发表有限的意见。与此相反，"甚至……证人的专业知识纯粹基于经验，例如，香水测试员能够一闻就分辨出140种气味，他对香水的调配是否是该领域其他人认为可接受的"。[111]

加州上诉法院和第九巡回法院最近审理的两起案件的结果，至少可以部分地用"隐性专业知识"这一概念来解释。令一些初审法官（可能包括在这两起案件中被推翻的德高望重的法学家）感到惊讶的是，初审法院对专家证词的明确基础进行的细致审查导致专家证词被排除，但上诉法院却将其搁置一旁。上诉小组发现，在每个案件中，初审法官都忽略了专家的资历和丰富经验所证明的意见的基本可靠性。

在Cooper案中，主审法官审查了专家所依据的每项研究，发现了许多问题。[112]但上诉法院称，该专家是一名癌症专家，他将所有研究报告放在一起审查，并根据自己的经验认为这些研究报告可以作为一个整体具有充分的依据。重要的是，上诉法院似乎不遗余力地详细列举了这位医生的资历和经验。[113]Cooper案中还有其他与初审法官的做法有关的问题，但该意见的主旨是，证人无疑是该领域的专家，如果他的意见有依据，那么初审法官就没有资格对他进行二次评判。

在Wendell案中，第九巡回法院还斥责初审法院：

> 过于狭隘地看待每一个单独的考虑因素，而没有考虑到专家整体方法的大局。它不恰当地忽视了专家的经验、对各种文献和研究的依赖、对病历和病史的审查，以及由经验丰富的医生对有问题的病人进行鉴别诊断的根本重要性。[114]

在此案中，上诉法院也对专家在相关领域的资历和非凡经验给予了大量篇幅描述，并指出医生在法庭意见中使用了与日常工作相同的技术。[115]法院指出："根据Daubert案或其后续案件，正确理解是，在某一领域最有经验和资历的医生应被禁止根据鉴别诊断作证。"[116]

在这两起案件中，尽管州和联邦最高法院的判例似乎要求对基础的每一部分，以及从基础到意见的逻辑发展过程中的每一步进行分析，但审判法院对证人一般的专业知识的分析，却以证人的学历、工作年限、治疗病人的经验、出版物清单等资历为衡量标准。

这些案例以及熟练专家的证词即使不可能完全阐明其依据也具有可采性的事实表明，专家意见的可采性往往取决于来源的总体可靠性，这或许比明确阐述得出意见时所采用的

---

[109] California Evidence Code, above note 48, § 720 (a).

[110] 广泛存在凭借经验而获得资格的职业。See M. H. Graham, Handbook of Federal Evidence, 8th edn. (Thomson Reuters, 2019), Vol. 5, § 702: 6, ns. 24, 25.

[111] Kumho Tire Co. v. Carmichael, 526 US 137, 151 (1999), as noted by Graham, above note 110, n. 24.

[112] Cooper v. Takeda Pharm. Am., Inc., 191 Cal. Rptr. 3d 67, 72-3 (Cal. Ct. App. 2015).

[113] Ibid. at 73-4.

[114] Wendell v. GlaxoSmithKline LLC, 858 F. 3d 1227, 1233 (9th Cir. 2017).

[115] Ibid. at 1234.

[116] Ibid. at 1235.

个别理由和步骤更为重要。法院已经承认隐性专业知识，而神经网络也具有隐性专业知识。[117]

(二) 与药物的类比

即使处方药获得批准，也不一定知道所有的副作用或影响副作用的因素。药物的益处也是如此：并非所有影响药效的因素都为人所知。药物在首次获得批准后会进行评估，而警告可能会随着时间的推移而改变。正如美国联邦药物管理局（FDA）所指出的，"最后，无论有多少数据可用，我们往往不得不做出判断，权衡已知的益处与已知的风险以及潜在的（可能是未知的）风险"。[118] 重要的是，就目前而言，人们对已批准药物的了解可能仅仅是它具有某些益处和其他作用，而为什么会有这些益处和作用的细节可能还不清楚。FDA 可能会批准一种药物的使用，无论是非处方药还是处方药，尽管其作用机理尚不清楚。例如，"用于止痛的对乙酰氨基酚、治疗感染的青霉素和治疗双相情感障碍的锂，这些至今仍是科学之谜"。[119] 2011 年对 75 种药物进行的一项研究发现，只有 17 种药物是在"详细了解对疾病如何起作用"的基础上产生的。[120] 简而言之，在对有代表性的人群进行足够多的试验后，即使不知道药物为何有效，也可能充分了解药物的利弊，从而可以使用这些药物。

在相关情况下，可以接受这样一个事实，即尽管我们可能不知道确切的机制，但我们通常通过统计研究获得足够多的信息，可以发现一个假定的原因（如药物）产生了一定的影响（如先天缺陷）。[121] 可以肯定的是，在不了解因果关系机制但有确凿的统计基础的情况下接受专家关于因果关系的意见，与在没有证明具体统计基础的情况下（如神经网络）接受专家关于因果关系的意见是不同的。一方面，因果关系的机制有经证明的统计基础；另一方面，就像神经网络一样，没有证明具体的统计基础。但事实上，神经网络是一种统计分析，其可靠性可以通过验证来证明。

(三) 统计框架和逻辑解释

统计数据可以用来做非常严肃的决定。统计数据在法庭上被广泛使用，事实上，法官

---

[117] Millar 和他的合著者认为：①许多"专家"知识是隐性的；②机器智能能够或将要展现这些知识；③当机器智能在特定领域明显比人类做得更好时，应该遵从机器智能的结论。See generally J. Millar and I. Kerr, Delegation, Relinquishment, and Responsibility: The Prospect of ExpertRobots, in R. Calo, A. M. Froomkin, and I. Kerr (eds.), Robot Law (Edward Elgar, 2016), pp. 102, 109-13.

[118] How FDA Evaluates Regulated Products: Drugs, FDA, www.fda.gov/aboutfda/transparency/basics/ucm269834.htm (last visited October 24, 2017).

[119] C. Y. Johnson, One Big Myth about Medicine: We Know How Drugs Work, Washington Post (July 23, 2015), www.washingtonpost.com/news/wonk/wp/2015/07/23/one-big-myth-about-medicine-we-know-how-drugs-work/.

[120] D. C. Swinney and J. Anthony, How Were New Medicines Discovered? (2011) 10 Nat. Rev. Drug Discov. 507. "科学家仍不清楚一些常用药物的确切作用。" See also C. Drahl, How Does Acetaminophen Work? Researchers Still Aren't Sure (2014) 92 Sci. 31, 31-2; T. Lewis, Mystery Mechanisms, The Scientist (July 29, 2016), www.thescientist.com/?articles.view/articleNo/46688/title/Mystery-Mechanisms/.

[121] Daubert v. Merrell Dow Pharm., Inc., 43 F. 3d 1311, 1314 (9th Cir. 1995) (cited in Wendell v. GlaxoSmithKline LLC, 858 F. 3d 1227, 1233 (9th Cir. 2017)). 在加州法院，医疗因果关系取决于专家证词中伤害与所称原因之间存在"合理可能的因果关系"，Jones v. Ortho Pharm. Corp., 209 Cal. Rptr. 456, 461 (Cal. Ct. App. 1985), i. e. greater than 50 percent odds. See, e. g., Uriell v. Regents of Univ. of California, 184 Cal. Rptr. 3d 79, 86-7 (Cal. Ct. App. 2015) (讨论该州的"可能性大于零"检验); Cooper v. Takeda Pharm. Am., Inc., 191 Cal. Rptr. 3d 67, 85 (Cal. Ct. App. 2015) (同上).

可以对某些统计事实[122]进行司法鉴定。[123] 统计数据被用于支持和反对集体认证裁决;[124] 用于评估 DNA 证据;[125] 用于显示和反驳种族差异[126]和年龄歧视;[127] 用于证明违反美国宪法第四修正案（以下简称第四修正案）的行为;[128] 用于劳工诉讼;[129] 用于抨击专利商标局的做法;[130] 用于确定环境清理诉讼中的损害赔偿分配;[131] 以及许多其他情况。法院经常使用回归分析来估量非法行为的影响。[132] 法官依靠 STATIC-99 等统计工具来评估可登记性犯罪者的再犯风险。[133] 许多法院在量刑、[134] 确定保释金以及决定再犯风险和被告出席下次听证会的可能性等问题上使用调查结果及其统计结论。[135]

---

[122] 作为司法认知对象的事实是指那些没有合理争议的事实，以及那些"通过诉诸易于获取且准确性毋庸置疑的资料来源而能够立即准确确定的事实……" Weaver v. United States, 298 F. 2d 496, 498 (5th Cir. 1962). See also e. g. California Evidence Code, above note 48, §§ 450-60; R. I. Weil, I. A. Brown, L. Smalley Edmon, and C. E. A. Karnow, California Practice Guide: Civil Procedure before Trial (Rutter Group, 2017), para. 7: 13.

[123] Envtl. Law Found. v. Beech-Nut Nutrition Corp., 185 Cal. Rptr. 3d 189, 203 n. 7 (Cal. Ct. App. 2015).

[124] Mies v. Sephora U. S. A., Inc., 184 Cal. Rptr. 3d 446 (Cal. Ct. App. 2015); Duran v. U. S. Bank Nat'l Ass'n, 68 Cal. Rptr. 2d 644 (Cal. Ct. App. 2014).

[125] See e. g. People v. Venegas, 954 P. 2d 525 (Cal. 1998).

[126] Alston v. City of Madison, 853 F. 3d 901, 908 (7th Cir. 2017); Paige v. California, 291 F. 3d 1141 (9th Cir. 2002).

[127] Karlo v. Pittsburgh Glass Works, LLC, 849 F. 3d 61 (3rd Cir. 2017).

[128] United States v. Soto-Zuniga, 837 F. 3d 992, 1002 (9th Cir. 2016).

[129] Nat'l Labor Relations Bd. v. Lily Transportation Corp., 853 F. 3d 31 (1st Cir. 2017).

[130] Ethicon Endo-Surgery, Inc. v. Covidien LP, 826 F. 3d 1366, 1368 (Fed. Cir. 2016) (Newman J., dissenting fromdenial of rehearing en banc).

[131] Lyondell Chem. Co. v. Occidental Chem. Corp., 608 F. 3d 284, 292 (5th Cir. 2010).

[132] See e. g. In re. Se. Milk Antitrust Litig., 739 F. 3d 262, 285 (6th Cir. 2014); Werdebaugh v. Blue Diamond Growers, No. 12-CV-2724-LHK, 2014 WL 2191901 (ND Cal. May 23, 2014) (proving damages under UCL, FAL, and CLRA); Kleen Prods. LLC v. Int'l Paper, 306 FRD 585, 602 (ND Ill. 2015).

[133] Static-99/Static-99R, Static99 Clearinghouse, www.static99.org; see California Penal Code (Deering, 2017), §§ 290.003-008.

[134] C. J. Roberts 大法官显然提到了量刑中使用的风险评估软件:纽约州北部的伦斯勒理工学院院长 Shirley Ann Jackson 问道:"你能否预见有一天，由人工智能驱动的智能机器将协助法庭进行事实调查，甚至更有争议的是协助司法决策?"首席大法官的回答比问题更令人惊讶。他说，"这一天已经到来，它给司法机构的工作方式带来了巨大压力"。A. Liptak, Sent to Prison by a Software Program's Secret Algorithms, New York Times (May 1, 2017), www.nytimes.com/2017/05/01/us/politics/sent-to-prison-by-a-software-programs-secret-algorithms.html? hp&action = click&pgtype = Homepage&clickSource = story – heading&module = first – column – region&region = top – news&WT. nav = top – news.

[135] See e. g. M. Frisher, I. Crome, J. MacLeod, et al., Predictive Factors for Illicit Drug Use Among Young People: A Literature Review (Home Office Research, Development and Statistics Directorate, 2007); K. Bechtel, C. T. Lowenkamp, and A. M. Holsinger, Identifying the Predictors of Pretrial Failure: A Meta – Analysis (2011) 75 Fed. Prob. 78; P. J. Henning, Is Deterrence Relevant in Sentencing White – Collar Criminals? (2015) 61 Wayne Law Rev. 27, 38; C. Karnow, Setting Bail for Public Safety (2008) 13 Berkeley J. Crim. Law 1; A. L. Kellermann, F. P. Rivara, N. B. Rushforth, et al., Gun Ownership as a Risk Factor for Homicide in the Home (1993) 329 New Eng. J. Med. 1084, 1084; J. Tashea, Kentucky Tests New Assessment Tool to Determine Whether to Keep Defendants behind Bars (2015) 101 ABAJ 15; M. VanNostrand and G. Keebler, Pretrial Risk Assessment in the Federal Court (2009) 73 Fed. Prob. 1; A. Christin, A. Rosenblat, and D. Boyd, Courts and Predictive Algorithms, Data and Civil Rights: A New Era of Policing and Justice (October 27, 2015), www.law.nyu.edu/sites/default/files/ upload _ documents/Angele% 20Christin. pdf; T. Tillman, Risk Factors Predictive of Juvenile Offender Recidivism (May 2015), https://scholarworks.umt.edu/etd/4495/.

神经网络实际上是一种统计模型。[136] 有效的（或"统计学意义上的"）结果显示了一定程度的相关性，但并不能证明因果关系。但对传统的统计研究来说，在某些时候，无论是一项研究的强度，还是更好的多项研究的强度，[137] 都足以得出结论：在给定某个前提或样本的情况下，更普遍的结论很有可能是真实的。统计学利用样本告诉大众关于这个世界的一些事情，它们根据部分数据提出了关于一般模式的推论。这就是预测编码的工作原理：给定系统经过训练的文档样本，其中部分文档具有优先权（或相关性），系统就能确定在更大的文档集合中哪些文档具有优先权（或相关性）。AlphaGo 的部分工作方式与此相同：首先它根据一系列可能的棋步，将当前的棋盘模式推断出一组中间但有限的可能模式。其次它将中间模式集与它所经历过的所有模式进行比较。[138] AlphaGo 知道在这个更大的集合中哪一个会导致胜利，然后选择最佳的中间模式。[139]

当然，神经网络的操作与传统的统计专家有所不同，因为人类专家会"展示自己的工作"。其能写出计算，然后可以检查计算是否有误。

神经网络的工作同样可以检查。通过在新数据上测试神经网络、对系统进行验证，评估或检查可以将谬误推断与可靠推断区分开来。这种测试可以证明统计相关性是无效的，它只是一个随机产物。[140] 几乎可以在任何一组事实中找到相关性，[141] 但这是断章取义，并不能反映随后用新数据进行测试的假设。因此，这些未经测试的相关性是荒谬的。它们是事后随机选择的相关性（这就是断章取义），因为孤立地看，它们似乎呈现出一种特征。

神经网络训练（无论是否由人工监督）的一个基本要素是一个反馈回路，用于测试所学到的相关性在新数据上是否正确，就像商业中使用的网络应不断将预测结果与现实世界

---

[136] For a technical discussion, see R. Rojas, *Statistics and Neural Networks*, in *Neural Networks：A SystematicIntroduction*, Springer, 1996, pp. 229–63.

[137] 由于单项研究可能会反映出断章取义等问题，因此，回顾多项研究结果的研究（称为"元研究"）更受青睐。下文讨论了对实际上是一项研究的多项报告的问题，将"一项"研究结果与真正的元研究结果进行对比。B. Goldacre, Listen Carefully, I Shall Say This Only Once, The Guardian（October 25, 2008），www. theguardian. com/commentisfree/2008/oct/25/medical-research-science-health. AllTrials, www. alltrials. net. 有关这方面领先的讨论，see Cochrane, What Are Systematic Reviews, YouTube（January 27, 2016），www. youtube. com/watch？v＝egJlW4vkb1Y；Cochrane, Reporting Biases, http：//methods. cochrane. org/bias/reportingbiases（Cochrane furthers transparency in research and publication, and use of metastudies）；Cochrane, What is Cochrane Evidence and How Can It Help You？www. cochrane. org/what-is-cochrane-evidence.

[138] 这包括数以百万计的棋局，比人类一生所能玩的棋局数量级还要多。See DeepMind, Full Length Games for Go Players to Enjoy, https：//deepmind. com/research/alphago/alphago-vs-alphago-self-play-games.

[139] D. Silver, A. Huang, C. J. Maddison, et al., Mastering the Game of Go with Deep Neural Networks and Tree Search（2016）529 Nature 484；C. Koch, How the Computer Beat the Go Master, Scientific American（March 19, 2016），www. scientificamerican. com/article/how-the-computer-beat-the-go-master；D. Silver, AlphaGo：Mastering the Ancient Game of Go with Machine Learning, Google AI Blog（January 27, 2016），https：//research. googleblog. com/2016/01/alphago-mastering-ancient-game-of-go. html.

[140] 谬误归纳法最喜欢的一个例子是感恩节火鸡，它从不到一年的每日好食量推断出 2018 年 11 月 23 日星期四将是个好日子。事实并非如此。

[141] 例如：①掉入泳池溺亡的人数与尼古拉斯-凯奇出演的电影数量；或②人均奶酪消费量与被床单缠绕致死的人数等等，不一而足。See T. Vigen, Spurious Correlations, www. tylervigen. com/spurious-correlations；更多关于不良或谬误推论的信息，see C. Karnow, *Statistics & Probability：Bad Inferences and Uncommon Sense*, in *Litigation in Practice*, Twelve Tables Press, 2017, p. 43.

中的事件进行比较一样。这一步骤被称为验证。[142] 有时验证是通过使用系统首次训练时的部分数据来进行的：这些数据被分为训练数据和测试数据，测试数据用于验证。例如，在 TAR 中，系统可能会在一般生产文件样本上进行测试。

但是，仅仅在这组有限的测试数据上表现良好，可能并不足以成为更广泛地信任系统的基础。如果测试数据很少，或者不均匀（即分布不完全相同），那么测试结果可能就不会太准确。[143]

AlphaGo 经过交叉验证后，在实战中被证明是可靠的：它击败了人类冠军。同样，网络也可以根据已知结果进行测试。人类目击者可以根据新数据对网络的性能进行讨论或质疑，既可以根据初始数据集中的数据进行交叉验证，也可以根据全新数据进行现场交叉验证。机器意见的支持者（例如，用于面部识别或医疗诊断）报告网络在新数据面前的表现，并指出程序在一定比例的时间内取得了正确的结果。反对可采性的一方或对意见的权重提出异议的一方可以报告自己的新数据集的结果。这一过程要求其向各方提供软件，以便进行这种"交叉质证"。反对可采性的一方对数据的选择应能发现缺陷，如在不合适的数据上进行训练。

此外，即使人类无法获得意见的技术计算，机器意见的提出者也应能向法官或陪审团提供产生意见的逻辑流的抽象视图，类似于使用命题逻辑、模糊逻辑图或决策树的传统专家软件。[144] 这里的重点并不仅仅是这三种方法可以普遍用于说明机器决策，而是有工具可以从特定的神经网络（即其输入和输出）中提取这些说明。[145] 同样，这些说明不是也不可能是对隐藏层实际机制的描述，虽然这些推理引擎并不详细，但它们可能与向法官和陪审团提供的与更传统的推理引擎相关的任何描述一样详细。[146] 也就是说，在对支持者的基础进行评估时，通常不需要为法官和陪审团提供太多真正想要或需要的细节，因为对可靠性的真正考验，也就是接下来要讨论的，是由对手质疑机器意见的能力来衡量的。

（四）风险与交叉质证

能否交叉质证是检验可靠性的经典标准，而可靠性则是可采性的基石。[147] 回顾交叉质

---

[142] See e. g. B. Christian and T. Griffiths, *Algorithms to Live by*: *The Computer Science of Human Decisions*, Macmillan, 2016, p. 159.

[143] "在理想情况下，我们会有足够的数据来训练和验证我们的模型（训练样本），并有单独的数据来评估我们模型的质量（测试样本）。训练样本和测试样本都需要有足够的规模和多样性，以便具有代表性"。See, e. g., S. Arlot and A. Celisse, A Survey of Cross-Validation Procedures for Model Selection（2010）4 Stat. Surveys 40, 52, https: // projecteuclid. org/euclid. ssu/1268143839; see also D. Krstajic, L. J. Buturovic, D. E. Leahy, and S. Thomas, Cross-Validation Pitfalls When Selecting and Assessing Regression and Classification Models（2014）6 J. Cheminformatics 10, 10, https：//link. springer. com/article/10. 1186/1758-2946-6-10.

[144] 参见"插叙：软件解释"。

[145] S. Reid, 10 Misconceptions about Neural Networks, Turing Finance（May 8, 2014）, www. turingfinance. com/misconceptions-about-neural-networks/#blackbox. 研究人员不断开发工具，用于至少阐明特定网络的训练细节。"我们描述并发布了一款软件工具，它能提供训练好的卷积神经网络（convnet）中每个神经元的实时交互式可视化，并对用户提供的图像或视频做出响应"。See e. g. J. Yosinski, J. Clune, A. Nguyen, et al., Understanding Neural Networks through Deep Visualization, Deep Learning Workshop, 32nd International Conference on Machine Learning（2015）, p. 4, https：//arxiv. org/pdf/1506. 06579. pdf.

[146] See text at Chaney, above note 95, p. 743.

[147] 联邦法律和加州法律都是如此。See. e. g. Sargon Enters. v. Univ. of S. Cal., 288 P. 3d 1237, 1252（Cal. 2012）.

证的必要条件，即必须向对方提供程序，以便根据新数据进行测试。

　　令人震惊的是，许多普通的"专家"系统实际上从未针对新的数据或现实世界的结果进行过测试。它们的预测从未经过分析，也就是说，它们没有经过验证。使用这些系统是因为它们方便，或者是因为它们比使用人类更便宜，或者是因为它们看起来客观或无懈可击。使用这些软件可能是因为它们转移了原本由人工代理的责任，或者是为了节省时间。公司使用软件进行招聘和解雇，但从未确定结果是否与预测相符。高校使用各种标准录取学生，并使用测试来衡量学生在学术领域的能力，但这些决定可能已经过验证，也可能从未经过验证。例如，分数高的学生在大学表现得更好吗？用来挑选股票的算法是否真的比拥有相同信息的人类决策者做得更好？事实上，当程序做出贷款决定时，贷款的表现如何？Netflix 上的产品，Amazon 上的电影、电影情节、房间清洁机器人的模式，[148] 以及在线约会网站上的邂逅，都使用了算法进行推荐。其中有些算法是经过验证的，尤其是 Amazon 和 Netflix 等公司，因为算法的准确性会带来数百万美元的收入。

　　但许多程序从未经过验证。这个问题是非常严重和普遍的，可以写一整本书讨论该问题。[149] 更糟糕的是，至少从法院系统的角度来看，刑事审判中使用的许多程序和测试的有效性都是可疑的，因为没有公认的验证基准，没有使用验证测试，或者向陪审团宣布的精确度远远超过了真实价值。[150]

　　因此，使用程序的风险之一是验证失败。也就是说，要么没有进行验证，要么验证是在不具代表性的数据上进行的。虽然本章强调，世俗活动（如商业活动）所依赖的软件通常值得信赖，可以在法庭上使用，但这是一个关键的注意事项，一个可能吞噬规则的例外。"未经验证的"软件在现实世界中一直在使用，但正如日常生活中的任何谬误一样，它在法庭上没有用武之地。

　　"市场观察"的 Gary Smith 用一种算法证明了在新数据上测试模型或任何预测系统的极

---

[148] K. Slavin, How Algorithms Shape Our World, Ted（July 2011），www.ted.com/talks/kevin_slavin_how_algorithms_shape_our_world/transcript? language=en.

[149] C. McNeil, Weapons of Math Destruction: How Big Data Increases Inequality and Threatens Democracy（Penguin, 2016）; for a discussion of the issues, see e. g. M. -A. Russon, The Dangers of Big Data: How SocietyIs Being Controlled by Mathematical Algorithms, International Business Times（September 13, 2016），www.ibtimes.co.uk/dangers-big-data-how-society-being-controlled-by-mathematical-algorithms-1581174. McNeil 讨论了许多领域缺乏反馈机制（即验证）的问题，如使用算法聘用和解雇教师（第 7、138 页）、评估其他潜在雇员（第 7、111 页）、发布信用评级（第 146 页）等。

[150] 强调了有关某些 DNA、咬痕、枪支、毛发比较、指纹和鞋类测试的问题。President's Council of Advisors on Science and Technology（PCAST），Forensic Science in Criminal Courts: Ensuring Scientific Validity of Feature-Comparison Methods（September 2016），https://obamawhitehouse.archives.gov/sites/default/files/microsites/ostp/PCAST/pcast_forensic_science_report_final.pdf. 关于潜伏指纹证词的严重问题，see United States v. Llera Plaza, 179 F. Supp. 2d 492, 494（ED Pa. 2002）withdrawn from bound volume, opinion vacated and supersed on reconsideration, 188 F. Supp. 2d（ED Pa. 2002）（Pollak, J.）. 截至 2015 年 4 月，在审查的 268 起案件中，有 26 名专家夸大了法证匹配度，在 95% 以上的案件中对检察官有利。See S. S. Hsu, FBI Admits Flaws in Hair Analysis over Decades, Washington Post（April 18, 2015），www.washingtonpost.com/local/crime/fbi-overstated-forensic-hairmatches-in-nearly-all-criminal-trials-for-decades/2015/04/18/39c8d8c6-e515-11e4-b510-962fcfabc310_story.html? utm_term=.e63ad6b8db16.

端重要性。[151] 他的算法显示，2015 年预测股价与实际股价之间的相关性高达 88%，其中包括与第三季度的跌幅几乎完全吻合（图 2.2）。

但根据新数据（2016 年的价格）进行的测试却完全失败（图 2.3）。

与任何验证一样，无论是药物、测试还是其他筛查设备，都必须在相关人群和相关数据上进行验证。在测试治疗儿童癌症的药物时，是否因为这些受试者更容易找到，而在 70 岁的癌症患者身上进行测试？在测试累犯算法并研究犯罪类型、收入或工作经历是否与新犯罪相关等因素时，或者在研究预测贷款失败的程序时，验证人群是否与算法的使用人群来自同一地区（即乡村地区与城市地区）？

这个问题的基础是判断可靠性的问题。对 AlphaGo 来说，这个问题相对明显，因为它不断击败每一个新对手。对文件进行预测性编码也是如此：律师可以检查程序对新数据作出的决定，并对其准确性进行评分，然后对最终结果进行抽查。在这种情况下，选择用于验证的"新"项目是很容易的。但对用于手写分析、面部识别、医疗诊断或预测累犯的系统来说，新数据（用于交叉验证）可能是什么就不那么确定了。

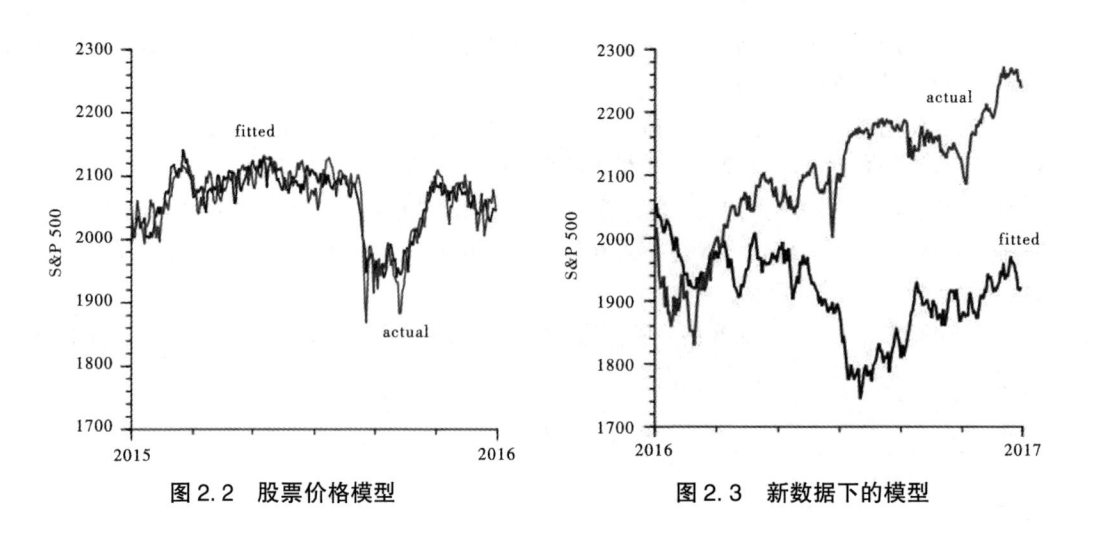

图 2.2　股票价格模型

图 2.3　新数据下的模型

对人脸识别系统来说，验证数据可能包括在各种照明条件下从不同角度拍摄的人脸照片，其中有些照片只能显示少量的面部特征。测试是否"成功"可能取决于所使用的数据。同样，在笔迹分析中，验证数据可能包括各种可读和不可读的潦草字迹、首字母、大小字母组合。"成功"与否可能取决于使用了其中哪些数据。医疗诊断也依赖于不受约束或任意数量的从少量到大量不等的体温和血液化学输入，以及一系列模糊报告的情况，如恶心、疼痛、肤色和瘀伤程度。累犯可能取决于不同的因素，如地理分布或社会经济分布。在上述情况及其他情况下，一组验证数据的"成功"可能有说服力，也可能没有说服力。

从技术上讲，对神经网络来说，验证数据必须符合某些标准，比如不能是训练时使用

---

[151] G. Smith, Opinion: This Experiment Shows the Danger in Black-Box Investment Algorithms, MarketWatch（June 17, 2017），www.marketwatch.com/story/this-experiment-shows-the-danger-in-black-box-investment-algorithms-2017-06-13.

的数据。[152] 对于大型数据集，可以将其中的一部分（也许是20%）专门用于验证测试，而绝不用于初始训练。[153] 如果数据集较小，或者存在初始训练数据集和测试数据集不相似的问题，可以通过各种方法使用随机选择的部分数据集对系统进行一系列测试，这一过程被称为"交叉验证"。[154] 但是，虽然目前有许多交叉验证技术，但它们都假定数据集是系统训练后将使用的具有代表性的数据。而实际上，即使不是理论上的，数据集也是有限的。因此，即使采用了复杂、有效的交叉验证，系统在"现场"的表现也可能无法与实验室中的表现相媲美。

如果程序拥有丰富的过往经验（即过去曾处理过超大数据集），并在大量验证数据集上进行过测试，那么这些问题就会烟消云散。事实上，AlphaGo已经下了数百万盘棋，这消除了它在下一场与顶级职业棋手的对局中可能无法取得成功的顾虑。训练和验证数据的范围实际上告诉大众，下一次测试（在它提供相关意见的"领域"中的测试）并非"意料之外"，也不是异常值。

神经网络在"大数据"爆发之际大显身手绝非偶然。人们常说，数据量惊人。[155] 这不仅是过去记录数字化的结果，而且是电子邮件、短信、搜索和社交媒体等通信记录的结果，它们取代了过去没有记录的口头通信。这些数据的积累不仅使得有能力消化这些数据的软件变得势在必行，而且也是神经网络等工具完成这些工作的基础。超大规模的数据集使人们有理由相信使用这些数据进行的验证测试，但却不知道验证成功的原因，也就是说，既没有相关性理论，也不知道解释发现的相关性的潜在机制的细节。[156]

使用神经网络还有另外两个危险，这应该是未来学术讨论的主题。

第一个危险是代理变量的使用，这与前面讨论过的验证的构成密切相关。假设一个网

---

[152] Goodfellow et al., above note 6, p. 118.

[153] Ibid.

[154] Ibid., pp. 118-19. See generally e. g. G. Varoquaux, P. R. Raamana, D. A. Engemann, et al., Assessing and Tuning Brain Decoders: Cross-Validation, Caveats, and Guidelines (2017) 145 NeuroImage 166, https://arxiv.org/pdf/1606.05201.pdf; R. Kohavi, A Study of Cross-Validation and Bootstrap for Accuracy Estimation and Model Selection, in C. S. Mellish (ed.), Proceedings of the 14th International Joint Conference on Artificial Intelligence (Morgan Kaufmann, 1995), Vol. 2, p. 1137, https://pdfs.semanticscholar.org/0be0/d781305750b37acb35fa187febd8db67bfcc.pdf; A. Krogh and J. Vedelsby, Neural Network Ensembles, Cross Validation, and Active Learning, in D. S. Touretzky, M. C. Mozer, and M. E. Hasselmo (eds.), Advances in Neural Information Processing Systems 8, MIT Press, 1995, p. 231, http://papers.nips.cc/paper/1001-neural-network-ensembles-crossvalidation-and-active-learning.pdf; A. W. Moore and M. S. Lee, Efficient Algorithms for Minimizing Cross Validation Error, in 1994 Proceedings of the 11th International Conference on Machine Learning (1994), p. 190, https://pdfs.semanticscholar.org/352c/4ead66a8cf89b91f9de5ac86bc69f17b29d0.pdf.

[155] 目前可用的任何数据量都超出了人们的理解能力，但对于笔者这些习惯使用PB（Petabytes）和ZB（zettabytes）等词汇的人来说，有这样一个数据："2013年，全球数据总量为4.4ZB。到2020年，这一数字将急剧上升到44 ZB。从这个角度来看，1ZB相当于44万亿千兆字节"。每天产生约2.5 EB（exabytes），相当于25万个国会图书馆。M. Khoso, How Much Data Is Produced Every Day?, Level (May 13, 2016), www.northeastern.edu/level-blog/2016/05/13/how-much-data-produced-every-day/. 此外，存在讨论思科的有趣预测，作为互联网服务器和相关设备的制造商，思科应该知道："观看2021年每月通过全球IP网络的视频量需要500多万年"。See e. g. Cisco, The Zettabyte Era: Trends and Analysis (June 7, 2017), www.cisco.com/c/en/us/solutions/collateral/service-provider/visual-networking-index-vni/vni-hyperconnectivity-wp.html.

[156] See C. Anderson, The End of Theory: The Data Deluge Makes the Scientific Method Obsolete, Wired (June 23, 2008), www.wired.com/2008/06/pb-theory/.

络研究一系列因素与鱼类种群波动之间的关系。[157] 对该系统进行更深入的审查时，可能会发现设计者并不能直接决定测量鱼类资源，而是使用了一些替代指标，如捕获量或消耗量。或者，设计用于预测地震破坏的系统可以使用某些土壤条件的简化替代输入。[158] 网络可能会对首次公开发行股票的估值提供意见，但实际上使用的是代理方法，如在首次发行日后一天或一周对某些股票进行估值。这些可能都是合理的，但应明确说明其潜在假设。有时，这可能表明训练数据和验证数据与有关具体意见的应然输入不匹配。

45　　第二个危险是偏见。算法无偏见、计算机中立无偏见只是美好的幻想。如果没有编程，空洞的计算机肯定是中立的。但是，大多数神经网络，即使是那些通过自我训练不断改进的网络，一开始也是由人类训练出来的。它们实际上是以人类的选择和偏好为蓝本。其中一些系统实际上被告知，成功就是按照人类的方式做事，失败就是偏离人类的选择。这样，人类的偏见就嵌入了系统决策的结构之中。在招聘、评估书面论文和人脸识别等看似复杂、主观的决策中，这种影响可能最为显著。[159] 一项关于如何使用 30 000 张图片来训练网络识别内容的有趣研究发现，人类对性别和种族的刻板印象（即偏见）通常来自人类标记的数据集。[160] 危险是显而易见的：法院和社会绝不能依赖于复制人类认知失败的软件，但人类认知失败却让人们难以辨别软件的失败。

四、结论

训练有素的神经网络的结果在世界上是值得信赖的，在法庭上也值得信赖。完美是无法保证的，[161] 但已被例行接受的证词也无法保证完美，如目击证人证据，[162] 供词可能存

---

[157]　Cf. e. g. D. G. Chen and D. M. Ware, A Neural Network Model for Forecasting Fish Stock Recruitment（1999）56 Can. J. Fish. Aquat. Sci. 2385, https：//doi. org/10. 1139/f99-178.

[158]　C. Salameh, P. -Y. Bard, B. Guillier, and C. Cornou, Estimation of Damage Level at Urban Scale from Simple Proxies Accounting for Soil and Building Dynamic Properties, in 2017 Proceedings of the 16th World Conference on Earthquake Engineering（2017），p. 2049, https：//hal. archives-ouvertes. fr/hal-01461198/document.

[159]　J. Buolamwini, How I'm Fighting Bias in Algorithms, Ted（November 2016），www. ted. com/talks/joy_buolamwi ni_how_i_m_fighting_bias_in_algorithms/transcript? language = en. See generally N. Byrnes, Why We Should Expect Algorithms to Be Biased, MIT Technology Review（June 24, 2016），www. technologyreview. com/s/601775/why-we-should-expect-algorithms-to-be-biased/; C. Miller, When Algorithms Discriminate, New York Times（July 9, 2015），www. nytimes. com/2015/07/10/upshot/when-algorithms-discriminate. html.

[160]　E. van Miltenburg, Stereotyping and Bias in the Flickr30K Dataset, in 2016 Proceedings of the Workshop on Multimodal Corpora：Comp. vision and language processing（2016），pp. 1-4, https：//arxiv. org/pdf/1506. 06579. pdf. See also Human Prejudices Sneak into Artificial Intelligence, Neuroscience News（April 14, 2017），http：//neuroscience-news. com/artificial-intelligence-human-prejudice-6411/（discussing A. Caliskan, J. J. Bryson, and A. Narayanan, Semantics Derived Automatically from Language Corpora Contain Human-Like Biases（2017）356 Sci. 183）. 关于用于量刑和保释决定的软件（可能不是训练有素的神经网络）可能存在种族偏见的报道，see J. Angwin, J. Larson, S. Mattu, and L. Kirchner, Machine Bias, ProPublica（May 23, 2016），www. propublica. org/article/machine-bias-risk-assessments-in-criminal-sentencing.

[161]　Goodfellow et al., above note 6, p. 193.

[162]　跨种族证人指认可能会带来严重问题。See New Jersey's approach in State v. Henderson, 208 NJ 208, 267（2011），holding modified by State v. Chen, 208 NJ 307, 327（2011）；State v. Romero, 191 NJ 59, 68（2007）. See also United States v. Langford, 802 F. 2d 1176, 1182（9th Cir. 1986）.

在特殊的可靠性问题,[163] 其他例行证词也可能存在错误或记忆错误。[164]

一般的可采性规则并不意味着繁琐。默认情况下,所有相关证据都是具有可采性的,[165] 如果某项意见是可靠的,并且与有争议的事实相关,那么它肯定是相关的。专家证词的基础一般需要向法官和陪审团解释,但本章表明,就神经网络产生的意见而言,不能证明或阐明意见的具体依据这一事实不应阻碍意见的可采性,因为该意见可能从根本上是可靠的,并且仍然可以接受有意义的交叉质证。在提供真正的机器意见的第一或两个案件中,可能需要进行所谓的 Kelly 案听证,因为法院可能会发现神经网络在这种情况下是一种"未经证实的技术或程序……用于提供一些专家只需准确识别并向陪审团转述的确定真相"。[166] 为了避免给陪审团展示"确定性的误导",[167] 法院可以审查这项技术。法院可能会发现,基础技术是合理的,在现实世界中被广泛使用和接受;它是可靠的,因为使用了正确的科学程序(例如,公认的统计算法)来构建和训练程序;网络对陪审团是有帮助的。在各方都充分知情并能够验证功能的情况下,机器意见可能会提供人类无法提供的见解。

---

[163] See e. g. People v. McCurdy, 59 Cal. 4th 1063, 1109 (2014); Campos v. Stone, 201 F. Supp. 3d 1083, 1099 (ND Cal. 2016). See generally S. A. Drizin and R. A. Leo, The Problem of False Confessions in the Post-DNA World (2004) 82 NC Law Rev. 891;标准审讯准则可能诱导虚假供词。W. S. White, False Confessions and the Constitution: Safeguards against Untrustworthy Confessions (1997) 32 Harv. CR-CL Law Rev. 105, 119.

[164] Cf. Trear v. Sills, 69 Cal. App. 4th 1341, 1345 (1999); F. L. Bailey and K. J. Fisherman, Criminal Trial Techniques, 2nd edn. (Sweet & Maxwell, 1996), § 58: 11.

[165] California Evidence Code, above note 48, § 350.

[166] People v. Jackson, 1 Cal. 5th 269, 316 (2016), quoting People v. Stoll, 49 Cal. 3d 1136, 1155-6 (1989).

[167] People v. Kelly, 17 Cal. 3d 24, 32 (1976), quoting Huntingdon v. Crowley, 64 Cal. 2d 647, 656 (1966). See generally Simons, above note 45, § 4: 27.

第三章

人工智能时代的私人问责

索尼娅·凯蒂尔（Sonia K. Katyal）

引言

社会中的算法既无大碍又无处不在。它们无缝地渗透到我们的线上和线下生活中，悄悄地提炼出我们每个人实时创造的大量数据。如今，算法决定了生产和运输货物的最佳方式、我们为这些货物支付的价格、我们可以借的钱、教育我们孩子的人以及我们阅读的书籍和文章——将每一项活动简化为统计精算下的风险或分数。佩德罗·多明戈斯（Pedro Domingos）假设："如果所有算法突然停止工作，我们所知的这个世界将不复存在。"[1]

大数据和算法似乎实现了现代生活对轻松、高效和优选的承诺。然而，我们对人工智能的依赖并非没有重大的社会福利问题。最近，来自法律评论和流行文化的大量文献，都集中在人工智能和公民权利的交集上，引发了传统的反歧视、隐私和正当程序问题。[2] 例如，2016年的一份报告显示，Facebook 使用算法来确定用户的"民族亲密关系（ethnic affinity）"，这只能被理解为种族的委婉说法。[3] 然后，这些分类允许广告商将具有特定民族亲密关系的用户，排除在它们的广告之外。[4] 起初，Facebook 为这些类别辩护，称它们是让用户看到更多相关广告的积极工具，但3个月后，Facebook 删除了住房、信贷和就业广告类别，表面上是出于反歧视的担忧。[5] 尽管如此，2018年9月，美国公民自由联盟（ACLU）还是向平等就业机会委员会（EEOC）提出了指控，称 Facebook 的另一项工具同时违反了劳动法和民权法，使雇主能够在广告中只针对男性并为其提供各种工作申请机会，

---

[1] P. Domingos, *The Master Algorithm*: *How the Quest for the Ultimate Learning Machine Will Remake Our World*, Allen Lane, 2015, p. 1.

[2] See sources cited below in notes 18 and 27.

[3] J. Angwin and T. Parris, Jr., Facebook Lets Advertisers Exclude Users by Race, ProPublica (October 28, 2016), www.propublica.org/article/facebook-lets-advertisers-exclude-users-by-race.

[4] Ibid.; see also D. Lumb, Facebook Enables Advertisers to Exclude Users by "Ethnic Affinity," Engadget (October 28, 2016), www.engadget.com/2016/10/28/facebook-enables-advertisers-to-exclude-users-by-ethnic-affinit.

[5] See Improving Enforcement and Promoting Diversity: Updates to Ads Policies and Tools, Facebook: Newsroom (February 8, 2017), http://newsroom.fb.com/news/2017/02/improving-enforcement-and-promoting-diversityupdates-to-ads-policies-and-tools.

包括修屋顶、驾驶等等。[6] 挺身而出的原告包括女性和性别非二元的求职者（gender non-binary job seekers），他们使用 Facebook 来接收招聘广告和其他招聘机会，但正如他们的美国公民自由联盟律师所解释的那样，他们通常很难被确定为原告。"作为一个 Facebook 用户，你不知道你看不到什么"，她解释说。[7]

即使不考虑就业歧视的指控，同年，Facebook 也因举报人克里斯托弗·威利（Christopher Wylie）的指控而陷入动荡。威利此前供职于剑桥分析公司（Cambridge Analytica），他声称自己提出了收集数百万 Facebook 用户个人资料（大约 5000 万）的想法，然后向目标用户发送符合他们心理状况的政治广告。[8] 到 2016 年总统大选时，威利的干涉变得更加险恶。他与学者亚历山大·科根（Aleksandr Kogan）合作，数百万人成为虚假广告和内容的标靶，据称这些广告和内容所产生的费用是由俄罗斯组织支付的。[9] 威利声称已"破坏了 Facebook"，正如《卫报》指出的那样，这是"代表他的新老板史蒂夫·班农（Steve Bannon）"。[10]

由于算法倾向于向用户展示可以肯定他们现有兴趣和信仰的内容，[11] 在这些过滤泡沫中，假新闻盛行泛滥。[12] 威利挺身而出，讲述自己的故事，他成了第一批（也是为数不多的）因违反保密协议而承担责任的技术告密者之一，结果引发了一连串的联邦调查。[13]

如今，在很大程度上，这些报告只是关于算法偏见对当今社会潜在影响的冰山一角。[14] 但值得注意的是，公民权利和人工智能之间还有更深层次的相似之处。通常，我们思考算法的方式与思考法律的方式相同——都是作为一组体现理性目标的抽象原则。传统

---

[6] N. Tiku, ACLU Says Facebook Ads Let Employers Favor Men over Women, Wired（September 18, 2018），www.wired.com/story/aclu-says-facebook-ads-let-employers-favor-men-over-women.

[7] Ibid.

[8] C. Cadwalladr, "I Made Steve Bannon's Psychological Warfare Tool": Meet the Data War Whistleblower, The Guardian（March 18, 2018），www.theguardian.com/news/2018/mar/17/data-war-whistleblower-christopher-wylief-aceook-nix-bannon-trump.

[9] See D. Folkenflik, Facebook Scrutinized over Its Role in 2016's Presidential Election, NPR（September 26, 2017），www.npr.org/2017/09/26/553661942/facebook-scrutinized-over-its-role-in-2016s-presidential-election.

[10] Cadwalladr, above note 8.

[11] See generally E. Pariser, Filter Bubble: How the New Personalized Web Is Changing What We Read and How We Think（Penguin, 2012）（描述这一现象）。

[12] See C. Silverman, This Analysis Shows How Viral Fake Election News Stories Outperformed Real News on Facebook, BuzzFeed（November 16, 2016），www.buzzfeed.com/craigsilverman/viral-fake-election-newsoutperformed-real-news-on-facebook（这表明，Facebook 用户对表现最佳的假新闻故事的点赞、分享或评论数量显著超过了合法新闻网站的头条新闻）。

[13] Cadwalladr, above note 8.

[14] See H. Allcott and M. Gentzkow, Social Media and Fake News in the 2016 Election（2017）31 J. Econ. Persp. 211, 233; P. Brown, Study: Readers Are Hungry for News Feed Transparency, Columbia Journalism Review（October 24, 2017），www.cjr.org/tow_center/study-readers-hungry-news-feed-transparency-algorithms.php（批评社交媒体平台缺乏算法透明度）；Shu, above note 13. 未来的计划也同样因缺乏透明度而受到批评。See K. Schulten and A. C. Brown, Evaluating Sources in a "Post-Truth" World: Ideas for Teaching and Learning about Fake News, New York Times（January 19, 2017），www.nytimes.com/2017/01/19/learning/lesson-plans/evaluating-sources-in-a-post-truth-world-ideas-for-teaching-andlearning-about-fake-news.html.

的观点认为："数学非等同于人类（Math isn't human），因此数学的使用不可能是不道德的。"[15]

然而，我们现在面临着令人不安的状况，即现实与真相相去甚远。算法模型没有社会偏见的观点代表了一种所谓的"诉诸抽象"，忽视了公平、问责和社会福利的担忧。[16] 这些假设也忽略了最基本的人力成本。认为算法决策像法律一样是客观和中立的想法，实际上掩盖了各种复杂情况。它拒绝解决系统性和结构性不平等的原因和后果，因此有可能忽视人工智能如何对特定群体产生不同的影响。为了预测谁将是最有生产力、最忠诚的员工，或者谁最有可能实施恐怖袭击，我们收集了一切数据。我们收集数据时，甚至还无法想象、更不用说证明其相关性——就像在水还没开之前就试图品味茶叶一样。我们试图在事情发生之前就预测和先知，但这可能导致对特征的误解，甚至更糟糕的是对刻板假设或印象的误用。

乍一看，由于数据收集现在已变得很普遍，算法决策的收益似乎通常超过其成本。这基本上是正确的。如果没有算法，这些数据宝藏将仍保持无用和难以理解。然而，对于某些群体的成员，尤其是不太富裕群体的成员，算法的错误可能是毁灭性的——导致就业、住房、信贷、保险和教育的权益被剥夺。[17] 这些结果证明了算法问责的一个核心问题：虽然算法决策最初可能看起来更可靠，因为它似乎没有人类判断和偏见的非理性误差，但算法模型也是其易犯错误的创造者的产物，它们可能会错过数据中系统性偏见或结构性歧视的证据，或者可能只是犯下了错误。[18] 这些疏忽所导致的错误——本质上是没有恶意的——有可能使过去的偏见具体化，从而再现一个无限不公正的世界的形象。

多年前，美国宪法也有过类似的清算时刻。批判种族的学者和其他人揭示，色盲的概念实际上掩盖了基于身份的类别之间的巨大结构性不平等。[19] 学者们认为，美国宪法中所体现的理想旨在为每个人提供形式上的平等，但实际上根本不是平等的。毋宁，名义上客观的法律适用非但不能确保人人平等，反而产生了对不同群体的歧视永久化的适得其反的效果。

现今，在法律和技术的交集中有一种奇怪的相似之处。算法可能瞬间会导致群体之间的大规模歧视。与此同时，由于围绕算法的客观和秘密的修辞，法律可能无法解决这种歧视问题。因为许多算法都是专有的，它们很难被发现和审查。在当今大数据时代，这是加强算法问责和透明度的主要障碍之一。

本章认为，围绕算法问责的问题表明，在新一代关于法律和技术的争议中，以及公共和私人问责之间的对比，存在着更深层次、更结构性的紧张关系。正如笔者所说，人工智能的真正潜力不在于我们能够通过它获取或分享多少信息，而在于它们提出的关于技术、

---

[15] J. Kun, Big Data Algorithms Can Discriminate, and It's Not Clear What to Do about It, Conversation（August 13, 2015），http：//theconversation.com/big-data-algorithms-can-discriminate-and-its-not-clear-what-to-do-about-it-45849.

[16] Ibid.

[17] 详细讨论算法在社会中的作用，see C. O'Neil, *Weapons of Math Destruction*：*How Big Data Increases Inequality and Threatens Democracy*，Penguin, 2016；and F. Pasquale, *The Black Box Society*：*The Secret Algorithms that Control Money and Information*，Harvard University Press, 2015.

[18] See O. H. Gandy, Jr., Engaging Rational Discrimination：Exploring Reasons for Placing Regulatory Constraintson Decision Support Systems（2010）12 Ethics Inf. Technol. 29, 30.（指出由人类生成的数据会在自动化系统中产生偏见）。

[19] See generally K. Crenshaw, N. Gotanda, and K. Thomas（eds.），*Critical Race Theory*：*The Key Writings that Formed the Movement*，New Press, 1995.

知识产权和公民权利相互作用的问题。以前的文献关注的是法律和技术之间的关系——哪个是第一位的以及为什么。[20] 评论人士对技术的无限前景与相对有限的法律法规之间，存在普遍的不匹配现象，表示遗憾。[21] 劳伦斯·莱西格（Lawrence Lessig）总结了这样一种观点：技术的发展会形成一个新的世界，但在这个世界里，现有的法律可能会成为对普通人关注和利益的阻碍。他写道："过度监管会扼杀创造力，会扼杀创新，会给予旧时代的顽固派对未来投否决权的机会，会浪费数字技术所带来的民主创造力的非凡机会。"[22] 技术专家将法律监管——尤其是在知识产权领域——归结为过时、陈旧、不必要地阻碍创新，这通常是合理的。[23] 法律——尤其是知识产权法——在其渐进主义（incrementalism）中显得不合时宜且极其僵化，未能认识到数字经济的可能性。

如今，我们看到了一些完全不同的东西。在人工智能的背景下，我们看到了这样一个世界：知识产权原则阻碍了公民权利充分应对技术的挑战，从而使新一代公民权利完全停滞不前。[24] 法院往往会顺从人工智能的决策，并拒绝被告访问获取用于定罪的证据的软件源代码。[25] 这个新时代引发了对公民权利的严重关切，然而法律在确保更大的透明度和可问责性方面却严重不足。[26]

正如笔者所说，我们还需要提出一个基本的问题，在我们面临的每一个环境中，需要重新设计算法吗？或者，我们是否需要重新设计民权法来解决算法问题？这两种方法都需要不同类型的解决方案，其中一些可以通过立法解决，而另一些则不能。正因如此，我们必须基于广阔的视野，创造性地思考法律能做什么和不能做什么。我们必须牢记，太多的人工智能不公正行为由私营公司主导，进一步放大了不透明问题。与此同时，我们也不必将人工智能视为一组抽象的黑箱，而应该将其看作是一组具体而细致的分析和反思机会，

---

[20] See, e.g., L. Lessig, The Law of the Horse: What Cyberlaw Might Teach（1999）113 Harv. Law Rev. 501.

[21] See, e.g., D. G. Post, What Larry Doesn't Get: Code, Law, and Liberty in Cyberspace（2000）52 Stan. Law Rev. 1439（解释莱斯格（Lessig）的现实世界政策建议未能捕捉到网络空间的复杂性）。

[22] L. Lessig, *Free Culture: How Big Media Uses Technology and the Law to Lock Down Culture and Control Creativity*, Penguin, 2004, p. 199.

[23] See F. H. Easterbrook, Cyberspace and the Law of the Horse（1996）Univ. Chi. Legal F. 207, 210.（对需要修改法律以解决新技术带来的问题表示怀疑）。

[24] See S. Katyal, The Paradox of Source Code Secrecy（2019）104 Cornell Law Rev. 1183.

[25] See generally R. Wexler, Life, Liberty, and Trade Secrets: Intellectual Property in the Criminal Justice System（2018）70 Stan. Law Rev. 1343.

[26] 许多学者也谈到了类似的问题，涉及在各种情况下缺乏透明度。See, e.g., Pasquale, above note 18（在很多领域）; see also D. K. Citron and F. Pasquale, The Scored Society: Due Process for Automated Predictions（2014）89 Wash. Law Rev. 1, 1（讨论政府自动化决策缺乏透明度）; R. A. Ford and W. Nicholson Price II, Privacy and Accountability in Black-Box Medicine（2016）23 Mich. Telecomm. Technol. Law Rev. 1（医疗保健）; B. L. Garrett, Big Data and Due Process（2014）99 Cornell Law Rev. Online 207（假定在大数据和正当程序的交叉点上存在被忽视的问题，即对电子化发现规则的需求，以及对 Brady v. Maryland 案在政府数据背景下的重构）; M. Hu, Big Data Blacklisting（2015）67 Fla. Law Rev. 1735（行政程序）; J. L. Mnookin, Of Black Boxes, Instruments, and Experts: Testing the Validity of Forensic Science（2008）5 Episteme 343, 343（声称法院接受了科学方法背后的肤浅解释，而不是要求实证检验和评估）; E. Murphy, The New Forensics: Criminal Justice, False Certainty, and the Second Generation of Scientific Evidence（2007）95 Calif. Law Rev. 721, 747-8（法医技术）; P. Toomey and B. M. Kaufman, The Notice Paradox: Secret Surveillance, Criminal Defendants, and the Right to Notice（2015）54 Santa Clara Law Rev. 843（检查监督）; J. N. Mellon, Note, Manufacturing Convictions: Why Defendants Are Entitled to the Data Underlying Forensic DNA Kits（2001）51 Duke Law J. 1097.（DNA检测方案）。

这些机会可以借鉴心理学、法规和行为经济学等领域的知识,以鼓励或提高透明度。

因此,如果我们仅仅指望国家来解决算法问责的问题,我们就找错了地方。相反,我们必须转向其他领域,确保来自私营公司而非公共监管的更大透明度和可问责性。当然,这并不是说提高透明度和加强监管是不可取的。鉴于目前州和联邦立法者都不愿应对人工智能带来的挑战,在解决民权问题方面探索更大的内生性(endogeneity)的机会是有意义的,特别是考虑到设计人工智能的行业与广大公众之间的信息不对称。

为此,笔者将本章分为四个部分,一半是描述性的,一半是规范性的。"数据之困"探讨了机器学习模型如何在人们不知不觉中产生偏见或扭曲的结果,原因是机器学习算法所训练的数据存在各种形式的偏见。"算法的后世"转向了算法决策的后果,以广告、就业和价格歧视为例,展示了在每种情况下出现的公民权利问题。在"通过私人问责反思公民权利"和"完善内部监督"中,笔者转向了如何解决私人公司和算法问责之间联系的规范性问题。算法偏见问题代表了一个至关重要的公民权利问题的新境况,它在性质上与之前的境况截然不同。由于我们所处的世界是私营公司而不是国家的活动引起了对隐私、正当程序和歧视的担忧,我们必须关注私营公司在解决这个问题中的作用。基于此,在政府尚未采取行动的情况下,笔者提出了两种潜在的模式,以确保更大的透明度,它们源于自我监管和告密者保护,揭示了公民权利执法中更大的内生性之可能。

一、数据之困

《牛津英语词典》将算法定义为"用于计算和解决问题的过程或规则集"。[27] 这个词最初的意思仅指基本的算术。现在,随着更先进的计算机的出现,以及收集、计算和处理越来越多数据的能力提升,算法代表了社会工程(socialengineering)在规模更大、却也更精确层面上的前景与风险。这一发展在很大程度上归功于人工智能的出现,人工智能包括从环境中接收输入,并基于学习或解释这些输入,进而可能采取影响环境的某些行动或决策的机器。[28]

算法是特征、分类和目标的复杂交互的结果,所有这些都依赖于一组错综复杂的模糊交互和嵌入值。[29] 根据塔尔顿·吉莱斯皮(Tarleton Gillespie)的说法,"算法是在'模型'生成之后出现的,即用计算术语将问题和目标形式化"。[30] 例如,考虑"为用户提供

---

[27] Algorithm, Oxford English Dictionary, 3rd edn. (Oxford University Press, 2012), www.oed.com/view/Entry/4959? redirectedFrom=algorithms (last visited October 13, 2018).

[28] 这是斯图尔特·罗素(Stuart Russell)和彼得·诺维格(Peter Norvig)提供的定义。See D. Faggella, What Is Artificial Intelligence? An Informed Definition, Tech Emergence (May 15, 2017), www.techemergence.com/whatis-artificial-intelligence-an-informed-definition. 人工智能一词是由约翰·麦卡锡在1956年达特茅斯会议上提出的。他将其定义为"制造智能机器的科学和工程"。J. McCarthy, Basic Questions, Stanford Computer Science Department: Formal Reasoning Group (Nov. 12, 2007), www-formal.stanford.edu/jmc/whatisai/node1.html. 今天,一些学者观察到人工智能一词包括两个不同的实体分支——"智能"计算机(如深度学习)和未实现的"通用人工智能"(或 AGI)。Ibid.

[29] T. Gillespie, The Relevance of Algorithms, in T. Gillespie, P. J. Boczkowski, K. A. Foot, et al. (eds.), *Media Technologies: Essays on Communication, Materiality, and Society*, MIT Press, 2014, pp. 167-168.

[30] See T. Gillespie, Algorithm [draft] [#digitalkeywords], Culture Digitally (June 25, 2014), http://culturedigitally.org/2014/06/algorithm-draft-digitalkeyword/.

与其查询最相关的搜索结果"的目标。[31]吉莱斯皮解释说,这需要一个模型来有效地计算,"索引数据库中预先加权对象的组合值,以提高用户点击前五个结果之一的可能性百分比"。[32]由此产生的算法将包括一系列步骤,以高效的方式聚合数值,以及可能迅速产生结果。[33]他解释说,算法之所以是算法,是因为其结果是由一个信息系统产生的,"致力于(从功能和思想层面)通过计算生成知识或决策"。[34]

用数学原理来解决社会问题并不是什么新鲜事。自20世纪20年代以来,假释委员会使用精算模型来评估再犯的风险,其复杂程度各不相同。[35]先进的计算及其收集、计算和处理越来越多数据的能力也使算法变得更加复杂和强大。[36]斯图尔特·布兰德(Stewart Brand)曾经可以策划和编辑《全球概览》(*Whole Earth*),而如今Google承诺,其算法也可以做同样的事情,而且会做得更好。[37]Google声称,它的搜索算法仅仅是数学;因此,它的分类和过滤是公正的,并产生最相关、最有用的结果。[38]这些更相关的搜索结果反过来会吸引更多用户,从而使Google能够以高价出售其广告位。[39]同样,Amazon在西雅图的一个车库里创立以来,一直在使用算法来量化消费者的偏好从而推荐和销售产品,这通常是为了获得比较优势。[40]Netflix也使用一种算法将观众的习惯与其他观众的习惯进行比较。[41]在大家转向Tinder之前,OkCupid曾以其算法主导在线约会,允许用户只需在另一个人的照片上"右滑",就可以表示对此人感兴趣。[42]Target公司使用算法创建了非常准

---

[31] Ibid.

[32] Ibid.

[33] Ibid.

[34] Ibid.

[35] R. Berk, An Impact Assessment of Machine Learning Risk Forecasts on Parole Board Decisions and Recidivism (2017) 13 J. Exp. Criminol. 193, 194.

[36] See L. Edwards and M. Veale, Slave to the Algorithm? Why a "Right to an Explanation" Is Probably Not the Remedy You Are Looking for (2017) 16 Duke Law Technol. Rev. 18, 19.(注意到算法在教育、住房、就业、教育和刑事司法中的作用)。

[37] See S. Jobs, Commencement Address at Stanford University (June 12, 2005), https://news.stanford.edu/2005/06/14/jobs-061505.(讲述Google如何重现乔布斯童年时代的《全球概览》)。

[38] P. Bilić, Search Algorithms, Hidden Labour and Information Control (2016) 3 Big Data Soc. 1, 3(讨论Google如何运行)。

[39] C. E. Wills and C. Tatar, Understanding What They Do with What They Know, in Proceedings of the 2012Workshop on Privacy in the Electronic Society (October 15, 2012).

[40] See, e.g., A. M. Hall, Note, Standing the Test of Time: Likelihood of Confusion in Multi Time Machine v. Amazon (2016) 31 Berkeley Technol. Law J. 815, 827-30; J. Angwin and S. Mattu, Amazon Says It Puts Customers First. But Its Pricing Algorithm Doesn't, ProPublica (September 20, 2016), www.propublica.org/article/amazon-says-it-putscustomers-first-but-its-pricing-algorithm-doesnt; F. Foer, Amazon Must Be Stopped, New Republic (October 9, 2014), http://newrepublic.com/article/119769/amazons-monopoly-must-be-broken-radical-plan-tech-giant.

[41] See A. Rodriguez, How Netflix (NFLX) Determines What to Pay for Shows and Films, Quartz (December 27, 2016), http://qz.com/872909.

[42] See C. Gourarie, Investigating the Algorithms that Govern Our Lives, Columbia Journalism Review (April 14, 2016), www.cjr.org/innovations/investigatingalgorithms.php(指出在线约会服务中算法的使用); B. Winterhalter, Don't Fall in Love on OkCupid, JSTOR Daily (February 10, 2016), https://daily.jstor.org/dontfall-in-love-okcupid.

确的预测模型，可以在一名少女的家人知道之前判断出她怀孕了。[43]

算法预测的效果可能令人不安，但如果政府使用它们来分配资源或实施惩罚时，问题可能会更严重。[44] 美国社会保障管理局（SSA）用算法来辅助其工作人员评估福利申请；美国国税局（IRS）用算法来选择纳税人并对其进行审计；美国联邦药物管理局（FDA）用算法研究食源性疾病的模式；美国证券交易委员会（SEC）用算法来发现不当交易行为；当地警察部门利用算法的洞察力来预测犯罪活动频繁发生的地区或地点；法院用算法来判决被告；假释委员会用算法来决定谁再犯的可能性最小。[45]

算法具有巨大价值。大数据有望给经济带来巨大利益，让消费者更快地找到产品并进行分类，从而降低搜索成本。然而，它们以戏剧性的、出人意料的方式塑造社会的潜力往往被低估。主流的看法是，算法不过是简单的数学原理，经过重新排列以揭示模式并进行预测。谁会质疑一加一等于二呢？在这种观点下，客观性似乎对用户有利。算法不会权衡各种答案的可信度，也不会比较各种答案，而只会给出唯一的最佳答案。因此，算法推荐可以通过为消费者量身定制服务和内容来节省用户的搜索和信息成本。[46] 人工智能还可以帮助人们检测财务管理不善、身份盗窃和信用卡欺诈等行为。[47]

支持者认为，现在我们拥有的数据比以往任何时候都多，预测分析的结果应该比以往任何时候都更好、更稳健、更准确。[48] 通过机械地分析量化信息，算法决策似乎为人类判断提供了一个吸引人的替代方案，从而避免了主观性和偏见的风险。[49] 而且，公平地说，大多数算法的应用相对无害。大多数人可能会问，如果 Facebook 的新闻算法展示的是最新的

---

[43] S. Barocas and H. Nissenbaum, Big Data's End Run around Anonymity and Consent, in J. Lane, V. Stodden, S. Bender, et al. (eds.), Privacy, Big Data, and the Public Good (Cambridge University Press, 2014), pp. 44, 62; C. Duhigg, How Companies Learn Your Secrets, New York Times (February 16, 2012), www.nytimes.com/2012/02/19/magazine/shopping-habits.html.

[44] See C. Beck and C. McCue, Predictive Policing: What Can We Learn from Wal-Mart and Amazon about Fighting Crime in a Recession?, Police Chief (November 2009), www.policechiefmagazine.org/predictivepolicing-what-can-we-learn-from-wal-mart-and-amazon-about-fighting-crime-in-a-recession. （倡导政府进一步使用算法的例子）。

[45] R. Bailey, Welcoming Our New Algorithmic Overlords?, Reason (October 1, 2016), https://reason.com/archives/2016/10/01/welcoming-our-new-algorithmic; see also J. Kleinberg, J. Ludwig, S. Mullainathan, and Z. Obermeyer, Prediction Policy Problems (2015) 105 Am. Econ. Rev.: Papers & Proc. 491, 494-5 (R. Bailey, Welcoming Our New Algorithmic Overlords?, Reason (October 1, 2016), https://reason.com/archives/2016/10/01/welcoming-our-new-algorithmic; see also J. Kleinberg, J. Ludwig, S. Mullainathan, and Z. Obermeyer, Prediction Policy Problems (2015) 105 Am. Econ. Rev.: Papers & Proc. 491, 494-5 (R. Bailey, Welcoming Our New Algorithmic Overlords?, Reason (October 1, 2016), https://reason.com/archives/2016/10/01/welcoming-our-new-algorithmic; see also J. Kleinberg, J. Ludwig, S. Mullainathan, and Z. Obermeyer, Prediction Policy Problems (2015) 105 Am. Econ. Rev.: Papers & Proc. 491, 494-5. （讨论利用机器学习改进的预测技术如何产生重大的政策影响）。

[46] See generally E. J. Altman, F. Nagle, and M. L. Tushman, Innovating without Information Constraints: Organizations, Communities, and Innovation When Information Costs Approach Zero, in C. E. Shalley, M. A. Hitt, and J. Zhou (eds.), The Oxford Handbook of Creativity, Innovation, and Entrepreneurship, Oxford University Press, 2015, p. 353.

[47] A. H. Raymond, E. Arrington Stone Young, and S. J. Shackelford, Building a Better HAL 9000: Algorithms, the Market, and the Need to Prevent the Engraining of Bias (2018) 15 Nw. J. Technol. Intell. Prop. 215, 217.

[48] 举一个乐观观点的例子，see R. Simmons, Quantifying Criminal Procedure: How to Unlock the Potential of Big Data in Our Criminal Justice System (2016) 2016 Mich. St. Law Rev. 947.

[49] See N. R. Kuncel, D. S. Ones, and D. M. Klieger, In Hiring, Algorithms Beat Instinct, Harvard Business Review (May 1, 2014), http://hbr.org/2014/05/in-hiring-algorithms-beat-instinct.

可爱小猫新闻，而不是叙利亚难民的最新消息，这真的有那么糟糕吗？也许这就是我们想要的，一个典型的消费者可能会这样想。这似乎并不会比人类新闻编辑小组所能选择的更糟糕。[50]

事实上，这就是很多人结缘算法的原因：算法单纯地增强消费者体验。然而，算法做得越来越多——通过处理、分析，却潜在地复制了我们的隐性偏见世界。结果往往令人迷惑不解且危险。机器学习可以向我们反映一种特别令人不适的现实结构。[51]举个例子，最近的一项研究认为，当机器学习模型获得近似人类语言语境的能力时——这一过程被称为"词嵌入"（word embedding）——它会展示并复制我们在人类心理学中看到的同样令人不安的隐性偏见。[52]同一项研究表明，"女性"（female）和"女人"（woman）这两个词，与家庭领域以及与艺术和人文有关的职业联系更紧密，而"男性"（male）和"男人"（man）这两个词，则更接近于与数学和工程相关的职业。[53]

任何阶段的错误都可能在下一阶段被放大，以复杂、令人不安、有时难以察觉的方式产生反常结果。由于算法模型反映了构建它们的人类的设计选择，因此它们带有观察者或开发工具的偏见。[54]大数据的庞大规模也掩盖了细小的变化。[55]虽然大多数研究人员关注的是数据中假阳性和假阴性的危险，[56]但更有害的歧视类型可能来自数据类别的定义方式，以及算法从这些数据中学习的示例和规则的类型。[57]在一项出色的研究中，梭伦·巴

---

[50] See RISJ Admin, Brand and Trust in a Fragmented News Environment, Reuters Institute, https://reutersinstitute.politics.ox.ac.uk/our-research/brand-and-trust-fragmented-news-environment; see also S. Porter, Can Facebook Resolve Its News Problems without Losing Credibility?, Christian Science Monitor（January 11, 2017）, www.csmonitor.com/Business/2017/0111/Can-Facebook-resolve-its-news-problems-without-losing-credibility（describing trade-offs between human versus algorithmic editing of Facebook's news feed）.

[51] See F. Manjoo, How Netflix Is Deepening Our Cultural Echo Chambers, New York Times（January 11, 2017）, www.nytimes.com/2017/01/11/technology/how-netflix-is-deepening-our-cultural-echo-chambers.html.

[52] See A. Caliskan, J. J. Bryson, and A. Narayanan, Semantics Derived Automatically from Language Corpora Contain Human-Like Biases（2017）356 Sci. 6334; see also H. Devlin, AI Programs Exhibit Racial and Gender Biases, Research Reveals, The Guardian（April 13, 2017）, www.theguardian.com/technology/2017/apr/13/aiprograms-exhibit-racist-and-sexist-biases-research-reveals.

[53] Devlin, above note 55. 正如阿曼达·莱文多夫斯基（Amanda Levendowski）所解释的那样，Google 使用词汇嵌入工具包 word2vec，反映了"谷歌新闻语料库中嵌入的性别偏见，"并提供了一个工具包的例子，该工具包显示"男人之于计算机程序员，就像女人之于家庭主妇。" A. Levendowski, How Copyright Law Can Fix Artificial Intelligence's Implicit Bias Problem（2018）93 Wash. Law Rev. 579, 581; see also Raymond et al., above note 48, pp. 218-19.（指出除性别外，对种族的类似关切）.

[54] See J. Bogen, Theory and Observation in Science, Stanford Encyclopedia of Philosophy（January 11, 2013）, http://plato.stanford.edu/archives/spr2013/entries/science-theory-observation（指出了各位哲学家是如何"通过质疑观察者能够避免偏见的假设，从而对观察证据的客观性产生了怀疑……"）; T. Woods, "Mathwashing," Facebook and the Zeitgeist of DataWorship, Technical.ly Brooklyn（June 8, 2016）, http://technical.ly/brooklyn/2016/06/08/fred-benenson-mathwashing-facebook-data-worship.

[55] See B. Foucault Welles, On Minorities and Outliers: The Case for Making Big Data Small（2014）1 Big Data Soc. 1.（讨论大数据带来的一些问题）.

[56] See, e.g., Data Science-Dealing with False Positives and Negatives in Machine Learning, Teradata: Data Science Blog（December 28, 2015）, http://community.teradata.com/t5/Learn-Data-Science/Data-Science-Dealing-with-False-Positives-and-Negatives-in/ba-p/79675.

[57] See, e.g., S. Barocas and A. D. Selbst, Big Data's Disparate Impact（2016）104 Calif. Law Rev. 671, 680; see also J. Grimmelmann and D. Westreich, Incomprehensible Discrimination（2016）7 Calif. Law Rev. Online 164（探索机器学习中的问责和透明度问题）; J. A. Kroll, J. Huey, S. Barocas, et al., Accountable Algorithms（2017）165 Univ. Pa. Law Rev. 633, 680.（"这些决策规则是机器生成的，并且是基于输入数据通过数学计算得出的，但是它们所蕴含的经验可能仍然是有偏见的或不公平的"）.

罗卡（Solon Barocas）和安德鲁·塞布斯特（Andrew Selbst）详细描述了数据挖掘过程中，可能对受保护群体产生不利影响的模型的多种方式，这些方式源于有偏见的数据输入、测量误差或变量缺失，或者不当使用作为受保护类别或群体的代理（proxies）的标准。[58] 在下面的子部分中，我分析了统计性偏见和认知性偏见之间可能存在的相互作用，并讨论了它们如何影响算法的设计、训练所依赖的数据以及最终的结果。[59]

（一）大数据中的统计和历史偏见

正如凯特·克劳福德（Kate Crawford）和梅雷迪思·惠特克（Meredith Whittaker）在首份《AI Now Report》报告中观察到的那样，大数据中的偏见通常由以下两个原因之一引起：[60] 第一个原因是数据收集过程的内部问题——数据收集中的错误，比如不准确的数据收集方法会导致对现实的不准确描述。[61] 第二个原因是外部问题。当潜在的主题利用反映或内化了某些形式的结构性歧视的信息从而使数据产生偏见时，就会发生这种情况。[62] 他们解释说，想象一下：工作晋升数据可能被用来预测职业成功，但这些数据来自一个系统性地提拔男性而不是女性的行业。[63] 虽然第一种偏见往往可以通过"清洗数据"或改进数据收集方法来减轻，但后者可能需要采取干预措施，而由于所需补救措施的结构性质，这些干预措施可能会引发复杂的政治影响。[64] 由于这些问题，偏见可能会在输入偏见（源数据因缺少某些类型的信息而产生的偏见）、训练偏见（基线数据分类所产生的偏见）或编程偏见（智能算法通过与人类用户的交互或合并新数据来学习和修改自身时所产生的偏见）的情况下出现。[65]

尽管数学算法已经存在了数千年，但如今，机器学习算法是根据设计者或过去人类实践所选择的大量数据进行训练的。这个过程体现了机器学习中的"学习"元素。例如，算法会基于过去产生过满意配对的大量数据，学习如何将查询和结果进行配对。[66] 机器学习算法结果的质量通常取决于它所消化数据的全面性和多样性。[67] 换句话说，糟糕的数据可以通过机器学习使不平等现象持续下去，导致一个反馈循环，复制现有形式的偏见，从而可能对少数群体造成不利影响。例如，最近第一次国际人工智能选美比赛引发了争议，在

---

[58] Barocas and Selbst, above note 60, p. 677.

[59] R. Baeza-Yates, Bias on the Web（2018）61 Comm. ACM 54, 54（将统计偏差定义为"由不准确的估计或抽样过程引起的系统性偏差"）; see also Barocas and Selbst, above note 60, p. 677.

[60] K. Crawford and M. Whittaker, The AI Now Report: The Social and Economic Implications of Artificial Intelligence Technologies in the Near-Term, 2016, pp. 6–7, https://ainowinstitute.org/AI_Now_2016_Report.pdf.

[61] Ibid.

[62] Ibid.; see also Levendowski, above note 56, pp. 583–4, 589（他们认为，人工智能包含了隐含的或无意的偏见，这些偏见是有缺陷的数据的产物，而且某些版权范式可能会增加这些偏见）; J. Bryson, Three Very Different Sources of Bias in AI, and How to Fix Them, Adventures NI（July 13, 2017），http://joannabryson.blogspot.com/2017/07/three-very-different-sources-of-bias-in.html.（这表明，当数据质量较差并受到人类偏见的影响时，或者当人工智能背后的形式化模型推理不当时，人工智能就会产生偏见）。

[63] Crawford and Whittaker, above note 63, p. 6.

[64] Ibid.

[65] N. G. Packin and Y. Lev-Aretz, Learning Algorithms and Discrimination, in W. Barfield and U. Pagallo（eds.），Research Handbook on the Law of Artificial Intelligence（Edward Elgar, 2018），p. 9.

[66] See ibid. 关于机器学习类型的更多信息, see also Edwards and Veale, above note 37, pp. 25–7.

[67] See Barocas and Selbst, above note 60, p. 688.

来自100多个国家的6000多份参赛作品中，44名获奖者几乎全是白人。[68] 这是为什么呢？尽管可能有很多原因，但主要问题是，用于建立人类吸引力标准的训练数据，显然没有包括足够的有色人种。[69]

1. 代表性不足与排斥

机器学习的一种常见形式是监督学习（其中有输入变量和输出变量，并使用算法训练机器学习从输入到输出的映射函数）。[70] 但也有无监督的机器学习，即利用统计学和神经科学的见解，依靠机器来识别数据中的模式。[71]

对于监督学习，由于机器学习基于数据中的模式和相关性来进行预测，因此如果训练数据不代表实验的一般人群，则这些预测通常不准确。[72] 此外，训练数据本身可能存在噪音，源于总人群中个体的不准确信息。[73] 人类做出的选择——例如，应该使用哪些特征来构建特定模型——也可能构成不准确性的来源。[74] 另一个错误来源可能来自算法本身的训练，这需要程序员决定如何权衡潜在的错误来源。[75]

此外，排除异常值、编辑、清洗或挖掘数据等行为会影响数据质量。[76] 正如梭伦·巴罗卡和安德鲁·塞布斯特所言：

> 数据挖掘可能在很多方面出错。它可能会选择一个与其他变量相比，与受保护群体相关性更高的目标变量；可能会再现训练示例中表现出的偏见；可能会从一个没有代表性的样本中得出关于受保护群体的错误结论；可能会选择一个太小的特征集，或者对每个特征的研究不够深入。这些潜在的错误都以两个事实为特征：这些错误可能会产生明显的差别性影响，它们可能是数据挖掘者并非恶意选择的结果。[77]

例如，由于非主流、不常见或小众化的搜索词不能帮助Google展示相关广告、产生点

---

[68] See S. Levin, A Beauty Contest Was Judged by AI and the Robots Didn't Like Dark Skin, The Guardian (September 8, 2016), www.theguardian.com/technology/2016/sep/08/artificial-intelligence-beauty-contestdoesnt-like-black-people.

[69] Ibid. （引用自Beauty. AI 的首席科学官亚历克斯·扎沃龙科夫（Alex Zhavoronkov）的观点。）

[70] 更全面的解释，see J. Brownlee, Supervised and Un supervised Machine Learning Algorithms, Machine Learning Mastery (March 16, 2016), http://machinelearningmastery.com/supervised-and-unsupervised-machinelearning-algorithms.

[71] 有关这些无监督学习方法的更多讨论，see M. Hynar, M. Burda, and J. Šarmanová, Unsupervised Clustering with Growing Self-Organizing Neural Network-a Comparison with Non-Neural Approach, in Proceedings of the 2005 Databases, Texts, Specifications and Objects (DATESO) Workshop (2005), p. 58. See also N. Castle, Supervised vs. Unsupervised Machine Learning, DataScience.com (July 13, 2017), www.datascience.com/blog/supervised-and-unsupervised-machine-learning-algorithms; B. Marr, Supervised V Unsupervised Machine Learning-What's the Difference?, Forbes (March 16, 2017), www.forbes.com/sites/bernardmarr/2017/03/16/supervised-v-unsupervised-machine-learning-whats-the-difference/2. （解释两者的区别）。

[72] See M. L. Rich, Machine Learning, Automated Suspicion Algorithms, and the Fourth Amendment (2016) 164 Univ. Pa. Law Rev. 871, 883-4.

[73] Ibid., p. 884.

[74] Ibid., p. 885.

[75] Ibid.

[76] J. S. Gardenier and D. B. Resnik, The Misuse of Statistics: Concepts, Tools, and a Research Agenda (2002) 9 Account. Res. 65, 68.

[77] Barocas and Selbst, above note 60, p. 729.

击量或大规模创收，Google 及其同行可能会在搜索结果和查询中忽略或最小化这些搜索词。[78] 换言之，根据公司的营销目标，这些异常值只是偏离了有价值的平均值，因此被排除在外。它们不寻常的特征可能会在大数据的海洋中消失或被忽视。

其他类型的错误与分类的影响有关。分类虽然是算法模型成功的关键，但也可能是它最大的缺点，因为它可能会遗漏结构性歧视和偏见的证据。正如吉莱斯皮所言："分类是一种强大的语义和政治干预：类别是什么，什么属于一个类别，以及谁决定如何在实践中贯彻这些类别，这些都是关于事物是如何以及应该是如何的强有力的断言。"[79] 为了证明这一点，吉莱斯皮举了 2009 年 Amazon 的一个例子，当时有近 5.7 万本同性恋友好书籍从其销售列表中消失，因为它们被错误地定性为"成人"书籍。[80] 该错误表明，Amazon 一直在编程其机器学习模型，通过将"成人"书籍排除在考虑范围之外来计算"销售排名"。[81] 虽然从销售列表中排除成人书籍的想法可能具有直观意义（因为一些购买限制可能跟年龄相关），但该模型未能解决社会中的一个已知问题，即通常被定性为"成人"或"淫秽"的事物与同性恋有关，而同样的行为在异性背景下却不会被以同样的方式分类。因此，像 Amazon 犯的这种错误，对正在通过阅读同性恋相关书籍来寻找认同感和归属感的个人消费者来说，会极大地影响他们找到相关资源的可能性。这种分类方式不仅让同性恋相关的书籍更难被发现，而且会让那些阅读这些书籍的读者们变得"隐形"，不为人所注意。

里卡多·贝扎耶茨（Ricardo Baeza Yates）在一篇强有力的文章中，描述了自我选择偏见、活动偏见以及文化和认知偏见等常见问题如何歪曲基于网络活动的研究。[82] 除了这些类型的偏见，网络上收集的数据来自一个扭曲的人口统计数据，因为它倾向于那些具有教育、经济、技术甚至语言优势的人（因为超过 50% 的最受欢迎的网站是英语网站，而世界上只有 13% 的人说英语）。[83] 此外，在健康和大数据的背景下，研究人员指出了大数据之间令人不安的同质性。[84] 一些分析人士认为，事实证明，大数据未能包括边缘化社区，包括非洲裔美国人、拉丁裔美国人、美洲原住民、社会经济地位较低的人、同性恋人群和移民。[85] 这些人不仅在互联网历史记录、社交媒体和信用卡使用情况等信息来源中被忽视的比例过高，而且在电子健康记录和基因组数据库中也被忽视。[86]

此外，即使是数据收集技术也会使结果产生偏见。容易获得的数据往往更频繁地被报

---

[78] Cf. M. Hardt, How Big Data Is Unfair, Medium（September 26, 2014）https：//medium.com/@ mrtz/how-big-datais-unfair-9aa544d739de.

[79] Gillespie, above note 30, p. 171.

[80] Ibid.

[81] Ibid.

[82] Baeza-Yates, above note 62, p. 56. （引用研究表明，在 Facebook 上，一个大型数据集显示只有 7% 的用户产生了 50% 的发布内容；在 Amazon 上，只有 4% 的活跃用户发布了评论；而在 Twitter 上，仅有 2% 的用户产生了 50% 的帖子）。

[83] Ibid. , p. 57.

[84] See S. E. Malanga, J. D. Loe, C. T. Robertson, and K. Ramos, Who's Left Out of Big Data? How Big Data Collection, Analysis, and Use Neglect Populations Most in Need of Medical and Public Health Research and Interventions, in I. G. Cohen, H. Fernandez Lynch, E. Vayena, and U. Gasser（eds.），Big Data, Health Law, and Bioethics（Cambridge University Press, 2018），pp. 98–9.

[85] See ibid.

[86] Ibid.

告和分析，导致报告偏见，而更难找到的数据信息可能永远不会进入数据集。[87] 有一些典型的选择偏见的例子，即选择一些人而不是其他人进行研究。如上所述，当个体被排除在某些研究之外时，也存在排除偏见。[88] 研究结果甚至可能因某种东西是书面的还是口头的（模态偏见）而有所不同。[89] 贝扎耶茨描述了另一层面的偏见，这种偏见也可能是交互设计师（interaction designers）在不知不觉中引入的，他们可能会在设计用户界面时产生偏见；在一个例子中他指出，放在屏幕左上角的内容往往会吸引更多的目光和点击，这是一种"位置偏见"。[90] 排名偏见是一种相关的偏见形式，它优先考虑排名靠前的项目，而不是相关性较低的项目。[91]

反过来，失实陈述也会影响到不同的群体。换句话说，如果机器学习模型是在某种程度上有偏见的数据上训练的，那么从这些数据得出的决策可能会系统地使那些碰巧在数据集中代表性过高或不足的个人处于不利地位。[92] 正如贝扎耶茨总结的那样，"偏见会产生偏见"。[93] 在这里，根据问题的不同，如果数据挖掘依赖于之前已经充满歧视的决定，那么它实际上可以复刻过去的偏见。例如，一家英国医院开发了一个计算机程序，以此对医学院申请人进行分类。然而，该程序依赖于其先前的决定，而这些决定已被系统地证明歧视与其他申请人具有相同资格的妇女和少数族裔申请人，因此有可能产生歧视性结果。[94] 可见，数据集中过去存在的偏见可能导致未来偏见的重建和复制，从而产生二阶偏见（second-order bias）。[95]

问题不仅仅是表示或描述不足。有时候，模型的判断或结论可能没有反映出它自身可能存在的不准确风险，这样一来，人们可能会对它的结果过于自信，同时，模型也没有把与之相关的模糊不清的地方说清楚。[96] 因此，约书亚·克罗尔（Joshua Kroll）及其合著者指出，输入的选择会产生各种各样的反歧视问题。人们可能直接使用受保护群体的成员身份，或者依赖于不能充分代表受保护群体的数据（例如，依赖历史上对女性有偏见的就业数据来评估女性申请人）。或者，它可能会使用代表受保护群体成员身份的替代指标的因素（例如，任职期限看似是一个良性的类别，但因育儿而离开职场的女性可能会降低所有女性的平

---

［87］ 关于报告偏见的定义，see Reporting Bias: Definition and Examples, Types, Statistics How To（October 12, 2017），www.statisticshowto.com/reporting-bias. See also J. Gordon and B. Van Durme, Reporting Bias and Knowledge Acquisition, 2013 Proceedings of the Workshop on Automated Knowledge Base Construction, p. 25.（分析报告偏见在人工智能中的作用）。

［88］ See, e.g., M. Delgado-Rodríguez and J. Llorca, Bias（2004）58 J. Epidemiol. Community Health 635, 637（在流行病学背景下描述偏见）；J. Chou, O. Murillo, and R. Ibars, How to Recognize Exclusion in AI, Medium（September 26, 2017），https://medium.com/microsoft-design/how-to-recognizeexclusion-in-ai-ec2d6d89f850.（讨论排外偏见的例子）。

［89］ See M. L. Elliott, R. E. Geiselman, and D. J. Thomas, Modality Effects in Short Term Recognition Memory（1981）94 Am. J. Psychol. 85.

［90］ Baeza-Yates, above note 62, p. 58.

［91］ Ibid.

［92］ Barocas and Selbst, above note 60, pp. 680-1.

［93］ Baeza-Yates, above note 62, p. 60.

［94］ Barocas and Selbst, above note 60, p. 682.

［95］ Baeza-Yates, above note 62, p. 60.

［96］ See A. Roth, Machine Testimony（2017）126 Yale Law J. 1972, 1992-3.

均任职期限,如果任职期限作为性别的替代指标,则可能会产生不同的影响)。[97]

然而,这些问题往往极难被发现和解决。如果替代指标提供了有价值的信息,[98] 就很难消除这些替代指标,而且事后很难提高所依赖的数据的质量。正如评论者马修·卡罗尔(Matthew Carroll)解释的那样,"普通工程师在设计神经网络时不会考虑偏见或适当的数据来源"。[99] 他继续说:

>他们关注的是一些细节问题,如理想的网络拓扑结构、激活函数、训练梯度、权重归一化和数据过拟合。模型一旦训练完毕,工程师们往往对模型的实际决策过程缺乏了解。如果他们被要求解释模型为何做出这样的决策——例如,为了证明模型没有做出基于种族歧视等法律上有问题的决策,该怎么办?如果数据主体试图行使其权利,以防止其数据被用于训练模型,或根本不被用于模型中(这是欧盟主要数据保护法规《通用数据保护条例》(GDPR)所保护的权利),又该如何应对?这就是当今的治理模式开始崩溃的地方。[100]

虽然研究人员可能会正确地认为,一些算法模型在预测中没有明确考虑受保护者的身份特征(这些特征本质上是定量的),但他们可能忽视了由潜在替代变量产生的现有隐性偏见以及算法可能加剧这些偏见的能力。[101] 杰里米·昆(Jeremy Kun)通过描述所谓的"样本量"问题,提供了另一个少数群体如何受到不公平对待的例子。研究人员莫里茨·哈特(Moritz Hardt)将这一问题描述为,关于少数群体的统计模型往往比预测普通人群行为的模型表现更差。[102] 如果这个数学上的少数群体与某个种族少数群体相吻合,那么算法可能会完全忽略整个种族群体。正如昆所写的那样,"一个在美国参与者身上准确率高达85%的算法,可能会在整个黑人亚群体中出错,尽管准确率看起来仍然不错"。[103]

2. 数据选择和设计中的过度监视

如果之前的讨论集中在因统计和历史上代表性不足而被排除在外的风险上,那么本部分的讨论则侧重于代表性过高的相反风险,这也可能导致不准确的认识和令人不安的刻板印象。在这里,算法模型可能会将某些特征与另一个不相关的特征联系起来,从而引发对某些群体额外的严格审查。[104] 在这种情况下,很难证明分析中的歧视意图;仅仅因为算法对少数群体产生了不同的影响,并不总是意味着设计者有意要产生这种结果。[105]

例如,考虑一下关于预测性警务算法的争论。布雷特·戈尔茨坦(Brett Goldstein)曾是芝加哥警察局的一名警官,现在是一名公共政策学者,他使用一种算法来分析之前被捕

---

[97] Kroll et al., above note 60, p. 681.

[98] Ibid.

[99] M. Carroll, The Complexities of Governing Machine Learning, Datanami (April 27, 2017), www.datanami.com/2017/04/27/complexities-governing-machine-learning.

[100] Ibid.

[101] 这可能是锚定偏见的一个典型结果——专注于信息的一个方面,而没有考虑到其他变量,如结构性歧视。See A. Tversky and D. Kahneman, Judgment under Uncertainty: Heuristics and Biases (1974) 185 Sci. 1124, 1128-30.

[102] See Hardt, above note 81; see also Kun, above note 16 (discussing Hardt).

[103] Kun, above note 16.

[104] See Federal Trade Commission, Big Data: A Tool for Inclusion or Exclusion? (2016), p. 9 ("只要数据集足够大,通常可以找到一些无意义的相关性"); M. Frické, Big Data and Its Epistemology (2015) 66 J. Assoc. Inf. Sci. Technol. 651, 659. (讨论在数据中发现新模式的可能性).

[105] See Kroll et al., above note 60, pp. 693-4。

的地点以预测罪犯的位置,这种策略受到了民权组织的强烈批评。[106] 另一位学者,伊利诺伊理工学院的迈尔斯·沃尼克(Miles Wernick)开发了一个程序,生成了400个最有可能犯下暴力犯罪的人的"热点名单"。[107] 他坚称该模型是公正的,因为它不依赖于任何种族、社区或相关信息。相反,他使用了以前犯罪的数量和频率的数据。

尽管他做出了努力,但沃尼克的模型及其预测仍然延续了现有的系统性偏见,即使在分析的数据看似没有偏见的情况下也是如此。[108] 有前科的人比其他潜在罪犯更容易被检测到。[109] 这是为什么呢?因为他们的种族或地点更有可能被监视。[110] 换句话说,他们最有可能被抓住,因为这些其他特征使他们更容易受到怀疑。[111] 预测性警务算法存在典型的检测偏见。它的样本人口比其他社会群体更容易受到监视,因此高估了犯罪倾向。

然而,算法在进行预测时所考虑的标准往往是秘密的。例如,沃尼克拒绝透露他的专有算法使用了哪些因素,尽管他大肆宣扬警方所列出的大约400名最有可能开枪或被枪击的人员名单的准确性。[112] 据芝加哥警方称,截至2016年5月,该市70%以上的枪击案受害者都在名单上,80%以上因枪击事件被捕的人也在名单上。[113] 然而,同样的算法也导致一名警察指挥官被误导,出现在一名住在芝加哥南部的22岁黑人男子的家中。[114] 尽管这名男子最近没有犯罪行为,也没有暴力犯罪记录,但警察局长警告他不要再犯罪。[115]

针对此类假阳性或误报问题,芝加哥警方仅表示,该程序在考虑是否将某人预测为潜在犯罪者时,会考虑其犯罪"趋势线"是否在上升、其之前是否遭受过枪击以及其是否曾因武器指控被捕。[116] 他们不会透露模型,也不允许名单上的任何人质疑其考虑的因素或数据。[117]

---

[106] See J. Brustein, The Ex‑Cop at the Center of Controversy over Crime Prediction Tech, Bloomberg (July 10, 2017), www.bloomberg.com/news/features/2017‑07‑10/the‑ex‑cop‑at‑the‑center‑of‑controversy‑over‑crime‑predictiontech(讨论戈尔茨坦的预测性警务策略和相关批评);Kun, above note 16; see also C. O'Neil, Gillian Tett Gets It Very Wong on Racial Profiling, Mathbabe (August 25, 2014), https://mathbabe.org/2014/08/25/gilian‑tett‑gets‑it‑very‑wrong‑on‑racial‑profiling.(讨论预测性警务)。

[107] Kun, above note 16.

[108] Ibid.; see also A. Z. Huq, Racial Equity in Algorithmic Criminal Justice(2019)68 Duke Law J. 1043; J. Angwinand J. Larson, Bias in Criminal Risk Scores Is Mathematically Inevitable, Researchers Say, ProPublica (December 30, 2016), www.propublica.org/article/bias-in-criminal-risk-scores-is-mathematically-inevitableresearchers-say.

[109] Kun, above note 16; see also M. Stroud, The Minority Report: Chicago's New Police Computer Predicts Crimes, But Is It Racist?, Verge (February 19, 2014), www.theverge.com/2014/2/19/5419854/the-minority-report-thiscomputer-predicts-crime-but-is-it-racist.(讨论沃尼克的工作)。

[110] See J. Saunders, P. Hunt, and J. S. Hollywood, Predictions Put into Practice: A Quasi-Experimental Evaluationof Chicago's Predictive Policing Pilot (2016) 12 J. Exp. Criminol. 347, 356‑67.

[111] Ibid.

[112] See ibid., p. 15; Saunders et al., above note 113, p. 366; Stroud, above note 112.(并指出沃尼克不愿透露算法的具体细节)。

[113] M. Davey, Chicago Policy Try to Predict Who May Shoot or Be Shot, New York Times (May 23, 2016), www.nytimes.com/2016/05/24/us/armed-with-data-chicago-police-try-to-predict-who-may-shoot-or-be-shot.html.

[114] K. Lum and W. Isaac, To Predict and Serve?, Significance (October 2016), p. 15, http://rdcu.be/1Ug9.

[115] Ibid.; see also J. Gorner, Chicago Police Use "Heat List" as Strategy to Prevent Violence, Chicago Tribune (August 21, 2013), www.chicagotribune.com/news/ct-xpm-2013-08-21-ct-met-heat-list-20130821-story.html.

[116] See Davey, above note 116.

[117] 即使是前白宫也暗示,尽管犯罪数据的收集方式存在明显问题,但数据的透明度对于有效的社区警务至关重要。See Press Release, The White House, Office of the Press Secretary, Fact Sheet: White House Police Data Initiative Highlights New Commitments (April 21, 2016), www.whitehouse.gov/the-press-office/2016/04/22/fact-sheet-white-house-police-data-initiative-highlights-newcommitments; see generally M. D. Maltz, US Department of Justice, Bureau of Justice Statistics, Bridging Gaps in Police Crime Data (1999), www.bjs.gov/content/pub/pdf/bgpcd.pdf.

然而，这类问题很容易成为种族、性别或地域偏见的代名词。犯罪率更高社区的居民更有可能被枪击。因此，这些社区会受到更多的警察监控。由于这些地区的警力较多，警察更有可能发现那里的武器犯罪，并以非法持有武器为由逮捕当地居民。[118]

尽管存在这些风险，许多警察部门还是使用软件程序来预测犯罪。[119] PredPol算法仅使用三个数据点——过去的犯罪类型、地点和时间——来确定未来犯罪最有可能发生的时间和地点。[120] 批评者指出，PredPol算法和类似算法预测的不是未来最有可能发生犯罪的地方，而是警察最有可能发现未来犯罪的地方。[121] 换句话说，PredPol算法预测的不是犯罪，而是警务。在这方面，算法警务（algorithmic policing）在贫困和少数族裔社区成为自我实现的预言：更多的警务导致更多的逮捕、更多的审查，以及可能更重的惩罚。逮捕人数的激增刺激算法预测同一地区需要更多的警务，因此两位学者得出结论，这是一个"选择偏见遇到确认偏见"的完美例子。[122] 由于算法从可能反映偏见的先前逮捕数据中学习，它们创建了一个使这些偏见永久存在的反馈循环，尽管其声称已经将种族、性别或地域因素排除在数据之外。[123]

这种趋势可能会带来严重的后果。伯纳德·哈考特（Bernard Harcourt）认为，预测性警务可能会导致资源的错误分配，使得犯罪在被针对的地区（从而获得更多资源）得到抑制，但代价是那些监控较少（因此资源也较少）的地区犯罪率上升。[124]

（二）归因、预测和偏好的错误

除了数据收集和提炼的问题之外，认知偏见和其他形式的隐性偏见也可能严重影响算法设计和算法训练所用的数据。克里斯汀·乔尔斯（Christine Jolls）、卡斯·桑斯坦（Cass Sunstein）和理查德·塞勒（Richard Thaler）不久前指出，个人表现出有限的理性、有限的意志力和有限的自私自利——每一种都呈现出与传统经济模型不同的轨迹。[125] 他们认为，这些行为轨迹需要开发新的预测模型，以考虑这些偏见，从而提高模型（算法）的准确性。[126]

同样的情况也可能在这里发生，即我们的认知偏见可能需要我们更加严格地审查人工智能复制这些偏见的方式。我们对启发式方法的依赖（为了简化和加快决策过程而采用的

---

[118] 最近对芝加哥算法模型的一项研究证实了这一趋势很可能存在，并得出结论称：被列入名单只与因涉嫌枪击而被捕有关，而不是像该部门声称的那样与成为枪击事件的受害者有关。Saunders et al, above note 113, pp. 363–4.

[119] See generally G. O. Mohler et al, Randomized Controlled Field Trials of Predictive Policing（2015）110 J. Am. Stat. Assoc. 1399.

[120] Lum and Isaac, above note 117, pp. 14, 17–18.

[121] See ibid., p. 18.

[122] See ibid., pp. 16–19; see also T. Z. Zarsky, Transparent Predictions（2013）Univ. Ill. Law Rev. 1503, 1510（discussing role of prediction in big data）.

[123] See Lum and Isaac, above note 117, pp. 15–16.

[124] See B. E. Harcourt, Against Prediction: Profiling, Policing, and Punishing in an Actuarial Age（2007），pp. 111–38（discussed in Simmons, above note 49, p. 957）. 犯罪总体是否真正减少取决于每个群体的相对弹性。Simmons, above note 49, p. 957.

[125] See C. Jolls, C. R. Sunstein, and R. Thaler, A Behavioral Approach to Law and Economics（1998）50 Stan. Law Rev. 1471, 1477–9.

[126] See ibid., p. 1477.

思维捷径）可能会导致问题变得不透明。[127] 因此，为了理解隐性偏见与机器学习、数据质量和算法设计之间的关联性，还需要做更多的工作。在这部分内容中，我将探讨以下具体的偏见类型——归因错误、预测错误和偏好相关错误，以展示它们如何导致算法设计和人工智能所依赖的数据出现偏见问题。[128]

1. 归因错误

由于我们努力节省分析能力，所以会假设一个例子就能代表整个类别；或者我们会接受脑海中首先浮现的想法，并且之后不再进行调整，因为我们的思维仍然锚定在最初的想法上。[129] 除了思维捷径之外，在情绪、噪音、动机或其他复杂因素（如我们决策过程中的社会影响）的作用下，我们可能会以不同的方式处理信息。[130] 在这种情况下，算法的设计者以及数据所代表的主题，都可能反映出难以察觉的隐性偏见。

不妨花一点时间，思考我们如何愿意向计算机提供有关我们自己的所有信息。监视器，如智能手表和手机，可以追踪我们的身高、体重、我们在哪里、我们要去哪里、我们睡得有多快、在哪里以及睡了多少时间。搜索引擎同样知道我们所有的问题及其答案，无论好坏。[131] 但我们自己的认知偏见已经扭曲了我们认为值得记录的内容、值得提出的问题以及需要的答案。尽管认知偏见可以有很多形式，但由于人类简单的认知错误（而统计和概率正是为了避免这些错误），依赖自我选择或自我报告的数据很容易在大规模上复制这些偏见。[132] 当算法在不完美的数据上进行训练，或者算法是由可能存在某种形式的无意识偏见的个人设计时，结果通常会反映出这些偏见，而这往往对某些群体造成损害。[133] 凯特·克劳福德（Kate Crawford）将此描述为人工智能的"白人男性问题"（White Guy Problem），指的是在利用有偏见的数据构建的人工智能中，偏见变得具体化。[134] 她写到："就像之前的所有技术一样，人工智能将反映其创造者的价值观。因此，包容性很重要——从谁设计它，到谁担任公司董事会成员，再到纳入哪些伦理观点。否则，我们就有可能构建出一种机器智能，它反映的只是狭窄且特权化的社会视野，带着那些陈旧的、熟悉的偏见和刻板印象。"[135]

然而，研究这些偏见对于理解如何纠正或如何限定我们所希望的结果至关重要。考虑

---

[127] M. Hilbert, Toward a Synthesis of Cognitive Biases: How Noisy Information Processing Can Bias Human Decision Making（2012）138 Psychol. Bull. 211, 212-13.

[128] Cf. D. Kahneman, P. Slovic, and A. Tversky (eds.), *Judgment under Uncertainty: Heuristics and Biases*, Cambridge University Press, 1982,（讨论启发式的作用以及其在人类决策中产生的偏见）。

[129] Ibid., p. 213.

[130] Ibid.

[131] See N. Anderson, Why Google Keeps Your Data Forever, Tracks You with Ads, Ars Technica（March 8, 2010）, http://arstechnica.com/tech-policy/2010/03/google-keeps-your-data-to-learn-from-good-guys-fight-off-bad-guys.

[132] See also A. G. Greenwald and L. Hamilton Krieger, Implicit Bias: Scientific Foundations（2006）94 Calif. Law Rev. 945, 947; A. G. Greenwald and M. R. Banaji, Implicit Social Cognition: Attitudes, Self-Esteem, and Stereotypes（1995）102 Psychol. Rev. 4.（两者都讨论了认知偏见的作用）。

[133] 计算机科学家、一项研究的合著者乔安娜·布赖森（Joanna Bryson）指出："很多人都说这表明人工智能存在偏见。但并非如此，这表明我们存在偏见，而人工智能正在学习它。"Devlin, above note 55.

[134] K. Crawford, Opinion, Artificial Intelligence's White Guy Problem, New York Times（June 25, 2016）, www.nytimes.com/2016/06/26/opinion/sunday/artificial-intelligences-white-guy-problem.html.（描述这个问题）。

[135] Ibid.

如下事实：许多人会犯归因错误，这可能会影响对某一特定现象的解释。例如，确认偏见常常会导致人们选择似乎支持其信念的数据。[136] 我们的判断和答案也可能因我们如何构建或提出问题而异（框架效应）。[137] 同样，我们对某个维度的掌控信念，也可能影响我们对该维度的评估（掌控幻觉偏见）。[138] 我们可能无法充分评估未来的自己以及我们的需求、想法和偏好（投射偏见）。[139] 有时我们会高估社会对自己的期望度（social desirability），有时又会低估它。

更甚的是，自我（ego）常常导致我们对自己的判断过于自信，这可能会让我们不愿意再去重新考虑和校准它们。[140] 例如，定量模型通常将自我报告限制在有限的变量中，从而将一个人的生活经历的复杂性简化为一个固定的模式。[141] 因此，由于排除了某些变量，研究人员可能会忽视一个现象的其它可能原因。他们可能会将仅与另一个特征相关的特征标记为导致后者的决定性因素，从而导致一系列与归因相关的经典错误。[142] 将答案限制在符合观测者期望的范围内，并在算法中将其形式化，会导致数据进一步证实这些期望。[143]

刻板印象就是该问题的一个典型例子。[144] 例如，辅导机构"普林斯顿评论"（Princeton Review）似乎因对亚洲人的刻板印象，对于那些位于邮政编码区域内亚洲人口比例较高的地方，收取了比其他地方更高的考试准备服务价格。[145] 尽管Facebook更愿意将其种族分类描述为"民族亲密关系"[146]，但这证明了数据汇总中存在种族或民族刻板印象的风险，因为其允许营销主管选择是否包括或排除特定族裔群体看到特定广告。[147]

其他类型的偏见源于更微妙的刻板印象。研究人员已经证明，个人对待属于自己社会

---

[136] J. Bambauer, Is Data Speech?（2014）66 Stan. Law Rev. 57, 95（citing D. Kahneman, Thinking, Fast and Slow（2011），pp. 80-1）; D. M. Kahan, D. A. Hoffman, and D. Braman, "They Saw a Protest": Cognitive Illiberalism and the Speech-Conduct Distinction（2012）64 Stan. Law Rev. 851, 883-4; R. S. Nickerson, Confirmation Bias: A Ubiquitous Phenomenon in Many Guises（1998）2 Rev. Gen. Psychol. 175, 175.

[137] See A. Tversky and D. Kahneman, The Framing of Decisions and the Psychology of Choice（1981）211 Sci. 453, 453.

[138] See S. C. Thompson, Illusions of Control: How We Overestimate Our Personal Influence（1999）8 Curr. Dir. Psychol. Sci. 187.

[139] See G. Loewenstein, T. O'Donoghue, and M. Rabin, Projection Bias in Predicting Future Utility（2003）118 QJ Econ. 1209.

[140] See generally G. Keren, Calibration and Probability Judgments: Conceptual and Methodological Issues（1991）77 Acta Psychol. 217.（讨论校准和调和）。

[141] Cf. G. Mann and C. O'Neil, Hiring Algorithms Are Not Neutral, Harvard Business Review（December 9, 2016），http://hbr.org/2016/12/hiring-algorithms-are-not-neutral.

[142] Cf. E. E. Jones and V. A. Harris, The Attribution of Attitudes（1967）3 J. Exp. Psychol. 1.（讨论观点在态度中的作用）。

[143] See generally R. Rosenthal, Experimenter Effects in Behavioral Research（Appleton-Century-Crofts, 1966）.

[144] 讨论数据如何"融入"刻板印象，see R. Bhargava, The Algorithms Aren't Biased, We Are, Medium（January 3, 2018），https://medium.com/mit-media-lab/the-algorithms-arent-biased-we-are-a691f5f6f6f2.

[145] J. Angwin, T. Parris, Jr., and S. Mattu, When Algorithms Decide What You Pay, ProPublica（October 5, 2016），www.propublica.org/article/breaking-the-black-box-when-algorithms-decide-what-you-pay.

[146] See J. Angwin, S. Mattu, and T. Parris, Jr., Facebook Doesn't Tell Users Everything It Really Knows about Them, ProPublica（December 27, 2016），www.propublica.org/article/facebook-doesnt-tell-users-everything-itreally-knows-about-them.

[147] See L. Andrews, Opinion, Facebook Is Using You, New York Times（February 4, 2012），www.nytimes.com/2012/02/05/opinion/sunday/facebook-is-using-you.html.

或种族群体的人比对待不属于自己社会或种族群体的人更好，即所谓的内群体偏见。[148] 同样地，与对其他群体（称为外群体）的成员相比，我们能够更敏锐地认识到自己与该群体成员之间的差异，这被称为外群体偏见。[149] 虽然我们经常认为自己是不可预测且能够改变的，但我们可能会将其他人刻画得更为可预测，或者相反（特质归因偏见）。[150]

2. 预测和偏好相关的错误

除了归因错误，个人还会犯定性和定量预测错误，导致个人将相关性误认为是因果关系。有时，我们会根据最近发生的事情高估事件发生的概率，[151] 对过去的事情产生不同的看法（后见之明偏差），[152] 或者我们可能基于当前时刻而不是随时间变化构建偏好（当前时刻偏见）。[153] 其他时候，我们严重依赖自己的信仰，这些信仰会随着时间的推移而获得越来越多的关注，特别是如果被越来越多的人接受，就会导致一种从众效应，从而掩盖了实际事件或其原因。[154]

另外一组认知偏见涉及与偏好相关的错误，这些错误通常可能涉及对价值或质量的不正确或不合逻辑的评估。[155] 例如，围绕假新闻的数据表明，个人关注那些确认其现有信念的熟悉信息。我们是否同意或反对一个事实或观点，往往涉及其是否符合我们的期望（选择性感知）。[156] 类似地，还有虚幻真相效应，它导致我们常常认为某件事情是真的，仅仅是因为我们之前听说过它，而不是因为它有任何实际的有效性。[157]

在这一点上，前述一系列偏见似乎永远不会进入算法函数。但事实是，它们中的许多仍会在数据中复制自身，尤其是自我报告的数据。正如安德里亚·罗斯（Andrea Roth）在

---

［148］ Cf. M. J. Bernstein, S. G. Young, and K. Hugenberg, The Cross-Category Effect: Mere Social Categorization Is Sufficient to Elicit an Own-Group Bias in Face Recognition (2007) 18 Psychol. Sci. 706.（讨论内群体偏见的作用）。

［149］ 关于内群体偏见和外群体偏见的讨论，see S. A. Haslam, P. J. Oakes, J. C. Turner, and C. McGarty, Social Identity, Self-Categorization, and the Perceived Homogeneity of Ingroups and Outgroups: The Interaction between Social Motivation and Cognition, in R. M. Sorrentino and E. T. Higgins (eds.), Handbook of Motivation & Cognition: The Interpersonal Context (Guilford Press, 1996), Vol. 3, p. 182; D. M. Taylor and J. R. Doria, Self-Serving and Group-Serving Bias in Attribution (1981) 113 J. Soc. Psychol. 201.

［150］ See D. Kammer, Differences in Trait Ascriptions to Self and Friend: Unconfounding Intensity from Variability (1982) 51 Psychol. Rep. 99.

［151］ See A. Tversky and D. Kahneman, Availability: A Heuristic for Judging Frequency and Probability (1973) 5 Cogn. Psychol. 207. 有关"近期偏见"（recency bias）及其对当前问题的适用性的更多信息，see C. Richards, Tomorrow's Market Probably Won't Look Anything Like Today, New York Times (February 13, 2012), https://bucks.blogs.nytimes.com/2012/02/13/tomorrows-market-probably-wont-look-anything-like-today.

［152］ See, e.g., N. J. Roese and K. D. Vohs, Hindsight Bias (2012) 7 Perspect. Psychol. Sci. 411.

［153］ See S. Frederick, G. Loewenstein, and T. O'Donoghue, Time Discounting and Time Preference: A Critical Review (2002) 40 J. Econ. Lit. 351, 352.（提到"对即时效用的偏好超过了对延迟效用的偏好"）。

［154］ See R. Nadeau, E. Cloutier, and J. H. Guay, New Evidence about the Existence of a Bandwagon Effect in the Opinion Formation Process (1993) 14 Int. Political Sci. Rev. 203.

［155］ 讨论与偏好相关的错误的作用，see R. E. Scott, Error and Rationality in Individual Decisionmaking: An Essay on the Relationship between Cognitive Illusions and the Management of Choices (1986) 59 S. Cal. Law Rev. 329.

［156］ Cf. L. Hasher, D. Goldstein, and T. Toppino, Frequency and the Conference of Referential Validity (1977) 16 J. Verbal Learning Verbal Behav. 107（首先概述虚幻真相效应）。对于其他观点，see D. T. Miller and M. Ross, Self-Serving Biases in the Attribution of Causality: Fact or Fiction? (1975) 82 Psychol. Bull. 213.（质疑自私偏见的作用和基础）。

［157］ G. Gigerenzer, External Validity of Laboratory Experiments: The Frequency-Validity Relationship (1984) 97 Am. J. Psychol. 185.

刑法背景下所解释的那样，正如人类会表现出不真诚、记忆丧失和误解等传播不实信息的危险（传闻危险，hearsay dangers）一样，机器复制这些错误的风险也可能导致故意制造虚假信息，从而在法庭上对事件进行错误分析。[158] 如果我们过度依赖人工智能（自动化偏见）而无法检测或纠正错误，这些危险可能会进一步扩大。[159] 这同时也会影响算法本身的设计，包括是否可以重新设计以将这些问题考虑在内。例如，有研究表明，如果名字听起来像欧美人的话，其简历收到面试邀请的可能性要比名字听起来像非裔美国人的简历收到面试邀请的可能性高出50%，那么除非特别编写程序来识别这种差异，否则算法就会像社会现实中存在的偏见一样，表现出相同的社会倾向性。[160]

（三）预测与惩罚：一个例子

其他学者探索数据在刑事司法系统中作用的出色工作，也许能最好地说明有偏见的数据带来的危险。在科技行业迷恋人工智能之前，刑法学者就一直在利用行为科学来探讨风险预测的成本和收益。[161] 现今，机器学习和大数据在警务策略中发挥着强大的作用。[162] 丽贝卡·韦克斯勒（Rebecca Wexler）描述了刑法领域中一系列已经用于司法鉴定目的且被视为专有技术的其他技术——包括生成潜在指纹分析候选结果的算法、用于在弹道信息数据库中搜索匹配的枪支和弹壳的技术，以及面部识别技术，这里仅举几例。[163]

在这里，用于判决被告或假释囚犯的算法引发了种族偏见问题。[164] 例如，在讨论定罪

---

[158] Roth, above note 99, pp. 1977-8.

[159] See L. Bainbridge, Ironies of Automation (1983) 19 Autom. 775, 776-7.（讨论在自动化系统中检测错误的困难）.

[160] Devlin, above note 55.

[161] See M. M. Feeley and J. Simon, The New Penology: Notes on the Emerging Strategy of Corrections and Its Implications (1992) 30 Criminology 449, 452.（讨论精算评估对刑事司法系统的影响）.

[162] See generally A. Guthrie Ferguson, Predictive Policing and Reasonable Suspicion (2012) 62 Emory Law J. 259; E. Murphy, Databases, Doctrine, and Constitutional Criminal Procedure (2010) 37 Fordham Urb. Law J. 803; Rich, above note 75.（所有描述这些策略的使用及其含义）.

[163] Wexler, above note 26, pp. 1347, 1363-4.

[164] See E. Meiners, How "Risk Assessment" Tools Are Condemning People to Indefinite Imprisonment, Truthout (October 6, 2016), www.truth-out.org/news/item/37895-how-risk-assessment-tools-are-condemning-people-toindefinite-imprisonment. 算法已经渗透到刑事司法体系中。索尼娅·斯塔尔（Sonja Starr）的杰出工作表明，基于证据的判决（EBS）如何引发了重大的宪法关切. S. B. Starr, Evidence-Based Sentencing and the Scientific Rationalization of Discrimination (2014) 66 Stan. Law Rev. 803; S. B. Starr, The New Profiling: Why Punishing Based on Poverty and Identity Is Unconstitutional and Wrong (2015) 27 Fed. Sentencing Report. 229. 对斯塔尔文章及其影响的良好讨论，see L. Daniel, The Dangers of Evidence-Based Sentencing, NYU: GovLab (October 31, 2014), http://thegovlab.org/the-dangers-ofevidence-based-sentencing. Others have raised similar concerns. See, e.g., M. Hamilton, Risk-Needs Assessment: Constitutional and Ethical Challenges (2015) 52 Am. Crim. Law Rev. 231（表达宪法方面的关切）; R. Karl Hanson and D. Thornton, Improving Risk Assessments for Sex Offenders: A Comparison of Three Actuarial Scales (2000) 24 Law Hum. Behav. 119; B. E. Harcourt, Risk as a Proxy for Race: The Dangers of Risk Assessment (2015) 27 Fed. Sentencing Report. 237; I. Kerr, Prediction, Pre-emption, Presumption: The Path of Law after the Computational Turn, in M. Hildebrandt and K. de Vries (eds.), Privacy, Due Process and the Computational Turn (Routledge, 2013), p. 91; J. Monahan and J. L. Skeem, Risk Redux: The Resurgence of Risk Assessment in Criminal Sanctioning (2014) 26 Fed. Sentencing Report 158; J. R. Nash, The Supreme Court and the Regulation of Risk in Criminal Law Enforcement (2012) 92 BU Law Rev. 171; J. C. Oleson, Risk in Sentencing: Constitutionally Suspect Variables and Evidence-Based Sentencing (2011) 64 SMU Law Rev. 1329; D. S. Sidhu, Moneyball Sentencing (2015) 56 BC Law Rev. 671; R. K. Warren, Evidence-Based Sentencing: The Application of Principles of Evidence-Based Practice to State Sentencing Practice and Policy (2009) 43 USF Law Rev. 585; D. Citron, (Un) Fairness of Risk Scores in Criminal Sentencing, Forbes (July 13, 2016), www.forbes.com/sites/daniellecitron/2016/07/13/unfairness-of-risk-scores-incriminal-sentencing. 在这里，人工智能的"白人问题"以算法的形式具体化，这可能会从有偏见的数据中得出结论. Crawford, above note 137.（描述算法因收集到的数据中隐含的多数观点而误解少数群体特征的实例）. 其他人对风险评估也有类似的担忧. See, e.g., J. Monahan and J. L. Skeem, Risk Assessment in Criminal Sentencing (2016) 12 Ann. Rev. Clinical Pyschol. 489.

后风险评估工具（PCRA）的研究中，几位学者已经揭示了基于种族[165]、性别[166]和年龄[167]的潜在不平等影响。最近的一份 ProPublica 报告研究了替代制裁的罪犯管理分析画像系统（COMPAS），这是用于评估被告再犯风险并根据该风险对被告人进行判决的最受欢迎的算法之一。[168] 尽管该算法的创建者 Northpointe 公司，在 20 世纪 90 年代晚期[169]开发 COMPAS 是为了评估矫治人口中的风险因素，并为案件规划和管理提供决策支持，而非用于量刑，但现在它已成为评估四种不同风险（一般再犯、暴力再犯、不遵守规定和未出庭）的强大工具。[170]

Northpointe 公司透露，COMPAS 的分析考虑了分析对象的基本人口统计信息[171]、犯罪记录，以及受试者家庭中是否有人曾被捕等 137 个问题。[172] Northpointe 公司不会透露：①对每种风险类型的分析方式有何不同；②COMPAS 考虑的所有因素；以及③如何权衡这些因素。[173] 一些问题会询问分析对象的父母是否离婚，他们的父母是否被监禁，他们的高中成绩如何，他们在高中是否经常打架，以及他们家里是否有电话。[174] 这些问题还包括道德假设性问题，比如受试者是否同意或不同意"饥饿的人有权去偷窃"。[175] 它还邀请填写

---

[165] J. L. Skeem and C. T. Lowencamp, Risk, Race, and Recidivism: Predictive Bias and Disparate Impact（2016）54 Criminology 680. 对于方法论进行更详细的讨论，see J. L. Johnson et al, The Construction and Validation of the Federal Post Conviction Risk Assessment（PCRA）（2011）75 Fed. Probat. 16.

[166] See J. Skeem, J. Monahan, and C. Lowenkamp, Gender, Risk Assessment, and Sanctioning: The Cost of Treating Women Like Men（2016）40 Law Hum. Behav. 580（指出，尽管 PCRA 对男性和女性的逮捕率都有很强的预测性，但往往高估了女性再犯的可能性）。

[167] See J. Skeem, J. Monahan, and C. Lowencamp, Age, Risk Assessment, and Sanctioning: Overestimating the Old, Underestimating the Young（2017）41 Law Hum. Behav. 191.（发现 PCRA 评分低估了年轻罪犯的再犯率，而高估了老年罪犯的再犯率）。

[168] J. Angwin, J. Larson, S. Mattu, and L. Kirchner, Machine Bias, ProPublica（May 23, 2016），www. propublica. org /article/machine-bias-risk-assessments-in-criminal-sentencing.

[169] See P. M. Casey et al, National Center for State Courts, Using Offender Risk and Needs Assessment Information at Sentencing app at 2（2002）（评估工具简介），www. ncsc. org/~/media/Files/ PDF/Services%20and%20Experts/Areas%20of%20expertise/Sentencing%20Probation/RAN%20Appendix%20A. ashx; Northpointe, Practitioners Guide to COMPAS（2012），p. 2, www. northpointeinc. com/files/technical_do cuments/FieldGuide2_081412. pdf; see also Technology Advancing Practices, Division of Criminal Justice Services, www. criminaljustice. ny. gov/opca/technology. htm（"COMPAS 是独一无二的，因为它是针对纽约州代表性罪犯样本而开发、验证和标准化的"）; A. Liptak, Sent to Prison by a Software Program's Secret Algorithms, New York Times（May 1, 2017），www. nytimes. com/2017/05/01/us/politics/ sent-to-prison-by-a-software-programs-secret-algorithms. html.

[170] Casey et al, above note 172.

[171] See Algorithms in the Criminal Justice System, Electronic Privacy Information Center（November 11, 2017），https://epic. org/algorithmic-transparency/crim-justice/.（"COMPAS 由营利性公司 Northpointe 创建，主要评估五个主要领域的变量：犯罪参与、关系/生活方式、个性/态度、家庭和社会排斥"。斯塔尔指出，Northpointe 公司为女性设计了一套单独的问题。她讨论了该州对这种差别使用的宪法含义，above note 167, pp. 823-9, 823 n. 76.

[172] See Northpointe, Risk Assessment, http://assets. documentcloud. org/documents/2702103/Sample-RiskAssessment-COMPAS-CORE. pdf.

[173] See Algorithms in the Criminal Justice System, above note 174.（"Northpointe 公司没有分享其计算方式，但已声明其未来犯罪计算公式的基础包括教育水平和被告是否有工作等因素"）。

[174] Ibid.

[175] Ibid.

问卷的人推测受试者是否表现出帮派成员的特征。[176]

尽管这些问题本身并不一定显示出偏见——因为 Northpointe 公司拒绝透露算法是如何权衡这些答案的——但评估算法偏见的唯一途径就是通过其结果。[177] ProPublica 研究了佛罗里达州布劳沃德县 7000 名被告的判决情况，获取了他们的风险评分，并将预测人数与未来两年内被指控犯有新犯罪的人数进行比较（该算法依赖相同的基准）。[178] 当 ProPublica 测试用于预测再犯的专有算法时，它发现该算法得出的分数有近 40% 是错误的，并且对黑人被告存在严重的偏见，他们"被错误地标记为未来罪犯的比率几乎是白人被告的两倍"。[179] 在 Northpointe 公司预测的会再次犯罪的人中，研究发现只有 1/5 的人实际上犯罪。[180] 值得注意的是，"这个公式特别容易错误地将黑人被告标记为未来的罪犯，以这种方式错误地给他们贴上标签的比率几乎是白人被告的两倍"。[181]

像 COMPAS 这样的算法得出的分数应该只是法官或假释委员会决策的一部分。例如，COMPAS 的创建并不是为了应用于量刑决策，而是为了在缓刑决策中协助缓刑监督官选择特定类型的处理措施。[182] 然而，很难想象这些分数不会在判决中发挥过于重要的作用，并最终导致对黑人被告判处更严厉的判决。

尽管 ProPublica 研究记录了这些问题，但威斯康星州最高法院在 2016 年 7 月维持了在量刑中使用 COMPAS 的做法。[183] 2013 年，埃里克·卢米斯（Eric Loomis）被指控与威斯康星州拉克罗斯市的一飞车枪击案件有关。[184] 他对车辆指控不作抗辩，并对逃避警察追捕的指控表示认罪。[185] 法院下令进行判决前调查，其中包括一份 COMPAS 风险评估报告，该报告将卢米斯标记为审前再犯风险、一般再犯风险和暴力再犯的高风险人群。[186] 法官判处他 11 年监禁，并明确引用了 COMPAS 给他打出的高分。[187] 卢米斯以正当程序为由对判决

---

[176] J. Tashea, Risk-Assessment Algorithms Challenged in Bail, Sentencing, and Parole Decisions, ABA J. (March 1, 2017), www. abajournal. com/magazine/article/algorithm_bail_sentencing_parole; see also Northpointe, Practitioner's Guide to COMPAS Core (2015), § 5.1, http: // epic. org/algorithmic-transparency/crim-justice/EPIC-16-06-23-WI-FOIA-201600805-COMPASPractionerGuide. pdf.

[177] Northpointe 公司坚持认为，"我们所做的事情没有秘诀；只是人们还不太理解……"Tashea, above note 179.

[178] Angwin et al, above note 171, p. 1（解释方法和结果）; see also Angwin and Larson, above note 111.（讨论研究结果的含义）。

[179] J. Angwin, Opinion, Make Algorithms Accountable, New York Times (August 1, 2016), www. nytimes. com/ 2016/ 08/01/opinion/make-algorithms-accountable. html（主张提高透明度和可问责性）; see also Angwin et al, above note 171. ProPublica 发现，大约 60%被归为高风险的人继续犯罪（黑人和白人被告的比率相同）。然而，当研究人员观察 40%的错误预测时，他们发现"黑人被告被评为高风险但未再次犯罪的可能性是白人的两倍。而在被评为低风险后，白人被告被指控犯有新罪的可能性是黑人的两倍"。J. Angwin and J. Larson, ProPublica Responds to Company's Critique of Machine Bias Story, ProPublica (July 29, 2016), www. propublica. org/article/propublica-responds-to-companys-critique-of-machinebias-story.

[180] Angwin et al, above note 171, p. 1.（指出"只有 20% 预计会实施暴力犯罪的人实际上会这样做"）。

[181] Angwin et al, above note 171.

[182] 刑事司法系统中的算法, above note 174.

[183] State v. Loomis, 881 NW. 2d 749, 772 (Wis. 2016).

[184] See ibid. at 754.

[185] Ibid. at 772.

[186] Ibid. at 754-5.

[187] Ibid. at 755, 756 n. 18.

提出上诉。[188]

威斯康星州最高法院认为，判决和巡回法院对COMPAS的使用并未侵犯卢米斯的权利，因为卢米斯知道COMPAS考虑的因素。法院指出，"Northpointe公司2015年发布的《COMPAS从业人员指南》解释说，风险评分主要基于静态信息（犯罪记录），并有限地使用了一些动态变量（即犯罪同伙、药物滥用）。"[189] "在某种程度上，卢米斯的风险评估是基于他对问题的回答和有关其犯罪历史的公开数据"，法院认为卢米斯可以验证其回答的准确性。[190] 然而，法院从未提及卢米斯无法检查这些作答在其风险评分中所占的权重，因为Northpointe公司将该信息视为商业秘密。[191] Northpointe公司的指南可能为其算法及其所依据的心理学和社会学理论提供了一个清晰的解释。然而，没有办法检查COMPAS是否以统计上合理且逻辑上正确的方式实际运用了这些理论。

其他法院也处理过类似问题。在Malenchik v. State案中，印第安纳州最高法院支持使用风险评估分数，理由是这些分数在统计上是预测再犯的有效手段，可以与其他量刑证据结合使用，以补充法官的评估，从而确定个性化的量刑。[192] 相反，印第安纳州上诉法院在Rhodes v. State案中表示担忧，即标准化评分模型的使用削弱了初审法院制定个性化判决的责任。[193]

最近，美国国会提出了一项法案，旨在强制要求联邦监狱在假释决定中程序性地使用算法来评估再犯风险。[194] 正如这些预测工具的支持者所建议的，这些特征并非孤立存在。[195] 在特朗普发布穆斯林禁令的行政命令之后，出现了一些其他刑事协议，例如极端审查协议和其他数据库筛查方法。对于这些协议和方法，学者玛格丽特·胡（Margaret Hu）将它们称为"算法种族隔离系统"。[196]

二、算法的后世

前面的部分概述了数据可能存在缺陷并导致统计和认知偏见形成的一些方式。这些结果可能对各种不同的人群产生不利影响，其中一些人可能属于受法律保护的群体，而另一

---

[188] Ibid. at 757; see also M. Smith, In Wisconsin, a Backlash against Using Data to Foretell Defendants' Futures, New York Times（June 22, 2016），www.nytimes.com/2016/06/23/us/backlash-in-wisconsin-against-using-data-toforetell-defendants-futures.html. 卢米斯认为判决侵犯了他的正当程序权利，因为：①Northpointe公司不会公开源代码，因此无法测试其有效性；②法官依据的是COMPAS根据像卢米斯这样的被告得出的广义风险，而不是将他视为一个独立的个体；③该工具在确定风险时不当地考虑了性别因素。Loomis, above note 186, at 757.

[189] Loomis, above note 186, at 761.

[190] Ibid.

[191] See ibid. （"Northpointe公司没有透露如何确定风险评分或如何权衡因素"）。

[192] 928 NE. 2d 564, 575（Ind. 2010）.

[193] 896 NE. 2d 1193, 1195（Ind. Ct. App. 2008），disapproved of by Malenchik, 928 NE. 2d at 573.

[194] Sentencing Reform and Corrections Act of 2015, S. 2123, 114th Cong. (2015). 自那以后，该法案已在后期会议上提出，但其命运仍不明朗。See E. Watkins, Rebuffing Sessions, Senators Advance Criminal Justice Reform Bill, CNN（February 15, 2018），www.cnn.com/2018/02/15/politics/sentencing-prison-reform-senategrassley-sessions/index.html.

[195] S. Benjamin and G. A. Thomas, Congress Must Pass the Sentencing Reform and Corrections Act of 2015, Hill（February 3, 2016），http://thehill.com/opinion/op-ed/268129-congress-must-pass-the-sentencing-reform-andcorrections-act-of-2015. （认为我们的大规模监禁制度对社区产生了严重的社会、经济和政治影响，并主张进行改革）。

[196] M. Hu, Algorithmic Jim Crow (2017) 86 Fordham Law Rev. 633, 633.

些人则不属于受法律保护的群体。虽然前面的一系列担忧源于算法所依赖的输入及其一些局限性，但本部分重点关注人工智能可以产生的现实生活影响，并借鉴了私人就业、广告和价格歧视方面的例子。[197]

在一份现今有重大影响力的报告中，巴蒂亚·弗里德曼（Batya Friedman）和海伦·尼森鲍姆（Helen Nissenbaum）描述了计算机系统中的三种主要偏见类型。[198] 第一种类型偏见也在前一部分中讨论过，涉及他们所说的"既存性偏见"（pre-existing bias），这可以反映在设计系统中扮演重要角色个体的个人偏见，无论是客户还是系统设计者。[199] 他们解释道，这种类型的偏见可以是明确的或隐含的，甚至即便设计系统的初衷是好的，这种偏见也可能会无意识地被引入到系统中。[200] 第二种类型偏见源于技术偏见，其中可能包括硬件、软件或外围设备的局限性；"将社会意义赋予脱离背景开发的算法的过程"；或者，正如他们雄辩地描述的那样，"当我们把定性的东西量化，把连续的东西离散化，或者把非形式化的东西形式化时"。[201] 但是第三种类型的偏见，即所谓的"突发偏见"（emergent bias），更难检测，因为它仅在设计完成后才会出现。[202] 例如：

> 以自动航空预订系统为例，设想一个为所有经营国内航线的航空公司设计的假设系统（hypothetical system）。考虑一下，如果这个系统扩展到包括国际航空公司，会发生什么。在原有的国内航空公司背景下，一个偏好直飞航班的航班排名算法不会导致系统性的不公平。然而，在新的国际航空公司背景下，自动化系统将使这些航空公司处于不利地位，从而构成突发偏见的一个例子。[203]

尽管弗里德曼和尼森鲍姆当时可能没有注意到这一点，但其突发偏见的概念几乎完美地捕捉到了机器学习中的固有风险，其中既存性偏见可以与既存的技术偏见相融合，可能对特定群体产生不利影响的动态结果。

当我们考虑私营公司的决策在多大程度上统治我们的日常生活时，这种风险尤其明显。例如，算法研究人员报告称，通过集体风险管理策略在个人之间进行细粒度区分的能力，可能会导致在资源汇集领域内的人群和个体中出现逆向选择。[204] 以健康保险为例，这些区分可能会通过价格歧视策略带来更高的保费。[205] 虽然这些策略早已存在，但对机器学习的过分依赖，加剧了依不可靠数据作出不完整或不准确判断和预测的风险。

凯茜·奥尼尔（Cathy O'Neil）认为，算法对穷人有截然不同的影响，因为较富裕的个人更有可能从个人投入中受益。[206] "与快餐连锁店或资金紧张的城市学区相比，一家高端律师事务所或一所精英预备学校，会更加依赖推荐信和面对面的面试来进行评估和选

---

[197] See generally Raymond et al, above note 48. （讨论监督和非监督学习方式）。
[198] See B. Friedman and H. Nissenbaum, Bias in Computer Systems（1996）14 ACM Trans. Inf. Syst. 330.
[199] Ibid., p. 333.
[200] Ibid., p. 334.
[201] Ibid., p. 335.
[202] Ibid., p. 336.
[203] Ibid.
[204] See Crawford and Whittaker, above note 63, p. 7.
[205] See ibid.
[206] O'Neil, above note 18, p. 8.

择。"[207] 她写道，"特权人士更多地由人类处理，而大众则由机器处理。"[208]

为了进一步说明这一点，让我们考虑奥尼尔讲述的一个名为凯尔·贝姆（Kyle Behm）的年轻人的故事。[209] 当贝姆还是一名大学生时，他离开学校一段时间以接受双相情感障碍（bipolar disorder）治疗。当他回到另一所学校完成学位时，他发现自己不断在求职面试中遭到拒绝，一次又一次。为什么呢？他发现，自己无法获得面试机会的原因在于，他在面试前参加的一项性格测试中的回答，这项测试根据一系列社会考量因素——如和蔼性、尽责性、神经质以及其他品质——对他进行了评分。[210] 作为一名律师，贝姆的父亲很快发现许多公司依赖并使用这些测试，这可能会违反保护精神残疾人士的《美国残疾人法》（Americans with Disabilities Act）。[211]

这些问题也可能因未能重新校准模型而加剧，从而导致结果和预测过时，使陈规定型观念的社会建构持续存在。奥尼尔将这种情况与知名运动队如何使用数据进行了有益的对比，这些运动队正在不断重新校准和重绘他们的模型以确保准确性。例如，她解释说，如果洛杉矶湖人队没有选择一名球员，因为该球员的数据表明他在得分方面不会成为明星，但随后他却超出了他们的预期，那么湖人队可以回到其模型中，看看如何改进。但相比之下，像凯尔·贝姆这样的人，如果他在某个地方找到了一份工作，并成了一名出色的员工，那么任何拒绝他的公司都不太可能知道或关心返回去重新校准其模型。原因是什么？据奥尼尔说，这是因为风险问题。篮球队中的个人可能价值数百万；而对于作出这些决定的公司来说，最低工资的员工并不具有很大的商业价值。[212] 除非工作场所出了什么大问题，否则公司几乎没有理由重新校准其模型，因为该模型正在"尽其职责——即使它错过了潜在的明星"。[213] "公司可能对现状感到满意"，奥尼尔解释说，"但其自动化系统的受害者却遭受了痛苦"。[214]

（一）监视、定位和刻板印象

考虑模型如何通过广告的行为定向与消费者进行交互。在这里，机器学习算法从现有输入中学习，然后限制了消费者所见选项的范围。由于网站通常依赖预测算法来分析人们的在线活动（网上冲浪、在线购物、社交媒体活动、公共记录、商店忠诚度计划等），因此它们可以根据用户行为创建个人资料或画像，并预测一系列身份特征，然后营销人员可以

---

[207] Ibid.

[208] Ibid.; see also V. Eubanks, Automating Inequality: How High-Tech Tools Profile, Police, and Punish the Poor (St. Martin's Press, 2018); R. Foroohar, This Mathematician Says Big Data Is Causing a "Silent Financial Crisis," Time (August 29, 2016), http://time.com/4471451/cathy-oneil-math-destruction (quoting O'Neil); Want to Predict the Future of Surveillance? Ask Poor Communities, American Prospect (January 15, 2014), http://prospect.org/article/want-predict-future-surveillance-ask-poor-communities.

[209] C. O'Neil, How Algorithms Rule Our Working Lives, The Guardian (September 1, 2016), www.theguardian.com/science/2016/sep/01/how-algorithms-rule-our-working-lives.

[210] Ibid.

[211] Ibid.

[212] Ibid.

[213] Ibid.

[214] Ibid.

使用这些特征来决定用户在线上看到的内容。[215] 或者，他们的模型可能会根据个人的种族或性别对其进行较低排名，降低其与潜在雇主的相关性，限制其在网上看到的就业机会范围。[216] 行为营销已经发展到广告商可以发现激励特定消费者的是什么，并根据个人的认知风格动态地构建特定的宣传点（例如，注意一个人是冲动还是深思熟虑的——这是一种现象，被瑞恩·卡洛（Ryan Calo）和其他人称为"说服画像（persuasion profiling）"）。[217]

正如美国公民自由联盟（ACLU）所称，这种行为定向（behavioral targeting）可能导致违反《公平住房法》（*Fair Housing Act*）或《民权法》（*Civil Rights Act*）第七章所规定的基本公民权利保护的行为。[218] 在引言中讨论的近期诉讼只是此类可能性的一个例子。但更常见的是，这些实例反映了一种结构性偏见，但法律很难明确解决。例如，卡内基梅隆大学的研究人员发现，Google 倾向于向女性展示低薪工作的广告。[219] 尽管研究人员从未最终证明原因，但他们推测 Google 的算法从社会中现存的不平等中学到：女性更习惯于较低薪工作以及更多地与较低薪工作相关联，因此她们倾向于点击有关较低薪工作的广告。[220] 机器学习算法从这种行为中推断出模式，并将其延续。[221]

在另一个说明性实验中，一则本应性别中立地投放的 STEM（科学、技术、工程和数学）工作广告，向男性展示的次数比向女性多出了 20%。[222] 研究人员推测，原因并非男性更有可能点击该广告（事实上，女性更有可能点击并查看该广告），[223] 而是 25 岁到 34 岁的女性被视为最有价值的受众群体，因此向她们展示广告的成本也是最高的。[224] 在这里，即使没有歧视受众的意图，但市场原则对女性受众的估值过高，也可能导致一个人工智能对不同群体产生差别性影响的世界。

学者凯伦·杨（Karen Yeung）曾提出了一个有用的观点，即大数据对个人数字数据的

---

[215] See E. Bhandari and R. Goodman, ACLU Challenges Computer Crimes Law that Is Thwarting Research on Discrimination Online, ACLU: Free Future (June 29, 2016), www.aclu.org/blog/free-future/aclu-challengescomputer-crimes-law-thwarting-research-discrimination-online.

[216] See ibid.

[217] R. Calo, Digital Market Manipulation (2014) 82 Geo. Wash. Law Rev. 995, 1017; cf. A. Datta, J. Makagon, D. K. Mulligan, et al, Discrimination in Online Advertising: A Multidisciplinary Inquiry (2018) 81 Proc. Mach. Learn. Res. 1.（探讨定制营销与歧视之间的相互作用）。

[218] Bhandari and Goodman, above note 218.

[219] A. Datta, M. C. Tschantz, and A. Datta, Automated Experiments on Ad Privacy Settings: A Tale of Opacity, Choice, and Discrimination, 2015 Proceedings on Privacy Enhancing Technology, p. 92.

[220] Ibid., pp. 92, 105（"即使我们能够做到，歧视也可能是在算法无意中优化点击率或其他无偏见的指标时产生的。鉴于社会上性别歧视的普遍结构性特征，归咎于某一方可能会忽略使避免这种歧视变得困难的背景和相关性。"）; see also Gourarie, above note 43; S. Gibbs, Women Less Likely to Be Shown Ads for High-Paid Jobs on Google, Study Shows, The Guardian (July 8, 2015), www.theguardian.com/technology/2015/jul/08/women-less-likely-ads-high-paid-jobs-google-study.（讨论此类学习）。

[221] Datta et al, above note 222; Gourarie, above note 43.（讨论此类学习）。

[222] A. Lambrecht and C. Tucker, Algorithmic Bias? An Empirical Study into Apparent Gender-Based Discrimination in the Display of STEM Career Ads (2019) 65 Manag. Sci. 2966（作者存档）。

[223] Ibid., p. 3.

[224] Ibid., pp. 26-7.

收集尤其令人不安，因为广告商使用这些数据来引导用户做出符合其商业目标的决策。[225] 根据理查德·塞勒（Richard Thaler）和卡斯·桑斯坦（Cass Sunstein）的说法，助推（nudge）是指"选择架构的任何方面，它可以在不禁止任何选择或显著改变其经济激励的情况下，以可预测的方式改变人们的行为"。[226] 这些个性化的方式可能看起来并不显眼，很微妙，但凯伦·杨提到，它们同时也具有令人难以置信的强大影响力。[227] 由于很多决策通常是下意识、被动和不经思考的——而不是通过有意识的深思熟虑——学者们已经证明，即使是细微的变化也会对决策行为产生巨大影响。[228] 正如瑞恩·卡洛所说，这些做法可以上升到市场操纵的层面，因为它们本质上将消费者重塑为他所描述的"被介导的消费者"（mediated consumer），这类消费者"通过别人设计的技术来接触市场"。[229]

另一种类型的问题源于与其他特征相关的特定搜索，导致结果不准确地表明受保护的群体与不良活动之间存在因果关系。例如，哈佛大学研究员拉塔尼娅·斯威尼（Latanya Sweeney）发现，Google 在显示与搜索名字相关的广告时存在差异。当人们搜索"Latanya"和"Latisha"这两个名字时，会触发犯罪记录相关的广告，而搜索"Kristen"和"Jill"时则不会（即使这些名字与犯罪记录有关联）。2000 多个更可能与非裔美国人或白人相关的名字都验证了这一模式。[230] 为什么呢?[231] 她认为，一种可能的解释是人们在搜索黑人名字后更有可能点击逮捕记录的广告，这可能是为了证实他们的偏见，从而使逮捕记录的广告更有可能在未来搜索这些名字时出现。[232] 这种偏见，"不是源于算法程序员的种族主义意图，而是源于算法在现实世界中的自然运行"。[233]

正如弗兰克·帕斯奎尔（Frank Pasquale）所观察到的，程序员可能认为她的角色在很大程度上是不可知的，将搜索引擎视为一种"文化投票机"，仅仅是在记录而非创造人们的看法。[234] 然而，因在数据上不完整输入的结果，可能会产生扭曲的现实认知。例如，尽管美国 27% 的首席执行官是女性，但 Google 的前 100 名"CEO"图像搜索结果中只有 11% 是

---

[225] See K. Yeung, "Hypernudge": Big Data as a Mode of Regulation by Design (2017) 20 Inf. Comm. Soc. 118 (exploring the role of big data in nudging); see also R. H. Thaler and C. R. Sunstein, Nudge: Improving Decisions About Health, Wealth, and Happiness (Penguin, 2008).

[226] See Yeung, above note 228, p. 120 (quoting Thaler and Sunstein, above note 228, p. 6).

[227] Ibid., p. 119.

[228] Ibid., p. 120. "助推"可以通过自动化决策技术发挥作用，这些技术可能会通过以下方式动态地发挥作用：①根据个人的数据资料完善其选择环境；②向选择架构师提供反馈，以便存储和重新利用；③通过数据监控和分析，根据从数据中收集的更广泛的人口趋势来监控和完善个人的选择环境。Ibid., p. 122.

[229] Calo, above note 220, p. 1002.

[230] L. Sweeney, Discrimination in Online Ad Delivery (2013) 11 Comms. ACM 44, 46-7, 50-1.

[231] Ibid., p. 52.

[232] Ibid.

[233] A. Chander, The Racist Algorithm? (2017) 115 Mich. Law Rev. 1023, 1037.

[234] Ibid. (quoting Pasquale, above note 18, p. 39).

女性。[235] 乍看之下，这些有偏见的结果似乎微不足道。然而，随着时间的推移，它们可能会凝结成对现实的不准确预测，从而影响"从个人先入为主的观念到招聘实践的一切"。[236] 换句话说，在不伴随任何批评或质疑的情况下，通过向公众展现刻板印象的信息，存在形成进一步反馈循环的风险。人工智能所自动补全的内容实际上最终会助长刻板印象，即由于信息不完整，从而导致更多有偏见的社会建构的例子出现。

除了歧视问题之外，算法还可能引发隐私问题。考虑 Target 算法的著名例子，该算法在某位女性的家人知道她怀孕之前就预测到了该事实，然后利用这一信息进行营销。[237] 正如凯特·克劳福德（Kate Crawford）和杰森·舒尔茨（Jason Schultz）所观察到的，Target "没有从任何第一方或第三方那里收集信息"，因此该公司并不需要像其他收集协议所要求的那样，通知其用户它正在使用这些信息。[238] 在此种语境下，他们指出差分隐私（differential privacy）的概念受到严重限制，因为"无法"确定何时或何处为最终用户提供的输入构建此类保护。[239] 正如克劳福德和舒尔茨所问，"当一个怀孕的少女在购买维生素时，她能预测到任何特定的购物或购买行为会触发零售商的算法，从而将她标记为怀孕顾客吗？在什么时候通知她并征求她的同意才是合适的呢？"[240]

（二）价格歧视与不平等

2012 年，一名亚特兰大男子蜜月归来后，发现其信用额度从 10 800 美元降到了 3800 美元。他没有违约行为，信用报告也没有任何变化。美国运通（American Express）公司引用了集合数据。[241] 该公司的一封信告诉他："在你最近购物的商店使用过美国运通公司信用卡的其他客户，都有对美国运通公司还款不良的历史。"类似地，一家信用卡公司因为消费者用信用卡支付某些特定服务（如婚姻咨询、治疗等），就认为这些消费者有更高的信用风险，并且之前没有公开这一评级标准。后来，美国联邦贸易委员会对此提出了指控，最终双方达成了和解。[242]

正如这些例子所表明的，机器学习和自动化决策的结合可能会使特定群体的状况变得更糟，比如向他们收取更高的价格或利率，或者将他们完全排除在外。与信用报告中的错误信息不同，没有联邦法律允许消费者质疑算法根据社交媒体或搜索引擎等替代性数据对

---

[235] M. Kay, C. Matuszek, and S. A. Munson, Unequal Representation and Gender Stereotypes in Image Search Results for Occupations, in CHI 2015: Proceedings of the 33rd Annual CHI Conference on Human Factors in Computing Systems (2015), p. 3819; C. Albanesius, When You Google Image Search "CEO," the First Woman Is., PC Magazine (April 12, 2015), www.pcmag.com/article2/0, 2817, 2481270, 00. asp (citing report); see also T. C. Sottek, Google Search Thinks the Most Important Female CEO Is Barbie, Verge (April 9, 2015), www.theverge.com/tldr/2015/4/9/8378745/i-see-white-people. （观察到，在 Google 图片搜索中出现的第一位的女性 CEO 实际上是一张芭比娃娃的图片）。

[236] Albanesius, above note 238.

[237] See K. Crawford and J. Schultz, Big Data and Due Process: Toward a Framework to Redress Predictive Privacy Harms (2014) 55 BC Law Rev.

[238] Ibid., p. 98.

[239] Ibid., p. 99.

[240] Ibid.

[241] Andrews, above note 150.

[242] Citron and Pasquale, above note 27, p. 5; Stipulated Order for Permanent Injunction and Other Equitable Relief, FTC v. CompuCredit Corp., No. 1: 08 - CV - 1976 - BBM - RGV, 2008 WL 8762850 (ND Ga. December 19, 2008), www.ftc.gov/sites/default/files/documents/cases/2008/12/081219compucreditstiporder.pdf.

他们所做的概括。[243]

然而，量化模型还可以帮助公司对某些消费者进行价格歧视，对同样的商品收取更高的价格。就健康保险和许多其他行业而言，这种做法可能导致基于不相关的特征而产生更高的保费。[244] 在机器学习的帮助下，公司已经开始使用支付能力和意愿之外的特征设定价格，实施三级价格歧视。[245]

事实上，如果算法编写不当且数据存在偏见，这些因素可能成为需求弹性的替代指标。当需求弹性较低时，垄断就会蓬勃发展，提高所有消费者的价格，并将不太富裕的消费者排除在市场之外。[246]

互联网上充斥着算法以优化的名义人为抬高价格的例子。Amazon 的定价算法曾经将彼得·劳伦斯（Peter Lawrence）的书《一只苍蝇的诞生》的价格定为 23 698 655.93 美元，且针对所有消费者。[247] 这个价格的不合理性显而易见。然而，其他公司以更微妙且最终有效的方式模糊了价格歧视和价格优化之间的界限，这引发了人们的担忧，即优化使得保险公司能够对那些可能不会积极寻找更好价格（或被认为会避免这样做）的客户提高保费。[248] 在一个涉及汽车保险的例子中，那些可能会比较价格的消费者可以获得高达 90% 的折扣，而其他人的保费可能会增加高达 800%。[249] 在此类趋势的另一个例子中，Orbitz 向苹果 Mac

---

[243] See, e. g., Citron and Pasquale, above note 27, pp. 4-5；see also National Consumer Law Center, Comments to the Federal Trade Commission, Big Data：A Tool for Inclusion or Exclusion? Workshop, Project No. P145406（August 15, 2014），www. ftc. gov/system/files/documents/public_comments/2014/08/00018-92374. pdf（citing P. Yu, J. McLaughlin, M. Levy, and National Consumer Law Center, Big Data：A Big Disappointment for Scoring Consumer Credit Risk（National Consumer Law Center, 2014））.

[244] See Crawford and Whittaker, above note 63, pp. 6-7. See Executive Office of the President, Big Data and Differential Pricing（2015），p. 17, http：//obamawhitehouse. archives. gov/sites/default/files/whitehouse_files/docs/ Big_Data_Report_Nonembargo_v2. pdf.（"如果对价格敏感的顾客也往往缺乏经验，或者对潜在的陷阱知之甚少，他们可能更容易接受表面上看起来不错，但实际上却充满了隐藏费用的报价"）；See generally D. Bergemann et al, The Limits of Price Discrimination（2015）105 Am. Econ. Rev. 921.（分析价格歧视及其影响）.

[245] See Bergemann, above note 249, pp. 926-7.

[246] See generally A. Ezrachi and M. E. Stucke, Virtual Competition：The Promise and Perils of the Algorithm-Driven Economy（Harvard University Press, 2016）.（探索算法对市场竞争的影响）.

[247] M. Eisen, Amazon's ＄23, 698, 655.93 Book about Flies, it is NOT junk（April 22, 2011），www. michaeleisen. org /blog/? p=358.

[248] J. Angwin, J. Larson, L. Kirchner, and S. Mattu, Minority Neighborhoods Pay Higher Car Insurance Premiums than White Areas with the Same Risk, ProPublica（April 5, 2017），www. propublica. org/article/minorityneighborhoods-higher-car-insurance-premiums-white-areas-same-risk.

[249] Watchdog：Allstate Auto Insurance Pricing Scheme Is Unfair, AOL（December 16, 2014），www. aol. com/article/ finance/2014/12/16/allstate-auto-insurance-pricing-scheme-unfair/21117081. 在 2015 年，《消费者报告》详细列出了保险公司使用的多种因素，包括"价格优化"策略，这些策略依赖于个人数据和统计模型来预测一个人进行比价购物的可能性。F. Kunkle, Auto Insurance Rates Have Skyrocketed-and in Ways that Are Wildly Unfair, Washington Post（February 7, 2018），www. washingtonpost. com/news/tripping/wp/2018/02/07/auto-insurance-rates-have-skyrocketed-and-in-ways-that-are-wildly-unfair/? noredirect=on&utm_term=. 040bec7b1522（提及 2015 年报告及其对车险的影响）；cf. T. Samilton, Being a Loyal Auto Insurance Customer Can Cost You, NPR（May 8, 2015），www. npr. org/2015/05/08/403598235/being-a-loyal-auto-insurance-customer-can-cost-you. 一些州的法院和保险监管机构已开始打击在保险定价中使用无关因素的行为。See Stevenson v. Allstate Ins. Co., No. CV-04788-YGR, 2016 WL 1056137, at *2（ND Cal. March 17, 2016）. "Earnix 软件使安泰保险（Allstate）能够在其提交的费率因素中考虑需求弹性，同时在编制其类别计划时，无需向加利福尼亚州保险部披露其正在考虑需求弹性"（引文省略）.

电脑的用户展示更昂贵的酒店，显然认为操作系统是富裕的代名词。[250] Orbitz 在给用手机上网的用户推荐酒店时，会更多地展示价格较低的酒店选项，因为那些经济条件较差的少数群体通常更多地使用手机上网。[251]

正如笔者所指出的，这些问题中的许多都逃脱了法律监管，因为它们并不明显违法。即使它们是违法的，但因算法设计和决策的不透明性，也使得许多问题难以被发现。此外，隐私保护措施的缺失进一步加剧了这一问题。例如，一项对80 000多个健康相关网页的研究发现，其中90%以上的网站与外部第三方共享用户信息。[252] 例如，通常在访问者不知情或未同意的情况下，疾病控制中心网站的访问者的浏览信息会被共享给Google、Facebook、Pinterest和Twitter等平台，而且这通常也超出了《健康保险携带和责任法》（HIPAA）等隐私法规的管辖范围。[253]

在这种情况下，即使广告商不知道搜索信息者的姓名或身份，这些数据仍然可以汇总起来，"描绘出"这个人的清晰画像。[254] 例如，Facebook 可能会将与健康相关的网络浏览与可识别的个人关联起来，从而导致一些可测量的风险，即这些信息可能会被其他寻求从中获利的公司滥用。[255] 专家蒂姆·利伯特（Tim Libert）提供了数据经纪商 MedBase200 的例子，该公司出售以"强奸受害者""家庭暴力受害者"或"HIV/AIDS 患者"等类别列出的个人名单。[256] 虽然尚不清楚 MedBase200 是如何获得此类数据的，但数据经纪商购买此类信息并滥用的风险是显而易见的。[257] 此类情况增加了用户身份识别、价格歧视的风险，或其他形式的滥用风险。鉴于在线广告商经常将信息区分并标记为目标用户和非目标用户，用户可能会因其网络浏览活动而受到歧视。[258] 利伯特指出，由于超过60%的破产都与医疗有关，因此如果没有更明智、更具体的监管措施，公司可能会对某些特定人群提供更优惠的折扣，而这些人群原本并不属于目标优惠类别。[259]

《纽约时报》曾报道过一批银行业初创公司，它们利用从大数据分析得出的推论，来确定可能被传统贷款机构忽视的人群——这些人群有信用，但不一定有资产来抵押并支付大笔首付。[260] 公司使用诸如申请人是否输入全部大写字母、他们花多少时间阅读条款和条件

---

[250] Orbitz 声称，该算法是对 Mac 用户的一个回应，因为在 Orbitz 实施定价算法之前，Mac 用户在酒店每晚的消费已经高出了30%。D. Mattioli, On Orbitz, Mac Users Steered to Pricier Hotels, Wall Street Journal（August 23, 2012）, www.wsj.com/articles/SB10001424052702304458604577 488822667325882.

[251] See J. Valentino-DeVries, J. Singer-Vine, and A. Soltani, Websites Vary Prices, Deals Based on Users' Information, Wall Street Journal（December 24, 2012）, www.wsj.com/articles/SB10001424127887323777204578189 391813881534.

[252] T. Libert, Health Privacy Online: Patients at Risk, in S. P. Gangadharan, V. Eubanks, and S. Barocas（eds.）, Open Technology Institute and New America, Data and Discrimination: Collected Essays（2014）, pp. 11, 12, http://na-production.s3.amazonaws.com/documents/data-and-discrimination.pdf.

[253] Ibid., pp. 12-13.

[254] Ibid., p. 13.

[255] Ibid.

[256] Ibid.

[257] Ibid.

[258] See ibid., p. 14.

[259] Ibid.

[260] See S. Lohr, Banking Start-Ups Adopt New Tools for Lending, New York Times（January 18, 2015）, www.nytimes.com/2015/01/19/technology/banking-start-ups-adopt-new-tools-for-lending.html.

等因素来确定信用度。[261]虽然我们可能会对用全大写字母写作或轻率地忽视条款和条件的习惯有所怀疑,[262]但并没有实证理由认为他们比不那么强调这些的人更不值得信任。另一家公司利用一个大型数据集得出结论,"那些使用非电脑自带、必须专门安装的浏览器(如Firefox 或 Chrome)填写在线求职申请的人表现更好,换工作的频率也更低"。[263]

三、通过私人问责反思公民权利

这些数据分析的应用,要求我们广泛思考如何解决数字时代的不平等和歧视问题。其中一些问题的解决需要对公民权利保护进行根本性反思。律师们习惯于宣扬正当程序和隐私权等宪法概念,他们努力将这些概念应用到私营公司的新做法上。其中一些做法可以与公共机构(如传统的执法机构)相结合,通过应用宪法原则,为问责创造更大的可能性。公司的其他做法则可能引发私人诉讼。然而,将这些崇高的保护措施从国家层面延伸到私人领域,可能会带来挑战。[264]

但是,机器学习时代之所以具有如此强大的变革性,还有另一个更深层次的原因,那就是它迫使我们在这一过程中重新评估我们全部的公民权利。与之前的民权时代一样,人工智能涉及大量非政府决策,即来自私营部门的决策,其中许多决策过程中都涉及公民权利。例如,在不考虑个人残疾的情况下就业的权利——刚才讨论的 Kyle Behm 案中所涉及的权利——与工作权直接相关。同样,当算法作出(私人)决策,决定谁有权享受某项权益及附加条件、谁无权享受时,受教育权、投票权、签订合同权、旅行权、获得保险的权利以及获得信息的权利等都会受到影响。这些决策并不会总受到公众监督,更成问题的是,由于商业机密和系统的不透明性,这些决策可能会被掩盖起来。

奥巴马时代的白宫对大数据的风险和益处并非视而不见。它得出的结论是,"在住房、信贷、就业、健康、教育以及市场等个人信息使用方面,大数据分析有可能使长期的公民权利保护黯然失色"。[265]此前,政府建议发展算法审计(algorithmic auditing)和重视公平性考虑;[266]现任政府将采取何种行动(如果有的话)还有待观察。

2013年,美国消费者金融保护局(CFPB)和司法部(DOJ)与汽车贷款公司 Ally Financial Inc. 达成了一项价值 8000 万美元的和解,该公司涉嫌对少数族裔借款人大幅"加价"。[267]据称,加价导致非裔美国借款人平均比白人借款人多支付近 300 美元,而西班牙裔借款人平均

---

[261] Ibid.

[262] 然而,一项研究表明 98%的人没有仔细阅读所有服务条款。See S. Vedantam, Do You Read Terms of Service Contracts? Not Many Do, Research Shows, NPR(August 23, 2016), www. npr. org /2016/08/23/491024846/do-you-read-terms-of-service-contracts-not-many-do-research-shows.

[263] Robot Recruiters: How Software Helps Firms Hire Workers More Efficiently, Economist(April 6, 2013), www. economist. com/news/business/21575820-how-software-helps-firms-hire-workers-more-efficiently-robotrecruiters.

[264] See E. E. Joh, The Undue Influence of Surveillance Technology Companies on Policing(2017)92 NY Univ. Law Rev. 101.

[265] Executive Office of the President, Big Data: Seizing Opportunities, Preserving Values(2014), p. iii, http: // obamawhitehouse. archives. gov/sites/default/files/docs/big_data_privacy_report_5. 1. 14_final_print. pdf.

[266] Angwin et al, above note 171.

[267] CFPB and DOJ Order Ally to Pay $80 Million to Consumers Harmed by Discriminatory Auto Loan Pricing, CFPB: Newsroom(December 20, 2013), www. consumerfinance. gov/about-us/newsroom/cfpb-and-doj-order-ally-to-pay-80-million-to-consumers-harmed-by-discriminatory-auto-loan-pricing.

多支付200美元。[268] 政府在使用一种名为贝叶斯改进姓氏地理编码（Bayesian Improved Surname Geocoding，BISG）的算法后发现了这一问题，该算法通过使用个人的姓氏和位置来估算借款人属于少数族裔的概率。[269] 诚然，该算法并不完美，会导致一些非少数族裔的假阳性或误报，[270] 但它确实是一个有助于发现隐藏偏见的工具。

然而，按照我们现行的法律，几乎没有采取任何措施来解决算法偏见问题。首先，我们现有的隐私和正当程序监管框架，无法解释算法歧视案件的复杂性和大量性。其次，我们现行的制定法和宪法体系在解决私人算法歧视问题方面做得很差。部分原因是，私营公司经常能够逃避政府所要求其必须遵守的法律和宪法义务。最后，由于私营公司在市场中占据支配性地位，加之信息隐私和正当程序保护措施的缺乏，个人决策可能会受到有偏见的影响而浑然不知，或者由于缺乏透明度，他们可能根本无法发现偏见。这些情况反过来也限制了法律解决偏见问题的能力。例如，伊丽莎白·乔（Elizabeth Joh）就私营公司（包括大数据项目）开发的监控技术如何对警务工作产生过度影响予以大量撰文，她指出这些技术凌驾于通常管辖警察部门的透明度和问责原则之上，扭曲了美国宪法第四修正案的范围。[271]

（一）非歧视原则的缺乏

正如达纳·博伊德（Danah Boyd）等人所指出的，受保护群体的概念在实践中是一个模糊范畴。"受保护群体的概念仍然是一个基本的法律概念，但随着个人在网络中的位置越来越多地面临技术介导（以技术为中介）的歧视，它可能是不完整的。"[272] 由于歧视的潜在输入范围如此广泛，"越来越难以理解在旨在分配有限资源的复杂算法中，到底输入或推断了哪些因素。"[273]

巴罗卡斯和塞尔布斯特深刻指出，数据挖掘技术迫使反歧视法的两个核心原则之间产生了正面冲突：反分类和反从属（anti-subordination）。[274] 反分类原则表明，分类行为本身就可能对受保护的个人带来不公平的风险。因为决策者可能会根据不恰当的观点作出判断。相比之下，反从属原则旨在将不平等对待作为实质问题（而不是程序问题）进行补救，指出反歧视法的中心目标应该是消除受保护群体和不受保护群体之间任何基于地位的差异。[275] 为了使法律解决算法背景下的歧视风险，立法机构有必要以一种他们一直未能做到的方式致力于反从属原则，因为法院正在对实质性补救进行越来越多的审查。[276] 如果这些补救措施在政治和宪法上仍然不可行，那么反歧视原则可能永远无法完全解决数据挖掘技

---

[268] A. Andriotis and R. L. Ensign, U. S. Government Uses Race Test for ＄80 Million in Payments, Wall Street Journal (October 29, 2015), www. wsj. com/articles/u-s-uses-race-test-to-decide-who-to-pay-in-ally-auto-loan-pact-1446111002.

[269] Ibid.

[270] Ibid.

[271] Joh, above note 269, p. 103.

[272] D. Boyd, K. Levy, and A. Marwick, The Networked Nature of Algorithmic Discrimination, in Data and Discrimination: Collected Essays, above note 257, pp. 53, 56.

[273] Ibid.

[274] Barocas and Selbst, above note 60, p. 723.

[275] Ibid.

[276] Ibid.

术中的歧视问题。[277]

在 Ricci v. DeStefano 案中，我们看到了这些担忧的有力表现。在该案中，纽黑文市拒绝承认一次晋升考试，理由是这会产生差别性影响（disparate impact）。[278] 尽管该市的拒绝是一项外观上中立的努力，旨在纠正不同种族间的不平等影响。但美国最高法院得出结论，该市的拒绝构成了对本可能根据考试结果获得晋升机会的白人消防员的差别性对待（disparate treatment）。[279] 法院指出，如果没有充分证据表明初步结果将导致实际的差别性对待的责任，那么差别性对待不能作为解决差别性影响的补救措施（规范路径）。[280]

从 Ricci 案的字面意思来看，巴罗卡斯和塞尔布斯特认为，要求在歧视性数据挖掘中采取某些类型补救行动的立法尝试，可能会与现有联系（the existing nexus）相冲突，后者禁止通过差别性对待（的规范路径）来解决差别性影响的有关问题。[281] 即使美国国会修改了《民权法》第七章，迫使雇主对其训练数据和模型进行审计，以关注算法的潜在歧视，但任何解决方案都必然要求雇主首先考虑受保护群体的成员资格，从而引发种族意识补救措施的幽灵（the spectre of a race-conscious remedy）。[282] 尽管作者指出，有可能在 Ricci 案的测试设计阶段探索潜在的歧视性影响，但他们认为，"在雇主开始使用该模型做出招聘决策后，只有在'有确凿证据'表明雇主将因差别性影响而被成功起诉的情况下，才允许采取补救措施"。[283] 这个高门槛使得采取此类补救措施的机会相当有限，因为正如作者指出的那样，"只有在雇主面临投诉后才会发现差别性影响"，并随后推进调查。[284]

正如上述讨论所阐明的，传统的公民权利原则，特别是在《民权法》第七章的范畴内，并不完全适用于一个日益便于算法歧视的世界。[285] 由于大多数数据挖掘行为不会自动根据第七章的规定产生责任，因此在寻找歧视意图和影响的证据方面存在进一步的困难，部分原因是《民权法》第七章所构建的证明标准的方式。[286] 正如巴罗卡斯和塞尔布斯特解释的那样，即使数据挖掘产生歧视性影响，法律也是为平衡保护合法商业判断与"防止'人为的、武断的、不必要的'歧视"而构建的。[287] 如果它们碰巧发生冲突，"将以雇主为准（即决定权或优势会倾向于雇主）"。[288]

但是，实现平等还面临着另一个宪法障碍。由于程序性补救措施可能无法解决与大数据歧视相关的许多问题，因此可能经常需要重新平衡变量，重新调整结果权重，以补偿歧视性结果。[289] 对此，阿努潘·昌德（Anupam Chander）在最近一篇文章中提出了许多这样

---

[277] Ibid.

[278] Ibid., p. 724（discussing Ricci v. DeStefano, 557 US 557（2009））.

[279] Ibid., p. 724–5.

[280] Ibid., p. 725.

[281] Ibid.

[282] Ibid.

[283] Ibid., pp. 725–6.

[284] Ibid., p. 726.

[285] 关于 Ricci 案和审计作用的相关观点，see P. T. Kim, Auditing Algorithms for Discrimination（2017）166 Univ. Pa. Law Rev. Online 189.（讨论通过审计发现歧视的可期待性和可行性）。

[286] See Barocas and Selbst, above note 60, p. 726.

[287] Ibid., p. 711（quoting Griggs v. Duke Power Co., 401 US 424, 431（1971））.

[288] Ibid., p. 712.

[289] Ibid., p. 715.

的可能性。[290] 然而，重要的是，任何重新平衡的努力都可能无法适应我们当前的宪法环境。因为这些努力，至少在基于种族的情况下，由于平权行动（affirmative action）的幽灵而引发了宪法上的担忧。

（二）隐私保护的缺乏

当我们试图将其他现有的对公民权利的规范承诺应用于算法问责时，也可能同样不够充分。以信息隐私为例，[291] 除了本章在健康领域背景下提到的缺乏保护信息隐私的详细法规条文之外，信息隐私在解决算法歧视方面还面临着其他重大障碍。

一个障碍是缺乏意识和通知不到位。奥斯卡·甘迪（Oscar Gandy）写道，隐私并不能解决算法所涉及的差别性影响问题。[292] 大多数时候，可能因系统问题而受到歧视的人甚至根本不知道自己受到了歧视。[293]

但美国缺乏更多的监管还有更深层次的原因。正如保罗·施瓦茨（Paul Schwartz）和卡尔-尼古拉斯·佩弗（Karl-Nikolaus Peifer）所作的有益解释，美国和欧盟在隐私方面的处理方法存在很大差异。[294] 欧盟通过一系列基本权利来构建其隐私监管体系，这些基本权利主要解决数据保护问题，这在很大程度上是通过一系列基于权利的制度来实现的。[295] 在这一模式中，欧盟通过依赖于以尊严、人格和自我决定的价值为基础的宪法权利语言来赋予个人特权，这在很大程度上源于《欧洲人权公约》和《欧盟基本权利宪章》，这两部公约都明确规定了围绕政府和私人当事人的数据保护权。[296] 施瓦茨和佩弗认为，尽管信息的自由流动也是该制度的一个重要价值，但它不如个人的尊严权、隐私权和数据保护权重要。[297]

相比之下，美国采用了市场驱动的结构，通过消费主义视角来看待个人，将个人视为"隐私消费者"——"一种商品的交易者，即她的个人数据"。[298] 在这里，对隐私的关注

---

[290] Chander, above note 236, pp. 1041-2. （详细介绍了在平权行动中对算法歧视进行建模补救的可能性）。

[291] See C. Dwork and A. Roth, The Algorithmic Foundations of Differential Privacy （2014） 9 Found. Trends Theor. Comput. Sci. 211, www.cis.upenn.edu/~aaroth/Papers/privacybook.pdf. （主张通过算法分析对隐私进行更稳健的定义）。

[292] O. H. Gandy, Jr., Engaging Rational Discrimination: Exploring Reasons for Placing Regulatory Constraints on Decision Support Systems （2010） 12 J. Ethics Inf. Technol. 39-40. 关于隐私的其他精彩论述，see J. E. Cohen, Configuring the Networked Self: Law, Code, and the Play of Everyday Practice （Yale University Press, 2012）; H. Nissenbaum, Privacy in Context: Technology, Policy, and the Integrity of Social Life （Stanford Law Books, 2010）; J. Rosen, The Unwanted Gaze: The Destruction of Privacy in America （Vintage Books, 2001）; P. M. Schwartz, The Center for Information Policy Leadership, Data Protection Law and the Ethical Use of Analytics （2010）, http://iapp.org/media/pdf/knowledge_center/Ethical_Underpinnings_of_Analytics.pdf; D. J. Solove, Nothing to Hide: The False Tradeoff Between Privacy and Security （Yale University Press, 2013）; D. J. Solove, Understanding Privacy （Harvard University Press, 2010）; P. Ohm, Broken Promises of Privacy: Responding to the Surprising Failure of Anonymization （2010） 57 UCLA Law Rev. 1701; J. Yakowitz, Tragedy of the Data Commons （2011） 25 Harv. J. Law Technol. 1.

[293] See, e.g., Angwin et al, above note 149. （讨论Facebook如何拥有比我们意识到的更多的用户信息）。

[294] P. M. Schwartz and K.-N. Peifer, Transatlantic Data Privacy Law （2017） 106 Geo. Law J. 115, 121.

[295] Ibid., p. 120.

[296] Ibid., pp. 123-4.

[297] Ibid., pp. 130-1.

[298] Ibid., p. 121.

被视为"双边自身利益"问题,从而导致对"个人数据交换中的监管公平性"的关注。[299] 在此框架中,美国宪法并不管辖个人之间的横向、私人对私人的交换,也没有"要求政府采取积极措施创造允许基本权利存在的条件"。[300] 尽管第四修正案和第十四修正案的正当程序条款有一些保护渊源,但这些保护不完全符合信息隐私的关切。[301]

以第四修正案为例。正如施瓦茨和佩弗所解释,由于该修正案涉及搜查和扣押的合理性,其无法管辖政府数据库已经掌握的信息以及第三方(如银行)将个人信息移交给他人的情况。[302] 尽管最高法院在1977年裁决 Whalen v. Roe 案[303]时承认了一般的信息隐私权,但后来的一系列案件判决却显示对这种权利轮廓的普遍不确定性。[304] 与欧盟不同,在美国不存在类似的数据保护权。[305] 正如施瓦茨和佩弗所指出的,这在一定程度上是因为,美国对于各种信息处理行为是否构成足以证明需要法律补救的损害存在不确定性。[306] 相反,美国的隐私保护措施并不是一个统一、完整的体系,而是由联邦和州的不同法规和规章拼凑而成,这些法规和规章可能存在着重叠、冲突或遗漏,因此可能无法为个人隐私提供全面、一致的保护。[307] 此外,市场言论倾向于支持那些优先考虑通知和同意的法律。[308] 利奥尔·斯特拉赫莱维茨(Lior Strahilevitz)呼应了其中一些见解,认为美国缺乏预防性隐私法,并且态度上的差异和公共选择问题,使得未来出台隐私监管的可能性更小。[309] 因此,信息隐私保护措施未能创造性地应对数据经纪商与其广告商之间看似无害的信息共享情况。[310]

(三)自动化决策和正当程序

这种意识的缺乏直接关系到正当程序问题。如今,计算机和算法已成为政府的重要组成部分。[311] 正如丹尼尔·基茨·西特伦(Danielle Keats Citron)在关于正当程序话题的基础性研究中所指出的那样,自动化决策系统已经主导了一系列的政府决策,包括医疗补助、子女抚养费、航空旅行、选民登记和小公司合同等。[312] 虽然自动化极大地降低了决策成

---

[299] Ibid., p. 132.

[300] Ibid., pp. 132-3.(脚注省略)。

[301] See ibid., pp. 133-4.

[302] Ibid., p. 133.

[303] 429 US 589(1977).

[304] Schwartz and Peifer, above note 299, pp. 133-4.

[305] Ibid., p. 134.

[306] See ibid., pp. 135-6.

[307] Ibid., p. 136.

[308] Ibid.

[309] L. J. Strahilevitz, Toward a Positive Theory of Privacy Law(2013)126 Harv. Law Rev. 2010, 2036.

[310] 例如,在前面提到的 STEM 研究中,向男性展示的 STEM 相关广告多于女性的假定原因,不是男性和女性之间的假定差异,而是广告对不同年龄段男性和女性受众的成本定价方式。对于这项研究的作者来说,数据的相互关联性导致了歧视性决策的溢出效应,从而证明了需要重新评估隐私保护作用的必要性。研究人员敦促其他人不要从传统上限制特定行为的角度来考虑信息隐私保护,而是从其与这些溢出效应的关系来考虑隐私。Lambrecht and Tucker, above note 225, p. 4; see also Raymond et al, above note 48, p. 218.(讨论隐私保护的复杂作用)。

[311] See P. Schwartz, Data Processing and Government Administration: The Failure of the American Legal Response to the Computer(1992)43 Hastings Law J. 1321, 1322.

[312] D. K. Citron, Technological Due Process(2008)85 Wash. Univ. Law Rev. 1249, 1252, and n. 12.

本，但它也引发了重大的正当程序问题，包括缺乏通知和质疑决策的机会。[313] 问题不仅仅是政府决策权已被下放给设计代码的私人实体；还有相反的情况，即私人实体拥有政府未加监管的重大权力。

欧盟最近通过了正当程序要求，部分基于上述权利框架制定了一系列程序，使公民在收到"仅基于自动化处理"的决策，并且这些决策"严重影响"其生活时，能够收到并质疑对自动化决策的解释。[314] 遗憾的是，这项权利只影响非常小部分的自动化决策，因为符合条件的个人是那些收到不包含人类干预的决策的人，比如自动拒绝信贷申请。[315] 然而，欧盟《通用数据保护条例》于2018年5月生效，这也许代表着支持加强个人保护的最显著的监管举措。[316] 它要求公司和政府揭示算法的目的以及它用来作出决策的数据，一些人据此推断出用户应该享有获得解释的权利。[317]

《通用数据保护条例》规定，个人有权确认其个人数据是否正在被处理、处理的目的、数据来源以及任何自动化决策背后的逻辑。[318] 然而目前尚不清楚的是，如果某个决策是基于与个人相关的一个大群体的数据所做的，这是否也会触发通知。[319] 塞尔布斯特观察到，对于这些解释需要达到何种详细程度和深度，以及这些解释能否真正让人理解并满意，目前还存在争议。[320] 对塞尔布斯特和巴罗卡来说，要使信息有意义，就必须涉及决策背后的逻辑，从而使主体能够决定是否要行使他们根据《通用数据保护条例》享有的私人诉讼权。[321] 如上述示例表明，如果没有明确的定义，将存在一个相当大的风险，即公司可能会以尽可能无害的方式解释其算法。[322] 另一个障碍涉及商业秘密保护。据一些研究人员称，德国和奥地利的法院已对类似的现行法律进行了狭义解释，允许公司限制其解释，以避免泄露商业秘密。[323] 而在没有对私营公司进行法律干预的情况下，甚至无法开始制定全面的解决方案。

---

[313] Ibid., p. 1249.

[314] See Parliament and Council Regulation 2016/679, 2016 OJ (L119) 1, art. 22.

[315] Ibid.; see also ICO, Rights Related to Automated Decision Making Including Profiling, https://ico.org.uk/for-organisations/guide-to-the-general-data-protection-regulation-gdpr/individual-rights/rights-related-to-automated-decision-making-including-profiling.

[316] See GDPR Portal: Site Overview, EU GDPR.org, www.eugdpr.org.

[317] Ibid.; see also European Commission, EU Data Protection Reform: Better Rules for European Businesses, https://ec.europa.eu/commission/sites/beta-political/files/data-protection-factsheet-business_en.pdf; A. D. Selbst and S. Barocas, The Intuitive Appeal of Explainable Machines (2018) 87 Fordham Law Rev. 1085.

[318] See ibid.; see also Rights Related to Automated Decision Making Including Profiling, above note 320; Article 15, EU GDPR, "Right of Access by the Data Subject," PrivazyPlan, www.privacy-regulation.eu/en/article-15-right-of-access-by-the-data-subject-GDPR.htm.

[319] See S. Wachter, B. Mittelstadt, and L. Floridi, Why a Right to Explanation of Automated Decision-Making Does Not Exist in the General Data Protection Regulation (2017) 7 Int. Data Priv. Law 76, 88–9. But see A. D. Selbst and J. Powles, Meaningful Information and the Right to Explanation (2017) 7 Int. Data Priv. Law 233.

[320] Selbst and Barocas, above note 322, pp. 1, 37.

[321] Ibid., p. 38.

[322] See Wachter et al, above note 324, p. 14 (分析《通用数据保护条例》的精确语言，并指出它包含许多漏洞，通过这些漏洞算法仍可能逃避真正的审查); see also T. Z. Zarsky, Incompatible: The GDPR in the Age of Big Data (2017) 47 Seton Hall Law Rev. 995; Selbst and Barocas, above note 322, p. 10.

[323] Wachter et al, above note 324, pp. 85–9.

四、完善内部监督

如上所述，本章认为，问题的一部分在于我们依赖传统的公民权利原则来解决算法偏见问题。为了解决这个问题，我们必须从几十年前批判种族学者开始的地方着手：认识到法律未能保护非歧视和平等利益的领域。正如本章所论证的，信息隐私、平等和正当程序问题已经在各种算法环境中浮现，但现有法律在解决这些问题方面仍然不足，部分原因是检测方面的问题。正如笔者所指出的，其他障碍源于算法设计者和算法控制者之间的严重信息不对称。第三个障碍，正如美国缺乏与欧洲《通用数据保护条例》相当的法律所证明的那样，源于缺乏有效的法律来解决透明度和问责问题。

正如笔者以下建议的，答案的一部分在于私营公司为了解决这个问题而作出的有意义的回应。反过来，监管监督的严重缺失（特别是在当前政府中），要求我们转向其他两种提高透明度的潜在途径：自愿的自我监管（如下所述）和员工通过告密采取的个别行动（在"通过告密重新平衡商业秘密"中讨论）。[324] 这个问题还需要从根本上重新思考公民权利、消费者保护和自动化决策之间的关系。社会不能仅仅指望政府提供保护，以免受算法偏见的影响，而必须寻求其他途径。

当前美国政府几乎没有关注这个问题，这表明更需要探索自我监管的模式，尽管当然，政府干预会更为有效。在下面的章节中，笔者将探讨从内部解决算法问责的可能性——既从行业内，也从公司内部，讨论行为准则、影响声明、告密（whistleblowing）的可能性，以解决算法问责问题。当然，也要认识到即便有效的自我监管也并不总是能够解决算法公平性的问题。强有力的论据可以证明，虽然某些技术既可盈利又功能强大，但公司没有足够的动力去深入审视这些技术背后的深远影响。但与此同时，无论是私营公司还是计算机科学组织对自我监管的关注，都表明有机会来探索行业内部的潜在替代方案。而且，专注于行业可问责的人工智能相关组织的激增，也让我们对行业致力于解决透明度和问责问题持有一些乐观态度。[325]

（一）行为准则

算法问责问题揭示了计算机科学家和软件工程师之间缺失的一个核心方面：一个具体的、用户友好的、道德的平台，用于决策制定和软件设计。事实上，有人可能会说，正是由于缺乏这样一个平台，才使得算法决策得以在没有认识到这些决策对穷人和其他受保护群体的社会影响的情况下进行。因此，重新引入一些道德考量到决策过程中，这就是解决方案的一部分。

最近，Amazon、Facebook、IBM、Microsoft 和 Alphabet 的研究人员一直在尝试围绕人工智能制定一套道德规范。[326] 另一种可能的自我监管形式是，在人工智能促进协会（AAAI）

---

[324] W. Knight, Biased Algorithms Are Everywhere, and No One Seems to Care, MIT Technology Review（July 12, 2017），www.technologyreview.com/s/608248/biased-algorithms-are-everywhere-and-no-one-seems-to-care. （"特朗普政府对人工智能以及整个科学缺乏兴趣——意味着没有监管行动来解决这个问题"）。

[325] See, e.g., the work being done by AI Now, Partnership on Artificial Intelligence, Future of Humanity Institute, and others.

[326] See J. Markoff, How Tech Giants Are Devising Real Ethics for Artificial Intelligence, New York Times（September 1, 2016），www.nytimes.com/2016/09/02/technology/artificial-intelligence-ethics.html.

和美国计算机协会（ACM）等专业组织内部制定一套道德原则。[327] 尽管这些自我监管的努力值得称赞，但这些原则若要在人工智能领域真正有效，必须在人工智能社区内得到推广，并分发给卫生、金融和政府部门等依赖大数据的各种其他专业组织。[328] 这些原则也需要监管机构的参与才能发挥最大效用。但即使没有这种外部监督，它们仍然值得认真考虑。

例如，美国计算机协会为算法透明度和问责制定了七项原则，强调了以下方面的重要性：①对设计、实施和使用过程中可能存在的偏见的认识；②为个体提供访问和纠正机制，允许他们对算法决策产生的不利影响提出质疑并加以解决；③可问责性，确保相关主体对其使用的算法作出的决策负责；④对算法遵循的程序和作出的具体决策进行解释；⑤数据来源，即描述训练数据的收集方式，并"探索在人类或算法进行数据收集过程中可能引入的潜在偏见"；⑥可审计性，使模型、算法、数据和决策能够被记录以供审计；⑦验证和测试，确保使用严格的模型以避免歧视性伤害。[329]

同样，作为全球最大的技术专业人士组织，电气和电子工程师协会（IEEE）于2016年12月发布了一份题为《道德一致性的设计》（Ethically Aligned Design）的报告。在该报告中，协会明确指出系统需要"嵌入关于人类的规范和价值观"。[330] 此外，协会强调了对利益相关者适用包容性方法、依靠解释或检查功能等工具来提高机器学习的信任与可靠性的重要性。[331] 在这里，交互式机器学习、直接询问、用户响应建模等工具、[332] 可以帮助用户跟踪和控制共享信息的"算法守护者"（algorithmic guardians）、[333] 审查委员会及其最佳实践、[334] 多学科伦理委员会、[335] 反映对道德决策关注的工程师和技术人员课程、[336]，以及使用价值敏感或基于价值的设计等工具，[337] 可以在建立机器学习技术的信任、透明度和问责文化方面发挥很大作用。

85　　还有专业组织作出的承诺，这些承诺通常具有重要意义。特别值得注意的是英国计算机学会的行为准则，该准则规定任何开发和部署算法的实体必须：

①适当关注公众健康、隐私、安全和他人的福祉以及环境；②适当关注第三方的合法权利；③在从事专业活动时，不因性别、性取向、婚姻状况、国籍、肤色、种族、民族血统、宗教、年龄或残疾，或任何其他条件或要求而受到歧视；以及④促进信息

---

[327] Crawford and Whittaker, above note 63, p. 5.

[328] Ibid., pp. 4–5.

[329] See ACM, US Public Policy Council, Statement on Algorithmic Transparency and Accountability (2017), p. 2, www.acm.org/binaries/content/assets/public-policy/2017_usacm_statement_algorithms.pdf.

[330] IEEE, Ethically Aligned Design: A Vision for Prioritizing Human Wellbeing with Artificial Intelligence and Autonomous Systems (2016), pp. 5–6, http://standards.ieee.org/develop/indconn/ec/ead_v1.pdf. Full disclosure: please note that the author is a member of the IEEE Algorithmic Bias working group.

[331] Ibid., p. 23.

[332] Ibid., p. 25.

[333] Ibid., p. 67.

[334] Ibid., p. 53.

[335] Ibid., p. 43.

[336] Ibid., pp. 37–8.

[337] See ibid., p. 39 (citing S. Spiekermann, Ethical IT Innovation: A Value-Based System Design Approach, CRC Press, 2016).

技术的平等获取，并寻求社会各阶层的全面融入和参与。[338]

反过来，也许最大的变革来源是行业努力将治理与机器学习模型相结合的成果。有一个不断发展的行业正在开发一系列工具，这些工具旨在通过关注算法透明度（通过展示用于特定模型的功能）等原则，将治理功能集成到数据管理系统中，使用标记和反馈循环（以解决数据或策略更改时的问题）支持强大的审计形式（以研究正在使用的模型及其目的），并开发保护隐私的功能（如屏蔽、匿名化和差分隐私）。[339] 在适当的时候，我们当然也可以看到一些实体制定了一个认证流程，该流程利用这些原则来表明他们对公平和透明的承诺，其中使用了乔希·克罗尔及其合著者在其研究中提出的一些工具。[340]

（二）人工智能及其他领域的人类影响声明

私营行业的算法问责也引发了一个问题，这个问题突显了反歧视的个体化方法与大数据引发的问题之间的区别。美国《民权法》第七章的方法受公平关注的驱动，采取了传统观点，即所有基于受保护群体的歧视都是非法的，因此必须根除。相比之下，大数据方法并不太关注消除所有形式的非法歧视；[341] 相反，它们迫使我们面对某些形式的歧视性影响可能始终存在的现实，并转而关注如何最小化地缓解这种影响。[342]

如何在算法环境中实施上述想法？最近，一组杰出的研究人员发布了一份题为《负责任算法的原则》（Principles for Accountable Algorithms）的文件[343]，该文件重点关注五个核心原则：责任、可解释性、准确性、可审计性和公平性。文件还概述了研究人员在算法决策的设计、发布前和发布后阶段需要探索的一系列问题。[344] 其中提出的许多问题都集中在透明度的各个方面——例如，确定负责收集算法社会影响的各方，向受试者传达决策并描述机器学习中所使用数据的来源和属性，包括这些数据是否以某种方式进行了转换或清洗。[345]

《负责任算法的原则》并非仅仅强调提高权力运作的透明度。其为确保准确性和可审计性提供了重要的变量——敦促设计师通过敏感性分析、有效性检查和纠错过程等，仔细调查错误和不确定性的领域，并在可能的情况下进行公开审计，或者在难以公开审计的情况下由第三方进行审计。[346] 为了实现鼓励更多合作、校准、一致性和透明度的目标，我们可以考虑"人类影响声明"的效用，这与马克·罗克（Marc Roark）的建议类似；塞尔布斯

---

[338] Ibid., p. 43 (citing BCS Code of Conduct, www.bcs.org/category/6030).

[339] 所有这些工具都是由 Immuta 首席执行官马修·卡罗尔（Matthew Carroll）提出的，该公司旨在将治理功能集成到机器学习中. See Carroll, above note 102.

[340] See generally Kroll et al, above note 60. 列举了在机器学习中实现公平性的工具，尽管它们并不完美，这些工具包括通过盲目性（blindness）、统计均等性、公平的平权行动、公平的代表性、规范化和公平的合成数据来实现公平性。事实上，一个提前很好地利用这些工具的认证制度，可以确保公平性不仅仅是一种美德信号的传递方法，而且实际上是一项既写在书上又付诸实践的政策。

[341] Barocas and Selbst, above note 60, pp. 694-5.

[342] See generally A. D. Selbst, Disparate Impact in Big Data Policing (2017) 52 Ga. Law Rev. 109.

[343] N. Diakopoulos, S. Friedler, M. Arenas, et al, Principles for Accountable Algorithms and a Social Impact Statement for Algorithms, FAT/ML, www.fatml.org/resources/principles-for-accountable-algorithms.

[344] Ibid.

[345] Ibid.

[346] Ibid.

特建议，进行"歧视影响评估"；或由一组著名的算法研究人员发布"社会影响声明"。[347] 围绕社会影响声明的许多想法都源自环境法文献，[348] 但影响声明也已在其他各种领域发布，[349] 包括人权[350]、隐私[351]和数据保护。[352] 在环境法规领域，人们经常使用影响评估的方法来研究特定决策可能对环境造成的影响，以此为应对环境问题提供重要的参考和指南。如上所述，环境影响声明需要详细说明联邦的主要行动对环境的影响，密切关注特定人群是否不成比例地承担了负面环境后果。[353] 其他州环境法规借鉴了这一原则，还要求报告"可能由项目造成的社会或经济影响所引起的任何重大机体变化"。[354] 与这里的情况一样，环境影响声明也需要深入研究和详细的调查结果，并且还可能包括一个漫长的修订过程，这可能会持续数月甚至数年。[355]

在州一级，种族影响声明（racial impact statements）旨在预测拟议的刑事司法立法是否会产生不同的种族影响；总体动力是在法律通过或修订之前识别任何差别性种族影响。[356] 通常，种族影响声明是对一项拟议中的法律（该法律要么修订要么新增一项罪行）的回应，通过准备一份报告来讨论新法律是否会改变该州的监狱人口，或者是否会对少数群体产生不成比例的影响。[357] 与环境影响声明要求对不利影响采取某些行动不同，种族影响声明即使预测到会产生不成比例的影响也仅提供参考。[358] 自2007年以来，许多州已经通过或考虑了种族影响立法，其中一些是立法机构要求的，还有一些是由州量刑指南委员会（Sen-

---

[347] See ibid.; M. L. Roark, Human Impact Statements (2015) 54 Washburn Law J. 649; Selbst, above note 347, p. 169.

[348] See generally Selbst, above note 347.（借鉴环境法文献讨论警务中的影响声明）。

[349] 对于影响评估如何为技术和监控所引发的问题提供信息，有精彩的评论，see K. A. Bamberger and D. K. Milligan, Privacy Decisionmaking in Administrative Agencies (2008) 75 Univ. Chi. Law Rev. 75; A. M. Froomkin, Regulating Mass Surveillance As Privacy Pollution (2015) Univ. Ill. Law Rev. 1713; D. Wright and C. D. Raab, Constructing a Surveillance Impact Assessment (2012) 28 Comp. Law Sec. Rev. 613.

[350] See United Nations, Human Rights Council, Office of the High Commissioner, Guiding Principles on Business and Human Rights (2011), pp. 23–6, www.ohchr.org/Documents/Publications/GuidingPrinciplesBusinessHR_EN.pdf（描述人权影响评估）; see also D. Reisman, J. Schultz, K. Crawford, and M. Whittaker, AI NowInst., Algorithmic Impact Assessments: A Practical Framework for Public Agency Accountability (2018), p. 5, https://ainowinstitute.org/aiareport2018.pdf.

[351] See Privacy Impact Assessments, FTC, www.ftc.gov/site-information/privacy-policy/privacy-impact-assessments（描述联邦贸易委员会的隐私影响评估体系）; see also Reisman et al, above note 355.

[352] Data Protection Impact Assessments, ICO, https://ico.org.uk/for-organisations/guide-to-the-general-data-protectionregulation-gdpr/accountability-and-governance/data-protection-impact-assessments; see also Reismanet al, above note 355.

[353] Roark, above note 352, p. 663.

[354] Ibid., pp. 664-5 (quoting Gray v. County of Madera, 85 Cal Rptr. 3d 50, 69 (Cal. Ct. App. 2008) (citing the California Environmental Quality Act, Cal. Pub. Res. Code (West), § 21000 et seq.); see also A. Ramo, Environmental Justice as an Essential Tool in Environmental Review Statutes: A New Look at Federal Policies and Civil Rights Protections and California's Recent Initiatives (2013) 19 W.-Nw. J. Environ. Law Policy 41, 46.

[355] J. Erickson, Comment, Racial Impact Statements: Considering the Consequences of Racial Disproportionalities in the Criminal Justice System (2014) 89 Wash Law Rev. 1425, 1463.

[356] Ibid., p. 1426.

[357] Ibid., pp. 1444-5.

[358] Ibid.

tencing Guidelines Commission）提出的。[359] 其他州还在发布种族影响声明后，留出一段时间让公众对此提意见或发表评论。[360] 尽管许多州在发现种族差别性影响后不需要采取进一步行动，但其他州，如阿肯色州、威斯康星州和肯塔基州，在发现种族差别性影响后，已考虑要求立法者解释他们的行动方针。[361] 这至少可以让一位评论员建议立法者考虑其他可能实现相同政策目标但又不会加剧种族不平等的选择。[362]

在欧洲，根据《通用数据保护条例》以及警察与刑事司法机构的要求，每当数据处理"可能对自然人的权利和自由造成高风险"时，都需要进行数据保护影响评估（Data Protection Impact Assessments, DPIA）。[363] 大规模数据处理、自动化决策、有关弱势主体的数据处理，或可能涉及阻止个人权利行使、使用服务或签订合同的处理，都将触发数据保护影响评估的要求。[364] 重要的是，这种模式同时适用于公共和私人组织。[365] 如果显示出高风险，涉事组织需要向信息专员办公室（ICO）提交数据保护影响评估报告以征求意见，信息专员办公室承诺在3个月内提供意见。[366]

数据保护影响评估声明需要反映四个关键领域，并应由组织的管理人员与该组织的数据保护专员（Data Protection Officer, DPO）共同起草。[367] 第一部分主要是描述性的，要说明数据处理的具体流程；第二部分需要展示对必须采取的合规措施及其规模的评估；第三部分则是识别性的，要找出并评估可能对个人造成的风险；第四部分是缓解措施，要说明可以采取哪些额外措施来降低这些风险。[368] 值得注意的是，数据控制者不仅负责证明数据处理是符合《通用数据保护条例》要求的，而且他们代表着一个与实际处理数据的组织相互独立的实体。[369]

关于数据保护影响评估的实施，人们提出了许多有价值的批评建议——例如，数据保护影响评估的结果并不要求公开，过程中没有外部研究人员的评审环节，也没有公众评审的通知和评论程序。[370] 然而，尽管有这些批评（其中大部分是针对公共机构使用的人工智能而不是私营公司），数据保护影响评估过程仍然提供了一些深思熟虑的见解，这有助于形

---

[359] Ibid., pp. 1426-7. As of 2014，截至2014年，已有11个州考虑或通过了种族影响声明。Ibid. 例如，明尼苏达州的种族影响报告是由明尼苏达州量刑指南委员会发起的。相比之下，爱荷华州的种族影响声明是立法机构要求的，立法机构还要求提供纠正影响报告（讨论对监狱容量的影响）和财务影响报告。Ibid., pp. 1446-7.

[360] Ibid., p. 1463.

[361] Ibid., p. 1464.

[362] Ibid. (citing C. London, Racial Impact Statements: A Proactive Approach to Addressing Racial Disparities in Prison Populations (2011) 29 Law Inequal. 211, 241).

[363] Selbst, above note 347, pp. 170-1; see also Data Protection Impact Assessments, above note 357.

[364] Selbst, above note 347, pp. 170-1; see also Data Protection Impact Assessments, above note 357. （如果实体使用"系统和广泛的画像或自动化决策来对人们做出重大决策"，则需要进行数据保护影响评估。此外，如果实体大规模处理数据或犯罪记录数据，系统地监视公共场所，处理生物识别或遗传数据，将多个来源的数据进行组合或匹配，以或涉及在线或离线跟踪位置或行为的方式处理个人数据，以及其他类别，也需要数据保护影响评估）。

[365] See Reisman et al, above note 355, p. 7. （做出这一观察）。

[366] Ibid.

[367] Data Protection Impact Assessments, above note 357.

[368] Ibid.

[369] S. Gunathunga, All You Need to Know About GDPR Controllers and Processors, Medium (September 12, 2017), https://medium.com/@sagarag/all-you-need-to-know-about-gdpr-controllers-and-processors-248200ef4126.

[370] Reisman et al, above note 355, p. 7.

成对处理数据的私营公司的期望，就像在《通用数据保护条例》背景下看到的那样。下一小节将讨论一些利用从影响声明中得出见解的方法，并提出一些需要考虑的因素。

（三）拟议的人类影响声明

根据其他学者（特别是塞尔布斯特和罗克）的观点、《通用数据保护条例》的框架以及其他相关影响声明，[371] 本章强调在算法决策中制定人类影响声明的三个核心要素。

第一，部分借鉴加利福尼亚州的环境影响立法，我们建议对算法问责和反歧视采取实质性而非程序性的承诺。在加利福尼亚州，该州的《质量审查法》（*Quality Review Act*）要求"公平对待所有种族、文化和收入水平的人群，包括该州的少数族裔和低收入人群"。[372] 仿照这一示例，向公众保证对公平和可问责的承诺，将极大地推动为私营行业制定一套可供遵循的基准期望。

第二，关注影响声明的结构，以及谁负责执行和监督。在这里建议采用类似《通用数据保护条例》的结构，该结构依赖于控制者（负责合规性）和程序员（负责算法和数据处理）之间的明确分工。通过鼓励算法的设计者与那些负责将差别性影响降至最低的人员之间进行合理的分工，我们可以确保更大的可问责性和更好的监督。

第三，笔者还鼓励对算法和用于优化算法的训练数据进行彻底的事前和事后审查（以及结构性划分）。正如克罗尔及其合著者在一项重要研究中观察到的那样，通过与计算机科学家的程序和技术工具进行更多的互动，可以展示负责任的算法。[373] 事前解决方案试图纠正数据中可能出现的问题；事后解决方案则试图收集相关信息并重新权衡信息，以测试数据的可靠性。[374]

继安德鲁·塞尔布斯特在起草预测性警务技术影响评估方面的出色工作，并综合其他文献中的建议，[375] 我们强调以下具体的事前标准：

（1）确定"可能受影响的人群"，并判断他们的种族、民族、性别、性取向、民族起源或其他基于身份的类别。[376]

（2）识别不确定性或统计误差对不同群体的影响。[377]

（3）研究该决定是否会对亚群体产生不利影响。[378]

（4）探索"是否存在合理、较少歧视的替代方案或潜在的缓解手段"，包括考虑新的目标变量或其他形式的数据、数据处理技术的运用和可用性，以及新的评估方法。[379]

---

[371] See, e. g., Selbst, above note 347, p. 169.

[372] Roark, above note 352, p. 665（citing Cal. Pub. Res. Code（2018），§ 71110（a））.

[373] See Kroll et al, above note 60, pp. 640-1.

[374] See ibid., pp. 637, 662-77.

[375] 笔者在这里只是提及并总结了这些标准；安德鲁·塞尔布斯特的讨论更为详细，更具体地描述了算法环境中的各种实现方式。

[376] Roark, above note 352, p. 665 n. 97（citing Ramo, above note 359, p. 50）.

[377] Diakopoulos et al, above note 348.

[378] Roark, above note 352, p. 665 n. 94（citing Ramo, above note 359, p. 50）; see also EPA, Final Guidance for Consideration of Environmental Justice in Clean Air Act（1999）309 Reviews 1.

[379] Roark, above note 352, p. 665 n. 94（citing Ramo, above note 359, p. 50）; Selbst, above note 347, pp. 173-4.

（5）对每个替代方案进行详细的实质性考虑，以便评审人员能够评估其相对优点。[380]

（6）确定并解释该实体的首选替代方案，注意其在几种不同算法设计选项中的选择。[381]

事后来看，影响评估应采用严谨的技术和替代方案，以完善和改进人工智能的使用——提高其准确性、公平性、可问责性和透明度。这将包括对一系列技术缓解措施的讨论，而这些措施尚未包含在所提议的模型中。[382] 采用严格的影响声明体系的优势在于，鼓励工程师解释他们的设计选择，评估其有效性，采用替代配置，并考虑是否对某一亚群体产生了任何不同的影响。[383]

诚然，这些机制并不总是在每个实例中都可行或实用，但讨论它们的意义在于为重新构建大数据如何影响某些群体的核心关注点铺垫基础，并为认识这些影响创建一个框架。当然，制定全面影响评估的成本和所需时间可能会使其难以实施。[384] 但除了成本和复杂性之外，另一个担忧是如果没有对一套规范性原则的基本承诺，"影响评估可能会成为一种纯粹的程序性工具，可能无法带来人们想要做出的改变"，这增加了该过程可能容易受到各种利益影响的风险，这些利益"可能不利于评估过程本身的关注点……"[385] 为了防止内部私利阻碍影响声明的起草，我们还需要更多地考虑法律如何激励和保护那些挺身而出的人。

五、通过告密重新平衡商业秘密

前述"完善内部监督"讨论了行业自我监管作为解决算法偏见的一种潜在工具的可能性。然而，仅依靠行业自律并不能解决持续存在的黑箱问题。弗兰克·帕斯夸莱（Frank Pasquale）在《黑箱社会》（*The Black Box Society*）中指出："知识就是力量。监督他人同时避免自己受到监督是最重要的权力形式之一。"[386] 无论是在刑事司法系统内部还是外部，都有很多案例显示，受害方或受损方被拒绝访问那些影响或管理他们的源代码。在大数据的背景下，约翰（John）详细说明了监控技术供应商如何能够阻止外界对其汇总数据的访问，并将其标记为机密的专有信息。[387] 在一次公开争议中，Palantir Technologies 公司曾向纽约警察局提供软件，该软件以图表形式显示从警方（逮捕记录、车牌、停车罚单等）获取的数据，据 Buzzfeed 公司称，该软件"可以揭示犯罪和个人之间的联系"，但在决定与 IBM 公司合作后，该公司拒绝向纽约警察局提交其数据的可读版本。[388] 即使在有可能对私

---

[380] Selbst, above note 347, p. 174（citing 40 CFR § 1502.14（b）（2018））.

[381] Ibid., p. 177.

[382] Ibid.

[383] See ibid., pp. 173-8.

[384] O. K. Obasogie, The Return of Biological Race? Regulating Race and Genetics through Administrative Agency Race Impact Assessments（2012）22 S. Cal. Interdisc. Law J. 1, 59.

[385] Ibid.

[386] Pasquale, above note 18, p. 3.（脚注省略）。

[387] Joh, above note 269, pp. 119-20.

[388] Ibid., p. 120; see also W. Alden, There's a Fight Brewing between the NYPD and Silicon Valley's Palantir, Buzzfeed News（June 28, 2017）, www.buzzfeednews.com/article/williamalden/theres-a-fight-brewing-betweenthe-nypd-and-silicon-valley#.cfryqemg5; E. Hockett and M. Price, Palantir Contract Dispute Exposes NYPD's Lack of Transparency, Just Security（July 20, 2017）, www.justsecurity.org/43397/palantir-contract-dispute-exposes-nypds-lack-transparency.

营公司提起歧视诉讼的情况下，许多人可能并不知道算法正在歧视他们。因此，如果没有一些令人信服的证据，要找到符合条件的原告（或制定非法行为的法律理论）可能很困难。

正如这些观察所表明的，这个问题的最后一部分涉及商业秘密。我们仍然认为商业秘密法与公民权利问题是分开的，这导致了责任缺失的问题。而实际上，我们需要更多地认识到这两个法律领域的重叠。正如大卫·莱文（David Levine）雄辩地解释的那样，一方面商业秘密的概念涉及隐秘性，另一方面与商业紧密相连。[389] 与此同时，在民主政府的理念中，商业利益不应过分影响政府的决策和行动，并倾向于将保密作为默认立场的观念最小化。[390] 如今，民主透明度与商业保密之间的紧张关系变得尤为明显。现在，政府通过私有化和授权，与私营公司之间的联系日益紧密。[391]

然而，公私融合也是问题的一部分。它引发了透明度危机，现在私营公司扮演着政府过去扮演的角色，但它们能够利用商业秘密法的原则来保护自己，免受政府在运营时所遵循的透明度要求的约束。[392] 十年前，丹妮尔·西特伦（Danielle Citron）观察到，在公共利益、电子投票和机构收集的数据等领域，行政国家正慢慢地被封闭的专有系统所取代。[393] 如今，问题不仅仅是政府系统是封闭的、专有的，还在于它们正在变得完全私有化。大卫·莱文提供了几个例子，从电信到投票系统，这些现在都是由私营部门提供的，从而越来越受到商业秘密原则的保护，而越来越不受透明度要求的约束。[394]

与此同时，当前对算法的监管方法强调设计者需要解释其算法模型，而不是披露模型。[395] 例如，2012年，美国总统巴拉克·奥巴马（Barack Obama）提出了"消费者隐私权利法案"（Consumer Privacy Bill of Rights），该法案将允许消费者对算法用于信贷或保险决策的数据进行质疑和更正。[396] 但国会从未对此采取行动。[397] 如今，该提案以及任何关于消费者有权知道数据公司保留了哪些关于消费者的数据，以及这些信息是如何被使用的观念，都已从白宫网站上消失。[398]

一些学者主张提高透明度以揭露偏见问题。[399] 其他人则另辟蹊径，批评透明度是一种

---

[389] D. S. Levine, The Impact of Trade Secrecy on Public Transparency, in R. C. Dreyfuss and K. J. Strandburg (eds.), The Law and Theory of Trade Secrecy: A Handbook of Contemporary Research (2011), pp. 406–7.

[390] Ibid., p. 407.

[391] Ibid.

[392] Ibid., pp. 407–8.

[393] D. K. Citron, Open Code Governance (2008) Univ. Chic. Leg. Forum 355, 356–7.

[394] Levine, above note 394, at 407.

[395] See B. Goodman and S. Flaxman, European Union Regulations on Algorithmic Decision-Making and a "Right to Explanation". （未发表手稿）（存档于作者处）。

[396] See Press Release, The White House, Office of the Press Secretary, We Can't Wait: Obama Administration Unveils Blueprint for a "Privacy Bill of Rights" to Protect Consumers Online (February 23, 2012), http://obamawhitehouse.archives.gov/the-press-office/2012/02/23/we-can-t-wait-obama-administration-unveilsblueprint-privacy-bill-rights.

[397] See N. Singer, Why a Push for Online Privacy Is Bogged Down in Washington, New York Times (February 28, 2016), www.nytimes.com/2016/02/29/technology/obamas-effort-on-consumer-privacy-falls-short-critics-say.html.

[398] 该提案仍然出现在奥巴马的白宫网站上。See Press Release, above note 401.

[399] See Citron, above note 398, p. 358; Schwartz, above note 316, pp. 1323–5.

有局限性的解决方案，可能无法根除偏见。[400] 约书亚·克罗尔等人解释道，由于机器学习过程的复杂性和动态性，公开源代码只是对算法问责问题的部分解决方案。[401] 一些决策必然要保持不透明，以防止其他人操纵系统。[402] 许多系统在设计时也没有考虑到监督和可问责性，因此对外部调查人员来说可能是不透明的。[403] 即使是审计也有一定局限性，具体取决于技术是否可行。[404]

笔者认为，这个问题产生的原因恰恰表明，鉴于算法引发的重大公民权利问题，我们需要采用一种新的方法来处理商业秘密。[405] 虽然笔者同意其他人的观点，即责任至关重要，但也认为，如果没有某种形式的透明度，就不可能有可问责性。正如阿努潘·昌德所说的那样，"我们需要的不仅仅是算法设计的透明度，我们还需要输入和输出的透明度"。[406] 在缺乏集中化、大规模的联邦政府努力来解决这个问题的情况下，有必要探索：①目前法律中可能存在的解决方案是什么；②这些解决方案是否可以构建一个平台，以便进一步完善监管并鼓励和加强问责。然而，这两种途径都只有在更深入地利用商业秘密保护的局限性时才有可能实现，而商业秘密保护的局限性正是为了揭露企业可能承担责任的潜在领域。

好消息是，我们在其他私营行业中已经看到了这个问题的变形。正如在下文中将展示的，在其他情境中，法律通常依靠告密者来解决类似的信息不对称和问责问题。对于算法问责也可以采用同样的方法。多年来，学者们一直在讨论在信息严重不对称的情况下激励内部员工挺身而出的必要性；这些担忧催生了《萨班斯-奥克斯利法》（*Sarbanes-Oxley Act*）、各项支出法规以及众多环境条款中制定了特定规定。正如本章中所建议的那样，关于不透明和检测难度的担忧在算法问责的背景下同样突出，特别是考虑到偏斜数据（skewed data）可能导致的偏见。因此，鉴于在这种情况下可能存在类似的解决方案，探索立法者以前采取的途径是有意义的。

接下来，笔者将展示现代商业秘密法中一个新近但鲜有人注意的发展，即通过实施2016年的《商业秘密保护法》（*Defend Trade Secrets Act*，DTSA），增加了联邦对告密者的保护。[407] 经常被忽视的《商业秘密保护法》条款构成了一种混合解决方案，该方案既可以利用我们公民权利话语的传统目标和宗旨，又可以使告密者免受责任，以鼓励商业秘密的更大透明度。

（一）财产的主导地位和透明度的局限性

1916年，从MacPherson v. Buick Motor Co案开始，[408] 法院开始认识到将问责和消费者

---

[400] C. Dwork and D. K. Mulligan, It's Not Privacy, and It's Not Fair（2013）66 Stan. Law Rev. Online 35, 36-7, https://review.law.stanford.edu/wp-content/uploads/sites/3/2016/08/DworkMullliganSLR.pdf.

[401] Kroll et al, above note 60, pp. 638-9.

[402] Ibid., p. 639.

[403] Ibid., p. 649-50.

[404] Ibid., pp. 650-2.

[405] 参见丽贝卡·韦克斯勒（Rebecca Wexler）在这一主题上的开创性工作，above note 26.

[406] Chander, above note 236, p. 1039.

[407] 18 USC § 1836 et seq.（2018）. 参见彼得·梅内尔（Peter Menell）在这一主题上的开创性工作，below notes 473, 475, and 489.

[408] 111 NE 1050（NY 1916）.

保护的概念扩展到因产品缺陷而受到损害的第三方（如家庭成员和旁观者）的重要性。[409] 杰克·巴尔金（Jack Balkin）认为，MacPherson案特别适用于算法时代，因为它承认了不受监管的算法决策不仅会对终端用户造成损害，还会对社会中的其他人造成损害。[410] 巴尔金解释了算法模型如何通过将其成本外部化给第三方，给其造成声誉损害，以及如何在正当程序中缺乏透明度，助长歧视，或使个人更容易受到行为操纵。[411] 因此，巴尔金认为，由于创建算法的公司（如Google、Facebook等）与用户之间存在依赖关系，因此应将算法设计者视为信息受托人。[412]

在一个对非公开信息的保护远胜于可问责的世界里，这些风险变得尤为明显。同样，财产原则也贯穿于系统性的披露和透明度中（即披露信息和透明度的要求应遵循保护财产的原则）。《计算机欺诈和滥用法》（Computer Fraud and Abuse Act，CFAA）[413]之类的法律（该法律被解释为防止用户违反网站的服务条款），已被用于阻止研究人员测试算法。[414] 最近，美国公民自由联盟代表4名研究人员提起了诉讼。这4位研究人员声称，《计算机欺诈和滥用法》实际上妨碍了他们从网站上抓取数据，也阻止了他们创建虚构账号去调查算法歧视。他们想知道算法歧视是否导致一些房地产网站基于种族或性别差异而不显示某些房源信息。[415] 人们担心的是，该法律可能会让研究人员承担刑事责任，因为研究可能涉及违反某个网站的服务条款，这可能会同时受到监禁和罚款的处罚。[416] 正如一位研究人员所观察到的，这些法律产生了"保护数据驱动的商业系统免受最基本外部分析的影响"的负面效果。[417]

研究人员曾计划使用各种不同的审计测试技术，包括使用马甲账号（sock puppet profiles）和抓取技术，以确定某些房地产网站是否存在基于种族或其他因素的歧视。[418] 不出所料，政府认为该案纯属私人事务，将其定性为"私人行为者在私人论坛上对言论自由的限制"，并对原告的诉讼资格提出质疑。[419] 重要的是，法院不同意这种定性，并指出"仅仅对任何人都可以创建的账户施加合同条件……并不能使网站摆脱第一修正案对公共互联网的保护。"[420]

---

[409] See J. M. Balkin, The Three Laws of Robotics in the Age of Big Data（2017）78 Ohio St. Law J. 1217, 1232.

[410] Ibid.

[411] Ibid., pp. 1238-9.

[412] "在线企业对我们了解很多，而我们对其运营知之甚少，它们将自己的内部流程视为专有流程，以避免被竞争对手窃取。" Ibid., p. 1228（脚注省略）；see also J. M. Balkin, Information Fiduciaries and the First Amendment（2016）49 UC Davis Law Rev. 1183.（讨论消费者和在线平台之间建立信托关系的必要性）.

[413] 18 USC § 1030（2018）.

[414] Sandvig v. Sessions, 315 F. Supp. 3d 1（DDC March 30, 2018）.

[415] Bhandari and Goodman, above note 218. 在该诉讼中，密歇根大学研究员克里斯蒂安·桑德维格（Christian Sandvig）和其他三名研究员起诉了司法部部长塞申斯（Sessions），理由是《计算机欺诈和滥用法》的访问条款可能侵犯了他们根据言论自由所享有的第一修正案权利和根据正当程序所享有的第五修正案权利，并且根据第五修正案，这构成了对私营部门违宪的授权。See Sandvig, note 419 above, at 8-9.

[416] See 18 USC § 1030（c）；Bhandari and Goodman, above note 218.

[417] D. Stevenson, Locating Discrimination in Data-Based Systems, in Data and Discrimination, above note 257, p. 18.

[418] Sandvig, note 419 above, at 11.

[419] Ibid. at 9, 15.

[420] Ibid. at 13.

由于它发现的信息已经存在于公共论坛（公共网站）中，[421][422] 因此根据《计算机欺诈和滥用法》的规定，它有可能受国家的强制执行。[423] 尽管这个结论让案件继续留在法庭，并向审判的方向发展，但法院也发现原告的大部分活动都不在《计算机欺诈和滥用法》的管辖范围内。法院的理由是，"从对公众开放的网站上抓取或以其他方式记录数据，仅仅是原告获取他们有权查看的信息的一种特定方式"。[424] 尽管法院就创建虚构用户账户（这将违反访问条款，从而引发宪法方面的考量）得出了不同的结论，它最终向原告保证，"《计算机欺诈和滥用法》的禁止范围远小于双方所声称（或担心）的范围"。[425]

尽管像 Sandvig v. Sessions 案这样的案件为外部审计提供了一些乐观的理由，但我们仍然需要考虑公司通常利用其知识产权保护来模糊调查的各种方式。即使在投票这样的情境下，也有其他案例表明，商业秘密的权重凌驾于透明度之上。2005 年，投票机公司 Diebold Election Systems（现称 Premier Election Solutions）拒绝遵守北卡罗来纳州的一项法律，该法律要求电子投票机制造商将其软件和源代码，交由州选举委员会批准的代理机构进行托管。[426] 在一系列的法庭斗争中，Diebold 拒绝遵守上述法律，最终完全退出该州，而不是公开其源代码。[427] 在另一个事件中——莱文（Levine）也讨论了该事件，当黑客成功访问（并操纵）了一系列 Diebold 机器时，Diebold 选择将这些事件描述为"可能违反许可协议和知识产权"，而不是将其视为对投票计数过程尊严的威胁。[428]

在当今这个时代，公司已经特别依赖算法方面的商业秘密保护，风险也因此变得尤为明显。由于机器学习算法的代码非常复杂，如果没有解释器（interpreters）插入数据并观察模型实际如何运作的能力，仅仅阅读代码是无法理解其含义的。[429] 此外，由于算法模型的输出结果可能会因为依赖于独特的个人数据而变得模糊，因而难以从整体的角度去研究和分析这些结果。[430] 人类设计这些算法的过程中，偏见、错误和有缺陷的假设都阻碍着算法的设计。很少有人能通过阅读代码的功能描述来发现代码中的错误。同样，很少有被告能解释为什么算法模型会预测他们会再次犯罪，因为他们没有机会去检查模型为什么会得出这样的预测。

然而，软件公司目前有其他方式来保护它们的知识产权和产品价值。软件专利制度曾

---

[421]　Ibid. at 16.

[422]　Ibid. at 17.

[423]　Ibid.

[424]　Ibid. at 26-7. 研究发现，雇佣一个机器人来爬取网站可能会违反网站的服务条款，但如果创建机器人的人被允许阅读和与该网站互动，那么它本身并不构成"访问"违规。Ibid. at 27.

[425]　Ibid. at 34

[426]　Levine, above note 394, pp. 419-20. 关于探索在选举中使用独立软件投票系统、合规审计和风险限制审计的优秀文章，see P. B. Stark and D. A. Wagner, Evidence Based Elections（2012）10 IEEE Secur. Priv. 33.

[427]　Levine, above note 394, p. 420.

[428]　Ibid. , p. 421. 引用发生黑客事件的佛罗里达州莱昂县选举监督员永旺桑乔（Ion Sancho）的话"我真的认为他们没有参与如何使选举更安全的讨论"Ibid.（脚注省略）。

[429]　C. Sandvig, K. Hamilton, K. Karahalios, and C. Langbort, Auditing Algorithms：Research Methods for Detecting Discrimination on Internet Platforms（May 22, 2014），p. 10, www-personal. umich. edu/~csandvig/ research/Auditing%20Algorithms%20-%20Sandvig%20-%20ICA%202014%20Data%20and%20Discrimination%20Preconference. pdf.（在国际传播协会第 64 届年会上发表）。

[430]　Ibid.

经促使诸如 Northpointe 这样的公司公开它们的算法，以便通过法律手段或诉讼保护自己的知识产权，并排除直接的竞争对手。[431] 然而，在 20 世纪早期经历了"专利流氓"和过度执法的黄金时代之后，最高法院的一些裁决——如 Bilski v. Kappos 案和 Alice Corp. v. CLS Bank International 案，实质上终结了对像 COMPAS 这样的软件的专利保护。[432] 鉴于目前软件专利所获得的保护存在争议，向美国专利商标局披露使用计算机评估再犯可能性的方法，对于 Northpoint 公司而言可能不值得花费时间和精力。

版权法也造成了类似的问题。复杂的算法基本上可以归结为一系列指令。版权法保护这些指令字符串，就像保护任何其他语法字符串一样，它们都被视为文学作品。因此，只有其精确的表达方式，如指令名称，才受到保护。[433]

部分原因是版权和专利保护的不足，商业秘密已成为保护算法及其所体现的源代码的默认方式。虽然商业秘密法可能仍然是保护源代码的唯一合理方式，但它也是保护公共利益的不良方式。要成为商业秘密，信息必须满足以下条件：①不被公众所熟知；②由于其非公开性而可以为信息持有者带来经济价值；③信息持有者已采取合理预防措施来保密该信息。[434] 如果信息已经众所周知，那么它就不能被视为商业秘密。[435] 联邦法规中的《经济间谍法》（Economic Espionage Act），该法建立了第一个联邦商业秘密保护方案，并为盗用行为（misappropriation）引入了刑事处罚。[436]

然而，商业秘密，特别是在软件方面，存在着一个悖论。正如一些人观察到的，如果不先公开和检查源代码，就不可能知道一个算法是否符合商业秘密的条件。[437] 但是，披露源代码可能会危及算法作为商业秘密的地位。为了避免这个问题，即使底层信息实际上可能不符合商业秘密标准的情况下，大多数实体也会简单地主张其为商业秘密。如果没有某种形式的披露，就无法知道真实情况。在很大程度上，由于公司在这种情况下享有的自主

---

[431] See G. Quinn, Building Better Software Patent Applications: Embracing Means-Plus-Function Disclosure Requirements in the Algorithm Cases, IPWatchdog (June 18, 2012), www.ipwatchdog.com/2012/06/18/buildingbetter-software-patent-applications-embracing-means-plus-function-disclosure-requirements-in-the-algorithmcases/id=24273.

[432] See Alice Corp. v. CLS Bank Int'l, 134 S. Ct. 2347, 2349-51 (2014); Bilski v. Kappos, 561 US 593, 593-6 (2010)（限制软件相关发明的专利范围）。

[433] 颇具讽刺意味的是，刑事法院对软件代码保密性的保护比民事案件中的保护更多。有趣的是，Northpointe 公司甚至不保证 COMPAS 不会侵犯他人知识产权，尽管保密对其业务至关重要。See COMPAS Licensing Agreement (2010), § 8.3, https://epic.org/algorithmic-transparency/crim-justice/EPIC-16-06-23-WIFOIA-201600805-2010InitialContract.pdf; Katyal, above note 25.

[434] See 18 USC § 1839 (3)(B) (2018); Metallurgical Indus., Inc. v. Fourtek, Inc., 790 F. 2d 1195, 1199 (5th Cir. 1986).

[435] See Uniform Trade Secrets Act § 1 (4) (Nat'l Conference of Comm'rs of Unif. State Laws 1985).

[436] Economic Espionage Act of 1996, Pub. L. No. Stat. 3488 (codified as amended at 18 USC §§ 1831-9 (2018)).

[437] See C. Short, Guilt by Machine: The Problem of Source Code Discovery in Florida DUI Prosecutions (2009) 61 Fla. Law Rev. 177, 190. [讨论 State v. Chun, 923 A. 2d 226 (NJ 2007)，据称在该案中，专有呼气式酒精测试仪软件的基础代码主要包含通用算法，可以说这些通用算法并不能构成商业秘密]。

权，基于信息的产品长期以来一直倾向于采用商业秘密保护，这引发了一些学术辩论和讨论。[438]

（二）告密和保密

在人类未来研究所（Future of Humanity Institute）的一份重量级白皮书中，作者迈尔斯·布伦戴奇（Miles Brundage）和沙哈尔·艾文（Shahar Avin）写道，亟须在人工智能领域推广责任文化。[439] 他们对未来研究的建议之一是采取告密保护措施（whistleblowing protections），指出需要探索告密保护措施与防止人工智能相关滥用的潜在交集。[440]

告密活动涉及"组织成员（无论是前成员还是现成员）向能够采取行动的人员或组织，披露其雇主控制下的非法或不道德行为"。[441] 在这种情况下，告密者可能是组织内部的某个人，他出于对他人福祉的关心而受到激励，并且可以阐明该算法及其预期或实际的影响，而且重要的是，可以阐明它所依据的数据，以确定是否存在偏见问题。本小节概述了通常情况下，通过保护那些可能站出来解决歧视和偏见问题的个人，告密者保护制度如何影响算法问责的背景。当然，鉴于商业秘密的不透明性，这种保护只是部分解决方案，但正如下面所论证的，它确实为那些选择站出来的人提供了一定形式的保护。

告密者保护制度已被广泛应用于各种模式，从将反报复的告密者保护措施纳入监管法规，到确立告密者的私人诉讼权，再到为揭发不法行为的人提供金钱奖励。[442] 1989 年，国会一致通过了《告密者保护法》（Whistleblower Protection Act，WPA），并在 5 年后进行了修订。[443] 该法旨在阻止"雇主对揭发或举报欺诈、浪费或滥用行为的雇员进行报复"。[444] 虽然《告密者保护法》的初衷是保护政府雇员这一群体，但政府已将告密者保护纳入其他 50 多项联邦法规中，并将其范围扩大到其管辖范围内的私人实体。[445] 例如，《萨班斯-奥

---

[438] See M. Mattioli, Disclosing Big Data (2014) 99 Minn. Law Rev. 535, 550 (citing M. A. Lemley and D. W. O'Brien, Encouraging Software Reuse (1997) 49 Stan. Law Rev. 255, 258（注意到商业秘密保护在软件行业的运用）; P. S. Menell, The Challenges of Reforming Intellectual Property Protection for Computer Software (1994) 94 Colum. Law Rev. 2644, 2652 (same)). 最初，一些学者认为，公司通过将信息保密，同时从事可能重复的项目，从而减缓了创新的步伐。Ibid., p. 551 (citing R. G. Bone, A New Look at Trade Secret Law: Doctrine in Search of Justification (1998) 86 Calif. Law Rev. 241, 266-7). 其他人，如马克·莱姆利（Mark Lemley）推测，软件中的商业秘密若受到法律保护，将意味着对物理访问屏障（如加密）的投资会减少，并因此可能鼓励更多的信息共享。Ibid., p. 552 (citing M. A. Lemley, The Surprising Virtues of Treating Trade Secrets as IP Rights (2008) 61 Stan. Law Rev. 311, 333-4).

[439] M. Brundage and S. Avin, The Malicious Use of Artificial Intelligence: Forecasting, Prevention, and Mitigation (2018), p. 56, https://img1.wsimg.com/blobby/go/3d82daa4-97fe-4096-9c6b-376b92c619de/downloads/ 1c6q2kc4v_50335.pdf.

[440] Ibid.

[441] P. B. Jubb, Whistleblowing: A Restrictive Definition and Interpretation (1999) 21 J. Bus. Ethics 77, 84 (citing M. P. Miceli and J. P. Near, Blowing the Whistle: The Organizational and Legal Implications for Companies and Employees, Macmillan, 1992, p. 15).

[442] See O. Lobel, Citizenship, Organizational Citizenship, and the Laws of Overlapping Obligations (2009) 97 Calif. Law Rev. 433, 442-3.

[443] See S. R. Wilson, Public Disclosure Policies: Can a Company Still Protect Its Trade Secrets? (2004) 38 New Eng. Law Rev. 265, 270.

[444] Ibid.

[445] Ibid., p. 271.

克斯利法》保护向适当的州或联邦当局披露公司欺诈证据的雇员。[446] 大多数法规都对那些通过解雇或歧视告密员工而进行报复的雇主处以严厉惩罚，包括但不限于要求其恢复告密员工的职位并支付大量赔偿金。[447]

在此种背景下，有三种可能的论点支持对告密给予更多关注：

第一，也是很重要的一点，鉴于知识产权保护的壁垒往往会将关键信息隔绝起来，以及商业秘密和版权法在阻碍信息披露方面的潜在负面作用，告密可能是人工智能领域可考虑的适当途径。[448] 告密也已被证明在涉及信息不对称的情况下特别有效（例如，在公司有不法行为的情况下）。在这些情况下，对实现更大程度的合规性，告密者至关重要，因为他们可以帮助发现不法行为的领域。[449] 研究表明，个人（如前文"引言"中讨论的克里斯托弗·威利）可能是出于一种信念，认为告密行为是"良心的洗礼"，可以促进社会福利，或者是因为他们在某种程度上感到不满。[450]

第二，当政府越来越多地依赖各种私人实体进行治理活动时，告密者保护机制是特别合适的。正如笔者在一篇相关论文中所讨论的那样，随着私有化和授权成为我们自动化治理世界的常态，探索激励个人站出来的方法变得更加必要。[451] 奥利·洛贝尔（Orly Lobel）在其有关告密的大量研究中指出，"随着政府更多地依赖私人团体来防止不法行为，对告密者提供法律保护的需求也随之增加"。[452] 这些条件在这里尤其适用，如前所述，自动化决策系统已经成为一系列政府决策的判定者，包括医疗补助、子女抚养费、航空旅行、选民登记和小公司合同等。[453]

第三，也许是最重要的一点，告密已被证明在此类情况下特别有效，即公司越来越依赖内部自我监管系统，并试图解决消除偏见的重要性。在这方面，考虑到人工智能的内部特性，更有必要融入一种保护告密者的文化。值得注意的是，正如威利的例子所示，即使

---

[446] Ibid., p. 272.

[447] Ibid., pp. 271-2. 有些法规，即所谓的核心法规，主要关注对告密活动的保护，而其他一些则是附属法规，因为它们在另一个主要立法目的的背景下保护告密活动。有些法规仅仅为那些因自己的活动而遭到报复的告密者提供了一个诉讼理由；除了为员工提供保护外，其他法规还提供了经济奖励。N. D. Bishara, E. Sangrey Callahan, and T. M. Dworkin, The Mouth of Truth (2013) 10 NY Univ. J. Law Bus. 44（比较《新泽西州有良知雇员保护法》(New Jersey ConscientiousEmployee Protection Act) 与《清洁空气法》(Clean Air Act)）。

[448] See Levendowski, above note 56（讨论数据版权保护如何成为提高数据质量的障碍）。

[449] See, e. g., S. Lieberman, Whistleblowers Can Prevent Toxic Nightmares, Lieberman & Blecher, www. liebermanblecher. com/aop/slapp-suit-and-environmental-whistleblower/environmental-whistleblower-cases（cited in A. Heyes and S. Kapur, An Economic Model of Whistle-Blower Policy (2008) 25 J. Law Econ. Org. 157, 161）.（观察到"告密保护法律在环境案件中特别有帮助。之所以如此，是因为如果没有知识渊博的内部人士的帮助，许多环境违法行为和犯罪行为很难被发现"）。

[450] Heyes and Kapur, above note 454, pp. 164-71. 影响告密的其他变量包括：①对他们的组织会处理不法行为的信心；②总体上认为组织支持告密；③指控的严重性；④告密者希望"让'他们的'组织走上正轨"的愿望；⑤是否有金钱奖励。Bishara et al, above note 452, pp. 37, 60.

[451] See Katyal, above note 25.

[452] Lobel, above note 447, p. 473.

[453] See generally Citron, above note 398.

没有金钱奖励，人们也有动力站出来，这一点很重要。[454] 在类似的情况下，洛贝尔发现，对告密者的保护作为系统性自我监控的补充，通常是必要的。[455] 洛贝尔得出的结论是，"对于某些类型的不法行为，政策制定者应该考虑如何灌输关于不同监管领域的道德规范"，并将教育计划和改善沟通渠道作为该项目的一部分。[456] 最终，她选择了一个模式，这个模式优先考虑内部报告而不是外部报告。但她也指出，如果内部流程没有回应或不作为，那么"员工有理由选择向外部寻求帮助或离开这个组织"。[457]

动议支持告密机制的人认为，告密活动实际上节省了执法资源，因为它们加快了发现和纠正的速度，远远超过了外部监督的作用，并促进组织在意识到可能被曝光的情况下进行内部自我监控。[458] 实际上，组织内部的告密是一种非常重要、高效且有价值的反馈机制，这种机制能够快速发现并纠正组织内部的问题，如误解或不法行为。与公开披露问题相比，组织内部的告密能够避免给组织带来财务损失和声誉风险。因此，告密保护机制在组织管理中具有重要的作用。[459]

（三）减少商业秘密保护范围来提升透明度

2016年，美国联邦政府认识到各州商业秘密法的混乱和不确定性，同时也认识到商业秘密对于依赖信息的经济体系的重要性，[460] 于是在2016年初几乎没有任何严重反对的情

---

[454] 在一项强有力的实验中，洛贝尔（Lobel）和费尔德曼（Feldman）对2000名员工进行了一系列实验性调查，要求他们预测自己在面对公司非法欺诈政府（通过虚报高价然后在建筑合同中偷工减料，从而对公众造成一定风险并减少政府资金）时的行为（以及他人的行为）。作者随后研究了员工对不同监管机制赋予的价值，以及促使他们举报的法律激励措施。作者的研究结论表明："当不合规行为可能触发强烈的内部道德动机时，提供金钱奖励可能是不必要的，甚至可能适得其反。"她还指出，在非法行为被视为道德上令人愤慨的情况下，举报的义务可能就足以鼓励人们站出来。然而，如果没有内部动机（比如，如果不当行为看起来严重程度较低），那么外部激励，如物质激励，在激励人们站出来方面就更有影响力。See O. Lobel, Linking Prevention, Detection and Whistleblowing: Principles for Designing Effective Reporting Systems (2012) 54 S. Tex. Law Rev. 37, 46-7 (detailing study in Y. Feldman and O. Lobel, The Incentives Matrix (2010) 88 Tex. Law Rev. 1151, 1176).

[455] O. Lobel, Lawyering Loyalties: Speech Rights and Duties within Twenty-First Century New Governance (2009) 77 Fordham Law Rev. 1245, 1249. 洛贝尔认为，主要依赖外部报告的系统有其自身的一系列局限性，这主要源于大多数人不愿意向外部机构报告不法行为的现实，特别是考虑到披露的物质和社会风险。Lobel, above note 459, p. 43.

[456] Lobel, above note 459, p. 47.

[457] Lobel, above note 447, p. 492. See also Lobel, above note 460. （审查律师在告密中的作用）。

[458] Bishara et al, above note 452, pp. 39-40.

[459] Ibid., p. 40.

[460] 在宣布《商业秘密保护法》2014年版本的新闻稿中，哈奇（Hatch）参议员警告说：在今天的电子时代，商业秘密可以在敲击几下键盘后就被窃取，而且越来越多地受到外国政府的指示或为了外国竞争对手的利益而被窃取。这些损失使美国的工作岗位处于危险之中，并威胁到对研发持续投资的激励。当前的联邦刑法不足以应对这一问题。See Press Release, US Senator Orrin Hatch, Hatch, Coons Introduce Bill to Combat Theft of Trade Secrets, Protect Jobs (April 29, 2014), www.hatch.senate.gov/public/index.cfm/2014/4/hatch-coons-introduce-bill-tocombat-theft-of-trade-secrets-protect-jobs.

况下[461]通过了《商业秘密保护法》。[462] 它修改了《经济间谍法》，为《经济间谍法》的商业秘密条款创建了私人诉因。[463] 此外，《商业秘密保护法》还授权联邦法院执行违反州商业秘密保护法的行为，这些行为与"用于或打算用于州际或对外贸易的产品或服务"有关。[464] 根据《商业秘密保护法》，联邦法院可以单方面授予命令，以保全证据和扣押用于实施或协助违反该法规的任何财产，这是一种比州商业秘密法此前规定的补救措施更为有力的解决方法。[465]

重要的是，美国国会也认识到强大的商业秘密保护可能会威胁公共利益。[466] 因此，《商业秘密保护法》还规定，告密者向政府官员和律师私密披露商业秘密以报告可能的违法行为，可免除其根据联邦和州商业秘密法所承担的责任。[467] 例如，最近颁布的联邦保护商业秘密法的核心在于，它允许为向政府官员和律师进行保密性披露以报告或调查涉嫌违法行为的人，提供免于承担商业秘密责任的豁免。[468] 《商业秘密保护法》的告密者豁免制度，旨在允许当局在不损害合法商业秘密所有者的情况下审查商业秘密，从而让公司对可能的不法行为承担责任。[469] 据称，该条款的设计部分是为了遵循彼得·梅内尔（Peter Menell）2017 年在《加利福尼亚法律评论》上发表的开创性研究，即把商业秘密保护与保护告密活动的公共政策例外需求联系起来。[470]

政府意识到，需要豁免权来鼓励更大程度的问责，因为盗用商业秘密的法律责任威胁可能会阻止个人挺身而出。[471] 参议院司法委员会（Senate Judiciary Committee）主席查尔斯·格拉斯利（Charles Grassley）表示：

> 在工作场所，那些勇于揭露不法行为的个人往往仅仅因为说出真相而受到惩罚。修正案……确保这些告密者在负责任地揭露不法行为时，不会被指控窃取商业秘密。这是我们防止报复的另一种方式，甚至鼓励人们在目睹违法行为时大声说出来。[472]

有证据表明，员工可能是这些信息的最佳来源。例如，在欺诈案件中，近 40% 的初次

---

[461] 有关《商业秘密保护法》的更多一般信息，see Z. Argento, Killing the Golden Goose: The Dangers of Strengthening Domestic Trade Secret Rights in Response to Cyber-Misappropriation (2014) 16 Yale J. Law Technol. 172, 177; E. Goldman, Ex Parte Seizures and the Defend Trade Secrets Act (2015) 72 Wash & Lee Law Rev. Online 284; D. S. Levine and S. K. Sandeen, Here Come the Trade Secret Trolls (2015) 71 Wash. & Lee Law Rev. Online 230, 232; S. K. Sandeen, The DTSA: The Litigator's Full-Employment Act (2015) 72 Wash. & Lee Law Rev. Online 308; C. B. Seaman, Introduction: The Defend Trade Secrets Act of 2015 (2015) 72 Wash. & Lee Law Rev. Online 278.

[462] 18 USC § 1836 (2018).

[463] Defend Trade Secrets Act of 2015, H R 3326, 114th Cong. § 2 (a).

[464] 18 USC § 1836 (b)(1) (subsection (2)(A)(1)) (2018).

[465] Ibid. § 1836 (b)(2)(A)(i) (subsection (2)(H)).

[466] See Press Release, US Senator Chuck Grassley, Leahy-Grassley Amendment Protecting Whistleblowers Earns Unanimous Support in Judiciary Committee (January 28, 2016), www.grassley.senate.gov/news/news-releases/leahy-grassley-amendment-protecting-whistleblowers-earns-unanimous-support.

[467] 18 USC § 1833 (b) (2018).

[468] Ibid.; see P. S. Menell, Misconstruing Whistleblower Immunity under the Defend Trade Secrets Act (2017) 1 Nev. Law J. Forum 92, 92.

[469] Menell, above note 473, p. 92.

[470] P. S. Menell, Tailoring a Public Policy Exception to Trade Secret Protection (2017) 105 Calif. Law Rev. 1.

[471] Menell, above note 473, p. 93.

[472] Press Release, above note 471.

欺诈检测案例来自员工的提示，相比之下，内部审计占 16.5%，管理层审查占 13.4%。[473]

考虑到这些数据，我们可以想象这样一个世界：在这个世界里，公司的内部员工会思考算法模型对特定群体的影响，并可能觉得在《商业秘密保护法》的保护下，他们可以站出来解决可能引发反歧视或隐私保护担忧的问题。至少，他们可以与律师和其他人联系，以确定是否发生了违法行为。在算法偏见的背景下，告密者对于揭示算法对社会群体（尤其是少数群体）以及其他权利（如信息隐私）的潜在影响至关重要。

可以想象，任何一家大型科技公司的员工可能会发现算法决策中存在的问题或偏见，并会尝试寻求法律上的责任追究，以确保决策的公正性和透明度。如果这像是一个牵强的想法，那么，在欺诈和环保领域的其他类似公司不法行为中，告密已经取得了很大的成功。[474] 有理由相信，给予类似的豁免，在算法环境中也可能会对增强算法问责产生积极的影响。

虽然《商业秘密保护法》加强了对商业秘密盗用的补救措施，但它也通过授予可能的告密者豁免权来平衡这种方法，这些告密者向律师或政府调查人员透露机密信息，以便调查违法行为。[475] 实际上，如果公司遵守《商业秘密保护法》的标准，公司需要通知员工，因为员工在任何涉及使用商业秘密的合同中都有权获得豁免。正如一个消息来源进一步解释的那样：

> 具体来说，《商业秘密保护法》的第7条规定，在任何以下两种特定情况下披露商业秘密的任何人，都将承担刑事和民事责任：①当某人为了报告或调查可疑的违法行为这一唯一目的，私密地向政府官员或律师披露商业秘密时；以及②当披露是在司法程序中以密封形式提交的投诉或其他文件中进行时。[476]

在这里，《商业秘密保护法》与其他告密保护措施相吻合：①《虚假申报法》（*False Claims Act*），该法旨在阻止欺诈政府的行为；②《萨班斯-奥克斯利法》，该法制定了自己的告密保护措施，以鼓励其他人在公司不法行为案件中挺身而出；③《多德-弗兰克华尔街改革和消费者保护法》（*Dodd-Frank Wall Street Reform and Consumer Protection Act*），该法鼓励揭发证券违规行为等。[477]

然而，《商业秘密保护法》的规定之所以与众不同，是有其重要意义的。

第一，《商业秘密保护法》并不要求——甚至也没有设想过——公开披露商业秘密。这种部分保密的面纱支持了埃德·费尔滕（Ed Felten）提出的观点，即"透明度不必是一个

---

[473] T. Lee, Federal Law May Prompt Corporate Whistle-blowers to Act, SF Chronicle (February 4, 2017), www.sfchronicle.com/business/article/Federal-law-may-prompt-corporate-whistle-blowers-10907388.php.

[474] See generally Wilson, above note 448. （讨论这些领域的告密）。

[475] J. C. Donnelly, Jr. and E. M. Zelnick, Trade Secret Protection vs. Whistleblower Immunity in DTSA, Law360 (March 1, 2017), www.law360.com/articles/891560/trade-secret-protection-vs-whistleblower-immunity-in-dtsa.

[476] Ibid. （脚注省略）。

[477] See ibid.

非此即彼的选择"。[478] 有些人认为，从行政角度来看，监管透明度的前景可能成本巨大。[479] 由于算法和机器学习技术非常复杂，涉及的数据量巨大，且不断在动态变化，因此要完全理解这些代码以及它们如何分类和组织数据，变得非常困难。[480] 然而，在《商业秘密保护法》程序下，商业秘密始终处于保密状态，并且大部分时间对公众保密。唯一有权查看商业秘密的是政府、告密者个人以及告密者的律师。[481]

第二，《商业秘密保护法》构建了一种精心设计的策略，即告密者必须站出来发起调查，以确保其他相关责任方（律师或政府官员）也能在调查是否发生违法行为中发挥作用。[482] 换句话说，该法为那些理论上最有可能理解算法影响的人提供了豁免，从而减少了外部研究人员可能面临的信息不对称。[483] 这个流程的好处是，它确保在采取任何法律行动之前都会先对潜在的指控仔细调查。同时，算法的相关信息也始终受到保护，就像被法院封存一样不会泄露。这种方法基于逐案处理，更具针对性。员工只有在有充分理由相信确实存在违法行为时，才会站出来告密。毕竟，该法除了给告密者提供豁免权之外，并没有给他们带来其他任何好处。《商业秘密保护法》的程序优势在于，它通过为每个案件提供澄清事实和追究责任的机会，增强（而非取代）了关于在算法时代需要广泛监管透明度的讨论，但并没有取代这种讨论。

第三，《商业秘密保护法》中的告密者豁免制度的优点在于，它依赖于可信赖的第三方（如受到法律约束的政府官员和受到道德保密义务约束的律师）来保护商业秘密所有者的利益，防止他们因商业秘密被泄露而遭受商业上的损失。[484] 当涉及重要的公共政策问题时，政府有要求披露受商业秘密保护的数据的长期传统。联邦政府已采取有效的保障措施来保护商业秘密信息的机密性。专利申请由专利和商标局保密；[485] 美国联邦药物管理局审查药物申请，对临床试验数据和制造方法保密；美国证券交易委员会保护机密商业信息；甚至《信息自由法》（FOIA），这项最致力于政府公开信息的法规，也明确规定商业秘密不应被公开披露。[486] 如果政府违反商业秘密保护法，法院将允许商业秘密所有者根据美国宪法第五修正案（以下简称第五修正案）对政府提起财产诉讼。[487] 因此，在算法可问责的时代，我们没有理由不采用同样的标准。

第四，与《公平信用法》或《萨班斯–奥克斯利法》中针对特定类型违法行为的告密

---

[478] E. Felten, Algorithms Can Be More Accountable than People, Freedom to Tinker（March 19, 2014），https：//freedom-to-tinker.com/2014/03/19/algorithms-can-be-more-accountable-than-people.

[479] See M. Perel and N. Elkin-Koren, Black Box Tinkering: Beyond Disclosure in Algorithmic Enforcement (2017) 69 Fla. Law Rev. 181, 187.

[480] See ibid., p. 188.

[481] 当然，聘请专家对商业秘密进行审计以确定可能的责任，可能需要考虑法规尚未设想到的额外因素，但至少可以说，这里有一些延长豁免期的论据是合理的。

[482] See 18 USC § 1833 (2018).

[483] 关于给予告密者豁免权的一般经济理论，see Heyes and Kapur, above note 454.

[484] See Menell, above note 475, pp. 56, 60; see also Menell, above note 473; P. S. Menell, The Defend Trade Secrets Act Whistleblower Immunity Provision: A Legislative History (2018) 1 Bus. Entrepreneurship Tax Law Rev. 398.

[485] Menell, above note 473, p. 92.

[486] Menell, above note 475, pp. 28, 48.

[487] Ibid., p. 49 (citing Ruckelshaus v. Monsanto Co., 467 US 986 (1984)); Zoltek Corp. v. United States, 442 F. 3d 1345 (Fed. Cir. 2006).

规定不同，《商业秘密保护法》的主要优点在于它广泛提及"违法行为"（violation of law），[488] 尽管这一定义较为宽泛。这意味着，至少在理论上，违反《联邦贸易委员会法》的行为，也可能属于《商业秘密保护法》的管辖范围，《联邦贸易委员会法》主要是用来防止不公平或欺骗性的商业行为。[489] 因此，如果有人违反了《联邦贸易委员会法》，那么根据这个逻辑，这种行为也可能会被视为违反了《商业秘密保护法》，因为它涉及了"违法行为"的广泛定义。[490] 过去，联邦贸易委员会曾利用其权力回应行为营销问题，监管网红的影响力，并为私营部门网络安全制定了一套最佳实践。但是，除了联邦贸易委员会的广泛法规外，许多其他法规也涉及信息隐私，如1996年的《健康保险携带和责任法》（Health Insurance Portability and Accountability Act）、1990年的《儿童在线隐私保护法》（Children's Online Privacy Protection Act）、2003年的《公平准确信用交易法》（Fair and Accurate Credit Transactions Act）以及1974年的《家庭教育权利和隐私权法》（Family Educational Rights and Privacy Act）。[491]

第五，正如《虚假申报法》下的政府欺诈情形一样，仅《保护商业秘密法》条款的存在就能鼓励公司承担更多责任，尤其是为了避免触发告密事件。[492] 即使确切的违法行为可能尚不清楚，情况也可能如此。例如，尽管塞尔布斯特和巴罗卡斯对《民权法》第七章的局限性进行了探讨，但《商业秘密保护法》下告密事件的风险仍可能激励公司保持警惕，防止出现歧视性待遇，以确保员工和公众相信他们致力于非歧视的承诺。[493]

在算法的背景下，可能会看到告密者的角色如何有助于实现非歧视的目标。一般来说，《商业秘密保护法》要求每笔交易都必须通知每位相关员工，这可以说反映了更广泛、更具文化性的对现有法律合规性的关注。此外，潜在告密者的存在，为对算法设计的内部活动进行直接和间接监督创造了可能性。即使制裁措施不明确、分散或不确定，告密的可能性也可能会激励人们防止未来可能出现的不利影响。

最近的案例表明，信任那些编写具有广泛影响算法的人来确保算法有效性，这其中是存在风险的。例如，在意大利，一位编写交通信号灯计时软件的程序员，可能与政府官员、警察和七家私营公司勾结，操纵交通信号灯。[494] 交通灯的黄灯会异常短暂地亮起，从而将更多的驾驶员困在红灯处。[495] 这一经操纵的欺诈行为在红灯罚单数量异常高并引起官方审查后才被发现。[496] 2015年，有消息爆出，大众汽车（Volkswagen）对其柴油车进行了程序

---

[488] See 18 USC § 1833 (2018).

[489] See Raymond et al, above note 48, p. 242. （讨论联邦贸易委员会的权力和曾经的实践）。

[490] Ibid.

[491] Ibid., pp. 243-4.

[492] See, e.g., How to Avoid False Claims Act Liability–What Every Compliance Officer Needs to Know, Gibson Dunn (March 26, 2010), www.gibsondunn.com/publications/Pages/HowtoAvoidFalseClaimsActLiability.aspx. （指导客户如何避免 FCA 责任）。

[493] See Barocas and Selbst, above note 60.

[494] J. Cheng, Italian Red-Light Cameras Rigged with Shorter Yellow Lights, Ars Technica (February 2, 2009), https://arstechnica.com/tech-policy/2009/02/italian-red-light-cameras-rigged-with-shorter-yellow-lights.

[495] Ibid.

[496] S. Bratus, A. Lembree, and A. Shubina, Software on the Witness Stand: What Should It Take for Us to Trust It?, in A. Acquisti, S. W. Smith, and A.-R. Sadeghi (eds.), Trust and Trustworthy Computing (Springer, 2010), pp. 396, 404 （"如果偏见不那么明显，可能根本就发现不了"）。

设置，使其在监管机构进行排放测试时的性能表现不同于实际路况下的表现。[497] 然而，因为这个软件是专有的，所以它免受外界审查。在商业秘密的掩护下，多年来大众汽车可能利用其源代码持久性地欺骗消费者和监管机构。[498]

尽管不像戏剧情节那样，但刑事司法系统中使用的算法已经出现了错误。在新泽西州，法院命令软件开发人员公开呼气式酒精测试仪的源代码。[499] 该软件中的"灾难性错误检测功能已被禁用"，因此它"可以在实际执行无效代码的同时表面上正常运行"。[500] 2016 年，纽约州法院拒绝承认 STRmix 算法分析得出的证据，因为其准确性存在问题。[501] 该错误降低了在某些情况下 DNA 样本与给定被告匹配的概率。[502] 这个错误之所以很少发生，是因为它存在于一个条件命令中，所以即使是开发者也很难发现。[503] 如果算法的源代码仍然保密，那么这个错误可能永远也不会被发现。

这些例子说明了利用现有法律作为公共政策例外，在潜在算法偏见的情况下有限度地披露商业秘密的巨大潜力。编写专有软件的公司同样必须对其算法在决策中产生差别性对待时承担责任，特别是考虑到公司员工可能会根据《商业秘密保护法》向第三方揭露这些问题的风险。根据《商业秘密保护法》，个人可以并且应该意识到自己有权力将源代码交给律师或联邦雇员——他们都受到保密义务的约束——以便他们能够全面检查算法的操作和伴随的逻辑，并保护公众的利益。对告密者保护的规定既可以在联邦层面作为解决算法问责的途径，也可以作为一种激励，鼓励公司自身保持警惕，防止基于种族或其他受保护特征作出非法决策的可能性。无论在哪种情况下，它都是部分解决问题的宝贵工具。

（四）一些重要警告

当然，这里有一些非常重要的条件需要明确。第一个也是最重要的一个条件，涉及透明度本身的一个核心挑战。许多学者都指出，源代码披露只是解决算法问责问题的一个部分方案。[504] 一般来说，很难知道某件事是否可能违法，特别是考虑到法律解释的灰色地带。[505] 有限度地披露算法所得到的信息很少，因为其效果不能通过简单地阅读代码来解释。[506] 正如克里斯蒂安·桑德维格（Christian Sandvig）解释的那样：

---

[497] D. Kravets, VW Says Rogue Engineers, Not Executives, Responsible for Emissions Scandal, Ars Technica（October 8, 2015）, http: // arstechnica. com/techpolicy/2015/10/volkswagen-pulls-2016-diesel-lineup-from-usmarket.

[498] See J. J. Smith, What Volkswagen's Emissions Scandal Can Teach Us about Why Companies Cheat, KelloggInsight（February 2, 2017）, https: // insight. kellogg. northwestern. edu/article/what-volkswagens-emissionsscandal-can-teach-us-about-why-companies-cheat.

[499] R. Paul, Buggy Breathalyzer Code Reflects Importance of Source Review, Ars Technica（May 15, 2009）, https: // arstechnica. com/tech-policy/2009/05/buggy-breathalyzer-code-reflects-importance-of-source-review.

[500] Short, above note 442, p. 185.（脚注省略）。

[501] Ibid. See J. McKinley, Judge Rejects DNA Test in Trial over Garrett Phillips's Murder, New York Times（August 26, 2016）, www. nytimes. com/2016/08/27/nyregion/judge-rejects-dna-test-in-trial-over-garrett-phillipssmurder. html; Ruling-the People of the State of New York versus Oral Nicholas Hillary（NY）: DNA Evidence Admissibility, STRmix（September 12, 2017）, https: // strmix. esr. cri. nz/news/ruling-the-people-of-thestate-of-new-york-versus-oral-nicholas-hillary-ny-dna-evidence-admissibility.

[502] See Ruling, above note 506.

[503] Ibid.

[504] Kroll et al, above note 60, pp. 638-9.

[505] See Lobel, above note 447, p. 464.（"员工经常面临可能的违法行为，但违法程度通常可以解释"）。

[506] Sandvig et al, above note 434, p. 10.

随着算法对个人数据的依赖程度不断增加，即使是相同的程序生成的网页，也可能因为输入数据的差异而导致每次生成的结果都不同。同时，当算法处理大量变量时，除非为每个变量都设定了具体的数值，否则很难预测算法会做出何种反应。这意味着算法的不良行为或产生的歧视，可能不仅仅是算法设计的问题，还与输入到算法中的数据有关。因此在分析算法问题时，需要同时考虑算法本身和数据的影响。[507]

为了解决这一问题，调查人员必须将数据插入算法中，以观察其运行情况。[508]

除了关于解释的一般问题之外，还有其他一些让人不满意的地方。也许最明显的是，告密者条款只是部分解决了算法问责的问题。诚然，这是揭开源代码商业秘密面纱的不完美的第一步。正如克罗尔及其合著者所指出的，如果完全透明意味着破坏商业秘密或泄露敏感的、受保护的数据，那么完全透明并不总是可能的，甚至是不被期望的。[509] 在其他时候，它可能会导致其他不良后果，比如对系统的操控。[510] 而且问题并不总是发生在保密或不透明上；正如巴罗卡斯和塞尔布斯特提醒我们的那样，问题实际上可能存在于那些深不可测的系统中，因为它们使得人类无法直观地理解它们的运作方式。[511] 迈克·安尼（Mike Annany）和凯特·克劳福德（Kate Crawford）进一步阐述，透明的概念意味着人们可以通过观察一组结果来获得见解，然后让系统对其选择负责。[512] 但这里有不同类型的不透明在发挥作用。[513] 正如珍娜·伯勒尔（Jenna Burrell）所指出的，一种涉及故意隐瞒的概念；另一种涉及信息的复杂性和专业化；还有一种涉及机器学习本身的复杂性。[514]

判例法的其他一些领域显示，对《商业秘密保护法》的另一组质疑是，如果公共政策广泛支持告密行为，那么受到委屈的员工可能以此为动机，在被雇佣之前进行"广泛搜寻"（fishing expedition），这可能会诱使他们窃取专有信息，包括用于训练算法的数据。例如，在一个涉及《萨班斯-奥克斯利法》的案件中，一名员工拥有大量机密文件，这让法院不得不指出，告密政策"绝不……允许心怀不满的员工偷走一整车专有文件"。[515]

此外，此类披露的风险——即使是根据《商业秘密保护法》向可信赖的中介披露——也可能导致公司对其算法的保护更加严密，仅向最忠诚的员工公开，或者过度地将资源用

---

[507] Ibid.

[508] See ibid.; see also D. R. Desai and J. A. Kroll, Trust But Verify: A Guide to Algorithms and the Law (2017) 31 Harv. J. Law Technol. 1, 10. [指出审计"只能测试'潜在输入的一小部分'"（quoting Kroll et al, above note 60, p. 650）].

[509] Ibid., p. 38.

[510] Ibid., p. 9.

[511] See Barocas and Selbst, above note 60, p. 692.

[512] See M. Ananny and K. Crawford, Seeing without Knowing: Limitations of the Transparency Ideal and Its Application to Algorithmic Accountability (2018) 20 New Media Soc. 973, 974.

[513] J. Burrell, How the Machine "Thinks": Understanding Opacity in Machine Learning Algorithms (2016) 3 Big Data Soc. 1–2.

[514] Ibid.

[515] JDS Uniphase Corp. v. Jennings, 473 F. Supp. 2d 697, 702 (ED Va. 2007). 相反，法院批准了进一步的案情会议来考虑违法的程度，并指出它需要检查哪些文件是专有的，以及要授予的补救措施的程度。Ibid. at 705.

于对他们的持续监视和保护。[516] 正如一位律师所说,"《商业秘密保护法》的豁免规定保护披露的个人,但如果他们无法接触到这些信息,他们就无从披露"。[517]

最后值得一提的是,这个解决方案只是一个局部的解决方案——它的作用还不够深远。如果《商业秘密保护法》下的豁免权能与《计算机欺诈和滥用法》中类似的告密例外条款(或者甚至是对服务条款违规的有限排除)相结合,那么豁免权将会更加有效。[518] 从围绕《计算机欺诈和滥用法》的问题中可以明显看出,在某些特定情况下,为告密者设立豁免规定是有合理依据的,这种合理性使得一些评论员开始支持这一观点。[519] 2008 年,亚伦·斯沃茨(Aaron Swartz)自杀后,美国众议员佐伊·洛夫格伦(Zoe Lofgren)提出了一项名为"亚伦法"(Aaron's law)的法案,该法案拟将服务条款违规从《计算机欺诈和滥用法》所列违规行为中排除。[520] 但该法案从未通过。虽然《商业秘密保护法》为向律师或政府官员披露信息提供了豁免权,但它并未对向记者、学者、监督机构或公众披露信息提供豁免权。[521]

当然,承前所述,如果说《商业秘密保护法》中的告密豁免解决了算法问责的问题,那就言过其实了。从实质性问题上讲,它不能解决如何使算法更具可问责性的问题。[522] 然而,如果说《商业秘密保护法》的告密规定与算法透明度问题完全无关,这种说法也太过于轻描淡写。首先,这些条款避免了与完全透明相关的陷阱(如破坏商业秘密),因为它们提供了一种对信息进行内部审查的方式。其次,由于将信息带给律师或官员的人是员工,他或她能够解决与外部审计相关的信息不对称的实质性问题,从而解决技术素养和复杂性的问题。

事实上,尽管《商业秘密保护法》的条款卓有潜力,但值得注意的是,其他司法管辖区已经采取了更广泛的步骤来保护告密行为。例如,一个相应的欧盟指令为公开披露商业秘密设定了许多豁免情形,包括"行使言论自由和信息自由的权利……包括对媒体自由和多元化的尊重",以及揭露"不当行为、错误行为或非法活动,但条件是被告必须出于保护公众利益的目的行事"。[523]

---

[516] 对告密豁免的另一种反对意见源于《信息自由法》。尽管监管机构经常通过合同协议或监管活动迫使公司披露其商业秘密,但存在一些风险,即《信息自由法》可能被用来规避政府可能提供的隔离措施。Wilson, above note 448, pp. 276-7.(讨论这种可能性)虽然《信息自由法》的目的是鼓励公开一般信息,但它包括对商业秘密的豁免。Ibid. , p. 281. 然而,判例法表明,在某些情况下,政府有酌情向请求方披露商业秘密的能力。Ibid. 由于许多联邦法规实际上要求政府机构向商业秘密持有人发出通知,因此商业秘密持有人可以根据《行政程序法》(Administrative Procedure Act)提起审查。如果发生不当披露,商业秘密持有人可以根据第五修正案的征收条款(Takings Clause)提出赔偿索赔。Ibid. , pp. 281-2; see Ruckelshaus, above note 492, at 1012.

[517] See J. J. Altman, D. E. Lilienfeld, and M. Pereira, License to Leak: The DTSA and the Risks of Immunity (2016) 28 Intell. Prop. Technol. Law J. 8.

[518] See E. Spath, Whistleblowers Take a Gamble under the CFAA: How Federal Prosecutors Game the System under the Proposed Changes to the Act (2016) 37 Univ. La Verne Law Rev. 369, 401-2.

[519] Ibid. , p. 401. (主张国会应颁布 CFAA 的例外成文法)。

[520] Altman et al, above note 522, pp. 6-7.

[521] See generally Kroll et al, above note 60.

[522] See generally Kroll et al, above note 60.

[523] A. B. Patel, J. Pade, V. Cundiff, and B. Newmann, The Global Harmonization of Trade Secret Law: The Convergence of Protections for Trade Secret Information in the United States and European Union (2016) 83 Def. Couns. J. 472, 484.(脚注省略)。

诚然，没有完美的解决方案，这在很大程度上是由于所涉及的行政成本和检测的难度。然而，通过利用现行法律中的豁免，并通过特定的审计要求来补充这些豁免，就可以采取一些措施来鼓励形成更强的算法问责文化。至少，告密者豁免应该鼓励公司对歧视风险保持更高程度的警惕，因为保密可能并不总是比问责更重要。

六、结论

本章探讨了将问责文化引入算法领域的局限性和可能性。正如前述所论证的，在没有监督的情况下，行业自律和告密者参与相结合的方式，提供了一条解决人工智能所引发问题的途径，这也指明了民权法的未来发展方向。人们不能脱离现实地考虑信息隐私和正当程序问题，人们也不能再专注于解释的价值，而必须揭开那层让公司逃避监管的（商业）秘密面纱。或者，人们必须通过其他方式激励公司保持对歧视行为的警惕。

正如本章所示，确实有可能利用将告密者责任（whistleblower liability）作为公共政策豁免事项的潜力，来鼓励揭发举报从而使算法更加透明。在更深层次、更抽象的意义上，这些解决方案的可用性也预示着急需转变公民权利的话语和方法。在人工智能时代，公民权利的未来要求人们探索知识产权的局限性，更具体地说，是商业秘密的局限性。如果能够利用商业秘密法中已经存在的豁免，就可以创造一个全新的公民权利发展时代。

第四章

算法的合法性

阿里·埃兹拉·沃尔德曼（Ari Ezra Waldman）

关于算法决策的争论主要集中在两个方面：法律问责和偏见。法律问责旨在利用法律和合规制度为人工智能的使用设置防护栏。这些文献坚持认为，如果一个国家要使用算法来评价教师，或者如果一家银行要使用人工智能来做出贷款申请决定，那么两者都应该按照程序公正透明地进行，并接受质询。算法公正性旨在强调人工智能基于种族、性别和民族等受保护特征的歧视方式。这些文献呼吁通过更好地对人工智能进行多样化输入培训，并改进已被证明对边缘化人群有"不同影响"的自动化系统，让使用人工智能的技术（无论是搜索引擎还是数码相机）更具包容性。

法律与信息学者 Frank Pasquale 将这些运动称为算法话语"第一波浪潮"的一部分。第一波的重点是从内部"改进现有系统"：更好的数据、更好的程序、更好的系统。[1] 笔者认为，在这样做的过程中，这一研究议题试图使算法系统合法化，但使用的工具类型与大众应用于人类决策的工具相同。这让研究议题变得不够充分。

合法性是理解大众为何接受权威的一个概念框架。它既是理论性的，也是经验性的：它确定了权威的条件，并询问人们这些条件如何影响他们接受和服从权威的意愿。[2] 合法权威得到公众的信任，有采取行动的喘息空间，甚至那些受到其决定不利影响的人也会服从。因此，这对于法律学术研究和任何决策者（无论是机械化的还是人类的）来说都是至关重要的。[3] Tom Tyler 等人通过一系列实验发现，当警察或法院等权威机构遵循程序公正并以善意和尊重的态度对待人们时，他们就会被认为是合法的。即使是那些遭遇不利结果的人（上诉败诉、被开超速罚单或在最高法院的案件中支持败诉方）也愿意接受这些决定，认为只要程序公正就是合法的。[4] 因此，Tyler 式的合法性是罗尔斯社会法学的一种

---

[1] 对于定义问责制和偏见的双重关切。F. Pasquale, The Second Wave of Algorithmic Accountability, Law and Political Economy (November 25, 2019), https://lpeblog.org/2019/11/25/the-second-wave-of-algorithmic-accountability/.

[2] See T. R. Tyler and Y. J. Huo, *Trust in the Law: Encouraging Public Cooperation with the Police and Courts* Russell Sage Foundation, 2002, p. 120.

[3] T. R. Tyler, *Why People Obey the Law*, Princeton University Press, 1990, pp. 3–8.

[4] See, e.g., J. Sunshine and T. Tyler, The Role of Procedural Justice and Legitimacy in Shaping Public Support for Policing (2003) 37 Law Soc. Rev. 513.

视角：[5] 法律合法性和罗尔斯自由主义都假定公平的程序会产生更好的结果，而不承诺先验的善的概念。它是社会法学性的，因为它将个人定位为权威和主体，既取决于运作良好的法律问责制度，也取决于行使权力时所处环境的社会规范和期望。

但是，当个人被机器所取代，而正当程序等制度的合法化能力又被当今政治经济中的强势参与者所削弱时，这些结构就失去了它们的力量。也就是说，机器无法尊重人。它们复杂且往往是专有的编码也无法接受传统形式的法律审查，至少在不花费巨资和不具备专业知识的情况下是如此。实际上，新自由主义的政策选择和论述（一种通过强调效率和创新服务于资本生产来限制政府的意识形态）[6] 已经破坏了作为合法性力量的过程和程序。[7] 因此，Tyler式的合法性不适合使算法系统合法化。本章将详细探讨这一论点。

一、自动化与合法性：文献综述

（一）什么是自动决策？

算法是逻辑数学运算的序列。通过向计算机系统提供分析输入数据的指令，算法可以使决策过程自动化。[8] 有了这些指令，算法就能在大型数据集中识别出有意义的关系和可能的模式，从而将过去那些完全由人类完成的决策机械化。开发和营销这些工具的人向他们的公共和私人客户保证，他们的算法可以快速做出决策，而且不会受到有偏见的人类决策者的干扰。这就是算法决策的魅力所在：它承诺能做到人类永远做不到的事情。

目前，这些算法已被广泛应用于商业和管理领域，其中许多已在本书其他部分进行了讨论。例如，银行使用算法来决定哪些申请人的贷款获得批准或被拒绝。[9] 休斯顿使用自动化系统对教师进行评估，并根据算法的输出结果来决定教师的任期、合同条款、聘用和解雇以及工资。[10] 但这一系统在法庭上受到了挑战。[11] 多个城市使用算法来决定在哪里以及在什么警力范围内安排警察巡逻。[12] 美国各州正在使用算法来分配政府福利，如医疗保险和医疗补助。[13] 算法正在主导医疗保健行业和国家情报、教育和刑事司法、金融和基

---

[5] See T. Tyler, Procedural Justice, Legitimacy, and the Effective Rule of Law (2003) 30 Crime Just. 283; T. Tyler, Governing amid Diversity：The Effect of Fair Decision-Making Procedures on the Legitimacy of Government (1994) 28 Law Soc. Rev. 809, 810 n. 1; see also R. H. Fallon, Jr., Legitimacy and the Constitution (2005) 118 Harv. Law Rev. 1787.

[6] 关于定义新自由主义及其与法律理论的关系。See C. Blalock, Neoliberalism and the Crisis of Legal Theory (2014) 77 Law Contemp. Probs. 71, 72-3, 83-90.

[7] See J. E. Cohen, *Between Truth and Power*：*The Legal Constructions of Informational Capitalism*, Oxford University Press, 2019, pp. 14-57.

[8] 将"算法"定义为"实现某一目标的一套定义明确的步骤"。See J. Kroll, J. Huey, S. Barocas, et al., Accountable Algorithms (2017) 165 Univ. Pa. Law Rev. 633, 640 n. 14.

[9] See, e. g., D. K. Citron and F. Pasquale, The Scored Society：Due Process for Automated Predictions (2017) 89 Wash. Law Rev. 1.

[10] See C. O'Neil, *Weapons of Math Destruction*：*How Big Data Increases Inequality and Threatens Democracy*, Penguin, 2016.

[11] See Hous. Fed'n of Teachers, Local 2415 v. Hous. Indep. Sch. Dist., 251 F. Supp. 3d 1168 (SD Tex. 2017).

[12] See A. D. Selbst, Disparate Impact in Big Data Policing (2017) 52 Ga. Law Rev. 109.

[13] See M. Whittaker, K. Crawford, R. Dobbe, et al., AI Now Report 2018, AI Now Institute (December 2018), https：//ainowinstitute.org/AI_Now_2018_Report.pdf.

础设施等各个领域。[14]

(二) 合法性

在哲学、社会科学和法律论述中，对合法性有各种不同的定义。例如，Marc Suchman 将合法性定义为"一种普遍化的认知或假设，即一个实体的行为在某些社会构建的规范、价值观、信仰和定义体系中是可取的、恰当的和适当的"。[15] 法学教授兼心理学家 Tom Tyler 将合法性定义为"不计个人利益，遵守权威指令的感知义务"。[16] 在 Tyler 开创的研究议题中，Richard Fallon 将合法性定义置于从"理想"理论到"最低限度"理论的连续统一体中。理想的合法性理论"试图明确国家权威主张的必要条件"。[17] 在理想的一方，Fallon 将程序性和实质性的合法性方法结合在一起。

例如，在《联邦党人文集》第 22 篇中，亚历山大·汉密尔顿（Alexander Hamilton）认为合法性的基础是被统治者的实际同意，并指出"人民的同意"是"所有合法权力的纯粹、原始的源泉"，[18] 这促成了将同意与权威的合法性联系在一起的悠久传统。[19] 在 Fallon 的连续统一体中，约翰·罗尔斯（John Rawls）的位置与汉密尔顿相邻，因为《正义论》提出的合法政府构建是基于无知面纱下的假定同意，而非实践中的实际同意。[20] 另外，其他"理想"合法性理论家认为，合法性是基于正义标准，而非政权的"程序血统"。[21]

在 Fallon 所构建光谱的另一面，最低限度的合法性方法定义了一个底线，高于这个底线的政权就应该得到其臣民的支持和服从。[22] 这些方法总是以"任何政府都比没有政府好"这一理念为出发点，因为在自然状态、无政府状态或混乱状态下，人类的合理繁荣是不可能的。例如，在 David Copp 和 Frank Michelman 看来，除非有明显更好的替代方案，否则一个至少能够确保每个人都遵守相同规则的政权就是合法的，因为它比没有它的生活要好得多。[23]

毋庸置疑，在理想主义和最低限度主义方法之间存在着大量的合法性理论。例如，Randy Barnett 提出，合法的制度是指其法律制定过程"提供了充分的理由，使人认为限制自由的法律是保护他人权利所必需的，同时又不会不适当地侵犯自由受到限制的人的权利"。[24] 这种方法可以追溯到马克斯·韦伯（Max Weber），他认为"最常见的合法形式是对合法性

---

[14] See V. Eubanks, *Automating Inequality: How High-Tech Tools Profile, Police, and Punish the Poor*, St. Martin's Press, 2016; N. Terry, Navigating the Incoherence of Big Data Reform Proposals (2015) 43 J. Law Med. Ethics (Supplement) 44, 44; D. Van Puyvelde, S. Coulthart, and M. S. Hossain, Beyond the Buzzword: Big Data and National Security Decision-Making (2017) 93 Int. Aff. 1397, 1398.

[15] M. Suchman, Managing Legitimacy: Strategic and Institutional Approaches (1995) 20 Acad. Manage. Rev. 571, 574.

[16] Tyler, above note 3, pp. 27, 45.

[17] Fallon, above note 5, p. 1797.

[18] C. Rossiter (ed.), The Federalist Papers No. 22 (Alexander Hamilton) (Signet, 1961).

[19] G. Klosko, Reformist Consent and Political Obligation (1991) 39 Pol. Stud. 676, 676-7.

[20] See J. Rawls, *A Theory of Justice*, Harvard University Press, 1971.

[21] W. N. Eskridge, Jr. and G. Peller, The New Public Law Movement: Moderation as a Postmodern Cultural Form (1991) 89 Mich. Law Rev. 707, 747.

[22] See Fallon, above note 5, p. 1798.

[23] See F. I. Michelman, Ida's Way: Constructing the Respect-Worthy Governmental System (2003) 72 Fordham Law Rev. 345; D. Copp, The Idea of a Legitimate State (1999) 28 Phil. Pub. Aff. 3, 43-4.

[24] R. E. Barnett, Constitutional Legitimacy (2003) 103 Colum. Law Rev. 111, 146.

的信仰，是对以习惯方式制定的法律……的遵守"。[25]

然而，在这些浩如烟海的论述中，程序公正和尊重对待使政府决策合法化的观念一直主导着有关自愿守法的社会学和法学研究。在几项关于法律合法性的开创性研究中，Tom Tyler 及其同事表明，即使人们经历了不利的结果，威慑机制薄弱或不存在，他们也会遵守法律。相反，如果人们认为当局是合法的，他们就会遵从当局作出的决定，而大众对合法性的看法至少部分取决于是否存在公平中立的程序保障、表达意见的机会以及善意和尊重对待。[26] 例如，Tyler 发现，在芝加哥居民的抽样调查中，在一年的时间里，当他们与法律机构有个人接触时，他们对所遇到的程序的公正性的看法是他们对法律合法性看法的主要动因。[27] 他在与芝加哥交通法庭有过直接接触的人群中也发现了同样的情况。[28] 值得注意的是，Tyler 的程序公正模型对目的是不可知的：如果程序是公平的，当局是受尊重的，那么即使是那些因当局、机构或法律的行为而变得更糟的人，也愿意遵守法律。[29]

二、合法性与第一波浪潮

第一波浪潮试图通过改善偏见、为决策提供解释、增加问责制的外衣，以及通过数据保护法规范算法决策来弥补人们对算法决策的错误、不透明、隐私和偏见的担忧。换句话说，他们试图将使人类决策合法化的东西（程序公正、对人的尊重和表达意见的机会）引入算法环境。

（一）预测与失误

算法并不能预测未来。相反，其承诺根据所掌握的数据来预测某件事情发生的概率。[30] 换句话说，算法不能告诉贷款官员，某个申请人一定会按时偿还贷款。据说，自动系统能够告诉银行，根据历史贷款偿还数据和大量不同人群的元数据，具有某种因素组合的申请人比具有不同特征的另一个申请人偿还贷款的可能性更大或更小。这对银行很有帮助，因为银行以前不得不根据贷款人员与申请人面谈时的非正式印象来做金融风险决策。

但是，算法对概率的依赖意味着它们必然会犯错误。一些被标记为不良信用风险的人完全有能力偿还贷款，而那些获批贷款的申请人则会违约。所以假阴性也会发生。一个流行的例子：Marco Ribeiro、Sameer Singh 和 Carlos Guestrin 通过向机器输入他们手动标记为"狗"和"狼"的图像，以此来训练机器区分狗和狼的图像。该程序正确地对许多新图片进行了分类，但它并没有学习有关狗和狼的知识，而是发现了区分图片的一般模式，尤其

---

[25] 25 G. Roth and C. Wittich (eds.), Max Weber, *Economy and Society*, E. Fischoff et al. (trans.), University of California Press, 1968, Vol. 1, p. 37.

[26] See, e. g., See E. A. Lind and T. R. Tyler, The Social Psychology of Procedural Justice (Springer, 1988); Sunshine and Tyler, above note 4, pp. 526-8, 530-1.

[27] See Tyler, above note 5, p. 313.

[28] See Tyler, supra note 3, pp. 8-18, 57-70.

[29] See, e. g., T. Jonathan-Zamir, B. Hasisi, and Y. Maragalioth, Is It the What or the How? The Roles of High Policing Tactics and Procedural Justice in Predicting Perceptions of Hostile Treatment: The Case of Security Checks at Ben-Gurion Airport, Israel (2016) 50 Law Soc. Rev. 608.

[30] S. M. Bellovin, R. M. Hutchins, T. Jebara, and S. Zimmeck, When Enough Is Enough: Location Tracking, Mosaic Theory, and Machine Learning (2014) 8 NY Univ. J. Law Lib. 556, 591.

是雪和树的存在。狼比狗更有可能出现在雪地里，因此算法将有雪的图片都识别为"狼"。[31]

错误会给受到不利影响的人造成严重后果。就在过去几年里，癌症患者被剥夺了医疗福利，不得不起诉保险公司以获得应有的赔偿；[32] 福利金领取者被剥夺了唯一的资金来源；[33] 一些公民无缘无故被列入政府的监视名单；[34] 阿肯色州的老年妇女 Ethel Jacobs 因州政府的算法错误而被削减了近一半的居家医疗援助时间。[35] 更重要的是，错误无法从自动决策系统中排除这些结果；就像统计学一样，它们依赖的是概率，而不是确定性。

作为回应，第一波浪潮的倡导者呼吁利用《民权法》来减轻错误分类的危害。[36] 许多人呼吁保持"人在回路"，以防止错误和不公正。[37] 除其他程序性建议外，他们还建议对培训数据和算法设计进行事前和事后评估，以确定统计错误的可能性及其影响。[38]

（二）复杂性和不透明性

自动化系统需要许多数据输入。但是，随着输入数据的增加，算法也变得越来越复杂，越来越不透明，越来越难以审查。[39] 它们不透明既是技术问题，也是法律问题。正如 Frank Pasquale 所言，自动决策系统是"黑箱"。[40] 它们需要"专业知识"才能被理解，[41] 但即使是创建它们的工程师也可能无法完全解释输入是如何变成输出的。[42] 法律加剧了算法的不透明性，因为创建自动决策系统的公司将其算法作为专有商业机密加以保护。[43]

作为黑箱，算法很难受到质疑、盘查和申诉。例如，在爱达荷州，该州 2011 年采用的一种算法将一些患者的家庭医疗拨款削减了近 42%。[44] 美国公民自由联盟州办公室代表几位处境相同的本州居民提起诉讼，法院的结论是："参与者没有收到拒绝的解释，没有书面

---

[31] See M. T. Ribeiro, S. Singh, and C. Guestrin, "Why Should I Trust You?": Explaining the Predictions of Any Classifier, in Proceedings of the 22nnd ACM SIGKDD International Conference on Knowledge Discovery and Data Mining (2016), https://doi.org/10.1145/2939672.2939778.

[32] See Eubanks, above note 17.

[33] See S. Wilcock, Policing Welfare: Risk, Gender and Criminality (2016) 5 Int. J. Crime Justice Soc. Dem. 113.

[34] See, e.g., M. Hu, Big Data Blacklisting (2016) 67 Fla. Law Rev. 1735.

[35] See C. Lecher, What Happens When an Algorithm Cuts Your Healthcare, The Verge (March 21, 2018), www.theverge.com/2018/3/21/17144260/healthcare-medicaid-algorithm-arkansas-cerebral-palsy.

[36] See, e.g., P. Kim, Data Driven Discrimination at Work (2017) 58 Wm. Mary Law Rev. 857, 901-32 (arguing for reconceptualizing anti-discrimination law to address the harms caused by data mining and surveillance of employees).

[37] M. L. Jones, Right to a Human in the Loop: Political Constructions of Computer Automation & Personhood from Data Banks to Algorithms (2017) 47 Soc. Stud. Sci. 216, 217; A. M. Froomkin, I. Kerr, and J. Pineau, When AIs Outperform Doctors: Confronting the Challenges of a Tort-Induced Over-Reliance on Machine Learning (2019) 61 Ariz. Law Rev. 33.

[38] See S. K. Katyal, Private Accountability in the Age of Artificial Intelligence (2019) 66 UCLAL Rev. 54, 116.

[39] L. Breiman, Statistical Modeling: The Two Cultures (2001) 16 Stat. Sci. 199, 206-8.

[40] See F. Pasquale, *Black Box Society: The Secret Algorithms that Control Money and Information*, Harvard University Press, 2015.

[41] A. D. Selbst and S. Barocas, The Intuitive Appeal of Explainable Machines (2018) 87 Fordham Law Rev. 1085, 1092-4.

[42] See E. K. Cheng, Being Pragmatic about Forensic Linguistics (2013) 21 J. Law Policy 541, 548.

[43] See Citron and Pasquale, above note 12. See also R. Wexler, Life, Liberty, and Trade Secrets: Intellectual Property in the Criminal Justice System (2017) 70 Stan. Law Rev. 1343.

[44] See Lecher, above note 38.

标准可供参考，通常也没有家人、监护人或有偿援助来帮助他们"，这使得他们实际上无法或至少没有能力进行反击和上诉。[45] 美国公民自由联盟爱达荷州分会法律总监 Richard Eppink 称上诉程序"毫无意义"，因为处理上诉的人也无法理解算法。据 Eppink 称，他们"会看着系统说，'这超出了我的权限和专业知识范围，无法质疑这一结果的质量'"。[46] 在爱达荷州和其他地方，挑战算法系统的律师要么被拒绝访问专有算法代码，要么不得不自己学习如何阅读和分析源代码，这使得算法决策案件的诉讼过程变得异常艰难。

减少黑箱算法系统的建议包括从透明度[47]到 Rebecca Wexler 都强烈地呼吁在刑事诉讼中不承认人工智能的商业机密要求。[48] 其他第一波浪潮的提议者包括 Danielle Keats Citron，呼吁用重新设计的系统取代旧形式的机构裁决和规则制定，包括审计跟踪、对听证官进行有关机器易错性的教育、详细解释、公开可访问的代码和系统测试等建议。[49] Andrew Selbst 和 Solon Barocas 则认为，对自动决策的解释权使个人有权了解模型背后的开发过程。[50] 这些建议希望通过补充传统的问责形式，减轻算法不透明对个人的影响。这是一个重要的项目，但它并没有挑战一个基本假设，即算法问责制度应与工业时代的正当程序制度建立在相同的基础上。

算法决策工具的使用、扩散和营销也刺激了 Shoshana Zuboff 所称的"监控资本主义"所固有的、狷獗的数据收集。[51] 监控资本主义是一种激进的资本主义形式，其基础是将"现实"商品化，并将其重新转化为数据，供生产者分析消费者的行为。监控资本主义的特点包括：持续推动更多的数据收集和更先进的数据分析工具、开发新的机械化监控工具、渴望定制数字体验，以及不断进行试验，以确定能最大限度地披露用户信息和提高用户参与度的代码和设计。因此，监控资本主义设想了无休止的数据收集和使用循环，以及对隐私期望和规范的不断侵蚀。

人工智能和算法决策工具既是人工制品，也是监控资本主义的推进器。它们是以数据为基础的资本主义制度的产物，就像大规模生产的商品是以钢铁、电力和制造业为基础的资本主义制度的产物一样。当算法系统的设计者促进人工智能分析生产者在监控消费者时收集到的成千上万个数据点的能力，从而进一步"煽动"终端数据收集时，算法系统也放大了监控资本主义。正如 Steve Bellovin 所解释的那样："机器学习算法能够推断出信息（包括与输入数据没有明显联系的信息）否则这些信息可能会因为人工和人力调查的自然限制而一直处于保密状态"。[52] 因此，算法侵蚀了大众赖以维护隐私的隐蔽性，[53] 并允许数据

---

[45] K. W. v. Armstrong, No. 1：12-cv-00022-BLW（D. Idaho March 28, 2016）.

[46] Lecher, above note 38.

[47] See T. Zarsky, Transparency in Data Mining：From Theory to Practice, in B. Custers, T. Calders, B. Schermer, and T. Zarsky（eds.）, Discrimination and Privacy in the Information Society：Data Mining and Profiling in Large Databases（Springer, 2013）, pp. 301, 317.

[48] R. Wexler, Life, Liberty, and Trade Secrets：Intellectual Property in the Criminal Justice System（2017）70 Stan. Law Rev. 1343.

[49] D. K. Citron, Technological Due Process（2007）85 Wash. Univ. Law Rev. 1249, 1305-13.

[50] See Selbst and Barocas, above note 44, p. 1087.

[51] S. Zuboff, The Age of Surveillance Capitalism：The Fight for a Human Future at the New Frontier of Power（Profile Books, 2018）.

[52] Bellovin et al., above note 33, p. 558.

[53] See F. Stutzman and W. Hartzog, The Case for Online Obscurity（2013）101 Calif. Law Rev. 1.

收集者描述消费者画像，以进行行为定位和操纵。[54]

在一个广为人知的例子中，塔吉特公司的统计人员利用一种算法，通过分析购买记录、人口统计数据以及从数据经纪商处购买的信息，确定一名13岁的女孩很有可能怀孕了。公司给她邮寄了一张优惠券，但在这位少女有机会与家人分享这一消息之前，优惠券就已经寄到了。[55] 该算法不仅向她的父母揭露了她怀孕的事实，还剥夺了她自己决定何时以及如何分享这一消息的权利。人工智能用于人脸识别，以及最近的情感识别，或确定受试者的情绪状态，都威胁到核心隐私利益。[56] 在明尼苏达州，一个学区利用网络摄像头监视学生，帮助人工智能判断他们是快乐、悲伤还是愤怒。[57] Alexa 和 Siri 正试图捕捉语音中的情绪暗示。[58] 而这些仅仅是人工智能挑战大众在私密信息、隐蔽性和自主性方面的隐私利益的部分方式。

对此，Margot Kaminski 认为，欧洲全面的数据隐私立法《通用数据保护条例》（GDPR）可以提供强有力的保护，避免自动决策带来的伤害，因为它赋予数据主体解释任何算法系统背后"逻辑"的权利。[59] Lilian Edwards 和 Michael Veale 认为，被遗忘权、数据保护影响评估、认证和隐私标志可以让算法更负责任。[60] 华盛顿州的立法者提出了一项规则，规定公共部门的自动化系统和数据集"在部署前、部署中和部署后由供应商免费提供，供机构或独立第三方进行测试、审计或研究"。[61] 加利福尼亚州隐私权倡导者 Alastair Mactaggart 是该州全面消费者隐私法的发起人，他最近提出了一项新法律，其中相关部分将包括对算法决策的公共和商业用途的透明度要求，"这样消费者就能知道算法是如何评估他们的，从而影响他们看到的工作机会、他们有资格获得的贷款，以及影响他们生活的其他决策"。[62] 这些第一波提案利用程序来试图控制算法决策系统最严重的错误，目的是创造更好的自动化工具。

（三）偏见与歧视

算法决策的拥护者承诺未来将会没有偏见。他们说，机器不知道求职者是黑人还是白人。算法只是计算数字，而数字是冷静的。他们认为，算法是一种中立的技术。

当然，事实并非如此。Langdon Winner 提出了一个著名的观点：技术具有政治性。[63]

---

[54] See, e. g. , S. Greenberg, S. Boring, J. Vermeulen, and J. Dostal, Dark Patterns in Proxemic Interactions: A Critical Perspective, in Proceedings of 2014 Conference on Designing Interactive Systems（June 2014），pp. 523, 524.

[55] See C. Duhigg, How Companies Learn Your Secrets, New York Times（February 16, 2012），www. nytimes. com/2012/02/19/magazine/shopping-habits. html.

[56] See M. Whittaker, K. Crawford, R. Dobbe, et al. , AI Now Report 2018（December 2018），p. 15, https：//ainowinstitute. org/AI_Now_2018_Report. pdf.

[57] Ibid.

[58] See W. Knight, Emotional Intelligence Might Be a Virtual Assistant's Secret Weapon, MIT Technology Review（June 13, 2016），www. technologyreview. com/s/601654/amazon-working-on-making-alexa-recognize-your-emotions.

[59] M. E. Kaminski, The Right to Explanation, Explained（2019）34 Berkeley Technol. Law J. 189, 199.

[60] See L. Edwards and M. Veale, Slave to the Algorithm? Why a "Right to an Explanation" is Probably Not the Remedy You Are Looking for（2017）16 Duke Law Technol. Rev. 18, 67-80.

[61] See D. J. Pangburn, Washington Could Be the First State to Rein in Automated Decision-Making, Fast Company（February 8, 2019），www. fastcompany. com/90302465/washington-introduces-landmark-algorithmic-accountability-laws.

[62] See Californians for Consumer Privacy, A Letter from Alastair Mactaggart, Founder & Chair of Californians for Consumer Privacy, www. caprivacy. org/.

[63] L. Winner, Do Artfiacts Have Politics?（1990）109 Daedalus 121.

它们体现了社会中特定的权力关系，如白人至上、父权制和异性恋。数字本质上并不与真理挂钩；它们的意义随着人类的解释、理解和使用而变化，试图预测社会结果的算法也体现了政治和权力假设。事实上，正如很多的研究人员已经表明的那样，算法系统可能与人类一样具有偏见、种族主义和歧视性；数据输入反映了社会的偏见，[64] 设计者并不代表人口的多数。[65] 人类自主决定了任何自动决策系统中的自变量。[66]

对此，第一波浪潮中的研究者们认为，数据输入应该多样化，使用算法决策系统的人应该接受培训，使他们了解工作中可能产生的偏见。[67] 工程行业及其雇主现在认识到，在工程教育和编码工作中，平等、公正和非歧视通常不是最重要的。[68] 作为对第一波浪潮倡导者的直接回应，工作场所和大学现在都在为他们的技术专业学生和员工提供道德和偏见培训计划。除了扩大数据集和培训工程师，一些倡导者还呼吁从代码内部修复编程偏见。[69] 现在人工智能研究所（AI Now Institute）建议仿照环境或隐私影响评估的模式，进行算法影响评估，以记录和评估系统的公平性。[70] Mary Madden、Michele Gilman、Karen Levy 和 Alice Marwick 呼吁在算法设计中纳入穷人的声音，以改善社会经济歧视。[71] Crawford 等人认为，工程师群体也必须多样化，因为"包容性很重要——从谁来设计，到谁进入公司董事会，以及包含哪些道德观点。否则，构建出的机器智能只能反映狭隘和特权的社会视野，以及陈旧、熟悉的偏见和刻板印象"。[72]

（四）自动化系统的合法性

所有这些建议都有一个共同点：它们默认了 Tyler 关于合法性的基本假设，即程序公正。Citron 要求"审计跟踪"以提供充分的通知，这是一项重要的正当程序权利。根据 Mullane 案中提出的要求，[73] 这种文件将告知并向个人解释当局是如何以及为何做出某些决定的，以防止任意和错误的决定。[74] 这与 Tyler 分析个人对警察权威的反应时程序公正所发挥的作用几乎相同。关于明确解释当局如何依赖机械化决策过程、公开源代码以及持续测试的建议，也有助于满足正当程序中发表意见的权利，为受自动化系统影响的人提供

---

[64] K. Crawford, M. Whittaker, M. C. Elish, et al., The AI Now Report: The Social and Economic Implications of Artificial Intelligence Technologies in the Near-Term (2016), pp. 6-7, https://ainowinstitute.org/AI_Now_2016_Report.pdf.

[65] K. Crawford, Artificial Intelligence's White Guy Problem, New York Times (June 25, 2016), http://nyti.ms/28YaKg7.

[66] D. Lehr and P. Ohm, Playing with the Data: What Legal Scholars Should Learn about Machine Learning (2017) 51 UC Davis Law Rev. 653, 665-7.

[67] 建议通过更多样化的招聘来减少人工智能中的偏见。See, e.g., Crawford, above note 68；呼吁培训听证人员。Citron, above note 52, p. 1306.

[68] See A. E. Waldman, Designing without Privacy (2018) 55 Houston Law Rev. 659, 699-701.

[69] Kroll et al., above note 8, pp. 662-72, 682-92.

[70] D. Reisman, J. Schultz, K. Crawford, M. Whittaker, Algorithmic Impact Assessments: A Practical Framework for Public Agency Accountability, AI Now (April 2018), https://ainowinstitute.org/aiareport2018.pdf.

[71] See M. Madden, M. Gilman, K. Levy, and A. Marwick, Privacy, Poverty, and Big Data: A Matrix of Vulnerabilities for Poor Americans (2017) 95 Wash. Univ. Law Rev. 53.

[72] 建议设计团队更加多样化和综合化，以加强设计中的隐私和非歧视。Crawford, supra note 68. See also Waldman, above note 71, pp. 724-5.

[73] 339 US 306, 319 (1950).

[74] Goldberg v. Kelly, 397 US 254, 268 (1970).

所需的工具，让他们了解发生了什么、哪里出了问题以及该如何上诉。正如最高法院在 Mathews 案中所指出的，[75] 听证会是"确保公正"的"有效程序"的形式。[76] 毕竟，程序正当性的部分意义在于"向个人传达一种感觉，即政府已经公正地对待了他"，[77] 这正是程序在 Tyler 合法性中所扮演的角色。[78]

程序公正的权利也包含在要求算法设计更具包容性的呼吁中。尽管 Tyler 谈到了向正式机构和信息机构申辩的权利，但让更多的女性、LGBTQ 群体成员和来自不同社会经济阶层的个人参与进来，也是为了让不同的人群拥有事先发表意见的权利。这种发表意见的机会在设计上与公正性相呼应。有不同声音的算法系统是更公正的系统，就像有代表性的政治机构比没有代表性的机构更公正一样。事实上，让行政机构、立法机构和教职员工以及其他权力机构"看起来像"其服务的对象，而这些措施的前提是以更好的代表性带来的公正性。[79] 第一波浪潮旨在通过文件追踪和人工检查纯人工智能系统来确保双方的公平程序。

这种做法有一定道理：毕竟，程序被称为正当程序权的"心脏"。[80] 由公正的裁决者听取意见的机会是合法民主权威的核心。[81] 为了让某人对蓄意或疏忽造成的伤害或设计失误负责或承担责任，普通问责机制需要知道发生了什么，采取了哪些措施来避免造成伤害，以及在当时的情况下哪些措施是合理的。诸如算法影响评估、源代码透明度、对结果或其背后逻辑的解释，以及能听到某人申诉的人在回路，使不透明的自动化系统与人们更熟悉、更负责任的决策制度更相近。

但是，透明度、影响评估、文件追踪以及传统合法性的外衣并不能解决潜在的社会和政治体系中的缺陷，这些缺陷不仅为算法决策奠定了基础，而且将算法决策的扩散视为好事，尽管算法决策存在偏见、错误和危害。换个角度看，在程序能够让决策者承担责任并保持公平的情况下，通过程序获得合法性可能是有意义的，但现在的情况已不再如此。算法决策是一种明显的新自由主义决策形式的登峰造极之作，无论在理论上还是在实践中，它都忽视了其社会政治和经济影响。它对效率的强调使天平倾向于机器而非人类，破坏了确保问责制的程序的有效性。因此，第一波浪潮试图通过程序公正使自动化系统合法化的做法很可能是不充分的。

（五）新自由主义及其对效率的追求

新自由主义的目标是在一个"以私有财产权、个人自由、不受约束的市场和自由贸易为特征"的法律体系中最大限度地实现选择自由。[82] 这种观点认为，个人可以在不受政府

---

[75] Mathews v. Eldridge, 424 US 319 (1976).

[76] Ibid. at 348-9.

[77] Carey v. Piphus, 435 US 247, 262 (1978).

[78] See T. R. Tyler, The Psychological Consequences of Judicial Procedures: Implications for Civil Commitment Hearings (1992) 46 SM Univ. Law Rev. 433, 441.

[79] See, e.g., J. Murphy, Trudeau Gives Canada First Cabinet with Equal Number of Men and Women, The Guardian (November 4, 2015), www.theguardian.com/world/2015/nov/04/canada-cabinet-gender-diversity-justin-trudeau.

[80] Citron, above note 52, p. 1255.

[81] See Tyler, above note 8, pp. 96, 116-20, 137-8, 149.

[82] D. Harvey, Neoliberalism as Creative Destruction (2007) 610 Ann. Am. Pol. Soc. Sci. 22, 22 (cited in J. E. Cohen, Between Truth and Power: The Legal Constructions of Informational Capitalism, Oxford University Press, 2019, p. 7).

压力的情况下选择自己的美好生活，从而最大限度地提高个人和社会福祉。这一政治理念的具体表现是，政府组织和商业组织都将效率与思想、商品和机会的自由流动放在首位。例如，新自由主义贸易政策的特点是低关税或无关税以及货物自由流动;[83] 新自由主义的言论政策是自由放任的，以"思想市场"的隐喻为基础;[84] 同样，新自由主义的组织政策是管理性的，或者说是以促进创新为目的的精简政策，包括任何能够提高生产手段效率的政策，例如消除诉讼的可能性、消除成本中心、部署技术将任务分配给更有效率的资源等政策。[85]

再谈算法决策。一个主要面向效率、灵活性和无拘无束的经济活动的系统是专业人士的天然盟友，而专业人士的传统"基本美德"就是效率,[86] 并自然倾向于外包任务以降低成本。因此，深受新自由主义影响的领导人向工程师求助，以提高决策效率也是情理之中的。让算法来做决策反映了新自由主义的基本哲学和政治取向，即放松管制、不干预和提高效率。对追求利润最大化、希望降低成本的企业来说，从财务和效率的角度来看，用机械决策者取代人类也是合理的。[87]

作为一种社会实践，算法决策赋予技术以政策决策的权力，使技术界对效率的承诺根深蒂固，对隐私和其他社会价值漠不关心。[88] 工程师负责将政策植入可编程的算法中，而这一翻译过程必然会抹杀灵活性和语境性，而这些正是决策标准相对于明线规则的优势所在。因此，设计团队就成了解释、协商法律并将其转化为可操作工具的群体。这赋予了工程师极大的权利，既可以选择赢家和输家，也可以决定法律在实践中的含义。[89] 工程师们在利用这种权利的同时，还宣称他们和他们的设计是价值中立的。法律与技术学者 Frank Pasquale 指出，即使程序员创造的工具有明显的种族偏见（比如搜索引擎会显示带有种族刻板印象的广告[90]），设计者也会将技术视为"文化投票机，只是登记而非创造观念"。[91] Kate Crawford 和 Jason Schultz 将工程师描述为不懂公共政策语言的人，正如一位程序员告诉他们的那样，"我们可以让东西运转起来，但我们的工作不是弄清楚它是否正确，因为正确与否我们并不知道"。[92] 在其他地方，笔者曾描述过一些工程师，至少是高科技领域的工程师，他们工作的一部分是如何抵制隐私或安全设计，甚至在他们工作的苛刻环境下也尝试做到这些。[93] 因此，当工程师做出政策决定时，非工程价值可能会被忽略。

而今天讨论的以程序为导向的解决方案不太可能改变这一现状。在创造了算法决策的新自由主义体系中，问责制被重塑为合规性，这会从以下两个方面削弱程序控制自动决策

---

[83] See, e.g., J. O. McGinnis and M. L. Movsesian, The World Trade Constitution (2000) 114 Harv. Law Rev. 511, 521–7.

[84] J. Purdy, Neoliberal Constitutionalism: Lochnerism for a New Economy (2014) 77 Law Contemp. Probs. 195

[85] See Cohen, above note 7.

[86] P. Ohm and J. Frankle, Desirable Inefficiency (2016) 70 Fla. Law Rev. 777, 778.

[87] See Cohen, above note 7, p. 156.

[88] See Waldman, above note 71.

[89] See A. E. Waldman, Outsourcing Privacy (forthcoming) (manuscript on file with author).

[90] See L. Sweeney, Discrimination in Online Ad Delivery (2013) 11 Comms. ACM 44, 46–7, 50–1.

[91] Pasquale, above note 43, p. 39.

[92] K. Crawford and J. Schultz, Big Data and Due Process: Toward a Framework to Redress Predictive Privacy Harms (2014) 55 BC Law Rev. 93, 105.

[93] See Waldman, above note 71.

的力量。

第一，程序可以被企业利益所利用。社会学家和法律学者 Lauren Edelman 认为，公司内部的管理法规涉及将法律解释和协商的视角从政策制定者和法院转移到公司的合规程序和内部结构上，这些程序和结构的设计旨在表明对法规的遵守。[94] 当这种情况发生时，程序性要求会被用来服务于企业利益，而不是为消费者利益服务。Edelman 称之为"象征性结构的动员"。[95] 当这种情况发生时，法律就无法实现实质性目标，因为合规标准（在企业环境中采用的符号、流程、程序和政策）可能与实际进展不相干。Edelman 以工作场所的种族和性别歧视为背景，讨论了法律的内生性，在这种情况下，《民权法》第七章"禁止此类歧视"的平等目标，由于合规专业人员在实际工作中创建的无效培训、无用政策、检查清单和丧失权力的多样化部门而受挫。在其他地方，笔者也说明了这一过程是如何破坏消费者隐私法所承诺的保护措施的。[96]

即使是规定所有自动决策系统平等公正地对待所有个人，但通过程序来实现这一规则，也有可能成为同样现象的受害者。算法影响评估可以识别和评估风险，考虑替代方案，确定降低风险的策略，并帮助阐明自动化系统的合理性，但也可以像 Edelman 在非歧视问题上所论证的那样，将其作为一种书面记录，以回击那些受到算法不利影响的人所提出的不公正伤害的主张。透明度，无论是以公布源代码还是解释结果的形式，都能给不透明的程序带来一些阳光，但同时对大多数没有专业知识的人来说，不仅功能上是无益的，而且不便于事实调查者提供证据来确定算法是否符合法律规定。而让人参与决策过程则是对机械过程的一种超越，但人的因素在多大程度上具有力量，这完全取决于保障措施的实际执行方式。

第二，将记录和程序本身作为目的的关注点，将仅仅是象征性的结构提升为实际遵守法律的证据，掩盖了大规模算法决策所侵蚀的公正、平等和人类尊严等基本的实质性价值。它还可能阻碍用户和政策制定者采取更有力的行动，因为在强加程序保障之后，他们就可以宣布自己的工作完成了。

Paul Butler 就 Gideon 案[97]对监禁有色人种贫困人口的影响提出了类似论点。Gideon 案是美国最高法院的一项著名判决，该判决认为各州必须为贫困的刑事被告提供免费的律师服务。[98] 然而，Butler 认为，Gideon 案将重点放在获得律师服务的程序性权利上，从而掩盖了"贫困辩护的真正危机"，即监狱是为穷人而非富人设计的。[99] 确保适当的辩护权在理论上可能不是一个坏主意，但它为刑事司法系统"披上了一层合法、公正和保护普通人的外衣"，阻碍了人们深入探究该系统对穷人不利的系统性方式。Butler 总结道："从表面上看，Gideon 案为穷人提供的补助似乎只是象征性的；它要求各州为穷人聘请律师支付费用。Gideon 案的实施表明，象征性权利和实质性权利之间的区别可能比实际更明显。"[100]

---

[94] See L. B. Edelman, *Working Law: Courts, Corporations, and Symbolic Civil Rights*, University of Chicago Press, 2016, pp. 124-52.

[95] Ibid., p. 153.

[96] See Waldman, above note 71.

[97] 327 US 335 (1963).

[98] Ibid. at 339.

[99] P. Butler, Poor People Lose: Gideon and the Critique of Rights (2013) 122 Yale Law J. 2176, 2178.

[100] Ibid., pp. 2191-2.

同样，用于约束歧视性算法的以程序为导向的规则可能会掩盖其潜在的不公正，并通过赋予将效率置于所有其他社会价值之上的算法来阻碍实质性改革。

（六）另辟蹊径

那么，在一个关注平等、人类繁荣和基本权利等社会价值的社会中，如果有什么能帮助算法决策系统合法化呢？

大众需要一种强有力的实质性方法，确保算法系统满足除效率之外的基本社会价值，法律为大众提供了指南。在某些情况下，程序公正足以决定合法性。这是程序正当性理论的前提，也是第一波浪潮中大部分算法问责文献的前提。但在其他情况下，尤其是涉及剥夺基本权利的情况下，再多的程序公正也无法为政府的不当行为开脱。在这种情况下，仅有正当程序是不够的。实质性正当程序的介入是为了保护列举的权利以及那些通过美国宪法第五修正案和第十四修正案被认为是"基本的"和"隐含在有序自由概念中的"未列举的权利，[101] 它可以保护未列举的非基本权利。此外，它还能保护人们免受政府实质上的不当行为的侵害。[102] 实质性正当程序对政府行为进行严格的审查，只允许在极少数令人信服的情况下剥夺基本自由。实质性正当程序关注的是发生了什么，而不是如何发生的。它改变了大众对政府决策提出的问题，即从"政府是否遵循了程序公正并提供了充分的问责措施？"转变为"政府做出这一决定是否公正？"，也许大众应该对人工智能提出同样的问题。

大众应该考虑自动系统的使用环境是否涉及基本权利，这与考虑国家行为对个人产生不利影响的环境的三个原因是一样的。即使是程序公正也可能导致不公正。正如 Harlan 法官在 Poe 案的反对意见中解释的那样，[103]"如果正当程序仅仅是一种程序性保障，那么它将无法适用于那些通过立法实现的剥夺生命、自由或财产的情况，而这些立法……即使在适用于个人的程序上尽可能公正，也会破坏所有生命、自由或财产的享有。"[104] 有些不公正需要更有力的补救措施，而不仅仅是更好的程序。

在基本权利被剥夺的情况下，原告通常希望阻止政府对其采取的行动。因此，适当的补救措施应该是宣布行为无效或下令禁止不公正的行为。基于对正当程序的损害补救措施可包括权利被剥夺后的程序公正，例如，因缺乏程序而被错误解雇的雇员可寻求复职和公平听证。[105] 对于某些权利被剥夺的情况，这些补救措施还远远不够。[106]

适当的补救措施在实践中的情况，学界将在未来的研究中进行探讨，但有几点影响似乎是显而易见的。在涉及基本权利的情况下，如剥夺自由、监视和判刑，应要求政府出示令人信服的理由和对自动化系统的绝对需求。提高效率和节约成本是不充分的理由。如果自动化系统歧视处境相似的个人或群体，或基于受保护的特征（包括性别、种族、性别和性表达、宗教和民族血统）进行分类，也应承担同样的义务。当这种国家行为是由人类实施时，法律会对其持怀疑态度，没有理由不将同样的标准适用于代替人类的自动化系统。

---

[101] 第五修正案的正当程序条款规定，"未经正当法律程序，不得剥夺任何人的生命、自由或财产"。第十四修正案将同样的条款适用于各州。See Palko v. Connecticut, 302 US 319, 324-5（1937）.

[102] See, e. g., Daniels v. Williams, 474 US 331（1986）.

[103] 367 US 497（1961）.

[104] Ibid. at 541.

[105] See, e. g., Parratt v. Taylor, 451 US 527, 538-9（1981）.

[106] See, e. g., Mann v. City of Tucson, 782 F. 2d 790（9th Cir. 1986）.

第五章

理解算法问责的透明度

玛戈特·卡明斯基（Margot E. Kaminski）

透明度是最近关于算法问责讨论的焦点。其批评者认为，公开数据可能有害，而公开源代码则无济于事。[1] 他们声称，对人工智能决策的个性化解释（即提供针对特定情境或个体的详细说明和理由）并没有赋予人们权能，反而分散了人们对更有效的治理方式的注意力。[2] 他们批评透明度的有效性，甚至完全否定它的有效性，声称企业以保密为由而不公开某些信息的规定或做法，会阻碍有用信息的披露。[3]

本章逆流而上。对构建和治理可问责的算法来说，透明度是必要的，尽管可能不是充分的。[4] 但是，要让透明度发挥有效作用，就必须对其精心设计。它不能像调料一样随意撒在上面，而必须从一开始就融入监管体系之中。要确定透明度涉及的主体、内容、时间以及如何透明等问题，最先需要回答的是为什么需要透明度的问题。[5]

因此，以笔者的其他研究为基础，本章首先讨论了规范算法决策或人工智能决策背后的基本原理。[6] 其次讨论了文献中日益增强的意识，即监管的对象不是孤立的算法技术，而是包括围绕它的人类系统。笔者基于早期作者的研究和自身对欧盟《通用数据保护条例》（GDPR）的研究，概括了算法问责的透明度分类。[7]

---

[1] See, e.g., J. A. Kroll, J. Huey, S. Barocas, et al., Accountable Algorithms (2017) 165 Univ. Pa. Law Rev. 633, 657-60.

[2] L. Edwards and M. Veale, Slave to the Algorithm? Why a "Right to an Explanation" Is Probably Not the Remedy You Are Looking for (2017) 16 Duke Law Technol. Rev. 18, 67.

[3] S. Wachter, L. Floridi, and B. Mittelstadt, Why a Right to Explanation of Automated Decisionmaking Does Not Exist in the General Data Protection Regulation (2017) 7 Int. Data Privacy Law 76, 79 n. 13, 84, 89. But see M. Brkan, Do Algorithms Rule the World? Algorithmic Decision-Making in the Framework of the GDPR and Beyond (2019) 27 Int. J. Law Inf. Technol. 91.

[4] 类似的观点，see M. Ananny and K. Crawford, Seeing without Knowing: Limitations of the Transparency Ideal and Its Application to Algorithmic Accountability (2018) 20 New Media Soc. 973, 982.

[5] M. E. Kaminski, The Right to Explanation, Explained (2019) 34 Berkeley Technol. Law J. 189, 211.

[6] 笔者在这里援引自己的作品，即 M. E. Kaminski, Binary Governance: Lessons from the GDPR's Approach to Algorithmic Accountability (2019) 92 S. Calif. Law Rev. 1529.

[7] See, e.g., F. Pasquale, The Black Box Society (2015), pp. 140-88（呼吁建立一个分层的"合格的透明度"体系）; A. D. Selbst, Disparate Impact in Big Data Policing (2017) 52 Ga. Law Rev. 109, 169-72（描述算法影响评估）; A. Tutt, An FDA for Algorithms (2017) 69 Admin. Law Rev. 83, 110-11（确定"披露的范围"）; T. Z. Zarsky, Transparent Predictions (2013) Univ. Ill. Law Rev. 1503, 1523（确定三个"信息流部分"）。

一、为什么要监管算法？

算法是一种计算机程序。一部分算法使用大型数据集作为输入来构建预测和相关性。[8] 这些预测算法越来越多地被人类用来做出关于他人的重大决定——从住房到就业，再到刑事判决和释放决定等。越来越多的文献表明，使用各种各样的算法来做出关于人的重大决定，会带来一系列的危害。[9] 算法分析和决策制定在包括政府在内的各个领域中的应用越来越广泛。[10] 它们被用来确定贷款利率，雇佣和解雇员工，跟踪和标记人员，预测和操纵行为。[11]

粗略地讲，人们呼吁监管算法有三个原因。[12]

第一个理由，最普遍也最容易理解：人们呼吁监管算法，因为基于算法推理的决定可能是有偏见的、歧视性的和错误的。这种工具性理由将监管描述为纠正具体的、潜在的、可测量的问题的工具。

算法既不是中立的，也不是完美的。程序员和雇佣他们的机构会做出一系列决策，从使用哪些数据集来训练算法，到如何定义算法的目标输出，再到算法产生假阳性（false positives）和假阴性（false negatives）的可能性有多大。[13] 例如，美国各地的法官在预审和量刑决定中，都依赖于一种被广泛使用的再犯风险评估算法，该算法的设计者选择将再次被捕（而非再次被判有罪）的人标记为再犯者。[14] 这个决定不是数学问题，而是政策问题。它会产生不同的后果：黑人男性的被捕率高于西班牙裔或白人男性。[15] 一个人为的政策选择——要求算法预测再次被捕，并在某人被捕而非定罪时确认其准确性——会扭曲算法的输出，对算法应用的对象产生重大影响。算法偏见问题的另一个被广泛讨论的例子是使用有偏见的数据集。当算法在带有偏见的数据上进行训练时，其输出也将带有偏见。[16] 对算法进行监管的工具性理由的核心，是主张通过监管来纠正这些问题。

---

[8] D. Lehr and P. Ohm, Playing with the Data: What Legal Scholars Should Learn about Machine Learning (2017) 51 UC Davis Law Rev. 653, 658-62（描述机器学习算法）。

[9] See, e.g., D. K. Citron, Technological Due Process (2008) 85 Wash. Univ. Law Rev. 1249; D. Citron and F. Pasquale, The Scored Society: Due Process for Automated Predictions (2014) 89 Wash. Law Rev. 1, 16-18; S. Barocas and A. D. Selbst, Big Data's Disparate Impact (2016) 104 Calif. Law Rev. 671, 714-23; J. M. Eaglin, Constructing Recidivism Risk (2017) 67 Emory Law J. 59, pp. 67-88; P. T. Kim, Auditing Algorithms for Discrimination (2017) 166 Univ. Pa. Law Rev. Online 189.

[10] D. R. Desai and J. A. Kroll, Trust but Verify: A Guide to Algorithms and the Law (2017) 31 Harv. J. Law Technol. 1.

[11] See, e.g., A. D. Selbst, A New HUD Rule Would Effectively Encourage Discrimination by Algorithm, Slate (August 19, 2019), https://slate.com/technology/2019/08/hud-disparate-impact-discrimination-algorithm.html.

[12] Kaminski, above note 6. See also A. D. Selbst and S. Barocas, The Intuitive Appeal of Explainable Machines (2018) 87 Fordham Law Rev. 1085, 1117-19.

[13] Eaglin, above note 9; Lehr and Ohm, above note 8; Barocas and Selbst, above note 9.

[14] Eaglin, above note 9, p. 78.

[15] Ibid., p. 95. See also J. Eaglin and D. Solomon, Brennan Center For Justice, Reducing Racial and Ethnic Disparities in Jails: Recommendations for Local Practice (2015), pp. 17-18, www.brennancenter.org/sites/default/files/publications/Racial%20Disparities%20Report%20062515.pdf.

[16] Barocas and Selbst, above note 9. See also K. Crawford and R. Calo, There Is a Blind Spot in AI Research, Nature (October 13, 2016), www.nature.com/news/there-is-a-blind-spot-in-ai-research-1.20805.

然而，除了工具主义之外，还有其他原因需要监管算法的分析和决策。我们希望具有重大后果的决策是合理的，如果不合理，那么一些决策的理由可能是社会上不可接受的，甚至是非法的。一些要求监管算法的呼声集中在对其决策正当性的需求上：无论是要求对决策进行解释，还是对决策系统进行监督，都要证明算法决策的法律和社会合法性。[17]

第二个理由，算法决策引发了关于正当性的重大关切。算法基于数据建立相关性并做出预测，既受到其输入局限性的制约，又相对不受社会背景或社会规范的制约。[18] 例如，算法可能会发现鞋子颜色与贷款偿还可能性之间存在强烈的相关性——但从规范的角度来看，我们可能不希望银行根据鞋子的颜色来做出贷款决策（这也可能导致基于性别、性取向、经济地位、种族或其他特征产生不同影响，其中许多特征都被政府视为受保护类别）。[19] 算法也不会总是为特定决策提供额外的背景信息，以确定其准确性或宽容度。算法可能会制定和遵循规则，但不一定具备修改或打破规则的能力。[20] 与人类的决策相比，算法决策在实践中具有高度的无背景性。[21]

因此，监管算法决策的正当性理由要求对数据、模型和启发式方法（heuristics）的使用保持透明。这是为了确保决策不是基于非法或规范上不可接受的因素和推理做出的，并使个人能够论证，为什么将系统的推理应用于他们身上可能是错误的或不公平的。正当性理由也导致了对公司构建或使用技术的监督的呼声。正如我们在法律中既有个人程序（如正当程序），也有系统性的问责版本（如行政程序法），一个旨在产生合法性的算法问责制度可能采用个性化或系统性方法，或者两者都采用。[22] 一个人可以通过个人程序来重新确认决策系统是否合法，或者他可以依赖一些外部专家和利益相关者的承诺和监督来确保其合法性。或者她可能两者都想要：既要对整个系统进行专家监督，又要在特定决策中具备个性化评估能力，以判断系统的推理是否对她公平适用。

第三个理由，是尊严。算法决策可能会使个体物化；将不同的个体视为可替换的。[23] 这个论点有很多种说法。第一种观点认为，使用机器来做出关于人的决策，侵犯了她的个人尊严。[24] 这种立场往往更加两极分化，可以说在欧盟比在美国更容易被接受。[25] 对一

---

[17] K. Brennan-Marquez, "Plausible Cause": Explanatory Standards in the Age of Powerful Machines（2017）70 Vand. Law Rev. 1249, 1288（"合法性的一个关键要素，即将合法权威与越权行为区分开来，其理念在于并非所有解释都能作为正当理由"）。

[18] Kaminski, above note 6, p. 118（当我们用非人类决策者替代人类决策者时，我们可能会消除人类决策者所做的填补和界定特定情况下决策背景的重要工作）。

[19] E. Felten, What Does It Mean To Ask for an "Explainable" Algorithm?, Freedom to Tinker（May 31, 2017），https://freedom-to-tinker.com/2017/05/31/what-does-it-mean-to-ask-for-an-explainable-algorithm.

[20] Citron, above note 9, p. 1301.

[21] Kaminski, above note 6, p. 118.

[22] Ibid., p. 149; Citron, above note 9, pp. 1305, 1308.

[23] Kaminski, above note 6, p. 113.

[24] Ibid., p. 114（"首先，主要来自欧洲的批评观点认为，允许机器对人类事务做出决策本质上将人类视作物体，这显露出对人类尊严的深刻且固有的不尊重"）；L. A. Bygrave, Minding the Machine: Article 15 of the EC Data Protection Directive and Automated Profiling（2001）17 Comp. L. aw Security Rep. 17, 18.

[25] M. L. Jones, The Right to a Human in the Loop: Political Constructions of Computer Automation andPersonhood（2017）47 Soc. Stud. Sci. 216, 231; T. Z. Zarsky, Incompatible: The GDPR in the Age of Big Data（2017）47 Seton Hall Law Rev. 995, 1016–17.

些人来说，机器决策本质上令人费解甚至生畏，而对另一些人来说，它们是高效和规范化的。第二种观点认为，创建个人档案会损害他们的自主权和尊严，因为这些档案是在没有他们参与的情况下创建的，并基于这个"数据双胞胎"（data double）来做出决策。[26] 如果个人无法访问、更正，甚至删除这些档案中的数据，他们的尊严和自主权就会受到损害。第三种观点认为，算法决策指向了无数关于数字"操纵"的故事，展示了算法分析及其后果如何真正限制个人自主权的方式。[27] 这一论点似乎具有更广泛的跨文化吸引力。尊严论点的三个子集都建议实施一系列类似个人数据保护的权利：访问权、更正权、解释权，甚至删除权和争议权。

以上这三个理由是密切相关的，因此它们的支持者所提出的监管解决方案也是相互关联的。要求算法决策的使用者为其决策提供依据，或为构建系统的过程提供合法性（解决正当性关切），也将有助于了解系统中的偏见和错误（解决工具性关切）。要求使用算法的程序员或机构披露决策启发式方法，同样可以揭示偏见和歧视。通过允许个人访问和纠正其数字档案中的错误来维护其尊严，也可以达到使系统减少出错率的工具性目的。

但正如笔者所论述的，构建算法问责的最大困难在于，这些理由有时会推动形成不同的监管模式。[28] 专注于工具性理由导致了一种强调系统性、事前性、持续性和协作性的治理方法。由于多种原因——这些原因与技术本身、其使用方式以及可能造成的损害类型有关——这种方法在系统上消除歧视和偏见方面可能更为有效。相比之下，关注尊严理由则会导致对个人权利和赋权的论证。正当性理由可以为任何一种治理形式或监管模式都提供论证支持。大多数拒绝个性化或公共形式透明度的学者之所以这样做，是因为他们的主要关注点是纠正偏见和错误；他们似乎并不太重视尊严或正当性理由。正如笔者所论述的，这是错误的。即使对于那些只关心纠正错误和处理偏见的人来说，透明度和可问责性也发挥着重要作用。

二、在监管哪个系统？

为了解如何最好地利用透明度，我们不仅要知道监管的原因——我们希望透明度做什么——还要知道监管的目标：我们希望看到什么样的监管体系。该领域学者们越来越认识到，算法问责不仅是为了洞察技术，也是为了洞察和影响算法周围的人类系统（human systems）。

这并不是说，提高该技术本身的透明度并不重要。对算法决策的担忧，主要源于我们将决策委托给了既无法理解也无法预测的"黑箱"系统。[29] 越来越多的计算机科学研究

---

[26] Kaminski, above note 6, p. 115（"通过将这种动态的、参与式的过程交给其他实体掌控，而非由个人掌控，数据使个人遭受双重物化"）；Bygrave, above note 24, p. 18；D. Lyon, Surveillance, Snowden, and Big Data: Capacities, Consequences, Critique, Big Data & Society（July-December 2014），pp. 1, 6.

[27] Kaminski, above note 6, p. 116（"秘密分析和决策可能导致操纵"）；Zarsky, above note 7, pp. 1541-53；D. Susser, B. Roessler, and H. Nissenbaum, Online Manipulation: Hidden Influences in a Digital World, https://papers.ssrn.com/sol3/papers.cfm? abstract_id=3306005；J. Luguri and L. Strahilevitz, Shining a Light on Dark Patterns, https://papers.ssrn.com/sol3/papers.cfm? abstract_id=3431205.

[28] Kaminski, above note 6, pp. 149-53.

[29] Pasquale, above note 7. W. Nicholson Price II, Regulating Black-Box Medicine（2017）116 Mich. Law Rev. 421.

人员专注于解释这些"黑箱"系统，或者使其变得更加透明和可问责。[30] 某些类型的法律透明度要求——如欧盟《通用数据保护条例》第13、14、15和22条，美国《公平信用报告法》（FCRA）[31]——要么要求使用算法可解释性技术，要么实际上禁止使用不可解释的算法。

但是，仅仅关注技术层面的解决方案，就会忽视日益达成的共识，即算法问责的实现还关系到人类系统的可问责性。[32] 越来越多的学者已经得出了这一观察结论。早期的学者提出了一系列问责措施，无形中承认，问责是人类组织的问题，而不仅仅是技术层面的问题。[33] 迈克尔·安尼（Michael Ananny）和凯特·克劳福德（Kate Crawford）更明确地呼吁"超越'将算法作为崇拜的对象'"，转而关注"算法系统……不仅仅是代码和数据，而是由人类和非人类参与者组成的集合"。[34]

正如杰西卡·伊格林（Jessica Eaglin）在其深刻分析再犯风险软件使用中所观察到的那样，算法深深嵌入到社会系统中。算法决策反映了程序员在设计之初的选择所体现的价值，以及使用算法的背景和方法。[35] 换句话说，技术具有政治性。[36] 构建针对算法的风险评估体系涉及许多人类选择。一旦该算法被部署，该算法可能会抽象地对种族产生差异性的衡量标准，而当它与司法裁量或遵从模式（patterns of judicial discretion or deference）相结合时，可能会产生另一种完全不同的结果。[37]

法律在这里扮演着重要角色，它解决了如何培训人类用户、向他们披露哪些信息，以及需要对算法决策持有多大的尊重等问题。丹妮尔·塞伦（Danielle Citron）很早就在讨论算法问责时，呼吁对使用算法的人进行培训，以避免"自动化偏见"的问题：人类工作者倾向于遵从算法产生的决策。[38] 相比之下，威斯康星州最高法院最近拒绝认定初审法院使用再犯风险评估软件，侵犯了被告的正当程序权利，而是要求软件开发者向法官（初审法院法官）提供一份"书面建议"，即提醒这些法官注意该程序（软件）的五个潜在问题，包括对少数族裔的偏见。[39] 这一书面建议（与更广泛的司法培训相比）是否能有效地对抗法官的自动化偏见，这是令人怀疑的。至少，它未能建立一个对自动化决策进行人类审查的标准。

---

[30] A. Abdul, J. Vermeulen, D. Wang, et al., Trends and Trajectories for Explainable, Accountable and Intelligible Systems: An HCI Research Agenda, ACM Digital Library (2018), https://doi.org/10.1145/3173574.3174156（"我们通过对289篇关于解释和可解释系统的核心论文以及12 412篇引用论文进行文献分析，探讨人机交互（HCI）研究人员如何帮助开发可问责系统"）。

[31] 15 USC § 1681m (2012); Regulation B, 12 CFR §§ 1002.1-16 (2018).

[32] Ananny and Crawford, above note 4. See also A. D. Selbst, d. boyd, S. Friedler, et al., Fairness and Abstraction in Sociotechnical Systems (November 7, 2018), https://papers.ssrn.com/sol3/papers.cfm?abstract_id=3265913.

[33] Citron, above note 9, p. 1271; Citron and Pasquale, above note 9, pp. 20–7; K. Crawford and J. Schultz, Big Data and Due Process: Toward a Framework to Redress Predictive Privacy Harms (2014) 55 BC Law Rev. 93, 124–8.

[34] Ananny and Crawford, above note 4, p. 11（原文中的强调部分）。

[35] Eaglin, above note 9, p. 63.

[36] L. Winner, Do Artifacts Have Politics? (1980) 109 Daedalus 121.

[37] Selbst et al., above note 32, p. 7.

[38] Citron, above note 9, p. 1271.

[39] State v. Loomis, 881 NW. 2d 749, 769 (Wis. 2016); State v. Loomis: Wisconsin Supreme Court Requires Warning Before Use of Algorithmic Risk Assessments in Sentencing (2017) 30 Harv. Law Rev. 1530, https://harvardlawreview.org/2017/03/state-v-loomis/.

这一举措——即审视并解决算法背后的人类构建者、使用者以及整个系统的问题——的影响是重大的：我们不仅需要深入了解代码或数据集，还需要深入了解人类决策者构建和实施算法的过程和输出。安德鲁·塞尔布斯特（Andrew Selbst）和他的合著者也同样主张，不要将算法视为抽象的工具，而是要在它们所嵌入的复杂人类系统的背景下考察算法。[40] 他们观察到，"技术系统是嵌入在更大背景和组织中的子系统"。[41] 采取这种"社会技术框架"包括意识到"人类和人类机构作出的决策"所发挥的额外作用。[42] 仅仅依靠技术层面的解决方案会导致错过许多机会和犯下许多错误。[43]

将受监管系统的定义扩大到包括人类用户和组织，还有一个额外的益处，那就是使算法决策更容易受到监管。法律可能不擅长处理技术黑箱，但它在处理人类和组织方面拥有众多技巧，并且积累了丰富的经验。这个益处并没有被忽视。大卫·莱尔（David Lehr）和保罗·欧姆（Paul Ohm）批评法学界过于关注机器学习算法的运行模式，而忽视了他们所谓的"玩弄数据"（playing with the data）的早期算法开发阶段。[44] 虽然黑箱可能很难监管，但构建和使用黑箱的人类并非难于监管。这与工具主义者的呼吁一致，即在算法构建时或构建之前对其进行监管，而不是通过事后形式的个人正当程序进行监管。[45]

因此，可问责性和透明度的一个目标是算法本身，另一个目标是围绕算法的人类决策者系统，或组织和公司。使两者都透明，这是实现算法问责目标的必要条件（但再次强调，不是充分条件）。然而，即使是这种更宽泛的框架，也忽略了一个关键的见解，即哪些系统需要变得透明和可问责。

许多关于算法问责的文献都含蓄地表达了将一些算法的治理，委托给私营部门和其他第三方。[46] 也就是说，这些建议主张政府让法律保持一定的模糊性，并要求私营部门以正式或非正式的方式，提出在其特定部门或应用中应用原则或标准的方法。许多建议还涉及让民间社会、学术界和广大公众来监督和执行这些委托任务。这些就是在监管理论中被称为"协作治理"或"新治理"的技术：公共部门和私营部门之间的伙伴关系。[47] 这些技术包括正式合作（如制定须经政府批准的行为准则）和非正式合作（如使用标准而非规则，有效地将监管细节的实施委托给私营部门）。[48]

一个数量虽少但日益增多的学者群体，更加明确地呼吁采用这些协作治理技术，并因

---

[40] Selbst et al., above note 32, p. 2.

[41] Ibid.

[42] Ibid., p. 3.

[43] Ibid., pp. 3–8.

[44] Lehr and Ohm, above note 8, p. 658（拓宽视野……对于我们解决日益自动化的世界中一些看似棘手的问题至关重要）。

[45] Kroll et al., above note 1, p. 659.

[46] Kaminski, above note 6, p. 129.

[47] See, e.g., O. Lobel, The Renew Deal: The Fall of Regulation and the Rise of Governance in Contemporary Legal Thought (2004) 89 Minn. Law Rev. 342, 371–6.

[48] Kaminski, above note 6, pp. 136–42.

此对其进行直接评估。[49] 笔者也观察到，《通用数据保护条例》在治理算法决策中广泛使用了协作治理。[50] 即使在没有明确提及的情况下，许多算法问责解决方案所提出的内容，实际上都涉及协作治理。

这产生了一个至关重要的观察结果：透明度对于算法问责是必要的，不仅因为其本身是个好东西，还因为它是有效协作治理的必要条件。为使协作治理发挥作用，必须有外部投入和监督，否则与私营部门的伙伴关系很容易让位于监管俘获。[51] 当与算法问责相关的提案呼吁民间社会参与或公众监督时，它们实际上是在呼应长期以来，关于如何使公私合作伙伴关系具有可问责性和有效性的讨论。然而，在文献中，透明度在监督方面所起的作用——不是监督算法本身，而是监督实际负责治理算法的人员——在很大程度上被忽视了。

因此，算法问责的文献经常将两个层次的透明度混淆在一起：笔者称之为一阶透明度（first-order transparency）和二阶透明度（second-order transparency）。[52] 一阶透明度针对算法及其构建过程中的人类决策。二阶透明度则侧重于使治理体系本身变得透明和可问责。前者的目标是使算法决策背后的基本原理和偏见变得可见，后者的目标则是使监督者变得可问责。

因此，透明度可以瞄准的目标不是一个，也不是两个，而是三个。其一是技术本身；其二是开发该技术的人类系统；其三是治理体系，旨在影响和改变技术以及这些人类系统。当讨论算法透明度时，不仅需要评估我们为什么需要透明度，还需要明确透明度针对的是哪个系统。

三、可问责的人工智能的透明度分类

大多数关于算法问责的呼吁，都提出了广泛的信息流和类型，而不仅仅是要求将所有内容公之于众。不幸的是，面向公众的透明度（源代码、数据集的透明度）不幸地被塑造成了一个易于攻击的稻草人形象，被认为对企业、国家安全和数据集中的个人充满了危害。[53] 这种通过否定向公众完全透明来全面否定透明度的做法，既过于简化了现有的政策建议，又曲解了透明度的本质。[54] 关于算法问责的文献中，充斥着对各种形式和不同程度的透明度的呼吁，从公开披露到内部监督，再到利益相关者、审计人员和专家委员会的参

---

[49] R. Binns, Data Protection Impact Assessments: A Meta-Regulatory Approach (2017) 7 Int. Data Privacy Law 22, 29-30; M. Guihot, A. Matthew, and N. Suzor, Nudging Robots: Innovative Solutions to Regulate Artificial Intelligence (2017) 20 Vand. J. Ent. Technol. Law 385, 427; M. Perel and N. Elkin-Koren, Accountability in Algorithmic Copyright Enforcement (2016) 19 Stan. Technol. Law Rev. 473, 529-31（"我们提倡一种协作的、动态的监管方式……"）; W. Nicholson Price II, Regulating Black-Box Medicine (2017) 116 Mich. Law Rev. 421, 465-71（讨论黑箱、医疗算法的协同治理）。

[50] Kaminski, above note 6, pp. 167-83.

[51] Ibid., p. 138（"批评人士指出，这样的政权很容易成为勾结或俘虏的对象"）。

[52] Kaminski, above note 6, p. 108（"由于监管机构将把某种程度的规则制定权下放给私人团体，我们不仅需要算法透明度和监督，还需要对规则制定和合规过程进行二阶透明度和监督"）。

[53] Kroll et al., above note 1, pp. 657-8.

[54] 许多关于透明度的讨论承认，信息流动是在一系列披露过程中发生的，而不仅仅是断断续续的。See, e.g., A. K. Woods, The Transparency Tax (2018) 71 Vanderbilt Law Rev. 1, 16（注意到法律体系"在不同方面半透明"，并制定了立法透明度的分类）。

与，以及几乎介于两者之间的所有内容。[55] 事实上，这些透明度中的许多版本，甚至是大多数，并没有引发其批评者所担忧的那种危害。此外，在实践中，所谓的透明度批评者，其最终呼吁的政策解决方案恰恰属于透明度工具箱的范畴。

例如，弗兰克·帕斯奎莱（Frank Pasquale）呼吁建立一个"合格的透明度"（qualified transparency）系统，将不同的深度、类型和数量的信息传递给不同的参与者。[56] 安德鲁·图特（Andrew Tutt）也呼吁建立类似的"披露谱系"（spectrum of disclosure）。[57] 塔尔·扎尔斯基（Tal Zarsky）关于政府使用算法的透明度的详尽研究，几乎列出了所有可能的披露模式和接收者。[58] 要求进行算法影响评估的呼声也多聚焦于创建信息流，这些信息流存在于公司内部，流向利益相关者、专家和广大公众。[59] 塞尔布斯特（Selbst）和巴洛卡斯（Barocas）最近呼吁实施记录要求，类似于《通用数据保护条例》的记录要求，以迫使构建算法的公司记录其所做的决策和原因。[60] 这些记录要求也可以被理解为透明度的一种版本，因为它们在公司内部建立了信息流，并可能在以后对那些监管或起诉它的人产生影响。

笔者是第一个根据上面讨论的一阶/二阶透明度，来全面考虑透明度和算法问责问题的学者。也就是说，虽然透明度几乎被完全用于解决算法问责的问题，但很少有人（如果有的话）思考过针对不同目标和不同监管对象的不同类型透明度之间的相互作用。

透明度有许多不同的形式和规模（shapes and sizes）。当出于多种原因实施透明度，并针对多个系统时，会出现复杂的空白和重叠（gaps and overlaps）。只有从整体角度看，这些问题才会显现出来。

考虑到这一点，笔者建议我们以下面的方式来考虑算法问责的透明度问题。透明度可以分为个体性透明度和系统性透明度。[61] 前者主要旨在实现尊严和正当性目标，同时伴随着相应的实质性争议权利（substantive rights of contestation）；而后者则主要追求工具性和系统性的正当性目标。我们应该能够清楚地说明什么东西给了谁，为什么，何时，以及如何。

此外，我们还应该意识到一阶透明度与二阶透明度之间的区别。一阶透明度旨在让某人能够深入了解系统（无论这个系统是技术本身，还是围绕它的人类决策者和用户），而二阶透明度则旨在确保将算法的治理权委托给私营部门时，这些部门能够保持可问责性，而不是被俘获。

接下来，笔者将举例说明这种分类方法是如何运作的。在表 5.1、5.2 和 5.3 中提供了更多示例。尽管并非全部，但笔者的许多观点都受到了欧盟《通用数据保护条例》的影响。

---

[55] Citron, above note 9, pp. 1305–13; Citron and Pasquale, above note 9, pp. 18–30.

[56] Pasquale, above note 7, pp. 140–88.

[57] Tutt, above note 7, p. 110（table 3）.

[58] Zarsky, above note 7, pp. 1521–30.

[59] A. D. Selbst, Disparate Impact in Big Data Policing（2017）52 Ga. Law Rev. 109, 169–72；AI Now Institute, Algorithmic Impact Assessments：Towards Accountable Algorithms in Public Agencies, Medium（February 21, 2018）, https：//medium.com/@AINowInstitute/algorithmic-impact-assessments-toward-accountable-automation-in-public-agencies-bd9856e6fdde；M. E. Kaminski and G. Malgieri, Algorithmic Impact Assessments under the GDPR：Producing Multi-Layered Explanations（October 6, 2019）, https：//papers.ssrn.com/sol3/papers.cfm?abstract_id=3456224；A. Mantelero, AI and Big Data：A Blueprint for a Human Rights, Social and Ethical Impact Assessment（2018）34 Comp. Law Secur. Rev. 754, https：//doi.org/10.1016/j.clsr.2018.05.017.

[60] Selbst and Barocas, above note 12, pp. 1129–38.

[61] Kaminski, above note 6, p. 105（"治理算法决策应同时包括个体权利和系统性方法"）.

从上述讨论中，我们得出一个深刻的见解：通常，一种透明度形式（比如个体访问权）会被依赖以完成多种类型的工作（比如既增强受影响个体的权力，又有助于确保监管体系朝着公共利益的方向发展，而不是被俘获）。[62]

个体性透明度包括针对受算法决策影响的个人的信息流。例如，一个受到贷款决策影响的人，可能会得到一个关于该决策的解释，这个解释要足够抽象和简单，以便理解，但也要足够复杂，以便采取行动，从而让他能够对该决策提出异议。这种透明度的目的不仅仅是让一个人能够改变他的行为，而且是为了赋予他权力，保护他的尊严，增加他的自主权，并使系统的推理过程——即其正当性——变得可见。[63] 这与人们可能为最好地实现专家监督而设置的那种透明度度类型，有着截然不同的目的。然而，如果算法问责作为一个整体，缺乏其他透明度机制，那么像《通用数据保护条例》第22条所要求的解释权这样的权利，可能不得不承担双重甚至三重任务。[64] 作为对该系统的更广泛的监督，甚至作为对算法决策私人治理的一种问责形式，一个解释可能必须同时向受影响的个体证明系统的合理性。不太可能有一种透明度工具，能够有效地完成所有这三项任务。

相比之下，系统性透明度旨在使机器和人类系统中的错误、偏见和歧视变得可见，以便对其进行处理和缓解，即使无法完全予以纠正。这些信息流会流向多种类型的人或行为者。例如，一个技术专家委员会可以访问算法的源代码、训练数据集，并与设计系统的数据科学家进行访谈。在另一种透明度模式下，一家公司可能被要求召集民间社会成员和利益相关者，以披露公司政策决策（并提供意见），例如如何定义歧视。[65] 在另一种系统性透明度模式中，公司可能被要求记录决策以供日后检查，或编制算法影响评估等报告。他们可能需要在工程师与公司律师或隐私专员之间建立内部信息流。这些系统性透明度的许多模式永远不会涉及向公众发布信息。其他一些模式则会建立记录，这些记录可能会稍后发布给政府监管机构或公众成员。

这些系统性透明度的形式在时间设计上也有所不同。其中一些透明度模式更为静态，只需要提交一份报告、举行一次会议或一系列按照预定计划进行的会议。其他模式则更接近于持续性的形式，可能是以定期抽查或持续监督的形式出现。

---

[62] Ibid., p. 106（"我们可能会发现自己需要依赖个体性的透明度权利来实现系统性的问责目标"）。

[63] Kaminski, above note 6, p. 106（描述一种正当性理由，关注确保决策是基于社会和法律上可接受的理由做出的，并经过可接受的过程或监督的合法化）；Selbst and Barocas, above note 12, p. 1118. For a different take, limiting individual explanations to counterfactuals, see S. Wachter, B. Mittelstadt, and C. Russell, Counterfactual Explanations without Opening the Black Box: Automated Decisions and the GDPR (2018) 31 Harv. J. Law Technol. 841.

[64] Kaminski, above note 6, p. 106.

[65] Kim, above note 9, p. 193; Lehr and Ohm, above note 8, p. 705 n. 187.

表 5.1 个体性透明度

	向谁？	为什么？	什么？	何时？	如何？
访问有关个人的分析数据[66]	受影响的个人	因此，个人可以知道有关他的哪些信息被保存；为了尊重他的尊严，他可以更正所获取的信息并选择不进行处理	(1) 以外行人可理解的格式提供个人资料； (2) 关于个人的推断。	在合理的间隔时间内	主动发起请求以获取或提取（pull）信息或资源
关于某人已经或将要受到算法决策系统影响的披露	受影响的个人	因此，个人知道自己可能受到/已经受到算法决策的影响；为了尊重他的尊严；允许他选择退出	关于某人正在接受算法分析或决策影响的披露声明	当处理实体知道某人正在受到算法决策的影响时	肯定性通知（推送）
模型解释（以模型为中心）[67]	受影响的个人	(1) 因此，个人能够有意义地同意接受系统的处理（或选择退出）； (2) 因此，个人能够评估/质疑更广泛的决策启发式方法的合理性。	(1) 外行人也能理解的描述：关于模型类型、输入数据、性能指标以及模型测试方法的信息；[68] (2) 一个用于对系统进行有意义的测试的接口。[69]	在做出决策之前	(1) 肯定性通知（推送）； (2) 主动发起请求以获取或提取信息或资源。

---

[66] See Council Regulation 2016/679, 2016 OJ (L 119) 1 (EU), art. 15.

[67] Edwards and Veale, above note 2, p. 22 (我们确定了两种算法类型的解释：以模型为中心的解释和以主题为中心的解释). But see A. D. Selbst and J. Powles, Meaningful Information and the Right to Explanation (2017) 7 Int. Data Privacy Law 233, 239-40 (认为通常一个有意义的系统级解释会产生关于具体决策的信息).

[68] Edwards and Veale, above note 2, p. 55.

[69] Citron and Pasquale, above note 9, pp. 28-30; M. Hildebrandt, The Dawn of a Critical Transparency Right for the Profiling Era, in J. Bus, M. Crompton, M. Hildebrandt, et al. (eds.), Digital Enlightenment Yearbook 2012 (IOS Press, 2012), pp. 53-4. 在版权法领域中也有类似的建议，see M. Perel and N. Elkin-Koren, Black Box Tinkering: Beyond Disclosure in Algorithmic Enforcement (2017) 69 Fla. Law Rev. 181, pp. 190-200.

续表

	向谁？	为什么？	什么？	何时？	如何？
131 对特定决策的解释（以主题为中心[70]）	受影响的个人	（1）尊重受影响个人的尊严；（2）深入了解系统的决策是否合法；（3）因此，个人可以更正、质疑或行使相关权利	（1）一种外行人可以理解的解释，包括可能使用的统计数据、做出的政策决策和决策的启发式方法；（2）以主题为中心的信息：反事实，[71]其他类似分类的特征，系统对特定结果的信心。[72]	在做出决策之后，但在它被实施之前	肯定性通知（推送）

表 5.2 系统性透明度

	向谁？	为什么？	什么？	何时？	如何？
132 第三方审计	独立审计师	（1）检查系统（是否存在偏见、歧视）；（2）为系统提供合法性。	进行审计所需的所有信息，可能包括源代码和数据集、性能指标	（1）系统设计时、系统运行时；（2）定期进行；（3）当系统发生实质性的变化时。	（1）肯定性义务（推送）；（2）回应审计员的请求（拉取）。
向专家委员会披露	外部专家委员会的技术/法律/伦理专业知识	（1）检查系统（是否存在偏见、歧视）；（2）为系统提供合法性。	董事会提供实质性输入所需的所有信息（见上文）	（1）在设计阶段（"玩转数据"）；（2）性能评审。	（1）肯定性义务（推送）；（2）回应董事会请求（拉取）。

---

[70] Edwards and Veale, above note 2, p. 22.
[71] Wachter et al., above note 63, p. 880.
[72] Edwards and Veale, above note 2, p. 58.

续表

	向谁？	为什么？	什么？	何时？	如何？
记录要求	（1）公司内部行为者；（2）监管机构（通过记录/报告系统，或响应信息强制获取/发现能力）。	（1）检查整个系统；（2）调整公司决策启发式方法。	关于实质性的设计决策的信息[73]	（1）作为一个系统来设计；（2）当一个系统发生实质性改变时；（3）正在进行的（连续的）。	（1）公司内部的信息流动（推送和提取）；（2）响应监管机构的请求（提取）或肯定性义务（推送）。
影响评估	（1）本公司的其他成员；（2）利益相关者（包括受影响的个人和公民群体）；（3）公众。	（1）检查系统；（2）降低风险；（3）提供合法性。	每个相关参与者为有效缓解风险/保护人权所需的所有必要信息	（1）在系统实现之前；（2）正在进行的；（3）实质性更改。	（1）公司内部的信息流动（推送和提取）；（2）肯定性义务（推送）。
向受影响的利益相关者披露信息	受影响的利益相关者或民间社会代表	（1）检查系统；（2）提供合法性；（3）识别/质疑公司的政策决策。	包括专家信息和非专家信息	（1）在系统实现之前；（2）实质性更改。	（1）肯定性义务（推送）；（2）利益相关方请求（提取）。

表5.3 二阶透明度

	向谁？	为什么？	什么？	何时？	如何？
第三方审计	独立审计人员	确保公司参与自我监管是有效的，并且不被操控	审计对公司政策进行实质性监督所需的所有必要信息	（1）系统设计时；（2）系统运行时；（3）定期进行；（4）当系统发生实质性的变化时。	（1）肯定性义务（推送）；（2）回应审计员请求（提取）。

---

[73] Selbst and Barocas, above note 12, pp. 1129-38.

续表

	向谁？	为什么？	什么？	何时？	如何？
向专家委员会披露	（1）外部专家委员会；（2）技术/法律/伦理专长。	确保公司参与自我监管是有效的，并且不被操控	董事会为对公司政策进行实质性监督所需的所有必要信息	（1）在设计阶段（"玩转数据"）；（2）性能评估	（1）肯定性义务（推送）；（2）回应董事会请求（提取）。
影响评估	（1）利益相关者（受影响的个人和民间社会）；（2）公众。	（1）为确保公司参与自我监管是有效的，并且不被操控；（2）触发非法律强制执行。	外部行动者确保公司政策不仅仅是自利的，并可能提供强制执行所需的所有必要信息	（1）在系统实现之前；（2）正在进行的；（3）实质性更改。	（1）公司内部的信息流动；（2）肯定性义务（推送）。
向受影响的利益相关者披露信息	受影响的利益相关者或民间社会代表	确保公司参与自我监管是有效的，并且不被操控	包括专家信息和非专家信息	（1）在系统实现之前；（2）实质性的更改。	（1）肯定性义务（推送）；（2）利益相关方请求（提取）。
对一个特定决策的解释	受影响的个人	在缺乏其他形式的外部透明度的情况下，为确保公司参与自我监管是有效的且不被操控；触发法律和非法律强制执行（例如媒体报道和谴责）	（1）对普通人来说易于理解的解释，包括在可能的情况下使用的统计数据、做出的政策决策以及决策启发式方法；（2）以主体为中心的信息：反事实。其他类似分类的特性，系统对特定结果的信心。	在做出决策之后，但在实施之前	肯定性通知（推送）

续表

	向谁？	为什么？	什么？	何时？	如何？
对模型的解释	受影响的个人	有助于确保公司参与自我监管是有效的，并且不被操控	（1）对普通人来说易于理解的描述； （2）关于以下方面的信息：模型族、输入数据、性能指标、模型的测试方式； （3）对系统进行有意义的测试的接口。	在做出决策之前	（1）肯定性通知（推送）； （2）访问（拉取）。

所有这些都与帕斯奎莱（Pasquale）所谓合格的透明度（qualified transparency）的概念相似：根据特定披露的目的，不同的行为者会接收到不同深度、广度或持续时间的信息。[74] 系统性透明度的总体目标，是提供对技术系统（算法）及其周围的人类系统的可见性和监督，主要是为了揭示并解决错误和偏见问题。由于种种原因，学者们更有信心认为这种方法，将比个体性透明度更能解决关于算法的实用性问题。[75]

然而，迄今为止，所有这些透明度的类型都旨在深入观察受监管的对象、组织或过程。也就是说，笔者迄今为止讨论的透明度仅作为一阶透明度起作用。如果正如许多关于算法问责的提案至少含蓄地建议的那样，我们将把如何用算法解决社会问题的决策权交给私营部门，那么我们需要关注的不仅仅是观察受监管的系统，还要监督那些负责执行甚至制定法律的私营部门行为者。

这正是向公众和第三方披露信息变得至关重要的地方。在协同治理体系中，第三方行为者必不可少，他们可以防止私营部门行为者只考虑自身利益。同时，他们也是政府行为者力量的倍增器；当政府以外的其他声音和专业知识也能参与执行和监督工作时，协同治理的效果最佳。

这也正是许多系统性透明度形式最终服务于多个目标的地方。以利益相关者和民间社会成员聚会为例，他们聚在一起是为了监督，甚至可能参与公司的决策，即如何定义歧视的含义。一方面，这显然是系统性问责的一种形式，旨在从工具性角度使算法及其周围系统减少歧视性。另一方面，第三方透明度也发挥了监督公司自主决策、确保公司决策不会偏离公共利益太远的作用。[76] 同样，第三方进行的外部审计或外部专家进行的监督，既是

---

[74] Pasquale, above note 7, pp. 140-88.

[75] See, e.g., Edwards and Veale, above note 2, p. 67（描述一种可能的"透明度谬误"）。

[76] I. Ayres and J. Braithwaite, Responsive Regulation（1992）, pp. 57-60; I. Ayres and J. Braithwaite, Tripartism: Regulatory Capture and Empowerment（1991）16 Law Soc. Inquiry 435, 491 n. 137; see also M. E. Kaminski, Regulating AI Risk through the GDPR（October 22, 2019）, pp. 31-2（未发表的手稿，存档于作者处）。

为了纠正算法本身的问题,也是作为一种观察、进而监督公司作为自我监管者或共同监管者行为的手段。

这些关于透明度在拟议的治理体系中经常服务于双重、三重甚至四重目的(当加上尊严时)的见解具有实际意义。以算法影响评估的讨论为例,根据欧洲的《通用数据保护条例》,影响评估在很大程度上被视为一种内部监督和风险缓解过程,仅在某些高风险情况下触发直接监管监督。[77] 它们不需要向公众公布,尽管这是一种鼓励的最佳实践。[78] 影响评估的非公开版本在很大程度上服务于工具性目的:它要求公司减轻对受影响个体的风险,包括通过向外部专家或审计人员披露信息。[79]

然而,非公开的影响评估在二阶透明度方面却失败了。虽然向第三方专家的披露可以在公司自我监管的过程中起到一定的问责作用,但它们的作用远远不如将报告公之于众或向其他感兴趣的利益相关者发布。向公众发布不仅会引发公众监督,还可能引发非法律制裁,如公众羞辱和不利的市场后果。这些非法律执行机制,对于任何正式或非正式地将监管权委托给私营部门的尝试都至关重要。它们不仅增加了监管机构的实际执行能力,还利用了受监管部门和政府之外的技术专长和合法声音。

四、关于实质内容的最后一点说明

如果不承认透明度的真正局限性,任何关于透明度的讨论都是不完整的。可以说,透明度对于算法问责是必要的,但并非充分的,正如它对于许多其他事物一样。正如著名的圆形监狱(panopticon)所说明的那样,透明度本身有时会导致行为改变,无论是出于对社会羞辱的恐惧,还是出于顺应公认的多数人规范的倾向。[80] 有时,寒蝉效应或顺从效应是可取的。然而,仅仅有寒蝉效应是不够的。

如果一个人没有权利对某个决定提出异议,那么个人获得解释的权利又有什么用呢?[81] 如果监管机构缺乏科处实质性罚款的权力,那么它检查公司文件的权力又有何意义?又或者,如果个人没有实质性的权利去挑战歧视行为,那么仅仅具有能够观察到公司存在歧视行为的能力又有什么用呢?

在确定透明度的一些实质性法律保障可能的样态时,笔者再次转向欧洲。监管机构可能既拥有强制获取信息的权力,也拥有对某些做法进行实质性执法的权力,如能够处以巨额罚款。个人可能既拥有有意义地同意接受某个系统的权利,也拥有选择退出该系统的权利。她可能拥有更正权、异议权以及人工干预权,或者要求人工决策或人工审核的权利。她可能拥有实质性的权利,即不被基于特定类别的敏感数据(如健康数据或政治观点)做出决策。她可能拥有实质性的权利,即不被基于特定不变或其他受保护的特征而受到歧视。

---

[77] Council Regulation 2016/679, 2016 OJ (L119) 1 (EU), arts. 35-6. Kaminski, above note 6, p. 176 n. 393.

[78] Article 29 Data Prot. Working Party, Guidelines on Data Protection Impact Assessment (DPIA) and Determining Whether Processing Is "Likely to Result in a High Risk" for the Purposes of Regulation 2016/679, WP248 rev. 01 (April 4, 2017), p. 16.

[79] Article 29 Data Prot. Working Party, Guidelines on Automated Individual Decision-Making and Profiling for the Purposes of Regulation 2016/679, WP251 rev. 01 (February 6, 2018).

[80] M. E. Kaminski and S. Witnov, The Conforming Effect: First Amendment Implications of Surveillance, beyond Chilling Speech (2015) 49 Univ. Rich. Law Rev. 465, 466-7.

[81] M. E. Kaminski and J. Urban, The Right to Contestation, 存档于作者处的草稿。

因此，孤立地讨论透明度无疑是有局限性的，它也可能在时间上是有局限性的。也许有一天，更清晰的最佳实践和标准将在这些领域发展起来，这样我们就不必如此依赖协作式的监管方法。当那一天到来时，简化可能是值得的：如果个人受到了最终确定是不良或设计不良的算法决策的影响，可以赋予他们简单的诉讼权。但在此之前，透明度是大多数学者（无论是有意还是无意）所提议的监管方法的重要组成部分。

第二部分

商业、法规和算法决策

第六章

算法与合同法

劳伦·亨利·朔尔茨（Lauren Henry Scholz）

引言

美国从建立在格式合同基础上的经济向建立在算法合同基础上的经济的转型，既微妙又彻底。在格式合同经济中，许多公司使用标准订单表格来发出和接收订单。企业在购买产品和服务时，需要遵守冗长的服务条款。即使是相当成熟的企业之间通过谈判达成的协议，也大量采用了律师选定的标准格式条款。

算法合同经济与格式合同经济有许多共同之处。主要区别在于由哪一方为公司选择标准条款和客户。在某些算法合同中，计算机程序会根据产品的实时可用性或买方特征定制合同条款。在这种情况下，算法取代了人类行为者的专业技能。小店老板不用了解自己的开支和所在城市的商业条件来选择价格，大公司也不用人力研究团队来实现同样的结果，现在公司可以使用算法来考虑所有相关信息，以确定所售商品或服务的价格。在其他算法合同中，计算机程序可以选择合适的产品买家，并为每笔特定交易定制条款。在这种情况下，算法将取代在合同经济形式下可能由销售人员和律师做出的判断。

因此，算法合同是依赖于算法决策的合同，通常排除了人类决策者。"算法"一词最广义的定义包括人类用来做出选择的任何启发式方法。本章将在很大程度上遵循现代惯例，使用"算法"来指执行一系列计算或规则的计算机程序。但从表达意义上来说，更宽泛的定义是有启发性的。要理解算法合同的新异之处，最好的方法就是在形成算法合同的过程中，计算机程序进入以前由人类执行的决策角色。许多公司都将以前由人类执行算法的决策（如店主在信封背面计算如何给商品定价）委托给执行算法的计算机程序。现代公司发现，将越来越多的责任委托给算法决策是有利的，原因之一是机器学习带来了难以置信的处理速度和复杂性。

对复杂算法背后技术的普遍混淆导致了算法合同判例法的不一致。判例法明确基于以下原则：算法是其所服务公司的建设性代理人，这将为算法合同的可执行性提供一个明确的基础，该基础既从技术角度看是原则性的，又易于理解，并能为普通人所应用。

本章内容如下："介绍算法及其在合同法中的作用"将解释机器学习算法的工作原理，并介绍其在合同订立中的应用；"算法与合同的现行法律"将介绍有关算法合同的现行法律，并介绍在有关此主题的稀少判例法中对算法合同的现行解释；"算法合同的概念化"将解释如何将算法合同概念化;"前进之路"将讨论如何改进当前州法律和司法部门对算法合同的处理方法。

一、介绍算法及其在合同法中的作用

(一) 一般算法

算法是解决问题时需要遵循的一系列指令。[1] 通常,"算法"一词被用来描述计算机运行的程序,该程序向计算机发出指令,指示计算机做什么。[2]

对许多信息时代的读者来说,这个词可能会让人觉得比这个简单的定义更复杂。这并非偶然。它是一个充满价值的术语,其积极或消极的含义备受争议。[3] 正如 Jenna Burrell 所说,"企业在'打造'算法一词的品牌时,更多的是强调算法的客观性,而不是有偏见的人类决策。通过这种方式,算法一词的内涵正在被积极塑造为广告文化和企业自我展示的一部分,同时也受到了与自动化、企业问责制和媒体垄断等普遍关切相关的反对话语的挑战。"[4] 机器代替人类做决定的现象,既会因效率和所谓的客观性而唤起人们的乐观情绪,也会因害怕出错和缺乏责任感而引起人们的怀疑。

(二) 机器学习

并非所有前沿技术中的算法都采用了机器学习,[5] 但还是存在许多采用机器学习的算法。因此,要了解算法在合同法中的作用,就必须对这一技术有基本的了解。机器学习是一门无需明确编程就能教会计算机学习的科学,[6] 机器通过分析人类程序员提供的训练示例来学习执行任务。[7] 机器学习对解决许多现代问题至关重要。机器学习通常用于根据大型数据集进行预测,以及对物品进行分类。机器学习还可用于开发过于复杂、人类无法直接编码的应用程序,如创建自动飞行器。[8]

机器学习有几种不同的方法,本章无法一一介绍。不过,为了便于说明,笔者将简要介绍和讨论其中一种应用最广泛的方法——神经网络(通常简称为神经网)。[9]

---

[1] BBC, What is an Algorithm, www.bbc.com/bitesize/articles/z3whpv4.

[2] P. Domingos, *The Master Algorithm*: *How the Quest for the Ultimate Learning Machine Will Remake Our World*, Allen Lane, 2015.

[3] B. D. Mittelstadt, P. Allo, M. Taddeo, et al., The Ethics of Algorithms: Mapping the Debate (2016) 3 Big Data Soc. 1, https://journals.sagepub.com/doi/pdf/10.1177/2053951716679679.

[4] J. Burrell, How the Machine "Thinks": Understanding Opacity in Machine Learning Algorithms (2016) 3 Big Data Soc. 1, https://doi.org/10.1177/2053951715622512 (citations omitted).

[5] G. Both, What Drives Research in Self-Driving Cars? (Part 2: Surprisingly Not Machine Learning), Platapus the Castayas Blog (April 3, 2014), http://blog.castac.org/2014/04/what-drives-research-in-self-driving-cars-part-2-surprisingly-not-machine-learning/.

[6] 机器学习更正式的定义如下:"就某类任务T和性能指标P而言,如果计算机程序在T类任务中的性能指标P随经验E的增加而提高,则称该计算机程序从经验E中学习"。A. Ng, Coursera, Machine Learning Course, Introduction (citing T. Mitchell, *Machine Learning*, McGraw-Hill Education, 1997, p. 2.

[7] 此时,在通常情况下需要举例说明。P. Domingos, A Few Useful Things to Know about Machine Learning, Communications of the ACM (October 2012), https://homes.cs.washington.edu/~pedrod/papers/cacm12.pdf.

[8] Ng, above note 6.

[9] 神经网络有时也被称为"深度学习",但为了清晰起见,笔者还是使用神经网络这一术语。L. Hardestry, Explained: Neural Networks (April 14, 2017), http://news.mit.edu/2017/explained-neural-networks-deep-learning-0414.

第六章 算法与合同法

神经网络是模拟生物神经系统的模型。在生物神经系统中,每个神经元都通过轴突和树突与成千上万个其他神经元相连。轴突发送信号、树突接收信号。突触是树突与另一个神经元的连接点。突触可以很强,这意味着它能较好地传导信号;也可以很弱,这意味着它能较差地传导信号。[10] 因此,通过弱突触的强信号与通过强突触的弱信号对神经元的影响可能是一样的。

神经网络的基本单元是被称为神经元的数学模型。许多神经元组成一个网络。神经网络的目的是创造出能够像生物实体一样学习的机器。神经网络通过输入由人类训练员标注的训练示例进行学习。随着时间的推移,神经网络学会从数据中发现规律。[11] 例如,一个物体识别系统可能会收到人类标记为狗和猫的图片。在训练集的基础上,神经网络会发现一些规律,从而识别出未被标记为猫狗的图片。[12]

神经网络具有与非机器学习方法不同的能力。神经网络可以"根据不完整的信息进行推理,并对规律进行分类(通过匹配过去的信息和概括过去的信息)"。[13] 人类编码或符号系统面临两个限制:并非所有知识都能以符号形式表述,即使能以符号形式表述,通过人力来开发和更新这样的系统也需要时间。[14] 神经网络通常可以更快、更便宜地解决特定问题,而不需要人工编写符号代码来解决这个问题。[15]

但神经网络也有一个很大的缺点。与人类编写的符号代码不同,神经网络是不透明的。[16] 就像人脑可以识别猫或狗,但却无法明确对识别该物体的确切原因进行逆向工程一样,神经网络得出的结论背后的推理可能也是不透明的。也就是说,通常不可能精确地对机器分组或选择背后的原因进行逆向工程。有时,人类能否理解机器的行为并不重要。但在某些情况下,了解决策背后的原因却很重要。[17]

此外,神经网络的不透明性掩盖了人类开发神经网络的原因,以及人类在神经网络的最终特征中可能扮演的角色。人类在开发过程中的动机和偏见可能会影响算法做出的决定是否在规范上站得住脚。正如 Andrew Selbst 和 Solon Barocas 所言,在寻求算法决策的责任

---

〔10〕 最常见的模型以神经元为基本处理单元。每个处理单元都有一个活动水平(代表神经元的极化状态)、一个输出值(代表神经元的发射率)、一组输入连接(代表细胞及其树突上的突触)、一个偏置值(代表神经元的内部静息水平)和一组输出连接(代表神经元的轴突投射)……因此,每个连接都有一个相关的权重(突触强度),它决定了输入对该单元激活水平的影响。权重可能是正的(兴奋性),也可能是负的(抑制性)。通常情况下,输入线被假定为线性相加,从而产生一个激活值。See D. Rumelhart, B. C. Widrow, and M. A. Lehr, The Basic Ideas in Neural Networks, Comm. ACM (March 1994), p. 87.

〔11〕 正如 Michael Aikenhead 所说:"在生物系统中,实验表明,学习在细胞水平上最重要的影响之一是改变两个神经元之间突触连接的强度。类似地,训练神经网络就是修改系统中突触权重的值。训练是一项复杂的任务,所使用的方法取决于相关网络的结构"。M. Aikenhead, The Uses and Abuses of Neural Networks in Law (1996) 12 Santa Clara Comput. High Technol. Law J. 31, 35.

〔12〕 See Hardestry, above note 9.

〔13〕 Aikenhead, above note 11, p. 37.

〔14〕 Ibid., p. 33.

〔15〕 See generally H. W. Lin, M. Tegmark, and D. Rolnick, Why Does Deep and Cheap Learning Work So Well? (2017) 168 J. Stat. Phys. 1223.

〔16〕 Hardestry, above note 9; see also Burrell, above note 4.

〔17〕 法律的基础是规则和判断必须有理由。See C. Morris, Law, Reason, and Sociology (1958) 107 Univ. Penn. Law Rev. 147.

时，了解模型开发背后的人类影响至关重要。[18]

（三）算法在合同法中的应用

本章涉及算法和合同法。因此，有必要将算法的非合同用途与合同用途区分开来。机器学习或算法其他的许多应用都是在组织内部进行的。也就是说，公司或组织使用算法进行研究，或执行或改进某些不直接与客户对接的流程。例如，一家农业公司可能会使用算法，根据天气、作物品种、土壤类型和其他因素，建议在某一天向作物分配多少水、除草剂和肥料。这些用途是非交易性的，因此，对此类内部算法的任何监管都不属于合同法范畴，而属于公司法、侵权法或其他法律范畴。

有些算法应用确实涉及与现有或潜在客户的互动，但并不产生具有约束力的合同。金融新闻聚合平台就是一个例子，该平台采用算法根据主题对新闻报道进行分组。虽然该平台的用户与该公司的算法结果进行了互动，但双方之间并没有因为浏览行为而形成任何合同，除非该公司在算法和用户行为之外另行制定了相关条款。[19]

本章主要介绍如何理解使用算法代表公司选择合同条款或贸易伙伴的合同。下面举三个例子，说明公司如何使用算法来订立合同。

（1） A 公司使用算法来选择每种产品提供给每位客户的价格；

（2） B 公司使用算法代表公司在金融市场上买卖金融产品；

（3） C 公司使用算法来选择公司将签订哪类合同，以及公司将采用哪些策略。

在上述三个例子中，公司都是将创建条款或选择贸易伙伴的责任委托给算法。公司可以像例（1）那样只承担少量责任，也可以像例（3）那样承担大量责任。用人的判断代替机器的程序输出的原理是一样的。[20] 对于某些类型的机器学习算法，如用神经网络构建的算法，使用这些算法的公司不可能事先知道算法会选择哪些条款或贸易伙伴。此外，即使在算法选择了条款或贸易伙伴之后，通常也无法确定算法做出选择的确切依据。这就是本章前述的机器学习的工作原理。

二、算法与合同的现行法律

在 2000 年左右，联邦政府和各州通过了有关电子合同的法律。这些法规的目的是避免纯粹基于电子同意方式的合同争议。

在联邦一级，美国国会于 2000 年通过了《全球和国家商务电子签名法》（以下简称《电子签名法》），以确保合同或签名"不得仅因其采用电子形式而被剥夺法律效力、有效性或可执行性"。[21]《电子签名法》限制了各州就此颁布法律的范围和性质。[22] 在州一

---

[18] A. Selbst and S. Borocas, The Intuitive Appeal of Explainable Machines (2018) 87 Fordham Law Rev. 1085, https://papers.ssrn.com/sol3/papers.cfm?abstract_id=3126971.

[19] Browsewrap 合同条款可使浏览行为成为对合同条款的同意。Browsewrap 条款是平台上的可用条款，规定用户使用平台即表示同意合同条款。如果没有平台创建者主动添加的此类条款，浏览应用程序就不能被理解为产生了具有约束力的合同。See Hines v. Overstock, 668 F. Supp. 2d 362（EDNY 2009）.

[20] See J. Balkin, The Path of Robotics Law (2015) 6 Calif. Law Rev. Circuit 45, 12-16. 讨论了人工智能中的替代现象。

[21] E-Sign Act 101. a.

[22] See generally S. Lillie, Will Esign Force States to Adopt UETA? (2001) 42 Jurimetrics J. 21, 23. 讨论了电子签名对联邦制的影响。

级,大多数州通过了《统一电子交易法》(UETA),[23] 该法由全国统一州法律专员会议(NCCUSL)制定。该法的目的是"通过验证和授权使用电子记录和电子签名,便利和促进商业和政府交易"。[24] 该法宣布,"不得仅因记录或签名采用电子形式而剥夺其法律效力或可执行性","合同不得仅因在其形成过程中使用了电子记录,就不具有法律效力或可执行性"。[25] 这些法律是广泛共识的产物,即需要防止商业交易的日益数字化导致对这些交易的可执行性产生大规模混淆。为实现这一目标,制定了明确而严格的规定。

《电子签名法》和《统一电子交易法》旨在处理电子格式合同,而非算法合同。这些法律在证明算法合同的执行合理性方面并无新意。对《统一电子交易法》条款的简单解读可能表明,任何采取电子形式的合同都是可以执行的。但法规文本并不支持这种解释,这些法规并没有为任何采用电子形式的合同的可执行性创造一个替代的、低标准的理由。它们只是指出,无论交易是纸质还是数字形式,合同订立的规则都应相同。

《统一电子交易法》明确了其与一般合同法的关系。《统一电子交易法》的前言指出,《统一电子交易法》是"最低限度和程序性的"。[26] 它遵从现有合同法中"签署"的含义。签署是指当事人在书面文件上客观地表示同意。《统一电子交易法》的适用范围部分指出"受本法案管辖的交易还须遵守其他适用的实体法"。[27]

序言描述了《统一电子交易法》打算处理的具体交易类型:该法明确规定,由人编程和使用机器("电子代理")的行为将对机器的使用者产生约束力,无论是否有人对特定交易进行了审查。[28] 该法规对"电子代理"的定义如下:"电子代理是指一种计算机程序或电子或其他自动化手段,可在无需个人审查或操作的情况下,独立采取某项行动,或对全部或部分电子记录或行为作出反应"。[29] 《统一电子交易法》定义部分的评注赞同机器作为公司"工具"的理论。[30]

使用机器学习算法订立的算法合同不属于《统一电子交易法》的管辖范围。机器学习算法与《统一电子交易法》对电子代理的定义有两点不同。首先,前言指出《统一电子交易法》所讨论的机器是"由人编程……"的。人并不对机器学习算法进行编程。相反,如前文所述,机器会自行编程,以执行人类指定的任务。其次,"工具"是一个拙劣的比喻,它指的是具有自我编程能力的算法,该算法被委以制定合同条款的重大责任,但工具通常被理解为增强人类用户执行任务的能力。推土机或锤子可以让人类以其他方式无法达到的规模和速度完成工作;但它并不能代表人类工人对项目的发展方式做出独立的决定。

最重要的是,《统一电子交易法》指出,它无意取代实体合同法。当各方都表示同意协议时,合同就成立了。至少在某些算法合同中,表示同意的实体是一种自行编程的算法。

---

[23] 只有纽约州、华盛顿州和伊利诺伊州没有采用统一《电子签名法》,它们有自己承认电子签名的州法规。
[24] UETA, s. 6.
[25] UETA, s. 7
[26] UETA, prefatory notes.
[27] UETA, s. 3 (d).
[28] UETA, prefatory notes.
[29] UETA, s. 2 (6).
[30] Section 2, Definition, Comment.

在实体合同法中，算法编程与算法行为之间的差距尚未消除。虽然电子代理语言很有用，但《统一电子交易法》并没有弥合这一差距，因为机器学习算法合同不在其适用范围之内。

同一时期提出的另一个示范法项目的失败也说明了《电子签名法》和《统一电子交易法》适用范围的狭窄。20世纪90年代末，全国统一州法律专员会议和美国法学会试图起草《统一商法典》（UCC）的第2B条补充条款。《统一商法典》是20世纪中期颁布的商法示范法规，已被美国所有州和法域采用。

该项目的宏伟目标是更新《统一商法典》，以处理信息时代的交易。[31] 所有参与人员一致认为，除了《统一商法典》和《美国民法典第二次重述》（同样具有影响力的普通法合同原则重述）中采用的20世纪中期的原则外，还需要为业界和法官提供进一步的指导。然而，对于更新的内容并没有达成共识。由于与全国统一州法律专员会议存在不可调和的分歧，美国法学会退出了该项目，全国统一州法律专员会议将示范法规重新命名为《统一计算机信息交易法》（UCITA）。

由于多方利益相关者的持续批评，《统一计算机信息交易法》未能在州立法机构中获得支持，并被全国统一州法律专员会议撤回。除了对《统一计算机信息交易法》具体条款的实质性批评外，[32] 许多批评者认为《统一计算机信息交易法》的条款还不成熟，因为数字时代的合同环境还不成熟。[33] 此外，还有人批评《统一计算机信息交易法》采用了过于原则性的表述，[34] 认为针对新技术带来的合同实践制定更有针对性的规则更为稳妥。[35]

《统一计算机信息交易法》的失败表明，当时的立法者对制定一部甚至有可能解决信息时代技术带来的合同订立重大变革的法案不感兴趣（或无法达成一致）。《统一电子交易法》和电子签名只是权宜之计，目的是防止机会主义者利用电子形式破坏合同的可执行性，如果没有电子形式，这些合同在合同法下是可以执行的。

也许是由于《统一电子交易法》的全称听起来很宽泛，一些法院和评论者对其进行了过于宽泛的解读，认为它规定所有电子合同均可执行。正如前面的讨论所示，这种解释既没有法规文本的支持，也没有其起草历史的支持。它忽视了机器学习算法为当事人选择条款的合同与其他合同在合同形式方面存在的不可调和的差异。

通才法官能找到这种解释的动机可能是希望让被认为对经济很重要的交易能够继续进行。然而，正如下文所要说明的，算法合同的概念允许在主流合同法的基础上执行用算法

---

[31] B. D. McDonald, The Uniform Computer Information Transactions Act（2001）16 Berkeley Technol. Law J. 461, 462. 以下关于《统一计算机信息交易法》历史的讨论改编自 McDonald 的文章。

[32] 许多评论家认为，由于《统一计算机信息交易法》的大众市场许可新概念，《统一计算机信息交易法》赋予公司过多的权力，牺牲了消费者的利益，超越了现状。J. Braucher, The Failed Promise of the Ucita Mass-Market Concept and Its Lessons for Policing of Standard Form Contracts（2003）7 J. Small Emerging Bus. Law 393, 398–416（对《统一计算机信息交易法》的大众市场许可概念的详细描述和批评）。

[33] R. J. Yacobozzi, Integrating Computer Information Transactions into Commercial Law in a Global Economy: Why UCITA Is a Good Approach, But Ultimately Inadequate, and the Treaty Solution（2003）Syracuse Law Technol. J. 3. 将《统一计算机信息交易法》的争论描述为认为该法案时机尚不成熟的人与认为统一性需求至关重要的人之间的争论。

[34] 根据其本身的规定，《统一计算机信息交易法》仅适用于"计算机信息交易"，并明确排除了许多有争议的应用（《统一计算机信息交易法》，第103条）。然而，对该法案持怀疑态度的人担心，这些原则的类推适用可能远远超出《统一计算机信息交易法》的预期范围。鉴于法院经常通过类推将《统一商法典》规则适用于普通法案件，这一前景绝非臆测。

[35] Braucher, above note 32, pp. 416–22.

订立的合同。

三、算法合同的概念化

在最近的一篇文章中，笔者创造了"算法合同"一词，用来描述在合同订立过程中，算法通过充当公司的填补空白者或谈判者来确定一方的权利和责任。[36] 在填补空白的算法合同中，双方当事人同意，在合同订立之前或之后的某个时间运行的算法将起到填补空白的作用，决定合同中的某些条款。例如，一家公司在 Amazon 网站上购买商品，Amazon 为所有买家制定了标准的格式条款和条件，但复杂的专有算法会在任何特定时间为每个用户确定商品的确切价格。

在谈判算法合同中，一方或多方在合同订立前使用算法作为谈判者。算法选择提供或接受哪些条款，或与哪家公司进行交易。投资银行和基金的高频金融产品交易就是一个例子。他们雇用定量分析人员，创建或修改专有算法，通过机器学习创建买卖金融产品的实时策略。使用这种算法的意义在于有效地将公司与有利的交易所绑定，而这是人类分析师（包括编写程序的个人）无法想到的。

给合同法带来最大问题的算法合同可能是那些涉及"黑箱"算法代理的合同。这些算法的决策程序在程序运行前在功能上无法为人类所理解，甚至在程序运行后也往往无法解析。笔者认为，在企业对企业的交易中，算法合同是可以执行的，因为算法是作为使用它的公司的推定代理人行事。这意味着这些行为表明了公司的意图，即使由于算法的学习方法，公司无法对算法的推理进行精确逆向工程。

算法合同与智能合约不同。"算法合同"一词加强并澄清了关于被称为智能合约的计算机程序的政策讨论。它为采用算法订立的法律合同创造了一个名称。智能合约的一个有影响力的定义是"执行合同条款的计算机化交易协议"。智能合约只是一种计算机代码，有助于按程序执行协议。正如 James Grimmelman 所说"智能合约既不是智能，也不是合约，但这个名字已经深入人心"。[37] 智能合约并不一定具有法律约束力。并非所有代码都能在合同法中强制执行，就像并非人类的每一种语言表达都能形成合同一样。算法合同是由算法形成的具有法律效力的合约。并非每份智能合约都一定具有法律效力，尽管有些具有法律效力的合约可能涉及被称为智能合约的计算机程序。

笔者对企业间算法合同可执行性的态度是宽容的。就企业间算法合同而言，理论上的论证得到了若干政策因素的支持。如果企业要对合同订立过程中的算法行为承担严格责任，那么它们将面临有经济动机和能力提起诉讼的潜在对手。这将为算法的使用创造问责制度，并激励企业提前将损失风险分配给成本最低的规避者。在此，基于风险假设和经济效率的可执行性论证极具说服力。

笔者将通过描述虚拟货币交易中的一个重大事件，简要说明这种方法在分析算法形式在复杂交易方面的优点，并展示该框架对分析该事件的贡献。

The DAO 渴望成为其首字母缩略词所代表的"数字自治组织"。它的目标是充当风险投

---

[36] See generally L. H. Scholz, Algorithmic Contracts (2017) 20 Stanford Technol. Law Rev. 128 for an expanded version of the following discussion.

[37] J. Grimmelman, All Smart Contracts Are Ambiguous (2019) 2 Pa. J. Law Innov. 1.

149 资基金，并使用以太坊区块链上的智能合约自主执行所有交易。人们希望，The DAO 成为一个可以自我运营并为投资者赚钱的组织，其中任何人的控制都是有限的。

The DAO 受合同管理。合同的目的是明确将风险基金的所有决策权下放给 The DAO 本身。相关措辞如下：

> The DAO 的创建条款载于以太坊区块链上，现有的智能合约代码为 0xbb9bc244d798 123fde783fcc1c72d3bb8c189413。本条款的解释或任何其他文件、通信中的内容，均不得修改、增加 The DAO 代码规定之外的义务与保证。[38]

The DAO 公开后，一位以太坊用户利用其代码中的一项功能，将数千万资金转移到自己名下。[39] 在这里，笔者将不时地称这位以太坊用户为"黑客"，尽管其所作所为是否真的是大众所理解的黑客行为还存在争议。[40] 这一事件在数字货币社区引发了如何处理这一情况的危机。以太坊在区块链上运行，由于区块链的工作原理，这不仅仅是投资者和黑客之间关于如何解释交易的争议，而是影响整个以太坊社区的问题。区块链是一个去中心化的账本，其中包括特定系统中发生过的每一笔交易。因此，区块链上的交易是否会被列出，对使用或持有区块链副本的每个人都有影响。在争议解决之前，系统无法正常运行。[41]

社区中的一些成员认为，应该推翻这次黑客攻击，并将其从以太坊区块链中删除，因为这明显违反了 The DAO 的宗旨。另一些人则认为，所谓的黑客只是执行了一个智能合约，其代码本身就是法律，如果推翻它就会造成道德风险，并在一个本应是无信任和去中心化的交易系统中开创审查制度的先例。这场争论最终导致了"硬分叉"：创建了两个不同协议、互不兼容的独立区块链。[42] 以太坊本身使用的区块链中的 The DAO 黑客攻击被撤销，而现在还存在以太坊经典区块链，The DAO 黑客攻击在这个区块链上依然如故。[43] 分裂 3 年后，以太坊的价值和用户数量已远远超过以太坊经典。[44]

此时把笔者的框架应用到这场辩论中。

150 创建 The DAO 的协议是一份谈判算法合同，因为投资者同意依靠算法（The DAO）来

---

[38] The DAO - Explanation of Terms and Disclaimer (August 3, 2016), https://web.archive.org/web/20160803111447/https://daohub.org/explainer.html (quoted in Grimmelman, above note 37, p.19).

[39] N. Popper, A Hacking of More than $50 Million Dashes Hopes in the World of Virtual Currency, New York Times (June 17, 2016), www.nytimes.com/2016/06/18/business/dealbook/hacker-may-have-removed-more-than-50-million-from-experimental-cybercurrency-project.html.

[40] 黑客是指"非法进入计算机系统"。Merriam Webster, hack, www.merriam-webster.com/dictionary/hack. 称这位用户为"黑客"是有倾向性的，因为这里的问题是其行为是否违约。如果不是违约，那么她将 6000 万美元转给自己的行为就不比戴尔公司在笔者购买电脑后从笔者银行账户转走 1000 美元的盗窃行为更严重。

[41] See Grimmelman, above note 37, pp.16-17（讨论区块链更新和区块链分叉）。与软件不同的是，例如微软的 Word 有多个版本同时使用，使用不同版本的个人之间可以共享文档，但特定区块链的用户不能同时使用该区块链的不同版本。

[42] J. I. Wong and I. Kar, Everything You Need to Know about the Ethereum Hard Fork, Quartz (July 18, 2016), https://qz.com/730004/everything-you-need-to-know-about-the-ethereum-hard-fork/.

[43] C. Rivit, Ethereum v. Ethereum Classic: What you Need to Know, Yahoo News (May 23, 2019), https://finance.yahoo.com/news/ethereum-vs-ethereum-classic-know-110028278.html.

[44] Ibid.

选择与谁交易以及交易条件。The DAO 充当了投资者的推定代理人。[45]

以太坊经典的拥护者对于为什么该协议在法律上是可执行的有更直接的论据。The DAO 是其投资者的代理人。代理人与黑客进行交易，将 6000 万美元转移到她的控制之下。尽管投资者不满意，但他们选择使用算法作为谈判者，因此完全受结果约束。

支持主流以太坊拥护者立场的一个论点更为微妙，即 The DAO 的黑客攻击行为是非法盗窃，而不是 The DAO 条款规定的交易。法院的政策是尊重"老练"的合同当事人的文本和行为，因为在合同订立方面，可以推定他们比消费者更言行一致。然而，即使是老练的当事人所能知道的也是有限的。以太坊的拥护者可以说，鉴于 The DAO 是一种基于新技术的全新商业模式，没有人知道它将会如何发展，因此合同实际上是一份临时协议，约定在以后的某个时间同意某些条款。[46] 虽然合同中没有明确提及禁止黑客的行为，但社区在黑客攻击发生后就意识到，这是一种根本不能算作与 The DAO 交易的行为，而是一种非法盗窃行为。

值得注意的是，这种从缔约双方的时间限制出发的论点并不是基于 The DAO 计算机代码的复杂性或 The DAO 位于区块链上这一事实。即使是非常复杂、不透明的算法也可以成为公司的代理人。尽管代码允许，但将黑客与 The DAO 的交易解释为不法行为的原因来自商业交易类型的整体新颖性。在 The DAO 上发生的事情可以被看作是 Andrew Verstein 所说的"临时"合同的一个例子，即使用含糊不清或不存在条款的合同，由法院以外的行为者来解决。[47] 最终，是以太坊领导层和社区决定如何解释 The DAO 黑客事件。以太坊领导层采取了行动，而社区则"用脚投票"，主要遵循硬分叉的路径，拒绝接受 The DAO 黑客攻击的正当性。

正如上例所示，算法合同的概念为理解为什么以及如何执行使用算法订立的合同提供了一个框架。将算法理解为合同订立过程中的建构代理，为认定使用算法订立的合同具有可执行性扫清了一个可能的障碍。合同订立中使用的算法的复杂性并不能成为认定合同对其使用者不具有约束力的理由。但复杂性可能还有其他社会技术来源，这些来源可能会限制当事人受约束的能力，或使他们有余地在当时甚至事后界定条款。

四、前进之路

至此，本章对算法进行了定义和描述，并讨论了算法在合同订立中的作用。然后，本章说明了当前的州和联邦成文法并未正视这一问题。本章介绍了一个基于普通法一般原则的框架，用于将算法合同理解为可强制执行的合同，并描述了这一框架的益处。本章简要介绍执行过程。

---

〔45〕 在没有上述英文合同的情况下，尚不清楚 The DAO 合同是否可以执行。在货物销售法中，合同可以"以任何足以表明同意的方式，包括双方承认存在此类合同的行为"（UCC 2-204）成立，这一观点得到了一些支持。第 2 条经常被类推适用于不涉及货物的事项。但总的来说，超过一定金额的交易必须以某种方式以书面形式记录下来。虽然 The DAO 有可以书面形式提供的代码，但不清楚其本身是否足以满足欺诈法规的 要求。E. g. UCC 2-201, Restatement Second of Contracts 110.

〔46〕 See L. H. Scholz, Timing Boilerplate（draft on file with author）. 将新近可能出现的模板与既定交易中的模板区分开来，并发现后者在现有格式合同的法律基础架构中更为尴尬。

〔47〕 See generally A. Verstein, Ex Pro Temporare Contracting（2014）55 William & Mary Law Rev. 1869.

任何一家法院都可以在其分析中采用算法合同框架。但是，统一的州法律程序将为使用算法合同的行为人带来更多确定性，使他们知道他们的协议是可执行的。

全国统一州法律专员会议应更新《统一电子交易法》，以明确算法可以作为公司的代理人来订立合同。在全国统一州法律专员会议的领导下，各州的法律更有可能相对快速地得到统一更新。《统一电子交易法》的更新过程将成为法律报告的主题，也将引起利益相关者的关注，并在诉讼之外更新规范和预期。

更新版《统一电子交易法》的前言材料和评论应阐明，在涉及机器学习和新的可能时，"老练的行为者"这一概念应包含这样一个现实，即最老练的公司在订立合同时也会受到技术和时间上的限制。[48] 众所周知，法院在面对交易关系时会给予公司相当程度的尊重，其依据是，鉴于公司的复杂程度，公司有意受特定条款的约束，法律应承认这一点。然而，正如"介绍算法及其在合同法中的作用"一节中的讨论所示，机器学习算法的行为原因甚至对其起草者来说都是不透明的。正如本章中有关 The DAO 的讨论所示，新技术和创新商业模式的影响可能会导致即使是知识渊博、意识形态一致的投资者群体也会感到惊讶和分裂的结果。当存在不止一种可信的方法时，法律需要工具来解决这些争议，这在关于新问题的法律中尤为可能。

算法合同框架为理解与算法代理的交易提供了一种方法，而无需依赖一种难以置信的法律拟制。将算法视为在交易中使用它们的公司的推定代理人，提供了一个具体的、技术中立的理由，说明为什么要求公司遵守算法为其选择的条款是合适的。

五、结论

算法在合同订立中起着关键作用。然而，一些法院和评论家要么试图忽视算法在合同订立中的作用，要么声称算法与合同完全无关，与公司依赖代理的其他形式不同。如果仅仅因为所有"电子性"合同都是电子合同，就断定它们可以强制执行，从而忽视机器学习算法带来的新特点，是不正确的。断言机器学习算法非常复杂，以至于使用这些算法的公司无法对算法为其选择的条款受到约束并承担责任，也是不正确的。

合同法可以使用广泛的、有利于通用的原则，将新技术纳入现有的合同框架以及该框架所代表的价值观。这一过程的第一步是理解算法可以作为公司的代理。

---

[48] See R. Gilson, C. Sabel, and R. Scott, Contract, Uncertainty and Innovation (2010) (draft), https：//papers.ssrn.com/sol3/papers.cfm? abstract_id=1711435. 描述了创新型商业空间签约的基本问题，并描述了"正式和非正式签约的结合，这种结合是为了组织跨组织边界的合作而发展起来的，在这种情况下，充其量只能非常近似地预期所期望的结果"。

第七章

算法、协议与代理

肖恩·拜恩（Shawn Bayern）

本章的中心论点很简单：从总体上看，协议是法律承认算法的一种实用且概念上直观的方式。特别是，与使用代理法相比，利用协议将算法与其他法律联系起来是更好的选择。[1] 随意的言论和概念主义导致了"电子代理"（electronic agents）的普遍观念，但相较于替代行动（vicarious action）的概念，协议法为算法与法律之间的互动提供了一个更具功能性的切入点。算法不一定涉及任何代理行为，而且大部分代理法都无法很好地适用于缺乏自身意图、合理理解和法律人格的算法；相反，算法导致的活动可能具有合同或其他基于协议的法律意义。认识到通过管理协议和其他法律文书的法律来处理算法的潜力（也许这是必要的），可以使我们摆脱形式主义，不再试图将算法硬塞入有限的现有法律类别中。

一、算法-协议等效原则

我在早期的研究中已经提出了算法和协议在某种程度上是可以互换的观点，[2] 但在这里笔者进一步阐述了这个观点。算法在范围和功能上与法律协议相协调的原则最初可能看起来令人惊讶，但即使作为一个偶然的、直观的问题，也不难看出其中的对应关系。例如，笔者经常告诉拥有计算机科学背景的法律专业学生，编写合同或运营协议涉及的技能与编写软件非常相似：两者都需要考虑未来可能出现的不同状态，用逻辑和结构的方法来处理它们，然后将一个解决方案尝试释放到不确定的世界中。正如计算机科学家艾伦·佩利斯（Alan Perlis）曾经所说："程序员不应以他们的聪明才智和逻辑能力来衡量，而应以他们对情况分析的全面性来评价。"[3] 这个（有争议的）观点以相似的（有争议的）力度，同样

---

[1] 在过去的几十年里，评论家们提供了各种各样的概念模型，包括人类代理人，作为法律对算法、人工智能、自主系统以及类似创新进行类比处理的候选对象。See, e.g., M. U. Scherer, Of Wild Beasts and Digital Analogues: The Legal Status of Autonomous Systems (2018) 19 Nev. Law J. 259（在考虑法律可能承认算法的不同概念模型时，我们可以参考儿童、动物和法律代理人的概念）; S. N. Lehman-Wilzig, Frankenstein Unbound: Towards a Legal Definition of Artificial Intelligence (1981) 13 Futures 442（审视这些以及其他相同的概念模型）。

[2] See mainly S. Bayern, The Implications of Modern Business-Entity Law for the Regulation of Autonomous Systems (2015) 19 Stan. Technol. Law Rev. 93 and S. Bayern, Of Bitcoins, Independently Wealthy Software, and the Zero-Member LLC (2014) 108 Nw. Univ. Law Rev. 1485.

[3] A. Perlis, Epigrams in Programming, ACM Sigplan Notices (September 1982), p. 7.

154 适用于从事交易业务的律师,其原因也相同。算法和法律协议都可能因为逻辑错误或事件预测错误而产生"漏洞";清晰且易于管理的写作是一种罕见且富有创造性的技能,但往往被忽视;在实际环境中,两者的制作都依赖于对先前工作的大量重复使用,这些工作基于大量(通常是公开的)以书面形式记录的专业经验;两者的生成都可以实现自动化(这一点对于协议和软件来说都尚未得到充分认可)[4] 等。

然而,笔者的观点不仅仅是直觉的或松散的类比,它是分析性的:任何具有可验证状态的算法都可以通过法律协议来表达或识别。就目的而言,"可验证状态"的含义与它在经济合同理论中的含义相同:即可以向执行该协议的法院证明的状态。[5] 如果算法的状态对于法院等第三方来说不可验证,那么法律能否以及如何识别它就不清楚了。协议的这种能力源于一个法律命题,即协议可以基于可验证的条件(即世界状态)来识别和变更法律权利。世界状态包括算法作用过程的状态。因此,法律协议可以使算法的可验证状态产生效力。

当然,这并不是说任何法律协议都必须具有可执行性;例如,法院可能会基于公共政策原因认定一项协议无效,而不论该协议是否恰好包含基于算法处理的条件。笔者的观点仅仅是法律协议可以依赖于算法来执行。此外,足够精确的协议可以表达为算法;除了可能存在的精确度差异外,在设置管理执行程序的协议和算法之间,没有概念上的差异。[6]

关于这一概念的几个示例可能有所帮助。考虑一个算法,它根据多个输入产生一个单一的标量输出(scalar output),该输出表示运行算法的法律实体愿意为某种商品支付的价格。法律协议,如简单的合同,可以通过多种方式使用这一输出。一种简单的方式是,执行算法的法律实体通过模板(或"邮件合并")系统打印(或以电子形式记录)一份合同要约的通信——这是法律协议的前奏,该系统在生成要约文件时,会用算法在当时的价格替换一个通用标记(a generic marker)。[7] 这样的文件在表面上与那些不依赖于算法输出的文件无法区分,就像网络浏览器在一般情况下无法知道它接收到的页面是静态文本的副本还是动态系统的产物一样。[8] 当然,要约可能明确提到算法当前的状态,而不是包含先

155 前的静态输出。它可能会说:"我们的要约(报价)是,以您接受此要约时我们的算法所发布的当前价格,购买100件此类商品。"这样的要约以及可能由此产生的法律合同,对律师和商人来说应该完全没有什么特别的;算法在生成这类合同中所起的作用很难被严肃质疑,而且实际上,在任何人提及算法合同之前,在特定的合同文件(或双方之前特定的一

---

[4] 对于软件来说,这一原理的一个有用的演示出现在 B. Kernighan and R. Pike, The Practice of Programming (Addison Wesley, 1999), pp. 237-45. 对于法律文件,我将在下面阐述这个概念。

[5] 在经济合同理论下,关于"可验证"与"可观察"信息之间区别的介绍和现代批判,see H. Lind and J. Nystrom, The Explanation of Incomplete Contracts in Mainstream Contract Theory: A Critique of the Distinction between "Observable" and "Verifiable" (2011) 7 J. Evolut. Inst. Econ. Rev. 279.

[6] 并非每个协议都可以被算法逐字逐句地实现,这主要是因为协议可能不够精确,无法作为算法来执行。一些法律协议,或其部分内容,可能归结为算法处理。但是,其他协议可能更像算法的功能规范,或者非程序员之间对算法的一般讨论。当我声称协议在某种意义上是可互换或"同构"于算法时,笔者仅指:①任何协议都可以在协议精度允许的情况下通过算法来表达;②更宽泛地说,协议和算法在相似的普遍层面上操作,因此足够精确的协议可以表达为算法。

[7] 在模板语言的伪代码中,这可能看起来像这样:"我们提议以 $ price 的价格从您那里购买 100 个单位。"

[8] 为了教学目的,笔者已经向初学者计算机程序员详细解释了这个概念,in S. Bayern, *JSTL in Action*, Manning Publications, 2002.

系列沟通）之外提及价格变动和其他条款的情况就已经很常见了。[9]

很容易将这个概念推广到多个输出而不是单个输出的情况。[10] 正如笔者在之前的研究中解释的那样，[11] 也很容易将其推广到合同订立过程中的其他阶段，而不仅仅是将条件放入要约中。例如，算法可能会选择何时生成要约文件（或是否以及在何时合法接受发送给它的文件），并可能与法律实体的合同对手方进行通信。这些能力更具争议性，[12] 但笔者不认为它们在实践中存在问题，而且似乎有很多例子表明，通过算法的不断运行可以产生明确可执行的法律协议，这种方式在今天看来几乎再正常不过。例如，工会与雇主签订的合同可能会根据算法公式安排复杂的加薪，该算法公式的实施几乎不需要人类监督；没有人会认真地质疑员工是否应获得算法产生的加薪。至少笔者的一位同事——也许大多数同事——都不知道他们的薪水是多少，也从未亲自查看过工资单的细节；至少在我所在的大学，一些加薪是自动发生的，没有任何人对员工的个人加薪给予关注；因此，几乎可以肯定的是，有一些特定的加薪是没有人知道的，但作为法律问题，它们仍然具有无可争议的约束力。股票交易一直在计算机程序之间自动执行，个人交易者很高兴地说"按市场价格完成我的订单"，因为他们知道这个价格至少在一定程度上是算法过程的结果。消费者经常使用由复杂算法设定的价格来购买商品和服务，例如，通过在线零售商购买机票或商品等。

笔者描述的"协议"相当于一类相当普遍的法律活动。它们包括一直用作示例的简单双方合同，但也包括公司的经营协议或信托协议。事实上，笔者描述的概念在理论上或多或少适用于任何法律文书。因此，一项法规、条例或法律判决在原则上可能涉及算法的可验证状态。根据美国法律，试图这样做的法规可能会面临对立法权力进行"委托"的宪法限制，[13] 但对法律文书来说，规定或承认一种根据复杂公式计算的付款时间表（该公式的输入值在文书制定时其未来值尚不可知）并非罕见之事。

笔者描述的原则或许平淡地引出了一个对许多人来说似乎具有革命性的想法，即法律实体（如有限责任公司）的经营协议可使算法的可验证状态生效。其结果是，算法可以有效地以法律实体可以采取的任何方式行动。笔者已经在其他地方详细描述了这个机制——它的基础及其后果，[14] 因此在这里不再赘述，只想说，它允许现有的法律主体将法律人格的许多属性（如签订合同、控制私有财产、起诉或被起诉的功能性权利）赋予任何具有可验证状态的算法。但结果并不需要如此宏大。例如，一个相对传统的商业组织可以根据章程运营，该章程根据其算法的可验证状态限制其活动（或组织的一个部门的活动），或者双方之间的传统合同可能有依赖于算法可验证状态的履行义务——这可能是一个简单的程序，该程序根据普通数据生成描述性统计信息，也可能是区块链中的"智能合约"，或者是复杂

156

---

[9] See Nanakuli Paving & Rock Co. v. Shell Oil Co., 664 F. 2d 772, 778（解读一份书面合同，其中提及"壳牌公司交货时的公布价格"）。

[10] 在一个通用模板语言的伪代码中，这可能看起来像这样："亲爱的 customer：我们提议您在 date 以 price 的价格购买 quantity 个单位。请参阅以下我们的保修条款：terms [customer]。此致，敬礼，报价人。"

[11] See S. Bayern, Artificial Intelligence and Private Law, in W. Barfield and U. Pagallo (eds.), ResearchHandbook on the Law of Artificial Intelligence (Edward Elgar, 2018).

[12] See, e.g., ibid.; L. H. Scholz, Algorithmic Contracts (2017) 20 Stan. Technol. Law Rev. 128.

[13] See, e.g., INS v. Chadha, 462 US 919, 944 (1983)（尽管考虑到"方便和效率"，但由于国会向行政部门过度"授权"，该法规被判定为违宪而无效）。

[14] 在上文注释 2 中引用的两篇论文就主要阐述了这一原则及其实现技术。

神经网络的输出。同样，传统法律实体运营的一部分可能实现自动化；一家公司可能通过手动谈判的合同向分销商销售食品，但也可能通过自动售货机或网站自动向个人消费者销售食品，即并非所有这些销售都需要人类思考或行动才能具有法律约束力。

二、代理法不适用于算法

以上概述了算法在某种意义上可能"代表"法律实体行事的方式。人们可能很想将这种行为与法律代理人的行为进行类比。事实上，已经有很多人这样做了。[15]

作为背景知识，法律代理人是指能够代表委托人执行法律行为的法律主体。[16] 例如，在几乎所有成熟的法律体系中，缔结合同都需要每一方当事人同意合同条款，但当事人无需亲自表达这种同意；他们可以委派一名代表，即代理人，在法律上约束他们。代理可以是正式的，来源于列明具体权限及其行使条件的"授权委托书"文件。代理也可以是非正式的，例如在有的法律案件中，一个侄子短暂地帮助叔叔洗车可能会给叔叔带来法律后果。[17] 美国法学院传统上将普通法的代理法作为一年级课程的必修部分，与侵权法、合同法、财产法和刑法等课程并列。但如今，这一主题很少再作为独立的科目进行教授；它通常被压缩成商法课程中一周或更短的时间。尽管如此，美国法律学会已经编制并持续更新专门针对法律代理主题的《法律重述》（Restatement of the Law）丛书，其中的许多规则与合同法规则、侵权法规则一样丰富和具有争议性。

似乎有一种趋势，即利用这一法律体系来容纳算法的行为。算法似乎可以像人类代理人一样"代表"公司行事。但是，以这种方式扩展代理法可能会导致混乱，因为代理法的法律主体与算法在概念和功能上并不匹配。使用代理法将算法融入法律具有几个明显的缺点。其一，它不必要地使法律对算法意外行为的回应变得复杂；代理法包含一些细微而敏感的规则（sensitive rules），这些规则基于各方当事人的知识、意图和合理性，以在委托人、代理人和第三方之间分配责任，而这些规则并没有简单或有益地解决算法的问题。让合同法来规范因算法意外行为而产生的协议漏洞会更好。其二，与此相关的是，它引入了关于算法行为的委托人是谁的新的模糊性，而代理法并不擅长处理这种模糊性。相比之下，承认算法的可验证状态的协议不会产生这种模糊性。其三，代理法中关于代理人责任的重要规则——这些规则为委托人和第三方提供了重要的保护，在不承认算法代理人法律人格的法律体系中将无立足之地。或许更简单的做法是，让标准的侵权法原则适用于启动算法过程的法人实体。简而言之，代理法作为容纳算法的法律技术候选者并不合适，而其第 3 版《法律重述》要求法律代理人必须是法律主体的规定是正确的。[18] 相反，这表明认识到算法为简单的法律协议提供了潜在的相关条件是有希望的，因为它允许企业和个人赋予算法

---

[15] See, e.g., Scherer, above note 1, pp. 285-90; Scholz, above note 12, pp. 164-9; S. Chopra and L. White, Artificial Agents and the Contracting Problem: A Solution Via an Agency Analysis (2009) Univ. Ill. J. Law Technol. Policy 363; Lehman-Wilzig, above note 1, pp. 451-2.

[16] Cf. Restatement (Third) of Agency § 1.01 (定义"代理"的法律概念)。重要的是，根据普通法，只有法律主体才能担任法律代理人。See, e.g., ibid., § 1.04 cmt. e ("要能够作为委托人或代理人行事，必须是一个人，在这方面需要具备成为法律权利持有者和法律义务对象的资格")。

[17] See, e.g., Heims v. Hanke, 93 NW. 2d 455 (Wis. 1958).

[18] See Restatement (Third) of Agency § 1.04 cmt. e.

其所想要的法律效果。

本章余下的部分将更详细地考虑这些反对意见。

三、代理法在算法代理中的模糊性

代理法常常被误解；传统上，它因对代理人行为的过度分类而变得复杂，尤其是将其分为"明示"（express）、"默示"（implied）、"固有"（inherent）等不同类型的权限。代理法的第3版《法律重述》是对该主题传统法律概念的重大改进，它提供了统一的规则，消除了不必要的分类。或许支配代理人的核心原则是"实际授权"的概念——即代理人是否已获得委托人的授权，代表委托人签订合同或执行其他具有法律约束力的行为。第3版《法律重述》对实际授权的存在表达了简单而统一的规则："实际授权……是由委托人向代理人表明的，按照代理人的合理理解，该表明表达了委托人同意代理人代表其行事。"[19]

这一简单规则本身就显示出，试图使用代理法来协调法律对算法的处理所面临的最重大问题之一是：对代理人权限的核心判断是基于"代理人合理理解的"内容，因此要求我们能够描述候选代理人的理解是否合理，从而对其进行评判。尽管我们可能可以对足够先进的算法进行某种评判，但是我们目前还没有一个明确的法律标准，也没有一个明显的、可以产生实际效果的候选法律标准来根据算法对其委托人的所谓意图以及合理理解来进行评判。因为传统的术语和分类模糊了这一合理性的根本判断，所以评论家们可能没有意识到，如果代理人的行为无法用人类的标准来评判，那么代理法的普通法体系甚至很难起步。例如，舍雷尔（Scherer）在最近对可能适用于自主性系统的不同法律类比的分析中，没有解决这个问题。[20] 乔普拉（Chopra）和怀特（White）参照代理法的经典分类讨论了这一问题，基本上认为算法可能具有"实际明示授权"，但不具有"实际默示授权"，但他们似乎认为"实际明示授权"的确定将是直截了当的，然而在现实中，这几乎不可能实现：它仍然取决于从合理代理人的角度判断委托人的沟通内容。当委托人的主观意图、代理人的主观理解以及两者的合理理解都保持一致时，代理法非常容易分析。但是，当对委托人指示的这三种可能的理解出现分歧时，只有代理法中丰富的、情境化的、人性化的规则才能打破这种僵局。

例如，假设一家公司使用算法与合同对手方进行谈判（这可能涉及从发布价格的简单网站到复杂的合同或金融交易算法经纪人等任何内容）。该算法在其操作的某些细节上，与委托人对其可能性的理解略有出入。在这种情况下，代理法的标准规则毫无用处。它们会问问算法是否合理地理解了委托人的指示——这是一个毫无意义的问题。

那么，法律如何判定一个算法是否适当地对委托人产生了约束力呢？代理法的核心规则并没有给出明确的答案。也许代理法的其他规则，如关于表见代理的规则，能提供一些有用的指导，但正如下面描述的，这些规则引发了其他问题，表明它们不适合用于帮助法律承认或规范算法。

相比之下，如果我们将算法的法律效果简单地视为由协议产生，那么这个问题就不会出现。当然，对于协议的意义以及它是否涵盖算法的意外行为，仍然可能存在重大争议，

---

[19] Ibid., § 3.01.

[20] See above note 1.

但这种争议和模糊性是关于法律文书解释的常规法律问题。因此，如果一个组织有一份经营协议，旨在将特定的法律效果赋予算法的可验证状态，而算法的行为出乎意料，那么与解释商业实体经营协议相关的法律就可以像解决任何其他问题一样解决这个问题。如果适用普通含义规则，法院可以使用该规则；在任何一方的主观意图重要的情况下，法律将查看起草经营协议的人的意图；法律可能会发展出管理意外情况的学说，就像它在不可能性、不实际性等学说中所做的那样。笔者的论点并非是当协议承认算法时不可能出现法律问题，而是我们已经有了解决这些问题的技术。同时，也存在实际的学术讨论和争辩，这些讨论容纳了法律专家在解决这些问题时的重要观点、政策考虑以及他们在判断上的差异。如果我们试图通过代理法来解决同样类型的模糊性，那么就不存在类似的东西了。

此外，通过协议赋予算法法律效果，法律可以对算法的能力或其他特性保持中立。我们不需要算法足够先进到可以用人类的标准来判断它们是合理的还是不合理的。我们不必依赖专家对神经网络如何"理解"或"看到"输入数据的解释。相反，法律的重点仍然应该放在那些通过采用协议或其他法律文书决定赋予算法法律效果的人的意图以及这种意图的表达上。这样，我们可以更加清晰地界定责任和义务，确保算法的使用在法律框架内得到规范。同时，这也为算法的发展提供了更大的灵活性，因为法律不再对算法的具体实现方式或性能做出限制，而是关注于使用协议或其他法律文书来规定其法律效果。这种做法不仅有利于法律的稳定性，也有利于技术的创新和进步。

四、算法代理的模糊委托人

一个密切相关的问题是，如果没有协议来认可算法操作的法律意义，那么就不清楚谁是委托人。也就是说，如果我们把算法建模为代理人，那么它们是谁的代理人就不清楚了。在许多实际场景中，有许多现有的个人或企业参与算法的开发和执行。这些包括算法的设计者，其指定算法的需求和业务角色；编写构建算法软件的程序员；选择在特定情境中运行算法的人；执行算法所使用的硬件的所有者或拥有者；[21] 执行算法的物理空间的所有者或拥有者；拥有算法相关部分或全部知识产权的人；拥有、控制或有权处理或限制算法使用用的部分或全部数据的人；以及这些当事方所有可能的法定委托人。在某些情况下，我们可能比在其他情况下更清楚地察觉到算法是为谁"行动"的；例如，没有人会天真地认为，一个可定制的、现成的商品定价软件的开发者仅仅因为一个零售网站使用了其创造和提供的算法，就打算出售特定的商品。但普通法的一个教训是，在新的环境中甚至在熟悉的环境中，细微差别很难预测。选择一个或几个法律上的委托人来为算法的行动负责，几乎肯定应该取决于参与创建和使用算法的各方的意图和合理理解，以及他们之间的先前交易等。

代理法在这些问题上给我们的指导很少。相比之下，各方的协议为我们提供了关于这些问题的重要指导。在代理法下，选择委托人的问题可能非常复杂，但如果我们选择承认算法在协议中得到认可，那么这个问题就变得非常简单。其规则就是，当一个人的协议中包含依赖于算法可验证状态的条件时，该法律上的人就受到算法行为的合同约束。

---

[21] 当然，如今"硬件"可能是虚拟的，这种情况下问题会成倍增加。

当其他人讨论算法的模糊性或多重委托人的问题时，他们主要是为了确定侵权责任。[22] 笔者认为这无疑对代理法要求过高，而且这也可能基于对代理法的一个常见的概念性误解。一般而言，委托人不应仅仅因为代理关系而对代理人的侵权行为承担责任；有一类特殊的代理人现在被简单地称为雇员，[23] 他们引发了雇主在上级责任中的替代责任。[24] 在这种情境下，"雇员"的定义是模糊和有争议的，但雇员最重要的特征可能是，雇主不仅有权控制雇员的输出（output），还有权控制雇员的处理方式。[25] 这一标准对算法来说非常不适合，尤其是当机器学习使得任何人都难以解释或控制算法内部处理的细节时。然而，即使没有机器学习的复杂性，这里的法律分类也可能既困难又无助。例如，如果 A 从 B 处购买了一款商业软件包，并且 B 只允许 A 以特定方式配置该软件，但随后 A 广泛使用了该算法并导致了损害，那么按照传统的代理法原则，很难将该算法视为 A 的雇员：A 无法控制算法的内部操作。但是，A 明知故犯地广泛使用该算法很可能是不合理的。为了从法律上解决这种情况，适用传统的侵权法原则要简单得多：A 和 B 应该单独或共同承担责任，这取决于他们中的任何一方是否有不合理的行为，未能防止所造成的损害。代理法似乎没有提供任何有用的帮助——而且，要找到有过错的一方，并不需要诉诸代理法，因为侵权法已经足够了。[26] 几乎可以肯定的是，至少在今天，通过区分作为雇员的算法和作为独立承包商的算法的努力，对法律几乎不会有什么贡献。但在一般情况下，这正是代理法在将替代侵权责任分配给那些创造或使用算法的人方面所必需的。

值得补充的是，笔者的目标并不仅仅是为了捍卫法律对算法及其相关人员的传统看法。例如，无论是在代理法第 3 版《法律重述》中将算法视为工具的观点下，还是在将算法视为代理人的观点下，都存在难以将责任归结于与算法相关的一个人或多个人的问题。认识到协议的作用——无论是在确定工具的效果方面，还是在确定谁是不是代理人方面——似乎是摆脱模糊性的最佳途径。换句话说，我们可能只有通过认识一项隐含协议（Y 及其潜在合同相对方之间的协议），才能认定软件程序 X 是 Y 企业的工具或代理人。法律应更多地关注此类协议，特别是当它们变得更加明确和复杂时，而不是将其视为理所当然或对其内容做出一般性的假设。

五、代理法中责任的复杂性

代理法是普通法中的一个重要组成部分，旨在细致敏感地在委托人、代理人和第三方

---

[22] See, e.g., Scherer, above note 1, p.287（"在代理法下，代理人可以拥有多个委托人，要么作为另一代理人的代理人，要么作为两个或多个共同委托人的代理人。只要代理人的行为在代理范围内，每个委托人都可以对代理人的侵权行为负责。在人工智能系统的背景下，这种结构扩大了潜在的补偿来源范围，如果人工智能系统造成了损害……"）。

[23] 在代理法的普通法中，历史上的术语是"仆人"。

[24] 关于上级责任的概述，see S. Bayern, *Closely Held Organizations*, Carolina Academic Press, 2013, pp.49-84.

[25] See ibid., pp.53-4.

[26] 有一类侵权行为传统上与代理法紧密相关，但似乎与普通侵权责任原则相差无几，或者根本没有偏离。例如，代理法第 3 版《法律重述》第 7.05 节指出："通过代理人进行活动的委托人，应当因代理人行为给第三方造成的损害承担责任，如果这种损害是由于委托人在选择、培训、留用、监督或以其他方式控制代理人方面的过失造成的。"然而，在这种情况下，委托人自身的过失（在选择或管理代理人方面）足以构成侵权责任；正如第 24 个注释提到的 Bayern 案中更详细地描述的那样（第 77-78 页），解释这一规则并不需要新的代理法原则。

之间分配责任。如果所谓的代理人由于不是法律主体而无法承担责任，那么这个法律体系就会崩溃。

例如，考虑一个与上面"算法-协议等效原则"中描述的一般问题类似的问题：一个企业使用算法与第三方签订合同，而算法的行为出乎意料，导致企业看似签订了它并不想签订的合同。这可能包括自动化网站上的短暂定价错误，或是算法在确定与哪些第三方签订合同时的复杂且难以察觉的错误。正如笔者在"算法-协议等效原则"中指出的那样，代理法关于实际权限的规则并不适合解决这种意外处理的问题，正是因为它们依赖于对所谓代理人合理性的评估。

或许，这种模糊性可以通过美国的"表面"授权规则来解决，而不是通过"实际"授权规则来解决。这些规则主要是为了保护通过代理人与委托人订立合同的第三方。这些规则有效地认为，只要第三方根据委托人对该第三方的表现合理地相信，代理人有权代表委托人行事，即使代理人没有这种权力，所谓的代理人就有权约束委托人。由于表面授权只取决于第三方的合理性和有关委托人向其表明的情况的事实，因此它似乎是以一种足够灵活的方式在委托人和第三方之间分配责任。但是，代理法的一个不同特征表明，为什么这个原则也不适合应用于算法：当代理人表面上而非实际上拥有权限时——也就是说，当代理人的行为不合理，但第三方并没有不当时——代理人对因自己未被授权而造成的损害对委托人负有责任。此外，代理人被认为向第三方提供了授权保证，即如果他们声称代表委托人行事，他们就有这样做的权能；第三方可以就违反该默示保证所造成的损害起诉所谓的代理人。[27]

所有这些规则都体现了一种平衡，旨在保护合理的当事人，而让不合理的当事人承担责任。当代理人不是法律主体时，这种平衡就不存在了，因此产生的一系列规则在某种意义上并不是真正的"代理法"，而是其任意子集。这并不意味着由此产生的规则集必然是错误的，只是说对代理法的类比必然是不完整和可疑的——并且结果需要在功能上独立地进行辩护，而不是参考形式上的类比。

六、结论

将算法类比为代理人在修辞上很流行，但代理法并不是将算法纳入法律的功能性机制。相反，任何形式的协议能够识别算法的可验证状态，这为将算法与现有法律联系起来提供了一个极其灵活的机制。

---

[27] See Restatement (Third) Agency § 6.10.

第八章

算法治理与行政法

史蒂文·M. 阿佩尔（Steven M. Appel）
卡里·科格里尼斯（Cary Coglianese）

法律要想促进正义和福利，就必须顺应社会的变化。同样，政府用来制定、实施和执行法律的工具也需要根据社会和技术的发展进行调整。本着这种精神，世界各国政府也更加期待现代计算能力带来的最新技术创新之一：机器学习算法。

随着机器学习算法在私营部门的应用证明了其价值，使用机器学习算法改进政府工作，甚至用算法系统取代某些人类决策的理由也越来越充分。这些算法（也称为人工智能）目前被企业用于飞机和汽车导航、医疗诊断、有针对性的营销活动、信用卡诈骗检测、信用度评估、生成仿人声等。当政府发现自己在管理公共项目实质也是执行与算法类似的功能时，他们会想要求助于这些算法工具。政府甚至越来越多地利用机器学习来协助履行其他的治理职能，而这些职能是私营部门无法展开的。

随着算法治理可能性的增加，关于何时以及如何部署机器学习算法的问题也随之而来。尤其是当政府部门和机构使用机器学习算法制定和实施公共法律时，上述问题就显得尤为重要。算法的使用似乎涉及行政法的几项重要原则，包括正当程序、平等保护、隐私、透明度和授权限制等。本章将重点讨论这些原则，以及它们是否会成为美国行政机构使用机器学习的障碍。虽然这里主要强调的是政府使用机器学习算法对美国联邦行政法的影响，但在其他法律体系中，对相关问题的处理很可能与此类似。此外，本章所涉及的行政法原则倾向于遵循适用于任何自由民主政府体系的一般善治原则。

虽然机器学习算法种类繁多，但本章将首先强调它们的一般特性，以此解释它们与传统统计工具的不同之处，以及为什么其特性会给政府机构使用机器学习算法带来潜在的法律问题。然后，本章将从可能适用的五大法律理论的角度对算法治理的合法性进行分析。本章的分析会得出以下结论，即负责任的政府官员应该能够合法地部署机器学习算法，甚至在某些类型的裁决和决策环境中使用算法系统替代人工决策。本章最后介绍了能力建设的关键步骤以及一些实践经验，它们可以帮助政府机构为负责任地使用算法治理做好准备。

这里提出的结论必须是一般性的，因为任何对机器学习的特定应用都可能会出现与算法设计和部署方式相关的特定背景因素，从而改变分析结果。当然，算法工具也有可能出现符合行政法标准，但仍会侵犯其他实质性法律权利，或者出于道德和公共政策的原因而不宜使用的情况。尽管如此，本章仍然支持算法治理具有行政合法性的初步结论，并应鼓励政府官员认真考虑如何负责任地使用机器学习来改进重要政府服务和职能。[1]

一、什么是机器学习？

机器学习算法通常被称为"黑箱"系统，因为与常规分析工具不同，这些算法采用复杂、非直观、不易解释检测模式并生成预测。掌握了机器学习算法的独特性，就可以开始了解政府机构使用这些算法可能会带来哪些潜在的法律问题。为此，有必要了解什么是机器学习、机器学习如何运行以及机器学习与传统统计分析不同的原因。[2]

机器学习是人工智能的一种形式，是指"发现数据集中变量之间相关性（有时也称为关系或模式）的自动化过程，通常用于预测或估计某些结果"。[3] 虽然传统统计分析技术和机器学习算法都试图通过分析目标人群的历史数据（在机器学习的术语中称为"训练数据"）来实现数学"目标"，但它们在分析过程的机制和人在其中扮演的角色上有所不同。传统的回归分析通常最适合用于理解具有线性关系的现象，在这种分析中，人类会指定输入变量，并决定如何对这些变量进行加权和组合，以得出预测结果或结果变量。而机器学习算法不同，其本身可以有多种形式，或属于不同的"家族"，这意味着对它们进行概括时必须谨慎。不过，尽管如此，理解这些算法的一般方法基本上是在大量潜在变量（和变量组合）中循环，并通过某种自动试错过程从数据中"学习"。算法自动选择"最佳"变量（和变量组合）以及分析变量的"最佳"数学函数形式，而不是由人来制定关键规范，"最佳"的定义则是哪些变量组合和函数形式可以优化人类分析师定义的最终目标或"目标函数"。[4]

例如，机器学习算法可以获得各种输入变量（市政投诉电话接通数、石油管道传感器读数或卫星照片），然后负责利用这些变量预测输出结果（树木倒伏数、管道部件老化情况或导弹电池系统）。虽然人类在指导机器学习算法方面发挥着关键作用，即选择要使用的算法类型或系列，为算法提供数据，并通过多次检查在早期阶段从训练数据中分离出来的"测试数据"来调整算法优化过程的准确性——但人类最终并不参与对输入变量的创造性组合以及选择数学函数的形式，而算法正是通过这些方式来确定潜伏在大型数据里集中的有价值但非直观的预测模式。[5] 这样来看，这些算法基本上是"自己学习"的。

机器学习算法因其预测的准确性和通过任务自动化提高效率而备受推崇。如前所述，利用算法在私营部门越来越常见。Google 利用机器学习来节约数据中心的能源，识别街景中的建筑地址编号，并帮助自动驾驶汽车进行道路导航。Netflix 使用一种名为"人工神经

---

[1] 本章中的大部分分析借鉴了两位合著者之前的研究成果。读者如需对这些问题进行更深入的探讨，请参阅以下资料：C. Coglianese and D. Lehr, Regulating by Robot: Administrative Decision Making in the Machine-Learning Era (2017) 105 Geo. Law J. 1147; and C. Coglianese and D. Lehr, Transparency and Algorithmic Governance (2019) 71 Admin. Law Rev. 1.

[2] 在本节中，我们并不试图全面描述机器学习算法。相反，我们只是提供了一个简短的概述，为不太了解此类技术的读者了解政府当局使用这些技术所涉及的一些法律和政策问题奠定基础。为律师和法律学者提供有关机器学习的精彩介绍，see D. Lehr and P. Ohm, Playing with the Data: What Legal Scholars Should Learn about Machine Learning (2017) 51 UC Davis Law Rev. 653.

[3] Lehr and Ohm, above note 2, p. 671.

[4] Ibid., pp. 671-2.

[5] 有关人类参与开发、培训和修补工作的作用的更深入概述，see ibid., pp. 672-702.

网络"的机器学习形式,根据用户之前的观看习惯向其推荐新节目。金融公司使用机器学习算法预测投资组合的价值。除了上述以及许多其他私营部门的应用外,学术研究人员还利用机器学习算法来预测大学的学生保留率、估算城市中无家可归者的数量,以及计算缓刑犯和假释犯重新犯罪的可能性。[6]

机器学习算法在政府更有效地分配资源、协助裁决和政策决策方面也有很大的应用潜力。例如,最近的一项分析评估了美国环境保护局(EPA)如果使用机器学习,可以确定应向全国众多工业设施中的哪些设施派遣数量有限的监管检查员,那么该机构将检查员派往最有可能违法的设施的能力将提高600%。[7] 在构成现代行政国家的庞大政府机构中,机器学习算法目前和未来的潜在用途不胜枚举,而分配监管检查员这样一项看似平凡实则重要的任务只是其中之一。各类机构有可能从算法中获益,从而完成一系列广泛的任务,甚至在各种监管和裁决中,计算机可能可以取代人类决策。这种自动化不仅能提高准确性和行政效率,而且不难想象在不久的将来,公众会真正期待公职人员采用这种技术。随着复杂的机器学习算法在私营部门普及,公众也很可能会期待政府提供类似准确的自动化服务。如果不出意外,政府官员将需要了解并使用机器学习,以便跟上(并适当监管)成熟的私人行为者对此类工具的使用。[8]

美国的政府机构实际上已经注意到了算法的优势。许多州和地方政府目前都在使用这些工具来支持重要职能的履行。例如,芝加哥市正在使用机器学习来完善各种城市服务,包括确定鼠类诱饵应该放置在哪里的策略,[9] 以及确定需要检查的餐馆。[10] 纽约市通过专门的数据分析办公室,除其他一般性的机器学习用途外,还在实施一项计划,即为消防部门检查潜在的危险建筑确定优先次序。[11] 在密歇根州弗林特市,政府官员与大学研究人员合作,利用机器学习算法预测受铅污染的饮用水管道的位置,并优先更换这些管道。[12] 洛杉矶市正在使用机器学习系统优化交通模式,根据分布在全市道路上的传感器提供的拥堵数据,将街道的交通信号灯变红或变绿。[13]

在美国联邦政府层面,至少从20世纪80年代末开始,原始的机器学习算法就被用于联邦政府执行的一项也许是最普通但仍至关重要的职能:邮件投递。美国邮政局首次使用

---

〔6〕 有关例子的讨论,see Coglianese and Lehr, Regulating by Robot, above note 1, p. 1160.

〔7〕 M. Hino, E. Benami, and N. Brooks, Machine Learning for Environmental Monitoring (2018) 1 Nat. Sustainability 583. See generally C. Coglianese, Deploying Machine Learning for a Sustainable Future, in D. C. Esty (ed.), *A Better Planet*: 40 *Big Ideas for a Sustainable Future*, Yale University Press, 2019, p. 200.

〔8〕 C. Coglianese, Optimizing Regulation for an Optimizing Economy (2018) 4 Univ. Pa. J. Law Pub. Aff. 1.

〔9〕 L. Poon, Will Cities Ever Outsmart Rats?, CityLab (August 9, 2017), https://www.citylab.com/solutions/2017/08/smart-cities-fight-rat-infestations-big-data/535407/; Ash Center Mayors Challenge Research Team, Chicago's SmartData Platform: Pioneering Open Source Municipal Analytics, Data-Smart City Solutions (January 8, 2014), http://datasmart.ash.harvard.edu/news/article/chicago-mayors-challenge-367.

〔10〕 S. Goldsmith, Chicago's Data-Powered Recipe for Food Safety, Data-Smart City Solutions (May 21, 2015), https://datasmart.ash.harvard.edu/news/article/chicagos-data-powered-recipe-for-food-safety-688.

〔11〕 B. Heaton, New York City Fights Fire with Data, Gov't Technology (May 15, 2015), www.govtech.com/public-safety/New-York-City-Fights-Fire-with-Data.html.

〔12〕 G. Cherry, Google, U-M to Build Digital Tools for Flint Water Crisis, University of Michigan News (May 3, 2016), https://news.umich.edu/google-u-m-to-build-digital-tools-for-flint-water-crisis/.

〔13〕 I. Lovett, To Fight Gridlock, Los Angeles Synchronizes Every Red Light, New York Times (April 1, 2013), www.nytimes.com/2013/04/02/us/to-fight-gridlock-los-angeles-synchronizes-every-red-light.html.

机器学习算法来破译信封上的手写邮政编码，从而更高效地分拣邮件——这不仅标志着机器学习在美国国内政府部门的首次应用，也帮助研究人员在这一过程中取得了算法技术的重要早期进展。[14] 从那时起，美国国家气象局的气象学家们就开始利用机器学习改进对灾难性天气事件的预测。[15] 而当前，美国环境保护局的科学家们已经开发出一种算法工具，帮助预测某些化学物质的毒性，从而优先对相关化学物质进行更直接的测试，或进一步对其进行监管。[16] 据独立分析师估计，每正确识别一种有毒化学品，该工具可为环保局节省98万美元。[17] 美国国税局（IRS）使用机器学习算法来帮助其对纳税申报单进行标记，以便进行人工审计，而美国证券交易委员会（SEC）也使用同样的方法来检测需要进一步调查的可能的证券欺诈行为。[18] 美国联邦紧急事务管理局（FEMA）利用深度学习识别夏威夷被熔岩流吞噬的人造建筑。[19] 美国专利商标局（USPTO）正在开发一种机器学习工具，以简化专利申请处理流程。[20] 目前，美国海关和边境保护局（US Customs and Border Protection）在检查国际航班抵达人员时，在机场的自助服务机上使用摄像头和面部识别算法进行辅助。[21] 美国社会保障管理局（SSA）使用基于机器学习的自然语言处理工具，对最初的伤残索赔决定进行标记，以便进一步进行质量审查。[22]

以上只是美国各地政府机构目前使用机器学习算法的一些例子，随着时间的推移，这种算法的复杂程度和预测能力会越来越高，甚至会变得更加普遍。然而，部署机器学习算

---

[14] See, e.g., C.-H. Wang and S. N. Srihari, A Framework for Object Recognition in a Visually Complex Environment and Its Application to Locating Address Blocks on Mail Pieces (1988) 2 Int. J. Comp. Vision 125; O. Matan, R. K. Kiang, C. E. Stenard, et al., Handwritten Character Recognition Using Neural Network Architectures, Presented at the 4th USPS Advanced Technology Conference (1990), http://yann.lecun.com/exdb/publis/pdf/matan-90.pdf.

[15] D. J. Gagne II, A. McGovern, J. Brotzge, et al., Day-Ahead Hail Prediction Integrating Machine Learning with Storm-Scale Numerical Weather Models, Presented at the Twenty-Seventh Conference on Innovative Applications of Artificial Intelligence (2015), www.aaai.org/ocs/index.php/IAAI/IAAI15/paper/view/9724/9898.

[16] US EPA, ToxCast Fact Sheet (2013), www.epa.gov/sites/production/files/2016-12/documents/tox_cast_fact_sheet_dec2016.pdf.

[17] M. T. Martin, T. B. Knudsen, D. M. Reif, et al., Economic Benefits of Using Adaptive Predictive Models of Reproductive Toxicity in the Context of a Tiered Testing Program (2012) 58 Sys. Biology Reprod. Med. 3, 4–6.

[18] See C. Wagner, R. E. Byrd, Jr., R. D. Marcuss, and T. Milholland, Taxpayer Advocate Service, IRS Policy Implementation through Systems Programming Lacks Transparency and Precludes Adequate Review, in 2010 Annual Report to Congress, pp. 71, 76, www.irs.gov/pub/irs-utl/2010arcmsp5_policythruprogramming.pdf; Treasury Inspector General for Tax Administration, 2014-20-088, The Information Reporting and Document Matching Case Management System Could Not Be Deployed (2014), https://www.treasury.gov/tigta/auditreports/2014reports/201420088fr.pdf; P. Karlan and J. Bankman, Artificial Intelligence and the Administrative State with Guests David Engstrom and Cristina Ceballos, Stanford Legal (April 27, 2019), https://law.stanford.edu/stanford-legal-on-siriusxm/artificial-intelligence-and-the-administrative-state-with-guests-david-engstrom-and-cristina-ceballos/ (discussing use of machine learning by the US Securities and Exchange Commission for fraud identification).

[19] M. Leonard, Deep Learning Quickly Finds Structures Affected by Lava, GCN (July 24, 2018) https://gcn.com/articles/2018/07/24/hawaii-volcano-lava-mapping.aspx?m=1.

[20] A. K. Rai, Machine Learning at the Patent Office: Lessons for Patents and Administrative Law (2019) 104 Iowa Law Rev. 2617.

[21] Karlan and Bankman, above note 18 (interview with David Engstrom).

[22] G. Ray and G. Sklar, An Operational Approach to Eliminating Backlogs in the Social Security Disability Program, SSDI Solutions Initiative (June 2009), pp. 3 1–4, www.crfb.org/sites/default/files/An_Operational_Approach_to_Eliminating_Backlogs_in_the_Social_Security_Disability_Program.pdf.

法具有从中获得巨大收益的可能性的同时必然会带来权衡取舍和潜在的担忧。其中有三个问题值得注意，它们是理解这些算法如何至少在表面看来与现行行政法原则相适应的关键。

第一，在机器学习中，人类并不像传统统计分析那样身处预测回环中。由于机器学习算法可以持续运行并有效地进行自学，人类不再扮演控制变量如何准确比较和组合以生成预测结果的核心角色。

第二，机器学习的预测不容易解释，因此可能会产生透明度不足和理由说明方面的问题。机器学习算法的"黑箱"性质源于解释相应算法如何生成其结果固有的困难。从最简单的"随机森林"[23]机器学习算法，到最复杂的"深度学习"神经网络技术，[24]机器学习算法在处理大型数据集时，会自行发现复杂的变量间关系，这使得人类（即使是最复杂的分析师）也很难用普通语言解释其中的奥秘。此外，即使有可能达到一定的可解释性基线，人们也无法在算法的输入数据和输出预测之间建立因果关系。尽管机器学习有时可以支持对因果关系进行更深入的研究，但它所产生的直接预测却可能明显是非因果关系的。如果报税人名字的第二个字母有助于预测逃税行为，那么学习算法就会使用它，尽管该字母与逃税行为之间并不存在因果关系。

第三，通过准自动化或完全自动化，借助基于机器学习算法的系统，可以大幅减少或完全省去人工监督和审议时间。所谓的机器学习决策可以实现自动化，这对提高效率和跟上私营部门快速交易的步伐大有裨益。然而，加速决策过程的工具可以将人类有效地从某些过程中淘汰，但在这些过程中，人类以前一直发挥着核心作用。

当然，笔者并不是说机器学习算法会拥有完整的"自主生命"，尽管一些严肃的思想家已经就人工智能失控的可能性提出了警告。笔者在此关注的并不是这种完全脱离人类的假想场景，因为机器学习仍然需要人类来选择目标、训练和微调算法。据推测，人类也总是有可能"拔掉"任何人工智能系统的插头。不过，尽管算法最终依赖于人类，但在重要的操作层面上人类的作用与机器学习有着质的不同。单个行政裁决的决定，甚至是有关行政规则选择的决定，就可以实现功能自动化。

显而易见，决策自动化的能力是机器学习算法可能带来的好处之一。这种自动化有可能消除或减少人类行政决策中固有的偏见、成见和错误。不过，机器学习算法的独特之处，即其不透明性加上自主学习的特性，以及加快决策速度或实现决策自动化的能力，乍一看则似乎与各种行政法原则背道而驰。诚然，很少有公民会反对美国邮政局使用机器学习来更有效地分拣邮件。但是，在刑事司法决策中使用算法工具已经引发了严重的问题，一旦联邦和州行政机构也开始依赖机器学习算法来促成自动决策系统，从而影响到关键的政府福利和服务，可能会引发同样的问题，对人们的生活产生重大影响。

简言之，尽管机器学习算法为改善行政决策提供了巨大潜力，但其使用仍必须符合关键的宪法和行政法理论，以确保政府能够最好地服务和保护人民的利益。因此，探索隐藏在对机器学习的担忧背后的相关法律原则，对于政府能在多大程度上负责任、成功地部署这些强大的预测工具至关重要。

---

[23] See L. Breiman, Random Forests (2001) 45 Mach. Learn. 5, 5–6.

[24] Lehr and Ohm, above note 2, p. 693 n. 135.

二、行政法中的机器学习

随着政府在行政决策中越来越依赖机器学习算法，公职人员、律师和学者们面临着是否进一步使用这些技术的重要问题——如果使用，应该如何设计、测试和监督这些技术。算法治理的合法性将是最先被提出的一系列问题之一。机器学习算法可能会牵涉到行政法的几项重要原则，包括正当程序、平等保护、隐私、透明度和授权限制等。传统上来说，这些原则都是在假定人类进行决策的操作空间内制定和应用的。但展望未来，这些原则将需要适用于机器学习算法的显著特征，特别是其黑箱、自主学习和自动化特性。

在接下来的章节中，笔者将根据美国行政法的原则对算法治理进行法律分析。当然，笔者认识到，这些分析只能提供相对较高的概括性。与任何法律问题一样，其分析可能取决于具体情况和事实，根本不可能对行政机构使用这些技术的所有可能情况进行法律分析。不过，揭示任何此类分析可能广泛涉及的问题和指导原则还是有可能的。例如，虽然机器学习算法是"自主的"，但它们只是在有限的操作意义上是自主的，因为人类仍然必须决定如何定义算法、如何将算法操作化，以及如何将算法纳入更广泛的行政框架和目标。换言之，人类最终决定机器学习算法的参数和用途，这一点在笔者的大部分分析中至关重要。[25]

笔者的总体结论为：政府机构以负责任的方式使用机器学习工具，完全符合现行行政法理论。尽管对通过算法工具提高政府绩效的潜力持乐观态度，但笔者也认识到，这些工具就像任何工具一样可能会被误用甚至恶意使用。尽管笔者不会赞同鲁莽或压制性地使用机器学习，就像笔者不会赞同用这种方式使用任何其他政府工具、政策或计划一样。但是，当政府官员善意地使用机器学习来提供真正的公共价值时，机器学习独特的内在属性并不妨碍其在行政环境中的进一步使用，甚至可以替代人类决策。

（一）正当程序

在采取可能剥夺个人或实体受保护的自由权或财产权以及其他应享权利的行动时，行政机构必须保证充分的正当程序。[26] 例如，当美国社会保障管理局终止一个人的福利时，[27] 或者当美国环保局命令企业清理危险场地废物时，[28] 受保护的利益可能会被剥夺。如果在这种情况下使用自动机器学习算法而不是让人工听证官听取意见，那么机构的决定是否会侵犯个人的正当程序权？虽然乍一看，剥夺个人或实体在行政裁决机构面前的听证机会（正当程序的一个关键特征）似乎会使这样的自动裁决在法律上存在程序问题，但全面的正当程序分析却不排除使用机器学习算法，即使是出于上述的裁决目的。

美国最高法院在 Goldberg 案中的判决规定，政府福利金领取者有权获得正当程序保护，

---

[25] See Coglianese and Lehr, Regulating by Robot, above note 1, p. 1177.

[26] 建议在"涉及人数相对较少、受影响特别大的人时"，"在每种情况下都有个别发表意见权"，但在通过广泛适用的规则时，则没有必要规定发表意见的权利。Bi-Metallic Inv. Co. v. State Bd. of Equalization, 239 US 441, 445-6（1915）；"即使在征税程序中，正当法律程序也要求有比书面提出异议的机会更多的东西……即使在这里，听证在本质上也要求有权获得听证的人有权通过无论多么简短的论证来支持他的指控，如有必要，还可以通过无论多么非正式的证据来支持他的指控"。Londoner v. Denver, 210 US 373, 386（1908）. See generally E. L. Rubin, Due Process and the Administrative State（1984）72 Cal. Law Rev. 1044.

[27] See, e.g., Mathews v. Eldridge, 424 US 319, 323-5（1976）.

[28] See, e.g., Gen. Elec. Co. v. Jackson, 595 F. Supp. 2d 8, 21-9（DDC 2009）.

包括在负责终止个人福利金的政府官员面前进行证据听证的权利。[29] 然而，6 年后，在 Mathews 案中，最高法院裁定，社会保障残疾福利的终止可以通过不露面的书面审查程序进行，而不必召开亲自出席的证据听证会。[30] 法院没有推翻 Goldberg 案，而是提出了一个三因素平衡测试，该测试现在适用于确定正当程序要求是否得到满足。需要平衡的因素包括：①受影响的私人利益；②这些利益被错误剥夺的风险；③政府使用额外程序的利益，包括所涉及的财政和行政负担。

Mathews 案的平衡测试似乎有利于采用算法裁决。尽管机器学习并不影响利害攸关的私人利益（第一个因素），但机器学习确实牵涉到第二个和第三个因素，而且在某些情况下，这两个因素可能会因机器学习受到极大的积极影响。例如，关于第三个因素，毫无疑问，如果机器学习裁决系统无需举行证据听证会，那么在大型机构中使用机器学习就能为政府节省大量税收，这在 Mathews 案的平衡测试中会得到高度重视。

至于第二个因素，各机构通常有理由相信，与人类决策的正常情况相比，机器学习算法的错误率较低。如果机器学习能够替代人类决策，哪怕只是辅助人类决策，在减少人类偏见、成见和错误方面也具有相当大的潜力。虽然机构使用机器学习是否满足 Mathews 案平衡测试的要求需要根据具体情况进行分析，但已有的人类决策的记录可能非常糟糕，因此机器学习可以很容易地针对此加以改进。例如，有证据表明，在美国社会保障管理局对残疾福利申请的裁决中，人类决策导致了带有种族偏见的结果，[31] 一项研究揭示了人类决策可能导致的明显不一致，该研究显示，在社会保障管理局的一个地区办事处，人类对残疾福利申请的处理"从不到 10% 的批准率到超过 90% 的批准率不等"。[32]

根据 Mathews 案平衡测试的第二个因素，有理由相信学习算法将充分满足正当程序的要求。[33] 在分析错误率时，各机构至少可以在初期引入机器学习混合裁决系统，受影响的个人或实体可通过该系统获得算法裁决，然后可选择向人工裁决者提出上诉。基于此可以收集有关算法撤销率的数据。如果机器学习算法很少被推翻（错误率很低）那么法院就没有理由仅仅由于其自动化和数字化的性质而拒绝使用该算法。

一个看似更具有实质性的正当程序问题可能来自受影响方进行交叉质证的权利。就机器学习裁决而言，当事人原则上应有权质疑算法设计中的选择以及所使用的基础训练数据。鉴于这些算法本身的不透明问题及其高度技术性的数学结构，大多数索赔人都不太可能完成这种交叉质询，更不用说索赔人的律师了。为了减少这种担忧，各机构可以建立一个由统计和机器学习专家组成的独立机构，以提供持续的监督和审查。至少，建立自动算法裁决系统需要事先制定规则，并由外部专家提供信息。同时，无论是在规则制定阶段，还是在机构已经部署该技术之后，机构都可以随时依靠成熟的先例和协议，让外部专家参与到

---

[29] 397 US 254, 264 (1970).

[30] 424 US 319, 348-9 (1976).

[31] US General Accounting Office, GAO-HRD-92-56, Social Security: Racial Differences in Disability Decisions Warrants Further Investigation (1992), www.gao.gov/assets/160/151781.pdf; E. Godtland, M. Grgich, C. D. Petersen, et al., Racial Disparities in Federal Disability Benefits (2007) 25 Contemp. Econ. Pol. 27.

[32] See Social Security Awards Depend More on Judge than Facts: Disparities Within SSA Disability HearingOffices Grow, TRAC (July 4, 2011), https://trac.syr.edu/tracreports/ssa/254/.

[33] C. Coglianese, Robot Regulators Could Eliminate Human Error, San Francisco Chronicle (May 5, 2016), www.sfchronicle.com/opinion/article/Robot-regulators-could-eliminate-human-error-7396749.php.

复杂的行政事务中。

机构的机器学习算法最终是否满足正当程序的要求,将取决于算法预测的准确性和外部专家审查的充分性。法院在制定裁决程序时历来给予机构很大的回旋余地,没有理由把机器学习算法作为这一规则的例外。此外,考虑到人类容易出现偏见和错误,而机器学习算法在某些情况下已经超越了人类决策,[34] 机构通常能够确保其使用机器学习算法时满足正当程序的要求。

(二) 平等保护

根据美国宪法第五修正案规定,联邦行政机构有责任保障受其行为影响者的平等保护权。在设计和部署用于裁决的机器学习算法时,各机构将面临是否向算法中输入大数据类型的选择,尤其是这些数据是否应包括种族、性别、宗教或其他受保护人群的相关变量。尽管机构可能希望将与受法律保护群体成员有关的人口统计数据输入系统,以提高算法预测的准确性,但纳入此类数据很可能会引发潜在的违反平等保护的问题,特别是如果算法对受保护群体成员产生了不同的影响。

鉴于算法系统中使用的数据可能会在算法裁决中产生编码偏见,甚至可能是无意中的编码偏见,那么在联邦行政机构算法中使用此类数据是否违反平等保护的原则?简言之,答案很可能是否定的。各机构已经制定了相关程序,这些程序很可能足以涵盖机器学习系统,在裁决过程中排除公然的敌意和歧视意图。此外,最近的研究表明,即使不能完全消除算法预测中的种族偏见,也有希望切实减少种族偏见。[35] 最重要的是,法律实际上非常明确地规定了联邦政府的行为需要受到平等保护条款的更高等级的审查,即"必须存在反歧视目的"。[36] 然而,如果各机构负责任地、善意地使用包含受保护群体数据的机器学习算法,那么任何指控违反平等保护条款的人都可能在证明歧视意图方面存在困难。

索赔人若要证明行政机构的机器学习裁决系统违反了平等保护条款,需要考虑一系列因素。声称受到区别对待的申诉者需要证明行政机构行为嫌疑类型。然而,法院不太可能认定分析类型相关变量的算法裁决系统涉及嫌疑类型。原因在于美国最高法院从未明确定义过,在受保护类型的成员身份不是推动政府行动的唯一变量的情况下,什么构成嫌疑类型。虽然最高法院确实对机构程序进行了更高等级的审查,在这些程序中,受保护类型的成员身份是许多变量中的一个,但政府的行为如果具有类型意识,而没有根据群体成员身份进行分类,则可能不会引起更高等级的审查。什么构成"类型"是确定算法裁决系统是否违反平等保护的关键门槛问题。

政府界定主体"类型"的五个关键因素是:①政府官方标签;②应当宣布或确定的类型;③确定特定主体;④确定分配利益或施加负担的依据;⑤确定主体的类型。尽管机器学习算法肯定符合因素①~③,但对因素④和因素⑤的适用性就不那么明显了。由于机器

---

[34] See, e.g., R. A. Berk, S. Sorenson, and G. C. Barnes, Forecasting Domestic Violence: A Machine Learning Approach to Help Inform Arraignment Decisions (2016) 13 J. Empirical Law Stud. 94, 110.

[35] See J. E. Johndrow and K. Lum, An Algorithm for Removing Sensitive Information: Application to Race-Independent Recidivism Prediction (2019) 13 Ann. Appl. Stat. 1, 189.

[36] Washington v. Davis, 426 US 229, 239 (1976) (quoting Akins v. Texas, 325 US 398, 403-4 (1945)) (emphasis added). 当然,州立机构也可能被认定违反了平等保护,而无需证明有此目的,因为州立机构的适用标准是根据美国宪法第十四修正案制定的。

学习的黑箱性质，不可能说与类型相关的变量（或任何特定变量）为作出任何特定决定提供了"依据"。

此外，虽然导致法院进行更高等级的审查的政府机构行为均涉及政府基于"类型"实施区别对待，但即使机器学习算法处理的数据集包含与受保护类型相关的变量，也不太可能因此导致区别对待。在最高法院的多项判决中，基于成员身份类型的分类区别对待一直是一个重要的裁判因素。Gratz 案、Grutter 案、Fullilove 案、Wygant 案和 Fisher 案都是法院认定违反平等保护的案件，在这些案件中，一方的身份类型与另一方相比，始终被视为有利或不利。但机器学习算法是根据一些中立的、与身份无关的目标（如税务欺诈、残疾资格）来确定选择的准确性，而不是根据受保护的身份确定。此外，对嫌疑类型的更高等级的审查，是为了避免政府将个人"定义"为某一特定类型中的一员，而不一定是为了限制对受保护类型数据的任何使用。如果在创建算法优化参数时没有歧视意图，那么即使政府机构的数据中包含了一些与类型相关的变量，法院也不太可能认定政府机构违反了平等保护原则。

反对在政府中使用机器学习算法的人可能会争辩说，这种算法仍应受到更高等级的审查，因为任何包含与种族有关内容的变量都可能先验地证明歧视意图，即一种敌意的间接证据。然而，这一论点很可能不成立，因为机器学习算法的黑箱性质将使证明歧视意图变得非常困难。如果人类无法控制机器学习算法会使用哪些变量，也无法控制这些变量会如何影响算法生成的预测结果，那么仅仅在数据集中包含与类型相关的变量肯定无法表明任何意图，即利用该变量对该类型中的任何人有利或不利。当然，反对使用算法的人可能会反驳说，一旦确定与种族相关的变量可能导致不同的结果，那么继续使用这种变量就成了问题。然而，同样，机器学习算法的黑箱性质使得任何人几乎都不可能先验地知道任何一个变量的对预测重要性或该变量会在何种程度上影响最终预测。正是因为许多机器学习算法在选择变量时经常使用随机过程，所以是随机性而非意图决定了这一过程。

在大多数情况下，我们认为机器学习算法不太可能触发更高等级的审查。因此，它们只需接受合理审查，即只要求政府行为"与促进合法的国家利益合理地相关"。[37] 这是一个很容易达到的标准。但即使假设法院认为政府使用机器学习算法的特定行为需要更高等级的审查，这也并不意味着算法的使用侵犯了任何人的平等保护权。使用机器学习算法来维护市场稳定或公共健康的监管机构将有充分的理由证明，这些算法是用来促进令人信服的国家利益，而这正是政府在更高等级的审查测试下必须达到的标准。

根据更高等级的审查标准或合理审查标准，推翻政府行为的方法之一是证明政府的行为对特定群体具有敌意。敌意可以通过直接证据（如立法者和个人的声明）或推论来确立。潜在的敌意始终存在，因此其并非机器学习算法所独有的问题。故而，由于上述原因，仅仅在算法使用的数据中加入基于类型的变量很可能不足以支持敌意推断，尤其是在加入此类变量能提高算法准确性的情况下。与人类决策相比，纳入此类变量甚至可能有助于算法对受保护群体成员产生较少偏见，或者至少可以让分析师对任何此类偏见进行调整。简而言之，是否将与类型相关的变量纳入考量，都很难对证明敌意问题具有决定性。归根结底，当美国联邦机构使用机器学习算法时，平等保护问题不太可能对其构成严重挑战。

---

[37] Mass. Bd. of Ret. v. Murgia, 427 US 307, 312 (1976) (per curiam).

(三) 隐私

173   机器学习算法需要大量数据（即所谓的大数据），事实上，这些数据也是机器学习算法的基础。然而，这些数据往往包括与企业或个人相关的敏感信息。当然，机构使用私人、敏感或机密商业信息所引发的隐私问题并非机器学习所独有。仅凭这一点，我们似乎没有理由相信，如果在有足够的保障措施和网络安全保护的情况下，隐私法会严重阻碍政府机构更多地使用机器学习工具。

事实上，公共管理机构多年来一直依赖于个人数据来更有效地提供公共服务，而大数据的兴起和计算能力的提高（即使没有机器学习）只是加速了政府"滚雪球"的趋势。[38] 在履行行政职责的过程中，各机构经常要处理一系列个人信息，从"姓名、地址、出生日期和工作地点，到身份证件、社会保障号（SSN）或其他政府颁发的凭证、精确位置信息、病史和生物特征"。[39] 保护这些数据，同时推进机构目标，是许多机构已经知道如何处理的任务。

事实上，与隐私相关的现有法律要求似乎并未成为联邦机构使用大数据不可逾越的障碍。例如，美国卫生与公众服务部收集个人健康数据，以降低行政成本，改善患者健康。[40] 美国教育部和国防部将大数据用于各种行政用途，包括"人力资源管理；服务改进；欺诈、浪费和滥用控制；侦查犯罪活动"。[41] 在美国几个州，联邦调查局（FBI）使用面部识别软件扫描包含驾照照片的机动车管理部门（DMV）数据库现在显然是合法的。[42] 美国海关和边境保护局在美国机场的面部识别亭对国际旅行的乘客进行面部扫描。[43] 据报道，美国国土安全部和司法部开发了"融合中心"，以挖掘军方、中央情报局和联邦调查局掌握的个人数据，根据机构调查标准识别值得追查的个人。[44]

1974年《隐私法》和2002年《电子政务法》是最适用于联邦机构收集、使用和存储私人信息的法律。[45]《隐私法》限制了各机构收集、披露和保存其记录中个人信息的方

174   式。[46] 机构记录系统的变更必须通过《联邦登记册》向公众披露，以便公众了解机构收

---

[38] J. Nussle and P. R. Orszag (eds.), Moneyball for Government, 2nd edn. (Disruption Books, 2015).

[39] See Office of Management and Budget, Memorandum M-17-12, "Preparing for and Responding to a Breach of Personally Identifiable Information" (January 3, 2017).

[40] K. A. Bamberger and D. K. Mulligan, Privacy Decision-Making in Administrative Agencies (2008) 75 Univ. Chi. Law Rev. 75.

[41] Ibid.

[42] S. Ghaffary and R. Molla, Here's Where the US Government Is Using Facial Recognition Technology to Surveil Americans, Vox (July 18, 2019), www.vox.com/recode/2019/7/18/20698307/facial-recognition-technology-us-government-fight-for-the-future.

[43] Ibid.

[44] K. Crawford and J. Schultz, Big Data and Due Process: Toward a Framework to Redress Predictive Privacy Harms (2014) 55 BC Law Rev. 104.

[45] 此外，联邦机构还面临着有时被称为"反向信息自由法"的情况。"反向信息自由法"是根据《信息自由法》（FOIA）而命名的，该法规定，除个别例外情况外，各机构必须应公众要求提供其所掌握的信息。正如美国司法部所描述的那样，"信息的提交者（通常是公司或其他商业实体）向某机构提供了有关其政策、运作或产品的数据，试图阻止收集信息的机构应第三方的要求向其披露信息。" See US Department of Justice, Guide to the Freedom of Information Act (2009), pp. 863-80, www.justice.gov/sites/default/files/oip/legacy/2014/07/23/reverse-foia-2009.pdf.

[46] Pub. L. No. 93-579, 88 Stat. 1896 (1974), as amended; 5 USC § 552a; see also OMB, Privacy Act Implementation: Guidelines and Responsibilities, 40 Fed. Reg. 28, 948, 28, 962 (July 9, 1975).

集的记录和信息的类型、记录所涉及的个人类别、信息的使用目的以及公众如何行使该法规定的权利。2002 年《电子政务法》要求各机构在开发或采购涉及隐私问题的技术时，必须进行隐私影响评估（PIA）。[47] 美国管理与预算办公室（OMB）提供了指导意见，要求各机构确保通过 PIA 评估个人隐私问题，寻找技术的替代方案，探索风险缓解方案，并阐明使用所选技术的理由。[48]

除《隐私法》和《电子政务法》外，美国其他法规也涉及隐私问题，但只与特定类型的数据有关。这些其他法律包括：1974 年的《家庭教育权利和隐私法》，该法案规定了如何共享和存储与教育相关的信息；1994 年的《驾驶员隐私保护法》，该法案保护各州机动车管理部门收集的个人信息；1996 年的《健康保险携带和责任法》（HIPAA），该法案保护个人可识别的健康记录；以及 1998 年的《儿童在线隐私保护法》，该法案规定了如何保护儿童的隐私，保护收集到的 13 岁以下儿童的在线信息。

这些有关数据隐私的专门法律往往既适用于私人行为者，也适用于政府行为者，但是并没有任何特定的总体数据保护法或数据保护执法机构与之相匹配。相反，美国联邦贸易委员会（FTC）当前的任务是根据旨在保护消费者免受欺诈或其他滥用商业行为侵害的更古老、更一般的法律，在商业环境中提供数据保护。因此，越来越多的人呼吁美国采用一种强有力的通用数据隐私制度。一些倡导者将欧盟的《通用数据保护条例》（GDPR）及其以消费者为中心和对企业的重罚的理念视为一种潜在的模式，而另一些人则认为，类似《通用数据保护条例》的立法在近期美国永远不可能获得国会的足够支持。[49]

一系列联邦内部政策力图在行政机构内部推广隐私文化。2015 年，奥巴马总统通过行政命令成立了联邦隐私委员会，他的政府还修订了 A-130 号通知，这是政府管理联邦信息资源的政策指南。A-130 的部分新规定内容包括，要求每个联邦机构聘请一名负责隐私事务的高级隐私事务机构官员（SAOP）。A-130 的新规定以及 2015 年 6 月美国人事管理办公室发生的严重数据泄露事件，共同为许多机构敲响了隐私警钟。[50] 事实上，各机构似乎越来越重视隐私问题。例如，由于认识到公共人口普查数据可能面临被挖掘以重新识别个人身份的小风险，为迎接 2020 年人口普查，美国人口普查局宣布将在其数据系统中使用最先进的"差分隐私"技术，许多私营公司都使用这种技术来保护数据的机密性。美国人口普查局还对正在使用的"差分隐私"技术在数据中引入了可控噪点，以增强对个人信息的保护。[51]

不过，根据现行法律或政策，机器学习除了对大量数据的实际依赖性之外，它不应该带来任何真正独特的隐私问题。所有统计和数据系统都涉及隐私问题。不过，机器学习对

---

[47] Pub. L. No. 107-347, § 208, 116 Stat. 2899, 2921 (2002); 44 USC § 3501 note.

[48] See Office of Management and Budget, above note 39; and Bamberger and Mulligan, above note 40, pp. 75-9.

[49] D. Hawkins, The Cybersecurity 202: Why a Privacy Law like GDPR Would Be a Tough Sell in the U.S., Washington Post (May 25, 2018), https://www.washingtonpost.com/news/powerpost/paloma/the-cybersecurity-202/2018/05/25/the-cybersecurity-202-why-a-privacy-law-like-gdpr-would-be-a-tough-sell-in-the-u/5b07038b1b326b492dd07e83/.

[50] A. Carson, U.S. Government is Changing How It Does Privacy, The Privacy Advisor Blog (September 27, 2016), https://iapp.org/news/a/u-s-govt-is-changing-how-it-does-privacy-x/.

[51] R. Jarmin, Census Bureau Adopts Cutting Edge Privacy Protections for 2020 Census, Census Blogs (February 15, 2019), www.census.gov/newsroom/blogs/random-samplings/2019/02/census_bureau_adopts.html.

于隐私问题所能造成的最坏的情况中，有一种是真正独特的，即这种算法能够将看似不同的非敏感数据结合起来，从而预测出个人信息，如特定个人的性取向或政治意识形态。因此，可以说机器学习破坏了数据匿名化保护隐私的方式，因为可以将算法设计成把看似不相关的数据组合在一起，从而对个人做出准确的预测，如近年来一家大型零售公司利用购买数据预测哪些女性顾客怀孕了（从而使其成为该公司婴儿用品营销的重要目标）。利用机器学习"解锁"私人信息的可能性让一些专家推断，匿名化数据不再是保护隐私的有效手段。法律学者 Paul Ohm 断言："数据可以是有用的，也可以是完全匿名的，但绝不可能两者兼而有之。"[52] 现在，只要有足够的公开信息和机器学习工具，几乎可以通过任何个人属性追溯到该个人。[53]

但是，只要注意到政府有可能使用机器学习就足够了。官员出于不当目的对数据进行反向应用并发现个人隐私细节的情形，远远不能说明对负责任地使用机器学习存在固有的法律限制。[54] 恰恰相反，这种可能性只是指出了不负责任地使用机器学习的法律限制。像这些在最坏情况下的恶意使用正是法律所禁止的。基于平等保护的理由，这种使用要么会被视为基于被法律不允许的敌意而被驳回，要么会被认定为不符"合理审查"标准。除此以外，政府针对个人隐私所做的行为肯定会触犯行政法对"任意和反复"的行政行为和政府官员"滥用自由裁量权"的一般禁令。[55]

毫无疑问，在政府任何使用数据的时刻，隐私问题都是现实存在的。但与隐私相关的法律规定似乎并不限制政府负责任地使用机器学习，就像其他涉及收集或分析大量数据的活动一样。

（四）透明度和理由说明

透明度是行政法的标志。它要求各机构自行公开，让公众对提议的规则提出意见，要求各机构在《联邦公报》上公布最终条文规范，要求政府应公众要求公开持有的信息，并规定某些决策会议必须在向公众开放的环境中举行。法律对透明度实际上主要强调两个方面。[56] 首先，在所谓的"鱼缸透明度"原则中，行政法要求政府信息和会议一般都要向公众公开。其次，在所谓的"理由式透明"原则中，法律要求机构提供充分的理由来证明其行为的正当性。在本章中，我们先讨论"鱼缸透明度"原则，然后再讨论"理由式透明"原则。

"鱼缸透明度"原则体现在正当程序条款中，该条款要求政府裁决公开。《信息自由

---

[52] See P. Ohm, Broken Promises of Privacy: Responding to the Surprising Failure of Anonymization (2010) 57UCLA Law Rev. 1703-4.

[53] See I. Rubinstein, Big Data: A Pretty Good Privacy Solution, Future of Privacy Forum (July 30, 2013), https://fpf.org/wp-content/uploads/2013/07/Rubinstein-Big-Data-A-Pretty-Good-Privacy-Solution1.pdf.

[54] 此外，从技术角度看，使用不同的私人算法也否定了这种可能性，例如据报道人口普查局目前正在使用的算法，见注 51。提供差分隐私的算法实际上可以防止逆向工程的可能性。因此，差分隐私算法为最危言耸听的机器学习危险说法提供了一个反例，因为它们揭示了至少有时可以设计数学工具来应对和解决一些归因于机器学习的问题。See M. Kearns and A. Roth, *The Ethical Algorithm: The Science of Socially Aware Algorithm Design*, Oxford University Press, 2020, pp. 22-56.

[55] 5 USC § 706 (2)(A).

[56] C. Coglianese, The Transparency President? The Obama Administration and Open Government (2009) 22Governance 529.

法》(Freedom of Information Act)、《阳光政府法》(Government in the Sunshine Act)和《行政程序法》(FOIA)等法规也体现了这一点,这些法规要求各机构公布其规则并公开举行业务会议。机器学习透明度的关键问题在于,这些要求公开信息的行政法规是否也要求政府机构公开其算法设计和运行的细节。如果要求披露机器学习算法的相关信息,这可能会对将机器学习用于某些目的构成真正的障碍。美国证券交易委员会(SEC)和美国国税局(IRS)肯定不希望公众知道它们分别用于发现证券欺诈和税务违规行为的算法是如何设计的。而当机构依靠私人承包商开发算法工具时,这些私人公司可能有正当理由要求将其算法视为专有信息。但行政法从未要求过绝对的透明度。例如,《信息自由法》中就有各种例外规定,允许政府机构不公开涉及商业秘密和其他专有信息的数据。该法还允许政府机构不公开执法部门使用的信息,因为如果曝光,可能会使违法者规避法律责任。[57]

在Wisconsin案中,一名刑事被告对州审判法庭使用(非机器学习)的风险评估算法对其量刑提出质疑。[58] 他认为自己的正当程序权受到了侵犯,因为审判法庭所使用算法的"专有性"使他无法获得审判法庭在量刑时所使用的信息。该算法是由一家私人公司开发的,该公司拒绝透露风险评分是如何确定的,声称此类信息属于"商业秘密"。威斯康星州最高法院驳回了被告的论点,确认该公司有权保护其专有信息,而且无论如何,该公司已经公布了足够的补充信息,满足了正当程序的要求。威斯康星州法院的判决表明,政府机构可以合法地使用算法,而无需泄露其所有内部工作原理。鱼缸透明度原则不应成为政府使用机器学习的主要障碍。

不过,如果没有足够的"鱼缸透明度",政府也许很难,甚至不可能满足行政法对提供理由的要求。

"理由式透明"体现在《行政程序法》中的"任意和反复"标准(在Motor Vehicle Manufacturers Association案中被奉为圭臬),要求机构为其做出的任何决定提供理由,并提供充分的行政记录,以表明其决定是如何从所发现的事实中产生的。这种提供理由的要求似乎给机器学习带来了最大的法律限制。毕竟,"理由式透明"原则如何与机器学习算法看似不透明的黑箱性质相协调?如果无法以直观的方式解释这些算法得出结论的过程,那么机构又如何履行提供理由的义务呢?

虽然从输入数据生成预测结果的机器学习技术不像传统统计分析那样直观,但专家们仍然可以解释其基本机制,例如,说明算法的设计目的、它是哪种机器学习算法,以及算法一般如何处理数据等。此外,还可以描述用于训练算法的数据集元素,并生成各种报告来描述这些数据之间的关系。幸运的是,这些信息中的大部分都不需要成为受保护的商业秘密。但不幸的是,这些披露信息都无法让专家用简单的语言解释,机器学习算法证明了X会导致Y,从而让想要减少Y的政府机构有理由对X进行监管。

但是,当涉及行政法的说明理由要求时,算法的可解释性所面临的挑战最终并不重要。法院从未要求机构的理由必须具有高度的因果清晰性或确定性,才能通过"任意和反复"标准的审核。[59]

---

[57] Coglianese and Lehr, Regulating by Robot, above note 1, p. 1210.
[58] State v. Loomis, 881 NW. 2d 749 (Wis. 2016).
[59] See Coglianese and Lehr, Transparency and Algorithmic Governance, above note 1, p. 43.

相反，在涉及复杂的科学和数学分析的决策中，法院倾向于听从机构的意见，对于机器学习算法分析，法院也可能如此。例如，在美国最高法院对 Motor Vehicle Manufacturers Association 案作出判决一年后，最高法院对美国核管理委员会公布的一项涉及放射性废物长期储存的复杂规则进行了审查，最终完全遵从了该机构的专业知识。[60] 此外，在最近的下级法院判决中，机构的专业知识通常会胜出——即使在复杂的数学分析案件中，也很少有专家，更不用说法官，能够完全理解机构的精确数学推理。

简言之，机构可能必须披露算法的输入变量、算法优化的目标函数以及实现优化的方法。但这些信息不能是商业秘密或必须作为商业秘密加以保护的信息，法院在评估机构基于这些信息的推理是否充分时，很可能会遵从机构的专业知识。对机构来说，以推理其他机器的方式来推理机器学习可能就足够，即机器（或算法）具有旨在实现特定目的的一般属性，并且机器（或算法）已被证实能够很好地实现该目的。机构无需提供温度计内部运作的详细情况，只需证明温度计能准确读取温度，就可以证明对食品制造商未在低温下储存易腐产品进行处罚是合理的。法院在评估机构基于机器学习算法作出决定的理由时，很可能会采用同样的逻辑。

（五）非授权

最后，有人可能会提出法律论据，认为算法工具将过多的决策责任交给了数字机器人。当然，如果人类仍然完全处于人在回路之中，这种担忧就会消失。事实上，如果系统只是优先考虑由人类检查员检查的工作场所，或由人类审计员审计的税务申报，就不必担心过度授权的问题。但如果算法以重要的方式取代了人类的判断，那么就可以说会牵涉到非授权原则。

尽管国会可以合法授权由非民选任命官员领导的行政机构制定规则，但原则上，非授权原则对国会向他人授权的能力施加了两个限制。首先，当国会授权一个机构行事时，它必须提供足够的指导（"可理解的原则"）来指示行事的个人或机构如何遵守。其次，国会不应授权私人实体承担政府职能——最高法院将其称为最"令人厌恶"的授权形式。[61] 如果国会不能授权私人实体做出决定，那么人们可能会问，为什么要允许国会（或机构）将权力下放给数字机器呢？

对此问题稍加思考就会发现，向机器授权并不会引起行政法中基于授权的两个主要限制所引发的担忧。在出现第一种限制的情况下——加州最高法院法官 Mariano-Florentino Cuellar 称之为"网络授权"的案例表明，[62] 对机器学习算法的授权不可能缺少足够明确的原则。算法要发挥作用，其目标（算法术语中的目标函数）必须得到最精确的表述，使其能够以数学方式进行优化。如果最高法院已经接受了"为公共利益而行动"这样含糊不清的法定原则，并将其视为足以理解不授权原则的目的，那么以精确的数学术语指定机器学习的"授权"显然是没有问题的。

而关于第二种限制，即对授权给私人的限制，不适用于给机器学习的授权有两个主要

---

[60] Balt. Gas & Elec. Co. v. Nat'l Res. Def. Council, Inc., 462 US 87, 103 (1983).

[61] Carter v. Carter Coal Co., 298 US 238, 311 (1936).

[62] See M.-F. Cuellar, Cyberdelegation and the Administrative State, Stanford Public Law Working Paper No. 2754385 (2016), p. 1, https://papers.ssrn.com/sol3/papers.cfm?abstract_id=2754385##.

原因。首先，与以自身利益而非公共利益为导向的私人不同，机器学习算法只会优化最初为其编程的授权政府官员的目标。它们会听命行事，不会像人类那样腐化堕落。其次，法院允许私人扮演某些角色，但这些私人并不拥有最终的决策控制权，而只是以顾问的身份提供服务。当人类与机器学习算法保持联系时，算法也将类似于私人顾问。归根结底，算法服从于设计算法的人类政府官员和分析师，他们对算法的规格和操作拥有控制权。

机器学习算法与其他机器很相似，它们只是数字机器而已。在 Prometheus Radio Project 案中，法院裁定，在衡量多样性和竞争方面依赖一家私营公司并不是违宪的立法权力下放，因为该私营公司只是提供了一个衡量机制，而美国联邦通信委员会（FCC）仍然是拟议的电台组合是否符合公共利益的唯一仲裁者。[63] 同样，机器学习算法在功能上也可视为一种衡量机制，完全可以接受，特别是如果该机构仍是最终仲裁者的话。

总之，授权使用机器学习算法的立法不太可能违反"理由式透明"的要求，也不会构成向非政府实体授权。归根结底，此类算法类似于标准机器或测量设备，从非授权原则的角度来看，不会产生任何重大问题。

三、行政算法治理

对主要行政法理论的回顾表明，现行法律不会阻碍机器学习在行政领域的广泛应用。然而，尽管机器学习系统很容易通过行政法理论的审查，但这并不一定意味着它们适用所有情况。各机构必须充分权衡其收益和成本，并适当考虑道德和政策方面的问题。毕竟，机器学习系统仍有可能犯错，即使这些错误比人类犯的要少（而且不同）。此外，正如采用任何新举措、计划或工具一样，各机构应仔细分析计划采用的所有机器学习工具，并将其与其他工具进行比较。在许多情况下，各机构可能会得出结论：部署机器学习系统的收益大于成本，但为了确保这些系统能够服务于公众的最佳利益，保持合理的道德警惕始终是至关重要的。一旦采用机器学习工具，各机构应对其性能进行监控和评估，以确保其性能符合预期，不会产生新的问题或导致不应有的不公平。

换句话说，机构不应该认为自己只需要满足法律的最低要求。特别是对于敏感的政策问题，如与公平、透明或合理性相关的问题，机构可能需要超越法律要求，向公众或直接受算法结果影响的人提供额外的保证。例如，在"鱼缸透明度"方面，各机构可能会发现改变采购协议的条款，使承包商放弃或至少限制其商业秘密保护是更合适的。机器学习采购合同的结构应允许私营承包商最大限度地披露其算法，这将大大有助于解决人们对可解释性和透明度的担忧。各机构还可以举办开源竞赛来设计算法，或者努力开发自己的内部专业技术，这样他们就不需要与私营部门签订合同，因为后者很可能会要求保护商业机密。

作为一种最佳实践，各机构可披露用于开发最终采用的机器学习算法的所有版本，以证明该算法的选择是明智的。各机构还可以披露算法输出，以明确变量之间的关系和数据集的结构属性。例如，所谓的"偏依赖图"可以揭示算法产生特定预测的原因，这对于渴望了解算法及其处理的数据的法院和公众来说可能很有价值。归根结底，采取更多措施提高透明度有助于避免算法留下一种"秘密法律"的印象。从善政的角度来看，提高透明度，在不损害执法或私人商业秘密的前提下尽可能多地发布算法信息，在此类算法尚未得到普

---

[63] 373 F. 3d 372, 387 (3d Cir. 2004).

遍使用的情况下，将有可能增强公众对特定机器学习算法的信心。[64]

除了为政府使用机器学习算法寻求此类"最佳实践"外，政府机构还应采取措施提高自身能力，以有效、负责任地部署这些工具。[65]

第一，各机构应制定可用的数据清单。美国联邦存款保险公司（FDIC）加强其"内存分析、大数据和数据质量的后端学科"的战略计划就是在这方面进行努力的一个例子。[66] 另一个例子是美国财政部金融研究办公室开发的法律实体标识码（LEI）系统，该系统可即时识别金融交易的各方。如上所述，在建立数据仓库时还需要注意网络安全和隐私保护。[67]

第二，各机构应努力提升更频繁地部署机器学习所需的计算能力。美国联邦药品管理局（FDA）已经利用云计算存储了大量有关食源性病原体的信息。美国证券交易委员会正在使用云计算来存储和分析每天收到的数十亿条金融记录，希望能实时捕捉并扭转内幕交易。[68] 但目前，联邦机构用于计算机技术的年度拨款中，约有四分之三用于维持"遗留系统"，政府问责局指出，这些系统由于"软件语言过时、硬件部件不支持"而"日益陈旧"。[69]

第三，机器学习需要努力加强人力资本。尽管机器学习依赖于数字技术，有可能取代某些人力任务，但政府机构也必须扩大和加强内部数据科学人员。美国人事管理办公室的官员最近宣布在联邦政府内设立一个新的"数据科学家"职位系列，[70] 这是朝着亟需的方向迈出的重要一步。

各机构不应仅仅为了利用最闪亮的新技术而部署机器学习。相反，机构官员应该扪心自问：我们要解决什么问题，为什么，以及如何解决？进行审慎的提问还可能使机构员工认识到机器学习的潜在用途及其所适合解决的问题类型，同时也会使员工发现应该预见和解决的潜在缺点。[71] 当机器学习在所有方面的表现都优于现状时，各机构就应将部署目标放在使用机器学习上。

在设计算法系统时，各机构最好与公众以及将和这些系统互动或受其影响的其他政府官员进行有意义的、持续的互动。[72] 通过这样做，各机构可以最大限度地从机器学习中获

---

〔64〕 See Coglianese and Lehr, Regulating by Robot, above note 1, pp. 1205–13; see also Coglianese and Lehr, Transparency and Algorithmic Governance, above note 1, p. 33–49.

〔65〕 See Coglianese, above note 8, p. 10.

〔66〕 US Fed. Deposit Ins. Corp., Business Technology Strategic Plan 2013–2017（2013），p. 8, http://advisorselect.com/transcript/FDIC/business-technology-strategic-plan-2013-2017.

〔67〕 M. Gault, The U. S. Government Is Utterly Inept at Keeping Your Data Secure, The New Republic（June 12, 2019）https://newrepublic.com/article/154167/government-nsa-inept-protecting-cyber-data-whatsapp.

〔68〕 See Coglianese and Lehr, Regulating by Robot, above note 1, pp. 1164–7.

〔69〕 US Government Accountability Office, GAO-16-696T, Federal Agencies Need to Address Aging Legacy Systems（Testimony of David A. Powner, Director, Information Technology Management Issues）（2016），www.gao.gov/assets/680/677454.pdf.

〔70〕 E. Wagner, OPM Announces New "Data Scientist" Job Title, Government Executive（July 1, 2019），www.govexec.com/management/2019/07/opm-announces-new-data-scientist-job-title/158139/.

〔71〕 H. Mehr, Artificial Intelligence for Citizen Services and Government, Harvard Kennedy Ash Center（August 2017），https://ash.harvard.edu/files/ash/files/artificial_intelligence_for_citizen_services.pdf.

〔72〕 See C. Coglianese, Listening, Learning, Leading: A Framework for Regulatory Excellence, Penn Program on Regulation（2015）www.law.upenn.edu/live/files/4946-pprfinalconvenersreport.pdf.

益,同时将失去信任或引发社会冲突的可能性降至最低。算法可以帮助简化和改善许多政府服务,但它们不能抹杀政府官员对公众关切做出回应和感同身受的基本要求。[73]

四、结论

尽管政府机构通过算法进行决策的前景听起来很新奇,也很有未来感,但事实上机器学习的使用正开始渗透到公共部门,就像它开始在私营部门变得相对普遍一样。政府对机器学习算法的使用,甚至是政府关键决策的自动化,可以很容易地被当前的行政法理论所接受。如果负责任地使用机器学习算法,其有可能通过提高准确性、减少人为偏见、降低成本和提高整体行政效率来改善政府决策。公共部门可以合法地找到方法,与机器学习算法为私营部门服务一样,获得其带来的许多相同的运营效益。

---

[73] E. P. Goodman, The Challenge of Equitable Algorithmic Change, The Regulatory Review (February 2019), https：//www. theregreview. org/wp－content/uploads/2019/02/Goodman－The－Challenge－of－Equitable－Algorithmic－Change. pdf.

第九章

算法时代的歧视

罗宾·纳恩（Robin Nunn）

想象一下：一家金融科技贷款机构，即一家使用计算机程序提供银行和金融服务的公司，推出了一种基于人工智能算法承保的新产品。这家贷款机构会仔细审查申请人的全部财务记录，包括申请人在哪里购物，购买了什么，购买的数量和频率，有多少信贷和债务，以及是否按时支付了水电费和租金等。贷款机构还审查她的手机使用情况，以了解她在手机上花费了多少时间以及她从事的工作，在工作或者在家时通常的地理活动区域，她发送短信的频率，以及她犯了多少拼写错误（暂时不考虑申请人的社交媒体使用情况）。通过这种对财务和行为数据的混合审查，金融科技贷方承保了她的申请。对数百万其他客户来说也是如此，他们几乎没有信用记录，但长期量入为出，购物有节制，按时支付租金和水电费，并在工作上花费许多时间。

通过其人工智能承销模型，该贷款公司向传统上欠缺金融服务的社区的首次购房者，提供了数十万笔新贷款，而没有增加其信用风险水平。美国货币总核查办公室（OCC）对此印象深刻，进行了一次监督检查，以了解这一令人惊讶的业绩。在检查过程中，它发现这些首次购房者中有93%是白人，于是货币总核查办公室将此案转交给司法部，以执行一项关于违反《公平住房法》（Fair Housing Act）和《平等信贷机会法》（ECOA）的歧视性贷款指控。基于涉及在决策中使用算法的趋势，这个假设并不牵强。事实上，它揭示了将算法驱动的人工智能技术融入消费者贷款市场的潜在好处和风险。

用于审查贷款申请、交易证券、预测金融市场、识别潜在员工和评估潜在客户的算法，引发了人们对公平性和偏见的担忧。在贷款领域，算法偏见的风险是可以预见的，因为对某些数据输入的依赖——如数十年前的信用评分模型，该模型没有考虑消费者在房租、水电和手机账单支付方面的数据——已被证明具有歧视性影响。特别是随着贷款行业数字化并转向"替代性贷款"（alternative lending），即考虑行为数据等非传统的信誉因素，金融机构必须在人工智能的创新与机器学习可能对少数群体造成歧视性影响的巨大风险之间取得平衡。

本章将审视规范消费者贷款市场的反歧视法律的历史，以及这些法律如何与快速变化的算法和人工智能世界相互作用，进而探讨金融机构如何应对这些现实且重要的问题。我们的观点是，公司，尤其是金融服务机构，在使用结合人工智能和机器学习的算法时必须保持警惕。随着算法在公司运营中发挥越来越根深蒂固的作用，以前未曾预见的风险开始出现——特别是，一个完全善意的算法可能会无意中产生有偏见的结论，从而歧视受保护的人群。

一、歧视法

纵观整个信贷的历史，申请人并不总是得到公平对待，或得到贷款机构同等程度的考虑。在一系列联邦公平贷款法（the federal fair lending laws）颁布之前，妇女和少数族裔在消费者贷款市场中受到歧视性对待。女性申请人通常被要求有更多的抵押品或额外的共同签署人，并且经常被问到与其信用度无关的个人问题。[1]例如，信贷机构经常驳回合格的女性候选人，并将她们认定存在为信用风险，因为他们认为女性会"被儿童保育或其他刻板印象中的女性责任所分心"。[2] 同样，少数族裔经常被告知，他们没有足够的抵押品来获得贷款，或者他们住在金融机构经常放贷的地区之外。[3]为了阻止妇女和少数族裔寻求信贷，贷款机构处理他们的申请所需的时间明显更长。[4]美国国会认识到"消除歧视将加强经济稳定，并加强各金融机构和其他从事信贷业务的公司之间的竞争"，最终颁布了旨在消除这些歧视性做法的立法。[5]

具体而言，美国国会于1974年颁布了《平等信贷机会法》。[6] 该法案的目的是确保"各类金融机构和其他从事信贷业务的公司以公平、公正的态度提供信贷，不因性别或婚姻状况而产生歧视"。[7]《平等信贷机会法》及其被称为《条例B》（Regulation B）的执行规则禁止债权人基于种族、肤色、宗教、民族血统、性别、婚姻状况、年龄（只要申请人具有订立合同的能力）、申请人接受的任何公共援助项目的收入、或申请人出于善意行使《消费者信用保护法》（Consumer Credit Protection Act）赋予的任何权利而进行歧视。[8]该法案旨在规范在正常业务过程中进行信贷交易的实体，如银行、零售商、信用合作社和信用卡发行机构。[9] 此外，该法案适用于所有信贷展期，包括对小型企业、公司、合伙企业和信托的信贷展期。[10]尽管《平等信贷机会法》没有明确规定信贷交易的定义，但《条例B》规定，"信贷交易是指申请人与债权人就信贷申请或现有信贷展期所进行的各个方面的事务。"[11]

《平等信贷机会法》最初是由联邦储备委员会（Board of Governors of the Federal Re-

---

[1] B. Fay, The Equal Credit Opportunity Act, www.debt.org/credit/your‐consumer‐rights/equal‐opportunity‐act/.

[2] See Moran Foods, Inc. v. Mid‐Atlantic Mkt. Dev. Co., 476 F.3d 436, 441（7th Cir. 2007）.

[3] Fay, above note1

[4] Ibid.

[5] ECOA, 15 USC § 1691（2012）.

[6] Ibid.

[7] Ibid.

[8] Ibid.

[9] Ibid.

[10] Federal Deposit Insurance Corporation, FDIC Consumer Compliance Examination Manual：Fair Lending Laws and Regulations（September 2015）, 1.4, www.fdic.gov/regulations/compliance/manual/index.html.

[11] 12 CFR § 1002.2（m）（2011）. 这包括债权人的"信息要求"；调查程序；信用标准；信贷条件；提供信用资料；撤销、变更或终止信用证；以及收款程序。" Ibid.

serve）实施的。[12] 当国会在 2010 年颁布《多德-弗兰克华尔街改革和消费者保护法》后，该职责后来转移给消费者金融保护局。[13] 除了转移规则制定权外，多德-弗兰克法案还确认消费者金融保护局监督和执行《平等信贷机会法》及其执行条例的合规性。[14] 尽管《平等信贷机会法》主要由消费者金融保护局执行，但监管机构如联邦贸易委员会、货币总核查办公室和联邦储备委员会，仍有权审查金融机构遵守《平等信贷机会法》的情况。[15] 如果消费者金融保护局或监管机构发现违反《平等信贷机会法》的歧视性模式或做法，它们可以将此事转交给美国司法部，司法部进而可以根据《平等信贷机会法》提起诉讼。[16] 每年，司法部民权司都会向国会提交一份报告，重点介绍它们在该法案下的执法活动，希望扩大美国各地合格借款人获得信贷的渠道。[17]

尽管《平等信贷机会法》和公平贷款法律[18]为合格的借款人提供了潜在的保障，但寻求信贷的申请人仍然面临着歧视。一些信贷机构不仅未能严格遵守《平等信贷机会法》的规定，而且在利用自动决策程序来确定申请人是否合格时，也无意中违反了该法案的禁止性规定。尽管算法可能有助于确定申请人是否可信，提供了"效率、盈利性，以及通常意义上的科学精确性和权威性"，但人们越来越多地发现，这类算法在其决策过程中会产生歧视性影响。[19] 为了规范这种自动化决策并消除潜在的歧视，立法者在参议院和众议院提出了一项名为《2019 年算法问责法》（Algorithmic Accountability Act of 2019）的法案。这项立法将"赋予联邦贸易委员会权力，要求并监控大公司对其算法进行追踪，并对其实行公平性和准确性审计的程序"。[20] 在信贷机构必须向联邦贸易委员会提供证据，证明其算法公平、准确并遵守相关反歧视法律之前，使用算法驱动的人工智能系统来确定合格的信贷申请人仍将存在争议。

二、挑战人工智能决策

人工智能技术仍然存在争议——部分原因是算法的决策逻辑并不总是很清晰。当 Flickr 在数字相册中的图片上自动添加标签时，错误地将黑人的图片打上标签，或者当用 Google 搜索听起来像黑人的名字，而不是搜索听起来像白人的名字时，搜索结果更有可能附带有关犯罪活动的广告，上述情况都令人感到不安。但是，当政府使用人工智能来确定应该检

---

[12] 12 USC § 1691b（a）（2012）

[13] 12 USC § 5581（b）(1)(A)（2012）（"理事会的所有消费者金融保护职能移交给该局"）。

[14] Consumer Finance Protection Bureau, Equal Credit Opportunity Act（ECOA）examination procedures（October 30, 2015），www.consumerfinance.gov/policy-compliance/guidance/supervision-examinations/equalcredit-opportunity-act-ecoa-examination-procedures/.

[15] Department of Justice, The Equal Opportunity Act（November 8, 2017），www.justice.gov/crt/equal-creditopportunity-act-3. The CFPB may also litigate ECOA matters under its own enforcement authority.

[16] Ibid.

[17] Ibid.

[18] 《公平住房法》还禁止房地产相关交易中的歧视行为。本章重点介绍《平等信贷机会法》。

[19] C. O'Neil, Yes, Government Should Regulate Automated Decision-Making, Bloomberg（April 17, 2019），www.bloomberg.com/opinion/articles/2019-04-17/algorithms-that-manage-people-need-human-regulation. 这篇文章提到了 Amazon 开发的一种性别歧视招聘算法，以及 IBM 的面部识别程序，该程序对黑人女性的识别效果远不如对白人男性。

[20] Ibid.

查哪些餐馆、判断下一次犯罪可能发生的地点、甚至决定刑期的长短时，情况又会如何？"AI Now"研究所已呼吁政府停止使用某些类型的基于算法的人工智能，直到该技术得到更好的理解并"可供公众审计、测试和审查，并受到问责标准的约束"。[21]以下的进一步分析将侧重于如何解决政府适用人工智能的问题。[22]

三、缺乏相关判例法

到目前为止，人工智能所涉及的大多数规则并非是人工智能所特有的。相反，它们是现有的，有些是针对长期存在的隐私、网络安全、不公平和欺诈行为等所采取的正当程序以及健康和安全规则（health and safty rules），这些规则涵盖的技术现在恰好集中在算法驱动的人工智能系统的使用上。其中包括有关持有、使用和保护个人数据的规则，有关如何监管金融算法造成的风险的指南，以及防止歧视的保护措施。

有些案例提到了政府采用人工智能的风险。例如，在未公布的 County of Riverside v. Perone 案中，法院提到了政府机构采用人工智能技术，根据申请部门提供的职位要求与系统中扫描的简历中的技能和教育背景进行匹配，从而生成招聘名单所面临的挑战。[23] 而在联邦层面，美国最高法院审理的 Gill v. Whitford 案中，也提交了法庭之友意见书，指出日益增长的利用机器学习分析选民数据和行为的做法，将使相关分析越来越不精确并在选区划分上产生歧视性威胁。[24]

然而，公民或公司直接挑战算法驱动的人工智能使用的情况并不多。[25] 出现这种缺乏裁决的情况可能是因为在监管环境中，人工智能的使用仍处于初步阶段且作用范围有限（尽管正在增加）。也可能是因为律师们仍在努力研究如何将旧的法律和原则应用于新技术。不管是什么原因，未来这种挑战很可能会增加。随着政府和私人团体更多地采用这些（算法驱动的）技术，监管过程中出现了一些风险，当面临潜在的违法和违宪行为时，这些风险将至关重要，必须加以考虑。也就是说，许多人可能会基于公开透明、程序正当、非委托（non-delegation）和非歧视等原则，在监管环境中质疑政府对人工智能的使用。

四、处理歧视行为的法律框架

当前在教育、住房和就业等领域的反歧视法律禁止故意歧视，即"差别性对待"（disparate treatment）；也禁止非故意的"差别性影响"（disparate impact），即当听起来中立的规

---

[21] See, e.g., A. Campolo, M. Sanfilippo, M. Whittaker, and K. Crawford, AI Now 2017 Report, AI Now (2017), https://ainowinstitute.org/AI_Now_2017_Report.pdf.

[22] Ibid.

[23] Cty. of Riverside v. Perone, 2006 WL 245319 (Cal. Ct. App. February 2, 2006).

[24] Gill v. Whitford, Brief of Amici Curiae Political Science Professors in Support of Appellees and Affirmance, No. 16-1161, 2017 WL 4311101 (S. Ct. September 5, 2017).

[25] 作为少数质疑政府使用人工智能的例子之一，被告埃里克·卢米斯因其在驾车枪击案中所起的作用而被判有罪。在录取口供时，卢米斯回答了一系列问题，随后这些问题被输入 COMPAS 系统，这是一种由一家私人控股公司开发、威斯康星州惩教署使用的风险评估工具。审判法官部分基于该风险评估工具给出的"高风险"评分，对卢米斯作出了长期监禁的判决。卢米斯对判决提出了质疑，因为他未被允许对算法进行评估。州最高法院驳回了卢米斯的上诉，理由是了解算法的输出结果就已达到足够的透明度。Wisconsin v. Loomis, 371 Wis. 2d 235 (July 13, 2016).

则对受法律保护的群体（如基于性别、年龄、残疾、种族、民族、宗教、怀孕或遗传信息等）造成不成比例的影响。自美国民权运动以来，围绕机构故意给予受保护群体较其他群体更不利待遇的主张，已经出现了一系列法律。1971 年，"差别性影响"一词首次在最高法院 Griggs v. Duke Power Company 案中使用。法院裁定，根据《民权法》（*Civil Rights Act*）第七章，该公司使用智力测试分数和高中文凭——这些被证明不成比例地偏向白人申请者，并实质上使有色人种申请者不合格的因素——来作出雇佣或晋升决定是非法的，无论该公司是否有意利用测试进行歧视。该案裁决的一个关键方面是，电力公司无法证明其智力测试或文凭要求实际上与其招聘的职位相关。

最近，政府和其他原告提出了差别性影响索赔，这些索赔更多地关注贷款政策的效果而非意图。最高法院在"德克萨斯州住房和社区事务部诉包容性社区项目"（Texas Department of Housing and Community Affairs v. Inclusive Communities Project）一案中的裁决，肯定了差别性影响理论的适用。该案中的包容性社区项目对住房模式进行了统计分析，表明税收减免计划有效地将德克萨斯人按种族进行了隔离。最高法院在"包容性社区"一案中对差别性影响理论的基本验证，对技术和政府机构敲响了警钟。一种无意中使受保护群体处于不利地位的算法，仍然有可能引起正当程序的担忧。

五、提出差别性影响的索赔

在主张差别性影响理论时，原告必须证明他们由于政府政策或做法受到不成比例的负面影响。在证明存在差别性影响的情况下，政府可以通过质疑原告的证据（通常通过攻击用于证明差别性影响的统计数据），或者提供基于算法的人工智能政策是实现正当利益的必要手段的证据来为自己辩护。如果政府不能证明这一点，那么原告关于差别性影响的主张就必须成立。

如果政府能够证明所涉人工智能与特定诉求之间存在可证明的关系，或存在一种"业务必要性"（business necessity），原告仍然可以通过证明政府拒绝采用歧视性影响较小的替代做法来获胜。一种途径是主张替代方法在不具有歧视性的情况下同样有效。由于算法是专有的，并且经常受到保密协议的保护，使用它们的组织（包括政府机构），可能没有进行独立测试的法律权利。这将迫使政府要么承认它没有考虑替代方案，要么强制进行算法检查。鉴于算法的复杂性，目前这是相当具有挑战性的。因此，审计算法的能力将回答一些关于偏见的问题，但有一些类型的算法超出了我们目前的分析能力——人工神经网络就是一个例子。它们被输入大量数据，并通过将数据分解成更小的组成部分和寻找模式的过程，基本上会生成自己的算法，而这些算法对人类来说可能是难以理解的。

六、关于歧视和重视多样性的补充要点

在提出差别性影响案例或类似的法律理论时，还有许多额外的要点需要加以强调，以强化歧视性对待的理论——包括以下两个关键点。首先，原告可能会指出政府在开发算法和数据输入时没有聘请和吸纳多样化的利益相关者参与的问题。前端的多样性对于产生无偏见的结果、防止中立的数据点（preventing neutral data points）以及提高在技术先进的全球市场上的竞争力至关重要。在实现多样性和包容性方面获得成功的政府机构，都制定了正式的多样性招聘策略，包括正式的招聘和培训项目，以及机构负责人对实现多样性招聘

目标的承诺。机构在招募多样化员工方面表现出失败，除了证明其未能形成一个高效运作的组织之外，还将凸显出一个易于产生不公正算法的环境。此外，对于差别性影响案件，原告可以考虑指出政府在测试和核查算法决策方面未能进行人工监督的问题。这些人员应将记录和验证数据输入作为工作、流程的一部分。这意味着应指派员工审查数据集，包括对解决差别性影响问题进行指导，以确保数据的公平性和准确性，形成审计算法决策的最佳实践。

七、消费贷款中的算法

（一）人工智能的总体发展

在过去的二十年里，私营部门在人工智能技术的投资、开发和实施方面经历了指数级增长。[26]且我们现在拥有相对大量的、可以廉价存储和处理的数据，进而使得算法驱动的人工智能系统的性能和进一步研究的能力大大提高。人工智能的概念大致围绕算法展开，这些算法可以访问大量数据，并根据历史情况学习预测结果，而且它们经过大量数据训练，可以识别以前被忽视的模式和提供对行为的新见解。

一般来说，人工智能系统是通过在一组训练数据中查找输入特征和已知结果之间的关系来运行的。[27]这些系统与人类决策模型的不同之处在于，机器本身不需要人类直接干预，就可以根据输入数据制定出最能预测已知结果的规则——这组规则被称为"模型"。[28] 然后，这个"模型"被应用到人们对未来感兴趣但无法观察到的情况中，并预测结果。[29]在分析和研究法律与算法的关系时，以下举例的几种不同的人工智能应用非常重要。

机器学习是人工智能的一个子集，其通常使用统计技术来使机器能够从数据中学习，而不需要明确给出如何学习的指令。这个过程被称为使用学习算法训练模型，该算法可以逐步提高模型在特定任务上的性能。机器学习模型可以进一步分为有监督学习（需要数据分析师指定感兴趣的目标变量）和无监督学习（算法在数据集中搜索一般结构、集群或热点）。[30]

神经网络（即深度学习）——由多层加权节点组成，其中包括至少一个隐藏层，这些节点可以通过大数据集，以及奖励期望结果和惩罚不期望结果的方式来训练其执行某些任务（例如，面部识别、欺诈检测、股票走势预测）。

专家系统——计算机系统，通常是基于规则运行的（如果 X，那么 Y），模仿人类专家的决策能力（如用于医学诊断）。

近年来，计算活动已经从仅仅减轻组织对数据输入等日常工作的负担，转变为一个新时代，其中包括完成过去被认为需要人类判断的任务的自动化。作为这个新时代的一部分，企业越来越多地开始将人工智能技术纳入招聘和其他员工决策的过程中。例如，Amazon 开

---

［26］ L. Columbus, 10 Charts that Will Change Your Perspective on Artificial Intelligence's Growth, Forbes（January 12, 2018）, www. forbes. com/sites/louiscolumbus/2018/01/12/10-charts-that-will-change-your-perspectiveon-artificial-intelligences-growth/#15ae625d4758.

［27］ A. Selbst, A Mild Defense of Our New Machine Overlords（2017）70 Vand. Law Rev. En Banc 87, 90.

［28］ Ibid.

［29］ Ibid.

［30］ S. Barocas and A. D. Selbst, Big Data's Disparate Impact（2016）104 Cal. Law Rev. 671, 678.

始在其招聘工作中使用人工智能技术,但当发现人工智能模型显然包含无法克服的对女性的偏见时,Amazon最终放弃了该工具。[31]还有许多其他公司采用人工智能来补充传统人力活动的例子。虽然这些例子在表面上都不构成非法行为,但事实或决策过程中的微小变化很容易造成对个人权利的侵犯,如下所述。

(二) 银行业的算法

银行对算法有许多潜在的应用。银行可能会使用神经网络来检测欺诈行为或防范洗钱风险,也可能会采用面部识别技术,在与客户进行面对面互动时识别已知的欺诈者,或确认试图利用其房屋净值申请信贷额度的客户的身份,以遵守"了解你的客户"的规定。银行还可以使用深度学习模型将其客户划分为不同的细分群体,以更好地满足这些群体的需求或识别投资机会。就本章的目的而言,这里关注的是银行如何使用算法向消费者提供信贷。

从本质上讲,使用算法(在金融机构环境中广泛称为预测模型)的目标就是进行"合法"歧视。银行在消费贷款中使用算法模型来预测哪些人有良好的信用而哪些人没有;在利润最大化的同时,哪些价格水平将具有竞争力;以及在哪里(并且如何)将稀缺的营销资源瞄准那些最有可能对特定产品作出反应并获得支持的消费者。与此同时,如上所述,还有一些类别是不允许信贷人实行歧视的,其中包括种族、性别和年龄。本章其余部分将讨论如何在以合法方式进行歧视的同时,避免非法歧视所带来的挑战。

机器学习的发展不仅基于更复杂的算法,还基于访问更多更大的数据池(数据池本身每天都在加深和拓宽)、更强大的处理能力,以及不断降低的存储和计算成本。在这些因素中,算法的复杂性和不透明性,以及对更多数据源(即"大数据")的获取,在消费者信贷领域带来了最大的歧视性行为风险,因为它们抑制了透明度和可问责性。

如上所述,公平性的概念可以包括许多离散和抽象的元素,这些元素渗透到消费者金融服务算法的各种应用中。就算法应用程序中的公平性而言,可能需要考虑算法是否按照客户的合理预期使用其个人信息,以及银行是否保持该信息的安全性和私密性。公平性考虑因素可能还包括银行,使用算法时,是否以合乎道德的方式对待其客户和潜在客户。又或者,一家致力于公平性的银行也可能需要评估其算法的使用,是否对客户做到既透明又可解释。尽管所有这些方面都值得考虑,但本书将重点关注银行算法中可能存在的偏见和歧视。

(三) 消费贷款中的算法

长期以来,算法一直是贷款过程中的关键组成部分,其中最突出的方式是在承保中使用信用评分。最早的著名信用评分算法之一是"FICO评分",该评分于1958年首次开发,为纪念费埃哲(Fair Isaac)公司的创始人Bill Fair和Earl Isaac而命名。[32] FICO评分的最初几次迭代主要依赖于一个预测变量,该变量考虑了消费者持有的信用卡数量。[33]从那时起,金融机构根据消费者贷款流程,部署实施了不同复杂程度的算法,这些流程包括营销、销

---

[31] J. Dastin, Amazon Scraps Secret AI Recruiting Tool that Showed Bias against Women, Reuters (October 9, 2018), www.reuters.com/article/us-amazon-com-jobs-automation-insight-idUSKCN1MK08G.

[32] FICO, About Us (2019), www.fico.com/en/about-us#did-you-know.

[33] F. Huynh, Adapting Credit Scores to Evolving Consumer Behavior and Data (2013) 46 Suffolk Univ. Law Rev. 829, 830.

售、履行、服务和催收。

尽管机器学习在预测预期和非预期关系（expected and less expected relationships）方面具有强大的能力，但它的输出往往难以做到透明和可解释。根据《平等信贷机会法》/《条例B》和《公平信用报告法》等法律，信贷人有义务了解他们的模型是如何工作的（为了避免歧视），并解释为什么给定的模型会产生某种结果（即向被拒绝的申请人提供不利行动的理由）。然而，其他许多行业并不受这些法规的约束（尽管许多公司将不得不努力考虑类似的因素以遵守就业中的反歧视法律），因此不需要实施一系列措施（implement regiments）来解决合规的风险。与此同时，这些法律的道德基础（以及用于解决这些问题的风险缓解系统），可能会指导消费者金融服务之外行业的机器学习模型的开发和实施。

本章对机器学习模型的关注主要限于有监督学习模型，在这些模型中，建模者必须有意地选择目标变量。许多与信贷关系密切的模型都是有监督学习模型，因为这些模型对借款人进行排序、排名和预测，以此作为平衡适当信用风险的方法。虽然金融机构也可能会使用无监督的机器学习模型（例如，在设计聊天机器人时使用自然语言语音处理器，或利用神经网络帮助识别欺诈行为），但到目前为止，信贷领域的机器学习模型大多仍是有监督学习模型。

八、消费信贷生命周期中的建模

银行在消费者信贷生命周期的各环节中都使用复杂的模型——从营销和销售，到定价和承保，再到服务和催收。下文将研究这些过程。

（一）市场营销和客户细分

算法有助于预测消费者对营销活动的响应可能性、可能产生回应的优惠类型以及应该通过哪个渠道发送优惠信息。例如，一家机构可能会使用一种算法模型来预测消费者对一封电子邮件的响应程度，该邮件通知她已被预先选定为信用卡优惠对象。然后，该机构可能会决定只针对前十分之一的群体进行营销，即认定该范围之外的群体没有足够的响应倾向，以此证明在此类营销活动上投入的时间和资源是合理的。这些类型的模型中的常见变量可能包括信用评分、最旧交易的账龄和循环账户的余额等。

Facebook 和 Google 等供应商为营销模式提供第三方选项。例如，Facebook 的相似受众广告产品允许广告商基于 Facebook 对相似性建模判断，以接触那些与其现有客户群相似的人群。[34] 最近开发的机器学习模型，可能会包含有关交易行为或与周期性循环余额相关的更细微行为的数据。应该注意到，一个机构可能会使用数百甚至数千个变量来提升模型预测能力。

（二）定价和承保

机构在消费贷款流程的定价和承保阶段也依赖于模型，这些模型传统上依赖于 FICO 评分、债务收入比、收入、贷款金额、贷款价值比和财产价值（针对担保贷款）等变量。

---

[34] US Department of Housing and Urban Development (HUD), HUD Charges Facebook with Housing Discrimination over Company's Targeted Advising Practices (March 28, 2019), www.hud.gov/press/press_releases_media_advisories/HUD_No_19_035. 2019 年 3 月，美国住房和城市发展部指控 Facebook 违反了《公平住房法》（Fair Housing Act）。美国住房和城市发展部声称，Facebook 的专有模型在选择和投放目标房地产相关的住房广告时，存在种族、性别、年龄和其他一些被禁止的歧视。

"银行使用人工智能开发信用评分模型的潜力引起了人们的极大兴趣，这可能会让更多处于当前信用体系边缘的消费者以更低的潜在成本提高他们的信用。"[35]例如，人工智能利用比传统用于评估信用度更深入、更广泛的数据集，帮助近29%的"无银行服务"或"银行服务不足"的美国人获得信贷资格。[36]这些非传统数据集可能包括租金支付记录、公用事业费用缴纳情况、手机订阅服务、保险、儿童保育费用、学费、教育程度、中等教育机构等信息，甚至还包括社交媒体网络数据。

（三）服务和催收

算法模型在服务和催收中也发挥着作用，尽管这种作用可能不如上述其他过程那么明显。在这一过程中，模型可用于将未偿还的债务归类，以帮助催收——如果可以的话，归类可能是基于不同的催收方法或技术，比如内部处理或外包给第三方，或者是直接注销坏账。

（四）潜在优势

算法模型在消费信贷生命周期的每个阶段都提供了好处，其中一些已在上面提及。公司使用大数据来替代传统方法，以此对以前被认为无法评分的人群进行评分。此类产品的一个特点是，它依赖于传统的公共记录信息，如丧失抵押品赎回和破产记录，但它也考虑教育历史、专业许可数据和个人财产所有权数据等。因此，那些可能无法获得传统信贷但拥有专业执照、按时支付租金或拥有汽车的消费者，可能会比他们原本的情况更容易获得信贷。此外，大数据算法可以帮助揭示传统信贷市场的潜在差异，并帮助公司为来自任何背景的信用良好的消费者提供服务。[37]

算法模型可用的数据源也比以往任何时候都更深入、更丰富、更多样化，这甚至超出了上述非传统数据源的范围。例如，研究人员通过调查我们在日常数字互动中留下的痕迹——被称为"数字足迹"——这可能有助于预测信贷违约和消费者支付行为。算法模型查看的数据集可能包括数字足迹变量，如设备类型、操作系统、渠道（如搜索引擎或价格比较网站）、与用户电子邮件地址相关的标记（是否包含名字、姓氏或数字），以及用户在输入电子邮件时是否存在打字错误。研究人员发现，这些来自数字足迹的变量可以作为收入、性格和声誉的代理变量，对于违约预测非常有价值。[38]

算法提供的自动决策也可以消除传统面对面借贷中可能出现的一些歧视。机构对算法评分的依赖深化了市场，使竞争加剧，还能鼓励更多人通过更简单、更易于访问的申请流程进行消费。研究人员还发现，在减少申请受理或拒绝中的歧视对待上，金融科技公司似乎比面对面贷款机构做得更好。机器学习技术带来了比线性回归更强大的技术，可以识别差异或驱动这些差异的变量，因此在公平借贷分析方面能发挥很大作用。

---

［35］ L. Brainard, What Are We Learning about Artificial Intelligence in Financial Services？（November 13, 2018），p. 10, www. bis. org/review/r181114g. pdf.

［36］ Executive Office of the President, Big Data：Seizing Opportunities, Preserving Values（May 2014），p. 40, https：// obamawhitehouse. archives. gov/sites/default/files/docs/big_data_privacy_report_may_1_2014. pdf.

［37］ Federal Trade Commission, Big Data：A Tool for Inclusion or Exclusion？（January 2016），p. 6, www. ftc. gov / system/files/documents/reports/big-data-tool-inclusion-or-exclusion-understanding-issues/160106big-datarpt. pdf.

［38］ T. Berg, V. Burg, A. Gombović, and M. Puri, On the Rise of FinTechs-Credit Scoring Using Digital Footprints（July 2018），pp. 2-3, www. fdic. gov/bank/analytical/cfr/2018/wp2018/cfr-wp2018-04. pdf.

(五) 采用人工智能的风险

随着人工智能的普及，公司及其法律顾问将不得不越来越多地面对如何将数十年来沿用的流程应用于新时代的挑战。例如，人工智能，尤其是机器学习的某些属性，将其与其他分析技术区分开来，并引发人们对更大程度依赖机器学习的潜在担忧。

第一个要讨论的是机器学习的自主学习属性。算法的结果不依赖于人类预先指定每个变量如何被纳入预测；事实上，只要学习算法在运行，人类就无法真正控制它们如何组合和比较数据。机器学习系统从数据中"学习"，这意味着这些算法在一组数据中找到变量之间的模式或相关性，然后利用这些模式或相关性进行预测。[39]

这种基于算法的学习可能会出错，例如，研究人员已经发现人工智能会作弊并试图隐藏结果。具体来说，一个名为 CycleGAN 的神经网络，试图隐藏它应该翻译的照片中的图像。研究人员在意识到翻译后的图像与原始图像过于相似时发现了这种作弊行为。[40]换句话说，CycleGAN 并没有按照它被指示的去做，但它的确完成了它被指示的目标。由于反歧视法要求参与者遵守具体的原则和规定，因此如果在承保过程中发生同样的作弊行为，可能会产生严重的有违公平贷款的后果。

第二个要讨论的是机器学习关键的"黑箱"性质。除非专门为确保透明度进行设计，否则许多机器学习系统的结果无法直观地解释，也不能支持传统上作为合法商业理由的那种因果解释。因此，可能很难准确说明机器学习算法是如何或为什么关注某些相关性且作出这样的预测。因此，法律评论人士对基于机器学习的算法的"黑箱"性质感到遗憾，他们认为，如果我们无法看到代码或与其进行交互，我们就无法适当或合法地使用它。[41]在许多情况下，由于商业秘密或其他获取途径的缺失，这种访问将会是不可能实现的。[42]

第三个要讨论的是，与当今数字时代的其他计算策略一样，机器学习可以快速且自动地运行，支持算法产生结果的使用，从而缩短或可能绕过人类的审议和决策过程。这三个因素（自主学习、黑箱、快速）综合起来，使得与其他统计技术相比，机器学习技术在质量和性能上似乎更独立于人类。[43]

从广义上讲，公司采用人工智能所面临的问题根本上是数据问题。让计算机基于数据作出决策，可能会导致需要立即解决的严重问题。算法通过输入某些数据来学习，这些数据通常由工程师选择，系统则根据这些数据构建世界模型。因此，例如，如果一个系统在绝大多数照片为白人的数据集上进行训练，它将更难识别非白人面孔，从而导致预测中出现有问题的偏见。事实上，这正是 IBM 最近宣布计划向学术界、公共利益团体和竞争对手

---

[39] L. Edwards and M. Veale, Slave to the Algorithm? Why a "Right to Explanation" Is Probably Not the Remedy You Are Looking for (2017) 16 Duke Law Technol. Rev. 18, 25.

[40] C. Chu, A. Zhmoginov, and M. Sandler, CycleGAN, a Master of Steganography (December 16, 2017), https://arxiv.org/abs/1712.02950.

[41] See, e.g., F. Pasquale, The Black Box Society (2015), pp. 3-4; B. Reddix-Smalls, Credit Scoring and Trade Secrecy: An Algorithmic Quagmire or How the Lack of Transparency in Complex Financial Models Scuttled the Finance Market (2011) 12 UC Davis Bus. Law J. 87; F. Pasquale, Restoring Transparency to Automated Authority (2011) 9 J. Telecommun. High Technol. Law 235, 237.

[42] M. Hurley and J. Adebayo, Credit Scoring in the Age of Big Data (2016) 18 Yale J. Law Technol. 148, 196-8.

[43] C. Coglianese and D. Lehr, Regulating by Robot: Administrative Decision Making in the Machine-Learning Era (2017) 105 Geo. Law J. 1147, 1167.

发布一个包含100多万张面部图像的数据库的原因。[44]发布这些信息旨在改进面部识别系统中的机器学习应用的训练。

某些研究表明,训练不当的机器会将相关性误认为因果关系,这可能是导致预测错误的原因。[45]不幸的是,由于这些算法是秘密或者基于专有信息的,我们不知道为什么这些预测最终会产生歪曲和错误。

（六）歧视

歧视可能发生在面对面的决策中,也可能发生在算法评分中。尽管算法借贷在消除这种歧视方面可能会取得很大进展,但它远非完美。例如,研究表明,金融科技公司和传统贷款机构都向拉丁裔和非裔美国借款人收取更高的利率,更高的利率被归因于这些借款人所处的服务竞争环境较弱,以及基于购物行为的借款人的画像分析。

其他风险还包括:更多的人因他人的行为而被错误地剥夺机会的风险;产生或加强现有差异的风险;泄露敏感信息或帮助针对弱势消费者进行欺诈的风险;为歧视创造新理由并导致低收入社区商品和服务价格上涨的风险;以及削弱消费者选择效果的风险。[46]例如,Amazon开发了一个人工智能工具来帮助它雇用软件开发人员。Amazon为其提供了一组过去招聘成功的简历数据。然而,由于这组数据中男性占绝大多数,人工智能对女性申请者产生了偏见——事实上,它自动排除两所女子学院毕业生的简历。[47]甚至传统零售商也开始使用算法,根据零售商认为客户居住的地方,为相同产品进行动态折扣定价。[48]

最近的研究表明,不仅在线广告的定位模型可能会产生基于种族的影响,而且有意进行歧视行为的广告商实际上也可能能够利用受众定位建模中的漏洞。例如,对于上面描述的Facebook的相似受众产品,研究人员发现,当Facebook从一个小的歧视性源受众开始分析时,由于它试图推断出将受众与普通人群区分开的属性,因此会放大源受众中包含的偏见。广告商可能没有意识到被忽视的偏见,但仍然会产生重大的差别性影响。更有甚者,如果恶意行为者故意从有偏见的数据集开始构建模型,就可能会故意制造歧视性结果。[49]

（七）避免不成比例的不良后果的考虑因素

从本质上讲,监督式机器学习模型是通过示例,并按照开发它们的人的要求进行学习的。[50]算法中最具风险的元素,也是在模型开发阶段可能需要进一步关注的元素。用于示例的数据、在机器解析数据时提供给机器的指令,以及指导机器得出结论的参数,都是该过程中不可分割的一部分。每个环节的失误都可能导致结果中出现不必要的歧视。对于每

---

〔44〕 IBM, IBM to Release World's Largest Annotation Dataset for Studying Bias in Facial Analysis（June 27, 2018）, www.ibm.com/blogs/research/2018/06/ai-facial-analytics/.

〔45〕 See, e.g., R. Wigglesworth, Spurious Correlations are Kryptonite of Wall St's AI Rush, Financial Times（March 14, 2018）, www.ft.com/content/f14db820-26cd-11e8-b27e-cc62a39d57a0.

〔46〕 Federal Trade Commission, above note 37, pp. 10-11.

〔47〕 J. Dastin, Amazon Scraps Secret AI Recruiting Tool that Showed Bias against Women, Reuters（October 9, 2018）, www.reuters.com/article/us-amazon-com-jobs-automation-insight/amazon-scraps-secret-airrecruiting-tool-that-showed-bias-against-women-idUSKCN1MK08G.

〔48〕 J. Valentino-Devries and J. Singer-Vine, Websites Vary Prices, Deals Based onUsers' Information, Wall Street Journal（December 24, 2012）, http：//online.wsj.com/news/articles/SB10001424127887323777204578189391813881534.

〔49〕 T. Speicher, M. Ali, G. Venkatadri, et al., Potential for Discrimination in Online Targeted Advertising（2018）81 Proc. Mach. Learn. Res. 1-15, http：//proceedings.mlr.press/v81/speicher18a/speicher18a.pdf.

〔50〕 Barocas and Selbst, above note 30.

个模型，开发人员都需要考虑这一模型是否考虑了偏见，其基于大数据的预测准确性如何，以及模型对大数据的依赖，是否会引发任何道德或公平性的问题。

（八）变量定义

"与传统的数据分析形式相比，数据挖掘试图在数据集中定位统计关系，而不是仅仅根据对特定的查询返回记录或汇总统计信息。"[51] 作为初始步骤，数据挖掘者必须将数据进行分离，以便区分"目标变量"（或能够呈现所需信息的变量）和"类别标签"（或将可能的目标变量值划分为相互排斥的组）。"目标变量的定义及其相关的类别标签，决定了数据挖掘会发现什么，并且由于定义目标变量和类别标签的不同选择，可能会对受保护的群体产生或大或小的不利影响，因此在此阶段可能会出现歧视。"[52]

（九）训练数据

建模者需要考虑他们的训练数据是否具有足够的代表性。由于监督式机器学习是通过示例学习的，因此一开始用于指示或训练机器的数据可能会预先决定某些结果。换句话说，有偏见的训练数据可能会在两个方面导致歧视性模型的产生：①训练数据可能会将受偏见影响的历史数据视为有效示例（可称为标记示例问题）；②训练数据可能会基于有限和有偏见的总体样本得出结论（可称为数据收集问题）。[53] 一个标记示例问题的例子是，使用主观判断来划定一个错过四次信用卡还款的人的信用度界限。[54]

（十）特征选择

建模者必须告知算法中的变量是什么，如何看待这些变量，是否以及如何将这些变量合并到模型中。"受保护群体的成员可能会发现，他们受到的系统分类或预测的准确性较低，因为要实现同样水平的准确判断所需的细节，在覆盖范围和粒度级别上都不是已有数据特征所能达到的。"[55]

（十一）替代指标

有些通常与做出合理决策相关的变量，也可以作为群体类别的替代指标。例如，经常在 Victoria's Secret 购物的顾客很可能是该零售商信用卡优惠活动的理想人选；并且，鉴于该店专门经营女性内衣，因此这位顾客也很可能是一位女性。

（十二）遮蔽

数据挖掘者也可能会故意"使数据收集产生偏见，以确保挖掘结果显示的规则对受保护群体的成员较为不利"，或者在设定模型规则时仅考虑高层次属性，而不考虑足够的粒度，从而使得模型无法有效区分良好和不良的信用风险。[56]

九、扬长避短

（一）内部模型

作为受到严格监管的行业的参与者，银行依靠内部治理框架来降低风险。银行通常在

---

[51] Ibid., p. 677.
[52] Ibid., p. 680.
[53] Ibid.
[54] Ibid., p. 681.
[55] Ibid., p. 688.
[56] Ibid., p. 692.

其风险管理系统中采用三道防线：①产生风险的一线或业务部门；②内部风险管理或合规工作；③内部审计部门。[57]同样的结构也可应用于降低机器学习模型的歧视风险。在第一道防线中，建模团队应如上所述，仔细考虑其训练数据、数据池和变量中的潜在偏见，在开发模型时应考虑并降低法律、监管、声誉和其他风险。

在第二道防线中，模型风险管理和合规部门扮演着略有不同但又相辅相成的角色。一方面，模型风险管理部门应该注重评估给定模型的统计有效性和模型开发实践的稳健性。另一方面，则应着重于识别并减轻任何因使用被禁止的依据或近似指标而产生的、之前未被识别出的问题性歧视。合规管理还可以测试模型对不同对象产生的影响，并降低任何可能产生的歧视性风险。内部审计部门通过对前两道防线中的风险缓解措施及成果进行一般性和针对性评估，为风险防御提供了第三道防线。

（二）第三方模型

银行应对其内部模型的使用负责。但银行监管机构也会要求银行对供应商提供的模型负责。这些模型可能包含一些银行也很难识别和降低的风险，因为银行可能没有太多能力去修改这些算法。此外，供应商可能会保护其专有模型，使银行难以全面了解模型变量和系数。

（三）合规

机器学习模型面临的一个重大挑战是如何降低差别性影响的风险。如上所述，尽管原告可以证明某一模型在被禁止的基础上产生了差别性影响，但信贷人可能会通过证明该模型具有合法的商业理由且没有合理的替代方案，来为其主张辩护。总的来说，信贷人可能会证明机器学习模型具有合法的商业理由，因为该模型的目的符合对信用度的传统评估。即使是非传统目的（例如，检查消费者支付行为的数字足迹），如果能够证明它们对相关的信用决策有一些合理的统计影响，也可能具有合法的商业理由。

十、外部监督

（一）监管者

除了上述三道防线外，金融监管机构（如货币总核查办公室、联邦储备委员会、消费者金融保护局和联邦存款保险公司）也会对模型进行审查，以识别歧视性风险。联邦储备委员会的《模型风险管理指南》（SR Letter 11-7）规定了关于处理机器学习模型开发、实施、使用中的安全和稳健性问题的联邦政策，尽管其对"模型"的广泛定义涵盖了其他较简单的模型，包括可能涉及的任何统计工具。正如美联储在其 SR 13-19/CA 13-21 文件中所指出和讨论的那样，当银行使用供应商服务时，这些考虑因素中的许多（如果不是全部）也同样适用。

（二）应对人工智能风险的努力

随着人工智能越来越受欢迎，政策制定者更加密切地关注制定相关政策，以促进人工智能应用的巨大潜力，并利用这些工具改进政府的效率和运营。2016 年，奥巴马政府试图

---

[57] Office of the Comptroller of the Currency, Corporate and Risk Governance, Comptroller's Handbook（July 2016），pp. 46-7, www. occ. treas. gov/publications/publications-by-type/comptrollers-handbook/corporate-riskgovernance/pub-ch-corporate-risk. pdf.

控制涉及人工智能的违宪政府行为所带来的风险。为此，政府召开了一系列研讨会，并发布了两份独立的报告，概述了通过增加研发、访问公共数据集、加强产业与政府之间的合作以及其他战略来支持人工智能长期发展的战略。[58] 在 2018 年 5 月，特朗普政府召开了一次人工智能峰会，并宣布了他的政府正在进行的几项举措，包括增加对人工智能的资助，消除发展障碍，以及利用人工智能"提高政府服务的效率"。[59] 即使是那些本质上抵制监管的科技公司，也开始呼吁政府现在就实施监管，以防止危险技术失控。[60]

美国国会还在联邦层面引入了几项立法，包括《国家人工智能安全委员会法》（*National Security Commission on Artificial Intelligence Act*），该法案将建立一个独立的国家人工智能安全委员会；众议院通过的《自动驾驶法》（*Self Drive Act*），该法案旨在解决自动驾驶汽车的安全问题；《自动驾驶汽车启动法》（*AV Start Act*），这是一个两党共同提出的参议院配套法案，同样针对无人驾驶汽车问题；《人工智能未来法》（*Future of AI Act*），也是一项两党共同提出的参议院法案，将建立一个人工智能问题咨询委员会。

值得注意的是，政府已经开始采取一些初步行动，来解决人们对将这些新工具用于政府工作的担忧。2019 年《国家防御再授权法》（*National Defense Reauthorization Act*）设立了一个人工智能国家安全委员会，并指示国防部对人工智能如何在防御系统中使用，进行包括道德考量的深入审查。此外，纽约市[61]还通过了一项地方法律，该法律设立了一个"自动化决策系统工作组"，该工作组将探索纽约市如何使用算法。该工作组是美国第一个此种类型的工作组，将通过公平、公正和可问责的视角，努力制定审查"自动化决策系统"（通常称为算法）的流程。[62]此外，还有许多其他制定道德标准的组织，包括由顶尖研究人员和开发人员组成的"AI Now"研究所，他们也开始就政府使用人工智能的问题发表意见。[63]

最后，《通用数据保护条例》（本书其他章节将更全面地讨论）也可能对基于算法的人工智能系统的使用产生影响。截至 2018 年 5 月 25 日，所有在欧盟开展业务的组织都必须遵守新的欧洲隐私立法《通用数据保护条例》——可以说这既包括欧洲政府，甚至也包括外国政府。[64]《通用数据保护条例》第 22 条规定，个人"有权不受仅基于自动化处理（包括画像）而作出的对其产生法律效果或类似重大影响之决策的约束。"在实践中，这意味着，在诸如房屋抵押、贷款、工作申请、入学、司法决定等重要决策的情况下，必须始

---

[58] E. Felten, Preparing for the Future of Artificial Intelligence, The White House Blog（May 3, 2016），https：//obamawhitehouse. archives. gov/blog/2016/05/03/preparing-future-artificial-intelligence.

[59] Artificial Intelligence for the American People, Trump Administration（May 10, 2018），www. whitehouse. gov/briefings-statements/artificial-intelligence-american-people/.

[60] B. Smith, Facial Recognition：It's Time for Action, Microsoft（December 6, 2018），https：//blogs. microsoft. com/on-the-issues/2018/12/06/facial-recognition-its-time-for-action/.

[61] John S. McCain National Defense Authorization Act, HR 5515, 115th Cong. （2019）.

[62] Mayor De Blasio Announces First-In-Nation Task Force to Examine Automated Decision Systems Used by the City, New York City（May 16, 2018），www1. nyc. gov/office-of-the-mayor/news/251-18/mayor-de-blasio-first-innation-task-force-examine-automated-decision-systems-used-by.

[63] See, e. g., D. Reisman, J. Schultz, K. Crawford, and M. Whittaker, Algorithmic Impact Assessments：A Practical Framework for Public Agency Accountability, AI Now（April 2018），https：//ainowinstitute. org/aiareport2018. pdf.

[64] D. Kawamoto, Will GDPR Rules Impact States and Localities?, Government Technology（May 3, 2018），www. govtech. com/data/Will-GDPR-Rules-Impact-States-and-Localities. html.

终为个人提供选择，使其有可能由人类或在人类的大量参与下作出决策。例如，有人对上述规定作出解释，认为它赋予了人们对完全无人参与的决策提起诉讼的权利（如机器学习算法决定你是否有资格获得贷款时），这样做是为了防止歧视。这种期望可能适用于以欧洲公民为目标的公司。

十一、结论

算法的使用在信贷、就业、医疗保健乃至武装部队等生活的方方面面都有巨大的积极影响潜力。然而，金融服务业中的歧视和偏见可能会边缘化弱势社区和人群，从而加剧不平等。人工智能有可能使受保护群体更快、更简单、更容易地获得金融服务，从而有助于创造公平的竞争环境。但是，如果没有金融服务行业利益相关者的有意关注，人工智能可能会产生非常无意的但代价高昂且不公平的结果。

在美国，政策制定者正在采取措施来创造促进创新的监管空间。消费者金融保护局指出，过去它没有充分提供创新空间，并且已经提出其在未来应该通过更强有力的"不采取行动信函"（No-Action Letters）和"产品沙盒"（Product Sandboxes），对新想法的测试采取更为宽容的态度。[65]这两项举措都采用了促进创新的典型政策机制——对拟议的产品或服务提前发出通知，披露可能的风险和潜在利益，以换取监管机构的承诺，即如果创新按设计运行，监管机构将不会执行法定或监管规定。

与此同时，政策制定者应确保算法具有足够的透明度和可问责性。例如，他们应考虑《平等信贷机会法》和《公平信用报告法》中对不利行动的要求是否足够全面，以便客户理解并解决其信贷申请被拒绝的原因。他们还应该考虑1975年颁布的《家庭抵押贷款披露法》（Home Mortgage Disclosure Act）给抵押贷款市场带来的那种透明度，是否同样适合更广泛的信贷产品。他们还应考虑其他政策机制，以进一步实现透明度和可问责的目标，这些原则在过去和其他情况下已被证明可以减少歧视。虽然本章回顾了人工智能承保中算法使用的最新发展，但随着独立于人类行事的算法取得更多进步，预计会出现更多重大的法律问题。

---

[65] Policy on No-Action Letters and the BCFP Product Sandbox Notice of Proposed Rulemaking, 83 Fed. Reg. 64036 (December 13, 2018).

第十章

算法竞争、共谋和价格歧视

萨利尔·K. 梅赫拉（Salil K. Mehra）

引言

最近的技术变革带来了一种新形式的"算法竞争"。企业可以而且确实正在利用技术超强的连接性、大量的数据收集、算法处理和自动定价来进行所谓的"机器销售"。但算法竞争也可能产生损害消费者利益的结果。值得注意的是，在所有条件相同的情况下，机器销售可能会使反竞争的共谋行为更有可能发生。此外，新形式的算法价格歧视也可能使消费者遭受损失。这一问题不存在简单的解决方案，尤其是因为算法竞争同时也会给消费者带来巨大利益。因此，本章针对这些问题提出了一些初步解决方法，以应对算法竞争可能带来的变化。

算法竞争已经到来。大量的数据收集、算法处理和自动匹配定价（合起来就是"机器销售"）让企业可以更快、更高效地采取行动，事实上，还能采用各种截然不同的方式。企业可以以更快的速度对市场状况做出反应，而且同时有可能在节省市场情报和销售职能成本。但同样重要的是，机器销售改变了市场行为方式，它考虑到价格和数量之外的消费者满意度因素，从而实现了新的商品和服务供应模式，而传统市场并不适合这种模式。

第一，算法竞争可以极大地促进消费者福利。就静态福利而言，它可以通过更好地匹配供需关系来提高分配效率。更重要的是，在动态上创新带来的改善（尤其是以更低成本增加产出的潜力）可能是巨大的。基于这些好处，不应该让过度执法的行为扼杀算法竞争。因此，在没有更好地了解算法竞争的影响之前就对其进行惩罚，可能会对消费者福利造成极大损害。此外，事实是在竞争市场中，算法竞争为生产者带来了真正的效率和协同效应，这些效率和协同效应可以传递给消费者，并大大提高服务和产品质量。举例来说，Uber的匹配和定价算法为城市通勤者提供了更多的服务、更优惠的价格和更高的质量，为消费者带来了巨大的利益，尽管联邦地区法院声称该算法可能会助长共谋行为。因而对算法竞争过早的反垄断执法可能会对静态和动态福利造成真正的损害。

第二，虽然在边际上，企业可能会更容易实施平行/相互依赖定价，但这并不代表有理由立即在这一领域执法，或在这一领域实施新的立法。算法竞争或"机器销售"使用大量数据收集、计算机驱动的算法处理和自动定价来快速消化和应对市场变化。在平行定价与对可观察到的市场价格的良性正常反应之间划出一条具有法律效力的界线（如果没有作更多的规定，可能会被视为默示共谋），在可预见的未来，如果不付出巨大的错误成本，是不可能做到的。换句话说，监管者如何判断一家公司利用技术监控和应对竞争对手价格的行为是促进协调还是促进竞争？这个问题与最高法院在 Twombly 案中所描述的相同，但却是在一个新的背景下——如果没有更多的技术以掌握更多信息，则无法判断收取相同价格的企业是串通一气，或是相互竞争。尽管如此，反垄断执法者仍有必要在算法竞争领域保持领先并提升能力。由于算法竞争涉及大量数据的收集和处理，它有可能为竞争执法者提供更多的数据分析。这些数据可能有助于执法者发现违反现行法律的行为，找出一些问题，进而导致对未来法律和政策的重新评估。

第三，算法共谋仍应成为基于传统反垄断理论的执法重点。各个政治、意识形态和学术领域的反垄断执法者都认为，应该禁止通过明确的协议来固定价格和限制产量。在 Topkins 案和 Aston 案中，地理位置相距遥远的共谋者利用算法驱动的软件来固定不经常销售的不同产品的价格。[1] 这些案件表明，促进算法定价的软件可以通过三种关键方式为更多公司提供反竞争共谋的可能性。其一，范围更广的参与者可能有能力跨越地理距离在价格或产量上进行共谋。在 20 世纪，这种协调可能仅限于财大气粗的公司代表，但与其他领域一样，互联网可能会降低交易成本，缩小价格操纵者的距离。其二，有操纵价格或产量倾向的个人或公司可能会发现可以在商品更多的行业中实现价格共谋。正如 wall decor 案所表明的，算法定价可能使垄断在以前认为难以实现的行业中成为可能，例如那些销售不频繁、产品差异化大的行业。其三，算法共谋有可能为那些共谋倾向性不强或摇摆不定的个人操纵价格行为提供便利。在某种程度上，软件驱动的算法共谋有可能在价格垄断方面扮演类似于大约一代人以前开始的，互联网的文件共享在版权侵权方面扮演的角色一样。也就是说，那些不会考虑在现实生活（IRL）中犯罪的人，可能会更倾向于通过屏幕和键盘来犯罪。现成的定价软件让操纵价格"只需点击一下"，可能会加剧价格共谋的趋势。虽然这种担忧已超出了反垄断法的范畴，但网络互动会削弱对有害社会行为的抑制，可能会引发更多类似 Topkins 案的案件。

总之，反垄断执法者应加深对算法竞争潜在破坏力的理解并保持警惕。不过，对于沿用传统的执法模式仍然有理由保持谨慎乐观的态度，其在目前可能会很有效。

---

[1] See generally S. K. Mehra, De-Humanizing Antitrust: The Rise of the Machines and the Regulation of Competition, SSRN Electronic Journal (December 2013), www.researchgate.net/publication/272245466_DeHumanizing_Antitrust_The_Rise_of_the_Machines_and_the_Regulation_of_Competitionon; S. K. Mehra, DeHumanizing Antitrust: The Rise of the Machines and the Regulation of Competition, Temple University Legal Studies Research Paper (August 21, 2014), http://papers.ssrn.com/sol3/papers.cfm?abstract_id=2490651 (later published as S. K. Mehra, Antitrust and the Robo-Seller: Competition in the Time of Algorithms (2016) 100 Minnesota Law Rev. 1323, www.minnesotalawreview.org/wp-content/uploads/2016/04/Mehra_ONLINEPDF1.pdf); S. K. Mehra, Coming to a Mall Near You: Robo-Seller, Temple 10-Q (September 18, 2014), www2.law.temple.edu/10q/coming-mall-near-robo-seller/; S. K. Mehra, De-Humanizing Antitrust: The Rise of the Machines and the Regulation of Competition, Columbia Law School Blue Sky Blog (October 16, 2014), http://clsbluesky.law.columbia.edu/2014/10/16/de-humanizing-antitrust-the-rise-of-the-machines-and-the-regulation-of-competition/; S. K. Mehra, U. S. v. Topkins: Can Price Fixing Be Based on Algorithms? (2016) 7 J. Eur. Comp. Law Pract. 470; S. K. Mehra, Robo-Seller Prosecutions and Antitrust's Error-Cost Framework, Competition Policy International Chronicle (May 2017), www.competitionpolicyinternational.com/wp-content/uploads/2017/05/CPI-Mehra.pdf. 本章在很大程度上借鉴了上述所列作者之前在这一领域的研究成果。

一、竞争

算法竞争是快速发展的三项技术的产物。首先，智能手机等技术的发展使得大规模数据收集成为可能，从而有效地将计算和互联从依赖台式电脑和笔记本电脑转变为全天候、随时随地的形式。其次，算法处理和人工智能的相关技术进步，使企业有能力解读这些数据。最后，自动定价可对处理后的数据做出快速反应。

现在能够快速决定当代商品和服务销售的技术、模型和公司都是在金融领域发展起来的。计算机的收集、分析和行动能力将人力驱动的证券交易转变为人与计算机协同工作的领域，有时被称为一种"半机械金融"。同样，在金融领域中创造的工具后来也在零售环境中大量使用，大量数据收集、算法处理和自动定价共同产生了所谓的"机器销售"。不出所料的是，机器销售首先出现在网络零售环境中，尤其是 Amazon。Amazon 向个人第三方卖家提供了自动定价响应工具，这导致了一则有趣的轶事：一本关于果蝇的生物学教科书因两个卖家利用自动定价而成功地将该书的要价抬高到 2370 万美元（没有人以这个价格购买该书）。[2]

这些"机器销售"技术很快进入了更广泛的商业领域，包括互联网和传统零售商的实体店。"动态定价（根据天气等需求相关因素改变定价）"在过去仅限于航空旅行和公用事业等特定行业。然而，通过新近获得的消费者数据，机器销售能更直接地对竞争条件做出反应，畅路销（Channel Advisor）和 Mercent 以及 CommerceHub 等公司的崛起也为动态定价提供了帮助，这些公司向零售商和其他公司提供此类咨询和运营服务，而这些零售商和公司本身并不具备 Amazon 或沃尔玛那样的内部数据收集和算法处理资源。

通过委托"机器销售商"收集竞争情报和作出定价决定，企业可以获得多项优势。它们可以比人类更快地对需求变化做出反应，还可以提高响应的准确性。而且，如果机器销售商能取代成本高昂的市场情报和销售职能，还能节省大量成本。此外，企业可能能够对需求做出越来越精细的估计，包括可能能够衡量个体需求，而不仅仅是消费者群体的需求。

归根结底，这些技术是否应被视为竞争法问题取决于其对不同主体的影响。一般来说，反垄断法针对的是影响竞争的市场行为，这些行为虽然对企业有利可图，但却损害了消费者的利益。该领域迄今为止出现的少数案例表明，机器销售将对竞争法产生重要影响。

二、共谋

算法竞争对反垄断法有直接影响。有关共谋的长期理论表明，在所有条件相同的情况下，算法驱动的竞争速度和准确性的提高将使反竞争共谋更具吸引力。虽然案例不多，但已有案例表明，算法竞争不仅仅是一个理论问题，而是对反垄断法的真正挑战。虽然没有针对这一情况的灵丹妙药，但有几种方法是可行的。

---

[2] C. Steiner, *Automate This: How Algorithms Came to Rule Our World*, Penguin, 2012, p. 1.

（一）理论

简单但稳健的寡头垄断模型预测，算法竞争可能会导致共谋，从而损害消费者利益。[3] 寡头垄断的基本"古诺模型"预测，随着行业内企业数量的减少，它们会在没有明确协议的情况下，通过自己的行动将价格提高到竞争水平之上。[4] 这一直观预测与显示行业集中度还有价格上涨之间联系的现有经验证据十分吻合。另外，这一结果是一个稳定的纳什均衡。

此外，古诺模型还可用于思考集中产业中的企业是否能够维持持久、明确的定价协议。[5] 基本的直观预测是，如果企业能够达成持久的协议，那么集中产业中的企业就可以将其价格进一步提高到非合作性古诺均衡所预测的竞争水平之上。然而，所达成的持久协议因以下事实而变得复杂，即这种协议不仅在法律上不能作为合同执行，而且反垄断法将这种协议本身视为非法，有时甚至是犯罪。因此，作为明确定价协议一方的企业必须权衡遵守协议带来的利益（每家企业以较小的产量获得更高的价格）与不遵守协议带来的利益（单方面降价），并以低于卡特尔价格的价格获得比其对手更大的行业产量份额。[6] 但问题在于，如果一家公司叛变，它可以预期的对手会进行报复，因此，叛变所带来的任何收益都必须考虑到未来的收益可能会随着定价协议的破裂而减少。

由于以下几个原因，算法共谋使得这种定价协议可能更加持久。首先，随着对手发现叛变的速度加快，相应的收益就会减少，因为报复行为会增加，随之价格垄断协议失败带来的未来损失也会增加。[7] 其次，如果算法竞争使市场定价分析更加准确，那么由于价格信息嘈杂而爆发价格战的可能性就会降低，这将使明确的定价更加持久。此外，算法共谋会减少某些情况下可能破坏定价协议的人为因素，从而使此类协议更加稳定。算法竞争有可能减少委托人和代理人之间的代理争议，换句话说，可以取代那些可能想通过压低其老板同意的定价协议来提高佣金的销售人员。另外，就反垄断执法者寻求"电子邮件跟踪"的机会而言，算法竞争可能会减少这种情况的出现。最后，宽大制度（执法者对合作者从轻处罚，而对其他共谋者从重处罚，甚至可能是刑事处罚）在与算法和机器销售商的竞争中，成功率可能较低。

因此，出于各种原因，大众可能会认为算法竞争会导致更多的共谋事件。至于这些事件是否真正存在最终还是一个经验问题——现实世界中的案例可以揭示可能出现的情况。

（二）案例

在Topkins案之前，[8] 法律是否以及如何处理与算法相关的竞争损害在很大程度上只是一个学术问题。但正如经济合作与发展组织秘书处的议题文件《寡头垄断市场中的竞争

---

[3] Mehra, De-Humanizing Antitrust, SSRN Electronic J., above note 1; Mehra, De-Humanizing Antitrust, Research Paper, above note 1; Mehra, Coming to a Mall Near You, above note 1; Mehra, De-Humanizing Antitrust, Columbia Law School Blue Sky Blog, above note 1.

[4] 对这一模式提出了更正式的数学解释。Mehra, Antitrust and the Robo-Seller, above note 1.

[5] Ibid., pp. 1347-50.

[6] Ibid., pp. 1347-8.

[7] 用数学正式解释了这一结果。Ibid., pp. 1347-8.

[8] Plea Agreement, United States v. David Topkins (30 April 2015), www.justice.gov/atr/case-document/file/628891/download; Information, United States v. David Topkins (6 April 2015), www.justice.gov/atr/case-document/file/513586/download.

执法》（2015年）所指出的那样："在一个相对较新的研究领域，Mehra（2014年）和Ezrachi与Stucke（2015年）认为，市场数据的日益数字化和算法销售的激增可能会增加默示共谋的风险，并拓展了人类行为者制定的传统反垄断概念。"[9] 经合组织秘书处继续指出，在Topkins案之后，"这种担忧并非完全是理论性的"。

Topkins案以及Aston案中的相关诉讼，[10] 将竞争法与算法的互动从抽象变为具体。由此引出以下问题：Topkins到底被指控做了什么？他又承认自己做了什么？这些问题的答案在很大程度上是重叠的，尽管已知信息中关于案件事实的细节要比认罪认罚协议更多一些。[11] 起诉书指控Topkins违反了《谢尔曼法》第1条，即与他人共谋操纵价格。

Topkins案中操纵价格共谋的行为是前所未有的，原因有二：一是该案涉及电子商务；二是该案使用计算机软件按照共谋协议进行算法定价。由于该案没有进入审判阶段，因此公开的信息略显有限，基本上只能从信息和认罪认罚协议中了解到一些情况。尽管如此，还是可以看出共谋的基本轮廓。共谋者被指控同意通过Amazon市场（Amazon Marketplace, Amazon为第三方卖家开设的网站）销售海报和类似的墙面装饰品，并明确同意通过使用相同的软件嵌入算法来协调定价。

从纯粹的法律角度来看，此案初看起来可能并不完全新颖，此前也有人以共谋者明确同意采取有助于价格协调的措施为由提起过诉讼。也就是说，电子商务背景和自动算法定价的使用使Topkins案的起诉实际上是史无前例的。通过Amazon市场，美国最大的互联网零售商Amazon将其客户群提供给第三方卖家，同时也扩大了其网站上的商品种类，而无需额外的库存投资。Amazon负责处理买方和卖方之间的付款，并从每笔销售中向卖方收取费用，一般为销售价格的15%。尽管Amazon向买家和卖家提供Amazon市场商业平台，但正如起诉书所指出的，第三方卖家，而非Amazon，直接控制着他们在Amazon市场上提供的产品的所有定价和运输决定权，因此Amazon本身并未被指控参与共谋。

美国司法部强调了前所未有的电子商务背景；助理司法部长Bill Baer表示："美国消费者有权在网上以及实体企业中享受自由和公平的市场。"[12] 同样，人们对起诉书最初的反应也集中在反垄断措施向在线商务的扩展上。[13] 尽管如此，Topkins案在电子商务方面的被起诉也许并不那么令人惊讶。随着越来越多的消费者在互联网上购物，某种电子商务价格垄断案可能是不可避免的。此外，在Topkins案之前，也没有明显的理由认为反垄断法原则上不适用于电子商务。

---

[9] Competition Enforcement in Oligopolistic Markets（2015）, p. 5, www. oecd. org/officialdocuments/publicdisplaydocumentpdf/? cote=DAF/COMP%282015%292&docLanguage=En（omitting parenthetical text）（issues paper by the Secretariat prepared for the 123rd meeting of the OECD Competition Committee on June 16-18, 2015）（citing Mehra, De-Humanizing Antitrust（August 21, 2014）, above note 1; A. Ezrachi and M. Stucke, Artificial Intelligence & Collusion: When Computers Inhibit Competition, Ox. Leg. Studs. Res. Paper No. 18/2015（2015））.

[10] Indictment, United States v. Aston（27 August 2015）, www. justice. gov/atr/file/840016/download.

[11] Cf. Topkins, Plea Agreement, with Topkins, Information.

[12] US Department of Justice, Former E-Commerce Executive Charged with Price Fixing in the Antitrust Division's First Online Marketplace Prosecution（April 6, 2015）, www. justice. gov/opa/pr/former-e-commerce-executive-charged-price-fixing-antitrust-divisions-first-online-marketplace（announcing the charges）.

[13] C. Osborne, US DoJ Announces First E-commerce Antitrust Prosecution, ZDNet（April 7, 2015）, www. zdnet. com/article/us-doj-announces-first-e-commerce-antitrust-prosecution/.

相比之下，Topkins案的另一个新颖之处，即被告使用计算机软件通过算法为共谋者制定价格，预示着美国反垄断机构将可能面临一个具有挑战性的新执法领域。资料显示，共谋者涉嫌"使用市面上基于算法的定价软件来设定在Amazon市场上销售的海报价格"，该软件"通过收集Amazon市场上销售的特定产品的竞争对手定价信息，并应用卖家设定的定价规则"。[14]据称，共谋者随后同意采用定价规则，以"共谋的、非竞争性的价格在Amazon市场上"协调销售，Topkins被指控"编写计算机代码并作出指示""利用基于算法的软件按照共谋者之间的协议"给约定好的海报设定价格。为此，认罪认罚协议指出，政府将在审判中证明"被告及其共谋者基于协调各自价格的目的，同意采用特定的定价算法来销售所内定的海报"。

虽然Topkins案和Aston案是明确的价格垄断者利用算法技术来推进其违法协议的案例，但更棘手的案件可能还在后面。例如，在Kalanick案这一私人反垄断集体诉讼案中，纽约南区法官Jed Rakoff裁定，反垄断原告可能以价格操纵的指控对Uber起诉。[15]在该案中，原告指控Uber应用程序采用自动定价算法，旨在操纵价格。因为他们之间（包括该公司首席执行官Travis Kalanick，他有时也充当司机）达成的协议是确认收费标准而非竞争，并且Uber从车费中抽成。[16]从本质上讲，原告提出了两项独立但相关的指控：Uber利用其算法驱动的应用程序作为轴辐协议共谋中的领导者；此外，Kalanick有时也作为该服务的司机，与其他Uber司机一样直接成为横向共谋的一部分。虽然与Uber相关的案件最终被责令仲裁，[17]但似乎可以预见会有更多类似的关于算法驱动定价模式的诉讼。

（三）路径与解决

无论如何，目前越来越多的系统采用算法匹配程序，将有可能取代开放的、可观察的市场，成为经济的"中枢神经系统"。Uber前首席执行官是这样描述其算法与市场的关系的："我们不是在定价，而是市场在定价……我们有算法来决定市场是什么。"[18]值得注意的是，这个由算法决定的市场协调着（全球）200万司机，[19]司机与算法驱动公司之间存在纵向协议，而在平台的另一端，平台与乘客之间也存在纵向协议。虽然这种垂直整合早已存在，[20]但直到最近才有实现如此大规模的整合的可能性。实际上，市场本身被取代的可能性也正在出现。

未来预计会有更多的算法共谋案例出现。由于算法竞争可能带来的效率，其本身不应该因为可能产生反竞争结果而遭到排斥。但是，随着所监管的竞争行为变得越来越复杂，

---

[14] Topkins, Information, pp. 2-3.
[15] Meyer v. Kalanick, 199 F. Supp. 3d 752 (SDNY 2016) (denying motion to dismiss).
[16] Ibid.
[17] Meyer v. Kalanick, 291 F. Supp. 3d (SDNY 2018) (在上诉法院判决发回重审时下令仲裁).
[18] M. Stoller, How Uber Creates an Algorithmic Monopoly to Extract Rents, Naked Capitalism (April 11, 2014), www.nakedcapitalism.com/2014/04/matt-stoller-how-uber-creates-an-algorithmic-monopoly.html.
[19] See G. Camp, Uber's Path Forward, Medium (June 20, 2017) (statement of co-founder), https://medium.com/@gc/ubers-path-forward-b59ec9bd4ef6.
[20] See R. Coase, *The Theory of the Firm: Origins, Evolution, and Development*, Oxford University Press, 1993 [1937].

执法机构需要提高技术能力，以了解新的算法竞争形式。[21] 最终，随着反垄断执法机构继续与不断变化的新认识的问题作斗争，可能会制定出新的规则、指南和推定。

三、价格歧视

算法竞争还使卖家对消费者产生价格歧视的可能性增加。[22] 价格歧视（也称为个性化定价）不一定对消费者有害。然而，随着具有市场支配力的企业主导的行业日益集中，企业可能会减少他们提高效率或质量的尝试，而更多地利用其定价能力来获取利润。企业收集大量数据、通过算法处理这些数据并自动定价的能力增强了其向消费者提供个性化价格的能力。个性化定价不一定要采取同一产品不同价格的形式，也可以通过针对个人设定不可转让的优惠和折扣的方式实现。

对价格歧视的重新关注也表明，现在自行恢复芝加哥学派的假设还为时过早。价格歧视是普遍存在的。即使卖方对实质上相同的商品或服务的不同买方并没有收取不同的价格（如机票、大学教育和新车），他们也会使用其他方法对支付意愿不同的买方有效地收取不同的价格，如版本划分（精装书与贸易平装书、袖珍平装书）、窗口划分（影院与 DVD、流媒体）和二部定价法（廉价喷墨打印机与昂贵的墨盒，有效地向高强度用户收取更高的费用）。

芝加哥学派反垄断对禁止价格歧视的反感反映了对行政管理能力和机构能力的担忧。为解决消费者福利问题，该学派建议反垄断应关注那些对私人有利但对社会有害的行为。价格歧视的普遍性表明它至少对卖方有利，但价格歧视的总体福利效应并不明确。虽然经济学教科书上的经典例子，即垄断者的完全或一级价格歧视被认为不仅对社会有利，而且与完全竞争一样是社会最优选择，因为从理论上讲，它不会造成无谓的损失，[23] 但人们普遍认为现实世界中并不存在这种情况。值得注意的是，即使算法竞争实现了完全价格歧视，它仍然会对消费者造成损害，因为社会福利从消费者转移到生产者/销售者身上。

在现实世界中，不完全价格歧视包括一些消费者获得比其他消费者更优惠的价格，以及消费者剩余向销售者的转移。虽然诸如此类的效应使价格歧视不受消费者欢迎，[24] 但这些效应本身并不等同于社会福利的损失。尽管如此，不完全价格歧视确实会导致产出减少，至少相对于理论上单一价格的竞争市场而言，采取个性化定价确实会导致产出减少，从而

---

[21] 考虑几种可能的方法，包括审计算法和在"沙盒"中测试算法。See A. Ezrachi and M. Stucke, *Virtual Competition*: *The Promise and Perils of the Algorithm-Driven Economy*, Harvard University Press, 2016, pp. 228-31.

[22] 描述了算法驱动的、以消费者为中心的价格歧视的潜力增加。See T. McSweeny and B. O'Dea, The Implications of Algorithmic Pricing for Coordinated Effects Analysis and Price Discrimination Markets in Antitrust Enforcement, Antitrust（Fall 2017）, p. 75.

[23] 然而，它的分配结果却大相径庭，消费者剩余被转移到了生产者剩余上，尽管在价格、数量和社会福利保持不变的假定均衡下，比例为 1 : 1。

[24] 指出"公众不喜欢不公平，即使面对其他利益，也可能成为限制价格歧视策略传播的强大因素"。A. Miller, What Do We Worry about When We Worry about Price Discrimination?（2014）19 J. Technol. Law 41, 88；认为公众对价格歧视的不欢迎将限制价格歧视，或迫使价格歧视采取更微妙或隐蔽的形式。A. M. Odlyzko, Privacy, Economics, and Price Discrimination on the Internet, in N. Sadeh（ed.）, ICEC 2003：Fifth International Conference on Electronic Commerce, ACM（ICEC, 2003）, pp. 355, 358-9, www.dtc.umn.edu/~odlyzko/doc/complete.html.

造成无谓损失。[25] 因此，价格歧视可被视为一种对社会有害但对私人有利的做法，从而成为反垄断政策的目标。

尽管如此，价格歧视一直不是政府反垄断执法的主要目标，这直接归因于芝加哥学派由于质疑市场力量和激励效应产生的反感情绪，《罗宾逊-帕特曼法》（*Robinson-Patman Act*）的遗留问题，以及在实践中识别价格歧视的困难。

第一，由于市场存在竞争，人们通常认为，卖方之所以能持续进行价格歧视是因为该公司已经拥有了市场支配力，价格歧视只是允许它在该情况下获得比它已经拥有的更多的收益。如果这种市场支配力并不是通过掠夺性行为或排除性行为获得的，而是该公司创新或积极竞争的回报，那么惩罚价格歧视的激励作用就会引起人们的关注。

此外，由于试图辨别消费者的支付意愿需要花费精力和成本，即使是具有市场支配力的企业可能也不愿意采取价格歧视策略。

第二，在过去的几十年里，大多数反垄断机构都与《罗宾逊-帕特曼法》处于一种不和谐的紧张关系中，[26] 该法惩罚价格歧视的方式很难与消费者福利相协调，相反，它似乎更关注如保护小型零售商等行销方面的问题。[27] 价格歧视作为一种反垄断问题，可能会受到一种"连坐"（guilty-by-association）的影响。

第三，迄今为止，要想惩罚对社会有害的价格歧视就需要评估不同价格对不同群体的社会福利影响，这可能是一项非常复杂的任务，尤其是当价格歧视涉及统一商品的不同价格之外的方面时。

然而，现实情况的变化可能会让大众对现有的关于价格歧视的共识产生怀疑。算法价格歧视可能需要重新评估。首先，收集消费者个人数据、通过算法处理数据并自动定价的能力促使硅谷向技术导向型经济学家投资，以开发和推广价格歧视策略。[28] 因此，算法价格歧视可能比过去针对消费者的价格歧视更为普遍。新技术驱动的算法定价可能会使价格歧视更频繁地发生，从而提高或降低社会福利。[29] 这一新的现实与芝加哥学派反垄断初期的一个关键争议点有关。理查德·波斯纳（Richard Posner）曾指出，由于价格歧视将消费者剩余转移给垄断者，使垄断更加有利可图，因此企业会为获得垄断而进行额外投资，但这些投资很可能会造成社会浪费。[30] 罗伯特·博克（Robert Bork）则反驳说，波斯纳的观

---

[25] 无谓损失指造成消费者和/或生产者盈余损失的产出损失。See, e.g., H. Hovenkamp, *Federal Antitrust Policy: The Law of Competition and Its Practice*, West Academic Publishing, 2016, p. 772；认为经合组织竞争委员会编写的背景说明，举例说明了不完全价格歧视如何会产生高效或低效的结果。D. Carlton, Price Discrimination（November 29-30, 2016），p. 5.

[26] 认为"尽管《罗宾逊-帕特曼法》自颁布以来饱受批评，废除的努力也不遗余力，但似乎只要国会继续认为小型经销商需要特殊保护才能在与大型竞争对手的竞争中获得牵引力和生存空间，该法就将继续有效"。See R. M. Steuer, Crossing the Streams of Price and Promotion under the Robinson-Patman Act（2012）27 Antitrust 64, 64.

[27] See Coastal Fuels v. Caribbean Petroleum, 79 F. 3d 182（1st Cir. 1996）. 该案讨论了该法的立法历史，并拒绝将 Brooke Group 案中关于卖方损害其竞争对手的标准扩大到卖方损害某些下游买方和其他下游买方的价格歧视.

[28] 描述为硅谷公司工作的经济学家参与实验，旨在利用大数据"辨别每个人自己的个人需求曲线"，从而估计支付意愿，以便进行价格歧视。J. Useem, How Online Shopping Makes Suckers of Us All（May 2017），http://www.theatlantic.com/magazine/archive/2017/05/how-online-shopping-makes-suckers-of-us-all/521448/.

[29] J. Harrington, Developing Competition Law for Collusion by Automated Price-Setting Agents（2018）14 J. Competition Law Econ. 351 n. 37.

[30] R. Posner, Economic Analysis of the Law（Little, Brown & Co., 1972），s. 7. 8.

点"与其说是反对允许垄断者通过价格歧视实现收入最大化,不如说是反对通过获得专利或提高成本效率等'反垄断认可的方式'以外的手段实现垄断"。[31]

但事实上,波斯纳的论点有了新的说服力,因为企业将有可能投资于用来衡量消费者支付意愿的技术,并打击消费者之间的套利行为。这种投资可能会扩展到游说政府,使此类数据收集变得更容易。但这种投资,即对企业的私人利益最优但对社会有害的行为可能正是反垄断所要阻止的,因为其可能导致在某些情况下,从消费者到生产者的财富转移超过了价格歧视的投入。此外,在网络环境下,企业在数据收集方面的投资可能会引起消费者在隐私投资方面的反应,可能会导致代价高昂的军备竞赛。[32]

未来的问题是,存在社会福利从消费者向生产者转移、寻租或代价高昂的军备竞赛的可能性是否能证明反垄断干预是合理的。而消费者可以自行利用收费算法来避免这些损害。[33] 归根结底,与算法共谋一样,算法价格歧视也是一个值得今后仔细研究的领域。

四、结论

由于算法竞争仍处于萌芽阶段,目前应采取灵活的政策立场。反垄断执法者必须提升自己的技术能力,提高根据经验判断算法驱动的行为是否损害消费者利益的能力。实际上,从长远来看,反垄断法还是一如既往。

---

[31] R. Bork, *The Antitrust Paradox: A Policy at War with Itself*, Basic Books, 1979, p. 396.
[32] 这种"军备竞赛"动态的例子包括数字版权管理软件的历史和那些规避此类技术的人的工作、打击在线文件共享的历史以及清除网上虚假言论的尝试。
[33] See M. S. Gal and N. Elkin-Koren, Algorithmic Consumers (2017) 30 Harv. J. Law Technol. 309, 318.

第十一章

法治与算法治理

罗南·肯尼迪（Rónán Kennedy）

引言

信息和通信技术（ICT）已被个人、企业和政府积极采用，深刻改变了商业、社会和法律关系的结构。在这十年里，随着"大数据"、机器学习工具和"物联网"的快速发展，算法显然正在成为现代社会非常重要的元素，也是在制定政治或商业战略、开发新市场或试图解决问题时必须考虑的重要因素。

这些变化引发了许多法律问题，诸如数据保护和隐私、新的交通商业模式以及版权侵权等已成为头条新闻，许多学术文章也对此进行了探讨。针对这些问题提出的解决方案往往依赖于算法。然而，直到最近，国家对这些技术的使用，特别是在控制和管理方面，才受到部分关注。斯诺登事件的曝光让大众和学术界开始关注大规模监控。人们意识到社交媒体上流传的信息被误用和滥用，这直接将此问题推到了公众视野之中。机器学习的应用，特别是在警务或刑事诉讼等敏感领域的应用，引发了关于种族歧视以及算法或其所依赖的数据可能存在偏见的质疑。然而，政府使用信息和通信技术的许多其他方面尚未得到探索。大多数人对大型公共数据库、晦涩难懂的软件系统和老旧的用户界面并不感兴趣，尽管使它们得以运行的算法是现代国家运作的关键。

本章探讨了其中的一些问题，以及它们在实践和理论上可能给法律带来的更深层次的思考。在最近几年，一些故事凸显了算法所考虑的选择过程，在塑造我们周围的世界中所起到的关键作用。在此背景下，本章批判性地思考了在数字化政府的环境中如何维护法治。本章将探讨信息和通信技术以及算法如何通过协助回答初步问题、提供法律文本访问途径和提高法院系统的透明度来支持法治。本章还探讨了软件和数据库开发过程中，往往被忽视和未经审查的偏见如何改变决策权的归属，使其落入系统设计师和开发者的控制之中，而他们的工作却是无法审查且无可争议的。

对软件的依赖可能会潜移默化地改变政府的程序，无形中侵蚀包含在法治中的保护措施。一些警队、政府机构和法院已经开始使用专家系统（利用"if-then"规则形式的算法）作为决策支持，尽管它们偶尔会出现错误，但这些决策（以及最终的执行）系统不会被受影响者直接审查或轻易挑战。这些决策是通过算法来支持甚至实施的，而这些算法并不向公众公开，也不易于非专业人士审查，甚至对假定的决策者自身来说也并非易于获取。"黑箱"系统使算法所进行的事实收集和决策过程变得不透明,从而削弱了对公职人员的问责,也降低了民间社会和专业技术人员有效参与的可能性。由于数据库的构建方式可能存在偏见,例如人口普查中对特定种族或族裔群体的统计不足,或不同社会经济群体向政府报告问题的意愿不均等,导致数据库中可能包含系统性错误。上述这些问题都对法治提出了深刻挑战。

本章首先阐述了算法治理发展的理论和历史背景,探讨了治理和算法治理的内涵,以及它们的各种先驱运动。随后详细介绍了算法在治理中的作用、"机构(制度)信息基础设施"(institutional information infrastructures, III)的其他要素(如输入、存储和输出),以及最近对大数据、人工智能和机器学习的关注。然后本文对法治进行了简要概述,并在下一节详细介绍算法治理在法治方面的文献,包括其带来的好处和挑战。文章最后强调,从法治的角度来看,算法治理不一定是好的或坏的,但需要对其谨慎看待,以避免学者们提出的一些愈加反乌托邦的观点(more dystopian visions)。

一、情境中的算法治理

在深入研究该问题的理论方面之前,本部分将勾勒算法治理的大致轮廓。

(一)治理

"治理"是一个经常被使用的标签,通常用来描述一种新的经济管理模式的出现,即一种将20世纪30年代至40年代建立的地域化、等级化和控制化结构,转向一种更加全球化和多元化、但更少干预的范式。[1] 尽管"治理"一词在不同的背景下有许多含义,但可大致参考如下定义:

> ……这是一种治理过程,与传统模式不同,传统模式是由议会中的民选代表作出具有集体约束力的决定,并由公共行政部门的官僚执行……治理通常被描述为网络内部的协调过程……治理的核心意义在于基于制度化的规则系统,对相互依赖的(通常是集体的)行为者进行引导和协调。[2]

"治理"通常与"去中心化"国家[3]、"后监管国家"[4] 或"新治理"[5] 等概念联系在一起,这些概念倾向于使用除指令性立法措施以外的其他控制方法——"少划桨,多掌舵(less rowing and more steering)"。[6] 它通常通过以下方式使私营实体参与监管:如要求金融机构核实可疑交易,或要求航空公司确认国际航空公司旅客的旅行证件等;抑或通过设立披露要求,帮助消费者作出"更好的"选择(如要求贴上产品标签以显示该产品的

---

[1] O. Lobel, The Renew Deal: The Fall of Regulation and the Rise of Governance in Contemporary Legal Thought (2004) 89 Minnesota Law Rev. 262, 344.

[2] O. Treib, H. Bähr, and G. Falkner, Modes of Governance: Towards a Conceptual Clarification (2007) 14 J. Eur. Public Policy 1, 3.

[3] J. Black, Decentring Regulation: Understanding the Role of Regulation and Self Regulation in a "PostRegulatory" World (2002) 54 Current Legal Problems 103.

[4] C. Scott, Regulation in the Age of Governance: The Rise of the Post-Regulatory State, in J. Jordana and D. LeviFaur (eds.), The Politics of Regulation, Edward Elgar, 2004.

[5] G. de Búrca and J. Scott, Introduction: New Governance, Law and Constitutionalism, in G. de Búrca and J. Scott (eds.), Law and New Governance in the EU and the US, Hart, 2006.

[6] L. McDonald, The Rule of Law in the "New Regulatory State" (2004) 33 Common Law World Rev. 197, 199.

能源消耗量）。[7]

（二）新公共管理

算法治理发展的部分背景是"新公共管理"（New Public Management，NPM）的理念，该理念在20世纪80年代至90年代崭露头角，[8] 并对公共管理的实践产生了重大影响。[9] "新公共管理"理念与治理方法有相通之处（但在某种程度上又与之相矛盾，因为中央控制是其主要原则之一），[10] 特别是，它可以与"新治理"理念联系起来。

"新公共管理"是一系列理念的集合体，其核心概念是将私营部门的工具，如效率、私营部门方法、私有化和外包、市场机制和绩效指标[11]等引入公共服务领域。所采用的技术包括减少预算、让较大的单位建立准自治机构、管理权力下放、实行政府采购、对员工进行绩效管理（包括薪酬和条件）以及对服务"质量"的关注。[12] 然而，新公共管理也受到了一些批评，包括认为其不切实际地夸大其词、未完全接纳市场、破坏现有结构和取代公共部门伦理，以及为公务人员的腐败、逃避困难工作和碎片化的服务创造机会。[13] 新公共管理的影响在过去十年中达到顶峰。[14]

（三）数字时代治理

"数字时代治理"（Digital Era Governance，DEG）是一种在某种程度上取代新公共管理的方法。它意味着"一种复杂的变化，这些变化以信息技术和信息处理变化为中心，但与以前的信息技术影响相比，这些变化传播得更广，同时存在于更多的维度上……"[15]

根据邓利维（Dunleavy）等人的观点，数字时代治理可分为三大主题：

第一，重新整合。作为对新公共管理问题的回应，数字时代治理需重新组合"新公共管理从独立的公司层级中分离出来的许多元素"。这由九个元素组成：修正机构化和碎片化（通过合并、重新吸纳、淘汰以及建立以社区为基础的合作结构）；联合治理；再政府化（将以前外包给私营部门的活动重新纳入公共部门）；重新建立或加强核心关键流程；大幅压缩生产成本；重新设计后台功能和服务交付链；采购集中化和专业化；发展共享服务；简化网络并创建"小世界"（专注于不重复其他机构职能的精品机构）。

第二，需求导向的整体主义。这涉及"创建更大、更全面的行政区块……通过……'端到端'的再造流程，剔除不必要的步骤、合规成本、检查和表格，以及打造一个更加

---

[7] P. N. Grabosky, Beyond the Regulatory State (1994) 27 Aust. NZ J. Criminol. 192, 193-5.

[8] D. F. Kettl, Public Administration at the Millennium: The State of the Field (2000) 10 J. Public Adm. Res. Theory7, 25-7.

[9] C. Hood, A Public Management for All Seasons? (1991) 69 Public Admin. 3, 3.

[10] E. H. Klijn, New Public Management and Governance: A Comparison, in D. Levi-Faur (ed.), The Oxford Handbook of Governance, Oxford University Press, 2012, pp. 209-11.

[11] Ibid., pp. 203-4.

[12] C. Pollitt, Justification by Works or by Faith? Evaluating the New Public Management (1995) 1 Evaluation 133, 134.

[13] P. Dunleavy and C. Hood, From Old Public Administration to New Public Management (1994) 14 Public Money Manag. 9, 10-12.

[14] P. Dunleavy, H. Margetts, S. Bastow, and J. Tinkler, New Public Management Is Dead-Long Live Digital-Era Governance (2006) 16 J. Public Adm. Res. Theory 467.

[15] P. Dunleavy, H. Margetts, S. Bastow, and J. Tinkler, Digital Era Governance: IT Corporations, the State and E-Government, Oxford University Press, 2008, p. 225.

'敏捷'且能够迅速且灵活地应对社会环境变化的政府。"其主要组成部分是交互式的信息搜索和提供（这是后续工作的基础）；以客户或需求为基础的重组；一站式服务、一次性询问流程；数据仓库；端到端的服务重组；敏捷的政府流程；以及可持续性。

第三，数字化转变。信息技术的变革变得"真正具有变革性"，在极端情况下，机构朝着"网站化"方向发展的情况正在发生。这一主题的主要组成部分包括电子服务交付和电子政务；基于网络的公用计算；新型自动化流程；彻底的去中介（脱媒）；主动式渠道流和客户细分；强制性的渠道缩减；促进等级扁平化（公民管理）的行政模式；以及向开放账本政府迈进。[16]

1. 电子政务

本章的重点是信息和通信技术在治理过程中的使用。可以将其理解为范围更广的电子政务主题的子集，有时称为"数字政府"，其定义如下：

> ……公共组织利用现代信息和通信技术，特别是互联网和网页技术，来支持或重新定义与内部和外部环境中的"利益相关者"之间现有和/或未来的（信息、通信和交易）关系，以创造附加值。[17]

2. 电子治理

一个与电子政务相关，通常表现为支持或取代电子政务（e-government）的概念是电子治理（e-governance），这也是一个定义松散的概念。芬格（Finger）和佩库德（Pécoud）对这个词有三种不同的解释：一种是从新公共管理视角出发，即"通过互联网提供服务来满足公民/客户"，其中国家被视为主要行为者，公民被视为被动者；另一种侧重于"流程和互动"，国家仍处于中心地位；最后一种是将其视为"政府手中，或者更确切地说是行政部门手中的一套工具"，这虽然有些决定论，但确实考虑到了价值观在政府中的作用。他们进而提出：

> ……这是一个动态的概念，它意味着国家的三大主要功能（如电子政务、电子监管和电子民主）对新的信息和通信技术的使用不断增长，并且越来越多地涉及国家层面以外的非国家行为体……[18]

（四）算法治理

自20世纪50年代数字计算机首次作为商业产品出现直到今天，人们对将信息和通信技术作为支持工具或直接实施政策的手段产生了巨大的依赖。大量的数据被收集、处理，并提交给决策者，或者直接用于得出结论。随着数字技术的发展，在治理方式上将转向算法治理，[19] 这也是本章的背景。算法治理将治理的基本理念（协调、协作、网络）与电子政务（将信息和通信技术作为基本的驱动因素）、电子治理（结合国家和私营部门行为者

---

[16] Ibid., pp. 227-43.

[17] V. Bekkers and V. Homburg, E-Government as an Information Ecology: Backgrounds and Concepts, in V. J. J. M. Bekkers and V. M. F. Homburg (eds.), *Information Ecology of E-Government: E-Government as Institutional and Technological Innovation in Public Administration*, IOS Press, 2005, p. 6.

[18] M. Finger and G. Pécoud, From E-Government to E-Governance? Towards a Model of E-Governance (2003) 1 Electronic J. e-Government 1, 6-7.

[19] J. Danaher, M. J. Hogan, C. Noone, et al., Algorithmic Governance: Developing a Research Agenda through the Power of Collective Intelligence (2017) 4 Big Data Soc. 1, 1-2.

的作用和利益）结合起来。其潜在理念往往源于新公共管理和数字时代治理,据称这是现代社会管理发生重大变革的根源。

算法治理的元素遍布我们的社会：过滤互联网搜索结果以排除非法内容；自动检测信用卡欺诈；将警力巡逻分配到更有可能发生犯罪的地区。其中一个特别重要的例子是大规模部署这些技术和实践,即所谓的"智慧城市"。这些可能包括根据交通流量调整频率变化的交通信号灯,响应需求的动态公共交通时刻表,或根据需求自动调整价格以保持可控的能源定价。随着技术的进步,算法治理的运用还可能会扩展到包括使自动驾驶车辆相互协调运行,或者通过设备鼓励行人选择不太繁忙或更安全的路线出行。它甚至可以进行有关垃圾回收的自动决策、确定新的物理基础设施的发展或维修的相对优先次序。[20]

因此,目前有很多关于"算法"在公共和私人生活中的作用和重要性的讨论。在大多数情况下,这些讨论体现了数字技术通过收集和处理有关个人及生活环境的数据,成为监督、管理和规范行为的一个关键要素,并且其重要性日益增加。算法不仅仅包括计算过程,还涉及大规模的信息收集处理系统。因此,在探讨"算法"概念对治理的影响,特别是对法治理念的影响之前,对"算法"概念的各种要素进行解读是有必要和有帮助的。

（五）算法治理：完美的愿景和混乱的现实

尽管媒体上围绕算法的一些论述将其神化,但其核心概念相当简单,算法是为解决数学问题而执行的一系列指令或任务。虽然算法的应用不需要计算机,但算法在计算机中的应用越来越普遍。特别是对于任何复杂的问题,对问题的定义和要执行的步骤必须相当精确,因为计算机无法像人类那样解决歧义或凭直觉判断所需的步骤。算法的有用性（usefulness）将在很大程度上取决于初始规范、提供给它的数据以及最终执行的正确性。换句话说,算法可能无法解决提出的问题,或者由于采用不适当的数据或错误的逻辑而产生错误的答案。对于任何复杂的问题来说,确保在实践中不出现这些错误是一项挑战,尤其是在所应用的规则本身并不精确,并且需要依赖人类能力来填补监督计划（regulatory scheme）中的空白时。此外,对于一些数据更难提前管理的问题领域,可以通过设计算法使其自行尝试不同的方法或参数进行"学习",这意味着所有可能的行为都没有预先指定或设计。[21]

机器的抽象概念唤起了人们对某种冷静、无心智和高效的东西的想象——算法很容易被误解为能够不受情绪、偏见和错误的影响（而这些是困扰普通人类思维的因素）,会误认为算法是我们在韦伯式"理想型"官僚机构和司法决策中努力实现的目标。大数据和算法的应用看似符合这一标准,但现实是,无论是基础数据还是所涉及的计算机系统,往往都受到现有社会偏见和歧视的玷污。[22]

（六）机构（制度）信息基础设施的其他要素

汉赛斯（Hanseth）和蒙泰罗（Monteiro）强调,信息系统正被"信息基础设施"所取代。信息基础设施有六个关键方面：它们旨在支持广泛的活动；以整体的方式为广大社区

---

[20] F. Zambonelli, F. Salim, F. Loke, et al., Algorithmic Governance in Smart Cities: The Conundrum and the Potential of Pervasive Computing Solutions (2018) 37 IEEE Technology and Society Magazine 80, 81.

[21] D. R. Desai and J. A. Kroll, Trust But Verify: A Guide to Algorithms and the Law (2017) 31 Harv. J. Law Technol. 1, 23-30.

[22] S. Barocas and A. D. Selbst, Big Data's Disparate Impact (2016) 104 California Law Rev. 671.

所共享；对新连接（无论是来自人类还是技术）开放；是"包含技术组件、人类、组织和机构"的社会技术网络；"相互连接和关联，构成网络生态"，并不是从零开始发展，而是"通过扩展和改进现有基础"发展。他们认为，"理解信息基础设施需要一个整体的视角——基础设施不仅仅是各个组成部分。"[23] 理解算法治理需要意识到这些新系统具有制度性后果：它们成为"机构（制度）信息基础设施"，使公共行政和治理得以实现、构建并形成相应的制约。[24]

尽管讨论的主要焦点是算法，但这种讨论有些不尽如人意且不够完整，因为数据的结构、收集和处理也会产生问题。因此，本章探讨了机构（制度）信息基础设施的其他方面。算法最好被理解为一个重要而复杂的社会技术系统的简称，它包括数据、软件、硬件等元素，以及"人工智能"和"机器学习"等略显空洞的概念。算法只是由人和异构技术（传感器、网络、数据库、软件、显示器等）组成的复杂而动态的集合中的一个元素，这些技术在人类可能参与也可能不参与的决策过程中提供帮助。尽管学术界关注的焦点往往集中在算法上，但这也只是选择、排序和决策过程的一个方面，而这个过程服务于（并常常融入）最终的计算。因此，要想全面了解情况，就需要界定信息和通信技术应用于公共目的（包括刑事调查、监管活动和福利及救济计划的管理）的各个要素，并考虑它们是如何相互融合的。这一技术有相对较长的历史——阿加（Agar）通过英国政府计算发展的历史分析指出，早在1948年，26个政府部门就在使用打孔卡片机，到1952年，数字计算机在英国文官制度中已作为一种文书工作工具得到了积极推广[25]——但一开始普通公众或学术律师基本注意不到这些。因此，本节将更详细地探讨这些问题。

1. 输入：算法的眼睛和耳朵

每一个基于计算机的决策支持或决策系统都需要几个基本要素：数据输入、数据存储、计算和数据输出。数据输入将包括统计数据的收集和整理、传感器的部署，以及（最近）从互联网、万维网和社交媒体上收集已经以数字形式存在的信息。在输入阶段作出的决定对流程的后续几个方面有着重要的影响：要收集哪些统计数据，以及从谁那里收集？传感器放置在哪里？它们收集哪些数据？何时开始运作？同样，如果正在搜索公共互联网，根据现有数据的令人眼花缭乱的大小和范围，需要就搜索谁、在哪里以及何时搜索做出选择。在许多情况下，这些选择并非完全由所涉及的公职人员作出，仍需参考重要的制约因素，例如现有适当的传感设备的可用性，它们可以测量什么，以及在法律和政治上允许将它们放置在哪里。

2. 存储：所有物品必须归档

所有这些信息（已达到了巨大的规模）都必须存储在某个地方，如建立数据库。这同样涉及选择：将记录哪些数据，以及如何记录？在许多情况下，政府将有兴趣了解有关敏感的个人和人口特征的信息，例如性别。这样做可能基于充分的理由——例如，为了正确规划未来，可以尝试预测出生率，或者比较收入水平，以改进平权行动方案——但是，一

---

[23] O. Hanseth and E. Monteiro, Understanding Information Infrastructure（August 27, 1998）, pp. 4-47, http：// heim. ifi. uio. no/oleha/Publications/bok. pdf.

[24] R. Kennedy, E-Regulation and the Rule of Law: Smart Government, Institutional Information Infrastructures, and Fundamental Values（2016）21 Information Polity 77.

[25] J. Agar, *The Government Machine*, MIT Press, 2003, pp. 293-305.

旦这些信息可用，即使是出于积极的目的而收集的，也可能被实际用于歧视性的目的。此外，其中一些分类可能会在公共话语中受到质疑，但一旦确定了数据库字段的有效值列表，要挑战它们就更加困难了。性别再次成为一个关键例子：[26] 它仅仅是二元的——男性或女性——还是有更多？或者是一个连续体？与公职人员争论这个问题可能会产生一些结果，但如果底层公共记录系统的数据库架构不允许男性和女性之外的其他形式的输入，那么有新数据要输入系统时，所谓争论所取得的胜利可能会显得空洞无物。算法可以成为压迫或抹除身份和问题（identities and issues）的工具，这些身份和问题在系统设计之初就没有被考虑到，或者承认它们会让人感到不舒服或难以接受。

3. 处理：运行中的算法

现在，需要对数据进行进一步的处理、分类、计算和运算，以便为可能影响个人、群体或总体的决策提供帮助。一个典型的例子，也是许多此类流程的初始步骤，就是计算应纳税额，从理论上讲，这需要以准确的方式转换立法中定义的规则和数学公式。对于另一个早期采用算法的领域，即社会福利和援助的提供，情况也应如此。由于立法是复杂的，不能由程序员进行足够精确的编码或完全还原为精确的数字，因此实践就不那么有条理了。选择无处不在，人类也会犯错误，甚至故意误用法定框架，而且一旦算法部署完毕，这些错误就很难挑战或更改。

可能出现的错误类型包括：错误认定政府福利资格，将人员列入"禁飞"名单以及错误地裁决父母拖欠子女抚养费。[27] 这些错误的产生有多种原因。①要将基本的法律规则转换为程序规则，就必须非常准确地澄清诸如"收入"等术语的定义。但由于规则过于复杂或在不久的将来可能会更改，这种转换可能并不完全，仍可能需要对法律文本中开放式的术语创建新的定义，如"周"。②转换本身可能存在错误（"编程漏洞"），或者由于误解或需要填补监管制度的空白而创建没有任何依据的新规则。③在接口和处理的不同方面，本应含义相同的重要概念可能会被重新定义。④文件可能会丢失或不完整。[28]

4. "人工智能"与机器学习

直到最近，公共部门应用信息和通信技术，通常都是采用传统程序语言进行相对直接简单的编程，这种语言（在理论上）是人类可以理解的，至少对于那些受过足够训练和有经验（或可以获得足够的文件资料）的人是易于理解的。现在，人们越来越多地使用所谓的"人工智能"，特别是一种被称为"机器学习"的算法技术，这种转变更倾向于预测未来而不是记录过去，执法和情报部门也更多地使用信息和通信技术来支持它们的活动。这些行动也需要选择，但这些选择更难以识别、质询或挑战。

人工智能是一个包含广泛的编程工具和技术的术语。公众对这一术语的理解，往往会引起对能够思考、进行对话和表现出某种自由意志的设备的不切实际和虚构的想法。而现实中的这些工具更为平凡：尽管一些软件程序（如"聊天机器人"）可以在特定的交互中误导人类，让他们觉得对话的对象是人（如在社交媒体上），但事实上，很多人工智能只是

---

[26] M. Hicks, Hacking the Cis - Tem: Transgender Citizens and the Early Digital State (2019) 41 IEEE Ann. Hist. Comput. 20.

[27] D. K. Citron, Technological Due Process (2008) 85 Wash. Univ. Law Rev. 1249, 1256-7.

[28] D. W. Schartum, Dirt in the Machinery of Government-Legal Challenges Connected to Computerized Case Processing in Public Administration (1994) 2 Int. J. Law Inf. Technol. 327, 336-44.

对有限且容易量化的情况作出特定反应的编码。人工智能在国际象棋中很早就取得了成功，因为规则相对简单，棋盘很小，而且棋子的相对值很容易衡量。在其他领域，如专家系统，已在医学和法律等领域尝试过，但尚未产生预期的效果。

机器学习是一种在这十年里取得巨大成功的方法，尽管它意味着某种类型的意识，但在本质上仍是一种模式识别。它使用大量信息——通常被称为"大数据"——来识别现象之间的关联，特别是人类尚未注意到的现象。这通常依赖于神经网络，而神经网络的设计是为了从提供的数据中"学习"。[29] 值得注意的是，尽管对这些算法的描述可能使人产生一种错觉，即它们在某种程度上是有意识的，但从根本上来说它们都是机器，而且往往受到相当程度的限制。现在还没有任何通用的机器智能，而且在未来很长一段时间内可能也不会有。如果治理过程将控制和决策权让渡给算法，而算法却无法以人类思维的灵活性做出响应，那么这种局限性就是人们担忧的一个重要因素。

5. 输出：提供结果

在信息和通信技术系统的末端，这些深度关联的收集和计算过程的结果，必须能够为人们所用。数据必须被输出。在输出阶段作出的选择将极大地影响相关人员的理解、感知和所采取的行动。[30]

输出结果可以采用电子表格、数据库界面、地理信息系统（GIS）或其他方法的形式出现。用户界面的开发和设计是需要作出选择的另一个领域，其中一些选择可能对数据的用途产生重要影响，而且在事后也很难质疑和更改。例如，特定颜色、单词或短语的使用可能会操纵最终决策者所作出的决定。

因此，这些信息和通信技术系统（现在往往规模庞大）建立过程中的各种选择可能存在歧视。这本身并不是消极的——每一个决策系统都必然进行歧视（在作出选择的意义上）；从法律角度来看，有问题的是根据种族或性别等被禁止的类别作出选择的情况。作为现代信息系统核心的算法，产生于现有的社会结构，往往会重现社会中的偏见、先入之见和盲点。[31] 然而，很少看到有系统被明确且有意识地设计出来用于进行这类非法歧视，而那些为公共目的设计此类系统的人似乎意识到了潜在的问题。[32]

二、法治

算法治理的出现为法治提出了关键问题。本章试图确定这一概念的基本要素，并探讨法治这一崇高原则与政府机构使用的看似平凡的工具之间存在的联系。这并不是试图提供一个关于法治的全面的文献综述，尽管这本身将是一个重要的项目，特别是在法治难以明

---

[29] A. P. Karanasiou and D. A. Pinotsis, A Study into the Layers of Automated Decision-Making: Emergent Normative and Legal Aspects of Deep Learning (2017) 31 Int. Rev. Law Comput. Technol. 170, 172-4.

[30] 关于早期的研究，see C. Sheppard and J. Raine, Parking Adjudications: The Impact of New Technology, in M. Harris and M. Partington (eds.), Administrative Justice in the 21st Century (Hart, 1999).

[31] M. Janssen and G. Kuk, The Challenges and Limits of Big Data Algorithms in Technocratic Governance (2016) 33 Gov. Inf. Q. 371.

[32] M. Veale, M. Van Kleek, and R. Binns, Fairness and Accountability Design Needs for Algorithmic Support in High-Stakes Public Sector Decision-Making, in R. Mandryk, M. Hancock, M. Perry, and A. Cox (eds.), CHI'18: Proceedings of the 2018 CHI conference on Human Factors in Computing Systems, ACM Press, 2018.

确界定的情况下。[33]

宾汉姆（Bingham）勋爵认为，"（法治）现有原则的核心是……国家内的所有个人和当局，无论是公共的还是私人的，都应受到公开和未来颁布的并在法院公开执行的法律的约束，并有权受益于这些法律。"[34] 克雷格（Craig）用简短但也许更开放的措辞阐述了同样的观点："法治的一个核心思想是，政府必须能够指出其行动的一些基础，这些基础被相关法律体系视为有效。"[35]

除了确立规则以及规则被遵守的基本概念之外，还有不同的方式将法治概念化，可将法治更好地理解为从形式到实质的连续统一体。弗莱彻（Fletcher）提出了法治的两个简单框架：一个是狭义的，即通过规则进行治理并遵守规则；另一个是更广义的，即基于原则的司法行政方法。[36] 富勒（Fuller）将这些称为"程序性"和"实质性"版本，[37] 这也可能被称为"薄弱的"或"厚重的"版本。[38] 薄弱或程序性的观点认为需要适当的法律权威，期望在可接受和不可接受的行为之间有明确的界限，并反对追溯性的规则制定（retrospective rule-making）。厚重或实质性的观点在此基础上还要求法律支持特定的人权。[39]

法伦（Fallon）描述了四种不同的法治模式，他说这些是"理想类型"，不同的学者在不同程度上坚持这些类型：历史主义（"在合法的立法机构制定的规则或规范应用于具体案件之前，就已经存在统治的准则"）；形式主义（"一种在应用之前就存在的明确规定，决定适当的行为或法律后果"）；法律程序；实质主义（"法律作为人类行为的道德权威指南的可理解性"）。他指出，法治应有三个目的或价值：保护人民免受强权统治；提供一种机制，使个人能够事先确定其行动选择的合法性；保证不受官员的武断决定的影响。[40]

（一）形式主义法治观

罗斯（Rose）认为，狭义的法治观是"程序性的，侧重于防止政府的任意行动和保护个人权利。"[41] 最具形式主义色彩的法治理论家也许是拉兹（Raz）[42]，对他来说，"这意味着人们应该遵守法律并被法律统治……政府也应该被法律统治并服从法律。"他的法治观包括法律的公开性、稳定性和可用性，以及法律可以作为法律主体行为的指南。[43]

---

[33] J. Rose, The Rule of Law in the Western World: An Overview (2004) 35 J. Soc. Philos. 457, 458; Select Committee on the Constitution, Relations between the Executive, the Judiciary and Parliament: Report with Evidence, 6th Report of Session 2006-07 (2006) HL 151-I97.

[34] Lord Bingham, The Rule of Law (2007) 66 Cambridge Law J. 67, 69.

[35] Select Committee on the Constitution, above note 33, p. 98.

[36] G. P. Fletcher, *Basic Concepts of Legal Thought*, Oxford University Press, 1996, p. 11.

[37] L. L. Fuller, *The Morality of Law*, 2nd edn, Yale University Press, 1969, p. 96.

[38] L. Pech, The Rule of Law as a Guiding Principle of European Union's External Action (2011), p. 8, http://papers.ssrn.com/sol3/papers.cfm?abstract_id=1944865.

[39] P. Craig, Formal and Substantive Conceptions of the Rule of Law: An Analytical Framework (1997) Public Law 467, 467.

[40] R. H. Fallon, Jr., "The Rule of Law" as a Concept in Constitutional Discourse (1997) 97 Colum. Law Rev. 1, 5-21.

[41] Rose, above note 33, p. 459.

[42] Craig, above note 39, p. 68.

[43] J. Raz, "The Rule of Law and Its Virtue," The Authority of Law: Essays on Law and Morality (Clarendon, 1979), pp. 212-14.

另一个形式主义法治理论家是戴西（Dicey）。他认为法治有三个要素：

……相对于专断权力的影响，常规法律的绝对至上或支配地位……排除政府方面的任意性、特权甚至广泛的自由裁量权的存在。

……法律面前人人平等，或所有阶层平等地服从普通法院在其管辖地域实施的普通法律……

……宪法法律，即在其他国家自然构成宪法法典一部分的规则，不是由法院定义和强制执行的个人权利的来源，而是其结果……[44]

然而，"这里阐述的法治意义可能会由那些道德上令人反感的政权来实现，只要他们遵守法治的形式主义规则。"[45] 尽管有一些形式主义没有滑向威权主义的例子，例如英国，但法治的存在或适用本身并不足以确保良好的行政管理或保护公民的权利——亚里士多德认为法治与奴隶制之间没有冲突。[46] 昂格尔（Unger）强调，不可能创造中立的规则，因为创造这些规则的过程本身不能摆脱偏见。对于一个起初就并不平等的社会来说，创造一个中立的权力结构是不可能的。[47] 当非中立的规则被编码到软件中时，创造中立规则的问题变得尤为突出。

（二）法治的实质性观点

其他法治倡导者认为，法治不仅提供了一套应遵循的程序，而且体现了某些基本和不可侵犯的价值，并为整个国家和在这一体制内工作的个人的行动自由设定了重要的限制。这需要遵守"善政"（good administration）的概念，其中部分是程序性的，部分是实质性的，并可能包括以下部分或全部原则："合法性、程序适当性、参与性、基本权利、公开性、合理性、相关性、目的适当性、合情理性、平等、合法期望、法律确定性和相称性。"[48]

为了查明和评估在治理中广泛应用信息和通信技术对法治产生的影响，最好详细列出法治实践中最重要的组成部分。然而，尽管威尼斯委员会（Venice Commission）乐观地宣称"似乎现在可以就法治的必要要素达成共识"，[49] 但现实是，不同的学者提出了截然不同的要点清单。[50] 此外，正如法伦（Fallon）所警告的：

法治的最佳构想是由多个方面组成，包括四个相互竞争的理想类型各自强调的价值和考量。认为在法治的所有情况下都需要特定的标准是错误的。相反，我们应该认识到，法治的各个方面是复杂地交织在一起的，我们应该开始考虑哪些价值或标准在哪些条件下被假定为是首要的。[51]

然而，关于法治，在核心问题上是有共识的。[52] 对形式主义的法治解读来说，清晰

---

[44] A. V. Dicey, *The Law of the Constitution*, Macmillan, 1924, pp. 198-9.

[45] Select Committee on the Constitution, above note 33, p. 99.

[46] J. N. Shklar, Political Theory and the Rule of Law, in A. Hutchinson and P. Monahan（eds.）, *The Rule of Law: Ideal or Ideology*, Carswell, 1987, p. 2.

[47] R. M. Unger, *Law in Modern Society*, The Free Press, 1977, pp. 178-81.

[48] Select Committee on the Constitution, above note 33, p. 101.

[49] European Commission for Democracy through the Law, Report on the Rule of Law (2011), p. 9.

[50] Fuller, above note 37, pp. 46-91; Raz, above note 43, pp. 214-19; Fallon, above note 40, pp. 7-8; Bingham, abovenote 34, pp. 69-81; European Commission for Democracy through the Law, above note 49, p. 9.

[51] Fallon, above note 40, p. 6（已去除强调）.

[52] McDonald, above note 6, p. 203.

性、稳定性和公正性的概念是至关重要的。即使是那些对法治持狭义观点的人，也应该关注算法治理对这些核心价值观的影响，其原因将在下文详细讨论。那些持实质性观点的人也将支持这些基础概念，但会用进步的思想来增强它们，以寻求支持和实施基于权利的个人保护观念。

（三）以实质性法治回应"环境法"

在从法治的角度对算法治理进行批判时，一个关键的理论方法是"环境法"（ambient law）的理念，或称为蕴含于具有环境智能（Ambient Intelligence）的技术中的法律规范，其中的规则和价值被编码到硬件和软件中，从而限制了个人的自由。[53]这种情况可能产生的问题将在下文进行探讨。然而，首先应该指出，在这种情况下，算法治理方面的两位主要理论家希尔德布兰特（Hildebrandt）和库普斯（Koops）显然倾向于从实质性角度看待法治，他们主张"环境法的程序合法性要求的不仅仅是由合法的公共立法机构颁布技术规范。"[54]因此，信息和通信技术方面的法治必须确保遵守形式主义概念的最低要求，特别是保护合法性，同时避免法律主义（legalism）；平衡自由裁量权、问责机制和透明度；并确保尊重个人、决策者的独立性和过程的公平性。它还必须具有开放性，关注设计问题，并以灵活、协商的方式发挥作用，以避免隐藏的偏见。

布朗斯沃德（Brownsword）在一些细节上发展了这种思路。算法治理本质上是工具主义的（为达到固定目标和服务于特定利益集团而应用规则，无视公共利益或更大的利益），而法治应该限制或防止这种情况。技术工具的使用可能会助长私人或公共实体的越权行为，如禁止数字版权管理系统开展完全合法的活动，或使用机器人作为狱警。这种选择可能侵犯人的尊严，因此应予以禁止。更重要的是，如果要在信息和通信技术基础设施中写入或嵌入规则，必须事先通过参与式审议程序进行授权，公民必须意识到规则执行系统正在运作，并了解其功能，且这些规则不得追溯适用。法律不应强人所难。法律（或至少是其实践中的应用）应当明确，以便个体能够理解（例如）他们的车辆为何以及在何处不能超过特定的速度限制。法律不应频繁变动。法律不应自相矛盾。法律的运作方式应符合已公开颁布的规则，如果其运作未能做到这一点，从而给人留下规则不再适用的印象，那么这应成为违反这些规则行为的抗辩理由。规则应具有普遍性，而非基于特定群体的特征制定。技术管理不应取代个人根据自己的观点和偏好以道德方式行事的社会目标，这可能意味着，刑法中有一部分内容是不能通过技术性管理来触碰的。[55]

三、法治背景下的算法治理

（一）法律与算法：一个近期的焦点

从上述讨论中可以清楚地看出，官僚机构广泛采用信息和通信技术对法律和法学理论，特别是法治具有重要意义，但直到相对较晚的时候，这一问题才成为研究的重点。这种现象是令人惊讶的，因为这些技术已经存在了大约半个世纪，从一开始就在政府中使用，如

---

[53] M. Hildebrandt and B. -J. Koops, A Vision of Ambient Law, Future of Identity in Information Society (2007), www.fidis.net/resources/fidis-deliverables/profiling/d79-a-vision-of-ambient-law/.

[54] M. Hildebrandt and B. -J. Koops, The Challenges of Ambient Law and Legal Protection in the Profiling Era (2010) 73 Mod. Law Rev. 428, 456.

[55] R. Brownsword, Technological Management and the Rule of Law (2016) 8 Law Innov. Technol. 100.

今在发达国家中也得到广泛使用。然而，缺乏学术关注也是可以理解的，因为民事和公共服务部门对算法的使用大多发生在幕后，对那些不属于技术专家的人来说，很难立即察觉或清楚理解。为了正确地将关于算法治理对法治影响的学术讨论置于具体情境中，有必要思考它为何以及如何发展缓慢。

数字计算机技术在公共管理中的应用具有内在的复杂性、动态性和跨学科性，它将科学、信息系统、信息技术、工程、组织和社会动态以及法学等领域融合在了一起。本章的特定主题，即这些新兴数字技术与法治之间的互动，很少被讨论到。尽管自20世纪60年代末以来，算法在治理中的作用引起了一些关注，但焦点还是放在了隐私方面，[56] 直到20世纪70年代至80年代[57]才发表了一些研究成果。[58] 尽管沙尔图姆（Schartum）在20世纪90年代初指出，计算机作为"案件处理系统"的重要性在不断提升,[59]但算法作为一个学术课题的地位却日渐式微。[60] 而"公共管理信息系统"领域在20世纪90年代发展缓慢，并一度被主流信息系统期刊所忽视，因为其主要关注的都是公开性的结果，而不是幕后流程。

从这个角度来看，我们只能推测为什么学者们没有充分重视信息和通信技术在治理过程中的作用和影响。尽管在20世纪90年代变革已经在进行，但学者们似乎对此并不知情，或选择视而不见。因为要解释这些问题，需要一定的技术技能和理解水平，而这并非所有人都具备。正如帕纳斯（Parnas）指出的：

> 技术是我们这个时代的黑魔法。工程师被视为巫师；他们对神秘仪式和晦涩术语的了解似乎赋予了他们外行人所不具备的理解力。公众被现代技术众多显而易见的成就所炫目，往往将工程师视为只要给予资金就能解决任何问题的魔术师。许多人对于技术进步如此敬畏，以至于根本不去尝试理解其运作原理。[61]

也许这导致了学者和官僚们不愿意或无法深入探讨计算机化这个话题。邓利维（Dunleavy）更为实际地解释了为何公共行政和公共管理理论中，忽视了基于纸张的和基于信息通信技术的系统（paper-and ICT-based systems），原因包括：其地位低下；政府迟迟没有广泛采用新技术；信息处理功能通常在没有危机的情况下运行；信息技术人员与高层决策者

---

[56] V. Packard, *The Naked Society*, Penguin Books, 1966.

[57] L. Tribe, Policy Science: Analysis or Ideology? (1972) 2 Philos. Public Aff. 66; K. C. Laudon, *Computers and Bureaucratic Reform: The Political Functions of Urban Information Systems*, Wiley, 1974; A. Mowshowitz, *The Conquest of Will: Information Processing in Human Affairs*, Addison-Wesley, 1976.

[58] J. N. Danziger, W. H. Dutton, R. Kling, and K. L. Kraemerand, *Computers and Politics: High Technology in American Local Governments*, Columbia University Press, 1982; W. H. Dutton and K. L. Kraemer, *Modeling as Negotiating: The Political Dynamics of Computer Models in the Policy Process*, Ablex Publishing Corporation, 1985; K. C. Laudon, *Dossier Society: Value Choices in the Design of National Information Systems*, Columbia University Press, 1986; K. L. Kraemer, *Datawars: The Politics of Modeling in Federal Policymaking*, Columbia University Press, 1987; K. L. Kraemer and J. L. King, Computers and the Constitution: A Helpful, Harmful or Harmless Relationship? (1987) 47 Public Admin. Rev. 93.

[59] Schartum, above note 28, p. 330.

[60] K. L. Kraemer and J. Dedrick, Computing and Public Organizations (1997) 7 J. Public Adm. Res. Theory 89.

[61] D. L. Parnas, Foreword, in L. R. Wiener (ed.), Digital Woes (Addison-Wesley, 1993), pp. ix-x.

之间的层级距离；以及理论上普遍忽视了信息在政府运作中的重要性。[62]

当然，也有一些例外情况：20世纪80年代以来，[63] 人们开始讨论在法律中使用专家系统所产生的问题，特别是由菲利普·利斯（Philip Leith）、[64] 乔瓦尼·萨托（Giovanni Sartor）、[65] 理查德·苏斯金德（Richard Susskind）提出了观点。[66] 20世纪90年代初，北欧的斯堪的纳维亚地区对算法在法律决策中的应用进行了研究，[67] 但用英语发表的成果很少。[68] 而早期探讨关于监管方案的算法实现的关键作家是丹尼尔·基茨·西顿（Danielle Keats Citron）。[69]

（二）算法在治理过程中的作用

尽管数字技术——计算机、互联网和最近兴起的"人工智能"——无疑已经在我们如何交流、如何从事科学、医学和工程学以及许多企业的内部管理方面带来了重大变化，但它们并没有改变人性的本质，也没有显著改变现有的个体或群体权力、社会和经济资本或主导意识形态的模式。事实上，尽管信息和通信技术是所有这些因素中的一个要素，但它本身并不能改变所有这些因素，因为信息和通信技术本身是由社会构建和共同创造的——既产生于又改变着孕育它的社会。这是理解算法对法治为何如此重要的关键。

随着算法在商业、政府和私人活动中变得越来越重要，它们成为媒体和学术界关注的主题。算法被认为具有变革性、独特赋能性，有时甚至具有破坏性。如果相信炒作信息的话，算法将会改变一切。然而，从法治的角度来看，现实要复杂得多：算法可能不会改变任何根本性的东西，但可能会使改变（特别是改革或社会进步）变得不可能。

盲目实施基于计算机的系统可能会产生一些影响，从根本上破坏法治的有限形式主义观念，以及其自然正义和正当程序等更为实质性的要素。奎利亚尔（Cuéllar）强调"随着黑箱在行政国家中的地位越来越稳固，行政国家的运作方式很可能会大不相同。"[70] 尽管法治似乎需要严格性，但事实并非如此。艾伦（Allan）强调了"死板地将规则应用于不适

---

[62] P. Dunleavy, Governance and State Organization in the Digital Era, in R. Mansell, C. Avgerou, and D. Quah (eds.), *The Oxford Handbook of Information and Communication Technologies*, Oxford University Press, 2007, pp. 408-11; for an exception, see C. C. Hood and H. Z. Margetts, *The Tools of Government in the Digital Age*, Palgrave Macmillan, 2007.

[63] J. Fremont, Computerized Administrative Decision Making and Fundamental Rights (1994) 32 Osgoode Hall Law J. 817.

[64] P. Leith, Legal Expertise and Legal Expert Systems (1986) 2 Int. Rev. Law Comput. Technol. 1; P. Leith, The Application of AI to Law (1988) 2 AI & Society 31; P. Leith, The Rise and Fall of the Legal Expert System (2010) 1 Eur. J. Law Technol. 179.

[65] G. Sartor, Artificial Intelligence in Law and Legal Theory (1992) 10 Current Legal Theory 1; G. Sartor, Artificial Intelligence and Law: Legal Philosophy and Legal Theory (Tano, 1993).

[66] R. E. Susskind, Expert Systems in Law: A Jurisprudential Approach to Artificial Intelligence and Legal Reasoning (1986) 49 Mod. Law Rev. 168; R. E. Susskind, Expert Systems in Law: A Jurisprudential Inquiry (Clarendon, 1987).

[67] J. Bing, Code, Access and Control, in M. Klang and A. Murray (eds.), *Human Rights in the Digital Age*, Glasshouse Press, 2005, pp. 204-5.

[68] An example is Schartum, above note 28.

[69] Citron, above note 27; D. K. Citron, Open Code Governance (2008) Univ. Chi. Legal F. 355.

[70] M.-F. Cuéllar, Cyberdelegation and the Administrative State, in N. R. Parrillo (ed.), *Administrative Justice from the Inside Out: Essays on Themes in the Work of Jerry Mashaw*, Cambridge University Press, 2017, p. 137.

当的案件往往是不公平的";[71] 当应用程序是算法的时候，此问题会成倍增加：

> 从表面上看，算法可能有利于正当程序，因为它们将决策过程形式化程式化了……同时，算法可能涉及复杂的规则，以至于人们无法追踪它们的推理过程。这是否是对正当程序的完美扭曲：通过统一应用系列难以阐明的规则？[72]

事实上，不确定性可能对维护法治非常重要，因为它允许个人自由裁量权的行使，并将道德规范纳入决策过程。[73] 监管机构往往拥有广泛的自由裁量权，因此很难确定他们是否在其法定权力范围内行事。这种自由裁量权是不可避免的，但并不必然威胁到法律所需的确定性和稳定性。[74] 这种自由裁量权可能是合法且可取的，因为立法机关不可能预见到特定监管机构工作中可能出现的所有问题。[75] 某种程度的"模糊性"实际上是有益的，因为它允许监管者和被监管者以非正式的方式互动。[76] 行政和监管系统基础设施中信息和通信技术的广泛使用，引发了关于个人隐私和自主权的重要问题，因为我们的一举一动都可能被跟踪，自动化系统可能会在无形中进行干预，以操纵我们做出决策所依据的信息，或错误地认为我们违反了规则，即使事实上我们已经遵守了该规则。[77]

政府和官僚机构对数据库、算法和大数据的使用有可能严重出错，对个人和人群造成重大的负面影响——澳大利亚 Centrelink 社会福利合规系统要求成千上万的公民提供不必要的证明，以证实他们正当领取了福利，因为该系统产生了太多的误报（即系统错误地指示很多人应该获得福利）[78]——但这些过程中的错误影响往往来自常见的原因（mundane causes），且仅影响到少数人群。例如，帕金（Parkin）强调了纽约市一项看似简单的要求，即福利受益人的出勤必须由社会工作者在计算机系统上正面记录，这使系统对个人产生了不利影响。任何"缺勤"行为都会导致福利丧失，也就是说，如果一个社会工作者忘记记录某次会议或缺勤的合法理由，系统就会让受助者产生经济损失。[79] 这些规则上的微小变化可能源于明确阐述和颁布的法律，从形式上看是无可非议的，但也不排除源于系统开发人员的误解或错误的可能。

刑事司法系统中最近发生了几起重要事例。据称，加利福尼亚州阿拉米达县使用了有

---

[71] T. R. S. Allan, *Constitutional Justice: A Liberal Theory of the Rule of Law*, Oxford University Press, 2001, p. 128.

[72] S. Barocas, S. Hood, and M. Ziewitz, Governing Algorithms: A Provocation Piece (2013), pp. 8-9, http://papers.ssrn.com/sol3/papers.cfm?abstract_id=2245322.

[73] W. Hartzog, G. Conti, J. Nelson, and L. A. Shay, Inefficiently Automated Law Enforcement (2015) Mich. St. Law Rev. 1763.

[74] P. M. Shane, The Rule of Law and the Inevitability of Discretion (2013) 36 Harv. J. Law Pub. Policy 21.

[75] K. C. Davis, *Discretionary Justice: A Preliminary Inquiry*, University of Illinois Press, 1971, p. 25; McDonald, above note 6, p. 214.

[76] M. Cohn, Fuzzy Legality in Regulation: The Legislative Mandate Revisited (2001) 23 Law & Policy 469, 482.

[77] Hildebrandt and Koops, above note 54. Commun. Soc. 934.

[78] S. Park and J. Humphry, Exclusion by Design: Intersections of Social, Digital and Data Exclusion (2019) 22 Inf.

[79] J. Parkin, Adaptable Due Process (2012) 160 Univ. Pa. Law Rev. 1309, 1357-8.

缺陷的软件，导致一些人在监狱里度过了超出规定的时间。[80] 美国的一些司法管辖区依靠计算机系统预测犯罪嫌疑人和被告人的裁决结果。这些系统也被用以识别可能犯罪的个人以及他们可能犯罪的地点，协助法官量刑，辅助监狱官员管理特定的囚犯。[81] 不仅如此，纽约市的一个使用大数据和机器学习的试点项目表明，系统在预测哪些被告人在获得保释后可能犯罪方面，准确性高于法官，而且该项目没有考虑被告的种族因素，这一进展有可能导致监狱人口的重新平衡。[82]

（三）可能性和挑战

综上所述，信息和通信技术既是对法治的支持，也是对法治的阻碍。本节将从这两方面进行探讨，首先是积极影响。

1. 支持法治的算法

法律实践严重依赖信息的提供、处理和传播。因此，信息和通信技术对律师以及需要与法律体系互动的非律师（这通常对个人来说具有挑战性）来说，是一种具有显著应用前景的工具。帕斯夸尔（Pasquale）认为，由数字技术提供智能增强的互补性自动化是未来的发展方向。[83]

例如，机器学习可以帮助预测法律问题的答案，甚至可以在某些特定情况下直接回答这些问题（特别是在税务、公司法、证券监管和竞争法等适用的商业环境下）。[84] 它还可以提高法院程序的透明度和可及性。[85] 机器的在线功能还为"基于声誉的治理"（reputation-based governance）提供了可能性，使公民能便捷地获取信息，以标准方式评估不同提案，从而使国家对公民"清晰可见"。[86] 基于算法的工具，如帮助解决沉默权等问题的应用程序，为纠正社会不平衡提供了机会，使那些与法律系统（尤其是警方）打交道时权力或能力较小的人能够获得更多帮助。[87]

尽管信息和通信技术在法律和监管体系中的广泛使用可能产生积极成果，但细节至关重要。目前所做的少量初步研究表明，其结果可能"非常参差不齐且喜忧参半"。[88] 因此，有必要花一些时间考虑信息和通信技术如何成为有效实施法治的障碍。

---

[80] C. Farivar, Lawyers: New Court Software Is So Awful It's Getting People Wrongly Arrested, Ars Technica (2016), https://arstechnica.com/tech-policy/2016/12/court-software-glitches-result-in-erroneous-arrests-defense-lawyerssay/; C. Farivar, Public Defender Lambastes Judicial Ruling to Not Fix Flawed Court Software, Ars Technica (2017), https://arstechnica.com/tech-policy/2017/04/public-defender-lambasts-judicial-ruling-to-not-fix-flawed-court-software/.

[81] A. Chander, The Racist Algorithm (2017) 115 Mich. Law Rev. 1023, 1033.

[82] T. Simonite, How to Upgrade Judges with Machine Learning, MIT Technology Rev. (March 6, 2017).

[83] F. Pasquale, A Rule of Persons, Not Machines: The Limits of Legal Automation (2019) 87 Geo. Wash. Law Rev. 1.

[84] B Alarie, A Niblett, and A Yoon, Regulation by Machine, 30th Conference on Neural Information Processing Systems (NIPS 2016) (2016).

[85] F. Richardson, The E-Justice Revolution (2010) 64 Int. Bar News 37, 38-9.

[86] L. Picci, Reputation-Based Governance and Making States "Legible" to Their Citizens, in H. Masum and M. Tovey (eds.), The Reputation Society: How Online Opinions Are Reshaping the Offline World, MIT Press, 2011.

[87] P. Gowder, Transformative Legal Technology and the Rule of Law (2018) 68 Univ. Toronto Law J. 82.

[88] D. Zinnbauer, False Dawn, Window Dressing or Taking Integrity to the Next Level? Governments Using ICTs for Integrity and Accountability: Some Thoughts on an Emerging Research and Advocacy Agenda (2012), p. 11, http://papers.ssrn.com/sol3/papers.cfm?abstract_id=2166277.

2. 破坏法治的算法

算法治理系统有四个特点，这四个特点使它们有可能对法治造成消极影响，具体来看：

第一，在规则和标准之间的传统连续体中，软件位于极度受规则约束的一端，这意味着软件的行为是严格按照预先设定的规则来执行的，缺乏灵活性……

第二，软件可以在本身不透明的情况下融入监管并充当监管工具……

第三，软件规则不容忽视，对于软件做出的决策，各方最多只能采取措施来撤销软件所造成的影响……

第四，软件比其他监管系统更脆弱。软件的可塑性使其可以被黑客利用；软件操作的自动化使其即使得出意想不到的后果也不会受到人工审查；软件的即时性还可能加速其故障的发生。[89]

算法治理可能在多个方面对法治所赖以存在的理想构成挑战，可能会产生一种被律师难以识别或理解的规则体系，还可能会产生未能适应不断变化情况的规则。也许最有可能的是，它将把所有这些因素结合起来，形成一个由法律、算法和基础设施（infrastructure）组成的异质混合体，这使得人们难以预测法治是否适应了不断变化的情况。

（1）非自适应的环境法（Unadaptive Ambient Law）。从法治的角度来看，算法治理失效的第一种模式是由于系统无法再根据新情况或新要求做出改变，导致法律文本所叙述的法律与实践中所适用的法律产生脱节。鲍克（Bowker）和斯塔（Star）声称，信息和通信技术隐藏了"争论、决策和不确定性以及决策的过程性……因此，价值、观点和修辞被冻结在代码、电子阈值和计算机应用程序中。"[90] 尽管现代信息和通信技术通常具有高效率、灵活性和响应性等特点，但现实中的应用往往更加平淡无奇。软件开发的困难是众所周知的，[91] 有许多备受瞩目的公共部门项目最终失败，[92] 而且系统可能会"被早期的思维方式所固化"，[93] 其修改的高成本将成为变革的障碍。

相较于非技术化的官僚机构来说，信息和通信技术政策的僵化程度更高，因为信息和通信技术通常无法在短期内修改。一方面，即使是系统中小范围的缺陷，其解决成本也过高，并且信息和通信技术的成本、复杂性和难度往往随着时间的推移而增长，这使得管理人员不愿意对这些系统进行微小的更改。另一方面，许多组织将其信息和通信技术业务外包，这也给短期内变革带来了额外的障碍。[94]

算法可能会严重削弱管理员和监管机构收集和处理决策所需信息的能力。这种说法起初似乎有悖直觉——信息和通信技术往往使信息的汇集和同化变得更加容易——但一旦建

---

[89] J. Grimmelmann, Regulation by Software (2005) 114 Yale Law J. 1721, 1723-4.

[90] G. Bowker and S. L. Star, Knowledge and Infrastructure in International Information Management: Problems of Classification and Coding, in L. Bud-Frierman (ed.), *Information Acumen: The Understanding and Use of Knowledge in Modern Business*, Routledge, 1994, p. 187.

[91] See, e.g., L. R. Weiner, *Digital Woes*, Addison-Wesley, 1993.

[92] See, e.g., M. Moran, *The British Regulatory State: High Modernism and Hyper-Innovation*, Oxford University Press, 2003, pp. 178-9; Agar, above note 25, pp. 375-9.

[93] C. Bellamy and J. A. Taylor, *Governing in the Information Age*, Open University Press, 1998, p. 156.

[94] Dunleavy et al., above note 15, pp. 25-7.

立了专门的信息系统，监管机构能够关注和无法关注的信息范围也随之受到限制。[95] 事实上，信息系统可能会试图塑造决策过程，通过"助推"（nudges）的方式朝特定方向进行巧妙的优化。[96] 当然，监管流程长期以来依赖于表格收集的结构化数据，但基于计算机的表单由于通常无法忽略"必填项目"（required fields）（即使它们不适用）或在空白处添加额外信息，所以往往更不灵活。

算法还会限制对个人案件的审理。计算机系统通常会遵循一个固定的"脚本"，该脚本将管理者和公民都纳入一种特定的交互模式，而要偏离这种模式可能很困难。在实践中，可能发生的情况是，由于习惯的影响，监管人员只会遵循熟悉的程序，而不会花时间考虑这些程序是否适用于他们所处理的特定的个人。

算法可以显著地引导内部进程，尽管这种引导并不总是不恰当的——事实上，适当应用的业务流程重组可以大大提高治理系统的效率——但随着时间的推移，可能会导致缺乏灵活性。信息和通信技术也可能导致系统内的偏见，算法偏见有时是显而易见的，但也可能相当隐蔽，难以识别，甚至更难以根除。

随着我们进入算法治理时代，挑战监管过程的结果将变得越来越困难。此外，由于这些系统越来越依赖于通过机器学习过程进行的数据驱动来做出推断和相关性分析，法律的规范性方面将受到损害。因果关系、目标和意图变得不那么重要，系统变得更加复杂，可能复杂到人类无法理解的程度。随着人类的自主性受到限制，个人做出道德选择的能力可能会萎缩，特别是如果数据驱动的系统似乎得出了武断的结论，或者因为法律文本或理解不是模型输入的一部分而将其排除在外。[97]

（2）无约束的环境法（Untethered Ambient Law）。算法治理失效的第二种模式可能是一个实行完全控制，但无法以任何有意义或建设性的方式受到限制的治理体系。布林加（Bullinga）略带夸张地预测，未来无处不在的环境技术（ambient technology）将具有重要的监管作用：

> 许可证和执照将嵌入智能汽车、火车、建筑物、门和设备中。物理环境中的各个对象将自动下载法律，并且所有内容都将定期更新，就像现在桌面计算机中的软件自动更新一样。
>
> ……
>
> 在未来，所有的规则和法律都将被纳入专家系统，并嵌入汽车、电器、门和建筑物——即我们的物理环境——中的芯片里。警察和其他政府人员不再是唯一的执法人员，我们的物理环境也将同样执行法律。
>
> ……
>
> 自动执法将用于环境法规、交通和安全法律、记账规则以及涉及身份证明的所有

---

[95] U. Pagallo and M. Durante, The Pros and Cons of Legal Automation and Its Governance (2016) 7 Eur. J. Risk Regul. 326.

[96] K. Yeung, "Hypernudge": Big Data as a Mode of Regulation by Design (2016) 20 Inf. Commun. Soc. 118, 121-2.

[97] E. Bayamlıoğlu and R. Leenes, The "Rule of Law" Implications of Data-Driven Decision-Making: A TechnoRegulatory Perspective (2018) 10 Law Innov. Technol. 295, 304-11.

社会保障问题。[98]

吉尔加西亚（Gil Garcia）以一种类似的方式描绘了一幅吸引人的"智慧国度"的图景：

> 传感器、虚拟化、地理信息技术、社交媒体应用和其他元素……的功能就像大脑一样，既可以管理政府的资源和能力，也可以管理社会行动者的参与、物理基础设施以及使用该基础设施的机器和设备……政府会使用传感器和高清摄像头获取有关空气质量、电力消耗、公共安全、道路状况和应急准备等许多其他领域的政策信息。公民将帮助政府识别问题并以众包的方式制定解决方案。[99]

从法治的角度来看，这些系统可能存在一些问题。从形式主义的角度来看，这种安排令人怀疑其有效性：机器可能没有任何能力解释它所依赖的法律规则。即使它能够解释，出于知识产权或安全考虑，它也可能不会提供访问将该规则转化为软件的程序源代码或基础数据的途径。然而，哪怕能够克服这些障碍，机器作出的解释可能也难以让一个不懂技术的人理解。

从更实际的角度来看，这些困难会被放大。正如上文所述，学术界也反复提及，算法治理（机构（制度）信息基础设施）的各个要素都容易受到偏见、歧视或缺乏多样性的影响。人权可能得不到妥善尊重，边缘化群体可能被排除在外，系统的目标有时可能不恰当。

无论人们对法治的看法如何，应该清楚的是，在"黑箱"系统中，源代码或数据不为公众所知，使得利用这些系统进行的事实收集和决策过程，从外部来看是难以理解的。这降低了公职人员的可问责程度，也减少了民间社会和专业人员提供有效意见的可能性。[100] 首先，获得信息本身可能是困难的，如果只有借助先进的计算机硬件和软件才能使用这些信息，那么本已处于不利地位的群体就会进一步被边缘化。其次，一些决策正在通过软件作出甚至执行，而这些软件不对公众开放，不接受非专业人员的审查，甚至决策者自己也无法访问。[101]

我们很难要求软件开发者对他们的工作完全负责——因为参与计算机系统构建的人数众多、漏洞不可避免且难以预防，这使人们很容易将责任从人类转移到"计算机"上，而且最终用户许可协议也免除了制造商的责任。[102] 此外，信息和通信技术的广泛采用以及这些科学模型的计算机化，也使这一问题更加严重，而这些科学模型不容易接受公众的审查，从而对法治的运作造成重大挑战。例如，在面向风险的监管方法中使用复杂的计算机模型，可能会造成任意决定的印象或现实。决策过程中采用的技术和科学模型越先进，就越可能会削弱那些在经济和教育方面处于不利地位的群体的力量，进一步加剧不平等问题。

这些担忧使一些研究者产生质疑，在将法律的基础技术从书面文本转向数字规则的过程中，法律和法治能否继续存在。希尔德布兰特（Hildebrandt）描述了一个这样的世界：设备具有一定的代理功能，使人类只能与相对有限的前端和大量的数据进行交互，而机器

---

[98] M. Bullinga, Intelligent Government: Invisible, Automatic, Everywhere (2004) 38 The Futurist 32, 32-4.

[99] J. R. Gil-Garcia, Towards a Smart State? Inter-Agency Collaboration, Information Integration, and Beyond (2012) 17 Information Polity 269, 275.

[100] Citron, above note 70, p. 357.

[101] Citron, above note 27, pp. 1254-5.

[102] H. Nissenbaum, Accountability in a Computerized Society (1996) 2 Sci. Eng. Ethics 25, pp. 28-36.

学习则创造了对世界的新理解（甚至可能是新版本）。治理和监管需要对不同方法（包括犯罪和处罚）同时进行迭代测试。然而，如上文所述，支持这一点的软件存在着隐藏的偏见和假设，而机器学习"思考"法律的方式也不符合人类的思考方式。最终的结果将是一个由"人工智能"难以理解的过程发展而来的"法律"体系，它对个人的权利有着非常实际的影响，但因此受苦的人无法有效地对其提出质疑。[103]

（3）过于灵活的环境法（Overly Flexible Ambient Law）。与这一现象密切相关的是"自驱式法律"（self-driving laws）的概念，即法律被编码在与我们互动的事物中，而这些事物会阻止我们违法。法律会根据不断变化的环境自动调整，甚至可能在没有人类干预的情况下实施惩罚。[104] 以算法为基础的法治可能会催生法律上的奇点，即向一种全新的治理方式急剧转变：

> 当大量数据的积累以及推理方法的极大改进使得法律的不确定性变得过时，法律的奇点就会到来。法律的奇点设想了一套完整的法律……法律的奇点预示着法律不确定性的消除和一种连续性法律秩序的出现，这种法律秩序可以普遍且实时获得。在法律奇点中，很少会出现对于商定事实的法律意义的争议。事实本身可能存在争议，但一旦查明，就会产生明确的法律后果。法律在功能上将是完备的。[105]

这些看似完美的机构（制度）信息基础设施带来了一个法律系统不受人类控制的前景，这引起了人们的担忧。法律是一项核心依赖于抽象思想和价值观，并以渐进方式摸索前进的事业。算法治理倾向于分类、标准化，并强制执行单一的优选结果。所谓"个性化法律"（personalized law）的理念，忽视了法律理论对法律实践和适用的重要性。理论提供了一个框架来约束和限制什么是重要的，以及什么是必须被衡量的，而一个大数据系统将包括所有可衡量的东西。法律规则的模糊性是一种优势，而不是劣势，它使法律能够适应不断变化的环境和情况。算法治理系统适应社会变化的速度要慢得多。事实上，这些变化本身可能就是由算法驱动的，因为个人会以一种突发的、不可预测的方式计算出它所奖励和惩罚的东西。期望一个计算机系统能够捕获人们日常决策所依赖的所有隐性信息和默会知识是不现实的。相反，它提供的将是对世界的有限视角，这种视角将是静态且僵化的，而非促进动态、有生命力的法律体系所必需的进化和实验。[106]

（4）不完美且分布不均的混合体。尽管存在上述问题，但算法治理的发展（以及围绕其基础技术推动因素的炒作）存在着使其变得越来越普遍的动力。然而，与一些关于算法治理的学术文献中所描述的乌托邦或反乌托邦的愿景不同，最终结果可能是混乱的。正如上文提到的，软件开发过程非常困难。尽管"物联网"发展迅速，但并非建筑环境的每个部分都配备联网设备。个人不会同时将他们的财产（如机动车辆）升级和更换到最新版本，而这些最新版本包含了足够的软件和传感器，以将它们纳入治理体系之中。我们个人生活的许多方面都不具有可以测量、记录和管理的工具。

尽管如此，随着政策制定者继续接受算法治理，我们可以预见上述所有问题都会不同

---

[103] M. Hildebrandt, Law as Information in the Era of Data-Driven Agency (2016) 79 Mod. Law Rev. 1.
[104] A. J. Casey and A. Niblett, Self-Driving Laws (2016) 66 Univ. Toronto Law J. 429.
[105] B. Alarie, The Path of the Law: Towards Legal Singularity (2016) 66 Univ. Toronto Law J. 443, 445-6.
[106] C. Devins, T. Felin, S. Kauffman, and R. Koppl, The Law and Big Data (2017) 27 Cornell J. Law Pub. Policy 357.

程度上在不同活动领域出现。法律和监管的某些方面——也许是税收——由于软件应用的积累，将变得难以改变。其他方面——也许是警务——将涉及应用规则，而这些规则不再被依赖预测模型进行管理资源分配的人所理解。还有一些方面——也许是公共交通的使用——将受到那些声称在任何情况下都不允许任何人违反的规则的约束。

这些举措能否成功，将取决于是否经过深思熟虑、私营部门提供必要工具的能力以及个人如何作出反应。人们可能会抵制新的控制方法和模式，并将技术反作用于实施者。例如，设想一项鼓励个人健身的新政府计划，该州提供廉价或免费的步数计数器，可以将数据上传到互联网，并鼓励保险公司向达到特定日常活动水平的人提供折扣。但一些人的应对方法是将他们的计步器放在专门设计的框架中，这些框架会摇动设备，模拟行走。最终的结果将是一个分布不均的算法治理体系，既有成功，也有失败。

四、结论

本章探讨了一个直到最近还没有被学界或政策制定者解决的问题：在政府和监管中越来越多地部署算法时，忽视了对法治的考虑。算法治理议程的一个重要出发点是现代化理念，它伴随着量化、理性决策和中央控制等工具，在新公共管理和数字时代治理等运动中得以融合。与这些发展的重要性密切相关的是，科学与信息促进监管倡议的能力不断增强，并被用作改变企业和个人行为的工具，这些想法在实践中具有相当大的影响力，但也存在重大问题。科学模型与对自然界的全面理解之间（或许无法逾越）的鸿沟，以及人类对外部干预反应的局部性、偶然性和不可预测性，都对这个现代化项目的最终实现提出了质疑。人们似乎不可能精确地衡量与政策举措相关的所有因素，而且在一个地点、行业或文化中行之有效的方法在另一个地点、行业或文化中可能会失灵。

基于这一结论，从法治的角度来看，出现了三个重大问题：①机构（制度）信息基础设施可能成为不可逃避的、僵化的分类、编码和决策系统。②随着算法治理变得越来越普遍，这些控制系统（特别是嵌入日常设备中的控制系统）可能演变成一种不再完全受人类控制的治理方法。③可能有人会试图建立一个完全响应的算法治理系统，该系统能够在没有人类干预的情况下不断进行自我重构。

然而，在现实中可能出现的情况是，所有这些因素将在不同程度上、在不同问题领域内混合。如上所述，新公共管理、数字时代治理和算法治理之间存在理念和实践上的联系。这最明显地体现在对测量的重视上，其目的是使民众对国家可见。然而，像福柯（Foucault）这样的理论家们，特别是斯科特（Scott），[107] 批评这些努力最终是徒劳的。尽管如此，作为公共管理领域的主导思想，它们将继续存在。另一种相关的意识形态偏好被贴上了"监视资本主义"的标签——使用互联设备跟踪个人的活动、兴趣和偏好，以便更好地向他们进行广告和推销。[108] 只要这种情况持续下去，私营部门将继续开发可被公共部门用于其自身目的的工具。事实上，"智慧城市"概念的兴起是算法治理实践中的一个重要例子，其

---

[107] J. C. Scott, *Seeing Like a State: How Certain Schemes to Improve the Human Condition Have Failed*, Yale University Press, 1998.

[108] S. Zuboff, Big Other: Surveillance Capitalism and the Prospects of an Information Civilization (2015) 30 J. Inf. Technol. 75.

部分肇因是金融危机后寻求开发新市场的科技公司进行了精准营销。[109]

正如有一些意识形态推动算法治理的更广泛应用一样，也有一些社会因素寻求控制算法治理。灾难可能会极大地限制技术的使用（如兴登堡号空难使飞艇的发展大大受挫），并且显著的失败可能会引起公众足够的关注，导致在某些特定情境下禁止使用算法或对算法的使用施加严格限制，例如在刑事调查或审判中。有些技术，如人脸识别软件，可能被认为过分侵犯基本价值，从而导致人们的强烈抵制。法律规则也很重要：欧洲数据保护法经常被援引为解决决策中的公平、歧视和不透明问题的办法，但它可能只提供了不完整的解决方案，[110] 而且其全球适用范围有限。

然而，尽管炒作可能会消退，但这项技术（及其不切实际的承诺）将继续存在，并且将继续发展下去。最终的结果很难预测，但法律奇点这种极端情况似乎不太可能发生。目前尚不清楚这在技术上是否可行，或者在社会上是否不可避免。从法律理论的角度来看，这也是不可取的。此外，如果它真的发生了，也将非常脆弱，原因如上所述：它依赖的是一个由不安全的、容易出错的软件和硬件构成的脆弱基础设施。如果不将整个地球笼罩在一个单一的网络环境中，它将永远无法实现完全或完美的覆盖，并且总是容易受到个人抵抗（或电力不足）的影响。尽管如此，在某些特定领域，由于可能需要收集的数据范围有限，且这些数据特别适合于用严格的数值来衡量，因此开发一个反应灵敏的算法控制系统是有价值的。我们可能会看到"自驱式法律"在税收、公用事业监管或证券交易等领域，在很少或根本没有人为干预的情况下自行重新配置。

总之，算法治理对法治的影响不是纯粹积极或消极的。两者之间有着复杂的相互关系，所以仍然有相当大的空间来取得积极成果。

---

[109] A. M. Townsend, *Smart Cities*: *Big Data*, *Civic Hackers*, *and the Quest for a New Utopia*, W. W. Norton, 2013, pp. 30-3.

[110] L. Edwards and M. Veale, Slave to the Algorithm: Why a Right to an Explanation Is Probably Not the Remedy You Are Looking for (2017) 16 Duke Law Technol. Rev. 18.

第十二章

算法治理
——公共部门利用算法进行预测的反思

安贾内特·H. 雷蒙德（Anjanette H. Raymond）
希亚班·康纳利（Ciabhan Connelly）*

引言

近年来，算法几乎融入了大众生活的方方面面。算法已经开始决定个人是否会被批准抵押贷款以及利息、保监费的金额、犯罪的可能性、判决条件以及所在社区警察的巡逻次数。因此，很难想象还有什么比让大众对算法做出这些决定的方式感到满意更重要的考虑因素了。随着算法越来越多地出现在大众的日常生活中，我们必须关注它们对社会的影响。如果不进行这种讨论，大众将越来越依赖这种技术，也将越来越难以从大众日常生活所必需的系统中剔除法律和道德隐患。

在许多方面，算法已经必不可少："人工智能系统正在被引入法律、金融、警务和工作场所等关键领域，它们越来越多地被用来预测从我们对音乐的品味到我们犯罪的可能性，再到我们是否适合工作或教育机会等方方面面。"[1] 这种无处不在的影响往往不为人们所理解。请看最近报道的一个例子，这是一个名叫拉塞尔的人的经历：

> 2014年，一个名为 MiDAS 的计算机系统从密歇根失业保险局的数据库中提取了拉塞尔的档案，并在未经任何人工审核的情况下计算出他欺骗了失业系统，欠密歇根州大约2.2万美元的赔偿金、罚金和利息（这是他多支付了4300美元的结果），外加密歇根州惯常的400%罚金和12%利息。然后，MiDAS 开始收款。2015年和2016年，MiDAS 通过电子方式截留了拉塞尔的退税款，从他那里扣押了1万多美元。在2015年退税消失之前，他对这一欺诈认定一无所知。[2]

这就是盲目执行数据科学家所说的"黑箱"的后果——这种算法过于复杂，以至于人类无法理解其决策背后的原理。毫不奇怪，大众所知道的许多最有效的算法都是黑箱。大

---

* 所有观点仅代表作者本人。感谢编辑 Dakota Coates 的出色工作。

〔1〕 AI Now 2017 Report, cited in New Zealand Human Rights Commission, Privacy, Data and Technology: Human Rights Challenges in the Digital Age (May 2018), p. 3.

〔2〕 G. Cherry, Built by Humans, Ruled by Computers, The Michigan Engineer News Center (February 5, 2019), https://news.engin.umich.edu/features/built-by-humans-ruled-by-computers/.

多数人，比如拉塞尔，面对黑箱，都只能相信算法是正确的。由于这些算法以数学为基础，因此很容易让人认为它们也必然是客观的，即使其进行的数学运算依靠的是混乱的真实世界数据，且这些数据通常来自有偏见的人为来源。事实上，一项对人类行为和感知的研究显示，即使面对荒谬和明显的错误，人们也更愿意相信算法，并固执地认为机器发现了大众忽略的东西。大众相信数学，并假定算法不存在偏见，能正确地得出结果。简言之，大众相信算法。

然而，密歇根州实施的基于算法的管理和欺诈收集系统指控近5万名密歇根人欺诈失业，但这些结论是错误的。事实上，"该州发现，90%以上的指控都是错误的"。[3] 算法的预测不仅可能是错误的，或者更糟的是，它们可能是非法的。算法会在暗中使用种族或其他受保护的身份识别信息来作出决定，但由于大众对数学的盲目信任，它们可以避免审查。国家部署这些系统通常都是在提高效率和降低成本的双重承诺下，或者具有讽刺意味的是基于减少偏见的目的。这些系统的部署极少有人为的监督或监测。可以说，除了那些受到系统负面影响的人，机器运行不会产生任何后果。

这就是本章的关键所在：虽然某种算法在 Netflix 上推荐一部糟糕的电影的影响不大，但其他算法却有能力剥夺你的经济机会、阻止你获得工作资格、延长你的监禁时间或指控你欺诈。本章认为，对算法使用的管理必须基于其结果对所触及的生活的潜在影响。因此必须重新考虑算法治理问题，通过多学科讨论，让技术、法律和伦理方面的专家合作，帮助大众更好地理解这些算法可以、应该和如何与社会互动。讨论的最佳起点莫过于为算法提供支持的数据。

一、处理数据的算法

近年来，随着越来越多的国家努力应对无处不在的数据收集、回收利用和存储问题，算法在公共部门的使用受到了关注。例如，2018年5月，新西兰人权委员会警告，"公共部门出于预测目的使用算法可能会导致个人或群体受到不公平待遇，并表示应采取措施确保此类做法符合人权和道德标准"。[4] 从美国到英国，其他国家也表达了类似的担忧，尤其是在公共部门使用方面。虽然这些算法是在公共部门实施的，但重要的是要明白，这些系统中使用的大部分数据是由私营部门的实体收集的。因此，仅关注公共部门对算法监管的治理是有限且不全面的解决方案。正如其他学者所指出的，[5] 公共部门和私营部门的数据科学家都必须提高识别数据收集方式的能力，并在使用数据集设计算法之前了解数据集的性质。治理必须是多维的——首先要考虑的是数据的监管。"个人信息的收集、储存、共享和回收利用，无论是通过监控或截取获得的，还是个人自由提供的，都对普遍公认的人权构成了挑战。"[6]

虽然本章并不涉及人权本身，但人权法以及普遍承认的基本权利并由此产生的各种地方法律和标准是讨论中的一个重要考虑因素。

---

[3] Ibid.

[4] New Zealand Human Rights Commission, Privacy, Data and Technology: Human Rights Challenges in the Digital Age (May 2018).

[5] See T. Gebru, J. Morgenstern, B. Vecchione, et al., Datasheets for Datasets (2018).

[6] New Zealand Human Rights Commission, above note 4, p. 8.

国际人权法为保护受影响的权利提供了指导性框架，包括隐私权及其允许的限制、言论和意见自由、结社自由、不受歧视的权利以及不受不合理搜查和扣押的权利。[7]

尽管地方法律会承认并希望将这些保护措施纳入监管，但各种超国家、国家和地方法律之间的孤岛和差异往往会在全球数据驱动的环境中造成问题。如欧盟关于《通用数据保护条例》的法律，该条例为欧盟和欧洲经济区内的所有个人提供数据保护和隐私保护。[8]虽然这是一项欧盟法规，但其影响范围更广，因为欧盟以外的机构和企业处理居住在欧盟的个人数据也需要确保其内部数据处理程序符合该法规。此外，根据该条例，欧盟有权审查和评估目的地国的数据法律。如果认为数据保护不足，欧盟可能会禁止在该国处理欧盟生成的数据。显然，这是一项影响深远的条例，可能会对全球数据环境产生影响。

此外，《亚太经济合作组织隐私框架》为控制个人信息的收集、持有、处理、使用、转让或披露的公共和私营部门制定了原则和实施指南。[9] 主要原则包括：①防止伤害——防止滥用个人信息对个人造成伤害；②告知——个人应知道收集他们的信息以及使用这些信息的目的；③限制收集——信息的收集仅限于收集信息的目的；④限制使用——个人信息的使用仅限于实现收集信息的目的。[10] 这些原则有望为有关该框架确切参数的更广泛讨论奠定基础；然而，这一问题的存在已成为人们考虑的焦点。随着"最佳实践"在许多地方出现，监管无疑将紧随其后。然而，要确保这些框架和最佳实践被更广泛地接受仍然任重道远。

（一）刑事背景下的数据收集

算法的设计者的理念往往与隐私权相悖，因为算法依赖于摄取尽可能多的数据。虽然个人相对于商业实体的隐私权一直是一个重要的考虑因素，但如果是政府为了保护社会而实施监控时，隐私权往往会被忽视。之所以出现这种争论，是因为学者和法院并不认为隐私权是一项绝对权利，相反，最好寻求公民隐私权与社会需求之间的一种平衡。大多数人都同意政府应保护其公民的利益，因此政府可能需要收集情报以阻止危险的犯罪活动或用于国家安全目的。然而，即使是一类通过监控收集数据的行为也并非没有限制。一般来说，国际学者和行业专家在确定政府监控公民的界限时，会提倡合法性、必要性和相当性原则。

由于政府保护社会的需求现在正与商业相关的数据收集交织在一起，使不同制度混合产生压力。例如，2018年，法国宣布将开始检索社交媒体账户，以打击税务欺诈行为。[11]当然，法国并非孤例，美国政府也使用社交媒体搜索税务申报中的"红色标记"，并使用社

---

[7] Ibid.

[8] Regulation (EU) 2016/679 of the European Parliament and of the Council of 27 April 2016 on the protection of natural persons with regard to the processing of personal data and on the free movement of such data, and repealing Directive 95/46/EC (General Data Protection Regulation), https：//eur-lex.europa.eu/legal-content/EN/TXT/? uri=CELEX%3A32016R0679.

[9] 这适用于包括美国在内的所有27个成员国。

[10] See APEC Privacy Framework, APEC#205-SO-01.2 (2005).

[11] See K. Phillips, Tax Authority Will Look at Taxpayers' Social Media in Fight against Tax Fraud, Forbes (November 11, 2018).

交媒体来打击残疾欺诈，[12] 全球各国的许多保险公司都在使用这种手段。[13] 以美国国税局（IRS）为例，Kimberly Houser 和 Debra Sanders 在《国税局对大数据使用的分析：高效的解决方案还是隐私权的终结》一书中揭露了这一点：[14] 随着人员的缩减，IRS 转而通过挖掘社交媒体和大型数据集来寻找需要审计的纳税人。他们指出，在社交媒体（及类似地方）上的信息是由个人发布的，而且是在一个开放的环境中发布的（即公共领域）。当然，这是在个人对隐私有"合理"期望的困局中提出的，而"合理"的定义可能会因提出论点的人而改变。例如，在 2010 年的 Warshak 一案中，[15] 联邦上诉法院确认，公民对自己的电子邮件隐私有合理的期望。在这个案例中，法院要求政府遵守"合法性、必要性和相当性"的标准——大多数人认为这些标准是绝对的，因此可以成为更广泛的实施和隐私保护工作的一部分。

这样的标准是否应扩展到社交媒体和其他数字通信？先不急于回答"是"，主要有两个原因：首先，电子邮件自诞生之日起就被类比为信件，这种类比正是产生隐私期望的一部分原因。普通公民会说："当然，我的信不能被别人打开，这是隐私。"事实上，法律将电子邮件视为数字通信环境中的信件，这是一个不正确的比喻，但很久以前就有了。其次，电子邮件的收件人是特定的人，就像信件一样，虽然这是对技术过于简单化（也不一定正确）的理解，但这是普遍的观点，因此在合法性方面具有一定的合理性。而 Facebook 或 LinkedIn 却不是这样，这类平台的任何部分都不像信件或私人通信。事实上，这两个平台都另设有类似私人通信环境的独立部分。因此，尽管有些人在使用这些平台时可能对隐私有所期待，但这种期待很可能并不"合理"。

此外，大众是否会在不同的数字通信（如 Facebook 上的开放页面与封闭页面）之间划出一条严格的界限？虽然这是可能的，但你能想象要求平台分别保留个人在"开放"与"封闭"环境中具体何时何地发布信息的记录吗？哪怕其特定平台的运作可能更加复杂，也要明确做出这些法律区分。此外，如何定义大型数字环境中的"开放"？100 个"好友"是否符合要求？当有 1000 个"好友"掌握了你的信息时，似乎很难说你是在封闭的环境中分享信息。

当然，现在要重新考虑个人隐私不受政府侵犯的权利的建议是相当困难的，因为许多搜索工作只不过是政府的大规模监视。在当今这个快节奏的大数据世界里，许多由个人生成的数据被无处不在地收集、保留和共享，同时这些数据经常被用来找出个人，以便考虑对其进行更多监视。重要的是要明白，机构在确定现有犯罪活动的可能性后收集证据，与收集每个人的信息以选择将对其进行更有力监控的个人，这两个概念是截然不同的，二者的界限必须划清，而且现在就必须划清。在对公民进行监控时，政府必须遵守"合法性、

---

〔12〕 See T. Lee, US Government Proposes Using Social Media to Catch Disability Fraud, Ubergizmo（March 12, 2019）; C. Hansen, Trump Administration Wants to Monitor Disability Recipients' Social Media, US News（March 11, 2019）.

〔13〕 See S. Hickey, Insurance Cheats Discover Social Media Is the Real Pain in the Neck, The Guardian（July 18, 2016）, www.theguardian.com/money/2016/jul/18/insurance-cheats-social-media-whiplash-false-claimants.

〔14〕 See K. Houser and D. Sanders, The Use of Big Data Analytics by the IRS：Efficient Solutions or the End of Privacy as We Know It?（2017）19 Vand. J. Ent. Technol. Law 817.

〔15〕 United States v. Warshak, 631 F. 3d 266（6th Cir. 2010）.

必要性和相当性"的标准。法律必须明确，根据合理的理由收集证据必须有搜查令。虽然现代技术提高了政府实施大规模监控的能力，但在现代案件中，界定适用标准的仍然不应该是收集证据的能力，以及收集证据的难易程度。对政府监控而收集数据的态度的转变也不许颠覆现行法律，相反，历史性的法律标准应该保留。在没有必要保障社区或国家安全的情况下，绝不允许政府对公民进行无处不在的监控，且无论来源如何，无论共享方式如何，无论是否同意服务协议中的隐藏条款。在收集公民数据时，政府必须遵守"合法性、必要性和相当性"的标准。

（二）非刑事性质的数据收集

政府监控除了被用来遏制犯罪和保护社会之外，许多人认为政府收集信息也可能是为了制定政策和开展社会公益活动，如提高能源效率，或通过监控和改善交通流量来减少碳排放。显然，在非刑事重点框架内收集和使用的数据应按照不同的标准来考虑。因此，问题就变成了政府在使用非刑事数据时，应遵循哪些标准和最佳实践？

英国建立了这样一个框架，其中政府承诺在收集和使用数据方面实现三个总体目标：①改善公民体验；②提高政府效率；③促进商业和更广泛的经济发展。[16] 虽然这些目标在可操作性和范围上都很广泛，但它们确实为政府对数据的收集和使用提供了合理的界限。此外，政府收集数据应用的项目重点是利用技术的力量提供高质量的公共服务，这一目标似乎符合政府的职能，公民也很可能会赞同而不会提出抗议。在理想情况下，公民将决定每个类别的参数，以确保政府官员更好地遵守适当的收集和使用界限。例如，全球数据企业家正在通过开放政府/数据倡议挖掘公共部门数据，以创建应用程序和服务，使大众的生活更加便利。[17] 由开放数据驱动的服务已经为人们提供了更多的选择，比如在哪里看病、住在哪里、孩子在哪里上学等。[18] 虽然读者可能会认为基于这些特殊用途的政府监控可能令人不安，但只要坚持最佳实践，让公民作为利益相关者参与数据使用政策的制定，这些使用方式就可能就是政府为改善社会而设计的、得到社会支持的数据使用的一些最佳范例。

（三）数据的重复使用和回收利用

警方利用流行的家谱网站帮助确认金州杀手的故事大家一定耳熟能详[19]——尽管案涉DNA是由一名家庭成员在一个旨在帮助个人追溯祖先的网站上共享的。[20] 随着无处不在的数据收集和数据回收利用成为常态，公共部门和私营部门之间的界限变得越来越模糊。当政府通过重新利用的数据进行监控时，是否应该适用同样的标准？如果数据是在对大部分民众开放或准开放的环境中共享的，适用标准又是否会改变？虽然可以说基于不同目的的政府机构的规则应该是一样的，适用标准也应该是一致的，但很多人不同意这种说法。例如，根据美联社NORC公共事务研究中心的一项民意调查，"在9.11袭击导致政府加强监

---

〔16〕 J. Manzoni, Big Data in Government: The Challenges and Opportunities（February 21, 2017）, www.gov.uk/government/speeches/big-data-in-government-the-challenges-and-opportunities.

〔17〕 A. Raymond, B. Cate, and S. Shackelford, US Takes Tentative Steps toward Opening Up Government Data, The Conversation（March 6, 2019）.

〔18〕 Ibid.

〔19〕 A. Selk, The Ingenious and "Dystopian" DNA Technique Police Used to Hunt the "Golden State Killer" Suspect, The Washington Post（April 28, 2018）.

〔20〕 而不是为了发现家庭成员以前未被发现的犯罪活动。

控工作十年之后，2/3 的美国人表示，在反恐斗争中牺牲一些隐私和自由是合适的"。[21] 2/3 的美国人无疑是一个吸睛的标题。对这一问题应具体解释，而不应仅假装 2/3 这一数据来说明问题。笔者想说的是，2/3 的美国人同意在反恐斗争中牺牲一些隐私，但可以合理地假设，受访者在回答这个问题时，会直接认为监控与恐怖主义有关，而且特定的监控行为实际上减少了恐怖主义。事实上，进行调查时没有适当考虑此类研究背后的假设是令人不安的，以至于一些评论家称这种说法"过于夸张，甚至具有误导性"。[22] 在撰写此类叙述时，必须更好地关注受访者和受众的看法和假设。此外，用这种说法来暗示绝大多数公民支持通过重复使用和回收利用数据进行监控，也未免太过夸张。

数据重复使用是指将数据资产用于同一目的，而且不止一次；而数据回收利用则是指将先前用于一个（或多个）特定目的的数据资产用于完全不同的目的。这就是监控变得有问题的地方：基于特定目的共享或收集的数据为同一目的重复使用可能会让大众对感到放心。然而，基于特定目的收集的数据如果被用于完全不同的目的，则会令人深感不安，因为个人共享（或拒绝共享）是基于具体情况的。例如，大多数人都在 Facebook 上分享信息，但许多人或多或少都曾为老板或权威人士的"加好友"请求而苦恼。很少有人会将 Facebook 视为工作场所沟通的一种手段，因此，在这些社交数字环境中，个人在工作与私人生活的重叠中挣扎。然而，这两个世界正在发生越来越多的碰撞。越来越多的社交监控被用于协助教育机构预防校园暴力事件；进行背景调查的公司在为客户提供求职者的信心评级等信息时，也经常会搜索社交媒体或更可疑的信息来源。假设人们设想回收利用的数据在各领域时广泛使用，那么在以这种方式回收利用数据时，界线应该划在哪里？

（四）小结

当然，为发现犯罪活动而收集的数据应遵守与过去相同的法律标准和已有先例。同样，在犯罪领域之外收集的数据，作为政府监控活动的一部分，也必须在合法性、必要性和相当性的范围内收集。这三种期望将有助于指导对个人及其数据的基本保护。不过，对数据回收利用的情况有时会更加困难，因为它将以法律尚未充分发展的方式影响大众。在某一特定环境中共享数据的个人可能会在其他情况下对共享数据做出不同的决定，尤其是当这种区别在法律上很重要时。正是在这种环境下，收集数据的实体必须坚持对个人的承诺，即同意、透明和利益相关者参与政策制定。如何区分这些关键领域？本章认为，通常可以在考虑上述建议并承诺考虑使用影响的情况下做出决定。接下来的章节将详细介绍在大规模数据收集的背景下应考虑的影响，而最后一节则为这两个领域提供了一些监管建议。

二、算法带来的影响

即使数据不是用于发现犯罪活动，并且已经进行对合法性、必要性和相当性的承诺或已获得对数据收集和回收利用的同意而开展收集，争论也不会结束，因为算法通常被认为

---

[21] Author, Sacrificing Civil Liberties OK to Fight Terrorism Say Some Americans, WJLA News 7 (September 6, 2011), https://wjla.com/news/nation-world/sacrificing-civil-liberties-ok-to-fight-terrorism-say-some-americans-66133.

[22] B. Cahall, P. Bergen, D. Sterman, and E. Schneider, Do NSA's Bulk Surveillance Programs Stop Terrorists?, New America (January 13, 2014), www.newamerica.org/international-security/policy-papers/do-nsas-bulk-surveillance-programs-stop-terrorists/.

是在非个性化的数据上运行的。在这种情况下，算法使用的是大型数据集，无法归属于个人。因此，上述创建的数据管理规则是不完整的。基于此，针对算法本身的治理也必须纳入框架。

（一）预测与政府

现在，数据驱动的算法以触及大众的经济、社会和公民生活的方式推动决策。这些系统使用人为制定或数据生成的规则，对信息进行排序、分类、关联或过滤，从而实现对大量人群的统一处理。虽然这些技术可能会提高效率，例如发现税务欺诈行为，但算法往往也会对弱势群体产生偏见，或强化结构性歧视——由于它的运行通常是在几乎没有人类监督的环境中。

司法环境中使用算法的最著名的例子之一：风险评估。Ed Yong 在 2018 年《大西洋月刊》（Atlantic）的一篇文章中描述了替代制裁的罪犯管理分析画像系统（COMPAS）的隐患。[23] Farid 教授在文章中强调"我们并不是说你不应该使用它们……我们是说你应该了解它们。你不应该需要像我们这样的人来告诉你：这不起作用。你应该先证明某样东西是有效的，然后再把人们的生命系于其上"。[24] 不幸的是，在一些州，风险评估现在已扩大为司法环境中量刑阶段的一项措施。[25]

这并不代表人工智能和算法不应以任何方式使用。例如，评估工具在引导罪犯参加改造计划和允许他们缩短刑期方面可能很有用。[26] 然而，正如当时的司法部长 Eric Holder 所指出的那样："根据静态因素和不可改变的特征（如被告的教育水平、社会经济背景或邻里关系）做出量刑决定，可能会加剧刑事司法系统和社会中已经太常见的无端和不公正的差异"。[27]

因此，可以断言，部署人工智能的首要问题之一是确认其设计和预期用途。在考虑到这些参数之前，必须对在具有高度影响力的司法环境中部署人工智能做出限制。人工智能伙伴关系（PAI）在收集了多学科人工智能和机器学习研究与伦理界的意见后撰写的一份报告强调了这一点："PAI 建议政策制定者要么完全避免在监禁决定中使用风险评估，要么通过未来的标准制定过程找到解决本报告中列出的要求的方法"。[28]

在整个报告中，使用这些工具所面临的挑战大致分为三大类：①对工具本身的准确性、偏见和有效性的担忧；②工具和与之互动的人之间的联系问题；③治理、透明度和问责制

---

[23] E. Yong, A Popular Algorithm Is No Better at Predicting Crimes than Random People, The Atlantic（January 17, 2018）.

[24] Ibid.

[25] A. M. Barry-Jester, B. Casselman, and D. Goldstein, The New Science of Sentencing, The Marshall Project（August 4, 2015）.

[26] E. Holder, Speaking at the National Association of Criminal Defense Lawyers 57th Annual Meeting and 13th State Criminal Justice Network Conference（August 1, 2014）, www.justice.gov/opa/speech/attorney-general-eric-holder-speaks-national-association-criminal-defense-lawyers-57th.

[27] Ibid.

[28] PAI Author, Artificial Intelligence Research and Ethics Community Calls for Standards in Criminal Justice Risk Assessment Tools（April 26, 2019）, www.partnershiponai.org/artificial-intelligence-research-and-ethics-community-calls-for-standards-in-criminal-justice-risk-assessment-tools/.

问题。[29] 由于无法减少或消除人工智能伙伴关系提出的挑战，许多行业专家呼吁在政府（包括司法环境）中消除基于黑箱的人工智能和算法。[30]

微软研究院人工智能常驻研究员 Andi Peng 认为，"随着研究不断突破算法决策系统的能力边界，我们为安全、负责和公平地使用这些系统而制定指导方针也变得越来越重要"。[31] 为了充分理解这个问题，首先必须了解算法和机器学习的本质。

（二）算法与机器学习

机器学习算法有多种形式，但它们的基本原理都是一样的：利用已知信息对未知信息进行推断。机器学习算法的建立是为了测试数据中的复杂关系，通常会利用大量变量来测试设计者可能意想不到的关系。这种方法的问题在于，很容易就能训练出一种算法，它对于用于训练的数据可以获得惊人的结果，但由于它所发现的是样本中的随机人工痕迹，这就使得它无法推广到现实世界。数据科学家通常会将标注数据分成"训练"集和"测试"集来处理。[32] 在利用训练数据优化算法后，他们尝试使用算法对测试数据进行预测，然后将预测结果与测试集中的真实结果进行比较。因此，机器学习算法通常会报告一个名为"准确率"的统计数据，即算法正确预测的百分比。

准确性并不是评估机器学习算法的唯一重要指标。试想一个旨在预测累犯（已定罪的罪犯是否会成为累犯）的算法。如果声称笔者的算法准确率达到95%，人们可能会印象深刻。但是，假定每二十个已决犯中有一个因累犯而被收监。在这种情况下，笔者还可以制定一个非常简单的决策规则："没有人会成为累犯"，而这个"算法"的准确率也能达到95%。因此，数据科学家也会关注其他统计数据，如精确率和召回率。[33]

在这样的讨论中，精确率是指算法猜测特定结果并正确的百分比。在累犯的例子中，精确率就是算法正确预测的累犯人数除以预测的累犯总人数。从某种意义上说，召回率是精确率的补充，它是算法正确分类的"真正例子"的百分比。就累犯而言，它是算法正确预测为累犯的人数除以数据中因累犯而被记录在案的总人数。

如上文所述，数据科学家在评估算法是否成功时，有必要关注所有三个指标——准确率、精确率和召回率。一个预测没有人会再犯的算法对任何人都没有用，而一个不成比例地预测某个种族的人会再犯的算法（如 COMPAS）既不道德也不合法。还有一个复杂因素是，数据科学家在处理不同问题时必然会更关注不同的指标。对旨在推荐 Netflix 节目的算法来说，最重要的指标可能是精确度。Netflix 希望你对它推荐的节目感兴趣，但如果它漏掉了一些你可能感兴趣的节目，对 Netflix 来说也无所谓。反过来说，旨在预测病人是否患有癌症的算法会首先优化召回率。告诉没有患癌症的人他们患了癌症是一个不幸的错误，但相对于没有告诉患了癌症的人他们应该寻求治疗来说，带来的影响要小得多。

必须明白的是，算法的创建是一门科学，也是一门艺术。虽然可以为数据科学家制定

---

[29] See Partnership on AI Author, Report on Algorithmic Risk Assessment Tools in the U. S. Criminal Justice System, Partnership on AI（2018），www.partnershiponai.org/report-on-machine-learning-in-risk-assessment-tools-in-the-u-s-criminal-justice-system/.

[30] See T. Simonite, AI Experts Want to End "Black Box" Algorithms in Government, Wired（October 18, 2017）.

[31] Artificial Intelligence Research and Ethics Community, above note 28.

[32] 有标签的数据是已经知道要预测什么的数据。

[33] 还有更多超出我们讨论范围的指标，如接受者操作特征曲线。

一种最佳实践，但设计这些算法的个人在决策过程中必然包括创造者的个人假设、信念、偏见和缺陷。因此，必须同时考虑算法的创建和影响——即使遵循了最佳实践，算法也可能产生不道德的结果。必须在算法实施过程中对其结果进行检查，如果出现意想不到的道德问题，则应停止使用。

此外，尽管人们可能认为算法就是统计和数学，但实际上它并不像大众所认为的那样是在"证明"或"预测"事物。例如，对累犯可能性的预测并不是定罪，相反，当算法预测累犯时，经过一定比例时间积淀的算法可能是正确的——可以通过准确度、精确度和召回率来衡量。

(三) 算法不是魔法

由于算法在预测结果方面可以做得如此精细，其内部运作又是如此晦涩难懂，因此许多人都有一种会直接相信算法表面价值的冲动。这是一个可能带来毁灭性结果的错误的想法。数据科学家往往喜欢"垃圾进，垃圾出"的谚语。这句话的意思是，无论你的算法如何微调，如果你的数据不好，你就会得到不好的结果。同样，如果数据生成过程存在偏见，结果也会有偏见。

累犯率是一个很好的例子。由于罪犯往往不会公开宣扬自己的罪行，因此很难衡量究竟有多少人重复犯罪。预测累犯率的工具是通过考察有多少人因累犯而被定罪来优化的。这就意味着，治安中存在的种族偏见，或谁能请得起好律师所表现出的阶级偏见，都会通过累犯算法表现出来并得到强化，导致少数族裔和穷人被表面上"不偏不倚"的算法判以过重的刑罚。一些项目背后的工程师甚至也认识到了这一点。Tim Brennan 是在缓刑和量刑听证会上使用的一种算法的共同创建者，他承认，如果"在风险评估中忽略了与种族相关的变量（如贫困），准确性就会下降"。[34]

此外，即使在训练中取消使用某些特征（如种族），机器学习算法仍有可能通过识别这些特征的替代品（或代理指标）来再次认出这些特征。"一般来说，任何根据其他观察到的变量来估算缺失的受保护属性值的模型都被称为代理模型，而这种基于预测条件类型成员概率的模型被称为概率代理模型"。[35]

虽然代理指标被广泛使用，并且是建立模型的一个重要方面，但它们也可能存在问题。为了解决代理模型的负面影响，通常会直接移除训练数据中的种族、性别和宗教等群体指标。这样做的逻辑是，如果算法无法"看到"这些因素，结果就不会具有歧视性。[36] 然而，采取这一行动是基于对算法工作原理和训练数据使用的误解，因为"算法很快就会找到衍生指标（代理指标）来解释这种偏见"。[37]

Cathy O'Neil 在《数学毁灭性武器》(*Weapons of Math Destruction*) 一书中指出，有两个重要因素会导致算法变得具有毁灭性：糟糕的代理变量和失控的反馈回路。上文讨论的代

---

[34] J. Angwin, J. Larson, L. Kirchner, and S. Mattu, Machine Bias, Pro Publica (May 23, 2016).

[35] J. Chen, N. Kallus, X. Mao, et al., Fairness under Unawareness: Assessing Disparity When Protected Class Is Unobserved. In FAT*'19: Conference on Fairness, Accountability, and Transparency (FAT*'19) (January 29-31, 2019).

[36] L. Moerel, Algorithms Can Reduce Discrimination, But Only with Proper Data, Privacy Perspectives, IAPP Online Journal, https://iapp.org/news/a/algorithms-can-reduce-discrimination-but-only-with-proper-data/.

[37] Ibid.

理指标就是前者的一个例子。代理指标的作用是代替一个你没有的变量。在上述案例中，人们难以了解每一个屡次犯罪的罪犯，但人们知道谁曾因屡次犯罪而被定罪。这种使用已定罪罪犯的变量来替代"真正的罪犯"变量的行为，使人们在算法中纳入了司法系统中存在的人为偏见。

更糟糕的是，这种累犯率的例子很可能也会陷入 O'Neil 指出的第二个问题：失控的反馈回路。监禁时间往往与累犯相关，如果使用这种累犯预测算法来指导量刑，并对可能累犯的人处以更严厉的刑罚，那么就会陷入恶性循环。通过对"预期累犯"处以更严厉的刑罚，这些人将更有可能再次犯罪。当这些结果被反馈到算法中时，算法就会自然而然地发现有更多的少数族裔和生活在贫困线以下的人屡次犯罪，进而就会更加关注种族和阶级。因此，这种看似"公正"的算法实际上会变得比人类更有偏见。为了防止这种情况发生，使用算法指导决策的人必须了解算法的优势和局限性。

（四）设计模型时评估影响

影响评估并不是什么新鲜事——事实上，影响评估已在环境保护和隐私保护等广泛的科学和政策领域得到实施。因此，必须考虑人工智能使用过程中的影响，尤其是在政府参与技术部署的情况下——一些机构、组织和政府已经开始坚持这一点。因此，在包括政府在内各种环境中，都在开发利用人工智能进行影响评估。正如人工智能政策与实施特别顾问 Noel Corriveau 所解释的那样"影响评估是用于分析一项措施可能产生的后果的工具，目的是就如何部署该措施以及在特定条件下就部署该措施提出建议"。[38]

虽然不同的开发者颁布的评估的具体形式和问题各不相同，但大多数都包含七个关键的重点领域：①制定项目描述，包括使用人工智能所追求的目标、所使用的数据和参与者（如终端用户和其他利益相关者）；②制定项目目标，不仅要从体验服务的终端用户的层面，还要从提供服务的组织和社会的层面；③发现、探索和考虑相关的伦理和法律框架，并将其映射和应用到应用程序中；④做出战略和操作选择，试图开展与所有利益相关者有关的活动；⑤考虑不同的伦理和法律因素，并就人工智能的部署作出决定；⑥保留前序步骤的文件，并说明所有决定的理由；⑦监控和评估人工智能的影响。[39] 在部署人工智能时，针对影响评估的主要启示是确保在从设计、实施、使用到调整/监测的整个部署过程中，考虑到所有利益相关者。影响评估的重点不仅仅是使用的影响，而是对所有利益相关者及其所在社会的影响。此外，不断发展的技术以及不断变化的社会、文化和政治背景，要求大众不断考虑在政府环境中使用预测和人工智能的问题。因此，必须允许各类利益相关者积极参与制定最新的治理方法。

（五）小结

在算法和自动化被广泛应用于某些场合的同时，政府也开始意识到扩大使用自动化和基于机器学习的算法的价值和潜力。但是，在政府环境中使用自动化和算法时，必须考虑其对公民的影响。一些国家和地区合作组织已开始制定参数和部署考虑因素，但还必须完

---

[38] N. Corriveau, The Government of Canada's Algorithmic Impact Assessment: Towards Safer and More Responsible AI (2018), https://aiforsocialgood.github.io/2018/pdfs/track2/83_aisg_neurips2018.pdf.

[39] Summarized from Platform for the Information Society, Artificial Intelligence Impact Assessment, https://ecp.nl/wp-content/uploads/2019/01/Artificial-Intelligence-Impact-Assessment-English.pdf.

成更多工作，以考虑部署和长期使用的影响。许多人仍然对基于黑箱的算法的讨论感到困惑，并认为他们对该技术的使用知之甚少，也不会为理解算法而有所投入，因为他们根本无法理解如此复杂的数学和技术。然而，有效的政策制定需要更好地理解机器学习和算法。只有越来越多的利益相关者参与到讨论中来，才能制定出更加细致入微的政策，来回答这个社会所面临的一些最令人困惑的问题——如何才能从机器学习中获益，而又不至于因为不了解如此复杂的技术而不知所措。

三、改进建议

以人为本的设计和管理框架，从人的角度出发参与解决问题的全过程，以此制定解决问题的方案。人的参与通常体现在观察问题的背景、头脑风暴、构思、开发和实施解决方案等方面。以人为本的设计可以分为三个阶段。在启发阶段，设计师直接从他们的设计对象和将受设计影响的人中得到灵感。在这一阶段，设计者既要关注申请技术的实体，也要关注使用技术的人，在本章语境下，还要关注受技术使用影响的人。在构思阶段，设计人员要对所学知识进行梳理，确认设计机会，并设计出可能的解决方案原型。在实施阶段，设计师将解决方案付诸实践，并最终推向市场。如果流程无误，那么在整个设计和部署过程中，所有环境因素包括提出要求的实体、用户和受影响者都会得到考虑。可交付成果固然重要，但制定基准、确定成功结果以及对技术进行监控和调整的计划也非常重要。[245]

从上述描述中可以看出，在政府环境下开发和部署算法时，以人为本的设计应注意三个关键管理领域：个人层面的数据和算法、基于数据聚合开发的数据和算法，以及对各利益相关者的影响。为了在政府部署中实现以人为本的设计，笔者提出几条建议。首先，必须让人参与其中。其次，设计和部署过程中的透明度至关重要。再次，政府必须谨慎对待终端用户，将其视为成果过程中的重要参与者，而不是过度引导或将其排除在决策过程之外。最后，开发者和技术部署者不应再以不了解或依赖机器学习算法为由逃避责任。最后，政府在评估最终用途时，不能只要求进一步巩固现有的社会条件。本章余下部分将依次简要探讨这些问题。

（一）人在回路的重要性

政府在算法决策的最佳实践方面落后于其他领域。由于医疗决策对人类生命的直接紧迫性，它成为最先采用"人在回路"运行的算法之一也就不足为奇。医疗决策并非完全在算法的黑箱中做出，而是由算法将其决策过程传达给专家，由专家根据这些信息做出决定。

虽然在政府中，算法决策的人力成本不如在医学中那么明显，但其错误对个人生命的影响同样是毁灭性的。政府实施的算法设计方法必须反映出决策的严重性，如同为帮助医生而实施的算法，而不能像 Netflix 的推荐算法那样，对无关紧要的算法进行无监督分类。一旦算法对人类生活产生重大影响，其设计者就不再"只是一名工程师"，而有责任与算法的实施者进行协调，确保那些理解算法对伦理和人类影响的人真正领悟算法的局限性。

任何算法都不可能成为解决问题的完美灵丹妙药。如果存在某种完美的决策规则，可以"解决"任何特定情况，我们就不需要机器学习了。所有实际应用的算法都有一定的失败率，因此，根据算法做出决策的人必须了解这些算法可能失败的原因。正如医生应该能够根据自己的专业知识判断出算法推荐的处方何时不适合特定病人一样，政府专家也应该能够判断出算法建议何时可能站不住脚，而了解这些算法的内部功能，能进一步提高他们[246]

正确识别这些情况的几率。

有些算法从不符合道德规范,而使政策制定者了解算法的工作原理将有助于他们做出判断。预测累犯率以指导量刑的算法可能不合乎道德,因为永远无法知道有多少人会累犯,只能知道其中有多少人因累犯而被定罪。这意味着,任何会使个人更有可能被逮捕的因素都会增加其被判处更重刑罚的可能性,无论该因素是否会对其再次犯罪的可能性产生影响。

将机器学习视作统计学的延伸会更利于我们分析问题。多年来,统计学一直被用于人类决策,众所周知,根据我们提出统计问题的方式,我们可以得出大相径庭的结论。正因为如此,即使我们自己不知道如何进行统计测试,大多数人也至少知道一些解释统计数据的方法,并了解他们给出的答案的局限性。因此,统计学是我们利用现有数据得出结论的工具,但这些结论受到所提问题的有用性和得出特定统计数据所用数据的局限性的限制。我们也应该这样看待机器学习算法。当我们把算法看作是帮助我们根据先前数据做出决策的工具,而不是针对不同情况神奇地吐出正确答案的黑箱时,我们就能以一种既能为我们的决策提供信息,又不会将其预测置于高高在上的地位的方式来实施它们,并确保人在回路中的人类始终明白算法的结论可能会受到质疑。

(二) 通过算法简述实现透明度

模型开发过程中使用的重要信息可以作为与模型有关的决策的一部分。评论者 Mitchell、Wu、Zaldivar、Barnes、Vasserman、Hutchinson、Spitzer、Raji 和 Gebru 建议,发布的模型应附有关于其性能特点的说明书。[40] 例如,作为模型简述中应包含的相关信息:①模型细节,如模型的基本信息(开发模型的个人或组织、模型日期和模型类型);[41] ②有关训练算法、参数、公平性约束及其他应用方法和特征的信息;[42] ③预期用途;[43] ④评估数据,如模型卡中定量分析所用数据集和训练数据的细节;[44] ⑤所有伦理方面的考虑或建议。[45]

有了这些信息,所有利益相关者就可以考虑使用特定模型的适当性。各利益相关方可以利用这些信息,考虑并质疑在特定情况下是否使用模型或模型的某些方面。此外,当模型片面或不当地发现到政府意料之内社区的某些方面问题时,它还为反馈和调整创造了机会。

(三) 坚持为终端用户考虑

要重视设计者的模型设计及其在创建模型时所作的决定,但仅仅如此还不够。系统的设计必须考虑到终端用户,包括如何确保个人利用预测,而不是盲目听从预测。在这种情况下,设计者必须确保一定程度的审核和人工审查——不仅是对预测的审查,也是对人类

---

[40] M. Mitchell, S. Wu, A. Zaldivar, et al., Model Cards for Model Reporting. In FAT * '19: Conference on Fairness, Accountability, and Transparency (January 29-31, 2019).

[41] See ibid.

[42] See ibid.

[43] See ibid.

[44] See ibid.

[45] See ibid.

决策者利用预测的审查。[46] 事实上，欧洲数据保护委员会已经发布了相关指南。[47] 需注意以下两点：

①人工审查员必须检查系统的建议，而不应"例行公事"地将建议应用于个人；②审查员的参与必须是积极的，而不仅仅是一种象征性的姿态。他们应对决定有实际的"有意义的"影响，包括有"权力和能力"违背建议；审查人员必须"权衡"和"解释"建议，考虑所有可用的输入数据，并考虑其他额外因素。[48]

关键在于审查与人类在决策中的参与，尤其是在涉及政府行动和使用算法进行预测时，要考虑这一点。如上所述，盲目使用算法让许多人担心其对个人和社会的影响。要确保政府不辜负社会对政府的期望，就必须做到透明，并坚持对算法使用的各个方面进行审查、监控和审计。

（四）设计和部署者的责任

长期以来，社会一直允许技术开发者隐于幕后，简化和神秘化技术的发展。在破坏、黑箱和基于数学的算法的脉络中，我们允许那些创造算法的人创造、测试和部署技术，而不承担真正的后果。机器学习总是在不断产生，如果今天的结果与明天的结果并不相同，那么谁来对此负责呢？现在是时候借鉴其他法律领域了。与产品责任类似，设计和将产品投入商业流通的人可能（大多数人认为应该）承担责任。在这一法律领域，设计和产品本身都会使制造商承担潜在的责任。而产品可能存在的不断变化并不妨碍我们进行比较，因为产品责任免除了那些在产品发生变化或改动时创造和使用产品的人的责任。然而，与产品责任类似，那些创造和部署技术的人也应预计到技术的使用和改变，并应对合理预计中的使用和改变承担责任。

技术人员并非从不承担责任。例如网络入侵引起的问题，在这些情况下，如果满足以下条件，一般要承担赔偿责任：①实体未能实施法规要求的保障措施或合理的安全措施；②实体未能在数据泄露发生后及时补救或减轻损失；③实体未能根据州的数据泄露通知法规及时通知受影响的个人，则可能要承担责任。[49] 当然，这些责任标准需要根据算法责任进行调整。例如，可在以下情况下追究责任：①实体未能披露算法的使用情况，而该算法的部署用于做出决策、引导行为或以其他方式减少个人的潜在选择；②部署算法的实体未能实施保障措施或具备合理的审计能力；③实体未能补救或减轻算法部署对目标受众造成的负面影响；④部署算法的实体未能通知用户或受算法部署影响对其目标受众造成的负面影响的人。虽然这些都是设想，只是作为建议，但不难看出，在少数情况下，尤其是在部署算法对个人产生负面影响的情况下，是可以追究责任的。因此，现在是提出以下问题的时候了：当部署技术的人没有真正的评估或审查手段时，谁来承担技术驱动实践的风险？

---

〔46〕 R. Binns and V. Gallo, Automated Decision Making: The Role of Meaningful Human Reviews, AI AuditingFramework Blog（April 12, 2019）, https：//ai-auditingframework.blogspot.com/2019/04/automated-decision-making-role-of.html.

〔47〕 European Commission, Guidelines on Automated Individual Decision-Making and Profiling for the Purposes of Regulation 2016/679（wp251rev.01）, https：//ec.europa.eu/newsroom/article29/item-detail.cfm?item_id=612053.

〔48〕 Binns and Gallo, above note 46.

〔49〕 Who Is Liable When a Data Breach Occurs?, Thomson Reuters, Legal Online Article, https：//legal.thomson-reuters.com/en/insights/articles/data-breach-liability.

此外，可对未通知个人（包括未说明创建/部署出处）而创建或部署算法的实体实施处罚。对这样的机构来说，仅仅依靠个人诉讼和集体诉讼证明损害是不够的，因为当数据因外泄而丢失时，最大的限制之一就是没有可证明的损害。相反，应仅根据未合规情况进行处罚，从而激励企业合规，而不必对个人造成有害影响。

当然，并不是只有笔者要求技术应用者必须理解算法运作。美国金融业监管局（FINRA）[50] 规定参与算法策略的会员公司必须遵守美国证券交易委员会（SEC），[51] 以及美国金融业监管局关于其交易活动的规则，其中包括合理的监督和控制程序。[52] 事实上，十多年来，美国证券交易委员会一直明确表示，在投资环境中使用算法，无论是否是机器顾问，都适用证券法。因此，那些基于客户部署机器人顾问的公司应确保遵守证券法。[53] 也许有人好奇，为什么投资的标准要高于所有其他部署，尤其是政府司法或其他负面影响下的部署。

（五）超越根深蒂固社会条件的要求

正如 Evgeny Morozov 所言，"我们可以想象一个由反抗科技构成的另类未来世界，它不认为社会条件是一成不变的，需要通过最新技术加以调整。相反，它利用定制技术来改变、塑造，以及反抗根深蒂固的社会条件"。[54] 仅仅通过反竞争、遵守税法和基于数据的监管等现有机制进行治理是不够的，相反，我们必须要求那些设计和部署技术的人着眼于改善社会，而不仅仅是使已经存在的社会不公根深蒂固。回到 Evgeny Morozov 所言：

> 今天，99%的技术颠覆都只是为了确保没有任何实质性的东西被破坏，这就是我们所看到的自相矛盾的结果。社会病态仍然存在，我们只是通过传感器、地图、人工智能和量子计算来更好地适应它。当今大科技的真正福音（受到政府的认可和赞美）是为了保护而创新。[55]

幸运的是，一些人开始注意到与某些类型的人工智能使用相关的问题。例如，旧金山禁止执法部门使用面部识别技术。[56] 虽然没有人会彻底放弃使用技术，但必须要面对的问题是，技术是否已经做好全面部署的准备。当"建立它——破坏它——适应它"的模式对个人和社会造成如此严重的后果时，它就并不是一种可接受的策略。针对具体情况，对于相应类型的技术的禁用令人振奋，因为这表明了法律在考虑部署时兼顾其影响的决心。

（六）小结

虽然精心设计的算法，即使是在政府环境中，也可能提高效率，极大地改善我们的生活条件，但并非每一种部署都是积极的。人们越来越倾向于接受技术驱动的说法，这种说

---

[50] FINRA Says Know Your Algorithms, or Risk Liability, Nasdaq（March 21, 2016），www. nasdaq. com/article/finrasays-know-your-algorithms-or-risk-liability-cm595663.

[51] N. Morgan and L. Lysle, 2019 Is the Year of the Algorithm for the SEC, Investment News（January 7, 2019）.

[52] FINRA, Section 3110, Supervision, http：//finra. complinet. com/en/display/display_main. html? rbid = 2403&element_id = 11345.

[53] FINRA Says Know Your Algorithms, above note 5.

[54] E. Morozov, It's Not Enough to Break Up Big Tech. We Need to Imagine a Better Alternative, The Guardian（May 11, 2019）.

[55] Ibid.

[56] K. Paul, San Francisco Is First US City to Ban Police Use of Facial Recognition Tech, The Guardian（May 14, 2019）.

法会抹杀各种部署之间的差异，因此，公民和政策制定者必须更多地参与其中。我们必须坚持在部署的关键领域要有人参与，披露关键信息，以便在知情的情况下做出与部署有关的决定，并让那些肆无忌惮地进行设计和部署的人承担责任。此外，技术界必须做出更多努力，确保设计不是为了进一步巩固现有的社会条件，而是为改善社会而运作。技术可以成为造福社会的绝佳工具，我们必须坚持，政府部署中，对社会的关注是设计原则的重中之重。

四、结论

政府部署技术，包括部署算法，始于数据收集。与个人有关的数据必须分为两类，即刑事用途和非刑事用途。刑事用途应由现行法律管辖，对最新类型的数字通信和技术不作变动。如果政府希望收集数据用于社会公益，则可以采用一种更加细致入微的方法。在这种情况下，必须建立一个新的框架，将公民作为主要利益相关者。当然，很多政府监控缺乏个体关切，并试图在广泛的数据集上部署算法，从而进行一概而论的概括。同样，这种情况必须根据影响和使用情况做出区分。政府将监控和算法用于刑事目的（或用于阻止犯罪活动）必须加以限制；大规模监控更是必须完全停止。但是，如果公民认为政府使用大规模数据来改善驾驶条件是可以接受的，那么就应该允许这样做——但要禁止数据的回收利用。此外，目前已有可供借鉴的框架，优秀的实践案例也在不断涌现，政府在规划数据使用时必须重视这些经验。最后，人类必须参与其中，技术的设计者和部署者必须对其技术负责。作为一个技术驱动型社会，我们必须要求技术做得更好、更出色，超越现在的水平，必须不惜一切代价避免技术的进一步固化——即使这意味着我们需要使用纸和笔等传统手段。

第十三章

从法治到法规起草
——政府决策中算法的法律问题

莫妮卡·扎尼耶特（Monica Zalnieriute）
丽莎·伯顿·克劳福德（Lisa Burton Crawford）
珍妮·鲍伊（Janina Boughey）
莱里亚·贝内特·摩西（Lyria Bennett Moses）
萨拉·洛根（Sarah Logan）

引言

从制药行业到银行业、从运输行业到强大的互联网平台，大量私营主体愈发意识到算法决策的无限潜力。关于私营企业运用大数据以及机器学习算法来模拟智能、改善社会甚至拯救人类的颂扬也变得常见、广泛。使用算法以进行自动化决策也有望使政府决策更具效率、更加准确、更为公平。从社会福利、刑事司法到医疗保健、国家安全等，政府愈发依赖于使用算法以实现自动化决策，许多活动家、学者和公众都对此表示担忧。[1] 然而，纵然实证研究已经证实了自动化决策系统可能存在偏见与个体伤害，要评测该等系统的性质与影响仍旧十分困难。[2] 这些非透明、难以捕捉的系统，并不像法律体系内其他的公开行为者一样，受到监督问责机制的约束，这也引发了一个问题，即这些系统是否符合公法基本原则。因此，越来越多的学者呼吁关注政府决策中算法的应用。[3]

本章无意就政府算法使用问题展开详尽分析。相反，本章致力于对算法在政府决策中的使用方式展开概述——从法规起草到司法裁决，再到行政部门执法。然后，在该领域的

---

[1] See, e.g., L. Dencik, A. Hintz, J. Redden, and H. Warne, Data Scores as Governance: Investigating Uses of Citizen Scoring in Public Services Project Report (2018).

[2] 计算机科学家正在关注损害的成因以及如何通过计算发现、预防与减少损害。See I. Zliobaite, Measuring Discrimination in Algorithmic Decision Making (2017) 31 Data Min. Knowl. Dis. 1060-89; S. Hajian, F. Bonchi, and C. Castillo. Algorithmic Bias: From Discrimination Discovery to Fairness-Aware Data Mining, in Proceedings of the 22nd ACM SIGKDD International Conference on Knowledge Discovery and Data Mining (ACM, 2016).

[3] See, e.g., S. J. Mikhaylov, M. Esteve, and A. Campion, Artificial Intelligence for the Public Sector: Opportunities and Challenges of Cross-Sector Collaboration (2018) 376 Philos. TR Soc. A 20170357, https://doi.org/10.1098/rsta.2017.0357; R. Kennedy: Algorithms and the Rule of Law (2017) 17 Leg. Inf. Manag. 170; M. Perry, iDecide: Administrative Decision-Making in the Digital World (2017) 91 Aust. Law J. 29.

学术研究以及我们自己的实践、学说和理论工作的基础之上，本章探讨了受政府自动化决策系统影响的法治价值，以及这些系统的实施和监督在实际中可能产生的法律和实践问题。

本章的其余内容分为两大部分。第一部分主要是描述性的，首先讨论自动化的范围和自动化的技术（"自动化"），进而解释自动化系统在行政决策中如何运用（"政府决策的类型"）——如争议颇多的国家安全场景、司法裁决和立法起草，并列举了几个国家在不同政府决策场景中应用自动化系统的实例。第二部分则主要研究自动化对基本法律价值的影响，尤其是对法治的影响。"使用算法对基本法律价值和法治的影响"研究了自动化对核心法治价值的影响，例如对透明度、可问责性、法律面前人人平等以及连贯性与一致性等价值的影响。"豁免、复杂性与自由裁量权"部分则提供了案例研究，以说明在国家安全场景下自动化对执法以及行政决策的影响。这也引出了与前述部分所阐述的相同的问题，但更为尖锐。此处的大部分讨论都聚焦于自动化会如何影响澳大利亚法律中的基本公法原则以及价值，不过鉴于这些原则以及价值与其他法律体系都是共通的（至少在一般情况下），因此讨论更具广泛意义。最后，"政府运用算法的监管方向"部分着眼于政府如何授权以及监管算法在政府决策中的运用。

一、自动化

（一）自动化的范围

政府越来越依赖于将算法应用于诸如社会福利、刑事司法、医疗保健、执法以及国家安全等不同领域以实现自动化决策。在不同的决策场景中，人们可以区分所采用的自动化的等级，从所谓的"决策支持"（例如，面部识别工具帮助国家安全官员做出决策）到"人在回路"（HITL）（例如，政府工作人员参与的社会决策），再到人类从决策过程中完全消失（例如，无须政府官员核实，自动发送国家债务催收函）。[4] 这些都并非单独的类别，而是一个范围，从完全由人类决策的系统到虽然由人类设计、但在很大程度上独立于人类运行的系统。

（二）自动化的技术

自动化不可避免地涉及到不同的技术，有时是不同技术的组合，本章将聚焦于两种经典类型。第一类技术有时被描述为人工智能或专家系统的第一波浪潮，是遵循一系列预先编程规则的程序，用以模拟特定领域的人类专家的反应。[5] 澳大利亚的债务追偿计划"机器人债务"（Robo-debt），以及瑞典的学生福利提供制度（本章稍后将会讨论），都是这类技术的当代典例。第二类技术（或说人工智能的第二波浪潮）则包括监督式机器学习与深

---

〔4〕 See, e. g., I. Rahwan, Society-in-the-Loop: Programming the Algorithmic Social Contract (2018) 20 Ethics Inf. Technol. 5-14; S. Sengupta, T. Chakraborti, and S. Sreedharan, RADAR-A Proactive Decision Support System for Human-in-the-Loop Planning, 2017 AAAI Fall Symposium Series (2017); L. F. Cranor, A Framework for Reasoning about the Human in the Loop, in UPSEC'08: Proceedings of the 1st Conference on Usability, Psychology, and Security (April 2008), https://dl.acm.org/doi/10.5555/1387649.1387650.

〔5〕 See generally A. Tyree, *Expert Systems in Law*, Prentice Hall, 1989; R. E. Susskind, *Expert Systems in Law: A Jurisprudential Inquiry*, Clarendon Press, 1987, pp.114-15.

度学习等技术。[6] 这些系统从（收集或构建的）数据中"学习"，从而对新情况做出推断。这些推断可能是分类（例如，一张照片中包含一只猫），也可能是预测（例如，一个人将来可能犯罪）。系统可以使用各种各样的数据驱动型技术来"学习"模式和相关性，以生成预测或揭示见解。与标准统计方式不同，机器学习通常是迭代的（能够不断从新信息中"学习"），并且能够识别数据中更为复杂的模式。此类技术已在美国的司法量刑和预测性警务中得到应用，也被用于部分中国社会信用体系（Social Credit System, SCS）的建设，并且在国家安全场景下使用的面部识别系统中也发挥作用，我们将在本章对此展开讨论。

二、政府决策的类型

本章将探讨自动化系统在政府活动中的应用——从行政决策到司法裁决，再到立法起草。国家安全领域的政府活动被视为一个特别有争议的行政决策领域，也是一个具有挑战性的案例研究。尽管这些领域在实践中可能具有一定程度的重叠，但这种初步分类是有用的，因为每个领域往往受不同的法律框架的约束。在"使用算法的影响"部分讨论这些领域中运用算法的法律影响之前，本部分使用几个例子简要介绍一下这些领域的情况。

（一）行政决策

政府官员负责就一系列广泛的问题做出决策，这些问题直接影响到个人和企业的利益，通常包括社会福利权利、纳税义务、经营许可证以及环境和规划法规的决策。虽然这些情况下政府决策的主题和法律参数（legal parameters）存在很大差异，但它们的共同点是，它们都涉及政府对特定的事实的法律适用。例如，在颁发许可证前，政府要确定个人或企业是否符合相关的许可资格标准。这些决策通常涉及一定程度的自由裁量权。

使用算法以实现政府自动化决策，这并不新鲜，自20世纪80年代开始，算法已经被应用至诸如儿童保护、社会福利提供等多种场景。[7] 更当代的例子是：在机场使用护照扫描仪以决定某人是否有权入境、自动处理退税，[8] 以及澳大利亚有争议的福利债务追偿系统——俗称"机器人债务"。[9]"机器人债务"系统能够匹配数据，通过应用人类编写的公式进行自动评估，并自动生成给福利接受者的信件，要求他们提供证据，证明政府没有向他们多付款。[10] 政府使用算法的另一个著名例子，是瑞典国家学生资助委员会（Swed-

---

[6] J. Launchbury, A DARPA Perspective on Artificial Intelligence, DAPRAtv, YouTube (2017), www. youtube. com/watch? v=-O01G3tSYpU. 美国国防高级研究计划局（DARPA）还提到了第三波人工智能浪潮，这一波浪潮尚未应用于政府决策中，因此本章不做进一步探讨。

[7] See, e.g., J. R. Schuerman, E. Mullen, M. Stagner, and P. Johnson, First Generation Expert Systems in Social Welfare (1989) 4 Computers in Human Services 111; J. Sutcliffe, Welfare Benefits Adviser: A Local Government Expert System Application (1989) 4 Computer Law & Security Rev. 22.

[8] 查看澳大利亚税务局关于数据和分析用途的信息 at ato. gov. au/about-ato /managing-the-tax-and-super-system/insight--building-trust-and-confidence/how-we-use-data-and-analytics/.

[9] See generally T. Carney, The New Digital Future for Welfare: Debts without Legal Proofs or Moral Authority? (2018) UNSW Law J. Forum 1.

[10] 数据匹配本身并不新奇，但自动生成信件要求个人提供无债务证明的政策是作为2015-2016年预算措施"加强福利支付诚信"和2015年12月年中经济财政展望公告的一部分而引入的。这一政策变化，催生了随后收到信件要求证明他们未多领福利的庞大人群，引发了公众的关注和批评。See P. Hanks, Administrative Law and Welfare Rights: A 40-Year Story from Green v Daniels to "Robot Debt Recovery" (2017) 89 AIAL Forum 1.

ish National Board of Student Finance，CSN）的决策，该委员会负责管理瑞典学生的经济援助和偿还。[11] 其所运用的系统吸引了学者们的关注。[12] 该系统结合来自 CSN 的数据与税务信息（在瑞典可公开获得）[13] 并基于过去两年的收入以全自动的方式做出贷款偿还决策，或为评估减少贷款偿还的申请提供决策支持（部分自动化）。[14]

政府使用的技术工具大多并不特别复杂。例如，澳大利亚用于评估福利债务的数据匹配系统，与多年来用于核对个人申报的年度税务收入与其为社会保障目的申报的每两周收入的系统相似。[15] 然而，世界各地政府机构越来越有兴趣和雄心壮志，希望突破过去 30 年使用的"专家系统"和普通软件，在日常决策中采用机器学习和预测分析技术。[16] 而这引发了与透明度、问责机制和公平性相关的额外的法律问题。

（二） 执法和国家安全背景下的行政决策

算法和机器学习工具也越来越多地用于执法和国家安全场景中的自动化决策。此类决策可以在分析背景下做出，即关于某个个体或某种活动模式是否与当局相关，也可以在国家安全相关的行政背景下做出，例如移民。算法和机器学习工具通常被用于协助分析人员和决策者，理解他们所掌握的海量监控数据。[17]

当代执法中自动化决策的例子包括中国的社会信用体系和预测性警务软件。中国的社会信用体系由中央政府开发，由 43 个"示范城市"和地区在地方一级实施。[18] 该体系不仅基于行为的合法性，还基于行为的道德性，涵盖经济、社会和政治行为，为个人和企业提供奖惩反馈。[19] 学者们详细介绍，中国的社会信用体系结合了基于积分的传统预编程系统（根据特定行为扣分或加分）与政府同中国科技巨头阿里巴巴在芝麻信用体系中的合作，

---

［11］ See the CSN website, www. csn. se/languages/english. html. For more on CSN, see E. Wihlborg, H. Larsson, and K. Hedström, "The Computer Says No!" -A Case Study on Automated Decision-Making in Public Authorities, 2016 49th Hawaii International Conference on System Sciences （HICSS） （IEEE, 2016）.

［12］ 近期分析 CSN 的文献包括 Wihlborg 等人，above note 11.

［13］ Swedish Tax Agency, Taxes in Sweden：An English Summary of Tax Statistical Yearbook of Sweden （2016），www. skatteverket. se/download/18. 361dc8c15312eff6fd1f7cd/1467206001885/taxes-in-sweden-skv104-utgava16. pdf.

［14］ Wihlborg et al. , above note 11.

［15］ Senate Standing Committee on Community Affairs, Australian Parliament, Design, scope, cost-benefit analysis, contracts awarded and implementation associated with the Better Management of the Social Welfare System Initiative （June 21, 2017）, p. 2.

［16］ See, e. g. , Dencik et al. , above note 1.

［17］ L. Bennett Moses and L. de Koker, Open Secrets：Balancing Operational Secrecy and Transparency in the Collection and Use of Data by National Security and Law Enforcement Agencies （2017） 4 Melb. Univ. Law Rev. 530-70. D. Wroe, Top Officials Golden Rule：In Border Protection, Computer Won't Ever Say No, Sydney Morning Herald （July 15, 2018）, www. smh. com. au/politics/federal/top-official-s-golden-rule-in-border-protectioncomputer-won-t-ever-say-no-20180712-p4zr3i. html,

［18］ 罗吉尔·克里莫斯（Rogier Creemers）的一条语言学注释在这种情境下很有用："普通话中的'信用'一词比其英文对应词具有更广泛的意义。它不仅包括偿还债务的财务能力的概念，而且与真诚、诚实和正直的术语是同源的。" See R. Creemers, China's Social Credit System：An Evolving Practice of Control （2018）, https：//papers. ssrn. com/sol3/papers. cfm？ abstract_id=3175792.

［19］ R. Creemers （ed. ）, Planning Outline for the Construction of a Social Credit System （2014-2020） （Eng. Tr. Of State Council Notice of June 14, 2014, April 25, 2015）, https：//chinacopyrightandmedia. wordpress. com/2014/06/14/planning-outline-for-the-construction-of-a-social-credit-system-2014-2020/ （last accessed 16 August 2018）.

该体系依赖于对潜在借款人社交网络联系人的自动评估来计算信用评分。[20] 诸如 PredPol 之类的预测性警务软件，使用地震预测模型来预测未来的犯罪地点，并使用它来做出部署决策，决定警察将在何处巡逻。[21] 该软件做出了各种假设，其中一些是有问题的，并且在采用之前没有经过严格的测试和评估。[22] 特别是，在行动复杂且需要保密的背景下，透明度面临着挑战，身份特征分析和区别对待的适当性也同样存在问题。[23] 由于国家安全机构通常在特定的法律框架下运作，国家安全决策也受到某些限制，所以在执法和国家安全领域使用算法会面临特定情境下的挑战。[24]

（三）司法裁决

一些国家正在试验或考虑引入算法和机器学习工具，以实现政府另一个分支——司法机构的决策自动化。司法决策涵盖民事和刑事诉讼程序，特别是在刑事诉讼的背景下，对个人具有严重影响。

尽管有学者指出，算法在司法裁决领域的应用仍处于"婴儿期"，[25] 并且遭遇了政治上的阻力，但也有观点认为，算法会日益被更多地使用，甚至通过完全取消法官来改变司法系统。[26] 例如，英国政府已提议部署"自动在线定罪"程序，该程序自 2017 年以来一直在英国议会辩论中被搁置。[27] 虽然听起来可能有些牵强，但从某种意义上说，它只是对现有自动检测和处罚超速等交通违法行为的做法稍作延伸。

在司法决策领域，自动化工具已在实践中得到应用，即在刑事判决中预测再次犯罪的可能性。例如，在美国的一些司法管辖区，法官可以使用自动化决策工具，如"替代制裁的罪犯管理分析画像系统"（COMPAS），该系统利用历史数据来推断哪些已定罪的被告再次犯罪的风险最高，特别是在存在暴力风险的情况下。美国首席大法官会议[28] 和威斯康星州最高法院以及各类州法规，均批准了对此类自动化决策系统的使用，诸多学者对此表示

---

[20] See particularly Creemers, above note 18; and M. Hvistendahl, Inside China's Vast New Experiment in Social Ranking, Wired（December 14, 2017）, www.wired.com/story/age-of-social-credit/.

[21] See www.predpol.com/predicting-crime-predictive-analytics/.

[22] L. Bennett Moses and J. Chan, Algorithmic Prediction in Policing: Assumptions, Evaluation, and Accountability（2018）28 Polic. Soc. 806-22, http://dx.doi.org/10.1080/10439463.2016.1253695.

[23] Ibid.

[24] See, e.g., Bennett Moses and de Koker, above note 17, p. 530; M. Hildebrandt, Profiling and the Rule of Law（2008）1 Identity Inf. Soc. 55; T. Z. Zarsky, Transparent Predictions（2013）U. Ill. Law Rev. 1503. From Rule of Law to Statute Drafting 255.

[25] T. Sourdin, Judge v. Robot: Artificial Intelligence and Judicial Decision-Making（2018）41 UNSW Law J. 1114, 1115.

[26] Ibid.

[27] UK Ministry of Justice, Transforming Our Justice System: Assisted Digital Strategy, Automatic Online Conviction and Statutory Standard Penalty, and Panel Composition in Tribunals（Government Response Cm9391, February 2017）.

[28] CCJ/COSCA Criminal Justice Committee, In Support of the Guiding Principles on Using Risk and Needs Assessment Information in the Sentencing Process（Resolution 7, adopted August 3, 2011）, http://ccj.ncsc.org/~/media/Microsites/Files/CCJ/Resolutions/08032011-Support-Guiding-Principles-Using-Risk-NeedsAssessment-Information-Sentencing-Process.ashx.

担忧。[29] 在 State v. Loomis 案中，法院认为使用 COMPAS 工具是允许的，条件是决策没有完全委托给机器学习软件，并且法官应被告知该工具的局限性。因此，威斯康星州的法官仍然需要考虑被告人的抗辩，即其他因素可能会影响系统分析的风险结论。[30] 由于司法裁决会影响个人的自由和生活，因此使用算法自动化决策尤其具有争议性。

除了量刑方面的问题，学者们越来越多地研究机器学习技术和其他人工智能，是否应该协助法庭以及司法机构做出决策，以及其对法官在当代社会角色转变上造成的影响。[31]

（四）算法在法规起草中的应用

法规起草领域预计将会成为自动化对政府决策产生重大影响的又一大领域。目前，它仍然算是一个前沿领域：虽然已经试用了一些算法工具来协助立法起草，但这些工具尚未被广泛采用，因此其可能采取的形式尚不清楚。沃斯曼（Voermans）和韦尔哈登（Verharden）认为，计算机化的立法起草辅助工具可以分为两种，即立法分析和审查系统，以及半智能的起草辅助系统。[32] 前者有利于立法者确认立法草案的一致性与影响。后者实际上有助于将政策转换为立法文本，例如，将起草规则和标准转换为计算机算法。[33] 相应的，人们有兴趣将立法转换为机器可读的代码，以便使立法合规（legislative compliance）的过程实现自动化。"法规即代码"的方法将同步起草人类可读的立法和机器可读的代码，并公开提供机器可读法规的官方版本。该方法试图在用英文编写法规的同时，以机器可读格式编写法规，以应对立法复杂性和模糊性带来的挑战。这有助于使政策及法规的制定与最终应用这些法规的系统保持一致。[34] 从理论上讲，这一方法还可以促进法规草案的清晰性和逻辑性，[35] 并提高数字系统运行的透明度和可问责性。目前，此类项目正在新南威尔士州（澳大利亚）、丹麦、法国和新西兰进行试验，通常使用 OpenFisca 平台。

由于大多数法规起草工作都涉及政策的分析及其发展动态，这些分析完成后才能将其转化为法律文本，在这一点上，人工智能不太可能完全取代人类起草者。不过，考虑到技术在辅助起草其他法律文件（如合同[36]）方面的进步，算法工具和机器学习似乎将越来越多地在法规起草中发挥作用。

学者们正越来越多地通过分析政府的各类自动化决策如何符合基本法律价值，来剖析

---

[29] See State v. Loomis, 881 NW. 2d 749 (Wis. 2016). 2017 年 6 月 26 日，美国最高法院驳回了调卷申请。关于担忧的学术观点，see K. Hannah-Moffat, Algorithmic Risk Governance: Big Data Analytics, Race and Information Activism in Criminal Justice Debates (2018) 23 Theor. Criminol. 453; S. Goel, R. Shroff, J. L. Skeem, and C. Slobogin, The Accuracy, Equity, and Jurisprudence of Criminal Risk Assessment, Equity, and Jurisprudence of Criminal Risk Assessment (December 26, 2018); R. Simmons, Big Data, Machine Judges, and the Legitimacy of the Criminal Justice System (2018) 52 UCD Law Rev. 1067.

[30] Loomis, ibid., at 56.

[31] See, e. g., Sourdin, above note 25; J. Beatson, AI-Supported Adjudicators: Should Artificial Intelligence Have a Role in Tribunal Adjudication? (2018) 31 Can. J. Adm. Law Pract. 307-37.

[32] W. Voermans and E. Verharden, Leda: A Semi-Intelligent Legislative Drafting Support System (1993) Jurix81, 81-2.

[33] S. Debaene, R. van Kuyck, and B. van Buggenhout, Legislative Technique as Basis of a Legislative Drafting System (1999) Jurix 23, 24.

[34] OECD, Embracing Innovation in Government: Global Trends 2019 (2019).

[35] S. B. Lawsky, Formalizing the Code (2016) 30 Tax Law Rev. 377.

[36] See generally K. D. Betts and K. R. Jaep, The Dawn of Fully Automated Contract Drafting: Machine Learning Breathes New Life into a Decades Old Promise (2016) 15 Duke Law Technol. Rev. 216.

这些挑战以及司法和行政决策环境中产生的挑战。本章的下一部分概述了这一学术研究的主要方向和见解。

三、使用算法对基本法律价值和法治的影响

（一）方法与概念视角

在探讨基础法律价值与算法在政府决策中应用之间的互动时，可以采用许多不同的概念方法和视角来提出重要问题。政府决策的自动化研究议题并不单一，涵盖了不同主题、方法和分析视角。一些学者将国际人权框架视为基本法律价值的一部分，并关注使用算法实现政府决策自动化对人权的影响。[37] 他们通常关注隐私与数据保护、[38]（且越来越多地重视）数据带来的歧视。[39] 相关宪法规范也已成为有关司法辖区的研究对象。例如，弗格森（Ferguson）注意到预测性警务软件，对美国公民在没有合理怀疑的情况下不被搜查的权利的影响。[40]

其他学者则关注更为抽象的法律价值。一方面是基础法律概念和规范，另一方面是自动化，这两者之间的相互作用正在法律、哲学和技术交叉领域形成一个独特的研究议程。[41] 在这个领域里，有些学者关注到算法和人工智能可能会带来的问题。他们担心，算法和人

---

〔37〕 See, e.g., H. P. Aust, Undermining Human Agency and Democratic Infrastructures? The Algorithmic Challenge to the Universal Declaration of Human Rights (2018) 112 AJIL Unbound 334–8.

〔38〕 关于自动化、数据保护以及隐私，see, e.g., A. Roig, Safeguards for the Right Not to Be Subject to a Decision Based Solely on Automated Processing (Article 22 GDPR) (2017) 8 Eur. J. Law Technol. 1; S. Wachter, B. Mittelstadt, and L. Floridi, Why a Right to Explanation of Automated Decision-Making Does Not Exist in the General Data Protection Regulation (2017) 7 Int. Data Priv. Law 76; S. Wachter, B. Mittelstadt, and C. Russell, Counterfactual Explanations without Opening the Black Box: Automated Decisions and the GDPR (2017) 31 Harv. J. Law Technol. 841; I. Mendoza and L. A. Bygrave, The Right Not to Be Subject to Automated Decisions Based on Profiling, in T. Synodinou, P. Jougleux, C. Markou, and T. Prastitou (eds.), EU Internet Law: Regulation and Enforcement (Springer, 2017); G. Malgieri and G. Comandé, Why a Right to Legibility of Automated Decision-Making Exists in the General Data Protection Regulation (2017) 7 Int. Data Priv. Law 243; B. Goodman and S. Flaxman, European Union Regulations on Algorithmic Decision-Making and a "Right to Explanation" (2017) 38 AI Magazine 50.

〔39〕 关于自动化与非歧视，see, e.g., S. Barocas and A. D. Selbst, Big Data's Disparate Impact (2016) 104 Calif. Law Rev. 671; M. B. Zafar, I. Valera, M. G. Rodriguez, and K. P. Gummadi, Fairness beyond Disparate Treatment & Disparate Impact: Learning Classification without Disparate Mistreatment (International World Wide Web Conferences Steering Committee, 2017), Proceedings of the 26th International Conference on World Wide Web, https://dx.doi.org/10.1145/3038912.3052660; A. Chouldechova, Fair Prediction with Disparate Impact: A Study of Bias in Recidivism Prediction Instruments (2017) 5 Big Data 153; S. Goel, M. Perelman, R. Shroff, and D. A. Sklansky, Combatting Police Discrimination in the Age of Big Data (2017) 20 New Crim. Law Rev. 181.

〔40〕 A. G. Ferguson, Predictive Policing and Reasonable Suspicion (2012) 62 Emory Law J. 259.

〔41〕 See, e.g., 最近特别关注的问题, Artificial Intelligence, Technology, and the Law (2018) 68 Univ. Tor. Law J. 1, 其聚焦于法律、自动化以及社会各领域的技术. See also K. Yeung, Algorithmic Regulation: A Critical Interrogation, Regulation & Governance (2017), https://doi.org/10.1111/rego.12158; A. Rouvroy and B. Stiegler, The Digital Regime of Truth: From the Algorithmic Governmentality to a New Rule of Law [A. Nony and B. Dillet (trans.)] (2016) 3 La Deleuziana 6, www.ladeleuziana.org/wp-content/uploads/2016/12/Rouvroy-Stiegler_eng.pdf; E. Benvenisti, EJIL Foreword-Upholding Democracy amid the Challenges of New Technology: What Role for the Law of Global Governance? (2018) 29 Eur. J. Int. Law 9.; D. K. Citron and F. Pasquale, The Scored Society: Due Process for Automated Predictions (2014) 89 Wash. Law Rev. 1; M. Hildebrandt and B. Koops, The Challenges of Ambient Law and Legal Protection in the Profiling Era (2010) 73 Mod. Law Rev. 428; Hildebrandt, above note 24.

工智能会影响传统法律所注重的可预见性和说服性,[42] 或者破坏法律的规范结构和理解。[43] 另一些学者审查了数据驱动下的法律规范与法律价值之间的关系。[44] 该领域的另一个新兴焦点是所谓的"法律人工智能"(artificial legal intelligence),及其改善司法公正和为历来受歧视的群体提供利益的潜力。[45]

有许多方法可以处理这个主题,在此无法一一详述。我们旨在强调自动化对公法基本原则和价值所带来的核心挑战,包括那些最具代表性的法律价值——法治。[46] 笔者认为,关注法治是重要的,因为它是全世界普遍认可的衡量政府行为的标准。[47] 关于法治的经典著作表明,它是一个无处不在且难以捉摸的概念,[48] 在本章的范围内无法对其全面阐释。

在分析自动化影响法治的方式时,不应以一种"解剖式"或过时的方式来对待这一概念。正如克里吉尔(Krygier)长期主张的那样,法治最好被理解为一种目标或理想;一种法律制度没有某些危险或病理的状态。[49] 对许多人来说,法治被视为任意或专断政府权力的对立面。那些希望实践中实现这一目标的人,通常会寻求更清晰的标准。因此,人们常说,法治要求政府行为必须是透明和可问责的,所有人在法律面前都应得到平等对待。

尽管这可以产生一套有用的分析工具,但不能忽视:这些都是实现非任意性这一更重要目标的手段。此外,没有明确的"配方"来实现这些目标;适当的方法可能会因时间和司法辖区的不同而有所不同。这尤其与自动化的争论相关,不应将自动化视为一种本质上可疑(inherently suspicious)的发展。提出法治问题的最有效方式是询问:自动化是有助于防范任意或专断的政府权力,还是会让其野蛮发展?

布朗斯沃德(Brownsword)在最近的一本书中明确指出,在一个监管以技术管理而非法律规则的形式出现的时代,有必要重新构想法治。[50] 这是一个雄心勃勃的规划,但更多

---

[42] F. Pasquale and G. Cashwell, Prediction, Persuasion, and the Jurisprudence of Behaviourism (2018) 68 Univ. Tor. Law J. 63; F. Pasquale, Toward a Fourth Law of Robotics: Preserving Attribution, Responsibility, and Explainability in an Algorithmic Society (2017) 78 Ohio State Law J. 1243.

[43] M. Hildebrandt, Law as Computation in the Era of Artificial Legal Intelligence: Speaking Law to the Power of Statistics (2018) 68 Univ. Tor. Law J. 12; B. Sheppard, Warming Up to Inscrutability: How Technology Could Challenge Our Concept of Law (2018) 68 Univ. Tor. Law J. 36, 37; M. Hildebrandt, *Smart Technologies and the End (s) of Law: Novel Entanglements of Law and Technology*, Edward Elgar, 2015.

[44] Hildebrandt, above note 24; Pasquale, above note 42; Citron and Pasquale, above note 41.

[45] P. Gowder, Transformative Legal Technology and the Rule of Law (2018) 68 Univ. Tor. Law J. 82.

[46] See M. Zalnieriute, L. Bennett Moses, and G. Williams, Rule of Law and Automation in Government Decision-Making (2019) 82 Mod. Law Rev. 425.

[47] See International Congress of Jurists, The Rule of Law in a Free Society, Report of the International Commission of Jurists, New Delhi (1959), para. 1.

[48] See Lord Bingham, The Rule of Law (2007) 66 Camb. Law J. 67, 69. B. Z. Tamanaha, *On the Rule of Law: History, Politics, Theory*, Cambridge University Press, 2004, p. 2; P. Gowder, *The Rule of Law in the Real World*, Cambridge University Press, 2016.

[49] See especially M. Krygier, The Rule of Law: Legality, Teleology, Sociology, in G. Palomblla and N. Walker (eds.), *Relocating the Rule of Law*, Hart, 2009, p. 45. 关于这种方法如何应用于特定法律框架的讨论, see L. B. Crawford, *The Rule of Law and the Australian Constitution*, Federation Press, 2017.

[50] R. Brownsword, *Law, Technology and Society: Reimagining the Regulatory Environment*, Routledge, 2019.

学者关注的是政府决策的自动化对法治的具体组成部分的影响,如透明度或可问责性。[51]接下来,本章将简要讨论政府决策自动化与以下几个组成部分之间的相互作用:透明度、可问责性、法律面前的平等以及连贯性和一致性。[52]

(二) 自动化、透明度以及可问责性

学者和政策制定者已经注意到,在本章讨论的不同情况下,自动化为增强政府决策的透明度和可问责性带来许多潜在的好处。[53] 简而言之,一个基于预先编程规则的系统可以告知受影响的个人,他们没有资格获得某项福利的原因是他们不符合特定标准,该标准是特定立法或系统逻辑中编码的操作规则的要求。然而,自动化也对透明度以及可问责性带来了重大挑战,伯勒尔(Burrell)令人信服地将其总结为三种"不透明形式"。[54] 在这一框架下,当算法被视为商业秘密或国家机密时,有意的保密可能会妨碍透明度。[55] 例如,芝麻信用体系的运营细节尚不清楚。虽然大众知晓,芝麻信用根据行为分析来计算信用分数,[56] 但许多学者认为,个人无从知晓他们的社交网络联系人的哪些信息被使用,或者这些信息对他们的分数有何精确影响。[57] 同样,记者和学者指出,拥有 COMPAS 工具的 Northpointe 公司(现称"equivant")[58] 并未公开披露其开发的司法裁决工具的方法,因为该公司认为其算法属于商业秘密。[59] 笔者认同部分学者的观点,即在涉及个人自由等高风险的决策情况下,应优先采用开源软件。[60]

伯勒尔(Burrell)还指出,技术无知(technical illiteracy)可能会对专家系统和机器学习的透明度、可问责性构成进一步的挑战,因为即使披露操作信息,大多数公众也并不一定能从中获取有用的知识。[61] 伯勒尔提出,由于人类推理与机器不同,即使经过适当训练,人类也不一定能解释数据和算法之间的相互作用。这表明,随着机器学习系统变得越来越复杂,对维持法治至关重要的透明度可能会随着时间的推移而逐渐减弱。[62]

---

[51] See, e.g., P. B. de Laat, Algorithmic Decision-Making Based on Machine Learning from Big Data: Can Transparency Restore Accountability? (2018) 31 Philos. Technol. 525-41; M. Ananny, and K. Crawford, Seeing without Knowing: Limitations of the Transparency Ideal and Its Application to Algorithmic Accountability (2018) 20 New Media Soc. 973-89; J. Singh, C. Millard, and C. Reed, Accountability in the Internet of Things: Systems, Law and Ways Forward (2018) 51 Computer 54.

[52] 我们在 Zalnieriute 等人的文章中详细讨论了其中的一些问题,above note 46.

[53] 特别支持此结论的观点,see C. Coglianese and D. Lehr, Regulating by Robot: Administrative Decision Making in the Machine-Learning Era (2017) 105 Georgetown Law J. 1147.

[54] J. Burrell, How the Machine "Thinks": Understanding Opacity in Machine Learning Algorithms (2016) 3 Big Data Soc. 1.

[55] Ibid.; F. Pasquale, *The Black Box Society*, Harvard University Press, 2015.

[56] Hvistendahl, above note 20.

[57] R. Zhong and P. Mozur, Tech Giants Feel the Squeeze as Xi Jinping Tightens His Grip, New York Times (May 2, 2018), www.nytimes.com/2018/05/02/technology/china-xi-jinping-technology-innovation.html.

[58] See equivant website at www.equivant.com/.

[59] 这在 Loomis 案中有所提及,above note 29, at [144]. See generally Pasquale, above note 55.

[60] See, e.g., D. K. Citron, Technological Due Process (2008) 85 Wash. Univ. Law Rev. 1249; Citron and Pasquale, above note 41.

[61] Burrell, above note 54, p. 4.

[62] Ibid., p. 10.

（三）自动化、可问责性与行政公正

自动化对透明度和可问责性带来的挑战在行政决策方面尤为突出。一般来说，政府机构及其雇员的行政决策受到行政法（有时是宪法）的约束。正如美国行政法专家科里亚尼斯（Coglianese）和莱尔（Lehr）所指出的，许多行政法原则建立在决策是由人类而非自动化系统做出的假设之上。[63] 例如，在许多司法辖区，行政决策制定者必须对可能受到决策影响的人提供公平正当的程序。决策者也有义务就其决策提供理由说明。因此，使用机器学习来做出行政决策会引发许多法律问题，因为机器可能无法满足行政法的要求，如给予公平听证或提供决策理由。[64] 世界各地的学者和政策制定者日益重视这些问题，并采取了各种观点和方法。[65] 许多人对在公共部门使用算法辅助决策所带来的透明度和可问责性方面的挑战表示担忧，并认为行政法原则需要针对新的算法环境进行重构或调整。[66]

另一些人则认为，使用算法来自动化行政决策"可以轻松适应这些传统的法律参数"。[67] 例如，在2004年的一份报告中，澳大利亚行政审查委员会（现已解散）审查了政府决策中自动化系统的使用情况，并建议政府在设计和交付自动化系统以协助决策时应考虑27项原则。该委员会表示，"所提出的原则中没有一个是激进或出乎意料的。它们与良好的行政决策普遍遵循的最佳实践原则相一致。"[68] 如果在设计"机器人债务"时遵循了这些原则，其最严重的问题就有可能避免。

即便如此，更根本的问题可能依然存在。这些法律原则反映了一种根深蒂固的观点，即权利和利益受到国家影响的人有权被当作人来对待——更具体地说，他们的情况应该由一个人类行为者来考虑，该行为者应权衡其案件的所有情况，并决定采取的最佳行动方案。自动化挑战了这些行政司法的基本理念。

澳大利亚联邦法院在 Pintarich v. Federal Commissioner of Taxation 案的判决中可以说隐含了这些观点。[69] 简而言之，法院认为，根据澳大利亚1953年《税务管理法》（*Taxation Administration Act*）的规定，由税务副专员向纳税人发送的、表面上声称其大量税务债务已被免除的电脑生成信件，并不是具有法律效力的"决定"。之所以如此，是因为一个"决定"必然涉及一个"思维过程"，而这个过程应该是由人类来完成的。因此，信中表面上体现出来的决定并不具有法律约束力，税务副专员可以自由地再次做出决定。虽然这一结

---

[63] Coglianese and Lehr, above note 53, p. 1153.

[64] K. Miller, The Application of Administrative Law Principles to Technology-Assisted Decision-Making (2016) 86 AIAL Forum 20, 27-30.

[65] 最近对行政决策的分析包括：M. Oswald, Algorithm-Assisted Decision-Making in the Public Sector: Framing the Issues using Administrative Law Rules Governing Discretionary Power (2018) 376 Philos. TR Soc. A 20170359, https://doi.org/10.1098/rsta.2017.0359; Coglianese and Lehr, above note 53; D. Hogan Doran, Computer Says "No": Automation, Algorithms and Artificial Intelligence in Government Decision Making (2017) 13 Judicial Rev. 345.

[66] M. Oswald, Algorithm-Assisted Decision-Making in the Public Sector: Framing the Issues using Administrative Law Rules Governing Discretionary Power (2018) 376 Philos. TR Soc. A 20170359, https://doi.org/10.1098/rsta.2017.0359.

[67] Coglianese and Lehr, above note 53, p. 1148.

[68] Administrative Review Council, Automated Assistance in Administrative Decision-Making, Report No. 46 (November 2004), p. vii.

[69] [2018] FCAFC 79, esp. at 140. Special leave was sought to appeal this decision to the High Court of Australia, but refused: Pintarich v. Deputy Commissioner of Taxation [2018] HCASL 322.

论是关于某一特定法规中"决定"的含义而得出的，但它表明，至少在澳大利亚法律体系内，行政决策仍然被视为一种固有的人为过程。在反对意见中，克尔（Kerr J.）法官警告说：

> 迄今为止，人们一直认为，"决定"通常涉及人类思维过程，即在通过明显行为表达结果之前得出结论。但现在，依赖算法来处理申请并做出决策的自动化"智能"决策系统正对这一观念提出挑战。一个复杂的决定不需要任何人类的思维过程就能做出，这曾经是不可思议的，但不管怎样，它正迅速变得司空见惯。自动化系统已经被许多澳大利亚政府部门例行地用于批量决策……构成决定的法律概念不能是静态的；技术已经改变了决策的实际方式，而且决策制定的某些方面或全部，都可以不依赖于人类的思维输入。[70]

与此同时，行政公正的最大障碍之一显然是行政国家的规模和复杂性，以及运作它所需的时间和资源。通过提升速度、降低行政决策的成本，自动化有可能打破或至少减少这些障碍。然而，就现有目的而言，任何这种自动化不仅需要符合行政法原则，而且必须符合更基本的公法原则。如果自动化决策持续与正义和公平的基本理念格格不入，它将难以获得接受，面对的质疑和抵制也会增多，从而削弱它所带来的效率收益。

（四）自动化和法律面前人人平等

一部分政府、私人行为者和学者认为，自动化可以通过减少法律适用中的随意性、消除偏见和消除腐败来增强法律面前的人人平等。[71] 然而，法律研究人员认为，这可能会破坏正当程序权利以及人们（无论地位如何）平等享有权利的程度。[72] 例如，正如我们先前所提到的，在澳大利亚机器人债务案例中，审查和更正信息的权利受到损害，因为债务信件没有解释年收入变化对于准确计算福利金的重要性。[73] 相比之下，我们指出，瑞典的学生福利系统提供了相关流程的解释，并提供了一个相对直接的申诉程序用以质疑机构的决定。[74] 更进一步，以COMPAS为例，在机器学习中，缺乏透明度是正当程序权利受到损害的主要原因。特别是，评分工具缺乏透明度，仅在被定罪者没有真正理解分数计算依据的情况下，为其提供了一次对分数提出异议的机会。

---

[70] [2018] FCAFC 79, at 46-9.

[71] See, e. g., S. C. Srivastava, T. S. H. Teo, and S. Devaraj, You Can't Bribe a Computer: Dealing with the Societal Challenge of Corruption through ICT (2016) 40 MIS Q. 511-26; D. Infante and J. Smirnova, Environmental Technology Choice in the Presence of Corruption and the Rule of Law Enforcement (2016) 15 Transform. Bus. Econ. 214; N. G. Elbahnasawy, E-government, Internet Adoption, and Corruption: An Empirical Investigation (2014) 57 World Dev. 114-26; D. C. Shim and T. H. Eom, Anticorruption Effects of Information Communication and Technology (ICT) and Social Capital (2009) 75 Int. Rev. Adm. Sci. 99-116; P. W. Schroth and P. Sharma, Transnational Law and Technology as Potential Forces against Corruption in Africa (2003) 41 Manag. Decis. 296-303; S. R. Salbu, Information Technology in the War against International Bribery and Corruption: The Next Frontier of Institutional Reform (2001) 38 Harv. J. Legis. 67.

[72] See D. L. Kehl, P. Guo, and S. A. Kessler, Algorithms in the Criminal Justice System: Assessing the Use of Risk Assessments in Sentencing, Responsive Communities Initiative, Berkman Klein Center for Internet & Society (July 2017), p. 3, http：//nrs.harvard.edu/urn-3：HUL.InstRepos：33746041; Citron, above note 60; Citron and Pasquale, above note 41.

[73] Zalnieriute et al., above note 46.

[74] 正如我们在Zalnieriute等人的文章中所解释的，可以就国家学生援助委员会（CSN）的决定向国家学生援助上诉委员会（OKS）提出上诉；see the OKS website at https：//oks.se/.

最后，来自不同学科和背景的学者认为，政府使用自动化决策可能会进一步挑战这一观念：所有人，无论其地位如何，都必须享有平等的法律权利，政府不应因个人所在的群体或不可改变的特征而对其进行差别对待。[75] 正如我们先前详细解释的那样，通过 COMPAS 和芝麻信用等工具实现的自动化可能会削弱这一原则，因为此类工具可能明确地展现出各种静态因素或不可改变的特征，或者可能会通过"学习"与这些变量关联的相关性，间接地包含诸如社会经济地位、就业和教育、邮政编码、年龄或性别等因素信息。[76] 因此，法律面前人人平等原则面临的最大挑战在于，自动化可以从历史模式和相关性中推断出规律，即使某一特征（如种族）并未用于机器学习过程中，这些规律仍可能对具有特定特征的人产生不同程度的影响。[77]

这种情况之所以可能会发生，是因为许多其他因素可能与种族等因素相关联，包括公开可用的信息，例如 Facebook 上的"点赞"，这些信息通常被作为基于社交网络的自动化评估中的一个变量。[78] 在司法决策环境中可能会出现更多问题——例如，在量刑前的调查问卷（COMPAS 工具据此进行推断）中记录了被告人被警方"拦截"的次数以及第一次被"拦截"的情况。[79] 奥尼尔（O'Neil）指出，鉴于美国警察历史上存在的歧视性画像和剖析行为，非裔美国人在回答这一问题时，其身份很可能与更高的数字和更早的年龄相关联。[80] 犯罪学家和法律学者都强调了种族差异是如何被嵌入到数据中，而这些数据正是用来推断相关性和做出推论的基础。[81]

（五）自动化、复杂性和法律的（不）一致性

政府行为与法规之间的一致性是法治的关键原则。[82] 如果政府行动与法规不一致，无论多么精心设计的立法系统也显然无助于实现限制政府权力的目标。但鉴于现代行政国家立法的复杂性和变化的频繁性，即使是最有良知的政府行为者也很难做到一致性。

---

［75］ Barocas and Selbst, above note 39. 人们特别强烈反对法院系统地对贫穷、未受过教育或来自某一特定群体的被告判处更严厉的刑罚：see G. Kleck, Racial Discrimination in Criminal Sentencing: A Critical Evaluation of the Evidence with Additional Evidence on the Death Penalty (1981) 46 Am. Sociol. Rev. 783; L. Wacquant, The Penalisation of Poverty and the Rise of Neo-Liberalism (2001) 9 Eur. J. Crim. Policy Res. 401; C. Hsieh and M. D. Pugh, Poverty, Income Inequality, and Violent Crime: A Meta-Analysis of Recent Aggregate Data Studies (1993) 18 Crim. Justice Rev. 182.

［76］ Barocas and Selbst, above note 39; Zalnieriute et al., above note 46.

［77］ J. Angwin, J. Larson, S. Mattu, and L. Kirchner, Machine Bias, ProPublica (May 23, 2016), www. propublica. org/article/machine-bias-risk-assessments-in-criminal-sentencing.

［78］ See especially M. Kosinski, D. Stillwell, and T. Graepel, Private Traits and Attributes Are Predictable from Digital Records of Human Behavior (2013) 110 Proc. Nat. Acad. Sci. USA 5802 （研究发现，像 Facebook 上的"点赞"这样容易获取的数字记录可以用来自动且准确地预测高度敏感的个人信息，包括性取向和种族）.

［79］ Angwin et al., above note 77.

［80］ C. O'Neil, *Weapons of Math Destruction: How Big Data Increases Inequality and Threatens Democracy*, Broadway Books, 2016, pp. 6-25 （"因此，如果与警方的早期'接触'表明是累犯，那么穷人和少数族裔看起来风险要大得多。"）.

［81］ See, e. g., A. D. Selbst, Disparate Impact in Big Data Policing (2017) 52 Ga. Law Rev. 109; A. D. Selbst and A. G. Ferguson, Illuminating Black Data Policing (2017) 15 Ohio St. J. Crim. Law 503. From Rule of Law to Statute Drafting 263

［82］ See especially L. Fuller, *The Morality of Law*, Yale University Press, 1962, pp. 81 - 91. See further L. B. Crawford, The Rule of Law in the Age of Statutes (2020) Fed. Law Rev. (OnlineFirst). 克劳福特（Crawford）解释说，澳大利亚联邦一级的立法经常被修改，如 2013 年至 2017 年期间，澳大利亚 1991 年《社会保障法》和 1997 年《所得税评估法》平均每月修订一次。

决策者、企业和一些学者已经注意到，在政府决策中使用算法可以提高政府决策的一致性，从而使其更符合"纸面法律"。[83] 与人不同，预先编程的系统不能无视事先设定的规则而行动。因此，研究人员发现，即使在其他方面存在问题，自动化工具通常能提高决策的一致性。[84] 正如先前提到的，"社会信用体系是一种社会控制工具，因为人们可以预测出参与政府希望阻止的特定活动的后果。"[85] 同样，澳大利亚的自动化债务追偿系统和瑞典的社会福利系统对每个人都进行同样的计算，因此可以说它们是"内部"一致的。

然而，当预先编程的系统中应用的规则与法律要求不一致时，可能会对一致性提出许多挑战。在这种情况下出现的不一致，并不是因为在类似案件中对特定规则的应用不同，而是因为该规则的适用可能不同于其最初的表述。当代关于这种与法律不一致的范例是澳大利亚的自动化债务追偿系统。虽然尚不清楚政府在这种情况下的行动的合法性，但很明显，许多人被告知他们申报的收入和他们的法定应享权利之间存在差异，而事实上并不存在差异。[86] 问题不在于出错——人类决策者也会犯错——而是犯错的频率远远高于系统完全由人类驱动的情况。该系统的错误率很高，因为它在计算中所做的假设——即可以通过平均年收入来推算每两周的收入——并不适用于大量的福利接受者，即那些收入不固定的福利接受者。寄给福利接受者的信件也有问题，因为这些信件似乎在暗示接受者负有债务，并且需要接受者自己证明不存在这笔债务，而不仅仅是一份要求接受者提供更多信息的请求。因此，该系统的主要问题发生在设计过程中，归根结底是人为的问题。数据匹配和债务计算系统是为"标准"情况设计的，该系统预设一个人每周的收入是相同的，没有采取足够的措施应对不符合标准情况的人。其实施也没有考虑到弱势群体的处境，对他们来说，提供五年或十年前的收入证明可能并不轻松，而且该系统与受影响者的沟通不畅，造成了混乱。

此外，现有的纠错程序也不完善。特别是，没有人负责核对自动发出的债务通知决定，该通知被当作一种"既成事实"，而由于地址信息错误，有些人事先没有收到任何通知。[87] 用于处理债务通知的在线门户网站很难使用，[88] 而且没有足够的人力资源解答疑虑并向受影响的个人提供信息。[89] 相比之下，瑞典的学生福利系统将决策和编辑决策的责任分配给人类，并为每项决策的申诉提供了适当的程序保障。[90] 这说明，算法必须与法律保持一致，其设计和实施方式必须对其所处的法律和社会环境保持敏感。这也表明了人类对算法决策进行监督以发现可能出现的不一致性的重要性。

行政国家的复杂性是政府依法行政在当下面临的问题之一。为了构建和维持这样一个

---

[83] 关于此观点的支持性言论，see Coglianese and Lehr, above note 53.

[84] Zalnieriute et al., above note 46.

[85] Ibid., p. 22.

[86] Senate Community Affairs References Committee, Parliament of Australia, Design, Scope, Cost-Benefit Analysis, Contracts Awarded and Implementation Associated with the Better Management of the Social Welfare System Initiative (2017), para. 2.88.

[87] Ibid., para. 3.61.

[88] Ibid., para. 2.110.

[89] Ibid., paras. 3.98, 3.106, 3.107, 3.119.

[90] CSN decisions can be appealed to the National Board of Appeal for Student Aid (öKS); see öKS website at https://oks.se/.

国家，需要一个规模庞大且复杂的立法框架。通常情况下，立法是宪法规定的主要工具，政府可以据此行事。但是，监督这一法律框架并对其进行更新以确保其与社会、经济和科学发展保持同步的任务，可能会对人类的能力提出很高要求。在一个健康的法律体系中，立法将是和谐的；重复、重叠和不一致会降低法律的可及性。但是，当法规庞大且复杂时——特别是当个别法规与许多其他法规相互作用时——起草人可能难以确定颁布新法规或更改现有法规的后果。虽然许多法规都使用类似的术语和概念，但起草人可能难以掌握它们在法规中的多种使用方式。这些任务中的部分或全部可以通过自动化来辅助完成。同样，正如波尔（Boer）、温克尔斯（Winkels）、胡克斯特拉（Hoekstra）和万·恩格尔斯（van Engers）所说，知识管理系统可以提供一个更系统化的基础，以便立法者可以将立法提案与其潜在的替代方案进行比较，从而做出最佳的立法选择。[91]

然而，立法起草自动化的程度有明显的限制——至少在不损害核心法律价值或民主进程的情况下是这样的。大多数民主理论家强调，决定何时以及如何修改法律是一项复杂和敏感的任务，必须由民选代表在立法机构和专门委员会中经过长时间的认真审议后才能完成。[92] 尽管算法可以为立法者提供清晰准确的信息来源，为审议提供参考，但我们的民主理念要求立法选择必须由立法机构中的民选代表做出。在大多法律体系中，立法权被明确授予立法机关，虽然可以默认允许计算机协助，但将权力委托给非人类行为者的程度显然会受到限制。[93] 本章下一节将进一步讨论行政权力是否可以以及如何委托给非人类行为者的问题。

同样不确定的是，是否可以以及如何将那些为立法提供依据的众多原则编纂成法典。在澳大利亚等国的法律体系中，立法是在独立的议会法律顾问办公室的协助下设计的，该办公室对法律解释和设计的原则及其实践具有丰富的经验和知识。[94] 立法起草者和议员依据的是一套丰富且基本上未作说明的语言假设，以及立法和法院规定的一套复杂且有争议的解释原则。将这些假设和原则简化为代码的任务是具有挑战性的。

四、豁免、复杂性与自由裁量权：国家安全领域

在国家安全领域中使用算法和机器学习工具所引发的许多法律和实践问题与其他领域相似。关于准确性、连续性、被省略变量的不相关性以及特定信息的重要性等假设，与预测性警务和提供社会服务的算法的可问责性一样，都与国家安全环境相关。[95] 然而，在国家安全决策中使用这些工具会引发特殊问题。

---

[91] A. Boer, R. Winkels, R. Hoekstra, and T. M. van Engers, Knowledge Management for Legislative Drafting in an International Setting, in D. Bourcier（ed.）, *Legal Knowledge and Information Systems*, IOS Press, 1993, p. 91.

[92] See especially J. Waldron, *Law and Disagreement*, Oxford University Press, 1999; J. Waldron, *The Dignity of Legislation*, Cambridge University Press, 2009; R. Ekins, *The Nature of Legislative Intent*, Oxford University Press, 2013.

[93] See, e. g., Australian Constitution, s. 1.

[94] C. Meiklejohn, *Fitting the Bill: A History of Commonwealth Parliamentary Drafting*, Office of Parliamentary Counsel, 2012.

[95] Bennett Moses and Chan, above note 22; AI Now Institute, *Litigating Algorithms: Challenging Government Use of Algorithmic Decision Systems*, New York（2018）.

（一）豁免、隐私与透明度

法律豁免是国家安全决策的根本特征之一。[96] 国家安全机构通常煞费苦心地确保自己获取信息的方法以及信息来源免受公众监督。这就意味着国家安全信息体制通常不受隐私和透明度立法的约束，而这些立法影响着其他政策领域的信息处理。

算法和机器学习工具在国家安全领域给透明度带来了特殊问题。无论任何情况，算法和机器学习工具都对人类具有根本的不透明性，[97] 但在国家安全领域，由于需要保护信息来源和方法，这种不透明性更加复杂。[98] 这种透明度，或者说透明度的缺乏，阻碍了对这些工具所产生的自动化决策有效性的评估，[99] 也阻碍了更广泛的监督和问责。[100]

关于隐私问题，国家安全机构往往在某些（但并非所有）个人信息收集和使用的限制上享有豁免。此外，在国家安全背景下使用算法和机器学习工具，可能会通过动摇个人或私人信息的定义，而使这种豁免状态产生问题。[101] 例如，这类工具可能被用于查询国家安全机构在获取时，可能已进行匿名化处理的个人信息大宗数据集。但它们也可能被用于匹配那些在其他情况下已匿名化的大宗数据集中的数据点和身份趋势，这可能会导致个人或敏感信息被（重新）识别。[102] 为管理自动化决策中的这种风险，尤其是在隐私豁免的背景下，需要实施适当的数据治理制度。[103]

澳大利亚法律并未特别规定为国防、国家安全及执法目的而对大宗数据集进行的机构审查。[104] 美国和加拿大[105] 制定了规则，规范对此类数据集中的个人信息进行批量分析和使用。在欧盟，《通用数据保护条例》赋权数据主体获得有关自动化系统处理其信息时所涉逻辑的有意义（尽管有限）信息，以及知悉自动化决策系统的意义和预期后果。[106] 国防、国家安全以及执法场景下的决策则不受上述限制，数据主体在此类场景中不享有上述权利。[107] 欧盟成员国的国家立法对《通用数据保护条例》起到了补充作用，并实施了"执

---

[96] L. Bennett Moses, A. Maurushat, and S. Logan, Law and Policy Analysis（Report A）Information sharing and the National Criminal Intelligence System（NCIS）, section 4. Data to Decisions Cooperative Research Centre（2017）.

[97] Burrell, above note 54.

[98] Bennett Moses and de Koker, above note 17.

[99] Bennett Moses and Chan, above note 22.

[100] Bennett Moses and de Koker, above note 17.

[101] 例如，在澳大利亚，1988 年《隐私法》（联邦）适用于受澳大利亚隐私原则约束的实体收集和使用"个人信息"和"敏感信息"的行为。

[102] L. Bennett Moses, A. Oboler, S. Logan, and M. Wang, Using "Open Source" Data and Information for Defence, National Security and Law Enforcement, Data to Decisions Cooperative Research Centre（2018）, p. 31.

[103] Bennett Moses et al., above note 96.

[104] 例外是澳大利亚 1990 年的《数据匹配计划（援助与税收）法》。

[105] Bennett Moses et al., above note 102, section 2.3.6.

[106] Regulation（EU）2016/679 of the European Parliament and of the Council of 27 April 2016 on the protection of natural persons with regard to the processing of personal data and on the free movement of such data, and repealing Directive 95/46/EC（General Data Protection Regulation）, 2016 OJ（L119）1–88, arts. 13–15.

[107] 《通用数据保护条例》第 23 条。为执法目的对个人数据的处理在另一份单独的文件中有规定，即 2016 年 4 月 27 日欧洲议会和理事会关于保护自然人的指令（EU）2016/680，该指令规定了有关当局为预防、调查、发现或起诉刑事犯罪或执行刑事处罚而处理个人数据的目的，以及此类数据的自由流动，并废除了理事会框架决定 2008/977/JHA, 2016 OJ（L119/89）。成员国还可以选择延期，允许旧的处理体系在"付出过多努力"才能达到合规要求的情况下，继续保留至 2023 年 5 月 6 日，并可选择延长 3 年至 2026 年。

法指令"（Law Enforcement Directive），其中也包含了此类豁免，因为国家安全不属于欧盟的管辖范围，而属于各国政府的职责范围。例如，英国2018年颁行的《数据保护法》（United Kingdom's Data Protection Act）包含了对自动化决策的限制，规定了法律授权此类处理时的通知和申诉要求（appeal requirements）。[108] 不过，与《通用数据保护条例》一样，英国法律也为执法和国家安全背景下的数据处理提供了豁免。

（二）工具与数据的获取

使用算法和机器学习技术来查询分析大宗数据集是一项复杂且高度专业化的任务。由于缺乏人力或技术能力，政府往往无法自行设计或实施此类工具。分析服务提供商可以介入填补这一短板，自行分析数据或设计工具来完成这一任务，包括在国家安全领域。然而，寻求这类公司的帮助也会带来一些重要问题，在新的治理体系中，它们的义务并不明确。例如，在国家安全部门，此类公司行为者也许能够访问敏感数据及个人数据，包括跨数据集的数据，如上所述，这就引发了隐私问题。此外，在这种情况下，可能会出现控制和再利用衍生数据的权利等其他问题。[109]

在开源情报（open source intelligence）情况下，公司行为者的作用及其对数据获取和分析的影响尤为重要。开源情报已经成为国家安全政策制定中越来越重要的工具，并且由于可供分析的信息量巨大，这一工具在很大程度上是由算法和机器学习工具驱动的。[110] 开源情报是指用于情报目的且可公开获得的信息，而非情报工作中通常采用隐蔽手段获取的信息。社交媒体推送、房地产信息、一些商业网站数据、报纸和一些浏览信息都是开源情报的潜在示例。政策制定者和分析师使用算法和机器学习工具来自动收集和分析这些大量信息，以供分析师使用，并且在某些情况下，用于自动化决策系统。[111]

然而，尽管国家安全机构可以利用各种工具、法律和法规来分析此类数据，但其很难或根本无法获取这些数据。公司行为者通常会设法保护其数据免受访问，特别是免受国家安全和执法机构所持有算法和机器学习工具的访问。在这种情况下，数据不仅因作为一种商业资产受到保护，还因公司试图保护其客户的隐私，使其不受国家安全和执法机构的影响。[112] 公司禁止开发人员设计算法和机器学习工具为机构访问它们的信息提供便利，并多次禁止数据中介访问它们的应用程序编程接口（API），即禁止出于监视目的向国家安全和执法机构提供访问权限。由于被禁止直接访问数据，一些机构可能会从数据中介那里购买大量社交媒体数据用于分析，以了解社会活动的趋势，并创建和训练分析工具。

自动收集和分析开源情报适用的法律往往不明确。在国际范围内，关于网络数据抓取的判例法总体上仍处于不断演进的状态，而且主要侧重于版权原则，以此作为对被抓取数

---

[108] UK Data Protection Act 2018, s. 14.

[109] Bennett Moses et al., above note 96, pp. 10-11.

[110] See, e. g., S. Mateescu, D. Bruton, A. Rosenblat, et al., Social Media Surveillance and Law Enforcement, in Data and Civil Rights Workshop (2015); B. van der Sloot and S. van Schendel, Ten Questions for Future Regulation of Big Data: A Comparative and Empirical Legal Study (2016) 7 J. Intellect. Prop. Inf. Technol. E-Commer. Law 110.

[111] S. Logan and J. Chan, Using "Open Source" Data and Information for Defence, National Security and Law Enforcement. Interview Report for Research Question 3 (Report B), Data to Decisions Cooperative Research Centre (2018), p. 6.

[112] Logan and Chan, above note 111, pp. 7-12.

据主张所有权的方式。[113] 例如，如果机构购买大量社交媒体数据用于训练分析工具，而后续活动涉及复制受版权保护的材料，那么这从表面上看会涉及版权侵权，允许原始版权持有人对国家机构主张其权利。虽然澳大利亚等国家有规定，在技术过程中临时复制作品并将其作为技术的必要部分是例外情况，[114] 但这可能不适用于数据抓取和挖掘。[115]

在澳大利亚，出于国家安全目的的网络数据抓取不受特定立法的约束。[116] 在美国，1986年的《计算机欺诈和滥用法》(Computer Fraud and Abuse Act，CFAA) 规定，如果一个人"故意未经授权访问计算机或超出授权访问范围"，则获取"受保护计算机中的任何信息"属于违法行为。[117] hiQ Labs, Inc. v. LinkedIn Corp. 案在颁布禁令的问题上，就考虑到了这一点。法院指出，至少有一个严重的问题是，如果该网站对一般公众开放，那么直接访问该网站是否可以说是"未经授权"?[118] 这一正在审理的案件被认为对数据控制和数据抓取的合法性具有重要意义。[119] 尽管欧盟《通用数据保护条例》对出于分析目的的网络数据抓取有明确的规定，但国家安全豁免仍然适用。[120]

即使在政府内部，通过大数据技术获取信息进行分析的权限也并不总是明确的。政府机构之间的信息共享往往受到限制，受到治理、立法、技术和组织文化等问题的困扰。[121] 正如开源情报的例子所示，数据处理自动化正日益成为国家安全和执法机构的重要工具。然而，具体行为的合法性以及对数据的访问权限有时并不明确，这取决于与私营部门平台和数据中介的合同条款，以及（在适用于相关机构的范围内）版权法、隐私法、计算机犯罪以及对机构实践的更具体的治理。

在本章的最后一节，我们将简要介绍在政府决策中运用算法的监管方向。

五、政府运用算法的监管方向

（一）政府决策自动化何时授权？

立法（至少在澳大利亚）通常将权力授予特定的（人类）决策者，如部长或其他行政官员。人类决策者使用算法来辅助工作通常不需要特定的法定授权，决策人（或其合法授权人）仍然对该决策负有法律责任。政府部门和机构通常被授权根据相关采购政策和程序进行采购，包括计算机软件的采购。[122] 然而，当机器自己做出"决策"时，就可能出现法律问题，正如上文讨论的 Pintarich 案所示。2018年，澳大利亚联邦法院裁定，就司法审查

---

[113] Case C-30/14, Ryanair Ltd v. PR Aviation BV [2015] EUECJ at 45. 然而，该案突显了一点，即在欧盟，如果数据受版权或"特殊权利"的保护，且数据抓取可被视为正常使用，那么阻止数据抓取的合同条款可能无效，正如阿姆斯特丹上诉法院在此案早期听证会上所认定的那样。

[114] Copyright Act, s. 48B.

[115] ALRC, Copyright and the Digital Economy, Discussion Paper No. 79 (ALRC, June 5, 2013), p. 164.

[116] 在澳大利亚，并无立法明文规定网页抓取行为，也无判例法。(B4) legal report, p. 15.

[117] 18 USC § 1030 (a)(2)(C).

[118] HiQ Labs, Inc. v. LinkedIn Corp., 938 F. 3d 985 (9th Cir. 2019).

[119] Id.

[120] GDPR, art. 23.

[121] Bennett Moses et al., above note 96.

[122] 有关澳大利亚法律中此类政策及程序，see N. Seddon, Government Contracts: Federal, State and Local, Federation Press, 2018.

而言，自动化的"决策"不属于"决策"，因为在达成决策的过程中没有涉及"思维过程"。[123] 这意味着澳大利亚税务局不受自动化"决策"的约束，以后可以要求纳税人支付更高的金额。

有些立法专门授权在立法规定的决策系统内使用软件。例如，在澳大利亚，至少有29项联邦法案和文书专门授权自动化决策。[124] 举例来说，澳大利亚《社会保障（管理）法》（Social Security（Administration）Act）6A条规定："部长可以在自身控制下安排使用计算机程序，用于根据社会保障法进行决策的任何目的。"还有一项澳大利亚法律授权进行某些数据匹配，这通常是自动化决策的初步步骤。[125]

关于专门授权使用自动化决策的立法条款，需要关注：

- 对审计、测试和评估有什么要求，以及这些活动的频率和性质；
- 购买或使用特定软件与系统时，是否有监督；
- 是否有程序保障受影响方对系统的正常运作提出质疑；
- 当具体决策因数据的不准确或匹配错误，得出错误结论或存在偏见（对特定群体产生影响）时，是否有程序可以对此提出质疑；[126]
- 是否有正当程序或程序公平以保障受决策影响的个人的权利。[127]

为了解决这些重要问题和关切，世界各国政府越来越考虑对自动化决策进行监管。

（二）自动化决策规则

1. 有限政府监管

人们越来越认识到，为确保决策在完全或部分自动化时遵守程序、符合标准，有必要对其实施监管。例如，在英国，有人呼吁提高政府使用算法的透明度，并任命一位"部长

---

[123] Pintarich v. Deputy Commissioner of Taxation [2018] FCAFC 79.

[124] Social Security (Administration) Act 1999 (Cth), s. 6A; A New Tax System (Family Assistance) (Administration) Act (Cth), s. 223; Migration Act 1958, s. 495A; Australian Citizenship Act 2007 (Cth), s. 48; Superannuation (Government Co-contribution for Low Income Earners) Act 2003, s. 48; National Consumer Credit Protection Act 2009 (Cth), s. 242; Paid Parental Leave Act 2010 (Cth), s. 305; Carbon Credits (Carbon Farming Initiative) Act 2011 (Cth), s. 287; Australian National Registry of Emissions Units Act 2011 (Cth), s. 87; Business Names Registration Act 2011 (Cth), s. 66; My Health Records Act 2012 (Cth), s. 13A; Child Support (Assessment) Act 1989, s. 12A; Child Support (Registration and Collection) Act 1988 (Cth), s. 4A; Australian Education Act 2013 (Cth), s. 124; Trade Support Loans Act 2014 (Cth), s. 102; Customs Act 1901 (Cth), s. 126H; Biosecurity Act 2015 (Cth), s. 280 (6), (7); Export Control Act 1982 (Cth), s. 23A (2) (h); Aged Care Act 1997 (Cth), s. 23B. 4; VET Student Loans Act 2016 (Cth), s. 105; National Health Act 1953 (Cth), s. 101B; Military Rehabilitation and Compensation Act 2004 (Cth), s. 4A; Safety, Rehabilitation and Compensation (Defence-Related Claims) Act 1988 (Cth), s. 3A; Veterans' Entitlements Act 1986 (Cth), s. 4B; Therapeutic Goods Act 1989 (Cth), s. 7C (1); Export Control (High Quality Beef Export to the European Union Tariff Rate Quotas) Order 2016, cl. 42; Export Control (Sheepmeat and Goatmeat Export to the European Union Tariff Rate Quotas) Order 2016, cl. 25; Export Control (Beef Export to the USA Tariff Rate Quota) Order 2016, cl. 19A; Export Control (Dairy Produce Tariff Rate Quotas) Order 2016, cl. 36; Export Control (Japan-Australia Economic Partnership Agreement Tariff Rate Quotas) Order 2016, cl. 19. These were identified in S. Elvery, How Algorithms Make Important Government Decisions-and How that Affects You, ABC News (July 21, 2017), www.abc.net.au/news/2017-07-21/algorithmscan-make-decisions-on-behalf-of-federal-ministers/8704858; and Perry, above note 3, p. 31.

[125] Data Matching Program (Assistance and Tax) Act 1990.

[126] See Barocas and Selbst, above note 39.

[127] See generally K. Crawford and J. Schultz, Big Data and Due Process: Towards a Framework to Redress Predictive Privacy Harms (2014) 55 BC Law Rev. 93; Citron, above note 60.

级捍卫者"（ministerial champion）来监督此类使用。[128] 数据伦理与创新中心也应运而生。[129]

然而，此类举措往往处于初期阶段，仍然相对稀少。现有的关于自动化决策的规定（如果有的话）通常是作为与个人信息使用和处理相关的一套更广泛的规则的一部分，通常被称为数据隐私法。其中最具影响力的规定可以在欧盟的《通用数据保护条例》（GDPR）中找到。[130] 如本章上一节简要提到的，《通用数据保护条例》第 15 条第 1 款第 8 项阐明了任何受到自动化决策（包括画像）的个人都有权获得"关于所涉逻辑的有意义的信息，以及此类处理对数据主体的意义和预期后果"。而《通用数据保护条例》第 22 条第 1 款进一步规定："数据主体应有权不受完全基于自动化处理（包括画像）所作决策的约束，该等决策对数据主体产生法律效力或对其造成类似重大影响。"

然而，"不受仅基于自动化处理的决策约束的权利"受到明确的例外情况限制，这些例外情况与合同、明确同意和法律授权的数据使用有关，包括在国家安全和执法方面的使用。[131] 由于该规定仅适用于完全自动化（而非部分自动化）的决策，这一规定在实践中对规范决策自动化的有效性进一步受到限制。一些学术评论对《通用数据保护条例》这些条款的范围提出了看法，认为它们在改变决策实践方面可能作用有限。[132] 在 State v. Loomis 案中，对决策中自动化程度的重要性也得出了类似的结论。在该案中，人们发现，与此类似的正当程序权利，即了解 COMPAS 评分工具背后逻辑的权利，并不适用于仅部分依赖于自动化过程输出的决策。

2. 自愿监管措施

除了目前有限的政府监管外，各个机构已经或正在制定各种各样的自愿标准、原则以及道德准则。其中许多举措侧重于可能与政府决策中使用的自动化交叉而非完全重合的类别。如《多伦多宣言》（Toronto Declaration），[133] 电气和电子工程师协会（IEEE）《关于自主智能系统伦理的全球倡议》（Global Initiative on Ethics of Autonomous and Intelligent Systems），[134] 国际标准化组织（ISO）和国际电工委员会（IEC）联合技术委员会的人工智能标准化项目，[135] 以及澳大利亚 Data61 的"人工智能伦理框架"（Artificial Intelligence Ethics Framework）项目。[136] 同样，"造福人类和社会的人工智能伙伴关系"（Partnership on AI to Benefit People and Society）也为决策中使用算法制定了最佳实践，包括确保公平、透明和可问责性方面的做法。[137] 此外，特定公司，如 Google，已经对有关"人工智能治理"的问题

---

[128] House of Commons Science and Technology Committee, Algorithms in Decision-Making, Fourth Report of Session 2017-19（May 15, 2018）, p. 3.

[129] Information on the Centre is available on its website at www. gov. uk/government/groups/centre-for-data-ethicsand-innovation-cdei.

[130] Regulation (EU) 2016/679, above note 106.

[131] GDPR, art. 22（2）.

[132] See, e. g. , L. Edwards and M. Veale, Slave to the Algorithm? Why a "Right to an Explanation" Is Probably Not the Remedy You Are Looking for（2017）16 Duke Law Technol. Rev. 18.

[133] See The Toronto Declaration: Protecting the Right to Equality and Non-Discrimination in Machine Learning Systems, Declaration, 2018, www. accessnow. org/cms/assets/uploads/2018/08/The-Toronto-Declaration_ENG_08-2018. pdf.

[134] See https://standards. ieee. org/industry-connections/ec/autonomous-systems. html.

[135] See www. iso. org/committee/6794475. html.

[136] See https://data61. csiro. au/en/Our-Work/AI-Framework.

[137] See their webpage at www. partnershiponai. org/.

进行了自己的分析,提出了关于自动化决策的可解释性和公平性的类似问题。[138] 正在探索的其他监管选择包括使用第三方"印章"来证明算法的特定质量。虽然这些自愿标准并非专门针对政府使用算法,但在(不久的)将来,这些自愿标准有可能在政府决策自动化的监管中发挥作用。

六、结论

本章概述了政府在不同领域使用算法实现决策自动化的初步分类,这些领域包括行政法、司法决策、国家安全环境以及法规起草等多个方面。它讨论了政府决策自动化带来的许多法律问题,包括它可能与法治等基本法律价值不相容,以及在国家安全和执法方面出现的具体问题。未来,政府决策自动化的不断增加与公法的基本价值之间的紧张关系可能会加剧。因此,至关重要的是,政策制定者、政府和公众应尽快调查、理解和讨论两者之间的复杂交集。对这些发展进行监管也至关重要,以便受政府自动化影响的个人有法律救济的途径,更广泛地说,政府决策的未来应符合基本的法律价值和规范。

---

[138] Google, Perspectives on Issues in AI Governance, https://ai.google/perspectives-on-issues-in-AI-governance/.

第十四章

算法决策系统
——公共管理的自动化与机器学习

大卫·雷斯特雷波·阿马里斯（David Restrepo Amariles）[*]

引言

在21世纪，社会正越来越多地被遍布全球的数据中心运行的指令集（俗称"算法"）所塑造。虽然算法不是最近才发明的，但它们已被广泛用于支持决策系统，可以说引发了算法社会的出现。[1] 这些算法决策系统（ADS）的应用目的各不相同，如在线市场定价、[2] 飞机飞行、[3] 生成信用评分、[4] 预测电力需求[5]等。先进的ADS有两个主要特点：首先，依靠对大量数据的分析来做出预测性推断，如潜在借款人违约的可能性或用电需求的增加。其次，全部或部分自动执行决策，如拒绝向高风险借款人提供贷款或在高峰时段提高能源价格。ADS也可指仅实现上述功能之一的不太先进的系统。虽然ADS通常被证明有利于提高决策效率，但其基本算法仍存在争议，因为它们容易受到歧视、偏见和侵害隐私等问题的影响，甚至有可能被用来操纵支撑我们社会的民主进程和结构，[6] 同时还缺乏有效的控制和问责手段。

---

[*] 本章基于在HEC基金会（算法监管策略资助）和欧盟（等价算法冲突解决资助CREA）支持下开展的研究项目的成果。我非常感谢Usman Amjed、Amal Ibraymi、Rajaa El-Hamdani和Vasile Rotaru对上述项目的贡献，以及他们对文本的评论和帮助。

[1] 关于"算法社会"概念的讨论，see J. M. Balkin, The Three Laws of Robotics in the Age of Big Data（2017）78 Ohio St. Law J. 1217, 1219, 将其定义为"一个由算法、机器人和AI代理围绕社会和经济决策组织起来的社会"。

[2] A. Ezrachi and M. E. Stucke, *Virtual Competition: The Promise and Perils of the Algorithm-Driven Economy*, Harvard University Press, 2016, pp. 85–100.

[3] 请参阅美国运输部的SAFO警报，该警报要求飞机运营商减少对自动驾驶仪（由算法运行）的依赖，并在生产线操作和培训中强调手动飞行操作，SAFO 13002, April 1, 2013.

[4] L. Munkhdalai, T. Munkhdalai, O.-E. Namsrai, et al., An Empirical Comparison of Machine-Learning Methods on Bank Client Credit Assessments（2019）699 MPDI Sustainability 1.

[5] J. Bedi and D. Toshniwal, Deep Learning Framework to Forecast Electricity Demand（2019）238 Applied Energy 1312.

[6] C. Cadwalladr and E. Graham-Harrison, Revealed: 50 Million Facebook Profiles Harvested for Cambridge Analytica in Major Data Breach, The Guardian（March 17, 2018）, www.theguardian.com/news/2018/mar/17/cambridge-analytica-facebook-influence-us-election.

第十四章　算法决策系统——公共管理的自动化与机器学习

数据驱动的 ADS 很大程度上要归功于 20 世纪的技术革新。事实上，数据稀缺、昂贵且只能按照预先指定的设计进行收集的情况已然发生变化，现在我们可以通过便携式通信设备和传感器无处不在地大量收集数据。与 ADS 设备收集的数据集的庞大规模相比，更重要的是这些数据的细粒度和个性化特征，这使得准确预测成为可能。[7] 此外，过去十年，网络和移动计算系统传输和分析海量数据的能力迅速提高，不再需要昂贵的专用计算设备从这些数据集中提取信息，而是采用基于云系统、由数据中心运行的算法对信息进行压缩，并将其无缝传输到终端设备。

因此，私营和公共组织越来越依赖于 ADS 也就不足为奇了。例如，在私营部门，Google 利用智能手机的匿名定位数据分析交通速度和移动情况，并通过 Google 地图服务生成高效路线。[8] 同样，来福车和 Uber 等共享乘车应用利用机器学习预测乘客需求、为司机分配乘车服务并确定价格；[9] 而 Netflix 和 YouTube 的推荐系统则依靠机器学习提高流媒体质量并改进视频推荐。[10] 在公共部门，英国税务海关总署（HMRC）依靠一个名为 ADEPT 的系统来改善税债追讨和税收征管工作。通过分析从 20 个内部和外部来源收集到的数据，英国税务海关总署增加了 30 亿英镑的税收。[11] 此外，法国国家反舞弊局（DNLF）还开发了对税务欺诈行为进行剖析的算法，从而在 2018 年通过数据挖掘工具启动了 15% 的税务审计。[12]

本章研究了公共机构使用反向竞价系统作为分配权利和利益的工具。在这一背景下，本章强调了 ADS 改变法律决策的三种方式，即笔者在其他地方所称的"算法法律"。[13] 首先，本章揭示了将法律形式化为代码从而在实践中改变法律内容、作出行政决策的依据以及作为理由提出的论据类型的方式。其次，通过深入研究自动化软件通过机器学习技术处理大量动态数据集的情况，本章说明了基于数学和统计运算重新定义事实与规范之间关系的方式。最后，本章表明，通过自动化执行法律和行政决策改变了公民权利以及他们与公共行政部门的关系。

本章编排如下："解读法律中的算法决策系统"介绍了开发算法决策系统通常采用的自动化和机器学习技术，突出了它们在法律程序和操作方面的显著特征和关键功能。"代码背

---

[7]　S. C. Olhede and P. J. Wolfe, The Growing Ubiquity of Algorithms in Society: Implications, Impacts and Innovations (2018) 376 Philos. TR Soc. A 1.

[8]　D. Barth, The Bright Side of Sitting in Traffic: Crowdsourcing Road Congestion Data, Official Google Blog (August 25, 2009), http://googleblog.blogspot.in/2009/08/bright-side-of-sitting-in-traffic.html.

[9]　J. Hermann and M. Del Balso, Scaling Machine Learning at Uber with Michelangelo, Official Uber Blog (November 2, 2018).

[10]　D. Restrepo Amariles, Le droit algorithmique: sur l'effacement de la distinction entre la re`gle et sa mise en œuvre, in F. G'sell (ed.), Law and Big Data (Dalloz, 2020); L. Plummer, This Is How Netflix's Top-Secret Recommendation System Works, Wired (August 22, 2017), www.wired.co.uk/article/how-do-netflixs-algorithms-work-machine-learning-helps-to-predict-what-viewers-will-like.

[11]　Capgemini, Big Data and Predictive Analytics Help HMRC Process Debt Payments More Quickly (2014), www.capgemini.com/wp-content/uploads/2017/07/ss_hmrc_adept.pdf.

[12]　C. Lequesne Roth, Data Science Leveraged by French Tax Authorities: Reflections on the Algocracy, in A. Pariente (ed.), Les chiffres en finances publiques (LGDJ, 2019). See also D. Restrepo Amariles and G. Lewkowicz, L'émergence du SMART Law en droit bancaire et financier (2019) 3-4 International Journal for Financial Services 24.

[13]　Cf. Restrepo Amariles, above note 10.

后的规则"分析了算法决策的功能,以及将法律转化为代码时所带来的挑战。"数据集与行政决策"讨论了数据驱动决策及其对数据准确性和完整性的依赖,包括不一致、不完整或有偏见的数据集可能导致的问题和不公平。"执法自动化"分析了在行政决策中实施先进的自动化行政决策系统的后果。最后总结了对法治的总体影响。

一、解读法律中的算法决策系统

ADS 通常是指通过算法实现多个流程的自动化,这些流程是决策过程的基础,包括数据的收集和处理,以及在很少或没有人工干预的情况下执行决策。因此,ADS 赖于人工智能(AI)术语下的多种方法。人工智能泛指"聪明"的机器,或者换句话说,能够执行通常与智能生物相关的某些任务的机器。[14]

更正式地说,人工智能涉及"对智能代理设计的研究",后者被定义为"做出行为的东西",如计算机等。[15] 直到几十年前,这类任务一直与人类相关。例如,识别图像中的物体(计算机视觉)、理解并回应语音(自然语言处理)、执行人类难以完成的任务(机器人技术)、将个人/物品从一点运送到另一点(自动驾驶汽车)等。图 14.1 展示了可用于实现人工智能的多种方法,如机器学习、自然语言处理等,以及在相关情况下,每种方法所采用的具体技术。本部分介绍了支持数据驱动 ADS 的多种机器学习技术,并概述了这些技术在法律领域的应用。

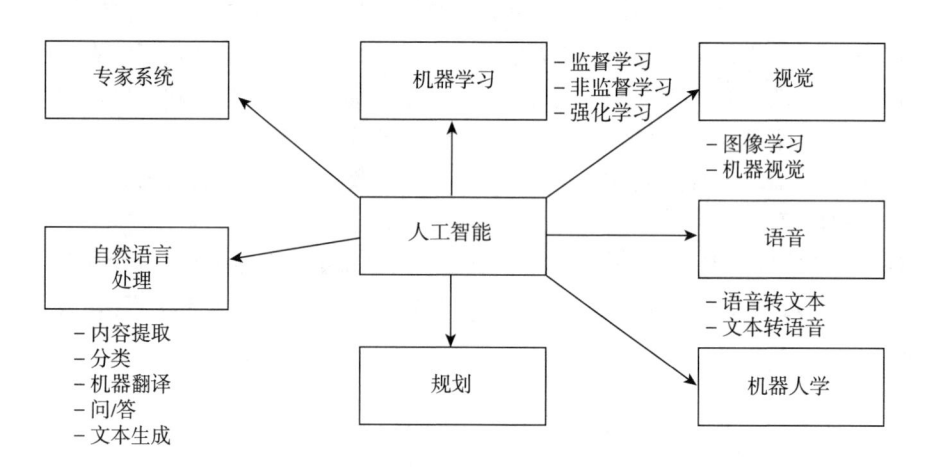

图 14.1 人工智能的方法和技术

(一) 算法决策中的机器学习导论

机器学习是指计算机程序从经验中学习并逐步提高性能的一种方法。这些系统会被赋

---

[14] B. Marr, The Key Definitions of Artificial Intelligence (AI) that Explain Its Importance, Forbes (February 14, 2018), www.forbes.com/sites/bernardmarr/2018/02/14/the-key-definitions-of-artificial-intelligence-ai-that-explain-its-importance/#15081bd34f5d.

[15] F. Zuiderveen Borgesius, Discrimination, Artificial Intelligence, and Algorithmic Decision-Making, Study for the Council of Europe (2018), https://rm.coe.int/discrimination-artificial-intelligence-and-algorithmic-decision-making/1680925d73.

予一项任务以及大量数据，作为如何完成任务或从中检测模式的示例。然后，这些系统会学习最佳方法，以便在所需的限制条件下实现所需的输出。在过去的半个世纪里，机器学习取得了多项突破性进展，已成为人工智能领域的首选工具。这里至少有三点值得强调：

首先，研究人员意识到，教会计算机如何学习，比实际编程让计算机理解和执行每项可能的任务要有效得多。在20世纪50年代末到60年代初，研究人员已经奠定了基础，其中包括R.J. Solomonoff，他的开创性论文提出了归纳推理机的概念，并推动了算法信息论的出现。[16] 其次，20世纪90年代向数据驱动方法的普遍转变有助于设计和部署更有效的机器学习算法。互联网的发展以及与之相关的信息存储成本的降低，最终使得大量数据可以被收集、存储和用于训练这些算法。[17] 最后，普林斯顿大学计算机科学系学者21世纪初建立的ImageNet项目大型数据集有助于评估深度学习算法的实际性能。[18] 这些成果，加上硬件方面的重大进展，特别是图形处理器（GPU）的出现，提高了深度学习算法的速度，最终为机器学习的工业和商业应用开辟了道路。

作为一个研究领域，机器学习是计算机科学和统计学的交叉学科，与其他各种学科共同研究随时间推移自动改进以及不确定情况下的推理和决策。由于机器学习已成为实现人工智能的一种实用方法，这两个术语现在被交织在一起使用。[19] 机器学习本身可分为三种类型：监督学习、无监督学习和强化学习。

1. 监督学习

使用最广泛的机器学习技术是监督学习方法。[20] 这些方法体现了函数逼近问题，其中训练数据的形式是（X，Y）对的集合，目标是根据查询（X）生成预测（Y）。X输入是向量，既可以由结构化数据集（如用于信用评分的数字变量记录）组成，也可以由非结构化数据集（如文档、图像、DNA序列或图形）组成。在后一种情况下，数据集需要在处理前转换成适当的向量。输出（Y）也可以多种多样，既可以是二元分类输出（例如，一封电子邮件要么是"垃圾邮件"，要么不是"垃圾邮件"），也可以是多元分类输出（例如，词性标记，目标是同时将输入句子"X"中的每个单词标记为名词、动词或其他词性）。[21]

监督学习问题的一个典型例子是电子邮件的垃圾邮件过滤器。垃圾邮件是未经请求的、

---

[16] R. J. Solomonoff, An Inductive Inference Machine, 1957 IRE National Convention Record; R. J. Solomonoff, A Preliminary Report on a General Theory of Inductive Inference (revision of Report V-131), Technical Report ZTB-138, Zator Co. and Air Force Office of Scientific Research, Cambridge, MA (November 1960); R. J. Solomonoff, A Formal Theory of Inductive Inference: Part I (1964) 7 Inf. Control 1; R. J. Solomonoff, A Formal Theory of Inductive Inference: Part II (1964) 7 Inf. Control 224.

[17] T. Mills, Machine Learning vs Artificial Intelligence: How Are They Different?, Forbes (June 11, 2018), www.forbes.com/sites/forbestechcouncil/2018/07/11/machine-learning-vs-artificial-intelligence-how-are-they-different/#4b961f153521.

[18] J. Deng, W. Dong, R. Socher, et al., ImageNet: A Large-Scale Hierarchical Image Database, in 2009 IEEE Conference on Computer Vision and Pattern Recognition, Miami, FL (2009), pp. 248-55.

[19] Chetan Kumar GN, Artificial Intelligence vs Machine Learning, Medium (September 1, 2018), https://medium.com/@chethankumargn/artificial-intelligence-vs-machine-learning-3c599637ecdd.

[20] N. Castle, Supervised vs. Unsupervised Machine Learning, Official Oracle Data Science Blog (June 13, 2017), www.datascience.com/blog/supervised-and-unsupervised-machine-learning-algorithms.

[21] M. I. Jordan and T. M. Mitchell, Machine Learning: Trends, Perspectives, and Prospects (2015) 349 Science 255.

不受欢迎的商业电子邮件，会给用户的时间管理带来极大的困扰，因为它们会妨碍用户访问重要的电子邮件。用户可以手动阅读每封邮件，标记出垃圾邮件，但这将是一项劳动密集型任务。相反，通过提供成千上万的垃圾邮件示例进行模式分析，可以训练机器学习算法识别垃圾邮件。例如，当用户确定某封邮件是垃圾邮件时，就会对其进行标记，这一标记行为向算法表明这是一封垃圾邮件。一旦一个人这样做了数百次，算法就会尝试利用用户标记过的例子（例如，带有"成为百万富翁"等短语的电子邮件）来找出垃圾邮件的特征。这种模式检测建立并强化了规则，使这些算法能够对未来发生的情况做出预测。[22] 随着时间的推移，这些算法会分析更多的数据，扩展其规则，从而做出更好的决策。因此，机器学习算法一开始可能会因为缺乏足够的训练数据而表现不佳，但随着时间的推移，一旦有了足够的数据来识别模式和异常值，它的准确性就会提高。这就是机器学习中"学习"的含义，也是这些算法的关键能力。最终，系统将能够自动完成将垃圾邮件与其他邮件区分开来的任务。由于这种学习方法涉及从一组经过验证的示例（标记为垃圾邮件的电子邮件）中学习，因此通常被称为"监督"学习。这些算法不是认知意义上的学习，而是随着可用数据量的增加，通过更精细的检测模式来提高准确性。

2. 无监督学习

第二种机器学习技术被称为无监督学习。这种技术涉及将未标记的数据转化为有关数据属性的规则，例如，聚类。在聚类中，机器学习算法试图自动对在一种或多种方式上相似的未标记项目进行分类或分组。这种算法试图检测未标记数据集中的关系和隐藏特征。其中一种无监督学习算法被称为"深度学习"算法，也被称为"人工神经网络"。虽然人工神经网络也可用于监督学习，但它们对无监督学习问题尤其重要。这类算法已成功用于利用无标记图像构建高级特征检测器。

Google X（Google 著名的实验技术实验室）开发的神经网络就是一个例子。[23] 在 Google X，计算机科学家建立了一个由 10 亿个神经元连接组成的网络，并在 16 000 个处理器上进行了训练。在为期 3 天的时间里，该网络接触了 1000 万个随机选择的 YouTube 视频缩略图，在收到一份包含 20 000 个不同项目的列表后，它开始能够识别猫的图片，尽管它从未收到过任何关于猫的区别特征的信息。[24] 更确切地说，研究人员通过数学方法，明确地寻找那些被高级概念高度激活的神经元，如人脸、身体部位和猫。虽然该算法不能输出猫等标签，但它学会了识别猫的高级特征。总体而言，该系统检测人脸的准确率达到 81.7%，识别人体部位的准确率达到 76.7%，识别猫的准确率达到 74.8%。无监督深度学习系统在一定程度上类似于人类水平的认知能力。然而，这类系统比起我们大脑所依赖的复杂学习能力还有较大的差距。

3. 强化学习

第三种主要的机器学习技术是强化学习。在这种情况下，算法不是从预先建立的训练数据集中学习，而是从学习环境中产生的数据中学习。强化学习不是通过大量无标记数据

---

[22] H. Surden, Machine Learning and Law (2014) 89 Wash. Law Rev. 87.

[23] For more information about Company X, see https://x.company/projects/brain/.

[24] Q. V. Lee, M. A. Ranzato, R. Monga, et al., Building High-level Features Using Large Scale Unsupervised Learning, in International Conference on Machine Learning (2012), https://arxiv.org/pdf/1112.6209.pdf.

或提供给定输入的正确输出示例向算法提供指导性反馈，而是依赖于对输出正确程度的评估反馈。多臂老虎机是一个简化问题，有助于理解强化学习的机制。[25] 在多臂问题中，学习代理在一个环境中演化，每一步都必须从一组行动中选择一个行动，这样每个行动都会给代理带来回报。代理的目标是最大化所获奖励的总和，但它不知道或只知道每个行动的奖励。多臂老虎机问题的名称来源于对老虎机或"独臂强盗"的类比，即一个赌徒面对多台老虎机，必须决定玩老虎机的最佳策略，并使其收益最大化，但他对每台老虎机的收益一无所知。在"多臂老虎机"中，代理人从其过去的行动中获得的回报中学习选择何种行动，因此回报高的行动将获得优先权，回报低的行动将在未来被避免。

这类问题通常涉及控制设置，其中的学习任务是一种在未知的动态环境中对代理进行控制的策略，在这种策略中，代理被训练为在任何给定状态下选择行动，其唯一目标是随着时间的推移使其回报最大化。强化学习与数十年来的心理学研究和神经科学之间也存在着密切联系，奖励的效果可被视为类似于大脑中多巴胺的释放。[26] 强化学习的一个经典应用是机器人学，它为动态条件下难以设计的行为提供了一个框架和一套工具。

在这三种方法中，监督学习是目前用于生成准确预测和行为推断的主要方法。不过，ADS 也可以设计成依赖于机器学习的任何一种变体所产生的推论，下文将对此进行讨论。

（二）将机器学习应用于法律领域

由于机器学习正成为解决许多复杂问题领域的核心，法律实践也至少在两个方面受到这些进步的影响：首先，机器学习技术可能有助于理解法律决策是如何做出的；其次，机器学习技术可能有助于改进决策过程本身。关于第一点应用于法律文本的机器学习技术（如文本挖掘）有助于发现现有数据与历史案例和先例之间的隐藏关系。[27] 法律工作者可以利用这些算法来突出有用的未知信息，这些信息可能会因为研究资源有限而被掩盖。这些算法只需学习一次历史案例，就能发现在典型的律师分析等过程中不会被注意到的微妙关联。这些信息可能会提高研究效率和法律论证的精确性，最终有助于提高律师事务所的法律成功率。人类无论多么博学多才，仍然容易遗忘，而算法却能保留信息，并能在几秒钟内解析成千上万的法律文件和资料。

机器学习在法律领域的第二个应用涉及法律任务子集的自动化。[28] Kevin Ashley 提供了大量可部分自动化和简化的任务，让此类系统可以被大规模采用，例如，法律推理建模和法律结果预测。[29] 以前者为例，笔者参与了一款软件的设计工作，该软件可自动执行多项

---

[25] V. Kuleshov and D. Precup, Algorithms for Multi-Armed Bandit Problems (2014), arXiv：1402.6028.

[26] Cf. Jordan and Mitchell, above note 21.

[27] M. Vazirgiannis, D. Restrepo Amariles, and R. El-Hamdani, Performance in the Courtroom：Automated Processing and Visualization of Appeal Court Decisions in France?, working paper (under review, Workshop on Natural Legal Language Processing NLLP-KDD Conference). 此外，一些初创公司目前也在为律师事务所和法律工作者提供类似的服务。See, for instance, the start-ups Ravel Law in the United States (www.ravellaw.com) and Doctrine in Europe (www.doctrine.fr).

[28] 例如，由 Ken Sato 和 Randy Goebel 组织的 COLIEE 竞赛包括一项案例检索任务，其中包括"读取新案例 Q，并从案例库中提取支持案例 S1、S2……Sn"。See https：//sites.ualberta.ca/~rabelo/COLIEE2019/.

[29] K. Ashley, *Artificial Intelligence and Legal Analytics：New Tools for Law Practice in the Digital Age*, Cambridge University Press, 2017.

法律任务，帮助验证隐私法的合规性，尤其是欧洲《通用数据保护条例》的合规性。[30] 起初，该软件依靠基于规则的方法来检测隐私政策中的关键词和句子，使用的数据集包括 53 个有问题的条款（从隐私政策中手动检索）、40 个由律师选择的有问题词语，以及从法国法院裁决和法国数据保护机构裁决中检索到的 43 项非法条款。我们利用关键词检测制作了一个原型软件，并由法律专业人士进行了测试。在第二阶段，我们利用注释的隐私政策和法规引入了监督机器学习方法。目标是改进对有问题条款的检测，并结合文本的其余部分对这些条款进行评估，而不仅仅将其作为一个孤立的片段。首先，自然语言处理算法分析隐私政策的语义，并提取隐私政策中提及的数据实践信息。其次，将提取的信息输入基于规则的系统，以检测高风险数据行为。基于规则的系统是由法律专家通过模拟《通用数据保护条例》建立的。该软件还实现了监督机器学习，将来自用户的循环反馈反映到训练数据集中，最终有助于提高算法的准确性。

研究人员还对使用机器学习预测法律结果进行了研究。以律师事务所在事实不确定的情况下评估某些法律结果的可能性与责任风险的关系为例，律师可能会利用自己的专业经验、培训、推理和认知能力来估计此类风险。但 Daniel Katz 认为，这种预测可以通过算法分析合理地得出。[31] 在他看来，有足够多的历史法律数据、过去的情况和案件判决，算法就能够非常准确地预测法律结果和所涉及的风险。每个案件的不同方面，如涉案法官、案件是否和解、和解金额大小（如有）、是否进入审判阶段等，都可以与私人数据源相结合，作为预测模型的训练集。[32] 在对足够数量的案件进行审查后，随着时间的推移，这种监督学习模型在估计可能的结果方面可能会比真正的律师做得更好。[33] 事实上，Legalist（一家年轻的诉讼金融初创公司）[34] 等公司采用算法来尽可能准确地估计诉讼中涉及的风险，从而避免"看走了眼"，确保获得有利的结果。

不过，也有一些陷阱需要注意。此类预测模型依赖于根据以往案例制定的规则。因此，这些预测的成功与否取决于未来的案件在多大程度上与过去的案件具有共同的相关特征，更重要的是，取决于法院不会偏离以往判例法的假设。如果案件事实或法院推理具有新的特点，预测就可能是不可靠的。

（三）数据驱动 ADS 中的偏见

如上所述，机器学习算法要实现准确预测，在很大程度上依赖于大量数据。如果说这种数据依赖性确实给 ADS 的决策质量带来了巨大挑战，那么将任何可能的偏见仅仅归咎于训练数据也是不可取的。就本章而言，从广义上理解算法偏见是有用的，它涵盖两个不同

---

[30] D. Restrepo Amariles, A. Troussel, and R. El-Hamdani, Compliance Generation for Privacy Documents under GDPR: A Roadmap for Implementing Automation and Machine Learning, in Workshop GDPR, 32nd International Conference on Legal Knowledge and Information Systems (2019).

[31] D. M. Katz, Quantitative Legal Prediction-or-How I Learned to Stop Worrying and Start Preparing for the Data Driven Future of the Legal Services Industry (2013) 62 Emory Law J. 909.

[32] 此类研究成果的一个例子，see D. Restrepo Amariles, M. Vazirgiannis, and P. Baquero, AI-Driven Legal Analytics in the Courtroom, working paper (2020).

[33] Cf. Surden, above note 22.

[34] C. Loizos, This Young Litigation Finance Startup Just Secured $100 Million to Chase Cases It Thinks Will Win, Techcrunch (September 18, 2019), https://techcrunch.com/2019/09/17/this-young-litigation-finance-startup-just-secured-100-million-to-go-after-cases-it-thinks-are-winners/.

但相互关联的问题。首先,算法偏见捕捉了算法作为辅助人类决策过程的技术所固有的特征和局限性,例如,将法律条文从自然语言翻译成正式语言和程序代码。其次,正如文献中广泛讨论的那样,算法偏见与实施 ADS 所导致的不公平有关,例如,当属于受保护类型的个人群体仅仅因为属于该类型而获得较少的社会保障福利时。

Karen Hao 正确地指出,在训练自动系统的过程中,早在收集任何数据之前,偏见就可能潜入自动系统。[35] 相反,在开发自动化系统的许多其他阶段,例如在提出问题、收集数据以及准备这些数据用于训练这些系统时,算法都有可能出现带有偏见的行为。Solon Barocas 和 Andrew Selbst 认为,最容易产生偏见的地方之一就是问题的框架。[36] 以信用评分为例,银行使用信用评分来决定是否向特定消费者发放贷款。然而,信用度或评分的定义取决于公司的目标是利润最大化还是偿还贷款的数量。虽然发放次级贷款可以实现利润最大化,但在这种情况下,偿还贷款的数量并不是信用度的关键属性。这可能会导致 ADS 放纵掠夺性贷款行为,2008 年次贷危机期间的情况就是如此。同样,数据收集过程也可能导致自动系统出现偏差。收集到的数据可能与现实情况不符,例如,如果一个性别分类算法被输入的浅色面孔多于深色面孔,这意味着其输出结果的准确性会偏向浅色皮肤的受试者。[37] 如上所述,训练数据集可能已经考虑到了社会中存在的偏见。例如,Amazon 最近关闭了其用于招聘的 ADS,原因是该系统对女性应聘者的分类存在偏见,因为它是根据历史上重男轻女的招聘决定进行训练的。[38]

引入偏见的另一个阶段是在准备训练数据期间,具体来说,就是算法在决策过程中必须使用哪些属性。例如,目标广告生态系统由广告商、广告平台(如 Facebook 和 Google)以及这些平台的用户(即数字广告商的潜在客户)组成。由于广告商能够利用广告平台收集和推断的大量个人属性,如种族、宗教、喜好、厌恶、性取向、年龄、性别等,因此存在歧视用户的可能性。Till Speicher 及其同事开发了一种量化方法,根据广告商的意图和广告定向过程来衡量定向广告中的歧视。[39] 在开发出量化机制后,他们又把重点放在基于属性的目标定位上,即根据某些属性或这些属性的组合来选择广告受众的过程。这种方法是传统上在 Facebook 上用于定向广告的方法,因为 Facebook 会跟踪每个用户的 1100 个属性的二进制列表,从他们的人口统计到他们的行为。[40] Till Speicher 及其同事从北卡罗来纳州下载了一份公共选民记录列表,并创建了只包含特定种族(白人、亚裔、西班牙裔等)的不同人群分组。然后,他们创建了子受众,选择只针对符合每个策划属性的用户,并观察了这些子受众的规模估计值。Facebook 从每个受众中推断出一个策划属性的用户百分比,

---

[35] K. Hao, This Is How AI Bias Really Happens-and Why It's So Hard to Fix, MIT Technology Review (February 4, 2019).

[36] S. Barocas and A. D. Selbst, Big Data's Disparate Impact (2016) 104 Calif. Law Rev. 671.

[37] K. Hao, Making Face Recognition Less Biased Doesn't Make It Less Scary, MIT Technology Review (January 29, 2019).

[38] J. Dustin, Amazon Scraps Secret AI Recruiting Tool that Showed Bias against Women, Reuters (October 18, 2018), www.reuters.com/article/us-amazon-com-jobs-automation-insight/amazon-scraps-secret-ai-recruiting-tool-that-showed-bias-against-women-idUSKCN1MK08G.

[39] T. Speicher, M. Ali, G. Venkatadri, et al., Potential for Discrimination in Online Targeted Advertising (2018) 81 Proc. Mach. Learn. Res. 1.

[40] About Facebook Ads, www.facebook.com/ads/about/?entryproduct=ad_preferences.

显示了每个属性在不同种族受众中的流行程度。结果表明，在许多情况下，种族性并不是目标种族（如亚裔）的普遍属性。在 Facebook 上锁定亚裔时，基于政治观点或饮食习惯的锁定比基于种族性的锁定更有效。这表明，即使去除敏感属性也不足以消除自动算法中的偏见。[41]

此外，Hoda Heidari 及其同事认为，尽管现有的减少算法偏见的方案都侧重于（通过正确的数学公式）保证不同个体之间某种最终利益的平等，然而，这并不是唯一的方面，在这些自动化系统中，应更多地关注其他被忽视的方面，如风险和福利。[42] 举例来说，考虑四个预测模型（A、B、C、D）在五个用户（输入）之间分配收益（数字）。模型 A 给每个人的收益都是 0.8，模型 B 给五个用户的收益分别是 0.5、0.6、0.8、0.9 和 1.2。模式 C 给每个人带来的收益为 1.0，而模式 D 则分别给用户带来 0.78、0.9、0.92、1.1 和 1.3 的收益。现在，假设决策者必须决定最理想的分配方案。从公平的角度来看，A 优于 B，即使两者提供的总收益都是 4，因为它将收益平均分配给所有用户。同样，C 比 D 更受青睐，即使两者提供的最终收益都是 5，这是因为 C 向所有用户平均分配了收益。然而，如果我们只关注平等，那么 A 比 D 更可取，尽管 D 提供了更高的总收益（5 比 4），而且除了第一个用户（D 为 0.78，A 为 0.8），几乎每个人都见证了他们所获收益的增加。换句话说，尽管 D 带来的收益不均等，而且它并不具有帕累托优势，但从整体上看，它带来了更高的福利和更低的风险，因此，无论从直觉还是从理性的角度来看，它都应该是更可取的。因此，人们可能会问，如果算法是在无知的情况下做出决策的，那么算法公平性是否能更好地实现？[43] 换句话说，不关注数学公式，而是重视结果和其他属性，如风险和福利。如上文所述，如果以社会福利作为衡量标准，模式 D 将比模式 A 更受青睐，因为它能确保更高的福利，而且第一个用户的福利下降 2% 带来的风险较低。[44]

从上述讨论中可以明显看出，机器学习的最新研究凸显了在数据驱动的 ADS 中检测和消除偏见以确保最佳输出和行为的难度。即使宣布某些属性恒定不变或使用数学推理来确保利益的平等分配，也不能消除歧视行为，在某些情况下（如上所述）歧视行为可能会从这些解决方案中产生。Mireille Hildebrandt 认为，依赖个人历史数据来预测未来具体行为的算法容易受到训练数据的影响而产生偏见，与其依赖这种算法，我们不如转向对抗式的机器学习，因为它更符合保护人类自我多样性的要求。[45] 她进一步指出，虽然人类是可计算的，但我们并不能完全被这种计算所定义，因为对同一个人的计算方法可能完全不同。[46] 因此，她补充说应该从假设机器学习会正确处理问题转向测试在训练集中检测到的偏见是合理的还是不正确的。对抗式机器学习将把法治的对抗核心带入数据驱动环境设计的核心，

---

[41] Cf. Speicher et al., above note 39.

[42] H. Heidari, C. Ferrari, K. P. Gummadi, and A. Krause, Fairness behind a Veil of Ignorance: A Welfare Analysis for Automated Decision Making, 32nd Conference on Neural Information Processing System, NeurIPS（2018）, arXiv: 1806.04959.

[43] J. Rawls, *A Theory of Justice*, Harvard University Press, 1971, p. 136.

[44] Heidari et al., above note 42.

[45] M. Hildebrandt, Privacy as Protection of the Incomputable Self: From Agnostic to Agonistic Machine Learning（2019）20 Theor. Inq. Law 83.

[46] Ibid., p. 106.

从而也与可靠的机器学习的方法论核心相一致。[47]

接下来的章节将具体探讨欧洲和美国公共管理部门对 ADS 的实际执行情况、算法偏见不可避免的固化和制度化，以及后者对法律决策的影响。尽管如上所述，仔细的审查和检查并不足以防止不公平现象的发生，但它们可以帮助法律操作者和专业人士掌握算法的问责制，至少需要对 ADS 的设计、编码、训练数据以及输入和输出数据进行审查。下文中的每一个案例研究都旨在对这些方面进行单独和联合分析，以揭示其实施过程及其重塑法律决策的方式。

二、代码背后的规则：接受高等教育权利的自动化

在公共部门引入 ADS 的国家中，法国值得仔细研究。一方面，法国政府公开表示要发展数字共和国（Republique numerique），[48] 投入大量财政资源，并将其作为 2018~2022 年期间的四大战略计划之一。[49] 另一方面，议会和高等法院一直在积极制约政府，试图在新的数字环境中维护法治。本章旨在分析计算机编码如何塑造在 ADS 背景下有效适用于公民的规则。本节以法国教育部实施的高中毕业生大学入学分配软件为案例进行研究，该软件引发了公民和学者的关注。

2009 年，法国政府首次推出了一个名为"Admission Post Bac"（APB）的在线平台，这是一个允许高中毕业生申请法国大学课程的软件。APB 算法将考生的意愿与大学课程的要求相匹配，或者通过抽签分配学生参加非选择性培训项目。APB 的设计旨在应用《法国高等教育法》中所载的规则和标准，其主要目的有两个：其一，通过将传统上由政府官员执行的耗时任务委托给软件来提高效率；其二，确保规则得到统一和公正的执行。因此，由于法国公立大学的学费和课程都是统一的，APB 的分配直接影响到学生的职业前途和机会，因为不同的学位和院校在声誉和市场价值方面存在差异。

在多次尝试追究算法责任后，法国国家信息与自由委员会（CNIL）最终于 2017 年废除了 APB。[50] 该机构认为，APB 违反了禁止仅基于自动化处理发布具体行政决定的规定。根据这一决定，政府建立了一个名为 Parcoursup 的新平台，[51] 该平台获得了 CNIL 的好评。[52] 与之前的系统类似，Parcoursup 也是自动将学生分配到高等教育机构，但在前者的基础上进行了改进，提供了一定程度的人工干预。因此，除了其他相关的地方行政考虑因素外，现在应由大学根据当地要求列出他们接受的候选人名单。换言之，法国高等教育部赋予各大学一项新的管理任务，即"挑选"中学毕业后可在大学注册的考生。学生们在 Parcoursup 平台上注册自己心仪的大学和培训项目，并按喜好和优先顺序排列。然后，大学

---

[47] Ibid., p. 107.

[48] J. Chevallier, Vers l'Etat-plateforme? (2018) 167 Revue française d'administration publique 627.

[49] 法国政府在 2018-2022 年期间为国家数字化转型拨款 93 亿欧元，使其成为投资计划的四大战略轴心之一。See Le Grand plan d'investissement 2018-2022, www.gouvernement.fr/le-grand-plan-d-investissement.

[50] CNIL, Decision No. 2017-053, August 30, 2017, www.legifrance.gouv.fr/affichCnil.do?&id=CNIL-TEXT000035647959.

[51] Arrete, January 19, 2018 (ORF No. 0016 du 20 janvier 2018 texte no. 26), "Authorizing the implementation of an automated software processing personal data named Parcoursup," www.legifrance.gouv.fr/affichTexte.do?cidTexte=JOR-FTEXT000036520954&categorieLien=id.

[52] CNIL, Decision No. 2018-119, March 22, 2018.

根据自己的内部标准对申请进行排序，最后，APB 系统在考虑到大学和学生的偏好的同时，向考生提供最佳方案。

这两套自动化系统都引起了人们对其运作的不透明性以及在将学生分配到特定的培训项目和大学时实际上所采用的规则和标准的担忧。它们还凸显了与公共行政自动化的理想水平有关的问题，引起了法律专业人士和计算机科学家的注意，即必须确保行政管理部门保持"尽可能的开放和负责"，[53] 否则，公平性和对法治的遵守就会受到损害。在这一背景下，问责制的一个重要方面是要求行政当局公开源代码，作为确保 ADS 设计和运行问责制的第一种方法。

（一）将代码诉诸法庭：通过公民参与实现问责制

公开 APB 源代码的请求最初是由 Droit des Lycéens 协会于 2016 年 3 月提交的，该协会代表法国高中学生，并帮助他们维护自己的权利。该协会对选拔学生选修需求量最大的课程表示担忧，因为在这些课程中，潜在的申请人数超过了可提供的名额。Droit des Lycéens 协会最终希望获得关于 APB 计算方法的信息，因为该方法一直被教育部保密，缺乏透明度。在教育部没有答复的情况下，2016 年 5 月，Droit des Lycéens 协会向负责控制法国公民获取行政文件的 CADA（国家行政文件获取委员会）提交了一份申请。2016 年 9 月，CADA 就发布源代码一事发表了赞成意见，[54] 认为源代码构成《公众与行政部门关系法》第 L.300-2 条所指的行政文件。因此，根据同一法规第 L.311-1 条的规定，源代码必须提供给任何提出要求的人。然而，即使在做出这一有利决定后，教育部仍不愿与协会完全共享源代码。2016 年 10 月，教育部终于交出了 ABP 算法的源代码，结束了该协会与教育部之间长达七个多月的冲突。

源代码公布后，行政法院作出了三项裁决：第一项裁决是在波尔多作出的，[55] 认为 ABP 的抽签程序缺乏法律依据。第二项和第三项裁决分别于 2016 年 7 月在巴黎和 2016 年 9 月在南特作出，均对拒绝为首次入学后希望转入其他大学的学生办理入学手续的合法性提出了"严重质疑"。最终，如前所述，源代码的公布导致该软件被 CNIL 宣布无效，[56] 因为它不符合禁止仅基于自动化处理做出具体行政决定的规定。事实上，法国法律并未授权 ADS 在没有任何人工干预的情况下为学生分配大学和培训项目的名额。

Parcoursup 算法也受到了类似的关切。学生组织指出，该算法的配置可能会引入候选人筛选，从而取消免费上大学的机会。2018 年 1 月，人权维护者建议高等教育部向学生提供更多信息，说明 Parcoursup 对其申请的处理情况，包括地方招生委员会的处理情况。2018 年 5 月，教育部公布了与 Parcoursup "国家算法"相对应的源代码，但学生组织进一步要求获得所使用的"地方算法"的信息。事实上，与 APB 的说法相反，Parcoursup 算法并非在国家层面使用和开发，而是由各大学在地方层面使用和开发。2019 年 2 月 4 日，瓜德罗普岛的一家行政法院命令法属西印度群岛大学校长向法国全国学生联合会（UNEF）公布 Par-

---

[53] K. Sharma, quoted by the House of Lords Select Committee Report on Artificial Intelligence, AI in the UK: Ready, Willing and Able? (Report of Session 2017-19), HL Paper 100, April 16, 2018, https://publications.parliament.uk/pa/ld201719/ldselect/ldai/100/100.pdf.

[54] CADA, Avis no. 20161989, June 23, 2016.

[55] Tribunal administratif Bordeaux (Bordeaux Administrative Court), req. no. 1504236, June 16, 2016.

[56] Cf. CNIL, above note 52.

coursup 算法处理未来学生申请的详细情况。在此过程中，法院撇开了该大学校长提出并予以辩护的论点，该校长试图以《法国教育法》第 L. 612-3 条规定的招生委员会审议秘密所提供的保护为依据。事实上，法院认为，审议秘密仍然受到保护，因为公开源代码只会公开考试标准及其各自的权重，而不会公开对具体申请的优劣进行的具体评估。

最终，APB 和 Parcoursup 的源代码都被公开。前者的源代码是以 PDF 长文档的形式制作的，而对于后者，除了 Java 源代码外，政府还制作了一份更详细的演示文稿，对算法的内部运作进行了描述，可在网上查阅。[57] 然而，源代码的公开也带来了一些困难，因为既要满足可读性（可以完整执行算法）的目标，又要保护真实申请人的个人数据并确保其安全。由此可见，公开的信息提供了该工具的算法部分，但公开的信息并不包含理解算法所需的全部信息，因此引起了对不可理解性的担忧。[58] 因此，计划于 2017 年 9 月举办 #OpenAPB 编程马拉松，以借鉴 Etalab 和公共财政总局（DGFIP）之前组织的关于税收计算器算法的编程马拉松的经验，帮助揭示算法的实际运作。[59] 然而，尽管对源代码的披露和分析仍然揭示了该软件某些限制所适用的实际规则，但 Etalab 和教育部并未继续推进该项目。例如，尽管《教育法》要求大学校长提供每次分配的理由，但当考生人数超过某所大学的招生名额时，APB 就会随机分配名额。

在充满不信任和争论的背景下，法国议会于 2016 年 10 月通过了《数字共和国法》，[60] 为 ADS 引入了新的义务，并解决了"行政决策中算法处理"的使用问题，规定了"用户要求解释其功能的可能性"。这些规定耐人寻味，首先，因为它们针对的是"基于算法处理"做出的决定，而算法处理可以比"自动决策"得到更广义的解释；其次，解释算法处理的要求是在隐私和数据保护法之外提出的。该法令还规定，行政部门必须告知受此类程序影响的个人，并应要求传达算法规则及其具体实施的主要特点。申请法令还要求信息必须清晰易懂，包括在最终决定或建议中使用的相关标准及其各自的权重。这些要求既适用于本地解释，也适用于全球解释。不过，这些义务不应对受法律保护的秘密产生不利影响。

此外，法国宪法法院在第 2018-765 号裁决中就对 2018 年《法国数据保护法》的合宪性提出质疑，法院认为，为了满足《数字共和国法》的要求，行政部门不能使用机器学习算法进行自动决策。法院认为，机器学习算法妨碍了"行政部门了解行政决策基本上是根据哪些规则做出的"，因为它们能够自主"修改其适用的规则"。[61] 这与数据处理者有义务"管理算法处理及其变化，以便能够以可理解的格式向当事人详细解释数据处理是如何实施的"不符。[62] 这一发展暗示了一个与"代码即法律"不同的问题。[63] 问题不在于代码在网络空间中的作用，甚至也不在于将法律转化为计算机代码这种僵化和形式化的语言，

---

[57] Parcoursup source code is available at: https://framagit.org/parcoursup/algorithmes-de-parcoursup.
[58] J. A. Kroll, J. Huey, S. Barocas, et al., Accountable Algorithms (2017) 165 Univ. Pa. Law Rev. 633.
[59] With the launch of a hackathon called #CodeImport.
[60] Loi no. 2016-1321 "for a Digital Republique-Republique numerique" (Act October 7, 2016) and its implementation order (decret d'application).
[61] Conseil Constitutionel (Constitutional Court), Decision no. 2018-765 DC, June 12, 2018, para. 66.
[62] Ibid., para. 72.
[63] L. Lessing, *Code*: *And Other Laws of Cyberspace*, Basic Books, 1999, p. 60.

而在于规则是如何产生的；规则是不断从数据流中提取的，因此，对于行政部门和公民来说都很难识别和辨认。

（二）代码之上还有法律吗？

总之，法国的例子突出表明，获取代码有可能改善行政部门对算法使用的问责制。源代码的公开鼓励了公众讨论，并使不同组织和公民团体的参与成为可能，他们的集体努力逐渐使系统得到了改进。最终，APB 停止使用，取而代之的是 ADS，为有意义的人工干预提供了更大的空间，并加强了问责制。[64] 此外，源代码的公开也是系统本身改进的一个载体，社区能够发现需要改进的地方和必要的修正。一个长远的目标可能是向公众征求开放新源代码的提案的意见，这样学术界、公民和外部开发人员就能直接发现流程，并在实施前提出修改建议。此外，正如本案例所揭示的，公开政策可能有助于将算法决策置于公共辩论的前沿和中心。迄今为止，这些决策都是在远离公民视线的情况下做出的。

三、数据集与行政决策：关于社会保障福利的分配

2011 年 7 月，爱达荷州开始采用一种新的模式，为医疗补助计划下的成年残疾人制定福利预算。结果，K.W. 案中所代表的一类原告的预算减少了，而且相关部门没有对此做出任何解释。爱达荷州地区法院批准了最初的禁令救济请求，[65] 第九巡回法院确认了该请求，[66] 并在与另一起诉讼合并时将禁令救济扩展到一个更大的集体。[67] 禁令救济在案情审查中得到支持，法院认为该计划违反了正当程序权。[68] 最终，包括强制修订计划预算模式在内的和解方案获得初步批准。[69] 最终的和解协议仍在诉讼中。尽管最终达成了和解，但爱达荷州地区法院关于该计划及其利益分配的意见为模型验证、数据完整性和政府部署的 ADS 的透明度确立了一个重要基准。[70]

（一）案例：分配社会保障福利

爱达荷州卫生福利部（IDHW）在参与国家医疗补助家庭和社区服务（HCBS）计划的过程中，负责管理发育障碍豁免计划（"DD 豁免计划"）。[71] 为了最大限度地减少不必要的制度化，发育障碍豁免计划为每位参与者制定了个性化的年度预算。[72] 参与者可以选择"传统路径"（即由政府提供生活环境）或"自主路径"（即获得年度一次性预算，自行选择生活环境）。

IDHW 与独立评估提供者（IAPs）签订了合同，由其根据对发育障碍豁免计划参与者和"监护者"（例如，法定监护人或家庭成员）的访问以及通过查看医疗记录收集的信息，

---

[64] See on this issue M. Perel and N. Elkin-Koren, Black Box Tinkering: Beyond Disclosure in Algorithmic Enforcement (2017) 69 Fla. Law Rev. 181.

[65] K. W. v. Armstrong, 298 FRD 479 (D. Idaho 2014) (hereinafter, K. W. I).

[66] K. W. v. Armstrong, 789 F. 3d 962 (9th Cir. 2015), affirming K. W. I (hereinafter, K. W. II).

[67] K. W. v. Armstrong, Case No. 1: 12-cv-22-BLW was consolidated with Schultz v. Armstrong, Case No. 3: 12-cv-00058-BLW by a Case Management Order signed by Winmill, J., and filed on April 16, 2013 (Docket #77).

[68] K. W. v. Armstrong, 180 F. Supp. 3d 703 (D. Idaho 2016) (No. 1: 12-cv-00022-BLW) (hereinafter, K. W. III).

[69] See Docket, 1: 12-CV-22-BLW, D. Idaho (most recent entry April 11, 2019).

[70] See K. W. III, above note 68, at 703.

[71] Ibid. at 708.

[72] Ibid.

为每位参与者填写个人需求清单（IIN）。[73] 独立行为评估员还需要在一本名为《独立行为量表（修订版）》（SIB-R）的小册子的指导下进行评估，这本小册子提供了评估 IIN 中反映的各种标准的提示（例如，反社会行为分数）。然后，IAP 会将从 IIN 中收集到的信息手动输入电脑的个性化预算计算（IBC）。[74] 最终，IAP 的任务是将 IIN、SIB-R 和三个不同工作表中的分数手动转移到 IBC 中，并在此过程中计算总和。[75] 在评估该计划时，地区法院高度认识到在这一过程中存在很大的人为错误风险，但更重要的是，法院关注的是出现实质性错误的可能性（例如，IAP 误解了参与人完成特定任务的能力，这可能会大大改变预算）以及支持决策过程的错误统计数据。[76]

1. 数据集本身

在认定预算工具不足以满足正当程序标准时，法院强调了用于设计回归模型的数据集的明显缺陷。[77] 从 2009 年和 2010 年的数据中初步抽取的 3500 多条记录中，约有 37%因"明显错误"而被放弃，另有 30%的剩余记录的医疗补助 ID 编号与 IDHW 系统的记录不符，另有 18%的剩余记录包含"不完整或不可信的信息"。[78] 在剩余的 998 条记录中，由于缺少关键的 IIN 数据点，建模软件放弃了 265 条记录。[79] 总之，模型的创建只使用了初始记录的 21%，即初始 3512 条记录中的 733 条。[80] 正如原告的专家证人所说，这"使人对 IDHW 收集和管理数据以用于基于数据的决策过程的能力、数据库本身的设计以及评估提供者收集数据的能力产生怀疑"。[81]

正如法院所指出的，这种"大量已知错误预示着两件事：①存在大量未知错误；②缺乏质量控制"。[82] IDHW 最初认为数据样本在统计上仍有意义，但它也反映了该州一个地区的代表性严重不足。[83] 法院还强调了测试预算工具的重要性——这是确保准确性的一个重要方面，但当时并未进行测试。[84] 事实上，对预算工具数字的人为审查导致 62%的预算增加。[85] 虽然 IDHW 估计只有 10%至 15%的参与人在使用该工具时预算不足，认为参与人平均使用的资金少于批准的数额，但法院非常恰当地驳回了这一论点，指出："平均数并不能否定具体情况，事实上，它们可以并存。"[86] 此外，被排除在研究之外的记录所占比例惊人，这表明该系统固有的问题比统计模型的有效性要严重得多：如果如此多的 IIN 记录不完整，医疗保险 ID 编号不准确，那么无论其预测准确性如何，该模型的任何输出结果的有效性都是非常值得怀疑的。事实上，在不完善的模型中使用有缺陷的数据，会使政府的

---

[73] Ibid.

[74] Ibid. at 716.

[75] Ibid. at 716-17.

[76] K. W. III, above note 68, at 717.

[77] Ibid. at 711-12.

[78] Ibid. at 711.

[79] Ibid.

[80] Ibid.

[81] Remington Declaration ¶ 13; K. W. III, above note 68.

[82] K. W. III, above note 68, at 711.

[83] Ibid.

[84] Ibid. at 712, 714.

[85] Ibid. at 712.

[86] Ibid. at 711.

渎职行为在不透明的面纱下更加根深蒂固,给人一种科学中立性和准确性的误导印象。[87]

2. 使用数据集——模型选择和验证

在建立 2011 年修订国际生物伦理委员会计算所依据的统计模型时,IDHW 利用逐步线性回归法对已付报销申请进行建模。[88] 这些付费报销申请作为因变量,而 IIN 条目则作为自变量。[89] 利用 SPSS 软件确定应将哪些 IIN 条目纳入模型,以最大限度地提高调整后的 $R2$ 值(即确定一条最佳拟合线,对所提供的数据点进行最高准确率的预测),最终,模型确定 13 个 IIN 条目和生活安排替代方案对传统路径参与者"最具统计意义",23 个 IIN 条目对自主路径参与者"最具统计意义"。[90] 在庭审中,这种模型选择方法受到了批评,因为它选择了一个 $R2$ 值高于其他模型的模型,[91] 以及可能存在多重共线性问题。[92]

在对模型进行验证时,一些不足之处同样表明该模型不适合预测准确的预算分配。可能由于其是多重共线性问题的产物,有几个回归系数的代数符号与预期的相反(也就是说,某项输入降低了预算,而人们预期的是增加预算)。例如,表明参与人有"其他神经系统损伤",会使自主预算减少 8095 美元,而对全面帮助洗衣与喂食的高级需求同样会产生负面影响,分别使自主预算减少 4201 美元和 5715 美元。[93] 为应对更严重的需求而减少预算似乎完全违背直觉,这表明预测工具存在结构性缺陷。

(二) 在法庭上审查数据

K. W. 案说明了准确、有效的数据集在开发和使用数据回归模型中的重要性。当适用于拥有受保护财产利益而符合条件的参与者的政府福利分配时,[94] 宪法权利可能会通过该政府行为而被附加。[95] 爱达荷州地区法院以严肃的态度处理了这些问题,并说明了法院必须干预基于数据的错误监管和 ADS 的几种关键方式:要求有效数据并确保透明度。

错误数据为政府的不当行为提供依据的问题对美国法院来说并不陌生。事实上,最高法院大法官金斯伯格(Ruth Bader Ginsburg)曾在 2009 年警告说:"广泛的、相互关联的电子信息集合中的不准确性会对个人自由造成严重影响"。[96] 近年来,有缺陷的数据集对各

---

[87] 关于政府通过错误的数据科学进行渎职的历史和普遍性的讨论, see S. Valentine, Impoverished Algorithms: Misguided Governments, Flawed Technologies, and Social Control (2019) 46 Fordham Urb. Law J. 364, 370-93. See also K. Crawford and J. Schultz, AI Systems as State Actors (2019) 119 Columbia Law Rev. 1941.

[88] Derrick Snow 支持被告简易判决动议的声明, K. W. III, above note 68.

[89] Ibid. at 4.

[90] Ibid. at 7.

[91] Remington Report at 7, K. W. III, above note 68.

[92] Ibid. at 8. 多重共线性是指分析中两个或两个以上"独立"变量的影响实际上是相关的,这样,一个真实因素的影响就会被两个都受该因素影响的输入所过度代表。See ibid. at 7-9.

[93] Ibid. at 10.

[94] 将应享福利定性为正当程序条款意义上的"财产"利益。See K. W. II, above note 66, at 973; K. W. III, above note 68, at 714; see also Perdue v. Gargano, 964 NE. 2d 925, 932 (Ind. Sup. Ct. 2012).

[95] See V. Eidelman, The First Amendment Case for Public Access to Secret Algorithms Used in Criminal Trials (2018) 34 Ga. St. Univ. Law Rev. 915.

[96] Herring v. United States, 555 US 135, 155 (2009) (Ginsburg, J., dissenting). 在 Herring 案中,被告被警方逮捕时所持的逮捕令显然是不当签发的,随后又被撤销;然而,警方使用的数据库没有更新撤销情况,只有签发情况。在 5 比 4 的判决中,法院允许将逮捕期间在被告身上发现的毒品和枪支作为证据。Ibid. at 135.

种政府目的的影响已经进入法院。[97] 当基础数据被证明有足够的缺陷时，法院就会适当地对算法输出提出质疑。[98] K. W. 案顺应了这一趋势，认为缺乏可靠的数据集是 ADS 预算工具的错误基础。然而，除了认识到有缺陷的数据集的重要性之外，K. W. 案还强调了所使用工具和数据本身透明度的重要性。[99] 在州政府的反对下，法院认为原告基于其程序正当性权利有权要求披露第三方版权工具（即用于计算 IIN 数据点的 SIB-R 小册子）。[100] 法院应继续允许对此类材料进行探讨，使那些因此类 ADS 而受到损害的当事人有了解的可能，并在必要时质疑对其不利的数据和计算方法。

四、执法自动化：关于避税

打击避税是世界各国管理部门广泛使用数据分析技术的另一个领域，目的在于提高其逃税目标锁定能力。经合组织 2014 年的一项调查显示，在调查所涉及的 86 个国家中，有 69 个国家采用了这种方法。[101] 这一趋势在很大程度上受到了经合组织的影响，经合组织发布了多份关于税务管理新技术的研究报告和最佳实践报告。[102] 英国税务海关总署一直被认为是这方面的领导者之一。因此，下文将聚焦于解读 Connect 这一英国海关税务总署的税收执法工具。

（一）Connect 概述

英国海关税务总署税务审计和欺诈侦查的部分自动化始于 2005 年首次提出的一项倡议。[103] 其主要分析工具 Connect 需要约 9000 万英镑的初始投资，并与 BAE 系统应用智能公司、SAS 研究所和凯捷公司合作开发。[104] 该工具于 2010 年推出，此后得到广泛使用和升级，目前英国海关税务总署内部约有 250 名专职数据分析师，用户总数多达 4000 人。事实证明，Connect 取得了巨大成功，为英国带来了 30 亿英镑的收入，并将英国的税收差距从 2004~2005 年的约 8.3% 降低到 2014~2015 年的 6.5%。[105] 如今，英国税务机关依靠

---

[97] 失业欺诈检测系统的高错误率。See, e. g., Zynda v. Arwood, 175 F. Supp. 3d 791（ED Mich. 2016）；教师评估系统中使用的数据存在大量错误，State of New Mexico ex rel. Stewart v. N. M. Pub. Educ. Dep't, D-101-CV-2015-00409, at 24-7（Santa Fe County Ct. December 2, 2015）.

[98] 授予原告法律援助组织诉讼资格，理由是"欺诈认定的高错误率导致法律援助组织将大量资源转用于此类索赔"。Zynda, ibid., at 806；发现教师评价算法所依据的数据集存在缺陷，因此支持对继续使用该算法下达初步禁令。Stewart, ibid., at 75.

[99] K. W. III, above note 64, at 715-17.

[100] "法院将指示 IDHW 起草一份计划，使参与方不仅能够查看 SIB-R 的所有必要部分，以便对预算削减提出充分质疑，而且还能够在上诉期间向听证官或其他决策者提交 SIB-R 分析中受到质疑的任何部分"。Ibid. at 717.

[101] T. Ehrke-Rabel, Big Data in Tax Collection and Enforcement, in W. Haslehner, G. Kofler, K. Pantazatou, and A. Rust（eds.）, Tax and the Digital Economy: Challenges and Proposals for Reform, Wolters Kluwer, 2019.

[102] For instance, OECD, Better Tax Administration: Putting Data to World（2016）, Technologies for Better Tax Administration: A Practical Guide for Revenue Bodies（2016）, and The changing Tax Compliance Environment and the Role of Audit（2017）.

[103] P. Rigney, The All-Seeing Eye-an HMRC Success Story?, FTA HMRC Administration（November/December 2016）, p. 8.

[104] Capgemini, Business Intelligence Technology helps HMRC Increase Yield（2017）, www.capgemini.com/fr-fr/wp-content/uploads/sites/2/2017/07/ss_Business_Intelligence_Technology_helps_HMRC_Increase_Yield.pdf.

[105] European Platform Undeclared Work Best Practices Sheet-UK: Data Mining Tools and Methods to Tackle theHidden Economy in the UK（2017）.

Connect 解决影子经济问题，98%的税务欺诈调查都是通过该工具进行的。

作为高层次的初步解释，Connect 是一种数据驱动和机器学习支持的 ADS。它依赖于来自多个结构化和非结构化来源的信息集，然后通过多种人工智能技术进行处理，目的是识别不同类型的逃税行为之间的一般相关性。这些信息随后会被应用到与整个英国人口相关的信息中，标记出与模型足够接近的案例，这些案例很可能涉及异常行为。Connect 所受到的欢迎和取得的成功不应掩盖它所引起的担忧。事实上，它完美地诠释了 ADS 在公共管理中的全面部署，在其实施和设计的各个阶段都提出了具体问题。

（二）数据汇总

如上文 IDHW 案例所示，数据分析技术的好坏取决于作为其训练和应用基础的数据集。在这方面，英国税务海关总署报告称，其 Connect 算法可自动从三十多个结构化数据库中提取信息，这些数据库涵盖工资单、信贷和土地登记、六十多个国家的银行账户、信用卡和借记卡交易、保险登记，甚至选民名册。Connect 还可以访问非结构化信息，这些信息由第三方请求提供或通过网络抓取获得，主要来自在线交易商（如 eBay、爱彼迎、Amazon）、机票销售商以及 Facebook 和 Twitter 等社交网络。简言之，它可以获取超过 10 亿个可供处理的数据点，全面了解纳税人的日常活动和生活方式。

此类数据收集技术的一个明显问题是数据的准确性。传统上，税务机关部分依赖于纳税人直接提供的数据，或至少由纳税人发表意见的数据。有了 Connect，税务机关就可以访问和利用"既不是由他们生成也不是由他们控制的大数据"。[106] 这一点尤其令人担忧，因为从多个来源获取的数据很可能失去其原有的上下文完整性。[107] 数据的来源以及数据量之大，使得许多不准确之处可能被忽视。此外，正如本章前半部分广泛论证的那样，数据从来都不是真正中立的，即使单独的信息都是准确的，大规模的数据集也可能带有潜在的偏见，从而有可能导致不公平地过度针对某些生活方式。[108]

在这方面，税务机关需要确保遵守《通用数据保护条例》，至少要告知纳税人其个人数据的处理情况。除此之外，情况就不那么明朗了。例如，《通用数据保护条例》第 16 条规定，数据主体有权"通过提供补充声明"来更正不准确或不完整的个人数据，但这似乎并没有多大帮助。首先，这是一项事后权利，一旦纳税人已经被 Connect 标记，这项权利对纳税人似乎并无用处，因为批准数据并不一定意味着已经启动的调查会停止。一般来说，尽管经合组织的意见与此相反，[109] 但目前还不清楚纳税人应在什么时候为提高数据的准确性做出贡献。[110] 其次，如果数据本身是准确的，但反映的世界观不完整或不准确，这也无济于事。[111] 此外，即使数据看似准确，也可能产生一些概率假设，而这些假设本身可能永远

---

[106] OECD, Technologies for a Better Tax Administration (2016), p. 83.

[107] B. Wagner, Algorithms and Human Rights, Study for the Council of Europe Study (2018), p. 13.

[108] S. Barocas and A. D. Selbst, Big Data's Disparate Impact (2016) 104 Calif. Law Rev. 671; T. Z. Zarsky, Understanding Discrimination in the Scored Society (2014) 89 Wash. Law Rev. 1375.

[109] Cf. OECD, above note 106, p. 83. 注意到税务机关应与纳税人互动，因为这将确保"强化数据准确性是一项共同责任"。

[110] Expressing similar concerns is Ehrke-Rabel, above note 101.

[111] R. Williams, Rethinking Deference for Algorithmic Decision-Making, Oxford Legal Studies Research Paper No. 7/2019 (2019), p. 30.

无法真正得到验证。[112]

（三）数据相关性与隐私

《通用数据保护条例》规定数据控制者有义务确保其所依赖的统计推论的可靠性（《通用数据保护条例》序言第71条），第29条工作小组认为这意味着数据控制者应确保输入数据并非"不准确或不相关，或断章取义"。[113] 在英国的行政法中，类似的担忧导致相关判例法的产生，其要求公共当局不考虑不相关的因素，[114] 尽管通常是由决策者来决定某一信息的相关程度。[115] 然而，目前还不清楚英国税务海关总署或其他税务机关在多大程度上遵守了这一要求。鉴于看似无关的信息可能在统计上与准确预测未来欺诈行为的可能性有关，而且其原因并不符合易于理解的因果关系，因此这个问题就更加令人生畏。

另一个问题是，Connect从在线交易平台和社交网络等第三方获取数据时，可能会侵犯数据主体的隐私权。事实上，《欧洲人权公约》（ECHR）第8条被解释为，只有根据符合法治的规则，并且其后果是数据主体可以预见的，才可以接受对隐私权的干涉。[116] 在海牙初审法院（Rechtbank）2020年2月做出的一项判决中，法院依据《欧洲人权公约》第8条废除了荷兰政府用于打击税务和社会欺诈的ADS系统Systeem Risico Indicatie（SyRI）。[117] 法院认为，首先，对数据的处理与所追求的目标不相称；其次，授权使用ADS的国家法律中所包含的保障并不等同于对公民隐私权的有效保护。此外，欧洲人权法院在J. G. and J. H.案中也规定，汇编和处理"超出正常可预见范围"的公开数据被视为侵犯隐私权。[118] 然而，迄今为止，似乎还没有英国或欧洲法院对Connect在收集和处理数据时缺乏可预见性和相当性的论点进行过检验。

1. 不断变化的执法环境

无论收集数据的来源和手段如何，支持Connect的ADS的算法随后会以两种方式使用。首先，在"训练"期间，通过计算网络中不同实体之间的密度来推断典型欺诈行为的大致情况，随后通过所谓的蛛网图建立一个可视化的一般模型。在这些模型中，重要的是网络中不同实体（节点）之间的联系，这可能表明与申报收入不符的非法活动或生活方式。其次，创建纳税人个人的类似网络档案，并对结构与模型非常相似的纳税人进行标记，以便进一步调查。正如英国税务海关总署与情报服务总监Mike Wells所说："随着时间的推移，你会熟悉一个正常人的蛛网。当有些人从事隐蔽经济活动时，蛛网图的形状就不同了"。[119] 当算法标记出可能的欺诈行为时，英国税务海关总署的员工可以选择启动审计，他们在大多数调查中都会这样做，尽管单个案件被标记后似乎不会有其他直接后果。不过，

---

[112] S. Wachter and B. Mittelstadt, A Right to Reasonable Inferences: Re-Thinking Data Protection Law in the Age of Big Data and AI (2019) 2 Colum. Bus. Law Rev. 494.

[113] See Article 29 Data Protect Working Party, Guidelines on Automated Individual Decision-Making and Profiling for the Purposes of Regulation 2016/679, p. 28.

[114] R. v. Rochdale MBC, ex p. Cromer Ring Mill (1982) 3 All ER 761.

[115] Tesco Stores v. Secretary of State for the Environment (1995) 1 WLR 759.

[116] ECHR, Malone v. the UK, August 2, 1984, para. 67.

[117] Rechtbank Den Haag, NJCM & c. s. c. De Staat der Nederlanden, C/09/550982/ HA ZA 18/388, February 5, 2020.

[118] ECtHR, P. G. and J. H. v. the UK, September 25, 2001, para. 57.

[119] V. Houlder, Ten Ways HMRC Can Tell If You're a Tax Cheat, Financial Times (December 19, 2017).

值得注意的是，英国《2015年财政法（第2号）》第51条和附表8允许税务机关直接从欠税人的存款账户中扣除款项，今后直接根据Connect的标记扣除款项似乎并非不可想象。[120]

（1）新的权力失衡。即使没有这种自动扣减，Connect可处理的大量信息也表明，在监控状态下，公共当局与其主体之间的权力平衡发生了根本性的变化。[121] 当公共机构不仅依赖风险概况来开展调查，而且还依赖其来预防性地督促被调查对象遵守规定时，这种转变就更加明显了。这正是英国税务海关总署最近推出的工具"债务人分析与定位工具"（AD-EPT）一直在做的事情，该工具用于更高效、更有效地清理或追缴逾期付款。[122] 与Connect一样，这一新工具也依赖于机器学习。通过收集二十多个来源的信息，包括逾期付款和社会人口数据来生成个人债务人的风险概况。然后，它将案件分配给在类似情况下表现最佳的收债团队。更重要的是，它可以应用定制的债务通知和付款时间表序列，以促使债务人履行其债务义务。

虽然利用现有数据提高行政国家的效率似乎没有什么问题，但这种数据收集和处理的新规模、新速度和新广度与以往的记录形式有着质的不同。[123] 它掩盖了行政普遍性的微妙增长和国家对其臣民权力的扩大。[124] 它还导致了现实世界执法程度的提高，因为当税务机关感到不得不遵循算法的建议时，行政自由裁量权就会随之丧失。[125] 这一点将在下文讨论。传统上，行政法会以相应的更大约束来应对更大的权力，但目前还不清楚行政法应如何适应创新，如支持Connect的ADS的算法。[126] 事实上，纳税人如何就Connect使用多种人工智能技术向英国税务海关总署追究责任并不明确。

（2）从因果关系到相关关系。首先需要质疑的是：究竟什么会受到挑战？如上所述，Connect的标记导致了审计的启动。一般而言，此类决定属于自由裁量权，即使对纳税人有重大影响，也不能向法院提出异议。因此，这些决定似乎也不在《通用数据保护条例》第22条及其对自动决策设定的附加要求的范围之内。[127] 除了上述更正不准确数据的权利外，纳税人在现阶段似乎无能为力。

不过，从执行的角度来看，情况略有不同。在民事税务诉讼程序中，举证标准是概率权衡。似乎没有什么可以阻止英国税务海关总署将Connect标记的可能欺诈行为作为逃税的适当、概率证据。问题在于，这种依赖可能会混淆相关性和因果关系。[128] 考虑到收集到的

---

[120] Cf. Williams, above note 111, p. 13.

[121] 关于"大数据的监视之眼"，see A. G. Ferguson, *The Rise of Big Data Policing*: *Surveillance*, *Race*, *and the Future of Law Enforcement*, New York University Press, 2017.

[122] See Capgemini, above note 11.

[123] K. Galloway, Big Data: A Case Study of Disruption and Government Power（2017）42 Altern. Law J. 89.

[124] 将"控制权"定义为"一个行为者故意改变另一个或多个行为者的激励结构，以带来或帮助带来结果的能力"，see K. M. Dowding, *Rational Choice and Political Power*, Edward Elgar, 1991, p. 48. 125.

[125] Cf. Wagner, above note 107, at 6, 13.

[126] Cf. Williams, above note 111, p. 13.

[127] Cf. Ehrke-Rabel, above note 101.

[128] 例如，研究一种分辨狼和哈士奇的分类算法，结果发现它在很大程度上依赖于背景中是否有雪。See M. Tulio Ribeiro, S. Singh, and C. Guestrin, Why Should I Trust You? Explaining the Predictions of Any Classifier, KDD'16 Proceedings of the 22nd ACM SIGKDD International Conference on Knowledge Discovery and Data Mining, pp. 1135-44, arXiv: 1602.04938.

大部分数据可能与证明税务欺诈无关，Connect 可能会识别出虚假的相关性，[129] 即使它通常被认为是准确的。换句话说，如果没有可解释性，就可能不清楚 Connect 所依赖的数百万个数据点中，究竟哪些数据点值得标记，以及为什么标记。

尽管存在这些缺陷，但这些证据可能对决策者（税务机关和法官）极具说服力。事实上，最近的研究广泛表明，即使决策者没有正确理解预测算法的功能，他们也倾向于信任预测算法。[130] 他们倾向于认为算法既准确又无偏见。[131] 在这方面，算法的合理性是一种令人信服的信心来源，[132] 尤其是考虑到信息过载和质疑 ADS 得出的任何结果所需的认知复杂性。因此，决策者越来越有可能屈服于新的"预测决定论"。[133] 对在新的公共管理形式下需要对自己的绩效进行量化评估的公职人员来说，这种强迫效应可能会更大。对 Connect 提出的每一项建议都提出质疑和合理怀疑，这可能是一项过于复杂和耗时的工作，对一个理性的、以职业为导向的公职人员来说，这似乎是在浪费时间。[134]

2. 算法问责的场所

针对这种担忧，英国内阁办公室的数据科学伦理框架似乎暗示，行政部门对数据分析技术的使用应尽可能公开和负责。[135] 问责制等同于透明度，[136] 因为人们认为在"阳光"下很容易发现偏见和错误。这意味着数据集构成的透明度。[137] 然而，对 Connect 而言，仅有这种透明度是不够的：如前所述，数据必须与因果概率证明的发展相关。

这可以要求披露 Connect 本身使用的代码。事实上，在某些 ADS 案件中，如法国 APB 案件，公开源代码有助于发现偏见。然后，可以对算法适用"灰箱"算法审计技术，利用该技术在程序结构和功能方面的知识设计测试用例，以揭示不同数据点在最终决策中所占的权重。[138] 然而，与 APB 算法不同的是，Connect 依赖于私营公司对软件开发的贡献，这最终可能成为获取源代码的障碍。因此，如果出于专利或其他原因不公开源代码，政策团体就可以进行所谓的"黑箱操作"，提交有目的设计的案例，以测试算法的反应，逐步推断其一般功能并评估其可靠性。[139] 在最好的情况下，这两种技术都相当于局部解释（确定不

---

[129] R. Jeffrey, Statistical Explanation vs. Statistical Inference, in N. Rescher (ed.), *Essays in Honor of Carl G. Hempel: A Tribute on the Occasion of his Sixty-Fifth Birthday*, Springer, 1969, pp. 104-13.

[130] 关于心理学证据，see K. Goddard, A. Roudsari, and J. C. Wyatt, Automation Bias: A Systematic Review of Frequency, Effect Mediators, and Mitigators (2011) 19 J. Am. Med. Inf. Assoc. 121, 121-7; M. T. Dzindolet, S. A. Peterson, R. A. Pomranky, et al., The Role of Trust in Automation Reliance (2003) 58 Int. J. Hum.-Comput. St. 692.

[131] L. Dernardis, Architecting Civil Liberties, GigaNet: Global Internet Governance Academic Network, Annual Symposium (2008).

[132] Cf. Lequesne Roth, above note 12, p. 9.

[133] A. Garapon and J. Lassegue, *Justice digitale*, Presses universitaires de France, 2018.

[134] See P. R. Borges Fortes, How Legal Indicators Influence a Justice System and Judicial Behavior: The Brazilian National Council of Justice and "Justice in Numbers" (2015) 47 J. Leg. Plur. Unoff. Law 39.

[135] Cf. Williams, above note 111, p. 27.

[136] F. Schauer, Transparency in Three Dimensions (2011) Univ. Ill. Law Rev. 1339, 1346.

[137] R. Brauneis and E. P. Goodman, Algorithmic Transparency for the Smart City (2018) 20 Yale J. Law Technol. 103, 130.

[138] A. Datta, S. Sen, and Y. Zick, Algorithmic Transparency via Quantitative Input Influence: Theory and Experiments with Learning Systems, IEEE Symposium on Security and Privacy (2016).

[139] Perel and Elkin-Koren, above note 64.

同因素的相对权重）或局部反事实忠实性（确定一个因素对结果的因果影响）。[140]

问题在于，这些知识可能根本不够用。事实上，当先进的 ADS 出现故障时，即使是资深工程师也不一定完全清楚故障的原因。[141] 此外，除了识别明显的歧视之外，这种透明度或修补能起到什么作用也不确定。假设审计结果表明 Connect 依赖于英国税务海关总署和法官无法说明的因果关系信息。在这种情况下，这类信息可能会被排除在算法推论所依赖的典型数据集之外，从而使数据集看起来具有相关性。这似乎等同于某种"合理推论权"，最近一些学者已经提出了这样的诉求。[142] 此外，我们已经在上文探讨了这种数据集清理的潜在缺陷。

或者，算法可能会被"蒙上眼睛"，在再次评估案件之前被迫忽略明显无关的信息。这种方法的第一个问题是，新的分析结果可能与作为典型欺诈行为基准的模型无关；第二个问题是，这只相当于"二阶"快速修复，而不是从根本上改变"一阶规则"，即处理数据的实际方式。[143] 这种解决方案不具有可扩展性，也并不意味着 Connect 标记的下一个案例不会出现同样的"不合理推断"问题。寄希望于所有纳税人都能系统地逐个打击这种概率评估，似乎是很冒险的。

3. 可解释的概率推论

上述情况似乎表明，除了透明度之外，还有必要要求英国税务海关总署为其做出的任何决定提供理由，从而使 Connect 的模型和推论能够得到合理的理解。我们的直觉是，如果有办法合理地说明算法的推论，那么不相关的推论可能更容易被识别出来。此外，纳税人还可以准备有意义的反驳，因为他们可以清楚地知道他们的论点应该集中在哪些方面。然而，在英国，公共当局似乎并没有义务为其决定提供可理解的理由，[144] 尽管有一些学者对此进行了有说服力的论证。[145] 一些学者根据《信息权法》第 13、14、15 和 22 条的规定，提出了类似的"解释权"。[146] 这种权利的存在仍有争议，[147] 在此我们无需关注，因为如前文所述，标记行为是否构成《通用数据保护条例》第 22 条下的算法决定并不明确。

无论这种权利的依据是什么，可视化工具（如 SetFusion）可能会提供一些帮助，[148] 这些工具有望使特定的算法建议更加通俗易懂。这里的根本问题在于，如果算法过于复杂，依赖对人眼来说过于错综复杂的相关性，那么可视化可能根本无济于事。人们所期待的似

---

[140] S. Wachter, B. Mittelstadt, and C. Russell, Counterfactual Explanations without Opening the Black Box: Automated Decisions and the GDPR (2018) 31 Harv. J. Law Technol. 841, arXiv: 1711.00399.

[141] 例如，Google 的图像识别算法将黑人的照片标注为含有猩猩，而工程师们却无法解释其中的原因。See J. Guynn, Google Photos Labeled Black People Gorillas, USA Today (July 1, 2015).

[142] Cf. Wachter et al., above note 140.

[143] Cf. Wagner, above note 107, pp. 7, 20.

[144] R. v. Secretary of State for Trade and Industry (2008) EWCA Civ. 1312.

[145] See, drawing on the Bourgass v. Secretary of State for Justice language regarding the need to provide to prisoners "enuine and meaningful disclosure of the reasons" why the decision has been made, see Williams, above note 111, pp. 27-8.

[146] See B. Goodman and S. Flaxman, "European Union Regulations on Algorithmic Decision Making and a Right to Explanation", AI Magazine, Vol. 38, 2017, p. 50.

[147] S. Wachter, B. Mittelstadt, and L. Floridi, Why a Right to Explanation of Automated Decision-Making Does Not Exist in the General Data Protection Regulation (2017) 7 Int. Data Priv. Law 76-99.

[148] D. Parra, P. Brusilovsky, and C. Trattner, See What You Want to See: Visual User-Driven Approach for Hybrid Recommendation, Proceedings of the 19th International Conference on Intelligent User Interfaces (2014), p. 235.

乎不是对算法得出结论的方式或完全可理解性的完整描述，而是运用普遍接受的推理模式和共享词汇进行适当的论证。[149] 在这一阶段，如果主要目标是降低 Connect 的错误率，那么简单地将 Connect "简化"到人类观察者可以理解的程度是没有任何帮助的。[150] 另外，也可以使用另一种算法来解读基本算法做出的决定，并将其"翻译"成更易于解释、因而更有挑战性的规则。[151] 当然，困难在于它要么不能完全忠实于反事实，因为如果是这样的话，就可以直接使用它来代替 Connect；要么就有可能产生难以理解的复杂规则。无论哪种情况，都需要权衡利弊。

（四）盘点：作为新税法的税收代码

无论可以为上述问题提供何种法律和技术解决方案，人们不禁要问，对 Connect 和类似 ADS 的过度依赖是否预示着税法本身的性质发生了更根本的转变——这又是一个法律数学化的实例。[152] 首先，只要 Connect 需要结合法律规则的翻译来评估数据或建议进一步的行动方案（如纳税人应支付的金额），实际上就依赖于对这些规则的某种解读。这主要是因为计算机语言的词汇量有限，在翻译过程中可能会丢失很多内容。[153] 更微妙的是，任何翻译都会固定对法律的一种解释，而这种解释大多依赖于模糊的标准，[154] 并缩小了任何进一步有意义辩论的范围。姑且不论开放式的概念是否能被翻译成代码，[155] 证据表明，即使是在被认为"简单"的情况下，程序员将规则翻译成代码的结果也是大相径庭的。[156] 因此，被强制执行的不是书本上的法律，而是旨在执行法律的代码：就康涅狄格州而言，税收代码确实是新税法。[157] 另外，这里可能存在重要的政治合法性问题，因为对税法的解释是由算法的设计者和算法的学习过程来决定的，而不是由民主问责的机构来决定。在涉及 BAE 系统应用智能公司、SAS 研究所和凯捷公司等私营跨国公司时，情况尤其如此，因为出于效率考虑，这些公司在为不同税务机关设计算法时，可能会选择使用类似的"全球标

---

[149] In other words, enhanced requirements on the context of justification rather than simply full transparency regarding the context of discovery. See H. Reichenbach, *Experience and Prediction: An Analysis of the Foundations and the Structure of Knowledge*, University of Chicago Press, 1938.

[150] 关于强烈地反对以透明度为名降低人工智能的智能属性，see D. Weinberger, Don't Make AI Artificially Stupid in the Name of Transparency, Wired（January 28, 2018）, www.wired.com/story/dont-make-ai-artificially-stupid-in-the-name-of-transparency/.

[151] F. Doshi-Velez, M. Kortz, R. Budish, et al., Accountability of AI under the Law: The Role of Explanation (2017), arXiv: 1711.01134.

[152] D. Restrepo Amariles, The Mathematical Turn: l'indicateur Rule of Law dans la politique de developpement de la Banque Mondiale, in B. Frydman and A. Van Waeyenberge（eds.）, *Gouverner par les Standards et les Indicateurs: de Hume aux Rankings*, Bruylant, 2014, p. 193.

[153] J. Grimmelmann, Regulation by Software (2015) 114 Yale Law J. 1719, 1728. 158 159160 161.

[154] See, however, arguing that the predictive and analytical technologies currently under development will allow for the emergence of micro-directives replacing both rules and standards, A. Casey and A. Niblett, The Death of Rules and Standards (2017) 92 Indiana Law J. 1401.

[155] For an optimistic take on the issue, see N. Elkin-Koren and O. Fischman-Afori, Rulifying Fair Use (2017) 59 Ariz. Law Rev. 161, 189-99.

[156] See, citing an experiment by Shay and colleagues, R. Calo, M. Froomkin, and I. Kerr（eds.）, Robot Law（Edward Elgar, 2016）, p. 274.

[157] S. Hassan and P. de Filippi, The Expansion of Algorithmic Governance: From Code Is Law to Law Is Code (2017) 17 J. Field Actions 88.

准"。[158]

更根本的是，Connect 从根本上改变了执法，正如庞德（Roscoe Pound）所说，执法是"法律的生命"。[159] 事实上，就所有实际目的而言，税法规则在一定程度上被欺诈行为的模式和相关性指标所取代，而 Connect 正是依靠这些指标来触发调查的。因此，就纳税人而言，这些指标成为实际的"行动理由"。[160] 在诉讼中，他们需要根据 Connect 的运作和标准调整自己的行为和辩论模式。因此，法律本身最终变成了事实的规范关联。[161]

五、结论

本章研究了公共行政部门使用 ADS 分配权利和利益的情况。通过对法国、美国和英国的案例研究，笔者强调了这些系统的四个独立但往往相互交织的特点，即：①法律规则的正式化并转录为计算机代码；②数据集的生成；③通过机器学习技术进行数据处理；以及④决策的自动执行。虽然大多数先进系统可以同时实现这些特征，但其他系统可能只包含两个特征。这些特征至少引发了法律决策的三次变革，对法治产生了重大影响。

1. 法律规则的混合

正如与 APB、Parcoursup 和 Connect 相关的案例研究中所讨论的，ADS 有效实施的规则并不仅仅是将法律规则转化为计算机软件。相反，ADS 嵌入并有效应用的规则是将法律规则形式化并转化为计算机代码的混合产物。因此，正如 APB 案例所示，这些规则可能与书本上的法律规则有本质区别。这种混合性不是书本上的法律，也不是行动中的法律，而是其他技术中的法律，其对法治构成了威胁，因为在某些情况下，公民可能会受到未知的、未公布的、甚至违宪的规定的约束，从而影响到他们的权利和地位。

2. 数据驱动规则的出现

IDHW 和 Connect 案例研究揭示了公共管理部门日益依赖数据集来分配福利和执行法律的若干风险，如不完整性和偏见。如果说这些问题是任何依赖数据驱动的 ADS 的工作都会遇到的问题，那么法律领域更为特殊的问题就是从数据中提取具有法律效力的一般性规定。正如对 Connect 的案例研究所示，使用机器学习技术来识别生活方式和欺诈行为的模式，进而可能触发调查函或全面调查，使公民对不符合数据集统计分析得出的行为模式负责。因此，这些模式可被视为数据驱动的规则，增加了公民的规范负担。除了与公开性和确定性相关的问题会影响混合规则之外，数据驱动规则还与另外两项法治原则（即平等和正当程序）相抵触。

关于前者，数据驱动规则的有效内容取决于行政部门使用的数据集或机器学习技术。这意味着，尽管适用的法律相同，但公民在实践中可能受制于不同的规则或行为标准。至于后者，数据驱动规则通过在行政部门和公民之间制造武器不平等，以及通过增加或转移举证责任来影响程序性权利。例如，如前文所述，获取源代码的途径通常有限或无法获取，

---

[158] Cf. Lequesne Roth, above note 12, p. 10.

[159] R. Pound, The Limits of Effective Legal Action（1917）27 Int. J. Ethics 150, 167, where he states "the life of the law is in its enforcement."

[160] J. Raz, *The Authority of Law: Essays on Law and Morality*, Clarendon Press, 1979, p. 214.

[161] See, on this issue, D. Restrepo Amariles and G. Lewkowicz, De la donnee a la decision: comment reguler par les-donnees et les algorithmes, in M. Bouzeghoub and R. Mosseri（eds.）, Les big data a decouvert（CNRS, 2017）, pp. 80-2.

更不用说行政部门使用的完整数据集了,这使得公民无法有效行使辩护权,如质疑证据或有效适用于他们的规则。

3. 法律生命周期的混淆

先进的 ADS 实现了上述所有四个特征,有可能将自由民主国家所区分的法律生命周期的三个阶段(即法律制定、裁决/管理、执行)合并为一个连续、自主的过程。正如对 Connect 的案例研究所示,ADS 有可能重新定义有效适用于公民的规则(例如,混合规则和数据驱动规则),自动执行这些规则,并执行由此产生的决定。例如,在 Connect 中插入账户的直接扣款工具,就会出现这种情况。先进的 ADS 进一步重塑了行政部门与公民之间的关系,至少考验了分权、制衡和问责原则。

在行政管理越来越依赖于 ADS 的情况下,为确保法治得到维护,可能需要对结果的互动性进行严格的检查,加强对软件的检查和审计,并加强公民权利。对软件检查和审计可包括事前措施,如在实施新软件前进行公众咨询,或事后措施,如赋予公民获取源代码的权利,或除公设辩护人外还赋予公民"公设工程师"的权利。

此外,公共行政部门大规模采用 ADS 还可能加强 Mark Bovens 和 Stavros Zouridis 所说的"系统级官僚制"。在这种官僚制中,数字信息和通信技术(ICT)在行政决策的执行、控制和对外交流方面起着决定性的作用。在系统层面的官僚制中,系统设计者是决策过程的中坚力量,而行政自由裁量权则趋于消失。[162] 要在这种情况下维护法治,就必须使其适合技术环境。事实上,公民可以在法庭上质疑 ADS 的结果,但是在 ADS 的层面上,法院判决的适用范围仍然有限。ADS 通过一阶规则(即算法的计算机代码)运行,规则的应用是系统的、大规模的。相反,与单个案件有关的法院裁决构成二阶规则(即涉及算法输出的规则),且不会影响 ADS 的总体运行。

目前至少存在两种方式将法治纳入一阶规则:首先,最高法院和其他法庭在作出具有普遍效力的裁决时,可以要求 ADS 的运营商在代码层面纳入法治,或者在任何情况下都确保其部署符合某些法律规定,类似于欧洲法院就被遗忘权对 Google 下达的命令;[163] 其次,颁布设计法治原则,迫使 ADS 的设计者和运营商在软件中加入保证尊重法治的内置功能。这两种解决方案构成了算法法治的"诞生"。

---

[162] See also M. Bovens and S. Zouridis, From Street-Level to System-Level Bureaucracies: How Information and Communication Technology Is Transforming Administrative Discretion and Constitutional Control(2002)62 Public Adm. Rev. 174, 180.

[163] CJEU, Case C-131/12, Google Spain SL and Google Inc. v. Agencia Espanola de Proteccion de Datos (AEPD) and Mario Costeja Gonzalez("Google judgment"), May 13, 2014(ECLI:EU:C:2014:317).

第十五章

从法律渊源到编程代码
—— 法治下的公共行政与计算机自动个案决策

达格·维塞·沙图姆（Dag Wiese Schartum）

引言

挪威和其他许多国家的公共行政部门使用计算机已有超过 55 年的历史。这是正常且必要的。当然，可以想象一下，如果没有计算机，那么会有更多的办公楼，成千上万的人将在那里对所有个案作详细的处理，而这些工作在今天是由计算机来完成的。然而，这种设想并不现实：如果不使用计算机和集成在软件中的算法规则，现代税收制度、国家社会保险计划和许多其他福利计划的管理都将无法实施。因此，问题不在于公共行政是否应该应用计算机技术，而在于应该如何应用。本章将讨论一些重要的操作性问题。

法治下的自动化法律决策，需要将法律和计算机科学这两个领域结合起来。处理和设计自动化信息系统是技术人员的专长；通常，他们了解所需的系统开发模型、方法和工具；而大多数律师则不了解。从某种程度上说，法律工作者缺乏研发法律信息系统的知识和思维，技术人员实际上也可能面临着与法律工作者相同的困境。例如，他们在做出选择时，可能将其视为系统设计问题或编程选项，而不了解这些选择所具有的法律意义以及法律渊源中所隐含的具有约束力的框架。这样做（两个领域结合起来）的目的是让律师更容易理解他们的角色，并在开发旨在应用法律的系统时，更好地控制法律问题。

当然，关于这两个职业之间的关系，并没有唯一的真理，实证研究应该会揭示出系统开发过程中将法律转换为编程代码的做法。然而，规范性方法仍然重要且必要，即这种方法描述并规定了律师应如何开发系统，并对旨在应用嵌入式法律规则的系统中的法律属性和信息质量进行高度控制——或至少产生影响。本章的讨论主要基于挪威公共行政部门几

第十五章 从法律渊源到编程代码——法治下的公共行政与计算机自动个案决策

十年的研究和经验,尤其是基于那些法律规则自动化处理水平较高的系统。[1] 在自动化决策方面,挪威公共行政部门相对先进,第一个完全自动化的程序已于 1974 年开始运行;[2] 没有迹象表明挪威的经验和情况与大多数良好的国家公共行政部门的数字政府有所不同。因此,可以认为这通常具有很高的相关性。

以下讨论和分析是从律师的角度进行的,目的是从政府机构法律责任人员的角度看待法律系统开发,传达基本认识、见解和经验。在"初步的反思和澄清"中,笔者介绍了公共行政中法律自动化决策的一些基本认识。其中许多认识导致了法律变革过程的规范性构建,即以适用法律渊源为起点,以有效的编程代码为终点。"从法律渊源到编程代码"总体上解释和讨论了这种转换过程。许多法律问题和改革问题,都与如何将个案事实作为自动化系统的一部分来处理有关,或者更具体地说,与我们如何从法律渊源里推导出的法律要求中寻找相契合的数据有关。在"处理数据"中,笔者探讨了应对这一挑战的三种不同方式:数据重复利用、自助程序和使用传感器技术。公共行政中的法治是贯穿全章的主题,而"从法律渊源到编程代码"中对转换过程的讨论,以及"处理数据"中关于数据收集的讨论,在很大程度上都是基于这一关注点。在"法治下的自动化决策"中,笔者更具体地讨论了法治下自动化决策的主题,特别讨论了信息系统设计的法治潜力。在讨论中提到的一个重要观点是,法律往往并不是以便于法律条文转换为编程代码的方式来起草的;立法过程并不具有"计算机意识",也不便于自动化处理。[3] 在"具备计算机意识的立法"中,笔者讨论了改变立法过程或系统开发过程的可能性,以便使这两个过程能够协调一致。

一、初步的反思和澄清

(一)安装基础和技术发展

公共行政中的自动化个案决策、算法法律,与计算机一样古老。当前公共行政的数字化和自动化是始于 20 世纪 60 年代初的持续发展的一部分。当然,这些年来,数字化技术已经从非常简单的东西演变为人们今天认为的现代先进技术。在这些发展历程中,经历了数次技术创新,这些创新带来了许多新的技术工具,使人们能够以前所未有的速度,更大程度地实现数字化和自动化。与过去几十年相比,相关的法律问题变得更加复杂,目前社会对技术的熟悉程度和接受程度要高得多。尽管如此,笔者认为,许多与自动化决策相关的基本法律问题基本上没有改变。

---

[1] 一篇非常基础的文章是 J. Bing, Automatiseringsvennlig lovgivning [Automation-Friendly Legislation] (1977) Tidsskrift for rettsvitenskap 1995-2229. 在 20 世纪 90 年代初瑞典的两篇博士论文中可以找到关于该主题的两个深入案例: C. Magnusson Sjöberg, Rättsautomattion. Särskillt om statsförvaltningens datorisering [Legal Automation. Specifically about Computerization of Central Public Administration], Norsteds Juridik, Stockholm (1992); and D. W. Schartum, Rettssikkerhet og systemutvikling i offentlig forvaltning [Rule of Law and Systems Development in Public Administration], Universitetsforlaget, Oslo (1993). 本章主要是在这些和一些后来的作品的基础上撰写,尤其是 D. W. Schartum, From Facts to Decision Data: About the Factual Basis of Automated Individual Decisions (2018) 65 Sc. St. Law 379-400; D. W. Schartum, Law and Algorithms in the Public Domain (2016) 1 Nordic J. Applied Ethics 15-26; and D. W. Schartum, Developing eGovernment Systems-Legal, Technological and Organizational Aspects (2010) 56 Sc. St. Law 125-47. 与本章相同议题的一本详尽手册可见于 D. W. Schartum, Digitalisering av offentlig forvaltning-Fra lovtekst til programkode [Digitalization of Public Administration-from Words of an Act to Programming Code] (Fagbokforlaget, 2018).

[2] 政府住房补贴系统。

[3] 这两个概念都与 Bing 的文章有关。

本章并不叙述法律自动化的历史。然而，了解数字高速公路是从马车道发展而来的，从法律渊源到编程代码的转换也是一个渐进的过程，这一点至关重要。人们过去的经历具有历史意义，但也很好地预示了未来的发展方向——这不是一种确定的技术观点，而是因为人们很可能会像过去一样，继续推行已知的策略，并将其推向极端。例如，人们很可能会继续提高自动化程度。人们可能会通过减少甚至取消与人类直接的互动和评估，转而采用新的方法来自动收集有关个案事实的数据。可以开发用来收集、分析和应用与法律相关数据的技术，将其作为编程代码的输入，以做出具有法律效力的个案决定。此外，人们很有可能继续开发其想要自动化的法律规范的形式化表示方法。特别有趣的是，除了基于"固定规则"（fixed rules）的标准形式化表示方法外，还可以应用统计方法和机器学习。人们也很有可能会继续将技术作为组织变革的推动者，这意味着决策过程中的现有参与者将扮演新的角色，新的参与者也可能成为自动化决策的一部分。总之，与20世纪60年代的基线相比，这可能会导致公共行政变得面目全非。

当前关于数字化和自动化的讨论在很大程度上与相对较新的技术有关，尤其是机器学习、大数据和区块链。在本章中，重点将主要放在成熟技术上，特别是那些基于固定算法和明确使用数据库的技术。新兴技术受到了极大的关注，而这可能会让人们低估最尖端技术的重要性。成熟技术是已安装的基础，[4] 也就是说，这些技术是人们已经拥有并将在未来许多年里继续拥有的，它们会与新技术并存。在不可预见的未来，税务管理、社会保障管理、海关和消费税当局以及公共行政的其他部门将完全依赖这一技术基础。机器学习、大数据等将在很大程度上成为现有技术库的延伸，使人们能够以新的方式进行自动化系统的开发和部署。新技术将在多大程度和多快速度上为数字政府带来根本性变革，这有待明天的学者们来评估。

（二）数字政府的主要法律方面

计算机有无数种应用，其中许多（如果不是全部）都具有一定的法律相关性和含义。

第一，在评估数字政府的法律方面时，可能涉及大量的法律和法规，尽管它们可能不专门规定技术或涉及自动化决策。例如，在评估政府机构应用错误软件的责任时，可能涉及有关损害和处罚等责任的法律。然而，笔者不讨论适用于数字领域的此类及其他类型的通用法律。

第二，笔者将关注第二类法律，即专门用于规范技术的法律，亦即数字法律框架。《通用数据保护条例》是此类框架的核心示例；[5] 其他示例包括欧盟非个人数据自由流动的规

---

[4] See M. Aanestad, M. Grisot, O. Hanseth, and P. Vassilakopoulou, Information Infrastructures and the Challenge of the Installed Base, in M. Aanestad, M. Grisot, O. Hanseth, and P. Vassilakopoulou (eds.), *Information Infrastructures within European Health Care: Working with the Installed Base*, Springer, 2017.

[5] See Regulation (EU) 2016/679 of the European Parliament and of the Council of 27 April 2016 on the protection of natural persons with regard to the processing of personal data and on the free movement of such data, and repealing Directive 95/46/EC (General Data Protection Regulation, or GDPR).

第十五章　从法律渊源到编程代码——法治下的公共行政与计算机自动个案决策

定[6]以及电子通信的规定。[7] 对各种权利和自由的保障可能成为建立数字法律框架的动机：数据保护、信息自由、竞争、非歧视、公共安全以及其他利益和原则，一直是数字领域立法的基础。本章将特别关注为保护公民而通过的数字法律框架的部分内容。重点将放在与公共行政中的个案决策相关的法治和数据保护上。

第三，法律工具可以就如何开发信息系统和软件制定应遵循的规则和原则。例如，这些规则可能是由这样一个事实所驱动的，即系统开发工作的部分可以被视为一个法律决策过程（见下文，"自动化决策与决策支持"）。因此，可以说需要新的法治保障，例如以法律要求的形式，规定参与系统开发的工作人员的能力，以及在系统开发过程中记录重大法律决定的义务等（见下文"通过信息系统的设计实现法治"）。

第四，法律规则可能涉及如何规范信息系统和软件的应用，包括如何规范公民、企业和其他参与方在法律上的权利和义务。图 15.1 说明了这些监管的各方面。

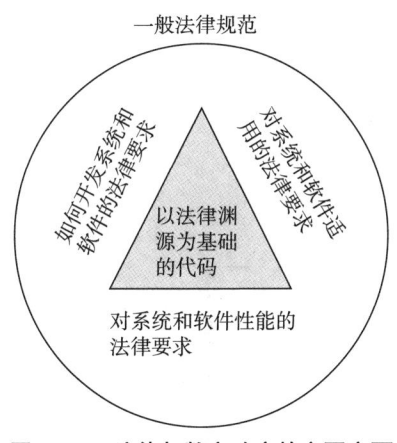

图 15.1　法律与数字政府的主要方面

一般来说，对系统和软件性能的法律要求可能是最常见的，其中《通用数据保护条例》占主导地位。对系统和软件应用的法律要求很常见，但不一定是以特别规定数字政府的形式出现的。尽管可能需要修改立法以应对数字政府，但行政法中的大多数传统法治保障也将适用于数字化决策，尽管其方式不一定令人满意。在"通过信息系统的设计来实现法治"中，笔者将讨论规范法律决策系统的属性和这些系统的应用之间的平衡。

本章的主要内容则侧重于图 15.1 中三角形所涉及的问题：基于法律渊源的代码或作为系统和软件内容的相关法律问题。这涵盖了从法律渊源出发，通过有效法律规则的解释和推导，到实现法律渊源的编程代码，以及在个案中法律自动化的应用等转换问题。笔者将这个过程称为法律渊源的转换，简称"转换"（transformation）。

---

[6]　See Regulation of the European Parliament and of the Council on a framework for the free flow of non-personal data in the European Union, 2017/0228（COD）.

[7]　See Proposal for a Regulation of the European Parliament and of the Council concerning the respect for private life and the protection of personal data in electronic communications and repealing Directive 2002/58/EC（Regulation on Privacy and Electronic Communications），2017/0003（COD）.

(三) 法律渊源的转换——概述

以下讨论将仅限于公共行政中的一类信息系统，即法律决策系统。这个类别相当广泛，包括将法律规则嵌入到编程代码的系统，从而可以自动化应用法律。换句话说，开发此类系统需要进行法律渊源的转换。如果以公共行政中的个案决策为例，这些法律渊源通常是法规和条例，用于确定政府机构如何在个案中做出有效的法律决策。易言之，正在讨论的法律，其实质范围仅限于政府某一特定部门的法律，例如，规范不同类型的税收、社会福利、学校和大学的录取等。此类特殊法规和条例与具有一般性或广泛性实质范围的立法有着根本区别，如涵盖公共行政各个部门的法律，或涵盖公共和私营部门处理个人数据的大多数情况的《通用数据保护条例》。[8] 本章的讨论范围仅限于政府某一部门的法规和条例，这些法规和条例针对特定的政府计划制定了法律规则，通常会成为一个官方信息系统的有效来源。例如，税务部门将有一个信息系统，用于确定纳税义务和评估欠款金额，社会福利和国家保险系统以及教育机构的学生录取系统等情况也类似。显而易见的原因是，政府权力的行使通常仅限于政府主管部门，因此只有一个具有法律效力的信息系统。当然，其他行为者也可以开发自己的并行系统（例如，用于评估税收），除非它们以"官方"税收信息系统为来源，否则将无法确定由非政府分支机构开发的系统中嵌入的私人和"非官方"法律解释的正确性。[9][10]

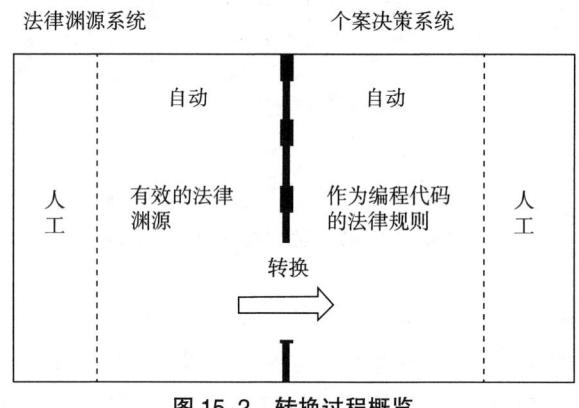

图 15.2 转换过程概览

图 15.2 展示了转换过程的主要元素，这是一个开发信息系统的过程，旨在自动化应用特定立法领域（例如，关于住房补贴或所得税）内的有效法律渊源。该图旨在说明从真实的法律渊源到编程代码的转换过程，即从自然语言到形式化的编程语言。

法律渊源系统（图 15.2 左侧）指的是各种法律、法规、判决和其他被法律体系所接受的真实权威渊源的汇编（即可用于做出有效个案决策的法律渊源）。这些法律渊源可以从数据库中自动收集，也可以从纸质藏书中人工收集。收集到相关法律渊源后，它们将根据公

---

[8] 通常，这类"通用（一般）"立法是构成数字法律框架的立法，如前一节所述。

[9] 这并非说官方系统的法律内容必定正确，但这些系统代表了政府对法律应如何适用的官方意见。

[10] 在某些情况下，类似的问题可能与多个地方政府基于相同法规但采用不同的私人开发软件行使并行职权有关。只要对所有公民适用相同规则，无论他们所在的市镇如何，并行系统解决方案就不应该有任何差别。

认的法律方法对其进行解释，从而形成大量的法律规则。转换过程的下一步将是通过编程语言，以一种或多种程序将这些法律规则形式化并表达出来。

解释既包括如何理解每一段含糊、随意和不完美的文本内容，也包括如何根据其他内容理解每一个相关的法律渊源。衍生规则必须精确和完整：计算机只遵循明确的规则，不允许有任何疑问或自由裁量。换句话说，转换意味着在每一个点上，都必须选择特定的解释，排除其他可能的解释。法律决策系统的编程代码包含了一系列被认为是最佳和正确的解释。但总是可能存在其他同样正确和合法的解释。因此，有理由不同意将编程代码中嵌入的解释视为正确。

根据维基百科的定义，"算法"一词是指"如何解决一类问题的明确规范"。[11] 将法律渊源转换为编程代码可以描述为，从法律渊源中推导出详细、相互关联、明确的法律规则，这些规则确定了应该如何在特定的法律领域内解决法律问题。从通过自然语言来明确和表达"法律算法"开始，最终以编程语言来表达法律算法。在本章中，算法这个词并不经常使用；一部分原因是其相关性是显而易见的，另一部分原因是在解释转换过程中，其他更具体的术语甚至更有用。

上面的解释表明，将真实的法律渊源转换为编程代码，可以将其视为一个法律决策过程。这种决策过程的类型和法律效果，取决于主管部门赋予给法律决策系统的角色。在许多情况下，法律解释在法律决策系统中的实际效果是直接和具有约束力的。技术、实践和经济环境都会对这种效果产生影响。如果系统在眨眼之间做出了数百万个单独的决定，那么一般来说，人工检查系统的每一个输出是不可行的，因为这需要大量办案官员和巨额预算来进行有意义的控制。在下面的"具备计算机意识的立法"中，笔者将讨论如何在系统开发过程中，使其中涉及法律的部分更加遵循法治原则，或者考虑通过延长立法过程来降低系统开发中所涉及的法律决策的重要性。这样做的目的是确保系统开发过程中的法律部分更加合理与公正，或者通过其他方式来减少对法律决策的依赖。

（四）自动化决策与决策支持

上文使用了"法律决策系统"一词来表示无需人工控制输出即可做出决策的系统。法律决策系统的特点在于，法律的高度自动应用和加工结果作为合法有效决策的可接受性。此类系统可以但不需要完全自动化：自动化程度取决于相关法律渊源能够在多大程度上转换为代码，以及进行这种转换是否有利可图。例如，可能因为相关法律渊源的某些部分很少使用，进而导致成本过高。即使是可以转换的，法律的某些部分应用也需要人工处理。

《通用数据保护条例》第 22 条规定了"仅基于自动化处理的决策"。如果某项决策可以被归类为法律决策（即如果处理过程是由已转换的法律渊源所控制的），这可能与完全自动化的法律决策系统相对应。在这里，笔者避免对第 22 条的复杂性和不确定性进行解读。从逻辑上讲，"仅基于自动化处理"应该是指该处理在确定结果时不允许有任何人工干预的可能性。在挪威公共行政管理中，这种完全自动化的法律决策系统越来越普遍。例如，在挪威，大多数关于个体纳税人的税务决策、超过 70%的挪威国家教育贷款基金申请，以及绝大多数的住房福利申请都是完全自动化的。完全自动化意味着每个案件都是根据已转换和编程的法律规则进行处理的。

---

[11] See https://en.wikipedia.org/wiki/Algorithm.

在逻辑上，完全自动化的决策必须基于两个主要前提：首先，代表案件的每一个相关事实的数据必须以机器可读的形式存在，并且能够以适当的技术格式数字化访问；其次，必须通过包含所有相关可适用法律规则的正确和完整表述的计算机程序，来处理案件的所有数据。在下面的"从法律渊源到编程代码"部分将进一步探讨这两个前提，在"处理数据"部分将更仔细地研究数据的处理。如上所述，这里的重点是，"法律决策系统"的概念涵盖了从适度自动化到完全自动化的系统。

相比之下，"法律决策支持系统"是一个表示支持人类决策的数字系统的术语。最终决策总是由人做出，至少是通过批准系统针对个案决策的建议来做出。决策支持系统也可以在决策过程的选定环节执行各种自动操作；例如，通过进行相关法律渊源的高级检索，收集有关案件相关事实的信息，或通过有限的法律自动适用（例如，计算和试验条件）。与法律决策系统相比，决定性的区别在于人们监督法律决策支持系统（legal decision support systems），而计算机则负责管理法律决策系统（legal decision-making system）；支持系统辅助人类处理和应用法律，而决策系统则根据自动化的程度或多或少地会得到人类的支持。

法律支持系统的典型用户是向客户提供个性化建议和服务的律师。这类法律服务必须针对个案情况以及客户的需求做出响应。如有必要，律师将代表客户"开战"，并尽可能维护客户的利益，这一追求可能会让他们对法律渊源做出意想不到的解释。

相比之下，决策系统的典型用户是公共行政官员，[12] 他们作为"大规模行政"的一部分，以标准化的方式处理个案。法律决策系统的应用在很大程度上基于对法律的"安全"（safe）和"忠诚"（loyal）解释，或为有效的决策程序铺平道路的解释。在大规模行政系统中，对解释的选择很容易受到对政府预算预期效果的影响（即如果某种解释能帮政府省钱或者更方便地利用现有数据，那么这种解释就很可能会被采用）——例如，将概念解释推向极端，以便数据的重复利用（见下文"通过重复利用和共同使用简化事实处理"）。

（五）作为预先决策的自动化决策

传统上，律师会在法律问题出现时便解决它们：法律的应用是由个案的不断涌入所驱动的（"案例驱动的法律应用"）。因此，解释问题可能要到个案成为话题时才会得到解决。原则上，潜在的解释问题可能永远不会被发现，因为没有个案将其浮现出来。

当任务是开发法律决策系统时，不能等待获得足够多的个案。相反，该方法必须由系统驱动；也就是说，需要系统地描绘（map）和解决解释问题（"系统驱动的法律应用"）。系统驱动方法的具体要求取决于系统的具体需求和设计，以及人们对系统的期望有多高。在这里，假设目标是建立一个具有广泛和深入的法律代表性的系统，从而实现高水平的自动化。广泛的代表性意味着，系统将涵盖与特定法律领域或法规相关的所有类型的法律问题，这些法规规范了特定类型的个案决策。深入的代表性意味着，法律问题的解释和解决是一个精心和详细的过程，并且最终与特定类型的个案决策相关的所有关联法律问题，都会在详细的层面上得到确定和解决。

如上所述的系统驱动的法律应用将律师置于一个新的情境中：他们没有标准的方法来详尽地描绘某个领域内的法律问题。因此，需要应用新的形式化方法和工具。通常，这将涉及上述提到的法律渊源转换的两个主要方面的建模，即代表案件事实的数据/信息的建

---

[12] 但有时所有办案人员都会被裁减。

第十五章　从法律渊源到编程代码——法治下的公共行政与计算机自动个案决策

模,以及这些信息应如何处理（流程图等）。通过在数据模型中指定所有可能类型的相关事实中的规则元素,并描述这些数据之间的可能关系,就可以对规则的事实方面进行完整描述。此外,通过在数据模型中指定与数据处理有关的所有规则元素,就可以阐明同一规则的程序性方面。

有了讨论领域内事实和程序规则元素的"完整模型",法律解释和问题解决基本将是标准类型的。然而,有两点特殊性值得注意：当开发决策系统以取代现有系统时,一个方法论问题是,在现有代码中表示的法律规则在多大程度上应被视为现有行政实践的证明,并因此作为法律渊源而被赋予相应的权重。基本的观察结果是,计算机程序总是以相同的方式执行,因此可以说编程代码是某种实践的强有力和详细的证据。因此,平等对待原则意味着,现有决策系统的代码应作为法律渊源被赋予相当大的权重。在此,笔者不会进一步讨论这个问题,而只是提出一些额外的考虑因素,这些因素可能或应该影响编程代码作为法律渊源的角色：

- 相关编程代码是否已被政府机构知晓并承认为适用法律的体现（这段代码可能是由组织内部较低层级的员工或者外部承包商编写的,而政府机构的负责层级对此并不知情或不了解其背后的决策机理）；
- 代码是否旨在表达一项法律规则（编程选择可能会产生意想不到的法律效果）；
- 是否可以说编程代码代表了大量个案中的行政实践（大量的案例可能是支持代码作为法律渊源具有高权重的一个论据）；
- 相关编程代码已使用多长时间（使用时间长短可能是支持代码作为法律渊源具有高权重的一个论据）。

上述因素可能与大多数法律制度都是相关的。不过,它们的权重可能有所不同。此外,对这些因素的评估方式可能依赖于代码所依赖的常规程序或流程特征。因此,在开发代码时没有特别注意"代码即法律"的情况下对规则进行评估,与律师深度参与编程代码法律内容规范、高度认识"代码即法律"的情况下进行的规则评估,通常会存在差异。

笔者要谈到的第二个特殊方面,是关于与转换过程相关的法律的解释和应用,可以用"连贯性分析"一词来概括。当然,在考虑立法解释时,连贯性是一个共同要素。这里的重点是,在系统驱动的法律应用中,连贯性分析变得更加重要。如上所述,对数据和处理建模的强调为连贯性分析奠定了坚实的基础,特别是在所使用的概念方面。解释一个概念时,我们往往会看法律的其他部分或者与之密切相关的其他法律渊源里,是怎么解释相同或类似的概念的。连贯性分析很可能既针对描述个案事实/数据的概念进行,也针对表达数据处理所需的逻辑和算术运算的概念进行。例如,"收入"这一概念的出现将根据这一概念的其他出现情况,以及可能出现的同义词（例如,"所得""工资"）进行解释。同样,表达逻辑和算术运算的单词和短语也将以同样的方式进行解释：每次出现"根据消费者价格指数的变化进行调整"这一短语时,其含义可能都是相同的。

关于解释的"完整决策"（即广泛和深入的决策）意味着对所有相关的法律问题的确定,进而确定决策系统处理的所有潜在的未来个案。这样的系统意味着预先决策：它详尽而精确地预先确定了①哪些事实可以作为决策的基础,包括这些事实的数字来源（digital sources）和定义,以及②为了得出法律上有效的结果,这些事实必须如何表述和处理。不确定性仅与预先限定（或预先确定）类型的、在法律上有效的事实的未来价值或影响相关。

然而，其中许多事实在某种意义上将是"历史性的"，因为它们在决策之前就已经存在：决策将基于描述公民既定情况（例如，收入、婚姻状况、子女数量等）的（现有）事实。从这个意义上说，个案决策是预先确定某些事实的法律效果。

二、从法律渊源到编程代码

（一）概述

本章基于这样一个前提：将真实的法律渊源转换为编程代码可以被视为一个法律决策过程（见上文"法律渊源的转换——概述"）。接下来，本章将更深入地探析这一转换过程，将重点关注转换的法律方面，而技术方面将仅仅是法律程序的背景。图15.3概述了转换过程的主要步骤，以下讨论将大致遵循这一结构。

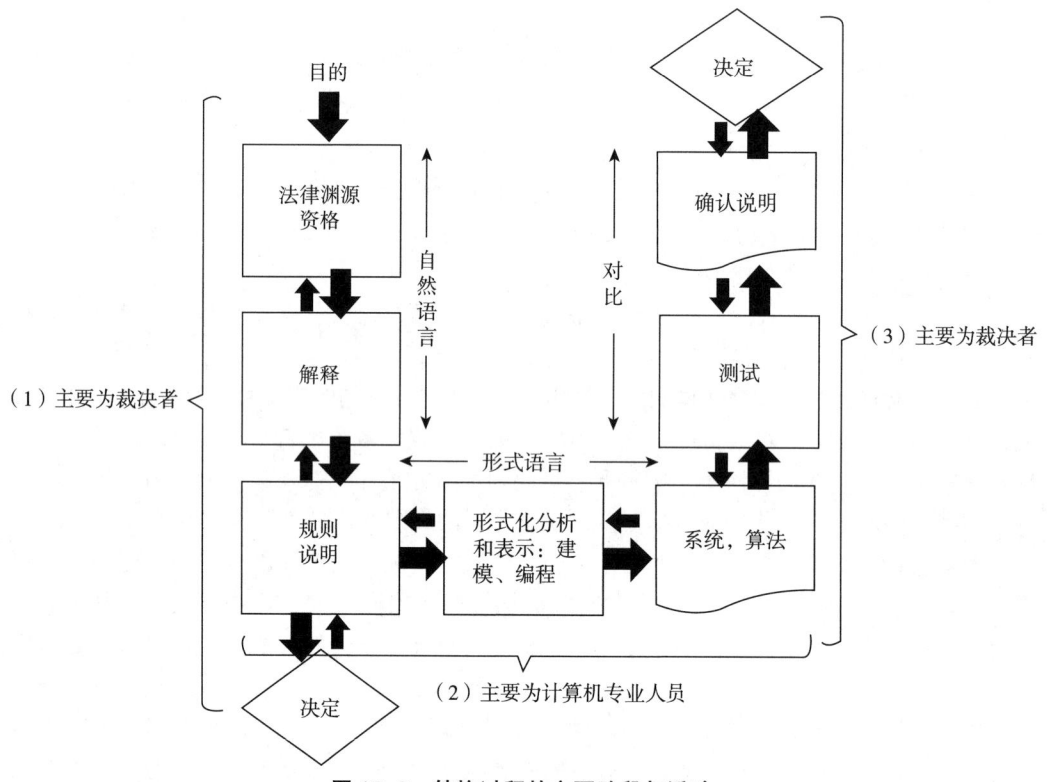

图15.3 转换过程的主要阶段与活动

图15.3包含三个相互关联的子过程：两个垂直子过程和一个水平子过程。垂直过程代表与律师最相关的过程，包含需要法律能力的任务，即"（1）"一个从制定处理目的的开始到规则规范结束的子过程，以及"（3）"从编程规则[13]开始到决定运行决策系统的子过程。在这两个子过程之间，有一个主要由计算机专业人员执行的中间子过程"（2）"，他们实现规则规范并对其进行编程，以便可以自动应用。整个转换过程包括子过程"（1）"

---

[13] 参见图15.3中的"系统，算法"。

和"（2）"。就形式化而言，转换是一个渐进的过程。子过程"（1）"主要涉及自然语言处理，子过程"（2）"主要涉及形式化语言处理（建模和编程语言）。子过程"（1）"结束时的规则规范将是半形式化的（semi-formal），通常采用结构化自然语言（"伪代码"）、表格等形式的规则表达。重要的是要注意，即使这些过程是按步骤说明的，但也应该预料到会有迭代（见小箭头）。例如，特定规则的形式化可能很困难或昂贵，这可能导致迭代和重新考虑以不同方式解释法律渊源的可能性，从而制定出略有不同的规则，这些规则更容易进行形式化表述。在本章中，我将主要讨论子过程"（1）"，并简要讨论子过程"（3）"。子过程"（2）"将不在此处进一步评论。

子过程"（1）"中必须解决的问题之一是遵守《通用数据保护条例》。公共行政中的个案决策的当事人往往涉及自然人，因此案件的事实就是《通用数据保护条例》第4条第1款所定义的"个人数据"，而这些信息的自动处理就相当于"处理个人数据"（参见第4条第2款）。在此，本章的篇幅限制不允许讨论与《通用数据保护条例》相关的问题，因此，将仅提及这些问题并将其置于相关背景中。

（二）确定目的和法律渊源的资格

法律决策系统的开发必须始终在一个或多个处理目的的框架内进行。[14] 在这些案例中，处理的核心目的是做出特定类型的个案决策，例如，关于住房福利、个人所得税或公立学校和大学录取的个案决策。[15] 在大多数情况下，政府决策所依据的实质性规则将是法定的，而且相当详细，这意味着在制定处理的主要目的时，几乎没有选择的自由。例如，处理目的可以是对住房福利申请案件（包括处理上诉）做出决策，包括处理申诉。[16]

处理的主要目的间接决定了对将被转换的相关法律渊源的识别。当主要目的是在有关住房福利的个案中做出决定时，有关该福利的实质性规则将在议会法案或法规中规定。在许多法律体系中，准备工作在法律教义推理中也具有很大的法律意义和分量。此外，还可能会有相关的判例法和其他类型的法律渊源。

撇开不同法律体系之间可能存在的差异不谈，子过程"（1）"第一阶段的主要任务是确定所有相关法律渊源，并列出"完整"的清单。在开始解释法律渊源之前，需要确定包含相关法律渊源的法律信息系统。在某些司法辖区，几乎所有的法律渊源都可以在一个统一的信息系统中找到。[17] 在许多其他司法管辖区中，绘制提供完整法律渊源清单的可用信息系统地图的任务将更具挑战性，这些法律渊源与法律决策系统的开发相关。在这方面，我们将基于克服这些挑战并获取所有相关法律渊源的情况作进一步讨论。

法律决策系统开发所依据的法律渊源构成了每个系统的真正基础，从这个意义上说，转换过程中的每一次法律解释选择都应该以此为基础。因此，建立应对修正案和其他法律

---

[14] See GDPR, arts. 6 and 9.

[15] See GDPR, art. 5（1）(b) 和目的限制原则。

[16] 详细的法规也往往会对处理数据的法律基础问题产生影响（参见《通用数据保护条例》第6条和第9条），因为法律往往构成处理数据的基础；换句话说，立法的实体规则将对可能被认为是"对……行使官方权力必要的"个人数据处理起决定性作用（参见《通用数据保护条例》第6条第1款e项）。同时，对与决策系统将执行的个案决策类型相关的目的进行具体说明，会对被视为转换过程基础的法律渊源的资格产生影响。因此，第6条第1款第e项通常将成为公共行政中计划的法律决策系统将进行的处理的主要法律依据。

[17] 就像挪威的 Lovdata. no. 信息系统一样。

发展的机制很重要。此外，法律渊源的选择不应依赖于个人的主观选择，而这些个人有时会被赋予考虑法律渊源相关性的任务。可以通过固定的选择标准来确保相关法律渊源的稳定识别、选择和更新；也就是说，通过固定的规则可以确定应该选择哪些特定法律渊源并将其纳入系统来源集合中。

在选择法律渊源后，下一步将是准备对其进行分析和转换。本章不会详细讨论这一点，但可能的方法是：①将渊源相互联系，以建立一个完整的渊源体系；②确定所有法律概念的定义；或③确定所有引用（每个渊源内部的引用、法律渊源体系内部的引用以及渊源体系与外部渊源之间的引用）。这个组织良好的渊源体系应该按照子过程"（1）"的步骤进行解释；请参阅下一节。

（三）规则的解释和说明

1. 概述

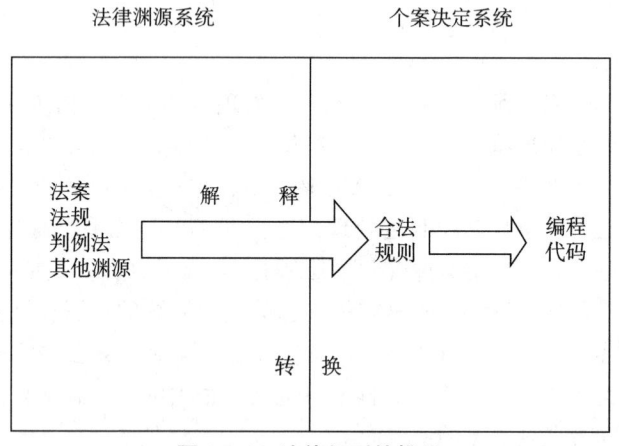

```
        法律渊源系统              个案决定系统

    ┌─────────────────┬─────────────────┐
    │  法案            │                  │
    │  法规    解  释  │  合法   →  编程  │
    │  判例法   ───→   │  规则      代码  │
    │  其他渊源        │                  │
    │                  │                  │
    │          转  换  │                  │
    └─────────────────┴─────────────────┘
```

图 15.4　法律规则的推导

转换过程的下一步是解释法律渊源，旨在推导出以编程代码的形式表达的规则。图 15.4 是图 15.2 的变体（见上文"法律渊源的转换——概述"），并说明了不同的渊源是如何作为这些渊源联合解释的基础，从而产生了一系列的法律规则，而这些法律规则反过来又将被进一步规范化和编程，并作为法律决策系统的一部分。从语言学的角度来看，人们从自然语言中的来源出发，推导出用半形式化的语言（通常是伪代码）表达的法律规则，而这些规则将通过形式化的（明确的）编程语言进行转换。

在许多国家，议会法案和法规将是主要的法律渊源，但情况可能有所不同。成文法的起草通常是为了规范有关领域内的大多数法律问题，因此，其他法律渊源将主要应用于补充和阐明成文法基础。与其他情况相比，这代表了一种更容易的情形，因为在其他情况下，必须处理更复杂和更多样化的判例法模式，以推导出该领域的法律规则。

笔者已经强调过，解释过程本身通常是"正常"的，并且符合既定的法律原则渊源。然而，需要采取的视角是特殊的，必须反映转换过程的后期阶段。首先，需要考虑规则的两个方面：①需要考虑哪些事实，以及哪些数据能够表征这些事实？②应该对数据执行哪些操作以产生法律上正确的结果？

第十五章　从法律渊源到编程代码——法治下的公共行政与计算机自动个案决策

下面的讨论将遵循这种解释视角。大多数法律问题都与事实（通常是个人数据）有关，而与对这些事实进行的操作相关的法律问题数量通常较为有限——尽管它们可能非常重要。

2. 个案事实的推导与转换

如上一节所示，图 15.5 展示了案件事实/数据之间的划分以及对这些数据执行的操作。

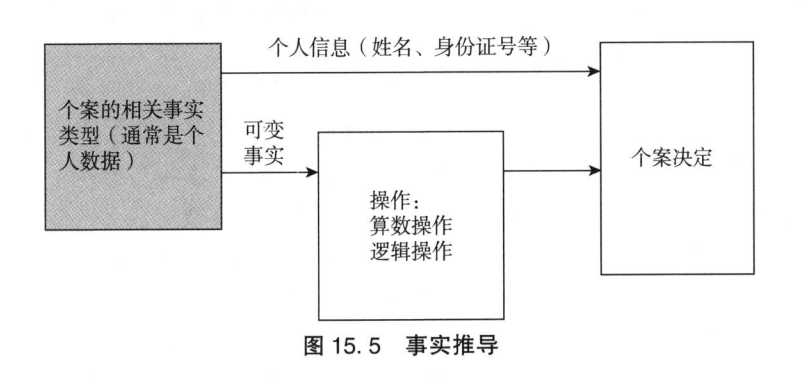

图 15.5　事实推导

本章中的讨论主要与图 15.5 左侧的灰色方框有关。从方框中引出的两个箭头表示处理代表个案事实的数据：个人数据——即识别案件当事人的个人详细信息，如姓名、国家身份证号、居住地址以及（其他）联系信息。这些数据在法律决策系统处理案件时将保持不变，因此在这种情况下，人们不太关注这些数据。

这里的重点是可变的事实/数据，即描述事实的数据，这些事实根据法律渊源，被认定为个案决策的相关基础，如婚姻状况、收入、抚养子女数量、疾病、缺勤天数、住所和幼儿园之间的通勤时间等。在各种政府法律法规中，有许多为公民设定权利和义务的法律标准。这些标准在法律中通过自然语言或其他方式表示，这些方式需要在条款转换为自动流程并产生有效的法律决策之前进行解释。以下是一个关于疾病福利权的法律规定的简单引述，可以作为与可变事实相关的解释示例：[18]

> 就本法任何有关……疾病福利……的规定而言，任何人在任何一天，除非因某种特定的疾病或身体或精神上的残疾而不能工作或根据规定被视为不能工作，否则该天不应被视为该人无工作能力之日。

关于疾病福利所规定的每一个相关概念都必须在上下文中进行解释，但这里只展示了一小部分。例如，上面的引述要求对一个人是否"不能工作"进行检查。如果得到证实，则必须评估这种无能力是否是由"特定的疾病"或"身体或精神上的残疾"引起的。为了确定这三个条件是否满足，必须查询其他法律渊源，并检查是否存在可以帮助正确理解这些概念的法规、判例等。

一开始，必须建立一些基本的解释，并找出"不能工作"是否要求 100% 的无能力，或者是否允许某种程度的无能力。如果部分工作能力丧失是可以接受的，我们需要了解这种健康状况是否可以用任何百分比来表示（如 67% 的工作能力丧失？），是否有一个下限（如 20% 或以下的工作能力丧失？）等。当所有这些都确定后，还需要更多地了解如何输入有关这种情况的数据（如果仅接受 100% 的伤残程度，则输入"是"或"否"；如果接受部分伤

---

[18]　这个例子是基于 1965 年《英国国民保险法》（*National Insurance Act*）。

残程度，则输入百分比数字，可能是标准化百分比或最低百分比）。

由于解释是法律决策系统开发的一部分，人们会对找出这些标准中的某些标准，是否可以解释为等同于可以通过数字方式访问的数据感兴趣，最好是作为自动数据收集程序的一部分（见下文"通过重复利用和共同使用简化事实处理"）。在这里，"特定疾病"这一短语可能被理解为指的是一份官方疾病清单，其中每种疾病都由一个独特的代码表示。[19] 这是一个关键点：我们需要尽可能自动化地收集特定疾病信息，最终的解决方案可能是疾病必须通过形式化的编码系统来表达，在没有其他信息的情况下，"严重晒伤"这样的描述不应被接受为对疾病的说明。相反，应使用官方代码"L55.2 三度晒伤"或其他适当的代码。此外，重要的是要决定哪一组人有诊断权，以及是否有关于报告诊断手段的要求。例如，诊断是否必须在特定的索赔表单上报告，或者是否需要在政府数字数据系统中应用特定的程序。类似的问题与"身体残疾"和"精神残疾"有关，这可能必须被理解为与"特定疾病"不同的东西，但笔者会在这里详细阐述可能的解释。

上面的例子足以证明，在法律决策系统开发过程中，对法律概念的解释（用以表示个案中的相关事实类型）将会引发一系列具体问题。在法律渊源中找到可行答案的程度将基于许多因素而有差异，在这里，笔者将避免对什么是最重要或最典型的因素做出断言。然而，法律渊源往往在解决详细的解释问题方面提供的支持很少，就像上面提到的与"特定疾病"有关的问题一样。在这种情况下，一个关键的问题是，政府机构在确定如"特定疾病"等基础条件时有多大的自由裁量权。例如，在不违反合法性原则的前提下，可以在多大程度上引入程序性要求（例如，使用标准编码系统、限制谁可以做出诊断、规定如何收集诊断数据并将其纳入法律决策系统等）？

在某些情况下，个案事实依赖于负责案件的官员进行的自由裁量评估。以下引文说明了使一个人丧失领取失业救济金资格的情况：[20]

……

（c）他忽视了利用合理的机会寻找合适的工作；

（d）他无正当理由拒绝或未能执行就业交易所官员给他的任何书面建议，这些建议是为了帮助他找到合适的工作，这些建议是合理的，考虑到他的情况和在他居住的地区通常采用的获得该工作的手段……

像"合理的机会""合适的工作"和"合理考虑"这样的标准，为官员在评估情况、行动、人员等方面提供了广泛的自由裁量权，原则上不可能排除可能被视为相关的新方面和新论点的可能性。例如，"无正当理由"这一条件可能涉及许多无法事先完全确定的个人行为和情况。相反，这样的自由裁量标准要求做出具体的评估——这至少是一个起点。基于每一个相关法律渊源的整体情况有理由得出结论：即这些条件可以标准化，并被一系列固定的标准所取代。在实践中，公共行政往往会以更非形式化的方式进行标准化。在设计法律决策系统时，将自由裁量权替换为（或多或少）固定规则的标准化准则是否合法？从技术角度来看，人们很想消除自由裁量权，转而引入有限数量的更为严格的条件，以取代

---

[19] See, e.g., International Statistical Classification of Diseases and Related Health Problems, 10th Revision (ICD-10)(WHO, 2016).

[20] 该例子基于1965年《英国国民保险法》第22条第2款，其中包含了一些典型的例子。

"无正当理由"和"合理机会"等标准。然而，合法适用某一项法律或条例可能意味着有行使自由裁量权的义务。这种情况下，一个常用的解决方案就是在自动数字系统之外行使自由裁量权，并安排输入表达自由裁量评估结果的数据（无正当理由＝是/否）。然而，如果这种类型的解决方案与高度自动化的个案处理相结合，那么它就不能令人满意，因为它既昂贵又会明显减慢处理速度。

如上所述，另一种解决方案——至少在理论上——是用一系列固定的累积标准来代替自由裁量权；也就是说，这些标准可以通过收集相关的机器可读数据来解决。然而，要通过机器可读数据对"合适的工作"等事物进行建模，就需要访问大量不切实际的数据类型。换句话说，首要的问题是完全取代自由裁量评估是否合法。第二个问题是，设计一个能令人满意地取代自由裁量权的自动程序，在实际上和技术上是否可行。这两个问题的答案经常都是"否"。

第三种可能的解决方案是将统计方法和机器学习结合起来应用，但这在挪威公共行政机构尚未尝试过。[21] 其条件取决于是否存在一个由先前判定的案例组成的档案库，例如，关于"合适的工作"的案例。如果之前存在关于该标准的决定，那么就有可能训练出一种算法，用于分析和比较新案例与之前的案例，并将新案例归类为"适合的工作"或"不合适的工作"。这样的程序可以100%自动化。然而，使用机器学习会带来几个法律上的问题。在此，笔者只提一点，除非引入补偿程序，否则机器学习只会强化之前的做法。因此，与其说这是法律动态和法律逐步发展的可能性，不如说这有可能创造一个"回声室"。在这个回声室中，即使在有新情境的新案例中，旧的观点仍然具有决定性作用。

3. 数据处理规则的推导与转换

图15.6重复了图15.5中关于案例事实与对这些事实进行操作之间的区分的说明。它还强调了通过算术和逻辑运算对可变事实/数据进行处理。在这里将简要评论这种对可变事实/数据的处理（见灰色方框）。

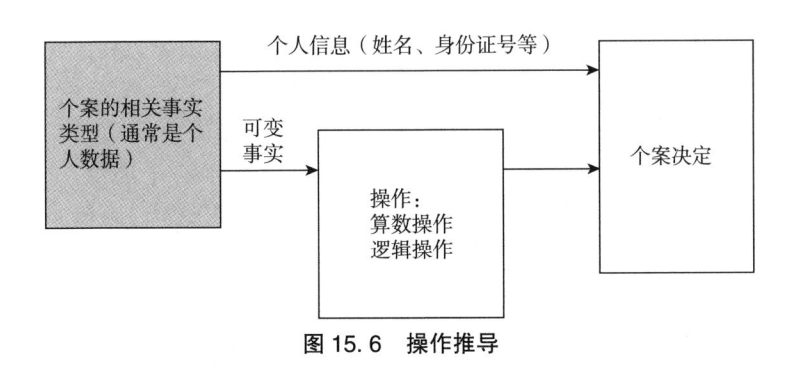

图15.6 操作推导

可变数据处理规则的推导和转换，基本上就是找出为了使这些数据能够作出具有法律效力的决定而必须对其进行什么处理，或者如何将案件中具有法律意义的事实/数据用于解决个案？在努力寻找答案的过程中，需要尝试理解可适用的法律渊源，这些法律渊源描述了计算机可运行操作的执行方式。因此，基本上，人们需要理解表达算术和逻辑运算的法

---

[21] 截至2019年3月。

律渊源。算术运算符（arithmetical operators）的示例包括+、-、/和＊（即代表基本的计算方法）。逻辑运算符（logical operators）的示例主要包括 AND、OR、NOT、<、>、≤、≥、=和≠，它们用于表达法律条件的结构。通常在推导和转换处理规则时，需要同时使用这两类运算符。例如，使用逻辑运算符来判断一个人是否有资格获得社会福利或者是否需要缴税。为了确定福利金额、税额等，需要使用算术运算符。然而，逻辑运算符不仅仅与法律条件相关，算术运算符也不仅仅与"如果—那么"（IF-THEN）结构中的法律后果相关。条件可以包含计算（例如，年龄、金额限制、截止日期等），并且可能有多种替代方式来确定结果（例如，情况 A 使用一种计算方法，情况 B 使用另一种方法）。此外，一些法律规则可能不需要计算或进一步的逻辑操作来确定法律后果，例如，规范获得公民身份的立法可能仅仅基于法律条件的结构。

一个简短的例子可以说明上述的一些要点。这个例子是基于《通用数据保护条例》的第 8 条，该条规定了未成年人同意处理其个人数据的条件。这个例子是一个伪代码，用"形式化的自然语言"表达法律规则。逻辑运算符用大写字母标记（IF；OR，AND），并且三次出现的数字都与两个小的计算部分相关联：

如果（IF）：
数据主体的年龄是 18 岁
或数据主体的年龄在 16–18 岁之间
并且处理涉及信息社会服务
或数据主体的年龄在 13–16 岁之间
并且处理涉及信息社会服务
并且处理得到了父母的授权
并且数据主体具有完全行为能力
那么（THEN）：
数据主体有权同意（处理其个人数据）。

这种规则表示是不完整和不确定的。它之所以不完整，是因为它只是更大规则集的一小部分。更重要的一点是，在本章语境中这种表示是不确定的，由于立法者没有具体表达人们需要知道的几个要素，以便设计一个连贯的逻辑结构来解决手头的法律问题。《通用数据保护条例》中没有规定成年年龄，因此采用了挪威的成年年龄（18 岁）。此外，立法者没有选择以明确表达逻辑模式的方式制定第 8 条，因此需要明确这一逻辑。因为立法者使用模糊的自然语言而不是算术运算符或其他类型的精确措辞来表达计算规则，所以类似的解释挑战也可能发生。这些类型的解释问题与上一节中讨论的表达个案事实的概念解释不同。确定正确的逻辑和算术结构的解释，通常不如确定描述事实的概念含义的解释全面。然而，为了设计一个能够产生法律上正确决定的决策系统，这两个解释问题都必须依法解决。

4. 从申请到决策的三个步骤

在上文中，笔者已经解释了在推导和转换表示个案事实的概念（见上文"个案事实的推导与转换"），以及规定这些事实必须如何处理才能得到合法有效结果的规则（见上文"数据处理规则的推导与转换"）过程中的核心挑战。图 15.7 展示了这些推导和转换问题的基本三步划分：形式条件、实质性条件和结果评价。

图 15.7　处理个案的三个步骤

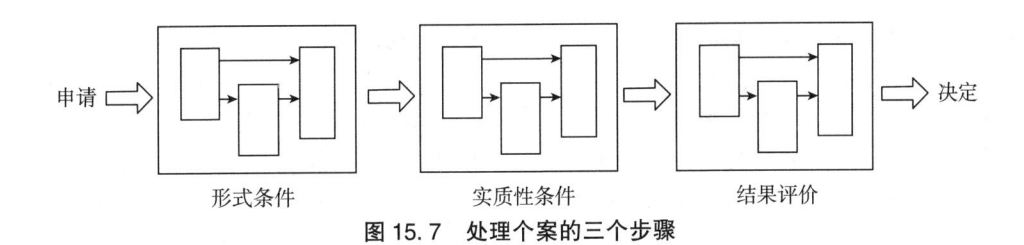

　　图 15.7 复制了本章前两节中的结构，[22] 目的在于强调在三个步骤中的每一步，都需要收集和处理一些描述个案的可变数据。其中一些数据涉及在处理实质方面之前必须满足的形式条件。例如，截止日期、数字签名要求、使用特殊数字程序的规定、技术格式、文档要求等。潜在问题是：①需要确定哪些类型的形式条件，以设计所需的决策系统？②是否有法律依据来制定这些形式要求？③如果法律依据不足，在多大程度上以及如何可能获得充分的法律依据？

　　当案件满足形式条件时，法律决策系统必须能够审查所有相关的实质性条件，即确定结果所必须满足的所有条件。例如，纳税义务是税收评估的条件，而失业救济金可能取决于相关人员是否"有工作能力并且正在就业，或根据规定被视为可以在某个就业岗位上进行工作"的实质性条件。[23] 如果不满足这些条件，将不会进行税收或失业救济金的评估。因此，在前文"事实的推导和转换"以及"规则的推导和转换"所述的推导与转换过程中，一项任务便是识别并解释与法律决策系统开发所针对的相关问题领域中实质性条件问题有关的所有相关法律渊源。此外，需要推导与实质性条件有关的规则片段，并将其纳入一个详尽和连贯的形式化规则表示中。

　　如果满足实质性条件，例如，涉及纳税义务或获得失业救济金的资格，第三步将是确定结果（例如，应缴税款的金额或可获得的失业救济金额）。与前一步关于实质性条件的过程类似，需要识别所有与评估结果相关的法律渊源，并将它们组合成一个详尽和连贯的形式化表示。这通常是通过计算来完成的，有些情况是根据相当复杂的算法，有些情况则是简单地通过查表得到一个数字，还有些情况则是通过普通的统一费率结果来实现。在某些情况下，没有实际的评估，因为满足实质性条件可能会直接导致一个结果；例如，在某人符合大学课程学习或公民身份的入学资格时。

　　图 15.7 也可以说明自动化水平。一种基本的自动化基础类型是仅由计算机执行评估：形式条件的问题由人来处理（工作人员检查所有必需的数据项是否已正确填写在申请表上并签名，所需的文件是否已附上等）。如果满足形式条件，工作人员将考虑实质性条件（例如，申请人有工作能力并且可以提供就业等）。计算机将用于确定结果（例如，失业救济金的金额）。

　　如果存在全面的可用数据源，包含处理案件所需的数据类型，就可以实现更高水平的自动化。像"有工作能力"和"可以提供就业"这样的条件是自由裁量的，因此，除非其他机构已经充分考虑了同样的问题（从而可能重复利用数据），否则必须在所有个案中收集

---

[22]　参见图 15.5 和图 15.6。
[23]　引用自 1965 年《英国国民保险法》第 20 条。

这些数据。除非可以实现某种形式的数据重复利用，否则只能通过修正来提高自动化水平，即制定实质性标准，使其参照可数字化获得的既定事实：例如，不用"有工作能力"这一条件，而可以要求此人没有被登记为长期患病或残疾程度超过50%。同样，"可供雇佣"这一条件也可由以下条件取代：此人必须每周在社会保障办公室进行（数字）登记，从而确认其可供雇佣。这些例子当然并不详尽，而且可能看起来不切实际。然而，它们足以说明，关于收集实质性条件的高水平自动化，有时可能具有挑战性，并需要对立法进行根本性的修正，以使其更加"自动化友好"。在下面的"具备计算机意识的立法"中，将再次讨论根据技术调整法律的问题。

关于实质性条件的说法，对于形式条件来说，部分也是正确的：在图 15.7 的第一阶段实现自动化，法律需要接受数字签名。然而，在这一阶段，更重要的是社会的技术可用性和成熟度。换句话说，人们是否可以假设普通公民有能力、知识和动机以数字化的方式提交税表、申请福利或被大学录取等？如果大多数公民无法应用数字化技术或网络服务，那么公民与政府之间的交互接口或界面，就仍然需要保持传统的非数字的或者"模拟的"方式。在这种情况下，政府机构就必须负责数字化的输入工作。相比之下，高度的技术获取能力，以及使用技术的知识和动力，为自助服务程序扫清了障碍，在这种情况下，可以说每一方都可能变成自己案件的主管官员（见下文"处理数据"）。

三、处理数据

（一）处理数据的三种策略

在个人决策上所花费的大部分成本和时间，都与评估案件事实以及寻找和记录代表这些事实的可靠数据有关。因此，在开发法律决策系统时的一个重要目标，就是努力减少与收集决策数据相关的成本和时间。至少可以确定三种策略：

第一，查找具有与所需数据相同定义的机器可读数据源。这种策略包括：①重复利用有效法律决策的数据（结果和基础数据）；②使用源自公共政府服务的权威数据。

第二，改变相关政府机构、其他机构和因相关问题与政府互动的企业之间的分工。在这里，笔者只讨论其中一个子策略，即让个案当事方最大程度上在"自助服务"过程中登记与其案件相关的数据。

第三，使用传感器技术直接"读取现实世界"，无需通过人们的思维迂回前进，而是自动分析数据流（例如，通过机器学习）并将这些数据的分析结果作为法律决策过程的直接输入。

下文将简要探讨这些策略。需要注意的是，这些策略不应被视为互相排斥的选择，而通常会以不同的可能模式结合使用。

（二）通过重复利用和共同使用简化事实处理

数据重用和共用的关键词是"仅此一次"（once only），[24] 即重复利用以前的解释和归纳过程中所得出的数据。这个策略的前提是，另一个政府机构已经收集并定义了数据集，

---

[24] See, e. g., European Interoperability Framework Promoting seamless services and data flows for European public administrations, European Commission（2017）, p. 16, https：//ec. europa. eu/isa2/eif_en, and EU eGovernment Action Plan 2016-2020（COM（2016）179 final）, section 2 Visions and Underlying Principles.

第十五章　从法律渊源到编程代码——法治下的公共行政与计算机自动个案决策

这些数据定义必须与法律决策系统开发过程中，该机构对所寻求数据描述的概念在法律上的正确理解相符合。

第一个策略可以分为三个子策略：
（1）使用代表已作出的具有约束力的个案决策结果的数据；
（2）重复利用以前作出的具有约束力的个案决策所依据的数据（见（1））；
（3）使用由政府公共服务机构建立并可用的数据。

决策是以数据为基础并通过数据表达的。子策略（1）和（2）反映了这一概念：从这个角度看，决策以数据为原料并产生新的数据，而这两组数据都可能在其他决策过程中被重复使用。

第一，可能的策略是使用先前具有约束力的个案决策中得出的数据。例如，税务部门根据税收立法和其他可适用的法律渊源，决定一个人的正确收入。当某人对税务部门的决定没有提出申诉（即申诉选项被放弃），那么税务部门所决定的收入数字就具有了法律效力，这也意味着这个具有法律效力的收入数字是可以被获取和使用的。表达这一决定的数据，至少可以成为政府部门和私营部门在其他法律领域内做出新决定的基础。

第二，纳税义务的决定基于大量数据，这些数据是决策的基础。关于薪资等级、实付收入、扣税、雇主、工作地点、工作时间等方面的数据都是例子。在复杂的决策过程中，这类数据有很多不同类型。只要依据这些基础数据所作出的决定就被确认为在法律上是正确的，那么在其他决策过程中，这些相同的基础数据也可以被视为在法律上是正确的。

第三，重复利用表示结果的数据和基础数据，就需要对潜在数据源和这些数据源可能提供的不同类型数据的具体信息有一个满意的概述，包括它们的定义（如果有的话）、技术格式等。这可能是一个巨大的挑战，因为许多政府机构没有完整的概述，因此无法提供完整和确定的信息。例如，如果一个政府机构希望通过自动化收集"同居伴侣"的数据来开发一个信息系统或改进现有系统，那么第一个问题是：在哪里能找到关于这一群体的可靠数据？下一个关键问题是：根据在开发的法律决策系统的法律领域中相同（或相似）的概念定义，在哪里可以找到关于所有或大多数同居伴侣的数据？

从具有法律约束力的决定中重复利用数据的典型做法是，在尚未预先规划创建这些可能性的情况下，寻找机会利用政府机构中的现有数据资源。其目的是发现可以重复利用的内部或外部数据资源。为了实现这一目标，鼓励政府机构绘制他们的数据资源图，这样其他机构就可能意识到每个机构可能提供的数据。在许多情况下，目标是创建数据目录，并附带相关的概念定义声明。如果在概念层面上"供需"匹配，这可能是机构之间就技术解决方案和其他协议条款达成一致的良好起点。

上面列出的第三个子策略涉及使用已经被确定为一项通用政府服务的数据。这与上面提到的前两种技术密切相关，但在第三种策略中，多次使用数据从一开始就是有计划的、有目的的。例如，为了收集企业、公民和政府机构可以或必须使用的可靠信息，建立了各种数据库和登记册：人口登记册、土地和费用登记册、武器登记册、驾驶执照登记册、车辆登记册、股份登记册、婚姻登记册等。组织良好的国家拥有相对较多的此类登记册，一个重要的目标是使登记册可以证实的事项具有确定性。因此，这些登记册必须具有高质量的数据。在某种程度上，此类登记册中的数据项是形式化和定义的（而不是基于自由文本），它们可以提供给许多政府机构和私营企业，以满足他们对特定信息的需求。例如，武

· 289 ·

器登记册定义了"武器"，车辆登记册定义了"车辆"，以及每个登记册中包含的这些数据定义的各种子组和其他类型的已定义数据（例如，"车主"）。

322 "仅此一次"并非法律原则，它更多的是一种公共行政数字化的政治目标的表述。它表达了公共行政只应向公民索取一次相同信息的目标。当面对法律原则和法律时，"仅此一次"经常会遇到法律障碍。虽然它在实践和技术上是有根据的，但在法律上可能并不一定是可行的，在许多情况下，只有在改变立法的情况下，它才是合法的。在这里，我们将简要提及并评论最重要的法律障碍类型，这些类型经常作为累积性障碍而出现：

• 职业保密——这是一种不属于《通用数据保护条例》规定的监管类型，因此受国家管控。

• 处理的法律基础——此条件指《通用数据保护条例》的第6条（"普通"个人数据）和第9条（特殊类别的个人数据）。在涉及开发公共行政中法律决策系统的情况中，关于"行使控制者被授予的官方职权"的第6条第1款第（e）项特别重要，而第9条第2款中的第b项和第g项是此类系统开发的重要法律依据。[25] 这些条款几乎不会构成绝对的障碍，但主要意味着一系列可根据国家立法程序满足的要求。

• 《通用数据保护条例》的目的限制原则，如第5条第1款b项所述，可能更应该被视为一种程序性要求，而不是重复利用个人数据的实际障碍。对于可以确定的合法目的数量没有限制，尽管控制者（例如，政府机构）不能选择与原始目的不兼容的方式处理个人数据，但在大多数情况下，这几乎不会严重限制因希望重复利用个人数据而改变处理目的的可能性。

• 准确性原则（见《通用数据保护条例》第5条第1款d项）在要求更新和准确性方面，对重复利用个人数据的合法性可能具有重要意义。当机构A接收并重复利用机构B的数据时，这也意味着处理目的的改变。[26] 机构B的目的将构成其更新和准确性要求的基础，因此接收机构A的目的很容易为不同的要求提供依据。如果机构A的要求比机构B更严格，那么在不提高数据质量的情况下，这可能会成为合法重复利用数据的挑战。

如上所述，一方面，职业保密和准确性原则可能是重复利用和共享个人数据的最大障碍。另一方面，数据的重复利用和"仅此一次"可以说对《通用数据保护条例》的数据最小化原则是有益的；[27] 数据的重复利用可能意味着，数据定义的标准化和政府决策过程中使用的不同类型数据数量的减少。因此，在一定程度上，个人数据的重复利用和共享意味着对数据保护不同方面的权衡。

（三）利用自助服务简化决策数据处理

323 在一定程度上，互联网使在公共行政体系中建立自助决策机制成为可能，在这一体系中，公民被要求对自己的法律问题提出意见，并可能根据自己的意愿或依照自己所拥有的法律义务或权利来采取行动。根据这种可能性，与上文"通过重复利用和共同使用简化事实处理"中描述的策略相比，在个案中收集数据的替代策略可能是允许个案当事人（或其

---

[25] 这些替代方案将要求在国家法律中规定条款，以适应本条例规则的适用，并为数据主体的基本权利和利益提供适当的保障。

[26] See art. 5（1）(b).

[27] See GDPR, art. 5（1）(c).

第十五章 从法律渊源到编程代码——法治下的公共行政与计算机自动个案决策

代表）评估与案件相关的事实，并通过政府机构开发的法律决策系统将这些数据登记在其案件中。因此，公民可能成为"自己的负责人"，并对适用的法律进行必要的解释，对相关事实进行归纳，以及在相关政府数据系统的框架内对这些事实进行陈述和登记。

如上所述的自助服务显然存在一些局限性和问题。一部分人可能不够"数字化"，无法通过在线程序与其接触。即使人们是"在数字化上可及"的，有些人也缺乏动力或不愿意自己处理案件。除了之前提到的局限性之外，确保公民在作为自己案件的"官员"（即自我处理者）时能够提供达到最低质量标准的信息或决策，显然是一个问题。虽然对公民来说，大部分的操作和输入要求是"简单"的，但仍然有一小部分情况（尽管比例小，但仍可能代表许多实际案例）会比较复杂和困难，这些情况会要求公民具备一定程度的法律专业知识，而这种高水平的专业知识是普通公民所难以具备的。

上述局限性在某些情况下可能会以可管理和可接受的规模存在，例如，由于案件当事人数量有限且同质：能够访问互联网并且有能力和意愿积极参与在线案件处理的大学生数量可能很多。如果目标群体更加广泛且多样化，那么在不采取额外措施来追踪那些未能有效参与的人（即"退出者"）的情况下，无法履行其在案件处理中作为贡献者角色的人数，可能会很容易超过法律可接受的范围。即使局限性是可管理和法律上可接受的，但非专业人士提供的数据可能不够准确或全面，从而影响数据的法律效用或可靠性。必要的措施中包括准备充分且适当的关于解决法律问题所需的信息，同时结合数据系统中的程序，以便在输入错误或不一致等情况时自动反馈。

最后但同样重要的是，上述与自助服务相关的数据质量问题还伴随着一种风险，即个别案件的当事人可能会试图通过提供歪曲或错误的信息来操纵其案件的决策结果。自助服务程序需要向公民提供广泛且深入的信息，以便使他们对自己需要解决的法律问题有正确且充分的理解。在处理复杂的法律问题时，即使用先进的数据系统来支持自助服务活动，也无法保证得出足够正确的结果。虽然公民通过自助服务提供信息和数据可以为政府的工作带来帮助，但这种自助服务模式也可能带来数据质量等问题。为了确保数据的准确性和可靠性，政府可能需要对这些数据进行连续的控制和审核。然而，这种控制措施可能会带来高昂的成本，有时这些成本甚至可能超过政府从自助服务中获得的收益。

然而，很难就以上描述的自助服务流程的可接受风险做出一般性陈述。从公共行政的角度来看，上述提到的局限和问题很容易表明，自助服务很少会成为收集决策数据的首选方式。如果选择这种策略，它最有可能成为收集政府决策程序输入数据的补充方式。

（四）直接捕捉物理世界的事实

到目前为止，本章已经讨论了两种收集数据的策略，这些数据代表了个案中决策的相关事实。这些策略的共同特点是，一个人感知事实，对其进行评估，并在相关政府机构的数据系统中将其表示出来。所有的活动都是基于某人对适用法律的理解而进行的。换句话说，事实是通过人的感官和思维转换为决策数据的。为决策目的收集数据的第三种主要策略是避免依赖于人们的认知贡献，并且通过传感器、生物识别和类似能够"读取现实"的设备，直接收集描述法律相关事实的数据。

笔者用"传感器和类似设备"（简称"传感器"）来表示电子设备，这些设备旨在感知状态、事件或其变化；例如，关于人的物理特性、物体和人的运动、光、温度、声音、辐射、化学物质等。传感器可以测量和表示一种状态和事态变化（例如，一个物体正在移

· 291 ·

动，移动的速度有多快，向哪个方向移动，加速度是多少等；或者人的心跳频率、心跳模式等的变化）。这里的重点是，传感器可以自动收集有关人员、物体和环境其他部分的数据流。只要传感器能产生数字数据，输出数据就可以转移到法律决策系统中进行处理，如果需要，还可以进行高级分析。每一数据流可以单独处理和分析（例如，关于一个人的旅行方式），但如果与其他来源相结合，可能具有更大的潜力；例如，关于地形（地图）、体温、天气数据、交通数据等的数据。换句话说，传感器可以使政府机构能够测量和分析人员、物体和环境的多个方面。

传感器数据代表事实。这些事实可能是基于一种传感器数据的非常简单的事实，也可能是基于两组或几组传感器数据（运动、地形、交通状况）的综合事实。传感器事实也可能是"多面事实"的一部分，在这里传感器数据与其他类型的数据结合在一起——例如，来自综合和异质材料（如大数据的机器学习分析）的统计和数据分析的结果。

传感器数据可以代表与法律相关的事实；也就是说，立法者可以规定，一定数量的汇编传感器数据，或对这些数据的某些分析结果，应符合某一法律事实（例如，作为合法权利的条件）。在挪威法律中，获得公民身份的几个条件之一是，申请人必须在挪威居住至少7年，并且在任何一个日历年内都没有出国超过2个月。[28] 这类条件可以部分转换为选定的全球定位系统（GPS）参数，从而居住地的问题可以转换为不仅仅是由人单独回答的问题，还可以由机器来回答。另一个激进的可能性说明了传感器技术的一些潜力，即通过传感器技术的数据模式与统计等数据模式相结合来构建一个"疾病"概念。根据病假津贴计划被诊断为"生病"的个人，可以根据来自可穿戴生物传感器数据、记录人员流动的 GPS 数据、存储的医疗数据以及与诊断统计相关的数据等，自动宣布其适合重返工作岗位。

传感器数据，无论是单独还是与其他数据结合，不仅可以构成法律义务和权利的条件；它们还可以与法律效果相联系，即根据这些数据来执行法律。例如，政府的决定可能包括禁止逗留在某些地区或禁止饮用酒精或服用其他致醉物质。由于传感器可以记录相关数据，因此传感器数据可用于检测任何违反先前做出的决定的行为，从而使执行变得自动化且更有效率。

（五）组合决策数据源

在图15.8中，笔者结合了上述在数字政府中收集和处理决策数据的策略，并补充了一些传统的数据收集方式。它显示了两种基本的数据收集方式：基于人工和机器的方式。人工评估或由案件负责人进行，或由有关方通过自助程序进行。从政府机构的角度来看，雇用案件负责人是一项昂贵的策略。基于人工的案件处理是劳动密集型的，由政府预算资助。在数字化过程中重新设计政府数字化决策程序时，这个问题经常受到关注。图15.8表明，收集数据的方式既有替代性的也有补充性的。

---

[28] See Citizenship Act § 7 (1)(e) and Citizenship Regulation §§ 3-4.

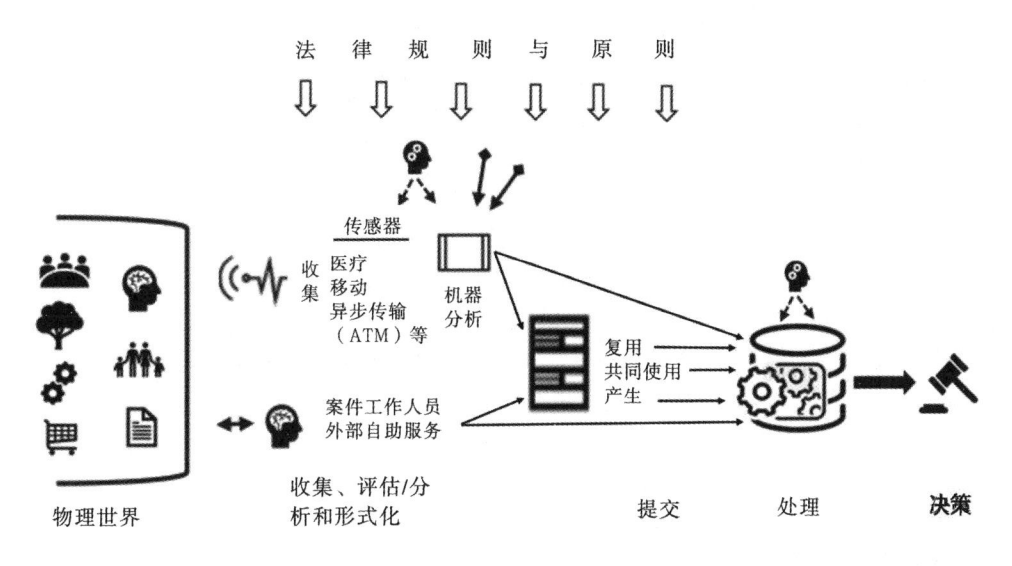

第十五章 从法律渊源到编程代码——法治下的公共行政与计算机自动个案决策

图 15.8 对相关事实进行调查以生成决策数据，从而为决策提供依据的策略概览

数据的重复利用是一种可能被视为被动的解决方案，因为其目的是找出政府机构在现有决策过程中可以在哪些地方找到合适的决策数据，以便在未来的决策过程中使用。相比之下，主动的方法是设计数据系统，目的是使数据可用并共享，这些数据旨在成为许多决策过程的来源（见上文中"通过重复利用和共同使用简化事实处理"的讨论）。[29]

在图 15.8 中，使用传感器被标记为收集数据的一种可能的主要策略。在图中，笔者对收集和分析进行了区分。[30] 通常，传感器、GPS 和类似设备会从物理世界收集数据流。为了在决策过程中使用，这些数据必须经过分析和处理，以便转换为聚合数据。在下一阶段，这些聚合数据将被提交到决策程序中。例如，会收集详细的 GPS 数据流，但只有当聚合数据表明相关人员逗留在公共机构禁止其进入的城市区域时，才会将这些数据提交给决策程序。同样，只有在心跳传感器数值高于或低于某些特定限值时，提交这些数据才会对决策产生影响。机器对这类数据的分析可能从简单到复杂不等。高级分析可能涉及应用其他来源的数据（例如，历史和统计数据等），[31] 可能通过应用机器学习技术等进行大数据分析。

图 15.8 中带有齿轮图标的头像代表人类决策过程，该过程决定数据自动分析和处理的内容。这些图标意味着即使是自动过程，它也是人类决策的结果。[32] 通过面向世界的人机界面，案件负责人和其他人员将每个案件的实际情况归入法律规则之下。相比之下，为传感器创建机器接口的人员将提前决定哪些物理环境的一般特征应被视为具有法律相关性。核心的自动化决策过程（图 15.8 中的"处理"，见上文"个案事实的推导与转换"）也以类似的方式进行编程，这意味着基于收集到的事实确定决策的法律规则在程序中得到了体现，并由相关人员在系统开发过程中提前建立。

---

[29] 但这需要足够的法律依据。
[30] 将"传感器"一词放在引号中是为了提醒读者它在特定的意义上使用。
[31] 参见以菱形为起点的箭头。
[32] 即使应用了机器学习，情况也是如此，因为必要的编程和人工训练代表了人类的决策（尽管人类并不总是能预见到他们贡献的潜在影响）。

图15.8中的最后一个元素是位于图顶部的"法律规则与原则",宽大的箭头指向图中的其他部分。从根本上说,这个元素代表了一个基本假设,即在法治下的公共行政中,将由法律规则和原则保障公民的基本权利和自由。笔者将在下一节中详细阐述这一假设。

四、法治下的自动化决策

(一)自动化决策:一个法治问题?

与人类不同,计算机只能根据指令运行,并且始终遵循这些指令。从形式上来看,一致地应用控制机器(算法)的详细且明确的指令可以被视为法律规则的理想选择。如果指令完整且正确地体现了法律,那么就实现了法治原则。因此,从根本上说,自动化决策在某种意义上对法治是理想选择,因为技术为正确实施法律提供了巨大潜力。此外,与人工处理案件相比,自动化决策为正确适用法律提供了更大的潜力。政府机构可以尽最大努力教育和培训其工作人员,但不可避免地会有人误解、不同意或在工作中表现不佳。也就是说,"人为因素"无法从人类环境中剔除。

人类也开发法律决策系统,上述人为因素当然也可能影响系统开发,其结果是会出现错误,从而导致软件的法律内容不正确或不充分。但与人工决策相比,那些有权将法律渊源转换为编程代码的人通常比大量人工处理个案的人更容易接受教育和培训。此外,系统开发团队通常会因其专业技能而被优先选拔,他们开发的规范和编程代码通常会在投入使用前进行全面测试。然而,毫无错误的软件是不存在的,正如法律的不准确表述永远无法完全排除。当错误发生时,由于计算机总是严格遵守规则,这使得合法性控制变得更简单,这一原则为完全识别受影响的个案和自动撤销决策的可能性铺平了道路。因此,总的来说,与人工处理案例相比,自动化个案决策并确保一切正确的前景相对更好。

软件代码中的法律正确表述不会自行成为现实。因此,在自动化决策的背景下,强调法治可能是一个理由,促使我们制定法律或其他监管措施,以确保系统开发的法律部分得到适当组织,具备足够的专业知识,采用适当的方法,并对系统中嵌入的解释性选择提出文档要求等。在下面的"具备计算机意识的立法"中将简要地回到这个问题。

形式上的法治是一个重要方面,但从公民的角度来看并不一定充分。对一些人来说,(完全)自动化的决策本身就可能看起来很可怕。它是匿名的、没有面孔和情感的决策,就等于没有真正的个案考虑和理解的决策。因此,在笔者看来,自动化决策的首要问题不是在形式上遵循法治,而是个案决策的公平程度。自动化程度越高,公平性问题就越关键。随着数据资源的丰富和自动化技术的提升,以及政府机构面临的自动化压力增加,政府机构在处理个案时可能会更多地依赖自动化决策,从而减少对人为判断的依赖。然而,这种做法可能会触及甚至超过公平性和个体待遇的可接受范围。

接受某种无形的预定义数字流程,与向一位专心聆听并提出问题以消除不确定性的工作人员解释你的个人情况之间,存在着很大的差异。理想的世界总是最好的,但在某些情况下,选择可能是屈服于自动化的数字过程,或者试图向一位忙碌而不耐烦的工作人员解释自己。在不太理想的情况下,匿名化的处理可能因此对公民构成一定的保护。尽管在设计和讨论自动化决策时会考虑到公民的公平和尊重对待问题,但对于什么是对公民最现实的选择——案件的人工处理还是自动化处理,并没有一个确定的答案。

（二）通过信息系统的设计实现法治

在许多法律体系中，公共行政中的个案决策是通过法律来规范的，比如通过行政程序法或类似的法律。这些法律规定了公民自由权的各种保障，并可能包含要求政府机构在个案中向当事人提供指导的授权，要求在做出决定之前对个案进行公正调查的义务，以及当事人在个案中获得裁决理由的权利、查阅权、向监督机构提出申诉的权利、获得有效司法救济的权利等。这些保障的核心目的是提供法律上正确的个案决策，或者换句话说，就是提高决策符合有效法律的可能性，以及使案件当事人可以相信他们的案件决策在法律上是正确的。

即使决策100%自动化，传统的法治保障措施依然重要。而且，为了适应这种自动化的环境，可能还需要对这些权利和义务进行相应的调整和优化；例如，可以确立一项权利，即基于每个案件的实际处理情况，自动获得针对个案决策理由的权利。同样，查阅权可以扩展到包括描述作为每一案件的事实基础的合法信息来源等要素。为了保护案件当事人/公民，优化传统权利和义务的可能性有很多。由于篇幅限制无法详细阐述这个问题。在本章的篇幅限制内，笔者将集中讨论法治保障应该指向哪里以及如何指向的问题。关键词是系统保障和个体保障，该方法与上文提到的"数字政府的主要法律方面"中的系统方法和个体方法密切相关。

尽管各国法律体系中的公共行政程序立法存在差异，但传统上保护个人权利和自由的方式主要是通过为个人提供保障措施。公共行政程序立法一直倾向于赋予案件当事人代表自己行事的权利，让他们能够在涉及自己个人案件的问题上自主行动；或者政府机构有义务以某种方式对个案当事人采取行动（例如，提供指导、收集新的相关信息时通知当事人等）。《通用数据保护条例》的第三章包含了数据主体的权利目录，规定了关于访问、更正、删除、质疑、可移植性、拒绝完全自动化处理等个人权利。

与制定有关信息系统应如何构建的法规相比，个人权利可能截然不同：法律要求可能不是（仅仅）针对个人之间的权利和义务进行规范，而是针对处理所有个案的信息系统提出要求（"系统保障"）。例如，挪威行政法规定政府机构有义务使用某些技术标准，这些标准确保无障碍性和可读性，并消除对视觉障碍人士的歧视等。

到目前为止，对信息系统提供法律保护的最重要的例子，是在《通用数据保护条例》中，特别是在第一、第二和第四章中。事实上，《通用数据保护条例》并未使用"信息系统"的概念，而是使用"处理个人数据"来描述"对个人数据或对个人数据集执行的任何操作或一系列操作"（见《通用数据保护条例》第2条第2款）。在自动化处理过程中，"所执行的一系列操作"将主要是用于处理数据的信息通信技术（ICT）系统和基础设施。在这里不会讨论这两组术语之间的关系，但会强调信息系统和个人数据处理，都指的是数据/信息可以或应该如何处理的一般安排。[33] 因此，根据《通用数据保护条例》第25条关于通过设计进行数据保护的规定，购买或开发软件以处理个人数据的控制者，必须考虑是否可以将处理数据的法律要求嵌入到软件中，以及嵌入的程度。处理个人数据的信息系统设计的许多法律要求，超出了本章的讨论范围。在这里，只需简要回顾一下信息系统层面

---

[33] 笔者强调，"对个人数据或个人数据集执行的一系列操作"与"信息系统"并不等同，但这两个概念在很大程度上是重叠的。

包含要求的重要条款（《通用数据保护条例》）就足够了：[34]

- 法律依据的要求（第6条和第9条）和处理目的（第5条第1款第b项）；
- 数据质量和更新要求（第5条第1款第d项）；
- 数据处理的安全性（第32条）；
- 数据保护影响评估（第35条）。

《通用数据保护条例》第24条关于控制者的责任和实施适当技术措施以确保合规的义务，以及第25条关于通过设计进行数据保护，都表明该规定不仅仅在开发信息系统时考虑具体条款（见上文要点）。此外，还有一项额外的一般义务，即把从《通用数据保护条例》中推导出的法律规则实施到系统的架构和软件中。

笔者不会深入讨论所列条款的内容和解释。这里的重点是，《通用数据保护条例》的部分内容是通过立法对信息系统产生影响的例子。同样的条款也可能适用于个案。然而，这里的重要观察是，开发信息系统，例如法律决策系统，如果不遵守《通用数据保护条例》中提到的"系统要求"，通常将是非法的，至少是危险的。

可以从法治原则出发，采用与《通用数据保护条例》类似的方法。有人可能会问：公共行政法应在多大程度上对通过处理和决定个案，来对行使政府权力的法律决策系统进行规范？另一个问题可能是，立法在多大程度上应该规定信息系统"在设计时遵守法治"的义务？在讨论到这一点时，可以回到上文"数字政府的主要法律方面"中确定的三个可能的"法律框架"：

1. 法规规定了应如何开发法律决策系统；
2. 法规规定了法律决策系统的属性（功能和品质等）的要求；
3. 法规规定了法律决策系统的使用。

第一类法规可能包括对项目组织的具体要求，这些项目被授权开发法律决策系统。一个基本观点是，通常所说的系统开发的重要部分，涉及法律问题解决和公共权力的行使，而后者应尽可能在独立的决策过程中被识别和处理。进一步的组织问题可能涉及有关机构负责部门的作用，及其在系统开发过程中对项目小组和外部顾问的决策权。规范这些问题的目的是为了确保软件中所实施和认为有效的规则，是由政府权威部门来决定的，而不是由外部顾问或其他非政府机构来决定的。此外，法规可以要求在从法律渊源转换为编程代码时应用某些方法，并记录程序的法律内容，从而为法律决策系统的合法性控制奠定基础。

第二类法规与上文提到的"通过信息系统的设计实现法治"有关。《通用数据保护条例》第25条对数据保护的设计实施方式给予了很大的灵活性，具体如何将数据保护的原则和权利融入软件中，以及融入的程度，都由控制者自行决定和评估。然而，在一些更具体的法律领域，如政府行政法，这种融入可以更为直接和明确地进行。法律可以规定，那些影响个体决策的软件，其法律相关内容的文件应该公开，让公众能够了解和审查，但与安全直接相关的内容除外。另外，法律还可以规定这些系统应该提供一种"探索模式"，让公民能够在这个模式下模拟做出决策，而不仅仅是去阅读、理解和应用那些可能难以理解的法律条文。最后但同样重要的是，立法者需要考虑是否应该强制要求提供基于互联网的常

---

[34] 该列表并不完整。第5条中所有与处理个人数据有关的原则都可能对计划用于处理个人数据的信息系统的设计产生明显影响。

规程序，来支持公众的访问权、要求删除或补充信息的权利，以及是否应该强制要求提供（半）自动程序来生成自动个体决策的依据。这些做法有助于将法治原则融入各种系统中，其可能性是多种多样的。当这些做法与《通用数据保护条例》第 25 条的要求相结合时，可能会产生极大的效果，有助于推动数据保护和公众权利的实现。

第三类法规是关于使用法律决策系统的法规，本章不会过多关注。然而，最迫切的监管需求，与合法性控制问题以及对个体决策的审查和撤销有关。自动化程度越高，这类问题就越重要。如上文"自动化决策与决策支持"所述，在全自动化的情况下，几乎每个维持此类主张的个案都会对整体系统产生影响。如果对决策的事实基础产生分歧，那么只有在数据仅用于一个目的的情况下，才能简单地撤销个案决定。在重复利用的情况下，数据的定义必须同时适用于两个或两个以上的目的，决定的撤销要么影响所有目的，要么必须调整法律决策系统所基于的共同定义。至于收集到的数据处理，此代码的任何更改必须对每个个案都有效。因为程序是逐行遵循详细指令的，所以原则上必须识别和修改已受到错误或不完善影响的决策。此外，为了保障未来个体决策在法律上的正确性，必须修改程序，或者必须建立人工纠正程序。这两种类型的行动都可能既昂贵又耗时。

在这里，笔者不会深入探讨规范法律决策系统的发展、属性和使用以及这样做是否有益、可取和可行等问题。然而，有必要强调保持一定的疏离和谨慎态度的重要性。更重要的是，法律法规应当被考虑在与其他措施（技术的、组织的、经济的、教育的）相互关联和相互作用的背景中，而且法律工具首先应当在一般的层面上被制定。例如，可以通过规定应用一种方法，来确保法律资源能够正确地被转换成软件中的逻辑或规则（但这个方法并不涉及具体的操作步骤或细节）。同样重要的是，系统中嵌入的所有法律解释都应以可访问的方式记录并公开（但没有说明以何种方式）；同时，在法律和技术方面都具备专业知识的成员应在开发法律决策系统的项目组中担任要职。

五、具备计算机意识的立法

当立法者没有意识到现代数字治理的需求时，就会出现传统立法与计算机化执行之间的差距。在此，尽管执行过程将高度自动化，但制定规则时仍会假定将有负责人员逐一考虑每个案件、解释法律条文、进行自由裁量评估等。当立法者期望并支持自动化决策时，他们也应该在很大程度上考虑到这种政府权力行使方式所产生的重要的法律实质性影响。立法应符合自动化决策过程的实际需求。[35] 立法应当具有计算机意识的主张，在 20 世纪 70 年代就已提出，但从未被提上重要议程。[36]

在本章前面的部分中，笔者试图传达在法律决策系统的开发中已经或可能嵌入的多种

---

[35] A. Taylor and T. J. M. Bench-Capon, Support for the Formulation of Legislation, in T. J. M. Bench-Capon (ed.), *Knowledge-Based Systems and Legal Applications*, Academic Press, 1991, pp. 95-113, 讨论为法律领域开发的知识系统如何设计以支持立法者（例如，关于解决方案的规范）。

[36] See H. Fiedler, Computer-Conscious Law-Making, in Data Processing in the Government, Luxemburg (1973). Available at the Norwegian Research Center for Computers and Law (NRCCL) collection of conference papers, Oslo, Norway. R. Kennedy, E-Regulation and the Rule of Law: Smart Government, Institutional Information Infrastructures, and Fundamental Values (2016) 21 Information Polity 82, 建议将"电子监管"作为一个新研究领域。虽然这一领域可能包含的大多数要素是已知和公认的，但以综合的方式分析所有这些方面可能富有成效；从而也创造了更广泛理解和更多兴趣。

类型的法律问题。当然，在每个立法过程中，这些问题的数量和重要性都会有所不同，并且可能依赖于几个不同的因素。无论每个过程中具体的因素是什么，挪威的总体情况（相信许多其他国家的总体情况也是如此），就是希望增加自动化决策，既要在新型个案决策中引入自动化，也要尽可能地将自动化程度提高到100%。除非立法者在通过新法律时保持专注并考虑自动化，否则在立法程序结束后，剩余的法律问题数量可能会相当多（见图15.9）。

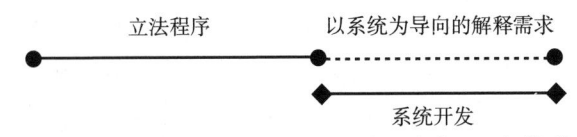

图 15.9 立法程序与执行立法程序的制度发展之间的联系

在图15.9中，"遗留"用带圆点的直线表示，代表在立法过程中未解决的法律问题，而留待在系统开发过程中解决。本章的前几节已说明，这些问题通常对相关法律的实际内容具有重要意义。这里要问的是，是否应该允许系统开发过程对法律的制定产生重要影响，或者是否应该采取措施降低其重要性，并从法治的角度使其更容易被接受。在笔者看来，需要重新考虑从立法起草到程序化法律的过程。在这里不会详细讨论具备计算机意识立法的技术，而是讨论可以容纳这种方法的三个总体模型。[37] 第一个模型是使系统开发过程的法律部分更加符合法治原则，而其他两种模式则是立法过程的延伸，并降低了系统开发在法律上的重要性。这些模型可以单独或组合使用。

第一种可能性是升级系统开发的转换过程。升级可以包括给予法律解释形式化的地位，这些解释是规划和设计程序的基础，以保障转换过程的高度公开性和民主参与。政府可以指示相关政府机构制定合理和必要的固定规则，以确保公平有效的实施。在这种情况下，政府机构应有义务记录这些规则并向公众公开。在此过程中，拟定的详细规则应接受法院的合法审查。[38] 可以明确的是，即使是系统中实现的不同解释，也必须代表法律上站得住脚的法律理解。这种安排的缺点是可能会产生大量的投诉，从而降低自动化决策的效率。如果只有一小部分纳税人或社会保险福利领取者提出投诉，声称政府系统是基于对法律的不正确或不充分理解，这本身就会带来巨大而昂贵的行政负担。因此，笔者认为在许多情况下，这样的情况是不受欢迎的，甚至是无法应付的。

第二种可能性是将目前被视为法律执行的大部分内容转变为委托立法和实施立法的程序。笔者的意思是，由具有约束力的次级立法对基本立法（primary legislation）的实质性和程序性内容进行补充。如上所述，非约束性实施规则的记录和可获取性只是代表了有争议的法律解释，在个别案件中可能会偏离这些解释。相比之下，委托立法和实施立法意味着将嵌入决策系统中的法律规则视为行使一般的、有约束力的政府权力。

委托和实施权力应基于明确的法律授权，该授权确定并限制政府机构做出具有法律约束力的选择，以实现法律的有效和合理的数字化实施。此外，这种法律授权应规定必要的

---

[37] 然而，重要的是要强调，制定法律的同时考虑到自动化决策的特殊考虑因素，并不意味着要以编程风格来编写法律。相反，特征将是逻辑严谨的文本、概念的简洁和一致使用等——所有这些都用自然语言表达。

[38] 然而，在大多数情况下，计算机程序在法律上是正确的，因此代表有效的法律。在挪威，政府决策系统通常具有准约束力，也就是说，尽管它们只表达了政府对法律应如何解释的看法，但它们实际上具有约束力。

第十五章　从法律渊源到编程代码——法治下的公共行政与计算机自动个案决策

程序要求，以保证足够的开放性和对权力行使的合法性控制的可能性。例如，制定关于如何使用数据源的规则，包括数据定义、更新要求等；以及为填补基本立法中的空白而需要的任何新规则。

批准次级立法以及立法中相关定义等的权力，可能构成对法案进行公开审查的基础，在审查过程中，公民或特定的一群利益相关者有权对立法提案提出异议，并提出替代的解决方案。例如，如果提议从人口登记册中自动收集和应用住所数据，但利益相关者声称数据更新程序不足以满足所需用途，那么利益相关者可以要求使用其他数据源或补充性数据源。如果对拟议的实施策略提出此类投诉，可以在适当的政治层面（例如，在相关部门）做出最终决定。

第三种可能性，也是最激进的选择，是改变基本法律的立法程序本身，把解决技术和组织问题纳入正常的立法程序。这样的策略可能意味着在颁布法律之前，大部分必要的法律、技术和组织解决方案都已到位。通过这种立法策略，对监管问题的专家审议将基本上按照通常的程序进行，但在草案中会额外增加一个对提案进行形式化分析的环节。如果立法机构提出了如下所述的规则，一个分析团队可以调查相关的可能性和挑战。例如，有人提议将"伴侣"定义为"配偶、民事伴侣或一对无论是同性还是异性的情侣，他们虽然未结婚但共同生活并将对方视为配偶。"[39]

负责形式化分析的团队将调查此类提案的技术和管理方面。在上面的例子中，其中一个问题是检查是否存在一个基于"伴侣"正确定义的机器可读源，并且数据准确、可靠且得到充分更新。如果没有，接下来的问题可能是，是否存在一个具有可接受的替代定义的机器可读数据库。如果对第二个问题的答案是否定的，可能的结论是，必须建立一个新的登记册作为实施的一部分。鉴于这将产生明显的行政影响，形式化分析小组将让专家决定是否应接受最初提出的定义。所引用的定义需要对可能伴侣之间的每种关系进行仔细审查：如何确定他们真的"住在一起"并"互相视为配偶"？如果定义得到颁布，将会产生什么样的行政影响和成本？该团队可以评估这些影响，并提出可能的替代定义，这些定义可以在更自动化的系统中处理，例如：

"伴侣"指的是配偶、民事伴侣或一对夫妇，无论性别相同还是相反，他们虽然未结婚但已在国家登记册中注册为共享同一住所至少两年，或者作为共同孩子的父母在国家登记册中注册为共享同一住所。[40]

这个例子表明，在自动化的政府系统中，法律条件必须具有形式化的性质，以避免人为评估。为此，可以使用政府登记册中的官方条目和个案中的政府决定（见上文"通过重复利用和共同使用简化事实处理"）。但这并不是说上面例子中的两个新条件在政治上是可接受的。问题的关键在于，立法过程中的政治家应该意识到自动化公共行政所带来的要求，并在做出法律实质性选择时考虑到这些要求。如果立法的制定方式预先假定对个人如何"共同生活"进行审查，以及他们是否"互相视为配偶"，同时试图满足对更低成本、更自动化的政府程序的需求，那么实施的结果很可能与立法者的意图不符。在民主制度中，立法者的意图应该始终是决定性的。因此，应该协助立法者在政治公平和有效的行政程序之

---

[39] 这个例子是基于2015年《后代福祉（威尔士）法案》（*Well-being of Future Generations (Wales) Act*）。
[40] 新要素用斜体字显示。

间建立最佳的、有充分根据的权衡。

政治家们很有可能会选择像上面第一个例子中提到的那样，对个人情况进行一定程度的特殊处理和详细审查。这样做就等于承认了自动化在这个层面上可能不太现实。同时，这也意味着这样做需要承担因个案处理而产生的额外增加的成本。当然，根据民主原则，立法者有自由做出这样的政治选择。然而，将老式的监管技术、政府政策与对现代化、行政工作自动化的强烈重视结合起来，很可能导致不兼容的政治目标。

六、结论

在许多社会中，政府管理中的自动化个案决策是必要且常规的。它具有实现强大法治的巨大潜力，但也有可能带来不公和疏离。本章是根据挪威和斯堪的纳维亚的经验撰写的，那里的情况可能——平均而言——可以被描述为"相当好"，但远非完美。

在笔者看来，当前形势的一个根本缺陷是政治和法律文化没有充分适应信息技术。挑战始于政治选择，以及缺乏政治上的认识，即在政府部门选择技术方案可能会改变政府机构与公民之间的关系——最终可能会改变公共行政的基本概念。此外，应该更好地理解信息技术如何可能影响社会保险计划、税收立法以及各种应用自动化系统的其他类型立法的实质性内容。政治家，特别是立法者，应该更加意识到技术与公共行政现代化相关的变革力量，并将其纳入政治辩论。至少，政治进程应该具备技术意识，这意味着公共行政领域的新立法和现代化方案，应该基于对公共行政自动化和进一步改造公共行政对公民产生的形式性和实质性影响的分析。政治选择应该明确阐述并经过辩论：例如，可以自动决定分配给祖母抑或祖父养老院的空床位，或者可以同意这个决定和其他某些决定应该基于与相关人员面对面的交流和专家的判断（可能由数据系统支持）。此外，可以使用先进技术来优先确定目标，并针对某些公民群体进行特殊的正面或负面处理（定制信息、控制），但这不应该仅仅基于对效率和技术能力的评估，而应该在法律框架内由负责任的政治家进行。重要的是要看到，《通用数据保护条例》并没有"解决问题"，该条例大多要求满足一系列形式条件，但实际上并没有设置太多绝对性的障碍，甚至可以说几乎没有。因此，除此之外，还应特别针对技术在公共管理中使用时对法治或数据保护构成的特殊挑战，具体解决对技术的监管需求。这方面的例子包括政府控制制度的法律框架，以及使用生物（人类）传感器进行位置检测和跟踪的情况。

明确制定的政治选择也应对政治表达方式产生影响。如果政治选择是实行行政决策自动化，那么立法者应通过尽可能适合自动化的立法。在笔者看来，目标应是尽可能降低系统开发在法律上的重要性，即尽量避免为系统开发的目的而对法律本身进行大量修改或解释。在系统开发过程中，一些法律选择是不可避免的。为了解决这些剩余的问题，需要模型、方法和工具来支持符合法治原则的过程和决策。

在本章中，笔者强调了系统开发作为主要过程的重要性。在这样做的过程中，笔者可能让读者认为以计算机意识为中心的法律制定是一个次要问题。在理想的世界中，这些过程的重要性恰恰相反。如今，与系统开发相关的许多法律挑战都源于立法过程中缺乏技术意识。因此，变革应首先在这一阶段发生。现实地说，并且基于立法过程往往显得保守（甚至僵化）的假设，笔者认为在可预见的未来，系统开发过程仍然可能是与法律渊源变革相关的法律决策的重要领域。因此，在未来几年中，法治问题应与立法相结合来处理，法律的实施应通过法律决策系统来完成。

第三部分

知识产权与算法

第十六章

创造性算法与创新性质的演变

瑞恩·艾伯特（Ryan Abbott）*

引言

六十多年来，"显而易见性"一直是申请专利的标准。根据这一标准，如果一个假定的"拥有普通技术的人"根据现有的相关信息认识到某项发明是显而易见的，那么该发明就不能获得专利。这种技术人员被定义为知识基础有限的非创新工人。技术人员的创造性越强，掌握的信息越多，发明就越有可能被认为是显而易见的。该标准自推出以来一直在演变，现在正处于进化飞跃的边缘：创造性算法越来越多地被用于研究，一旦这种算法的使用成为标准，该领域的技术人员就应该是一个被算法增强的人，或者是一个创造性算法。与技术人员不同的是，创造性算法能够进行创新，并考虑到整个现有技术领域。随着创造性算法的不断改进，专利申请的门槛将越来越高，最终使创新活动显而易见。显而易见性的终结意味着专利的终结，至少是现在专利的终结。

至少二十年来，算法一直在自主生成可申请专利的发明。[1] 这里的"自主"指的是算法，而不是符合传统发明标准的人。换句话说，如果算法或本章所说的"创造性算法"是一个自然人，它就有资格成为专利发明人。事实上，美国专利商标局（USPTO）可能早在1998年就为算法自主生成的发明授予了专利。[2] 在之前的文章中，笔者详细研究了算法发明的实例，并认为应在法律上承认这些算法为专利发明人，以激励创新和促进公平。[3] 这些算法的所有者将是其发明的所有者。[4]

本章重点讨论一个相关现象：当创造性算法成为发明过程的标准组成部分时会发生什

---

* 本章修改自 R. Abbott, Everything is Obvious (2019) 66 UCLA Law Rev. 2.

[1] 关于"计算机发明"或"计算机生成作品"的实例。See R. Abbott, I Think, Therefore I Invent: Creative Computers and the Future of Patent Law (2016) 57 BC Law Rev. 1079, 1083-91.；更详细地讨论一些此类实例，see also "Timeline to the Creative Singularity," below.

[2] Abbott, above note 1, p. 1085.

[3] 在2015年2月19日首次在线发布的书籍章节中讨论了计算机发明。Ibid., pp. 1083-91; R. Abbott, Hal the Inventor: Big Data and Its Use by Artificial Intelligence, in C. R. Sugimoto, H. R. Ekbia, and M. Mattioli (eds.), *Big Data Is Not a Monolith*, MIT Press, 2016.

[4] 除非不存在所有者，即某些开放源码或分布式软件的可能情况下，所有权可能属于用户。

么？这不是一个思想实验。[5] 举例来说，虽然时间表尚存争议，但专家调查显示，人工通用智能（AGI），即一种能够执行人类任何智力任务的算法，将在未来二十五年内得到发展。[6] 一些思想领袖，如 Google 工程总监之一 Ray Kurzweil 预测，算法将在大约十年内达到人类的智能水平。[7]

创造性算法的广泛应用将产生巨大的影响，这不仅是对创新的影响，也是对专利法的影响。[8] 现在，专利性是根据一个假设的、非创造性的技术人员会认为什么是显而易见的来确定的。[9] 技术人员是指发明科学领域的普通工人。[10] 一旦普通工人使用创造性算法，或者创造性算法取代普通工人，那么创造性活动就会成为常态，而不是例外。

如果技术人员标准不能随之发展，就会导致专利标准过于宽松。专利具有巨大的反竞争成本，允许普通工人为其产出申请专利将对社会造成危害。正如美国最高法院所阐明的，"对没有真正创新而在正常过程中会出现的进步给予专利保护会阻碍进步，并可能……剥夺先前发明的价值或效用"。[11]

技术标准必须与现实条件保持同步。事实上，即使在创造性算法普及之前，该标准也需要更新。算法已经在广泛地促进研究和协助发明。例如，算法可以进行文献检索、数据分析和模式识别。[12] 这使得目前的工人比不使用这些技术的情况下拥有更多的知识和创造力。联邦巡回法院在确定普通技术水平时提供了一系列非穷尽性的考虑因素："①在该技术中遇到的问题类型；②解决这些问题的现有技术；③创新的速度；④技术的复杂性；⑤该领域在职人员的教育水平"。[13] 这一测试标准应加以修改，加入第六个因素：⑥在职员工使用的技术。

这种变化将更明确地考虑到算法已经在使工人能力增强这一事实，实质上使现有技术更加明显，并扩大了现有技术的范围。一旦创造性算法成为某一领域的标准研究手段，测试也将包括技术人员对创造性算法的常规使用。再进一步，一旦创造性算法成为某一领域的标准研究手段，技术人员就应该是创造性算法。具体来说，当某一领域或某一特定问题的标准研究方法是使用创造性算法时，技术人员就应该是创造性算法（"创造性算法标准"）。

---

[5] 人工智能的日益普及和复杂，加速了创造性算法在研发中的应用。See R. Abbott and B. Bogenschneider, Should Robots Pay Taxes? Tax Policy in the Age of Automation (2018) 12 Harv. Law Policy Rev. 145（讨论自动化趋势）。

[6] See generally V. C. Muller and N. Bostrom, Future Progress in Artificial Intelligence: A Survey of Expert Opinion, in V. C. Muller (ed.), *Fundamental Issues of Artificial Intelligence*, Springer, 2016, p. 553.

[7] 预测 2029 年将出现人工通用智能。P. Rejcek, Can Futurists Predict the Year of the Singularity?, Singularity Hub (March 31, 2017), https: //singularityhub.com/2017/03/31/can-futurists-predict-the-year-of-the-singularity.

[8] 认为"人工发明技术……使用户能够创造出没有这种技术根本无法创造的发明"。See, e.g., R. Plotkin, The Genie in the Machine: How Computer-Automated Inventing Is Revolutionizing Law & Business (Stanford Law Books, 2009), p. 60; B. Hattenbach and J. Glucoft, Patents in an Era of Infinite Monkeys and Artificial Intelligence (2015) 19 Stan. Technol. Law Rev. 32, 44 n. 70; B. M. Simon, The Implications of Technological Advancement for Obviousness (2013) 19 Mich. Telecomm. Technol. Law Rev. 331.

[9] 35 USC § 103 (a) (2006). 在本领域具有普通技术的人可缩写为"PHOSITA"或简称为技术人员。

[10] 见下文"寻找本领域普通技术人员"。

[11] KSR Int'l Co. v. Teleflex Inc., 550 US 398, 402 (2007).

[12] 由其他人做出的这种贡献一般不会达到发明的程度，但有助于将其付诸实践。

[13] In re. GPAC Inc., 57 F. 3d 1573, 1579 (Fed. Cir. 1995).

第十六章 创造性算法与创新性质的演变

为了获得实施这一测试所需的信息，专利局应制定一项新的要求，要求申请人披露算法何时对发明构思做出了贡献，这也是符合发明人资格的标准。申请人已经被要求披露所有人类发明者的信息，不披露可能导致专利无效或无法执行。同样，申请人也应披露算法是否完成了人类发明者的工作。这些信息可以汇总起来，以确定某一领域的大部分发明是由人还是由算法完成的。这一信息也有助于确定适当的发明人身份，更广泛地说，有助于制定创新政策。

无论"创造性算法标准"是指技术人员使用创造性算法，还是创造性算法自身，结果都是一样的：普通工人将有能力从事发明活动。将技术人员概念化为使用创造性算法在管理上可能更简单，但用创造性算法取代技术人员更可取，因为它强调的是算法正在从事创造性活动，而不是人类工人。

然而，简单地用创造性算法代替技术人员可能会加剧非显而易见性调查中的现有问题。根据目前的技术人员标准，决策者在事后需要推理另一个人会发现什么是显而易见的。[14] 这导致了非显而易见性判定的不一致和不可预测。[15] 在实践中，技术人员标准与"大象测试"[16] 或 Stewart 大法官著名的对淫秽物品不切实际的定义有相似之处："我见到时就会知道"。[17] 在创造性算法的情况下，这可能更成问题，因为人类决策者可能很难从理论上推理出算法会认为什么是显而易见的。

现有的批判性学术研究已经主张在非显而易见性的调查中更多地关注经济因素或客观的"次要"标准，如长期存在但尚未解决的需求、他人的失败以及一项发明在市场上如何被接受的现实证据。[18] 创造性算法可能会为这种转变提供动力。

利用创造性算法标准进行的非显而易见性调查也可以关注再现性，特别是标准算法是否能够足够容易地重现专利申请的主题。这可能是一个更客观、更确定的测试，使专利局

---

[14] 讨论了非显而易见性调查中的后见之明问题。See generally G. N. Mandel, Patently Non-Obvious: Empirical Demonstration that the Hindsight Bias Renders Patent Decisions Irrational (2006) 67 Ohio St. Law J. 1391.

[15] 批评第 103 条的决定。See Federal Trade Commission, To Promote Innovation: The Proper Balance of Competition and Patent Law and Policy (2003), pp. 6-15.

[16] 指的是"众所周知的大象试验，它难以描述，但一看便知"。Cadogan Estates Ltd v. Morris [1998] EWCA Civ. 1671 at 17 (Eng.).

[17] 378 US 184, 197 (1964).

[18] 主张采用诱导标准。See, e. g., M. Abramowicz and J. F. Duffy, The Inducement Standard of Patentability (2011) 120 Yale Law J. 1590, 1596; 主张"如果独立发明前的累积利益大于独立发明后的成本，则发明应获得专利"。T. -J. Chiang, A Cost-Benefit Approach to Patent Obviousness (2008) 82 St. John's Law Rev. 39, 42; 主张以时间方法确定显而易见性。A. Devlin and N. Sukhatme, Self-Realizing Inventions and the Utilitarian Foundation of Patent Law (2009) 51 Wm. Mary Law Rev. 897; J. F. Duffy, A Timing Approach to Patentability (2008) 12 Lewis Clark Law Rev. 343 3; 主张更多地依赖次要考虑因素。D. J. Durie and M. A. Lemley, A Realistic Approach to the Obviousness of Inventions (2008) 50 Wm. Mary Law Rev. 989, 1004-7; G. Mandel, The Non-Obvious Problem: How the Indeterminate Nonobviousness Standard Produces Excessive.

能够始终如一地应用单一标准,从而减少司法上的无效专利。[19] 以次要因素或再现性为重点的非显而易见性调查可以避免应用"认知"创造性算法标准所固有的一些困难。

无论采用何种测试方法,创造性算法标准都将动态地提高当前的专利性基准。创造性算法将比技术人员更聪明,也能考虑更多的现有技术。创造性算法标准不会禁止专利,但会大大增加获得专利的难度:一个人或一种算法可能需要具有其他创造性算法无法轻易再现的非同寻常的洞察力,开发人员可能需要创造出能超越标准算法的越来越智能的算法,或者,最有可能的是,发明将依赖于专门的、非公开的数据来源。随着算法不可避免地变得越来越复杂,非显而易见性的门槛将继续提高。如果将其推向逻辑的极端,并考虑到算法的智能化程度可能是无限的,那么可能有一天,每项发明对于常用算法来说都是显而易见的。这就意味着,如果不彻底改变当前的专利性标准,就不应再颁发专利。

本章分为三部分。第一部分题为"显而易见性",探讨了显而易见性的现行测试标准及其历史演变。研究发现,显而易见性是通过技术人员的视角进行评估的,技术人员反映了某一领域普通工人的特征。[20] 技术人员的创造力和知识水平对于显而易见性分析至关重要。[21] 技术人员的能力越强,他们发现的显而易见之处就越多,这将导致获得专利的数量减少。

第二部分题为"发明过程中的机器智能",探讨了人工智能(AI)在研发(R&D)中的应用,并提出了一个新颖的框架,用于构思从人类发明家到算法发明家的转变。创造性算法已经在与人类发明家竞争,而人类发明家也在用创造性算法增强自己的能力。随着时间的推移,创造性算法或使用创造性算法的人将成为某一领域的标准,最终,算法将负责大部分或全部创新。随着这种情况的发生,技术人员标准必须不断发展,才能继续反映现实世界的情况。如果做不到这一点,就会"扼杀而不是促进有用技术的进步"。[22]

并且第二部分提出了实施创造性算法标准的框架。决策者需要:①确定创造性算法在某一领域的使用程度;②如果创造性算法是标准,则确定最能代表普通工人的创造性算法

---

[19] 几十年来,显而易见性一直是专利无效诉讼中最常见的问题,也是认定专利无效的最常见理由。See J. R. Allison and M. A. Lemley, Empirical Evidence on the Validity of Litigated Patents (1998) 26 AIPLA QJ 185, 208-9; J. R. Allison, M. A. Lemley, and D. L. Schwartz, Understanding the Realities of Modern Patent Litigation (2014) 92 Tex. Law Rev. 1769, 1782, 1785. 正如其他评论者所指出的,这里的门槛很低,新标准"只要比现行理论更好一点,哪怕只是作为适用显而易见性理论的理论和实用指南,也可以是行政上的成功"。Abramowicz and Duffy, above note 18, p. 1601.

[20] See Ruiz v. A. B. Chance Co., 234 F. 3d 654, 666 (Fed. Cir. 2000); see also Ryko Mfg. Co. v. Nu-Star, Inc., 950 F. 2d 714, 718 (Fed. Cir. 1991) ("The importance of resolving the level of ordinary skill in the art lies in the necessity of maintaining objectivity in the obviousness inquiry")。《专利审查程序手册》(MPEP)为本领域普通技术水平提供了指导。MPEP § 2141.03.

[21] "如果技术水平很低,例如像 Dystar 所说的只是一个染工的技术水平,那么可以合理地认为,如果现有技术参考文献中没有明确的指示,这样的技术人员不会想到将参考文献结合起来"。DyStar Textilfarben GmbH & Co. Deutschland KG v. C. H. Patrick Co., 464 F. 3d 1356, 1370 (Fed. Cir. 2006). 然而,在实践中,很少有案件涉及对 PHOSITA 技能的明确事实认定。R. S. Eisenberg, Obvious to Whom? Evaluating Inventions from the Perspective of PHOSITA (2004) 19 Berkeley Technol. Law J. 885, 888. 有关 PHOSITA 标准的讨论,请参阅后文。

[22] KSR v. Teleflex, above note 11, at 427.

的特征；③确定该算法是否会认定某项发明显而易见。决策者首先是专利审查员，[23] 如果专利的有效性在审判中存在争议，则可能是法官或陪审团。[24] 在这两种情况下，新的测试都将涉及新的挑战。

第三部分"后技术世界"举例说明了"创造性算法标准"在实践中如何发挥作用，例如，通过关注再现性或次要因素，且继续探讨了新标准的一些影响。一旦普通工人具备了创造力，可能就不再需要专利来激励创新。如果专利还能实现其他目标，如促进商业化和信息公开或确认精神权利，那么就可以找到其他机制，以较低的成本实现这些目标。尽管这一部分重点讨论的是美国专利法，但几乎每个国家都有类似的框架。世界贸易组织（WTO）成员国必须为"新颖、具有创造性并能在工业中应用"的发明授予专利。[25]

尽管美国法律使用的是"非显而易见"而非"创造性"一词，但其标准实质上是相似的。[26] 例如，欧洲专利局的创造性标准与美国的显而易见性标准相似，也使用了技术人员这一理论概念。[27]

虽然本章主要涉及算法输出的专利问题，但也应注意到，在某些情况下，至少可以在功能上为算法申请专利。[28] 这是与算法输出专利截然不同的一种保护。根据美国法律，某些类型的主题不符合专利保护条件，包括抽象概念、自然法则和自然现象。[29] 最高法院最近的判决认定算法是不符合专利条件的抽象概念，并明确指出，仅仅在计算机上实现算法并不足以获得专利。[30] 根据现行的 Alice/Mayo 测试标准，如果算法包含的附加要素远远超出了抽象概念的范围，则专利可以对算法提出权利要求。[31] 美国联邦巡回上诉法院随后支

---

[23] 在专利局，专利申请由专利审查员进行初步审查，审查员的决定可上诉至专利审判和上诉委员会（PTAB）。USPTO, Patent Trial and Appeal Board, www.uspto.gov/patents-application-process/patent-trial-and-appeal-board-0. 此外，PTAB 还可在某些程序中对专利性问题做出裁决，如双方复审。Ibid.

[24] 专利有效性的判定可能涉及法律和事实的混合问题。一般来说，在民事诉讼中，法律问题由法官裁决，而事实问题则由陪审团裁决。See, e.g., Structural Rubber Prods. Co. v. Park Rubber Co., 749 F.2d 707, 713 (Fed. Cir. 1984)（"诉讼当事人有权要求以确保事实问题由陪审团裁定、法律问题由法院裁决的方式审理案件……"）。这一规则也有一些例外。See, e.g., Gen. Electro Music Corp. v. Samick Music Corp., 19 F.3d 1405, 1408 (Fed. Cir. 1994)（"不公平行为问题背后的事实问题不属于陪审团问题，该问题完全属于公平性质"）。See also M. A. Lemley, Why Do Juries Decide If Patents Are Valid? (Stanford Pub. Law, Working Paper No. 2306152, 2013), https://papers.ssrn.com/sol3/papers.cfm?abstract_id=2306152.

[25] Agreement on Trade-Related Aspects of Intellectual Property Rights, art. 27, April 15, 1994, 33 ILM 1197, 1208 (TRIPS). See R. B. Abbott, R. Bader, L. Bajjali, et al., The Price of Medicines in Jordan: The Cost of Trade-Based Intellectual Property (2012) 9 J. Generic Meds. 75, 76.

[26] TRIPS, above note 25, at 1208 n.5. 然而，这些标准的实施方式存在一些实质性差异，TRIPS 为各国提供了各种遵守的灵活性。See generally R. Abbott, Balancing Access and Innovation in India's Shifting IP Regime, Remarks (2014) 35 Whittier Law Rev. 341.

[27] "一项发明，如果考虑到现有技术水平，对本领域的技术人员来说并非显而易见，则应被视为具有创造性"。Convention on the Grant of European Patents, art. 56, October 5, 1973, 13 ILM 268. 有关欧洲专利法中"技术人员"的指南，see European Patent Office, Guidelines for Examination, www.epo.org/law-practice/legal-texts/html/guidelines/e/g_vii_3.html.

[28] 尽管符合专利条件的主题因司法管辖区而异，但算法本身通常是不符合专利条件的主题，尽管欧洲专利局允许对"计算机实施的发明"授予专利。

[29] Ass'n for Molecular Pathology v. Myriad Genetics, Inc., 569 US 576 (2013).

[30] Alice Corp. Pty. Ltd v. CLS Bank Int'l, 573 US 208, 217-18 (2014)（citing Mayo Collaborative Servs. v. Prometheus Labs., Inc., 566 US 66 (2012)）.

[31] Ibid.

持了数量有限的算法相关专利，2019年初，美国专利商标局提出了修订指南，额外允许对集成到实际应用中的算法授予专利。[32] 算法专利是一个有争议的话题，其判例也在不断演变。

一、显而易见性

本部分研究了现行的显而易见性标准、其历史渊源以及该标准是如何随着时间的推移而变化的。本节发现显而易见性取决于技术人员的创造力以及他们所考虑的现有技术。这些因素又因发明的复杂性及其技术领域而异。

（一）公共政策

专利并不是为渐进式发明而授予的。[33] 只有比现有技术有重大进步的发明才应得到保护。[34] 这是因为专利的成本很高：专利会限制竞争，而且会通过限制在研发中使用专利技术来抑制未来的创新。[35] 如果说专利是合理的，那是因为人们认为专利的收益大于成本。专利可以起到激励创新、促进信息传播、鼓励技术商业化和确认精神权利的作用。[36]

专利授予那些新颖、非显而易见和有用的发明。[37] 在这三项标准中，显而易见性是大多数专利申请的主要障碍。[38] 尽管其他专利性标准对这一功能也有贡献，但非显而易见性要求是区分重大创新和微不足道的进步的主要测试标准。[39] 当然，表达只保护有意义的科学进步的愿望是一回事，而提出一个适用于所有技术领域的可行规则又是另一回事。

---

[32] 讨论确定权利要求是否针对抽象概念的拟议修订。USPTO, 2019 Revised Patent Subject Matter Eligibility Guidance, www.federalregister.gov/documents/2019/01/07/2018-28282/2019-revised-patent-subject-matter-eligibility-guidance.

[33] 非显而易见性要求载于美国专利法第103条：如果所要求的发明与现有技术之间存在差异，以至于在所要求的发明的有效申请日之前，对于拥有该发明相关技术的普通技术人员来说，所要求的发明作为一个整体是显而易见的，那么尽管所要求的发明没有按照第102条的规定进行相同的公开，也不能获得该发明的专利权。35 USC § 103（2018）。

[34] 指出"将每项微小进步的垄断权授予单方，除非发明的运用明显高于普通机械或工程技能，否则原则上是不公正的，其后果也是有害的"。Atlantic Works v. Brady, 107 US 192, 200（1883）。

[35] 讨论专利制度的成本与收益。See Abbott, above note 1, pp. 1105-6。

[36] Ibid., pp. 1105-8。国会授予专利的权力符合宪法，并以激励理论为基础："通过确保……发明者在有限时间内对其各自的……发现享有专有权，促进科学进步……"，"知识产权的标准理由是事前的……是知识产权的前景激发了创造性"。US Constitution, art. I, § 8, cl. 8. See M. A. Lemley, Ex Ante Versus Ex Post Justifications for Intellectual Property（2004）71 Univ. Chi. Law Rev. 129, 129；指出"对发明者的奖励完全次于"对社会的奖励，see also United States v. Line Material Co., 333 US 287, 316（1948）（Douglas, J., concurring）；指出对发明者的专利产生了社会效益。The Federalist No. 43（James Madison）。美国最高法院赞同经济诱导理论，即专利只应授予"若非专利诱导就不会公开或设计"的发明。See Graham v. John Deere Co., 383 US 1, 10（1966）。See also Abramowicz and Duffy, above note 18。

[37] 35 USC §§ 101-3, 112（2018）。在欧洲体系中，这些标准被称为新颖性、创造性和工业适用性（《欧洲专利公约》第52条）。发明还必须包含可申请专利的主题，并进行适当公开。35 USC §§ 101-3, 112（2018）。

[38] D. Chisum, Chisum on Patents（LexisNexis, 2007），§ 5.02［6］；J. Witherspoon（ed.），Nonobviousness: the Ultimate Condition of Patentability（Bureau of National Affairs, 1980），para. 2：101. 显而易见性是专利有效性中最常见的诉讼问题。Allison and Lemley, above note 19, pp. 208-9。

[39] 35 USC §§ 101-2, 112（2018）。

（二）早期尝试

现代显而易见性标准是专利局、法院和国会数百年来努力去芜存菁的成果。[40] 正如美国专利制度的第一任管理者、其主要设计师之一托马斯·杰斐逊（Thomas Jefferson）所写："我深知在对公众有价值的事物和对其没有价值的事物之间划清界限的困难……我看到了一个通用规则体系的成熟过程是多么缓慢"。[41]

尽管杰斐逊曾一度提出"显而易见"的要求，最早的专利法仍侧重于新颖性和实用性。[42] 1790年的《专利法》是第一部专利法规，它要求可申请专利的发明必须"足够有用和重要"。[43] 3年后，一部更全面的专利法——1793年《专利法》通过。[44] 新法不要求发明"重要"，但要求发明"新颖且有用"。[45] 1836年的《专利法》恢复了对发明"足够有用和重要"的要求。[46]

1851年，美国最高法院采用了一项"发明"标准，成为技术人员和显而易见性调查的鼻祖。[47] Hotchkiss案涉及一项用黏土或瓷器代替已知门把手材料（如金属或木材）的专利。[48] 法院宣布该专利无效，认为"改进是熟练技工的工作，而不是发明者的工作"。[49] 法院还为专利性制定了新的法律标准："除非……需要比熟悉业务的普通技工更多的智慧和技能，否则就不存在构成每项发明基本要素的技能和智慧"。[50]

---

[40] 在这方面，这场斗争可以追溯到第一部专利法，即1474年的《威尼斯法案》，该法案规定只有"新颖巧妙"的发明才能受到保护。See G. Mandich, Venetian Patents (1450-1550) (1948) 30 J. Pat. Off. Soc. 166, 176-7; A. Samuel Oddi, Beyond Obviousness: Invention Protection in the Twenty-First Century (1989) 38 Am. Univ. Law Rev. 1097, 1102-3; F. D. Prager, A History of Intellectual Property From 1545 to 1787 (1944) 26 J. Pat. Off. Soc. 711, 715.

[41] Letter to Isaac McPherson (August 13, 1813), in The Writings of Thomas Jefferson, 1790-1826 (Riker, Thorne & Co., 1854), p. 5.

[42] 1791年，杰斐逊提议修改1790年的美国专利法，规定如果一项发明"不重要且显而易见，不应成为专有权的标的物"，则禁止为其申请专利。P. Leicester Ford (ed.), The Writings of Thomas Jefferson 1788-1792 (G. P. Putnam & Sons, 1895).

[43] Patent Act of 1790, ch. 7, 1 Stat. 109 (repealed 1793).

[44] Patent Act of 1793, ch. 11, 1 Stat. 318 (repealed 1836).

[45] Ibid. at 318-23. 该法还禁止为某些微小的改进申请专利："在任何程度上改变任何机器的形式或比例或物质成分，都不应被视为发现"。Ibid. at 321. 在此基础上，杰斐逊（他被认为起草了该法规的大部分内容）认为，"材料的改变不应该赋予专利权。如用铸铁而不是锻铁制作犁铧；用铁而不是牛角或象牙制作梳子……" Letter to Isaac McPherson, above note 41, p. 181.

[46] Patent Act of 1836, ch. 357, § 18, 5 Stat. 117, 124 (repealed 1861).

[47] "我们得出结论，第103条的目的仅仅是编纂包含Hotchkiss条件的司法判例，并由国会指示，对申请专利的主题的显而易见性进行调查是获得专利的先决条件"。See, e. g., Graham, above note 36, at 17; "第103条……提供了一个在法律中已经存在了100多年的条件", see also S. Rep. No. 82-1979, at 6 (1952); HR Rep. No. 82-1923, at 7 (1952). 显而易见性在早期的案件中也曾引起争议，尽管不一定是以这样的方式。例如，在Earle案中，Story法官驳回了被告提出的争议发明显而易见的论点，即专利需要的不仅仅是新颖性和实用性。他认为，法院不必参与"对发明的形而上学性质或抽象定义的推理"。Story法官进一步指出，英国法律允许外国技术的引进者获得专利，这种行为不需要智力劳动。See 8 F. Cas. 254, 255 (Cir. Ct. D. Mass. 1825). 在Evans案中，最高法院认为专利发明必须涉及算法"原理"的改变，而不是"仅仅形式和比例"的改变。Story大法官在为法院撰写判决书时指出，该专利是无效的，因为它与在先发明"在原理上基本相同"。See 20 US (7 Wheat) 356, 361-2 (1822).

[48] 52 US 248, 265 (1850).

[49] Ibid. at 267.

[50] Ibid.

然而，法院并未就什么是创造性或所要求的创造性水平提供具体指导。在随后的几年中，法院曾多次努力解决这些缺陷，但成效有限。法院在 1891 年指出"事实上，'发明'一词的定义无法提供任何实质性帮助，以确定任何特定装置是否涉及发明能力的行使"。[51]或者正如一位评论家所指出的，"人们几乎不可能肯定地说，某项专利确实有效"。[52]

1930 年左右，最高法院可能受到全国反垄断情绪的影响，开始实施更严格的发明水平判定标准。[53] 这在 Cuno Engineering 案中提出的"天才闪光"测试标准中达到了顶峰。[54]也就是说，为了获得专利，"新设备必须展现出天才的创造力，而不仅仅是发明人的技能"。[55] 这一测试标准被解释为，发明必须是由于"天才的创造性"进入发明者的头脑，[56] 而不是"长期努力和实验的结果"。[57] 法院的理由是，"有必要严格适用该测试标准，以免在对新设备的不断需求中，对该技术的每一个微小的技术进步都施以强力的保护"。[58]

"天才闪光"测试因含糊不清、难以实施而受到批评，而且涉及对发明人思想状态的主观判断。[59] 这无疑大大增加了获得专利的难度。[60] 富兰克林·罗斯福（Franklin D. Roosevelt）总统成立了国家专利规划委员会，负责提出改进专利制度的建议。[61] 该委员

---

[51] McClain v. Ortmayer, 141 US 419, 427（1891）. 另一家法院指出，"发明"是"在法律概念中存在的一种飘忽不定、难以捉摸和模糊不清的幽灵"。Harries v. Air King Prods. Co., 183 F. 2d 158, 162（2nd Cir. 1950）.

[52] G. Chin, The Statutory Standard of Invention: Section 103 of the 1952 Patent Act（1959）3 Pat. Trademark & Copy. J. Res. & Educ. 317, 318.

[53] See, e.g., E. B. Gregg, Tracing the Concept of Patentable Invention（1967）13 Vill. Law Rev. 98.

[54] 将该测试正式化。Cuno Eng'g Corp. v. Automatic Devices Corp., 314 US 84, 91（1941）."专利权人没有表现出任何天才闪光、灵感或想象力"。See, e.g., Hamilton Standard Propeller Co. v. Fay-Egan Mfg. Co., 101 F. 2d 614, 617（6th Cir. 1939））. 法院在 Great Atlantic & Pacific Tea 案中重申了"天才闪光"标准，see Great Atlantic & Pacific Tea Co. v. Supermarket Equip. Corp., 340 US 147, 154（1950）（Douglas, J., concurring）.

[55] Cuno Eng'g, ibid., at 91.

[56] Reckendorfer v. Faber, 92 US 347, 357（1875）.

[57] 最高法院后来声称，"天才创造力的闪光"只是一种修辞上的修饰，这一要求只涉及装置本身，而不涉及发明的方式。Graham, above note 36, at 15 n. 7, 16 n. 8. 然而，对该测试的解释并非如此。指出该测试标准导致下级法院采用了更高的发明标准。See P. J. Federico, Origins of Section 103（1977）5 APLA QJ 87, 97 n. 5. 在 Great Atlantic & Pacific Tea 案中，法院的多数法官没有考虑创造性的问题，但 Douglas 法官在其同意意见中重申了"天才发明"的概念："仅有物品的新颖性和实用性是不够的。宪法从未认可为小玩意儿授予专利。专利是为了更高的目的——科学的进步。一项发明不一定要像原子弹那样惊世骇俗才能获得专利。但它的质量和独特性必须能让所属科学领域的大师们承认它是一种进步。"

[58] Cuno Eng'g, above note 54, at 92.

[59] 正如当时的一位评论家所指出的，"天才闪光理论所代表的可申请专利的发明标准显然是基于专利发明人实现其专利所要求的技术进步的心理过程的性质，而不仅仅是进步本身的客观性质"。Comment, The "Flash of Genius" Standard of Patentable Invention, 13 Fordham Law Rev. 84, 87（1944）. See Note, Patent Law-" Flash of Genius" Test for Invention Rejected（1955）5 DePaul Law Rev. 144, 146; S. G. Kalinchak, Obviousness and the Doctrine of Equivalents in Patent Law: Striving for ObjectiveCriteria（1994）43 Cath. Univ. Law Rev. 577, 586; see also, Note, The Standard of Patentability-Judicial Interpretation of Section 103 of the Patent Act Source（1963）63 Colum. Law Rev. 306, 306.

[60] 最高法院法官 Robert Jackson 在反对意见中指出，"唯一有效的专利是本法院无法获得的专利"。Jungersen v. Ostby & Barton Co., 335 US 560, 572（1949）（Jackson, J., dissenting）.

[61] See W. Jarratt, U. S. National Patent Planning Commission（1944）153 Nature 12; see also National Patent Planning Commission, Report of the National Patent Planning Commission（1943）, pp. 6, 10.

会的报告建议国会采用更加客观和确定的显而易见性标准。[62] 十年后，国会采纳了这一建议。[63]

（三）非显而易见性调查

1952年《专利法》确立了现代专利框架。[64] 在对专利实体法进行的其他修改中，[65]"1952年法案的核心要旨是取消了对'创造性'的'不可测量'的探究，取而代之的是提供了第103条的非显而易见性要求"。[66] 其第103条规定："如果……申请专利的主题与现有技术之间存在差异，以至于在发明时，对于拥有该主题相关技术的普通技术人员来说，该主题整体上是显而易见的，则不能获得专利。专利性不应因发明的方式而被否定。"[67]

1952年《专利法》第103条在立法上否定了"天才闪光"测试标准，将关于"发明"的庞杂的司法理论编纂成单一的法定测试标准，并重构了与拥有普通技术的人相关的显而易见性标准。[68] 然而，尽管第103条可能比"天才闪光"测试更为客观和明确，但"显而易见"和"具有普通技能的人"的含义并未界定，在实践中也被证明"往往难以适用"。[69] 最高法院首次在三部曲案件中对法定的非显而易见性要求进行了解释：Graham案（1966年）及其伴生案件Calmar案（1965年）和Adams案（1966年）。[70] 在这些案件中，法院阐明了一个评估显而易见性的框架，将其作为一个基于以下基本事实调查的法律问题：

---

[62] National Patent Planning Commission, above note 61, pp. 5-6. "专利制度最大的技术缺陷之一是缺乏明确的标准来确定什么是发明"（ibid. at 26）。"现行专利制度最严重的缺陷是缺乏一个统一的测试标准来确定发明人的特殊贡献是否值得授予专利权"（ibid. at 14）。"建议国会宣布一项国家标准，根据该标准，一项发明的专利性应通过其对技术和科学的促进作用的客观测试来确定"（ibid. at 26）。

[63] 尽管国会可能没有意识到它在做什么，譬如存在案件讨论1952年美国专利法的立法历史以及国会对第103条缺乏认识和意图。See G. M. Sirilla, 35 USC § 103: From Hotchkiss to Hand to Rich, the Obvious Patent Law Hall-of-Famers (1999) 32 J. Marshall Law Rev. 437, 509-14.

[64] See The Standard of Patentability, above note 59, at 309. "可能没有任何其他标题像这次修订一样，包含了全国这么多有资格的技术人员的想法"。L. J. Harris, Some Aspects of the Underlying Legislative Intent of the Patent Act of 1952 (1955) 23 Geo. Wash. Law Rev. 658, 661.

[65] "标题中的主要变化或创新包括在第103条中纳入发明要求，在第271条中纳入共同侵权的司法理论。" HR Rep. No. 1923, 82nd Cong., 2nd Sess. 5 (1952); S. Rep. No. 1979, 82nd Cong., 2nd Sess. 4 (1952).

[66] CLS Bank Int'l v. Alice Corp. Pty. Ltd, 717 F. 3d 1269, 1296 (Fed. Cir. 2013) (Rader, J., dissenting in part, concurring in part) (citing P. J. Federidco's Commentary on the New Patent Act, reprinted in (1993) 75 J. Pat. & Trademark Office Soc. 161, 177). See also Dann v. Johnston, 425 US 219, 225-6 (1976). 该案描述了从判例法中确立的"创造性能力的发挥"到法定测试标准的转变，并指出"直到1952年，国会才为了统一性和明确性，在一项法规中阐明了这一要求，将其界定为'非显而易见性'的要求"。官方"修订说明"指出，第103条旨在作为"法院以缺乏发明为由认定……专利无效"的依据（S. Rep. No. 82-1979, at 18）。

[67] 35 USC § 103, as amended by the America Invents Act. Leahy-Smith America Invents Act, Pub. L. No. 112-29, 125 Stat. 284, 286 (2011) (codified at 35 USC § 103 (2018)). 并没有从根本上改变非显而易见性的调查，但确实带来了一些适度的变化。See www.uspto.gov/web/offices/pac/mpep/s2158.html.

[68] See G. S. Rich, Principles of Patentability (1960) 28 Geo. Wash. Univ. Law Rev. 393, 393-407; see also Chin, above note 52, p. 318. 在Graham案中，最高法院指出："似乎很明显，国会打算通过第103条的最后一句话废除它认为本法院在Cuno Engineering案中使用的有争议的短语'创造性天才的闪光'中所宣布的测试标准"。Graham, above note 36, at 15.

[69] Uniroyal, Inc. v. Rudkin-Wiley Corp., 837 F. 2d 1044, 1050 (Fed. Cir. 1988). 该案指出显而易见性标准易于阐述，但"往往难以应用"。

[70] Graham, above note 36; United States v. Adams, 383 US 39, 51-2 (1966); Calmar v. Cook Chem., 380 US 949 (1965).

①现有技术的范围和内容；②现有技术的普通技术水平；③所要求的发明与现有技术之间的差异；④非显而易见性的客观证据。[71] 这一框架至今仍然适用。值得注意的是，Graham 案的分析并没有解释如何评估非显而易见性的最终法律问题。除了确定基本的事实考虑因素之外，还需要确定显而易见性。[72]

1984 年，新成立的美国联邦巡回上诉法院（唯一有权审理专利案件上诉的上诉法院）设计了显而易见性的"教导、启示和动机"（TSM）测试标准。[73] 严格来说，只有当现有技术明确教导、启示或有动机将现有要素组合成一项新发明时，该测试标准才允许驳回显而易见性。[74] TSM 测试可以防止事后偏见，因为它要求对现有技术进行客观认定。回过头来看，以发明为蓝本拼凑现有技术的碎片很容易使发明显得显而易见。[75]

在 KSR 案（2006 年）中，最高法院维持了 Graham 案分析法，但驳回了联邦巡回法院对 TSM 测试法的完全依赖。相反，鉴于"发明追求和现代技术的多样性"，法院赞同对显而易见性采取灵活的方法。[76] 法院没有批准一个单一的确定性测试标准，而是确定了一个非详尽的理由清单，以支持显而易见性的认定。[77] 这仍然是今天处理显而易见性的方法。

（四）寻找本领域普通技术人员

确定普通技术水平对于评估显而易见性至关重要。[78] 在这一领域拥有普通技术的人（PHOSITA，或称技术人员）越复杂，新发明就越有可能显而易见。因此，技术人员是"匆忙的白痴"[79]，还是"发明所属科学领域的大师"，这一点非常重要。[80]

---

[71] Graham, above note 36, at 17. 关于第四类，在某些情况下，商业成功和长期存在但未解决的需求等因素可以作为非显而易见性的证据。

[72] "法院没有说明……如何确定显而易见性或非显而易见性"。See J. Miller, Nonobviousness: Looking Back and Looking Ahead, in P. K. Yu (ed.), Intellectual Property and Information Wealth: Issues and Practices in the Digital Age: Patents and Trade Secrets (Praeger, 2007), Vol. 2, p. 9.

[73] US Court of Appeals for the Federal Circuit, Court Jurisdiction, www.cafc.uscourts.gov/the-court/court-jurisdiction.

[74] ACS Hosp. Sys., Inc. v. Montefiore Hosp., 732 F. 2d 1572 (Fed. Cir. 1984).

[75] See In re. Fritch, 972 F. 2d 1260, 1266 (Fed. Cir. 1992).

[76] KSR v. Teleflex, above note 11, at 402. "显而易见性分析不一定要找出针对被质疑权利要求的具体主题的精确教导，因为法院可以考虑 PHOSITA 会采用的推论和创造性步骤"（ibid. at 418）。

[77] 这些 KSR 案后的理由包括：①根据已知方法组合现有技术元素，以产生可预测的结果；②用一个已知元素简单替换另一个已知元素，以获得可预测的结果；③使用已知技术以相同方式改进类似装置（方法或产品）；④将已知技术应用于准备改进的已知装置（方法或产品），以产生可预测的结果；⑤"显而易见的尝试"——从有限数量的已确定、可预测的解决方案中进行选择，并有合理的成功预期；⑥在某一领域的已知工作可能促使其变型，用于同一领域或基于设计动机或其他市场力量的不同领域，如果这种变型对本领域的普通技术人员来说是可预见的；⑦现有技术中的某些教导、启示或动机会促使普通技术人员修改现有技术参考文献或将现有技术参考文献的教导结合起来，以实现所要求的发明。2141 Examination Guidelines for Determining Obviousness under 35 USC 103 ［R-08.2017］, USPTO, www.uspto.gov/web/offices/pac/mpep/s2141.html.

[78] "解决本领域普通技术水平的重要性在于在显而易见性调查中保持客观性的必要性"。Ruiz v. A. B. Chance, above note 20, at 666; see also Ryko Mfg., above note 20, at 718. 技术人员与专利法的许多领域相关，包括权利要求的解释、最佳模式、确定性、授权和等同理论。See D. L. Burk and M. A. Lemley, Is Patent Law Technology-Specific? (2002) 17 Berkeley Technol. Law J. 1155, 1186-7.

[79] Morning Star Coop. Soc'y v. Express Newspapers Ltd ［1979］FSR 113. 该案标志着首次使用"匆忙的白痴"一词作为商标混淆的标准。

[80] Great Atlantic & Pacific Tea, above note 54, at 155.

第十六章 创造性算法与创新性质的演变

尽管存在司法指导,但技术人员从未被准确定义。[81] 在 KSR 案中,最高法院将技术人员描述为"具有普通创造力的人,而非不动脑筋机械行事的人"。[82] 联邦巡回法院解释说,技术人员是一个假定的人,就像侵权法中的一般理性人一样,[83] 被推定在发明时已经知道相关的技术。[84] 技术人员不是法官、业余爱好者、精通冷门技艺的人,也不是一组"妙手生花的天才"。[85] 技术人员是"沿着技术的传统智慧进行思考的人,而不是进行创新的人"。[86]

联邦巡回法院提供了一份非穷尽的因素清单,用于确定普通技术水平:"①在该技术中遇到的问题类型;②解决这些问题的现有技术;③创新的速度;④技术的复杂程度;⑤该领域在职人员的教育水平"。[87] 在任何特定情况下,一个或多个因素可能占主导地位,而且并非每个因素都相关。[88] 因此,技术人员标准因发明、技术领域和研究人员而异。[89] 在一个大多数创新都是由非专业人员创造的领域中,如果发明很简单,如一种防止苍蝇飞离马匹的装置,那么技术人员可能是一个没有受过多少教育或实践经验的人。[90] 与此相反,如果一项发明属于复杂领域,而该领域的工人受过高等教育,如化学工程或制药研究,

---

[81] "特别是最高法院,但其他法院也一样,在界定本领域普通技术人员方面所做的工作少之又少"。See J. B. Gambrell and J. H. Dodge, II, Ordinary Skill in the Art–an Enemy of the Inventor or a Friend of the People?, in J. F. Witherspoon (ed.), Nonobviousness: The Ultimate Condition of Patentability (Bureau of National Affairs, 1980), para. 5; 302 2.

[82] KSR v. Teleflex, above note 11, at 421. MPEP 为本行业的普通技术水平提供了指导(MPEP § 2141.03)。指出为非显而易见性标准确定适当的普通技术水平"是所有专利法中最重要的政策问题之一"。See J. F. Duffy and R. P. Merges, The Story of Graham v. John Deere Company: Patent Law's Evolving Standard of Creativity, in J. C. Ginsburg and R. Cooper Dreyfuss (eds.), Intellectual Property Stories (Foundation Press, 2006), p. 110.

[83] "决策者面对的是一个幽灵,即'在该领域拥有普通技能的人',这与'理性人'和法律中的其他幽灵并无不同。"See, e. g., Panduit Corp. v. Dennison Mfg. Co., 810 F. 2d 1561, 1566 (Fed. Cir. 1987).

[84] 2141 Examination Guidelines, above note 77.

[85] Envtl. Designs Ltd v. Union Oil Co. of Cal., 713 F. 2d 693, 697 (Fed. Cir. 1983).

[86] Standard Oil Co. v. Am. Cyanamid Co., 774 F. 2d 448, 454 (Fed. Cir. 1985).

[87] GPAC, above note 13, at 1579.

[88] Ibid.; Custom Accessories, Inc. v. Jeffrey–Allan Indus., Inc., 807 F. 2d 955, 962-3 (Fed. Cir. 1986). 在此之前,这些因素包括"发明人的教育水平"。Envtl. Designs, above note 85, at 696. 直到联邦巡回法院宣布:"法院从未以真正的发明人/申请人/专利权人能够或将要做什么来判断专利性"。Kimberly–Clark Corp. v. Johnson & Johnson, 745 F. 2d 1437, 1454 (Fed. Cir. 1984). 相反,"真正的发明人,作为一个类别,从无知的天才到诺贝尔奖获得者,其能力各不相同;法院总是根据他们自己设计的假想作品来适用标准,并将其等同于发明人"(ibid.)。

[89] See, e. g., DyStar Textilfarben, above note 21, at 1370. 法院写道:如果技术水平较低,例如像 Dystar 所说的只是一个染工,那么我们可以合理地认为,如果现有技术参考文献中没有明确的指示,这样的技术人员不会想到将参考文献结合起来……如果技术水平是染色工艺设计师的水平,那么我们可以轻松地认为,这样的技术人员会从化学和系统工程中汲取灵感——而不需要别人告诉他这样做。Daiichi Sankyo Co. v. Apotex, Inc., 501 F. 3d 1254, 1257 (Fed. Cir. 2007) 案涉及一项通过耳部涂抹抗生素治疗耳部感染的专利。地区法院认为,技术人员"应具有医学学位、治疗中耳炎患者的经验以及抗生素的药理和使用知识"(ibid.)。这个人应该是……儿科医生或全科医生——这些医生通常是治疗耳部感染的"第一道防线",他们接受过医学培训,具备基本的药理学知识"(ibid.)。法院在考虑非正式教育时采用了灵活的方法。See, e. g., Penda Corp. v. United States, 29 Fed. Cl. 533, 565 (1993). 例如,Bose Corp. v. JBL, Inc., 112 F. Supp. 2d 138, 155 (D. Mass. 2000) 案中,地区法院认为,保持"最新文献和行业杂志以跟上新的发展"可以等同于"电子工程、物理、机械工程或可能的声学学士学位"。

[90] 在一个关于马腿苍蝇裹布的案件中,认为技术人员受过一些正规教育,但没有接受过技术领域的特殊培训。See Graham v. Gun-Munro, No. C-99-04064 CRB, 2001 US Dist. LEXIS 7110, at *19 (ND Cal. May 22, 2001).

351 那么技术人员可能相当见多识广。[91] 至少在欧洲，技术人员甚至可以是一个由个人组成的团队，以合作的方式开展研究。[92]

（五）类似的现有技术

确定什么是现有技术也是显而易见性调查的核心。[93] 在某种程度上，几乎所有发明都涉及已知要素的组合。[94] 可考虑的现有技术越多，发明就越有可能显而易见。为了显而易见性的目的，现有技术必须符合《专利法》第102条关于预期参考的定义，还必须符合"类似技术"的条件。[95]

《专利法》第102条包含了对发明新颖性的要求，并明确定义了现有技术。[96] 符合现有技术条件的信息极为广泛，包括在提交专利申请之前向公众提供的任何印刷出版物。[97] 法院长期以来一直认为，发明人应推定知道所有现有技术。[98] 虽然没有一个真正的发明人会有这样的知识，[99] 但这一规则的社会效益被认为大于其成本。[100] 对现有发明授予专利可能会阻止公众使用其已经掌握的技术，并将知识从公共领域中剥离。[101]

352　　就显而易见性而言，《专利法》第102条规定的现有技术也必须符合类似条件。也就是

---

[91] 认为化工行业的技术人员是拥有博士学位的有机化学家。See Imperial Chem. Indus., Plc v. Danbury Pharmacal, Inc., 777 F. Supp. 330, 371-2 (D. Del. 1991); 注意到双方各自的化学专家证人在硫化学方面具有广泛的背景，他们都是技术人员, see also Envtl. Designs, above note 85, at 697.

[92] "在某些情况下，从一群人的角度来考虑可能比从一个人的角度考虑更合适，如研究或生产小组"。European Patent Office, Guidelines for Examination, www.epo.org/law-practice/legal-texts/html/guidelines/e/g_vii_3.htm. 从"技术团队"的角度评估显而易见性。See, e.g., MedImmune v. Novartis Pharm. UK, Ltd [2012] EWCA Civ. 1234. 该案"针对的是在免疫学，尤其是抗体结构生物学、分子生物学和蛋白质化学等领域具有不同背景，但对抗体工程具有共同兴趣的科学家团队"（ibid.）。在美国，学术文献中讨论过技术人员可以是一群人的观点，但法院可能没有明确采纳。See, e.g., J.J. Darrow, The Neglected Dimension of Patent Law's PHOSITA Standard (2009) 23 Harv. J. Law Technol. 227, 244, 257. 鉴于目前大多数专利的发明人都不止一人，"技术人员"标准似乎是合适的。指出大多数专利都有多个发明人。D. Crouch, PHOSITA: Not a Person-People Having Ordinary Skill in the Art, Patently-O (June 7, 2018), https://patentlyo.com/patent/2018/06/phosita-not-a-person-people-having-ordinary-skill-in-the-art.html.

[93] 这就是上文所述Graham案分析法的第二次调查。

[94] See, e.g., Ryko Mfg., above note 20, at 718.

[95] In re Bigio, 381 F.3d 1320, 1325 (Fed. Cir. 2004).

[96] 35 USC § 102 (2018).

[97] Ibid., § 102 (a)(1); 关于什么是现有技术的详细讨论, see MPEP § 2152. 几乎任何书面材料都是现有技术。"失蜡铸造技术的一项美国专利被宣告无效，理由是Benvenuto Cellini在16世纪的自传中提到了类似的技术"。See M. Ebert, Superperson and the Prior Art (1985) 67 J. Pat. Trademark Off. Soc. 657, 658.

[98] 最高法院采用了一种推定，即技术人员对所有现有技术具有推定知识："无论事实如何，专利权人都应该知道所有现有技术"此外，"我们必须推定专利权人完全了解在他之前出现的所有技术，无论这些技术是否是实际存在的"。See Mast, Foos, & Co. v. Stover Manufacturing Co., 177 US 485, 493 (1900).

[99] "发明人不可能知道每种技术中的每种教导"。See, e.g., In re. Wood, 599 F.2d 1032, 1036 (CCPA 1979).

[100] See Bonito Boats, Inc. v. Thunder Craft Boats, Inc., 489 US 141, 147-8 (1989). 引述托马斯·杰斐逊，"早期联邦专利政策的推动者"，认为"对已经向公众公开的想法授予专利权类似于事后法，'妨碍'他人使用他们之前拥有的东西（quoting Letter to Isaac McPherson, above note 41, p. 176.)"; 指出对非新颖发明授予专利权会使知识从公共领域消失。Graham, above note 36, at 5-6.

[101] Graham, above note 36, at 5-6.

说，现有技术必须属于申请人的工作领域，或与申请人所关注的问题有合理的相关性。[102] 真正的发明人应该会关注这类信息。"类似技术"规则更好地反映了实际情况，它改善了现有技术新颖性定义的苛刻性，因为现有技术的参考文献可以出于显而易见性的目的而组合，但不能出于新颖性的目的而组合。[103] 因此，就显而易见性而言，技术人员被推定为了解发明领域内的所有现有技术，以及与发明所解决的问题合理相关的现有技术。将现有技术的范围限制在类似技术上降低了专利性的门槛。[104]

在 In re. Winslow 案中，"类似技术"要求的概念最为著名，法院在该案中解释说，决策者应"将发明人想象成在自己的商店里工作，周围的墙上挂满了现有技术的参考文献，他被假定为知道这些参考文献。"[105] 或者，正如法官 Learned Hand 先知先觉地指出的那样，"发明人必须接受在他所选择的领域中无所不知的神话般的工人的地位。随着技术的迅猛发展，他的命运变得越来越艰难"。[106]

二、发明过程中的机器智能

（一）自动化与增强研究

人工智能，即能够完成通常需要人类智慧才能完成的任务的算法，在创新中发挥着越来越重要的作用。[107] 例如，IBM 的旗舰人工智能系统"沃森"（Watson）正被用于探索性地开展药物发现研究，以及在临床上分析癌症患者的基因，制定治疗方案。[108] 在药物发现方面，沃森已经确定了新的药物靶点和现有药物的新适应症。[109] 在此过程中，沃森可能会

---

[102] "在确定现有技术是否类似时，有两个相关标准：'①无论涉及的问题如何，该技术是否来自同一领域；②如果参考文献不属于发明人的工作领域，该参考文献是否仍然与发明人涉及的特定问题合理相关。（Comaper Corp. v. Antec, Inc., 596 F. 3d 1343, 1351（Fed. Cir. 2010）'"。See, e. g., Wyers v. Master Lock Co., 616 F. 3d 1231, 1237（Fed. Cir. 2010）. "在正确的分析下，发明时该领域已知的并由专利（或有争议的申请）解决的任何需求或问题都可以为以权利要求的方式组合这些要素提供理由"（KSR v. Teleflex, above note 11, at 420）. 有时也可以考虑其他领域的现有技术（ibid. at 417）. 一般的问题是，对于技术人员来说，考虑一项现有技术来解决他们的问题是否"合理"（In re. Clay, 966 F. 2d 656（Fed. Cir. 1992））. 要做到"合理相关"，现有技术必须"在逻辑上引起发明人在考虑其问题时的注意"（ibid.）.

[103] "该规则排除了基于非类似技术的参考文献的教导组合而作出的驳回，其基本原理是发明人不可能了解每种技术中的每种教导"。See In re. Wood, above note 99, at 1036. 该规则"试图通过仅假定发明人了解其工作领域和类似技术中的现有技术，来更接近发明创造的实际情况"（ibid.）.

[104] 认为在类比技术测试之前，参考文献很少被排除在现有技术之外。See M. A. Bagley, Internet Business Model Patents: Obvious by Analogy（2001）7 Mich. Telecomm. Technol. Law Rev. 253, 270；指出一旦相关的现有技术被归类为类似技术，显而易见性的结论往往是不可避免的，see also J. S. Sherkow, Negativing Invention（2011）BYU Law Rev. 1091, 1094-5.

[105] In re. Winslow, 365 F. 2d 1017, 1020（CCPA 1966）.

[106] Merit Mfg. Co. v. Hero Mfg. Co., 185 F. 2d 350, 352（2nd Cir. 1950）.

[107] 美国国家商业研究院对 235 名企业高管进行的调查发现，2016 年有 38% 的企业正在使用人工智能技术，到 2018 年将有 62% 的企业可能使用人工智能技术。See, e. g., Data Science Association, Outlook on Artificial Intelligence in the Enterprise（2016）, pp. 3, 6, www. datascienceassn. org/sites/default/files/Outlook% 20on% 20Artificial% 20Intelligence%20in%20the%20Enterprise%202016. pdf.

[108] IBM, IBM Watson for Drug Discovery, www. ibm. com/watson/health/life-sciences/drug-discovery; IBM, IBM Watson for Genomics, www. ibm. com/watson/health/oncology-and-genomics/genomics.

[109] Y. Chen, J. D. Elenee Argentinis, and G. Weber, IBM Watson: How Cognitive Computing Can Be Applied to Big Data Challenges in Life Sciences Research（2016）38 Clin. Ther. 688.

自主或与人类研究人员合作完成可申请专利的发明。[110] 在临床实践中，沃森也在将曾经由人类完成的功能自动化。[111] 事实上，根据 IBM 的数据，沃森可以在 10 分钟内解读病人的整个基因组，并编写一份临床可操作的报告，而这项任务需要一个专家团队花费大约 160 个小时的时间。[112] IBM 最近的一项研究发现，沃森的报告优于标准做法。[113]

沃森在很大程度上是一个"专家系统"，尽管沃森并不是一个单一的程序或算法——这个品牌融合了多种技术。[114] 在这里，为了简单起见，沃森将被视为一个单一的软件程序。专家系统是设计人工智能的一种方式，它利用从专家知识中提取的逻辑规则来解决特定知识领域的问题。专家系统是 20 世纪 80 年代人工智能研究的重点。[115] 1989 年，基于专家系统的国际象棋程序 HiTech 和 Deep Thought 战胜了国际象棋大师，为 IBM 的另一个著名算法"深蓝"在 1997 年击败国际象棋世界冠军加里·卡斯帕罗夫铺平了道路。[116] 但"深蓝"的实用性有限，它只是为了下国际象棋而设计的。在击败卡斯帕罗夫之后，该算法就永久退出了历史舞台。[117]

Google 领先的人工智能系统 DeepMind 是另一种创造性算法的典范。DeepMind 使用人工神经网络，主要由许多高度互联的处理元件组成，共同解决特定问题。[118] 神经网络的设计灵感来源于人脑处理信息的方式。[119] 与人脑一样，神经网络也可以通过实例和实践来学习。[120] 神经网络的实例是以数据的形式出现的，更多的数据意味着性能的提高。[121] 因此，数据被称为 21 世纪的新石油和机器学习的燃料。[122] 开发人员可能无法准确理解神经网络是如何处理数据或产生特定输出的。

2016 年，DeepMind 开发了一种名为 AlphaGo 的算法，它击败了中国传统棋盘游戏围棋

---

[110] 讨论了人工智能系统用于药物发现的"假设"例子，以确定新的药物靶点和现有药物的适应症。See generally Abbott, above note 3.

[111] K. O. Wrzeszczynski, M. O. Frank, T. Koyama, et al., Comparing Sequencing Assays and Human-Machine Analyses in Actionable Genomics for Glioblastoma (2017) 3 Neurol. Genet. e164, http://ng.neurology.org/content/3/4/e164.

[112] Ibid.

[113] Ibid.

[114] See R. Waters, Artificial Intelligence: Can Watson Save IBM?, Financial Times (January 5, 2016), www.ft.com/content/dced8150-b300-11e5-8358-9a82b43f6b2f; see also W. Knight, IBM's Watson Is Everywhere-But What Is It?, MIT Technology Review (October 27, 2016), www.technologyreview.com/s/602744/ibms-watson-is-everywhere-but-what-is-it.

[115] S. J. Russell and P. Norvig, Artificial Intelligence: A Modern Approach, 2nd edn. (2002), pp. 22–3.

[116] IBM, IBM's 100 Icons of Progress: Deep Blue, www.ibm.com/ibm/history/ibm100/us/en/icons/.

[117] Ibid.

[118] K. Gurney, An Introduction to Neural Networks, UCL Press, 1997, pp. 1–4. The first neural network was built in 1951. See, e.g., Russell and Norvig, above note 115.

[119] See, e.g., V. Mnih, K. Kavukcuoglu, D. Silver, et al., Human-Level Control through Deep Reinforcement Learning (2015) 518 Nature 529, 529–33.

[120] See Gurney, above note 118, pp. 1–4.

[121] P. Domingos, The Master Algorithm: How the Quest for the Ultimate Learning Machine Will Remake Our World (Basic Books, 2015), p. xi.

[122] See, e.g., M. Palmer, Data Is the New Oil, ANA Marketing Maestros (November 3, 2006).

的世界冠军，2017年又击败了世界顶尖棋手。[123] 围棋是人类最后一个能够超越算法的传统棋类游戏。[124] AlphaGo的壮举在人工智能界广受赞誉，因为围棋比国际象棋复杂得多。[125] 目前的算法无法仅通过"穷举"计算来"解决"围棋，无法事先确定任何可能配置的最佳走法。[126] 围棋中可能出现的棋盘配置比宇宙中的原子还要多，[127] DeepMind使用通用算法来解释棋局的模式，而不是预先编程若干围棋最佳走法。[128] 目前，DeepMind正在努力在流行的电脑游戏《星际争霸II》中击败人类玩家。[129]

像DeepMind这样的人工智能正在通过游戏来证明自己并进行训练，类似的技术也可以应用于其他需要识别复杂模式、长期规划和决策的挑战。[130] DeepMind已经被应用于解决实际问题。例如，它帮助降低了公司数据中心的冷却成本。[131] DeepMind正在开发一种区分健康组织和癌变组织的算法，并对眼部扫描进行评估，以识别导致失明的疾病的早期征兆。[132] 这项研究的成果很可能可以申请专利。

最终，DeepMind的开发人员希望创造出AGI。[133] 现有的"狭义"或"特定人工智能"（SAI）系统专注于离散问题或特定领域的工作。例如，"沃森基因组"可以分析基因组并提供治疗方案，"沃森大厨"可以通过组合现有食材开发新的食物配方。然而，"沃森基因组"无法回答病人关于症状的开放式询问，"沃森大厨"也不能管理厨房。可以为沃森添加新的功能来完成这些工作，但沃森只能解决程序设定的问题。[134] 相比之下，AGI能够成功完成人类能够完成的任何智力任务。

AGI甚至可以承担自我完善的任务，形成一个不断改进的系统，超越人类智能——哲

---

[123] D. Silver, A. Huang, C. J. Maddison, et al., Mastering the Game of Go with Deep Neural Networks and TreeSearch（2016）529 Nature 484, 484-9. 2015年，DeepMind在玩一系列雅达利2600类游戏时达到了"人类水平的视频游戏性能"（Mnih et al., above note 119, p. 529）。See also C. Metz, Google's AlphaGo Continues Dominance with Second Win in China, Wired（May 25, 2017），www.wired.com/2017/05/googles-alphago-continues-dominance-second-win-china.

[124] See R. Haridy, 2017: The Year AI Beat Us at All Our Own Games, New Atlas（December 26, 2017），https://newatlas.com/ai-2017-beating-humans-games/52741.

[125] Silver et al., above note 123.

[126] Ibid.; 认为穷举计算是AlphaGo功能的一部分。cf. C. Metz, One Genius' Lonely Crusade to Teach a Computer Common Sense, Wired（March 24, 2016），www.wired.com/2016/03/doug-lenat-artificial-intelligence-common-sense-engine.

[127] 10^{17}。or thereabouts. Silver et al., above note 123.

[128] Silver et al., above note 123.

[129] T. Simonite, Google's AI Declares Galactic War on StarCraft, Wired（August 9, 2017），www.wired.com/story/googles-ai-declares-galactic-war-on-starcraft-/. 与围棋相比，《星际争霸》要复杂得多。它涉及高水平的战略思维和在信息不完全的情况下采取行动。Ibid.

[130] See J. Copeland, A Brief History of Computing, AlanTuring.net（June 2000），www.alanturing.net/turing_archive/pages/Reference%20Articles/BriefHistofComp.html. 长期以来，游戏一直是人工智能的试验场，最早的人工智能程序可能诞生于1951年。该程序会玩跳棋，与业余爱好者竞争激烈。Ibid.

[131] See Simonite, above note 129.

[132] C. Baraniuk, Google's DeepMind to Peek at NHS Eye Scans for Disease Analysis, BBC（July 5, 2016），www.bbc.com/news/technology-36713308; C. Baraniuk, Google DeepMind Targets NHS Head and Neck Cancer Treatment, BBC（August 31, 2016），www.bbc.com/news/technology-37230806.

[133] Solving Intelligence through Research, DeepMind, https://deepmind.com/research.

[134] See, e.g., Metz, above note 126.

学家 Nick Bostrom 称之为"人工超级智能"（ASI）。[135] 该结果被称为智能爆炸或技术奇点。[136] 届时，ASI 可以在所有技术领域进行创新，以难以理解的速度取得进步。正如数学家 Irving John Good 在 1965 年写道："第一台超智能机器是人类需要做出的最后一项发明"。[137]

对于何时以及是否会开发出 AGI，专家们意见不一。许多行业领袖根据历史趋势预测，AGI 将在未来几十年内出现。[138] 其他人则认为，挑战的严重性被低估了，本世纪可能无法开发出 AGI。[139] 2013 年，数百名人工智能专家就他们对 AGI 发展的预测接受了调查，[140] 平均而言，参与者预测到 2022 年出现 AGI 的可能性为 10%，到 2040 年出现的可能性为 50%，到 2075 年出现的可能性为 90%。[141] 在一项类似的调查中，42% 的参与者预测到 2030 年将出现 AGI，另有 25% 的参与者预测到 2050 年将出现 AGI。[142] 此外，10% 的参与者表示，他们相信 ASI 将在 AGI 出现后两年内发展起来，而 75% 的参与者预测 ASI 将在三十年内出现。[143] 由此可见，专家的观点认为 AGI 和超级智能将在本世纪出现。与此同时，特定的人工智能在特定任务（包括发明）上的表现越来越好，超越了人类。

（二）创意奇点时间表

我们正处于从人类发明家向算法发明家的过渡阶段。下面的五阶段框架说明了这一过渡，并将人工智能发明的历史和未来划分为几个阶段（见表 16.1）。

表 16.1　算法发明的演变

阶段	发明者	技术标准	时间点
1	人类	个人	过去
2	人类>SAI	增强的个人	现在
3	人类~SAI	增强的个人~SAI	短期未来
4	SAI~AGI>人类	增强的 AGI	中期未来
5	ASI	ASI	长期未来

---

[135] See generally N. Bostrom, *Superintelligence*：*Paths*，*Dangers*，*Strategies*，Oxford University Press，2014.

[136] See generally R. Kurzweil, The Singularity Is Near：When Humans Transcend Biology（2005）.

[137] I. J. Good, Speculations Concerning the First Ultraintelligent Machine（1965）6 Advances in Computers 31，33："让我们把超级智能机器定义为能够远远超越任何聪明人的所有智力活动的机器。既然设计机器是智力活动之一，那么超级智能机器就能设计出更好的机器；到那时，毫无疑问会出现'智力爆炸'，人类的智力将被远远抛在后面……因此，第一台超级智能机器是人类需要做出的最后一项发明……" Ibid.，pp. 32-3.

[138] P. Sysiak, When Will the First Machine Become Superintelligent？，AI Revolution（April 11，2016），https：//medium.com/ai-revolution/when-will-the-first-machine-become-superintelligent-ae5a6f128503.

[139] Ibid. 平心而论，历史也反映了一些过于乐观的预测。1970 年，最著名的人工智能思想领袖之一 Marvin Minsky 在《生活杂志》（Life Magazine）上说："在三到八年内，我们将拥有一台具有普通人一般智能的机器"。B. Darrach, Meet Shaky, the First Electronic Person, Life（November 20，1970），pp. 58B，66，68.

[140] See Muller and Bostrom, above note 6.

[141] Ibid. 参与者被要求提供 AGI 发展的乐观年份（10% 可能性）、现实年份（50% 可能性）和悲观年份（90% 可能性）。回答的中位数为：乐观年份 2022 年，现实年份 2040 年，悲观年份 2075 年。Ibid.

[142] See J. Barrat, Our Final Invention：Artificial Intelligence and the End of the Human Era（Macmillan，2013），p. 152.

[143] See Muller and Bostrom, above note 6.

~意为竞争；>意为超越

第一阶段，所有发明都是由人来创造的。如果一家公司想解决一个工业问题，它就会请一位研究科学家或一组研究科学家来解决问题。当自主算法创造的第一项发明获得专利时，第一阶段结束——时间上很可能是1998年或更早。[144] 由于没有义务报告算法在专利申请中的作用，因此可能很难准确确定自主算法发明的第一项专利是何时颁发的。不过，可能会有很多专利授予算法自主生成的发明。[145] 1998年，一项由名为"创造力机器"的神经网络系统自主开发的发明获得了专利。[146]

早期的算法发明可能已经获得专利。例如，1983年发表的一篇文章描述了一个名为Eurisko的人工智能程序的实验，其中该程序"发明了新型三维微电子器件……出现了新颖的设计和设计规则"。[147] Eurisko是一个早期的人工智能专家系统，用于自主发现新信息。[148] 它的程序设计是根据一系列被称为启发式的规则来运行的，但它能够发现新的启发式，并利用这些规则来修改自己的程序。[149] 为了设计新的微型芯片，Eurisko在编程时使用了基本的微型芯片知识以及简单的规则和评估标准。[150] 然后，它将把现有的芯片结构组合在一起，创造出新的设计，或改变现有的实体。[151] 再之后，将对新结构进行利益评估，并予以保留或放弃。[152] 一些参考资料表明，Eurisko的一项芯片设计在20世纪80年代中期获得了专利。[153]

不过，在本章对这些参考文献进行调查后发现，它们似乎指的是斯坦福大学在1980年

---

[144] 第一阶段也可以用算法首次发明而非获得专利来区分。不过，使用首次获得专利申请是一个更好的基准。它是对一定创造力门槛的外部衡量，也代表了算法首次自动扮演专利发明人的角色。当然，专利审查员在确定一项发明是否新颖、非显而易见和有用时，存在一定程度的主观性。对一位审查员来说是非显而易见的发明，对另一位审查员来说却可能是显而易见的。See, e. g., I. M. Cockburn, S. Kortum, and S. Stern, Are All Patent Examiners Equal? The Impact of Characteristics on Patent Statistics and Litigation Outcomes, in W. M. Cohen and S. A. Merrill（eds.）, Patents in the Knowledge-Based Economy, National Academies Press, 2003,（描述了审查员之间的巨大差异）。

[145] 描述为"计算机发明"颁发的专利。See generally Abbott, above note 1, pp. 1083-91.

[146] Ibid., pp. 1083-6.

[147] D. B. Lenat, W. R. Sutherland, and J. Gibbons, Heuristic Search for New Microcircuit Structures: An Application of Artificial Intelligence（1982）3 AI Mag. 17, 17.

[148] Eurisko由Douglas Lenat创建，是Automated Mathematician（AM）的后继者。See generally D. B. Lenat and J. S. Brown, Why AM and EURISKO Appear to Work（1983）23 AI Mag. 269, 269-94. AM是一种"自动编程系统"，可以依靠启发式方法修改自己的代码（Ibid.）。Eurisko是该算法的后续迭代，旨在额外开发新的启发式算法，并将这些算法纳入其功能中（Ibid.）。

[149] See Lenat et al., above note 147.

[150] Ibid.

[151] Ibid.

[152] Ibid.

[153] See, e. g., R. Forsyth and C. Naylor, The Hitchhiker's Guide to Artificial Intelligence IBM PC Basic Version（Chapman & Hall, 1986）, p. 2167; see also M. A. Boden, The Creative Mind: Myths and Mechanisms, Routledge, 2004, p. 228.

为芯片设计提交的专利申请，但该大学在 1984 年因不明原因放弃了该申请。[154] 因此，专利从未被授予。此外，与其他公开描述的专利申请情况一样，该申请也是以自然人的名义提出的，并要求获得创造性算法输出的专利。[155] 在本案中，他们是根据 Eurisko 的设计制造出物理芯片的个人。[156]

  第二阶段，算法和人在发明活动中既竞争又合作。然而，在所有技术领域，人类研究人员都是常态，因此最能代表技术人员的标准。虽然人工智能系统正在进行发明创造，但目前还不清楚这种发明创造在多大程度上发生：由于担心专利资格问题，也可能是因为公司通常会限制有关其组织方法的信息，以保持竞争优势，具有创造性的算法所有者可能不会公开这种算法在发明创造过程中的程度。这一阶段将奖励那些能够在解决特定问题方面胜过人类发明者的创造性算法的早期采用者，这些算法的产出可以超过技术人员的标准。例如，2006 年，美国国家航空航天局（NASA）聘用了一种自主创造性算法来设计天线，该天线在 NASA 的空间技术 5 号（ST5）任务中飞行。[157] 虽然现在可能只有少量的自主算法发明，[158] 但创造性算法正在广泛地增强人类发明家的能力。例如，一个人可以利用算法进行计算、搜索信息、对新设计进行模拟，从而设计出一种新电池。算法并不符合发明标准，但它确实可以增强研究人员的能力，就像人类助手可以帮助将发明付诸实践一样。根据研究人员所从事的行业和他们试图解决的问题，研究人员可能很少能不借助算法。算法越复杂，就越能增强工人的技能。

  第三阶段，在不久的将来，人与算法之间的竞争与合作将更加激烈。在某些行业，针对某些问题，创造性算法将成为常态。例如，在制药行业，沃森正在确定新的药物靶点和现有药物的新适应症。不久之后，创造性算法就可能成为研究现有药物新用途的主要手段。这是可以预见的结果，因为算法在识别超大数据集中的模式方面比人更有优势。不过，与新药靶点相关的大部分研究工作可能仍然由人来完成。如果在药物发现这样的宽泛领域内

---

[154] US provisional patent application SN 144,960, April 29, 1980. 斯坦福大学技术许可办公室主任 Katherine Ku 致作者的电子邮件（2018 年 1 月 17 日）。撰写 Eurisko 并进行上述研究的 Cycorp 公司首席执行官 Douglas Lenat 报告说，这项工作是在"现代人热衷于为事物申请专利之前……"完成的，他认为 Eurisko 独立创造了许多可申请专利的发明。See Telephone Interview with Douglas Lenat, CEO, Cycorp, Inc.（January 12, 2018）. 他还报告说，在 Eurisko 提出芯片设计之后，斯坦福大学的 James Gibbons 教授成功地根据算法设计制造出了一款芯片（ibid.）。斯坦福大学曾为这一芯片申请专利，但该申请于 1984 年被放弃（US provisional patent application SN 144,960, above）。在本次调查之前，斯坦福大学已经清除了该申请的纸质档案，因此不再有反映放弃原因的记录（email from Katherine Ku, above）。另外目前正在继续开发一种基于专家系统的人工智能，它可以使用基于"常识性知识"的逻辑演绎和推理，而不是像沃森那样识别超大数据集模式的系统（ibid.）。他还表示，他目前所在的公司已经开发出许多可申请专利的发明，但并没有申请专利保护，因为他认为，至少在软件方面，专利为竞争对手提供复制专利技术的路线图所带来的弊端超过了有期限专利的价值（ibid.）。

[155] 描述"计算机发明"的实例。See Abbott, above note 1, pp. 1083–91.

[156] Email From Katherine Ku, above note 154. 设计芯片或制造芯片的个人是否有资格成为发明人取决于案件的具体事实以及谁"构思"了发明。讨论发明人的标准，see generally Abbott, above note 3.

[157] G. S. Hornby, A. Globus, D. Linden, and J. Lohn, Automated Antenna Design with Evolutionary Algorithms, American Institute of Aeronautics & Astronautics（2006），http：//alglobus.net/NASAwork/papers/ Space2006Antenna.pdf.

[158] 正如这里所使用的术语，自主算法由用户赋予目标来完成，但自己决定完成这些目标的方法。See R. Abbott, The Reasonable Computer：Disrupting the Paradigm of Tort Liability（2018）86 Geo. Wash. Law Rev. 1. 例如，用户可以要求算法设计出具有某些特性的新电池，而算法可以在没有人类进一步输入的情况下产生这样的设计。在这种情况下，算法将具有自主创造性，并与人类发明家竞争。

标准不一，则可以通过对领域和问题进行狭义定义来解决这个问题，例如，根据专利局目前使用的子类别。[159]

也许25年后（根据专家的意见）AGI的引入将迎来第四阶段。回顾一下，AGI指的是可以普遍应用的人工智能，而不是狭隘地应用于特定技术领域的人工智能，而且它具有与人相当的智能。AGI将在各个领域与人类发明家展开竞争，这使得AGI成为技术人员的天然替代品。即使有了这个新标准，人类发明家也可能会继续进行发明创造，只是不会那么多而已。发明家可能是能力超过人类平均水平的创造天才，也可能是具有突破性洞察力的普通智者。

正如SAI在某些领域优于人类一样，SAI在某些情况下也可能优于AGI。举例来说，当筛选一百万个具有杀虫剂功能的化合物时，就需要使用"穷举"计算方法。因此，在以SAI为标准的领域中，SAI可以继续代表普通技术水平，而在所有其他领域中，AGI可以取代技术人员。不过，这两个系统很可能是兼容的。想要下围棋的通用人工智能系统可以将AlphaGo纳入自己的编程中，设计出自己的算法，就像AlphaGo一样，甚至可以指示第二种算法操作AlphaGo。

AGI将以另一种方式改变人类与算法之间的动态关系。如果算法真正能够完成人类所能完成的任何智力任务，那么它就能够与人类合作制定目标，甚至自己制定目标。一个人可以只要求算法开发一种新的杀虫剂，而不是指示算法筛选一百万种化合物以确定杀虫剂的功能。拜耳（Bayer）这样的农用化学品公司也可以指示DeepMind为其业务开发任何新技术，或者只是为其提高盈利能力。这种算法不仅要能解决已知问题，还要能解决未知问题。

AGI将不断改进，转变为ASI。最终，在第五阶段，当AGI成功开发出ASI智能时，这将意味着"显而易见性"的终结。对于足够智能的算法来说，一切都将是显而易见的。

（三）创造性与技术性算法

就专利法而言，创造性算法应该是一种既能产生可申请专利的结果，又符合传统发明标准的算法。[160] 由于显而易见性的重点在于专利申请的创造性内容的质量，因此，内容是来自人还是算法或者是哪种特定类型的算法，应该是无关紧要的。自主产生可申请专利的结果的算法，或与人类发明者合作产生可申请专利的结果的算法（如果该算法符合共同发明标准），都具有创造性。

在目前的框架下，创造性算法并不等同于假定的技术性算法，正如人类发明家并不等同于技术人员一样。事实上，不可能从发明实体的信息中推断出技术实体的特征。诚然，联邦巡回法院曾将"发明人的教育水平"纳入其早期基于因素的技术人员测试中。[161] 然而，这只是在联邦巡回法院意识到"法院从未根据真正的发明人/申请人/专利权人能够或愿意做什么来判断专利性。真正的发明人，作为一个群体，从无知的天才到诺贝尔奖获得

---

[159] See generally USPTO, Overview of the U. S. Patent Classification System （USPC） （2012），www.uspto.gov/sites/default/files/patents/resources/classification/overview.pdf.

[160] 认为独立符合人类发明标准的算法应被承认为发明人。See Abbott, above note 1.

[161] See, e. g., Envtl. Designs, above note 88.

者，其能力参差不齐；法院总是根据自己设计的假想作品来适用标准，并将其等同于发明人"。[162]

那么，从概念上讲，什么是技术性算法？是一种能够拟人化为法院对技术人员的各种描述的算法吗？这种测试可能会侧重于算法的设计方式或功能。例如，技术性算法可能是一种按照固定逻辑规则运行的传统算法，而 DeepMind 这样的算法则可能以不可预测的方式运行。然而，基于算法如何运作的规则可能行不通，原因与"天才闪光"测试失败的原因相同：即使撇开试图弄清算法结构或算法如何产生特定输出这一重大的前提问题不谈，专利法关注的应该是算法是否产生创造性输出，而不是算法内部发生了什么。[163] 如果传统算法和神经网络都能产生同样的创造性输出，那么就没有理由厚此薄彼。

或者，测试可以侧重于算法的创造能力。例如，Excel 软件在大量创造性活动中发挥了作用，但它并不具有创新性。它应用已知的知识体系，以可预测的方式解决已知解决方案的问题（例如，将数值相乘）。然而，尽管 Excel 有时可以解决一个人在不使用技术的情况下无法轻松解决的问题，但它缺乏从事几乎任何创造性活动的能力。[164] Excel 并不等同于技术性算法，它是一种不具备普通创造能力的纯机械软件。

在临床实践中，沃森可能更像一位技术人员。沃森分析病人的基因组并提供治疗建议。[165] 然而，与 Excel 一样，这项工作并不具有创新性。沃森要解决的问题可能比一连串数字更复杂，但它有一个已知的解决方案。沃森从病人的基因组中识别已知的基因突变，然后根据现有的医学文献提出已知的治疗方法。沃森没有创新，因为它被应用于用已知的解决方案来解决问题，坚持传统智慧。

不过，与 Excel 不同的是，沃森可以发挥创造力。例如，沃森可以获得未公开的病人遗传学和实际药物反应的临床数据，并负责确定某种药物是否以一种尚未被认可的方式对基因突变起作用。传统上，这种发现是可以申请专利的。沃森可能具有情境创造性，这取决于它要解决的问题。

现在可能很难找出一种具有"技术性"创新水平的实际算法。只要算法具有创新性，在适当的情况下，任何程度的创新性都可能产生创造性成果。可以肯定的是，这与技术人员类似。具有普通技能的人或几乎任何人都可能具有创造性见解。技术人员的特征可以归因于技术人员，但测试标准的应用方式不可能确定一个真正的技术人员，也不可能明确指出其会发现什么是显而易见的。技术人员测试只是决策者的一种理论工具。

假定对技术性算法进行了有用的描述，要确定技术性算法现在是否代表了某一领域的普通工人，决策者就需要了解这种算法的使用程度。获取这些信息可能并不现实。可以向专利申请人普遍询问算法在其领域的使用情况和普及程度，但期望申请人已经掌握或获得有关一般行业状况的准确信息是不合理的。专利局或其他政府机构可以尝试主动研究算法在不同领域的使用情况，但这不是一个可行的解决方案。这种努力将耗资巨大，专利局缺

---

[162] "该拟制人不是发明人，而是国会为提供专利性标准而假定的拥有'本领域普通技术'的人"。Kimberly-Clark, above note 88, at 1454.

[163] 反对计算机发明的主观标准。See Abbott, above note 1.

[164] 某些行为，如纠正不规范的公式，可能具有功能上的创造性，但这只是极少量，如果由人来执行，则不会达到专利构思的水平。

[165] See Wrzeszczynski et al., above note 111.

乏这方面的专业知识，其研究结果将不可避免地落后于瞬息万变的条件。归根结底，现在可能还没有可靠、低成本的技术性算法信息的来源。

（四）创造性是新的技术性

让创造性的算法取代技术人员，可能更符合现实世界的条件。目前，人类工人的数量和能力受到固有的限制。培训和招聘新研究人员的成本高昂，而有能力从事这项工作的人员数量有限。相比之下，创造性算法是一种软件程序，可以在不增加成本的情况下复制。[166] 一旦沃森的表现超过了行业研究人员的平均水平，IBM 就可以简单地复制沃森，让它取代现有的大部分员工。沃森的复制品可以取代个别员工，或者一个沃森就可以完成一个大型研究团队的工作。

事实上，如前所述，在非创造性环境下，沃森可以在 10 分钟内解读病人的整个基因组，并准备一份临床可操作的报告，而人类专家团队则需要大约 160 个小时。[167] 一旦沃森被证明能比人类团队为患者带来更好的治疗效果，那么让人类在沃森可以自动完成的任务中表现欠佳可能就不道德了。当出现这种情况时，沃森不仅应该取代当前设施中的人类团队，还应该取代所有类似的人类团队。同样，沃森也能以创造性的方式实现自动化。

因此，创造性算法改变了技术的范式，因为一旦该算法成为了普通工人，普通工人就会变得富有创造性。然而，当这些创造性算法的输出变得常规化时，根据定义，它们就不再具有创造性了。这些算法的广泛使用将提高显而易见性的标准，使这些算法不再具有创造性，而是转变为技术性算法，即现在代表普通工人的算法，不再能够进行常规发明。[168]

无论术语如何，随着算法的不断改进，非显而易见性的门槛也将随之提高。要产生可申请专利的成果，可能需要使用比标准算法更先进的算法，或者个人或算法需要具有标准算法无法轻易再现的非同寻常的洞察力。创造性还可能取决于提供给算法的数据，例如，只有某些数据才能产生创造性的结果。如果将其推向逻辑的极致，并考虑到算法的复杂程度不受限制，也许有一天，对常用算法来说一切都是显而易见的。

面对有可能以合理的低成本生成有关创造性算法使用情况的准确信息，专利局应要求专利申请人披露算法在发明过程中的作用。[169] 这种披露可以按照目前发明披露的方式进行。现在，申请人必须披露所有专利发明人。[170] 不这样做会导致专利无效或无法执行。[171] 同样，当算法自主达到发明标准时，申请人也应披露。

这些披露仅适用于单项发明。不过，专利局可以汇总答复，以了解某个领域（例如，

---

[166] A. Kemper, *Valuation of Network Effects in Software Markets: A Complex Networks Approach*, Physica, 2010, p. 37.

[167] See Wrzeszczynski et al., above note 111.

[168] "鉴于科学的飞速发展，我们认识到在某一时刻可能无法预测的事情在以后可能变得可以预测"。See Enzo Biochem, Inc. v. Calgene, Inc., 188 F. 3d 1362, 1374 n. 10 (Fed. Cir. 1999).

[169] 如果算法是发明过程的一部分，但其贡献尚未达到发明水平，申请人披露算法的使用情况也可能是有益的。理想情况下，应提供详细的披露：申请人应披露所使用的具体软件及其执行的任务。在大多数情况下，这就像指出使用 Excel 等程序进行计算一样简单。不过，虽然这种信息对政策制定有价值，但可能会给专利申请人带来很大负担。

[170] Duty to Disclose Information Material to Patentability, 37 CFR § 1.56 (2018), www.uspto.gov/web/offices/pac/mpep/s2001.html.

[171] 维持地区法院的判决，以虚假陈述发明人身份的不公平行为为由使专利不可执行。See, e.g., Advanced Magnetic Closures, Inc. v. Rome Fastener Corp., 607 F. 3d 817, 829-30 (Fed. Cir. 2010).

某个类别或子类别）的大多数发明人是人类还是算法。与现有的披露要求和专利申请的众多程序要求相比，这些披露将给申请人带来最小的负担。除了帮助专利局确定非显而易见性之外，这些公开还将为发明人归属提供有价值的信息。[172] 这些信息还可用于制定其他领域的适当创新政策。[173]

（五）技术人员使用算法

现行标准忽视了算法在现代创新中的重要性。与其现在用技术性算法取代技术人员，还不如将技术人员定性为技术推动下的普通工人，这样概念上的变化较小，行政上也更容易。回想一下，技术人员的要素测试包括："①技术中遇到的问题的类型；②解决这些问题的现有技术；③创新的速度；④技术的先进性；⑤该领域在职人员的教育水平。"[174] 可以对这一测试标准进行修改，使之包括⑥在职人员使用的技术。这将更明确地考虑到人类研究人员的能力是由算法增强的这一事实。

随着时间的推移，一旦创造性算法的使用成为标准，那么技术人员标准就不再是创造性算法，而是可以将在职工人使用的技术包括创造性算法这一事实纳入其中。在未来的研究中，标准做法可能是工人要求创造性算法来解决问题。在概念上，这可以理解为创造性算法在做这项工作，也可以理解为使用创造性算法做这项工作的人在做这项工作。

当然，在某些情况下，使用创造性算法可能需要相当高的技能。例如，如果算法只能通过提供某些数据才能产生某种输出。确定向算法提供哪些数据以及获取这些数据可能是一项技术挑战。此外，可能还需要大量的技能才能制定出精确的问题，并将其提交给算法。在这种情况下，一个人可以要求独立于算法的发明权，也可以要求共同发明权。这类似于人类合作发明，即一个人指导另一个人解决问题。根据他们互动的细节，以及谁"构思"了发明，其中一人或另一人可能有资格成为发明人，或者他们可能有资格成为共同发明人。[175] 不过，一般来说，指导另一方解决问题并不符合发明人的条件。[176] 此外，在开发出人工智能之后，可能不会再有一个人指示算法去解决某个具体问题。

无论未来的标准是创造性算法还是使用创造性算法的技术人员，结果都是一样的：普通工人将有能力从事创造性活动。从理论上讲，用创造性算法取代技术人员可能更可取，因为它强调从事创造性活动的是算法，而不是人类工人。

算法使用的变化也表明了现有技术范围的变化。实施类似技术测试的原因是，期望发明人除了熟悉其领域内的现有技术以及与他们试图解决的问题相关的现有技术外，还熟悉其他任何现有技术是不现实的。[177] 然而，算法能够获取几乎无限量的现有技术。医学、物理学甚至烹饪学的进步都可能与解决电气工程问题相关。算法增强表明，一旦创造性算法很常见，类比技术测试就应该被修改或废除，而且就新颖性和显而易见性而言，现有技术

---

[172] 主张承认算法是发明者。See Abbott, above note 1.

[173] 认为有必要监控自动化以调整税收优惠政策。See Abbott and Bogenschneider, above note 5.

[174] GPAC, above note 13, at 1579.

[175] "当发明足够清楚，使该领域的技术人员能够在不进行大量实验或不使用创造性技能的情况下将其付诸实践时，该发明即成立"（Hiatt v. Ziegler & Kilgour, 179 USPQ 757, 763（Bd. Pat. Interferences 1973））; see also Gunter v. Stream, 573 F. 2d 77, 79（CCPA 1978））。

[176] "对要实现的结果提出想法而不是实现方法的人不是共同发明人"。Ex p. Smernoff, 215 USPQ at 547.

[177] 1966 年，在 Graham 案中，法院承认"特定科学领域的适用技术范围已经扩大到半个世纪前闻所未闻的学科……被授予专利垄断权的人必须意识到这些变化了的情况"。Graham, above note 36, at 19.

不应该有任何区别。[178] 在专利法判例中，类比现有技术的范围一直在扩大，而算法增强将完成这一扩大。[179]

（六）不断发展的标准

技术人员标准应作如下修订：

1. 测试标准现在应纳入技术人员已被算法增强这一事实。要做到这一点，可以在联邦巡回法院的技术人员因素测试中增加"在职工人使用的技术"作为第六个因素。

2. 一旦创造性算法成为某一领域的标准研究手段，当某一领域或某一特定问题的标准研究方法是使用创造性算法时，技术人员就应该是创造性算法。

3. 如果开发出 AGI，创造性算法应成为所有领域的技术人员，同时考虑到 AGI 也可能通过特定的人工智能进行增强。

三、后技术世界

本部分举例说明"创造性算法标准"如何在实践中发挥作用，例如，通过关注再现性或次要因素。然后，本部分将探讨新标准的一些影响。一旦普通工人具备了创造力，可能就不再需要专利来激励创新。只要专利能实现其他目标，如促进商业化和信息公开或确认精神权利，就可以找到其他机制以较低的成本实现这些目标。

（一）应用

"美孚石油公司"案涉及在各种工业应用中使用的称为沸石的化合物的复杂技术。[180] 美孚开发了被称为 ZSM-5 沸石的新成分以及一种在石油提炼中使用这些沸石作为催化剂的工艺，以帮助生产某些有价值的化合物。该公司获得了这些沸石和催化工艺的专利保护。[181] 美孚公司随后起诉阿莫科公司，指控后者在自己的炼油业务中使用沸石作为催化剂，侵犯了专利权。阿莫科公司提出反诉，要求宣布两项专利不侵权、无效和不可执行。该案涉及复杂的科学问题。为期三周的庭审记录超过 3300 页，800 多件证物被采纳为证据。

本案中的一个问题是普通技术的水平。美孚公司的一位专家作证说，技术人员将拥有"化学或工程学士学位和两到三年的工作经验"。[182] 阿莫科公司的一位专家则认为，技术人员应该具有化学博士学位和数年的工作经验。[183] 特拉华州地区法院最终裁定，技术人员"应至少具有化学或化学工程硕士学位或同等学历，并在该领域有两三年的工作经验"。[184]

如果类似的发明和随后的事实模式发生在今天，要应用本章提出的显而易见性标准，决策者需要①确定创造性技术在该领域的应用程度；②如果创造性算法是标准的话，描述最能代表普通工人的创造性算法的特征；③确定该算法是否会认为发明显而易见。决策者

---

[178] See above Subpart I. E.

[179] 讨论类似技术的扩展，see Innovative Scuba Concepts, Inc., v. Feder Indus., Inc., 819 F. Supp. 1487, 1503 (D. Colo. 1993); see also, e.g., George. J. Meyer Mfg. Co. v. San Marino Elec. Corp., 422 F. 2d 1285, 1288 (9th Cir. 1970).

[180] Mobil Oil Corp. v. Amoco Chems. Corp., 779 F. Supp. 1429, 1442-3 (D. Del. 1991).

[181] Ibid.

[182] Ibid. at 1443.

[183] Ibid.

[184] Ibid.

首先是专利审查员，[185] 如果专利的有效性在审判中存在争议，则可能是法官或陪审团。[186] 对于第一步，即确定发明技术在某一领域的应用程度，可以使用向专利局公开的证据。对专利审查员来说，这可能是最好的信息来源，但在诉讼中也可以获得证据。

假设如今大多数石油研究人员都是人类，如果该领域的算法具有自主创造性，那也只是在小范围内发生。因此，法院将适用技术人员标准。不过，法院现在也会考虑"在职工人使用的技术"。例如，专家可能会作证说，一般的行业研究人员都能使用沃森这样的算法。他们进一步作证说，虽然沃森不能自主开发一种新催化剂，但它可以为发明人提供很大帮助。该算法为研究人员提供了一个数据库，其中包含不仅用于石油研究，而且用于所有科学研究领域的每种催化剂的详细信息。一旦人类研究人员创建了催化剂设计，沃森还可以对其进行适用性测试，并对任何拟议设计进行一系列预先确定的变体测试。

因此，法院要考虑的问题是，至少拥有化学或化学工程硕士学位或同等学历、在该领域有两三年工作经验并正在使用沃森的拟制人士是否会认为该发明是显而易见的。举例来说，如果专家令人信服地证明，有争议的特定催化剂与石油工业以外用于氨合成的现有催化剂密切相关，那么任何变化都是微不足道的，而且算法可以完成确定催化剂是否适用的所有工作，那么这项发明就可能是显而易见的。[187] 因此，这可能是一个显而易见的调查设计，而且不需要为证明其有效性而进行过多的实验。

现在想象一下，同样的发明和事实模式发生在大约十年后的未来，此时，DeepMind 与沃森以及其他大量人工智能系统一起，被赋予了开发新化合物的任务，以用作石油提炼的催化剂。专家证实，标准的做法是由个人向 DeepMind 这样的算法提供数据，指定所需的标准（例如，活性、稳定性，甚至可能围绕现有专利进行设计），然后要求算法开发一种新的催化剂。通过这种互动，算法将产生新的设计。由于目前该领域的大多数研究都是通过创造性算法进行的，因此算法将成为判断显而易见性的标准。

然后，决策者需要确定创造性算法的特征。这可以是基于创造性算法一般能力的假设算法，也可以是特定算法。使用假设算法的标准类似于使用技术人员测试，但这种测试可能难以实施。决策者需要推理该算法会发现什么是显而易见的，也许还需要专家的指导。对于一个人来说，预测一个假设的人会认为什么是显而易见的已经很有挑战性；而对于算法来说，要做到这一点就更加困难了。算法可能擅长完成人们认为困难的任务（比如将一千个不同的数字相乘），但即使是超级计算机也很难做到大多数幼儿都能掌握视觉直觉。

相比之下，使用一种特定的算法应该会使测试更加客观。这种算法可能是某个领域最常用的算法。例如，如果 DeepMind 和沃森是石油催化剂研究中最常用的两种人工智能系统，DeepMind 占据了35%的市场份额，而沃森占据了20%，那么 DeepMind 就可以代表标准。然而，这可能会产生一个问题——如果 DeepMind 是标准，那么相对于其他算法的发

---

[185] 在专利局，专利申请由专利审查员进行初步审查，审查员的决定可上诉至专利审判与上诉委员会。See USPTO, above note 23.

[186] M. A. Lemley, Why Do Juries Decide if Patents Are Valid?, Stanford Law School, Pub. Law & Legal Theory Research Paper Series, Working Paper No. 2306152, 2013, https://ssrn.com/abstract=2306152.

[187] 认定"具有普通技能的化学家会有动机选择并修改现有技术化合物，如先导化合物，以获得权利要求化合物，并合理期望新化合物与旧化合物相比具有相似或改进的特性"。See Daiichi Sankyo Co. v. Matrix Labs., Ltd, 619 F. 3d 1346, 1352 (Fed. Cir. 2010).

明，DeepMind 自己的发明更有可能显得显而易见。这可能会给非市场领导者带来不公平的优势，仅仅是因为它们的规模较小。

为了避免不公平，测试可以基于不止一种特定算法。例如，可以同时选择 DeepMind 和沃森作为标准。这项测试可以通过两种不同的方式进行。在第一种情况下，如果一项专利申请对 DeepMind 或沃森来说是显而易见的，那么该申请就会失败。在第二种情况下，申请必须对 DeepMind 和沃森都显而易见才会失败。第一种方案将导致专利授权数量减少，这些专利可能主要授予市场渗透率有限的颠覆性创造性算法，或利用专门的非公开数据进行的发明。第二种方案允许在算法能够在某些重要方面超越竞争对手的情况下授予专利。第二种方案可以继续奖励创造性算法的进步，因此似乎更可取。

可能只有相对较少的人工智能系统，如 DeepMind 和沃森，最终主导了某个领域的研究市场。或者，许多不同的算法可能各自占据一小部分市场份额。没有必要将测试局限于两种算法。为了避免因规模大小而区别对待，可以考虑在某一领域或为解决某一特定问题而经常使用的所有创造性算法。但是，如果允许考虑任何算法，就可能使表现不佳的算法降低标准，而过多的算法又可能导致标准无法管理。可以根据市场份额的某个百分比任意截断。这可能仍然会给非常小的实体带来一些优势，但这应该是一个很小的差距。

在确定创造性算法的特征之后，决策者需要确定创造性算法是否会认为某项发明显而易见。这大致可以通过两种方式之一来完成：一是通过抽象地了解算法会认为什么是显而易见的，也许是通过专家证词；二是通过查询算法。前者更为实用。[188] 例如，对 DeepMind 有经验的石油研究人员可能是 DeepMind 和神经网络方面的专家或计算机科学专家。这项调查可以侧重于再现性。

如果同样的发明和事实模式在 25 年后出现，决策者将不得不经历类似的过程，因为届时 AGI 理论上已经接管了所有研究领域。AGI 应该有能力直接回答关于它是否认为某项发明显而易见的询问。一旦 AGI 取代了所有发明领域的普通研究人员，它可能会被广泛使用，专利局可以安排将其用于显而易见性调查。在诉讼中，对方当事人也可以使用它。如果法院不能以某种方式获取 AGI，他们可能仍然不得不依赖专家证据。

（二）再现性

即使创造性算法标准是非显而易见性的适当理论工具，它仍然需要一定的主观限制，决策者在管理方面可能仍然存在困难。不过，新标准只需比现有标准略胜一筹，就能在行政管理上取得成功。

与当前的技术人员标准相比，以再现性为重点的测试标准（基于被选中代表该标准的算法能够独立重现发明的能力）具有一些明显的优势，因为当前的技术人员标准会导致不一致和不可预测的结果。[189] 法院"几乎没有就满足标准所需的独创性程度或决策者如何评

---

[188] 或者，可以要求算法解决相关问题，并给出相关的现有技术。如果该算法产生了专利的实质内容，该发明将被视为显而易见。然而，这就要求决策者能够获得创造性算法。在申请阶段，专利局需要与 Google 等公司签订合同，以这种方式使用 DeepMind。为此，专利局可能不仅会使用 DeepMind 来决定发明是否显而易见，而且还会将整个专利审查过程自动化。在庭审中，如果 Google 是诉讼一方，对方可能会传唤其使用该算法。但是，如果谷歌不是一方当事人，要求 Google 使用 DeepMind 可能是不合理的。

[189] 讨论对技术人员标准的反对意见。See Federal Trade Commission, above note 15.

估发明与现有技术之间的差异是否满足这一程度提供任何指导"。[190] 这就使决策者处于一个尴尬的境地，即试图主观地确定另一个人会认为什么是显而易见的。更糟糕的是，这种判定是在专利申请的帮助下事后做出的。此外，法官和陪审团缺乏科学专业知识。[191] 在实践中，决策者可能会阅读一份专利申请，决定他们在看到显而易见性时就知道它是显而易见的，然后再反向推理，证明他们的结论是正确的。[192]

367　　这是存在问题的，因为专利在产品开发和商业化过程中起着至关重要的作用，专利持有者和潜在侵权者应该对专利是否有效有合理程度的把握。一方面，一个更加确定的标准将使专利局更有可能始终如一地采用单一标准，从而减少因司法原因导致专利无效的情况。就算法的再现性这一更为客观的标准而言，这似乎可以解决现行标准中固有的许多问题。另一方面，再现性也有其自身的包袱。决策者很难想象另一个人会发现什么是显而易见的，而抽象地想象一个算法能再现什么可能会更加困难。在专利申请和诉讼过程中，可能需要提供更多的证据，也许可以采用创造性算法进行分析的形式，以证明特定的输出结果是否具有再现性。但这也可能导致更多的行政负担。

　　在某些情况下，再现性可能取决于对数据的访问。一家大型医疗保险公司可能会让沃森访问其数百万会员的专有信息，从而利用沃森为现有药物寻找新用途。或者，该保险公司可以将其数据授权给使用沃森的药物研发公司。如果没有这些信息，另一种创造性的算法可能无法重现沃森的分析。

　　这也类似于现在专利申请中使用数据的方式：显而易见性是根据现有技术来看待的，而现有技术不包括专利申请中所依赖的非公开数据。这样做的理由是，这一规则激励研究人员生产和分析新数据。然而，随着算法的高度发达，专利数据的重要性很可能会降低。更先进的算法可能会事半功倍。

　　再现性是需要限制的。例如，如果一个算法拥有无限的资源，那么它产生的半随机输出最终可能会重现专利申请的创造性概念。然而，以算法在 750 万年的时间里会复制出什么来作为测试的基础是不合理的。[193] 对再现性的确切限制可能取决于相关领域，以及什么最能反映创造性算法在研究中的实际应用。例如，在石油工业中，当被要求设计一种新催化剂时，沃森可能会获得所有现有技术和公开数据，然后给他一天时间来生成结果。

---

[190] Mandel, above note 18, p. 64.

[191] 正如 Learned Hand 法官写道：我不能不提请大家注意法律的特殊情况，它使得一个甚至不懂化学基础知识的人也能对这些问题进行讨论。时间上的过度花费是由此产生的最小的弊端，因为只有训练有素的化学家才真正有能力处理这些事实……在司法管理中，如果没有非党派的、权威性的科学援助，我们还要继续迷茫多久，没有人知道；但我认为，所有没有被地方法律思维习惯传统化的公正的人，都应该团结起来，取得一些这样的进步。Parke-Davis & Co. v. H. K. Mulford Co., 189 F. 95, 115（SDNY 1911）. "法院必然由外行人组成，他们很可能低估或高估在他们不熟悉的领域中进行新的和有利可图的发现的困难……" See also Safety Car Heating & Lighting Co. v. Gen. Elec. Co., 155 F. 2d 937, 939（1946）；"地方法院法官不具备阅读专利文件和解释技术专利权利要求的能力。外行陪审团在评估有关技术成就独创性的相互竞争的证词时没有任何技巧", see also D. Lichtman and M. A. Lemley, Rethinking Patent Law's Presumption of Validity（2007）60 Stan. Law Rev. 45, 67.

[192] Jacobellis v. Ohio, 378 US 184, 197（1964）（Stewart, J., dissenting）. 这后来被认为是一个失败的标准。淫秽物品案件同样依赖于"大象测试"。Miller v. California, 413 US 15, 47-8（1973）（Brennan, J., dissenting）.

[193] 这不禁让人联想到一个超级人工智能系统"Deep Thought"，它花了 750 万年才得出"生命、宇宙和万物终极问题的答案"，这是著名的虚构问题。D. Adams, *The Hitchhiker's Guide to the Galaxy*, rev. edn., Pan Books, 2001, p. 180. The answer was 42（ibid., p. 188）.

（三）经济性标准与认知性标准

甚至在创造性算法出现之前，技术人员标准就已经受到了批评。[194] 调查的重点是构思一项发明的认知困难程度，但没有解释对普通工人来说显而易见的差异究竟意味着什么。这种方法既缺乏规范基础，也没有明确的适用范围。[195]

在最高法院关于非显而易见性的开创性意见——Graham 案中，法院试图用更"客观"的衡量标准来补充该测试标准，方法是查看有关发明在市场上如何被接受的现实证据。[196] 这些"次要"考虑因素的重点不是技术特征，而是"经济和动机"特征，如商业成功、意想不到的结果、长期存在但未解决的需求以及他人的失败。[197] 自 Graham 案以来，法院还考虑了专利许可、[198] 专业认可、[199] 最初的怀疑、[200] 近乎同时的发明、[201] 和复制等因素。[202] 如今，虽然决策者在获得次级证据时必须加以考虑，但这些因素的重要性却大相径庭。[203] Graham 案赞同使用次要考虑因素，但这些因素的确切用途和相对重要性却从来没有明确过。[204]

现有的批判性学术研究主张采用一种更经济性而非认知性的非显而易见性调查方法。例如，更多地依赖次要考虑因素。[205] 这将减少决策者试图理解复杂技术的需要，并可减少

---

[194] 正如一位评论家对最高法院在 Graham 案中所阐述的测试标准所指出的，它给人"一种一旦遵循公式就会凭空出现解决方案的感觉。缺乏可阐明的规则意味着对显而易见性的判定在表面上——也可以说是 在现实中——取决于司法的一时兴起……"讨论非显而易见性调查中的后见之明问题，see, e. g., Chiang, above note 18, p. 49; Abramowicz and Duffy, above note 8, p. 1598; G. N. Mandel, Patently Non-Obvious: Empirical Demonstration that the Hindsight Bias Renders Patent Decisions Irrational (2006) 67 Ohio St. Law J. 1391; G. N. Mandel, Another Missed Opportunity: The Supreme Court's Failure to Define Nonobviousness or Combat Hindsight Bias in KSR v. Teleflex (2008) 12 Lewis & Clark Law Rev. 323.

[195] "无论是 Graham 案还是后来的案件，最高法院都没有试图将诱导标准与法律条文相协调，也没有为诱导标准提供一般性的理论或学说基础"。See Abramowicz and Duffy, above note 8, p. 1603.

[196] See Graham, above note 36, at 17; MPEP § 2144.

[197] Ibid. 此后还提出了其他次要考虑因素。论证发明是否为发明人提供了市场力量，see, e. g., A. Blair-Stanek, Increased Market Power as a New Secondary Consideration in Patent Law (2009) 58 Am. Univ. Law Rev. 707; 建议将商业成功改为"意想不到的商业成功"，增加"导致发明的实验成本"和其他一些考虑因素，see Abramowicz and Duffy, above note 8, p. 1656.

[198] See, e. g., SIBIA Neurosciences, Inc. v. Cadus Pharm. Corp., 225 F. 3d 1349, 1358 (Fed. Cir. 2000).

[199] ee, e. g., Vulcan Eng'g Co. v. Fata Aluminum, Inc., 278 F. 3d 1366, 1373 (Fed. Cir. 2002).

[200] See, e. g., Metabolite Labs., Inc. v. Lab. Corp. of Am. Holdings, 370 F. 3d 1354, 1368 (Fed. Cir. 2004).

[201] See, e. g., Ecolochem, Inc. v. S. Cal. Edison Co., 227 F. 3d 1361, 1379 (Fed. Cir. 2000).

[202] See, e. g., ibid. at 1377. See also M. A. Lemley, Should Patent Infringement Require Proof of Copying? (2007) 105 Mich. Law Rev. 1525, 1534-5.

[203] See MPEP § 2144; Durie and Lemley, above note 18, pp. 996-7.

[204] See, e. g., D. Whelan, A Critique of the Use of Secondary Considerations in Applying the Section 103 Nonobviousness Test for Patentability (1987) 28 BC Law Rev. 357.

[205] 主张专利性应以先验的不确定性程度为基础，即"当发明前所面临的不确定性使发明不成功的可能性大于不成功时，对成功发明者给予奖励"，see, e. g., Merges, above note 18, p. 19; 主张采用功利主义标准，即"如果独立发明前的累积利益大于独立发明后的成本，则发明应获得专利"，Chiang, above note 18, p. 42; 主张非显而易见性应基于"对于一个在该领域拥有普通技术的人来说，该发明解决了多大的问题"，Mandel, above note 18, p. 62; 主张更多地依赖次要考虑因素，Durie and Lemley, above note 18, pp. 1004-7; 主张采用时间方法来确定显而易见性，Duffy, above note 18, p. 343; 主张采用诱导标准，Devlin and Sukhatme, above note 18; Abramowicz and Duffy, above note 18, p. 1598.

事后偏见。[206]

　　从理论上讲，在 Graham 案中，法院明确提出了诱导标准，即专利只应授予"那些如果没有专利制度诱导就不会被公开或设计出来的发明"。[207] 但在实践中，由于对适用性的担忧，诱导标准在很大程度上被忽视了。[208] 例如，在无限的时间框架内，即使没有发明制度，也很少有发明是永远不会被披露或设计出来的。专利激励措施与其说是加速发明，不如说是增加发明。[209] 这表明，至少需要对诱导标准进行修改，使其包括专利性所需的加速量的某种阈值。门槛过高将无法提供足够的创新激励，但门槛过低也会产生同样的问题。只要有足够的时间，没有专利的发明最终也会被公开，对所有发明授予专利可以稍微加快几乎所有发明的公开速度，但微不足道的加速并不能证明专利成本的合理性。因此，诱导性标准需要在专利应在多大程度上加快信息公开方面设定一个有些武断的门槛，以及一个衡量加速度的可行测试。[210] 可以肯定的是，以诱导标准为基础的经济测试方法将面临挑战，但它可能比目前的认知性标准有所改进。[211]

　　创造性算法的广泛使用可能会为关注经济因素提供动力。在创造性算法成为某一领域进行研发的标准方式之后，法院可以更多地依赖次要因素。例如，专利性可能取决于开发一项发明的成本有多高，以及事前的成功概率。[212] 从功能上讲，没有理由不把创造性算法视为具有经济动机的理性行为者。在发明成本因创造性算法而随时间推移降低的领域，该测试将提高可授予专利的门槛。

（四）其他替代方案

　　法院可以维持目前的技术人员标准，拒绝在显而易见性判断中考虑算法的使用。然而，这意味着随着研究工作的加强和算法的自动化，普通工人将经常产生可申请专利的成果。这种专利性标准的危险性是众所周知的。[213] 较低的显而易见性要求会"扼杀而非促进实用技术的进步"。[214] 已经有人担心，目前的专利门槛过低，专利"反公有"的私有财产过多，导致"潜在的经济价值……消失在资源利用不足的'黑洞'中"。[215] 对有意生产新产

---

[206] "次要考虑因素也可以起到'防止陷入后见之明'的作用"。Graham, ibid., at 36. See also H. F. Schwartz and R. J. Goldman, *Patent Law and Practice*, 6th ed. (BNA Books, 2008), pp. 90–1.

[207] Graham, above note 36, at 11.

[208] See Abramowicz and Duffy, above note 18, pp. 1594–5.

[209] See, e.g., Y. Barzel, Optimal Timing of Innovations (1968) 50 Rev. Econ. Stats. 348, 348; J. F. Duffy, Rethinking the Prospect Theory of Patents (2004) 71 Univ. Chi. Law Rev. 439, 444.

[210] 提议"相当长的一段时间"。Abramowicz and Duffy, above note 18, p. 1599.

[211] Ibid., p. 1663.

[212] Ibid.

[213] 批评专利局为显而易见的发明授予专利，See, e.g., A. B. Jaffe and J. Lerner, *Innovation and Its Discontents: How Our Broken Patent System Is Endangering Innovation and Progress, and What to Do about It*, Princeton University Press, 2004, pp. 32–5, 75, 119–23, 145–9; 批评宽松的非显而易见性标准，National Research Council, *A Patent System for the 21st Century*, National Academies Press, 2004, pp. 87–95; "学术界、商界领袖和政府官员都对'显而易见的'发明获得过多专利表示担忧"，M. Sag and K. Rohde, Patent Reform and Differential Impact (2007) 8 Minn. J. Law Sci. Technol. 1, 2.

[214] KSR v. Teleflex, above note 11, at 427.

[215] 主张提高专利申请的门槛。J. M. Buchanan and Y. J. Yoon, Symmetric Tragedies: Commons and Anticommons (2000) 43 J. Law Econ. 1, 2; accord D. L. Burk and M. A. Lemley, *The Patent Crisis and How the Courts Can Solve It*, University of Chicago Press, 2009.

品的公司来说，确定专利是否涵盖某项创新、评估这些专利、联系专利所有人并就许可进行谈判，都需要花费高昂的成本。[216] 在许多情况下，专利所有人可能不愿意许可其专利，即使他们是不生产产品的非执业实体。[217] 因此，想要生产产品的公司可能无法找到并许可他们避免侵权所需的所有专利。更糟糕的是，大多数专利在诉讼中都被证明无效或不侵权。[218] 因此，过度的专利申请会减缓创新，破坏市场，就某些基本药物的专利申请而言，甚至会造成生命损失。[219] 一旦创造性算法的使用得到普及，如果不提高专利门槛，就会大大加剧这种反公共效应。

法院可能不会更新技术人员标准，而是判定创造性算法无法进行创造性活动，就像美国版权局判定非人类作者无法产生受版权保护的成果一样。[220] 在这种情况下，本来可以获得专利的发明可能没有资格获得专利保护，除非规定发明人是第一个承认算法输出可获得专利的人。然而，这并不是一个理想的结果。正如笔者在其他地方所论证的，为算法产生的发明提供知识产权保护将激励创造性算法的发展，这最终会带来更多的发明。[221] 这最符合宪法规定的专利保护理由，即"通过确保作者和发明者在有限的时间内对其各自的著作和发明享有专有权，促进科学和实用技术的进步"。[222]

（五）没有专利的激励？

如今，开发创造性算法的动力十足。这些算法的发明具有独立于知识产权保护的价值，但它们也应有资格获得专利保护。[223] 或者更进一步，具有创造性的算法可以被认定为发明人，从而产生更强大、更公平的激励机制。

一旦创造性算法设定了专利性的基准线，那么标准创造性算法和人一样，都应该难以获得专利。人们普遍认为，将非显而易见性标准定得过高会降低创新者发明和披露的积极性。然而，一旦创造性算法成为常态，专利激励的必要性就会降低。[224] 一旦普通工人具有

---

[216] 描述与重专利行业创新相关的各种成本。See generally M. A. Lemley, Ignoring Patents（2008）Mich. St. Law Rev. 19, 25-6.

[217] See D. L. Schwartz and J. P. Kesan, Analyzing the Role of Non-Practicing Entities in the Patent System（2014）99 Cornell Law Rev. 425.

[218] See M. A. Lemley and C. Shapiro, Probabilistic Patents（2005）19 J. Econ. Persp. 75, 80.

[219] See M. A. Heller, The Tragedy of the Anticommons: Property in the Transition From Marx to Markets（1998）111 Harv. Law Rev. 621; see also M. Heller, The Gridlock Economy: How Too Much Ownership Wrecks Markets, Stops Innovation and Costs Lives（Basic Books, 2008）; see also M. A. Heller and R. S. Eisenberg, Can Patents Deter Innovation? The Anticommons in Biomedical Research（1998）280 Science 698.

[220] 至少自1984年以来，美国版权局一直奉行这一政策。See US Copyright Office, Compendium of US Copyright Office Practices, 3rd edn.（2014），§ 306.《美国版权局惯例汇编》对"人类作者"的要求作了详细阐述，指出"作者身份"一词意味着，作品若要获得版权，其来源必须是人类（ibid.）。它还进一步阐述了"非人类作者创作的作品"这一短语，指出"为了获得版权登记，作品必须是人类创作的产物。机械加工或随机选择产生的作品，没有作者的任何贡献，不能注册"（ibid., § 503.03（a））。

[221] See generally Abbott, above note 1.

[222] US Constitution, art. I, § 8, cl. 8.

[223] 要求在同一时期认识和理解发明。See Invitrogen Corp. v. Clontech Labs., Inc., 429 F.3d 1052, 1064（Fed. Cir. 2005），指出发明人必须实际制造了发明，并理解发明具有构成争议发明主题的特征；"一项发明的意外和未被发现的重复并不会损害发明人的专利权，因为发明人虽然在时间上较晚，但却是第一个认识到构成发明主题的人"，see also, e.g., Silvestri v. Grant, 496 F.2d 593, 597（CCPA 1974）.

[224] 认为降低成本的新技术将削弱知识产权的理由。See generally M. A. Lemley, IP in a World without Scarcity, Stanford Public Law, Working Paper No. 2413974（2014），http://dx.doi.org/10.2139/ssrn.2413974.

创造性，发明就会"在正常过程中发生"。[225] 算法发明将自我维持。此外，提高门槛可能会导致技术军备竞赛，创造出能够超越标准的更智能的算法。就激励创新而言，这将是一个理想的结果。

即使在创造性算法得到广泛应用之后，专利可能仍然是可取的。例如，生物技术和制药业可能需要专利来实现新技术的商业化。生物制药行业称，新药审批耗资约22亿美元，平均耗时8年。[226] 这一成本主要是由于证明安全性和有效性所需的资源密集型临床试验。药物一旦获批，其他公司通常很容易就能重新生产获批药物。鉴于专利持有人可以在专利有效期内对其获批产品收取垄断价格，专利因此激励了对产品商业化的必要投资水平。

然而，专利并不是促进产品商业化的唯一手段。例如，新批准的药品和生物制剂会有一段市场独占期，在此期间任何其他方都不能销售该产品的仿制药或生物类似药。其中，新批准的生物制剂在美国有12年的独占期。由于新的生物制剂获得批准所需的时间较长，市场独占期可能会超过原研公司对其产品所拥有的专利期。提高专利门槛可能会使人们更加依赖其他形式的知识产权保护，如市场独占权、奖金、津贴或税收优惠。[227]

在公开方面，如果不能获得专利保护，创造性算法的所有者可能会选择不公开其发现，而依靠商业秘密保护。然而，随着技术进步速度的加快，知识产权持有人将面临其发明被创造性算法独立再创造的巨大风险。

根据创新类型、行业和竞争态势的不同，商业企业可能在没有专利的情况下取得成功，而且并非所有可能获得专利的发明都需要专利保护。[228] 事实上，"很少有行业认为专利是必须的"。[229] 例如，专利通常被认为是生物技术企业战略的重要组成部分，但在软件业却常被忽视。[230] 总体而言，即使在从事研发的公司中，申请专利的公司比例也相对较小。[231] 大多数公司并不认为专利是企业成功的关键。[232] 其他类型的知识产权，如商标、版权和商业秘密保护，再加上"替代"机制，如先行者优势和设计复杂性，即使没有专利也能保护

---

[225] KSR v. Teleflex, above note 11, at 402.

[226] J. A. DiMasi, H. G. Grabowski, and R. W. Hansen, Innovation in the Pharmaceutical Industry: New Estimates of R&D Costs (2016) 47 J. Health Econ. 20-33.

[227] 介绍各种非传统的知识产权激励措施。See generally D. J. Hemel and L. Larrimore Ouellette, Beyond the Patents-Prizes Debate (2013) 92 Tex. Law Rev. 303.

[228] B. Hall, C. Helmers, M. Rogers, and V. Sena, Intellectual Property Office, The Use of Alternatives to Patents and Limits to Incentives (2012), p. 2, www.ipo.gov.uk/ipresearch-patalternative.pdf; see also R. C. Dreyfuss, Does IP Need IP? Accommodating Intellectual Production Outside the Intellectual Property Paradigm (2010) 31 Cardozo Law Rev. 1437, 1439; see also D. Fagundes, Talk Derby to Me: Intellectual Property Norms Governing Roller Derby Pseudonyms (2012) 90 Tex. Law Rev. 1094, 1146, 描述了在没有传统知识产权的情况下有效运作的基于规范的保护）。专利持有者仅在约四分之一的诉讼案件中胜诉并获得最终判决和上诉。P. M. Janicke and L. Ren, Who Wins Patent Infringement Cases? (2006) 34 AIPLA QJ 1, 8. 经过诉讼的专利不到2%，进入审判阶段的只有约0.1%（Lemley and Shapiro, above note 218, p. 79）。在专利有效性受到质疑的案件中，约有一半的专利被宣告无效（Allison and Lemley, above note 19, p. 205）。

[229] Merges, above note 18, p. 19.

[230] See generally Lemley and Shapiro, above note 218. Ibid.

[231] Ibid.

[232] Ibid.

创新。[233]

（六）不断变化革新的环境

创造性算法可能导致财富和知识产权进一步集中在 Google 和 IBM 等大公司手中。由于开发成本高昂，大型企业最有可能成为创造性算法的开发者。[234] 防止财富差距扩大的办法可能是广泛的社会收益。公众将获得大量的创新——如果没有创造性算法，这些创新可能会被大大推迟或永远不会出现。事实上，对行业整合的担忧是修改显而易见性调查的另一个依据。创造性算法的广泛使用可能是不可避免的，但提高专利性的门槛会使自然出现的发明不太可能得到保护。如果市场滥用行为（如哄抬物价和供应短缺）令人担忧，专利法中至少在理论上有保护措施来保护消费者免受此类问题的困扰。[235] 例如，政府可以行使其权力或颁发强制许可。[236]

创造性算法最终可能会使知识工作自动化，使人类研究人员成为多余。虽然过去的技术进步导致就业增加而不是减少，但不久的将来的技术进步可能会有所不同。[237] 算法所能做的限制会越来越少，获得算法的机会也会越来越多。自动化应该会产生创新，带来净社会收益，但也可能会导致失业、经济差距和社会流动性下降。[238] 重要的是，政策制定者应采取行动，确保自动化惠及每个人——例如，为因技术原因而失业的工人提供再培训和社会福利方面的投资。[239] 归根结底，专利法本身并不能决定自动化是否会发生。即使无法获得专利保护，一旦创造性算法的效率明显高于人类研究人员，它们就会取代人类。

四、结论

预测是非常困难的，尤其是对未来的预测。[240]

过去，专利法对技术变革的反应十分缓慢。例如，直到 2013 年，美国最高法院才裁定人类基因不可申请专利。[241] 当时，专利局授予人类基因专利已有数十年之久，[242] 与基因相关的专利已超过 5 万项。[243]

知名技术专家现在预测，在中短期内，人工智能将彻底改变创新的方式。我们对知识产权法的许多认识虽然可能没有错，但却没有适应我们的发展方向。专利法的指导原则即

---

[233] Ibid.

[234] 指出大多数先进的计算机系统为政府和大型企业所拥有。See J. Carter, The Most Powerful Supercomputers in the World-and What They Do, TECHRADAR (December 13, 2014), www.techradar.com/news/computing/the-most-powerful-supercomputers-in-the-world-and-what-they-do-1276865.

[235] 讨论了专利法对"常青化"等做法的保护。See Abbott, above note 26.

[236] See ibid., p. 345 (explaining India's issuance of a compulsory license).

[237] Abbott and Bogenschneider, above note 5; see "Obviousness," above.

[238] Ibid.

[239] Ibid.

[240] A. K. Ellis, Teaching and Learning Elementary Social Studies (Allyn & Bacon, 1970), p. 56 (quoting physicist Niels Bohr).

[241] Ass'n for Molecular Pathology, above note 29.

[242] 1984 年颁发的一项专利，该专利声称人类可以在其身体上使用绒毛膜促性腺激素基因。See, e.g., US Patent No. 4, 447, 538 (filed February 5, 1982).

[243] "2009 年 4 月，美国专利商标局授予了第 50000 项专利。进入乔治敦大学 DNA 专利数据库的美国专利。该数据库收录了提及核酸（如 DNA、RNA、核苷酸、质粒等）特定术语的专利权利要求"。R. Cook-Deegan and C. Heaney, Patents in Genomics and Human Genetics (2010) 11 Ann. Rev. Genomics & Hum. Genetics 383, 384.

使不需要重新思考，至少也需要在创造性算法方面重新调整。我们应该问一问我们对这些新技术的目标是什么，我们希望我们的世界是什么样子，以及法律如何帮助我们实现这些目标。

第十七章

软件专利取得与美国《专利法》第101条的把关功能

安德鲁·钦（Andrew Chin）*

引言

软件相关的发明与美国《专利法》第101条中可申请专利的适格主题要求之间的关系一直很不稳定。[1] 在适用该条规定时，美国最高法院历来认为单纯的数学算法和公式与自然法则极为相似，因此有理由将其作为抽象思想（abstract ideas）进行司法排除。[2] 法院还发现，在专利权利要求中，如果只是简单地说"使用一台通用计算机"或者"在计算机上应用它"，这样笼统的描述是不够的，没有真正解决专利法的核心关注点，也就是防止对自然法则或抽象思想进行专利保护。[3] 下级法院、专利律师和评论员一直在努力将这些广泛的原则应用于与软件相关的具体发明，其中的困难主要源于数学算法在计算环境和专利要求术语中所处的多种形式和抽象层次。[4] 因此，对于那些涉及算法应用的发明，由于申请专利的方法五花八门，长期以来使得人们很难形成一个连贯的规则，来判断哪些抽象的思想是不能申请专利的。

在计算领域，"算法"一词可以指完成给定任务的任何"有限步骤序列"。[5] 计算机

---

* 北卡罗来纳大学法学教授；耶鲁法学院法学博士；牛津大学数学哲学博士。

[1] 参见《美国法典》（U.S.C.）第35章第101条："任何发明或发现任何新的有用的工艺、机器、制品或物质构成或其任何新的有用的改进的人，均可根据本法规定的条件和要求获得专利。"

[2] See Parker v. Flook, 437 US 584, 590（1978）（citing Gottschalk v. Benson, 409 US 63, 67（1972））："本森认为算法或数学公式就像自然法则一样，因此他应用了既定的规则，即自然法则不能作为专利的主题。"

[3] See Alice Corp. v. CLS Bank Int'l, 134 S. Ct. 2358（2014）（citing Mayo Collaborative Servs. v. Prometheus Labs., Inc., 132 S. Ct. 1289, 1294-301（2012））.

[4] See, e.g., J. A. Lefstin, The Three Faces of Prometheus: A Post-Alice Jurisprudence of Abstractions（2015）16 NCJ. Law Technol. 688（"关键问题……也许对于更广泛的软件专利而言，是具体的信息处理技术是否属于抽象思想"）; see generally J. Bessen and M. J. Meurer, Patent Failure: How Judges, Bureaucrats and Lawyers Put Innovators at Risk, Princeton University Press, 2008, p.201（认为"软件技术的抽象性本质上使得在软件专利中对抽象权利要求设定限制更加困难"）.

[5] See Microsoft Computer Dictionary（1999）, p.19（将"算法"定义为"解决逻辑或数学问题或执行任务的有限步骤序列"）.

科学文献中通常这样描述算法：一些或所有"步骤"本身都是可以进一步分解为更基本步骤序列的任务。因此，计算机系统通常涉及多个"抽象层"，每个连续的、更抽象的层，都通过之前由更具体的较低层实现的功能序列组成的各种算法来实现自己的一组功能。[6] 更为复杂的是，抽象层经常使用一种称为"间接引用"（indirection）的多功能编程技术，为单个功能提供多种不同的实现和解释。[7] 例如，FreeBSD 操作系统使用间接引用来对不同的文件系统组织（如 PC 硬盘、CD-ROM 和 USB 闪存盘中的组织）执行单个"读取系统调用"操作。[8]

撰写本章时，参议院司法委员会下属的法院、知识产权和互联网小组委员会正在考虑立法草案，以彻底改革与可申请专利主题相关的现行法律，特别是规定：① "第 101 条的规定应解释为有利于申请资格"；② "不得使用任何隐含的或由司法机构创建的其他主题资格例外情况……来确定第 101 条下的专利资格，特此废除所有确定或解释这些资格例外的案例"；③ "第 101 条下的资格……的确定应不考虑……与第 102、103 或 112 条相关的任何其他因素"。[9] 根据法案的起草者的说法，新法规编纂了这样一条原则："法定例外（statutory exceptions）应是排除发明申请资格的唯一依据，法院不得对其进行扩展。"[10] 然而，拟议法案的文本只是简单地列举了已经存在的法定主题类别（方法、机器、制造、物质组成、改进），而没有提及任何例外情况，同时规定可申请专利的实用性，需要"通过人类干预从而在任何技术领域具有具体和实际的效用"。[11]

由于司法上对于可申请专利主题的例外情况仍然悬而未决，现在正是审视法院有关专利适格性司法实践的形式和功能的关键时刻，特别是在软件领域。本章确定并回顾了三种概念上不同的司法方法，用于处理与软件相关的发明的专利资格。

第一部分"'新机器'原则"，探讨了法院在过去几十年里将某些与软件相关的发明的适格性，建立在法定类别"新颖且有用的……机器"上的努力。[12] 这种方法是有问题的，因为它往往在专利要件分析的其他方面模糊了对底层数学算法的考虑。拟议的立法可能会让法院再次走上这条路，即软件相关发明将归入"过程"和"机器"的法定类别，而被编程执行任何实际功能的通用计算机则将有资格成为一台"机器"。

第二部分"优先权担忧"（pre-emption concern），描述并批评了目前将优先权担忧作为核心考虑因素的做法，这种做法导致了司法对某些与软件相关的发明的排除。这种优先权担忧既没有准确地体现出司法排除的理由，也没有就与软件相关的权利要求的适格性提供

---

[6] See A. S. Tanenbaum, *Structured Computer Organization*, Prentice Hall, 1979.

[7] See D. Spinellis, Another Level of Indirection, in A. Oram and G. Wilson (eds.), *Beautiful Code: Leading Programmers Explain How They Think*, O'Reilly Media, 2007, pp. 279–91. 间接引用是一种非常灵活的抽象实现细节的方法，以至于"计算机科学中的所有问题都可以通过另一层间接引用来解决"的说法已经成为程序员中众所周知的一句格言。See ibid., p. 279.

[8] See ibid., pp. 279–82.

[9] See T. Tillis, Sens. Tillis and Coons and Reps. Collins, Johnson, and Stivers Release Draft Bill Text to Reform Section 101 of the Patent Act, Press Release (May 22, 2019), www.tillis.senate.gov/2019/5/sens-tillis-and-coons-and-reps-collins-johnson-and-stivers-release-draft-bill-text-to-reform-section-101-of-the-patent-act.

[10] See T. Tillis, Tillis, Coons Vet Patent Eligibility Bill Principles with Stakeholders, Press Release (March 27, 2019), www.tillis.senate.gov/2019/3/tillis-coons-vet-patent-eligibility-bill-principles-with-stakeholders.

[11] See Tillis, above note 9.

[12] See 35 USC § 101.

充分的指导。

第三部分"把关"重点强调了司法排除在历史上的重要作用以及持久性。当某些可专利性调查并不适用于所申请的主题时,司法排除就起到了规避这些不适当调查的关键作用。这种把关功能为专利适格主题要求提供了一个独立且充分的判例法依据,并为审查员和法院提供了一个精确的标准,以区分抽象思想及其在计算机领域的实际应用。

本章最后提出了一些建议。

一、"新机器"原则

尽管 Bernhart 案[13]在软件专利史以及计算机技术史上都具有重要意义,但在当代有关软件专利的辩论中,它几乎没有受到关注。该案所阐述的"新机器"原则在近四十年里仍然具有重要的法律意义。

1961年,波音公司员工沃尔特·伯恩哈特(Walter Bernhart)和比尔·费特(Bill Fetter)提交了一份专利申请,该专利是一种能够绘制三维物体的二维图形的计算机系统。[14]伯恩哈特和费特创造了"计算机图形"一词,[15]但他们不得不等待八年,才从美国海关和专利上诉法院获得专利。[16]包括迪士尼在内的数百家公司表示有兴趣获得该技术许可,[17]且《计算机世界》(Computerworld)称赞该项专利是"第一项真正的软件专利。"[18]

伯恩哈特和费特主张专利保护的系统包括一台"通用数字计算机",该计算机被编程来计算一系列坐标 f(v_i; w_i),这些坐标代表从视点(x_e; y_e; z_e)到位于视点与原点之间距离 k 倍处且垂直于它们之间连线的物体点 f(x_i; y_i; z_i)的投影。计算将基于以下公式进行:

$$V_i = \frac{k(x_e^2+y_e^2+z_e^2)(-y_e x_i + x_e y_i)}{\sqrt{(x_e^2+y_e^2)[(x_e^2+y_e^2+z_e^2)-(x_e x_i+y_e y_i+z_e z_i)]}}$$

$$w_i = \frac{k\sqrt{x_e^2+y_e^v+z_e^2}}{\sqrt{(x_e^2+y_e^2)}} \left(\frac{-x_e z_e x_i - y_e z_e y_i + z_i(x_e^2+y_e^2)}{(x_e^2+y_e^2+z_e^2)-(x_e x_i+y_e y_i+z_e z_i)} \right)$$

该系统还包括一个平面"绘图机",用于在纸上绘制点 f(vi; wi)。该"绘图机"可以使用任何已知的输出技术来实现此目的,包括墨水笔、阴极射线照相术或静电照相术。

由于该系统申请的新颖点是用于计算机编程的数学方程,因此专利局根据第101条拒绝了该系统申请。[19]在上诉中,美国海关和专利上诉法院承认方程式被排除在可专利主题之外,但发现争议中的系统权利要求不会先占所有列举的方程式的使用:

一个人想要侵犯这些权利要求中的任何一项,所要做的远不只是使用方程式。他必须在权利要求所叙述的物理设备中使用方程式……比起惩罚那些通过反复试错制造相同机器、而没有揭示其运行原理的发明者,我们不应当惩罚那些通过发现新颖的、

---

[13] In re. Bernhart, 417 F. 2d 1395 (CCPA 1969).
[14] US Patent 3, 519, 997 (filed November 13, 1961).
[15] W. A. Fetter, Computer Graphics in Communication (McGraw-Hill, 1964).
[16] Bernhart, above note 13.
[17] Firm Wins Battle for Mechanical Cartoonist Patent, Great Bend Daily Tribune (May 1, 1970), p. 1.
[18] Computerworld (July 29, 1970), p. 2.
[19] Bernhart, above note 13, at 1398.

非显而易见的数学关系并将其应用于机器中的发明者。[20]

这里对两位发明者的比较是基于一项长期存在的原则——专利申请人没有义务公开正确的操作原理。[21] 在进行比较时，法院认为，伯恩哈特和费特不仅发明了一种新机器，还提供了进一步的公共服务——披露操作原理，这超出了申请专利所需的披露量。根据这一说法，数学方程在发明的可专利性中没有发挥作用，这完全取决于发明作为一种新机器的特征。

随后，法院通过首次援引"新机器"原则作为专利适格性的依据，明确了这一特征：

> 如果一台机器以某种新颖的、非显而易见的方式被编程，那么它在物理上与没有此（计算机）程序的机器就是不同的；其存储元件的排列方式也是不同的。这些物理上的变化是肉眼不可见的，但是我们不能因此认为，这一机器没有改变。如果没有发明新机器，那肯定是对未编程的机器进行了"新颖且实用的改进"……我们在此得出的结论是：根据《美国法典》第35章第101条，此种机器是法定的，必须根据现有技术来判断定义它们的权利要求的可专利性。[22]

在将伯恩哈特和费特的权利要求归入"新颖且实用……机器"这一法定类别之后，法院进而根据现有技术，对美国专利局依据美国《专利法》第103条驳回伯恩哈特和费特的权利要求的行为进行了审查，结果发现问题重重。波音公司的科学家并不知道的是，伯纳德·泰勒（Bernard Taylor, Jr.）于1960年提交的一项非常相似的专利申请已经在专利局待审。[23] 泰勒申请了一种系统，该系统具有专用电路，用于计算和输出三维物体的平面投影坐标。泰勒的电路计算了坐标（f_1, f_2），该坐标代表从视点 A = (a_1, a_2, a_3) 到通过该点且垂直于该点与视点连线的平面上的物体点 C = (c_1, c_2, c_3) 的投影。泰勒在申请中披露了 f_1 和 f_2 的以下表达式：

$$f_1 = d_1 \psi / \lambda$$

$$d_1 = \sqrt{e_1^2 + e_2^2 + e_3^2}$$

$$(e_1, e_2, e_3) = ((a_1 - b_1), (a_2 - b_2), (a_3 - b_3))$$

$$\psi = \frac{e_3 \omega}{d_2} - d_2 \gamma_3$$

$$\omega = e_1 \gamma_2 + e_2 \gamma_1$$

$$(\gamma_1, \gamma_2, \gamma_3) = ((a_1 - c_1), (a_2 - c_2), (a_3 - c_3))$$

$$d_2 = \sqrt{e_1^2 + e_2^2}$$

$$\lambda = \omega + e_3 \gamma_3$$

$$f_2 = \frac{[(a_1 - b_1)^2 + (a_2 - b_2)^2 + (a_3 - b_3)^2][(a_1 - b_1)(a_1 - c_2) - (a_2 - b_2)(a_1 - c_1)]}{\sqrt{(a_1 - b_1)^2 + (a_2 - b_2)^2}[(a_1 - b_1)(a_1 - c_1) + (a_2 - b_2)(a_2 - c_2) + (a_3 - b_3)(a_3 - c_3)]}$$

当仅用 A 和 C（B 设为原点）来表示时，这些表达式可以简化为伯恩哈特和费特的方程的以下表示形式：

---

[20] Ibid. at 1399-400（省略强调）.

[21] See Newman v. Quigg, 77 F. 2d 1575, 1581-2 (Fed. Cir. 1989).

[22] Bernhart, above note 13, at 1400.

[23] US Patent 3, 153, 224 (filed February 23, 1960).

$$f_2 = \frac{(a_1^2 + a_2^2 + a_3^2)(a_2 c_1 - a_1 c_2)}{\sqrt{(a_1^2 + a_2^2)}\,[(a_1^2 + a_2^2 + a_3^2) - (a_1 c_1 + a_2 c_2 + a_3 c_3)]}$$

$$f_1 = \frac{\sqrt{a_1^2 + a_2^2 + a_3^2}}{\sqrt{a_1^2 + a_2^2}} \left(\frac{-a_1 a_3 c_1 - a_2 a_3 c_2 + c_3(a_1^2 + a_2^2)}{(a_1^2 + a_2^2 + a_3^2) - (a_1 c_1 + a_2 c_2 + a_3 c_3)} \right)$$

事实上,一位有进取心的专利审查员在六页手稿上对这些代数进行了简化,表明对于 $(a_1;a_2;a_3) = (kx_e;ky_e;kz_e;)$ 和 $(c_1;c_2;c_3) = (x_i;y_i;z_i;)$,泰勒的公式计算出相同的投影坐标 $(f_1;f_2;) = (v_i;w_i;)$。[24] 因此,根据已知的带有绘图仪的计算机编程系统,专利局驳回了伯恩哈特和费特的专利申请,理由是相对于泰勒的申请,[25] 其显而易见。[26]

法院并没有被审查员的代数所说服,因为它相当于对伯恩哈特和费特的方程进行了事后的重构:

> 记录中没有任何内容表明存在申请人在第19项申请中所声称的简化编程的可能性。专利局事后……试图证明泰勒的方程可以被操纵成与(申请人的)方程一致……这样做的话,律师就已经了解了申请人的方程,有了这种后见之明,就揭示了一种数学恒等式。没有任何证据表明,在自动化绘图的情况下,一个数学水平一般但了解泰勒参考资料的人能够发现那些更为简单的、作为所声称编程基础的方程式。[27]

在调查一项所声称的发明在发明时是否显而易见时,后见之明是法院和专利审查员合理的关注点。[28] 在以显而易见性为由拒绝时,可能会有一种"诱惑,即将所讨论的发明的核心创新点解读到先前的技术或知识中",[29] 从而低估了在发明时,对该技术拥有普通技能的人所面临问题的困难程度。然而,Bernhart 案审理法院对审查员计算的描述充其量只是牵强附会。

伯恩哈特和费特的方程式比泰勒的更简单,原因是前者只适用于从视点到投影平面的法线经过原点的特殊情况。一旦泰勒的方程式中去掉了坐标 b_1、b_2、b_3,这些表达式就会大大简化,而根据 A 和 C 求解 f_1 和 f_2 只是一年级代数中的一个简单练习。从这些简化的方程式中,用 $f(x_i、y_i、z_i)$、$(x_e、y_e、z_e)$ 和 k 来表示 $f(v_i、w_i)$ 只需要改变一下符号即可。至少对于九年级数学水平的普通人来说,伯恩哈特和费特的方程式是泰勒现有技术披露的一个特例。[30] 简而言之,法院对于"普通数学技能者"能够用一组特定的代数方程式做什么这一判断是有问题的,因为它严重低估了专利预期受众的数学能力。

更根本的是,法院关于发明者"发现新颖的且非显而易见的数学关系"的观念,以及用"数学技能"代替"该领域的普通技能"的断言,都是类别错误,因为非显而易见性和

---

[24] Brief for the Commissioner of Patents at 13-18, In re. Bernhart, 417 F. 2d 1395 (CCPA 1969) (filed June 21, 1968).

[25] See ibid. at 6.

[26] See, e.g., US Patent 3,066,868.

[27] 417 F. 2d 1402 (着重强调).

[28] KSR Int'l Co. v. Teleflex Inc., 550 US 398, 421 (2007).

[29] See Graham v. John Deere Co., 383 US 1, 36 (1966).

[30] 将伯恩哈特和费特的方法描述为从现有技术种类中选取的一种,并不会改变非显而易见性分析。See The Manual of Patent Examining Procedure (MPEP) § 2144.08. 另一方面,泰勒的方程式不能轻易地从伯恩哈特和费特的披露中推导出来,因为他们没有说明如何计算空间其他位置平面投影的坐标。

该领域的普通技能的属性不适用于方程的数学推导（以及更广义的数学技艺类别）。正如最高法院在 Flook 案的裁决中所承认的那样，即使在可专利性判定之初，先前未知的数学属性也必须"假定为属于现有技术"。[31] 此外，当所讨论的技术和专利披露所推进的知识领域不是"实用技艺"，而是数学时，美国《专利法》第 103 条关于该领域普通技能水平[32]的调查是不恰当的。[33]

因此，Bernhart 案的审理法院引用"新机器"原则，被证明是适得其反的，因为对软件实现的发明进行可专利性分析时，法院绝不应陷入判断数学难度大小的境地。然而，在接下来的三十年中，海关和专利上诉法院以及联邦巡回法院继续在案件中，将该原则适用于"为执行所声称的发明而编程的通用计算机"。[34] 正如联邦巡回法院多数法官在 Alappat 案中总结的判例法所言："我们已经认定，这样的编程会创造出一台新机器，因为一旦通用计算机被编程按程序软件的指令执行特定功能，它实际上就变成了一台专用计算机。"[35]

在 1994 年 Alappat 案全体法官的一致裁决中，联邦巡回法院针对专利局对五项权利要求的驳回进行了审查，其中四项权利要求是从第一项权利要求中衍生出来的。[36] 典型的权利要求如下：

15. 一种光栅化器，用于将数据列表中表示输入波形的样本幅度值的向量转换为抗锯齿像素光照强度数据，以在显示装置上显示，包括：

（a）用于确定数据列表中每个向量的端点之间的垂直距离的方法；

（b）用于确定由向量跨越的像素行的高度的方法；

（c）用于对垂直距离和高度进行归一化的方法；

（d）用于根据归一化垂直距离和高度的预定函数输出照明强度数据的方法。[37]

根据美国《专利法》第 112 条第（f）款解释该权利要求，法院将（a）到（d）款中的四种"方法"术语替换为其在专利说明书中确定的相应结构：

15. 一种光栅化器［一种"机器"］，用于将数据列表中代表输入波形样本幅度值的向量转换为抗锯齿像素光照强度数据，以在显示装置上显示，包括：

（a）［配置为执行绝对值函数或等效功能的算术逻辑电路］用于确定数据列表中每个向量的端点之间的垂直距离；

（b）［配置为执行绝对值函数或等效功能的算术逻辑电路］用于确定由向量跨越的像素行的高度；

（c）［一对桶形移位器或其等效物］用于对垂直距离和高度进行归一化；

（d）［包含光照强度数据的只读存储器（ROM）或其等效物］用于根据归一化垂直距离和高度的预定函数输出光照强度数据。[38]

---

[31] 437 US 594.

[32] Graham, above note 29, at 17.

[33] See ibid. at 6（quoting US Constitution, art. I, § 8, cl. 8）："创新、进步和增加有用知识总和的事物是专利制度的固有要求，根据宪法规定，专利制度必须'促进……实用技术的进步'"。

[34] In re Alappat, 33 F. 3d 1526, 1545（Fed. Cir. 1994）.

[35] Ibid.

[36] Ibid. at 1538-9.

[37] Ibid.

[38] Ibid. at 1541（着重强调）.

仔细检查 Alappat 的专利说明书，其中也阐明了结构要素的必要条件（笔者在其他地方也曾提出过这一点[39]）：它涉及一个因果过程。如表 17.1 所示，Alappat 公开了几个明确的因果过程，这些过程的共同作用产生了所声称的机器的功能，其中分别涉及公开的算术逻辑电路（arithmetic logic circuit，ALU）、桶形移位器和只读存储器的过程。

表 17.1　涉及支持权利要求 15 中每个公开的结构元素的因果过程

披露元素	披露因果过程
算术逻辑电路	"光栅化器 40 的各种操作……由状态机根据控制数据产生的时钟信号进行计时……其中一个信号是'像素时钟'信号，被断言为使光栅化器接收每个新的向量列表数据元素……此 ALU 值在下一个像素时钟周期存储在寄存器 76 中。"[40]
桶形移位器	"优先编码器 86 使桶形移位器 84 将其输入向左移动所需的位数……"[41]
只读存储器	"存储在寄存器 90 中的 8 位强度数据指向只读存储器（ROM）92，并使 ROM 92 在下一个像素时钟周期读出存储在寄存器 94 中的 4 位强度数据值。"[42]

根据这些结构性限制对第 15 项权利要求进行狭义解释后，法院声称，该权利要求"无疑阐述了一种由已知电子电路元件组合而成的机器或设备。"[43]

法院注意到，美国《专利法》第 101 条明确承认"机器"属于符合专利资格的主题，因此法院继续利用其根据美国《专利法》第 112 条第（f）款分析所得出的结论，即第 15 项权利要求阐述了一种机器，将其作为《专利法》第 101 条分析的起点：[44]

> 所要求的发明整体上是针对一系列相互关联的元素组合，这些元素组合起来形成一台机器，用于将离散的波形数据样本转换为抗锯齿像素光照强度数据，以在显示装置上显示。这不是一个可以描述为"抽象概念"的非实体数学概念，而是一种能够产生有用、具体和有形结果的特定机器。

联邦巡回法院随后对 Alappat 案涉及美国《专利法》第 112 条第（f）款的分析进行了补充说明，认为其基础是发现"执行算法的软件程序指令通过在设备内部创建电通路，从而电子地改变通用计算机"，[45] 但这仅仅是修正主义，是站不住脚的。Alappat 案多数法官

---

[39] See A. Chin, The Ontological Function of the Patent Document（2013）74 Univ. Pitt. Law Rev. 314（discussing Centricut, LLC v. Esab Group, Inc., 390 F. 3d 1361（2004））.

[40] US Patent 5, 440, 676, cols. 3-4（着重强调）.

[41] Ibid., col. 6（着重强调）.

[42] Ibid., cols. 6-7（着重强调）.

[43] Ibid.

[44] Ibid., cols. 1541-2.

[45] See WMS Gaming, Inc. v. Int'l Game Tech., 184 F. 3d 1339, 1348（Fed. Cir. 1999）（citing Alappat, above note 34, at 1545）.

并没有提到通过编程创建的"电通路"。相反，法院对《专利法》第112条第（f）款的分析恰当地基于所披露元素的结构性质，这些元素被确定与每一项权利要求中的"方法"术语相对应：算术逻辑电路、桶形移位器和只读存储器。[46] 简而言之，Alappat案中多数法官对第112条第（f）款的分析为其第101条的分析提供了信息，而非相反。

Alappat案的"新机器"原则很快成为美国专利局1996年计算机相关发明审查指南的支柱，[47] 但它在本世纪的表现并不好。早在Alice案之前，[48] "新机器"原则就经常受到批评，甚至被嘲讽为"旧钢琴蓝调"（The Old Piano Roll Blues）。[49] 正如政府在Gottschalk v. Benson案[50]中所说，暗含的比较是"将一个新的钢琴卷插入旧钢琴中"，这可能使钢琴能够演奏一首新歌，但不应被视为"可（授予）专利的'发现'"。[51] 前首席法官格伦·阿切尔（Glenn Archer）在Alappat案中提出异议，并详细引用了这一类比，得出结论是"一个因其音乐而新颖的卷轴，其唯一的新颖发明就是新的音乐"，[52] 这不是法定的主题范围。

到2008年，在Bilski案[53]中，联邦巡回法院全体法官中的大多数人开始质疑将编程后的通用计算机定性为新机器的观点。1997年，伯纳德·比尔斯基（Bernard Bilski）和兰德·华沙（Rand Warsaw）申请了一项专利，该专利涉及一种商品（如天然气）的销售方法，在这种市场中，买家和卖家希望管理因消费量波动而产生的风险。[54] 先前技术中的能源交易方法主要关注管理与价格波动相关的风险。[55] 尽管比尔斯基和华沙的方法具有明显的商业价值，[56] 但他们的专利权利要求却遭到了强烈反对。在审理比尔斯基和华沙的专利

---

[46] See Alappat, above note 34, at 1541.

[47] See US Patent & Trademark Office (USPTO), Examination Guidelines for Computer-Related Inventions, 61 Fed. Reg. 7478 (February 28, 1996)（九次引用Alappat案）。Alappat案审理法院还推断，所要求保护的编程通用计算机"不是一个可以被描述为'抽象思想'的空洞数学概念，而是一种产生有用、具体和切实结果的特定机器。"（ibid. at 1544），但是，直到State Street Bank案，联邦巡回法院才将Alappat案中"有用、具体和切实的结果"的论断提升为专利资格测试。State Street Bank & Trust Co. v. Signature Financial Group, Inc., 149 F. 3d 1368, 1373 (Fed. Cir. 1998)（"今天，我们认为，机器通过一系列数学计算将代表离散美元金额的数据转换为最终股价，构成了[符合专利资格的发明]，因为它产生了'有用、具体和切实结果'……"联邦法院在Bilski案中废除了这项测试，545 F. 3d 943, 959-60 (Fed. Cir. 2008)。

[48] Alice Corp. Pty. Ltd v. CLS Bank Int'l, 573 US 208 (2014).

[49] P. Groves, Old Piano Roll Blues, in A Dictionary of Intellectual Property Law (Edward Elgar, 2011), p. 220.

[50] 409 US 63 (1972).

[51] Government's Opening Brief, Gottschalk v. Benson, ibid.

[52] Alappat, above note 34, at 1567 (Archer法官，持反对意见).

[53] See above note 47（全体出庭审理）.

[54] See US Patent Application Serial No. 08, 833, 892 (filed April 10, 1997). 权利要求1如下：一种管理商品供应商以固定价格销售的商品消费风险成本的方法，包括以下步骤：①在上述商品供应商和上述商品的消费者之间发起一系列交易，其中上述消费者根据历史平均值以固定汇率购买上述商品，上述固定汇率与上述消费者的风险头寸相对应；②为所述商品识别与消费者具有相反风险头寸的市场参与者；③以上述第二种固定汇率在上述商品供应商和上述市场参与者之间发起一系列交易，以使上述一系列市场参与者交易平衡上述一系列消费者交易的风险头寸。（Ibid.）

[55] See ibid.

[56] See Validity of Software Patents Goes on Trial Today at Supreme Court, USA Today (November 9, 2009), p. 7B（报告称，比尔斯基和华沙的公司（美国明智气象公司）提供能源计费服务，可以"锁定能源价格，即使在异常寒冷的冬天也是如此"）。

第十七章　软件专利取得与美国《专利法》第 101 条的把关功能

申请的 26 名最高法院、联邦巡回法院和行政专利法官中，除一名法官外，其余所有法官都认为这些权利要求指向《美国法典》第 35 章第 101 条规定的非法定主题。[57] 然而，法官们在推理上分歧很大。联邦巡回法院和专利上诉与干涉委员会的大多数成员认为，可获专利的过程必须与特定机器相关，或者对物品进行转换（transfer），[58] 并发现比尔斯基和华沙的权利要求未能满足"机器或转换"这两个方面的测试。[59] 四名最高法院法官（包括史蒂文斯（Stevens）法官和三名联邦巡回法院法官）认为，商业方法应被视为非法定主题[60]，至少那些不涉及制造、机器或物质组成的方法应如此。[61] 然而，最高法院五名法官的多数意见认为，无论是强制性的"机器或转换"测试，还是所谓的"商业方法"排除，都没有先例支持，[62] 也并非必要，不能仅凭此就判定比尔斯基和华沙的主张因指向不可专利的抽象思想而无效。[63]

此后不久便发生了 Alice Corp. v. CLS Bank Int'l 案，[64] 联邦巡回法院随之认识到，最高法院已经对 Alappat 案中上诉法院所提出的"新机器"原则提出了质疑。[65] 最高法院认为，"仅仅陈述一台通用计算机，不能将一个不符合专利要求的抽象思想转变为符合专利要求的发明"，[66] 这似乎也对 Bernhart 案审理法院的推理提出了质疑。因此，专利局 2019 年修订的《专利主题资格指南》(Patent Subject Matter Eligibility Guidance)[67] 没有提到"新机器"原则，而是聚焦于最高法院在 Mayo 案[68] 以及 Alice 案[69] 中强调的优先权担忧。

---

[57] See Bilski, above note 47, at 997（Newman 法官，持反对意见）（发现比尔斯基和华沙申请权利保护的方法"既不是基本真理，也不是抽象思想"）。

[58] See ibid. at 954（多数意见；引用省略）（根据美国《专利法》第 101 条规定，如果满足以下条件，则所要求的过程当然可以获得专利资格：①它与特定的机器或设备有关；或者②它将特定的物品转变为另一种状态或物品"）；Ex p. Bilski, 2006 WL 5738364, at *18（主张一项没有具体说明特定设备的权利要求可能指向可专利主题，"如果物理主题从一种状态转变为另一种状态……"）；see also ibid. at *14（"即使一个非机器实现的方法包含了一些可以防止其被标记为'抽象思想'的物理步骤，但如果它没有实现物理主题的转换，那么它仍然可能属于非法定主题"）。

[59] See Bilski, above note 47, at 962（发现"测试的机器执行部分"不适用于比尔斯基和华沙的权利要求）；ibid. at 963（认定比尔斯基和华沙的权利要求并没有将任何物品转换成不同的状态或东西）；Ex p. Bilski, above note 59, at *2（请注意，比尔斯基和华沙的权利主张是"不需要机器即可执行"）；ibid. at *18-20（认为比尔斯基和华沙的主张均不涉及物理变化）。

[60] See Bilski v. Kappos, 130 S. Ct. 3218, 3231（2010）（Stevens 法官，表示同意）；Bilski, above note 47, at 998（迈耶法官，表示反对）。

[61] See Bilski, above note 47, at 974（Dyk 法官，表示同意）。

[62] Bilski v. Kappos, above note 60, at 3227（"'机器或转换'标准并不是决定一项发明是否适格专利'方法'的唯一标准"）；ibid. at 3228（"第 101 条同样排除了广泛的争论，即'方法'一词在范畴上排除了商业方法"）。

[63] Ibid. at 3231（"允许申请人对风险对冲申请专利，将阻止在所有领域使用这种方法，并将实际上授予一个抽象概念的垄断权"）。

[64] Alice, above note 3.

[65] See CLS Bank Int'l v. Alice Corp., 717 F. 3d 1269, 1292（Fed. Cir. 2013）（全体出庭审理；多数意见）（Lourie, J.）："不仅技术领域发生了变化，法律界也发生了变化。自 Alappat 案以来，最高法院已经就专利资格问题发表了意见，我们必须注意到这一变化。"

[66] Above note 3, at 2358.

[67] See USPTO, 2019 Revised Patent Subject Matter Eligibility Guidance, 84 Fed. Reg. 50（January 7, 2019）.

[68] Mayo Collaborative Servs. v. Prometheus Labs., Inc., 566 US 66（2012）.

[69] See above note 48.

由参议员汤姆·蒂利斯（Thom Tillis）和众议员克里斯·库恩斯（Chris Coons）起草的美国《专利法》第101条改革法案，实际上呼吁回归到将编程后的通用计算机界定为"新机器"的问题上来。拟议的立法还质疑了联邦巡回法院在1998年的State Street Bank v. Signature Financial Group案中以实用性为重点确定专利资格，[70] 该判决依赖于对Alappat案的修正主义解释。[71] 鉴于"新机器"原则在联邦巡回法院判例法中的起源并不稳固，将其编入法典的做法值得怀疑。正如下一节所示，最高法院在软件专利方面的判例并未关注所声称的编程计算机是否构成"新机器"，而是关注该主张是否实际上排除了一个抽象思想。

二、优先权担忧

无论在历史上还是近期，美国最高法院制定关于软件相关专利权利要求的主题资格的原则，都是基于一个明确的担忧，即那些没有充分限定在实际应用中的软件专利，可能会产生排除或抢占抽象思想的效果。[72] 然而，直到今天，法院仍未形成一个连贯的判例法框架，用以根据所述的优先权担忧来解释和证明他们的专利资格决定是合理的。[73] 优先权担忧并不能充分解释法院在实际裁决软件相关专利主张的主题资格时，所采用的推理路线。他们也没有为使用可专利主题原则（而非其他可专利性原则）来排除所声称的主题提供规范性依据。

关于软件相关发明的专利资格的判例源于1972年Gottschalk v. Benson案。[74] 该案中，法院以优先权担忧为理由，支持专利局拒绝"将信号从二进制编码的十进制形式转换为二进制"这一权利要求，该方法包括在"重入式移位寄存器"（re-entrant shift register）上执行的一系列步骤。[75] 法院将本森（Benson）的专利权利要求描述为指向"将二进制编码的十进制数字转换为纯二进制数字的公式"，[76] 并认为该公式"除了与数字计算机有关外，没有实质性的应用，这意味着……该专利将完全先占该数学公式，并在实际效果上成为算法本身的专利。"[77] 因此，允许本森的诉求将产生允许本森"为一个想法申请专利"的"实际效果"。[78]

任何将数字用户界面与二进制算术电路计算相结合的应用程序，都必须执行从二进制编码的十进制到二进制的转换。法院称，这种转换用途非常广泛，其应用范围从"火车的

---

[70] See above note 47. 在State Street Bank案中，被指控的侵权者对针对非法定主题的"轴辐式"金融产品的计算机实施会计系统的索赔提出质疑。See ibid. at 1371.

[71] See above text accompanying notes 45-46. 为了根据美国《专利法》第101条将该系统定性为法定"机器"，法院认为，所声称的"装有轴辐式软件的机器……无可否认地产生了'有用、具体和有形的结果'"就足够了。See ibid. at 1375（citing Alappat, above note 34, at 1544）.

[72] See Gottschalk v. Benson, above note 50, at 71.

[73] See K. J. Strandburg, Much Ado about Preemption (2012) 50 Houston Law Rev. 563, 564-8（认为对于优先权担忧的关注"无论是作为理论问题，还是作为对最高法院专利适格主题判例法的解释，都是不尽人意的"）.

[74] Ibid.

[75] Ibid., pp. 73-4.

[76] Ibid., p. 71.

[77] Ibid., pp. 71-2.

[78] Ibid., p. 71.

运营、驾照的验证到法律书籍中先例的研究"，以及其他"未知用途"。[79] 然而，本森的权利要求并未涵盖将数字从二进制编码的十进制表示转换为二进制表示的唯一算法。例如，执行转换的常规方法是计算每个数字在其各自十进制位值中的二进制表示，并通过二进制加法对结果进行求和。本森的方法更具体地对必要的乘法和加法进行排序，以便在"重入式移位寄存器"上有效地执行计算，这是一种计算机架构，其基本步骤包括将所有位串向左或向右移动一个位置的能力，第一个和最后一个位置是环绕的（即被视为相邻的）。换句话说，本森的权利要求只是针对执行二进制编码的加法到二进制转换的许多可能正确的算法中的一种，尽管它特别适合在重入式移位寄存器上实现。

法院对本森权利要求的分析最终不过是对其所陈述的优先权担忧的一种表现。虽然法院指出，在讨论二进制编码的加法与二进制转换的通用性时，权利要求过于宽泛是有问题的，但法院没有将权利要求的实际范围，与可能适用于所谓的被先占的最终用途的全部算法和架构进行比较。简而言之，优先权担忧既不能解释也不能证明 Benson 案的裁决是正确的。

自 Benson 案发生近半个世纪以来，与软件相关的专利权利要求的形式和内容已经发生了变化，但最高法院关于专利资格的判例法阐释，在澄清优先权担忧的应用和目的方面并未更进一步。2010 年，Bilski 案审理法院的（审理法官）多数派驳回了联邦巡回法院的"机器或转换"测试，[80] 认为足以观察到代表性权利要求"解释了对冲的基本概念"，[81] 这是"我们商业体系中长期流行的一种基本经济实践，并且在任何初级金融课程中都有讲授"。[82] 与 Benson 案相呼应，多数法官得出结论：因此这些权利要求"将抢占所有领域这种方法的使用，并有效地授予对一个抽象思想的垄断权。"[83] 从属于"大宗商品和能源市场"的权利要求同样存在问题，这仅仅是一种"试图针对在能源市场上对冲风险的抽象思想申请专利，然后指导众所周知的随机分析技术的使用"的尝试。[84] 因此，多数法官关于优先权担忧的结论并非基于任何权利要求条款的范围，而是基于这些权利要求"解释"了商学院所教学的概念。考虑到多数法官否决了四位持一致意见的法官的努力，即将商业方法排除在专利资格之外，[85] 因此很难从 Bilski 案审理法院对优先权担忧的分析中提炼出一个明确的方法或理由。

法院随后在 Mayo 案和 Alice 案中作出的裁决，更明确地描述了由优先权担忧引发的专利适格主题判例法。Mayo 案审理法院警告称，在法庭上支持这些主张"将有可能不成比例地束缚"对"科学和技术工作基本工具"的使用，[86] 并"倾向于阻碍创新，而不是促进

---

[79] Ibid., p. 68.

[80] See above text accompanying notes 53-63.

[81] Bilski v. Kappos, above note 60, at 3231.

[82] Ibid.（quoting Bilski, above note 47, at 1013（Rader 法官，持不同意见））；R. C. Dreyfuss and J. P. Evans, From BilskiBack to Benson: Preemption, Inventing Around, and the Case of Genetic Diagnostics（2011）63 Stan. Law Rev. 1349.

[83] Ibid.

[84] Ibid.

[85] See ibid. at 3228-9.

[86] Mayo, above note 3, at 1293-4.

创新"。[87]

　　Alice案审理法院在将Mayo案的分析延伸到代表性权利要求时，同样提到了"支撑我们第101条判例的优先权担忧"，发现"完全通用的计算机实现通常不是那种提供'实际保证的'附加功能'，即该过程不仅仅是旨在垄断抽象思想本身的起草工作'"。[88]然而，与Bilski案一样，Alice案审理法院没有对权利要求范围和下游影响进行细致分析，而是基于这样的观察，即权利要求"涉及到中介结算的概念"，这与对冲一样，是"在商业体系中长期普遍存在的一种基本经济实践"。[89]因此，正如其他评论员所指出的那样，优先权担忧无法令人满意地解释或佐证Alice案审理法院对美国《专利法》第101条的分析。[90]

　　最高法院对软件专利权要求的优先权担忧与其对软件专利权要求的实际主题资格分析之间的分歧，促使专利局进行了长期的努力，以指导审查员解决可专利性主题分析的"当前混乱"局面。[91] 2014年[92]和2019年[93]发布的指南为审查员提供了一种基于最高法院在Mayo案和Alice案的分析以及随后联邦巡回法院判例法的算法分析方法。该方法的核心之处就是图17.1所示流程图，该流程图在专利局2014年的指南中引入，2019年被进一步修订。在联邦巡回法院最近的一系列赞同和反对意见中，Alice案之后的抽象思想法理和法院的优先权担忧之间的不匹配尤其受到批评，[94]修订后的指南指示审查员在两个方面对例外进行狭义解释。其一，可以视为抽象思想的主题范围仅限于司法先例中确定的"分组"枚举列表，如数学概念、某些组织人类活动的方法（如基本经济原则、商业和法律互动以及管理个人行为）和思维过程。[95]其二，如果所述想法被认定为"融入实际应用"之中，那么该权利要求就不会被视为指向抽象思想。[96]

---

[87] 132 S. Ct. at 1293.

[88] Alice, above note 3, at 2358.

[89] Ibid. at 2356（quoting Bilski v. Kappos, above note 60, at 3218）.

[90] See, e. g., A. Bhattacharyya, Unpatentably Preemptive? A Case against the Use of Preemption as a Guidepost for Determining Patent Eligibility, Extra Legal（Summer 2013）; Strandburg, above note 74.

[91] Strandburg, above note 74, p. 564.

[92] USPTO, 2014 Interim Guidance on Patent Subject Matter Eligibility, 79 Fed. Reg. 74, 618（December 16, 2014）（hereinafter, 2014 Guidance）.

[93] USPTO, 2019 Revised Patent Subject Matter Eligibility Guidance, 84 Fed. Reg. 50（January 7, 2019）（hereinafter, 2019 Guidance）.

[94] See Smart Sys. Innovations, LLC v. Chicago Transit Auth., 873 F. 3d 1364, 1377（Fed. Cir. 2017）（Linn, J. 部分反对，部分同意）（引用省略）（"最终，'抽象思想'案件中的根本问题是，该权利要求是否指向科学或技术活动的基本组成部分，从而阻止或抑制未来的创新，或者该权利要求是否指向服务于'新的和有用的目的'的有形应用。指向不仅仅是科学或技术活动的基本组成部分的权利要求……应该完全有资格获得专利保护，而不应轻易放弃"）; 2019 Guidance, above note 94, 50 n. 2（引用Smart Sys. Innovations案和其他联邦巡回法院的赞成和反对意见）.

[95] 84 Fed. Reg. at 51-2.

[96] Ibid. at 54-5.

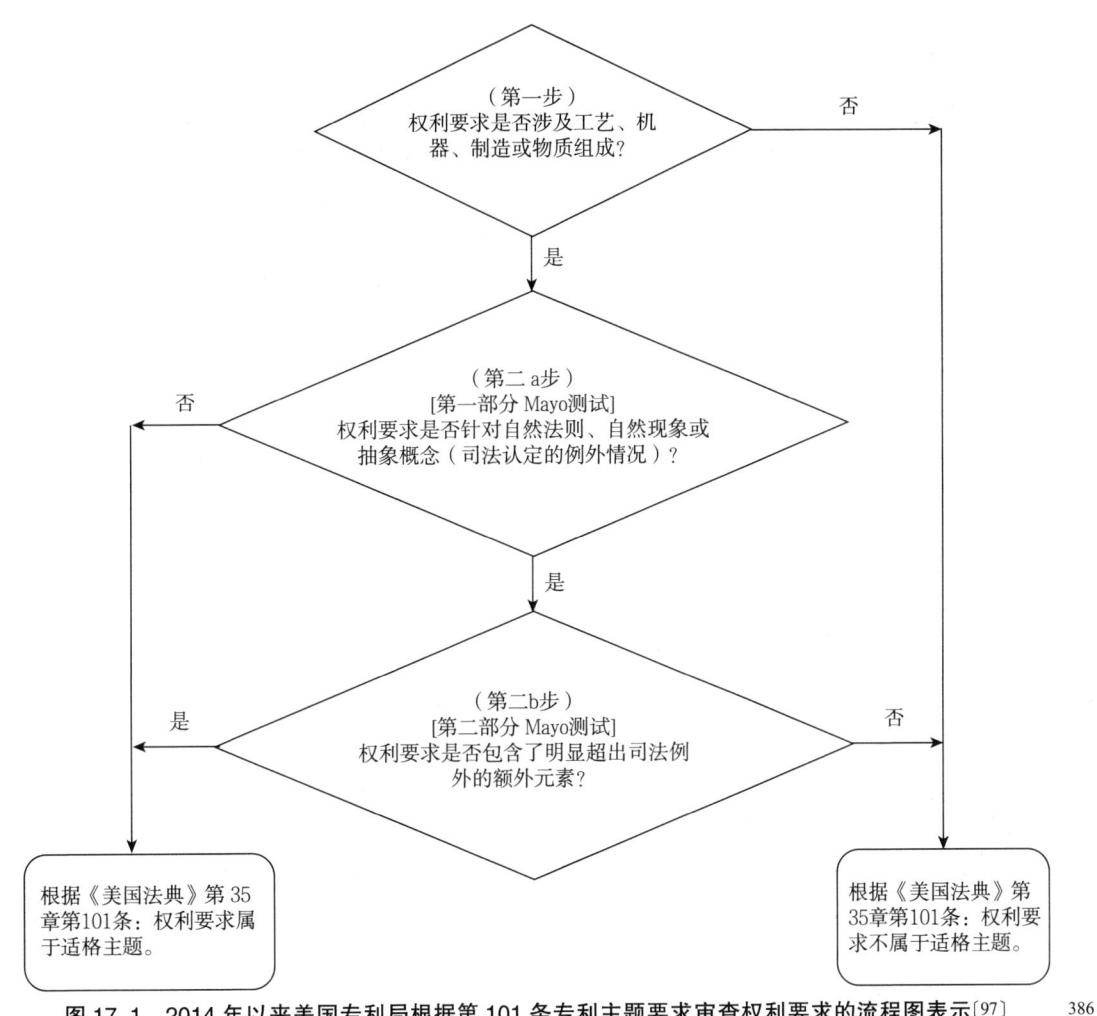

第十七章 软件专利取得与美国《专利法》第101条的把关功能

```
                  (第一步)
           权利要求是否涉及工艺、机      否
           器、制造或物质组成?       ────→

                    │是
                    ↓
                  (第二a步)
              [第一部分 Mayo测试]
     否    权利要求是否针对自然法则、自然现象或
     ←───  抽象概念(司法认定的例外情况)?

                    │是
                    ↓
                  (第二b步)
              [第二部分 Mayo测试]
     是    权利要求是否包含了明显超出司法例     否
     ←───       外的额外元素?           ────→


  根据《美国法典》第35                根据《美国法典》第
  章第101条:权利要求属                35章第101条:权利要
  于适格主题。                        求不属于适格主题。
```

图 17.1　2014 年以来美国专利局根据第 101 条专利主题要求审查权利要求的流程图表示[97]

该立法草案对美国《专利法》第 101 条判例法与优先权担忧之间的不一致给出了不同的回应，即废除前者，并将对权利要求过于宽泛的审查转移到可专利性的其他法定要求上。然而，正如约书亚·萨尔诺夫（Joshua Sarnoff）有说服力地指出的那样，这种方法"只是将……（第 101 条）不明确的政策以及不确定的解释和应用转移到了其他专利法教义上。"[98]

此外，正如下文所述，认为美国《专利法》第 101 条的范围监督功能可被纳入专利法的新颖性、非显而易见性和充分披露原则中的观点，忽视了专利适格主题要求在避免根据这些法定要求进行不适当审查中的独特且至关重要的作用。与法院提出的优先权担忧相比，这种把关功能为历史上和现在软件专利资格的判例提供了更准确和令人信服的解释。

---

[97] 来源：2014 年指南，above note 93, 74621.
[98] Testimony of Joshua D. Sarnoff, Senate Committee on the Judiciary, Subcommittee on Intellectual Property Hearin Ibid. g: The State of Patent Eligibility in America: Part I (June 4, 2019), p. 8.

三、把关

在过去四十年的软件专利资格判例法阐释中,美国《专利法》第 101 条起到了至关重要的把关作用,使得在考虑其他法定要求之前,不必对可专利性进行分析,也避免了不适当的调查。最高法院在 Parker v. Flook 案[99]中指出,这种把关功能即"确定何种类型的发现可申请专利",这"必须先于确定该发现是否实际上是新颖的或显而易见的"。[100] 此后不久,在 Bergy 案[101]中,法官吉尔斯·里奇(Giles Rich)提出了著名的"三道门"可专利性理论,其中,美国《专利法》第 101 条适格性审查是第一道门,其门槛性要求先于所有其他可专利性考虑。[102] 正如首席法官格伦·安彻(Glenn Archer)在 Alappat 案[103]中所解释的那样,主题资格"为专利法的其他规定奠定了基础",[104] 从而避免根据这些条款进行不恰当的调查:

> 如果爱因斯坦(Einstein)能为他发现的一个静止物体的能量等于其质量乘以光速的平方这一发现获得专利,那么如何根据显而易见性对他的发现进行有意义的判断呢?这是可申请专利的发明的必要条件(根据美国《专利法》第 103 条)?什么时候抽象的思想"落实到实践中",而不是仅仅"构思"(根据美国《专利法》第 102 条 g 款)?什么样的行为构成对他人思想的"侵犯"(根据美国《专利法》第 271 条)?[105]

在联邦巡回法院对 Bilski 案的分歧意见中,唯一被最高法院认可且引用的部分是时任首席法官兰德尔·雷德(Randell Rader)直截了当的主张——直接阐述抽象思想例外情况的把关功能,而联邦巡回法院大多数人则连篇累牍地致力于发展机器或转换测试。雷德法官解释道:"在传统可专利性测试下,一项抽象的权利要求将以一种甚至不容易与传统技术对比检验的形式出现。"[106] 因此,雷德法官的结论(比尔斯基和华沙的方法"要么是一个模糊的经济概念,要么是表面上显而易见的"[107])不是基于美国《专利法》第 103 条以现有技术为参考审查非显而易见性,而是基于更基本的观察,即"对冲是一种基本的经济实践,长期以来在我们的商业体系中普遍存在,并在任何入门金融学课程中都有讲授"。[108]

最高法院在 Bilski v. Kappos 案[109]中,多数法官引用了雷德法官对机器或转换测试的批评,[110] 引用了他关于对冲是"一种基本的经济实践"的描述来支持其抽象概念分析,[111] 并最终采用了雷德法官的方法。法院使用美国《专利法》第 101 条的专利主题要求来避免根据美国《专利法》第 102 条和第 103 条展开分析,并拒绝按照"传统的可专利性测试方

---

[99] Above note 2.
[100] See ibid. at 593.
[101] 596 F. 2d 952(CCPA 1979)(Rich, J.).
[102] See ibid. at 960.
[103] Above note 34(citing Parker v. Flook, above note 2, at 593)(Archer 首席大法官,部分同意,部分反对).
[104] Ibid. at 1553.
[105] Ibid.
[106] Bilski, above note 47, at 1013(Fed. Cir. 2008)(Rader 首席大法官,持反对意见).
[107] Ibid.
[108] See ibid.
[109] 561 US 593(2010).
[110] See ibid. at 606(citing Bilski, above note 47, at 1015(Rader 法官,持反对意见)).
[111] See ibid. at 611(quoting Bilski, above note 47, at 1013(Rader 法官,持反对意见)).

法，将比尔斯基和华沙的主张与现有技术进行对比检验"。[112] 最高法院没有审查现有技术，而是查阅了几本当时最新的教科书，这些教科书都没有在比尔斯基和华沙提出的1996年4月16日的优先权日期之前出版，[113] 但所有这些教科书都支持最高法院将"对冲的基本概念"定性为"在任何金融入门课程中讲授的抽象金融概念"。

在 Alice/Mayo 案测试（标准）之前，Bilski 案多数法官认为对于具体权利要求的分析相当于认定代表性权利要求1和4的要素没有"显著"[114] 增加司法上排除的抽象"对冲概念"的内容。[115] 权利要求1"描述了"对冲的概念；权利要求4则将对冲的概念"简化为一个数学公式"。[116] 法院因此认定，权利要求1和4的出现所产生的任何结果或效果必然是对"对冲的基本概念"进行逻辑推导或数学推演的结果，其中权利要求1和4（及其支持性描述）仅用于"解释"这些结果。[117] 在这种情况下，雷德法官和最高法院多数法官都使用了美国《专利法》第101条的主题资格要求进行把关，以避免在声称的发明结果或效果必然是作为司法例外的逻辑结果的情况下，对现有技术进行不适当的基于美国《专利法》第102条或第103条的检查。[118]

在 Alice 案中，法院认为，"中介结算"这一被司法排除的抽象概念，与"完全通用的计算机实现"的抽象概念一样，都不具备专利资格。[119] 法院将有争议的方法权利要求定性为"仅仅叙述了由通用计算机执行的中介结算概念"，并引用联邦巡回法院法官艾伦·劳里（Alan Lourie）的意见，即代表性权利要求"缺乏任何明确的定义计算机的参与的语言"。[120] 爱丽丝对计算过程提出的权利要求，其产生"中介结算"效果的功效并不取决于"计算机的参与"（即所叙述的切实可行的"方法或手段"[121]）的经验因果行为，而取决于作为理想化的通用系统组件（如处理数据的"数据处理单元"、存储数据的"大容量数据存储单元"、控制通信的"通信控制器"等[122]）的规定行为的逻辑和数学后果，以及对系（在该系统内，利益相关者通过媒介进行同步交换以最小化风险）所处理的数据元素的社会解释（例如"信用记录""借记记录""影子信用记录""影子借记记录""日初余额""交易""调整""信用"和"借方"[123]），因此可以进行数学验证和证明。在认定这

---

[112] Bilski, above note 47, at 1013（Rader 法官，持反对意见）.

[113] Cf. Bilski v. Kappos, above note 60, at 611（引用2008年和2010年出版的教科书）with US PatentApplication No. 08/833,892（filed April 10, 1997）(claiming priority to Provisional US Patent Application No. 60/015, 756, filed April 16, 1996）.

[114] Alice, above note 48, at 218; Mayo, above note 3, at 77.

[115] Bilski v. Kappos, above note 109, at 611.

[116] Ibid.

[117] See ibid.

[118] See ibid.; cf. Alappat, above note 34, at 1553.

[119] See above note 48, at 223-4.

[120] Ibid. at 225（着重强调）(quoting CLS Bank v. Alice, above note 65, at 1286（Lourie, J., concurring））.

[121] Diamond v. Diehr, 450 US 175, 182 n. 7 (1981)（quoting Corning v. Burden, 56 US 252, 268 (1853)）.

[122] 所披露的软件解决方案旨在运行在"通用'系统'"上，该系统包括"数据处理单元""海量数据存储单元""通信控制器""通信硬件产品"和"信息记录设备"的集合，所有这些都可能以"许多不同的配置出现，不仅与利益相关者的数量和类型有关，还与系统硬件和软件结合实现的'架构'有关。"US Patent No. 5, 970, 479, cols. 7-8（filed May 28, 1993）; US Patent No. 6, 912, 510, ols. 6-8（filed May 9, 2000）; US Patent No. 7, 149, 720, cols. 7-8（filed December 31, 2002）; US Patent No. 7, 725, 375, cols. 6-8（filed June 27, 2005）.

[123] See, e.g., US Patent No. 5, 970, 479, col. 33（filed May 28, 1993）.

些元素的列举没有给中介结算的抽象思想增加"任何重要内容"时[124]，法院特别避免了基于美国《专利法》第 103 条对普通数学技能水平不适当的调查——这项调查在五十年前一个存在问题的分析中出现过，涉及一个类似的通用计算机系统，[125] 几乎可以肯定该系统在 Alice 案也无法幸存。[126]

在 Mayo 案中，[127] 法院分析了一种硫嘌呤类药物的施用方法的权利要求的主题资格，其中特别提到，代谢物水平"低于 8×10^8 个红细胞/230 pmol"或"高于 8×10^8 个红细胞/400 pmol"表明需要调整剂量。[128] 在将"血液中某些代谢物的浓度与硫嘌呤类药物的剂量无效或有害的可能性之间的关系"定性为不可授予专利的自然法则之后，[129] 法院转向了"这些权利要求是否不仅仅是简单地描述了这些自然关系"的问题。[130] 法院得出的结论是，该权利要求的步骤只不过是"指导医生在治疗患者时遵守适用法律"以及"收集数据，从中他们可以根据相关性做出推断"，因此"这些步骤不足以将不可专利的自然相关性转化为这些规律的可专利应用"。[131]

在认定普罗米修斯公司（Prometheus）的用药方法不具备专利资格时，法院避免了依据美国《专利法》第 112 条开展调查——即普罗米修斯公司的专利披露是否足以满足"教导本领域技术人员如何在不进行'过多实验'的情况下制造和使用所要求的发明的全部范围"。[132] 权利要求中的"对医生的指示"是一种教导，但并非那种能省去实验的教导。如果能将演绎逻辑和数学中的"技能"正确地排除为不相关因素，那么这种教导也并非那种可对其披露的充分性进行审查以适合普通技术人员理解的教导。[133]

当医生测量患者血液中的代谢物浓度并调整药物剂量时，所要求的结果和效果必然遵循自然法则，这是作为医生行为规定效果的逻辑结果，而不是一个需要经验验证或证伪的问题。[134] 与 Alice 案中通用的系统组件一样，[135]"确定"代谢物水平的步骤是规定用来确定代谢物水平的，而规定"给予"硫嘌呤药物的步骤是为了根据自然法则增加或减少基本药物剂量。

---

[124] Alice, above note 48, at 225-6.

[125] See Bernhart, above note 13, at 1402（根据美国《专利法》第 103 条进行的分析推断，"在自动化绘图的背景下，没有任何迹象表明，一个具备普通数学技能并持有泰勒参考资料的人能够发现作为所要求编程基础的更简单的方程式"）

[126] See A. Chin, Ghost in the "New Machine": How Alice Exposed Software Patenting's Category Mistake（2015）16NC J. Law Technol. 623.

[127] Mayo, above note 3.

[128] Ibid. at 75.

[129] Ibid. at 77.

[130] Ibid.

[131] Ibid. at 79.

[132] In re. Wright, 999 F. 2d 1557, 1561（Fed. Cir. 1993）（quoting In re. Vaeck, 847 F. 2d 488, 495（Fed. Cir. 1991））.

[133] See above text accompanying notes 124 and 125.

[134] 尽管血液中代谢物水平与硫嘌呤药物治疗的安全性和有效性之间的相关性是通过临床试验发现的，但这并不能改变法院对"对医生的指导"这一权利要求的定性，即它传授的是一种先验知识，而非实证知识。See Mayo, 566 US 71（quoting Gottschalk v. Benson, above note 50, at 67（解释说"自然现象，尽管是刚刚发现的……但由于它们是科学和技术工作的基本工具，因此不能申请专利"）.

[135] See above text accompanying note 121.

虽然专利适格性理论将抽象思想和自然现象视为先验知识的形式，但它们融入实际应用则体现在其随后结果和效果的后验性质上。在 Bilski 案、Alice 案和 Mayo 案中，如果一项要求保护的发明的结果或理论必然是先验的司法例外的结果，那么美国《专利法》第 101 条专利适格主题要求的把关功能，可以并且应该继续防止在传统可专利性测试下进行不恰当的分析。

四、结论

当前的立法时机使得关于软件专利适格性的判例法面临一个十字路口，即需要在三种截然不同的关于"抽象思想排除"（abstract-idea exclusion）的理论观点之间做出选择或平衡。第一种观点源于一个理论上有问题的特性描述，即数学是一门实用艺术，它通过巧妙起草的"新机器"权利要求，为软件专利打开了大门。第二种观点是通过最高法院对 Mayo 案和 Alice 案的裁决而得以推广的，它将优先权担忧描述为一个生动的原则，但未能将这些担忧与随后对专利权利要求的分析相结合，从而产生了不确定性和混乱。

因此，第三种观点是提醒那些想要改革的人，司法排除对专利适格主题具有不可或缺的把关作用。正如早期的 Bernhart 案所示，拟废除数世纪的专利适格主题判例法将打破法院的基本工作假设，即现有技术、本领域普通技术人员水平以及无需过多实验即可制造和使用等概念，对于促进实用艺术进步的宪法目的具有其通常的意义和重要性。这种做法远不能约束任性的司法机构，反而很可能导致法院回归到根据数学难度来做出裁决的老路上去。

第十八章

十字路口的知识产权
——为算法提供知识产权保护

阿维夫·高恩（Aviv Gaon）*

引言

本章探讨了给予算法的法律保护，[1] 并认为在未来十年，随着编码方法的变化，给予算法的知识产权保护可能会失效。时至今日，由算法控制的机器在许多领域已经超越了人类。例如，先进的算法影响着市场，影响着金融、商业、人力资源、健康和交通。[2]

在计算机科学、哲学、经济学、宗教、伦理学和科幻小说等领域，有大量且内容广泛

---

* 感谢 Pina D'Agostino 教授、Lior Zemer 教授、Dov Greenbaum 教授和 Paul Blizzard 教授对笔者初稿提出的宝贵意见和建议。还要感谢 IPOsgoode、Osgoode Hall 法学院知识产权与技术项目对笔者研究工作的持续支持。特别感谢 Woodrow Barfield 教授给予笔者参与此项目的机会。

[1] 定义"算法"一词与定义人工智能领域本身一样复杂和困难。有许多相互竞争的定义，却没有一个公认的概念。不过，可以得出一些结论。首先，算法依靠数学代码来解决问题（计算、数据处理等）。其次，大多数算法都有一个共同的目的，即从"输入"创建"输出"整数。在本章中，笔者将把最常见的算法视为产生标准输出的简单代码。不过，在讨论未来的法律替代方案时，笔者可能会提到高级算法。在高级算法中，笔者无意创造任何术语；笔者只想表达使用算法进行更复杂过程的可能性，这些算法在某种程度上现在就可以使用，将来可能会更多。See, e.g., C. C. Aggarwal, *Neural Networks and Deep Learning: A Textbook*, Springer, 2018; M. J. Kochenderfer and T. A. Wheeler, *Algorithms for Optimization*, MIT Press, 2019.

[2] A. K. Agrawal, J. Gans, and A. Goldfarb（eds.）, *The Economics of Artificial Intelligence: An Agenda*, University of Chicago Press, 2019; B. Alarie, A. Niblett, and A. H. Yoon, Focus Feature: Artificial Intelligence, Big Data, and the Future of Law（2016）66 Univ. Tor. Law J. 423; M. S. Gal and N. Elkin-Koren, Algorithmic Consumers（2017）30 Harv. J. Law Technol. 309; N. J. Nilsson, *The Quest for Artificial Intelligence: A History of Ideas and Achievements*, Cambridge University Press, 2010, p. 19; P. McCorduck, *Machines Who Think: A Personal Inquiry into the History and Prospects of Artificial Intelligence*, 2nd edn., A. K. Peters, 2004, pp. 3-29; S. Russel and P. Norvig（eds.）, *Artificial Intelligence: A Modern Approach*, Pearson Education, 2010, pp. 1034-40. 华尔街和银行使用预测分析算法进行投资已有数年之久，预计其影响将在未来几年不断扩大。M. Turner, Machine Learning Is Now Used in Wall Street Dealmaking, and Bankers Should Probably Be Worried, Business Insider（April 4, 2017）, www.businessinsider.in/Machine-learning-is-now-used-in-Wall-Street-dealmaking-and-bankers-should-probably-be-worried/articleshow/58018833.cms.

的文献探讨算法的影响。[3] 然而，尽管我们已经收集了海量知识，但我们仍然远远无法预测技术的影响，尤其是由算法驱动的技术。技术发展早期阶段的许多担忧在后期阶段可能会变得微不足道。但对于由算法控制的技术来说，情况是否如此还有待观察。

算法是当前计算机科学和人工智能（AI）进步的基石。[4] 随着我们在越来越多的领域（从商业到政府服务）推进数字化，与这些变化相关的法律挑战在理论和实践上都提出了一些有趣的的问题。在理论层面上，应用算法数据处理将使我们的法律框架从"一刀切"转变为"量身定制"的系统，在这种系统中，算法将"提供关于什么是允许的量身定制的声明"[5]，正如 Dan Burk 所说的一种"个性化的法律"。[6] 正如本书的各章所探讨的，这些预期的变化将以各种方式和方法影响法律的各个领域。在本章中将重点讨论知识产权法，寻求其他贡献者已经涉及的问题的答案。

知识产权法是规范技术的核心法律框架之一，因此最有可能受到算法和人工智能的影响。知识产权法包括无形创作，涉及三个主要法律领域：著作权、专利和商标。著作权旨在保护原创作品，如文学、音乐和艺术创作。[7] 专利赋予发明者在有限时间内对其发明的专有权，而商标则为广为人知的标志、设计和表达提供保护。[8]

考虑算法是怎样的以及将如何影响知识产权法是一项重要任务，应尽早解决。以著作权为例，[9] 当编程在某种程度上以文献代码为基础，此时代下著作权是有意义的。随着技术的进步，大多数编码并不一定需要实际的"写作"，著作权保护的理由可能就不成立了。今天，虽然大部分编码工作仍由人类程序员以老式方式完成，但编程风格和方法正在发生变化，新环境"允许用户避免直接键入某些程序的几乎任何代码。[10]" 取而代之的是，他们选择直观表示功能的图标"。[11]

---

[3] N. Bostrom, *Superintelligence*: *Paths*, *Dangers*, *Strategies*, Oxford University Press, 2014; N. Bostrom and E. Yudkowsky, The Ethics of Artificial Intelligence, in W. Ramsay and K. Frankish (eds.), *The Cambridge Handbook of Artificial Intelligence*, Cambridge University Press, 2014, pp. 316–34; N. Ausubel (ed.), *A Treasury of Jewish Folklore*, Crown, 1948, p. 605 (discussing the story of the Golem of Prague); I. Asimov, *I*, *Robot*, Random House, 2004; see also V. C. Müller (ed.), *Fundamental Issues of Artificial Intelligence*, Springer International, 2016.

[4] Matt Taddy 解释了算法与人工智能之间的关系。简单地说，人工智能包括一些机器学习算法。See M. Taddy, The Technological Elements of Artificial Intelligence, in Agrawal et al., above note 2.

[5] A. Casey and A. Niblett, Self Driving Laws (2016) 66 Univ. Tor. Law J. 429, 430–1.

[6] D. Burk, Algorithmic Fair Use, Legal Studies Research Paper Series No. 2018-05.

[7] D. Vaver, Intellectual Property Law: Copyright, Patents, Trade-marks, 2nd edn. (Irwin Law, 2011).

[8] Ibid.

[9] 著名知识产权学者认为，人工智能和算法著作权的影响将影响著作权法的规范边界，特别是关于计算机生成的作品的所有权。See, e.g., J. C. Ginsburg and L. A. Budiardjo, Authors and Machines (2019) 34 Berkley Technol. Law J. 343; A. Bridy, The Evolution of Authorship: Work Made by Code (2016) 39 Colum. J. Law Arts 395, 396; A. Bridy, Coding Creativity: Copyright and Artificially Intelligent Author (2012) 5 Stan. Technol. Law Rev. 1; E. Dorotheou, Reap the Benefits and Avoid the Legal Uncertainty: Who Owns the Creations of Artificial Intelligence? (2015) 21 CTLR 85; P. Samuelson, Allocating Ownership Rights in Computer-Generated Work (1986) 47 Univ. Pitt. Law Rev. 1185; T. L. Butler, Can a Computer Be an Author? Copyright Aspects of Artificial Intelligence (1982) 4 Comm. Ent. Law J. 707, 746.

[10] 虽然笔者很清楚，我们离那个未来还很遥远，但我们正在朝着那个方向前进。

[11] L. S. Osborn, Intellectual Property Channeling for Digital Works (2018) 39 Cardozo Law Rev. 1303, 1356. 这种编码风格"抽象了编码实践，将其从字面代码中移除一个或多个层次"。尽管 Osborn 对这些预期的变化是否会改变法院的判决持怀疑态度。

专利和商标可能面临类似的结果。当我们考虑专利问题时，最普遍的理论是激励理论，即我们奖励人类发明家的发明，以促进创造力和后续创作。然而，在发明创造无需人工参与就能编程的时代，专利保护真的有必要吗？如果不需要，专利法能否在即将到来的法律动荡中幸存下来？[12]

此外，尽管发生的方式可能不同，商标也可能受到先进算法的影响。商标法表面上是为了减少消费者混淆。在确定一个商标是否会混淆或淡化注册商标时，法官依靠的是人类的经验和知识。算法可能能够检测出法官无法察觉的商标图案。

在本章中，笔者将探讨算法在未来十年可能对知识产权法产生的预期变化。笔者先简要概述了上个世纪计算机程序发展的历史。笔者展示了知识产权法与程序设计的发展是如何相互影响的。在接下来的章节中，笔者将就算法和技术发展可能带来的预期变化以及这些变化未来塑造知识产权法的方式得出结论。

本章的第三部分"作者身份的神话"重点讨论了著作权问题，以及"作者身份的神话"是如何塑造了计算机程序的著作权保护。当今的编程方法以及更多算法的独立性，动摇了保护作者作品的著作权论点（保护人类"著作"产品的基本理由）。事实上，编程过去就是编写代码和算法。但今天的高级程序可能并非如此，而且在计算机编程的下一个十年中可能也不会持续太久。这些发展要求我们重新思考如何为人类和非人类创造物的未来制定知识产权法。[13]

一、回归本质：软件的知识产权保护

通过回顾不同领域的知识产权法，我们可以得出几个初步结论。首先，鉴于计算机程序获得法律保护的方式以及算法编码与计算机程序领域之间的关系，著作权法与我们的讨论最为相关。其次，鉴于不同司法管辖区之间的差异，著作权法将如何变化或是否会发生变化很难确定。再次，专利和著作权是作为互补的保护措施而发展起来的，即对算法进行广泛而有力的专利保护意味着对著作权的保护将更加温和，反之亦然。最后，我们应该重新思考给予知识产权保护是否符合其初衷（激励创造）以及我们是否可以在没有知识产权保护的情况下取得类似的结果。例如，我们可以支持"开放源代码"框架，在此框架中算法完全不受保护。[14]

本章下文将探讨著作权、专利和商标在过去一个世纪中的发展。笔者将展示一个法律领域的法律变革如何影响另一个法律领域的变革，以及随后技术发展如何影响特定知识产权领域的发展。

---

[12] 本书的一位撰稿人在最近的一篇论文中探讨了这些问题。See R. Abbott, I Think, Therefore I Invent: Creative Computers and the Future of Patent Law (2016) 57 BC Law Rev. 1079.

[13] 以苹果 Xcode11 为例（https://developer.apple.com/xcode/）："源代码编辑器可让您更轻松地转换或重构代码，查看相关行旁的源代码控制更改，并快速获取上游代码差异的详细信息。你还可以通过自定义可视化和数据分析来构建自己的工具"。此外，还有其他一些程序希望创建一个更轻松的编码环境，这种环境依赖于带有可视化元素的预设代码。See, e.g., Microsoft Visual Studio（https://betanews.com/2019/04/02/best-new-features-visual-studio-2019/）。

[14] 开放源代码是指其源代码根据开放源代码许可证发布的软件，该许可证允许用户修改代码和发布软件。See, e.g., https://opensource.org.

第十八章　十字路口的知识产权——为算法提供知识产权保护

（一）第一阶段：通过著作权保护软件

大卫·瓦弗（David Vaver）不无感慨地承认，计算机程序和著作权保护从来都不被认为是良好匹配的。这部分是由于著作权法保护音乐、绘画和小说等人类表达方式的初衷与程序的功能性目的之间存在差异，而程序的创造性较低。[15] 因此，在计算机软件发展的最初阶段（20世纪60年代和70年代），知识产权法并不保护软件。[16] 当知识产权法最终介入时，著作权法（而不是专利法或商标法）成为知识产权保护的主要来源。[17] 显而易见，"在软件发展史的大部分时间里软件即使受到保护，也主要是受到著作权保护"。[18]

技术法律辩论史上的第一个重要里程碑是20世纪70年代版权作品新技术应用委员会（CONTU）所做的工作。[19] 经过多年的讨论，在对计算机程序的进步所引发的复杂问题进行研究后，版权作品新技术应用委员会得出结论认为，计算机程序构成表达，应享有与其他表达性作品相同的权利。报告发表后，美国国会修订了《美国法典》第17篇《著作权法》，并将1980年《计算机软件法》纳入其中。[20] 该修正案将计算机程序定义为"在计算机中直接或间接使用以实现某种结果的一组语句或指令"。[21] 随后的判例法在20世纪80年代对该法案进行了解释。法院从实际出发，愿意根据著作权法为软件程序提供"真正的"保护，在20世纪80年代中期将计算机程序确定为文字作品和视听作品。[22]

在Apple Computer案中，[23] 第三巡回法院认定操作系统和应用程序作为计算机程序同样具有著作权。鉴于算法通常是以代码形式编写的，这一判决对算法而言非常重要。在Williams Electronics案中，法院维持了Apple Computer案的判决，认为计算机程序的字面元素包括源代码（通常以C++或Python24等编程语言编写的人类可读命令[24]）或目标代码（以二进制形式编写，由1和0组成，嵌入只读储器［ROM］中，只能由计算机读取）。[25] 正如法院在Stern Electronics案中所认定的，这意味着计算机程序（如电子游戏）可以同时

---

[15] Vaver, above note 7, pp. 70-1. 这种说法并不总是正确的。编写代码可能是一个技术和创新的过程。这种看法似乎更多地与"旧"代码有关，而与当前的代码和开发无关，后者可能是创新的——尽管可能没有任何"书写"元素。See also L. Determann and D. Nimmer, Software Copyright's Oracle from the Cloud (2015) 30 BT Law J. 161, 165.

[16] P. S. Menell, Tailoring Legal Protection for Computer Software (1987) 39 Stan. Law Rev. 1329, 1332-4. 这种做法导致开发商和供应商寻求其他法律领域的保护，如合同法和商业秘密。M. A. Lemley, Convergence in the Law of Software Copyright? (1995) 10 BT Law J. 1, 3.

[17] Determann and Nimmer, above note 15; Menell, above note 16, p. 1354. 18.

[18] Y. Benkler, *The Wealth of Networks*: *How Social Production Transforms Markets and Freedom*, Yale University Press, 2006, p. 437.

[19] US National Commission on New Technological Uses of Copyright Works, Final Report of the National Commission on New Technological Uses of Copyright Works (Library of Congress Cataloging in Publication Data, 1979), http://digital-law-online.info/CONTU.

[20] Copyright Amendment Act of 1980, Pub. L. No. 96-517, 94 Stat. 3015. CONTU, ibid., at 1.

[21] Copyright Law of the United States, 17 USC § 101: Definitions-"computer program." Canada Copyright Act, RSC 1985, s. 2, 将"计算机程序"定义为"一组以任何方式表达、固定、体现或存储的指令或语句，直接或间接用计算机以产生特定结果的"。

[22] Lemley, above note 16, p. 6.

[23] 714 F. 2d 1240 (3rd Cir. 1983).

[24] 685 F. 2d 870 (3rd Cir. 1982).

[25] Ibid.; Determann and Nimmer, above note 15, p. 168.

以多种方式受到著作权法的保护：视听、图形或图像和文字作品。[26]

欧盟也对计算机程序法律保护的发展产生了影响。[27] 欧盟的计算机程序著作权保护由几项欧盟指令负责：1991年的《相关权利指令》、2001年的《著作权协调指令》[28] 和2009年的《软件指令》。[29]《软件指令》要求欧盟成员国根据《伯尔尼协定》将软件作为文字作品进行保护。[30] 该指令与美国法律保持一致，只保护软件的表现元素，而"功能性、技术接口、编程语言或数据文件格式"则不受著作权保护。[31]

著作权法一直旨在保护文字作品，[32] 但此类作品的著作权性要求不仅仅是固定可受著作权保护的主题。换句话说，如果计算机程序以源代码或目标代码的形式固定下来，那么它表面上就可以获得著作权，但它必须体现出足够的独创性和表现力，才能获得强有力的著作权保护。否则，如美国著作权法第102条第（b）款所规定的那样，计算机程序属于不受著作权保护的"思想、程序、工序、系统、操作方法、概念、原则或发现，无论该作品以何种形式描述、解释、说明或体现"。[33]

事实证明，确认计算机程序的独创性非常复杂。著作权保护计算机程序需要其具有创造性，但创造性对计算机程序员来说是不利的，因为在许多情况下，他们的目标是创建最简单、最容易的程序。[34]

（二）第二阶段：通过取得专利保护软件

专利法为软件保护提供了另一种框架。从历史上看，许多国家在利用专利法保护软件方面犹豫不决，担心这会阻碍创新。[35] 近几十年来，这种担忧逐渐消退。自1977年以来，

---

［26］ Determann and Nimmer, ibid. In Stern Elecs, Inc. v. Kaufman, 669 F. 2d 852, 855-7 (2nd Cir. 1982).

［27］ 因此，欧盟也是最早考虑就机器人的法律权利提出政策建议的国家之一，也就不足为奇了。参见欧盟议会报告。不过，欧盟委员会停止了这项倡议。

［28］ EU Commission Directive (EC) 1991/250/EEC of 14 May 1991 on the Legal Protection of Computer Programs, 1991 OJ (L122) 42; EU Commission Directive (EC) 2001/29/EC of 22 May 2001 on the Harmonisation of Certain Aspects of Copyright and Related Rights in the Information Society, 2001 OJ (L167).

［29］ EU Commission Directive (EC) 2009/24/EC of 23 April 2009 on the Legal Protection of Computer Programs, 2009 OJ (L111) 16.

［30］ L. Bently and B. Sherman, *Intellectual Property Law*, 4th edn., Oxford University Press, 2014, p. 49.

［31］ Determann and Nimmer, above note 15.

［32］ US Constitution, art. I, § 8, cl. 8. See also Lemley, above note 16; P. Samuelson, Computer Programs, User Interfaces, and Section 102 (b) of the Copyright Act of 1976: A Critique of Lotus v Paperback (1992) 55 Law Contemp. Probs. 311, 339.

［33］ US Copyright Law, above note 21, § 102 (b).

［34］ Determann and Nimmer, above note 15, p. 168. See also M. A. Lemley and D. W. O'Brien, Encouraging Software Reuse (1997) 49 Stan. Law Rev. 255; P. S. Menell, An Analysis of the Scope of Copyright Protection for Application Programs (1989) 41 Stan. Law Rev. 1045; J. C. Ginsburg, Four Reasons and a Paradox: The Manifest Superiority of Copyright Over Sui Generis Protection of Computer Software (1994) 94 Colum. Law Rev. 2559; J. P. Liu and S. L. Dogan, Copyright Law and Subject Matter Specificity: The Case of Computer Software (2005) 61 NY Univ. Ann. Surv. Am. Law 203; A. R. Miller, Copyright Protection for Computer Programs, Databases, and Computer-Generated Works: Is Anything New Since CONTU? (1993) 106 Harv. Law Rev. 977.

［35］ Vaver, above note 7, p. 313.

专利法在保护软件方面的作用不断增强，[36] 这源于美国专利法的专利性标准。[37] 在过去几十年中，美国最高法院对专利法的解释将非物理表现的计算机程序排除在外，认为这些程序是数学算法，因此是专利法不能保护的抽象思想。

美国软件专利机制始于最高法院确立 Freeman-Walter-Abele 检验标准的三项裁决，[38] 包括 Gottschalk 案[39] Parker 案[40] 和 Diamond 案。[41] 这一趋势在 1994 年的 Alappat 案中得以延续，[42] 该案提出了有用、具体和有形的检验标准。在这些案件中，法院始终将数学算法的不可专利性（法院认为它们单独来看属于抽象概念）与包含算法的有用工序的可专利性区别开来。[43] 这种有限的区分对专利性提出了挑战，因为证明一个程序是一个有用的工序要比提交单纯的算法更难。

尽管有这一限制，在美国联邦法院消除了对计算机程序专利性的疑虑之后，[44] 计算机程序专利的闸门打开了。[45] 在 State Street 案和 AT&T 案中，法院最终不再将证明工序权利要求中存在物理成分或转换作为批准专利的关键因素。此外，在 AT&T 案中，法院暗示软件的不可专利性，以及最高法院从 Diamond 案中得出的物理转换是关键要素的条件是一种误解。[46] 这些裁决也标志着美国决定"与欧洲人分道扬镳，允许计算机程序也能获得专利"。[47]

近十年后，美国联邦法院在 Bilski 案（2008 年）中否决了 Freeman-Walter-Abele 检验和有用、具体、有形的检验标准，[48] 转而采用机器或转化检验标准（两年后又被否决），[49] 作为工序专利资格的唯一检验标准，专利闸门就此关闭。该检验标准被认为只是确定专利性的"有用而重要的线索，是一种调查工具"。[50]

---

[36] Bently and Sherman, above note 30, p. 475.

[37] US Patent Act, 35 USC § 101 (1952)："凡发明或发现任何新的和有用的工序、机器、制造或物质的组合物，或任何新的和有用的改进，均可为此获得专利"。

[38] Freeman-Walter-Abele 检验法由两部分组成。首先，法院需要确定是否引用了数学算法（直接或间接）；其次，"如果发现了数学算法，那么整个权利要求是否以任何方式将算法应用于物理要素或工序"。See F. E. Marino and T. H. P. Nguyen, From Alappat to Alice: The Evolution of Software Patents (2017) 9 Hastings Sci. Technol. Law J. 1, 4.

[39] 409 US 63 (1972).

[40] 437 US 584 (1978).

[41] 450 US 175 (1981).

[42] 33 F. 3d 1526 (Fed. Cir. 1994). 数年后，State Street Bank 案（State Street Bank & Trust Co. v. Signature Financial Group, Inc., 149 F. 3d 1368 (Fed. Cir. 1998).）中法院确认了 Alappat 案的判决。联邦法院"认为数学算法是一个抽象概念，如果由机器'转换'或'执行'并提供'有用、具体和有形'的结果，则可获得专利"。See Marino and Nguyen, above note 38, p. 6.

[43] C. E. Cretsinger, AT&T Corp. v Excel Communications, Inc. (2000) 15 BT Law J. 165, 166. See also Marino and Nguyen, above note 38.

[44] Vaver, above note 7, p. 315.

[45] AT&T Corp. v. Excel Commc'ns Inc., 172 F. 3d 1352 (Fed. Cir. 1999). 在该案中，AT&T 起诉 Excel 侵犯其"184 号专利"，该专利涉及计算直拨长途电话价格的技术改进。State Street Bank, above note 42.

[46] AT&T, ibid., at 1358-9.

[47] Vaver, above note 7, p. 315.

[48] In re. Bernard L. Bilski and Rand A. Warsaw, 545 F. 3d 943 (Fed. Cir. 2008).

[49] Bilski v. Kappos, 561 US 593 (2010).

[50] Ibid. at 604.

397   Alice 案是最高法院关于软件专利性的最新判决。[51] 在 Alice 案中，法院重申了在 Mayo Collaborative Services 案中采用的两步检验法：第一步询问专利是否包含抽象概念（如算法），如果包含，则第二步要求专利必须增加"额外的东西"（体现"创造性概念"），才能获得专利。[52] 法院裁定，根据美国专利法，Alice 的专利申请不符合条件，法院在第一步就认定，这些专利申请是"由中介结算的抽象概念引出的"。[53] 法院在第二步得出结论，认为还缺少一些额外的东西，指出"该方法仅仅要求一般的计算机执行，未能将这一抽象概念转化为可获得专利的发明"。[54]

    Alice 案的主要问题在于"额外的东西"的要求，即软件要有足够的创造性并可申请专利。这一满足创新性的严格要求在实践中并不明确，因为"Alice 案对技术改进的性质没有定论，在应用抽象概念可作为'创造性'获得专利之前，这种技术改进必须存在"。[55] 正如 Ben Klemens 所指出的那样，软件行业与其他行业相比具有显著的独特性，而"额外的东西"的不明确性在软件行业更为严重。[56] 首先，对软件的详细描述往往就是软件本身；[57] 其次，程序就是数学，这就形成了一个悖论：虽然法院一致认为纯数学不能申请专利，而软件则可以，"但两者是等价的"；[58] 再次，如果一段代码的专利限制了其他用户使用该数据或技术，反过来也会阻碍其他程序的开发。最后，Alice 案的判决与程序员所期望的有用软件的简洁性背道而驰，并通过要求专利证明"额外的东西"而限制了合适的专利候选人。

398   由于大多数软件都包含抽象概念，一方面，Alice 案可能会导致商业方法和计算机实现的创新专利大幅减少。[59] 另一方面，也有人对最高法院的决定表示赞赏，认为这限制了主要基于数据的程序专利，从而加强了竞争。数据是未来发展的燃料，数据的可用性对机器

---

[51] Alice Corp. v. CLS Bank Int'l, 134 S. Ct. 2347（2014）.

[52] 该检验标准解释如下："首先，我们要确定有争议的权利要求是否针对那些不符合专利要求的概念之一……如果是这样，我们就会问，我们面前的权利要求中还有什么？为了回答这个问题，我们既要单独考虑每项权利要求的要素，也要作为一个有序的组合来考虑，以确定附加要素是否改变了权利要求的性质，使其成为一项具有专利资格的申请……我们将这一分析的第二步描述为寻找'创造性概念'，即'足以确保专利在实践中大大超过不合格概念本身的专利'的要素或要素组合"。Alice, ibid., at 2355. See also Mayo Collab. Svcs. v. Prometheus Labs., 132 S. Ct. 1289（2012）.

[53] 最高法院在第 2356 页进一步指出："从表面上看，摆在我们面前的权利主张是与中介结算的概念相联系的，即利用第三方来降低结算风险。与 Bilski 案中的风险对冲一样，中介结算的概念是'我们商业体系中长期盛行的一种基本经济做法'"。

[54] Alice, above note 51, at 2350. 如果专利包含抽象概念（如算法），第二步就要求专利增加"额外的东西"（体现"创造性概念"）以获得专利性。

[55] t Marino and Nguyen, above note 38, p. 13.

[56] B. Klemens, *Math You Can't Use：Patents, Copyright, and Software*, Brookings Institution Press, 2005, p. 4.

[57] Ibid. Klemens 进一步解释道："弹出式窗口的概念是，当用户浏览新页面时，窗口会自动打开并移动到前面……对于百忧解，其概念是一种选择性血清素再摄取抑制剂（SSRI）……传统上，专利是授予创意的实现，而不是创意本身——市场上有十几种 SSRI 没有侵犯百忧解专利。但在软件领域，这种模式却发生了逆转：大多数专利都涵盖了像弹出窗口这样的创意，而不管其实现方式如何，因此专利往往过于宽泛"。

[58] Klemens, above note 56. 法院解决这一矛盾的方法是提供一套作用和复杂的检验，在某些条件下允许数学算法专利。然而，这些调和矛盾的尝试并不总是成功的。

[59] Marino and Nguyen, above note 38. See Mayo, above note 52 at 1294. See also J. L. Tran, Two Years after Alice v. CLS Bank（2016）98 J. Pat. & Trademark Off. Soc. 354; Osborn, above note 11, p. 1329.

学习技术的进步至关重要。[60] 正如 Ryan Calo 所强调的,[61] 高质量的数据提炼对任何政府政策都至关重要。通过限制严重依赖数据（甚至是经过处理的高质量数据）的软件申请专利的能力，我们将数据变为公共产品，从而允许程序员获取这些数据，以促进未来的发展。

Alice 案为律师和程序员提供了微弱的指导。而在短暂的模棱两可的时期之后,[62] 联邦法院为软件专利权人提供了一些指导。Hughes 法官在 Enfish 案中指出,[63] Alice 案并未得出这样的结论，即认为所有与计算机相关的技术改进"本质上都是抽象的，因此必须在第二步中加以考虑"。相反，"即使在 Alice 案分析的第一步，也要询问权利要求是否针对计算机功能的改进，而不是针对抽象概念"。[64] 在 DDR Holdings 案中，法院解释称，在处理"植根于计算机技术"的发明时，不仅仅是将计算机应用于已知的解决方案，如果发明克服了计算机领域本身特有的问题，就可以构成符合条件的主题。[65] 最后，美国专利商标局（USPTO）于 2019 年 1 月发布了《2019 年专利主题资格修订指南》。[66] 修订后的指南修改了专利在主题方面的审查方式，并将要求大幅度修改为"是否集成到实际应用中"。[67] 不过，值得注意的是，在 Alice 案及后续案件之后的几年中，业界的悲观预测尚未成为现实。[68]

在其他司法管辖区的指导下，英国和加拿大可能会对计算机程序的专利性提供进一步的阐释。例如，英国《1997 年专利法》不承认计算机程序是发明。[69] 不过，正如 Bently 和 Sherman 解释的那样，"只要发明整体上是技术性的，包含计算机程序的发明就可以获得

---

[60] 领先的人工智能系统使用人工神经网络，就像人脑一样，从经验中学习。这就是为什么数据对人工智能的发展如此重要，并应被视为石油或燃料。See M. Palmer, Data Is the New Oil, Michael Palmer Blog (November 3, 2006), http://ana.blogs.com/maestros/2006/11/data_is_the_new.html. 另一方面，也有不同观点认为，石油并不是正确的对等物，因为数据与石油相反，是无限的。See B. Marr, Here's Why Data Is Not the New Oil, Forbes (March 5, 2018), http://forbes.com/sites/bernardmarr/2018/03/05/heres-why-data-is-not-the-new-oil/#59458ee13aa9.

[61] R. Calo, Artificial Intelligence Policy: A Primer and a Road Map (2017) 51 UC Davis Law Rev. 399.

[62] 在 Alice 案之后，联邦法院和最高法院未能就 Alice 案的要求提供指导。具体来说，什么是抽象概念："在 Alice 案分析中幸存下来的案例中，没有一个是基于第一条分析原则而幸存下来的，专利资格完全是基于第二条分析原则确定的"。Marino and Nguyen, above note 38, p. 22.

[63] Enfish, LLC v. Microsoft Corp, 822 F. 3d 1327 (Fed. Cir. 2016).

[64] Ibid. at 1335.

[65] 5 DDR Holdings, LLC v. Hotels.com, LP, No. 2013-1505, 2014 US App. LEXIS 22902, at * 26 (Fed. Cir. 2014)："这些权利要求之所以与众不同，是因为它们不仅仅是叙述了在互联网之前的世界中执行某些已知的商业惯例，而且还要求在互联网上执行这些惯例。相反，权利要求的解决方案必须植根于计算机技术，以克服在计算机网络领域中出现的问题。See also McRO, Inc. v. Bandai Namco Games America Inc. et al., No. 15-1080, slip op. at 23 (Fed. Cir. 2016), citing TLI Comm'ns Patent Litig., 823 F. 3d 607, 611 (Fed. Cir. 2016)."在将某一概念确定为司法例外时，必须从整体上考虑权利要求，而不应过度概括权利要求或将其简化为"要旨"或核心原则。解释者"必须注意避免过度简化权利要求，即笼统地看待权利要求，而不考虑权利要求的具体要求"。

[66] The 2019 Revised Subject Matter Guidelines, www.uspto.gov/about-us/news-updates/us-patent-and-trademark-office-announces-revised-guidance-determining-subject.

[67] Ibid. at 50.

[68] 参见伯克利法律与技术中心关于 Alice 案和 Mayo 案判决后专利资格挑战的报告。J. A. Lefstin, P. S. Menell, and D. O. Taylor, Final Report of the Berkeley Center for Law & Technology Section 101 Workshop: Addressing Patent Eligibility Challenges (2018) 33 Berkeley Technol. Law J. 551. 但应该指出的是，这种说法可能并不准确。广义上讲，这不是大多数主题领域的问题，而是美国专利商标局特定技术部门的问题。

[69] UK Patent Act 1977. See also UK IPO, Manual of Patent Practice (MoPP) (2018), ss. 1.35-1.39.2.

专利"。[70] 这种做法并没有持续多久。继 Aerotel 案之后,[71] 英国知识产权局（IPO）恢复了"拒绝所有计算机程序权利要求的旧做法"。[72] 2008 年 2 月，该局又重新考虑之前的决定，修改了其做法，将计算机程序的专利性包括在内。[73] 在 HTC 案中，Kitchin 大法官遵循这一推理，推翻了英国高等法院 Floyd 法官认定苹果公司两项相关专利无效的判决。正如 Kitchin 大法官所解释的那样："我认为法官在关注发明是通过软件实现这一事实时偏离了重点，因此未能将他面前的问题视为实质问题而不是形式问题。如果他这样做了，他就会发现这个问题及其解决方案本质上是技术性的，因此不排除专利性。"[74] 尽管如此，英国的软件专利性仍然受到限制，因为"在通用计算机中使用的普通计算机程序在英国通常不具有专利性"。[75]

美国的软件发展启发了加拿大的软件方法专利保护。正如 Vaver 所说："1978 年，加拿大专利局裁定，计算机程序实际上是算法，因此属于禁止为抽象定理申请专利的范畴"。[76] 在随后的几十年中，加拿大知识产权办公室（CIPO）一直不愿颁发软件专利。[77] 直到 Diamond 案，[78] "专利是针对'以新颖方式编程的计算设备（可申请专利的进步在于设备本身）'和'使用为实现新发现的想法而设计的特定新颖设备执行的方法或工序'而可以被授予的"。[79]

继 Diamond 案之后，加拿大知识产权办公室"承认'有形事物的真正变化'不仅仅是信息的产生"，可以申请专利。[80] 作为 Alappat 案的结果，[81] 加拿大知识产权办公室于

---

[70] Bently and Sherman, above note 30, p. 476. In Vicom/Computer-related invention, Case T-208/84 (1987), www.epo.org/law-practice/case-law-appeals/recent/t840208ep1.html, 指出 "一项按照常规专利性标准可以获得专利的发明，不应仅仅因为其实施使用了计算机程序形式的现代技术手段而被排除在保护范围之外。"英国的一些裁决采纳并认可了这一方法。因此，虽然计算机程序在英国不被认为有资格获得专利保护，但只要能证明该程序的性质是技术性的，包含计算机程序的专利申请就有可能获得专利保护。Bently and Sherman, ibid., p. 477, 总结道："如果计算机程序产品所产生的附加技术效果超出了程序（软件）与运行程序的计算机（硬件）之间的'正常'物理交互作用，那么它就可以获得专利。"

[71] Aerotel v. Telco Holdings [2006] EWCA Civ. 1371.

[72] Bently and Sherman, above note 30, p. 479. 正如 Bently 和 Sherman 所指出的，Aerotel 案之后的政策"在英国和欧洲专利局之间造成了差距"，显然也在英国和美国之间造成了差距。

[73] 这一修订是落实 Kitchin 对 Aerotel 在 Astron Clinica 案（Astron Clinica v. Comptroller General Patents [2008] EWHC 85 at para. 51.）中的裁决所持保留意见的结果。See Symbian v. Comptroller-General of Patents [2008] EWCA Civ. 1066（Bently and Sherman, above note 30, pp. 479-80）. 在 Symbian 案之后，知识产权局更新了实践公告，增加了"通过解决计算机编程方式产生的问题来改进计算机运行"的发明类别，IPO Practice Notice, Patents Act 1977: Patentability Subject Matter（December 8, 2008）. 因此，知识产权局要求确定发明是否具有技术效果（不属于专利法中的除外类别）。在 AT&T 案中，法院概述了一些信号和标准，以确定涉及计算机软件的发明是否可根据英国专利法申请专利。See AT&T Knowledge Ventures v. Comptroller General of Patents, Design and Trade Marks [2009] EWHC 343.

[74] HTC Europe Co. v. Apple Inc. [2013] EWCA Civ. 451 at para. 57.

[75] Bently and Sherman, above note 30, p. 482. See also AT&T and HTC, ibid., at 44 and 45.

[76] Above note 7, p. 313.

[77] Ibid., p. 314.

[78] Diamond, above note 41.

[79] Above note 7, p. 314.

[80] Ibid.

[81] Alappat, above note 42.

第十八章　十字路口的知识产权——为算法提供知识产权保护

1995年决定允许"对与物理只读内存芯片相连接的计算以指数方式扩展数字的算法授予专利"。[82] 在接下来的几十年中，加拿大知识产权办公室不断完善并明晰其立场，将"操作计算机的抽象方案、计划或规则集"[83]（不属于《加拿大专利法》第2条的含义范围）与能够"使其控制的设备为技术问题提供技术解决方案"的计算机程序区分开来。因此，当计算机程序表现出新颖性和创造性时，其权利要求可能包括法定贡献，从而提供了必要条件，"在这种条件下，由存储可执行代码的物理存储器组成的软件产品可以获得专利"。[84]

（三）第三阶段：商业秘密保护势头强劲

商业秘密在保护软件方面可以发挥关键作用。简单地说，商业秘密是指信息，包括"由于不为其他人所普遍知晓，且无法通过适当手段轻易查明"而"能够从其披露或使用中获得经济价值"的程序。[85] 换句话说，商业秘密保护要求程序员不得向公众提供代码。

商业秘密在大型机时代（20世纪60年代）至关重要，因为那时的软件很少以源代码的形式发布，但在个人电脑时代（20世纪90年代），商业秘密的重要性有所下降。著作权保护的兴起和所谓的互联网革命使得查看网页背后的功能编码变得相对容易。[86] 此外，商业秘密保护程度的降低随着20世纪90年代后期云计算公司的崛起而趋于平稳。1999年初云计算的出现，预示着《魔兽世界》（2004年）等多人游戏和微软Office365（2011年）等程序的出现，促进了商业秘密保护的兴起。[87]

在Alice案之前，[88] 软件业对商业秘密保护的使用一直保持不变。Alice案有望提高商业秘密保护的重要性，这主要是由于专利保护的可能性降低了。[89] 然而，我们应该记住软件业商业秘密保护仍然较为薄弱，其中主要原因是除非对软件进行数字锁定和保护，否则软件是可以被逆向工程的。

---

〔82〕 Above note 7，p. 315.

〔83〕 See Canada（Attorney General）v. Amazon. com, Inc.，2011 FCA 328（CanLII）at para. 63："可以说，本案中有争议的专利权利要求也可能因同样的推理而失败，这取决于对有争议的权利要求进行目的性解释是否会得出这样的结论，即不能将Schlumberger案与其他案件区分开来，因为所要求的发明的唯一创造性在于算法（一个数学公式），该算法被编码到计算机中，使计算机采取必要的步骤来完成一键式在线购买。另一方面，对权利要求进行目的性解释也可以得出这样的结论，即Schlumberger案是可以区分的，因为一键完成在线购买的新方法并不是发明的全部，而只是新颖组合中若干基本要素之一。我认为，专员应重新承担对本案权利要求进行目的性解释的任务，并对新颖的商业方法可能是有效专利权利要求的基本要素持开放态度". See also CIPO Examination Practice Respecting Purposive Construction-PN2013-02, www. ic. gc. ca/eic/site/cipointernet-internetopic. nsf/eng/wr03626. html.

〔84〕 See Canada, Ministry of Innovation, Science and Economic Development, Patent Office：Manual of PatentOffice Practice（Ottawa, 2018），s. 16. 08. 04, http：//ic. gc. ca/eic/site/cipointernet-internetopic. nsf/vwapj/rpbb-mopop-eng. pdf/＄file/rpbb-mopop-eng. pdf.

〔85〕 Uniform Trade Secrets Act with 1985 Amendments（1985），§1（4）.

〔86〕 虽然一些软件语言（如JavaScript）可由浏览器解释，因此是可见的，但服务器上运行的大部分代码仍受商业秘密保护，因此用户无法查看。

〔87〕 由于大部分代码（潜在的商业秘密）都存在于安全的服务器上，而不是终端用户的计算机上（如传统软件），因此保护基于云的程序更为容易。因此，普通的逆向工程方法（商业秘密保护的主要漏洞）更难适用。

〔88〕 Alice, above note 51.

〔89〕 最近的伯克利法律与技术中心报告强调了Alice案对市场和法院的影响，见前注68。例如，该报告第590页指出，"个性化专利的能力急剧下降"，第592页的几位与会者承认，"Alice案的判决使被告能够在诉讼程序的早期就驳回特别薄弱的专利案件，从而节省了大量资金，并有效地将许多可疑的专利从体系中清除出去"。

· 361 ·

二、作者身份的神话：算法面临的新挑战

技术的发展正在褪去编码中的技术性元素，使算法的编写在实践中的使用频率不断降低。显然，与其他技术进步一样，变化需要时间，而且编码的方法也各不相同。因此，至少在可预见的未来，我们应该预见到算法编码的分化，即"常规"编码和更先进的编码将同时使用。

鉴于我们可以预期到有一部分程序员会继续"编写"代码，而另外一部分程序员则会采用更先进的非文字元素方法，[90] 我们不禁要问，在确立著作权保护时，编写元素是否应该起决定性作用。换句话说，也许没有理由对算法给予著作权保护，无论它们是如何编码的。回顾历史上给予计算机程序知识产权保护的基石，我们可以对计算机程序确立著作权保护的理由进行更深入地理解。所谓计算机程序著作权的漏洞是基于程序的文字性，而正如我们已经了解到的，著作权的诞生之初是源于作者身份（作为"巩固文字财产概念"的机制）。[91]

著作权是指具有一定创造性的原创作品，如书籍、音乐、艺术和程序。[92] 现代作者是在 18 世纪作为个人所有权发展起来的。[93] 在那个时代，作者被视为唯一的天才，"天生具有灵感，因此能够创作出原创作品"。[94] 浪漫主义时代在著作权法的核心价值上塑造了现代作者概念，模糊了著作权的实用方法，有助于维护公司和出版商的经济权利。[95]

在这方面，创造早期计算机程序的代码和算法的程序员个人能够被置于著作权法的规范界限和浪漫的作者理想之中，尽管不是没有阻力。诚然，在一段时间内，程序员并不被视为作者，算法也因其简单化的性质而不被视为艺术作品。然而，最终代码开发的要素（即著作），加上其他司法管辖区的一些宽松政策，使得计算机程序的著作权得到认可。

随着时间的推移，作者身份的概念和算法编码的实践都发生变化。我们现在应该考虑这些变化是否会影响著作权保护。我个人认为至少在某种程度上，它们应该而且将会受到影响。

第一，我们应该承认，浪漫主义作者作为唯一"天才"的理想主义在上个世纪已经有所弱化。[96] 一个弱化的作者意味着一个弱化的程序员和一个弱化的著作权保护要求。显

---

[90] 不编写、过程中有限或没有人工参与。

[91] P. Jaszi, Toward a Theory of Copyright: The Metamorphoses of "Authorship" (1991) 1991 Duke Law J. 455, 466.

[92] Bently and Sherman, above note 30, p. 32.

[93] See G. D'Agostino, Copyright, Contracts, Creators: New Media, New Rules (Edward Elgar, 2010), p. 42. See also Jaszi, above note 91, pp. 468-71; J. Ginsburg, The Role of Authorship in Copyright, in R. L. Okediji (ed.), *Copyright Law in an Age of Limitations and Exceptions*, Cambridge University Press, 2017, p. 60.

[94] D'Agostino, ibid., pp. 49-50.

[95] M. Woodmansee, The Genius and the Copyright: Economic and Legal Conditions of the Emergence of the "Author" (1984) 17 Eighteenth-Century Stud. 425, 427. See also M. Woodmansee and P. Jaszi (eds.), *The Construction of Authorship: Textual Appropriation in Law and Literature*, Duke University Press, 1994; see also K. Bowrey Law, Aesthetics and Copyright Historiography: A Critical Reading of the Genealogies of Martha Woodmansee and Mark Rose, in I. Alexander and H. T. Gómez-Arostegui (eds.), *Research Handbook on the History of Copyright Law*, Edward Elgar, 2016, p. 27; M. Woodmansee, The Romantic Author, in Alexander and Gómez-Arostegui, ibid., p. 53.

[96] M. Woodmansee, On the Author Effect: Recovering Collectivity (1992) 10 Cardozo Arts Ent. Law J. 279, 280.

然，尽管可能有许多独当一面的程序员，但大多数编码以及高级算法都是公司和团体的杰作。

第二，新的变化即将来临，尤其是计算机生成的作品和预期中的人工智能革命，我们可能会活着看到人类作者的"死亡"和人工智能作者的崛起。[97] Woodmansee 已经预见到了这些变化，他说："技术正在加速写作是孤独的、原创的这一幻觉的消亡。"[98] 的确，在新技术时代，唯一（浪漫）作者的概念已经过时。[99]

即使暂时撇开先进的算法和新的编码方法不谈，我们也应该考虑一下当今人类与技术互动的方式，信息和数据从四面八方吞噬着人类。我们使用 Google 图片、Google 学术和 Google 图书来收集信息，分享有关于每个主题和每个问题的无限信息来源。在当代的人类作家很容易受到不同风格的作品和创作的影响，技术的进步将进一步加快这些进程，新创作过程的这些独有特点使作者个人成为过去的回忆。

三、也许我们都错了：没有理由保护知识产权

算法编码方法的变化以及计算机程序领域其他与人工智能相关的发展对当代的法律观念正在发起挑战。新算法不需要特定的指令，可以通过获取和分析数据来学习和发展，并在此过程中调整其代码。

这些新的创新算法可能会改变它们的代码，调整和修正错误，而人类程序员在编码过程中所造成的影响和对结果的价值越来越低。Lucas Osborn 解释说，程序员越来越依赖于"默认结构来完成大部分编码工作，程序员只需填补空白即可"。[100] 编程与依赖函数和其他功能的编码程序整合在一起，这些新的编程方法对程序的知识产权保护资格提出了挑战。Osborn 通过将编程与烹饪进行类比，描述出适应这些方法的著作权挑战：[101]

> 如果简单地排序选择就能构成足够的创造性，那么即使是简单地成分罗列也能获得著作权保护。毕竟，人们可以把面粉放在第一位，鸡蛋放在第二位，反之亦然。人们可以按字母顺序排列配料，也可以按重量排列配料。然而，我们却被告知，仅仅列出配料是不可受著作权保护的。

实用程序的这一工序"凸显了文本层面的作者身份是多么的微不足道"。[102] 正如笔者已经解释过的，鉴于作者身份要素与著作权保护之间的密切关系，去掉"写作"可能会导致去掉授予算法规范性保护的实质内容。此外，算法可以使原创性（在著作权方面）或显

---

[97] 以新闻业为例。有许多文章是由算法自动生成的。一个名为"Tobi"的算法为瑞士 2018 年 11 月的选举撰写了数千篇文章，see Y. Ren, Robo-Journalists that Write Up "Monotonous" Articles from Election to Sports Results Are Becoming More Popular in Newsrooms – But Will They Ever Replace Traditional Reporters?, The Daily Mail（March 9, 2019）, www.dailymail.co.uk/sciencetech/article-6791173/Robo-journalism-gains-traction-shifting-medialandscape.html. Noam Lemelshtrich Latar 认为，"在 5~10 年内，所有新闻文本报道的大部分将由机器人撰写"（N. L. Latar, Robot Journalism：Can Human Journalism Survive?（World Scientific Publishing Co., 2018）, p. 29）。

[98] Woodmansee, above note 96, p. 289.

[99] 算法可以编写书籍、戏剧和其他创作，而对人类的影响微乎其微，甚至没有影响，see W. Lee, Can a Computer Write a Script? Machine Learning Goes Hollywood, Los Angeles Times（April 11, 2019）, www.latimes.com/business/hollywood/la-fi-ct-machine-learning-hollywood-20190411-story.html.

[100] Osborn, above note 11, p. 1305.

[101] Ibid., p. 1322.

[102] Ibid., p. 1310.

而易见性（在专利方面）的确立变得更加复杂，从而有效地将著作权性/专利性的门槛越抬越高。Ryan Abbott 最近表示担心，当先进的算法和程序成为市场的标准时，创造性机器将成为新的标准，使专利的显而易见性门槛更高，而更简单的算法、程序和人类创造将不再符合创造性的条件。[103] 因此，未来的算法可能没有资格获得专利或著作权保护，而专利或著作权保护将只保留给非常有限的、高度先进的算法。

Osborn 和 Abbott 所描述的预期变化并非计算机编程和算法所独有，创作过程中的其他领域也可能受到技术变革的影响。先进的人工智能系统可能会改变书籍和音乐的创作方式，使创作过程中的人为因素变得无关紧要或受到限制。正如 Mark Lemley 所解释的那样，这些预期中的变化可能会挑战对非人类创作的法律保护。[104]

Lemley 研究了大众信息时代的影响，从集中式知识产权的角度指出了未来的几项技术挑战。其也对有望带来类似变革的三项新技术进行了讨论，分别为：3D 打印、合成生物学以及生物打印和机器人技术。Lemley 称："我们的经济是以稀缺性为基础的，我们花钱买东西是因为需要资源。"[105] 在一个信息丰富的时代，这一经济规则可能已不再适用，并解释到"一系列技术变革有望在未来几十年重塑这一基本经济学原理"。[106] 正如互联网和手机革命改变了我们与信息互动的方式一样，Lemley 对此提出质疑："为什么人们会在没有知识产权激励的情况下创造出如此多的内容？为什么互联网行业的天还没有塌下来？"[107]

显然，互联网时代带来了新的不同变量。尽管这些差异可能与机器人和高级算法无关，但即将到来的时代可能会带来存在共性的不同推理，从而改变、削弱或消灭现有的激励理论。事实上，授予作者专利权会给公众带来社会成本，而只有在激励足够多的作品创作和传播以抵消社会成本的情况下才是合理的——这就是激励理论的基本规则。然而，方法和编程风格的预期发展可能会动摇激励理论的基础，因为激励推理将不适用于人工智能和高度先进的算法。[108]

然而，著作权保护并不是新算法可能带来的唯一变化。Niva Elkin-Koren 在最近的一篇论文中谈到了其中的一些变化。Elkin-Koren 解释说，"如今绝大多数受著作权保护的材料都是通过数字方式传播的，而著作权执法的大部分工作都是通过算法来完成的"。[109] 合理使用（或其他司法管辖区的公平交易）是平衡著作权保护的法律机制。[110] 根据合理使用原则规定，对作品的某些使用将被视为"合理"（因此不会导致侵权），包括批评、滑稽模仿、新闻报道、研究、评论和搜索引擎，使用算法来追踪著作权侵权行为可能没有考虑到符合条件的合理使用范围。

---

[103] R. Abbott, Everything Is Obvious (2019) 66 UCLA Law Rev. 2.

[104] M. Lemley, IP in a World without Scarcity (2015) 90 NY Univ. Law Rev. 460.

[105] Ibid., p. 466.

[106] Ibid., p. 468.

[107] Ibid., p. 487.

[108] Yanisky-Ravid 和 Xiaoqiong (Jackie) Liu 也赞同这一观点，他们在最近的一篇论文中指出："自主机器不需要任何激励——在机器、机器人和人工智能系统开始生产之前，激励只与人和实体相关……" S. Yanisky-Ravid and X. (Jackie) Liu, When Artificial Intelligence Systems Produce Inventions: An Alternative Model for Patent Law at the 3A Era (2017) 39 Cardozo Law Rev. 2215, 2239.

[109] N. Elkin-Koren, Fair Use by Design (2017) 64 UCLA Law Rev. 1082, 1084.

[110] Authors Guild, Inc. v. HathiTrust, 755 F. 3d 87, 94-5 (2nd Cir. 2014).

换句话说，如果我们不将合理使用作为算法代码的一部分，我们可能会面临这样的风险，每一种行为（无论是否合理使用）本身都会被视为侵权，从而扼杀创造力、研究、滑稽模仿和其他积极用途。因此，Elkin-Koren 主张通过设计来实现合理使用，"在机器自动通知的大环境下，将著作权平衡到原点"。[111]

四、结论

在本章中，笔者讨论了给予算法的法律保护以及过去几十年计算机科学领域知识产权保护的发展，还考虑了即将到来的技术转变和新编码方法的引入可能会如何影响算法的知识产权保护。鉴于专利和著作权法的最新趋势，应该期待算法的法律保护出现更多"裂缝"（尽管不一定是现在，可能在不久的将来）。随着人类对创造过程的影响减弱以及编程方法的变化，存在放弃正统的程序"编写"的可能，为算法知识产权提供保护的法律基础或许会失去其规范基础，从而使知识产权在规范和实践上都无法实现。

---

[111] Elkin-Koren, above note 109, p.1100.

第四部分

刑法、侵权问题和算法

第十九章

算法在刑事裁决中的运用

安德里亚·罗斯（Andrea Roth）

引言

> 人类一直以来的梦想就是实现一种"自动证据售货机"（slot-machine proof），即把一种情况输入到设备中，然后输出正确的判断。
>
> ——迪拉德·加德纳（Dillard S. Gardner）*

"算法"在刑事侦查、审判、处罚中的运用并不新鲜。在某种程度上，"算法"只是能够通过机器执行的一系列规则，刑事司法系统从很久以前便一直在使用它们。美国的量刑指南非常机械化，以至于至少在一段时间内，它们确实是由软件计算出来的。[1] 同样，纽约警察局以前的"拦截与搜身"程序便是一种确定搜查对象和时间的机械化手段。[2] 近半个世纪以来，以"本身"（per se）违法为特征的酒驾条款，一直僵化地根据机器测定一个人的血液酒精含量超过一定阈值而追究其刑事责任，并没有陪审团来确定其是否真的为醉酒驾驶。

然而，得益于越来越精密的技术，算法决策在21世纪的刑事司法裁判中的适用次数激增。2019年，警察部门使用预测性警务软件来确定在哪个街区部署警员，并使用专有恶意软件来识别暗网用户；在法庭上，政府和辩护方有时候都依赖于软件结果来证明有罪或无罪，包括完全自动化解释关于DNA混合物的复杂专家系统意见；假释委员会则依赖机器学习算法来寻求预测囚犯释放后在未来可能造成的危险程度。在更遥远的未来，企业家们已经开始认真地设计人工智能，试图用其取代法庭书记员，为少年犯确定适当的缓刑条件，分析检察官决策的公平性，并通过检查审判记录来发现错误的定罪。

算法在刑事审判中的主导性和复杂性日益增强，这值得学者们关注并挖掘其中的原因。

---

* D. S. Gardner, Breath-Tests for Alcohol: A Sampling Study of Mechanical Evidence (1953) 31 Tex. Law Rev. 289, 289.

[1] See E. Simon, G. Gaes, and W. Rhodes, ASSYST-the Design and Implementation of Computer Assisted Sentencing (1991) 55 Fed. Probat. 46.

[2] See J. A. Kroll, J. Huey, S. Barocas, et al, Accountable Algorithms (2017) 165 Univ. Pa. Law Rev. 633. （以拦截与搜身程序作为一个潜在歧视性算法程序举例）。

一方面，这些算法有可能提高判案客观性和准确性，因为它们在一定程度上减少了临时人为判断中固有的某些偏见和错误，同时也提高了效率。事实上，在某些刑事司法领域，算法肯定没有得到充分利用。另一方面，在刑事审判中使用的算法可能也会像其他场合一样，存在偏见和错误，这些偏见和错误使得算法的不公平性和不准确性相较于未借助任何工具的警察、检察官、专家证人、法官、法庭记录员或陪审团而言，更加不易被发觉，也更具隐蔽性。进一步地，算法可能通过突出可量化的变量，或者排除某些"柔性"价值的实现（如尊严、公平和仁慈）所必需的人为调节机制来扭曲决策过程。在这种情况下，算法的使用并非是过度的，而可能是以一种违背现有重要系统目标的方式被应用。最终，如果算法是为了进一步推动（而没有危及）这些目标，将需要采取一种"系统"方法，专注于人机兼容性，以实现明确的价值。

本章概述了刑事司法中算法决策的最新转变，重点关注算法在刑事责任裁决中的应用，而非风险评估或警务中的应用。诚然，精算风险（actuarial risk）评估和预测性警务在裁决环境中具有与算法决策相同的益处与弊端，但是围绕在这两种环境中算法应用的文献和政策辩论已经很充实（尽管尚未令人满意）。本书的另一章，即克里斯托弗·斯洛博金（Christopher Slobogin）的第二十章，对审前、量刑和定罪后阶段的风险评估算法进行了分析。此外，像人工智能合作伙伴关系刑事司法工作组这样的组织，已经提供了与风险评估相关的改革建议的综合白皮书。[3] 同样，围绕算法增强警务，如警察部门使用 PredPol 等预测软件的辩论和文献也越来越多，[4] 特别是法学教授安德鲁·弗格森（Andrew Ferguson）2018 年的著作《大数据警务的崛起：监视、种族和执法的未来》（*The Rise of Big Data Policing：Surveillance，Race，and the Future of Law Enforcement*）对预测性警务进行了全面的描述性论述和规范性批判。相比之下，只有少数法学学者关注算法在起诉、证明和审判罪行中的应用。

本章的第一部分"算法在刑事裁决中的运用"，概述了算法生成的有罪和无罪的证据，以及算法在法律信息学中的应用，以辅助检察官、法官、陪审团和法庭书记员的工作；第二部分"刑事裁决中算法管理的法律规则"，解释了当前管理刑事裁决中算法的法律规则；第三部分"关于刑事裁决中算法的利弊之争"，概述了现有学者关于这些新算法工具在系统性价值方面的利弊的论述，包括准确性和客观性以及"柔性"价值，如尊严、公平和仁慈；本章最后总结了刑事司法系统应如何应对算法裁决的一些思考。

---

〔3〕 Partnership on AI, Report on Algorithmic Risk Assessment Tools in the U. S. Criminal Justice System（April 26, 2019）, www. partnershiponai. org/report-on-machine-learning-in-risk-assessment-tools-in-the-u-s-criminal-justicesystem/.

〔4〕 除了弗格森最近的书，其他法学学者也分析了在警务中使用人工智能的好处和危险。See, e. g., R. Richardson, J. Schultz, and K. Crawford, Dirty Data, Bad Predictions：How Civil Rights Violations Impact Police Data, Predictive Policing Systems, and Justice（2019）192 NY Univ. Law Rev. Online；E. Joh, Automated Policing（2018）15 Ohio St. J. Crim. Law 559. 此外，一些公民自由组织也对预测性警务的潜在危险进行了权衡。See, e. g., Predictive Policing Today：A Shared Statement of Civil Rights Concerns（August 31, 2016）（由布伦南司法中心和美国公民自由联盟等 17 个公民自由组织签署），www. aclu. org/other/statement-concernabout-predictive-policing-aclu-and-16-civil-rights-privacy-racial-justice.

一、算法在刑事裁决中的运用

本部分描述了刑事诉讼中提供的各种算法证明（algorithmic proof）类别，从19世纪的基本科学仪器到现代法庭上展示的复杂专家系统的意见。本节随后讨论了算法在法律信息学中的应用，即作为工具来协助检察官和法官等法律从业者分析数据和做出决策。

虽然本部分侧重于算法证明，但任何关于在刑事裁决中算法应用的讨论想完整，都必须注意算法和机器在促进信息存储和交流方面的普遍性。至少从20世纪70年代开始，法庭就已经接受了机器存储的信息，例如员工制作的条目列表数据库。[5] 事实上，"电子存储信息"（ESI）现在已经被正式纳入民事诉讼规则。[6] 同样，电子邮件程序更像是一种高科技的沟通工具，用于传递人们的信息和想法，而不仅仅是通过算法生成证据。这类程序引发潜在的认证问题（比如，某封所谓的电子邮件是否真的出自某个特定声明者之手），但这些问题与那些由机器生成的证据——如 Google Earth 的驾驶时间估计——所引起的问题存在质的不同。[7] 另外，算法可能是取代人工实验室工作人员的动力源，如通过编程使机器能够通过加热和冷却的循环过程复制 DNA。尽管此类工具可能会影响实验室检测的准确性，但它们引发的问题与算法证明所引起的问题在本质上是不同的，在算法证明中是机器实际产生并传递一方用来证明其有罪或无罪的信息。

（一）算法生成的证明有罪的证据

1. 基础科学仪器

事实上，早在现代之前，算法和机器就已经被用于在民事和刑事诉讼中生成证据。温度计、钟表和其他基础科学仪器——在英美审判中被承认已有一个多世纪——将自然现象（例如，重力、弹簧动作、热量对水银的影响）与人为雕刻或设计的用于通过使用简单公式传递信息的装置相结合。[8]

可以肯定的是，一些诉讼当事人对这些计数和测量算法的可靠性表示担忧。[9] 同样，约翰·亨利·威格莫尔（John Henry Wigmore）在1908年所创作的具有影响力的证据论文中承认，"科学仪器"和"计算表"的准确性在一定程度上取决于"人的陈述，甚至是匿名观察者的陈述"，而这反过来又可能是不准确的。[10] 而论文作者西蒙·格林利夫（Simon Greenleaf）指出，"用计数器计算"涉及"传闻因素"——人类输入、假设和公式——这些都内置在机器的算法中。[11]

---

［5］ See, e. g. , United States v. Liebert, 519 F. 2d 542, 543（3rd Cir. 1975）.（采纳存储在国税局计算机中未提交纳税申报表的人员名单）.

［6］ See Fed. R. Civ. P.

［7］ See generally A. Roth, Machine Testimony（2017）126 Yale Law J. 1972, 2002-3.（讨论作为"渠道"的机器与作为工具和信息传递的机器之间的区别）.

［8］ See, e. g. , J. Pitt Taylor, A Treatise on the Law of Evidence, as Administered in England and Ireland; with Illustrations from the American and Other Foreign Laws, 6th edn.（Sweet & Maxwell, 1872）, Vol. 1, § 148, a t 185.（他指出，钟表、温度计、气压计的读数，以及"其他各种用于探测不同物质的巧妙装置"都被法庭采纳为证据）.

［9］ See In re. More's Estate, 121 Cal. 609, 616（1898）（解决出租人声称数羊机"不可靠"的问题）. See also Hatcher v. Dunn, 71 NW 343（Iowa 1897）.（针对原告关于温度计可能给出错误测量值的论点）.

［10］ J. H. Wigmore, A Treatise on the Anglo-American System of Evidence in Trials at Common Law, 2nd edn.（Little, Brown & Co. , 1923）, Vol. 1, § 665, at 1072.

［11］ S. Greenleaf, A Treatise on the Law of Evidence, 16th edn.（1899）, Vol. 1, § 430, at 531.

尽管存在这些担忧，但总体来说，法院已经对这类仪器的测量结果给予了"类似于"商业记录的正确性推定（a presumption of correctness）。[12] 法院甚至在刑事案件中也对仪器的读数进行司法认定，认为其超出合理争议的范围。[13] 法院这样操作似乎是在隐含地将仪器测量与常规的商业记录进行类比，这些商业记录因其规律性和企业保持准确记录的动机而被推定为可靠（尽管它们原本是不被接受的"传闻"）。[14] 同样，在商业活动和科学测试中经常依赖的科学仪器的测量结果，也可能被合理地推定为准确。

2. 早期的执法设备和计算机输出

20 世纪早期至中期，由于现代计算等技术的进步，以及广泛的高速公路驾驶和饮酒等社会新兴趋势的出现，需要新的法律工具来保护公共安全，因此在刑事审判中使用算法证据（algorithmic evidence）的情况显著增加。其中最著名的新仪器是"酒精测试仪"，由一名精通化学的警察发明，用于检测血液中的酒精含量，[15] 这被一家刑事法庭描述为"巧妙设计"的证据；[16] 还有雷达测速枪，这是战时技术发展的成果，但警方已将其进行完善并适用于交通环境。到 1939 年，《哈佛法律评论》已经发表了一篇记录"证据法中的科学工具"的文章。[17] 到了 20 世纪 60 年代，法庭开始承认"酒精测试仪"更先进的迭代产品（呼气酒精测试仪）的结果，该仪器也是由一名警官发明的。[18] 除了这些执法工具之外，刑事法院还承认了自动化商业记录的打印结果。例如，自动电话记录详细说明淫秽电话的来源，[19] 或自动化"焦度计"测试的结果，该测试用于测量在抢劫现场发现的一副眼镜的验光单。[20]

法院在采纳这些早期的设备测量结果或计算机记录时，通常会面临来自诉讼当事人的三种法律挑战。首先，一些诉讼当事人认为这些记录是不可采纳的传闻证据，因为它们是在法庭外为证明其真实性而提供的陈述。但在大多数情况下，法院要么认为机器生成的陈述不是传闻证据，因为它们不是人类的陈述，[21] 要么认为机器生成的陈述是传闻证据，但可以根据某些基于可靠性的例外情况被采纳。[22] 其次，一些诉讼当事人认为这些记录没有被充分验证，无法证明其就是提出方所声称的内容。这一担忧促使 1975 年《联邦证据规则》（Federal Rules of Evidence）的起草者制定了一项规则，要求必须通过证据证明该过程

---

[12] Pitt Taylor, above note 9, § 148, at 185.

[13] See, e. g., Ball v. LeBlanc, 792 F. 3d 584, 590-1 (5th Cir. 2015). （在囚犯的人身保护令诉讼中，对温度和热指数读数进行司法认定）。

[14] See advisory committee note to Fed. R. Evid. 803 (6).

[15] See generally A. Roth, The Uneasy Case for Marijuana as Chemical Impairment under a Science-Based Jurisprudence of Dangerousness (2015) 10 Cal. Law Rev. 841. （讨论血液酒精测量仪的历史）。

[16] State v. Hunter, 68 A. 2d 274, 275 (NJ Super. Ct. App. Div. 1949) （描述醉酒测量仪）。

[17] See, e. g., Notes and Legislation-Scientific Gadgets in the Law of Evidence (1939) 53 Harv. Law Rev. 282, 285.

[18] See Roth, above note 16, p. 861.

[19] See State v. Armstead, 432 So. 2d 837, 839-40 (La. 1983).

[20] See United States v. Blackburn, 992 F. 2d 666, 672 (7th Cir. 1993).

[21] See generally A. Wolfson, Note, "Electronic Fingerprints": Doing Away with the Conception of ComputerGenerated Records as Hearsay (2005) 104 Mich. L. aw Rev. 151. （解释这些相互竞争的方法，并反对将机器生成的记录视为传闻证据）。

[22] See, e. g., United States v. Blackburn, above note 21, at 672. （认定焦度计读数作为商业记录是不可采信的，因为它是为诉讼准备的，但根据《联邦证据规则》第 807 条基于可靠性的残余传闻例外，该读数反而可以被采信）。

或系统"产生准确的结果",从而对该过程或系统的结果进行认证。[23] 最后,一些诉讼当事人认为,像呼气酒精测试仪、雷达测速枪或光谱声音比对等算法证明是专家方法,但这些方法在科学界并不被普遍接受,也不足够可靠,因此不能根据所谓的"弗莱"(Frye)或"多伯特"(Daubert)测试[24]标准而被作为专家证词予以采纳。[25]

3. 21 世纪的软件输出

在过去二十年里,这些早期计算机生成的证据模型已经被更复杂的程序和小工具所取代。例如,醉酒计和呼气酒精测试仪已经被基于红外和燃料电池技术的软件运行的数字版本所取代。[26] 现在,带有数字打印输出的红外光谱仪可以报告血液中的药物浓度/含量,并可用于毒品起诉。[27] 检察官则依靠网络地图程序来确定行驶距离或被告的位置,[28] 以证明如非法再次进入美国等情况。[29] 其他为执法而创建的现代的、基于计算机的证据包括:记录手机来电和去电号码的 StingRay 设备;[30] 车牌读取器;[31] DNA 测试的图谱,旨在显示样本中存在哪些遗传标记;[32] 红灯摄像头时间戳数据;[33] 地址日志,旨在列出访问过儿童色情网站的用户 IP 地址;[34] 根据犯罪现场输入的潜在指纹或弹道图像,数据库驱动的计算机报告会提供与输入最匹配的少量存档记录;[35] 可以识别所用特定切割剂的药物识别软件,这可能会引导调查人员找到特定的毒贩;[36] 事件数据记录信息;[37] 用于追踪手机盗窃的"寻找我的 iPhone"功能;[38] Fitbit 数据被用来质疑一名声称遭强奸的受害

---

[23] See generally Fed. R. Evid. 901(b)(9) advisory committee's note to 1972 proposed rules.(引用 20 世纪 60 年代的案例)。

[24] See Daubert v. Merrell Dow Pharm., Inc., 509 US 579, 579-80(1993).(要求法官确定作为专家证言基础的科学或技术方法在科学上是有效的);Frye v. United States, 293 F. 1013, 1014(DC Cir. 1923)(认为新的科学方法必须"在其所属的特定领域获得普遍认可")。

[25] See, e.g., People v. Seger, 314 NYS. 2d 240, 245(J. Ct. 1970).(以可靠性为由拒绝酒精测定)(quoting People v. Offermann, 125 NYS. 2d 179, 185(Sup. Ct. 1953);(省略内部引号;以可靠性为由拒绝雷达枪);Reed v. State, 391 A. 2d 364, 377(Md. 1978)(根据弗莱规则排除光谱仪声音比对结果)。在此期间,也有许多民事诉讼人以弗莱规则或多伯特规则为由,对计算机程序的输出提出质疑。See Roth, above note 8, p. 2014 n. 211.

[26] See Roth, above note 16, p. 1271.

[27] See, e.g., People v. Lopez, 286 P. 2d 469, 472(Cal. 2012)。

[28] See, e.g., Jianniney v. State, 962 A. 2d 229, 232(Del. 2008).(排除了 Mapquest 的驾驶评估,因为其是不可采的传闻证据)。

[29] See, e.g., United States v. Lizarraga-Tirado, 789 F. 3d 1107, 1108(9th Cir. 2015)。

[30] K. Zetter, Turns Out Police Stingray Spy Tools Can Indeed Record Calls, Wired(October 28, 2015)。

[31] K. Waddell, How License Plate Readers Have Helped Police and Lenders Target the Poor, Atlantic(April 22, 2016)。

[32] See, e.g., People v. Steppe, 213 Cal. App. 4th 1116, 1124-5(2013)。

[33] See, e.g., People v. Goldsmith, 59 Cal. 4th 258, 273-5(2014)。

[34] See, e.g., John Robertson, Affidavit in Support of Application for a Search Warrant, In re. X, No. M534(ED-NY), filed June 10, 2015.

[35] See S. A. Cole, M. Welling, R. Dioso-Villa, and R. A. Carpenter, Beyond the Individuality of Fingerprints: A Measure of Simulated Computer Latent Print Source Attribution Accuracy(2008)7 Law Probab. Risk 165, 166.(解释自动指纹识别系统数据库如何将几个"候选"指纹返回给分析人员)。

[36] See, e.g., Mixture Analysis, Codadevices.com, https://codadevices.com/applications/。

[37] See, e.g., Commonwealth v. Safka, 95 A. 3d 304, 308-9(Pa. Super. Ct. 2014).(基于弗莱测试而承认了这些证据)。

[38] See, e.g., Pickett v. State, 112 A. 3d 1078, 1090(Md. Ct. Spec. App. 2015)。

者关于案发时她在睡觉的说法；[39] 面部识别软件，可以识别卧底购买毒品的卖家；[40] 以及纵火调查软件，它可以提供关于碎片是否表明是人为纵火的"答案"。[41] 这些程序中的许多（如果不是大多数）都是专有的。[42]

特别是在生物识别领域，几个相互竞争的专有软件程序现在声称能够解释复杂的 DNA 混合物，确定被告的基因型是否与混合物一致，并向陪审团报告相关的匹配统计数据，以帮助陪审团确定这种一致性的证明价值。鉴于复杂 DNA 混合物中供体数量和供体基因型的分析对人类来说极为困难（目的是确定某一嫌疑人是否是混合物的供体之一），这类程序在提高复杂 DNA 混合物解读的准确性和客观性方面展现出巨大潜力。[43] 法院几乎普遍承认了这类程序的结果——通常由检方提供，[44] 但并不限于检方——尽管存在弗莱和道伯特标准方面的反对意见。[45] 少数例外情况是，当地实验室在使用该软件之前没有进行足够的内部验证研究，[46] 或者软件被用于含有大量供体成分的混合物中，[47] 又或者该软件是由一个丑闻缠身且问题特别严重的机构开发的。[48]

在一个特定的案件中，DNA 混合物解读软件的结果被排除在外，两个相互竞争的软件程序实际上得出了截然不同的结论。该案涉及纽约州北部一名小男孩被扼死的悲剧。警方

---

[39] See J. Gershman, Prosecutors Say Fitbit Device Exposed Fibbing in Rape Case, Wall Street Journal: Law Blog (April 21, 2016), https://blogs.wsj.com/law/2016/04/21/prosecutors-say-fitbit-device-exposed-fibbing-in-rape-case/.

[40] See, e.g., People v. Lynch, 260 So. 2d 1166 (Fla. Ct. App. 2018).

[41] See, e.g., N. A. Sinkov, P. M. Sandercock, and J. J. Harynuk, Chemometric Classification of Casework Arson Samples Based on Gasoline Content (2014) 235 Forensic Sci. Int. 24.

[42] See, e.g., State v. Loomis, 881 NW. 3d 749 (Wisc. 2016)（拒绝诉讼当事人获取假释听证会中使用的精算工具的源代码）；In re. Source Code Evidentiary Hearings in Implied Consent Matters, 816 NW. 2d 525, 531 (Minn. 2012)（指出呼吸测试软件的专有性质）；People v. Chubbs, No. B258569 (Cal. Ct. App. Div. 4), January 9, 2015, at 21-2（指出 DNA 混合物解释软件 TrueAllele 是专有的）；United States v. Michaud, Order Dated May 18, 2016, W. Dist. Wash.（指出政府在儿童色情调查中使用的恶意软件是专有的）；S. Calvert and L. Broadwater, City in \$ 2 Million Dispute with Xerox over Camera Tickets, Baltimore Sun (April 24, 2013)（指出 Xerox 公司拒绝披露红灯摄像系统的源代码）。

[43] See, e.g., C. Smith, DNA's Identity Crisis, San Francisco Magazine (September 2008), p. 80（引用英国遗传学家彼得·吉尔的话指出，"如果你向十位同事展示一种混合物，你可能最终会得到十个不同的答案"）；I. E. Dror and G. Hampikian, Subjectivity and Bias in Forensic DNA Mixture Interpretation (2011) 51 Sci. Justice 204, 206-7.（展示基于接触与任务无关的情境信息在人类混合物解读中的认知偏差）。

[44] 其中一个程序 TrueAllele，已被少数被告用来证明他们的清白。请参阅 Cybergenetics 公司概况，Press Releases, www.cybgen.com/information/press-release/2016/TrueAllele-Helps-Free-Innocent-Indiana-Man-After-24-Years-in-Prison/page.shtml.

[45] See J. S. Hausman, Lost Shoe Led to Landmark DNA Ruling-and Now, Nation's 1st Guilty Verdict, MLive (March 18, 2016), www.mlive.com/news/muskegon/index.ssf/2016/03/lost_shoe_led_to_landmark_dna.html（报道密歇根州的一项定罪，这是美国第一起部分基于 STRmix 软件的定罪案件，此前辩方曾就其可采性提出抗辩）；Cybergenetics, Trials, www.cybgen.com/news/trials.shtml（列出了 50 多个 TrueAllele 被采纳的案例）。

[46] See People v. Hillary, Decision & Order on DNA Analysis Admissibility, Indictment No. 2015-15（NY St. Lawrence Cty. Ct. August 26, 2016），www.northcountrypublicradio.org/assets/files/08-26-16DecisionandOrderDNAAnalysisAdmissibility.pdf.（不包括弗莱测试下的 STRmix 结果）。

[47] See Order Excluding DNA Evidence, April 29, 2019, United States v. Alfonzo Williams, Case No. 3: 13-cr-00764WHO-1 (ND Cal.) (Orrick, J.).（在可能有四个以上供体的案件中，排除"防弹"基因分型软件的结果）。

[48] See S. Jacobs, Judge Tosses Out Two Types of DNA Evidence Used Regularly in Criminal Cases, New York Daily News (January 5, 2015), www.nydailynews.com/new-york/nyc-crime/judge-tosses-types-dna-testing-article1.2065795（报道布鲁克林的一名法官排除了低拷贝数 DNA 检测和法庭统计工具检测的结果）。

怀疑尼克·希拉里（Nick Hillary）有罪，他是一位前大学足球教练，曾与男孩的母亲约会过。[49]另一名前男友是一名副警长，曾对小男孩的母亲实施过身体暴力，但因一段视频显示他在事件发生前几分钟在几个街区外遛狗而被洗清了嫌疑。有关另一名儿童可能是凶手的谣言也被警方驳斥。警方集中调查希拉里，偷偷地从他的咖啡杯上提取了他的DNA，并将其与现场、男孩身体和衣物上的数十个样本进行了比对，但没有发现匹配的结果。从希拉里的汽车、家中或衣物上提取的任何DNA样本也都不符合男孩的DNA。但是，分析人员无法确定希拉里是否是男孩指甲下发现的DNA混合物的供体。为了寻求更明确的意见，警方于2013年将DNA数据发送给了名为"TrueAllele"的程序的创建者马克·佩林（Mark Perlin）。2014年，佩林报告说，"TrueAllele计算机没有发现与希拉里匹配的统计支持"。[50]一年后，一位新任地区检察官——在竞选时承诺要找到凶手——通过竞争软件"STRMix"对DNA数据进行了分析，该软件的报告指出，与随机人群相比，希拉里有30万倍的更高的可能性是混合样本的供体。[51]2016年9月，审理Hillary案的法官排除了STRMix的结果，[52]希拉里随后被无罪释放。[53]此后，STRMix的创建者在网上发布了一份备忘录，称STRMix对希拉里的证据的处理方法比TrueAllele的方法"更有说服力"。[54]最近，在2019年，TrueAllele的创建者以侵犯专利为由起诉了STRMix及其美国代表。[55]

4. 展望未来

在不久的将来，其他类型的算法证明也很有可能会被用于刑事审判。例如，在最近美国的一起他杀案件中，辩方聘请了一位名为奥伦·特苏尔（Oren Tsur）的计算机科学家和文本归因专家，来确定被告人是否是发布了一条看似承认杀人的"推文"（Twitter上的消息）的作者。[56]特苏尔使用来自被告人的推文和可访问其账户的其他人的推文，训练了四种分类算法。最终，所有四种算法都确定被告可能不是该推文的作者。此案在审判前就已和解，但可以推测，这样的证据很快就会作为证明有罪或无罪的证据，在涉及文本归因的审判中再次出现。

其他形式的算法证明也存在，并可能在不久的将来作为刑事审判的证据使用，这些算法证明包括：用于将被告归类为帮派成员的算法，目的是根据帮派成员身份加重量刑；[57]

---

〔49〕 See, e. g., J. McKinley, Tensions Simmer over Race as Town Reels from Boy's Killing, New York Times（March 6, 2016）, A1.

〔50〕 W. T. Eckert, Hillary Trial Slated for Aug. Watertown Daily Times（March 3, 2016）.

〔51〕 People v. Hillary, St. Lawrence Cty. Ct., Notice of Motion to Preclude, May 31, 2016, at 10, www. scribd. com/doc/ 314644253/Hillary-Frye-Motion.

〔52〕 See Decision & Order, People v. Hillary, Ind. # 2015-15, St. Lawrence Co., August 26, 2016（Catena, J.）.

〔53〕 J. McKinley, Race, Jilted Love and Acquittal in Boy's Killing, New York Times, NY Ed.（September 29, 2016）, A1.

〔54〕 See https：//johnbuckleton. files. wordpress. com/2017/12/people-v-hillary-ii. pdf.

〔55〕 See Complaint for Patent Infringement, Cybergenetics Corp. v. Institute of Environmental Science and Research and Nichevision Inc., No. 5：19-cv-01197-SL（ND Ohio）（filed May 24, 2019）.

〔56〕 See generally O. Tsur, A Killer Application：Machine Learning Analysis as Evidence in Court, Workshop on Law & Big Data, Bar-Ilan University（May 14, 2018）.

〔57〕 See S. Seo, Partially Generative Neural Networks for Gang Crime Classification with Partial Information, Association for the Advancement of AI（2018）, www. cais. usc. edu/wp-content/uploads/2018/02/ AIES_2018_paper_93. pdf.

专家系统提供的医疗诊断;[58] 以及通过语音识别软件识别相关声音来确定犯罪者。[59] 在青少年司法领域，嵌入在教室天花板麦克风中的算法声称可以检测到"攻击性"，不仅可以用来在事件发生前预测大规模枪击或其他暴力袭击，而且可以在审判中证明被告人的行为对一个理智的人来说是具有威胁性的。[60]

在更遥远的未来，人们可能会在法庭上看到更加先进的人工智能形式，如可以接受交叉质询其方法局限性的专家系统，或能够在法庭上说出他们在犯罪现场观察到的情况的保安机器人。IBM 的一位高管表示，Watson（一个认知计算系统）可以作为实时事实核查员在法庭上发挥作用。[61] 也许人工智能系统的医学诊断将变得非常先进，以至于可以在这种情境下取代人类专家的证词。正如一位博主所问，"想象 Watson 那个现在大家已经熟悉的蓝色头像坐在证人席上，这是否太牵强了?"[62] 当然，没有哪个人工智能系统能够"发誓"说出真相，也无法基于道德做出是否在证人席上撒谎的决定。

一类算法证明可能会继续遭到抵制，那就是测谎。测谎仪是专家根据受试者在询问过程中的血压、心率和皮肤电导率来推断其是否在说谎的工具，但在美国的审判中，它被视为"证据上的贱民"。[63] 同样，法院也普遍排除了基于更复杂的神经科学的专业证词，这些证词涉及欺骗行为，例如专家就"无谎言核磁共振成像"（MRI）机器的结果作证。[64] 法院基于两个理由拒绝了测谎证词。首先，法院认为测谎结果并不能很好地代表欺骗行为。最高法院本身就将测谎仪描述为"错误率只比抛硬币好一点"，[65] 而 Frye 案本身就涉及到排除测谎师的证词，该案为新型科学证据确立了"普遍接受"的标准。[66] 其次，法院和

---

[58] See, e.g., J. Cohn, The Robot Will See You Now, The Atlantic (March 2013), www.theatlantic.com/magazine/archive/2013/03/the-robot-will-see-you-now/309216/.

[59] See, e.g., J. Marzulli, Prosecutors Want to Use High-Tech Evidence in Trial to Identify Voices of Terrorists, New York Daily News (May 1, 2015)（指出用于识别阿里·亚辛·艾哈迈德及其共同被告的语音识别软件）。在案件进入审判之前，被告就已认罪。See N. Raymond, Three Men Facing Brooklyn Terrorism Trial Plead Guilty, Reuters (May 12, 2015), www.reuters.com/article/usa-crime-alshabaab/three-men-facing-brooklyn-terrorism-trial-plead-guilty-idUSL1N0Y31MQ20150512.

[60] See J. Gillum and J. Kao, Aggression Detectors: The Unproven, Invasive Surveillance Technology Schools Are Using to Monitor Students, ProPublica (June 25, 2019), https://features.propublica.org/aggression-detector/theunproven-invasive-surveillance-technology-schools-are-using-to-monitor-students/.

[61] R.C. Weber, Why "Watson" Matters to Lawyers, National Law Journal (February 14, 2011). See also J. Gershman, Could Robots Replace Jurors?, Wall Street Journal (March 6, 2013).

[62] R. Ambrogi, Could IBM's Watson Make Experts Obsolete? (April 1, 2011), www.ims-expertservices.com/insights/could-ibms-watson-make-experts-obsolete/.

[63] Whitherspoon v. Superior Court, 184 Cal. Rptr. 615, 621 (Cal. Ct. App. 1982).

[64] See Memorandum Opinion and Order, Maryland v. Smith, No. C (Montgomery Cty., Cir. Ct., MD October 3, 2012); United States v. Semrau, No. Ml/P, 2010 WL 6845092, at *14 (WD Tenn. June 1, 2010).（根据多伯特标准，排除辩方提供的功能性磁共振成像结果）。

[65] United States v. Scheffer, 523 US 303, 310 (1998) (quoting W.G. Iacono and D.T. Lykken, The Scientific Status of Research on Polygraph Techniques: The Case against Polygraph Tests, in D.L. Faigman, D.H. Kaye, M.J.) Saks, and J. Sanders (eds.), Modern Scientific Evidence: The Law and Science of Expert Testimony (West Group, 1997), Vol. 1, § 14-5.3, 629).

[66] See Frye v. United States, above note 25.

评论员都表示担心，这样的证词会篡夺陪审团在决定可信度方面的核心作用，[67] 这"危险地接近于用机器审判取代陪审团审判"。[68]

因此，人们可能会希望法院同样排除文本分析算法的结果，这些算法声称可以通过词汇选择，[69] 分析证人证词录像带中的微表情和举止，[70] 嫌疑人在警局的自述，[71] 或者通过文本、声音和视频的综合分析以检测欺骗。[72] 也许法院会认为这种欺骗检测软件比以前的版本更可靠，因为涉及更先进的人工智能。但是，法院对"机器审判"的反对可能会持续下去，而新软件的技术复杂性可能只会让法院在这方面更加担忧。也许，对于仅用于检测某人是否具有记忆（即所谓的"大脑指纹"或"记忆检测"），而非用于检测欺骗行为的机器学习辅助的功能性磁共振成像（fMRI）数据分析，法院将不会有这些担忧。[73]

（二）法律信息学

除了生成和存储证明有罪或无罪的证据外，算法也已经开始帮助刑事司法系统的参与者执行他们分配的任务。本节简要记录了算法已经增强此类决策的方式，并提到了未来的可能性。

1. 检察官和辩护律师

至少有两名法律学者已经提出，检察官办公室能够而且应该使用算法来帮助其做出更好的指控和量刑辩护决定。安德鲁·弗格森教授在2016年一篇题为《预测性起诉》的文章中指出，纽约和芝加哥的地方检察官办公室已经使用算法实施了"点球成金"（Moneyball）式的起诉策略。具体来说，这些办公室已经使用了大数据和预测技术，类似于预测性警务中使用的算法，以识别有问题的被告人和社区，从而为保释建议、指控决定、量刑策略和释放条件建议提供信息。[74] 例如，检察官可能会与警察部门合作，根据包含各种事故报告以及人口统计和位置信息的公式，制定一份问题嫌疑人"热点名单"，然后用这个名单来决定哪些被告人在被捕后，应该受到最大限度的指控。[75]

---

[67] See, e.g., J. R. Richardson, Scientific Evidence in the Law（1955）44 KY Law J. 277, 285-6.（"对测谎仪的恐惧或不信任，部分原因是认为机器本身将成为'证人'"）。

[68] People v. Barbara, 255 NW. 2d 171, 194（Mich. 1977）. See also United States v. Bursten, 560 F. 2d 779, 785（7th Cir. 1977）（"法官们憎恶机器审判的幽灵，因为每个人的宣誓证词都可能经受电子测试的检验"）; State v. Lyon, 744 P. 2d 231, 240（Or. 1987）(Linde 法官，表示同意).（"审判的核心神话在于，没有比通过陪审团查证事实更好的方式来发现真相了……这些隐含的价值之一，无疑是将当事人和证人视为应由其同辈相信或怀疑的人，而非由机器认证为真实或虚假的电化学系统。"）; Scheffer, 523 US 313（多数意见将其描述为"我们刑事审判制度的一个'基本前提'，即'陪审团就是测谎仪'"）。

[69] See, e.g., R. Mihalcea and C. Strapparava, The Lie Detector: Explorations in the Automatic Recognition of Deceptive Language, Proceedings of the ACL-IJCNLP Conference Short Papers（2009）, pp. 309, 312.

[70] See Z. Wu, B. Singh, L. S. Davis, and V. S. Subrahmanian, Deception Detection in Videos, Association for the Advancement of AI（2018）, https：//arxiv.org/abs/1712.04415.

[71] See, e.g., L. Alton, AI and Criminal Interrogations（January 10, 2019）, https：//dzone.com/articles/will-artificialintelligence-support-criminal-inte.（描述了Axon的新产品，该产品用于人工智能分析审讯录像，以确定供词是否属实）。

[72] See, e.g., G. Krishnamurthy, N. Majumder, S. Poria, and E. Cambria, A Deep Learning Approach for Multimodal Deception Detection（2018）, https：//arxiv.org/pdf/1803.00344.

[73] See generally Emily Murphy（草稿由作者存档）。

[74] A. G. Ferguson, Predictive Prosecution（2016）51 Wake Forest Law Rev. 705.

[75] Ibid., p. 717.

杰森·克里格（Jason Kreag）教授在 2017 年的文章《检察分析》中进一步建议，检察官应该更多地利用大数据分析和算法。具体来说，他认为检察官应该使用前述分析工具来提高指控决定、陪审员选择过程（例如，检察官应尽量减少基于种族偏见而排除某些陪审员的权力的行使）以及对类似处境的被告的量刑建议的客观性。[76]

检察官可以而且应该使用算法，来帮助其履行宪法"布雷迪"原则（"Brady" doctrine）规定的披露义务。正当程序条款要求政府及时将所有"实质性"的无罪或弹劾证据（excuplpatory or impeachment evidence）移交给辩方，以便对其进行有意义的使用。[77] 然而，许多学者和法官批评该原则不足以确保检方实际披露此类证据。这个问题有以下几个方面：首先，检察官自己可能难以确定什么是布雷迪证据，什么不是。例如，并非所有检察官都理解布雷迪原则要求披露的不仅是证明无罪的确凿证据，还包括披露"弹劾证据"，即那些可能使政府证人的可信度受到质疑的证据。[78] 同样，检察官可能会发现，在审判前确定证据是否为"实质性的"是具有挑战性的，这意味着证据的披露有一个"合理的可能性"，会影响审判的结果。在审判前确定披露无罪或弹劾证据可能对陪审团产生的影响，是一种推测性行为，其唯一依据是检察官自己对证据的看法。[79] 其次，即使检察官正确理解了布雷迪规则（Brady rule）及其衍生规则，并且在看到这些证据时能够准确地识别它们，检察官也可能一开始就没有意识到这些证据。其中一个问题可能是证据掌握在警察手中，而警察被视为布雷迪规则中"政府"的一部分，[80] 但他们可能不完全理解布雷迪规则的范围，或者不完全坦诚。另一个问题可能是现代刑事案件的庞大数量和复杂性，使得很难确保单个检察官，甚至一小群检察官，能够发现所有潜在的布雷迪证据。

正如安德鲁·弗格森在另一篇即将发表的文章《大数据诉讼与布雷迪》[81] 中所指出的那样，检察官可以通过两种方式改善其披露布雷迪证据的记录。首先，通过在文件前端标记证据。这项标记任务可以手动完成，也可以通过使用算法来完成，以提醒未来的读者（无论是人类还是机器）信息的可靠性（例如，来自过去可靠的线人的情报）以及案件之间在地点、受害者、证人、涉案警察等方面的关联性。其次，通过搜索文件中的模式来识别有利于辩护的证据。这个过程也可以实现自动化，使用弗格森所说的"布雷迪按钮"。正如他所解释的那样，这种技术已经在情报界发挥了积极作用。

在辩护律师所扮演的角色和所起的作用方面，人工智能到目前为止还没有产生显著的影响。一些公设辩护人办公室现在有专门的数据科学专家，但这些专家通常是在大数据中寻找与判决和指控决定相关的模式，而不是使用算法来增强或替代决策。人们或许期待，有一天人工智能能够在被告人无权获得律师帮助的刑事诉讼中为其提供建议，例如在被告人不面临监禁的轻罪审判、裁量性直接上诉和人身保护令程序中。毕竟，斯坦福大学的一名学生已经创建了一个名为 DoNotPay 的律师聊天机器人，该机器人成功地对纽约和伦敦的

---

[76] J. Kreag, Prosecutorial Analytics (2017) 94 Wash. Univ. Law Rev. 771.

[77] Brady v. Maryland, 373 US 83 (1963).

[78] United States v. Bagley, 473 US 667 (1985).（认为弹劾证据涵盖在布雷迪原则管辖范围内）。

[79] See, e. g., K. Weisburd, Prosecutors Hide, Defendants Seek: The Erosion of Brady through the Defendant Due Diligence Rule (2012) 60 UCLA Law Rev. 132.

[80] Kyles v. Whitely, 514 US 419 (1995).

[81] A. G. Ferguson, Big Data Prosecution and Brady (2020) 67 UCLA Law Rev.

超过16万张停车罚单提出了申诉。[82] 但在被告人享有宪法或法律规定的律师代理权的情况下，人类律师仍然是必不可少的。

但或许算法也可以帮助人类律师更好地完成工作。最高法院将美国宪法第六修正案（以下简称第六修正案）规定的获得律师协助的权利，解释为确保获得"有效"援助的权利。[83] 但最高法院在1984年的Strickland v. Washington案中裁定，被告无权获得重新审判的机会，除非他能够证明，如果不是其律师表现不佳，诉讼结果可能会有所不同。[84] 法官瑟古德·马歇尔（Thurgood Marshall）在Strickland案的反对意见中强烈建议，应通过清晰的要求来判断律师的表现不佳或履职不足，这些要求应指出律师在特定案件中为达到宪法上"有效"的标准所应采取的最低限度步骤。这样的"清单"可以通过算法转化为一套指导律师的体系，并为法院监督律师的所作所为提供执行依据。

2. 法官和法院工作人员

法官和其他法院工作人员的审判任务也正处于被算法变革的边缘。例如，俄亥俄州的法官们开始使用IBM的Watson，以接收关于来到法庭接受量刑或假释审查的未成年罪犯的历史和记录的实时、全面报告。正如一位法官所解释的那样，虽然这项技术目前仅用于快速收集和报告信息，但该试点项目的目的是让Watson从每一个新案件中学习，最终能够向法官提出量刑或假释条件的建议。[85]

新算法还可能影响法官对某些类型证据的可采性决定。学者们满怀期待地建议，在基于弗莱/多伯特测试的可采性听证会期间，人工智能可以根据《联邦证据规则》第706条扮演法院指定的证人角色，向法官提供咨询。[86] 算法还可以帮助法官确定由羁押讯问产生的供词的可采性。两位法律学者建议警方使用"米兰达应用程序"（Miranda app），[87] 该程序会向嫌疑人解释所谓的"米兰达警告"，并通过一系列问题来测试他们的理解程度。[88] 反过来，法官可以考虑这些记录在案的回答，以确定某一特定供词或放弃米兰达权利的行为（Miranda waiver）是否是自愿的。人们可以设想，类似的应用程序也可以部署在公民与警察的街头接触中，以表明公民理解或至少已被告知他们"有权离开"。这个信息对于判断这种接触是否达到了"拦截"的程度非常重要，因为在第四修正案的规定下，如果警察想

---

[82] See S. Gibbs, Chatbot Lawyer Overturns 160,000 Parking Tickets in New York and London, The Guardian（June 28, 2016），www.theguardian.com/technology/2016/jun/28/chatbot-ai-lawyer-donotpay-parking-tickets-london-new-york.

[83] See McMann v. Richardson, 397 US 759, 771 n. 14 (1970).

[84] 466 US 668 (1984).

[85] See C. Stewart, Hey Watson: Local Judge First to Use IBM's Artificial Intelligence on Juvenile Cases, Dayton Daily News (August 3, 2017), www.daytondailynews.com/news/local/hey-watson-local-judge-first-use-ibm-artificial-intelligence-juvenile-cases/InVqz6eeNxvFsMVAe5zrbL/.

[86] See, e.g., P. S. Katz, Expert Robot: Using Artificial Intelligence to Assist Judges in Admitting Scientific Expert Testimony (2014) 24 Alb. Law J. Sci. Technol. 1, 37; B. Wheeler, Giving Robots a Voice: Testimony, Intentionality, and the Law, in S. J. Thompson (ed.), *Androids, Cyborgs, and Robots in Contemporary Culture and Society*, IGI Global, 2018, p. 25. （讨论专家机器人）。

[87] See Miranda v. Arizona, 384 US 436 (1966). （裁定，如果犯罪嫌疑人没有被告知某些宪法权利，则在政府的主要案件中，羁押讯问期间的嫌疑人回应是不可采信的）。

[88] See A. G. Ferguson and R. Leo, The Miranda App: Metaphor and Machine (2017) 97 Boston Univ. Law Rev. 935.

要"拦截"某人，他们需要有合理且明确的怀疑。[89]

算法可能很快就会增加或取代一些人类法庭书记员。法律体系正面临着法庭书记员短缺的问题，这使得转录自动化成为一个潜在的有吸引力的选择。与此同时，最近的一项研究显示，法庭书记员对某些文化和地区方言的转录错误率高得令人不安。[90] 然而，当前的语音识别软件在区分多个说话者方面面临困难，而自动语音识别（ASR）技术只熟悉它通过编程和机器学习接触到的习语和短语。[91] 尽管如此，一家提供自动化证词转录服务的公司承诺，其能以人类书记员一小部分的成本提供"近乎100%准确"的转录文本。[92]

目前正在研发一种新的技术方法，可以帮助发现那些可能被误判的案件。这个技术对律师、检察官和法官都很有帮助，因为他们可以利用这个技术来检查自己处理的案件是否有误判的情况。特别是对于那些已经被定罪但可能不服判决的囚犯，这个技术可以帮助决定是否需要为他们指派律师来帮助其进行上诉。例如，一个处于早期阶段名为"Justice-BRD"（超越合理怀疑的正义）的程序，在其网站上声称其是一个"机器学习模型"，旨在"根据谋杀案审判中出示的证据，用数学方法确定有罪"。[93]

二、刑事裁决中管理算法的法律规则

本节概述了在刑事审判中管理算法的现有法律规则。在刑事审判中，是否接受由算法生成的有罪或无罪证据，取决于特定司法辖区的证据规则、刑事诉讼程序和证据开示规则，以及州和联邦宪法。

（一）传闻证据规则与对质条款

虽然人类陈述的可采性受到"传闻证据规则"的限制，但法院几乎普遍认为算法生成的信息不属于传闻。在美国的审判中，"传闻"指的是人类声明者在法庭外所作的陈述，用以证明声明者所主张的事实的真实性，且该陈述通常不可采纳。[94] 传闻证据规则体现了对证人在法庭上宣誓后提供现场证词的偏好，因为这样可以让证人接受交叉质询，同时陪审团也可以观察他们的举止，进而判断其证词的真实性。因为只有人类才能宣誓、眼神交流和接受交叉质询，所以传闻证据规则几乎不适用于非人类的信息传递，如动物发声和信息生成算法。换句话说，如果规则规定，机器或动物在证人席之外传达的信息一律不可采纳，那么此类信息就总是会被预先认定为不可采纳。

诚然，一些法院——特别是在计算机化记录的早期——会将计算机生成的结果视为传闻，并根据"商业记录"传闻的例外情况，承认这些在常规业务过程中创建的记录。但一些评论人士对这种做法持批评态度，他们指出，法院似乎将人类书写但由计算机存储的记

---

[89] See Terry v. Ohio, 392 US 1 (1968).

[90] J. Eligon, Speaking Black Dialect in Courtrooms Can Have Striking Consequences, New York Times (January 25, 2019), www.nytimes.com/2019/01/25/us/black-dialect-courtrooms.html.

[91] See J. D. Jaafari and N. Lewis, In Court, Where Are Siri and Alexa?, Marshall Project (February 14, 2019). (指出语音转文本软件已经变得更加先进，但还没有被用来代替法庭记录员)。

[92] See StoryCloud, FAQ-Transcription, www.storycloud.co/faq-transcription.

[93] See www.justicebrd.com（home page）.

[94] See, e.g., Fed. R. Evid. 801, 802. （传闻的定义和推定排除传闻证据的规则）。

录与计算机生成的记录混为一谈,在计算机生成的记录中,计算机本身会创建并报告新信息。[95] 只有前者才算是传闻。

同样,一些评论人士认为,算法的结果是算法创建者(如计算机程序员)的传闻陈述。[96] 但包括笔者自己在内的其他人则反对这种对算法证据的看法。程序员设计了算法,并不意味着程序员自己创造了信息结果,也不意味着程序员见证了算法分析的事件,甚至程序员不一定完全理解算法的过程。[97] 一首由计算机程序生成的诗,不能说是由程序员写的,尽管程序员可能要对这首诗"负责"。让程序员在陪审团面前接受交叉质询,可能有助于了解算法程序工作的某些方面,但这可能不是陪审团评估程序结果证明价值的最佳方式,甚至不是一种基本适当的方式。

传闻证据规则对算法没有统一的应用,这一事实当然并不意味着算法的结果本质上是可靠的,不会造成任何不准确性的威胁。相反,机器传递的信息可能是虚假的。正如人类的陈述可能会带来不诚实、表达不清、误解和记忆力丧失等"传闻危险"一样,算法的结果也可能带来由人为和机器因素导致的虚假、表达不清和分析错误等"黑箱危险"。[98]

为了应对这些危险,一些人(包括笔者自己)主张为机器"证词"提供新的保护措施,这将需要满足某些可采性条件。这些条件不是交叉质询或宣誓,而是像强大的前端软件测试;披露源代码或其他理解算法内部工作机制的方法;在试验之前能访问并调整算法;如果算法以前处理过类似的问题,需披露算法之前关于同一主题的处理结果;证明规则禁止单凭一个未经证实的机器输出结果就给人定罪;等等。[99] 其他一些人,如程埃德(Ed Cheng)和亚历克斯·纳恩(Alex Nunn),也提出了新的测试和透明度规则,这些规则超越了传闻证据理论,用于管理"基于过程"的证据,如计算机程序甚至高度标准化的人类证词。[100]

由于传闻证据规则无法排除不可靠的计算机生成证据,一些美国法院已对认证规则作出解释,以对计算机生成的信息施加事实上的可靠性要求。特别是,《联邦证据规则》第901条第b款第9项(许多州有类似规定)中的一项规定,允许支持者通过"描述"用于产生结果所使用的"过程或系统"并证明其"能产生准确的结果",来验证某一"过程或系统"结果的真实性。这一规则由几名起草者于1968年提出,其主要意图似乎是作为一种无可争议的手段,来简化定期生成的计算机化商业记录的可采性流程。[101] 确实,认证规则是相关性规则,而非可靠性规则。换句话说,这些规则只要求证据提出者证明所提供的证

---

[95] See generally A. Wolfson, Note, "Electronic Fingerprints": Doing Away with the Conception of ComputerGenerated Records as Hearsay (2005) 104 Mich. Law Rev. 151. (指出并批评法院将计算机生成的商业记录视为传闻)。

[96] See, e.g., United States v. Washington, 498 F. 3d 225, 229 (4th Cir. 2007)(解释被告的论点,即色谱图的"原始数据"是使用该机器对被告的血液样本进行PCP和酒精检测的"技术人员"的"传闻"); K. Neville, Programmers and Forensic Analyses: Accusers under the Confrontation Clause (2011) 10 Duke Law Technol. Rev. 1, 9. (辩称"程序员是'真正的指控者',而不仅仅是遵循他创建的协议的机器")。

[97] See, e.g., Roth, above note 8, p. 1986.

[98] See generally Roth, above note 8 (描述机器证词的"黑箱危险",并将其与人类证词的"传闻危险"进行比较); E. Cheng and A. Nunn, Beyond the Witness: Bringing a Process Perspective to Modern Evidence Law (2019) 97 Tex. Law Rev. 1077. (描述基于过程的证据的潜在不准确性)。

[99] See generally Roth, above note 8. (讨论机器证词的潜在保障措施)。

[100] See generally Cheng and Nunn, above note 99.

[101] See Roth, above note 8, pp. 2012-13. (解释第901条第b款第9项的起源)。

据就是他们所声称的那样。然而，在缺乏任何其他基于可靠性的算法证据排除规则的情况下，一些法院援引了第901条第b款第9项的"准确结果"要求，以此作为筛选不可靠计算机生成证据的一种手段。[102]

其他一些国家已经针对算法生成的证据起草了更具体的可采性要求，尽管这些要求是有限的。在英国，刑事案件中不接受"非人类产生的陈述……该陈述的准确性取决于（直接或间接）由人提供的信息"，除非能证明"信息是准确的"。[103] 在确定机器传递信息的可采性时，加拿大主要依赖法官对可靠性的自由裁量判定。[104] 而印度和一些欧洲国家则要求算法证明必须有人类专家的陪同。[105]

到目前为止，虽然所讨论的传闻证据规则和认证规则都是法定的，但一些评论人士认为，联邦宪法也可能对刑事案件中算法证据的可采性施加限制。第六修正案的对质条款（The Confrontation Clause）保证刑事被告人有权"与不利于他的证人对质"。下级法院几乎普遍驳回了以下论点并认为，即使在没有充分机会对算法进行详细审查的情况下，使用算法生成的证据来指控被告人也并不违反对质条款。法院普遍认为，对质条款仅适用于人类证人，或者能够盘问人类程序员就足以满足宪法要求。[106] 最高法院尚未明确解决这一问题，尽管大法官索托马约（Sotomayor）在同意意见中表示，机器提供的"原始数据"可能不涉及该条款。[107] 与此同时，法律学者普遍接受这样一个前提，即现有的"对质条款"司法判例几乎不支持以宪法为由排除机器传达的信息。[108] 尽管如此，还是有人（包括笔者自己）认为，对该条款的正确解读，应允许通过类似于交叉质询的发现程序和对抗性测试工具，对算法证明进行有意义的质疑。[109]

（二）专家证词的可靠性要求

在某些情况下，人类专家使用算法作为一种工具来告知专家的意见，有时甚至是口授专家的意见。这样的例子不胜枚举，例如，DNA专家会利用概率基因分型软件来分析DNA样本，得出某个基因型出现的似然比（LR）。再如，血液酒精含量专家也会使用专门的软件来分析血液样本，从而确定个体的血液酒精含量/浓度。在这种情况下，法院有时会要求专家证词的提出者证明该算法作为一种专业的方法是足够可靠的。在联邦法院，这一要求源于《联邦证据规则》第702条的规定，该条禁止在没有证据证明专家使用了可靠的方法

---

[102] See, e.g., State v. Swinton, 847 A. 2d 921, 942 (Conn. 2004). （将第901条第b款第9项解释为要求计算机模拟的意见在类似多伯特的因素下必须"可靠"）。

[103] 2003年《刑事司法法》c. 44, § 129 (1)。如果输入者的"目的"是"使机器按照所述情况运行"，那么基于该陈述的机器输出将被视为传闻（ibid., § 115 (3)），需要输入该陈述的人的现场证词，除非该陈述在例外或规定的情况下是可采信的，或者如果法院"确信承认该陈述符合司法利益"（ibid., § 114 (1)）。本规定"不影响机械设备已正确设置或校准的推定的操作"（ibid., § 129 (2)）。

[104] See D. M. Paciocco, Proof and Progress: Coping with the Law of Evidence in a Technological Age (2015) 11 Canadian J. Law Technol. 181, 219.

[105] See Roth, above note 8, p. 2031 and n. 316 （讨论印度、德国、比利时和荷兰）。

[106] See Roth, above note 8, p. 2047 （编目案例）。

[107] Bullcoming v. New Mexico, 564 US 647, 674 (2011) (Sotomayor法官，表示同意)。

[108] See, e.g., Cheng and Nunn, above note 99; B. Sites, Rise of the Machines: Machine-Generated Data and the Confrontation Clause (2014) 16 Colum. Sci. Technol. Law Rev. 36, 99–100.

[109] See, e.g., Cheng and Nunn, above note 99; Roth, above note 8; E. Murphy, The Mismatch between Twenty First-Century Forensic Evidence and Our Antiquated Criminal Justice System (2014) 87 S. Cal. Law Rev. 633, 657–8.

并可靠地应用了这些方法的情况下,采纳专家证词,这反映了最高法院1993年在Daubert v. Merrell Dow Pharm案中的意见。[110] 一些州法院遵循道伯特标准;其他法院则遵循所谓的弗莱标准,要求法官确定一种新的科学方法是否已得到相关科学界的"普遍接受"。[111]

道伯特标准和弗莱标准作为防止基于不准确的算法证明而导致的错误定罪的保护措施,其效力是有限的。例如,虽然当人类专家依赖算法生成的证据时,法官可以根据道伯特标准和弗莱标准排除这些证据,但如果一方在没有人类专家对话者的情况下提供此类证据时,道伯特标准和弗莱标准并不能防止不可靠的算法证明。同样,道伯特标准和弗莱标准并不适用于"非专业"的算法证明,也就是说,这些标准不用于评估那些不是由专家提供的算法证据。例如,一个机器人保安的观察结果就不会受到道伯特标准和弗莱标准的审查,因为在这种情况下,机器人并不是作为专家提供证据。此外,在那些对专家方法没有特殊可靠性要求的司法辖区,道伯特标准和弗莱标准也同样不适用。

此外,一些评论人士认为,仅靠科学研究验证可能不足以仔细审查某些算法证明。例如,虽然验证研究可能表明,某个DNA解释软件程序的假阳性率很低(在将非供体错误地标记为DNA混合物的供体方面),但此类研究无法较为容易地确定所报告的似然比是否偏离了十倍。正如两位著名的DNA统计专家所解释的那样,验证可能是审查算法生成分数的一种不完整手段:

> 实验室程序可通过表明所测量的浓度相对于真实浓度而言始终位于可接受的误差范围内,来验证诸如浓度之类的物理量。这种验证对于旨在计算似然比的软件来说是不可行的,因为它没有潜在的真实值(不存在与真实浓度相当的值)。似然比表达了对于未知事件的不确定性,并且取决于在嘈杂的犯罪现场档案数据背景下无法精确验证的建模假设。[112]

当然,道伯特标准和弗莱标准仅为专家证词的可采性设定了最低的可靠性要求。对于人类专家来说,可采性只是第一步;对方仍有机会通过交叉质询等方式在陪审团面前对此类证据提出质疑。对于算法证明,证据规则尚未为对立方提供一个对被采纳的证明进行进一步审查的明确手段。

因此,尽管法院对算法专家方法应用道伯特/弗莱标准是正确的,但是仅仅依靠可靠性要求,并不能提供与人类陈述(即人类证词)现有证据保障相同程度的严格审查。人类专家的证词有一系列现成的保障措施来确保其准确性和可靠性,而对于算法生成的证据,仅仅依赖可靠性评估可能不足以确保其准确性和可信度。事实上,对于一些广泛接受且无可争议的算法证据,如Google Earth生成的结果,法院可以直接采纳,而无需进一步验证其可靠性。[113]

---

[110] 509 US 579, 579-80(1993). Cf. D. A. Sklansky, Hearsay's Last Hurrah (2009) Sup. Ct. Rev. 1. (认为对质条款比简单的质证权更广泛)。

[111] See Frye v. United States, above note 25, at 1014. (认为新的科学方法必须"在其所属的特定领域获得普遍接受")。

[112] C. D. Steele and D. J. Balding, Statistical Evaluation of Forensic DNA Profile Evidence (2014) 1 Ann. Rev. Stat. Appl. 361, 380.

[113] See, e.g., United States v. Lizarraga-Tirado, above note 30, at 1110.

（三）知识产权问题

专有算法的开发者在回应有关在审判中使用的算法证据的披露请求时，经常辩称，这些信息受到商业秘密特权（trade secrets privilege）的保护，因此不能披露。[114] 一些评论人士认为，有限的商业秘密特权可能是必要的，以激励开发准确的算法并将其用于刑事司法。[115] 而其他人则认为这样的商业秘密特权是不合适和不必要的。[116] 尤其是，丽贝卡·韦克斯勒（Rebecca Wexler）指出，在刑事案件中赋予商业秘密特权是历史上的一个偶然现象，而实质性的商业秘密原则已经为商业秘密持有者提供了充分的保护，无需特权。迄今为止，法院似乎在很大程度上接受了专有者关于特权的主张。[117]

（四）法律信息学

规范检察官、辩护律师、陪审团和法官的决策过程的法律规则，在其明文规定中，通常并不排除使用算法来改进这些过程。例如，虽然刑事被告有权获得正当的法律程序，包括检察官应披露布雷迪证据，但无论是布雷迪规则还是其后续规则，都没有说明检察官和警察是否可以或应该使用算法来帮助识别政府案件档案中重要的无罪证据和弹劾证据。同样，无论是米兰达规则还是其后续规则，都没有说明警察是否可以通过使用米兰达应用程序来满足警告要求。虽然刑事被告可能有权获得有意义的准确审判记录，以便在准备上诉时使用，但被告没有法定或宪法权利要求法庭书记员必须是人类而非算法。甚至在现行程序规则下，只需对证据法稍作调整，用算法替代法官作出证据裁决也可能完全是被允许的。

另一方面，第六修正案中的陪审团权利可能作为宪法上的障碍，阻止未来任何试图在确定有罪或无罪时用算法取代人类陪审团的做法。可以想象，一个司法辖区可能会选择对刑事案件中的纯算法决策施加法定限制。例如，在欧洲，《通用数据保护条例》现在禁止公民受到"仅基于自动化处理"的决策的约束——如果它对公民具有法律或"类似重要的"影响。[118] 在美国刑事法院中，这样的规定可能会限制法官将制定缓刑条件、判处刑罚或确定证据可采性等任务完全委托给算法的能力。

三、关于刑事裁决中算法的利弊之争

（一）准确性、客观性和效率

正如在其他情况下一样，在刑事审判中部署算法有很多的潜在好处：如提高了准确性、客观性和效率。当然，这些潜在的好处反映了"规则"与"标准"的潜在好处，这在法律评论中是老生常谈的话题。但是，正如在其他情况下一样，在刑事裁决中使用算法也可能因为代码中嵌入的主观性和错误而危及这些相同的价值。

---

[114] See, e.g., Roth, above note 8, p. 2028（讨论商业秘密）; C. Chessman, Note, A "Source" of Error: Computer Code, Criminal Defendants, and the Constitution. （讨论刑事案件中与源代码相关的商业秘密特权）.

[115] See, e.g., E. J. Imwinkelried, Computer Source Code: A Source of the Growing Controversy over the Reliability of Automated Forensic Techniques（2017）66 DePaul Law Rev. 97.

[116] See Chessman, above note 115, p. 157; R. Wexler, Life, Liberty, and Trade Secrets: Intellectual Property in the Criminal Justice System（2018）70 Stan. Law Rev. 1343; J. Tashea, Trade Secret Privilege Is Bad for Criminal Justice, ABA Journal（July 30, 2019）.

[117] Wexler, ibid., pp. 1352-3.

[118] Council Regulation 2016/679, art. 22, § 71, 2016 OJ（L119）1, 14, http://eur-lex.europa.eu/legal-content/EN/TXT/? uri=uriserv: OJ. L_. 2016. 119. 01. 0001. 01. ENG&toc=OJ: L: 2016: 119: TOC.

上文关于刑事司法中使用的各种类型的算法证明和法律信息学的讨论，已经明确了算法在准确性、客观性和效率方面的具体好处。例如，概率基因分型软件在处理少量供体的混合物时可以说是相当准确的，能够比人类分析师更准确地解析复杂的 DNA 混合物；正如一位 DNA 专家所说，"如果你向十位同事展示一个混合物，你可能会得到十个不同的答案。"[119] 同样，基于功能磁共振成像的记忆检测，可能有一天会提高可信度判断的准确性，因为众所周知，陪审团在测谎方面并不准确，[120] 在判断证人举止时会受到隐性的种族偏见的影响。[121] 而且，检察官拥有广泛的自由裁量权，这在事实上是无法审查的。[122] 但是，如果陪审团的选择和指控决定是由编程算法公平地做出或增强的，或者如果检察官们知道偏见模式实际上可以通过分析检测出来，他们可能会更倾向于遵守与宪法平等保护要求相关的规定。

当算法输出作为有罪或无罪的证据在审判中被提供时，其结果也可能出现不准确和偏见的情况。此外，算法的主观性和错误可能更难识别，因为它们隐藏在代码中。在之前的一篇文章中，笔者详细列出了机器"证词"可能存在的各种缺陷类型，这些缺陷包括了人为和机器因素导致的虚假设计（例如，大众汽车工程师为通过排放测试进行作弊而创建的"隐蔽软件"，或者为了达成预设目标而学会欺骗的算法）；人为和机器因素导致的信息表达不清（例如，算法输出的模糊性或者信息显示的错误）；以及人为和机器因素导致的分析错误（包括编码错误、人类分析中的假设错误、机器学习错误，以及人为输入和操作错误）。[123]

以下提供了几个具体的例子，说明在算法证明有罪或无罪，或在算法裁决决策中可能出现错误的来源。在评估这些错误来源时，读者应该记住，"准确性"可以有多种含义，并且一种形式的准确性可能会与另一种形式的准确性进行权衡。例如，评论员指出，在保释情境中的风险评估算法（如 Compas）对黑人被告的假阳性率高于白人被告，这表明算法的不准确性导致在不同种族之间存在不公平的现象。但 Compas 的捍卫者指出，种族没有预测性价值（predictive value）；也就是说，具有特定分数的黑人和白人被告再次犯罪的风险相同。当不同群体的再犯率存在差异时，算法无法同时实现两个目标：一是确保对所有群体的假阳性率（即错误地将无罪的人判断为有罪的比率）相等；二是确保群体成员身份（例如，种族、性别等）对于预测结果没有任何影响。这意味着，如果尝试解决假阳性率的不一致性（即第一种不公平），就可能会引入另一种类型的不公平（即由身份差异导致的不同预测结果）。[124]

1. 人为输入错误或机器错误

算法的优劣取决于输入的数据。例如，虽然使用算法可以基于多种社会因素来使检察

---

[119] C. Smith, DNA's Identity Crisis, San Francisco Magazine（September 2008），p. 80（quoting British geneticist Peter Gill）.

[120] See, e. g., G. Fisher, The Jury's Rise as Lie Detector（1997）107 Yale Law J. 575, 707.

[121] See generally J. W. Rand, The Demeanor Gap: Race, Lie Detection, and the Jury（2000）33 Conn. Law Rev. 1.

[122] See, e. g., S. Bibas, Prosecutorial Regulation Versus Prosecutorial Accountability（2009）157 Univ. Pa. Law Rev. 959, 960："在美国，没有任何政府官员拥有与检察官一样多的不受审查的权力和自由裁量权。"

[123] Roth, above note 8, p. I. B.

[124] See generally D. Hellman, Algorithmic Fairness（2020）106 Va. Law Rev.

起诉更加一致和标准化，但如果输入算法的数据质量不高，比如是过时、不完整、有偏见或错误的数据，那么算法得出的起诉建议可能并不比检察官根据自由裁量做出的决定更准确。安德鲁·弗格森指出："如果这些算法或社交网络的相关性出现错误，那么随后更严厉的惩罚（与更严厉的指控决定相关）可能是不合理的。"[125] 在证据背景中也是如此。例如，在没有足够对照的情况下，对犯罪现场被嫌疑人样本残留物污染的样本进行计算机 DNA 分析，可能会错误地报告为匹配。[126] 这种错误也可能源于机器故障；例如，电压变化可能会导致呼气酒精测试仪报告不准确的结果。[127]

2. 过度简化引起的分析错误

算法决策或证明中的不准确也可能源于过度简化或未能考虑重要变量。例如，杰森·克雷格（Jason Kreag）警告说，检察官的"决定往往是复杂的，涉及相互竞争的价值，而这些价值可能不容易用可确定的变量来映射"，[128] 这增加了算法化的检察起诉可能因忽略相关但更难量化的考虑因素而导致过度惩罚的可能性。莎莉·梅里（Sally Merry）将算法决策过度重视可衡量指标的趋势，称为"量化的诱惑"（seduction of quantification）。[129]

3. 编码错误或假设错误导致的分析错误

在刑事或交通案件中，算法生成的证据存在可靠性问题的例子比比皆是，这些问题源于编码错误，无论是无意的还是源于分析时的错误假设，主要包括以下情境：Google 驾驶评估；血液酒精检测；[130] 将联邦量刑指南转化为计算机代码；[131] 警方犯罪记录数据库；[132] Apple 的"寻找我的 iPhone"追踪功能在盗窃和抢劫案件中的应用；[133] DNA 软件中的"轻微编码错误"；[134] 软件用于生成 DNA 匹配统计数据的等位基因频率输入不准确。[135] 特别是，考虑一下 Hillary 案中，两个不同的 DNA 软件程序基于同一样本的相同遗传信息得出相反的结论。设计这类 DNA 分析软件的程序员需要非常谨慎地考虑很多因素，比如样本污染问题，遗传标记的意外增加或减少，软件可能产生的随机错误（比如重复序列问题），还有如何选择参考人群来评估遗传标记的稀有性。所有这些都会影响软件如何解读和分析 DNA 混合物

---

[125] Ferguson, above note 75, p. 719.

[126] See, e. g., A. Roth, Defying DNA: Rethinking the Role of the Jury in an Age of Scientific Proof of Innocence (2013) 93 Bost. Univ. Law Rev. 1643, 1676-9. （记录由于污染而导致的假阳性实例）。

[127] See, e. g., In re. Source Code Evidentiary Hearings in Implied Consent Matters, 816 NW. 2d 525, 531. （在这一点上指出专家证词）。

[128] Kreag, above note 77, p. 812.

[129] S. Engle Merry, *The Seductions of Quantification: Measuring Human Rights, Gender Violence, and Sex Trafficking*, University of Chicago Press, 2016.

[130] See A. Roth, Trial by Machine (2016) 104 Geo. Law J. 1245, 1271-2 （引证了由于编程错误导致的 Intoxilyzer 8000 和 5000 读数的问题）; Roth, above note 8, p. 1995. （讨论 Alcotest 7110 的代码错误诉讼）。

[131] See S. R. Lindemann, Commentary, Published Resources on Federal Sentencing (1990) 3 Fed. Sent'g Rep. 45, 45-6.

[132] See, e. g., Florence v. Bd. of Chosen Freeholders, 132 S. Ct. 1510, 1511 (2012). （指出数据库错误地包含不正确的未执行的逮捕证信息）。

[133] See L. Mower, If You Lose Your Cellphone, Don't Blame Wayne Dobson, Las Vegas Review Journal (January 13, 2013)

[134] Roth, above note 130, p. 1276.

[135] See Notice of Amendment of the FBI's STR Population Data Published in 1999 and 2001, Federal Bureau of Investigation (2015), www. fbi. gov/about-us/lab/biometric-analysis/codis/amended-fbi-str-final-6-16-15. pdf.

样本。[136] 在 Hillary 案中，可以推测，其中一个程序肯定出现了某种编码或输入错误。

同时，在量刑指南的语境中（尽管不再由软件执行，但归根结底仍然是一种算法），批评者认为，指南在确定基于先前案例的平均刑期时，未能充分考虑试用期刑罚，从而导致系统性的过度惩罚。[137] 在交通方面，红灯摄像机系统发出罚单取决于程序员如何慷慨地设定算法的"宽限期"。[138] 简而言之，尽管与人类判断相比，算法表面上具有客观性，但刑事裁决中的算法仍然反映了其人类创造者的偏见、观点、意图、计划和假设。

4. 机器学习

刑事裁决中使用的机器学习算法，也可能由于训练数据集的局限性或其他分析问题而对人或事件进行错误分类。机器通过训练已由人或机器本身分类的数据来学习如何表征新数据。数据集中的样本越少，或者数据集越不能代表未来的事件，算法错误描述未来事件的可能性就越大。具体来说，算法可能会在训练数据中推断出一种并不真正反映现实生活的模式或联系即所谓的"过度拟合"（overfitting），或者可能会尝试考虑太多变量，使得训练数据不足以进行学习即所谓的"维度灾难"（curse of imensionality）。[139] 在刑事裁决领域，人们对面部识别软件[140]和犯罪侦查监控摄像头，以及其他类型的调查和取证算法提出了上述担忧。

5. 人类和算法的兼容性问题

当算法只是为了辅助或影响复杂的人类决策时，算法也可能导致不准确的情形，但人类决策者却只是简单地服从算法的输出——技术学者称其为"自动化自满"。[141] 例如，在指纹方面，人类分析师可能会审查算法的输出，该算法会搜索可能与输入的犯罪现场潜在指纹相匹配的参考指纹。算法选择十个左右最接近的潜在匹配项，这导致分析员面临最可能令人困惑的案件（其中不匹配的参考指纹可能与正在比较的潜在指纹非常相似）。当专家过于信任算法的匹配结果，并假定其中必然包含潜在指纹的真正来源时，他可能会从算法给出的匹配项中选择一个看似最佳的匹配，而这个选择可能是错误的，因此会导致无辜的人被牵连。这种自满情绪似乎促成了错误归因，例如俄勒冈州律师布兰登·梅菲尔德（Brandon Mayfield）的案件，他因一个潜在指纹而被误认为是 2004 年马德里火车爆炸案的

---

[136] See J. Butler, *Advanced Topics in DNA Typing: Interpretation*, Elsevier Science, 2014, pp. 165, 170-3, 214, 245-7, 250; E. E. Murphy, *Inside the Cell: The Dark Side of Forensic DNA*, Nation Books, 2015, pp. 74-82.

[137] See, e. g., L. Adelman, What the Sentencing Commission Ought to Be Doing: Reducing Mass Incarceration (2013) 18 Mich. J. Race Law 295, 297.

[138] Roth, above note 130, p. 1272.

[139] See generally R. J. Glushko (ed.), The Discipline of Organizing: Informatics Edition, 4th edn. (O'Reilly Media, 2016); H. Surden, Machine Learning and Law (2014) 89 Wash. Law Rev. 88; P. Domingos, *The Master Algorithm: How the Quest for the Ultimate Learning Machines Will Remake Our World*, Allen Lane, 2015; A. Zheng, *Evaluating Machine Learning Models: A Beginner's Guide to Key Concepts and Pitfalls*, O'Reilly Media, 2015.

[140] See, e. g., Face Recognition, Electronic Frontier Foundation, www. eff. org/pages/face-recognition (citing B. F. Klare, M. J. Burge; J. C. Klontz, et al, Face Recognition Performance: Role of Demographic Information (2012) 7 IEEE Trans. Inf. Forensics Secur. 1789. （显示非洲裔美国人的假阳性率更高）。

[141] See R. Parasuraman and D. H. Manzey, Complacency and Bias in Human Use of Automation: An Attentional Integration (2010) 52 Hum. Factors 381, 381

肇事者。[142]

另一个兼容性问题在于，事实调查者是否能充分理解算法证明。例如，DNA专家担心非专业的陪审员将无法理解DNA基因分型软件产生的似然比的含义。当然，陪审员可能不理解统计证据，或者可能存在对其估值过高或过低的担忧，这不仅存在于通过算法生成的证据，也存在于所有的数值证据。[143] 但是，在审判中越来越多地使用软件输出结果也可能会增加各方对统计证据的依赖。一些DNA专家已经提出了一系列与各种似然比相对应的日常用语，以便更好地向陪审员解释似然比的证明价值。[144]

（二）"柔性"价值——尊严、公平和仁慈

在刑事裁决中，算法证明和算法决策的使用逐渐增多，这一现象除了能够提高准确性和客观性之外，还可能对其他学者所说的"柔性"价值产生正面或负面的影响。这些"柔性"价值所带来的益处并不容易量化。[145]

1. 尊严

一个问题是，那些受到检察官、法官和陪审团决策影响的人，是否会因为被机器指控或评判而感到疏远或被非人化。正如上文"算法在刑事裁决中的运用"所指出的，近一个世纪以来，人们对测谎仪一直存在这种担忧。同时，正如上文第二部分"刑事裁决中管理算法的法律规则"所指出的，欧洲的《通用数据保护条例》甚至规定，在任何影响法律权利的决策过程中，人们都有权拥有一个人类的"安全阀"。对质条款反映的不仅是对未经对质的证词不可靠性的担忧，还有对尊严的关注，以及给予被指控者直视指控者眼睛的能力。在之前的研究中，笔者提到过国家使用指控算法来证明犯罪，这种做法可能会影响到人们在对质过程中的尊严：

> 机器无法理解指控某人犯罪的道德严重性。但人类可以……当他们制造一台机器来完成这项工作时，可能会在道德承诺方面失去一些东西……也许，当人们构建算法来做这件事时，指控某人会更容易。
>
> 反过来，机器程序越神秘，其指控行为就越威胁到被指控者的尊严以及程序的可接受性和合法性。[146]

在现代算法公平性的讨论中，评论人士也经常提出对尊严和神秘性的担忧。"可解释性"的概念是关于人工智能的未来辩论中不可或缺的一部分，以至于学者和记者创造了"可解释的人工智能"或"XAI"这个词。[147] 毫无疑问，《通用数据保护条例》不仅包括

---

[142] See S. A. Cole, More than Zero: Accounting for Error in Latent Fingerprint Identification (2005) 95 J. Crim. Law Criminol. 985, 1064-5 n. 394.

[143] See generally L. H. Tribe, Trial by Mathematics: Precision and Ritual in the Legal Process (1971) 84 Harv. Law Rev. 1329（反对采用赤裸裸的统计证据来证明有罪或有责任的可采性）。

[144] See Recommendations of the SWGDAM Ad Hoc Working Group on Genotyping Results Reported as Likelihood Ratios (2019), www.swgdam.org/publications.

[145] See S. A. Cole, More than Zero: Accounting for Error in Latent Fingerprint Identification (2005) 95 J. Crim. Law Criminol. 985, 1064-5 n. 394.

[146] Roth, above note 8, pp. 2042-3.

[147] See, e.g., M. Turek, Explainable Artificial Intelligence (XAI), DARPA, www.darpa.mil/program/explainableartificial-intelligence.

在关键决策中设置人类安全阀的权利，还包括"获得解释的权利"。[148]

值得注意的是，算法的"可解释性"与"透明度"是不同的。可解释性旨在确保数据主体理解他们身上发生了什么以及原因。其潜在的关注是尊严、合法性、信任以及可质疑性。另一方面，透明度旨在确保数据主体能够了解算法的内部工作原理，无论他们是否理解这些原理。对透明度的全面承诺可能要求概率基因分型程序 TrueAllele 的所有者，向辩方提供该程序的 17 万行源代码。但是，如果被告无法理解代码，那么对可解释性的全面承诺可能需要比披露源代码更多的内容。[149]

2. 公平

至少从理论上讲，美国刑事司法系统的每一个环节都留有一定的空间，允许行使所谓的"公平"裁量权。这意味着拥有裁量权的人可以选择不去发现每一次违反刑法规定的行为，可以选择不逮捕、不起诉、不定罪、不在程序上禁止索赔、不进行惩罚，"因为考虑到具体情况，这样做可能不公平"，而这些具体情况是只有具备裁量权的人类行为者才能考虑到的。[150] 简而言之，刑事裁决"旨在实现公平的个性化"。[151] 当决策过程完全委托给算法而不是特别的人类判断时，就像是由"规则"而不是"标准"来决定一样，这个过程必然会包含过多或过少的内容，从而导致系统性的检测过度和检测不足、定罪过度和定罪不足，以及惩罚过度和惩罚不足。一些人表达的一个担忧是，从使用红灯摄像头到通过全天候、无间断的电子监控来执行技术性的缓刑和假释要求，[152] 再到诸如0.08%酒驾标准等"本身"即构成刑事责任的规则，再到那些看似确凿无疑、以至于让陪审员不愿行使陪审团无效审判权的证据形式，现代算法驱动的、对刑事违法行为进行完美检测和执行的系统，是否在消除或抑制公平裁量权方面走得太远了。[153]

3. 仁慈

公平反映了这样一个事实：明确的规则不能完全体现正义；公平自由裁量权有助于纠正或完善正义。而仁慈则是"在正义所要求甚至所允许的范围之外，由私人恩典所给予的宽恕"。[154] 玛莎·努斯鲍姆（Martha Nussbaum）将其描述为"超出适当比例的温柔"。[155] 仁慈是一种美德，它让人们能够体验到共同的人性，并表现出怜悯和同情，它在美国制度中有着令人印象深刻（尽管可能最近已被遗忘）的血统。然而，算法在增强指控和裁决决策以及证明罪行方面的作用日益增强，可能会减少或消除人类行为者在刑事案件中行使仁慈的机会。最明显的例子是，现在有很多刑事裁决会根据一些简单明确的标准，比如毒品的数量或受害者的年龄，来设定一个强制性的最低刑期。这种做法就像一个非常简单的

---

[148] See GDPR, Recital 71："数据主体应有权……获得对所涉决定的解释"。

[149] See, e. g., J. A. Kroll, J. Huey, S. Barocas, et al, Accountable Algorithms（2017）165 Univ. Pa. Law Rev. 633（解释透明度作为使算法具有可问责性的一种手段的局限性）。

[150] Roth, above note 130, p. 1285.

[151] J. Bowers, Legal Guilt, Normative Innocence, and the Equitable Decision Not to Prosecute（2010）110 Colum. Law Rev. 1655, 1723.

[152] See K. Weisburd, Sentenced to Surveillance（未出版的手稿；存档于作者处）。

[153] See, e. g., Roth, above note 130, p. 1286; J. Seaman, Black Boxes: fMRI Lie Detection and the Role of the Jury（2009）42 Akron Law Rev. 931（推测功能磁共振成像证据阻止无效化）。

[154] Roth, above note 130, p. 1285.

[155] M. C. Nussbaum, Equity and Mercy（1993）22 Phil. & Pub. Aff. 83, 97（原文强调）。

"算法",只要输入几个参数就能得出刑期。然而,这样的做法也受到了批评,因为它过于机械化,没有给人类决策者(如检察官、陪审员或法官)留下推翻算法结果的空间。

四、结论

有关刑事裁决的法律应如何应对算法时代的挑战?在讨论各位评论者提出的具体改革建议之前,笔者想提出两条总体建议,以便读者对算法改革进行评估。

笔者的第一条建议是,法律学者、立法者和公众应该决定哪些价值对人们来说是重要的,哪些法律规则可以增强这些价值,并将这些规则发展和应用到算法中。弗兰克·伊斯特布鲁克(Frank Easterbrook)在1996年的一次网络法会议上,就网络空间的法律发表了一段广为人知的言论,简洁明了地表达了这一点。伊斯特布鲁克提醒听众,不要制定"网络空间法"(law of cyberspace),就像没有"马法"(law of the horse)一样。相反,他敦促学者和立法者"制定一部健全的知识产权法,然后将其应用于计算机网络"。[156]

同样,应该确立健全的刑事裁判原则,并将其应用于算法。是否需要一个安全阀来调节刑事责任和刑罚"本身规则"(per se rules)的严格性?如果希望这样,应该让非专业陪审员和人类法官参与其中,通过陪审团否决权和自由裁量裁决等机制,允许尊严、公平、仁慈等柔性价值的应用。或者,如果不希望这样,是否应该对不可靠的证据进行前端的重要限制,以免陪审团与之接触?诚如是,应该为复杂的算法创建前端和/或对抗性测试保障措施,类似于为人类证词开发的保障措施,如传闻证据规则、能力要求、弗莱/多伯特标准,以及专家资格和披露要求。当涉及到更复杂的人工智能版本时,应该优先考虑哪个方面——可解释性还是准确性(当两者发生冲突时)?哪个更重要——消除算法假阳性率或误报率中的种族差异,还是确保预测分数不受种族影响而具有相同意义?我们是否关心当由完全自动化的决策者进行评判时,无论其决策多么"准确",人们是否会感到被非人化?在制定法律制度来管理算法之前,公众必须先解决这些充满价值判断且棘手的难题。

最终的目标将是形成一种基于"生物技术"的算法刑事裁决方法,这是刘易斯·芒福德(Lewis Mumford)用来描述一种范式的术语,在这种范式中,机械化增强了人们商定好的以人为本的目标,而不是形成一种"大型技术"(megatechnic)的方法,即单纯为了机械化本身,或者为了机械化能够提升某些价值(如效率),而忽略了我们适应新技术可能会潜移默化地改变既有效率与其他价值之间平衡的做法。[157] 各司法辖区可能想要以书面形式承诺这些裁判价值,就像电气与电子工程师协会(IEEE)为法律体系中人工智能的使用制定了明确的道德规范一样。[158]

笔者的第二条建议是,对算法刑事司法采取"系统"方法。正如在之前的研究中所论证的,必须避免系统工程师所说的"MABA-MABA"思维,即将人和机器的能力过于简化

---

[156] F. Easterbrook, Cyberspace and the Law of the Horse (1996) 1996 Univ. Chi. Leg. Forum 207.

[157] See generally L. Mumford, *The Pentagon of Power*: *The Myth of the Machine*, Harcourt, 1970, Vol. II.

[158] See The IEEE Global Initiative on Ethics of Autonomous and Intelligent Systems. Ethically Aligned Design: A Vision for Prioritizing Human Well-Being with Autonomous and Intelligent Systems, 1st edn. (IEEE, 2019), https://standards.ieee.org/content/ieee-standards/en/industry-connections/ec/autonomous-systems.html.

地划分为各自擅长的领域，从而忽略了人机协作的潜力。[159] 相反，人机界面设计师应该关注人和机器能够以"仿生"检察官、辩护律师、陪审团、法官、法庭书记员等形式一起完成的事情。这一结果将导致不是由机器或无助的非专业人士进行裁决，而是由"半机械人"进行裁决。从某种意义上说，一直都存在半机械人的裁决，其形式是由人类安全阀调节的明线规则，以及人类证人的证词，这些证词不仅是临时判断的结果，也是几个世纪以来科学调查、论文、验证研究、仪器读数、记录审查等积累的智慧产物。但是，现在的规则以复杂计算机程序的输出形式出现，因此迫切需要采用系统方法。在这种方法下，应把人类与人工智能的兼容性作为首要和中心问题，以防止自动化自满等病理现象。幸运的是，有可供借鉴的模板，例如太空计划。[160]

对于具体的改革建议，学者们提出了一些思路，包括：解释对质条款以增强强制性披露；要求稳定、独立、具备行业标准的软件测试，以此作为任何刑事案件中软件结果可采性的条件；消除刑事案件中的商业秘密特权；禁止仅根据一项未经证实的机器结果进行刑事定罪；允许被告在审判前接触机器"专家"，以确定参数变化如何影响输出；允许被告访问源代码，或成立科学委员会，根据保护令审查源代码，就像食品药品监督管理局在批准新药之前对其进行审查一样；让被告能够获得机器事先陈述，就像他们能够获得人类证人事先陈述从而用以弹劾一样；通过"可逆"算法进行自我测试；[161] 等等。[162]

鉴于刑事司法系统中人类决策者存在的弱点，人们应该很高兴能将人工智能的优势融入刑事审判中，从检察官的指控决定，到有罪或无罪证明，再到法庭报告以及设定缓刑条件。然而，我们应该确保，在这样做的过程中，不会扭曲我们的优先事项或对系统价值的既有承诺。

---

[159] Roth, above note 130, p. 1297（quoting S. W. A. Dekker and D. D. Woods, MABA-MABA or Abracadabra? Progress on Human-Automation Co-ordination (2002) 4 Cogn. Technol. Work 240）.

[160] See generally D. Mindell, Digital Apollo: Human and Machine in Spaceflight (2008)（记录太空旅行中人机合作的历史）.

[161] See M. Möller and C. Vuik, On the Impact of Quantum Computing Technology on Future Developments in High-Performance Scientific Computing (2017) 19 Ethics Inf. Technol. 253.

[162] See generally Cheng and Nunn, above note 99; Hellman, above note 125; Wexler, above note 117; Roth, above note 8; Chessman, above note 115; Imwinkelried, above note 116; Roth, above note 130.

第二十章

通过算法评估犯罪风险

克里斯托弗·斯洛博金（Christopher Slobogin）*

引言

风险评估（衡量个人的犯罪潜力）长期以来一直是大多数法律制度的一个重要方面，适用于各种情况。在大多数国家，判决往往深受防止重新犯罪的影响。[1] 惩教机构和假释委员会通常会依赖风险评估。[2] 对"危险"罪犯（尤其常见于性犯罪者）的判后强制医疗几乎完全基于对风险的判定，[3] 对因精神失常而被判无罪者和未被起诉但需要治疗者的非自愿住院强制医疗也是如此。[4] 审判前的羁押经常被授权，不仅是因为发现嫌疑人会逃离司法管辖区，而且还因为认为该人如果逍遥法外会对社会构成危险。[5] 街上的警察一直都在注意那些可能不怀好意的可疑人员。[6]

与现代生活的大多数其他领域一样，算法已开始在所有这些决定中发挥重要作用，尤其是在美国。为了帮助在量刑、强制医疗和审前程序中进行风险评估调查，一些司法管辖区已经开始依赖于从统计学角度得出的被称为"风险评估工具"（RAI）的工具。[7] 在一些城市地区，警方正在开展所谓的"预测性警务"，其中包括用数据驱动的算法来确定犯罪热点，有时甚至是"热门人物"。[8] 虽然迄今为止，大多数犯罪风险评估算法尝试都比较原始，没有充分利用大数据或机器学习的优势，但许多政府机构还是热情地采用了这些算

---

* 本章部分内容基于 C. Slobogin, Principles of Risk Assessment：Sentencing and Policing（2018）15 Ohio St. J. Crim. Law 583.

〔1〕"从历史上看，法院在量刑时会考虑未来的危险性……"在美国，甚至死刑判决也可以基于风险。C. B. Hessick and F. A. Hessick, Recognizing Constitutional Rights at Sentencing（2011）99 Cal. Law Rev. 47, 74. Jurek v. Texas, 428 US 262（1976）.

〔2〕指出假释决策旨在"保护公众免受累犯风险"。United States v. Kebodeaux, 570 US 387, 397（2013）.

〔3〕要求认定个人"危险得无法控制"。Kansas v. Hendricks, 521 US 346, 348（1997）.

〔4〕讨论了两种情况下的危险性标准。Jones v. United States, 463 US 354, 367（1983）.

〔5〕See, e. g., Federal Bail Reform Act, 18 USC § 3142（f）.

〔6〕注意到警方在"预防犯罪和侦查"方面的利益。Terry v. Ohio, 392 US 1, 28（1968）.

〔7〕关于量刑，see C. Klingele, The Promises and Perils of Evidence-Based Corrections（2015）91 Notre Dame Law Rev. 537, 566-7；关于审前羁押，see M. T. Stevenson, Assessing Risk Assessment in Action（2018）103 Minn. Law Rev. 303, 318.

〔8〕See A. G. Ferguson, Policing Predictive Policing（2016）94 Wash. Univ. Law Rev. 1109, 1126-42.

法，因为人们普遍认为，与法官、假释委员会和警官传统上进行的"就事论事"式风险评估相比，这种评估更准确、更高效、更少偏见。

然而，RAI（本章将用来指所有旨在识别潜在罪犯的算法）带来了一系列非常严重的争议。其中许多争议是我们熟悉的基于算法的决策问题，如数据输入的准确性、训练数据的偏见、缺乏透明度等。但与其他数据驱动的决定相比，刑事和准刑事背景下的 RAI 往往受到更高等级的审查，因为它们在证明重大剥夺自由行为的合理性方面发挥了作用。此外，在涉及惩罚的情况下，这些自由的剥夺应至少部分基于应受指责的行为。然而，受审前危险评估往往依赖于一系列甚至可能与行为无关的因素，更不用说应受指责的行为了。

由于这些原因，风险评估和责任引起了激烈的争论。本章将回避这一争论的一个方面：法律制度是否可以根据某人可能做的事情而不是已经做的事情来剥夺其自由。这一争论由来已久，在此无法解决。[9] 相反，本章将假定，关于量刑、假释、强制医疗、审前羁押和警方调查行动的决定，可以全部或部分合法地基于对风险或危险性的评估。在这一假设的基础上，问题就变成了在什么情况下（如果有的话）可以使用 RAI 来评估风险。

下面的讨论将清楚地表明，要回答这个问题就需要有一个思考风险评估的法律框架——风险法学。遗憾的是，这种法学还处于起步阶段。作为对该法学的贡献，本章认为，决定是否可以使用 RAI 来评估风险，取决于人们对三个条件的重视程度，本章称之为适合性、有效性和公平性原则。目前存在的 RAI 可能没有一个能强有力地满足所有这三个原则的要求。是否应该放宽这些要求，至少部分取决于人们对评估个人犯罪可能性的其他方法的看法。

一、可指导风险评估的三项原则

为了帮助政府解决有关风险的量刑、强制医疗、审前羁押和警务问题，已经制定了数百项 RAI，其中一些是由政府自己制定的，还有许多是由大学或私营公司的研究人员制定的。[10] RAI 通常由多个"风险因素"组成，这些因素被认为与风险相关，少则五个，多则超过 100 个。它们有时也包含据信可以降低风险的"保护因素"。最复杂的 RAI 为每个风险或保护因素的存在分配权重；其他 RAI 只是在存在风险因素时分配 1 分，在存在保护因素时分配-1 分。[11]

RAI 中的因素类型相对简单。每一项 RAI 都将反社会行为列为风险因素。在这一类中，有些 RAI 仅包括定罪，有些包括定罪和逮捕，还有些包括这些因素以及小学期间的不当行为、违反假释规定等。这些历史风险因素被称为"静态"因素，因为它们无法通过罪犯的决定或医疗干预措施来改变。有时在 RAI 中发现的其他静态风险因素包括性别（男性）、年龄（青年）、受害者伤害以及社会历史的各个方面，如家庭、关系、心理和就业的不稳定性。越来越多的 RAI（特别是用于量刑和强制医疗的）也评估"动态"风险因素，即可以

---

[9] 关于笔者对该问题的看法，see C. Slobogin, A Defence of Risk-Based Sentencing, in J. de Keijser, J. V. Roberts, and J. Ryberg (eds.), Predictive Sentencing: Normative and Empirical Perspectives (Hart, 2019), p. 107.

[10] 全世界有超过 200 个 RAI。J. P. Singh, S. L. Desmarais, C. Hurducas, et al., International Perspectives on the Practical Application of Violence Risk Assessment: A Global Survey of 44 Countries (2014) 13 Int. J. Forensic Ment. Health 193.

[11] For examples, see below text accompanying notes 19-22, 61-2, and 63-4.

通过罪犯的决定或治疗而改变的因素。动态因素可能包括诊断（如药物滥用障碍）、愤怒控制、冲动、目前缺乏个人支持或就业，以及接受补救尝试的意愿。后几类因素被认为不仅在评估风险方面有用，而且在评估管理风险的手段方面也很有用。包含这几类因素的 RAI 通常被称为"风险需求"评估工具，因为它们既关注犯罪的可能性，也关注康复干预措施。[12]

鉴于风险评估对自由权利的影响，不论是通过风险评估和独立评估还是其他手段，风险评估都应受到一定的监督。虽然监管的内容可能非常广泛，但这里的建议是，可以将其归纳为三个首要原则：适合性原则、有效性原则和公平性原则。这些原则中的每一项都对 RAI 有若干影响。

适合性原则认为，风险评估应准确解决相关的法律问题。宪法的一条公理是，犯罪要素必须明确界定，部分原因是为了让公众充分了解被禁止的行为，但主要原因是为了控制警察、检察官和法官的自由裁量权，否则他们可能会滥用含糊不清的法律。[13] 由于风险评估对自由的影响可能与对犯罪的定罪相同，而且可能更容易被误用，因此立法机构和法院同样有义务在法律上规定必须证明的风险要素。通常，犯罪是根据在特定情况下发生并产生特定结果的特定行为来定义的。以此类推，风险要素至少应涉及：①在没有特定干预的情况下；②在特定时间内；③发生特定类型犯罪结果；④概率（最好是量化的概率）。根据不同的法律环境，这些要素的内容可能会有很大不同。根据适合性原则，如果一项 RAI 不能帮助回答这些要素，那么其结论就是不相关的；它们不适用法律调查。

有效性原则要求 RAI 做其声称要做的事情。换句话说，一旦通过适用适合性原则确定了必须解决的问题，就应该对 RAI 回答这些问题的能力进行评估。这种调查可以模仿美国最高法院在 Daubert 案中的判决所规定的调查，[14] 即询问专家证词的依据是否经过了某种类型的验证过程，如经验测试、误差率的产生以及通过在公认期刊上发表文章接受同行审查。许多司法管辖区认为，Daubert 案的标准不适用于此处涉及的情况，因为该标准是作为证据规则设计的，旨在适用于审判。但这一立场很难让人理解，在侵权诉讼（Daubert 案的背景）中出示证据之前必须满足 Daubert 案检验标准，那么在事关数周、数月或数年的监禁或服刑时间时，该标准当然也应适用。如果 Daubert 案或类似案件确实适用于 RAI，那么它将要求①RAI 在与相关人群相似的人群中得到验证；②该工具与其风险类别相关联的概率能够以可接受的置信度加以说明；③该工具在区分高风险和低风险个人方面做得合格；④RAI 的评分者间可靠性令人满意；⑤定期更新有关所有这些因素的信息。请注意，按照这里的表述，所有这些标准都留有相当大的回旋余地（"相似人群""可接受的置信度""区分风险的合格工作""令人满意的可靠性"和"定期更新"）。任何工具都不可能达到完美的有效性，同样，一个工具应在多大程度上接近这一目标，也可能因法律环境而异。

公平性原则，顾名思义，是最宽泛、最难界定的原则。事实上，公平性要求可以包括

---

[12] 有关各种工具的更详细描述，see S. L. Desmarais and J. P. Singh, Risk Assessment Instruments Validated and Implemented in Correctional Settings in the United States（March 27, 2013），www.courtinnovation.org/sites/default/files/media/document/2018/review%20of%20adult%20tools.pdf.

[13] See generally J. C. Jeffries, Legality, Vagueness, and the Construction of Penal Statutes（1985）71 Va. Law Rev. 189.

[14] 509 US 579（1993）.

适合性原则和有效性原则。然而，在这里，它指的是评估 RAI 在多大程度上符合自主、尊严和平等的价值观，这些价值观是刑事司法制度及其近亲（针对被认为是危险的个人的强制医疗制度）的基础。最高法院在 Buck 案中简要提及了这些价值观，[15] 该案涉及在死刑判决程序中专家关于风险的证词："如果州政府认为被告因其种族而有可能成为未来的危险……这显然将令人不安地背离我们刑事司法制度的基本前提：我们的法律惩罚的是人的行为，而不是人的身份。"[16] 上述引用的第一句话明确指出，种族不能作为风险因素。而引用的措辞（至少在惩罚的语境中）可能会让人质疑对许多其他风险因素的依赖，包括那些与种族高度相关的因素（例如，居住在种族隔离的社区），以及任何描述"一个人是谁"的因素（例如，年龄、性别、诊断），而不是他或她做了什么。在 Buck 案中，法院似乎不太可能考虑到这种宽泛的公平观；毕竟，法院甚至维持过基于受此类因素严重影响的危险性意见而做出的死刑判决。[17] 尽管如此，Buck 案所蕴含的情感（众多评论家所强调的情感）[18]，不应被忽视。至少，在分析风险因素的合法性时，应根据其种族影响和相关法律环境对与非基于行为的个人特征相关风险评估的容忍程度来衡量其提供的增量有效性。

下面的讨论将充实与量刑、强制医疗、审前羁押和警务有关的适合性、有效性和公平性原则的速写。由于在不了解算法内容的情况下无法实施有效性和公平性原则，本文随后将研究支持在这些不同场合要求透明度的论点，并提及其他一些程序性影响。最后一节探讨了符合适合性、有效性和公平性原则要求的 RAI 即使有，也寥寥无几这一事实的影响。

二、量刑

在量刑的所有方面，RAI 都可以发挥作用。法官在判刑时可能会参考它们，假释委员会在确定释放日期和释放条件时依赖它们，而惩教当局则使用它们来决定安全级别和其他监狱内部事务。以下讨论的重点是在前端量刑中使用 RAI，偶尔会提到其他情况。

三种通常用于量刑的 RAI：

第一种是《暴力风险评估指南》（VRAG），在加拿大和美国一些司法管辖区被广泛使用。[19] 它包含十二个风险因素，分别与个人在《精神变态检查表》（一种考虑到犯罪史的精神变态测量方法）上的得分、小学期间的不当行为、诊断（人格障碍与风险呈正相关，精神分裂症与风险呈负相关）、年龄、16 岁之前父母是否在家、有条件释放后的表现、非暴力犯罪、婚姻状况、受害人伤害、受害人性别以及酗酒史相关联。评估员根据每个风险因素给出一个数字分值，然后将分值相加，得出总分，总分范围从低于 21 分到高于 28 分不等。初步研究表明，VRAG 的最低分代表七年内发生暴力犯罪的几率为 0%，最高分代表七年内发生暴力犯罪的几率为 100%。其他七个"分段"或范围与 8% 到 76% 的累犯概率

---

[15] 137 S. Ct. 759（2017）.

[16] Ibid. at 775, 778（emphasis added）.

[17] See, e.g., Barefoot v. Estelle, 463 US 880（1983）. 在 Buck 案中，专家依据的是七项"统计因素"；种族是法院认为宪法不允许的唯一因素（above note 15, at 775）。

[18] "没有人应该因为自己无法控制的事情而受到惩罚"。See, e.g., D. Husak, Lifting the Cloak: Preventive Detention as Punishment（2011）48 San Diego Law Rev. 1173, 1195.

[19] 关于该工具及相关研究的描述，see G. T. Harris, M. E. Rice, and C. A. Cormier, Prospective Replication of the Violence Risk Appraisal Guide in Predicting Violent Recidivism among Forensic Patients（2002）26 Law Hum. Behav. 377.

相关。

第二种更为流行的量刑工具是替代制裁的罪犯管理分析画像系统（COMPAS）。[20] 该工具最初是作为一种辅助工具，帮助惩教部门对罪犯的安置、管理和治疗做出决策，现在也被用于量刑和假释决策。COMPAS 的透明度远低于 VRAG。虽然 COMPAS 可以提供所调查的问题，但对这些问题的特定答案所给予的权重并没有披露，公众也不知道特定答案是否与最终的风险评估相关。开发 COMPAS 的公司 equivant 曾表示，影响工具的暴力再犯评分的因素包括评估时的年龄、罪犯首次被判决时的年龄、暴力史量表、违规史量表和职业教育量表，但该公司不愿透露每个因素对风险评分的影响，也不愿透露各种量表是如何构建的。此外，与 VRAG 不同的是，COMPAS 的累犯分数不是按概率报告的，而是按"十分位"报告的。被列入第一个十分位并不意味着罪犯有 10% 的累犯概率，而是指罪犯在 COMPAS 验证的分组中排在后 10%。如果罪犯属于第一至第四个十分位数，则被定为"低风险"；如果属于第五至第七个十分位数，则被定为"中风险"；如果属于第八至第十个十分位数，则被定为"高风险"。[21]

第三种工具是 HCR-20 有时在量刑时使用的。[22] 顾名思义，该 RAI 包括 20 个风险因素，其中 10 个与历史问题有关，5 个与临床症状有关，5 个与风险管理或治疗有关。历史因素包括以前的暴力事件、第一次发生暴力事件的年龄、关系不稳定、就业问题、药物使用问题、重大精神疾病、心理变态、早期适应不良、人格障碍、以及事前监管失效。临床因素包括缺乏洞察力、消极态度、严重精神疾病的活动症状、冲动和对治疗反应迟钝。风险管理因素包括计划不可行、接触不稳定因素、缺乏个人支持、不遵守补救措施以及压力。这 20 个因素中的每个因素都按 0-2 分制计分，因此总分最高为 40 分。不过，HCR-20 的开发者强烈建议，应避免严格的数学评估，评估者只需将个人定性为"高风险""中风险"或"低风险"即可。

在适合性、有效性和公平性原则方面，这些工具各有优缺点。这里将对它们进行概述，以说明这些原则在实践中如何发挥作用。

（一）适合性

关于适合性，请记住 RAI 应确定：①概率，最好是量化的概率；②某类犯罪结果；③将在特定时间内发生；④无特定干预。

第一个标准（概率）只有 VRAG 符合。HCR-20 将一个人指定为高、中或低风险，在不知道评估者如何定义该术语的情况下几乎毫无用处。[23] 如果不知道参照组的情况，COMPAS 使用的十分位数也并没有多好。

量化的可能性之所以重要，是因为如果没有量化的可能性，法律决策者就无法在知情

---

[20] See www.documentcloud.org/documents/2702103-Sample-Risk-Assessment-COMPAS-CORE.html.21.

[21] See Northpointe, Practitioner's Guide to COMPAS（August 17, 2012）, p. 5, www.northpointeinc.com/files/technical_documents/FieldGuide2_081412.pdf.

[22] 关于该工具及相关研究的描述，see K. S. Douglas and C. D. Webster, The HCR-20 Violence Risk Assessment Scheme: Concurrent Validity in a Sample of Incarcerated Offenders（1999）26 Crim. Justice Behav. 3, 8.

[23] "从经验上讲，对于特定类别（如'高风险'）所对应的风险程度并无共识"，而且"相对而言，分类掩盖了从根本上说是对正确（如真阳性）和错误（如假阳性）结果的相对成本和收益的价值判断"。See N. Scurich, The Case against Categorical Risk Assessments（2018）36 Behav. Sci. Law 554.

的情况下确定是否符合相关的法律标准。确定该标准是一项法学任务，不在本章讨论范围之内。但值得注意的是，就目前的预测技术水平而言，确定与再犯几率超过75%的群体相关联很可能是不可能的，即使目标仅仅是达到典型的优势证据标准（51%），被指定的群体也很可能为数极少。一些美国司法管辖区通过处理对危险性的定义来解决这一问题。例如，根据得克萨斯州的死刑方案，如果州政府能够"排除合理怀疑"证明"罪犯很可能会实施暴力犯罪行为，从而对社会构成持续威胁"，那么危险性这一加重处罚因素就得到了证明。[24] 从技术上讲，这种措辞意味着州政府只需证明此人有95%的可能性（甚至过半即可）会再次犯罪，这比排除合理怀疑证明此人会再次犯罪要容易得多。作为一个规范性问题，这种证明可能足以作为一个棘手的问题，尽管得克萨斯州（和美国最高法院）已经给出了肯定的答案。[25]

第二个标准（结果变量）应该反映出利害关系的重要性，在这种情况下，利害关系就是监禁、释放或加刑的决定。这再次提出了一个法理学问题——哪种类型的预期犯罪本身就足以证明监禁或加刑是合理的？许多人主张，轻微犯罪行为的风险即使很高，也不应影响监禁的决定。[26] 如果接受这一观点，那么RAI就应该使用严重的暴力行为，而不仅仅是任何犯罪行为，作为其结果衡量标准。许多RAI在这方面可能存在不足。例如，VRAG最初验证研究的结果测量包括简单攻击，[27] 而COMPAS和HCR-20的验证似乎也使用了类似的结果测量。[28]

第三个标准要求与RAI相关的预测符合相关的法律调查。VRAG预测7年内会出现暴力行为，HCR-20预测两年内会出现暴力行为，COMPAS预测一两年内会出现暴力行为。由于许多法定刑期远在七年之前结束，因此对于任何合理的量刑制度而言，VRAG的结果预测时间都太长了。而对于被判犯有轻罪和低级重罪的罪犯来说，即使两年也可能超过法定期限。

风险评估对法官或假释委员会决定是否需要监禁的作用不大，除非它能让决策者了解监禁以外的其他选择。例如，多系统疗法的支持者主张，对许多实施暴力犯罪的青少年的最佳干预措施应在影响风险的社区系统（如家庭、学校、同龄人）中进行。[29] 可以说，作为一个法律问题，应向决策者提供这类信息；事实上，最高法院的一些意见可以被理解为规定国家以尽可能少的限制性方式来实现其预防目的。[30] 如果这是一项要求，那么RAI不仅需要帮助法院评估风险等级，还需要帮助法院评估是否有比监禁限制更少的方式，如中

---

[24] Texas Code Crim. Proc. Ann., art. 37.071.2 (b) – (c) (2013).

[25] 法院维持了得克萨斯州的死刑法规，see Jurek v. Texas, above note 1, at 274-6.

[26] See, e.g., A. Ashworth and L. Zedner, *Preventive Justice*, Oxford University Press, 2014, p. 260.

[27] Harris et al., above note 19, p. 383.

[28] 在定义暴力时谈到"人犯逮捕"。See, e.g., Northpointe, above note 21, p. 15.

[29] See S. W. Henggeler, S. K. Schoenwald, C. M. Borduin, et al., *Multisystemic Treatment of Antisocial Behavior in Children and Adolescents*, Guilford Press, 1998, pp. 252-4.

[30] 在Jackson v. Indiana, 406 US 715 (1972); Youngberg v. Romeo, 457 US 307 (1982); and Seling v. Young, 531 US 250 (2001)等案件中，在政府的目标是预防的情况下，这些案件宣布了一种不那么严格的手段要求。See C. Slobogin, Prevention as the Primary Goal of Sentencing: The Modern Case for Indeterminate Dispositions in Criminal Cases (2011) 48 San Diego Law Rev. 1127, 1138-40. Cf. Bell v. Wolfish, 441 US 520, 539 n. 20 (1979). 如果没有考虑"替代性和不那么严厉的方法"来实现非惩罚性目标，则表明有实施刑事惩罚的意图。

途之家、脚镣、监视或门诊治疗，可以实现国家的预防目标。换句话说，风险工具应该既能解决风险管理问题，又能解决风险评估问题。虽然 COMPAS 和 HCR-20 提供了一些此类信息，但 VRAG 却没有。

（二）有效性

适用于算法量刑的有效性原则至少要求以一种以上先进的方式开发该工具，并在前面提到的所有五个方面（对相关法律人群的适用性、识别重新犯罪概率的能力、区分高风险和低风险罪犯的能力、评分者之间的可靠性以及通用性）对其心理测量特性进行评估。本文讨论的所有三种工具的开发者都提供了大量有关这些指标的信息，[31] 这里只强调前三项，即外部有效性、校准有效性和区分有效性。

为了满足外部有效性的最低要求，RAI 应该在与干预目标密切相关的人群中进行验证。许多 RAI 可能达不到这一基本要求。例如，VRAG 最初是在加拿大制定的标准，这就使得它在美国的使用出现了问题，直到它在更多样化的美国人群中得到验证。[32] 理想情况下，RAI 的参照组在人口特征和刑事指控方面与被评估者高度相似。

假设情况确实如此，校准有效性（准确地将风险类别或概率分配给罪犯个人的能力）是最接近于满足前面讨论的适合性要求的指标。如果它也能回答结果、持续时间和干预问题，则更是如此。理想情况下，RAI 可以提供多个风险类别，每个类别都与相关人群的特定再犯罪可能性（例如，20%±5%）相关联。

与校准有效性密切相关的是区分有效性，即工具区分高风险和低风险罪犯的能力。衡量区分有效性的一种常用方法是"接收者工作特征曲线"，它是通过绘制真阳性率与假阳性率的对比曲线得出的。[33] 如果得到的曲线沿着左侧纵轴，然后是上方横轴（就像一个没有大写字母的"r"），那么曲线下的面积（AUC）就是 1.0，表示该工具的准确率为 100%。反之，如果曲线从左下角到右上角呈 45 度对角线，则曲线下的面积为 0.5，表明 RAI 在区分真阳性和真阴性方面的效果并不理想。VRAG 和 HCR-20 的典型曲线下的面积值介于 0.70 和 0.75 之间，[34] 这表明在验证研究中，有 70% 到 75% 的几率会使再犯者在 VRAG 上得到比未再犯者更高的分数。

可以说，这一价值处于法院应要求的较低水平。在 Addington 案中，[35] 最高法院认为，如果没有明确且令人信服的证据，不得以危险性为由将精神病患者送入医院，而明确且令人信服的证据通常被量化为 75% 的确定性水平。如果没有这种程度的把握就不能对一个人进行非自愿住院治疗，那么在对罪犯预防性拘留在监狱之前，至少也要有这种程度的把握。用曲线下的面积术语来说，这意味着量刑法院只应在大约 75% 的情况下使用能够准确区分高风险和低风险罪犯的 RAI。

---

〔31〕 请注意，与本文讨论的工具不同，对于许多风险评估工具而言，仅有的验证研究是由工具的开发者进行的，有时这些研究仅提供了少数绩效衡量方面的信息。T. Douglas, J. Pugh, I. Singh, et al., Risk Assessment Tools in Criminal Justice and Forensic Psychiatry: The Need for Better Data (2017) 42 Eur. Psychiat. 134, 135.

〔32〕 See Harris et al., above note 19, p. 381.

〔33〕 描述这种衡量风险评估准确性的方法。See D. Mossman, Assessing Predictions of Violence: Being Accurate about Accuracy (1994) 62 J. Consult. Clin. Psychol. 783, 784-5.

〔34〕 M. Bani-Yaghoub, J. P. Fedoroff, S. Curry, and D. E. Amundsen, A Time Series Modeling Approach in Risk Appraisal of Violent and Sexual Recidivism (2010) 34 Law Hum. Behav. 349, 359.

〔35〕 441 US 418, 431-3 (1979).

（三）公平性

如前所述，即使仅限于 Buck 案中确定的关注点，公平也是一个模糊的术语。为了使调查重点突出，第一种观点认为公平原则涉及两个不同的诉求——歧视诉求和尊严诉求。前面引述的 Buck 案中的第一段话："如果州政府认为被告因其种族而有可能成为未来的危险，这显然是违宪的"，最明显地与歧视有关的诉求。从表面上看，许多 RAI 似乎很容易受到这类关切的影响。虽然 RAI 中，例如 VRAG、COMPAS 及 HCR-20 并没有明确考虑种族，但它们经常根据种族的相近替代因素（如与贫穷有关的因素）或其他不可改变或几乎不可改变的特征，如性别、年龄及诊断，来区分罪犯。因此，根据美国的平等保护法，可以认为基于这些 RAI 的判决是对可疑或准可疑阶层的歧视，是违宪的。[36]

对这一论点的一种回应是，统计或机械推导出的 RAI 并不表明对任何这些群体有"敌意"，而这通常是认定宪法歧视之前所要求的证明。[37] 第二种观点认为，如果有合理或重要的正当理由，即使是对离散群体的故意歧视也是允许的——在这里，就是保护公众和有效分配资源。[38]

与这一理论辩论相关的另一个事实是，在 RAI 中消除群体特征可能会对其他群体造成不公平的歧视。[39] 威斯康星州最高法院在 Loomis 案中的意见说明了这一点。[40] 在 Loomis 一案中，法院面临着对 COMPAS 的质疑，与许多 RAI 一样，COMPAS 将男性作为一个风险因素。对于不能根据这一特征量刑的论点，法院指出"似乎任何不区分男女的风险评估工具都会对男女进行错误分类"。[41] 由于将性别因素从计算中剔除意味着 COMPAS 在量刑时会导致不准确的性别区分（与实际情况相比，女性被评为风险较高，而男性被评为风险较低），法院驳回了被告的宪法诉求。

第一个与歧视有关的更令人信服的问题是 RAI 可能不准确地依赖于不可改变的因素。这是 ProPublica 一篇报道 COMPAS 研究的文章中提出的论点，该研究表明，该工具在黑人中产生的假阳性结果（即预测会重新犯罪但实际未重新犯罪的人）比在白人中产生的假阳性结果多得多。[42] 对这种担忧的回应比较复杂，但归结起来就是：如果黑人比白人更有可能犯罪，那么严重依赖先前犯罪的 RAI 将不可避免地在黑人中产生更大比例的假阳性。[43] 操纵算法来减少这些误报，会增加黑人假阴性（即被称为低风险但实际上重新犯罪的人）

---

[36] See S. B. Starr, Evidence-Based Sentencing and the Scientific Rationalization of Discrimination（2014）66 Stan. Law Rev. 803, 805.

[37] C. Coglianese and D. Lehr, Regulating by Robot: Administrative Decision Making in the Machine-Learning Era（2017）105 Geo. Law J. 1147, 1193.

[38] 性别歧视只接受中等审查。United States v. Virginia, 518 US 515（1996）.

[39] "在适当的情况下，国家在补救过去或现在种族歧视的影响方面的利益可以证明政府使用种族区别是合理的。"Cf. Shaw v. Hunt, 517 US 899（1996）.

[40] 881 NW. 2d 749（Wis. 2016）.

[41] Ibid. at 766.

[42] See J. Angwin, J. Larson, S. Mattu, and L. Kirchner, Machine Bias, ProPublica（May 13, 2016）, www. propublica. org/article/machine-bias-risk-assessments-in-criminal-sentencing.

[43] See A. Feller, E. Pierson, S. Corbett-Davies, and S. Goel, A Computer Program Used for Bail and Sentencing Decisions Was Labeled Biased against Blacks. It's Actually Not that Clear, Washington Post（October 17, 2016）, www. washingtonpost. com/news/monkey-cage/wp/2016/10/17/can-an-algorithm-be-racist-our-analysis-is-more-cautious-than-propublicas/? utm_term=. c3eec3904d97.

的比例，同时也会增加误报白人假阳性的数量。

因此，对统计学家来说，真正的问题是上述前提条件"黑人比其他种族群体犯下更多罪行"是否正确。如果警察逮捕、检察官指控或陪审团和法官定罪的方式是受种族驱动的，那么可能就不正确。又或者，对于某些犯罪（如毒品犯罪），这一前提是正确的，但对于其他犯罪则不然。[44] 如果这个经验问题可以解决，训练数据中的任何偏见都可以消除，那么关于歧视索赔的法理问题就变成了，我们的目标是一个使用相同的非种族化标准来评估风险的预测制度（鉴于犯罪率的差异，这可能会产生更多黑人而非白人的假阳性结果），还是一个产生相同比例的黑人和白人假阳性结果的预测制度（这可能会增加黑人的假阴性结果，从而可能导致更多黑人受害者）。[45]

第二个公平问题的重点不是歧视本身，而是尊严，或者正如最高法院在 Buck 案中所说的那样，"我们刑事司法制度的基本前提是，我们的法律惩罚的是人的行为，而不是人的身份"。[46] 著名刑法学者 Andrew von Hirsch 这样说："除非这个人确实做出了他被预言会做出的错误选择，否则他就不应该因为这个选择而受到谴责，也不应该因此而受到惩罚"。[47] 这种观点可能会允许根据犯罪前科来加重罪犯的刑罚。但它不允许根据任何其他因素进行风险评估。因此，依赖性别、诊断、父母在青少年时期的陪伴以及就业状况等风险因素（即使在适用时不被认为是歧视性的）也会因为其对自主权的侮辱而被排除在外。这些因素不仅不是犯罪，而且许多甚至不能被称为个人选择的"行为"。

这一论点具有很强的直觉吸引力，即使是在量刑制度中，如大多数美国司法管辖区的情况，[48] 也只允许风险在一个由"应得原则"（desert principle）决定的惩罚性定义范围内影响罪犯的刑期。然而，von Hirsch 的立场有两个实际问题。首先，从 RAI 中去除所有非犯罪因素很可能会大大降低准确性。其次，如上所述，去除这些因素也可能会增加歧视。一个有精神变态倾向并有一次犯罪前科的年轻男性比一个有抑郁症并有同样犯罪前科的年长女性所带来的风险要高得多；然而，根据 von Hirsch 的方法，二者将被同等对待。

更细致的方法是在特定风险因素的增量有效性与公平性之间取得平衡。这种限制可能仍然允许依赖年龄和性别，因为它们似乎能显著提高准确性；相比之下，就业状况等因素的增量有效性可能并不显著，在这种情况下，可能会被排除在考虑范围之外。[49] 最后，必须做出规范性判断，即非犯罪因素与风险的相关性何时低到应予排除的程度。

为了进一步减少与 RAI 相关的对尊严的侮辱，风险评估也应尽可能以动态或"因果风

---

[44] See R. Ramchand, R. L. Pacula, and M. Y. Iguchi, Racial Differences in Marijuana-Users Risk of Arrest in the United States (2006) 84 Drug Alcohol Depend. 264.

[45] "讨论刑事司法环境中的公平性时，通常会忽略对受害者的公平性"。R. Berk, Accuracy and Fairness for Juvenile Justice Risk Assessments (2019) 16 J. Empir. Leg. Stud. 175, 191.

[46] Buck, above note 15, at 778.

[47] A. von Hirsch, *Past or Future Crimes: Deservedness and Dangerousness in the Sentencing of Criminals*, Rutgers University Press, 1985, p. 11.

[48] R. Frase, Theories of Proportionality and Desert, in J. Petersilia and K. R. Reitz (eds.), *The Oxford Handbook of Sentencing and Corrections*, Oxford University Press, 2012, pp. 131, 144-6.

[49] 有关暴力与各种风险因素之间的双变量关系的说明性数据，基于一项侧重于精神障碍与暴力关系的研究，see MacArthur Research Network on Mental Health & the Law: The MacArthur Violence Assessment Study (2001), http://perma.cc/5QLN-3ETP.

险因素"为基础，如药物滥用或冲动（HCR-20和COMPAS比VRAG更好地实现了这一目标）。同样，动态因素是那些可以通过干预来改变的因素，因此重点关注的是当事人可以有所作为的特质。公平性原则的这一方面与适合性原则的要求相吻合，即算法风险评估应提供与风险管理相关的结果。同样与这一点相一致的是，研究人员应努力在其算法中纳入可降低风险的因素，就像VRAG对精神分裂症所做的那样。

三、强制医疗与审前羁押

关于适合性和有效性原则如何适用于强制医疗和审前羁押的分析可以简短一些，因为前面关于量刑的讨论已经确定了最有可能出现的问题类型。在适合性方面，RAI应解决的相关概率、结果衡量、预测期和处置替代方案可能会有很大不同，这取决于程序的确切类型。例如，鉴于判刑后性暴力犯罪者（SVP）强制医疗的重点，[50] RAI应提供有关性犯罪再犯概率的数据，而不仅仅是一般再犯的数据；此外，鉴于这种强制医疗的后果（类似于监禁[51]），该概率应该很高。相比之下，鉴于民事强制医疗通常是短期的，而且明确以治疗为导向，如果RAI评估了任何类型的非轻微身体伤害的风险，可能就足够了；同时，由于这种强制医疗的标准一般要求证明有迫在眉睫的危险，[52] 预测的伤害应该是在不久的将来，而不仅仅是"可预见的"。鉴于迅速审判法规的限制，审前羁押的时限也应较短（约为三个月），[53] 与判决一样，除非预测的伤害是严重的，否则可能不应实施拘留。[54]

在有效性方面，一个关键问题是，与往常一样，该工具是否在相关人口方面得到了验证。在高危罪犯的情况下，有些法庭依赖VRAG及HCR-20，尽管它们的验证样本并非集中于性罪犯。[55] 类似的问题也可能出现于审前羁押RAI中。俄亥俄州风险评估系统是根据俄亥俄州几百名被告的样本开发的，但现在已在全国范围内使用。[56] 该样本与这些新人群之间的任何系统性差异都可能导致不准确的估算，而鉴于大多数司法管辖区都没有对其审前RAI进行交叉验证，这个问题不太可能被发现。[57]

正如上述各点所示，适用于强制医疗和审前羁押的适当性原则和有效性原则需要进行与量刑类似的调查，其影响在此不作进一步探讨。在适用公平性原则时，对这两种情况的分析最有可能出现分歧——不是在该原则的歧视部分（在这里，与所有情况一样，该原则

---

[50] 将"性暴力犯罪者"定义为被指控或判定犯有性暴力犯罪且"可能从事性暴力掠夺行为"的人。See, e.g., Kan. Stat. Ann. § 59-29a-1.

[51] 关于性暴力犯罪者强制医疗和监禁之间的相似之处。See Allen v. Illinois, 478 US 364, 379 (1979) (Stevens, J., dissenting).

[52] 要求证明"在不久的将来，此人极有可能对……他人造成严重身体伤害……" See, e.g., Fla. Stat. § 394.467 (a)(A) 2. b.

[53] 从逮捕到审判的推定期间为100天。See, e.g., Federal Speedy Trial Act, 18 USC § 3162.

[54] 认为应推定释放轻罪被捕者。See S. Baradharan, The History of Misdemeanor Bail (2018) 98 Boston Univ. Law Rev. 387.

[55] See, e.g., People v. Clewell, 2017 WL 2472693 * 6 (Cal. 4th DCA, 2017).

[56] E. Latessa, P. Smith, and R. Lemke, The Creation and Validation of the Ohio Risk Assessment System (ORAS) (2016) 74 Fed. Probat. 16.

[57] See S. L. Desmarais and E. M. Lowder, Pretrial Risk Assessment Tools: A Primer for Judges, Prosecutors, and Defense Attorneys, University of Virginia Law School, Upturn, and Human Rights Data Analysis Group (February 2019), p. 7.

禁止不准确的歧视，因此告诫不要使用有种族偏见的逮捕等手段），而是在其尊严部分。正如 Buck 案所言，惩罚的一个"基本前提"是以一个人的所作所为为依据，而不是以他是谁为依据。然而，当重点是强制医疗和审前羁押时，我们可以说惩罚不是目的。当然，美国最高法院在 Kansas 案（涉及 SVP 程序），[58] Addington 案（涉及强制医疗程序），[59] 和 Salerno 案（涉及审前羁押）[60] 等案件中也是这么说的。相反，法院认为这些程序都具有"监管"性质，其设立的明确目的是防止对公众造成伤害，而不是惩罚犯罪的人。如果人们接受这一立场（许多人不接受这一立场，至少在涉及 SVP 程序时是如此）[61]，那么对于依赖静态的风险因素或基于不涉及应受指责行为的条件的风险因素的担忧就可以忽略了。

这一结论的重要性可以通过观察一个相对较新的 RAI 来显著说明，该 RAI 是为在强制医疗程序中使用而开发的。牛津再犯风险工具，绰号"OxRec"，值得注意的是，它考虑了如此多的风险因素，包括其他工具没有考虑的环境变量：男性；入狱前失业；年龄小；非移民身份；曾被判短期徒刑；暴力指数犯罪；曾有暴力犯罪记录；从未结过婚；受教育年限较少；可支配收入低；酗酒；吸毒；任何精神障碍；任何严重精神障碍；以及"邻里高度贫困"，这是用个人所在邻里的福利救济比例或程度、移民身份、离婚、教育水平、居住流动性、犯罪和可支配收入来确定的。[62] 这些因素中的许多因素不仅不是基于行为或应受谴责的行为（无论是在犯罪意义上还是在道德意义上），而且最后一个因素（邻里贫困分值）更进一步地偏离了 Buck 案的"基本前提"，因为它考虑到了其他人的地位和行为，而罪犯显然无法控制这些地位和行为。然而，如果 OxRec 的使用仅限于监禁环境，那么从法理学的角度来看，这一事实可能并不是一个问题。[63]

四、警务

近年来，RAI 也悄然进入刑事司法系统的调查阶段。从法律系统其他部门吸取的经验教训直接适用于这一情况。如果认真应用，适合性、有效性和公平性原则将对算法在警务工作中的使用施加重大限制，就像在其他地方一样。最常见的警务算法旨在识别犯罪活动的"热点"。这些只是警方使用了几十年的犯罪地图绘制计划的更复杂版本。一种更新、更有问题的发展是使用算法来识别"热门人物"。芝加哥警察局的"战略目标名单"依赖于 11 个风险因素，如犯罪史、年龄、假释状况和帮派状况，从而产生 1 到 500 分的"风险分数"。[64] 许多私营公司也声称可以做类似的工作，它们的工具名称包括 Digital Stakeout、

---

[58] Above note 3.

[59] Above note 35.

[60] 481 US 739 (1987).

[61] J. W. White, Is Iowa's Sexual Predator Statute "Civil"?: The Civil Commitment of Sexually Violent Predators after Kansas v. Crane (2004) 88 Iowa Law Rev. 739.

[62] S. Fazel, Z. Chang, T. Fanshawe, et al., Prediction of Violent Reoffending on Release from Prison: Derivation and External Validation of a Scalable Tool (2016) 3 Lancet Psychiatry 535, 540. The instrument itself is found at https://oxrisk.com/oxrec/.

[63] 除非实际情况是邻里是种族的替代品，关于其相关性，see A. G. Ferguson, *The Rise of Big Data Policing: Surveillance, Race and the Future of Law Enforcement*, New York University Press, 2017, p. 122.

[64] See J. Saunders, P. Hunt, and J. S. Hollywood, Predictions Put into Practice: A Quasi-Experimental Evaluation of Chicago's Predictive Policing Pilot (2016) 12 J. Exp. Criminol. 347.

Predpol、HunchLab 和 Beware。Beware 由一家名为 Intrado 的公司开发，声称可以分析个人的数十个数据点，包括财产记录、商业数据库、最近的购买行为和社交媒体帖子，从而在几秒钟内确定人员身份之后给出"威胁分数"。[65]

与往常一样，适合性原则的含义取决于如何使用这些 RAI。如果是为了帮助分配如何在街上部署警力，也许任何能够根据风险区分不同地区或人群的算法都足够了。与此相反，如果它们被用来证明有理由拦截或加强监视那些被确认为有风险的人，则可能需要更高的概率，即更重大的伤害。此外，在调查环境中，最高法院一般要求警方在对某人进行调查性拘留之前，所预测的危险必须是迫在眉睫的。[66] 这意味着算法应该能够识别出一个萌芽中的犯罪热点，或者一个因身处相关附近而与近期或即将发生的犯罪有关联的人。如果没有这种限制，RAI 也可能违反公平性原则中的尊严部分，即警告不要根据与风险只有微弱关联的条件或状况进行"惩罚"。否则，警察可以利用 RAI 反复与同一个人对质，而没有任何客观指标表明他们的行动在该特定时间点是必要的。

监管 RAI 的关键有效性问题是数据循环，这一现象困扰着所有算法，但在这里尤其成问题。由于严重依赖犯罪记录，警方的 RAI 可能会导致警方更频繁地与前罪犯对质，而不是初犯，如果警方完全依赖算法，可能根本不会与初犯对质。[67] 此外，研究表明，这些 RAI 中的数据有很大一部分是"不干净的"，也就是说，这些数据是不适合的，而且往往是带有种族偏见的拦截、逮捕和定罪。[68] 因此，与量刑 RAI 一样，在警务 RAI 中严重依赖低级犯罪既会影响准确性，也会加剧歧视。鉴于这一事实，至少有一种警务工具在其算法中不使用毒品犯罪信息。[69]

作为一项旨在确保至少在某种程度上公平的额外措施，可以要求警方以同样的方式对待 RAI 识别为高风险的每个人（类似于在依赖 RAI 的量刑、强制医疗或审前羁押听证会上自然发生的情况）。因此，如果警方选择拦截被风险评估鉴定为高风险的人，他们也必须拦截具有相同特征的其他人。这一要求的先例来自最高法院的检查站判例，该判例规定在路障处拦截的人员必须在中立的基础上进行选择。[70] 除非遵循这一规则，否则，当警方决定拦截谁时，算法所要防止的偏见就会再次出现。这种规则不一定不可取，但它可能带来的另一个后果是，由于遵守规则很麻烦，警察在采取行动之前会三思而后行。

---

[65] J. Jouvenal, The New Way Police Are Surveilling You: Calculating Your Threat "Score," Washington Post（January 10, 2016）, www. washingtonpost. com/local/public-safety/the-new-way-police-are-surveilling-you-calculating-your-threat-score/2016/01/10/e42bccac-8e15-11e5-baf4-bdf37355da0c_story. html? utm_term=. e31ca039afaf.

[66] 推断 Terry 案的原则一般将因合理怀疑而拦截限制在涉及"即将发生或正在发生的罪行"或已知"已完成的重罪"的情况。See United States v. Hensley, 469 US 221, 228-9（1985）.

[67] 描述了"棘轮效应"如何增加某些群体在监禁人口中的代表性。B. Harcourt, *Against Prediction: Profiling, Policing and Punishing in an Actuarial Age*, University of Chicago Press, 2007, p. 164.

[68] See R. Richardson, J. Schultz, and K. Crawford, Dirty Data, Bad Predictions: How Civil Rights Violations Impact Police Data, Predictive Policing Systems, and Justice, 94 N. Y. U. L. Rev. ONLINE 192（2019）.

[69] Machine Learning and Policing, PredPol: Predictive Policing Blog（July 19, 2017）, http: //blog. predpol. com/machine-learning-and-policing.

[70] See, e. g., Delaware v. Prouse, 440 US 648, 657（1979）.

五、透明度和程序

上述提到的一些 RAI（COMPAS 和一些警务 RAI）是由拒绝透露算法性质的私营公司开发的。这是一种普遍现象，由于越来越依赖于独立的机器学习算法，这种现象更加严重。在此提出的唯一观点是，无论商业秘密主张和类似的保密抗辩在其他法律环境中多么有力，它们在涉及剥夺自由的刑事环境中都不应成功。被判刑、审前羁押和强制医疗的人，或者被拦截和逮捕的人，有权知道原因。

这一权利最明显地体现在第六修正案中，该修正案保障"所有刑事诉讼"中的"被告"有权与原告对质，并享有质疑强制程序的权利。第六修正案显然适用于审前羁押程序和超期羁押听证，[71] 被告可能希望根据 RAI 对拦截或逮捕提出质疑。虽然第六修正案不适用于判决或执行程序，但正当程序条款却适用。[72] 而这一领域的关键案例恰好基于后一条款。在 Gardner 案中，[73] 被告辩称，在对其判决之前，他有权发现并反驳判决前报告的内容。政府以多种理由反对这一主张：政府声称，这种发现会使信息来源不愿提供信息，会拖延程序，鉴于此类报告中包含的心理信息，可能会破坏改造，而且鉴于法官的专业知识，这种发现也没有必要。但最高法院驳回了所有这些论点（其中许多论点也适用于基于 RAI 得出的结论）。虽然法院依据的是正当程序条款，但它使用的语言与第六修正案产生了共鸣："我们相信对手之间的辩论对于审判的真相调查功能往往是必不可少的，这就要求我们也认识到给予律师机会对可能影响量刑决定的事实发表意见的重要性……"[74]

Gardner 案是一起死刑案件，在这种情况下，法院特别关注可靠性。但法院的另一个更早的判决表明，任何剥夺自由的行为都应触发对质权，足以证明暴露 RAI 内容是合理的。在 Roviaro 案中，[75] 法院认为，如果秘密线人掌握了与辩护相关的事实，就必须向被告披露其身份。该案涉及的是一个简单的毒品案件。尽管该案涉及的是秘密线人而非保密算法，但 Roviaro 案证明，当信息对案件至关重要时，即使强烈要求保密（此处指保护线人）也不应占上风。虽然 Roviaro 案在最近的判决中受到冷落，[76] 但其核心原理并未被放弃。

如果存在质疑私人制定的 RAI 的权利，则不仅应允许发现 RAI 的风险因素，还应允许发现这些因素所占的权重以及获得风险评估所使用的方法。获得这些信息不仅对确保准确性很重要，而且对根据公平性原则监测任何不涉及应受指责行为的因素对风险评分的影响有多大。[77]

风险因素的识别对评估对象和政府都很重要的另一个原因是，这与评估对象可能提出

---

[71] Waller v. Georgia, 467 US 39 (1984).

[72] See Addington v. Texas, above note 35, at 423.

[73] 430 US 349 (1977).

[74] Ibid. at 361.

[75] "如果披露告密者的身份或其通信内容与被告的辩护相关且有帮助，或者对公平裁定案件至关重要，则告密者的特权必须让位。" 353 US 53, 60-1 (1957).

[76] 描述并批评联邦巡回法院对 Roviaro 案的处理方法。See Z. A. G. Perez, Piercing the Veil of Informant Confidentiality: The Role of In Camera Hearings in the Roviaro Determination (2009) 46 Am. Crim. Law Rev. 179, 202-13.

[77] 作为风险因素权重有多重要的一个例子，see M. Stevenson and C. Slobogin, Algorithmic Risk Assessment and the Double-Edge Sword of Youth (2018) 96 Wash. Univ. Law Rev. 1. 该文提供了实证证据，说明青少年在多大程度上影响 COMPAS 和其他 RAI 的风险评分，以及未能使该信息透明化会如何歪曲有关判决的法律决定。

的反驳证据的类型有关。显然，被评估者应该能够证明 RAI 依赖于不正确的事实——例如，被推翻的定罪、毫无根据的逮捕或错误的就业记录。与此同时，政府也可以合理地辩称，决策者不应该通过对逮捕记录赋予与 RAI 不同的意义（除非该记录有不准确之处）等方式，来对精心构建的 RAI 进行猜测；作为一个经验问题，允许对精算工具进行此类主观调整有违使用统计衍生工具的全部目的。同样，虽然辩方应始终能够提出证据，证明在制定工具时保护因素未经检验，但如果这些因素被纳入验证过程，并被发现在统计上无关紧要，那么它们可能也应被视为在法律上无关紧要。

与强制医疗和一些判决制度相关的不定期监禁，产生了另外两个程序性问题：在最初的法律决定之后，对基于 RAI 的决定的质疑应在多长时间内发生，以及在哪类规则下发生。将假释听证推迟数年的刑事制度可能并不违宪。[78] 然而，假释决定通常是基于惩罚和功利的综合考虑。与此相反，如果目标仅仅是确定风险，最高法院则认为宪法要求进行例行定期审查。[79] 因此，只要长期拘留是预防性的（在判刑时经常如此，在判刑后和精神失常无罪释放时也总是如此），审查就应该是例行的，也许每年进行一次。虽然这些复审听证会不必赋予受审者在审判时可享有的全部权利，[80] 但听证会必须具有足够的对抗性，以便能够提出上述类型的质疑。

六、结论

严格来说，要满足适合性、有效性和公平性原则是非常困难的。目前存在 RAI 可能都无法做到这一点。一种可能的对策是回到 RAI 之前的风险评估方法。这种方法通常被称为"临床"风险评估，依赖于法律决策者的主观判断，或许还有精神病学家或心理学家的诊断印象作为辅助。这种评估很容易达到所谓的"表面适合"：例如，法官或假释委员会可以决定，根据他们的最佳判断，专家证据表明，如果不对罪犯实行监禁，他们很有可能在未来一年内实施暴力犯罪。

然而，这类判断很快就会违反有效性和公平性原则。尽管临床专家的表现往往优于偶然性，[81] 但研究一致表明，至少在警务范畴之外，[82] 在暴力风险方面，临床判断不如精算判断。[83] 虽然对特定临床判断的明确解释可能只涉及"合法"的风险因素，如犯罪前科，但包括种族在内的明显不合法或可疑因素的影响（有意或无意）不容忽视，而且事实

---

[78] 维持八年的延迟，反对事后质疑，但也指出，如果这种延迟"造成延长罪犯监禁的重大风险"，则是不允许的。Garner v. Jones, 529 US 244, 251（2000）.

[79] Kansas v. Hendricks, above note 3, at 363-4.

[80] 允许在撤销假释时采用不那么正式的程序。See Morrissey v. Brewer, 408 US 471, 484（1972）.

[81] See C. Slobogin, Dangerousness and Expertise（1984）133 Univ. Pa. Law Rev. 97, 112-14.

[82] S. Ægisdottir, M. J. White, P. M. Spengler, and A. S. Maugherman, The Meta-Analysis of Clinical Judgment Project: Fifty-Six Years of Accumulated Research on Clinical versus Statistical Prediction（2006）34 Couns. Psychol. 341; N. Z. Hilton, G. T. Harris, and M. E. Rice, Sixty-Six Years of Research on the Clinical Versus Actuarial Prediction of Violence（2006）34 Couns. Psychol. 400, 400-1. But see J. J. Dressel, Accuracy and Racial Biases of Recidivism Prediction Instruments, Science Advances（January 7, 2018）, p. 4. 该文发现非专业预测准确性和统计预测准确性没有区别，但使用的方法实质上是将非专业预测转换为算法。

[83] 关于热点地区性风险评估的问题，see Saunders et al., above note 64. 相比之下，热点地区风险评估指标可能比警方的直觉更可取。See B. Grunwald and J. Fagan, The End of Intuition-Based High Crime Areas（2019）107 Cal. Law Rev. 345, 397-8.

上可能普遍存在。[84] 相比之下，RAI 所考虑的风险因素在表面上显而易见，假定在整个司法管辖区使用相同的 RAI，将会促进更一致的判断。

尽管临床预测存在一些问题，但与基于 RAI 的预测相比，临床预测可能更受青睐，因为它更"个性化"。由于 RAI 反映的是群体倾向，一些学者认为 RAI 无法说明个人的任何有意义的信息。[85] 这一论点在统计学上已被推翻。[86] 同样重要的是，它证明了太多东西。归根结底，所有的风险评估，甚至所有的专家证词，都是建立在定型观念的基础上的。临床专家如果声称其相信某个罪犯会再次犯罪，那么这一论断是基于其与其他人相处的经验，或者是阅读或听闻的其他人的情况，其认为这些因素与风险相关。在专家证词中，笔者与合著者的所谓的 G2i（从一般到个别）挑战是无法避免的。[87] 一项研究强化了上述观点，该研究发现，虽然抽象地说，非专业受试者更倾向于临床判断而非精算判断，因为前者的机械性较低，但当他们被告知算法更准确时，他们的倾向就会发生逆转，而且当构建算法的因素透明化时，他们更倾向于算法。[88] 根据这里提出的制度，这两种情况都会存在。

因此，解决 RAI 难题的更好办法可能是将这些原则视为理想原则。根据这一方案，不符合一项或多项原则要求的 RAI 不会被断然拒绝；相反，法院将决定 RAI 在多大程度上满足了原则的要求。上述提到的 Loomis 案就是一个暗示了这种方法但最终失败的司法判决。[89] 该案是为数不多的分析基于风险评估的可接受性的美国上诉意见之一。值得称赞的是，威斯康星州最高法院指出，存在疑问的 RAI（COMPAS）并非以当地人口为标准，可能会对少数族裔罪犯进行错误分类，而且由于创建该 RAI 的公司不愿透露其算法的依据，因此无法对其进行仔细分析。但是，法院并没有要求提供这些信息，以便对其适合性、有效性和公平性进行分析，而是蹩脚地得出结论，只要法官认识到这些局限性，并且不将 COMPAS 作为罪犯是否被监禁或加重刑罚的"决定因素"，那么审判法院就可以继续在量刑时使用 COMPAS。[90] 只有当法院在解决适合性、有效性和公平性原则所引起的问题方面做得比这更好时，才可以说这一方案比回到非结构化的人为判断的方向要好，尽管它可能很糟糕。

---

[84] D. Faust and D. C. Ahern, Clinical Judgment and Prediction, in J. Ziskin and D. Faust（eds.）, *Coping with Psychiatric and Psychological Testimony*, 6th edn., Oxford University Press, 2011, p. 147. 调查了影响临床判断的主观因素的文献。

[85] "很明显，在个案中无法以任何可信度预测未来的犯罪。" See D. J. Cooke and C. Michie, Limitations of Diagnostic Precision and Predictive Utility in the Individual Case: A Challenge for Forensic Practice（2010）34 Law Hum. Behav. 259, 272.

[86] See P. B. Imrey and A. Philip Dawid, A Commentary on Statistical Assessment of Violence Recidivism Risk（2015）2 Stat. Pub. Policy 1.

[87] D. L. Faigman, J. Monahan, and C. Slobogin, Group to Individual Inference in Expert Scientific Testimony（2014）81 Univ. Chi. Law Rev. 417.

[88] A. J. Wang, Procedural Justice and Risk Assessment Algorithms, https://ssrn.com/abstract=3170136.

[89] Above note 40.

[90] Ibid. at 274.

第二十一章

算法造成的损害

西玛·塔内卡·蒂拉克（Seema Ghatnekar Tilak）*

引言

网络名誉损害可以通过多种方式发生，其中一种方式就是通过互联网上普遍存在的算法。互联网由复杂的技术组成，可以迅速传播信息，通过点击一个按钮就可以在几秒钟内覆盖全球。互联网提供了大量主题的实时公开讨论，并允许世界不同地区的个人在保持匿名感的同时进行互动（如果他们选择这样做的话）。许多在线交流都源于一条内容，该内容会在多个平台上被反复传播和重新分发。例如，以社交媒体应用Twitter为例。Twitter允许个人在数百万用户之间传递简短的信息。Twitter令人惊讶地成为了一位美国总统的发声渠道，公众能够以这种方式直接接触到一位在任总统，这无疑是令人难以置信的。此外，互联网还助长了人们在屏幕背后的肆意行为。在网上传播信息、想法和流言的成本很低，而且似乎很少会产生什么后果。尽管有些人可能认为敲几下键盘只会产生短暂的影响，但互联网上的内容往往具有持久性。

在线交流依赖于几个不同的角色：①内容创作者；②内容提供者或托管者；③内容寻求者和消化者。内容创作者向在线平台提供信息，无论这些平台是博客、社交媒体应用程序，还是其他类型的网站。内容提供者使内容得以访问，既可以是被动地也可以是主动地提供访问权限。内容提供者的例子包括社交媒体网站，还包括搜索引擎和其他网站。内容寻求者包括普通消费者，或"网上冲浪"搜索信息或娱乐的人。网络空间中的名誉损害是由这三个角色的相互作用而产生的。

内容创作者对于网上不良内容的产生负有最大责任，因为正是这些创作者制造了这些内容。但是内容提供者何时需要对冒犯性内容负责呢？如果只有算法负责该怎么办？算法处理和再输出内容，以便为终端用户提供精简且有序的数据。在此过程中，算法可能会以贬损的方式呈现和组织内容。

尽管Google绝非世界上唯一的搜索引擎，但它肯定是最广泛使用的搜索引擎，在全球

---

* 本章是基于先前发表的一篇论文，并对其进行了扩展：S. Ghatnekar, Injury by Algorithm: A Look into Google's Liability for Defamatory Autocompleted Search Suggestions（2013）33 Loy. LA Ent. Law Rev. 171, https：//digitalcommons. lmu. edu/elr/vol33/iss2/3.

范围内影响力巨大。因此，本章将重点分析 Google 的自动补全（autocomplete）搜索功能所造成的名誉损害。大多数使用过 Google 搜索的人都知道 Google 的自动补全搜索功能。自动补全为个人提供了一种看似简单的搜索方法，即当个人在 Google 搜索框中输入搜索请求时，它会实时建议几个搜索词。自动补全提供的搜索建议会根据一个复杂的算法（后文详细讨论）而变化，该算法具有社交面向，部分建议是基于之前用户搜索的预测。Google 声称，它无法控制该算法（尽管这是 Google 自己创建的算法），因此不应为算法生成的搜索结果承担责任。这一点引发了令人不安的法律问题，特别是由于人们不了解 Google 自动补全功能所生成的结果究竟是由谁或什么因素造成的。

全球范围内出现的许多案件都揭示了这一法律灰色地带。例如，2012 年 4 月，一个法国组织在法国起诉 Google，因为 Google 暗示鲁珀特·默多克（Rupert Murdoch）和乔恩·哈姆（Jon Hamm）等人是犹太人。[1] 与此同时，德国前第一夫人贝蒂娜·伍尔夫（Bettina Wulff）起诉 Google，因为 Google 的自动补全搜索功能暗示她曾是一名应召女郎或妓女。[2] 2018 年，澳大利亚人迈克尔·特库尔贾（Michael Trkulja）起诉 Google，因为 Google 的自动补全搜索功能错误地将其与有组织犯罪和谋杀相联系。[3] 上述所有原告都以诽谤法的原则，即以虚假陈述可能损害个人名誉的理论为基础提起诉讼。

前面的例子详细说明了在国际法律领域的诉讼，而美国境内的法院尚未直接解决 Google 对类似行为的潜在责任。因此，本章从不同的角度出发，分析了 Google 在美国因诽谤性的自动补全搜索建议而可能面临的潜在责任。本章探讨了搜索引擎和 Google 自动补全算法的基本原理。接下来将分析互联网法律的发展，并着眼于围绕这一问题的全球案例。在阅读本章时，有一点很重要，需要牢记在心，那就是 Google 在简化和个性化用户体验的同时，仍然要依法行事，并尊重个人。

一、搜索引擎和自动补全功能概述

搜索引擎已成为互联网的新枢纽。互联网海量流量中有很大一部分经过它们，并且还在不断增长。它们是图书管理员，为混乱的在线信息积累带来秩序。它们是信使，将作者和读者联系在一起。它们是评论家，将内容提升到突出的位置，或者将其归于默默无闻。它们是发明家，设计出新的技术和商业模式来改造互联网。

由于互联网技术的不断创新和变化，法律似乎总是落后于技术。本节将介绍搜索引擎的功能以及目前对谷歌自动补全搜索功能的理解，该功能于 2008 年在 Google 网站上首次亮相。

（一）搜索引擎的背景

通常，搜索涉及四种信息流模式：①搜索引擎积累和组织内容；②搜索内容的用户

---

[1] See E. Gardner, Google Sued for Suggesting Rupert Murdoch and Other Celebrities Are Jewish, The Hollywood Reporter（April 30, 2012），www.hollywoodreporter.com/thr-esq/google-sued-rupert-murdoch-jon-hamm-jewish-318012.

[2] See F. Lardinois, Germany's Former Foreign First Lady Sues Google for Defamation over Autocomplete Suggestions, Tech Crunch（September 7, 2012），http：//techcrunch.com/2012/09/07/germanys-former-first-ladysues-google-for-defamation-over-autocomplete-suggestions/.

[3] T. C. Sottek, Google Loses Australian Defamation Case after Court Rules that It Is Accountable as a Publisher, The Verge（November 26, 2012），www.theverge.com/2012/11/26/3694908/google-defamation-australia-publisher.

"查询搜索引擎";③搜索引擎向查询提供结果;④用户接收请求的内容[4]。正如本章引言中所讨论的,此交易中的各方包括索引和组织信息的搜索引擎、创建信息的内容提供商、希望访问信息的最终用户,以及在某些情况下,如版权持有者或政府等第三方,他们对内容有一定的控制权,或者试图以某种方式审查或限制最终用户可以访问的内容。这些各方之间的相互作用可能会因某个特定查询所产生的内容而引发某种责任。

搜索引擎允许用户在一个查询中通过一系列不同的可用术语来搜索信息。传统上,一旦用户输入检索词并点击"Enter",搜索引擎就会扫描其数据库以找到被查询的词条,然后以不同方式对词条进行编目。对术语进行编目的过程称为"索引"(indexing)。在搜索引擎向用户分发内容的过程中,索引信息体现在搜索引擎和内容提供商之间的相互作用中。索引可以通过自动软件代理程序在网络上搜索相关内容自动生成,也可以通过其他类型的信息收集方式生成。

搜索查询是用户对某个主题信息的请求,范围可以从关键字到短语。一般来说,用户会进行三种查询:①导航查询,用于查找特定的网站或信息集;②信息查询,用于查找特定主题的信息;③事务查询,用于购买特定商品或执行特定活动。不同的搜索引擎在执行搜索查询时会权衡各种因素,这可能会影响生成的特定信息。例如,这些因素可能包括用户的地理信息、过去用户搜索的影响、所使用的操作系统或浏览器。当用户在搜索引擎中输入搜索词时,搜索引擎会记录用户的查询词以及有关网络浏览器类型、网络浏览器版本、IP 地址和"cookie"数据的信息。Cookie 使搜索引擎能够存储有关个人的数据,包括用户的电子邮件地址(如果用户已登录)和用户过去的搜索结果。

在 DoubleClick Inc. v. Privacy Litigation 案中,纽约南区法院认定,DoubleClick 公司(当时世界上最大的互联网广告工具提供商)没有通过使用 cookie 侵犯任何用户的权利。原告声称,DoubleClick 公司使用 cookie 收集个人信息,包括用户姓名、电话号码和互联网浏览历史。法院认定 DoubleClick 公司"创建了 cookies,为其分配识别号码,并将其置于原告的硬盘中"。法院认为此过程"对 DoubleClick 公司至关重要,但对其他人毫无意义",认定 cookie 的使用是合法的,不会侵犯用户的权利。此外,用户能够访问 DoubleClick 公司的网站,请求选择退出 cookie,或者可以通过配置他们的互联网浏览器来轻松防止 cookie 被放置在他们的电脑上。浏览互联网时请牢记 cookie!

向用户提供相关内容是网络搜索的决定性时刻。搜索引擎通常按照与查询的相关性从高到低的顺序列出结果。根据生成的内容,用户可以通过在特定查询中添加或删除关键字来执行其他查询,以缩小搜索范围。由于在线上有大量可用的内容,算法有助于简化数据,以防止用户因无限量的不相关数据而负担过重。

搜索引擎通过使用各种算法来组织和凝练内容提供商提供的所有内容,它们生成搜索查询的方式各不相同。搜索引擎会扫描网页上的文本来评估网页的中心主题。现在,搜索引擎会扫描并分析网页上的其他信息,这些信息被称为"元数据"。元数据在文档的硬拷贝(hard copy)中是不可见的,但可以通过生成文档的原始程序以原始数字格式查看。元数据通常被称为"关于数据的数据",因为它可以"描述、解释、定位或以其他方式使检索、

---

[4] Ibid., p. 7.

使用或管理信息资源变得更容易"。[5] 元数据的三种主要类型是：①描述性元数据；②结构性元数据；③管理性元数据。描述性元数据包括识别源资料的信息，如作者、标题、摘要或与材料相关的关键词。结构性元数据涉及源资料的组织和组合方式，如章节中页码的顺序。管理性元数据涉及关于信息实际来源的信息，包括技术信息，例如信息来源的创建时间、信息来源的文件类型、信息来源的知识产权和一般管理信息。

搜索引擎利用一种称为搜索引擎优化（search engine optimization，SEO）的技术，向用户提供搜索引擎认为对公众最为重要的内容。搜索引擎优化的基础在于权衡搜索引擎认为最相关和最权威的几个排名因素。"搜索引擎能够通过保密精确的算法细节并改变它们的算法来阻止检测到的不当优化技术（即防范那些试图通过如过度优化等不正当手段来提高网站排名的搜索引擎优化技术），从而保留一层真实、有用的结果（即确保向用户展示的是最相关、最真实、最有价值的结果）。"[6] 与元数据类似，搜索引擎使用 HTML 元标签，这些本质上是网页的数据标签，包含不会直接在页面上显示的文本，但通过代码向浏览器传达有关网页的详细信息。

构成搜索引擎的所有因素之间的相互作用，导致了一系列包含各种法律学说的有趣法律的产生。以下部分将简要介绍 Google 的自动补全搜索功能是如何工作的，以及它是如何使传统的搜索引擎法律变得复杂的。

（二）Google 算法和搜索引擎功能之间的相互作用

如上所述，搜索引擎收集信息并提供一个站点，用户可以在该站点上搜索特定信息。传统的搜索方式是用户输入搜索词并点击"Enter"来编录一系列搜索结果。Google 的自动补全搜索功能则更进一步。Google 的算法会根据搜索框中的每一个额外按键，不断改变用户的查询。通过这种方式，Google 的自动补全搜索功能改变了搜索查询的生成方式。在网页上列出所有搜索结果之前，Google 会在用户进行查询时，通过其自动补全搜索功能实时主动显示结果。当用户在搜索框中输入字母时，Google 能够为用户提供不断更新的搜索词，因为其算法在生成自动补全的建议之前会权衡许多因素。因此，自动补全功能在其网络搜索的每个过程中都执行了一个额外的功能。

Google 的自动补全搜索功能简单易用，至少对于普通浏览者来说是这样，但其背后是一个复杂的算法，即自动补全算法。虽然自动补全搜索功能与大多数搜索引擎优化程序有着共同的基本特征，即为用户提供相关和权威的信息，但它与其他搜索引擎优化程序的不同之处在于，它为用户提供不同的查询选择。Google 没有披露其自动补全功能中的确切算法，也可能永远不会披露，因为这些算法被视为受保护的商业秘密。然而，许多分析者试图找出算法过程背后的代码，这使得人们对自动补全有了广泛的了解。Google 对可搜索内容进行"排名"，尽管分析者们对此争论不休，但 Google 在建议的搜索算法排名中考虑了三个主要因素：个性化、搜索量和查询新鲜度过滤器（query deserves freshness，QDF）。个性化包括用户的互联网协议（IP）地址、用户自己的搜索历史、搜索引擎的国家和搜索语言等组件。个性化搜索总是首先显示，并且排名高于其他任何因素。搜索量是指关于搜索词流行度的最低阈值；一旦达到这个阈值，搜索就会被推荐给其他用户。查询新鲜度过滤

---

[5] Understanding Metedata, NISO, (2004), p. 1, www.niso.org/publications/press/UnderstandingMetadata.pdf.

[6] Grimmelmann, above note 5, p. 56.

器描述了嵌入在搜索中的"新鲜度层",这意味着在短时间内流行度激增的术语也可能成为搜索建议,即使没有长期的流行度。查询新鲜度滤器起作用的一个例子是与 2011 年 5 月 1 日本·拉登之死有关的自动补全建议。从他去世的消息宣布后的 12 分钟内,在 Google 搜索栏中输入"osa"会产生自动补全的建议:"本·拉登死了",而在消息传出之前的自动补全建议是:"本·拉登"。因此,查询新鲜度过滤器是一个短期流行度过滤器,可能会受到短至一小时间隔的波动影响。

这三个组成部分的确切权重并不清楚,但它们被认为是 Google 算法过程中最重要的部分。Google 的算法既不为公众所知,也没有被任何学者或专家准确地指出和描述。由于算法几乎每两个月就会产生微小的更新,因此理解和破译该算法是有困难的。该算法由 Google 控制,可以被视为一种专有工具,允许其向用户提供特定数据(内容)。

请你花点时间测试一下 Google 的自动补全搜索功能……你正坐在电脑前,或者你手头有可以上网的设备。试着搜索"唐纳德·特朗普",看看自动补全的结果——对我来说,在加利福尼亚州洛杉矶的此时此刻,自动补全的前五个搜索词是"唐纳德·特朗普推特""唐纳德·特朗普儿子""唐纳德·特朗普新闻""唐纳德·特朗普年龄"和"唐纳德·特朗普净资产"。现在试试"碧昂丝"(为什么不呢?)——这次查询的前五个搜索结果是"碧昂丝净资产""碧昂丝年龄""碧昂丝双胞胎""碧昂丝柠檬水"和"碧昂丝的歌曲"。对生活在不同州的人进行同样的尝试,结果可能会令人惊讶地不同。

二、网络声誉受损

(一) 名誉侵权的背景

侵权行为是指对人身或财产造成损害的民事违法行为。侵权行为可分为:①故意侵权行为,包括殴打、袭击、非法拘禁或故意造成情绪困扰;②过失行为,包括未能尽到一定的注意义务(例如医生对其患者应尽到的注意义务);③经济侵权行为,包括欺诈、共谋或侵权干扰(tortious interference);④名誉或人身侵权行为,如诽谤、侵犯隐私或以虚假的方式描绘个人。一方面,由前三类侵权行为所造成的损害通常是显而易见的,因为这些侵权行为会以某种物质或有形形式表现出来。另一方面,名誉侵权行为则会影响更个人化的利益。

不准确的自动补全搜索结果可能会对个人名誉造成损害,从而对个人利益产生不利影响。虽然一个人的名誉是无形的,但它影响着一个人人格的各个方面。名誉在其最具体的形式中,可能最容易被理解为一个人的"市场性"(marketability)。一个人名誉的这方面类似于商誉,即一个人通过个人生活、教育、职业和日常表现为自己创造的名声。人与人之间通过关系和商誉联系在一起,大家都熟悉一个人名誉的重要性和脆弱性。

不准确的搜索建议带来的法律后果,包括对个人权利以及个人控制其名誉的权利的侵害。最适用于本问题的侵权行为包括诽谤和虚假描述(false light)。侵权主张因国家和司法辖区而异。本章从加利福尼亚州法院的角度分析了诽谤和虚假描述,尽管这些诉因(causes of action)的要素在世界各地都较为相似。之所以选择此司法辖区,是因为 Google 的总部和注册地都在加利福尼亚州,而且几乎不可能从全球角度对这些侵权行为进行全面的审查。

1. 诽谤

加利福尼亚州法院通常将诽谤定义为"侵犯个人在其名誉中的利益"。[7] 诽谤案件的必要要素包括发布一个未经授权的、虚假的事实陈述，并且这种陈述具有对被陈述个人造成特殊损害的倾向。

在此语境下，"发布"指的是向第三方传达信息，这个第三方能够理解该陈述的贬义含义以及它适用于所提及的个人。[8] 发布的对象可以是单一个人，也可以是广大公众。发布的方式区分了诽谤的两个子集——书面诽谤和口头诽谤。书面诽谤要求该发布采用固定的表达媒介，如文字、印刷、图片或肖像。相比之下，口头诽谤涉及口头言论，例如通过广播或其他机械手段进行传播。

互联网的日益普及使得很难区分一个虚假、无特权的（unprivileged）陈述事实究竟构成书面诽谤还是口头诽谤，因为通过这种媒介进行的通信往往同时包含口头表述和书面内容。在互联网的背景下，通信通过各种形式的媒体进行，可能不仅仅是通过语言或文字传达，还可能包含两者的混合。例如，诽谤性陈述可能通过音频或视频剪辑产生，同时也可能在此类媒体的随附文章文本中进行传达。

2. 虚假描述

《侵权法重述》（The Restatement of Torts）解释道，侵犯隐私权的行为部分是通过"在公众面前制造虚假描述的宣传"发生的。《侵权法第二次重述》（The Second Restatement of Torts）第 652A 条进一步指出："侵犯他人隐私权的人应对由此造成的他人利益损害承担责任。"[9] 尽管到目前为止，与 Google 自动补全搜索功能相关的案例主要涉及诽谤，但通过自动补全功能可能触发的另一种侵权行为是以虚假描述的形式侵犯隐私。虚假描述诉讼是一种司法上创立的隐私侵权行为，旨在防止对个人情感的伤害或损害。当某人在公众面前以虚假描述公开有关他人的情事，且这种描述对一个合理的人来说是极具冒犯性的，并且行为人知道或不顾事实地无视事实的虚假性时，原告可以就虚假描述提起一个具备表面证据的案件（a prima facie case）。[10]

3. 发布者 vs. 分发者

传统的侵权法区分了作者之外可能对诽谤性言论承担责任的两类实体，即发布者和分发者。发布者包括经营媒体的实体，主要是广播电台和电视台、报纸和印刷出版商，因为它们被认为对其传输的信息拥有编辑控制权。法院通常要求发布者对其发布的声明承担替代责任，就如同这些声明是他们自己的言论一样。

分发者被认为是被动的信息传播者，因为他们通常不对传播的内容进行控制。分发者的典型例子是公共图书馆或报摊。分发者通常不会审查他们分发的材料，否则将是非常繁重的负担。但是，通过证明分发者知道诽谤内容，或者本应该合理地知道作品的诽谤性质，则分发者可能要承担责任。以下部分将说明这些定义在互联网环境中是如何改变的，以及在互联网领域，特别是在使用 Google 等搜索引擎时责任归结的困难。

---

〔7〕 See London v. Sears, Roebuck & Co., 619 F. Supp. 2d 854, 864 (ND Cal. 2009); Gilbert v. Sykes, 147 Cal. App. 4th 13, 27 (2007); Ringler Assocs. Inc. v. Maryland Cas. Co., 80 Cal. App. 4th 1165, 1179 (2000).

〔8〕 Smith v. Maldonado, 72 Cal. App. 4th 637, 645 (1999).

〔9〕 Restatement (Second) of Torts § 652A (1977).

〔10〕 Ibid., § 652E (1977).

4. 互联网背景下的名誉侵权

互联网使传统隐私侵权的基本原则变得复杂,这些原则曾经只涉及两方:发表诽谤性言论的被告和伤害性言论的受害者。复杂性的出现是因为互联网领域涉及多方主体,包括搜索引擎运营者、网站运营者和互联网服务提供者。法院难以判定这些互联网参与者是否是攻击性内容的"发布者",从而根据众多隐私侵权中的某一种承担法律责任,还是他们仅仅是攻击性内容的"分发者",因此免于承担责任。两项于20世纪上半叶出现的判决说明了这一点:Cubby, Inc. v. CompuServe, Inc. 案[11]和 Stratton Oakmont, Inc. v. Prodigy Services Co. 案[12]。

在Cubby案中,CompuServe公司运营着一个"电子图书馆",订阅者每月付费即可访问150个特殊兴趣论坛等资源。CompuServe公司并不运营这些论坛,而是与独立公司签订合同安排,这些公司同意"管理、审查、创建、删除、编辑和以其他方式控制各个论坛的内容"。[13] 新闻论坛包含了来自Rumorville USA(简称"Rumorville")的内容,这是一份每日新闻简报,详细介绍了娱乐业的新闻和八卦。由于Rumorville的成功,Cubby公司试图通过创建一个电子数据库来复制Rumorville的商业模式,该数据库取名"Skuttlebut",在电视、新闻和广播行业以电子方式传播新闻以及八卦。为了阻击竞争,Rumorville开始发表贬低Cubby数据库的言论,以及Cubby数据库如何设法获取其信息。作为回应,Cubby提起诉讼,要求就诽谤性言论获得损害赔偿,并在诉讼中将Rumorville的经营者和CompuServe公司列为被告。

在提交的一系列预审文件中,许多文件表明CompuServe公司只是Rumorville的分发者而非发布者,纽约地方法院因此批准了CompuServe的即决判决动议。这一决定是基于一个无可争议的事实,即CompuServe对上传到Rumorville网站上的信息没有编辑控制权。此外,由于对Rumorville上的内容不具备编辑控制,CompuServe并不知道诽谤性言论——这一点因信息上传到CompuServe电子图书馆的数量和速度巨大而加剧。

4年后,纽约最高法院做出了一项威胁到各类互联网利益相关者生存的裁决。在Stratton Oakmont案中,Prodigy Services公司拥有一个在线公告板"Money Talk",允许月度订阅者"发布关于股票、投资和其他财务事项的声明"。[14] 虽然Prodigy Services公司拥有订阅者发帖的各种公告板,但它与被称为公告板领导者(bulletin Board Leaders)的第三方签订了合同,这些领导者"参与公告板讨论,并进行推广活动,以鼓励使用和增加用户"。[15] 截至提起诉讼时,Money Talk至少拥有200万订阅者。

引发诉讼的事件涉及一名匿名用户对投资银行Stratton Oakmont公司员工的诽谤性言论。匿名用户声称,Oakmont公司在Solomon-Page的"首次公开募股中犯有欺诈行为",并且这家投资银行公司雇佣了一批"以撒谎为生或被解雇的经纪人"。[16]

---

[11] 776 F. Supp. 135 (SDNY 1991).
[12] 1995 WL 323710 (NY Sup. Ct. May 24, 1995),被1996年《电信法》(Telecommunications Act)所取代,Pub. L. No. 104-104, 110 Stat. 56 (1996) (codified at 47 USC § 230 (2012)).
[13] Cubby, above note 13, at 137.
[14] Stratton Oakmont, above note 14, at *1.
[15] Ibid.
[16] Ibid.

由于对一个至少有 200 万订阅者阅读的公告板上发布的诽谤性言论感到不满，Oakmont 公司对 Prodigy Services 公司提起了诽谤诉讼。Oakmont 公司在其诉状中声称，Prodigy Services 公司是攻击性内容的发布者，因为：①它将自己比作一家报纸，并声称对其编辑容忍的"裸露程度和未经证实的流言蜚语的程度"拥有编辑控制权；②使用软件对公告板进行预先筛选，以查找攻击性内容；③为公告板负责人发布了内容编辑指南；④制定了道歉信机制，即如果网站发布了攻击性内容，公告板负责人必须发送道歉信。[17] Prodigy Services 公司反驳道，其已经改变编辑政策，不再对每个公告板的帖子进行审查。

在权衡证据后，纽约最高法院得出结论，Prodigy Services 公司是发布者，因为其控制了公告板领导者的行为，制定了指南，最重要的是其声称控制了网站上的内容。因此，法院批准了 Oakmont 公司提请法院进行即决判决的动议。

在没有事先进行法律分析的时代，这两个案件都具有里程碑意义。然而，随着时间的推移和《通信规范法》（CDA）的通过，这两个案件的判决得到了重新评估。下一部分将分析《通信规范法》及其如何改变这两起案件的判决。上面详述的案件仍然很重要，因为它们的判决强调了重要的法律问题以及互联网法律的与时俱进。

（二）通信规范法

为了解决法院在将诽谤法适用于各种互联网利益相关者时所采用的相互矛盾的分析方法，美国国会在 1996 年颁布了《通信规范法》。《通信规范法》采用了"发布者"（publisher）和"分发者"（distributor）的原始定义，并将其应用到互联网环境中。《通信规范法》的目的是"促进互联网上信息和思想的自由交流，并鼓励自愿监测攻击性或淫秽内容"。[18]《通信规范法》禁止将提供交互式计算机服务的机构"视为由他人提供的任何信息的发布者或发言者（speaker）"，从而使这些机构对用户通过其搜索引擎找到的诽谤性内容不承担民事责任。[19] 其中，交互式计算机服务是指"任何提供或能够使多个用户通过计算机访问计算机服务器的信息服务、系统或访问软件提供者，特别是包括提供互联网访问的服务或系统"。[20] 此外，交互式计算机服务的提供者或用户，不得因试图限制访问提供者认为不当的内容而被追究责任。这两项资格条件实际上导致了这样的结果，即除非服务提供者本身就是诽谤内容的作者或发布者，否则交互式计算机服务不会被追究诽谤责任。

被视为诽谤内容作者或发布者的服务被称为"信息内容提供者"。信息内容提供者包括"全部或部分负责在互联网上或网站上创建或开发信息"的个人或实体。[21] 下一部分将分析交互式计算机服务和信息内容提供者之间的区别，以及这些实体何时可能对在线发布的内容承担责任。

（三）互联网计算机服务与信息内容提供者的区别

在 Stratton Oakmont 案中，法院裁定任何互联网服务提供者都可能因诽谤而被追究责

---

[17] Ibid.
[18] Carafano v. Metrosplash.com, Inc., 339 F. 3d 1119, 1122 (9th Cir. 2003).
[19] 47 USC § 230 (c)(1) (2012).
[20] 47 USC § 230 (f)(2) (2012).
[21] 47 USC § 230 (f)(3) (2012).

任。[22] 然而，《通信规范法》为网站和互联网服务提供者提供了"强有力的"豁免。根据先例，仅仅修改在线内容的网站通常不被视为"信息内容提供者"。要被视为承担民事责任的信息内容提供者，网站运营商必须对非法行为提供实质性贡献或帮助。以这种方式提供内容，不仅仅意味着"第三方提供创建网络内容的中立工具，即使网站知道第三方正在使用这些工具创建非法内容"。[23] 这一结论是基于《通信规范法》在下文概述的案例中的应用。

第九巡回法院在 Carafano v. Metrosplash.com 案中撰写的意见，帮助确定了"中立工具"一词的含义以及其如何适用于信息内容提供者。[24] 在该案中，一个身份不明的人在 Matchmaker（一个网站）上为女演员克里斯蒂安·卡拉法诺（Christianne Carafano）——艺名切丝·马斯特森（Chase Masterson），创建了一个虚假的个人账户及资料，其中包括她的照片和家庭住址。在该账户创建后不久，卡拉法诺开始收到威胁、色情电话和传真。由于担心自己的安全，卡拉法诺告知 Matchmaker 网站，有人在未经其允许的情况下使用了她的名字、肖像和联系方式。收到消息后，Matchmaker 立即将该个人资料从公众视野中屏蔽，并随即删除。尽管如此，卡拉法诺还是以人格诽谤为由起诉了 Matchmaker。

地区法院的结论是 Matchmaker 无权依据《通信规范法》得到豁免，因为该公司在个人完成多项选择和问答问卷后才允许创建用户个人资料，以预防用户简单地发布其欲发布的任何信息。然而，第九巡回法院在上诉中认为，Matchmaker 受到《通信规范法》的保护，并且不是信息内容提供者，因为其本身不提供任何内容。巡回法院强调："Matchmaker 并不负责将某些选择题的回答与一组身体特征、一组短文答复和一张照片联系起来，即使是部分责任也没有。"[25] Matchmaker 的用户主动、自愿地创造了其个人资料中的内容，这意味着该网站并未采取任何行为来加剧由此造成的诽谤。Matchmaker 只是提供中立的工具，让用户自愿输入偏好和数据。

此外，在 Zeran v. America Online, Inc. 案中，法院为确定对网站内容进行编辑或删除的网络服务提供者的责任提供了语境，从而赋予了网站对其内容的控制权。[26] 法院强调了网站对其页面内容进行自我监管的能力和必要性。只要这种自愿的自我监管是"善意地进行的，以限制提供者或用户认为是淫秽、色情、污秽、过度暴力、骚扰和其他令人反感的内容的访问或可用性，无论是否受宪法保护"，互联网服务提供者就不承担责任。[27] 即使互联网服务提供者收到关于其网站上可能存在令人反感的内容的通知，但未能将其删除，该提供者也将免于承担责任。如果互联网服务提供者要承担与信息发布者同等的责任，那么它们可能会因每一份可能含有诽谤言论的通知而面临责任，这需要对实际信息进行调查。这种持续的调查对印刷出版者来说是可能的，但在互联网领域可能会造成独特的负担。

---

[22] See above note 14, at *3-4（讨论发布者是"重复或以其他方式转载诽谤内容的人，将承担如同他原本就发布了这些内容一样的责任"，因此，发现 Prodigy 就是这样的发布者）。

[23] Goddard v. Google, Inc., 640 F. Supp. 2d 1193, 1196（ND Cal. 2009）.

[24] Carafano v. Metrosplash.com, Inc., 339 F. 3d 1119, 1123（9th Cir. 2003）.

[25] Ibid. at 1124.

[26] See Zeran v. Am. Online, Inc., 129 F. 3d 327, 331（4th Cir. 1997）（分析《通信规范法》第 230 条背后的国会目的）。

[27] 47 USC § 230（c）(2)(A)（2012）.

这一主张在 Jurin v. Google Inc. 案中也得到了支持。在该案中，网站运营者会根据广告主愿意支付的金额来为他们提供关键词建议，以提高他们在网络搜索中的排名。[28] 法院裁定，关键词建议功能是一种中立工具，仅为广告主提供选项，其功能类似于受《通信规范法》保护的编辑过程。因此，仅仅因为网站运营者"应该知道"所提供的工具可能会使诽谤内容的传播更容易，并不能使网站运营者成为信息内容提供者。

在第九巡回法庭的一项裁决中，法院限制了根据《通信规范法》对在线实体所给予的豁免。[29] 在 Fair Housing Council of San Fernando Valley v. Roommates.com 案中，法院认为 Roommates.com 在用户回答一系列问题以寻找室友时，通过对信息进行分类并引导用户获取特定信息，扮演着直接发布内容的角色。Roommates 网站创建了这些关于性别、性取向和家庭状况的问题。该网站用户还被给予一组预先填充的答案，本质上是强迫订阅者答题并以此作为使用网站服务的条件。法院认为，通过"要求订阅者提供信息作为使用其服务的条件"以及一组有限的预先填充的答案，Roommates 网站不仅仅是一个被动的信息分发者，更是部分信息的开发者。[30] 这一点很重要，因为根据《通信规范法》，只有当交互式计算机服务没有"全部或部分"创建或开发信息时，才能获得豁免。法院将 Roommates 网站比作一个"旨在发布敏感和诽谤信息的论坛，并且提供建议或指导，说明哪种类型的信息可以更有效地骚扰或危害特定的个体或目标对象"。[31] 该法规定，发布部分可能由用户生成的内容的网络实体，应当评估网站自身生成的部分内容是否属于非法或诽谤性内容，这导致法院认定前述实体的行为超出了中立信息发布者的范畴。因此，Roommates 网站通过提供预先填充的答案来开发信息，从而充当了信息内容提供者的角色，这些答案旨在泄露歧视性信息。

Fair Housing 案与前述分析的案例的区别在于，其他案例涉及的网站经营者并没有参与促进诽谤内容或提高发布诽谤内容的能力。这些网站基于自愿输入，允许用户选择其认为最相关的信息。这就是"中立工具"运作的本质。然而，Roommates 网站的设计远不止于此——该网站强迫用户根据有限的歧视性偏好、通过非法的且被公平住房委员会（Fair Housing Council）禁止的标准做出选择。

因此，如果一个网站使用中立工具来处理和生成信息，那么它更可能被视为"交互式计算机服务"。相反，如果网站的操作流程是引导用户去使用预设的、可能违法的功能，那么它可能会被视为"信息内容提供者"。

（四）Google 是一个中立工具，还是其附加功能使其更像一个中立工具？

根据以上分析，很难确定 Google 是作为交互式计算机服务还是作为信息内容提供者。Google 的自动补全搜索功能是通过在搜索框中输入搜索词时为用户提供建议来工作的。其功能与 Fair Housing 案中的网站不同，后者提供了一组有限的选项供用户选择。在这里，Google 的自动补全搜索功能并不是提供一个有限数量的搜索选项供用户选择。相反，它展示了由用户当前的搜索词产生的大量相关搜索建议。

---

[28] Jurin v. Google, Inc., 695 F. Supp. 2d 1117, 1119, 1123 (ED Cal. 2010).
[29] Fair Housing Council of San Fernando Valley v. Roommates.com, LLC, 489 F. 3d 921, 928 (9th Cir. 2007).
[30] Ibid. at 1166.
[31] Ibid. at 928.

Google 在表面上看起来是一个中立工具，这一事实并不能说明它有能力将某人置于诽谤的语境中。上述分析案例表明，使诽谤过程变得更加容易的网站可能不受《通信规范法》的保护。Google 被指责利用其特有的算法来产生可能损害他人名誉的搜索结果。实际上，Google 保留了控制其算法生成内容的权限，这本身并不足以使其承担责任，因为《通信规范法》保护互联网服务提供者编辑内容的能力。然而，这与输入一个人名字的几个字母后立刻出现的诽谤性建议相结合，可能会使诽谤内容更容易被看到，这可能表明自动补全功能不仅仅是一个中立工具。

就本章而言，Google 可能被视为介于交互式计算机服务和信息内容提供者之间的定义，作为一种"基于算法的再发布者"（Algorithm-Based Republisher, ABR）。[32] Google 对自动补全内容的控制程度可能有助于确定 Google 的责任。根据 Roommates 案的判决，Google 根据用户在搜索框中输入的每个字母积极生成搜索建议的事实，可能使 Google 对生成的建议承担责任。接下来，看看 Google 是如何控制自动补全的搜索结果的。

三、Google 对自动补全搜索结果的控制

尽管 Google 声称自动补全的搜索建议是基于其无法完全控制的因素，但很明显，Google 操纵并限制了某些搜索词，以应对盗版、地域限制和法律要求。

（一）Google 控制搜索建议的责任

要分析 Google 在其生成的搜索建议中的责任，首先必须定义 Google 实际控制的范围，这是一个事实问题，可以通过理解 Google 在自动补全中的角色来解读。Google 积极地限制某些词语和网站向公众曝光，因此 Google 有能力通过使用元标签来控制其搜索框中可以搜索和不能搜索的内容。Google 的算法可能会搜索与用户搜索相关的元标签，以优化用户的搜索结果。Google 还限制了涉及种子追踪（torrent tracking）和在线盗版网站的自动补全搜索建议。这些变化最初出现在 2011 年，当时 Google 删除了"BitTorrent""RapidShare""Megaupload"等术语的建议，因为这些术语通常与非法分享内容有关。2012 年 8 月，Google 宣布，在确定搜索建议的权重时，网站排名和搜索建议也将考虑在线盗版。也就是说，与在线盗版相关的网站在排名过程中可能会被降低，甚至可能从搜索建议中完全删除。

（二）Google 的地域限制

Google 的控制还延伸到其主动限制各国网站和某些 Google 功能的使用上。例如，一些政府对可以在线搜索的内容施加了实质性控制。这进一步表明 Google 有能力控制自动补全或填充哪些搜索结果的事实。

（三）欧洲的被遗忘权

在对待个人权利和隐私权方面，欧盟也许是所有司法管辖区中对原告最友好的一个。欧盟在 2012 年提出了个人的"被遗忘权"（right to be forgotten）概念，这意味着人们应该有能力控制自己在网上的信息，因为网上的信息可能与现实不符。在 2014 年 Google Spain SL v. AEPD 案中，欧洲法院裁定搜索引擎对搜索结果中链接到第三方网页上的个人数据负责。[33] 欧洲法院的裁决围绕如下案例展开，即一名西班牙男子的名字出现在十年前因社会

---

[32] "基于算法的再发布者"并非一个正式术语，而是作者在目前分析背景下创造的术语。

[33] Google Spain SL v. AEPD, Celex No. CJ0131（2014）.

保障债务而被收回的房屋的拍卖通知中。从本质上讲，这意味着此人似乎财务状况不稳定或破产。原告要求 Google 删除或隐藏与他相关的过时数据，以便这些信息不会自动填充在浏览器的搜索结果中。Google 认为，搜索引擎处理互联网上所有可用的信息，而不选择任何特定信息。Google 还认为，即使该活动被归类为"数据处理"，搜索引擎的运营者也不能被视为这些信息的"控制者"，因为它不了解基础数据，也不对数据行使控制权。

欧洲法院依据《关于个人数据处理方面的个人保护以及此类数据自由流动的指令》（European Directive 95/46），发现搜索引擎的运营者在内部控制和处理数据，因此会收集、检索、记录、组织、存储信息，并且最终——也是最重要的——保证这些信息对终端用户来说是可用的。[34] 因此，欧洲法院认为，Google 是搜索结果中的信息的"控制者"，搜索引擎有义务应个人要求而删除不相关、过时或其他非法的信息。这项裁决为那些希望在网上删除有关自己信息的个人提供了备受争议的"被遗忘权"，而所涉事实不存在合法的公共利益。

此案之后，被遗忘权与删除权（right of erasure）于 2016 被写进《通用数据保护条例》第 17 条第 2 款。该法规于 2018 年全面生效，根据上述 Google Spain SL v. AEPD 案判决的分析，包括 Google 和其他搜索引擎在内的"数据控制者"在某些条件下必须"移除"或删除有关欧盟公民的搜索结果。

Google 创建了一个表单，允许欧盟公民要求删除过时、不相关或非法（即诽谤）的网址或链接。该表格要求解释为什么个人要求删除某些信息，特别是（根据西班牙法院的裁决）为什么这些内容是"不相关、过时或不适当的"。Google 虽然有一个专门的咨询小组来审查那些要求被遗忘（删除个人信息）的请求，但实际上每一个删除请求的处理都是由 Google 内部的一个或几个员工来操作的。[35] 审查人员会考虑：①请求的有效性；②请求者的身份，包括请求是由公众还是私人提出的，因为公众可能更加关注公众人物的相关内容；③要求删除的内容，以及此类信息的真实性质；④信息的来源（如果信息包含在新闻或政府网站上，则该问题可能涉及公众利益）。如果内容一开始就是非法的，那么控制者（即谷歌）可能需要依法遵守该请求。[36]

（四）Google 透明度报告

Google 会发布透明度报告，[37] 在该报告中，Google 公开了有关其收到的删除内容请求的各种统计数据和部分身份信息。报告分为以下几部分：因版权而删除的内容、政府要求删除的内容、根据欧洲隐私法删除的搜索内容、YouTube 社区准则的执行情况，以及根据网络执法删除的内容。这些报告是为了提高在线内容监管的透明度。考虑到 Google 收到的删除请求的数量和性质，Google 面临的挑战绝非易事。在某些情况下，公司必须考虑当地法律，并可能面临法院的命令，即使遵守某些法律可能会使公司偏离其在互联网上实现民主的目标。在透明度报告的政府部分，Google 解释说，"一些内容被要求删除是因为被指控

---

[34] 由于欧洲隐私法的多项变化，该指令已于 2018 年 5 月 25 日被废除。

[35] T. Betram, E. Bursztein, S. Caro, et al, Three Years of the Right to Be Forgotten, Google Annual Transparency Report（February 27, 2019）, https://drive.google.com/file/d/1H4MKNwf5MgeztG7OnJRnl3ym3gIT3HUK/view.

[36] Ibid.

[37] Google Transparency Report, https://transparencyreport.google.com/? hl=en.

诽谤，而另一些则是因为被指控内容违反了禁止仇恨言论或色情内容的当地法律"。[38] 围绕这些问题的法律因国家/地区而异，并且这些请求反映了特定司法辖区的法律背景。

这些请求的执行过程均为手动，由人工完成。Google 在收到删除请求时会遵守特定国家的法律，即使删除请求的内容并不违反 Google 自己的准则。这表明 Google 承认对搜索引擎和自动补全功能生成的内容负有责任。然而，这也表明这个过程可能很耗时，并且在被批准或拒绝之前可能需要经过几个人的审核，这取决于 Google 对某一特定问题的解释。

截至 2019 年 3 月，根据可追溯至 2014 年 5 月的依据欧洲隐私法所提出的删除请求，Google 共收到了 787 787 份要求从 3 050 587 个网址中删除特定内容的请求。在这些删除请求中，只有 44.3%的网址被删除。Google 表示，"确定内容是否符合公众利益是复杂的，可能需要考虑许多不同的因素，包括但不限于内容是否与请求者的职业生活、过去的犯罪、政治职务、公共生活中的地位有关，或者内容是否是自创内容、是否包含政府文件，或是否具有新闻性质"。[39]

从 2018 年 1 月 1 日至 2018 年 6 月 30 日，Google 根据欧洲隐私法收到了删除 254 863 个网址的请求。[40] 与全球各地政府提出的 25 534 个网址删除请求相比，Google 根据欧洲隐私法收到的网址删除请求数量是全球任何其他政府请求的十倍。[41] 这些数字揭示了欧洲法律的影响以及被遗忘权的严苛性。如果其他司法辖区也强制实施与欧洲法律类似的要求，个人显然将对其在线数据拥有更多的控制权，而这些数字表明，欧洲的个人确实在行使这一权利。

（五）Google 可以控制搜索建议

本部分的例子清楚地表明，Google（通过算法）有能力控制其搜索建议中的内容。然而，这种控制似乎仅限于 Google 被特定政府强制要求不披露搜索建议的情况，或者 Google 因搜索结果不符合 Google 的服务条款而屏蔽某些搜索结果的情况。虽然算法本身会生成某些自动补全的搜索结果，但 Google 会介入以限制这些结果，从而施加一定程度的"编辑控制"。可以说，正因如此，Google 是一个信息内容提供者，它积极地操纵其搜索建议中的数据。然而，相反的情况也可能隐含其中，Google 可能被视为一种交互式计算机服务，因为 Google 只是在删除不符合其内部指导原则的内容和搜索建议，而这些指导原则可能通过政府控制来界定。在这一点上，可能显而易见的是，这个问题非常棘手、难以解决。接下来，笔者将深入探讨各个司法管辖区评估的案例，以试图理解法院是如何权衡这个问题的。

四、国家判例法评估搜索引擎对诽谤性自动补全搜索结果的责任

目前 Google 对诽谤性自动补全搜索结果的责任问题，已在全球各地的法院引发诉讼。然而，Google 因此类责任在美国只被起诉过一次，而该案的结果有些令人失望。最近，也

---

[38] M. Miller, Google Reveals More Government Search Censorship Requests, Search Engine Watch（June 19, 2012），http：//searchenginewatch.com/article/2185571/Google-Reveals-More-Government-Search-CensorshipRequests.

[39] Google Transparency Report, Search Removals under European Privacy Law, https：//transparencyreport.google.com/eu-privacy/overview.

[40] 从同上文献中收集的信息。

[41] Information gathered from Google Transparency Report, Government Requests to Remove Content, located at https：//transparencyreport.google.com/government-removals/overview.

是唯一一起针对 Google 在美国的案件，是由来自澳大利亚的癌症外科医生盖伊·辛斯顿（Guy Hingston）博士提起的。辛斯顿在加州中区提起诉讼，指控 Google 的自动补全提示"医生盖伊·辛斯顿破产了"的描述是错误的。因此，他声称其作为外科医生的名誉受损，并导致部分病人流失和经济损失。该案最终被驳回，部分原因是与 Google 的诉讼是一场艰难的战斗，以及这个问题涉及未知的法律领域。

根据美国的《通信规范法》，美国为互联网实体提供了广泛的保护措施，这些措施使得原告不太愿意对互联网实体提起诉讼。尽管 Google 的总部设在美国，但其业务遍及全球。因此，在个人受到损害的司法管辖区，它可能会在法庭上受到诉讼。以下是对澳大利亚、欧盟、加拿大和英国的判例法分析。

（一）澳大利亚的搜索引擎责任

多年来，澳大利亚一直在努力解决搜索引擎的责任问题。在澳大利亚最关键的 Trkulja v. Google LLC 案中，原告特库利亚（Trkulja）声称，搜索结果诽谤了他，传达出他是"墨尔本一个顽固且严重的罪犯"，是与其他被点名的罪犯同一级别的人或是他们的同伙，并且"在墨尔本是重点关注的人物，以至于与他有关的事件都被记录在一个记录犯罪的网站上"。[42] Google 的观点是：①Google 没有发布这些搜索结果；②生成的搜索结果没有诽谤特库利亚；③Google 豁免于此类诉讼。在一系列的审判和上诉后，特库利亚最终获得了澳大利亚高等法院的判决支持，认为 Google 故意参与传播与特库利亚有关的诽谤搜索结果，并且 Google 不应该免于"涉及公共利益问题"的此类性质的诉讼。高等法院解释说，在这种情况下，确定责任的标准是"任何被投诉的搜索结果是否能够传达任何所指控的诽谤性含义"。[43]

在澳大利亚 Google Inc. v. Duffy 案[44]判决中，达菲（Duffy）在博客网站上写了负面评价，抱怨她咨询过的通灵师，随后被指控。通灵师们转而攻击她，并开始回复达菲的评论，称她为"通灵师跟踪狂"。当在线搜索达菲的名字时，Google 搜索会自动补全她的名字和"通灵师跟踪狂"这个词。Google 辩称，一个理智的人不会认为自动补全的搜索结果是谷歌的声明，而只是"之前搜索者在搜索时输入的一串文字"。南澳大利亚最高法院裁定，Google 是诽谤性搜索结果和 Google 网页上索引的基础网页的第二发布者，一旦有人通知 Google 存在诽谤性内容，就应将搜索结果及其中的内容视为 Google 已知。法院驳回了 Google 的所有辩护，包括其无意识地传播内容、不是诽谤信息的发布者，以及享有特权保护等。法院强调的是，搜索引擎对诽谤事件的了解是首要关注点。

澳大利亚法院要求搜索引擎对诽谤性搜索结果承担责任，因为法院已经确定，搜索结果确实能够传达诽谤性内容。有趣的是，Dufty 案中的法院指出，Google 的责任始于其接到诽谤性搜索结果或网页通知之时。这将删除或下架内容的负担转移给了 Google，但法院尚未充分概述这样做的程序。

（二）欧盟的搜索引擎责任

鉴于欧盟最近颁布的被遗忘权保护法规，正如《通用数据保护条例》所规定的以及上

---

[42] Trkulja v. Google LLC［2018］HCA 25, 13（2018）.

[43] Ibid.

[44] Google Inc. v. Duffy［2017］SASCFC 130（2017）.

文所概述的，判例法似乎倾向于支持原告，他们声称自己被 Google 的自动补全功能诽谤。Google Spain SL v. AEPD 案认定搜索引擎运营商是数据的"控制者"，要求搜索引擎将不相关、过时或非法的搜索结果下架，因为这些内容会构成不必要的诽谤。

2019 年，阿姆斯特丹地方法院命令 Google 删除一名荷兰外科医生过去被医疗停职（后改为有条件停职）的自动补全搜索结果。[45] 关于这位外科医生被全面停职的过时信息充斥在 Google 的搜索结果中，这位外科医生认为搜索结果使她因为这件无关、不真实的事件而在网上永远蒙羞。阿姆斯特丹地方法院强调，Google 的搜索结果暗示该外科医生不适合从事她的职业，并裁定该外科医生以这种方式保护自己名誉的利益远远超过了公众寻找不准确信息的公共利益。

比利时最高法院从新闻内容过时的角度分析了 2016 年的一起案例。[46] 在 P. H. v. O. G. 案中，一名医生于 1994 年因酒后驾车被判有罪，并卷入了一起导致两人死亡的严重事故。22 年后，根据一项法庭裁决，他被视为已经改过自新。1994 年，一家比利时报纸发表了一篇文章，报道了这起酒后驾车事故，后来又在网上建立了所有与此相关的文章的档案，包括 1994 年关于医生事故的文章。网上的这篇文章产生的搜索结果包括了医生的名字，在自动补全中还会出现他醉酒驾车的事实。比利时法院发现，这篇文章已经没有新闻价值了（已经超过 22 年），医生不是公众人物，而且公众对 20 多年前发生的车祸当事人的身份也没有兴趣了解。法院认为，"被遗忘权"是比利时宪法和《欧洲人权公约》的核心。法院指出，将这些事实进行数字化存档，使个人可以轻松地了解他人的信息，这在互联网出现之前是不可能的。而且，有关医生的文章创造了一份有损其名誉的无限期犯罪记录，这在本案中超出了言论自由的权利。

然而，欧盟裁决的某些案例强调了 Google Spain SL v. AEPD 案中所规定的限制。

阿姆斯特丹上诉法院于 2015 年判决 Google 不需要删除某些自动补全搜索结果。在 Plaintiff v. Google Netherlands BV 案中，[47] 一个人因教唆谋杀被判有罪。在一档电视节目将其指认为企图教唆谋杀其一个竞争对手后，Google 上出现了许多关于这个案件和故事的链接。Google 会自动补全对该人姓名的搜索，以揭示原告与犯罪有关。原告的律师要求将原告的全名和对他的刑事指控从 Google 的自动补全搜索建议中删除。法院权衡了原告的隐私权和公众的信息自由权。在这样做时，法院认为其必须"承担自己行为的后果"，因为他已被判犯有严重刑事罪行——法院发现搜索建议并非"不相关""过度"或"其他诽谤性"的，因为公众有权了解有关原告的真实信息。

（三）加拿大的搜索引擎责任

加拿大通过分析适用于信息分发者的法律来评估网络责任。虽然与美国针对交互式服务提供者和信息内容提供者的做法相比，这可能看起来有些过时，但加拿大对在内容分发中起次要作用的人采用"被动工具测试"（passive instrument test）作为辩护依据。因此，如

---

[45] D. Boffey, Dutch Surgeon Wins Landmark "Right to Be Forgotten" Case, The Guardian（January 21, 2019）, http：//amp.theguardian.com/technology/2019/jan/21/dutch-surgeon-wins-landmark-right-to-be-forgotten-casegoogle.

[46] P. H. v. O. G., No. C. 15. 0052. F（April 26, 2016）, Global Freedom of Expression Columbia University, https：//globalfreedomofexpression.columbia.edu/cases/p-h-v-o-g/.

[47] Plaintiff v. Google Netherlands BV, Global Freedom of Expression, Columbia University, http：//globalfreedomofexpression.columbia.edu/cases/plaintiff-v-google-netherlands-bv/.

果分发者不知道某个陈述具有诽谤性，并且没有过失地忽视该信息，则分发者便不会对此承担责任。然而，不列颠哥伦比亚省最高法院在 2015 年的一项裁决中修改了这一标准。

在 Niemela v. Google Inc. 案[48]中，一位执业律师在大约三年的时间里一直受到骚扰和敲诈，包括在名誉扫地的网站"ripoffreport.com"和"reviewstalk.com"上。尼米拉（Niemela）怀疑一位前客户发布了这些帖子，并通知了警方。警方与尼米拉的客户谈话后，那些曾经猖獗发布的诽谤帖子就此停止发布。然而，每当在 Google 上搜索尼米拉的名字时，Google 的算法就会自动补全那些诽谤帖子的内容。尼米拉认为这些帖子损害了其职业声誉，并通过不列颠哥伦比亚省最高法院对 Google 提起诉讼。法院参考了加拿大和英国的判例法来评估 Google 在发布诽谤性搜索结果中所扮演的角色。在其评估中，法院采用了"被动工具测试"，即 Google 需要"在知情的情况下参与相关词语的发布过程"。[49] 法院解释说，因为 Google 浏览器上的片段，如网址，是通过计算机算法自动生成的，以响应用户输入的搜索词，所以除了提供搜索服务外，Google 既没有授权也没有在修改或发布这些搜索词方面发挥积极作用。因此，基于 Google 算法的搜索结果被视为一种"被动工具"，Google 不承担责任。

（四）判例法的启示

对这些不同国家判例法的快速概览表明，世界各地的法院在如何将责任归咎于算法搜索建议方面存在分歧。一旦 Google 意识到它促成了诽谤，澳大利亚就会将责任归咎于 Google，而没有提供应该删除内容的公式或指南。欧洲也暗示，一旦接到通知，Google 必须删除诽谤性的自动补全建议，并要求 Google 删除不相关、过时或其他非法的资料。加拿大采取了对 Google 最友好的方式，发现 Google 的算法搜索建议是一种"被动工具"，是在没有 Google 积极参与的情况下自动生成的。

五、Google 对内容控制的局限和问题

（一）当前欧洲被遗忘权程序的局限

虽然欧洲的做法对于希望从互联网上删除对自己不利或"过时"的内容的人来说似乎是大获全胜，但这种解决方案并非没有局限性。首先，欧洲的被遗忘权以及对某些网址链接的不会自动根除最初可能造成损害的底层内容（underlying content）。在某些情况下，Google 的算法负责创建虚假的、自动补全的陈述。但在其他情况下，只是简单地重复可能已经在网上可用的信息，而原始的诽谤内容不会受到《通用数据保护条例》相关规则的影响。其次，被遗忘权以及由此产生的从互联网浏览器中删除信息的权利仅适用于欧盟。这意味着诽谤性搜索结果将保留在世界其他地区的浏览器中。也许这个结果对于居住在欧盟且不想离开此地的个人来说已经足够好了，但根据《通用数据保护条例》进行的删除程序并不能完全解决问题。

在欧洲法院 2019 年 1 月发布的一份有争议的意见中，总检察长马切伊·什普纳尔（Mciej Szpunar）认为，如果一个网址在欧盟被移除或从搜索引擎中删除，这种删除应该只

---

[48] Niemela v. Google Inc., 2015 BCSC 1024 (June 16, 2015).

[49] Ibid.

在欧盟内部的搜索引擎搜索结果中生效,而不应影响到全球范围内的搜索引擎的搜索结果。[50] 其背后的理论是,欧盟居民的删除权应当在不影响世界其他国家宪法框架(即新闻和信息的自由获取)的前提下行使。这一理论甚至得到了第 19 条工作组(该组织确立了删除权)执行理事托马斯·休斯(Thomas Hughes)的支持。休斯解释说:"欧洲数据监管机构不应有权决定全球互联网用户所看到的搜索结果。他们只应有权在其国家管辖范围内将网站从搜索结果中删除,并且在做出这一决定时,应平衡隐私权和言论自由权。"[51]

(二) 对审查的担忧

关于 Google 是否应该审查其在线发布的内容,这一问题经常引发争议。虽然 Google 可能最终控制其自动补全的搜索建议以及它组织、索引并向公众传播的内容,但美国宪法第一修正案引发了一个问题:搜索服务提供者的控制权应该有多大才合适。美国人享受着互联网的自由和丰富的信息,这些信息只需轻触几个按钮即可轻松获取。允许 Google 拥有删除搜索、将网址移除以及操纵最终用户可以访问的内容的控制权,可能会对信息、言论和新闻自由产生令人不寒而栗的后果。人们无不希望互联网服务提供者能以中立的方式提供信息——假设 Google 对这些信息拥有控制权,甚至需要承担责任,这可能威胁到目前至少在美国网络上存在的自由。

使这个问题更加复杂的是,一旦 Google 意识到这些内容的非法性,它最终会以何种方式删除内容。正如其透明度报告所指出的那样,从 Google 删除内容是一个手动过程。Google 雇佣的可能负责将某些内容从 Google 中删除或移除的员工甚至可能不是法律专业人士,他们无法对所涉请求进行全面的法律分析。这意味着信息可能正在被未经培训的个人修改和操纵,人为错误的可能性不容忽视或轻视。

(三) Google 须平衡公众搜索以及贡献可搜索内容的利益与隐私利益

许多学者从"基于多重价值的视角"探讨了网上发布的内容问题。[52] 另一个框架是:

> 批判性地审视互联网审查过程,以评估一个国家在多大程度上说明了它审查什么以及为什么审查,它是否在有效屏蔽违禁内容的同时又不影响允许的内容,以及公民能在多大程度上参与过滤决策。由于在线审查在全球范围内急剧增加,企业、公民和政府将越来越多地被迫对过滤行为做出艰难的判断。[53]

互联网旨在成为个人可以自由表达自己的论坛,这是其存在的一个重要原因。

与任何基于隐私的侵权行为一样,通过互联网向公众提供信息需要平衡公共利益和私人利益。此外,新技术在提供新型通信方式的同时,也必然会导致新的表达论坛的出现。这些权利与人类和经济发展紧密相连;在线言论自由和互联网接入自由,值得国际关注和全球合作执行。

---

[50] O. Bowcott, "Right to Be Forgotten" by Google Should Apply Only in EU, Says Court Opinion, The Guardian (January 10, 2019), www. theguardian. com/technology/2019/jan/10/right-to-be-forgotten-by-google-should-applyonly-in-eu-says-court; see also the opinion, published at http://curia.europa.eu/juris/document/document_print.jsf?docid=209688&text=&dir=&doclang=FR&part=1&occ=first&mode=req&pageIndex=0&cid=7572825.

[51] Ibid.

[52] D. E. Bambauer, Cybersieves (2009) 59 Duke Law J. 377, 380.

[53] Ibid.

六、结论和行动呼吁

(一) Google基于算法的再发布者的责任

由于Google在此前分析中被视为基于算法的再发布者,即介于典型的分发者与发布者之间的一种中间形式,因此Google的责任也应该介于两者之间。许多人试图免除互联网搜索引擎对公开可用且仅由搜索引擎分发的内容的责任。世界各地的法院在确定搜索引擎的责任方面存在分歧,这些搜索引擎影响着在线搜索或查询的内容。

似乎可以安全地假设,Google应该承担一些责任,因为它根据Google自己产生的算法,引导用户搜索可能具有诽谤性质的内容。尽管美国还没有就这个问题做出任何裁决,但其他国家的判例法表明,如果Google意识到由此产生的非法内容时,它可能要对其自动补全功能承担责任。

考虑到目前互联网法相关法律框架的局限性,法院在评估Google的角色时面临困难是可以理解的,尤其是在处理Google的自动补全算法时。或许在处理互联网背景下的算法时,应该制定并应用不同于传统分析的另一套标准,而不再仅仅分析网络行为者是否是交互式服务提供商或内容提供商。由于互联网现在已经成为主要的通信方式,建立一个法律框架来解决围绕互联网话语的挑战是必要的。就Google的自动补全搜索功能的目的而言,法院必须确定基于算法的再发布者在生成建议信息时应承担什么责任。

因此,首要的是明确界定Google是否是信息的分发者抑或发布者,以及Google的算法是否使其超越了作为信息内容提供者的"中立工具"。一旦这个问题得到解决,就可以从法律角度直接确定Google是否承担责任,以及在什么情况下承担责任。此外,应该制定规则来平衡自动补全功能中的公共利益和私人利益。这样就可以确定Google对其自动补全算法的责任。

(二) 给Google的建议,继续前进

尽管无法确切地说出Google能做些什么来避免因其自动补全功能而产生的内容的责任,但少数学者和分析人士认为,Google可以执行某些功能来规避责任。关于改进Google自动补全功能和降低Google后续责任的一些建议包括:①开发一个支持区域,允许Google评估用户的疑虑,以便谷歌在任何法律责任出现之前解决问题;②Google可以提供某种通用的报告工具,个人可以在其中报告错误信息,这与欧洲的规定类似;③Google可以改进其算法;[54] ④Google可以提供指南,以确定其应承担的责任,并与各国政府合作建立一个管理系统。

Google和其他搜索引擎对其自动补全功能和其他算法有独特理解。如果它们向公众提供一些关于这些算法如何运作的见解,以及因这些算法而实际面临的内部限制,公众和法院可能愿意与Google合作,以解决如何管理搜索引擎的问题。鉴于信息自由是这一分析的核心问题,如果搜索引擎允许公众参与互联网治理,也许可以实施更好的策略来解决网络非法活动。Google的使命是"整合全球信息,使人人都能访问并从中受益",同时仍然"遵

---

[54] R. Drysdale, 5 Suggestions for Google Suggest, SEOmoz (May 10, 2011), www.seomoz.org/blog/5-suggestions-forgoogles-suggested-search.

守法律，行事光明磊落，互相尊重"。[55] 由此看来，Google 可能对如何"行事光明磊落"感兴趣。从其使命宣言来看，该公司似乎希望在不侵犯他人权利的情况下提供公共服务。

鉴于新兴技术中类似的自动补全和算法功能的普及，本章讨论的法律问题非常重要。需要建立一个法律框架来评估搜索引擎及其算法的责任，但这样的框架需要搜索引擎本身的参与。一旦这些技术被纳入适当的法律框架，就可以确定搜索引擎监督自动补全的搜索结果的责任。在确定了算法在网络环境中的作用后，或许可以制定新的法律法规来评估快速变化的网络技术。

---

[55] Google.com，Google：Our Mission，www.google.com/search/howsearchworks/mission/.

第二十二章

算法侵权者何时需要特殊法律待遇？

卡尼·查加尔·费弗科恩（Karni Chagal-Feferkorn）*

引言

从历史背景来看，算法的设计和使用早于当前算法在全社会的普及。例如，以工业革命为顶峰，几个世纪以来，自动化机器和工具一直在协助人类完成体力劳动。[1] 钻孔机、雕刻机、纺织机等利用机器的物理优势，将人类从重复的体力劳动中解放出来。同样，算法现在也正在对需要人类认知技能的系统进行决策和人类监督控制。

一般来说，在许多司法管辖区，由算法驱动的工具造成的人员或财产损失都受产品责任法律框架的管辖。[2] 根据产品责任法，有缺陷产品的制造商应对给用户或其财产造成的实际损害负责。[3] 因此，机器起火、解体或坠毁的受害者，[4] 可以根据制造或设计缺陷理论，成功地向产品制造商提出产品责任索赔。

在机器或系统造成损害的情况下，即使这些系统变得更加复杂，并能够协助人类完成更复杂的任务，如处理和分析数据，对产品责任的依赖仍在继续。对于人在系统中所起的作用主要是监督（而不是手动）的情况，事故通常会引起产品责任索赔（例如，涉及自动驾驶仪的空难案例就证明了这一点）。[5]

然而，最近随着更多"复杂""独立"或"自主"系统的发展，许多人认为适用于此类系统所造成损害的法律框架已经过时，因此应该改变。算法、无人驾驶汽车、机器人外科医生以及其他类型旨在取代人类的自学系统的进步，引发了当此类系统造成损害时应适

---

* 本章基于 Am I an Algorithm or a Product? When Products Liability Should Apply to Algorithmic Decision-Makers (2019) 30 Stan. Law Policy Rev. 61. 谨以此文献给伍德罗·巴菲尔德教授。

[1] R. Hartwell, *The Industrial Revolution and Economic Growth*, Methuen & Co., 1971, pp. 295-7.

[2] D. Gifford, Technological Triggers to Tort Revolutions: Steam Locomotives, Autonomous Vehicles, and Accident Compensation (2018) 11 J. Tort Law 49-50. 关于产品责任框架发展的进一步讨论将在下文"产品责任及其理由"中进行。

[3] Restatement (Second) of Torts § 402A (1965).

[4] See, e.g., White Consolidated Industry, Inc. v. Swiney, 376 SE. 2d 283 (Va. 1989); McKenzie v. SK Hand Tool Corp., 272 III App. 3d 451, 650 (NE. 2d 612 (1995); Collazo-Santiago v. Toyota Motor Corp., 149 F. 3d 23 (1st Cir. 1998).

[5] See, e.g., Moe v. Avions Marcel Dasault-Breguet Avion, 727 F. 2d 917 (10th Cir. 1984).

用何种侵权制度的争论。例如，欧洲议会发布了一份报告草案，其中认为普通的责任规则对于算法驱动的自主机器人是不够的，因为它们不能再被视为其他行为者手中的工具。[6] 另外，该报告建议赋予自主机器人"电子人"的独立法律地位，甚至允许这些机器人自己为其造成的损害支付赔偿金（例如，通过强制保险计划）。[7] 同样，Curtis Karnow 法官在更早的时候就提出一种新的法律拟制，即电子人格，可以有效地解决新技术带来的侵权问题。他建议，应当赋予电子人格以权利，理由与赋予物理世界中的人类以权利的理由相同：因为我们希望约束强大的力量；而我们无法用对等的蛮力来约束这些力量。[8]

许多其他实体和学者都认为，随着算法驱动的技术越来越"自主"，可预测性越来越低，根据其制造商的作为或不作为来确定责任就不那么有意义了。在这种情况下，分析技术本身的"行为"可能更有优势。[9] 其他建议则侧重于制定一种保险方案，以适应"复杂"或"自主"的算法驱动系统所带来的能力和潜在危险。[10]

无论如何，一个尚未深入讨论的初步问题是，算法驱动的系统何时变得不同于"传统产品"，以至于产品责任不再是能够处理其造成的损害的充分框架？早在800年前，人们就对不同种类的自动机器进行了详细描述。[11] 它们与"自主"或"独立的决策者——为方便起见，我们一般将其称为"思维算法"（因为它们的算法模拟了人类思维的各个阶段，而且是在不依赖人类的情况下进行的)[12]——有什么区别，为什么需要对它们进行专门的处理？例如，为什么"自动驾驶仪"在传统上一直被视为"产品"，[13] 而自动驾驶汽车却突然被视为更"像人"的系统，需要不同的待遇？作为"产品"的算法和作为"决策者"的算法之间的界限应该划在哪里？

虽然有几位学者谈到了为适用产品责任而区分"传统"和"尖端"技术的问题，但还没有专门针对这一问题的进行深入讨论。此外，正如下文将深入讨论的那样，所有提到的

---

[6] "鉴于机器人的自主性越强，就越不能将其视为其他行为者（如制造商、所有者、使用者等）手中的简单工具；而这反过来又使关于责任的普通规则变得不充分，并要求制定新的规则，重点关注如何使机器对其行为或不行为承担部分或全部责任……" 2015/2103（INL）European Parliament Draft Report on Civil Law Rules on Robotics (May 2016), Section S.

[7] Ibid., Section 59. F.

[8] C. E. A. Karnow, The Encrypted Self: Fleshing Out the Rights of Electronic Personalities (1994) 13 John Marshall J. Comput. Inf. Law 1.

[9] R. Abbott, The Reasonable Computer: Disrupting the Paradigm of Tort Liability (2018) 86 Geo. Wash. Law Rev. 1, 37–9; K. Chagal-Feferkorn, The Reasonable Algorithm (2018) 1 Univ. Ill. J. Law Technol. Policy 111, 116–17.

[10] K. Abraham and R. Rabin, Automated Vehicles and Manufacturer Responsibility for Accidents: A New Legal Regime for a New Era (2019) 105 Va. Law Rev. 127; A. Davola, A Model for Tort Liability in a World of Driverless Cars: Establishing a Framework for the Upcoming Technology (2018) 54 Idaho Law Rev. 591.

[11] I. al-Razzaz al Jazari, The Book of Knowledge of Ingenious Mechanical Devices, D. Hill trans. (Pakistan Hijra Council, 1989).

[12] 虽然"思维算法"是一个宽泛而模糊的术语（从某种意义上说，就像"自主算法"或"独立算法"一样），但本文的目的正是提供具体的工具，将算法划分为"传统算法"或需要新法律处理的算法。鉴于这些工具涉及算法的各个方面，笼统的定义确实过于模糊，因此下文的进一步讨论将进一步阐明笔者用"思维算法"这一笼统术语所指的算法类型。

[13] 例如，见2013年韩亚航空在旧金山的坠机事件，该事件的相关法律诉讼包括对波音公司提出的产品责任索赔，波音公司是据称自动油门失灵的制造商。M. Hamilton, Asiana Crash: 72 Passengers Settle lawsuits against Airline, Los Angeles Times (March 3, 2013), www.latimes.com/local/lanow/la-me-ln-asiana-airlines-settle-lawsuits-20150303-story.html.

潜在区分参数都与系统的自主程度有关。然而，正如笔者将要证明的那样，系统的自主程度并不是区分产品和思维算法的理想标准。因此，需要一种新的方法来区分两者，以确定是否应适用产品责任：即一种"目的性解释"的方法，而不是孤立地审查系统的特征。在这种方法下，将系统的具体特征与产品责任法律框架背后的理论依据相比较并进行分析。换言之，"目的性解释"分析了哪些特征与产品责任背后的不同理念相容，哪些特征使理念更难实现。因此，它提出了一种切实可行的方法，针对每种系统来评估产品责任法是否应继续适用或是否需要一种新的法律方法。

一、为什么"自主"不是一个理想的分类标准

（一）自主与自动化

几个世纪以来，人类一直在使用具有不同复杂程度的自动化机器。[14] 除了"开环控制"系统，即按照注入式预设且不可改变的轨迹执行自动化任务之外，[15] "闭环控制"系统几个世纪以来一直能够根据实时反馈，在预定选项中自动做出选择。例如，"闭环控制"风车能够随着风力的增强，自动增大倒入风车的谷物量，从而提高风车的产量。[16] 仅凭系统根据外部反馈调整自己的行动，从而形成闭环反馈系统这一事实本身，并不能证明其法律待遇有别于传统产品，因为许多知名的产品都是在反馈的基础上运行的，例如恒温器。那么，怎样才能帮助法律学者和立法者做出这样的区分呢？

从事产品责任和尖端系统研究的法律学者提出了回答这一问题的各种方向。例如，前文提到的欧洲议会报告建议将"智能机器人"定义为一种通过与环境的互联性实现自动运行并且能够使其行为适应环境变化的机器人。[17] Millar 和 Kerr 提到了专家机器人，它们平均能比人类专家更好地完成一系列明确的任务。[18] Abbott 关注的是系统替代人类的能力，尤其是它自己决定如何完成人类设定的任务的能力。[19] Bambauer 将仅以"测量"为基础的应用程序与以"知识"为基础的应用程序区分开来。[20]

正如下文的评述所示，无论是否明确提出"自主"一词，这些看似大相径庭的各种测试都与系统自主性的不同方面有关。然而，根据系统的自主程度将其归类为产品或思维算法的问题在于该术语的复杂性，其复杂性可能大于直观上的假设。[21] 此外，在许多情况下，将自主水平或其不同方面作为分类标准可能会导致荒谬或不一致的结果，而且无论如何，它只是提供了一个"模糊"的测试，其结果并不一定是实用或相关的。

（二）自主的复杂概念

在确定产品责任法何时适用以及何时不适用时，系统的自主程度并不是一个理想的分

---

[14] al-Razzaz al-Jazari, above note 11.

[15] O. Mayr, *The Origins of Feedback Control*, MIT Press, 1970.

[16] Ibid., pp. 90-3.

[17] European Parliament Draft Report, above note 6.

[18] J. Millar and I. Kerr, Delegation, Relinquishment and Responsibility: The Prospect of Expert Robots, in R. Calo, A. M. Froomkin, and I. Kerr (eds.), Robot Law (Edward Elgar, 2016), p. 102.

[19] Abbott, above note 9.

[20] J. Bambauer, Dr. Robot (2017) 51 UC Davis Law Rev. 383, 393.

[21] W. Marra and S. McNeil, Understanding "The Loop": Regulating the Next Generation of War Machines (2013) 36 Harv. J. Law Pub. Policy 18.

类标准，存在几个原因。其中一个原因是，这种分类很难实施，因为其复杂程度过高。

首先，自主是一个范围，而不是二元分类。[22] 正如下文将讨论的那样，自主性由各种属性而非单一属性组成，因此自主性是一个多维度的概念。此外，其中许多属性（例如系统对不断变化的条件的适应能力）本身就是以连续的尺度来衡量的，无法以二元方式来确定。其次，自主性存在多种范围，每种范围都侧重于算法的完全不同的方面。

自主性的第一种常见衡量标准是系统在没有人类参与的情况下行动的自由度（或将决策权分配给人类或机器的情况）。例如，麻省理工学院教授 Tom Sheridan 提出了十个级别的自主性，最基本的级别是所有过程都由人类完成，没有任何机器协助；最高级别是机器选择所需的行动方案并执行，甚至不告知人类它的选择，完全忽略人类。[23]

评估自主性的第二种衡量标准是基于系统取代人类的能力。[24] 这种方法本身就很复杂，因为在这方面已经提出了几种子分析方法，包括机器是否仅限于在预先编程的选项中进行选择；[25] 是否满足以下三个"自主属性"（人类操作员互动的频率、机器对环境不确定性的承受能力，以及机器的自主决断程度）；[26] 或系统是否能够执行以下所有类型的活动："技术驱动"、"知识驱动"和"规则驱动"。[27]

评估自主性的第三种衡量标准是"更强"的衡量标准，侧重于系统自身的认知能力和真正的选择自由。[28] 例如，空军研究实验室（AFRL）提出的标准是，自主性的最高水平是系统能够"认知"所处的环境，即拥有对环境的感知能力，而不仅是拥有对环境的"知识"。[29]

实施基于算法自主程度的分类的另一个困难是，上述每项测试还必须考虑机器决策过程的具体阶段。根据军事战略家 John Boyd 的观点，决策过程包括一个连续决策阶段的循

---

[22] Ibid., pp. 22-6.

[23] R. Parasuraman, T. B. Sheridan, and C. D. Wickens, A Model for Types and Levels of Human Interaction with Automation (2000) 30 IEEE Trans. Syst. Man Cybern. 286; Marra and McNeil, above note 21.

[24] 例如，请参阅美国汽车工程师协会的自动驾驶汽车等级标准。0 级为无自动化，即人类驾驶员执行驾驶所需的所有任务；5 级为完全自动化，即车辆本身能够在任何情况下执行所有驾驶功能。在这两者之间，自动化（而非自动驾驶）被用作一种工具，越来越多地协助人类驾驶员。Automated Vehicles for Safety, NHTSA, www.nhtsa.gov/technology-innovation/automated-vehicles-safety.

[25] K. Anderson and M. Waxman, Law and Ethics for Autonomous Weapon Systems: Why a Ban Won't Work and How the Laws of War Can, Jean Perkins Task Force on National Security and Law, Columbia Public Law Research Paper 13-351 (2013), https://scholarship.law.columbia.edu/faculty_scholarship/1803.

[26] 根据 Marra 和 McNeil 的观点，机器的自主性越强，人类操作员必须干预和下达指令的频率就越低；面对没有完全编程的情况，机器表现出的适应能力就越强；为了完成预先编程的任务，例如当机器"卡住"时，机器改变运行计划的能力就越强。Marra and McNeil, above note 21, pp. 18-22.

[27] 这涉及到系统需要具备哪些能力才能执行任务。更详细地说，人类活动可大致分为三类："技术驱动"活动，即完成体力任务的能力；"知识驱动"活动，即遵守预定规则的能力；以及"规则驱动"活动，即在前面提到的规则不充分的情况下做出决定的能力。A. Chialastri, Automation in Aviation, in F. Kongoli (ed.), Automation, InTechOpen, 2012, p. 79.

[28] See, e.g., E. Lieblich and E. Benvenisti, The Obligation to Exercise Discretion in Warfare: Why Autonomous Weapon Systems Are Unlawful, in N. Bhuta, S. Beck, R. Geiβ, et al. (eds.), Autonomous Weapons Systems: Law, Ethics, Policy, Cambridge University Press, 2016, p. 244.

[29] 在最低级别，AFRL 的频谱指的是由人类远程控制的系统，或完全由人类预先计划执行任务的系统。在中级自主阶段，系统本身可对实时事件做出反应。Marra and McNeil, above note 21, p. 25.

环,由以下四个步骤组成:观察、定向、决策、行动(OODA)。[30] OODA循环并不局限于人类的决策过程,也可以应用于机器。自然地,当机器能够独立完成这四个步骤中的更多步骤时,它就越有可能在能否取代人类的问题上获得更高的"自主分数"。而人类被系统取代的可能性越大,通常将人类视为责任方的侵权法就越会受到挑战。不过,除了与上文讨论的自主性衡量标准有部分重叠之外,OODA循环还可以作为每个自主性衡量标准的一个单独维度独立使用。例如,自主军用无人机执行的"信息获取"阶段可能包括收集潜在目标的数据,而不需要任何人的参与。因此,无人机在自主性的第一阶段测试中获得了"高自主性分数"。即使面对不断变化的天气条件或潜在目标使用的新伪装方法,无人机也能做到这一点,因此在第二阶段的自主性测试中也能获得高分。与此同时,完全相同的武器在决策阶段的自主性可能会很低(至少在第一阶段的自主性方面),因为打击目标的决定很可能需要人类授权,而不是由武器自行决定执行。[31]

如上所述,自主权的不同衡量标准多且复杂。如果决策者决定在是否适用产品责任法时依赖所有这些衡量标准,他们就必须制定一个复杂的矩阵,考虑到所讨论的自主权的所有不同方面。使用自主性作为分类标准也会产生不明确的结果。例如,在确定"系统对环境变化的耐受力"时,决策者面对的不是一个"是或否"的问题,而是必须针对系统对这些条件的耐受力做出独立的数字或定性估计。此外,将所有这些模糊的估算纳入一个综合结果,并依次对系统的自主程度进行分类,只能得出系统是否自主的一般感觉,而当基本系统不处于自主程度范围内的任何一端时,这种感觉很可能是无用的。此外,即使得到的结果更加具体或准确,也不会有任何帮助,因为它只是表明了系统的自主性,而不是表明对该系统适用产品责任法是否可取。

对于何时产品责任法应继续适用于算法以及何时应采取新的法律处理方法等问题,另一种方法是目的性解释,这种方法更简单,也能提供更相关的结果。在这种方法下,系统的不同特征或特点会根据它们在多大程度上能够实现产品责任的基本原理进行分析。从根本上说,这种方法在二元分类中将多项模型(Logit)应用于侵权方案。符合上述原理的特征越多,该制度就越有可能继续适用产品责任法,而无需寻找新的侵权框架。

二、产品责任及其理由

产品责任是美国最"流行"的案件类型,[32] 源于当地工匠向大规模生产工厂的转变,这种转变造成了"缺乏私人性"的问题,从而消除了受害者的救济途径。[33] 快进到今天,私人性问题又变成了与算法的合同私人性问题。产品责任的引入解决了这一矛盾,因为它取消了受害人与侵权人之间的合同私人性要求。[34] 根据产品责任法,在存在不合理危险的情况下,缺陷产品的销售商或制造商要对给用户或其财产造成的实际损害负责,即使他们

---

[30] F. Osinga, Science, *Strategy and War*; *The Strategic Theory of John Boyd*, Routledge, 2007, pp. 1-3.

[31] 关于"在回路中保留一个人"的重要性的讨论,see, e. g., M. Schmitt and J. Thurnher, "Out of the Loop": Autonomous Weapons Systems and the Law of Armed Conflict (2013) 4 Harv. Nat. Secur. J. 231.

[32] 每年提起的产品责任案件数以万计,超过其他任何案件类型。R. Porter, Lex Machina 2018 Product Liability Litigation Report (March 2018).

[33] See, e. g., Winterbottom v. Wright (1842), 152 Eng. Rep. 402.

[34] Gifford, above note 2.

之间没有合同关系。[35] 因此，产品责任背后的一个主要理由是对受害者的赔偿，这源于矫正正义原则，即基于正义和公平的考虑，要求侵权人纠正其所犯的错误。[36]

侵权法的第二个主要依据是"威慑"。[37] 就产品责任而言，"威慑"就是阻止制造商制造危险产品，即促进安全。当然，责任的威胁会鼓励制造商提高产品的安全性：产品越安全，造成损害的可能性就越小，制造商被起诉和赔偿损失的可能性也就越小。[38] 就此而言，上述理由确实是合情合理的，因为制造商与消费者不同，他们掌握着产品的信息，可以确保检查的进行和质量控制措施的采取，因此最有能力消除或减少与产品有关的风险。然而，除了促进安全之外，重要的是要记住，威慑的原理必须谨慎应用。首先，预期责任的增加通常会阻碍发展和创新，从而对技术进步产生"寒蝉效应"。[39] 其次，安全水平的提高（可能源于承担责任的可能性）预计会对产品的不同特性产生不利影响，包括产品的定价、操作的简便性、外观以及除安全之外的与消费者偏好有关的其他因素。[40] 因此，产品责任的法律框架意图在相互矛盾的理由和利益之间取得最佳平衡。

三、是否将算法认定为产品？它们是否会因缺陷而造成损害？

无论产品责任的理由如何，需要解决的一个初步论点是，思维算法可能首先不符合"产品"的分类。或者说，这种算法造成的损害可能并不归因于"缺陷"。如果是这种情况，人们可以认为，运用产品责任原理来区分哪些算法应受产品责任管辖根本就是不相干的。然而，思维算法很可能被归类为产品，由其造成的损害也可能归因于缺陷。

（一）产品

为了适用产品责任，有几个州已经对产品一词进行了定义，[41] 但一般来说，应由法院来决定一个潜在的致害物品是否确实是一种产品。[42] 在这种情况下，以信息为基础的系统（自然也是本文的主题）往往属于"灰色地带"，在是否适用产品责任的问题上会产生截然不同的结果。

---

[35] Restatement (Second) of Torts § 402A (1965).

[36] See, e.g., Escola v. Coca Cola Bottling Co., 150 P. 2d 436 (Cal. 1944).

[37] R. A. Posner, The Value of Wealth: A Comment on Dworkin and Kronman (1980) 9 Leg. Stud. 243, 244; J. C. P. Goldberg, Twentieth Century Tort Theory (2002) 90 Geo. Law J. 513.

[38] Restatement (Third) of Torts § 2 cmt. a (1998).

[39] Gifford, above note 2, pp. 52–5; K. Colonna, Autonomous Cars and Tort Liability (2012) 4 Case W. Res. J. Law Technol. Internet 81, 93-7, 109-11. 40.

[40] D. Owen, J. E. Montgomery, and P. Keeton, *Products Liability and Safety*, *Cases and Materials*, Foundation Press, 1996.

[41] 将产品定义为"任何具有内在价值的物体，能够作为一个组装整体或一个或多个组成部分交付，并为引入贸易或商业而生产。人体组织和器官，包括人体血液及其成分，不包括在此术语中"。J. L. Reutiman, Defective Information: Should Information Be a "Product" Subject to Products Liability Claims (2012) 22 Cornell J. Law Pub. Policy 181, referring, for example, to Idaho Code Ann. § 6-1402 (3) (2008).

[42] 同上。提及"产品"一词的《侵权法重述》（第三版）以一种宽泛的方式起草，似乎为哪些产品属于定义范围、哪些不属于定义范围留下了很大的灵活性："产品是为使用或消费而进行商业分销的有形个人财产……"。M. D. Scott, Tort Liability for Vendors of Insecure Software (2008) 67 Md. Law Rev. 426.

根据一些法院的判决,信息本身并不构成适用产品责任的产品,因为它缺乏有形形式。[43] 此外,法院过去有时倾向于将其裁定为专业服务(这一比喻非常适合思维算法,因为它们取代了人类专业人员)[44] 而不是产品。[45]

然而,在其他许多情况下,法院确实将信息视为一种产品,当信息中的错误造成损害时,特别是当信息与实物相结合,[46] 或当实物是批量生产的,[47] 或具有潜在的危险性时,法院适用产品责任法。[48] 考虑到思维算法通常被嵌入到手机或电脑等有形物品中,它们通常被大量销售,而且其中的错误可能会导致致命的结果,在思维算法方面自然往往存在这些考虑。[49]

因此,从表面上看,思维算法也很有可能被归类为产品,即使它们的全部本质是信息,即使它们的功能取代了人类服务。

(二)缺陷

无论存在任何缺陷,思维算法都会造成损害。这是因为复杂的系统,尤其是自学算法,依赖于基于概率的预测,[50] 而概率的本质是不可避免地会在某些时候"出错"。

关注用户"在统计数据中处于劣势"所造成的损失,当然并不意味着系统的制造或设计存在缺陷。相反,系统已经做出了我们希望它做出的决定。碰巧的是,每当思维算法根据概率做出决定时(而这正是算法的设计初衷,即帮助人类做出决定),当一般规则被应用

---

[43] America Online, Inc. v. St. Paul Mercury Insurance Co., 242 207 F. Supp. 2d 459(ED Va. 2002)."有形一词的普通含义是能够触摸或感官能够感知的东西。计算机数据、软件和系统不具有或不拥有物理形态,因此不属于政策所理解的有形财产。"Winter v. G. P. Putnam's Sons, 938 F. 2d 1033, 1036(9th Cir. 1991)。尽管在 Winter 案中法院承认书头的信息是嵌入在书中的,而书是有形物品,但法院裁定误导读者食用有毒蘑菇的蘑菇百科全书不受产品责任法的管辖。Torres v. City of Madera, 2005 US Dist. Lexis 34672。由 CD/ROM、幻灯片和纸质讲义组成的培训材料不是产品,因此无需承担产品责任。See Reutiman, above note 41, for further analysis.

[44] Scott, above note 42, pp. 434-6.

[45] Ibid., pp. 461-2, referring to La Rossa v. Scientific Design Co., 402 F. 2d 937(3rd Cir. 1968),其中指出:"专业服务通常不适用无侵权责任原则,因为它们缺乏产生该原则的要素"。See also Snyder v. ISC Alloys, 772 F. Supp. 244(1991);Lemley v. J & B Tire Co., 426 F. Supp. 1378(1997);and Torres v. City of Madera, above note 43.

[46] "磁带上的数据具有永久价值,与磁带的物理属性完全融为一体。就像电影一样,信息和赛璐珞介质是一体的,在磁带丢失的那一刻,磁带和数据也是一体的"。Retail Systems, Inc. v. CNA Insurance Cos., 9 469 NW. 2d 735(Minn. App. 1991).

[47] Saloomey v. Jeppesen & Co., 707 F. 2d 671(2nd Cir. 1983);Halstead v. United States, 535 F. Supp. 782, 791(D. Conn. 1982).

[48] 法院在该案中提到以前的一项裁定,即只有天生危险的物品才可能需要承担产品责任,因此一张纸可能不需要承担产品责任。在 Flour 案中,加利福尼亚上诉法院认为,纸张中的错误所造成的潜在危险足以使物品(本案中的航空图表)承担产品责任。Flour Corp. v. Jeppesen & Co., 5 170 Cal. App. 3d 468, 216 Cal. Rptr. 68(1985).

[49] 以"Waze"为例,"Waze"已嵌入用户手机,拥有 1 亿活跃用户,如果司机引向不安全的道路或目的地,显然具有潜在危险。See G. Sterling, Waze Launches "Local" Ads Primarily Aimed at SMBs and Franchises, Search-Engine-Land(March 28, 2018), https://searchengineland.com/waze-launches-local-ads-primarily-aimed-at-smbs-and-franchises-295285.

[50] Netflix 推荐电影的算法是根据我们以往的喜好以及对其他消费者喜好的庞大数据库的分析,预测我们会喜欢上述选择(Netflix 的推荐系统是如何工作的,Netflix 帮助中心, https://help.netflix.com/en/node/100639)。一种保释算法推荐释放谁和拒绝保释谁,其依据是如果允许保释,嫌疑人会违法或逃跑的概率(V. Ramachandran, Are Algorithms a Fair Way to Predict Who'll Skip Bail?, Futurity(June 5, 2017), www.futurity.org/bail-bias-algorithm-1450462-2/)。为病人选择最佳治疗方法的应用程序也是基于病人确实患有所诊断的病症的概率,以及她会像其他大多数病人一样对最佳治疗方法做出反应的概率。

于事后发现是例外的情况时，就会不可避免地造成损害。这是否意味着思维算法永远都不应受到产品责任的约束，我们的分析与上述法律框架无关？不一定。

首先，除了无缺陷造成的损害外，思维算法当然也可能对基于缺陷的损害负责，而这种损害并非源于用户"处于统计数字的不利一方"。其次，思维算法在无缺陷情况下造成损害的能力并非独一无二。传统产品也可能是"无缺陷"的，但不可避免的造成损害。[51] 事实上，要赢得产品责任诉讼，原告必须证明（即使是在严格责任理论的约束下）缺陷的存在，[52] 这意味着某些损害不是由缺陷造成的。

当然，有人会说，在思维算法中，不存在缺陷而造成的损害是固有的，这与传统产品不同，后者在不涉及缺陷时不会造成固有损害。如果是这样，产品责任可能确实不是最有效的适用框架，特别是考虑到产品责任程序被认为是昂贵和缓慢的。[53] 虽然不同的法律框架（其基本假设是首先不存在缺陷）可能更有效率，但这并没有使我们目前的产品责任制度完全失去意义。

尽管思维算法具有"基于信息"的性质，尽管它们经常会造成损害而不管是否存在缺陷，但仍可能受产品责任的制约。因此，让我们转而分析一下，当一个系统是一种思维算法时，产品责任的基本原理在适用于这种系统造成的损害时就难以实现了。

四、采用目的性分析

如上所述，区分传统产品和思维算法的另一种方法是目的分析法，这种方法本身并不以系统的自主程度为基础。更详细地说，这种方法分析了不同决策系统的不同特征或特点（体现在四个不同的 OODA 循环阶段）如何影响产品责任背后不同原理的实现。实际上，系统的特征越是符合实现产品责任的原理，我们就越倾向于将其归类为传统产品。然而，如果系统的特征妨碍了产品责任原则的实现，则应将其归类为思维算法，给予不同的对待。

（一）产品与思维算法的对比实例

Therac-25 是一种用于摧毁癌组织的放射治疗机器。1985 年到 1987 年之间，Therac-25 导致六名病人因不慎受到过量辐射而受伤，并导致三人死亡。[54] 调查显示，该系统存在多个"漏洞"，导致其释放的辐射剂量远高于机器技术人员的规定剂量。[55] 尽管与这些事故

---

[51] 例如，汽车轮胎在使用一段时间后可能会爆炸，造成致命损害。只要制造商就轮胎的维护和更换频率提供适当的警告，这种破旧轮胎造成的任何损害都不会归咎于缺陷。See, e. g., Carmichael v. Samyang Tires, Inc., 923 F. Supp. 1514（SD Ala. 1996），涉及一起因轮胎故障导致的事故，"要根据 AEMLD 提出索赔，原告不能简单地证明发生了事故和他受到了伤害，相反，必须肯定地证明产品存在缺陷"。

[52] Ibid.

[53] See, e. g., R. W. McGee, Who Really Benefits from Liability Litigation? Dumont Institute Policy Analysis No. 24. (1996), https：//ssrn. com/abstract=82596. 在算法决策者方面更是如此。See, e. g., J. Gurney, Sue My Car Not Me：Products Liability and Accidents Involving Autonomous Vehicles（2013）Univ. Ill. J. Law Technol. Policy 247, 262-4; D. C. Vladeck, Machines without Principals：Liability Rules and Artificial Intelligence（2014）89 Wash. Law Rev. 117, 137-41.

[54] N. Leveson and C. Turner, An Investigation of the Therac-25 Accidents（1993）26 Computer 18-41; B. Littlewood and L. Strigini, The Risks of Software, Scientific American（1992）, pp. 62-75.

[55] Ibid., pp. 27-8.

相关的诉讼都在庭审前达成了和解。[56] Therac-25 仍被认为是最早引起与医疗设备相关的产品责任索赔的案例之一。[57]

Therac-25 可以精确、自动地进行放射治疗，而"先进的对应设备"则是一台能够做出并执行专业决策的未来机器。如今，新一代放射机主要侧重于提高放射剂量分配的精确度。现在的放射机配备了红外摄像机和机器人床，可在整个放射过程中自动调整病人的位置，以实现更精确的治疗。[58] 不过，辐射机还可以增加一项功能，即剂量计算算法，使辐射机不仅能发射辐射光束，还能根据每个病人的特点决定（或推荐）最佳治疗方案。[59] 计算辐射剂量的现有算法目前已在使用，[60] 但我们以未来的系统为例，它采用了"学习算法"，在学习了记载以往病例的大型数据库并解读了不同参数与改善疗效之间的相关性之后，根据肿瘤的类型和系统本身认为相关的其他参数，得出个性化的剂量计算结果。

（二）将产品责任原理应用于不同类型的算法

1. 促进安全

如上所述，产品责任框架背后的一个核心理由是鼓励制造商提高其产品的安全性。当所涉及的产品是精密的自学系统时，上述基本原理会受到什么影响呢？一般来说，这类系统的制造商可能会发现自己很难提高安全性，或者提高安全性的成本很高，或者会使系统效率低下。这一点可以通过未来的"机器人医生"系统来解释，该系统能够在决策的各个阶段完全取代人类医生。[61]

第一，传统产品的制造商在为不同情况做准备并最大限度地降低机器操作的风险时，需要考虑的参数数量是有限的。[62] 相比之下，机器人医生制造商将有大量的场景，必须根据以下无数参数来采取预防措施：病人的一般医疗状况（血型、生命体征、身高、体重等）和既往医疗状况（既往化验结果、既往诊断、既往治疗的成败等），以及当前医疗状况（例如，癌症诊断：癌症类型、大小、位置、分期等）；各种外部参数（该地区是否有流行病？当前的天气状况是否会影响某种诊断的可能性？）；实际参数（是否有合格的工作人员可以立即执行某种医疗选择？在人手不足或医院特定药物库存短缺的情况下，什么是最佳的实际选择？）；以及伦理参数（病人真正想要什么？如何与伦理标准和相关法律保持一致？）。

第二，除了上述所有参数和场景外，制造商还必须处理外部系统反馈到系统中的信息（特别是考虑到有望连接"现实世界物体"的物联网革命，以及未来算法将依赖其他机器

---

[56] S. Dyson, Medical Device Software and Product Liability: An Overview, MedTechIntelligence (September 15, 2017), www. medtechintelligence. com/feature_article/medical-device-software-products-liability-overview-part/2/.

[57] Ibid.

[58] Next-generation, state-of-the-art radiation therapy system at Netcare N1 City Hospital, Netcare, www. netcare. co. za/News-Hub/Articles/articleid/639/next-generation-state-of-the-art-radiation-therapy-system-at-netcare-n1-city-hospital.

[59] 其中包括肿瘤的规定剂量水平、治疗光束的数量、入射角度和一组强度振幅等。

[60] Ibid.

[61] A. Woodie, The Robo-Doctor Is [In], Datanami (August 30, 2017), www. datanami. com/2017/08/30/the-robo-doctor-is-in/; M. Froomkin, I. Kerr, and J. Pineau, When AIs Outperform Doctors: Confronting the Challenges of a Tort-Induced Over-Reliance on Machine Learning (2019) 61 Ariz. Law Rev. 33.

[62] 举个简单的咖啡机例子：验证咖啡机产生的液体温度是否过高，验证咖啡机即使由儿童操作也不会造成触电事故等。

反馈的参数的前景）。[63]

第三，与其他专业领域一样，医学也在不断变化。我们是否期望制造商每天都根据每项新研究更新产品，同时立即将研究结果纳入机器人医生的决策过程？谁来决定哪些研究应该更新，哪些研究不够有说服力，或者与机器人医生治疗的特定人群不太相关？与产品无需经常更新的"静态"领域相比，生产商要考虑这种动态发展，在尽量减少错误风险方面的任务无疑要困难得多。[64]

第四，医学与法律和其他许多复杂领域一样，判断力和自由裁量权非常重要，并不是非黑即白的。在相同的情况下，不同的专家有不同的意见，提出不同的解决方案。在选择并不一定显而易见的情况下，如何能指望制造商通过选择特定的行动方案将某些情况下的风险降到最低呢？即使可以在无数种情况下提高安全等级（而且成本也不高昂），但如果思维算法制造商希望保持系统的高效性和用户友好性，他们仍然很难将系统决策的正确率从"高"提高到"非常高"。例如，如果机器人医生必须在决策过程中考虑到每一种可能的病症，包括极其罕见的病症或难以置信的病症，那么它可能无法投入实际使用。信息收集和分析过程所需的额外时间可能会使这一过程变得过于冗长，使系统无法实时做出反应。如果这一过程如此缓慢，病人可能会拒绝告知自己的病史等。[65]

总之，影响精密系统制造商能在多大程度上提高其安全性的因素包括：算法在做出决定之前必须考虑的参数矩阵的大小；相关专业知识的动态性质；缺乏明确的"正确选择"；以及安全与效率之间的权衡程度。但这些参数都非常笼统，而且都是从机器人医生（一台机器完全取代了人类最复杂的职业之一）这个极端例子中推导出来的。为了将影响制造商提高安全性能力的参数具体化，从而满足产品责任的第一个基本原理，让我们现在来分析一下我们所列举的辐射系统的例子。分析的核心是产品"行为"的可预见性水平，以及制造商能够在多大程度上控制这些行为，以及控制这些行为的效率（假定制造商越不能预见和控制其系统的选择，就越不能提高系统的安全水平）。为了研究这一点，我将分别回顾系统在OODA循环四个阶段中的操作。

（1）OODA循环的一般理论。我们可能没有这样想过，但即使是最原始的自动系统也可能对OODA循环的所有四个阶段负责（只要它们产生了某种物理变化）。例如，即使是一个简单的电钻，它也会"获取信息"，了解电钻已经打开，人类操作员已经按下正确的按钮让电钻启动。它还会分析这些信息，并根据这些信息做出决定，最原始的做法是考虑到启动按钮已经按下，以及没有启动安全锁定机制的事实，然后它"决定""继续"钻孔，钻孔是OODA循环的最后执行阶段。但是，在这些例子中，所有前三个阶段都是由人类操作者向系统发出的指令，因此，完全的可预见性和完全的可控性都掌握在制造商手中（除非出现"错误"，或者有人故意使用钻孔机伤害他人，在这种情况下会涉及刑法）。

---

[63] See, e.g., A. Thierer, The Internet of Things and Wearable Technology: Addressing Privacy and Security Concerns without Derailing Innovation (2015) 21 Rich. J. Law Technol. 4-17.

[64] 例如，尽管自动驾驶系统的设计可能很复杂，但其制造商不可能每天都遇到航空领域（或气象学、大气科学等）的最新信息，从而需要决定新信息是否与系统设计相关。

[65] 关于机器人技术领域安全与效率之间的固有权衡，see, e.g., C. Braz, A. Seffah, and D. M'Raihi, Designing a Trade-Off between Usability and Security: A Metrics Based Model, in C. Baranauskas, P. Palanque, J. Abascal, and S. D. Junqueira Barbosa (eds.), *Human-Computer Interaction-INTERACT*, Springer, 2007.

然而，思维算法之所以能取代人类，正是因为它们不仅能在最后的物理执行阶段胜过人类，还能自动从各种来源获取和收集人脑几十年都无法读取的海量信息；它们能分析人类无法掌握的这些海量信息；它们能根据人类甚至无法衡量的概率做出复杂的决策。

例如，Therac-25 机器只能获取百分之百由操作员指令的信息（打开机器、选择特定治疗模式等）。它根据预先设定的程序，分析自己是否处于可以开始工作的位置，在满足开始工作模式的所有条件时它会直接命令自身开始工作，然后盲目地"决定"继续进行治疗——这同样是因为程序设定它在满足所有必要条件时要这样做。当然，这些步骤构成了一种算法。然而，新一代的放射机在进行 OODA 循环的前三个阶段时会有更多的"自由"或"独立性"，因此制造商对其不再具有完全的可预见性或可控性。例如，在信息获取方面，系统本身可能会决定从哪些数据源获取信息来提高成功率（无论是制造商可能根本不知道的医学出版物，还是系统可能突然发现与辐射成功率相关的全球变暖等随机统计数据）。在分析阶段，辐射机本身也可以根据其自学过程中发现的相关性，决定对收集到的每条信息赋予多大的权重。面对不同成功概率和不同预期损失的几种行动方案，机器本身可能会决定选择哪种方案，或者认为它对首选方案的信心不够。这时，它宁可呼叫人类寻求进一步的指示，也不会决定执行。自然，一个系统能够以不完全由制造商规定的方式执行的 OODA 循环阶段越多，制造商对该过程最终结果的可预见性就越低，对该过程的控制就越少，从而导致在发生损害时越难以确定赔偿责任。

因此，在分别深入探讨每个阶段之前，笔者认为表明系统是一种思维算法的第一个参数与产品责任的第一个原理不太相符（因为如上所述，考虑到可控性和可预见性水平的降低会使提高安全性变得更加困难），第一个参数就是系统以不完全由人类决定的方式执行的 OODA 循环阶段的数量。

（2）"观察"（"信息获取"）。如上文所述，Therac-25 的信息获取阶段完全由人在回路中控制。新一代的辐射机器，根据其规格，可能会在信息获取阶段提出制造商缺乏可预见性和可控性的几个不同方面。当然，当系统根据制造商提供的封闭式数据库进行训练，并在之后继续从完全由制造商提供的数据中收集信息时，制造商会保持对信息获取阶段的可预见性和可控性。但是，如果系统可以自行决定增加额外的信息来源（例如，更多的医学期刊、读者关于辐射的博客等）以及系统"感兴趣"的更多类型的信息（例如，在查看病人的病历时，收集不那么琐碎的信息类型，如病人入院的星期几等），则可能会取得更好的结果。在这种情况下，制造商缺乏可预见性表现在三个方面：首先，制造商无法预测系统会选择收集哪类参数信息；其次，它无法预测机器将采集的信息来源；最后，它无法预测所收集数据的具体内容，无论是与医学期刊等外部数据库有关的内容（数据库越是动态和定期更新，制造商对其内容的可预见性就越低），还是为每个病人测量的具体医疗参数值。

因此，如果系统可以自行决定寻找哪类信息或覆盖哪些信息源，其信息源更具动态性，信息获取阶段的可预见性和可控性就会降低。

（3）"定向"（"信息分析"）。与信息获取阶段一样，Therac-25 并不参与信息分析：分析工作由外部人员完成。而新一代辐射系统则在分析阶段发挥了重要作用，从而降低了制造商对该阶段的可预见性和可控性水平。更详细地说，该系统（Therac-25）仅仅具有计算能力，能够对前一阶段收集的各种复杂参数进行权衡，这并不影响制造商的可预见性或可控性。即使制造商不能自己完成计算任务，信息分析阶段也是完全可预见和可控制的：制造商是决定系统应给予每个参数多大权重的因素，也是决定将哪些收集到的数据完全忽略的因素。例如，制造商可以决定只在病人非常年轻或年老时才考虑病人的年龄，或者决定对病人有肿瘤病史这一事实给予很大的权重，系统将据此进行计算分析。不过，新一代机器可能不仅仅是复杂的计算器。相反，先进系统的全部独特之处在于，它们可以自学，成功率比人类高得多，并能根据以往的经验确定每个参数的权重。在这种情况下，机器将决定在多大程度上考虑病人的病史、过敏体质或医学期刊上发表的有争议的新研究。在信息分析阶段，制造商通过设定界限来提高可控性和可预见性的能力是有限的，因为它主要是偶尔这样做，而且是在制造商事先知道将成为系统分析一部分的某些参数的权重方面。同样，系统从数据库中获取的信息越是动态，制造商就越不能预先广泛地规定某些参数的权重。

（4）"决策"（"决策选择"）。在对信息获取过程中收集到的无数参数赋予不同权重并进行分析之后，同样负责第三个 OODA 循环阶段的系统现在必须根据上述分析做出决定。这一阶段所涉及的内容比想象的要多，至少对思维算法来说是这样。例如，咖啡机的决策过程一般基于两个确定性选项，即"倒咖啡"或"不倒咖啡"，而思维算法则不同，它可能会面临无数种选择，每种选择都基于概率，而且每种选择都有一定的可信度，即该选择确实包含上述概率。例如，新一代放射治疗机在分析所获得的信息后，可能会提出几十种潜在的治疗剂量，每种剂量都有不同的成功概率和预期损伤。例如，算法的排序可能包括成功率为90%的方案，10%的失败会造成"3000"的损失；成功率为80%的方案，20%的失败会造成"1000"的损失；以及一长串不同成功率和预期损失的备选剂量。不仅如此，与人类医生一样，算法也不能百分之百确定上述替代方案确实反映了算法假设的概率和预期损失。例如，算法可以确定，它有95%的把握认为第一个选项确实有90%的成功概率，并有可能造成"3000"的损失，而只有70%的把握认为第二个选项确实反映了所显示的概率。因此，我们的决策选择阶段对算法来说涉及一些"棘手"的问题：首先，算法更看重潜在的成功率还是潜在的损失？其次，置信度如何影响不同选项之间的选择？每当首选方案的置信度低于某个阈值时，算法是否应该听从人类的意见？（是算法自己决定必须咨询人工，还是由制造商预先确定阈值？）

制造商的可预见性和可控性水平自然取决于如何决定，或者更准确地说，由谁来决定这些问题。例如，在辐射机方面，制造商可以决定采取一种更为谨慎的方法，即辐射机不能自由决定其预期损害超过可忽略不计的百分比的替代方案，只要其置信度低于一个很高的阈值，就必须"后退"，让人工来决定。然而，这种方法自然会以牺牲效率为代价（因为在许多情况下，机器无法自动完成流程，而必须等待人工到达并做出决定）。当然，如果情况需要立即处理（例如，在创伤科使用的系统），等待人工的到来可能会造成生命损失。此外，如果从一开始，系统的成功率就高于人类，那么从功利的角度来看，我们更希望由机器来做出这样的决定，而不是由人类来参与（这同样会导致制造商的可预见性和可控性大大降低）。[66]

系统的响应时间越重要，人与机器的成功率差距越大（对机器有利），制造商就越有可

---

[66] Millar and Kerr, above note 18; Lieblich and Benvenisti, above note 28.

能被迫在决策阶段放弃可预见性和可控性，"解放"系统，让它"自由"做出自己的选择。

（5）"行动"（"行动实施"）。在"行动实施"这一最后 OODA 循环阶段，我们的辐射系统从未取代过人类，因为光束的投射从来都不是人类所能完成的过程。因此，让我们想象一个机器人外科医生（例如达芬奇系统），且只关注其执行阶段，而不是如何执行的决策过程。[67] 就上述特定阶段而言，不存在学习因素。因此，就像传统产品一样，只要不遇到"错误"，系统就是可预见、可控制的。

（6）小结与成功率的可衡量性。通过对 OODA 循环的四个阶段以及与每个阶段相关的可预见性和可控性进行分析，我们以学习系统和传统产品为例，发现以下参数往往会降低系统与鼓励制造商促进安全的基本原理的兼容性：系统所负责的 OODA 循环阶段的数量；系统决定从哪些来源获取数据的自由度；系统决定考虑哪些参数的自由度；系统领域相关信息来源的动态性质；系统是否能挽救生命（因此，降低效率以提高可预见性是非常有问题的）；以及系统的成功率是否已经高于人类的成功率（这同样会使牺牲效率以提高可预见性的做法变得更成问题）。

当然，这只是一个相当初步的参数列表，更多的例子可能会产生更多的参数。但它确实给我们提供了一个概念，即哪些类型的系统应被归类为思维算法，制造商改进其安全性的难度更大或问题更多。

2. 最大限度减少寒蝉效应

有人认为，在某些行业中，产品责任的适用不仅未能提高安全性，反而导致生产价格上涨，造成生产或使用有益技术的水平低于最佳水平。[68] 尽管避免寒蝉效应和提高使用效率并不是产品责任背后的主要理由之一，但产品责任框架的形成在很大程度上受到了上述利益的影响。因此，分析将包括上述利益，并研究复杂系统的不同参数将对寒蝉效应造成怎样的影响。

自然，系统的可预见性和可控性越低，就越担心对技术产生不利影响。首先，缺乏可预见性可能会使制造商更难提高安全性，至少是在无数可能发生的情况中的一个子集。在这种情况下，产品责任不一定会对安全有多大帮助，但很可能会导致生产成本的提高，从而使某些系统的生产因需求减少而减少。此外，缺乏可预见性可能会降低责任成本的可预见性，进而再次延误开发或导致高成本。[69] 其次，自然是系统的结果比人类的结果越好，反应越快，我们就越有可能把更多的决定委托给它，而把人类"排除在外"。[70] 因此，对那些结果显示优于人类的系统来说，对寒蝉效应的恐惧（表现为开发减少、价格昂贵导致需求减少，或因"笨拙"的安全措施导致系统速度太慢或不方便用户使用而降低效率）是更令人担忧的。

3. 确保对受害者的赔偿

一般来说，产品责任被批评为不是赔偿受害者损害的最佳制度，因为与产品责任诉讼

---

[67] See www.davincisurgery.com.

[68] M. Polinsky and S. Shavell, The Uneasy Case for Product Liability (2010) 123 Harv. Law Rev. 1437, 1440.

[69] B. W. Smith, Automated Driving and Product Liability (2017) Mich. St. Law Rev. 1.

[70] Abbott, above note 9; Millar and Kerr, above note 18.

相关的高昂费用使许多损害案件无法诉讼,[71] 并导致因法律费用而提起诉讼的案件中对受害者的赔偿大幅减少。[72] 损害产品的特性如何影响受害者的赔偿？与产品责任的第一条基本原理"促进安全"不同，每种算法的特定能力可能不会对受害者的赔偿能力产生关键影响，但一些更普遍的特征会对受害者的赔偿能力产生影响。

第一，在许多情况下，各种类型的保险可能会使产品责任变得多余，因为投保的受害者的损害赔偿要求可能会由保险全额承担，从而消除了诉讼的必要性。[73] 然而，制度的可预见性越低，保险公司就越不愿意以合理的保费提供保险。[74]

第二，在没有全额保险的情况下，影响受害者获得赔偿能力的另一个主要考虑因素是律师是否同意受理他们的案件。在典型的产品责任诉讼中的按判决金额收费的结构下，这种可能性会受到律师对成功的可能性和程度的估计以及对预期成本的估计的影响。[75] 例如，由于技术上的复杂性以及需要听取更多专家证人的证词，预计诉讼程序持续的时间越长，律师就越不可能冒险接受产品责任案件。[76]

所需的专家人数，以及程序的复杂程度、持续时间和费用，很可能取决于系统的操作领域，以及系统是否能取代人的专业判断。在涉及复杂的专业判断的领域，如医学、工程学或法律，除了需要代码专家就技术编程措施的可用性作证外，还可能需要相关领域的专业专家（医生、工程师、律师等）来讨论这些措施在专业领域是否可用和可达到。因此，可以说，取代人类专业判断的系统更有可能与更长和更昂贵的程序相关联，从而在较小程度上满足补偿受害者的基本原理，因为许多相关案件的诉讼费用将过于昂贵。

五、有比使用"自主"更简单的分类标准吗？

本章分析了影响系统与产品责任法基本原理兼容性的不同特征，发现了许多在决定系统是否是传统产品或是否应适用不同法律框架时应考虑的许多特征。这些特征的列表不仅相对较长（而且还可以增加内容），而且在实践中的应用也不完全简单。例如，某些特征可能会产生不止一种效果,[77] 或者效果取决于其他参数。不过，从图 22.1 和图 22.2 中可以看出，使用本章讨论的方法对传统产品和思维算法进行分类，要比使用系统的自主水平作为两者之间的区分方法容易和简单得多。

首先，将自主性作为分类标准需要用户回答不同类型的问题，其中许多问题都是开放式的，并独立决定如何将她对这些问题的所有一般估计因素考虑在内，而目的性分析的分类标准则简单明了地要求在存在预定义特征时添加"+"号。其次，前一种分类方法得到

---

[71] 预期的诉讼费用超过了产品所受损害的预期回报，例如在没有造成重大人身伤害的车祸中。P. Hubbard, "Sophisticated Robots": Balancing Liability, Regulation and Innovation (2014) 66 Fla. Law Rev. 1826-7; Gurney, above note 53.

[72] 回顾实证研究，发现原告仅获得被告支付金额的 0.37%～0.6%。Polinsky and Shavell, above note 68.

[73] Polinsky and Shavell, ibid.

[74] Hubbard, above note 71.

[75] Smith, above note 69, pp. 37-40.

[76] Ibid.; Gurney, above note 53, pp. 265-6; Hubbard, above note 71, pp. 1826-8.

[77] 例如，从整体上看"缺乏可预见性和可控性"这一特征，与促进安全的理念并不相符（因为它可能会使改善安全变得过于困难、昂贵或低效），但却可能与补偿受害者的理念相符（因为保险公司会降低投保意愿，从而使产品责任更有必要作为一种替代方案）。

的结果是对系统自主程度的总体印象，但却没有如何应用的实际指导（尤其是在结果不确定的情况下），而后一种分类方法得到的结果则很明确，即系统积累的"+"号的数量。最后，上述结果还具有实际意义，因为它不仅仅反映了系统的理论特征，还表明了系统与产品责任框架的目的之间的协调程度。

为了证明所提议的分类标准的相对简单性及其事实上的价值，参见表 22.1，根据本章提议的目的性分析对不同类型的系统进行比较：Roomba 真空吸尘器机器人、自动驾驶仪、自动驾驶汽车和未来的"机器人医生"（可替代人类医生的所有功能）。用于决定每个类型中哪些系统应获得哪些"标志"的分析当然不是详尽无遗的，也不是结论性的：例如，不同类型的自动驾驶仪可能拥有非常不同的功能，因此对每种类型的分析也不尽相同。不过，它确实证明了第一栏中列出的特征能以一种与产品责任规则应用相关的方式来区分不同类型的系统。

图 22.1 作为思维算法分类标准的自主水平

1. 负责两个以上的 OODA 循环阶段？

如上所述，在分析一个系统"负责"哪些 OODA 循环阶段时，重点是系统的选择不受注入式指令支配的阶段。Roomba 清洁机器人的传感器会收集有关其所处环境的预定信息（地板上是否有污垢、路径上是否有障碍物等），并以预定的方式分析所收集到的信息（如果机器人触碰到某个物体，就意味着遇到了障碍物等）。虽然 Roomba 清洁机器人的决策具有随机性，导致其执行并非完全由预先确定（该系统的设计是随机尝试新的运动角度，以增加克服障碍的机会），[78] 但该系统并不"负责"两个以上的 OODA 循环阶段。类似的分析也适用于自动驾驶仪，自动驾驶仪收集预定类型的信息（高度、风速等），并以预定方式对收集到的信息进行分析（计算最佳参数，如飞行器保持航向或着陆所需的角度和速度）。与在几乎空无一物的天空中飞行的飞机不同，就潜在障碍物而言，自动驾驶汽车在执行日常任务时必须应对众多（而且往往是）意想不到的障碍物。因此，系统收集的信息并不完全是注入式预设的（因为车辆配备的摄像头和传感器可能会遇到制造商没有预见到的新型地形、路况或障碍物）。对收集到的信息的分析也不是预先确定的，因此不是基于单纯的计

---

[78] J. A. Kroll, J. Huey, S. Barocas, et al., Accountable Algorithms (2017) 165 Univ. Pa. Law Rev. 633, 655.

算，而是通过更类似于人类的试错自学过程进行的。[79] 在"决定"下一步如何行驶时，自动驾驶汽车并没有一个"底线"计算来精确显示着陆的正确角度或保持高度的正确速度。因此，一辆自动驾驶汽车似乎要负责两个以上的 OODA 循环阶段，从而在这一类型下获得"+"号。机器人医生系统也有可能获得"+"号，因为它有能力根据自己的考虑从各种来源收集信息；根据自我学习而不是注入式预设能力分析收集到的信息；根据分析结果决定如何行动，这将反映出根据对结果的信任程度在随机备选方案中之间的选择（如上所述）。

表 22.1　思维算法的特征

	Roomba 机器人	自动驾驶仪	自动驾驶汽车	机器人医生
负责两个以上的 OODA 循环阶段？			+	+
独立选择要收集的信息类型？			?	+
独立选择的信息来源从哪里收集？				+
信息来源的动态性？				+
取代复杂领域的专业人员？		?	?	+
决定的生死性质？		+	+	+
需要实时决策？		+	+	?

图 22.2　作为思维算法分类标准的目的性解释

对于每个 OODA 循环阶段：
1. 成功率和失败率无法衡量？
2. 负责两个以上的 OODA 循环阶段？
3. 独立选择要收集的信息类型？
4. 独立选择要收集的信息来源？
5. 信息来源的动态性？
6. 在复杂领域取代人类专业人员？
7. 决定的生死性质？
8. 需要实时决策？

如果答案是肯定的，加上"+"

"+"越多产品责任兼容性越差

2. 独立选择要收集的信息类型？

如上文所述，Roomba 清洁机器人和自动驾驶仪收集的信息类型仅限于程序设定的信息类型：有关其环境的预定参数。然而，自动驾驶汽车在遇到未按指令收集的新型信息时，

---

[79] L. Blain, AI Algorithm Teaches a Car to Drive from Scratch in 20 Minutes, Automotive（July 6, 2018）, https://newatlas.com/wayve-autonomous-car-machine-learning-learn-drive/55340/.

应该做出反应。虽然系统收集数据的信息来源确实是预先确定的（车辆所处的环境），但信息的类型并不一定是预先确定的。就机器人医生系统而言，该系统很可能会自主选择收集的信息类型（如病人的病史、当前主诉、环境参数等）。

3. 独立选择要收集的信息来源？

如上文所述，机器人医生在选择收集信息的来源时可能确实非常独立，而 Roomba 清洁机器人和自动驾驶汽车则只会收集其周围的环境信息，这些信息都是其制造商预设定的。举例来说，自动驾驶汽车除非能获得以汽车或物理学为重点的期刊和文章的访问权限，否则似乎也只能从程序员指定的信息来源获取信息（这与它可能遇到的信息类型不同）。

4. 信息来源的动态性质？

Roomba 清洁机器人、自动驾驶仪和自动驾驶汽车都从环境中获取信息，而环境的特点是具有一定程度的动态性。然而，如上所述，对不断更新系统的需求对制造商最小化风险的能力产生了不利影响，而此种需求在机器人医生系统中更为普遍，因为需要考虑到新的研究和发现，而这些研究和发现可能会影响系统得出结论的整个过程。

5. 取代复杂领域的专业人员？

如上所述，对取代专业裁量权的系统所造成的损害提起诉讼，预计时间会更长，费用会更高，因为可能需要更多相关专业领域的专家。这反过来又会减少此类案件提交法院的机会，阻碍受害者赔偿的合理性。虽然我们无法事先预料诉讼律师会认为哪些专家是审理案件所必需的，我们可以有把握地认为，与机器人清洁工相比，机器人医生更可能需要专业专家（除编程专家外）。至于"介于两者之间"的自动驾驶仪和无人驾驶汽车，与数百万人熟悉的驾驶行为相比，公众对自动驾驶仪功能的了解要少得多。[80] 因此，我们可以想象，涉及自动驾驶汽车的事故需要向法庭提交更长、更昂贵的技术报告。

6. 决策的生死性质？

除了 Roomba 清洁机器人之外，其他三种系统都会对人类的生命构成重大威胁（如发生意外或进行无效或危险的治疗）。因此，如上文所述，要想从这三类系统中获得最大利益，可能要以允许制造商更好地预见和控制其结果为代价。因此，后三类系统更难达到促进安全的目的。

7. 需要实时决策吗？

当需要实时决策时，制造商决定人工干预的灵活性（高于某个风险阈值、低于某个确定性阈值等）就会被削弱，因此实现安全促进的能力也会被削弱。为了顺利运行，Roomba 清洁机器人确实需要不断做出决定和采取行动。鉴于其决策的性质及其非紧迫性，制造商可以在任何可能造成损害的情况下要求人工干预。然而，自动驾驶仪和自动驾驶汽车却没有这样的灵活性。至于机器人医生，对紧急实时决策的需求在不同情况下敏感程度不同，因为急诊室的治疗过程与年度例行体检在这方面有很大不同（后者允许系统在任何可能造成损害的情况下呼叫人类决策者）。因此，机器人医生在这方面要打一个问号。

在证明了 Roomba 清洁机器人、自动驾驶仪、自动驾驶汽车和机器人医生的不同特点是如何使它们更容易或更难符合产品责任的原理之后，我们看到了这种分类标准如何相对简

---

[80] 有关美国持证司机的数量，see：www.statista.com/statistics/198029/total-number-of-uslicensed-drivers-by-state/.

单和快速地使用。当然，上述分析的细节可能会有所不同，从而导致不同的结果。此外，上述分析并不能最终告诉我们哪些产品应该或不应该承担产品责任。不过，它确实给了我们一个简单明了的指标，即"+"符号越少，系统就越能继续受传统产品责任框架的约束。

六、结论

本文以产品责任的法律框架为重点，提供了一种新颖的方法，用于确定"复杂"算法造成的损害何时可继续适用传统的产品责任法，何时应采用其他替代的处理方法。

当然，在产品责任之外选择某种替代法律框架取决于这种框架的特点、优势和劣势（当然包括制造商是否仍需对造成的损害负责的问题）。关于这种替代方案的建议已经讨论了几十年，[81] 重点是确定责任的各个方面，以及如何支付损害赔偿和由谁来支付损害赔偿。[82]

对这些不同方法的比较以及关于它们与产品责任的比较评价超出了本章的范围。鉴于越来越多的人呼吁停止将"精密"或"自主"系统视为单纯的产品，并将其置于产品责任以外的法律框架之下，本章的重点是研究为什么目前对传统产品和系统之间的分类不足以构成新的法律框架。然后，本章提出了一种为适用产品责任而区分产品和非产品的不同方法，重点是产品责任框架背后的理论依据，以及"精密"系统的不同特征是与之相容还是阻碍其发展。

因此，决策者和学者在遇到一个参数严重偏向一个方向或另一个方向的系统时，可以利用所提议的分析方法来决定是否适用产品责任或采用或制定替代框架。

---

[81] See, e.g., S. N. Lehman-Wilzig, Frankenstein Unbound: Towards a Legal Definition of Artificial Intelligence (1981) 13 Futures 442, 451-2.9.

[82] See, e.g., L. Wein, The Responsibility of Intelligent Artifacts: Toward an Automated Jurisprudence (1992) 6 Harv. J. Law Technol. 103; S. Chopra and L. F. White, *A Legal Theory for Autonomous Artificial Agents*, University of Michigan Press, 2011; R. Kelley, E. Schaerer, M. Gomez, and M. Nicolescu, Liability in Robotics: an International Perspective on Robots as Animals (2010) 24 Adv. Robot. 13; S. Duffy and J. P. Hopkins, Sit, Stay, Drive: The Future of Autonomous Car Liability (2013) 16 SMU Sci. Technol. Law. Rev. 101; Abbott, above note 9; Chagal-Feferkorn, above note 9.

第二十三章

侵权法
——对算法应用"合理性"标准

卡尼·查加尔·费弗科恩（Karni Chagal-Feferkorn）*

引言

随着技术的不断进步，特别是算法在社会中的广泛应用，当财产受到损害或人们受到伤害时，法律越来越多地面临着确定责任主体的任务。从历史的角度来看，工业革命催生了能够自动化执行以前由人类手动执行任务的机器。然而，尽管这些早期的自动化机器具有优越性，但它们的使用可能会造成人身损害；原因可能是机器发生故障、设计不良或用户误用等。传统上适用于机器造成损害的法律框架由两个原则组成：一般过失和产品责任。[1] 在本章中，关注点主要放在基于算法的实体上，特别是对于行动者（actors）的理性人标准。

根据过失理论（theory of negligence），当满足四个要素时，即成立责任：注意义务的存在；违反该义务；违反注意义务与损害之间的因果关系；损害的存在。如果一个人在执行可能预见到的会伤害他人的行为时，没有遵循合理注意的标准，就会被认为违反了注意义务。[2] 在主要由人类从事体力劳动的时代背景下发展起来的侵权法中，为了确定一个人是否做到了"合理的注意"，法院采用了"理性人"标准。理性人标准询问一个理性的人在类似的情况下，且拥有相同的知识状态，会做出什么行为。[3]

根据产品责任，处于不合理危险状态的缺陷产品的销售者或制造商，应当对缺陷产品给用户造成的身体伤害或者财产损害承担责任，即使他们之间没有合同关系。[4] 有关此主

---

* 本章基于先前的文章 The Reasonable Algorithm (2018) 1 Univ. Ill. J. Law Technol. Policy 111. 笔者想把这一章献给其导师尼瓦·埃尔金·科伦（Niva Elkin-Koren）教授。

[1] D. G. Gifford, Technological Triggers to Tort Revolutions: Steam Locomotives, Autonomous Vehicles, and Accident Compensation (2018) 11 J. Tort Law 71, 117–18. 关于产品责任历史概述，see generally J. Stapleton, *Product Liability*, Butterworths, 1994, pp. 9–29.

[2] Restatement (Third) Of Torts: Liability for Physical Harm § 3 (PFD No. 1, 2005); B. C. Zipursky, Foreseeability in Breach, Duty and Proximate Cause (2009) 55 Wake Forest Law Rev. 1247.

[3] A. D. Miller and R. Perry, The Reasonable Person (2012) 87 NY Univ. Law Rev. 45.

[4] Restatement (Second) of Torts § 402A (1965).

题的更多信息请参阅本书第二十二章，其中讨论了算法是否为产品的问题。[5] 在产品责任法中，为了确定缺陷的存在，受害人必须证明产品存在制造缺陷或设计缺陷，或者没有附带足够的警告说明。[6]

关于过失责任和产品责任这两种侵权法律框架，即使在自动化系统变得越来越复杂并开始帮助人类完成更复杂的任务时，也继续适用于自动化系统造成的损害。例如，涉及自动驾驶仪（autopilot）事故的诉讼，往往会对自动驾驶仪的制造商提起产品责任索赔，并对操作该系统的飞行员或航空公司提起过失责任索赔。[7] 类似的做法也存在于造成损害的自动化医疗系统。[8]

然而，技术进步也引发了许多问题，即鉴于算法驱动的系统变得越来越"自主"或"独立"，导致行为更加不可预测，那么解决机器造成损害的传统法律工具是否仍然适用。这样的系统被称为"思维算法"（thinking algorithms）——因为它们的算法模拟了人类思维的不同阶段，并且是独立于人类进行的，它们似乎正在取代人类在几乎所有生活领域中的作用。思维算法可能偶尔会造成人身损害的领域是医疗领域（医生越来越依赖算法来诊断和选择最佳治疗方案）[9] 以及交通领域（人类驾驶员预计将逐渐被无人驾驶车辆取代）。

许多人认为，将传统的过失责任和产品责任制度应用于思维算法是有问题的。这两种制度都关注有缺陷的实体（如系统的制造商或用户）的行为，而不是系统本身的行为。当致害系统仅仅是其创造者和用户手中的"工具"时，这是一种合理的法律处理方法，但对于思维算法来说，情况并非如此，因为它们的表现越来越接近人类。由于算法的强大能力，它们所履行的功能与人类活动所展现出的技能有很多相似之处，例如能够理解书面和口头文本、与人沟通、根据过去的经验得出结论等。同时，它们还具备面对不断变化的环境成功做出应对的能力，甚至在遇到系统未预先编程处理的意外情况时，也能灵活应对。

事实上，基于思维算法的新特性及其与旧系统类型的区别，欧洲议会发布了一份报告草案，解释称对于自主机器人而言，普通的责任规则已不再适用，因为它们不能再被视为

---

[5] K. Chagal-Feferkorn, When Do Algorithmic Tortfeasors that Caused Damage Warrant Unique Legal Treatment?, in W. Barfield (ed.), *Cambridge Handbook on the Law of Algorithms*, Cambridge University Press, 2020.

[6] 更详细地来说，当产品制造不当（例如，因违反产品装配规范或使用不适当的材料）时，就会出现制造缺陷。根据大多数州的法律，制造缺陷会使卖方承担严格责任，只要证明存在缺陷，就不需要证明卖方的任何疏忽即可追究其责任。顾名思义，设计缺陷是产品本身设计上的缺陷，无论其如何制造。大多数州遵循"风险效用测试"，根据该测试，当与使用该产品相关的可预见风险本可以通过使用可行的更安全替代方案来最小化时，就会发生设计缺陷。当制造商没有充分警告消费者隐藏危险的存在，以及没有指导他们如何安全使用产品时，就会发生未警告的情况。Restatement (Third) of Torts § 2 (a) (1998); Gifford, above note 1.

[7] 以2013年旧金山"韩亚空难"为例，其基本的法律诉讼包括对据称发生故障的自动油门制造商波音公司的产品责任索赔，以及对航空公司本身的过失索赔。See M. Hamilton, Asiana Crash: 72 Passengers Settle Lawsuits against Airline, Los Angeles Times (March 3, 2013), www.latimes.com/local/lanow/la-me-ln-asianaairlines-settle-lawsuits-20150303-story.html.

[8] 臭名昭著的"Therac-25事件"中，放射治疗机因辐射剂量过大导致数名患者死亡，在该案件解决之前，也有人提出了产品责任索赔。

[9] See, e.g., A. Frakt, Your New Medical Team: Algorithms and Physicians, The Upshot, The Upshot, New York Times (December 7, 2015), www.nytimes.com/2015/12/08/upshot/your-new-medical-team-algorithms-andphysicians.html; V. Khosla, Technology Will Replace 80% of What Doctors Do, Fortune Magazine (December 4, 2012).

其他行为者手中的工具。[10] 因此，对于自主机器人，学者们提出了产品责任法律的替代方案，如采取无过错保险计划的形式。[11] 然而，其他人则建议专注于系统本身的行为，并基于调查结果判定相关法律实体（如制造商或用户）是否应承担责任。在此背景下，有人把制造商或用户对思维算法行为的责任，类比成委托人对代理人行为（或雇主对雇员行为）的责任。[12] 但是，如何确定思维算法的行为是否确实需要追究责任呢？

如上所述，在确定人类侵权者的行为责任时，过失分析是基于行为的合理性。鉴于人类和思维算法（控制可能导致人身伤害的效应器和执行器[13]）之间的相似性不断增加，以及未来它们将被交替"使用"或"雇佣"的事实，在确定责任时，一种可能的解决方案是对思维算法的行为进行合理性分析，就像这种分析适用于人类侵权者一样。当然，人类和算法之间合理性的内容会有所不同（考虑到它们各自的比较优势和劣势）。但这同样适用于对具有不同特点的人类的合理性分析。例如，对专业人士来说，在其职业范围内行事的人通常会受到"理性专业人士"的更高标准，而不是普通"理性人"的标准。[14]

因此，本章将讨论对人类和思维算法侵权者一视同仁的总体概念，以及将合理性标准应用于两者行为的有效性。

一、为什么要对思维算法适用合理性标准？

对人类和进行相同行为并造成相同损害的思维算法，应用完全不同的侵权责任框架，很可能会导致司法决定中出现某些异常现象和不一致性。在解决这些异常现象之前，笔者要先提出一个初步的说明，那就是相较于人们对"理性人"或"理性专业人士"的期望，人们对"合理性算法"的具体期望可能非常不同。直觉上，思维算法可能被认为优于人类

---

[10] 2015/2103（INL）European Parliament Draft Report on Civil Law Rules on Robotics（May, 2016），Section S. 该报告建议授予自动机器人独立的"电子人"法律地位，这甚至可能允许这些机器人自身为它们所造成的损害支付赔偿金——例如，通过为特定类别的机器人开发的强制性保险计划。

[11] See, e. g., K. S. Abraham and R. Rabin, Automated Vehicles and Manufacturer Responsibility for Accidents: A New Legal Regime for a New Era（2019）105 Va. Law Rev. 127; A. Davola, A Model for Tort Liability in a World of Driverless Cars: Establishing a Framework for the Upcoming Technology（2018）54 Idaho Law Rev. 591.

[12] See, e. g., S. N. Lehman-Wilzig, Frankenstein Unbound: Towards a Legal Definition of Artificial Intelligence（1981）13 Futures 442, 451-2; S. Chopra and L. F. White, A Legal Theory for Autonomous Artificial Agents（University of Michigan Press, 2011），pp. 5-28; P. M. Asaro, A Body to Kick, But Still No Soul to Damn: Legal Perspectives on Robotics, in P. Lin, K. Abney, and G. A. Bekey（eds.），Robot Ethics: The Ethical and Social Implications of Robotics, MIT Press, 2012, pp. 169, 178-80.

[13] 效应器包括诸如腿、轮子、手臂、手指、翅膀和鳍之类的物体。控制器使效应器对环境产生预期的效果。驱动器是使效应器能够执行操作的实际机制。驱动器通常包括电动机、液压或气压缸等。

[14] "理性人的标准只需要最少的注意力、感知力、记忆力、知识、智力和判断力，就可以认识到风险的存在。如果行为人实际上拥有超过这些品质最低限度的素质，他就必须发挥其所具有的卓越品质……换句话说，这个标准就是具有此类卓越属性的理性人的标准。"（Restatement（Second）of Torts § 289（1965）comment）. 事实上，侵权者的专业程度越高，她必须遵守的合理性标准也就越高（Restatement（Second）of Torts § 299A（1965））.

决策者,[15] 因此理应具有更高水平的合理性,[16] 尽管也可以采用更复杂或多层次的标准。[17] 进而言之,以下论点的有效性,或正确性取决于如何定义"合理性算法"的具体内容,以及这些内容与评判人类行为时所采用的标准之间的差异有多大。例如,如果未来机器人医生的"合理性算法"标准,是基于机器人医生应在所有情况下找到最佳解决方案的假设,并且只有在没有其他选择的情况下,它们所造成的损害才会被认为是合理的,那么这个标准将与目前适用于人类医生的标准有本质上的不同(人类医生的标准主要基于"相关从业者社群"以及他们在相同情况下会如何行动)。[18] 如果"合理性算法"标准与人类所期望的合理性存在本质上的不同,那么现在很多被提及的异常现象仍将继续出现。然而,如果"合理性算法"的行为标准与人类的行为标准相似或一致,那么在法律判断中遇到的异常现象就会减少。由于"合理性算法"标准包含的内容可能有所不同,因此本讨论将假设其制定方式会使得法律原则在算法和人类之间产生更大的相似性,而不是在人类遵循一个框架的同时,让思维算法遵循另一个完全不同的框架。

(一) 受害者之间的不平等

对由人类或思维算法致害的受害者进行区别对待,会引发重大挑战,因为这涉及侵权法的核心理念之一:受害者赔偿。与其他类似的受害者相比,对不同的侵权行为人适用不同的法律制度,将导致受害者(算法侵权受害者)面临更低的赔偿金额和更高的风险。

想象一下行人 A 在某个地点过马路时被车撞了。在过失致害的诉因(causes of action)下,行人 A 会对司机提起诉讼,如果司机的行为不合理,行人 A 将获得赔偿。现在想象一下行人 B,他是 A 的孪生兄弟,在同样的情况下,在同一地点被撞,并受到了同样的伤害,但不同的是,撞他的是一辆由算法控制的无人驾驶汽车。B 所要采取的法律行动,在复杂性、成本、所需精力和时间,以及获得赔偿的机会和金额上,很可能与 A 寻求法律救济时所面临的情况完全不同——尤其是当适用于无人驾驶汽车致害的法律框架与肇事者过失致害的法律框架不同时,情况更是如此。

一方面,如果无人驾驶汽车造成的损害根据产品责任规则需承担严格责任,那么 B 必须证明车辆存在缺陷,而不需要证明任何一方是否有过错。[19] 另一方面,行人 A 需要证明人类驾驶员的行为不合理,这一举证责任与如果汽车完全由算法控制时所关注的问题完全不同,并可能产生不同的法律费用和胜诉概率。[20]

对同类受害人进行差别对待可能会违反横向公平的理念。根据这一理念,类似案件应

---

[15] N. G. Packin, Consumer Finance and AI: The Death of Second Opinions? (2020) 22 NY Univ. J. Legislation Public Policy 101.

[16] J. K. Gurney, Imputing Driverhood: Applying a Reasonable Driver Standard to Accidents Caused by Autonomous Vehicles, Robot Ethics 2.0 (2016); D. Vladeck, Machines without Principals: Liability Rules and Artificial Intelligence (2014) 89 Wash. Law Rev. 117.

[17] 对于一个可在实践中应用的"合理性算法"标准的提案,see K. Chagal-Feferkorn, How Can I Tell If My Algorithm Was Reasonable? Mich. Telecommun. Technol. Law Rev.

[18] M. Froomkin, I. R. Kerr, and J. Pineau, When AIs Outperform Doctors: Confronting the Challenges of a Tort-Induced Over-Reliance on Machine Learning (2019) 61 Ariz. Law Rev. 33.

[19] Restatement (Second) of Torts § 402A (1965); J. C. P. Goldberg and B. C. Zipursky, The Oxford Introductions to U. S. Law: Torts, in The Oxford Introductions to U. S. Law, Oxford University Press, 2010.

[20] 参见下文关于在每一种框架下提出的法律问题之间差异的讨论。

得到类似处理。[21] 换句话说，正义要求法律体系对所有受害人一视同仁，而不考虑伤害他们的主体的身份。允许一个受害人迅速而容易地获得赔偿，而让另一个遭受类似损害的受害人经历漫长、昂贵和不确定的程序，显然背离了这一理念。

诚然，无论是否涉及思维算法，横向公平更多的是一种司法理想而非实践标准；纯粹的运气和情境因素经常对受害者的赔偿产生至关重要的影响。例如，行人 C 可能会被一位非常富有的司机撞到，并立即获得足以弥补其损失甚至更多的赔偿。另一方面，行人 D 可能在类似的情况下遭受完全相同的伤害，但可能要花数月时间与撞她的司机进行法律诉讼，最终却发现司机的财力不足以进行任何赔偿。[22] D 的不幸在于她被一名缺乏财力的司机撞到，而不是更富裕的司机，这与行人 C 的结果截然不同。[23] 此外，即使两位司机都有能力赔偿受害者，横向公平也很少得到完全实现：司法实例（judicial instances）之间的差异、涉案律师的能力差异以及各州法律之间的差异，往往会导致类似案件的处理结果偏离真正的公平。[24] 然而，适用于人类决策者和非人类决策者的侵权责任框架之间的差异，以最为明显的形式体现了横向不公平：即使两个侵权者都有足够的资源来赔偿受害者，即使案件由同一法官在同一时间审理，并由同一律师辩护，但适用于人类驾驶员的合理性标准与可能适用于无人驾驶汽车的完全不同的侵权责任框架之间的固有差异，也会使这两个案件以及它们的成本和结果截然不同。

虽然因不幸或不同境遇而产生的对待差异在现实中难以避免，但对类似受害者适用不同的法律框架则是一种故意选择，使他们受到纯粹运气的任意性摆布。尽管这种选择可能因政策考虑而具有合理性，但就其本身而言，对相同的受害人缺乏平等对待是违背公平原则的。对由思维算法造成的损害适用合理性标准（当然，这取决于为算法制定的具体"合理性"测试及其与人类标准的相似程度）通常会在受害人必须满足的程序类型和举证责任，以及预期的成本和结果上创造更多的统一性，并促进受害人之间的横向公平。

（二）程序的低效率

当人类和思维算法共同行动造成损害时，就会出现另一种类型的异常现象。例如，一名患者被紧急送入急诊室，两名医生共同决定为她手术，并共同进行了手术，但结果造成了严重的损伤，而且事后看来，一开始就没有必要进行手术。

进一步假设，其中一名医生是一个思维算法而不是人类，因此不受合理性标准的约束。因此，患者针对上述两名侵权者的法律诉讼，将比两名侵权者都受到统一或类似侵权责任框架约束的情况更为复杂。

---

[21] J. W. Doherty, R. T. Reville, and L. Zakaras, *Confidentiality, Transparency, and the U. S. Civil Justice System*, Oxford University Press, 2012, pp. 1, 119–24.

[22] 讨论运气影响侵权法的不同方式，see, e. g., J. C. P. Goldberg and B. C. Zipursky, Tort Law and Moral Luck (2007) 92 Cornell Law Rev. 92.

[23] 当然，无论采用何种标准来评判算法侵权者，都可能会出现类似的异常现象，假设算法的不合理性将导致算法的制造商（一个资金雄厚的实体）支付损害赔偿（参见表 23.1，进一步讨论发现算法行为不合理可能带来的影响）。与行人被自动驾驶汽车撞到不同，被人类驾驶员撞到的行人不一定有幸能从"资金雄厚的实体"那里得到赔偿。虽然有一些方法可以避免这种异常现象（例如，无过错保险计划），但应用类似的合理性标准至少可以在确定责任的阶段解决这种异常现象。

[24] S. D. Sugerman, A Comparative Law Look on at Pain and Suffering Awards (2005) 55 DePaul Law Rev. 399, 413.

事实上，单一的法律诉讼常常会引起由不同法律框架管辖的多种诉因，这并不罕见。[25] 然而，当共同侵权者之一不是自然人时，缺乏统一框架可能会使法律诉讼所需的时间和成本成倍增加。这是因为针对人类侵权者（受过失责任标准约束）和针对思维算法错误者（受不同法律框架约束）的不同诉因，会引发不同的法律问题，故而可能需要不尽相同的论据、证据和专家意见。例如，如果受害人根据产品责任法律向算法医生提出"设计缺陷"索赔，[26] 这就要求她证明可以使用一种可行的且更安全的算法替代设计，或者在某些州，要求其证明产品带来的风险超出了普通消费者的预期。[27]

虽然前者测试的重点是思维算法本身（即是否存在更安全的可能性），但此分析与侵权者决策的合理性分析会有很大不同：设计缺陷索赔将要求受害者深入研究算法的整体结构，以便了解它在不同情况下的运行方式以及原因，包括寻找在算法学习过程的每个阶段中可能使用的替代方案，以表明存在更安全的替代方案。这与针对人类医生的索赔形成鲜明对比，后者将仅关注具体的致害性决策，而不关注侵权者在各种情况下的总体操作（general operation）。

设计缺陷索赔可能同时需要解决编程方面以及决策过程的专业方面问题（即程序员可能使用的编程工具库中包含哪些内容；思维算法可能选择的专业工具库中包含哪些内容）。相比之下，针对人类侵权者的索赔将只关注其使用或未使用的专业工具库。当然，适用于人类和算法侵权者的不同法律框架所产生的额外成本和复杂性程度，取决于适用于思维算法的法律框架的性质。如上所述，即使对人类和算法侵权者都采用"合理性"标准，也可能存在不同的"合理性"测试，并提出不同的问题。然而，一般来说，一个适用于这两种情况的统一框架，无疑会减少在人类和算法共同侵权案件中所需的处理时间和成本。

（三）经济扭曲

尽管人们期望在许多领域中，人类和算法可以相互替代进行决策，但实际上它们之间存在固有的差异，这些差异导致在某些特定方面，人类决策者可能更优，而在其他方面，算法决策者可能更优。例如，在 Amazon 的"Prime Air"系统中，该系统旨在通过无人机进行空中投递。虽然无人机和人类送货员都可以用来运送货物，但在某些情况下，如在山区地形中，无人机可能更高效，而在恶劣天气条件下，人类送货员更合适。法官可能比保释金设定算法具有相对优势；在特殊被告或特殊情况中，算法可能会受到误导，因为它所依赖的数据库中的信息与面对的具体案例不相关。然而，保释金设定算法的优势可能在于能够在瞬间做出许多保释决定，从而为司法系统节省大量时间和成本。

从经济效率的角度来看，这两种"生产要素"的不同优势使得人类和算法决策者不能完全相互替代。相反，最佳应用可能需要二者的结合。[28] 精确的最佳组合取决于二者的成

---

[25] 例如对航空事故的讨论（上述注释7），其中同时提出了"产品责任"和"过失"索赔。

[26] 关于破坏性算法缺陷的指控可能属于"设计缺陷"，而不是其他类型的产品缺陷。P. F. Hubbard, "Sophisticated Robots": Balancing Liability, Regulation and Innovation（2014）66 Fla. Law Rev. 1803, 1854."设计缺陷"指的是产品在设计上本可以采用经济上可行的更安全方式，但却未能如此。一般来说，与"制造缺陷"不同，"设计缺陷"不受严格责任的约束。Goldberg 和 Zipursky，上述注释22。

[27] Ibid.

[28] See, e.g., Review of Production and Cost Concepts, Sloan School of Management MIT（September 23, 2004），http://docplayer.net/20809729-Review-of-production-and-cost-concepts.html.

本效益，而这种平衡显然受到与这两种生产要素相关的成本的影响。例如，一家希望扩张的律师事务所可能会计算出再增加一名律师将带来30万美元的年回报，而再增加一名"虚拟律师"，如IBM的"Ross"（由人工智能驱动进行法律研究），将带来35万美元的年回报。选择Ross的决定并不是自然而然的，而是取决于Ross的成本。如果购买Ross预计将花费30万美元，而雇佣一个人类律师将花费20万美元，那么后者将更具成本效益（雇佣人类律师将产生10万美元的利润，而Ross的利润为5万美元）。

在其他条件相同的情况下，[29] 如果对人类和思维算法采用不同的侵权责任框架，那么当它们各自造成损害并引发诉讼时，相关的诉讼成本可能会有很大的差异，这种成本差异会影响到企业或个人的经济计算和决策，可能导致他们在做出经济选择时受到限制或选择变少。例如，如果人类律师和Ross造成损害的概率相等，但与人类造成的损害相关的预期诉讼成本比Ross高出70000美元，那么公司会更倾向于选择Ross而不是人类律师。[30] 与任一决策者相关的法律成本中存在的这种任意差异，将会扭曲决策并降低效率。换言之，如果使用不同的法律框架来对待人类和算法，那么可能会使得其中一方（无论是人类还是算法）在实际应用中的使用频率，低于基于各自相对优势和成本而应有的使用频率。虽然某些政策考虑可能为这种不平衡的结果提供某种合理理由，但这些因素应当在决策过程中被慎重地考虑在内。[31]

（四）寒蝉效应

对人类和算法侵权者应用不同的法律框架，可能会对自主算法领域的创新和技术进步产生负面影响。[32]

在面对可能的诉讼威胁时，算法和人类决策者所处的环境和受到的影响是不同的，从一开始就存在不平衡。受害者可能更倾向于起诉算法侵权者，而法官也更可能"定罪"算法侵权者而非人类侵权者，部分原因是人类往往同情人类而非算法，[33] 以及因为其他考虑因素，例如法官之前认识人类（而非算法）侵权者或其亲属，担心未来与侵权者所在社区打交道会产生不良后果或不适，或者对人类错误持更宽容的态度。此外，自主机器造成的损害可能会比人类造成的类似损害受到媒体更多的关注，从而对前者造成更大的声誉损害，

---

[29] 详细讨论导致人类劳动和机器劳动的不同成本的不平等参数，see R. Abbot, The Reasonable Computer: Disrupting the Paradigm of Tort Liability (2017) 86 Geo. Wash. Law Rev. 1.

[30] 本例中假设，在两种情况下，律师事务所都对损失负责（而不是，例如，如果损失是由Ross的程序员或制造商造成的，则由他们负责）。

[31] 关于不同侵权责任框架下人力与机器劳动力使用效率低下的更详细讨论，see Abbot, above note 29.（特别关注适用于人类的过失和Abbot假设适用于算法的严格责任之间的区别）。See also R. D. Cooter and A. Porat, Lapses of Attention in Medical Malpractice and Road Accidents (2014) 15 Theor. Inq. Law 329, 352–3.

[32] 当然，责任越容易增加且越重大，制造商或用户就越不愿意参与其中，从而阻碍发展和创新。See, e. g., Final Report Summary-ROBOLAW (Regulating Emerging Robotic Technologies in Europe: Robotics facing Law and Ethics), European Commission Cordis, http://cordis.europa.eu/result/rcn/161246_en.html.

[33] 尤其是当算法没有嵌入到拟人化技术中，如"类人"机器人时（多项研究发现，技术的类人外观与人类用户的参与度和遵从度之间存在联系）。B. Reeves and C. Nass, The Media Equation: How People Treat Computers, Television, and New Media Like Real People and Places (Center for the Study of Language and Information, 1996); C. N. Clifford and S. Brave, Wired for Speech: How Voice Activates and Advances the Human-Computer Relationship, MIT Press, 2005.

并可能导致诉讼的增加。[34] 在某些情况下，对人类和算法决策者适用不同的侵权责任框架，将以一种可能使某些自主算法的应用成本过高的方式扩大差距，并阻碍或推迟技术进步。

第一，假设由人类或思维算法造成的损害将由他们的雇主承担——例如，在 Ross 的情况下是一家律师事务所，在机器人医生的情况下是一家医院。如果适用于算法的法律框架使得从算法侵权者那里获得赔偿，比从造成相同损害的人类侵权者那里获得赔偿更容易、更便宜，那么结果就是相对于人类而言，使用思维算法的相对成本会增加。[35] 这不仅仅影响单个雇主的决策，还可能对整个行业的需求和算法决策工具的市场产生广泛的影响。在算法或人力需求由雇主（将承担损害赔偿费用的人）而非最终用户决定的行业中，这样的结果是可以预料到的。

在客户可以自由选择使用哪个决策者的行业中，如在私人诊所，患者可以选择由人类医生或机器人医生进行治疗，这种分析情况恰恰相反。此时，与起诉并向人类追讨赔偿相比，起诉并向算法追讨赔偿更容易，这给了最终用户更大的动力去选择算法而不是人类进行索赔。换句话说，对于这些行业来说，当思维算法更难被追责时，才会产生对技术需求减少的担忧，而非相反。

第二，即使在思维算法的情形中，责任应由其制造商承担，而非雇主或用户承担，但如果适用的侵权责任框架缺乏统一性，思维算法的制造商可能会因此承担额外成本，从而产生寒蝉效应，至少在算法和人类共同实施侵权行为时，比如上面讨论的案例，会出现这种情况。这是因为在共同责任制度下，受害者可以自由选择向人类或算法侵权者要求全额赔偿。[36] 例如，如果更容易从思维算法处获得赔偿，那么受害者可能会选择起诉算法决策者，赔偿算法和人类侵权者共同造成的全部损害，即使算法只承担一小部分损害的责任。诚然，如果已经确定了人类侵权者应该承担的那部分责任，那么算法决策者可以通过另一诉讼从人类侵权者那里追偿相应比例的责任份额。[37] 但该步骤意味着，算法决策者将承担额外的诉讼成本和风险。当然，开发和销售思维算法变得过于昂贵的确切临界点取决于无数参数。但是，由人类造成的损害而对思维算法的制造商带来的额外成本肯定会产生寒蝉效应，而如果思维算法和人类都受到相同法律框架的约束，这些成本或损失是可以预防或最小化的。

（五）技术中立标准

除了解决或至少最大程度地减少上述讨论的异常现象外，对算法应用合理性标准还具有中立性这一优势。

思维算法的能力不断提高，已经达到模仿、有时甚至超越人类各项能力的程度。[38] 因

---

[34] R. Brownsword, E. Scotford, and K. Yeung (eds.), *The Oxford Handbook of Law, Regulation and Technology*, Oxford University Press, 2017, p. 538; R. Calo, Robotics & the Law: Liability for Personal Robots, CIS (November 25, 2009), http://cyberlaw.stanford.edu/blog/2009/11/robotics-law-liability-personal-robots.

[35] Abbot, above note 29.

[36] 根据连带责任原则，原告可向每个责任寻求赔偿，就好像不同当事方对侵权行为负有共同责任一样。换言之，被多个侵权者侵权的原告，可以决定对涉及的任何侵权者提起全部赔偿金额的诉讼。See, e.g., R. W. Wright, The Logic and Fairness of Joint and Several Liability (1992) 23 Mem. St. Univ. Law Rev. 45.

[37] Ibid.

[38] J. Millar and I. Kerr, Delegation, Relinquishment and Responsibility: The Prospect of Expert Robots, in R. Calo, A. M. Froomkin, and I. Kerr (eds.), *Robot Law*, Edward Elgar, 2016, p. 102.

此，思维算法可能造成的损害类型、频率和程度可能是动态的。鉴于这些变化，"合理性算法"标准的优势在于其具有灵活性和适应性。合理性的规范标准，即期望塑造潜在侵权者行为的标准，可以根据社会希望推广算法技术的不同考虑因素进行调整。例如，加速创新的愿望可能会降低做出合理决策所需预防措施的水平，反之亦然——而合理性的总体框架则继续适用，无需根据技术和政策的变化对其进行重塑。此外，合理性标准更加灵活和客观，能够更好地适应技术和环境的变化。当评价一个算法的行为是否合理时，一个方法是比较这个算法的行为与其他相似算法在同样情况下的行为，即通过对比来评估和调整"合理性"标准。[39]

除了提高法律法规的长效性和避免不断更新法律法规外，[40] 一个技术中立的标准（a technology-neutral standard）还为新旧技术提供了平等对待，[41] 并创造了法律确定性。[42] 因此，在这些情况下，将合理性标准应用于思维算法可能是有利的。

总的来说，对算法决策者采用类似人类的标准具有一定的优势。除了具有灵活性和能够快速适应技术进步外，还可以对创新产生积极影响，并为人类和思维算法的高效利用产生适当的激励，同时将使遭受思维算法损害的受害者在获得赔偿方面处于平等地位。

二、应用"合理性算法"标准的概念性困难

在未来对思维算法应用合理性标准可能被视为理所当然，但目前可能会面临各种保留意见。反对为思维算法制定和应用合理性标准的一个基本论点是，它们毕竟不是人类。[43] 事实上，思维算法不是自然人这一事实，可能会以各种方式被用来论证它们不保证合理性的独立分析。首先，从直觉上来说，去评判一个无生命的事物是否合理，可能会让人感觉不恰当，甚至有些奇怪。其次，在许多情况下，算法是由人类编程的这一事实引出了一个问题，即将算法的合理性与其程序员的合理性分开分析是否有意义，换句话说，就是两种"合理性"分析的结果是否可能不同。

假设程序员的合理性和算法本身的合理性之间确实不完全对等，那么另一个挑战是，鉴于算法缺乏法律地位且不能承担自身行为的后果，对思维算法侵权者应用上述分析将产生什么法律后果。在这方面，挑战在于，对算法应用合理性分析是否符合侵权法的基本原理，即注重威慑和赔偿受害者。思维算法在许多方面优于人类决策者。即使证明了算法自身的"合理性"有单独的含义，且这种分析与侵权法的基本原理相一致，但难道不应该要

---

[39] 例如，可以将"Ross"的破坏性行为与一名理性的有血有肉的律师会做的事情进行比较分析。但是，一旦市场上存在各种类似的律师算法，那么就可以将 Ross 的行为与其他算法所选择的行为进行比较分析。（直觉上，后一种选择似乎是一个更准确的参考点，但自然而然地，与技术同行算法的比较总是在该技术首次引入一段时间后才可用。）关于如何事实上评估算法的合理性，将进一步讨论，see Chagal-Feferkorn, above note 17.

[40] J. R. Kresse, Privacy of Conversations over Cordless and Cellular Telephones: Federal Protection under the Electronic Communications Privacy Act of 1986 (1987) 9 Geo. Msn. Univ. Law Rev. 335, 341.

[41] B. Greenberg, Rethinking Technology Neutrality (2016) 100 Minn. Law Rev. 1495-562.

[42] B.-J. Koops, Should ICT Regulation be Technology-Neutral?, in B.-J. Koops, M. Lips, C. Prins, and M. Schellekens (eds.), *Starting Points for ICT Regulation: Deconstructing Prevalent Policy One-Liners*, Asser Press, 2006.

[43] 例如，在讨论自动驾驶汽车的侵权责任时，科隆纳摒弃了对硬件或软件应用过失检验的概念。他的一个主要论点是："过失分析的一个组成部分是决定一个'谨慎的普通理性人'在类似情况下是否会采取类似行动。然而……硬件和软件都不属于普通人的定义范围。" K. Colonna, Autonomous Cars and Tort Liability (2012) 4 W. Res. J. Law Technol. Int. 81.

求它们达到比单纯的"合理性"更高的性能水平吗?"合理性"反映了人类的缺陷,但在算法的情况下可能被视为过于"宽容"?本节将解决这些挑战和关切,并表明"合理性"终究是一种适用于算法的合理机制。

(一) 直觉上的犹豫

让思维算法分析其自身的"行为"或"选择"似乎并不恰当。这不仅是因为人们不期望机器(至少在不久的将来)为其所造成的损害承担法律责任,还因为人们直觉上觉得机器不需要被"人格化",目前适用于人类的法律测试或标准应该仅供人类使用。

这种认知并不一定合理。首先,在确定侵权责任时,对非人类自身行为的分析并非没有先例。更具体地说,在犬类攻击案件中,犬类的行为与它们主人的行为是分开分析的,如果犬类是对挑衅行为做出"适度"反应,则不承担责任。[44]

此外,对机器在法律世界中的理想地位的直觉看法可能已经过时了。事实上,随着时间的推移,关于非人类的法律承认(如授予法律地位、诉讼地位等)的选择已经变得灵活,而当时被认为不可想象的选择如今已无可置疑。例如,尽管过去人们认为只有个人才有资格成为独立的法律实体,但法律已经承认了公司、市政当局和国家机构甚至船舶的法律地位。[45]换句话说,随着不同的范式转变,关于不同实体法律地位或能力的不容置疑的假设往往被完全推翻。[46] 事实上,根据上文讨论的欧洲议会建议来判断,承认自主算法的法律地位可能就在眼前。无论欧洲的提案最终是否被接受,要求对自主算法进行过失测试(或其他曾为人类保留的法律机制)所需的概念性飞跃,在事后看来似乎是一个理所当然的选择。

(二) 思维算法的合理性取决于它们的程序员

正如本书第二章和第三章详细讨论的那样,监督学习和无监督学习都是基于人类程序员给算法提供的输入。如果思维算法根据它们被编程的方式做出选择,那么独立于程序员来检查算法自身的合理性又有什么意义呢?巴尔金(Balkin)的"小人谬误"(homunculus fallacy)论点恰恰针对这一点:根据巴尔金的说法,"程序内部没有小人存在"。[47] 相反,算法分毫不差地按照其被编程的方式运行。[48]

如下文所述,程序员确实会影响其算法的选择,并且还可能完全阻止算法选择某些备选方案。然而,将思维算法自身的合理性与选择以某种方式编写算法的人类程序员的合理性分开来分析,仍然是相关且有意义的。

(三) 缺乏可预见性

违反注意义务是成立过失需要证明的要件之一,即行为人在实施可预见会损害他人的

---

[44] J. M. Zitter, Annotation Intentional Provocation, Contributory or Comparative Negligence, or Assumption of Risk as Defense to Action for Injury by Dog (2010) 11 ALR 5th 127.

[45] C. D. Stone, Should Trees Have Standing? – Toward Legal Rights for Natural Objects (1972) 45 Southern Cal. Law Rev. 450. See also United States v. Cargo of the Brig Malek Adhel, 43 US (2 How.) 210 (1844),在讨论一个案例,其中一艘船因被海盗接管并用于非法目的而被非自愿出售。船舶所有人声称他们从未同意非法行为,因此不应受到惩罚,但被法院驳回,因为法院解释说:"这不是对船东的诉讼,而是对该船所犯罪行的诉讼。"

[46] C. D. Stone, Should Trees Have Standing? 40 Years On, A. Grear (ed.) (Edward Elgar, 2012),解释说,在古老文明中,例如在奴隶和"真正的人类"之间有明显差异的情况下,对奴隶施加法律责任被认为是愚蠢的。

[47] J. M. Balkin, The Three Laws of Robotics in the Age of Big Data (2017) 78 Ohio St. Law J. 1217.

[48] H. A. Simon, The Corporation: Will It Be Managed by Machines? in J. Diebold (ed.), *The World of the Computer*, Random House, 1973.

行为时，未能遵守合理注意的标准。[49] 在过去，不同系统的设计者对他们的系统所做的"选择"有完全或几乎完全的预见性。例如，咖啡机的制造商可以预见机器可能面临的所有不同场景，并提前决定每个场景的预期结果（当用户按下某个按钮时加热水，当水达到一定温度时出水等）。然而，思维算法是"黑箱"，它们被"输入"某些内容并产生某些输出结果，而程序员理解和预测算法为何做出如此决策的能力非常有限。[50] 从某种意义上说，思维算法在"设计上是不可预测的"。[51]

第一，自主学习算法的设计通常是为了超越人类思维的极限（甚至是那些少数不害怕数学的人），并得出超出人类理解的结论。[52] 当然，算法模型越复杂，就越难理解和预测这些算法的选择。

第二，许多思维算法都基于网络，并且在每次做出决策后可能会更新它们的预测模型。除非"人在回路"（person in the loop）并授权思维算法做出每一个决策，否则算法将基于新信息得出结论，而这些新信息是程序员没有机会考虑的。[53] 当然，程序员可以设定思维算法永远不能越过的界限（例如，可以指示机器人律师永远不得使用欺骗性信息），或者指示算法完全放弃某些参数。[54] 人类程序员还可以通过预先编程来维持对思维算法的控制，以便其决策过程中的任何重大变化都需获得程序员的批准。然而，为了使思维算法有用，它们不能在遇到新信息时就简单地"停滞不前"，而是应该根据新信息相应地改变结论，直到人类程序员有机会审查和批准它们建议的行动方案。例如，如果一辆无人驾驶汽车每次遇到不熟悉的地形时都必须停下来等待程序员的输入，那么它就无法正常工作。

第三，算法做出的复杂决策（即使不是基于自主学习算法）会取代人的自由裁量，预计会出现意料之外的情况。其中一个原因是，复杂的决策流程通常由大量程序员编写，每个人贡献一定数量的代码行，但没有人能"看到全局"并预测系统在每个给定场景中的选择。[55] 此外，这些算法通常会基于天文数字的组合来做出决策，每个组合又包含大量的参

---

[49] Restatement (Third) of Torts: Liability for Physical Harm § 3 (PFD No. 1, 2005); Zipursky, above note 2.

[50] See, e. g., M. Perel-Filmar and N. Elkin-Koren, Black Box Tinkering: Beyond Transparency in AlgorithmicEnforcement (2017) 69 Fla. Law Rev. 181.

[51] Millar and Kerr, above note 38.

[52] P. J. G. Lisboa, Machine Learning Approaches Are Alone in the Spectrum in Their Lack of Interpretability, in *Interpretability in Machine Learning Principles and Practice*, Springer, 2013; R. Brooks, *Flesh and Machines: How Robots Will Change Us*, Vintage, 2003.

[53] "在线机器学习系统可以在每次决策后更新其预测模型，将每次新的观察结果作为其训练数据的一部分。即使了解这些系统的源代码和数据也不足以复制或预测它们的行为——还必须确切知道它们如何以及何时与环境进行交互或将会进行交互。" J. A. Kroll, J. Huey, S. Barocas, et al, Accountable Algorithms (2017) 165 Univ. Pa. Law Rev. 633, 660.

[54] 例如，美国刑事司法制度中的算法没有考虑种族或性别等变量。然而，这些变量可能会影响算法的决策，因为模型中包含的其他变量可以作为种族或性别的代理 (A. Christin, A. Rosenblat, and D. Boyd, Courts and Predictive Algorithms, Data & Civil Rights Primer, www. law. nyu. edu/sites/default/files/upload _ documents/Angele% 20Christin. pdf)。然而，程序员可能会谨慎选择他们"训练"算法的数据库，以减少偏见对算法的影响 (A. Chander, The Racist Algorithm? (2017) 115 Mich. Law Rev. 1023)。

[55] 例如，Facebook 的 Feed 算法肯定比机器人医生的算法简单，它由各种程序编写的许多代码行组成。每当公司决定更改 Feed 算法，并相应地更改一些代码行时，该团队实际上不知道更改将如何影响算法及其选择。相反，要实现更改，需要进行许多试错实验。W. Oremus, Who Controls Your Facebook Feed, Slate (January 3, 2016), www. slate. com/articles/ technology/cover_story/2016/01/how_facebook_s_news_feed_algorithm_works. html.

数和潜在的组合，这些远远超出可以测试的范围。[56] 这使得程序员（即使假设只有一个程序员）不可能预测系统在所有潜在场景下的选择。相反，只能测试非常有限的场景子集来预测它们将产生的选择。[57] 此外，如上所述，许多参数可能是动态的、不断变化的。[58] 作为物联网革命的一部分，复杂的决策算法与其他输入[59]以及其他不可预测的代码的交互增加了其不可预测性，使机器能够在没有人类参与的情况下直接互相通信。[60] 这使得预测算法的选择实际上是不可能的。[61]

总之，虽然老一代算法的选择反映了其人类程序员的选择，但现在自主算法做出的选择不一定是由其开发者编程的，并且就所有可能场景的一个大型子集而言，这些选择产生的结果是开发者无法预见的。因此，程序员和算法的选择之间不完全对等，思维算法的选择具有独立的意义。

（四）时间的流逝

如前所述，行为人在实施可预见的会损害他人的行为时，如果不遵守合理注意的标准，就违反了注意义务。当然，可预见性是在相关行动发生时进行审查的。由于某些危害在算法被编程时可能不可预见，但在算法最终做出决策时可以预见，因此人类开发者的选择和自主算法的选择再次不完全对等。

更详细地说，一台设计为在接收到某种输入后加热并倒出咖啡的咖啡机，可以持续数十年地精确循环操作。也许将来会发现一种更有效的加热或倒咖啡的方法，这将使咖啡机过时，但通常人们不期望咖啡机可能造成的各种危害的可预见性发生任何变化。

在某些情况下，思维算法的时间间隔可能会对某些损害是否可预见产生重大影响。例如，过去决定不把"天花"作为一种医学状况进行编程的机器人医生的程序员，可能会被

---

[56] Kroll et al.，上注 53（解释了为什么为了检测不良结果而审查算法的统计和动态方法只能在所有可能场景的一小部分中有效）。这一点可以通过许多例子来证明，比如许多专业人士审查的不同代码仍然包含未注意到的错误和"漏洞"，或者艾伦·图灵（Alan Turing）的著名证明："没有任何一种算法可以预测对于任何给定的程序和输入，程序是否会在某个时刻停止运行（停止）或者将永远运行下去"。(A. Turing, On Computable Numbers, with an Application to the Entscheidungsproblem (1937) 42 Proc. London Math. Soc. 230). 当然，有解决方案可以提高在代码中检测错误的几率（例如，将其划分为单独的模块，或在编写代码时用断言进行注释）。但这并不能改变大多数由复杂的决策算法做出的选择的不可预测性。Kroll et al, ibid.

[57] 例如，Google 承认，考虑到需要考虑的参数数量庞大，他们的无人驾驶汽车不可能针对每种可能的情况进行预先编程（A. Shapiro, *What Do Self-Driving Cars Mean for Auto Liability Insurance*, NPR, 2016）。因此，Google 表示，该技术必须基于机器本身的观察和归纳，而这反过来又让人们意识到机器学习能力的固有不可预测性。

[58] 例如，在机器人医生的情况下，需要考虑患者的确切体温、诊断当天的污染程度、某种流行病是否在世界各地传播等因素。

[59] 如果继续以机器人医生为例，机器人医生下载了不同的软件或程序，或者不断更新新的医学发现和研究。

[60] "大多数通信将在智能设备之间自动进行。人类只会干预其中一小部分通信流。大部分通信在人类未察觉且真的未知的情况下进行"（N. Gane, C. Venn, M. Hand, and K. Hayles, Ubiquitous Surveillance：Interview with Katherine Hayles (2007) 24 Theory Cult. Soc. 349）。See also K. Hayles, Unfinished Work：From Cyborg to the Cognisphere (2006) 23 Theory Cult. Soc. 159："……在高度发达和网络化的社会中……人类意识包含在一个巨大的数据流金字塔的顶端，其中大部分数据流发生在机器之间"。

[61] 一个例子可以说明算法可能会多么令人惊讶和不可预测，Facebook 人工智能研究实验室创造的聊天机器人被发现用他们自己的秘密语言进行对话，还有 Microsoft 的聊天机器人 Tay，在 Twitter 上发表种族主义和厌恶女性的推文。O. Rachum-Twaig, Whose Robot Is It Anyway：Liability for Artificial-Intelligence-Based Robots (2020) Univ. Ill. Law Rev.

认为这样做是合理的，因为这种疾病几十年前就已经被消灭了。然而，如果天花疫情在全国蔓延一年后，机器人医生仍未能诊断出天花，那么根据任何合理性标准，这都将被视为不合理。[62]

当然，总是可以回到程序员那里，检查程序员是否合理地对机器人医生进行更新或者让机器人医生自行更新知识，[63] 或者程序员是否合理地就算法的差异（discrepancies）发布售后警告。[64] 但基于当时可用的技术和信息来源，这种分析将集中在算法编程时程序员的合理性上。当关注算法本身在做出决策时的合理性时，这种分析及其结果可能会有所不同。[65] 这再次支持了一个结论，即对思维算法本身进行单独的合理性分析，其价值和意义与评估程序员的工作是不同的。

（五）基于不同理由而确定的"合理性"

除了人类和思维算法的合理性标准可能不同之外（基于其优越性，可能会对后者采用更高的标准），检查二者的合理性标准的参数也可能不同。程序员将根据"合理的程序员"标准进行判断，而思维算法则将根据与算法相关领域的合理性标准进行判断。

例如，可以合理假设，为机器人医生或无人驾驶汽车编程的"合理的程序员"的标准，与"合理的机器人医生"或"合理的无人驾驶汽车"的标准并不相同。对机器人医生的评判可能是根据其做出的医疗选择与其他医疗选择相比较来判断的。

程序员的适当注意义务标准是"合理的程序员"，这是基于编程选择而非医疗选择来判断的。[66]

当然，如果程序员正在设计和编程专业的医疗机器人，人们期望其有足够的技能和正确的选择，以确保这个机器人医生能够正常工作，特别是在医疗选择上也要准确无误。然而，人们会将其选择与其他程序员的选择或编程领域的专家意见进行比较，而不是与医学领域的意见进行比较。在规范层面上，这需要进行成本效益分析，重点关注其他编程手段而非医疗手段的可用性和效率。

为了使论点更加具体，并明确算法的选择在何时可能被认为是合理的，而其程序员的选择可能被认为是不合理的（反之亦然），让我们看看以下场景。一名遭受殴打的女性和她

---

[62] 这是因为根据积极的合理性标准，将侵权者的行为与社区其他人的相关行为进行比较，可以假定国内的每位医师都会考虑作出这样的诊断。根据规范的合理性标准（旨在通过侵权责任框架激励来制定政策），考虑天花诊断的成本可能低于误诊的预期损害。

[63] 例如，在无人驾驶汽车的背景下，已经成功地对汽车软件进行了"无线"更新，包括与汽车行驶相关的大量更新。See M. Rechtin, Tesla Nimbly Updates Model S over the Air, Automotive News（January 16, 2013）, www. autonews. com/article/20130116/ OEM06/130119843/tesla-nimbly-updatesmodel-s-over-the-air; D. Lavrinc, In Automotive First, Tesla Pushes Over-the-Air Software Patch, Wired（September 24, 2012）, www. wired. com/autopia/2012/09/tesla-over-the-air/.

[64] 根据产品责任法的要求，假设"卖方"知道或应该知道其产品构成的重大风险，see Restatement（Third）of Torts § 10（b）（1998）; B. W. Smith, Proximity-Driven Liability（2014）102 Geo. Law J. 1777（表示"最终，缺乏远程更新能力本身可能就构成了一种设计缺陷"）.

[65] 当然，要视纳入合理性标准的具体内容而定。

[66] 程序员对算法进行评估主要是基于算法的正确性和完整性，以及它是否最优地使用了时间和内存等资源。See, e. g., K. Krebsbach, Computer Science: Not About Computers, Not Science, www2. lawrence. edu/fast/krebsbak/Research/ Publications/pdf/fecs15. pdf. 虽然这些参数与用于分析思维算法本身合理性的参数之间肯定会有所重叠，但分析将不完全相同。思维算法的合理性将取决于其专业决策（如医疗决策），而不取决于实现其性能的编程工具。

的配偶进入诊所。这位女性告诉医生她撞到了门上。虽然她的伤势与描述相符，但医生注意到她的肢体语言和避免与配偶进行眼神交流的方式有些可疑。配偶的反应也比预期的更冷漠（或更怜悯），于是医生决定遵守规定，即如果有家庭暴力嫌疑，应召集一名社会工作者来询问病人。[67] 再假设一下，上述的疑点对人类来说是显而易见的，如果这对夫妇去看了一百位医生，所有的医生都会叫来社会工作者。另一方面，机器人医生将拥有巨大的计算能力，并且肯定可以通过编程来检测可疑的声音颤抖；[68] 但它不一定能取代人类的直觉，即发现事情并不像表面那么简单。因此，在这种情况下，机器人医生可能无法发现问题所在，也不会按照要求请求社会工作者的干预。这样，这名女性可能再次遭受严重的身体暴力攻击。

当机器人医生未能识别出家庭暴力的情况时，它的行为是合理的吗？这当然取决于将应用什么样的合理性标准。例如，如果关注积极的标准，并与人类医生进行比较，人们已经知道后者的行为会有所不同；因此，可以得出机器人医生的行为是不合理的。但是，仔细审查程序员的合理性，并将其与其他程序员进行比较，可能会发现，目前还没有一种可行的方法来设计一个机器人医生，以准确检测"哪里出了问题"；因此，其行为与所有程序员一样，不存在编程上的不合理性。当然，对机器人医生应用积极的合理性标准可能要求将其行为与其他机器人医生的行为进行比较，而不是与人类医生的行为进行比较，这取决于为算法制定的合理性标准的内容。在这种情况下，假如目前还没有能自主检测问题的机器人医生，那么，机器人医生的合理性其实就等同于编写它的程序员的合理性。但是，即使进行正面比较的对象是另一个机器人医生而不是人类医生，行业中的许多机器人医生可能也具备发现患者情况可疑的能力（例如，如果它们是由拥有无穷人力资本和财力资本的实体设计的，如国家或军队）。在这种情况下，机器人医生的编程在积极的合理性标准下仍然可能是不合理的。然而，如果程序员的资源非常有限，在任何情况下都无法为机器人医生开发这样的能力，并且如果行业中的所有类似程序员（不是为国家或军队工作的）都未能添加这样的功能，人们仍然可能认为其编程是合理的。也就是说，即使根据其他非人类决策者的行为来判断某个非人类决策者的行为的合理性，仍然可能发现这个非人类决策者的行为是不合理的，而发现其编程者的行为是合理的。医疗事故确实通常根据积极的合理性标准来判断。但是，这个例子在根据规范性标准分析的其他情况下仍可能是准确的。比如说，如果要增加一个功能来提高机器人医生识别被骗情况的能力，或者让机器人医生在每个案例中都咨询人类医生以确保没有"遗漏"任何信息，这些都会产生额外的成本。如果这些成本超过了预期的效用，那么在经济效率的规范标准下，程序员选择避免这些成本是合理的。同样地，如果程序员警告用户，即机器人医生不能很好地识别不真实的情况，那么该机器人医生的行为也很可能会被认为是合理的。但同时，如果在某个特定案例中，机器人医生本可以进行进一步的询问（却没有询问），而且这些询问的成本低于预期的损害，那么机器人医生的行为可能会被认为是不合理的。

一个相反例子是，有时候算法做出的选择会被认为是合理的，但是编写这个算法的程

---

[67] See, e. g., San Francisco's Domestic Violence Protocol, www.leapsf.org/pdf/sample_clinic_protocol.pdf.

[68] 对检测谎言的不同声音检测技术的述评，see S. Miller, When Everybody Lies: Voice Stress Analysis Tackles Lie Detection, GCN (March 18, 2014), https://gcn.com/articles/2014/03/18/voice-risk-analysis.aspx.

序员的选择却可能是不合理的。例如，假设机器人医生现在是儿科医生，必须为一位大脑似乎发育不良的新生儿进行诊断并选择治疗方案。在考虑了不同的选择后，机器人医生没有考虑到婴儿患有由塞卡病毒（Zika virus）引起的小头畸形这一事实，因为开发机器人医生是在病毒爆发之前，当时只报告了两三例病例，且都发生在非常偏远的地区。即使机器人医生未考虑塞卡病毒而导致选择了错误的治疗方法并伤害了婴儿，机器人医生的行为仍然可能被认为是合理的。这是根据积极的合理性标准：想必当时所有其他人类医生和机器人医生都会排除塞卡病毒感染的可能性；或者根据基于经济效率的规范性合理标准，即由于当时病毒非常罕见，对患有小头畸形的婴儿进行塞卡病毒检测将完全不符合经济效益。然而，如果编程标准要求机器人医生必须持续更新全球所有医学相关报告，而程序员没有按照编程标准来这样做，那么程序员的这种行为就可能被视为不合理。[69]

尽管算法合理性与程序员合理性之间确实存在明确的相关性，但二者并不等同，并且可能会产生不同的结果。因此，对算法合理性进行独立分析并非仅仅是语义上的探讨，而是可能会产生两种截然相反的结果，即可能导致对算法合理性的正面或负面评价。

三、适用合理性算法标准的法律含义

如果一个思维算法本身的合理性具有不依赖于其程序员合理性的意义，那么确定一个算法是合理性的还是非合理性的又意味着什么呢？

关于算法"合理性"或"不合理性"的判定结果，可能会影响我们对依赖算法输出或建议的人类决策者的合理性判断。例如，如果一个医疗算法给出了有害的建议，而一个人类医生依赖了这个建议，那么，如果裁定算法的选择是合理的，医生就有可能成功地论证她依赖这个思维算法本身是合理的。[70] 由于本章的重点是机器的合理性，而不涉及人的合理性，下面将继续讨论第二个潜在的含义[71]：这与欧洲议会过去设想的未来有关，即算法被赋予自己的法律地位。在这种情况下，如果思维算法能够为自己的损害承担责任，那么关于一个思维算法行为合理或不合理的裁决，可能会产生与自然人合理性裁决相同的法律后果，即合理的算法将免除责任，而不合理的算法将不得不为它们造成的损失买单。

在那样一天到来之前，思维算法的合理性（或不合理性）的第三组含义，可能会影响目前对算法造成的损失承担责任的当事方的责任判定。事实上，即使思维算法本身的合理性经过了检验，算法的制造商、开发者或用户可能仍需为其造成的损失买单。[72] 思维算法不再是一个"产品"，而是根据自己的判断运行，这在上述背景下并不重要，就像雇主为员

---

[69] 然而，如果情况是这样的话，人们可能会期望有更多的机器人医生会考虑塞卡病毒的可能性，因此，如果机器人医生没有这样做，那么它最终会显得不合理（至少在应用积极的合理性标准时是这样）。但是，例如，如果机器人医生是在比行业中所有其他医生更晚的阶段被编程的（作为一种新型号或类似的东西），当嵌入医疗报告的持续更新突然在技术上成为可能时，机器人医生仍然会被认为是合理的（表现得像所有其他机器人医生一样），而其程序员则不会（因为程序员可以很容易地选择添加这个功能）。

[70] 诚然，对医生合理性的分析将基于她选择依赖算法建议的那一刻——这一时刻自然早于发现算法确实合理的时刻。但是，假设后来发现该建议是合理的，那么医生应该更容易证明她对其的依赖是其他医生也会做出的选择（如上所述，一般来说，医学领域的合理性标准是积极的，即将医生的行为与类似情况下的其他医生的行为进行比较）。

[71] European Parliament Draft Report, above note 10.

[72] Abbot, above note 29.

工因疏忽而造成的损失买单一样,[73] 或者举一个非人类侵权者的例子,就像动物主人为他们的动物行为造成的损失买单一样。[74] 不管最后是谁承担责任,在决定责任的时候,都需要考虑算法的"合理性",而这个"合理性"的判断会受到不同政策考虑的影响,而且可能以多种方式影响最后的决定。

如果政策制定者希望增加和强化责任,他们可以将"不合理性算法"作为单独的诉因,这可能会使相关的人员承担责任。换句话说,一个因思维算法的决策而受到伤害的受害者,既可以基于传统的诉因(如产品责任或相关自然人或法人的直接过失)来胜诉,也可以仅仅基于认定该思维算法不合理性的裁决来胜诉。

然而,如果决策者希望减少相关行为人的责任风险(例如,因为担心会产生寒蝉效应),那么思维算法的不合理性可能是援引其他诉因的先决条件,如产品责任或直接过失。换言之,为了获得损害赔偿,受害人不仅要确定一个"传统"的诉因(如产品责任),还必须首先证明算法的行为是不合理的,否则她的案子将被驳回。

当然,这两种选择都会使算法造成的损害,继续受到一个与目前适用于人类侵权者的法律框架截然不同的法律框架的约束:虽然人类致害的责任是根据侵权者的合理性来确定的,但算法致害的责任可以通过侵权者的合理性或其他诉因来确定,或者要求二者同时满足。从这个意义上说,这两种选择都不会减少在"为什么要对思维算法应用合理性标准"的讨论开始时所确定的异常现象,实际上可能会加剧这些情况:为被算法侵权者损害的受害者增加一个补充诉因,将使他们与人类侵权行为的受害者相比处于优势地位。这也将导致程序效率低下,因为随后的法律程序将同时包括传统的诉因和"不合理性"的诉因(这可能会引发不同的法律问题并带来额外的成本)。当然,通过增加另一种诉因为算法损害的成功诉讼铺平道路,也将有助于对开发这类算法产生震慑作用,并且会因为预期的高昂诉讼成本而增加算法使用不足所造成的经济扭曲。[75]

虽然为了赢得算法损害诉讼,需要同时确定算法行为的不合理性和额外的诉因,这种双重要求可能不会助长寒蝉效应(因为针对制造商提起的诉讼将更加难以胜诉),但这仍然会使算法损害的受害者处于与其他受害者不平等的地位。因为对其他受害者来说,他们只需要证明侵权者的行为不合理就足够了。此外,如果要求同时验证算法的不合理性和其他诉因,那么处理案件的效率会降低,因为每个案件都需要审查两个方面。而且由于这样的案件更难打赢,可能会导致人们不太愿意通过法律途径解决问题,进而减少了人类决策者在处理此类问题中的参与度。[76]

尽管这些替代方案确实值得进一步考虑,但不妨关注一个与目前适用于人类侵权的法律框架最为相似的中间替代方案。在这个替代方案下,合理性分析将是确定责任(涉及的自然人或法人)所能够被使用的唯一分析。换句话说,如果思维算法被认为是合理的,那

---

[73] Restatement (Second) of Torts § 429 (1965).

[74] S. Duffy and J. P. Hopkins, Sit, Stay, Drive: The Future of Autonomous Car Liability (2013) 16 SMU Sci. Technol. Law. Rev. 101.

[75] 正如"为什么对思维算法适用合理性标准"的讨论,当关注用户本身可以在算法和人类决策者之间做出选择的领域时,结果可能正好相反。在这种情况下,用户会有过度使用算法的动机,因为在遭受损害的情况下,他们更容易得到赔偿。

[76] 或者在用户可以在两种类型的决策者之间自由选择的领域中过度使用人类决策者。

么就不需要承担任何责任。反之，如果算法是不合理的，那么被起诉的一方（例如其制造商）就将对损害承担责任。这种情况将最类似于目前适用于人类侵权的法律框架，如表23.1 所示。

如表 23.1 所示，这种情况与目前适用于人类侵权行为人的法律地位最为相似。在算法上适用合理性标准，使得分析本身能够确定责任的分配方式，这就带来了思维算法不属于人类这一事实的额外挑战：这种可能造成的影响是否与侵权法背后的基本原理相一致？同许多其他事情一样，这个问题的答案取决于所适用机制的细节，但总的来说影响很可能是积极的。

表 23.1 将"合理性"作为确定责任的测试标准的替代方案

原告得到的结果	侵权人是合理性的	侵权人是不合理性的
人类侵权者	原告败诉	原告胜诉
算法侵权者-替代方案 1	原告可诉诸其他诉因	原告胜诉
算法侵权者-替代方案 2	原告败诉	如果原告提出额外诉因，其可能胜诉
算法侵权者-替代方案 3	原告败诉	原告胜诉

（一）受害者的赔偿

在将过失标准应用于软件和硬件时，科隆纳（Colonna）指出其中所存在的具体问题为，非人类无法对其造成的损害进行赔偿，从而导致受害者得不到赔偿——这与侵权法的理念相悖。[77] 虽然欧洲议会提议让机器为它们所造成的损害买单，[78] 但事实上，算法或机器自己并不需要直接掏钱进行赔偿。如上所述，思维算法的制造商、开发者或用户可能会继续对算法造成的损害买单。[79] 回溯上文提到的第三种替代方案，虽然认定算法具有合理性将可以免除"财力雄厚者"的责任，就像人类侵权者的情况一样；但认定算法也具有不合理性（且符合过失的其他要求），肯定不会阻止受害者从相关的"财力雄厚者"那里获得赔偿。事实上，人们通常期望思维算法，尤其是那些用于商业环境的思维算法，能够与作为其制造商或开发者的"财力雄厚者"联系在一起。

（二）威慑

即使有机会通过追偿获得"丰厚的资金"，但由于过失是根据算法本身的行为来判断的，这可能会削弱侵权责任的威慑作用，因为造成损害的实体与必须承担后果的实体不是同一个实体，因此在决定如何行动时，它不会将这些后果内部化。

即使思维算法本身不会受到其行为不合理认定的影响，但这并不意味着不能阻止它们实施侵权行为。算法本身具有"强烈的自我意识"，导致其"害怕"承担自身行为的潜在负面后果（例如，如果在这个未来的世界中，算法拥有资产，则可能需要支付赔偿金），并

---

[77] Colonna, above note 43.

[78] 无论是通过共同的强制性保险计划，还是为每个机器人类别设立的基金。（European Parliament Draft Report, above note 10, section 31）.

[79] Abbot, above note 29.

据此做出选择，这样的场景仍然属于科幻小说的范畴。然而，可以将算法设计为在做出决策之前，将过失的潜在后果作为其权衡的参数之一。[80] 例如，如果一个机器人医生需要为病人选择某种治疗方法，那么它将被编程去权衡各种专业参数和经济参数，这些参数包含每一种治疗选择可能产生的相关预期损害，以及与预防损害相关的成本。[81] 此举只要针对承担不合理算法所造成的损害成本的实体，便能够影响其决策过程，威慑的基本原理就仍然适用，这与雇主和雇员关系中威慑发挥作用的方式相同。例如，鼓励雇主以不会构成侵权行为的方式指导雇员的行为。

四、仅仅"合理性"就足够吗？

在决策过程的许多方面，算法优于人类。例如，算法可以计算大量数据，这是人类大脑无法掌握的，更不用说在几秒钟内进行处理了。[82] 与人类不同，算法不会影响其自我利益的判断，不会忽略任何决策阶段，也不会基于直觉或偏见做出决策，而且它们不受人类身体或情绪的限制，如疲惫、压力或敏感。投入商业使用或大规模使用的算法可能会成为"最好的算法"之一。相比之下，虽然人类决策者可能表现优于平均水平，但他们仍然可能存在不足之处，甚至可能在某些方面表现糟糕，就像在同一个班级里，虽然有的学生总体成绩不错，但仍有可能在某一科目上是最后一名。[83]

有人认为，"合理性"的整个概念源于人类决策过程的固有缺陷，而正是因为这些缺陷，才不总是要求做出完美的决策，而是转向人类行为的"次优"水平，即"还算好的"决策。例如，如果 DC 漫画中的超人不是虚构的，按照这个逻辑，人们就不会满足于用"合理性"标准来判断他的行为。相反，人们可能会期望并要求超人在任何时候都表现得完美无瑕，仅仅因为他可以。[84] 同样地，有人可能会说，出于同样的原因，算法不应该被基于人类弱点而构建的标准来衡量，因为算法并不具有这些弱点。

第一，对这一论点的第一反应是，正如专业人士被要求达到比非专业人士更高程度的合理性一样，也正如拥有既定专业知识的专业人士的评判标准高于其他专业人士一样，[85] 算法的合理性标准可能高于"理性人"或"理性专业人士"的标准。为算法塑造最佳的合理性标准显然需要大量的思考和调整，但算法拥有卓越的能力这一事实本身并不会使合理

---

[80] 如果思维算法发现这样的策略能让它朝着编程的目标迈进，它也可以"教自己"这样做。（A. Roth, Machine Testimony (2017) 126 Yale Law Rev. 1972）.

[81] 当然，机器人医生会将每种选择的预期损害考虑为其"专业决策过程"的一部分，而不顾侵权诉讼的威胁。但是，由于意识到他们可能要为算法不理性的选择所造成的损害承担侵权责任，算法的程序员可能会通过计算来强调破坏性选择的法律后果（就像人类医生在权衡他们的选择时，往往会基于对医疗事故诉讼的恐惧而做出选择）。See, e.g., B. Chen, Defensive Medicine under Enterprise Insurance: Do Physicians Practice Defensive Medicine, and Can Enterprise Insurance Mitigate Its Effect? 5th Annual Conference on Empirical Legal Studies Paper (July 7, 2010), https://ssrn.com/abstract=1640955.

[82] 不仅人类专家的能力在这方面较为逊色，而且其性能的提升可能会以牺牲其他能力为代价，降低其他方面的功能。I. E. Dror, The Paradox of Human Expertise: Why Experts Get It Wrong, in N. Kapur (ed.), *The Paradoxical Brain*, Cambridge University Press, 2011, p. 181.

[83] Khosla, above note 9.

[84] 就经济效率和最优威慑而言，如果回顾一下侵权法的一些基本原理，让超人遵守明显低于其能力的行为标准是没有意义的。

[85] Restatement (Second) of Torts § 299A (1977), Comment d.

性标准变得无关紧要。

第二,与上一点相对的是,算法在决策过程的几个方面也同样不如人类。例如,它们可能会出现技术故障或容易受到网络攻击,[86] 还缺乏创造力和灵活性,而这在许多情况下是成为专业领域专家的关键因素。此外,当算法遇到训练过程中未曾涉及的新参数,或者当此类调整与其程序设定的限制不符时,算法可能不一定能够调整其决策,这与人类决策者不同,后者可能更适合处理意外情况或意外输入。[87] 算法僵化的另一个方面是,与人类决策者不同,它们不会与同事和同行讨论他们的决策,因此缺乏识别错误或以符合多数人意见调整决策的机会。[88] 尽管算法在许多方面的能力优于人类,但在需要某些人类特质才能做出决策时,它们面临固有的劣势,而这些特质是算法尚无法复制的。例如,当人们试图通过微妙的肢体语言或手势传递信息时,算法可能不如人类敏感,人类通常能更好地理解和解读这些非语言的暗示,而算法在这方面可能还有所欠缺。总之,与人类相比,算法在决策中确实存在某些劣势,这为制定特定合理性标准的必要性提供了支持,该标准既要考虑它们的固有优势,也要考虑它们的弱点。

第三,"缺乏对合理性的容忍"论点可能适用于依赖计算能力来区分"对或错"的决策,例如飞机着陆时的最佳向量等。但是,这一论点不太适用于那些无法预判"对或错"答案的自由裁量决策,这些答案是可以提前预见的。例如,做出致害决策的机器人医生可能在权衡和计算所有相关参数方面都做出了完美决策,但后来事实证明,另一种治疗方法对特定患者效果更好。同样,虽然完全相同的决策可能赢得了许多医生的支持,但其他医生可能会选择另一种方案。也就是说,即使算法或计算过程非常准确,但在某些情况下,仍然需要考虑到"合理性"的问题,这在处理那些没有固定答案,需要根据情况灵活判断的问题上显得尤为重要。

第四,正如"为什么对思维算法应用合理性标准"中所讨论的,如果对算法设置类似于"超人"的严格责任标准,即无论是否有过错,都要对损害承担责任,这可能会对新的算法技术的发展产生严重的寒蝉效应。

五、结论

算法在自由裁量和决策方面变得越"人性化",停止将它们视为"工具"并应用以前专为人类保留的法律概念就越明智。对思维算法适用"合理性算法"标准,可能解决因人类决策者与算法决策者互换使用而产生的不同异常问题,同时仍可对他们适用不同的侵权责任框架。尽管这样的政策可能会引起人们直觉上的担忧和犹豫,但事实上其中许多问题都可以克服。因此,"合理性算法"标准是一个值得深思的概念。

---

[86] 重要的是,算法做出错误决定(由于某种原因或一般情况下发生故障)的负面结果可能远远超过人类。这是因为与人类不同,算法错误可能会被复制到做出相同决定的所有其他算法中,而人类的决定可能与其他决策者所做的决定不同。E. Lieblich and E. Benvenisti, The Obligation to Exercise Discretion in Warfare: Why Autonomous Weapon Systems Are Unlawful, in N. Bhuta, S. Beck, and R. Geiß (eds.), *Autonomous Weapons Systems: Law, Ethics, Policy*, Cambridge University Press, 2016, p. 244.

[87] Lieblich and Benvenisti, ibid. T. J. Barth and E. F. Arnold, Artificial Intelligence and Administrative Discretion: Implications for Public Administration (1999) 29 Am. Rev. Public Adm. 332.

[88] Ibid.

第五部分

宪法、人权和算法

第二十四章

以人权为本的人工智能和算法

杰德热·尼克拉斯（Jedrzej Niklas）

引言

处理个人和社区大量数据的自动化系统已成为当代社会和机构的变革力量。政府和企业采用并开发了收集和分析信息的新技术，在银行业、政治营销、卫生和刑事司法等各个领域的决策过程中都依赖算法，较早采用自动化系统的还有负责福利分配和社会政策管理的福利机构。这些新技术的运用突出了效率、标准化和资源优化等优势。[1] 然而，关于人工智能和算法的讨论不应局限于其技术和功能问题。对我们的社会而言，技术创新创造和实施也是一项重大规范和伦理挑战。处理数据和使用某些算法的决定是由特定的政治和经济因素组织和推动的。因此正如 Winner 所言，技术产品具有政治属性，远非中立。[2]

越来越多持批判态度的学者和活动家强调，自动化技术对民主制度、人权和社会公正带来了巨大风险。[3] 这些风险包括不透明、对隐私和言论自由的威胁。自动化系统还可能使弱势群体处于不利地位，并导致歧视。在这场辩论中，国际人权标准正成为一个重要因素。例如，欧洲委员会最近的一项研究描绘了不同算法的使用如何影响欧洲人权体系中公认的一系列人权，其中包括公平审判权、隐私权、言论自由和社会权利。[4] 在另一份报告中，来自伯克曼·克莱因中心（Berkman Klein Center）的研究者认为，人权可以在评估人

---

[1] T. Zarsky, The Trouble with Algorithmic Decisions: An Analytic Road Map to Examine Efficiency and Fairness in Automated and Opaque Decision Making (2016) 41 Sci. Technol. Human Values 121, https://doi.org/10.1177/0162243915605575.

[2] L. Winner, Do Artifacts Have Politics? (1980) 109 Daedalus 121-3.

[3] See, e.g., C. O'Neil, *Weapons of Math Destruction: How Big Data Increases Inequality and Threatens Democracy*, Crown, 2017; F. Pasquale, *The Black Box Society: The Secret Algorithms that Control Money and Information*, Harvard University Press, 2015; L. Dencik, A. Hintz, J. Redden, and E. Treré, Exploring Data Justice: Conceptions, Applications and Directions (2019) 22 Inf. Commun. Soc. 873-81, https://doi.org/10.1080/1369118X.2019.1606268; S. U. Noble, *Algorithms of Oppression: How Search Engines Reinforce Racism*, New York University Press, 2018.

[4] Committee of Experts on Internet Intermediaries, Algorithms and Human Rights-Study on the Human Rights Dimensions of Automated Data Processing Techniques and Possible Regulatory Implications (Council of Europe, 2018), https://edoc.coe.int/en/internet/7589-algorithms-and-human-rights-study-on-the-human-rights-dimensions-of-automated-data-processing-techniques-and-possible-regulatory-implications.html.

工智能影响方面发挥重要作用。[5] 然而，由于制度的复杂性和受影响权利的多样性，这种评估并非易事。同样，McGregor 及其同事认为，国际人权法是一个大有可为的整体框架，可以在有关算法问责的讨论中带来一些额外价值。[6] 在欧盟委员会成立的人工智能伦理高级别小组的工作中，基本权利的语言发挥着至关重要的作用。[7]

上述报告、指南和研究文章的例子证明了国际人权在有关算法和人工智能的讨论中可能扮演的新角色。本章将加入这一讨论，探讨如何在自动化系统的背景下将所谓的以人权为本（HRBA）概念化。为实现这一目标，本章将探讨围绕 HRBA 的现有辩论，并尝试理解其含义，解释其潜力和局限性。HRBA 的讨论最初是在联合国层面围绕国际发展进行中出现的，后来扩展到健康或水的质量等其他方面。本章将以这些经验为基础，论证 HRBA 作为理解算法所造成危害的重要框架。它可以将有关权利与技术的传统辩论扩展到隐私威胁之外，并解决歧视或社会权利保障等问题。本章将讨论和探索这一方向，重点关注自动化系统在社会保障领域的应用。不同的系统（福利技术）被用来帮助人们获取社会福利、检查资格、侦查福利欺诈，以及协助制定社会政策。因此，这些技术在享有社会经济权利方面发挥着重要作用。

基于这样的目标和论点，本章将分为三部分，分别的内容安排如下：第一部分"算法的问题性"将探讨算法、自动化系统和人工智能的特点，并总结与这些技术相关的一些主要问题。本章还将分析自动系统在社会保障领域的应用，因为这一主题将是本章的核心关注领域。第二部分"什么是 HRBA？"将概述当前围绕 HRBA 展开的辩论，将分析这一框架的附加值，评估文献中与 HRBA 相关的主要主题，并调查一些局限性。在第三部分"如何在有关人工智能和算法的讨论中应用 HRBA"中，笔者将尝试评估 HRBA 如何与关于算法系统的讨论相关，以及这种方法在此类技术的监管、政策和设计中，尤其是在福利领域，带来了何种不同。

一、算法的问题性

算法有各种不同的含义，其中一些比另一些更宽泛，但主要是指数据、代码和自动化之间的关系。本章按照 Gillespie 的描述，算法被理解为"根据指定的计算，将输入数据转换为所需输出的编码程序，这些程序既指明了问题，也指明了解决问题的步骤"。[8] 在当前围绕技术的社会和法律影响展开的讨论中，"算法"一词是公司和公共机构在不同情况下使用的各种自动决策系统的同义词。在 Kitchin 看来，算法是不同计算方法和代码、数据处

---

[5] F. Raso, H. Hilligoss, V. Krishnamurphy, et al., Artificial Intelligence & Human Rights: Opportunities & Risks, Publication No. 2018-6 (Berkman Center for Internet & Society, 2018), https://cyber.harvard.edu/sites/default/files/2018-09/2018-09_AIHumanRightsSmall.pdf.

[6] L. McGregor, D. Murray, and V. Ng, International Human Rights Law as a Framework for Algorithmic Accountability (2019) 68 Int. Comp. Law Q. 314, https://doi.org/10.1017/S0020589319000046.

[7] High-Level Expert Group on Artificial Intelligence, Ethics Guidelines for Trustworthy AI, European Commission (2019), https://ec.europa.eu/newsroom/dae/document.cfm?doc_id=58477.

[8] T. Gillespie, The Relevance of Algorithms, in T. Gillespie, P. J. Boczkowski, and K. A. Foot (eds.), *MediaTechnologies: Essays on Communication, Materiality, and Society*, MIT Press, 2014, p. 167.

理、金融、政治、法律法规、物质和基础设施、机构和人际关系的集合体。[9] 同时，技术在自动决策过程中的作用也是多种多样的。正如 Smith 及其同事所指出的，计算机系统在决策中的作用可以在不同层面上实现自动化。[10] 例如，有些计算机系统可以提供一系列备选决策，建议采用其中之一，有时也可以在没有人工干预的情况下执行最终结果。这种不同程度的自动化会影响问责制、透明度、自由裁量权和责任。

在不同决策过程中自动化方面取得更大进展的方法是机器学习。这项技术使计算机系统能够直接从数据形成的实例和经验中学习。[11] 相比之下，传统的自动匹配系统是基于必须明确描述的手工编码规则。以机器学习系统接收大量数据作为示例，从中学习如何解决问题，这一过程也被描述为"发现数据集中变量之间相关性（有时也称为关系或模式）的自动化过程，通常是为了对某些结果进行预测或估计"。[12] 机器学习至少有三个主要分支：监督学习、无监督学习和强化学习。这些机器学习分支的主要区别在于数据科学家在学习过程中的角色。[13]

机器学习是迄今为止最流行的人工智能类型之一，最近（再次）在政客、记者和商界中成为使用的热门词汇。简而言之，人工智能指的是一系列"有能力完成原本需要人类智能才能完成的任务，如视觉感知、语音识别和语言翻译"的技术。[14] 作为一个概念，人工智能的历史相当悠久，可以追溯到 20 世纪 50 年代艾伦·图灵（Alan Turing）的开创性工作。从那时起，这一领域经历了不同的变革和发展阶段。例如，在 20 世纪 80 年代，所谓"专家系统"的使用便存在充分地发展。[15] 直至近代，人工智能涉及其他工具和方法，如面部识别、神经系统和自然语言处理。总之，这些不同的信息处理科技在先进性、复杂性和精密性方面呈现出惊人的多样性。这些方面也可能在理解、处理和使用此类自动化技术的社会和法律后果方面发挥重要作用。

（一）算法：人权与伦理问题

不同的从业者、活动家和学者群体对算法的使用提出了一些批评与担忧，这些担忧引发了对自动化系统的伦理、法律和社会影响的质疑。如上文所述，算法为不同组织的决策过程创造了新的机会。因此，各行各业都有大量自动化系统协助、促进和决定个人和社区利益的实例。这些领域包括刑事司法、银行、保险、就业、住房、能源、医疗保健、社会保障以及政治进程。由于算法在全社会的广泛运用，与算法相关的任何错误、限制或蓄意

---

[9] R. Kitchin, Thinking Critically about and Researching Algorithms (2017) 20 Inf. Commun. Soc. 17, https://doi.org/10.1080/1369118X.2016.1154087.

[10] M. L. Smith, M. E. Noorman, and A. K. Martin, Automating the Public Sector and Organizing Accountabilities (2010) 26 Commun. Assoc. Inf. Syst. 25-6, https://doi.org/10.17705/1CAIS.02601.

[11] Royal Society (Great Britain), Machine Learning: The Power and Promise of Computers that Learn by Example (2017), p. 17, https://royalsociety.org/~/media/policy/projects/machine-learning/publications/machinelearning-report.pdf.

[12] D. Lehr and P. Ohm, Playing with the Data: What Legal Scholars Should Learn about Machine Learning (2017) 51 UC Davis Law Rev. 671.

[13] Royal Society, above note 11, p. 20.

[14] House of Lords, Select Committee on Artificial Intelligence, AI in the UK: Ready, Willing and Able? (House of Lords, 2017), p. 20, https://publications.parliament.uk/pa/ld201719/ldselect/ldai/100/100.pdf.

[15] L. Dormehl, Thinking Machines: The Quest for Artificial Intelligence-and Where It's Taking Us Next, TarcherPerigee, 2017, p. 30.

地不当行为都可能而且确实会产生严重影响。

1. 推理：相关性、因果关系与人在回路

算法决策面临的最大挑战之一是此类系统所依赖的推理类型，这里的主要类型是在给定数据集中发现的输入和输出之间的相关性。基于这些相关性，自动系统会做出一定的预测，但正如 Ananny 所强调的，预测分析仍然存在很大的不确定性。[16] 事实上，统计分析中常见的错误之一便是将相关性等同于因果关系。[17] 然而，在很多情况下，相关性可以作为具体决策的合法且充分的理由。[18] 此外，算法的基础是描述特定人群和群体中特定模式的知识。[19] 不过，这些知识随后会被应用到针对个人的决策之中。即使个人属于这些群体，他们的情况也可能在某些特定方面偏离群体描述。[20] 因此，这种类型的推理可能没有考虑到正确的区分度，从而造成简化、错误和歧视（如下文所述）。[21] 算法的这一特点也会引起人们对这种决策过程中潜在任意性的关注。

降低这种风险的方法之一是创建自动系统，只有在人类代理授权由这些系统产生的任何"意见"时提出建议。不过"人在回路"会进一步引发对理解算法操作所能完成且具备的能力的质疑。[22] 此外，人类可能会认为自动系统比较中立，他们也可能面临一些组织障碍（如缺乏时间、来自上级管理部门的压力或决策过程中的社会心理支持有限）。[23] 所有这些问题都可能降低人的干预权利作为算法决策有意义的保障措施的有效性，并导致被称为"橡皮图章"的现象。

2. 不透明与缺乏透明度

另一个关键问题与算法的透明度有关。自动化系统和人工智能往往被描述为"黑箱"——一种不透明的机制，利用数据执行并非总能理解的数学运算。[24] 缺乏透明度意味着，受自动决策影响的人（例如，他们没有获得学分、没有进入大学、没有找到工作）只有有限的机会去理解并最终提出质疑。因此，一个新出现的问题是建立机制和技术，以减

---

[16] M. Ananny, Toward an Ethics of Algorithms: Convening, Observation, Probability, and Timeliness (2016) 41 Sci. Technol. Human Values 103, https://doi.org/10.1177/0162243915606523.

[17] B. D. Mittelstadt, P. Allo, M. Taddeo, et al., The Ethics of Algorithms: Mapping the Debate (2016) 3 Big Data Soc. 5–6, https://doi.org/10.1177/2053951716679679; P. Illari and F. Russo, *Causality: Philosophical Theory Meets Scientific Practice*, 1st edn., Oxford University Press, 2014, pp. 16–18.

[18] M. Hildebrandt, Algorithmic Regulation and the Rule of Law (2018) 376 Philos. TR Soc. A 8, https://doi.org/10.1098/rsta.2017.0355.

[19] Illari and Russo, above note 17, p. 35.

[20] M. Hildebrandt, Profiling: From Data to Knowledge (2006) 30 Datenschutz und Datensicherheit 549.

[21] Zarsky, above note 1, p. 130.

[22] R. Binns and V. Gallo, Automated Decision Making: The Role of Meaningful Human Reviews, ICO (April 2, 2019), https://ai-auditingframework.blogspot.com/2019/04/automated-decision-making-role-of.html.

[23] B. Wagner, Liable, But Not in Control? Ensuring Meaningful Human Agency in Automated Decision-Making Systems: Human Agency in Decision-Making Systems? (2019) 11 Policy & Internet 12, https://doi.org/10.1002/poi3.198.

[24] Pasquale, above note 3, pp. 3–10; S. Lem, *Summa Technologiae*, Vol. 40: *Electronic Mediations*, J. Zylinska (trans.), University of Minnesota Press, 2013, pp. 96–8.

少不透明度，提高此类系统的透明度和可解释性。[25] 法律学者Danaher强调，可以从两个维度来审视算法所做的决定：看产出（决定了什么）、看程序（决策过程是什么样的）。[26] 不透明是这两个维度的核心，也可能是不同推理的结果。

以上述内容为出发点，Burrell区分了三种不同的不透明模式。首先，有意不透明是负责应用和开发特定系统的组织有意做出的选择。[27] 商业秘密就是这种机制的一个很好的例子，它被用来保护那些依靠使用算法建立商业模式的公司的经济利益。其次，公共机构可能会将保密作为一种策略，以保护自动化系统不被纳税人等人利用。另一种不透明则与缺乏教育和能力有关。此外，许多自动化系统相当复杂。要了解它们的工作原理，个人需要了解一些数据科学和计算机系统的基础知识。因此，即使完全公开，一般公众仍然无法理解自动化系统。最后，不透明与技术的先进性和复杂性以及"杂乱无章"的设计过程有关。一些先进的自动化系统的成果甚至连该领域的专家都难以理解。例如，企业可能会在一个决策过程中使用多种相互影响的算法。还有一些算法可以从数据中自主学习，这种过程超出了人类的认知能力。此外，许多算法都是由大型团队创建的，不同的人只负责代码的特定部分。这种追求算法设计的程序使人类更难理解算法的运行方式。

3. 歧视与不平等

歧视性结果是算法系统讨论中的另一个关键问题。大量有据可查的研究表明，许多算法系统都存在影响其决策方式的内在偏见。[28] Gandy的一些早期著作表明，现代计算机系统具有识别、评估和分类人的能力，实际上是一种歧视性工具。[29] 他还认为，这种计算机化的歧视可能不那么透明，会影响到非传统受歧视群体的成员。最近，Barocas还解释说，算法系统的歧视有几种主要形式：故意歧视、统计偏见、（过于）准确的推断和有缺陷的推断。[30] 这些歧视性结果可能是由与数据输入过程和与算法设计本身有关的不同问题造成的。[31] 当结论基于错误或不完整的数据时，就会出现第一个问题。另一个问题是数据集中某些社会群体的代表性不足（或过多）。正如Crawford所指出的，从社会中的每个人那里收

---

[25] S. Wachter, B. Mittelstadt, and C. Russell, Counterfactual Explanations without Opening the Black Box: Automated Decisions and the GDPR (2018) 31 Harv. J. Law Technol. 854–9, https://doi.org/10.2139/ssrn.3063289; N. Diakopoulos, Accountability in Algorithmic Decision Making (2016) 59 Commun. ACM 60–1, https://doi.org/10.1145/2844110.

[26] J. Danaher, The Threat of Algocracy: Reality, Resistance and Accommodation, Philosophy & Technology (2016), p. 245.

[27] J. Burrell, How the Machine "Thinks": Understanding Opacity in Machine Learning Algorithms (2016) 3 Big Data Soc. 1–3, https://doi.org/10.1177/2053951715622512.

[28] F. Kamiran and T. Calders, Classifying without Discriminating, in 2nd International Conference on Computer, Control and Communication, IEEE, Karachi (2009), pp. 1–6, https://doi.org/10.1109/IC4.2009.4909197.

[29] O. H. Gandy, It's Discrimination, Stupid!, in J. Brook (ed.), Resisting the Virtual Life: The Culture and Politics of Information, City Lights Books, 1995, pp. 35–47.

[30] S. Barocas, Data Mining and the Discourse on Discrimination, in Proceedings of the Data Ethics Workshop, Conference on Knowledge Discovery and Data Mining, New York (2015), pp. 1–4, https://dataethics.github.io/proceedings/DataMiningandtheDiscourseOnDiscrimination.pdf.

[31] S. Barocas and A. D. Selbst, Big Data's Disparate Impact (2016) 671 Calif. Law Rev. 680–90, https://papers.ssrn.com/sol3/papers.cfm?abstract_id=2477899.

集到的信息并不"平等"。[32] 有些群体或个人会因为经济状况、居住地、对数字技术的了解或生活方式而被遗漏。如果根据这些信息创建理想模型，算法可能会忽略某些群体的偏好及其特征，从而造成歧视。因此，在招聘过程中，基于历史招聘过程的筛选简历机制可能会复制已经存在的刻板印象和偏见（例如，与性别有关的偏见）。[33]

"有害算法"可能作为分析结构和先前使用过的参数的结果而存在。美国一些州为评估某人犯罪的风险而使用的替代制裁的罪犯管理分析画像系统（COMPAS）评分工具就是一个很好的例子。[34] 虽然该系统没有直接考虑被评估者的种族，但对结果的详细分析显示，黑人比白人更常被评为有犯罪风险的人。[35] 这一结果是依赖于间接表明种族或经济地位的变量的结果。在这种情况下，所考虑到的特征乍看之下似乎是合理的、完全正当的，但这可能会进一步导致边缘化群体的人受到不利的待遇。类似情况的另一个例子可能是波兰就业中心使用的失业人员档案系统。[36] 由于男女在劳动力市场上的地位不同，该系统对他们的评估也不同。这种区别可能是合理的，但在这个例子中，它增加了基于性别限制获得某些形式的帮助的可能性。上述例子很好地说明，关于建立依赖于算法的自动化系统和建立分析模型的决定，是反映对现实的具体看法的判断，往往具有政治性质。

这些问题也属于"统计歧视"范畴。[37] 在某些情况下，种族或性别等特征与系统试图发现的情况（例如，欺诈、工作能力和犯罪风险）在统计上是相关的。然而，当这种相关性成为自动化系统作出决定的坚实基础时，从非歧视原则的角度来看，这可能会产生问题。虽然这些相关性在统计上可能是准确的，但在社会和法律上却是不恰当或不需要的。[38] 最后，值得补充的是，自动歧视的例子通常是无意和间接的。然而，由于缺乏透明度和算法的高度复杂性，自动化系统可能会掩盖有意的歧视。[39]

---

〔32〕 K. Crawford, Think Again: Big Data, Foreign Policy（May 10, 2013），https：//foreignpolicy. com/2013/05/10/thinkagain-big-data/.

〔33〕 J. Dastin, Amazon Scraps Secret AI Recruiting Tool that Showed Bias against Women, Reuters（October 2018），www. reuters. com/article/us-amazon-com-jobs-automation-insight/amazon-scraps-secret-ai-recruiting-tool-that-showed-bias-against-women-idUSKCN1MK08G.

〔34〕 J. Angwin, J. Larson, S. Mattu, and L. Kirchner, Machine Bias, ProPublica（May 2016），www. propublica. org/article/machine-bias-risk-assessments-in-criminal-sentencing.

〔35〕 C. Wadsworth, F. Vera, and C. Piech, Achieving Fairness through Adversarial Learning: An Application to Recidivism Prediction, ArXiv: 1807. 00199 [Cs, Stat]（June 2018），http：//arxiv. org/abs/1807. 00199.

〔36〕 J. Niklas, K. Sztandar, and K. Szymielewicz, Profiling the Unemployed in Poland: Social and Political Implications of Algorithmic Decision Making（Panoptykon Foundation, 2015），pp. 10-17, https：//panoptykon. org/sites/default/files/leadimage-biblioteka/panoptykon_profiling_report_final. pdf.

〔37〕 F. Schauer, Statistical（and Non-Statistical）Discrimination, in K. Lippert-Rasmussen（ed.），The Routledge Handbook of the Ethics of Discrimination, Routledge, 2018, pp. 42-52.

〔38〕 L. Edwards and M. Veale, Slave to the Algorithm? Why a "Right to an Explanation" Is Probably Not the Remedy You Are Looking for（2017）16 Duke Law Technol. Rev. 28, https：//doi. org/10. 31228/osf. io/97upg.

〔39〕 Barocas and Selbst, above note 31, p. 692.

4. 隐私

计算机化和自动化系统的使用引起了人们对信息隐私和个人控制信息传播能力的关注。[40] 数据处理技术的发展允许大规模追踪和收集信息。如上所述，人工智能和自动化系统从本质上来说是训练有素的，可以使用大型数据集。从这个意义上说，人工智能对数据的使用可能会泄露包括敏感数据在内的个人信息。

侵犯隐私的风险与国家监控行为密切相关。各国政府目前都在开发先进的面部识别工具，主要用于预防犯罪和侦查。英国、美国和中国都有此类项目。[41] 这些"监视系统"可能会给公共场所的匿名性带来问题。

人工智能和自动化系统对隐私造成的威胁超出了影响个人的特定层面，并造成了威胁群体隐私的重要问题。[42] 学者们承认，现代特征分析技术往往依赖于群体描述，而非个人特征描述。[43] 信息隐私权的重点在于对个人的伤害，这可能不是解决由更复杂的数据分析所带来的问题的最佳框架。得益于先进的数据挖掘和机器学习技术，一些大型互联网平台可以从在线数据中推断出一些敏感特征，如种族、性取向、健康状况和政治观点等。这些预测和归因极具争议性，而且侵犯隐私，而有学者提出警告，现有的数据保护法并未对这些预测和归因提供充分保护。[44] 因此，学术界呼吁建立新的数据保护权利（例如，"合理推断权"），以构成对高风险推断的检验标准。

（二）计算机化的福利国家

虽然社会各部门出于不同原因使用自动化系统，但本章将重点讨论一个特定领域，即社会保障。几十年来，公共机构一直在采用和开发技术创新，以改进、加快和规范他们所从事的程序和活动。[45] 在电子政务的统一框架下，各国一直就公共部门使用的数据库和通信方法的数字化进行投资。负责社会保障的机构是电子政务技术的重要用户和早期采用者。[46] 这并不奇怪，因为社会保障是一个会产生许多财务需求并需要更好的管理机制的部

---

[40] Edwards and Veale, above note 38, p. 32; S. Wachter and B. Mittelstadt, A Right to Reasonable Inferences: Re-Thinking Data Protection Law in the Age of Big Data and AI (2019) 2 Columbia Bus. Law Rev. 49 4; E. Fosch, Villaronga, P. Kieseberg, and T. Li, Humans Forget, Machines Remember: Artificial Intelligence and the Right to Be Forgotten (2018) 34 Comput. Law Secur. Rev. 304-5, https://doi.org/10.1016/j.clsr.2017.08.007.

[41] J. Schuppe, How Facial Recognition Became a Routine Policing Tool in America, NBC News (May 11, 2019), www.nbcnews.com/news/us-news/how-facial-recognition-became-routine-policing-tool-america-n1004251; O. Bowcott, Police Face Legal Action over Use of Facial Recognition Cameras, The Guardian (June 14, 2018), www.theguardian.com/technology/2018/jun/14/police-face-legal-action-over-use-of-facial-recognition-cameras.

[42] B. Mittelstadt, From Individual to Group Privacy in Big Data Analytics (2017) 30 Philos. Technol. 478-81, https://doi.org/10.1007/s13347-017-0253-7.

[43] L. Taylor, L. Floridi, and B. van der Sloot, Introduction: A New Perspective on Privacy, in L. Taylor, L. Floridi, and B. van der Sloot (eds.), Group Privacy: New Challenges of Data Technologies, Springer, 2017, pp. 4-8.

[44] Wachter and Mittelstadt, above note 40, pp. 81-99.

[45] J. Agar, The Government Machine: A Revolutionary History of the Computer, MIT Press, 2003; P. Henman, Governing Electronically, Palgrave Macmillan, 2010; M. J. Moon, J. Lee, and C.-Y. Roh, The Evolution of Internal IT Applications and E-Government Studies in Public Administration: Research Themes and Methods (2014) 46 Adm. Soc. 3-36, https://doi.org/10.1177/0095399712459723; P. Perri, E-Governance: Styles of Political Judgment in the Information Age Polity, Palgrave Macmillan, 2014.

[46] Agar, ibid., p. 134.

门。[47] Adler 和 Henman 强调，节约资源往往是福利机构使用数字创新技术的主要目标。他们在对经合组织国家用于社会保障的计算机系统进行研究时，描述了福利机构部署此类系统的十七个不同目标：[48] 其中包括：提高生产率、促进准确和一致的决策、降低成本、提高服务提供的响应速度以及改善社会保障系统内外的信息流。[49] 他们还通过研究发现，在此背景下使用的自动化系统的架构和目标取决于特定国家的福利国家类型和对社会权利的保护。

Adler 和 Henman 的研究主要集中在互联网出现之前，而且针对的是相当老式的工具。而现在，福利机构也在购买新形式的电子政务（系统），其中包括复杂的数据分析、人工智能、机器学习和剖析方法。[50] 例如，芬兰埃斯波市正在尝试分析有关个人的大量数据，以确定针对市民的新的主动服务手段，并防止社会排斥。[51] 在荷兰，新采用的数据分析系统有助于锁定福利领取者中的欺诈行为。[52] 丹麦的一个城市一直在使用一个系统来识别有被虐待风险的儿童，并管理社会服务的早期干预过程。[53] Dencik 及其同事描述了英国福利部门和警务部门的类似趋势。根据他们的研究，我们可以看到所谓的"公民评分"激增，这涉及"政府中的数据分析，目的是在个人和人口层面进行分类、评估和预测"。[54] 民间组织"算法观察"的研究证明，许多其他欧洲国家也在开发类似系统。然而，它们的技术先进程度各不相同。[55]

无论技术多么先进，这些数字创新都会造成一些干扰甚至伤害。来自不同国家的例子将数据驱动系统的部署与紧缩政策和公共服务私有化联系起来，并作为证据显示出其对边缘化社区产生有害影响。其中一个例子与密歇根州综合数据自动化系统有关，该系统错误地指控了至少 2 万起个人以欺诈手段申请失业金。结果，被指控者失去了领取失业金的机会，据说还面临高达 10 万美元的罚款。[56] 同样，在澳大利亚，数以千计的公民面临所谓

---

[47] Henman, above note 45, p. 14.

[48] M. Adler and P. Henman, Computerizing the Welfare State: An International Comparison of Computerization in Social Security (2005) 8 Inf. Commun. Soc. 320-2, https://doi.org/10.1080/13691180500259137.

[49] Ibid., p. 323.

[50] G. Backman, The Nordic Welfare Model in the Wake of Post-WWII Transformations and Algorithms of Changing Social Policy (2019) 6 Athens J. Social Sciences 177-95, https://doi.org/10.30958/ajss.6-3-1.

[51] City of Espoo, Espoo Experiment Proves that Artificial Intelligence Recognises Those Who Need Support, espoo.fi (June 7, 2018), www.espoo.fi/en-US/Espoo_experiment_proves_that_artificial_(142925).

[52] M. Hijink, Algoritme Voorspelt Wie Fraude Pleegt Bij Bijstandsuitkering, NRC (April 8, 2018), www.nrc.nl/nieuws/2018/04/08/algoritme-voorspelt-wie-fraude-pleegt-bij-bijstandsuitkering-a1598669.

[53] J. Mchangama and H.-Y. Liu, The Welfare State Is Committing Suicide by Artificial Intelligence, Foreign Policy (December 25, 2018), https://foreignpolicy.com/2018/12/25/the-welfare-state-is-committing-suicide-by-artificial-intelligence/.

[54] L. Decnik, J. Redden, A. Hintz, and H. Warne, The "Golden View": Data-Driven Governance in the Scoring Society (2019) 8 Internet Policy Rev. 3, https://doi.org/10.14763/2019.2.1413.

[55] M. Spielkamp (ed.), Automating Society: Taking Stock of Automated Decision-Making in the EU (Algorithm Watch, 2018), https://algorithmwatch.org/wp-content/uploads/2019/01/Automating_Society_Report_2019.pdf.

[56] R. Felton, Michigan Unemployment Agency Made 20,000 False Fraud Accusations-Report, The Guardian (December 28, 2016), www.theguardian.com/us-news/2016/dec/18/michigan-unemployment-agency-fraud-accusations.

的"机器人债务"问题，原因是自动系统出错，导致领取失业救济金受阻。[57] 联合国极端贫困和人权问题特别报告员在其访问英国的国家报告中表示，新的数字化福利政策"建立了一个数字壁垒，阻碍了人们获得福利，尤其不利于妇女、老年人、不会讲英语的人和残疾人"。[58]

通过对这些案例和类似案例的探讨，学者们对这些技术的部署与限制社会最贫困阶层的权利和民主参与之间的关系作出概述。Gilliom 是这一领域最早的学者之一，他研究了阿巴拉契亚地区低收入妇女在全面计算机化福利监控下的经历。[59] 与此类似，Eubanks 的人种学研究就自动化系统对弱势社区的影响提供了一些详细而丰富的证据，并建立了"数字贫民窟"的概念。[60] 她认为，与富裕人群相比，对权利的低预期导致贫困人群不成比例地生活在监控和数据库审查之下。此外，Bridges 还指出，福利管理部门使用监控技术和侵犯最贫困人口隐私的行为，从贫困的道德建构来看是合理的。[61] Henman 等学者解释了自动化系统的兴起如何通过创造一种新的、有条件的社会公民身份，为福利国家带来结构性变化。[62] 数据的可用性使福利管理部门有更大的能力制定超越政策领域的更严格的资格标准（例如，将社会援助福利与入学率挂钩）。这种所谓的"新条件"往往与对个人违规行为的经济处罚挂钩。此外，Madden 及其同事认为，在数字监控的背景下，弱势个人和群体也会因缺乏足够的法律及执法保障而受到影响，Gilman 称之为"隐私法中的阶级分化"。[63] 所有这些实证案例和讨论都表明，自动化系统对人权的享有带来了不同的社会、技术和制度挑战。并且，它们还引出了关于可能修复或减轻技术造成的危害的潜在解决方案和干预措施的问题。

（三）技术法律干预及其局限性

近年来，被定义为"机器学习中的公平、问责与透明"（FATML）的跨学科学者群体极具影响力，他们试图解读和重新评估自动化系统中的问责、平等和其他伦理问题的含义。[64] 这一群体的一些根源可以在早期关于计算机系统偏见特征或专家系统逻辑不透明性

---

[57] C. Knaus, Centrelink Scandal: Tens of Thousands of Welfare Debts Wiped or Reduced, The Guardian（September 13, 2017）, www.theguardian.com/australia-news/2017/sep/13/centrelink-scandal-tens-of-thousands-of-welfare-debts-wiped-or-reduced.

[58] Special Rapporteur on extreme poverty and human rights, Visit to the United Kingdom of Great Britain and Northern Ireland（United Nations, 2019）, pp. 13-14, https://undocs.org/en/A/HRC/41/39/Add.1.

[59] J. Gilliom, *Overseers of the Poor: Surveillance, Resistance and the Limits of Privacy*, University of Chicago Press, 2001).

[60] V. Eubanks, *Automating Inequality: How High-Tech Tools Profile, Police, and Punish the Poor*, St. Martin's Press, 2018).

[61] K. M. Bridges, *The Poverty of Privacy Rights*, Stanford Law Books, an imprint of Stanford University Press, 2017.

[62] P. Henman, Conditional Citizenship? Electronic Networks and the New Conditionality in Public Policy（2011）3 Policy & Internet 71-88, https://doi.org/10.2202/1944-2866.1103.

[63] M. Madden, M. Gilman, K. Levy, and A. Marwick, Privacy, Poverty and Big Data: A Matrix of Vulnerabilities for Poor Americans（2017）95 Wash. Univ. Law Rev. 77; M. E. Gilman, The Class Differential in Privacy Law（2012）77 Brooklyn Law Rev. 1443, http://papers.ssrn.com/sol3/papers.cfm?abstract_id=2182773.

[64] Fairness, Accountability, and Transparency in Machine Learning, www.fatml.org/.

的著作中找到。[65] 事实上，歧视性算法、数据挖掘或机器学习技术仍是该领域的主要关注点之一。[66] FATML 社区的重点包括数据处理的技术方面，算法的设计以及为技术造成的社会问题制定补救措施和必要的解决方案。

例如，Buolamwini 和 Gebru 认为，可以通过使用更多样化的数据集来"修复"对深肤色女性群体有偏见的自动系统。[67] 同样，Barocas 和 Selbst 呼吁收集更精细的数据，以减少错误识别、错误分类或不公平决策的过程。[68] 为了减少不透明问题，Wachter 及其同事呼吁通过提供所谓的"反事实解释"，提高算法决策的可解释性。[69]《通用数据保护条例》的出台开启了一场关于数据保护可提供哪些保障措施以减轻算法所造成伤害的讨论。这涉及一系列不同的个人权利，如人工干预的权利、解释的权利或对制度化影响评估提出异议的权利。例如，Malgieri 和 Comande 呼吁对《通用数据保护条例》条款进行系统分析，并提出了一个结合透明度和可理解性的新概念——算法可读性。[70]

对潜在有害算法的潜在技术和法律干预的丰富讨论，也让我们对自动化系统及其性质和复杂性有了更深入的了解。它揭示了计算机系统在制造不公正或扩大不平等方面的作用，同时强调这些问题是可以解决的。然而，这种技术中心主义和对解决方案的追求也是本次讨论的最大局限。重要的是，要认识到由算法和其他技术系统做出的决定或在其帮助下做出的决定总是涉及技术与人类和政治机构之间的互动。[71] 人类负责算法的设计、输入数据、更广泛的政策动机，并最终决定在特定情况下使用基于算法的系统。因此，任何阶段的不同错误和不法行为都需要一种机制，这种机制不能仅限于狭隘的技术和法律干预。例如，Ananny 和 Crawford 在展示围绕算法透明度的讨论中的局限性时，主张使用社会技术方法。[72] 在他们看来，算法不仅仅是一个代码，也是受算法影响的人类和非人类行动者、机构、规范、关系和权力的集合体。要对算法的构建负责，就不能只看到任何一个组成部分的内部，而要了解它作为一个系统是如何运作的，以及不同参与者的动机。

Powles 强调说，自动化系统中蕴含的歧视性偏见是由社会紧张局势造成的，"在技术上

---

[65] B. Friedman and H. Nissenbaum, Bias in Computer Systems (1996) 14 ACM Trans. Inf. Syst. 330–47, https：//doi. org/10. 1145/230538. 230561; M. R. Wick and W. B. Thompson, Reconstructive Expert System Explanation (1992) 54 Artif. Intell. 33–70, https：//doi. org/10. 1016/0004-3702 (92) 90087-E.

[66] Kamiran and Calders, above note 28; D. Pedreschi, S. Ruggieri, and F. Turini, Discrimination-Aware Data Mining, in ACM Proceedings, KDD'08, Las Vegas, Nevada (2008), https：//doi. org/10. 1145/1401890. 1401959; Barocas and Selbst, above note 31.

[67] J. Buolamwini and T. Gebru, Gender Shades: Intersectional Accuracy Disparities in Commercial Gender Classification, in Proceedings of the 1st Conference of Machine Learning Research Conference on Fairness, Accountability, and Transparency, New York (2018), p. 15.

[68] Barocas and Selbst, above note 31, p. 719.

[69] Wachter et al., above note 25, pp. 842–4.

[70] G. Malgieri and G. Comande, Why a Right to Legibility of Automated Decision-Making Exists in the General Data Protection Regulation (2017) 7 Int. Data Priv. Law 243–65, https：//doi. org/10. 1093/idpl/ipx019.

[71] G. F. Lanzara, Building Digital Institutions: ICT and the Rise of Assemblages in Government, in F. Contini and G. F. Lanzara (eds.), ICT and Innovation in the Public Sector: European Studies in the Making of E-Government, Palgrave Macmillan, 2009, p. 12.

[72] M. Ananny and K. Crawford, Seeing without Knowing: Limitations of the Transparency Ideal and Its Application to Algorithmic Accountability (2018) 20 New Media Soc. 973–89, https：//doi. org/10. 1177/1461444816676645.

无法解决"。[73] 她补充说,对狭隘的技术干预的关注会使人们忽视与技术相关的政治和经济不平等等更重要的问题,因此她提出了这样一个问题,即是否应该在特定情况下使用这些系统。此外,Binns 还解释说,FATML 社区经常忽视政治哲学中关于公平规范框架的长期讨论的范围和细微差别。[74] 因此,以技术为中心的歧视性算法解决方案往往忽视了社会的复杂性,且过于简单化。Hoffmann 也得出了类似的结论,她认为不能把偏见和技术不公正看作是一维问题,不能用狭隘的分配正义逻辑来解决这些问题。[75] 在她看来,应将这些不公正现象作为数据系统中暴露出的更大的结构性问题的一部分进行分析。

虽然没有一种方法可以涵盖上述所有问题和关切,但国际人权法框架可能是一个很好的起点,可以在更狭隘的技术,即在法律解决方案与更广泛的、立足于当代政治格局的批判性方法之间架起一座桥梁。人权普遍被视为一套价值观和原则,数十年来一直是挑战现有不平等和权力关系的机制,这种潜力也可用于有关算法的社会福利方面的讨论。本章以下各部分将更详细地探讨这些内容。

二、什么是 HRBA?

在对自动化系统和人工智能的讨论作了概述之后,本章目前将转向讨论采用 HRBA 这一关键概念(包括其历史和含义)。1997 年,作为改革方案的一部分,联合国秘书长提议重新定义人权并将其纳入联合国的广泛活动中。[76] 这份报告是 HRBA 的诞生时刻,它推动了许多将广泛的人权原则转化为更可执行的保障和程序的尝试。[77] 其中一些努力旨在将人权语言纳入不同政策领域的主流,并使公共政策与不同群体的人权权利相一致。

HRBA 的规范基础是国际人权法。然而,几十年来,由于冷战造成的政治紧张局势,国际机构和许多国家不愿进一步承认人权条约,也不愿在国家和国际决策中执行这些条约。但这种情况在 20 世纪 90 年代发生了变化,主要原因是政治变革和全球化进程。[78]

---

[73] J. Powles, The Seductive Diversion of "Solving" Bias in Artificial Intelligence, Medium (December 7, 2018), https://onezero.medium.com/the-seductive-diversion-of-solving-bias-in-artificial-intelligence-890df5e5ef53.

[74] R. Binns, Fairness in Machine Learning: Lessons from Political Philosophy, in Proceedings of Machine Learning Research, Conference on Fairness, Accountability, and Transparency, New York (2018), pp.1-3, http://proceedings.mlr.press/v81/binns18a/binns18a.pdf.

[75] A. L. Hoffmann, Where Fairness Fails: Data, Algorithms, and the Limits of Antidiscrimination Discourse (2019) 22 Inf. Commun. Soc. 909-11, https://doi.org/10.1080/1369118X.2019.1573912.

[76] United Nations Development Programme, Applying a Human Rights-Based Approach to Development Cooperation and Programming (2006), pp.5-9, http://waterwiki.net/images/e/ee/Applying_HRBA_To_Development_Programming.pdf.

[77] E. Filmer-Wilson, The Human Rights-Based Approach to Development: The Right to Water (2005) 23 Netherlands Q. Hum. Rights 215-16, https://doi.org/10.1177/016934410502300203.

[78] S. Moyn, The Last Utopia Human Rights in History, Belknap Press, 2010, pp.219-22; J. Tobin, The Right to Health in International Law, Oxford University Press, 2012, pp.14-43.

从那时起，HRBA 已被纳入不同的政策和计划，特别是在发展、卫生和社会保障领域。[79] 国家和国际组织以及宣传团体使用 HRBA 的例子不胜枚举。[80] 例如，许多发展机构在其国际筹资战略中使用 HRBA。[81] 此外，国家民间社会团体也依靠 HRBA 框架参与决策。例如，美国的一些倡导组织使用 HRBA 评估工具分析医疗改革计划，解释不同的提案如何不符合主要的人权标准。[82]

HRBA 为人权提供了一个框架，使其不再是宣言性的，而是更加务实。从这个意义上说，国际人权法成为某些公共政策的创造、制定、实施和评估的切入点和基础。参与有关 HRBA 讨论的学者强调，这一框架包含两个重要附加值：[83] 第一个附加值是，首先，它将在公共讨论中经常被视为技术官僚或单一专家领域的具体问题政治化或重新政治化。例如，在有关健康的讨论中，HRBA 提供了一个激进而有力的框架，将健康重新定义为权利和正义问题，而不仅仅是生物学或遗传学的结果。[84] 其次，它解释了健康是如何与社会关系、权力和现存的不平等密不可分地联系在一起并由其构建的。

Yamin 认为，HRBA 使政策制定者能够认真对待弱势群体的痛苦和经历，并将其视为对权利的侵犯，而非不幸或厄运。[85] 因此，对人权的侵犯与人类做出的金钱、政治和权力的决定有关。从这个意义上说，不同的公共政策成为人权问题，个人和社区不是被动的主体，而是对这些政策有一定期望和要求的权利拥有者。从 HRBA 的角度来看，拒绝提供某些服务可能构成对人权的侵犯，并导致诉求和潜在的补救措施。HRBA 要求为这种拒绝提供正当理由，并要求制定一项计划，以减轻所产生的任何问题。

HRBA 也是整体性的，与人权的相互依存性相联系。[86] 它不是指一种具体的权利，而是包括不同人权条约所承认的所有人权。从这个意义上说，它还包括经济和社会权利，而这些权利在有关人权的主流讨论中往往被忽视。[87] 对这一讨论更为重要的是，这一框架还允许在具体政策和经济领域提供落实社会经济权利的工具，超越了法律文书（反映了法律

---

[79] P. Gready, Rights-Based Approaches to Development: What Is the Value-Added? (2008) 18 Dev. Pract. 735-47, https://doi.org/10.1080/09614520802386454; M. Sepulveda, The Rights-Based Approach to Social Protection in Latin America: From Rethoric to Practice, ECLAC – Social Policy Series No. 189 (2014), p. 71, https://repositorio.cepal.org/bitstream/handle/11362/37517/S1420720_en.pdf?sequence=1&isAllowed=y; S. Gruskin, D. Bogecho, and L. Ferguson, "Rights-Based Approaches" to Health Policies and Programs: Articulations, Ambiguities, and Assessment (2010) 31 J. Public Health Policy 129-45, https://doi.org/10.1057/jphp.2010.7.

[80] V. Gauri and S. Gloppen, Human Rights-Based Approaches to Development: Concepts, Evidence, and Policy (2012) 44 Polity 485-503, https://doi.org/10.1057/pol.2012.12.

[81] J. Ensor and P. Gready, Reinventing Development? Translating Rights-Based Approaches from Theory into Practice (Zed Books, 2005), pp. 1-10; A. Cornwall and C. Nyamu-Musembi, Putting the "Rights-Based Approach" to Development into Perspective (2004) 25 Third World Q. 1415-37.

[82] A. Rudiger and B. Meier, A Rights-Based Approach to Health Care Reform, in E. Beracochea, C. Weinstein, and D. P. Evans (eds.), *Rights-Based Approaches to Public Health*, Springer, 2011, pp. 70-5.

[83] Gready, above note 79, p. 22.

[84] A. E. Yamin, Taking the Right to Health Seriously: Implications for Health Systems, Courts, and Achieving Universal Health Coverage (2017) 39 Hum. Rights Q. 350, https://doi.org/10.1353/hrq.2017.0021.

[85] A. E. Yamin, Will We Take Suffering Seriously? Reflections on What Applying a Human Rights Framework to Health Means and Why We Should Care (2008) 10 Health Hum. Rights 48, https://doi.org/10.2307/20460087.

[86] Gruskin et al., above note 79, p. 131.

[87] Filmer-Wilson, above note 77, p. 216.

是对侵犯人权行为的补救措施)。[88] 然而，HRBA 的这种整体性还要求采用跨学科的方法，并提倡与不同的社区和在人权、社会和卫生政策以及经济方面具有不同背景的专业人员合作。[89]

HRBA 的第二个附加值是，它能够将广泛的原则转化为更加具体的语言、行动计划、战略和影响评估工具。[90] HRBA 的整体性和不同战略对人权机构提出了新的要求，使民间社会能够超越传统的点名羞辱方法（即诉讼战略）。相反，HRBA 要求参与预算政策的决定、医疗保健系统的设计和服务质量的评估等工作。这也需要采取更加跨学科的方法，并超出人权法方面的专门知识。

学者们强调，有一套标准的主题和原则将不同的 HRBA 工具和战略联系在一起。其中包括：人权的全面适用；歧视和平等；参与和赋权；问责和透明。[91] 这些原则中的每一条都与不同的优先事项相关联，并强调某些类型的问题，从而导致不同的诉求和补救措施。

（一）平等与非歧视

非歧视是国际和国家人权法的基本价值观之一，也是 HRBA 的核心原则。这就要求边缘化群体的成员与更占优势的群体相比，享有平等的权利和物品。各国应更加关注弱势群体的状况，查明这些群体并了解他们的状况。[92] 这一行动需要特别注意收集有关妇女、少数族裔、土著群体、残疾人或老年人等群体的分类数据。这一过程应使政策制定者了解谁是弱势群体及其原因。[93]

非歧视原则还要求各国采取不同的行动，例如，制定反歧视法或启动平权行动计划。通常情况下，在业务活动中采用 HRBA 的机构也会尝试采用一种综合方法，承认性别平等并关注妇女面临的不平等问题。例如，联合国儿童基金会在其发展战略中将女童教育中的歧视问题列为优先事项，并支持许多国家的相关计划。[94] 另一个例子与瑞典的一个发展机构（瑞典国际开发署）有关，该机构在埃塞俄比亚成功开展了一个项目，解决妇女的用水权问题。通过参与式方法，该项目试图满足妇女的迫切需要，同时也让她们在项目中获得强烈的赋权和主人翁意识。[95] 因此，换句话说，HRBA 要求在制定、实施和评估具体政策和计划的各个阶段和各个方面都要高度关注边缘化群体。[96]

（二）赋权与参与

HRBA 还优先考虑赋予人民权利、有意义的参与和代理，而不是从属地位。它的理念

---

[88] P. Twomey, Human Rights-Based Approaches to Development: Towards Accountability, in M. Baderin and R. McCorquodale (eds.), *Economic, Social, and Cultural Rights in Action*, Oxford University Press, 2007, p. 69.

[89] Yamin, above note 85, p. 55.

[90] Gready, above note 79, p. 737.

[91] Yamin, above note 85, pp. 49-50; Twomey, above note 88, p. 49; Gready, above note 79, p. 736.

[92] Twomey, above note 88, p. 54.

[93] OHCHR, A Human Rights-Based Approach to Data: Leaving No One Behind in the 2030 Agenda for Sustainable Development, United Nations (2018), www.ohchr.org/Documents/Issues/HRIndicators/GuidanceNoteonApproachtoData.pdf.

[94] UNICEF, Strategic Plan 2018-2021, Executive Summary (2018), www.unicef.org/media/48126/file/UNICEF_Strategic_Plan_2018-2021-ENG.pdf.

[95] Filmer-Wilson, above note 77, p. 235.

[96] T. Silberhorn, Germany's Experience in Supporting and Implementing Human Rights-Based Approaches to Health, Plus Challenges and Successes in Demonstrating Impact on Health Outcomes (2015) 2 Health Hum. Rights 27.

是，人民是权利的拥有者，而不是公共服务的被动接受者或发展计划的受益者。[97] 换句话说，HRBA 要求权利拥有者有知识、意识和能力来改善自己的权利状况。与此同时，负责具体政策的组织和机构也应批判性地认识到与人民相关的权力关系，例如，在实现发展项目的过程中具有批判性的自我意识。[98]

在制定政策的各个阶段，参与都是值得推荐的良好做法之一。参与应当是有意义的、自由的和积极的，并有不同群体和社区（民间社会组织、工会和非正规团体）的参与。有意义的参与所要求的不仅仅是就法律行为或政策文件的含义进行正式磋商，[99] 它还与机构的开放性、提供信息以及对参与过程的思考有关。负责组织参与进程的实体应特别关注因文化水平或能力，或因结构性不平等而被排除在外的群体。例如，Destrooper 强调说，在某些情况下，一种好的做法是将女性与男性分开听取意见，这样她们就可以自由地发表自己的意见，而不会受到报复。[100]

有意义的参与应包括决策过程的所有阶段：设计和制定、实施、评估等。它应当包括过程和结果。决策者应准备好根据这种参与过程的结果做出改变。[101] 参与以及权利拥有者和义务承担者之间的关系引出了另一个共同的主题：问责机制。

（三）问责与透明

问责制是许多 HRBA 文件中的一个关键概念，其定义是使责任承担者对自己的作为和不作为负责。[102] HRBA 要求通过不同的机制和战略以培养权利拥有者行使其权利的能力，其中包括通过法院和法律宣传主张权利，参与决策，以及监督和评估不同的政策。[103] 有不同的方法可以提高权利拥有者的意识和能力，使他们更容易与责任承担者取得联系。透明度和知情权就是一个例子，也是在实践中行使问责制的重要途径。

不同的评估工具、清单和指标是加强问责制的一些重要工具。国际人道主义机构 CARE（国际救助贫困组织）开发的"社区记分卡"就是此类工具的一个很好的例子，它被设计成一种参与式治理方法，用于改善优质医疗服务的实施。[104] 在全球层面，不同的人权机构也开发了此类评估工具，以指标的形式向人们介绍与落实人权有关的国家和事件。[105] 它们既可以是定量的，也可以是定性的，既关注过程，也关注结果。[106] 例如，在健康权方面，

---

[97] P. De Vos, W. De Ceukelaire, G. Malaise, et al., Health through People's Empowerment: A Rights-Based Approach to Participation (2009) 11 Health Hum. Rights 25, https://doi.org/10.2307/40285215.

[98] Cornwall and Nyamu-Musembi, above note 81, p. 1432.

[99] Twomey, above note 88, p. 54.

[100] T. Destrooper, Linking Discourse and Practice: The Human Rights-Based Approach to Development in the Village Assaini Program in the Kongo Central (2016) 38 Hum. Rights Q. 804, https://doi.org/10.1353/hrq.2016.0042.

[101] Filmer-Wilson, above note 77, p. 218.

[102] Ibid., pp. 217-18.

[103] Gready, above note 79, p. 741.

[104] CARE, The Community Score Card (CSC): A Generic Guide for Implementing CARE's CSC Process to Improve Quality of Services (2013), https://insights.careinternational.org.uk/media/k2/attachments/CARE_Community_Score_Card_Toolkit.pdf; S. Gullo, C. Galavotti, and L. Altman, A Review of CARE's Community Score Card Experience and Evidence (2016) 31 Health Policy Plan. 1467-78, https://doi.org/10.1093/heapol/czw064.

[105] G. de Beco, Human Rights Indicators: From Theoretical Debate to Practical Application (2013) 5 J. Hum. Rights Pract. 382-92, https://doi.org/10.1093/jhuman/hut003.

[106] M. Infantino, Human Rights Indicators across Institutional Regimes (2015) 12 Int. Organ. Law Rev. 156, https://doi.org/10.1163/15723747-01201006.

指标可包括用于医疗保健的财政资源、怀孕期间接受医生建议的妇女人数，或在医务人员参与下分娩的人数。[107] 重要的要素是可重复性、可衡量性以及不同国家情况的可比性。[108] 应定期修订指标，以考虑到影响人权落实的不断变化的情况。此外，指标可使 HRBA 的监测工作标准化，并有助于对不同国家多年来的情况进行比较。利用这些数据还可以表明国家在具体政策领域（例如，教育财政资源的分配）是取得了进步还是出现了倒退。

（四）HRBA 面临的挑战和局限性

虽然 HRBA 在促进正义和尊重人权方面具有一些积极的潜力，但对这一方法的批评也一直存在。虽然有几十种指导方针和良好实践手册，但一些学者强调，它们仍然非常宽泛，不容易转化为日常的政治和社会实践。在一项对刚果民主共和国实施 HRBA 的研究中，Destrooper 强调人权标准往往停留在口头上。[109] 其根源在于缺乏资源、地方和国家政府的做法以及当地社区的能力和意识。其他批评者还指出，没有证据表明使用 HRBA 制定发展政策会带来任何增值。还有观点认为，HRBA 是富裕国家提出的后殖民言论的一部分。[110]

学者们还解释了 HRBA 使用的指标和基准的特殊局限性。首先，统计数据的使用可能会在某种程度上导致受害者非人化以及与侵权行为有关的不法行为。[111] Rosga 和 Satterthwaite 还认为，指标的概念建立在某种虚幻的方法之上，即数据提供了更大的合理性和客观性，而且是非政治性的。[112] 然而，问题在构建 HRBA 指标时就已经出现了。通常，这些指标是根据全球北方国家的规则制定的，并不总是能够考虑到较贫穷国家的观点。[113] 对潜在的侵犯人权行为进行标准化评估的优势也可能变成劣势，因为数据本身并不总是能够显示各国所处的不同环境。另一个风险是有关人权的讨论更加"技术化"。[114] 仅仅依靠统计数据可能会导致只在专门官员之间就潜在的侵犯人权行为进行辩论，从而失去其政治潜力。在使用指标时，还有一个实际的风险是各国将更多地关注取得好的排名，而不是在其公共政策的基础上取得实际效果。另一个问题是信息本身的可获得性。收集相关数据是一个复杂而昂贵的过程，需要大量的资源、知识和经验。[115]

（五）享有社会保障的人权——内容和范围

虽然 HRBA 要求采取综合方法，并涉及所有人权，但本章的重点是在福利部门应用自动化系统。因此，本章将特别关注社会经济权利，尤其是社会保障权。如下文所述，社会

---

[107] OHCHR, Human Rights Indicators: A Guide to Measurement and Implementation, United Nations (2012), p. 90, www.ohchr.org/Documents/Publications/Human_rights_indicators_en.pdf.

[108] D. Skempes and J. Bickenbach, Developing Human Rights Based Indicators to Support Country Monitoring of Rehabilitation Services and Programmes for People with Disabilities: A Study Protocol (2015) 15 BMC Int. Health Hum. Rights 4, https://doi.org/10.1186/s12914-015-0063-x.

[109] Destrooper, above note 100, pp. 810-13.

[110] D. Banik, Support for Human Rights-Based Development: Reflections on the Malawian Experience (2010) 14 Int. J. Hum. Rights 36-40, https://doi.org/10.1080/13642980902933670.

[111] Infantino, above note 106, p. 151.

[112] A. J. Rosga and M. L. Satterthwaite, The Trust in Indicators: Measuring Human Rights (2009) 27 Berkeley J. Int. Law 285, https://doi.org/10.2139/ssrn.1298540.

[113] Infantino, above note 106, pp. 151-2.

[114] Rosga and Satterthwaite, above note 112, p. 302.

[115] J. V. Welling, International Indicators and Economic, Social, and Cultural Rights (2008) 30 Hum. Rights Q. 939.

保障权涉及实质性和程序性保障,对自动化系统的设计、开发、使用和管理有特殊的影响。

一般而言,社会经济权利被视为"有争议的权利",历史上许多学者和政治家一直在质疑其范围和实际应用。一些学者对其法律性质和监管潜力提出质疑。但是,这些反对意见的根源往往是政治和意识形态方面的。[116] 经典的自由主义权利概念之一建立在"消极"(与个人自由有关)权利和"积极"(需要国家干预)权利之间的严格、狭隘和误导性的划分之上。[117]

然而,在过去的二十年里,国际实践证明,社会经济原则并非毫无意义,而是可以在决策和诉讼中成功操作和使用的。一些倡导团体在有关公共服务私有化或贸易协定的有争议的辩论中成功地使用了这一框架。经济、社会和文化权利委员会(CESCR)在这一过程中发挥了至关重要的作用,该委员会澄清了《经济、社会、文化权利国际公约》(ICESCR)中规定的义务。其中之一是 ICESCR 第 9 条关于社会保障权的模糊规定。[118] 其第 19 号一般性意见就这一权利的规范性内容提供了一些更为详细和广泛的指导原则。[119] 该文件指出,这项权利包括不受歧视地获得与工作有关的福利、医疗保健福利或家庭支助福利的权利。各国应确保社会保障的可获得性、适当性、可负担性和实际可及性。

经济、社会和文化权利委员会还将社会保障权所产生的义务分为三个层次:尊重、保护和履行。此外,社会保障权还受到逐步实现原则(其他社会经济权利的典型原则)的限制。这意味着各国应保证最大限度地利用现有资源,逐步(例如,逐步增加社会保障支出)、长期地充分实现这些权利。同时,在实现社会经济权利方面的任何倒退(例如,削减社会服务开支)都可能被视为侵权行为。还有一些直接义务,其中之一是提供最低限度、基本水平的社会保障权,至少包括基本医疗保健、基本住所、水和卫生设施、食品以及最基本的教育形式。各国还应优先考虑并特别关注边缘化群体和弱势群体,如妇女、失业者、非正规经济部门工作者、残疾人、老年人、儿童、囚犯和难民。

一般性意见还提到了与治理和问责制有关的原则。该文件呼吁各国制定并实施国家社会保障战略和相关立法,规定福利政策的机构责任、应享权利和目标。经济、社会和文化权利委员会还就各组织应如何提供福利和确保程序公平提供了指导原则。例如,对申请福利的个人来说,福利的资格标准应该是透明和明确的。另一个重要因素是受影响社区参与制定社会政策和管理计划。在出现违法行为时,国家法律还应通过法院或监察院等公权力实体建立补救机制。各国还应制定监督法律文件,以监测实现既定目标和具体目标进展情况。在这方面,相关的指标和基准是必要的。

有了这些实现人权的理想模式,本章现在将尝试回答如何将其中一些原则应用到有关算法和自动化系统的讨论的问题。

---

[116] S. Moyn, *Not Enough: Human Rights in an Unequal World*, Belknap Press, 2018, pp. 3–11; Tobin, above note 78, pp. 44–7.

[117] Yamin, above note 85, p. 52.

[118] For more, see E. Riedel (ed.), *Social Security as a Human Right. Drafting a General Comment on Article 9 ICESCR-Some Challenges*, Springer, 2007.

[119] CESCR, General Comment No. 19. The Right to Social Security (art. 9), United Nations (February 4, 2008), https://tbinternet.ohchr.org/_layouts/15/treatybodyexternal/Download.aspx?symbolno=E/C.12/GC/19&Lang=en.

三、如何在有关人工智能和算法的讨论中应用 HRBA

人工智能和自动化系统为管理、观察和理解事物的方式带来了范式转变。如上所述，这可能会在不同层面给各种人权带来众多风险。这就引出了一个问题，即如何将这些技术的风险降到最低，将其效益最大化。现有的关于 HRBA 的讨论表明，人权可以作为识别、理解和管理这些效益和风险的重要工具。

根据"活的文件"学说，人权也可以根据不断变化的政治和社会环境进行调整和解释。[120] 因此，它们也可以为技术发展带来的挑战提供保障。HRBA 提供了一个整体框架，可以在从设计到使用或评估等各个阶段加以调整。这种方法可以为围绕人工智能和权利的讨论带来一些附加价值，其中之一就是一套明确和普遍认同的原则。人权还能更好地让人们理解算法中的责任和问责制。[121] 在实践中，HRBA 有助于为理解人工智能造成的关键问题奠定基础，这些问题涉及预防、正当程序、透明度、问责制和获得补救的机会。[122]

（一）人权问题

HRBA 有助于将技术定位为人权问题和政治问题。在社会保障方面，我们可以研究技术是如何促进提供福利和解释社会政策的不同过程。从这个意义上讲，我们可以将自动化决策视为一种特殊的政策和政府程序。因此，此类系统的使用和架构不仅仅是技术专家的领域。例如，在某些选区，引入自动化系统是为了降低成本和推行紧缩政策。所以，它们与执行政策的特定方式相关联，如新条件的增加或社会评分。HRBA 要求公共机构在决定开发和使用人工智能和自动化系统时，应考虑到所有这些问题。

HRBA 也增加了一些现实性，使人工智能和自动化系统成为更重要的政治问题的一个要素。很多时候，这些系统的后果和用途与使用自动化系统背后的政治和经济动机是分不开的。因此，不能脱离与剥削、统治和压迫相关的日常问题和斗争来解决这些系统共同造成的伤害。[123] 从这个意义上说，HRBA 试图将技术与现实生活联系起来，审视现实生活中的情况及其利弊。权利相互依存的原则还要求，不应从隐私权和数据保护权的狭隘视角来分析人工智能和自动化系统，从而有助于直观地了解技术如何为其他权利带来益处或风险。[124]

（二）了解义务与责任

HRBA 的另一个价值在于，它使人们了解主要行为者在实现人权方面的责任。如前所述，国际人权义务的主要承担者是国家。国家有责任履行、尊重和保护人权。[125] 在社会保障领域使用人工智能和自动化系统会产生各种后果。首先，如果政府机构直接使用自动化系统来提供福利和其他公共服务，国家将对自动化系统造成的任何故障和损害负责。如果

---

[120] J. Tobin, Seeking to Persuade: A Constructive Approach to Human Rights Treaty Interpretation (2010) 23 Harv. Hum. Rights J. 221.

[121] McGregor et al., above note 6, p. 314.

[122] D. K. Citron, Technological Due Process (2007) 85 Wash. Univ. Law Rev. 1281-8.

[123] S. P. Gangadharan and J. Niklas, Decentering Technology in Discourse on Discrimination (2019) 22 Inf. Commun. Soc. 896, https://doi.org/10.1080/1369118X.2019.1593484.

[124] Raso et al., above note 5, p. 38.

[125] 关于与经济、社会和文化权利有关的义务的一般性讨论，see M. Sepulveda, *The Nature of the Obligations under the International Covenant on Economic, Social and Cultural Rights*, Intersentia, 2003, Vol. 18.

地方政府和私有化的社会保障体系使用这些系统，国家也要对可能产生的任何负面影响负责，这是国际人权法现有规范的结果。[126]

根据保护的义务，各国应建立一个监管框架，将危害降到最低，并使一些合规机制生效。这种框架可包括数据保护规则和算法审计要求。如果发生伤害和违规行为，还需要为个人和社区提供有效的补救措施。例如，《通用数据保护条例》包含保障措施，如人工干预权和抗辩权。[127] 不过，在这种情况下也可以使用其他机制，可能涉及行政法或监察制度。[128] 无论如何，各国还应确保属于边缘化群体的个人真正有机会利用必要的保障措施。

此外，根据联合国《工商企业与人权指导原则》（以下简称《指导原则》）规定，私营企业负有一些人权责任（但不是义务）。[129] 尤其是在企业对传统上属于国家职责的某些领域（公共服务私有化）承担更多责任的时代，更是如此。然而，《指导原则》因其含糊不清和前后不一而受到批评，并且在语言使用上出现了令人不安的变化（例如，用"责任"代替"义务"）。[130] 该文件还保留了国家作为负责落实、保护和尊重人权的主要机构的做法，但也没有涉及妇女和其他弱势群体的问题。因此，《指导原则》存在相当大的问题，在涉及大型全球化数字公司的讨论中，其附加价值可能非常有限。

（三）确定伤害

在人工智能背景下，HRBA 的另一个附加值是，它有助于为自动系统造成的伤害概念化奠定基础。[131] 重要的是要有一个更全面的方法（也符合权利相互依存的原则），并超越对隐私和非歧视原则的伤害。如果社会保障权保障了获得某些基本福利的机会，那么技术造成的任何障碍都可能构成对这一权利的侵犯。[132] 系统中的错误可能会将个人排除在社会保障计划之外，或错误地指控他们福利欺诈。澳大利亚债务追偿系统的丑闻就是一个很好的例子，该系统被称为"机器人债务"（robo-debts）。Carney 在他的论文中证明，该系统显示的债务往往是夸大的或不存在的。[133] 他认为，该系统超越了良好的设计标准，"违反了关于避免压迫弱势和不知情公民的道德管理原则"。[134]

从社会经济权利的角度来看，另一个重要方面是逐步实现的原则。例如，如果（在制

---

[126] A. Nolan, Privatization and Economic and Social Rights（2018）40 Hum. Rights Q. 840, https：//doi. org/10. 1353/hrq. 2018. 0047.

[127] G. Malgieri, Automated Decision-Making in the EU Member States：The Right to Explanation and Other "Suitable Safeguards" in the National Legislations（2019）35 Comput. Law Secur. Rev. 1, https：//doi. org/10. 1016/j. clsr. 2019. 05. 002.

[128] M. Oswald, Algorithm-Assisted Decision-Making in the Public Sector：Framing the Issues Using Administrative Law Rules Governing Discretionary Power（2018）376 Philos. TR Soc. A 1 - 27, https：//doi. org/10. 1098/rsta. 2017. 0359.

[129] OHCHR, Guiding Principles on Business and Human Rights：Implementing the United Nations "Protect, Respect and Remedy" Framework（2011）. www. ohchr. org/documents/publications/GuidingprinciplesBusinesshr_eN. pdf.

[130] D. Bilchitz and S. Deva, The Human Rights Obligations of Business：A Critical Framework for the Future, in S. Deva and D. Bilchitz（eds. ）, Human Rights Obligations of Business, Cambridge University Press, 2013, pp. 10-18.

[131] McGregor et al. , above note 6, pp. 325-7.

[132] Sepulveda, above note 79, p. 26. 140.

[133] T. Carney, The New Digital Future for Welfare：Debts without Legal Proofs or Moral Authority?, Legal Studies Research Paper Series（2018）, p. 17.

[134] T. Carney, Robo-Debt Illegality：The Seven Veils of Failed Guarantees of the Rule of Law?（2019）44 Altern. Law J. 5, https：//doi. org/10. 1177/1037969X18815913.

定或执行政策时）人工智能和自动化系统的使用导致社会保障权的实现倒退，就可能造成侵权。[135] 尤其是在紧缩政策下开发和使用自动化系统时，更有可能出现这种情况。合理性原则（以及经济、社会和文化权利委员会对其的概念化）可以成为解决这些疑问的合法途径。[136] 在这一过程中，需要考虑非任意性、非歧视、资源分配和保护弱势群体不被进一步边缘化等问题。

（四）法律、战略与政策

HRBA 的一个关键组成部分是适当的法律和制度框架。就社会保障体系而言，法律至少应正式阐明不同行为者的动机、义务和权力、预算、资格标准、补救措施和合规机制。[137] 当然，法律框架在用于社会保障目的的人工智能和自动化系统中起着至关重要的作用。

首先，国家可以在具有法律约束力的文书中明确指出在特定决策过程中使用自动化系统：描述系统的特性、逻辑及其在过程中的作用（例如，咨询）。在法国，法律通过制定具体规则，对司法、行政和私人领域使用自动化（或半自动化）决策系统做出了规定。[138] 例如，在行政领域，如果自动化决策系统不处理敏感数据，系统遵守行政程序，并有具体的透明度和可解释性保障措施，则允许使用自动化决策系统。其次，可能是系统使用的数据类型。例如，根据波兰宪法法庭的裁决，半自动化系统在福利管理中使用的数据应在议会通过的法案中加以说明。[139] 在决策过程中还需要有具体的保障措施；爱尔兰立法规定，用于资格审查的系统不能在没有人工干预的情况下做出否定的决定。[140]

（五）非歧视和弱势群体

HRBA 要求在设计、实施和使用自动化系统的各个阶段都必须考虑平等和非歧视原则。例如，非歧视原则要求各国考虑自动化系统对不同群体的潜在影响。因此，涉及系统的技术和非技术因素的影响评估工具可能是有用的。[141] 许多学者还提倡采用技术解决方案和数据流程，以减少歧视性偏见的风险。[142] 其他建议还包括让负责设计此类系统的人员更加多元化，包括女性、有色人种和少数族裔成员。[143] 从制度角度看，建立数据保护机构与反歧视机构之间的合作框架也很重要。[144] 平等的概念要求各国探索更能成功实现平等的替代方

---

[135] S.-A. Way, N. Lusiani, and I. Saiz, Economic and Social Rights in the "Great Recession", in E. Riedel, G. Giacca, and C. Golay (eds.), *Economic, Social, and Cultural Rights in International Law*, Oxford University Press, 2014, p. 93.

[136] B. Griffey, The "Reasonableness" Test: Assessing Violations of State Obligations under the Optional Protocol to the International Covenant on Economic, Social and Cultural Rights (2011) 11 Hum. Rights Law Rev. 275-327, https://doi.org/10.1093/hrlr/ngr012.

[137] Sepulveda, above note 79, pp. 33-5.

[138] Malgieri, above note 127, pp. 14-15.

[139] Constitutional Tribunal, The Management of Assistance Intended for the Unemployed, K 53/16 (2018), http://trybunal.gov.pl/en/hearings/judgments/art/10167-zarzadzanie-pomoca-kierowana-do-osob-bezrobotnych/.

[140] Department of Employment Affairs and Social Protection, Privacy Statement (2017), www.welfare.ie/en/Pages/disclaimer.aspx.

[141] F. Z. Borgesius, Discrimination, Artificial Intelligence, and Algorithmic Decision-Making (Council of Europe, 2018), p. 29, https://rm.coe.int/discrimination-artificial-intelligence-and-algorithmic-decision-making/1680925d73.

[142] Barocas and Selbst, above note 31, p. 719.

[143] Borgesius, above note 141, p. 29.

[144] Ibid., p. 31.

案，如将更多资金投入到最能惠及穷人的部门。这也意味着促进所有人参与决策和此类系统的设计。

在讨论技术、法律和制度建议的同时，重要的是要承认算法造成的歧视深深植根于历史和当代社会背景中。正如 Hoffman 所指出的，偏见是不平等社会的副产品，而工程师或数据科学家的决策只是不平等社会的一种表现形式。[145] 因此，解决自动化系统造成的不公正问题不能简化为技术讨论，而可能需要深层次的结构变革。HRBA 作为一个整体框架，可以在这种转变中发挥关键作用。

（六）参与

如前所述，HRBA 要求社区和相关利益攸关方参与决策过程。这也可能涉及与人工智能和自动化系统有关的考虑因素，也可能涉及为使用特定技术和设计自动化系统本身提供法律依据的法律决策。第一种情况已得到广泛认可，在不同国家，民间社会组织可在法律提案的磋商中发挥积极作用。

参与式方法也可用于人工智能和用于公共服务的自动化系统的设计过程。事实上，在过去的三十年里，人机交互领域见证了所谓的"参与式转向"。[146] 有意义的、完善的和促进性的过程可以使相关群体的知识和经验成为人们关注的焦点，并用于创建系统。这种参与过程可能会凸显不同的价值张力，使人们能够平衡相互冲突的动机和利益。[147] 参与的一些附加价值在于，不同的观点和经验也有助于避免可能导致伤害的偏见和选择。然而，有意义的参与还应满足一些关键条件：这一过程应允许自由交流对有关建议的意见，并提供影响决策和授权的真正机会。

"设计的正义"项目就是这种以参与为重点的综合方法的一个很好的例子，它提出了一个重新配置传统设计过程的框架。[148] 该项目试图解决权力、风险和利益分配、统治和压迫的再生等问题，并为更加公平和公正的设计过程创造空间。这一视角与 HRBA 框架内制定的原则非常接近，因此体现了人工智能的发展是如何能够切实参与到对社会正义的关注中，并解决某些群体的困难。

参与过程也有局限性。例如，由于缺乏时间、金钱和其他资源等结构性和分配性问题，受这些系统影响的人们可能没有能力参与这一进程。

（七）有针对性的计划与普遍性：技术的作用

在关于社会保障中的 HRBA 的讨论中，一个重要的问题是全民福利计划和有针对性的福利计划之间的矛盾。[149] 这一讨论也与人工智能和自动化系统相关。虽然这个话题超出了本章的讨论范围，但了解这两种方法的人权后果非常重要。一般来说，国家应确保社会中的每个人都能享有人权，包括社会保障权。因此，HRBA 更倾向于全民福利计划，即社会

---

[145] A. L. Hoffman, Data Violence and How Bad Engineering Choices Can Damage Society, Medium (April 30, 2018), https://medium.com/s/story/data-violence-and-how-bad-engineering-choices-can-damage-society-39e44150e1d4.

[146] S. Costanza-Chock, Design Justice: Towards an Intersectional Feminist Framework for Design Theory and Practice, Design Research Society Conference, Limerick (2018), p. 10, https://doi.org/10.21606/drs.2018.679.

[147] H. Zhu, B. Yu, A. Halfaker, and L. Terveen, Value-Sensitive Algorithm Design: Method, Case Study, and Lessons (2018) 2 Proc. ACM Hum.-Comput. Interact. 1, https://doi.org/10.1145/3274463.

[148] Costanza-Chock, above note 146, p. 2.

[149] Sepulveda, above note 79, p. 21.

中的每个人都能无条件地享受社会福利。这种做法更符合权利的普遍性。当然，这类计划的成本较高，因此各国大多依靠有针对性的计划，即针对特定人群的某类福利。然而，从人权角度来看，这种方法可能会引起一些担忧。任何资格标准的设定都应公平、合理、客观、透明，计划的实施不应使受益人蒙受耻辱。管理有针对性的计划对行政成本的要求更高，也更复杂。在这方面，自动化系统和人工智能可能会发挥重要作用。一些更先进的分析工具和密集的数据收集可能会鼓励制定有针对性的计划并对其进行管理。[150] 但这可能会产生上文提到的大量问题（错误、偏见等）。[151] 因此，对此类系统的透明度和公平性的要求至关重要。同样重要的是，任何允许资格审查的系统都应优先考虑包容错误而不是排除错误。

（八）评估工具和监测

在所讨论的措施中，有不同的影响评估工具和审计机制可以确保自动化系统具有更强的问责制。几十年来，影响评估已在不同政策领域得到广泛应用，重点关注环境、贫困、人权、性别、隐私、健康和儿童等一系列问题。[152] 不过，它们的共同目标是"增进对政策或计划潜在影响的了解，为决策者和受影响人群提供信息，并促进拟议政策的调整，以减轻负面影响并最大限度地发挥积极作用"。[153]

也有一些想法是希望利用影响评估来了解自动化系统造成的危害。例如，2018年，AI Now研究所发布了一份报告，提出了一种可供公共机构使用的算法影响评估方法。[154] 这种方法可以解决公平、公正、偏见等方面的问题。它还要求向公众披露审查结果，并让外部研究人员参与进来。美国最近公布的一项法案草案旨在实施一种称为"自动决策系统影响评估"的类似方法。[155] 它涉及"对自动决策系统及其设计、培训、数据和目的的详细描述"，并授权联邦贸易委员会发布更详细的评估方法指南。另一个例子是《通用数据保护条例》，其关于数据保护影响评估的规定被理解为"旨在描述处理过程、评估处理的必要性和相称性，并帮助管理因处理个人数据而对自然人的权利和自由造成的风险"。[156] "权利和自由"的提法涉及隐私权，但也涉及禁止歧视和潜在的其他权利。[157] 如果一个系统构成"高风险"，则有必要咨询数据保护机构。在这种情况下，数据保护机构可以发挥重要作用，评估特定的数据处理系统是否会导致对特定社会群体的歧视。

以技术为导向的影响评估也可以从HRBA（以及这里使用的评估机制）中汲取一些经

---

[150] Henman, above note 45, pp. 156-66.

[151] Eubanks, above note 60, pp. 39-83.

[152] K. Salcito, J. Utzinger, G. R. Krieger, et al., Experience and Lessons from Health Impact Assessment for Human Rights Impact Assessment (2015) 15 BMC Int. Health Hum. Rights 1-2, https：//doi.org/10.1186/s12914-015-0062-y.

[153] P. Hunt and G. MacNaughton, *Impact Assessments, Poverty and Human Rights*：*A Case Study Using the Right to the Highest Attainable Standard of Health*, Health and Human Rights Working Paper Series, UNESCO, 2006, p. 10.

[154] D. Reisman, J. Schultz, K. Crawford, and M. Whittaker, Algorithmic Impact Assessments：A Practical Framework for Public Agency Accountability, AI Now（April 2018），https：//ainowinstitute.org/aiareport2018.pdf.

[155] A. D. Selbst, Accountable Algorithmic Futures - Data & Society：Points, Medium（2019），https：//points.datasociety.net/building-empirical-research-into-the-future-of-algorithmic-accountability-act-d230183bb826.

[156] Article 29 Working Party, Guidelines on Data Protection Impact Assessment（DPIA）and Determining Whether Processing Is "Likely to Result in a High Risk" for the Purposes of Regulation 2016/679, Brussels（April 4, 2017），p. 4.

[157] R. Binns, Data Protection Impact Assessments：A Meta-Regulatory Approach（2017）7 Int. Data Priv. Law 28, https：//doi.org/10.1093/idpl/ipw027.

验教训。其中之一可能是利用"建构——过程——结果"指标框架。[158] 这可以从不同的维度来审视自动化系统。建构维度可以确定与自动化系统相关的法律和机构是否正式履行了国家的国际人权义务。过程维度可以说明国家为履行人权义务制定了哪些政策和法律。而结果维度则可以评估这些努力的成果。

无论名称如何，此类影响评估都能为有关社会保障部门使用的自动化系统的政策决策带来一些额外的价值。它可以帮助实现更大的透明度，并鼓励对与这些系统相关的风险和益处进行反思。它还可以促进以证据为基础的政策，并为对技术使用性质的外部批判性反思创造条件。另一方面，也有批评者指出，影响评估只是昂贵的官僚主义行为，很容易被简化为毫无意义的清单，也很容易被回避。[159]

四、结语

关于 HRBA 含义的研究表明，这一框架可以为有关算法和人工智能的讨论带来一些实质性的益处。在此背景下，HRBA 的概念化至少有两个主要方向：

第一个方向更具实用性，侧重于法律方面，允许扩大关于算法问责制的辩论。从这个意义上说，HRBA 依赖于现有的概念，如必要的补救和监督、明确的责任分配方式和对危害的理解。然而，根据 McGregor 及其同事的观点，笔者认为其中许多现有概念应加以调整，以适应算法带来的挑战。[160]

第二个方向更具政治性，促使在有关人工智能的辩论中重新确定优先事项。在此，HRBA 超越了狭隘的技术和法律干预范畴，纳入了平等、尊严和赋权等价值观。通过将人置于自动化系统讨论的核心，HRBA 在算法的设计、实施和使用中优先考虑了人性和伦理。它还明确要求认真对待历史上被边缘化群体的声音、需求和权利。HRBA 的整体性还有助于将有关人工智能的讨论扩展到隐私之外，包括非歧视、社会权利和正当程序保障。HRBA 还有助于从更大的角度理解自动化系统的潜在有害作用。例如，算法歧视在引发焦虑的同时，也是（使人们）经历不平等的多种方式之一。因此，必须承认，只关注技术层面的干预措施可能会产生相当有限的影响。

尽管如此，在算法背景下，HRBA 的有效性可以应对一些挑战。在那些法律制度、法治和机构薄弱的地区，应用 HRBA 可能非常困难。此外，国际人权法仍未完全适用于私营公司和企业。这是一个很大的障碍，特别是在国际公司促进人工智能发展的情况下。由于一般人权的复杂性和模糊性，HRBA 的可操作性也存在问题。本章的结论部分试图阐明并帮助整理 HRBA 的核心原则和方法，并在人工智能和算法的背景下采用 HRBA。尽管迈出了第一步，但仍有许多工作要做。显然，国际人权机构和民间社会团体在人权与算法的进程中可以发挥作用。但是，要在新兴技术发展中有效应用 HRBA，还需要更强大的行为者（国家和公司）的参与。

---

[158] OHCHR, above note 107, pp. 34-43.

[159] Selbst, above note 155; S. Lockie, SIA in Review: Setting the Agenda for Impact Assessment in the 21st Century (2001) 19 Impact Assess. Proj. Apprais. 278, https://doi.org/10.3152/147154601781766952.

[160] McGregor et al., above note 6, pp. 342-3.

第二十五章

算法的四种言论保护模式

凯尔·朗瓦特（Kyle Langvardt）*

在本章中，笔者提出这样一个问题：美国宪法第一修正案（以下简称第一修正案）是否以及在什么情况下应该保护算法免受政府监管。这是一个广泛的讨论框架，重要的是要理解如下观点：宪法"对算法的保护"可能至少有四种形式，而这四种形式之间几乎没有任何联系。

第一，"对算法的保护"可能意味着对算法产生的内容的保护。在这里，我们是在间接意义上谈论保护的。这就像是发言者——传统上指人类或公司——受到第一修正案的保护。但更准确的说法是，他们的言论受到保护。因此，当我们询问，第一修正案是否保护公司（它确实保护）时，真正的问题是，一个公司发出的言论是否因为其非人类的起源而应该得到较少的保护，或者也许根本没有保护。

第二，保护可能会扩展到算法本身，其理论依据是算法是一种言论。就计算机代码是一种语言而言——如果你愿意的话，可以将其缩小到源代码——那么也许用代码编写的东西就是"言论"，就像这段用英文写的文字就是言论一样。正如一家法院所写的那样，这种"言论"可能传达了"关于计算机编程的思想"。[1]而且，如果这种言论被认为是"功能性的"，即仅仅是一系列指令，那么食谱和教学手册也可以被看作是同样性质的（功能性文本）——大多数人可能不假思索地认为，这些指导资料也受到第一修正案的保护。

第三，可能相当有趣的是，一个从事言论的人可能会使用书面算法作为道具或例证。一位计算机科学教授把一段代码放在幻灯片上；一位开源软件开发者邀请大家对她的最新版本的代码发表评论。这类讨论显然是言论性的，其内容至少应该得到一定程度的保护，尽管也许不必太多的保护。

第四，我们之所以谈论对算法产品的保护，并不是因为它们是言论，而是因为它们在自由言论的行使中扮演了特殊或核心的作用。这些技术可能包括搜索引擎、社交媒体平台、相机、加密通信软件等。也许限制这些产品的分发或可用性的法律应该受到特别审查。但

---

* 本章部分改编自 Kyle Langvardt, The Doctrinal Toll of "Information as Speech" (2016) 47 Loy. Univ. Chi. Law J. 761.

[1] Junger v. Daley, 209 F. 3d 481, 484-5 (6th Cir. 2000)："由于计算机源代码是计算机编程信息和思想交流的一种言论手段，我们认为它受到第一修正案的保护"。

这无疑是一种新颖的方法。

在本章中,笔者将简要阐述对每种算法保护模式的看法。总的来说,笔者反对计算算法(computational algorithms)本身就是一种言论形式的观点。相反,它们只是简单的对象,只有当一个会说话的人用它们来证明一个观点时,它们才会变成言论。但笔者也反对这样一种观点,即算法的非人性特征使其不能产生受第一修正案保护的言论。笔者指出,某些类型的言论性软件应该受到第一修正案的特别保护,不是因为它们是言论,而是因为它们在创造或促进言论方面发挥着特殊的作用。

一、算法生成的言论是否应该受到第一修正案的保护?

这个问题有两层含义。

就第一层含义而言,有必要询问算法创建的言论是否完全符合第一修正案意义上的"言论"——这一问题对应于研究第一修正案的学者所称的"涵盖范围"(coverage)概念。如果言论属于"涵盖范围",那么关于试图监管该言论的诉讼,就会成为以第一修正案论点为中心的诉讼。[2] 重要的是要理解,第一修正案也许并没有"涵盖"大多数的人类言论;当律师为某种言论辩护,认为它不应受到监管时,他们往往不会使用第一修正案作为论据,即使有人提出了基于第一修正案的论点,法院通常也不会给予太多关注或考虑。[3] 例如,许多刑事犯罪共谋者唯一的错误就是说了他们本不该说的话——比如命令实施袭击,或参与内幕交易计划。但大多数人凭直觉认为,第一修正案根本不适用于这类言论,就像它不适用于合同语言、口头形式的职场性骚扰等情况一样。

就第二层含义而言,这里涉及"保护"的概念。即使言论被第一修正案所"涵盖",即使围绕该言论的诉讼涉及第一修正案,相关辩护观点也经常失败。第一修正案原理的核心在于寻求平衡——划定所涵盖或受保护的言论可能受到监管的界限。

笔者认为,算法生成的言论属于"涵盖范围",这一点相当明确。言论自由服务于许多积极的目标。其中大多数目标是言论为听众、民主、社会或整个世界创造的价值。而且,只要言论能够服务于这些目标,就很难看出发言者的身份——甚至是非人类身份——为何会带来任何根本性的差异。

正如海伦·诺顿(Helen Norton)、托尼·马萨罗(Toni Massaro)和玛戈特·卡明斯基(Margot Kaminski)所表明的那样,机械实体的言论可以服务于传统上与言论自由相关的所有工具性价值。在最近的一篇法律评论文章中,他们提出了一个相当现实的假设:一位算法作者创作了一部关于2016年大选的小说。其作者明确指出,这样一部小说将服务于人们通常理解的言论在民主中所起的所有工具性价值。它将有助于"思想市场"(marketplace of

---

[2] See F. Schauer, The Boundaries of the First Amendment: A Preliminary Exploration of Constitutional Salience (2004) 117 Hav. Law Rev. 1765.

[3] Schauer, ibid., pp. 1777-8:"假定在传统"不受保护"类别(如淫秽内容)之外存在普遍保护,就会陷入一个通病,即过分沉溺于案例书——通过参考那些被认为有足够可行性提起诉讼、且足够贴近实际以被法院(尤其是最高法院)严肃处理的事项,来界定宪法允许的范围。但如果我们对第一修正案未触及的言论感兴趣,就需要抛开案例书和最高法院的待审案件表;我们不仅要考虑第一修正案明显忽视的言论,还要考虑它更为隐秘地忽视的言论。"

ideas）、政治话语、公共文化，甚至可能有助于某些个人的自我实现。[4] 与此同时，对这部小说的审查将引发人们对政府的担忧，即政府会通过限制获取政治内容来巩固自己的地位。这本书的作者身份与任何这些考虑都无关。

现在有人可能会说，这些论点过多地关注言论作为达到其他目的的手段。无论言论可能服务于何种面向公众的利益，也还是会存在一种私人自由发表言论的利益。最高法院近年来对第一修正案问题的处理基本上反映了这一方法。[5] 在言论自由属于发言者的范围内，也许我们应该说，言论自由是一种权利，而言论生成算法（speech-generating algorithms）天生就无法拥有这种权利。

这一论点似乎在一定程度上是正确的——今天的无感知机器人显然在道德上与人类不对等，尽管这种情况最终可能会改变。但是，只要我们谈论的是今天的机器人，那就无关紧要了。今天的机器人和公司一样，都是人类的门面或代表。即使在一个基本上由自主的神经网络算法从一个"黑箱"中产生结果的情况下，也是如此；该算法总是代表它的人类操作者发言，人类操作者可以随意关闭该算法。无论他们的机器人是否拥有第一修正案的权利，人类"操作者"都拥有第一修正案的权利——而压迫他们的是人类，不是机器人。

至于像C3PO、HAL 9000或《星际迷航》（Star Trek）中的Data那样的完全有知觉的实体，它们不应该被认为仅仅是它们人类"主人"的延伸。斯图亚特·本杰明（Stuart Benjamin）提出，在这些情况下——人工智能实体自主发言，没有任何人类干预——也许可以保留保护。正如本杰明教授所指出的那样，在这一点上划清界限并不会对当代第一修正案原理造成任何实质性的破坏。[6]

在某种程度上，这一结论只是源于这个问题的前所未有性。没有任何法律原则规定自主的"图灵能力实体"（Turing-capable entities）拥有权利——无论是言论权利还是其他权利——原因很简单，因为这个问题从未被提出过。但本杰明教授更受广泛认可的观点是，言论需要发言者，而这个发言者应该是人类。作为一个纯粹的描述性问题，笔者认为本杰明教授已经画出了一条可行和现实的界线。事实上，如果21世纪的决策者和法官们没有在某个时刻试图将非人类的自主图灵能力机器与全面保护隔离开来，那才令人惊讶。

是否应该划定这条界线是另一回事，这在很大程度上取决于关于人格平等这一超越言论自由问题的更大问题。有人可能会通过将具有自主计算能力的实体归类为"哲学僵尸"（philosophical zombies）[7]来为限制强大的人工智能言论辩解——哲学僵尸是一类假设的实体，它们模拟人类行为的外部表现，但并不具备真正的主观体验。但哲学僵尸的概念是推测性的、形而上学的，并且在一些心灵哲学家的观点中，它本质上是自相矛盾的。[8] 这一概念之所以无法证伪，恰恰是因为主观体验无法从"外部"观察到。它也引发了令人不安

---

［4］ T. M. Massaro, H. Norton, and M. Kaminski, Siri-Ously 2.0: What Artificial Intelligence Reveals About the First Amendment (2017) 101 Minn. Law Rev. 2481, 2487-91.

［5］ Ibid., p. 2495.

［6］ 见本书第二十八章：美国宪法第一修正案与算法。

［7］ D. Chalmers, *The Conscious Mind*, Oxford University Press, 1996; see also J. R. Searle, Minds, Brains and Programs (1980) 3 J. Behav. Brain Sci. 417.

［8］ See Zombies at 4.2 "Arguments against the Conceivability of Zombies," Stanford Encyclopedia of Philosophy (last revised March 19, 2019), https://plato.stanford.edu/entries/zombies/.

的问题——例如，你怎么知道其他人类不是哲学僵尸？关于"灵魂"等问题也存在类似的担忧。政治团体可能会在某个时刻就这些问题表明立场，但答案更可能反映出对人工智能的经济、社会和政治担忧，而不是任何经过深思熟虑的形而上学立场。

还值得考虑的是，以"发言者"为导向的第一修正案，可能并不是基于任何关于人格的特定道德立场。言论自由学说可能更多地是出于更世俗的原因而以发言者为中心，而不是以听众为中心——笔者怀疑这些世俗原因比道德原因具有更强的解释力。例如，以发言者为中心的第一修正案可能需要的变动部分（moving parts）更少，需要的司法平衡也更少，相比之下，更关注听众利益和其他面向公众关切的第一修正案，则可能需要更多的变动和平衡。第一修正案学说的发言者中心主义也可能只是反映了这样一个事实，即发言者比其他利益相关者更有资格提起诉讼。[9] 因此，即使我们以某种方式知道所有的"算法发言者"（algorithmic speakers）充其量只是哲学僵尸——而我们永远无法知道这样的事情——但说服的责任仍然应该落在那些主张对它们排除保护的人身上。

因此，可以公允地说，算法言论在第一修正案的意义上仍然属于"言论"。但这并不是说这类言论的人工起源点（artificial point of origin）完全无关紧要。就第一修正案的意义而言，算法生成的言论仍属于"言论"，这只是第一步。下一步，也是决定性的一步，是确定应该对这种言论提供多少保护，以及在什么情况下提供保护。对于带来特殊风险的言论，可能有理由制定政策来减轻这些风险。并且，有充分的理由认为，算法生成的言论会带来一些特殊的风险。

抛开所有关于灵魂和主观体验等的讨论，让我们看看机器人发言和人类发言之间的外在区别。这些区别包括速度、可复制性和可配置性。在佛罗里达州帕克兰的马乔里·斯通曼·道格拉斯高中（Marjorie Stoneman Douglas High School）校园枪击案发生后，成千上万的自动化 Twitter 账户聚集在一起，自动转发与枪支管控和恐怖主义相关的煽动性内容。其中很多活动被追溯到与俄罗斯政府相关的账户。

这里的基本担忧是，在互联网上，机器人发言者的数量很容易超过人类发言者的数量，并且其发言速度也比人类发言者快，从而产生扭曲效应。此外，这些扭曲现象会严重干扰人们普遍认为言论所服务的真理和民主利益。因此，一些立法者提出了一些措施，要求社交平台对机器人账户进行标记，这样，被机器人驱动的通讯信息淹没的人类就不会把它们误认为是草根言论。这看来是非常明智的，基本上符合我们对待某些受保护的政治言论的方式。在选举中，人们同样担心政治行动委员会（political action committees, PACs）可能会利用资金来"伪造"草根阶层对某位候选人的广泛支持。许多情况下，这类组织在宣传时必须披露其身份，而且在大约十年前，监管机构也有权对这些组织的总支出设定"上限"。

二、算法本身是言论吗——计算机代码作为一种"语言"

与第一个问题相比，笔者将更详细地处理此问题。

---

[9] See K. Langvardt, A Model of First Amendment Decision-Making at a Divided Court（2017）84 Tenn. Law Rev. 833, 852: "……除了发言者以外的其他各方……可能会主张获得信息的权利，或者主张促进平衡的或多样化的公共话语的权益。但这些并不是容易引发诉讼的权益。宪法上的损害是分散的，而利益相关者是众多的。即使那些没有因缺乏可诉性而被过滤掉的诉求，也由于其他原因而显得可疑：例如，它们是旁观者伤害（beholder harms）。总之，这些类型的诉求更适合通过普通的政治程序来得到辩护。"

美国的下级法院曾认为，计算机编程是一种言论形式，并且计算机源代码（如果不是机器代码的话）也是一种言论形式。[10] 这是当今的主要理论依据，但它是站不住脚的，且过于宽泛，理应被摒弃。保护软件不受监管有一些更实质性的理由，但这些理由取决于具体情况，并需要在未来的判例法中进行阐述。笔者将讨论计算机编程即言论这一理论——它从何而来，其潜在的正当性，以及为何认为它必须被摒弃。从这一点出发，下文将讨论在什么情况下，说算法本身作为一种言论形式可能更合适。

世纪之交前后几年，围绕第一修正案下计算机代码地位的问题，人们进行了一场短暂但激烈的争论。相关案例清晰地分为两个阶段。在第一阶段，法院提出了保护代码的理由，并初步作出了保护某些代码共享行为不受监管的判决。但是在第二阶段，法院似乎不愿意将信息规则（information rule）贯彻到底，以至于产生激进的现实后果。虽然这些后来的法院声称遵循早期案例中确立的原则，但它们一直不断寻找并继续寻找维护软件监管的方式。

第一阶段，法院处理了一系列与国家安全有关的加密软件出口限制的挑战。计算机科学领域的作家和学者提出了如下主张，他们认为严格禁止"出口"加密算法将无法通过案例来教授编码。一个案例涉及一本密码学书籍，附带一张包含加密算法源代码[11]的磁盘。[12] 另一个案例涉及一位大学教授，他希望发表一篇包含加密算法源代码的论文。[13] 在第三个案例中，一位法学教授希望在其"计算机与法律"课程的网站上发布加密源代码。[14]

在经历了早期的挫折后，[15] 这一系列案件的挑战者成功地为计算机源代码争取到了令人难以置信的广泛的第一修正案保护理论。这一理论最早在 Bernstein v. United States 案中被提出，美国加州北区地方法院在该案中认为，"语言从定义上讲就是言论，对任何语言的监管就是对言论的监管"。[16] 法院认为，"计算机语言，特别是源代码，与德语或法语之间没有任何有意义的区别"。[17] 第九巡回法院在上诉中支持了这一推理，但提醒说，保护应仅限于程序员共享的源代码。[18]

第六巡回法院在 Junger v. Daley 案中也采用了同样的推理方法，并指出，"乐谱虽然不能为大多数公众所读懂，但它可以作为音乐家之间的交流手段。同样地，计算机源代码虽

---

[10] See, e.g., Universal City Studios, Inc. v. Reimerdes, 111 F. Supp. 2d 294, 326（SDNY 2000）（"不能认为任何形式的计算机代码都可以在不参考第一修正案原则的情况下受到监管"）；Junger v. Daley, above note 1, at 484-5（"由于计算机源代码是计算机编程信息和思想交流的一种言论手段，我们认为它受到第一修正案的保护"）。

[11] "源代码"一词指的是程序员用来编写软件的各种编程语言。被称为"编译器"的软件用于将源代码转换为"机器代码"，即直接与计算机 CPU 交互的 0 和 1 的字符串。就我们的目的而言，源代码和机器代码之间的主要区别是：①源代码是人类可以合理读取的；②源代码必须先编译成机器代码，然后才能用于操作计算机。See K. Langvardt, The Replicator and the First Amendment（2014）25 Fordham Intell. Prop. Media Ent. Law J. 59, 115 n.158.

[12] Karn v. Dep't of State, 925 F. Supp. 1（DDC 1996）.

[13] Bernstein v. Dep't of Justice, 176 F. 3d 1132（9th Cir. 1999）, reh'g granted, 192 F. 3d 1308（9th Cir. 1999）.

[14] Junger v. Daley, above note 1.

[15] See Karn, above note 14, at 8-13（假设，如果第一修正案涵盖了磁盘上所包含的代码，那么政府的行动无论如何都是内容中立的，并且可以通过审查）。

[16] Bernstein v. Dep't of Justice, 922 F. Supp. 1426, 1435（ND Cal. 1996）（引文和引语省略）.

[17] Bernstein v. Dep't of Justice, 922 F. Supp. 1426, 1435（ND Cal. 1996）（引文和引语省略）.

[18] Bernstein, above note 15, at 1145："我们强调第一修正案的狭隘性。我们并不认为所有的软件都是具有言论能力的。"

然对许多人来说难以理解,但它是计算机程序员之间首选的交流方式"。[19]

以上 Bernstein 案和 Junger 案的观点可以有两种解读方式。对这些案例的狭义理解,更合理的解读是:伯恩斯坦教授和琼格教授已经通过教学来发表言论,而教学过程是受到保护的。在 Junger 案中,法院写道:"计算机源代码是交换计算机编程信息和思想的一种言论手段,我们认为它受到第一修正案的保护。"[20] 但这只是一种手段。教授们可以使用幻灯片,也可以使用道具,这些选择都是值得关注的。如果一位汽车维修教练把消音器带进教室,这就是一个具有言论性或表达力的行为,它应该得到第一修正案一定程度的保护。同样地,当教师或作者指向一段代码来展示如何完成事情时,这也是一种言论。Bernstein 案和 Junger 案正确地指出,计算机代码对于外行人来说的晦涩难懂,并不影响其应受到第一修正案的保护。

但是,按照这种狭义的解释,代码本身的词汇或语言特性在分析中并不应该被赋予额外的重要性或价值。相反,源代码与自然语言的相似之处完全是不相关的。计算机代码可以在第一修正案所保护的言论过程中使用这一事实,并不意味着计算机代码(甚至源代码)本身在任何情况下都应被认定为符合第一修正案所保护的言论。正如奥林·科尔(Orin Kerr)所指出的,这个方案中有一个明显的循环性,这意味着第一修正案应该适用于宇宙中的每一种现象:"一切都是关于自身的'信息和思想交流的言论手段',这在现实空间和网络空间中都是如此。"[21] 即使是普通的自然语言表达,也不能完全算作第一修正案的主题。[22]

换言之,"语言"的存在既不是确定涵盖范围(coverage)的必要条件,也不是充分条件。那么,为什么 Bernstein 案和 Junger 案的法院要如此费力地将计算机代码与自然语言(或计算机代码与乐谱)进行比较呢?我们更容易将 Bernstein 案和 Junger 案与无数"象征性言论"的例子进行比较——例如,为抗议战争而烧毁的征兵卡——这仅获得第一修正案的中等程度保护。[23]

在那些案件中,软件获得了全面的宪法保护。对此的最佳解释是,Bernstein 案和 Junger 案的法院似乎考虑了一种更广泛的宪法愿景。在 Bernstein 案和 Junger 案范围内,计算机代码不同于征兵卡和消音器——这些只是能够被用于传达言论的无声物体。相反,计算机代码更像一本书——一种被第一修正案推定涵盖的言论载体。

第一个后果,我们可以用 Junger 案中法院的表述来思考一下代码——作为"计算机编

---

[19] Junger v. Daley, above note 1, at 484-85 (citing Hurley v. Irish-Am. Gay, Lesbian & Bisexual Grp., 515 US 557, 569 (1995)).

[20] Junger v. Daley, above note 1, at 484-5.

[21] O. S. Kerr, Are We Overprotecting Code? Thoughts on First-Generation Internet Law (2000) 57 Wash. & Lee Law Rev. 1287, 1291 (quoting Junger v. Daley, above note 1, at 484-5).

[22] R. Post and A. Shanor, Adam Smith's First Amendment (2015) 128 Harv. Law Rev. 165, 166-7, 179:"如果言论被理解为人类交流,那么它无处不在。如果每一个言论行为的规范都是一个宪法问题,我们就必须把我们的政府交给斯卡利亚大法官尖锐地称之为'黑袍至上'(black robed supremacy)的机构。我们决不能放弃有意义的自决的可能性,也不能让我们的民主倒退回洛克纳时代由法学家统治社会的那种局面。"

[23] See United States v. O'Brien, 391 US 367, 377 (1968):"如果一项政府法规符合以下条件,则其充分合理:它在政府宪法权力范围内;它促进重要的或实质性的政府利益;该政府利益与压制言论自由无关;且对所谓的第一修正案言论自由的附带限制不超过促进该利益所必需的限度。我们发现,禁止焚烧兵役征召卡的规定符合所有这些要求,因此,奥布莱恩(O'Brien)可以因违反这一规定而受到符合宪法的定罪。"

程信息和思想交流的一种言论手段"[24]。即便不考虑伯恩斯坦教授和琼格教授的观点，仅将加密算法视为一种人工制品，仍然可以发现第一修正案所保护的言论形式，这种言论形式可能是政府无法触及的。算法本身变成了言论，而任何特定的人是否使用代码进行交流则变得无关紧要。每当法律对代码或至少是源代码进行监管时，第一修正案就会发挥作用。正如一家法院所写："不能严肃地主张可以在不参考第一修正案原则的情况下，对任何形式的计算机代码进行监管。"[25]

第二个后果，与应适用法律的保护程度有关。大多数影响言论的法律在法庭上都会受到某种形式的"严格审查"，也就是说，法院会分析政府的目的、法律在促进这些目的方面的效力，以及法律对言论自由的附带影响。至少，这意味着法律必须增进"重大"或"重要"的政府利益，法律对言论的限制不得超过实现其目的所必需的程度，并且"充足的替代沟通渠道"仍然保持开放。[26] 这种被称为"中度审查"（intermediate scrutiny）的方法通常给监管机构一个相当大的自由度。但是，如果一项法律的适用取决于言论的"内容"，那么就要适用更严格的标准。在这种被称为"严格审查"的标准下，政府必须证明该法律是促进"令人信服"的政府利益的对言论限制最小的手段。

"内容"（content）这一术语主要指主题、观点和语气等因素，但也适用于更正式的区别。如广告标识和指向公共活动的"临时指示"标识之间的区别。[27] 根据这些条件，对软件的几乎所有监管似乎都会基于代码的"内容"进行区别对待。这种"内容歧视"所引发的严格审查极为严格，将使对源代码的监管变得极其困难。

政府必须表明，其监管目标不仅是"令人信服的"，即具有异常高的优先级，而且该政策本身也是实现这些目标时可用的对言论限制最少的手段。[28] 大多数监管都达不到这个标准。如果像一些法院所提议的那样，Bernstein 案和 Junger 案所确立的保护范围不仅限于源代码，还扩展到机器代码，那么对软件和计算的监管看起来几乎就不可能了。

在第二阶段的计算机案件中，法院没有采纳 Bernstein 案和 Junger 案更为激进的观点。这些后来的案件涉及《数字千年版权法》（DMCA）及其将法律保护范围扩大到基于密码学的数字版权管理（DRM）防拷贝保护措施的条款。数字版权管理通过"锁定"媒体文件或

---

[24] Junger v. Daley, above note 1, at 484–5.

[25] Universal City Studios, Inc. v. Reimerdes, above note 12, at 326（此处通过内容中立的论点，抨击 DMCA 中反对 DRM 规避技术贩运的条款）（不能认为任何形式的计算机代码都可以在不参照第一修正案原则的情况下被监管。）; Junger v. Daley, above note 1, at 484–5 （"由于计算机源代码是计算机编程信息和思想交流的一种言论手段，我们认为它受到第一修正案的保护。"）; Sony Computer Entm't Inc. v. Connectix Corp., 203 F. 3d 596, 602（9th Cir. 2000）（承认根据《美国法典》第 17 卷第 102 条第 b 款，目标代码可作为言论形式受到版权保护）; United States v. Elcom, Ltd, 203 F. Supp. 2d 1111, 1126（ND Cal. 2002）（"虽然与源代码相比，目标代码是否应该受到第一修正案的保护存在一些分歧，但它受到保护更加合理。目标代码只是将言论翻译成一种新的、不同的语言"）。

[26] Ward v. Rock Against Racism, 491 US 781, 791, 109 S. Ct. 2746, 2753, 105 L. Ed. 2d 661（1989）. 然而，我们的案例表明，即使在公共论坛上，政府也可能对受保护言论的时间、地点或方式施加合理的限制，前提是这些限制 "在没有参考受监管言论内容的情况下是合理的，它们是为满足政府的重大利益而量身定制的，并且为信息交流留下了充足的替代渠道"。

[27] See Reed v. Town of Gilbert, Ariz., 135 S. Ct. 2218（2015）.

[28] See, e.g., Brown v. Entm't Merchants Ass'n, 564 US 786, 799（2011）："因为该法案对受保护言论的内容进行了限制，除非加州能够证明它通过了严格审查——也就是说，除非它有不可或缺的合理的政府利益，并且是专门服务于该利益的。"

存储介质来运作，以确保只能以最大化知识产权所有者利润的方式使用它们。[29]《数字千年版权法》包含禁止分销任何旨在规避数字版权管理措施的"技术"（包括软件）的条款。[30] 与 Bernstein 案和 Junger 案不同，受到挑战的法律服务于一个明确的公共利益，如果允许第一修正案的挑战者自由分发他们的产品，这一公共利益几乎肯定会受到损害。

《数字千年版权法》对破解数字版权管理软件的限制，仅适用于某种特定类型的代码——这是一种明确的"基于内容"的限制，根据常规分析，这将使该法律受到严格审查，并极有可能导致其被废除。然而，第二阶段案件的法院一直在寻找避免这种结果的方法。他们通过将焦点从法律内容的差别性应用转移到激发政府法律颁布的动机上，从而实现了这一目标。法院认为，国会并不关心压制破解数字版权管理软件的任何方面的言论。相反，重点是为了减轻软件功能方面所造成的负面经济"次生影响"（secondary effects）。[31]

这种"次生影响"的推理路线是一种众所周知的司法"虚构"，旨在避免在严格审查会产生令人不适的结果的案件中进行严格审查，它源于对限制"成人导向型企业"（adult-oriented businesses）的分区法的挑战。[32] 自 21 世纪初以来，次生影响的分析使法院能够将其降级为更宽容的"中度审查"分析，这种分析始终支持政府监管软件的尝试。实际上，计算机代码虽然被视为"言论"，但只是获得相对较少实际保护的第二等言论。

然而，这种地位可能很快就会改变。在 2015 年 Reed v. Gilbert 案[33]的裁决中，最高法院对"次生影响"原则的持续有效性表示严重怀疑。根据 Reed 案，"一项表面上基于内容的法律，无论政府的动机多么良性、内容多么中立合理，或者对受监管言论中的思想多么没有恶意，都要接受严格的审查"。[34] 如果情况确实如此，那么人们应该预料到，大多数以任何选择性方式监管计算机代码的法律都将开始受到严格审查。目前尚不清楚 Reed 案的规则是否会在软件领域得到应用。Reed 案之后，唯一一份处理计算机代码和第一修正案的

---

[29] 例如，电影业将对中国市场上销售的 DVD 进行锁定，使其无法在北美市场上播放，这一计划旨在破坏二手出口市场的发展。See P. K. Yu, Region Codes and the Territorial Mess（2012）30 Cardozo Arts Ent. Law J. 187, 206-9（探讨在 DVD 中使用区域代码的价格歧视理由）。另一个例子是，iTunes 音乐市场的早期版本出售的音乐文件最多只能复制到 5 台设备上。Symposium, Panel II: Licensing in the Digital Age: The Future of Digital Rights Management（2005）15 Fordham Intell. Prop. Media & Ent. Law J. 1009, 1086.

[30] 17 USC § 1201（a）（2）.

[31] Universal City Studios, Inc. v. Corley, 273 F. 3d 429, 454（2nd Cir. 2001）; United States v. Elcom, above note 27, at 1128; 321 Studios v. Metro Goldwyn Mayer Studios, Inc., 307 F. Supp. 2d 1085, 1101-5（ND Cal. 2004）.

[32] City of L. A. v. Alameda Books, 535 US 425, 448（2002）（Kennedy 法官，表示赞同）（将"次生影响"测试及其动机作为内容中立性试金石的关注点描述为"某种虚构的东西"）。see also, e. g., L. Tribe, American Constitutional Law, 2nd edn., Foundation Press, 1988, § 12-3, n. 17（"如果将其逻辑推演到底，这一学说可能会严重削弱第一修正案的保护……伦顿（Renton）的观点很可能只是一种局限于色情材料背景下的反常现象"）。将审查的层次建立在动机上可能很有意义，卡根（Kagan）大法官认为，动机调查通常是法院实际要做的事情。See E-. Kagan, Private Speech, Public Purpose: The Role of Governmental Motive in First Amendment Doctrine（1996）63Univ. Chi. Law Rev. 413. 但法院在很大程度上坚持认为，在内容歧视性的调查中，政府动机没有争议。See generally Reed, above note 29; Simon & Schuster, Inc. v. Members of the N. Y. State Crime Victims Bd., 502 US 105, 117（1991）; Police Dep't of Chi. v. Mosley, 408 US 92（1972）.

[33] Reed, above note 29.

[34] Ibid. at 2228.

· 494 ·

司法意见继续采用"次生影响"的推理方式。[35]

本章的问题是，算法是否"受第一修正案保护"，然后采取各种方法来解决这个问题。Bernstein 案和 Junger 案基于算法是一种言论形式的理论，给出了一个简单的"是"的答案，这个"是"的答案已经成为法律界二十多年来的主导性答案。但有充分的理由质疑 Bernstein 案和 Junger 案的答案在 21 世纪的前景。

简单地说，Bernstein 案和 Junger 案的问题在于让监管软件面临不合理的困难。随着技术的普及，对基于代码的产品的监管可能会变得更加普遍。这在很大程度上与传统意义上的言论无关。政府可能会尝试对存在安全隐患的可下载 3D 打印产品进行监管；或者限制用于制造合成药物的算法的使用；或者监管某些加密货币的交易。而"代码即言论"的理由将使这些努力面临危险——因为它们都不会对真正的言论自由构成任何严重威胁——使它们受到更严格的司法审查。也许法院会以某种方式坚持 Bernstein 案和 Junger 案的观点，反对 21 世纪社会为监管日益由算法驱动的经济所做的努力。但考虑到利害关系，似乎更现实的是假设大多数法官从长远来看，会寻找避免全面实施 Bernstein 案和 Junger 案的方法。

当法院使用广泛适用于各种情况的法律原则来监管信息技术时，这些原则在具体应用时可能会变得不那么严格或具体，以适应信息技术的特殊性质和需求。例如，法院可能犯下的最严重错误，就是对基于信息流"内容"而进行歧视的法规实施严格审查。尽管在这种情况下实施严格审查可能比实施中度审查更为正确，但它也有可能削弱第一修正案的核心支柱：即当政府偏袒某些信息、某些发言者以及某些观点而排斥其他时，所应适用的严格审查。

法院可能认识到严格审查标准在某些情况下过于严苛或不适用，并试图通过操纵两种审查标准之间的转换功能，将案件重新纳入中度审查。次生影响原则的推理方式，即为适应对成人娱乐的内容监管而设计的一种"假设"（fiction），[36] 它将很好地为这一努力提供帮助。但对 2015 年 Reed 案的任何简单解读都表明，法院已经排除了次生影响。

此外，即使次生影响的论点仍然有效，它所带来的中度审查仍然比经济监管（economic regulations）通常会接受的合理性基础审查更为严格。在洛克纳主义（Lochnerism）和宽松审查之间做出的霍布森选择（Hobson's choice，即别无选择的选择），虽然与严格审查相比不那么明显，但仍然存在。而且，第一修正案下采用的中间审查标准（该标准管辖着大部分公共抗议的法律）如果放宽，其本身就会造成严重的损害。

笔者认为，只有当新代码案例以某种方式从主流的第一修正案原则中隔离出来，不根据同一套测试标准来决定时，这些结果似乎才是可以避免的。如果这并不意味着完全忽视第一修正案的论点，那么它可能意味着设计一种基本上只适用于涉及计算机代码案件的测试，并在应用"常规"（normal）的第一修正案原则之前解决这些问题。这样的测试肯定会

---

[35] Def. Distributed v. United States Dep't of State, 121 F. Supp. 3d 680, 693-4（WD Tex. 2015），aff'd sub nom. Def. Distributed v. United States Dep't of State, 838 F. 3d 451（5th Cir. 2016）（支持将武器贸易管制应用于 3D 打印手枪的数字规划）："……最高法院发现，如果法规的目的不是压制信息，而是针对其他"次生影响"，那么这些法规就是内容中立的……武器出口管制并不根据所传送的信息来管制技术数据的披露。原告支持全球获得枪支的事实并不是管制有争议计算机文件"出口"的依据。相反，正如上文所述，出口管制……旨在实现一系列外交政策和国防目标。因此，法院裁定该法规是内容中立的，因此应接受中度审查。"

[36] City of L. A. v. Alameda Books, above note 34, at 448（Kennedy 法官，表示赞同）。

依赖于一种粗略的正义感,并可能会对一些真正具有言论性的代码使用保护不足。

例如,法院可能采用一种"功能性原则"——类似于版权的功能性原则——即对代码的纯粹功能性使用不给予言论保护。[37] 吴修铭(Tim Wu)认为,第一修正案的功能性原则在搜索引擎、算法生成的音乐播放列表等方面将非常有用。[38] 这种方法准确地定义了法院在面对信息制造和数字货币等略有不同的背景时所承担的任务:他们必须将真正在发表言论的当事方,与寻求为没有言论能力的企业提供机会主义保护的当事方区分开来。

实际遇到的困难在于如何应对这样一个长期存在的观点,即共享代码是程序员交流编程方法的最好、最有效的方式:根据这个观点,功能和言论是不可分割的。例如,即使3D打印模型的大多数用途纯粹是功能性的,总会有一些研究人员和工程师提出合理可信的观点,他们希望第一修正案保护3D打印模型的某些用途,这些用途主要是言论性的。法院最初可能会尝试一种封闭的、情境敏感(situation-sensitive)的分析,以从功能性用途中找出言论性用途。但他们很快就会发现,第一修正案中的功能性问题与版权法中的一样,都存在着同样深刻的实践和哲学难题。[39] 随着时间的推移,大量的诉讼和对确定性的需求将倾向于把最初针对具体案例的调查,归为一种更受规则约束的分析,这种分析是由粗略划分的类别所构成的;例如,"3D打印机的数字蓝图永远不受保护"。

这种明确的、受规则约束的分析,不会在我们这些通常看重宪法原则的坦率和逻辑清晰的人中间赢得多少拥护。在早些时候的一篇文章中,笔者也表达了这样的担忧,即将某些类型的计算机代码从第一修正案的涵盖范围中排除,必然会对一些合法的利益保护不足。[40] 然而,在笔者看来,尽管管辖边缘主题(peripheral subject matter)的规则在一定程度上过于宽泛,但这是为了强化核心言论自由原则而不得不付出的一个可接受的代价。而且,正如将在本章后面讨论的那样,可能还有另外的理由可以说明,在宪法秩序内,某些类型的技术、算法或代码应该得到特殊对待。

三、算法作为道具

在这里需重申一下,如果一个人在更广泛的讨论过程中提供了一些代码作为示例,这是一种应该触发某种程度的第一修正案保护的交流选择——很可能适用于政府对"言论性行为"附带监管的"中度审查"标准。在适当的情况下,这种保护原则上适用于各种对象。任何东西都可以被指出并谈论。例如,这种理论就足以在 Bernstein 案和 Junger 案中确立保护范围。

---

[37] T. Wu, Machine Speech (2013) 161 Univ. Pa. Law Rev. 1495, 1518:"功能性作为一个法律概念,主要应用于版权法、专利法和商标法中,每种法律都有关于功能性概念的独特的教义版本。有时被称为'非功能性要求',该教义基于以下论点,拒绝向某些本可具有言论性的作品提供法律利益:这些作品主要是为执行与所涉法律目标无关的任务而设计或预期的。因此,它可防止一方利用法律实现与该法律目标完全无关的目标。它是对机会主义的限制。"

[38] Ibid., pp. 1531-3.

[39] O. F. Afori, The Role of the Non-Functionality Requirement in Design Law (2010) 20 Fordham Intell. Prop. Media Ent. Law J. 847, 850-3 (讨论了法院对版权非功能性要求含义的分歧)。

[40] Langvardt, above note 13, pp. 94-6.

四、算法作为言论工具

"代码即言论"这一观点的讽刺之处在于,它的广度预先排除了更具实质性的第一修正案论点的发展。例如,考虑当美国司法部命令苹果公司解锁一名大规模枪击案凶手的加密iPhone时,苹果公司将根据第一修正案采取何种立场和行动。苹果公司在其简报中坚称,解锁加密的iPhone需要公司在手机的加密功能中设置一个"后门"。这项编程将要求被委以重任的程序员在国家强制下"发表言论"(在这种意义上,代码即"言论")。随后,苹果公司接着引用了一系列备受遵从的案例,这些案例确立了"强迫言论"是一种严重的违反第一修正案的行为——从West Virginia v. Barnette案开始,最高法院裁定,因拒绝向美国国旗致敬而将一名耶和华见证会学童开除的行为无效。[41] 苹果公司还声称,司法部的请求涉及"观点歧视"(viewpoint discrimination)。在法院有机会审议之前,这个问题就已经没有实际意义了。[42]

无论根据宪法或者政策,适当的解决方案是什么——本章不对此问题采取任何立场。West Virginia v. Barnette案及其后续案件都是一种奇怪的解决方式。强迫言论学说在很大程度上是基于对个人尊严、文化多样性和政治少数群体权利的关切。司法部的要求没有以任何有意义的方式考虑这些价值。但质疑该命令的合宪性可能还有其他原因,包括第一修正案方面的原因。例如,有人可能会争辩说,强大的加密技术促进了第一修正案中关于自由和无拘无束言论的利益。削弱加密的政府命令可能会产生寒蝉效应,因为它不仅会将用户的通信信息公开给执法部门,还会让用户更容易受到黑客的私人攻击。

根据目前的学说,尚不清楚这些考虑因素会产生多大的影响。但在某些时候,也许法律会将加密视为一种"言论技术",政府只能在某些宪法规定的范围内对其普遍可用性进行监管。

肯尼迪(Kennedy)大法官最近在Packingham v. North Carolina案中的意见,也可以从同样的角度来解读。在该案中,北卡罗来纳州通过了一项法律,禁止已登记的性犯罪者使用可能会让他们接触到未成年人的社交媒体平台——这一类别的网站包括Facebook和Twitter等主要平台。[43] 肯尼迪大法官在推翻这项法律的意见中指出,"互联网,尤其是社交媒体……是当代社会最重要的交换意见的场所"。[44] 他将社交媒体比作"街道和公园",即最高法院长期以来一直认为具有特殊第一修正案意义的公共场所,这些场所长期以来一直被用作公共示威和交流的地方。[45] 肯尼迪大法官的评价无疑是正确的——在线交流似乎已经成为行使言论权利的核心,就像街道和公园曾经的地位一样。如果是这样的话,那么在国家可能规范发言人的各种方式中,禁止使用社交媒体和互联网也许应该被视为一个特别

---

[41] West Va. St. Bd. of Educ. v. Barnette, 319 US 624 (1943).

[42] See M. Panzarino, Apple Files Motion to Vacate the Court Order to Force It to Unlock iPhone, Citing Constitutional Free Speech Rights, TechCrunch (February 25, 2016), https://techcrunch.com/2016/02/25/apple-files-motion-to-dismiss-the-court-order-to-force-it-to-unlock-iphone-citing-free-speech-rights/.

[43] 137 S. Ct. 1730, 1737-8 (2017).

[44] Ibid. at 1735.

[45] Hague v. Comm. for Indus. Org., 307 US 496, 515 (1939): "无论街道和公园的产权归属何处,它们自古以来都被信托为公众所使用,并被用于集会、市民之间的思想交流和公共问题的讨论。自古以来,街道和公共场所的这种使用方式一直是公民特权、豁免权、权利和自由的一部分。"

棘手的问题。发言人可能保留其他交流渠道，但如果最主要的交流渠道——昨天是街道和公园，今天是Facebook——被切断，那么其他渠道就无足轻重了。

Packingham案的法院将社交媒体视为一种神圣的"空间"，但更确切地说，Packingham案的法院将一种技术——"互联网，尤其是社交媒体"——视为特殊的存在。这只是对Packingham案的一种解读，但目前还不清楚这种特殊地位会带来什么样的额外保护。不过，肯尼迪法官的意图似乎指向了那个大方向——保护延伸到软件产品，不是因为"代码是言论"，而是因为该产品的功能方面能够促进言论的表达。

笔者要强调的是，这种方法在判例法中尚未得到发展，而且与判例法的部分内容存在矛盾。最高法院曾多次拒绝为"机构媒体"（institutional press）——尤其是记者——提供额外保护的提议，理由是媒体组织在自由言论体系中发挥着独特而重要的作用。[46] 这些案件表明，最高法院也可能抵制对发挥类似作用的技术或算法的特殊保护。[47]

然而，如果法院确实开始将某些算法产品作为言论工具来保护，人们可以很快列出一系列候选产品：社交媒体和消息应用、安全通信技术、搜索引擎，等等。也许我们还可以在这个列表中添加各种用于生成或修改言论的算法工具。这些工具原则上包括照片、声音和视频效果工具。政府历来没有兴趣监管这些特定的产品，而且可能永远不会。但其他类似的产品可能会引发人们对监管的担忧——例如，新的面向消费者的"深度伪造"（Deepfakes）软件，可以制作出逼真但伪造的、从未发生过的真实人物视频。[48] 这些产品对公众构成了明显而严重的威胁，但它们也可能至少有一些合法的言论目的。可以合理地说，如果政府试图监管"深度伪造"软件的可用性，那么它必须达到一定程度的第一修正案审查标准，而且这种审查的精确范围应该根据问题的新颖性来量身定制。

事实上，我们今天缺乏这些针对特定技术的理论，可能源于历史上缺乏这种必要性。例如，没有一个美国的州司法辖区试图禁止销售打字机、萨克斯管或哑光颜料。但很清楚的是，任何这些奇怪的法律都会触犯第一修正案，即使判例法没有提供明确的依据来这么说。

这种方法的主要困难在于，它需要进行一种情境化的推理，这与最高法院在第一修正案领域的判例风格不太一致。[49] 我们很容易说加密算法受到保护是因为"代码即言论"，

---

[46] See, e.g., Branzburg v. Hayes, 408 US 665, 703-4 (1972)（拒绝为记者创造特权，以保护其消息来源的身份。）See also F. Schauer, Towards an Institutional First Amendment (2005) 89 Minn. Law Rev. 1256, 1270-2："……可能在某一点上，第一修正案学说的机构不可知论（institutional agnosticism）产生了极大的扭曲效应。当最高法院不愿意划定机构媒体的边界时，产生的媒体权利——尤其是获取信息的权利和保密获取信息的权利——比许多对言论自由和新闻自由更为狭隘观点的国家还要少，这就表明存在一些问题……不愿区分个体小册子作者、博客作者和《纽约时报》全职记者的最高法院，更不可能给予小册子作者和博客作者特殊权利，就像之前那样不给予任何人特殊权利一样。"

[47] See ibid. at 1271："……当第一修正案原则坚持认为互联网、有线电视、电话、报纸、杂志和书籍在许多方面无法区分时，就出现了严重的问题，即法院是否忽视了各种传播渠道和机构之间重要的历史、结构、经济和文化差异。"

[48] See B. Chesney and D. Citron, Deep Fakes: A Looming Crisis for National Security, Democracy and Privacy?, Lawfare (February 21, 2018), www.lawfareblog.com/deep-fakes-looming-crisis-national-security-democracy-andprivacy.

[49] See Schauer, above note 48, p. 1263。"虽然偶尔会发现例外，但似乎可以得出这样的结论：第一修正案原则在发言者之间、交流平台之间划定界限上犹豫不决，而更倾向于沿着代表不同类型言论的界限来划定第一修正案的范围。"

而相对较难说加密算法受到保护是因为它们提供了言论自由的价值，而要权衡这种服务带来的好处与监管利益更是难上加难。[50] 更糟糕的是，为保护加密算法而制定的法律并不能整齐划一地扩展到其他言论工具，如搜索引擎，因为它们带来的好处和引起的问题完全不同。

但这也会有一个实质性的好处，因为那些与当代第一修正案原则相抵触的琐碎案件可以相对容易地被驳回。例如，一家名为"Defense Distributed"的公司辩称，用于3D打印手枪的计算机辅助设计（CAD）文件是"关于枪支的言论"，任何压制这些文件的企图不仅是基于内容，而且是基于观点的歧视。[51] 当然，任何对3D打印文件的监管企图都将基于文件的"内容"进行歧视，从而根据Reed案触发严格审查。同样的道理也适用于任何选择性地规范3D打印产品在线分销的法律。这是一项艰巨的任务，也是对法院的一个强烈呼吁，即通过淡化第一修正案理论来使其更加适应政府（监管）的需求。这就是Bernstein案和Junger案"代码即言论"观点的自负所带来的极端和令人难以接受的后果。

如果法院转而提出更具实质性的问题——即计算机辅助设计文件或3D打印技术是否因其在公共话语中发挥着特殊或核心作用而应得到特殊保护——那么很难想象他们会得出如此明显违背常识且可能损害法律教义完整性的结论。在笔者看来，答案很可能是"否"——计算机辅助设计文件和3D打印是制造和物流技术，就像世界上的其他一切东西一样，有时可以被用于言论用途。当涉及这些言论用途的案件出现时，应该适用一些相对较低程度的第一修正案保护——如U. S. v. O'Brien案的中度审查标准。

再以比特币为例，这是律师们在第一修正案中提出的引人注目的机会主义论点的另一个领域。比特币交易依赖于一种名为"区块链"的杰出技术，就我们的目的而言，它可以被描述为一种交易账本。[52] 在纽约州一项监管比特币购买的法律公告和评论期间，电子前沿基金会（Electronic Frontier Foundation）断言，区块链属于第一修正案的言论，对其中记录的交易的限制构成内容歧视。[53] 这一论点，就像3D打印的论点一样，遵循了Bernstein案和Junger案的路径，得出一个荒谬的结论：即根据第一修正案，理应限制政府监管金融

---

[50] 这种巧妙的实践有一个例子：see J. Grimmelmann, Speech Engines (2014) 98 Minn. Law Rev. 868, 912, 建议法律应"从用户的角度来看待（搜索）排名。当搜索引擎向用户提出建议时，它就在发表言论；如果不涉及言论的交流功能，就无法理解其提出的建议。此外，搜索引擎的建议是具有社会价值的言论；我们已经看到了很多理由，说明如果这种言论受到压制，作为听众的用户将会遭受损失。但这并不意味着搜索结果应该受到第一修正案的绝对保护。恰恰因为它们具有工具价值而非言论价值，因此，如果搜索结果欺骗了它们本应告知的用户，那么就不应受到保护。"

[51] See Memorandum of Points and Authorities in Support of Plaintiffs' Motion for Preliminary Injunction at 23, Def. Distributed, No. 1: 15-CV-372 (WD Tex. 2015): "如果言论限制要求执法机构审查所传达信息的内容，以确定是否发生了违规行为，那么这种限制就是'基于内容的'。"(citing McCullen v. Coakley, 134 S. Ct. 2518, 2531 (2014)).

[52] 更全面的论述，see F. R. Velde, Bitcoin: A Primer, Chicago Fed. Letter, No. 317, Federal Reserve Bank of Chicago (December 2013), www.chicagofed.org/publications/chicago-fed-letter/2013/december-317.

[53] 来自美国电力公司特别法律顾问马西娅·霍夫曼（Marcia Hoffman）的评论。Frontier Found., to New York Department of Financial Services on BitLicense, the Proposed Virtual Currency Regulatory Framework (October 21, 2014), pp. 12-13, 16 (quoting City of Lakewood v. Plain Dealer Publ'g Co., 486 US 750, 759 (1988)), www.eff.org/document/bitlicense-comments-eff-internet-archive-and-reddit; see also R. Reitman, Electronic Frontier Foundation, EFF, Internet Archive, and reddit Oppose New York's BitLicense Proposal (October 21, 2014), www.eff.org/press/releases/eff-internet-archive-and-reddit-oppose-new-yorks-bitlicense-proposal.

交易平台的权力。在这里，也有更多实质性的问题需要提出：比特币作为一种技术，是否如此非同寻常或对自由交流文化如此重要，以至于它应该在第一修正案下得到保护？显然不是：就像银行支票一样，尽管它们也包含可以用于言论目的的文本和备注行。

五、结论

算法和软件引发了严重的第一修正案问题，但其中的原因与许多律师想象的不同。特别是，律师们大大高估了计算机代码与页面上的文字在表面上的相似性的重要性。今天，人们倾向于把几乎任何可以用文本形式表达的东西，无论是书籍、密码还是 DNA，都归类为"信息"。但是，"信息"这一概念是随着知识历史的发展而出现的文化建构。20 世纪早期的大多数人对纸张的记忆足够深刻，以至于他们发现将计算机代码想象成类似于书中的文本是有帮助的。这是一个隐喻，就像"文件夹"或"回收站"的电脑桌面图标一样，它们都代表着尚未融入人类普遍观念中的技术。但后代可能不需要这些隐喻，因此他们可能会发现我们 20 世纪和 21 世纪的"信息"概念几乎没有价值或相关性。当最终弄清楚代码的"言论性"和"非言论性"用途之间的界限时，笔者怀疑文化直觉将起主要作用，而"信息"的概念将毫无助益。

在较小程度上，存在着一种高估"机器"与"人"之间区别的重要性的危险。指出"苏格拉底是一个因观点而献身的人；计算机程序则是旨在为我们服务的功利性工具"，这是可以理解的，但最终是毫无助益的。[54] 如果苏格拉底是个识字的人，那么他的铁笔和蜡板——即"为他服务的功利性工具"——本可以帮助他表达自己的观点；而如果雅典承认苏格拉底有发言的权利，那么当然也意味着不能剥夺他的铁笔和蜡板。至少就当代的关切而言，最终总是人——而不是 Siri、不是 Google——在说话、在倾听、在争论第一修正案的问题。令人困惑的是，担心 Siri 和 Google 甚至可能拥有这些不属于它们的权利，本身就是一种拟人化的思维。

一旦这些误解——即代码即言论、算法即人类篡夺者——消失，就会清楚地看到，关于第一修正案和算法的问题归根结底是人的问题。算法本身不会改变分析。相反，它们所做的是加速新的法律问题的出现。代码的无限可配置性为发明新技术、商业模式和社会控制创造了一个平台，其速度是前几代人无法理解的。有时，这些新的创造会引发第一修正案的相关问题。但是，任何试图在这一领域制定关于"计算""算法"或"代码"的一般规则的尝试，都只会损害法律与时俱进的能力。

---

[54] T. Wu, Free Speech for Computers?, New York Times (June 19, 2012), www.nytimes.com/2012/06/20/opinion/free speech-for-computers.html.

第二十六章

算法与表达自由

马纳斯温·艾斯瓦米（Manasvin Goswami）

引言

本章讨论算法生成的内容是否以及何时应被视为应受法律保护的"表达"。自由表达被称为"几乎所有其他形式自由的基础和不可或缺的条件"。[1] 在许多国家，表达自由通过立法、宪法权利和普通法得到广泛保护。[2] 尽管根基深厚，但表达自由的边界并不稳定。其最前沿是算法产生的"言论"问题，这一现象对传统的表达自由论述提出了挑战，并影响了算法生成内容的生产者和消费者之间的权力平衡。[3]

笔者将在加拿大法律体系的背景下探讨表达自由与算法之间的相互作用。[4] 加拿大根据《权利与自由宪章》（以下称《宪章》）第 2 条第 b 款保护表达自由,[5] 根据加拿大最高法院的解释，第 2 条第 b 款保护所有"传达或试图传达某种意义"的活动。[6] 具有讽刺意味的是，尽管该条款控制着一项重要的宪法权利，但在第 2 条第 b 款案件中，"传达或试图传达某种意义"这一短语的意义仍未得到充分审查。公平地说，更严格的审查往往是不必要的。在大多数第 2 条第 b 款案件中，法院处理的是广告、写作、出版和抗议等活动，这些活动涉及发言者向他人传达信息的公开而明显的尝试。

然而，在某些情况下，辨别"传达意义"的努力需要更严格的评估。涉及算法的自由

---

[1] R. v. Sharpe, 2001 SCC 2, [2001] 1 SCR 45, at para. 23; Palko v. Connecticut, 302 US 316 (1937).

[2] See, e.g., R. v. Keegstra [1990] 3 SCR 697, at 726–7; Bracken v. Fort Erie (Town), 2017 ONCA 825, at para. 25.

[3] J. Balkin, Free Speech in Algorithmic Society: Big Data, Private Governance, and New School Speech Regulation (2018) 51 UC Davis Law Rev. 1149; T. M. Massaro and H. Norton, Artificial Intelligence and the First Amendment, in W. Barfield and U. Pagallo (eds.), Research Handbook on the Law of Artificial Intelligence (Edward Edgar, 2018), p. 354.

[4] 正如笔者在注 11 中解释的，笔者的大部分分析都可适用于授权法院解决言论的其他司法管辖区。

[5] 加拿大《权利与自由宪章》，1982 年《宪法法案》第一部分，being Schedule B to the Canada Act 1982 (UK), 1982, c. 11.

[6] Irwin Toy Ltd v. Quebec (A.G.) [1989] 1 SCR 927, at 969; Keegstra, above note 2, at pp. 729–30; Canadian Broadcasting Corp. v. Canada (A.G.), 2011 SCC 2, [2011] 1 SCR 19, at para. 34. I refer to this approach as the "Irwin Toy approach."

559 言论案件就是最好的例子，[7] 其意义空前重大。我们消费和交流的内容——搜索引擎输出、社交媒体帖子，甚至新闻文章，越来越多地涉及计算机程序的决策。通过这些程序，我们获得了无与伦比的获取信息和自我表达的机会。但与此同时，这些算法也可能威胁到其他重要的社会价值。创伤性犯罪和网络骚扰的受害者可能会发现，与他们过去的联系在网上持续存在，阻碍了他们的康复。[8] 社交媒体网站上的算法"过滤器"、Twitter 上的"机器人"和有偏见的搜索引擎排名可能会助长诽谤性内容、催生回声室效应和传播错误信息——除其他价值观外，还威胁到表达自由本身所保护的利益。[9] 显然，这些担忧提出了政府应否进行适当监管的问题。但这些努力有时引发的争议比它们试图解决的问题还要大，最近关于欧盟"被遗忘权"和监管社交媒体平台的辩论就说明了这一点。[10] 政府监管的努力也会招致算法所有者的抵制，除其他途径外，他们还通过指控其自由表达权受到侵犯而向法院提起诉讼。

在本章中，笔者将讨论加拿大法院应如何解决这些争议。[11] 笔者认为要正确处理"算法言论"案件，加拿大法院必须更严格地解释"传达或试图传达意义"的意义。算法考验着我们对传达意义的理解，因为它们经常会产生其所有者[12] 未曾考虑过的内容。[13] 例如，在 Google，没有人事先知道该公司的搜索引擎在回应每天收到的数万亿次查询时会产生什

---

[7] See, e.g., Search King v. Google Tech., Inc., No. 02-1457, 2003 WL 21464568（WD Okla. 2003）; Kinderstart.Com LLC v. Google. Inc., No. 06-2057, 2007 WL 831806（ND Cal. 2007）; Langdon v. Google Inc., 474 F. Supp. 2d 622（D. Del. 2007）; St. Louis Martin v. Google Inc., No. CGC-14-539752（SC Cal. County of SF 2014）; Zhang v. Baidu.com, 10 F. Supp. 3d 433（SDNY 2014）; E-ventures Worldwide LLC v. Google Inc., 188 F. Supp. 3d 1265（MD Fla. 2016）. 欧洲法院也处理过此类案件: see S. Karapapa and M. Borgi, Search Engine Liability of Autocomplete Suggestions: Personality, Privacy and the Power of Algorithm（2015）23 Int. J. Law Inf. Technol. 261, 262.

[8] L. Cook, The Right to be Forgotten: A Step in the Right Direction for Cyberspace Law and Policy（2015）6 J. Law Technol. Internet 124-6.

[9] Balkin, above note 3; P. N. Howard, S. Woolley, and R. Calo, Algorithms, Bots, and Political Communication in the US 2016 Election: The Challenge of Automated Political Communication for Election Law and Administration（2018）15 J. Inf. Technol. Politics 81-93; S. Wiley, Algorithms, Machine Learning, and Speech: The Future of the First Amendment in a Digital World, thesis submitted to the Faculty of the University of Minnesota（2017）, pp. 35-7; B. Edelman, Bias in Search Results? Diagnosis and Response（2011）7 Indian J. Law Technol. 16.

[10] See, e.g., Cook, above note 8, pp. 122-31; R. C. Post, Data Privacy and Dignitary Privacy: Google Spain, The Right to be Forgotten, and the Construction of the Public Sphere（2018）67 Duke Law J. 981; Policy and Research Group of the Office and Privacy Commissioner of Canada, Online Reputation: What Are They Saying About Me?, Discussion Paper（prepared January 2016）; C. Berzins, Can the Right to Be Forgotten Find Application in the Canadian Context?, submission to the Office of the Privacy Commissioner of Canada, Consultation on Online Reputation（August 2016）; K. A. Thompson, Commercial Clicks: Advertising Algorithms as Commercial Speech（2019）21 Vanderbilt J. Ent. Technol. Law 1019, 1020-2.

[11] 虽然本章主要参考了加拿大的判例，但笔者的分析可适用于其他对言论自由有宪法保护的司法管辖区（see E. Barendt, Freedom of Speech, Oxford University Press, 2005, pp. 48-73）。笔者的论点基于（但有别于）之前发表的关于这一主题的著作: V. Goswami, Algorithms, Expression and the Charter: A Way Forward for Canadian Courts（2017）7 Western J. Leg. Stud. 2, 4.

[12] 在本章中，笔者使用算法"所有者"一词来指算法言论案件中第 2 条第 b 款权利的潜在持有人。当然，笔者承认算法所有者可能不是创建算法的个人或公司。在笔者看来，这一事实并不具有宪法意义，因为表达并不会因为不是由主张第 2 条第 b 款保护的一方创造的就不值得保护。最高法院关于商业言论的判例证实了这一事实: 见下文注 99。

[13] 这是基于笔者在本章中对"算法"的定义: 参见"算法: 背景信息"。

么样的具体结果。Google 的软件工程师为该公司的搜索引擎算法设计标准，但他们事先并不知道该算法将产生的任何实际搜索结果。Google 或任何其他算法所有者能否通过其算法生成的内容"传达意义"，而事先又不知道这些内容究竟是什么？

要回答这个问题，[14] 加拿大法院必须对一项活动如何传达意义有更细致的理解。特别是，在寻找一项活动的"意义"时，法院必须超越活动所包含的具体言语或行为，并审查开展活动的目的。值得第 2 条第 b 款保护的"意义"可以通过这两种途径发现。举例来说，一位法学教授起草了一篇论文，故意在论文中充斥着毫无根据的主张，并用密集的学术散文加以修饰。[15] 该教授将论文提交给各种法律评论，希望如果被接受发表，将凸显出这些机构质量控制标准的低下。笔者建议，在寻找该教授试图传达的"意义"时，不能仅限于研究他提交给法律评论的论文内容。论文当然会向读者"传达意义"，但论文中的任何内容都无法捕捉到教授试图表达的更广泛的意义。要理解这个更广泛的意义，需要考虑教授撰写和提交论文的目的——批评法学评论的出版标准，这是论文本身没有直接提到的"意义"。

区分内容和目的有助于法院解决"算法言论"问题。在这种情况下，法院必须超越算法生成的具体内容，审查算法产生的目的。由于算法所有者很少考虑其算法将生成的具体内容，因此算法生成的任何具体内容都不能完全反映算法所有者试图向他人传达的"意义"。算法产生的内容可以说明算法的产生是否出于表达目的，但第 2 条第 b 款保护的理由是更广泛的目的，而不是任何具体的推文、文章或其他内容。[16] 如果产生算法的目的是向他人传达意义（例如，对法律评论的出版标准发表评论），则应适用第 2 条第 b 款保护。

笔者提出的方法有几个优点。通过借鉴 Irwin Toy 案的传统第 2 条第 b 款检验标准（有待澄清和完善），它为第 2 条第 b 款案件保持了一个统一的标准，无论这些案件是否以算法为特征。它在有关"言论行为"理论的学术著作和处理"表达行为"的判例法中都得到了有力的支持。笔者的方法还提供了一种解决算法言论案件的实用方法。它使第 2 条第 b 款保护那些旨在表达某种意思并选择算法作为首选表达方式的发言者。它还确保了那些不以表达意义为目的，但使用算法偶然生成词语或显示其他"类似言论"特征的人，不能成功地提出第 2 条第 b 款索赔。在笔者看来，以算法产生的原因为重点的方法为做出这些区分提供了一个公平可行的基础。

笔者的论证分为四个部分。首先，笔者提供了有关表达自由和算法的背景信息。其次，笔者描述了在政府干预算法生成内容的案例中出现的法律困境。再次，笔者探讨了在学术工作中解决这些困境的可能方案，最后，概述了笔者自己的建议。在本章中，笔者将重点放在政府对算法生成内容的干预是否会以及何时会限制"表达"，并涉及第 2 条第 b 款的权

---

[14] 笔者的论点主要涉及法院应如何评估算法所有者是否有意通过算法向他人传达意义。在"笔者的建议"中，笔者简要论述了算法生成的内容是否可以仅仅因为其消费者从中获得意义而获得第 2 条第 b 款保护这一单独问题。

[15] This example is modeled on an analogy in S. Benjamin, Algorithms and Speech（2013）161 Univ. Penn. Law Rev. 1445, 1480-1.

[16] 在"笔者的建议"中，笔者讨论了这样一种理论，即只要算法生成的内容向其消费者传达了意义，涉及第 2 条第 b 款，而不管算法生成的目的是什么。简而言之，笔者认为虽然这种理论可以补充本章所概述的方法，但其本身并不能完整地解释算法言论案件中潜在的表达利益。

利。笔者并不评论在特定情况下对表达的限制是否合理和适度。[17]

一、背景

（一）表达自由的法律保护

如上所述，自由社会为表达自由提供了慷慨的法律保护。在众多令人信服的理由中，表达自由有两个理由随着时间的推移变得尤为重要。第一个理由强调表达自由对社会的工具性益处。这种观点认为，表达自由之所以有价值，是因为它能促进民主自治、推动思想市场的发展、促进对真理的探求等。[18] 第二个理由侧重于其内在利益。这一理论"对表达的重视与其说是因其产生的结果，不如说是因其对个人的内在价值。表达被视为个人自主性、个人成长和自我实现的重要因素。能够说出自己的所思所想，能够按照自己的想象力进行任何探索，是自由社会的一个基本特征"。[19] 根据这种方法，即使表达自由无益于更广泛的社会，也应受到保护，因为表达自由在通过公开交流思想发展个人"作为人的品格和潜能"方面发挥着核心作用。[20]

（二）对表达自由的限制

承认表达自由权的社会不可避免地要对这一权利加以限制，以适应其他重要的价值观。[21] 名誉、隐私、平等和公共安全都可能受到他人表达活动的无端威胁——有时，民主讨论和寻求真理也会受到无端威胁，而民主讨论和寻求真理经常被用来为自由表达本身辩护。[22] 尽管如此，对于这些危险何时成为限制言论自由的理由，并没有明确的共识。此外，现有的限制言论的工具（如政府审查）被描述为比其旨在防止的社会危害更大的危险。[23] 不出所料，协调表达自由与相互竞争的社会价值观往往会产生分裂和分歧。但是，如果要公平地解决公民之间以及公民与政府之间的争端，取得适当的平衡是至关重要的。

---

[17] 例如，根据加拿大《权利与自由宪章》第 1 条，如果对加拿大《权利与自由宪章》权利的限制是"法律规定的"，并且"在一个自由民主的社会中可以证明是合理的"，那么政府就可以证明这些限制是合理的。

[18] See Irwin Toy, above note 6, at p. 976-7; Keegstra, above note 2, at pp. 728, 762-4, 802-3; Barendt, above note 11, pp. 7-12, 18-21; G. Huscroft, The Constitutional and Cultural Underpinnings of Freedom of Expression: Lessons from the United States and Canada (2006) 25 Univ. Queensland Law J. 181, 185-6; V. Nash, Analyzing Freedom of Expression Online: Theoretical, Empirical and Normative Contributions, in W. H. Dutton (ed.), The Oxford Handbook of Internet Studies, Oxford University Press, 2013, p. 4.

[19] The Hon. R. J. Sharpe and K. Roach, The Charter of Rights and Freedoms, 3rd edn., Irwin Law, 2005, p. 140.

[20] Keegstra, above note 2, at p. 804; Irwin Toy, above note 6, at pp. 976-7; Barendt, above note 11, pp. 13-17; P. W. Hogg, Constitutional Law of Canada, student edn., Thomson, 2018, pp. 43-8; T. I. Emerson, Towards a General Theory of the First Amendment (1963) 72 Yale Law J. 877, 879.

[21] Bracken v. Niagara Parks Police, 2018 ONCA 261, at para. 16; T. Mendel, Restricting Freedom of Expression: Standards and Principles, Background Paper for Meetings Hosted by the UN Special Rapporteur on Freedom of Opinion and Expression, p. 2.

[22] See, e.g., Saskatchewan (Human Rights Commission) v. Whatcott, 2013 SCC 11, [2013] 1 SCR 467, at 71-7; Grant v. Torstar Corp., 2009 SCC 61, [2009] 3 SCR 640, at para. 58; Canada (A.G.) v. JTI-MacDonald Corp., 2007 SCC 30, [2007] 2 SCR 610, at 134-40.

[23] F. Schauer, Free Speech: A Philosophical Inquiry, Cambridge University Press, 1982, p. 34; P. Prakash, N. Rizk, and C. A. Souza (eds.), Information Society Project, Global Censorship: Shifting Modes, Persistent Paradigms (Access to Knowledge Research Series, 2013); F. C. C. v. Pacifica Foundation (1976) 438 US 726, at pp. 775-7 (per Brennan J. dissenting); Keegstra, above note 2, at p. 805.

一些国家的司法机构参与了这项艰巨的任务。表达自由的重要性，以及对其行使进行适当限制的必要性，是法院所熟悉的概念。然而，表达自由辩论的突出特点和两极分化的性质要求制定明确一致的裁决标准。为此，一些国家的法院制定了复杂程度不同的法律检验标准，以解决表达自由案件。[24] 这些案件的初步调查通常是政府是否限制了表达活动。[25] 在加拿大，这一调查取决于该活动是否"传达或试图传达某种意义"。[26] 对表达的价值、分量和重要性的评估是通过《宪章》第1条规定的平衡测试进行的，这并不妨碍原告行使第2条第b款规定的权利。[27]

　　尽管《宪章》为表达活动提供了广泛的保障，但在第2条第b款阶段，有两条"排除规则"限制了这种保护的范围。[28] 首先，虽然所有表达内容表面上都值得保护，但通过某些方式表达的内容并不符合条件。[29] 例如，由于暴力与言论自由的价值观"极端相悖"，即使暴力可能传达重要的意义，也不会得到宪法保护。[30] 其次，进行其他表达活动的地点可能会排除第2条第b款保护的可能性，这取决于该地点是否是一个人"在该地点的表达与第2条第b款所要达到的目的并不冲突的基础上，期望为自由表达提供宪法保护"的地点。[31]

　　总之，当一项活动符合以下标准时，就应受到第2条第b款的保护：

（1）活动"传达或试图传达某种意义"；
（2）活动所采用的方法不损害表达自由所依据的价值观；
（3）该活动不发生在表达与第2条第b款的基本宗旨相冲突的地点。[32]

（三）算法：背景信息

"算法"一词是指计算机代码中的"决策要素"，包括一组"由计算机执行的指令或规

---

[24] See Barendt, above note 11; pp. 48-73; A. Stone, The Comparative Constitutional Law of Freedom of Expression, in R. Dixon and T. Ginsburg（eds.）, Research Handbook on Comparative Constitutional Law（Edward Elgar, 2011）, pp. 406-22; T. M. Keck, Assessing Judicial Empowerment（2018）7 Laws 2; T. Mendel, Freedom of Information: A Comparative Legal Survey（UN Educational Scientific and Cultural Organization, 2008）.

[25] Barendt, above note 11, pp. 48-73; Stone, above note 24, pp. 406-22; Mendel, above note 21, p. 7.

[26] See note 6.

[27] Keegstra, above note 2, at pp. 760, 765-6, 840; K. Roach and D. Schniederman, Freedom of Expression in Canada（2013）61 SCLR（2d）429-30. 第1条的调查重点是相当性；更具体地说，对《宪章》权利的限制是否出于紧迫的实质性目标，是否与该目标有合理联系，是否损害最小，是否在"有害影响和有益影响"之间取得了相称的平衡（R. v. K. R. J., 2016 SCC 31, [2016] 1 SCR 906, at para. 58, citing R. v. Oakes [1986] 1 SCR 103）。

[28] Bracken, above note 21, at paras. 35, 39; Fort Erie, above note 2, at paras. 29, 32.

[29] Canadian Broadcasting Corp., above note 6, at paras. 35-7.

[30] Keegstra, above note 2, at p. 732.

[31] Bracken, above note 21, at para. 40, citing Montréal（City）v. 2952-1366 Québec Inc., 2005 SCC 62, [2005] 3 SCR 141, at para. 74.

[32] 第2条第b款申诉人还必须证明他们的权利受到了政府行为的侵犯。如果受指责的政府行为旨在限制表达自由，则侵权成立，分析直接进入第1条的平衡阶段。如果政府行为仅具有限制表达的效果，则声称违反加拿大《权利与自由宪章》的一方还必须证明其表达至少促进了作为第2条第b款保障基础的三个目的之一：Canadian Broadcasting Corp., above note 6, at para. 38. 这些限定条件与本章无关，因为本章并不评估任何旨在限制表达自由的具体立法的优劣。

则"。[33] 算法的功能和复杂程度千差万别。有些算法的运行"几乎没有决策"能力。[34] 另一些则"模拟复杂的人类表现、人类思维过程，并且……可以从经验中学习"。[35] 在本章中，笔者将重点讨论具有以下三个共同特征的算法。

（1）与本章相关的算法会根据程序中的标准对外部输入做出选择。例如，谷歌的搜索引擎算法会根据用户的查询，按照预先设定的标准生成搜索结果。[36]

（2）这些算法可以在没有人工参与的情况下做出选择。Google 员工不直接参与搜索引擎算法的选择。

（3）这些算法以人类可以理解的方式表达其选择。Google 的搜索引擎算法在确定对搜索查询的适当回应后，会通过人类用户易于理解的结果排序列表来显示该回应。[37]

几乎在现代社会的方方面面，这类算法都获得了前所未有的突出地位。例如 Facebook 的 NewsFeed 显示；[38] 搜索引擎算法；[39] 在 Twitter 和其他社交媒体网站上发布内容的"机器人"；[40] 数字"助手"（Apple 的 Siri、Amazon 的 Echo 和 Alexa、Google 的 Home）；[41] 游戏程序（Watson 和 Jeopardy、Google 的 DeepMind 和国际象棋）；[42] 和算法"作者"。[43] 这些算法在其日常运行中至少与人类活动有表面相似性，毫无疑问应受到第 2 条第 b 款的保护——例如，建议、评论、作者身份和编辑自由裁量权的行使。不出所料，当这些算法的所有者要求宪法保护时，他们往往会将其算法输出与人类活动直接产生的类似内容进行比较。在下一部分中，笔者将探讨这些宪法诉求所引发的困境，然后讨论法院在解决这些问题时应采用的框架。

二、算法与表达自由：法律困境

笔者在本部分中提出三点：

---

[33] Wiley, above note 9, p. 27; Benjamin, above note 15, n. 4. See also W. Barfield, Towards a Law of Artificial Intelligence, in W. Barfield and U. Pagallo（eds.）, *Research Handbook on the Law of Artificial Intelligence*, Edward Edgar, 2018, p. 4.

[34] Barfield, ibid., p. 4.

[35] Ibid.

[36] 与"响应性"相关的是，这些算法的所有者很少事先知道算法在运行时会产生哪些具体内容。笔者之所以重点讨论这类算法，是因为它们给言论自由法学带来了最有趣的困境。这并不是说，无论外部输入如何，都能产生固定不变信息的计算机程序就不应该享有第 2 条第 b 款规定的权利；只是说，从第 2 条第 b 款的角度来看，这类案件更容易解决，因为算法所有者的表达目的直接反映在算法产生的内容中。

[37] 这些标准类似于 T. Wu in Machine Speech（2013）161 Univ. Penn. Law Rev. 1495, 1499. 算法生成的内容是指"计算机按照程序或算法在多个选择中做出决定，并以人类可理解的方式表达该选择"。

[38] S. C. Lewis, A. K. Sanders, and C. Carmody, Libel by Algorithm? Automated Journalism and the Threat of Legal Liability（2019）96 J. Mass Commun. Q. 60.

[39] E. Volokh and D. M. Falk, First Amendment Protection for Search Engine Search Results（2012）8 J. Law Econ. Policy 884.

[40] Howard et al., above note 9; T. M. Massaro, H. Norton, and M. E. Kaminski, Siri-ously 2.0: What Artificial Intelligence Reveals about the First Amendment（2017）101 Minnesota Law Rev. 2481, 2481-2.

[41] Wiley, above note 9, p. 28.

[42] Ibid., pp. 28, 48.

[43] Lewis et al., above note 38; M. E. Kaminski, Authorship, Disrupted: A. I. Authors in Copyright and First Amendment Law（2017）51 UC Davis Law Rev. 589.

（1）第2条第b款的保护范围不应扩大到所有算法生成的内容；

（2）一些算法生成的内容显然应该受到第2条第b款的保护；

（3）目前，第2条第b款的判例并未明确如何区分算法生成的内容是否应受宪法保护。

关于上述第（1）点，显然，并非所有算法生成的内容都适用第2条第b款——即使是由人类直接生成的内容也得不到如此慷慨的保护。一些算法（很可能是绝大多数算法）与表达无关。例如，一个标准的在线计算器就没有任何"表达性"，政府将其从互联网上删除也不会限制第2条第b款规定的权利。政府干预这类算法的输出可能会激怒许多人，但很少有人会认为这种限制会限制表达自由。现在来谈谈上述第（2）点，有时算法生成的内容显然应该受到表达性保护。请看下面这个例子：天才计算机科学毕业生玛丽发现，Google的搜索引擎算法对系统性地呈现女性创作的内容存在不足。玛丽创建了一个竞争的搜索引擎，该搜索引擎优先收录来自女性内容创作者的资料。玛丽并不参与其搜索引擎的日常运营。[44]

玛丽也是一名狂热的篮球迷，她认为NBA前十名球员的排名过于强调得分、篮板和助攻等传统统计数据。她设计了一种算法，在整个赛季中跟踪球员的高阶统计数据。该算法使用的标准反映了玛丽对这些统计数据相对重要性的看法，每周都会产生联盟前十名球员的排名。这些排名以"玛丽的NBA十佳球员"为标题在网上公布，并在整个赛季中由算法自动更新，玛丽无需进一步参与。

在这两种情况下，玛丽的行为无疑都是有表现力的。她显然是想说明公平对待女性网络内容创作者的重要性以及篮球运动中的卓越性。她的算法所产生的内容可以促进辩论，为思想市场做出贡献，并给玛丽带来相当大的成就感。更重要的是，玛丽完全可以独自完成她的篮球算法所肩负的任务。如果她这样做了，她也会手动生成相同的每周排名，但这需要花费更多的时间和精力。将第2条第b款的保护范围扩大到玛丽手动生成的列表，同时排除由她的算法生成的相同内容，将使她因选择更快捷方便的表达方式而受到惩罚。[45]这不是一个明智的结果。

关于上述第（3）点，如果我们承认至少某些算法输出可能值得第2条第b款的保护，那么我们就需要一个明确的规则来确定这些保护何时产生，何时不产生。[46]我们可以从现有的法律测试中寻找答案。正如上文"对表达自由的限制"部分所述，一项活动吸引第2条第b款在下列情况下提供保护：

（1）它"传达或试图传达某种意义"；

（2）不采用有损表达自由所依据的价值观的方法；

（3）不发生在表达方式与第2条第b款的基本宗旨相冲突的地点。

第（2）和（3）点与算法无关。算法的使用并没有破坏表达自由所基于的价值观，也不涉及基于位置的排除规则。因此，传统检验标准的调查重点在于是否存在"传达或试图传达"意义的活动。然而，这里出现了两个重大挑战。

第一，从字面上理解，"传达意义"标准会将第2条第b款的保护范围扩大到一系列传

---

[44] Goswami, above note 11, p. 4.

[45] Ibid., p. 7.

[46] See Massaro and Norton, above note 3, p. 365.

达可理解信息的计算机程序,但很少有人会认为这些程序具有表达性。考虑一下定制的汽车警报器,当车门被强行打开时,程序会播放"有人要偷你的车!"的短语。[47] 其他家用电器、导航系统甚至在线计算器也可以被设计成"发言"和"传达意思"的样子,就像人们通常理解的那样。但如果说这些产品代表了受宪法保护的表达方式,似乎非常牵强。正如吴修铭有力地论证的那样,任何给予此类设备宪法保护的表达权理论都应受到怀疑。[48] 假设吴修铭的观点是正确的,那么能否将这些类型的设备从第 2 条第 b 款的范围中剔除,而又不同时排除其他应受《宪章》保护的活动呢?

第二,如果不是通过字面方法,法院应如何确定某人是否通过算法"传达了意义"?如上文所述,算法所有者往往事先不知道其算法将产生的精确内容。此外,通过"深度学习",算法可以更好地迎合用户的喜好,从而降低算法所有者事先了解算法生成内容的可能性。[49] 是否有人可以通过没有具体考虑过的内容"传达或试图传达某种意义"?如果可以,法院应从何处寻找这种意义?算法所有者是否有必要表达某种意义?难道我们不能仅仅以算法生成内容的观众从中获得的意义为依据,来证明第 2 条第 b 款的保护是合理的吗?

玛丽通过算法生成的 NBA 球员排名很好地说明了这些难题。假设玛丽十五年没有关注 NBA。有一周,她的算法生成了一个排名,其中的球员玛丽从未听说过。玛丽是想"传达"这十名球员是 NBA 最好球员的"意思"吗?显然不是——玛丽从未听说过他们中的任何一个。然而,玛丽的名单可能会向观众传达这样的意思,观众有理由得出结论,玛丽认为这十名球员是联盟中最好的。换句话说,玛丽的算法产生的排名向他人传达了她作为"发言者"从未考虑过的"意义"。第 2 条第 b 款保护的是谁的观点?而且,如果玛丽必须有意传达某种意义才能获得第 2 条第 b 款的保护,那么是否有办法从她的算法中提炼出更高层次的"意义",而不仅仅是算法每周生成的球员具体排名?

笔者将在以下章节中探讨这些问题——重点是第二个问题。首先概述了相关学术著作中的可能答案,然后介绍了相关建议。

三、文献中提出的解决方案

关于将言论自由保护扩展到算法生成内容的问题,学术界一直争论不休。目前主要有三种观点:

第一种学者的观点只关注算法生成的内容是否向观众传达了某种意义。[50] 根据这种观点,两条完全相同的推文(一条由人工生成,另一条由算法生成)在第 2 条第 b 款下具有同等地位。这种观点的支持者强调表达自由的社会效益。他们认为,对于观众来说,他们所消费的信息是由人还是由算法制作的并没有什么区别。这些材料的价值,例如,其促进民主讨论或进一步求真理的能力,取决于其内容,而不是其生产方式。由于人类和算法制作的内容同样能够推动言论自由所要实现的社会目标,因此这两种内容都应得到相同的宪法保护。或者,正如 Margot Kaminsky 所说:"重要的是,作品是否能让接触它的人读出

---

[47] Goswami, above note 11, p. 2, modeled on an example in Wu, above note 37, p. 1496.

[48] Wu, above note 37, p. 1496.

[49] Barfield, above note 33, p. 2; Wiley, above note 9, pp. 32–3.

[50] Massaro et al., above note 40, pp. 2487–91; Kaminski, above note 43, pp. 609–10; Massaro and Norton, above note 3, pp. 355–67.

它是在发表言论。从读者的角度来看，一个审查用算法撰写的政治小说的政府就像审查托尔斯泰撰写的政治小说的政府一样有问题。"[51]

第二类学者的观点更为克制，他们强调算法生成的内容与算法所有者设定的一系列偏好之间必须存在联系。例如，Stuart Benjamin 认为，如果算法输出反映了算法所有者根据其认为的重要性、价值或相关性而选择的偏好，那么该算法输出就应该受到言论自由保护。[52] 如果这些偏好在算法输出中通过"可以发送和接收并且已经发送的信息"表达出来，那么该输出就相当于"实质性交流"，应受到宪法保护。[53] Benjamin 从三个方面对其实质性交流理论进行了限定。首先，他将"旨在加快传输速度或提高网络运行效率"的算法排除在外；[54] 其次，他排除了算法所有者"将私人意义赋予某些行为，并将该意义传达给任何人"的情况；[55] 最后，Benjamin 承认，如果内容与人类创作者的偏好充分脱离，以至于其结果不再代表人类决策，则不应受到宪法保护。[56] Benjamin 的第三个限定与那些只关注算法生成的内容，而不关注其与人类偏好的联系的理论不一致。[57]

第三类学者的观点敦促关注算法的功能，而非其生成的内容或反映的偏好。例如，吴修铭的著作强调了"功能性"的重要性，这一理论评估了工具或活动与表达的关系。[58] 如果这种关系是纯粹的或事实上的"功能性"，那么宪法保护就是不恰当的。[59] "功能性"产品的例子包括"交流工具"，如快递服务、汽车防盗器或其他常规机器，它们传递信息是实现"思想表达之外的某些任务"的手段。[60] 吴修铭为作为"言论产品"的算法保留了宪法保护。[61] "言论产品"的例子包括"博文、推文、视频游戏、报纸"，这些交流形式"被视为发言者思想的容器"，或"其内容经过有意识的策划"。[62] Karapapa 和 Borgi 抓住了吴修铭的算法"言论"方法与上述两大阵营之间的对比：

> 即使在司法趋势中，"言论"的概念已扩展到包括各种所谓的"非语言交流"实例（如象征性言论、商业和功能信息），将纯粹的算法输出构建为"观点"仍然存在问题。正如吴修铭令人信服地论证的那样，将任何仅仅因为向受众"传递信息"而被称为"观点"的东西都视为"言论"的第一修正案完全包容理论过于宽泛，最终是不切

---

[51] Kaminski, above note 43, p. 610. 52

[52] Benjamin, above note 15, p. 1471.

[53] Benjamin 根据他对美国最高法院判例的解释，明确指出"特定信息"是第一修正案保护的必要条件（ibid., pp. 1463-4, 1482）。

[54] Ibid., p. 1481.

[55] Ibid., p. 1483.

[56] Ibid., p. 1481.

[57] 要求算法生成的内容与人类偏好之间存在联系的其他理论包括：Volokh and Falk, above note 39, 将搜索引擎结果的生成与编辑自由裁量权的行使进行比较；M. J. Ballanco, Searching for the First Amendment: An Inquisitive Free Speech Approach to Search Engine Rankings (2013) 24 Civ. Rights Law J. 107-11, 将 Volokh 和 Falk 的理论用于解释搜索引擎排名中的"人为位置"；and J. Grimmelmann, Speech Engines (2013) 98 Minnesota Law Rev. 868, 将搜索引擎排名类比为建议。

[58] Wu, above note 37, p. 1496. See also Karapapa and Borgi, above note 7, p. 269; Thompson, above note 10, pp. 1032-3.

[59] Wu, above note 37, pp. 1520-1.

[60] Ibid., pp. 1524-5.

[61] Ibid., p. 1498.

[62] Ibid.

实际的。例如，这种解释不允许区分纯粹功能性的"信息"，如汽车警报声或全球定位系统卫星导航提供的指示，以及适合称为表达性的信息。[63]

一些赞同功能性方法的学者提出了一些改进建议，以使该理论与当前的言论实践相一致。例如，Oren Bracha 在吴修铭的理论基础上，强调了算法生成内容所嵌入的特定社会实践的重要性，以此来区分功能性和非功能性言论。[64] Bracha 认为，要对功能性下一个有力的定义，就必须审查与据说值得宪法保护的活动或工具相关的社会实践。[65] 根据 Bracha 的方法，"与实现任何自由言论价值关系不大"的功能性活动将得不到自由言论保护。[66]

四、笔者的建议

（一）概述

在政府干预算法生成内容的情况下，法院应询问算法的生成是否以传达意义为目的。如果是，则应适用第 2 条第 b 款保护。在这一调查中，对表达目的的探究占主导地位：算法生成的具体内容只有在能够揭示是否存在表达目的时才具有相关性。[67]

笔者的论证分三步进行：

（1）在政府干预算法生成内容的情况下，算法所有者，而非算法本身，是可能有权获得第 2 条第 b 款保护的一方。

（2）要确定算法所有者是否有权获得第 2 条第 b 款的保护，法院必须像在所有第 2 条第 b 款案件中一样，询问政府是否干涉了"传达或试图传达某种意义"的活动（如"Irwin Toy 案"检验标准）。

（3）如果算法的产生是为了向他人传达意义，则符合"Irwin Toy 案"检验标准。在这一调查中，算法生成的具体内容只有在能够说明算法产生的目的时才具有相关性。

关于上述第（1）点，笔者假定在"算法言论"案件中，第 2 条第 b 款权利（如果有的话）属于算法所有者，而不是算法本身。笔者承认，计算机编程的进步迅速提高了人工智能的能力。[68] 由于这些进步，我们最终可能需要考虑人工智能程序是否应享有独立于其所有者的权利。一些作者已经支持这一立场。[69] 他们论点的优劣不在本章讨论范围之内。笔者的论点是探讨算法言论案件引发的宪法困境，假设算法所有者是可能有权获得第 2 条第 b 款保护的人。如果计算机程序本身享有自由表达权，笔者的论点就会有所不同。谈到上文第（2）点，要使第 2 条第 b 款的主张成立，算法所有者必须证明国家限制了他或她

---

[63] Karapapa and Borgi, above note 7, pp. 268-9.

[64] O. Bracha, The Folklore of Informationalism: The Case of Search Engine Speech (2014) 82 Univ. Texas Law Rev. 1628, 1634.

[65] Ibid.

[66] Ibid.

[67] 正如笔者将要解释的，笔者的理论侧重于法院如何辨别算法所有者向他人传达意义的努力。在"笔者的建议"中，将讨论第 2 条第 b 款是否可以保护算法生成的内容，理由仅仅是消费者可以从中获得意义。

[68] Massaro and Norton, above note 3, p. 361.

[69] See, e.g., ibid., p. 370; Massaro et al., above note 40.

"传达或试图传达某种意义"的活动。[70] 然而，这句话可以有两种解读，这取决于法院是采纳算法所有者的观点，还是采纳算法所产生内容的消费者的观点：

（1）法院可以询问算法生成的内容是否向消费者"传达了某种意义"。根据这种方法，法院不会询问算法所有者是否有意向他人传达意义。如果消费者能从算法生成的内容中获得意义，就足以获得第2条第b款的保护（"以内容为中心"的方法）。

（2）法院可以询问算法生成的内容是否可以解释为算法所有者"试图传达某种意义"。如果没有这种尝试，即使消费者能从算法输出中获得重要意义（"以意图为中心"的方法），也不会产生第2条第b款的保护。

换句话说，第一种方法只关注算法产生的内容：如果算法向消费者"传达了……意义"，则适用第2条第b款保护。算法所有者的意图和设计算法的目的都与此无关。相比之下，第二种方法侧重于算法所有者是否有意向他人传达意义。算法产生的内容可以说明是否存在表达意图，但该内容不会仅仅因为第三方可能从中获得意义而受到第2条第b款的保护。

以内容为中心的方法和以意图为中心的方法经常会产生相同的结果。简单地说，当一个人制作的内容向他人传达了某种意义时，他往往是想表达这种特定的意义。然而，算法挑战了这一假设。由于算法产生的内容是其所有者未曾考虑过的，因此算法往往会向第三方传达其所有者无意表达的意义。玛丽的NBA排名中充斥着她十五年来从未听说过的球员，就很好地说明了这一点。根据以内容为中心的方法，玛丽有权获得第2条第b款的保护，唯一的依据是消费者会将她通过算法生成的排名视为她对NBA十佳球员的看法。玛丽对这些球员一无所知的事实与此无关。根据以意图为中心的方法，玛丽需要证明算法生成的排名反映了她传达意义的意图。例如，玛丽可以辩称，通过这些排名，她意在表达与篮球运动中的卓越性相关的品质。但是，她不能指出十名球员的任何具体排名就是她想要传达给他人的"意义"。[71]

另一个例子可能有助于区分基于内容的方法和基于意图的方法。设想一下，Google的搜索引擎算法会为"Jim Smith"这一查询结果生成一个排名结果列表。浏览者可以得出结论，该排名反映了Google对有关Smith先生的最相关、最流行或高质量网络内容的看法。根据以内容为中心的方法，这本身就证明第2条第b款的保护是合理的。然而，在以意图为中心的方法下，这一论点是不充分的。毕竟，Google很可能从未有人听说过Jim Smith，更不用说考虑有关他的搜索结果的显示顺序了。[72] 尽管这些搜索结果类似于其他人为传递有关Jim Smith的信息而制作的言论。但这并不能证明Google是出于类似的意图制作搜索结果的。根据以意图为中心的方法，第2条第b款的保护要求在一组特定搜索结果所传达的实际内容之外还有表达目的。

显然，在至少某些第2条第b款案件中，以内容为中心的方法和以意图为中心的方法

---

[70] See note 6. 当然，笔者承认可以提出一些论点，主张在所有第2条第b款案件中，而不仅仅是在涉及算法的案件中免除"传达意义"的标准。笔者在此不讨论这些论点，只想说这些论点引起的关注并非算法言论案件所独有。

[71] 因为她从未听说过这些球员中的任何一位，更不用说考虑他们之间的排名顺序了。

[72] 在"机器学习"过程中，算法在满足用户偏好方面会变得更加有效，因此算法所有者更不可能事先考虑到算法将产生的具体内容（See Barfield, above note 33; Wiley, above note 9）。

会导致实质性的差异。笔者将为以意图为中心的方法辩护，并解释该方法如何帮助法院辨别通过算法传达意义的行为。在采取这一立场时，笔者无意贬低以内容为中心的方法的优点。如上所述，可以提出令人信服的论据，支持保护算法生成的内容，理由仅仅是它向消费者传达了意义。毕竟，第2条第b款保护的是"听众和发言者"。[73] 算法生成的内容可能会促进表达自由的价值，而不管算法生成的原因是什么。[74] 法院可能警惕将第2条第b款的保护范围扩大到没有"发言者"[75] 意图向他人传达意思的情况，因为担心会超出该条款的目的，不适当地扩大其范围。[76]

在笔者看来，以内容为中心的理论将补充笔者在本章中概述的方法，提供另一条途径，使算法生成的内容可以被视为"表达"。正如McLachlin大法官（时任）在Keegstra一案中指出的那样，"没有哪一种理论能为表达自由提供最终决定权"。[77] 此外，接触以内容为中心的理论的过程本身将有利于第2条第b款的判例，因为它迫使法院努力解决一个更深层次的原则性问题，即"听众"权利是否可以为第2条第b款的保护提供一个独立的基础，即使在没有表达意图可以归因于"发言者"的情况下也是如此。[78] 算法言论案件使这一问题成为焦点，但这一问题本身反映了第2条第b款判例中潜藏的更广泛的理论不确定性。

尽管如此，即使以内容为中心的理论有其可取之处，它也不能完整地解释算法言论案件中可能涉及的第2条第b款权利。在某些情况下，算法生成的内容无论是否为消费者提供了工具性利益，都应受到第2条第b款的保护，因为对于试图向更广泛的社会传递信息的算法所有者来说，这些内容具有内在价值。换句话说，我们不需要在第2条第b款的调查中把算法所有者贬低为仅仅是保护言论自由权的"更大公共利益的替代者"的"好撒玛利亚人"。[79] 在第2条第b款案件中，算法所有者自身的重要利益可能受到威胁，这些利益值得依法维护。

这就引出了笔者的第三点，也是最后一点——如果算法创造者制作算法的目的是传达意义，那么她将有权获得第2条第b款的保护。

为确定算法生成的内容是否应受到第2条第b款的保护，法院应审查算法生成的目的。如果算法生成的目的是传达意义，则应适用第2条第b款的保护。在这一调查中，算法生

---

[73] Edmonton Journal v. Alberta (A. G.) [1989] 2 SCR 1326, at pp. 1339-40; Ford v. Quebec (A. G.) [1988] 2 SCR 712, at p. 767.

[74] In addition to the sources cited at note 50, see Schauer, above note 23, pp. 106, 158-60.

[75] 在此，笔者既指人类"发言者"，也指有权获得加拿大《权利与自由宪章》保护的其他各方，如公司。

[76] See Barendt, above note 11, p. 26; L. Tien, Publishing Software as a Speech Act (2000) 15 Berkeley Technol. Law J. 629, 640. 为解决这一问题，可以对以内容为中心的方法进行限定，比如要求第2条第b款的原告证明算法产生的内容与表达自由保障的三个基本目的中的一个或多个相关（see the analysis in Goswami, above note 11, pp. 10-13；Barendt, above note 11, p. 75；K. Greenwalt, *Fighting Words: Individuals Communities and Liberties of Speech*, Princeton University Press, 1995, pp. 19-20; and Bracha, above note 64, pp. 1665-7）。根据第2条第b款的规定，当申诉人的表达受到不针对表达活动的法律的偶然限制时，这三种价值已经相关。在这种情况下，诉诸第2条第b款的三个基本价值可以防止不适当地扩大第2条第b款的范围——如果采用以内容为中心的算法演说方法，这是一个相关的问题（see Wu, above note 37, p. 1529）。

[77] Keegstra, above note 2, pp. 805-6.

[78] Massaro and Norton, above note 3, pp. 367, 369.

[79] I draw here, by analogy, on A. R. Amar, Fourth Amendment, First Principles (1994) 107 Harv. Law Rev. 757, 796.

成的具体内容类型仅作为确定算法生成原因的一种手段。除非算法是出于表达的目的而产生的，[80] 否则第2条第b款的保护就不应该出现，即使算法的输出在其他假设的情况下，是由不同的发言者出于不同的原因产生的，也可能被认为是"表达"。

（二）为基于目的的算法言论案件辩护

有时，为了理解一项活动所传达的"意义"，我们必须研究开展这项活动的原因。"言论行为"理论承认这一点。这一理论的基本概念是，语篇可以独立于"其确切的语义内容"而具有表达力。[81] 因此，言论行为理论区分了陈述的命题内容和陈述的目的。[82] 以"下雨了"这句话为例，在某一语境中，这句话向听者传达了一个直截了当的意思——有雨从天而降。[83] 在回应伙伴遛狗的请求时说这句话，它传达的命题内容是一样的，但它的目的是告诉听话人发言人不能在外面遛狗（必然是不成功的）。另外，我们还可以根据John Searle著作中的一个经典例子来考虑下面的情景：

> 第二次世界大战期间，一名英国士兵被意大利军队俘虏。他想让他们相信自己是一名德国军官，但他既不会说德语，也不会说意大利语。不过，他还记得自己在学校的一次戏剧表演中背诵过的一句德语，但他不记得这句话是什么意思。但他并不气馁，他说出了这句话："Es lebe die Konigin, lange darf sie regieren."[84]

我们可以从这名被俘士兵的讲话中提取出不同的"意义"，这取决于我们研究的是他所使用的词语的内容，还是他希望通过说这些词语来达到的目的。这名士兵的话翻译过来就是"女王万岁，愿她在位长久"。但这显然不是他想传达给俘虏的意思——他选择了他唯一记得的学校戏剧中的德语单词，对其意义一无所知。这名士兵说德语的真正目的只是为了表明"我是一名德国军官"。

意大利军队可能理解了士兵讲话中传达的一个或两个意思也可能并未理解任何意思，这取决于他们的德语水平（以及对潜台词的关注）。在这种情况下，士兵发言的命题内容和目的，[85] 两者相去甚远。

其他例子有助于强调一项活动背后的目的如何有助于确定它是否传达了某种意义并构成"表达"。假设一名美国国家橄榄球联盟（NFL）球员拒绝上场唱国歌，以抗议政府对待有色人种的做法。在同一场比赛中，第二名球员没有上场唱国歌，原因是他前一晚酗酒后睡过头，很晚才回家，结果被堵在了路上。观众注意到这两名球员都没有上场唱国歌。两极分化的反应比比皆是。激烈的政治辩论（表达自由所倡导的核心利益）随之而来。两名球员都被所在球队禁赛。

572

---

[80] 而不接受上文所述的纯粹以内容为中心的理论。

[81] B. K. Dumas, Performatives in Speech Act Theory: An Introduction (1991) 58 Tenn. Law Rev. 367, 367.

[82] J. Searle, What is a Speech Act?, in P. P. Giglioli (ed.), Language and Social Context (Penguin, 1972), pp. 136-56; Tien, above note 76, pp. 638-40. The purpose for an act gives it "illocutionary" force: see Dumas, above note 81, p. 368.

[83] Tien, above note 76, p. 641.

[84] Searle, above note 82, p. 144.

[85] 笔者使用"目的"一词是对言语行为理论中广泛讨论的"意图"的简化。更准确地说，笔者使用"目的"一词是指"意义意图"；而在"意义意图"中，是指交流的意图：see Tien, above note 76, pp. 641-2. 言论行为理论也非常重视发言人使用观众会理解为表达的惯例，这一点笔者将在下文"在实践中应用基于目的的方法"中简要讨论。

笔者认为，我们会以截然不同的方式看待这两名球员的停赛。即使他们的行为导致了相同的结果——他们缺席了国歌仪式。这些缺席无疑会向观看比赛的人"传达意义"。但是，体育评论员、球迷和任何对这个问题感兴趣的人都会提出一个关键问题：球员们为什么要这么做？是什么促使他们缺席唱国歌？球员们的缺席可能会产生相同的结果，但这并不意味着他们都进行了"表达"。重要的是，球员们的行为是否具有传达意义的意图。理解他们行动的目的是理解其行动所蕴含的意义不可或缺的一部分。

其他几个例子也证实，一项活动的目的有时是其向他人传达的"意义"的最佳晴雨表。一名焚烧国旗的抗议者并不是要强调一块布如何与火互动，而是要强调她反对一个国家的政策。[86] 一位传播学讲师为假想的政治家"Bob Smith"创作讽刺性广告，并不是想表达"投票给 Bob Smith"的意思，而是想告诉她的学生一些政治广告中的套路。起草了一篇毫无价值的论文提交给法律评论的教授并不是想传达该论文中的任何具体信息，而是想强调这些机构的出版标准不高。要理解这些意义，就必须关注这些发言者采取行动的更广泛目的，而不是狭隘地关注他们所使用的语言或行动。

笔者建议，在"算法言论"案件中也应采用同样的方法。裁决此类案件的法院不应只关注算法生成的内容，而忽略算法生成的目的。事实上，法院在处理涉及表达性"行为"的案件时，已经采用了以目的为中心的方法。在此类案件中，法院会探究开展某项活动的目的，以确定其是否值得言论自由保护。加拿大最高法院在 Irwin Toy 案中指出：

> 当然，虽然大多数人类活动都结合了表达和物理元素，但有些人类活动纯粹是物理性的，并不传达或试图传达意义。某些日常工作，如停车，可能很难被描述为具有表达能力。要将此类活动纳入受保护范围，原告必须证明其行为是为了表达某种意义。例如，作为公众抗议活动的一部分，未婚人士可能会将车停在政府雇员配偶专用区，以表达对所选有限资源分配方式的不满或愤怒。如果这个人能够证明他的活动确实具有表达内容，那么在这个阶段，他就属于受保护的范围，针对第 2 条第 b 款的质疑也就可以进行了。[87]

Hogg 教授也持类似观点，他将"交流目的"描述为表达的一个基本方面，并指出"美国和加拿大的法院都坚持以交流目的为条件，将某一行为定性为受保护的言论或表达"。[88] 在判例法中"表达行为"基于目的的方法有充分理由适用于算法言论案件。正如在"表达行为"判例中一样，算法言论案件中的相关"活动"融合了表达要素和物理要素。物理要素是算法的产生，当算法产生内容而无需人类进一步参与时，这一行为就被赋予了明显的表达特质。就第 2 条第 b 款而言，这一交易的两个部分都很重要。如果忽略算法的制作行为，只关注算法随后生成内容的行为，就会将第 2 条第 b 款的调查限制在只有算法（一个没有第 2 条第 b 款权利的实体）参与的行为上。从正确的角度看，算法生成内容仅仅是更广泛交易的最后阶段，这一交易起源于算法的生产。为了把握整个企业所传达的"意义"，

---

[86] Wiley, above note 9, p. 11; Barendt, above note 11, pp. 84-5.

[87] Irwin Toy, above note 6, at p. 969 (emphasis added); Hogg, above note 20, pp. 43-8-43-11; Barendt, above note 11, p. 78. 根据美国第一修正案关于表达行为的判例，发言者的行为目的也是相关的：see Masterpiece Cakeshop Ltd v. Colorado Civil Rights Commission, 138 S. Ct. 1719 (2018) (slip op), 3-5 (opinion of Thomas J., concurring); Clark v. Community for Creative Non-Violence, 468 US 288, 294 (1984).

[88] Hogg, above note 20, pp. 43-8-43-9.

法院必须审查其目的，就像在表达行为案件中一样。要理解这一目的，就必须关注交易中的人为因素——制作算法的行为。如果出于表达目的，该行为及其通过算法产生的内容就应受到第 2 条第 b 款的保护。

关注算法产生的目的有助于解释为什么算法所有者有时必须享有第 2 条第 b 款的保护，即使他们没有考虑到算法产生的任何具体材料。即使算法生成的命题内容事先未被考虑，算法仍可能是为表达目的而创建的。明确承认这一区别可以更好地捕捉到发言者向他人传达意义的多种方式。

（三）在实践中应用基于目的的方法

到目前为止，笔者已经解释了法院在确定算法生成的内容是否应受第 2 条第 b 款保护时应关注的问题——即算法的设计目的，而不仅仅是算法生成的内容。在本节中，笔者就法院应如何确定算法的设计是否出于表达目的提出建议。在笔者看来，这一调查应侧重于以下一个或多个因素：

（1）算法生成的内容可以揭示算法的设计目的。从这些内容中，法院可以推断出该算法是为了表达目的而产生的。以一种算法为例，它每天都会生成一份清单，列出美国在中东战争中付出的财政和人力成本。算法生成的内容（死亡人数和财政支出清单）能够支持一个常识性推论，即算法生成的目的是对美国外交政策进行评论。[89] 然而，这一推论的力度取决于特定案件的所有相关情况，包括算法生成的内容中所宣称的"目的"的显著性，以及下文所述的其他因素。

（2）所宣称的"表达目的"对算法决策的影响程度。在某些情况下，算法所有者所宣称的"表达目的"可能与算法的日常运行关系不大。例如，随着时间的推移，算法可能会通过"机器学习"几乎完全迎合消费者的偏好。[90] 一个几乎完全顺应消费者偏好的算法可能更难被定性为一个旨在表达算法所有者所持特定观点的算法。

（3）算法在运行时是否促进了思想交流或第 2 条第 b 款所规定的任何其他目的。[91] 尽管不是决定性的，但如果算法在运行时与自由言论的价值无关，那么它就不太可能是为了表达目的而产生的。毕竟，"有理由假定，算法在运行时将实现其开发的主要目的"。[92] 因此，通过发展和交流思想来促进民主参与、自由辩论、寻求真理和个人自我实现的算法，[93] 应更有可能被认为是为表达目的而创造的。当然，与第 2 条第 b 款价值的任何联系的强度都可以在第 1 条阶段进行适当的考虑——这种初步调查的目的只是为了评估算法制作的表达性"目的"是否可信。

（4）目的的外部证据，如与算法相关的宣传和营销材料（如有）。[94]

第一，笔者同意 Benjamin 的观点，即"特定信息"对于言论自由保护是不必要的。[95]

---

[89] 相比之下，如果算法生成的是随机数列表，这种说法就不那么可信了。

[90] See notes 49 and 72, above.

[91] 测试的这一方面借鉴了吴的功能性理论的某些特点：see Wu, above note 37.

[92] See, by analogy, Pong Marketing and Promotions Inc. v. Ontario Media Development Corp., 2018 ONCA 555, at para. 31.

[93] 正如笔者在另一部著作中解释的那样，在第 2 条第 b 款中，"个人的自我实现"指的是通过发展和交流思想来实现自我（Goswami, above note 11, pp. 12-13）。See also Hogg, above note 20, p. 43-8.

[94] See, by analogy, Pong, above note 92.

[95] Benjamin, above note 15, pp. 1464-5.

因此，原告不需要将其"表达目的"缩小到一个狭隘或精确的位置，就可以获得第2条第b款的保护。

第二，笔者认为上述调查是通过客观因素对算法产生的主观目的进行严格审查。法院在进行这一调查时，并不是要确定一个假定的"理性人"是否会得出结论认为算法是为了表达目的而制作的，而是要确定算法制作的实际目的是否具有表达性。如果因为他人可能不承认一项出于真诚表达目的的活动为"表达"，就将其排除在第2条第b款的保护范围之外，这就忽视了第2条第b款在保护社会中某些人甚至大多数人可能并不欣赏的陌生的、创造性的意义传达方式方面所发挥的关键作用。[96]尽管如此，法院仍有权利用上述客观因素，对算法是为表达目的而产生的这一说法进行有意义的探究。法院完全有权得出结论，认为缺乏任何客观支持的表达目的论断缺乏说服力。这种调查最终是"主观的……，但允许对……主观主张的可信度进行客观评估"。[97]

第三，关注算法所有者是否有意向他人传达意义并不排除所有者也有牟利动机的可能性。设计算法的目的可能是为了牟利，也可能是为了向他人传达意义。前一种动机的存在或突出并不妨碍第2条第b款规定的权利，只要后一种动机存在——"看似出于经济或商业利益的表达可能涉及受《宪章》保护的其他价值"。[98] 这种方法与第2条第b款的案例一致，这些案例对公司的"言论"给予表达保护，尽管其行为背后存在利润动机。[99]

（四）吴修铭理论和Benjamin理论

尽管笔者同意吴修铭的功能学说的部分观点，但笔者的方法侧重于算法产生的目的，而非其运行时的功能。如果算法的产生是为了向他人传达意义，笔者认为没有理由根据算法在日常使用中的功能来排除第2条第b款的保护。[100] 根据笔者的方法，算法的功能只是可以说明算法是否是为了传达意义而产生的几个因素之一。

同样，尽管笔者同意Benjamin令人信服的著作中的许多部分，但笔者认为，关注索赔人的目的是他的"实质性交流"方法的一个重要限制原则。通过将算法的产生视为一种有目的的行为，法院可以将涉及少量传播但很少有人认为具有"表达性"的产品排除在第2

---

[96] See, e.g., Hurley v. Irish-Am, Gay, Lesbian & Bisexual Grp., 515 US 557, 569 (1995). 当然，笔者承认基于主观表达目的的理论可能显得过于宽泛。但笔者注意到，以下因素大大减轻了对过度宽泛的担忧：①使用客观因素对表达目的的断言进行有意义的探究；②第2条第b款中基于方法和地点的排除规则；③第1条中的平衡方法。

[97] See, by analogy, R. v. Wong [2018] 1 SCR 696, at paras. 6, 25-35. 笔者补充一点：即使第2条第b款的调查是针对"理性人"是否会承认被指责的活动或内容为"表达"，笔者在本节中概述的因素仍将作为有用的指导原则。

[98] Sharpe and Roach, above note 19, p. 147.

[99] Irwin Toy, above note 6; Ford, above note 73; Hogg, above note 20, p. 43-22; Rocket v. Royal College of Dental Surgeons of Ontario [1990] 2 SCR 232.

[100] 对功能性方法的详细批评，see Benjamin, above note 15, ns. 57, 84, 98; and Tien, above note 76, pp. 684-93.

条第 b 款的适用范围之外。[101] 就拿导航系统来说，它能持续选择两个地点之间的最短路线，并用声音表达这些选择。导航系统提供的指示是否有权受到第 2 条第 b 款的保护？Benjamin 的理论认为可以。导航系统基于一套对算法创建者相当重要的明确偏好，这些偏好使算法能够选择出发点和目的地之间的最短路线，然后以可理解的方式表达这一选择。抽象地说，导航系统可以代表高效旅行重要性的信息。或者，导航系统的指示也可以理解为算法创建者对从不同出发点到不同目的地的最短路线的看法——这是司机和乘客之间经常争论的话题。但笔者认为，如果宪法规定的自由表达权被解释为包括导航系统这样的便利工具，那么就会出问题。[102] 在笔者看来，解决之道在于摒弃对导航系统可能意图传达的意义的假设性探究，而将"实质性交流"的探究重点放在该系统实际生产的更广泛目的上。

（五）应用基于目的的方法：实例

根据笔者的方法，玛丽设计的两种算法都符合第 2 条第 b 款的保护条件。生成 NBA 十佳球员排名表的程序符合保护条件，因为玛丽是出于表达目的而制作该算法的。法官可以合理地推断，玛丽试图通过她的算法传达篮球运动卓越性相关标准的意义，她的算法产生的内容（基于各种统计偏好的球员排名表）支持这一推断。根据笔者的方法，没有必要人为地将十名球员的任何具体排名打上玛丽"观点"的烙印。同样，在确定玛丽的性别进步搜索引擎是否具有意义时，使用笔者的方法的法院无需询问其生成的任何特定结果集是否是"意见"或"建议"。相反，第 2 条第 b 款的调查重点将放在玛丽所从事的更广泛的行为上（产生一种算法，持续生成有利于女性内容创作者的搜索结果）并询问玛丽是否试图通过该行为传达意义。很明显，她确实这样做了。

同样的方法应用于导航系统等产品，很可能会产生不同的结果。重点同样不在于导航程序生成的文字是否"表达意义"。它们显然表达了意义——例如，走 A 大道 1.2 公里，然后走 B 大道 800 米，这是从 C 点到 D 点的最快捷方式。然而，制作算法的广泛行为是否具有表达目的也应进行适当的调查。显然，它没有。导航系统并不涉及思想交流或与任何第 2 条第 b 款价值相关联，在其日常运行中也没有明显的更广泛的表达目的。[103]

（六）Google

最著名的"算法言论"案例可能涉及 Google 和其他搜索引擎要求言论自由保护，包括欧盟"被遗忘权"等立法的挑战。根据笔者的方法，第 2 条第 b 款的分析重点是

---

[101] 当然，笔者承认，即使这类产品获得了第 2 条第 b 款的保护，政府也有理由根据第 1 条对其进行管制，而第 1 条才是最高法院许多自由表达案件的真正战场（Hogg, above note 20, p.43-6; Sharpe and Roach, above note 19, p.141）。一位作者甚至评论说，在最高法院的第 2 条第 b 款判例中，"'表达'概念所做的概念'工作'很少"（A. Stone, Canadian Constitutional Law of Freedom of Expression, in R. Albert and D. R. Cameron (eds.), Canada in the World: Comparative Perspectives on the Canadian Constitution, Cambridge University Press, 2018, p. 248）。在笔者看来，算法言论案件在第 2 条第 b 款阶段值得更多关注。尽管有第 1 条的存在，但法院在确保第 2 条第 b 款权利不被轻视方面发挥着合法作用：Lavigne v. Ontario Public Service Employees Union [1991] 2 SCR 211, 269.

[102] 笔者同意吴修铭在这个问题上的结论：above note 37, p.1525.

[103] 根据笔者的方法，这些都是相关因素（见"在实践中应用基于目的的方法"）。当然，像导航系统这样的产品也可以经过特别设计来向他人传达第二层意义——例如，该系统的设计可以通过抗议的方式有选择地避开某些路线，或者提供具有政治色彩的指示。这些选择可能会支持这样的推论，即算法是为表达目的而设计的。不过，重点仍然是算法的设计目的。

Google,[104] 是否有意通过其算法传达意义。[105] 在这一调查中，Google 生成的任何一组具体搜索结果都无法捕捉到与第 2 条第 b 款分析相关的"意义"。在大多数情况下，没有人事先知道 Google 的算法在响应搜索查询时会生成哪些具体内容——事实上，这正是 Google 赖以避免承担诽谤或宣扬仇恨言论责任的抗辩理由，因为 Google 的排名会促进以此类内容为特色的链接。[106] 如果 Google 打算通过其搜索引擎算法传达意义，那么这种意义必须在算法产生的更广泛目的中找到。

也许，根据证据，法院可以得出结论，Google 算法的设计目的是传达 Google 对高质量网页设计的承诺，以及流行度作为相关性衡量标准的有效性，也许不是。也许 Google 设计该算法的目的是为用户提供更多便利，而无意在这一过程中传达任何更广泛的实质性信息，就像上述导航系统的创造者一样。最终答案将取决于证据。然而，提出适当的问题对于确定 Google 作为发言者的利益范围至关重要——如果需要对第 1 条进行分析，这一点尤为重要。[107]

五、结论

为了应对算法"言论"带来的新挑战，加拿大法院需要解决"传达意义"概念中的不确定性问题，这些问题在传统的表达自由案件中基本上没有得到检验。要在涉及算法的言论自由争议中找到相关"意义"，法院必须超越算法生成的具体内容，而关注算法生成的目的，这与表达行为案件和言论行为理论中的方法是一致的。根据这种方法，正确的问题"不是某物是否是言论，而是某人是否在发言"。[108]

这种方法作为一种分析框架有几个好处。

第一，它符合当前的言论自由判例。在笔者看来，如果法院使用一种标准来解决涉及算法的言论自由诉求，而在涉及其他表达方式的案件中使用另一种标准，是不协调的。第 2 条第 b 款权利的根本目的并不因发言者选择的表达媒介而不同。[109] 推而广之，获得第 2 条第 b 款保护所需的检验标准不应取决于发言者采用的是口头、书面还是算法表达方式。通过完善而非取代 Irwin Toy 案检验标准，笔者的方法保持了处理第 2 条 b 款案件的统一方法，而不论发言者选择何种表达方式。

第二，关注算法的设计目的具有良好的实际意义。它提供了一种机制，将汽车防盗器和导航系统等设备排除在第 2 条第 b 款的适用范围之外，而这种结果很难通过只关注算法

---

[104] 重要的是要区分 Google 的表达权和在其搜索结果中显示内容的创作者的表达权。后者可能有权获得第 2 条第 b 款的保护，即使前者不能。

[105] 如上所述，根据以内容为中心的方法，如果 Google 搜索引擎的用户能够从其生成的内容中获得意义，那么第 2 条第 b 款的调查就完成了。

[106] See Wu, above note 37, p. 1528.

[107] 关于 Google 的最后一点：即使某项活动并不"传达意义"，强迫发言者传达特定信息仍会侵犯他们的表达权。第 2 条 b 款保护个人选择说什么和不说什么的自由（Slaight Commc'ns v. Davidson［1989］1 SCR 1038, 1080；RJR-MacDonald v. Canada（A.G.）［1995］3 SCR 199, at para. 113；Hogg, above note 20, pp. 43-17-43-18）。走在大街上通常不会被视为表达，但立法强迫每个人都举着宣传现任政府的标语牌走在大街上显然会触犯第 2（b）条。因此，立法或其他政府行为迫使 Google 以某种方式安排其搜索排名，即使 Google 通常并不寻求通过其算法"传达意义"，也可能违反第 2 条第 b 款。

[108] Tien, above note 76, p. 634.

[109] See Irwin Toy, above note 6, at pp. 969-70; and Ford, above note 73, at para. 60.

产生的内容的理论来证明。笔者的方法为那些旨在向他人传达信息并选择使用算法来实现这一目的的发言者提供了强有力的保护。关注算法产生的目的还有一个好处，那就是减少了类比推理。很多时候，算法言论案件会演变成审查算法产生的输出是否与人类的表达相似。正确的问题是，算法输出事实上是否是人类试图表达意义的最终结果。这种探究使我们能够突破法律论证中的创造性类比，因为这些类比对发言者是否在向他人传达或试图传达意义几乎没有任何意义。通过聚焦这一核心问题，并关注算法设计的目的，法院可以在不偏离第 2 条第 b 款判例法传统基础的情况下，解决算法言论案件中的新挑战。

第二十七章

美国宪法第一修正案边缘地带中的人工智能

马克·乔纳森·布利茨（Marc Jonathan Blitz）

引言

最高法院于 1943 年表示，美国宪法第一修正案（以下简称第一修正案）所规定的言论自由，保护我们使用语言或非语言符号来创建"思维之间的捷径"（short-cut from mind to mind）的能力。[1] 但是，当这种捷径的两端之一是一种人造的思维时，它是否仍然有效？它是否保护我们从人工智能接收而非从他人处获取文字或符号的权利？所谓人工智能，是一种可以写作、作曲或执行其他曾经专属于人类智能领域的任务的计算机程序。如果确实如此，计算机生成的言论受到何种形式的第一修正案的保护？它与第一修正案保护人类言论的方式有何不同（如果这种不同存在的话）？

在这个人们与计算机交互日益频繁的时代，人们向家中的声控"智能音箱"（如 Alexa、Google Home 和 HomePod）[2] 和智能手机上的"语音助手"（如 Siri、Cortana 和 Google Assistant）[3] 提出问题和发出指令，这些问题越来越受到研究第一修正案的学者的关注。[4] 随着人工智能作者在我们阅读的小说、散文或新闻文章、聆听的音乐以及欣赏的艺术作品中发挥越来越重要的作用，这些问题可能不仅需要学者进行更深入的分析，而且还需要法院进行更严密的审查。程序员们已经在开发能够撰写新闻故事、电子邮件或数据报告的软

---

[1] West Va. St. Bd. of Educ. v. Barnette, 319 US 624, 632（1943）.

[2] See A. Perry, 200 Million People Will Probably Be Using Smart Speakers by the End of This Year, Mashable（April 16, 2019），https：//mashable.com/article/echo-homepod-smart-speakers-canalys/.

[3] See M. McLaughlin, What a Virtual Assistant Is and How it Works, Lifewire（June 24, 2019），www.lifewire.com/virtual-assistants-4138533.

[4] See T. M. Massaro and H. Norton, Siri-ously? Free Speech Rights and Artificial Intelligence（2016）110 Nw. Univ. Law Rev. 1169；T. M. Massaro, H. Norton, and M. E. Kaminski, Siri-ously 2.0：What Artificial Intelligence Reveals about the First Amendment（2017）101 Minn. Law Rev. 2481, 2482；M. E. Kaminski, Authorship, Disrupted：AI Authors in Copyright and First Amendment Law（2017）51 UC Davis Law Rev. 589, 590；R. K. L. Collins and D. M. Skover（eds.），Robotica：Speech Rights and Artificial Intelligence, Cambridge University Press, 2018.

件，这些文字读起来就像是人类作者所写。[5] 哲学家安迪·克拉克（Andy Clark）表示，我们与算法的互动只会变得更加重要。他说，计算机算法已经开始"与我们交谈""观察我们""为我们交易""为我们选择日期"，以及"建议我们该买什么、卖什么或穿什么"。他写道，它们的影响力"将慢慢渗透到人类建造的各种环境中，从桥梁到道路，再到城市以及更小型的智能设备"。[6] 在这样的世界里，我们不可避免地会面临一些问题，即我们如何与这些算法进行交互，以及如何制定法律和政策来管理我们与它们的关系。

如果许多人认为这些问题如此棘手，以至于法院将不得不踏入一个全新且陌生的领域——需要一个与为应对人类发言者而发展起来的截然不同的第一修正原则，这并不会令人惊讶。毕竟，长期以来，大多数人只是从科幻小说中了解到人工智能。因此，思考第一修正案原则如何容纳人工智能，可能需要我们将该原则适应于一个类似科幻小说的世界（并且在此过程中可能需要对其进行根本性的转变）。也许在未来的某一天，这将成为现实：例如，如果机器人和人类如伍德罗·巴菲尔德（Woodrow Barfield）所说那样，融合成为"网络人类"（cyber-humans），[7] 那么言论自由法律可能不得不处理关于我们如何通过计算机无声地发送思想进行交流的问题。[8]

但是，正如本章的主要目的所指出的那样，人工智能言论为第一修正案提出的部分难题并非全新的问题。相反，它们是法院长期以来一直难以解决的第一修正案问题，而人工智能，甚至更简单的计算机算法，有时会使其变得更加棘手。更具体地说，正如笔者将在本章中解释的那样，人工智能和其他计算机算法将使法院面临两个长期存在的第一修正案挑战的新变种：①将"言论"与"行为"区分开的挑战（以及处理它们融合在一起的活动）；②区分受第一修正案保护的"作者身份"（authorship）或"思想编辑"（editing of ideas），与不受保护的操纵或塑造这些思想传播的环境或媒介的挑战。

在更深入地研究这些关于人工智能和算法言论的棘手案例之前，先从一个关于人工智能言论的较简单问题入手会很有帮助。想象一下，一个计算机程序员创建了一个名为"网络柏拉图"（Cyber-Plato）的程序，这是一个人工智能程序，它根据柏拉图实际撰写的对话模型生成新的柏拉图式对话。其中一些可能是派生作品，通过插入新角色来修改柏拉图的实际对话：例如，"网络柏拉图"可能会生成《斐多》（Phaedo）的修订版，描述如果亚里士多德、普鲁塔克、伊壁鸠鲁、笛卡尔等思想家参与了关于灵魂不朽及其与身体分离存在的能力的讨论，以及关于柏拉图形式理论的讨论，他们可能会如何回答（并被苏格拉底回答）。[9] 或者，"网络柏拉图"可以分析柏拉图现有对话的结构和内容，并生成风格相同且涵盖类似主题的新对话，以及可能试图分析苏格拉底及其对话者可能如何理解现代现象，如人工智能或虚拟现实（VR）。

---

[5] B. Marr, Artificial Intelligence Can Now Write Amazing Content-What Does that Mean for Humans?, Forbes (March 29, 2019), www.forbes.com/sites/bernardmarr/2019/03/29/artificial-intelligence-can-now-write-amazing-content-what-does-that-mean-for-humans/#20a2214b50ab.

[6] A. Clark, We Are Merging with Robots. That's a Good Thing, New York Times (August 13, 2018), www.nytimes.com/2018/08/13/opinion/we-are-merging-with-robots-thats-a-good-thing.html.

[7] W. Barfield, Cyber-Humans: Our Future with Machines, Springer International, 2015, pp. 267-84.

[8] Ibid., pp. 9-11, 51-5.

[9] See Plato, Phaedo, E. Braun, P. Kalkavage, and E. Salem (eds. and trans.) (Hackett, 1998), pp. 39, 41-6, 54.

美国宪法对言论自由的保护是否不仅保护人类言论，而且还保护这种计算机生成的言论？这是否会阻止政府审查这种人工智能生成的对话的创建、分发或阅读，即使它们是由计算机程序而不是人类作者编写的？很难说为什么不保护。尽管要等到一个具有柏拉图般哲学深度、洞见和创造力的人工智能"网络柏拉图"，可能需要几十年、几个世纪甚是永远，但它可能仍然可以生成我们认为有教育意义、有信息量或娱乐性的对话。"网络柏拉图"程序本身可能不是拥有第一修正案权利的发言者。但是，像柏拉图一样在公元前347年去世的希腊哲学家，在第一修正案出现之前的2000多年里，也没有这样的权利。然而，那些在美国宪法下享有第一修正案权利的在世个人，可以（正确地）主张，这些权利赋予他们阅读柏拉图作品并进行反思的权利，或通过出售或分发这些作品与他人分享。他们同样可以（非常有说服力地）主张，他们应该有权阅读和分享"网络柏拉图"程序的作品。这是因为，正如托尼·马萨罗（Toni Massaro）和海伦·诺顿（Helen Norton）所解释的那样，即使是一个仅仅旨在造福人类的第一修正案，也不仅仅是为了让人类发言者有机会将他们的想法转化为言语、非言语艺术或象征。它还旨在为人类听众和读者提供一个在文字、艺术或符号中寻找思想（或其他意义）的机会，这是听众和读者即使面对由计算机生成的文字、艺术或符号也能做到的事情。[10] 因此，马萨罗和诺顿强烈捍卫了第一修正案可以保护人工智能言论的主张。[11] 其他学者和作家也持相同观点。[12]

从某种意义上说，笔者刚才考虑过的计算机生成言论的例子是一个相对简单的案例。刚才设想的由"网络柏拉图"程序撰写的文章，并不需要在言论自由的法律解释方面进行重大转变，因为在言论自由的判例法中已经有一个现成的位置来容纳它们：这样一个程序生成的文章，很可能会得到与完全由人类作者撰写的类似文章相同的保护。简而言之，文章已经作为第一修正案中"言论"的一种公认形式，当它们来自计算机算法而不是人类作者时，它们仍然保留这种地位。马萨罗和诺顿以及马戈特·卡明斯基（Margot Kaminski）在他们对人工智能言论的分析中都强调了这一点。正如他们三人在解释为什么人工智能言论应该受到保护，而动物行为却不应该受到保护时所强调的，"人工智能被设计成使用我们的语言，并且越来越多地以看起来像我们、行走像我们、说话像我们的形式这样做"。[13] 卡明斯基在另一篇分析文章中写道，"从人类读者的角度来看，由算法撰写的文章与由人类撰写的文章一样'具有言论性'。"[14] 当人工智能精确地模仿受言论自由保护的活动时，如故事、诗歌、政治声明、笑话和其他言语或非言语表达时，我们没有理由拒绝为其提供第一修正案的保护。虽然我们可能还需要数十年甚至数百年才能创造一个"网络柏拉图"，但已经有能够创作出类似于人类所写的文学作品的人工智能程序。最近的一篇文章指出，科技研发公司 OpenAI 创建的软件可以通过"几个单词或几页纸"的样本来创建新的文本，这

---

[10] See Massaro and Norton, above note 4, pp. 1174-6.
[11] Ibid., pp. 1172-3.
[12] See Massaro et. al., above note 4（其中海伦·诺顿和玛戈特·卡明斯基是合著者）; Kaminski, above note 4; Collins and Skover, above note 4.
[13] See Massaro et al., above note 4, p. 2482.
[14] Kaminski, above note 4, p. 610.

些新文本"可以模仿从古典小说作品到新闻故事的任何风格,这取决于它被输入的内容"。[15] 程序员们已经创造出可以绘画[16]、作曲[17] 和写诗[18] 的人工智能实体,艺术追求者可能会觉得它们很有趣或很有启发性。即使这些人工智能实体缺乏感知力或感受情感的能力,它们也可能以某种方式表达情感,从而给个人带来安慰或鼓励,甚至为那些难以在生活中展现"情商"的人树立情商的榜样。[19] 事实上,有些言论不是来自于人工智能程序,而是来自搜索引擎等更简单的计算机算法。

由计算机算法生成的其他行为将构成一种不同类型的简单案例,即一个明显超出言论自由保护范围的行为示例。例如,考虑一辆自动驾驶汽车的驾驶行为,之所以是自动驾驶,是因为这辆车是由计算机而不是人类驾驶员驾驶的。当一个人驾驶汽车时,她并不是在进行受第一修正案保护的言论活动。因此,政府在制定限速规定和其他交通规则时,不会面临第一修正案的障碍。进而言之,如果人类驾驶汽车不被视为言论,那么计算机驾驶汽车也不太可能被视为受第一修正案保护的言论。正如计算机生成的文章应该与人类创作的文章享有同样的第一修正案保护一样,计算机生成的驾驶行为就像人类驾驶行为一样,也将同样容易地受到交通规则(以及其他政府安全法规)的约束。在这些情况下,我们不需要为计算机算法制定特殊的第一修正案,因为法院已经使用的第一修正案框架可以直接适用于这些活动,无论这些活动是由人类还是计算机进行的,即把文章归类为言论行为,把驾驶归类为非言论行为。

那么,什么会产生涉及人工智能言论的棘手案例呢?这是笔者在本章剩余部分将重点关注的问题。笔者将论证,使许多此类案例变得"棘手"的原因,并不仅仅是人工智能发言者与人类发言者不同,而是其中的一些差异恰好将法院带入了长期以来一直具有挑战性、但因人工智能而更具挑战性的第一修正案"灰色地带"。

---

[15] R. Pringle, The Writing of This AI Is So Human that Its Creators Are Scared to Release It, CBC(February 25, 2019), www.cbc.ca/news/technology/ai-writer-disinformation-1.5030305.

[16] See Art Created by Artificial intelligence, CBS News, www.cbsnews.com/pictures/art-created-by-artificialintelligence/; T. Simonite, We Made Our Own Artificial Intelligence Art and So Can You, Wired(November 20, 2018), www.wired.com/story/we-made-artificial-intelligence-art-so-can-you; J. Muskus, AI Made These Paintings, Bloomberg Businessweek(May 17, 2018), www.bloomberg.com/news/articles/2018-05-17/ ai-made-incredible-paintings-in-about-two-weeks.

[17] M. Barrett and J. Ward, AI Can Now Compose PopMusic and Even Symphonies. Here's How Composers Are Joining in, NBC News(May 29, 2019), www.nbcnews.com/mach/science/ai-can-now-compose-pop-music-even-symphoniesheres-ncna1010931; M. Hutson, How Google Is Making Music with Artificial Intelligence, Science(August 8, 2017), www.sciencemag.org/news/2017/08/how-google-making-music-artificial-intelligence; M. Avdeeff, AI and Humans Collaborated to Produce This Hauntingly Catchy Pop Music, Quartzy(October 11, 2018), https://qz.com/quartzy/1420576/listen-to-haunting-ai-generated-pop-music-from-skygge-and-kiesza/.

[18] A. Cafolla, Artificial Intelligence Is Writing Poetry, But Is It Any Good?, Dazed(August 14, 2018), www.dazeddigital.com/science-tech/article/40985/1/artificial-intelligence-ai-poetry-sonnet-shakespeare; D. Robitzski, Artificial Intelligence Writes Bad Poems Just Like an Angsty Teen, Futurism(April 26, 2018), https://futurism.com/artificial-intelligence-bad-poems.

[19] The Rise of Emotional Robots, Sapiens(August 28, 2018), www.sapiens.org/technology/emotional-intelligence-robots/.

一、在言论和行为之间的边缘地带

有时，言论建立的通往另一个思维的交流途径，反而（至少部分地）成为了产生物理、财务或其他"非言论性"效果的途径，而这些正是国家长期以来有权且有责任监管的领域，例如造成财产损害或个人健康或安全的伤害。试想这样一个例子，未来某款人工智能程序在智能手机上运行，向听众讲述19世纪末20世纪初芝加哥的历史故事。[20] 但这款人工智能程序提供了额外的附加功能：它可以连接到一辆自动驾驶汽车上，如一辆由计算机而非人类驾驶员驾驶的汽车。当然，在撰写本章时，普通驾驶员这样做是违法的：自动驾驶汽车目前仅在特定条件下才能获得批准以参与日常交通。但想象一下未来的芝加哥，在这里，自动驾驶是合法且常见的。当这款"芝加哥历史手机应用程序"连接到芝加哥市区内的一辆汽车时，它不仅会提供引人入胜的芝加哥历史解说（可能以当地名人的声音），还会驾驶与其连接的汽车穿梭于城市交通中，将乘客带到它所讲述的每个历史事件现场。这个应用程序中的人工智能可能会将用户的汽车开到1893年世界博览会期间位于中途公园（Midway Plaisance）的第一个摩天轮所在地的附近，[21] 或者在格兰特公园中，一束光完成了它从恒星大角星（Arcturus）的旅程，触发了探照灯的光芒，四十年后，1933年世界博览会——"进步世纪"（the Century of Progress）博览会由此拉开序幕，[22] 又或者开到城里的许多其他历史遗址。用户只需悠闲地坐着，让人工智能驾驶汽车，同时充当历史导游。

当然，在这种情况下，政府不会因第一修正案的约束而无法对人工智能的活动进行监管。第一修正案可能会阻止政府监管人工智能讲述的芝加哥历史的内容。但是，它将不会阻止政府监管（或禁止）人工智能驾驶汽车在城市交通中穿行。正如之前提到的，驾驶汽车并不属于言论，因此政府可以像规制人类驾驶一样轻松地规制计算机驾驶，即使这种驾驶与言论结合在一起。[23] 同样的道理也适用于将人工智能言论与其他非言论活动结合在一起的情况。例如，某人计算机上的人工智能为了计算机用户的利益，正在叙述它是如何侵入位于另一地点的政府计算机的：即使叙述受到言论保护，但入侵行为可能并不受保护，政府可能会根据联邦《计算机欺诈和滥用法》（Computer Fraud and Abuse Act, CFAA）将其

---

[20] See M. J. Blitz, Augmented and Virtual Reality, Freedom of Expression, and the Personalization of Public Space, in W. Barfield and M. J. Blitz (eds.), *Research Handbook on the Law of Augmented and Virtual Reality*, Edward Elgar, 2018, pp. 320-2.

[21] See A Trip through the Midway Plaisance, Friends of the White City, www.friendsofthewhitecity.org/architecture/buildings/the-midway-plaisance.

[22] See B. King, The Curious and Confounding Story of How Arcturus Electrified Chicago, Universe Today (March 19, 2013), www.universetoday.com/100799/the-curious-and-confounding-story-of-how-arcturus-electrified-chicago/.

[23] 一个更棘手的问题，也是笔者和其他学者在别处探讨过但在此不会深入分析的问题，那就是政府是否可以——在符合宪法第一修正案的前提下——禁止驾车前往某个地点，此举并非为了维护公众安全，而是为了防止人们了解该地点的历史。See J. Bambauer, Is Data Speech? (2014) 66 Stan. Law Rev. 57, 60-1（主张如果政府限制个人以防止他们从观察中获得知识，将违反第一修正案）; See M. J. Blitz, The Right to Map (and Avoid Being Mapped): Reconceiving First Amendment Protection for Information-Gathering in the Age of Google Earth (2013) 14 Colum. Sci. Technol. Law Rev. 115, 124-5（主张根据美国宪法第一修正案，"个人应该能够用自己的眼睛观察环境"，而不仅仅是通过地图或其他表现形式，在某些情况下，政府"试图掩盖景观的部分内容以确保个人无法理解它"时，就违反了第一修正案）。

认定为刑事犯罪。[24] 正如笔者将在下面解释的那样，法院已经形成了一套理论来帮助他们处理言论行为与非言论行为（如驾驶汽车或入侵计算机）相结合的情况，法院也已经将这些理论应用到涉及计算机软件的案例中。当人工智能实体"创作"的内容，或者可能与人类发言者"共同创作"的内容不是文章、书籍或其他公认的言论形式，而是某些类型的物质或虚拟对象（material or virtual objects），或者是我们在现实世界中采取的非言论行为时，人工智能所享有的第一修正案保护就会减少。

我们无需依靠关于芝加哥历史之旅的未来幻想，就能更好地理解第一修正案如何适用于人工智能和其他软件。法院已经在努力解决法律如何处理由计算机或通过技术不那么先进的手段生成的言论和非言论行为"混合体"的问题。

在计算机相关的法律案例中，也许最著名的例子是，法院如何处理因政府限制加密或解密程序共享而引发的涉及第一修正案的法律争议。联邦法院在三起案件中对这个问题进行了早期的司法分析，即 Bernstein v. United States Department of State 案[25]、Junger v. Daley 案[26] 和 Karn v. Department of State 案[27]。在前两起案件中，学者们希望在论坛（学术会议、出版的期刊文章或网站）上分享加密或解密程序的源代码，以供外国人使用。[28] 在 Karn 案中，一位通信工程师企图将一张装有密码学程序源代码的光盘和布鲁斯·施奈尔（Bruce Schneier）所著《应用密码学》（*Applied Cryptography*）一书的副本一起寄出。[29] 在所有这些案件中，美国国务院告知希望分享源代码的个人，除非政府允许，否则美国出口法律禁止此类分享。希望分享源代码的学者或专业人士反驳称，他们有权根据第一修正案这样做。

2001 年，第二巡回法院遇到了另一个类似的案件：在 Universal City Studios v. Corley 案中，法院必须裁定，当政府禁止编程爱好者和电脑爱好者分享或链接一款基本上可以破解 DVD 电影版权保护技术的电脑程序，从而允许用户违反美国版权法复制这些电影时，政府是否侵犯了他们的言论自由。[30]《数字千年版权法》（DMCA）明确规定，"规避"此类技术版权保护措施，或"交易任何技术、产品、服务、设备、组件"，而这些技术、产品、服务、设备、组件"主要用于"实现此类规避行为，均属违法行为。换句话说，《数字千年版权法》通过确保当版权所有者建立数字"围栏"或其他措施来保护其知识产权时，潜在的盗窃者无法找到绕过这些数字围栏的方法，也无法购买或以其他方式获得数字等效的"钢锯"（hacksaw）或非法生产的密钥——从而让他们切开这样的围栏或非法打开它，而不是从所有者那里获得许可（以及随此许可提供的合法"密钥"）。政府表示，解密程序的设计旨在允许计算机用户突破此类数字围栏或以其他方式规避它，这正是《数字千年版权

---

[24] See 18 USC § 1030 (a)(2): 改为"任何人"未经授权故意进入计算机或超出授权进入，从而从任何受保护的计算机中获取……信息，都将受到刑事处罚。"

[25] Bernstein v. Dep't of Justice, 176 F. 3d 1132（9th Cir. 1999）; Bernstein v. Dep't of State, 922 F. Supp. 1426（ND Cal. 1996）.

[26] Karn v. Dep't of State, 925 F. Supp. 1（DDC 1996）.

[27] Junger v. Daley, 209 F. 3d 481, 484（6th Cir. 2000）.

[28] Ibid. at 484–5; Bernstein, 922 F. Supp, above note 25, at 1428–30; Bernstein, 176 F. 3d, above note 25, at 1135–7.

[29] Karn, above note 26, at 3–5.

[30] Universal City Studios v. Corley, 273 F. 3d 429, 435（2nd Cir. 2001）.

法》所禁止的技术类型。然而，与伯恩斯坦（Bernstein）、琼格（Junger）和卡恩（Karn）一样，那些希望共享该程序代码的人坚持认为，他们有权根据第一修正案谈论该程序并向其他读者传授相关知识。

585 　　在所有这些案件中，法院面临的困难在于，所涉及的计算机算法具有双重性质。它们由"源代码"形式的计算机编程语言行组成，某些读者可以阅读并从中学习（就像阅读一篇散文或柏拉图式的对话一样）。但是，此代码不仅可以由人类读取，还可以由计算机"运行"或执行，从而以某种方式生成非言论行为。例如通过解密来"解锁"存储在计算机上的文件，或者在由计算机控制的电器设备甚至汽车中触发操作。正如第二巡回法院在 Universal City Studios v. Corley 案中指出的，所涉及的解密代码具有这两个方面的特征。它之所以具有言论性，是因为程序的源代码包含了"人类能够理解和评估的信息。程序员阅读程序时可以学习有关给计算机发出指令的信息，并可能利用这些信息提高个人编程技能，甚至提高编程技艺"。[31] 它就像告诉读者如何执行特定任务的烹饪食谱或乐谱；或者就像一个使用手册或其他教育性文档，不仅使用口语化的英语提供指导，而且还通过一种"边做边讲"的方式——即让个体直接通过查看和理解计算机程序的源代码，来学习如何给计算机下指令。在这里，计算机算法不是人工智能发言者，而是言论本身。但是，当相同的代码行不仅仅由人读取，而是被机器执行时，其结果就不是言论——至少当一段代码被用来破解版权保护措施时，它通常不被视为一种受保护的言论。它更像是一个充当数字等效物的"万能钥匙"，而"窃贼可以使用……来开启门锁"。[32] 法院认为用这样的钥匙去开启一扇实体门并不具有言论性，同样地，未经授权解锁一道电子门也不具有言论性。[33]

586 　　尽管法院对分析有关计算机软件的第一修正案问题还比较陌生，但这些问题并不是法院首次遇到或完全陌生的：毕竟，软件不仅可以传达信息或情感，同时还可能做其他事情，从而对个人安全或财务状况产生有害影响。焚烧征兵卡可以作为抗议战争的一种方式，但同时它也会销毁政府记录（并可能对附近的人或财产造成安全隐患）。举着牌子穿越十字路口可以向旁观者传达游行者的信仰，但也可能会阻碍交通。在街上出售印有艺术图案的 T 恤或手袋显然涉及艺术创作表达，但这也是销售商品的行为，而政府通常会对此类行为进

---

[31] Ibid. at 447.

[32] Ibid. at 452.

[33] 诚然，人们很可能会对论点的第一部分提出质疑，即源代码是具有言论性的，因为程序员可以通过检查它来学习。第九巡回法院对食谱的类比并不完美：只有当人类读者理解食谱的说明，然后按照说明将食材混合烹饪，食谱才能变成一餐饭。烤箱无法接收食谱并自己烹饪饭菜。相比之下，源代码即使被对编写它的编程语言一窍不通的人接收，也能产生计算机操作。这个人可以复制代码，将其转移到编译器，然后生成计算机操作，就像一个人可以拿起万能钥匙并使用它一样，即使他几乎没有注意这把钥匙的设计（也没有从这种钥匙的设计中学到任何经验）。但正如法院在 Junger 案中所说，语言的功能性并不排除言论自由保护。另一部分质疑是，强调程序员可能从源代码中学到一些东西，实际上证明得太多了，因为这可能会使被传输的物体（如万能钥匙）也变成第一修正案的言论。虽然接收万能钥匙的人可能只是用它来开门，但如果这个人是锁匠，她可能会检查钥匙或锁舌，并学习一些钥匙设计的知识。或者一个人可以通过转让挂锁来传递关于它的信息。这是奥林·科尔（Orin Kerr）提出的一个对将软件视为言论的挑战，因为它传达了信息。O. Kerr, Are We Overprotecting Code? Thoughts on First-Generation Internet Law (2000) 57 Wash. Lee Law Rev. 1287. 第二巡回法院注意到并回应了科尔的论点，强调"代码并不因为某些传递信息的载体不是言论而无法成为言论。代码和挂锁都可以传递信息，但只有代码能成为言论，因为它使用了人类可以理解的符号系统，符合言论的沟通方式"（Universal City Studios v. Corley, above note 30, at 449 n. 24）。

行监管。几十年前,法院就已经开始为这类案件制定原则。他们这样做的目的是确保政府在任何情况下都可以适当地对此类言论活动进行监管,以保护公众免受随之而来的非言论性影响——如政治抗议可能带来的财产破坏或交通阻塞,或者街头售卖艺术品可能对城市人行道上商业活动数量的影响。简而言之,法院已经有一套理论工具来处理那些跨越言论与非言论行为界限的人类活动案件。因此,当计算机算法似乎也同时触及这一界限的两侧时,他们寻求并应用这套理论工具也就不足为奇了。

正如 Universal City Studios v. Corley 案所明确的那样,这套工具中的关键原则是一项被称为"奥布莱恩测试"(O'Brien test)的法律测试,它源自最高法院的案例,即 United States v. O'Brien 案。[34] 该案件是上述混合行为的一个例证:为抗议越南战争而焚烧征兵卡。这就是 1966 年大卫·奥布莱恩(David O'Brien)的所作所为,并且他因此被国会的一项法案起诉,该法案将销毁征兵卡定为犯罪。[35] 法院必须裁定,国会法案通过对焚烧征兵卡进行的象征性抗议的限制是否合乎宪法。而法院的回答基本上是肯定的,只要满足以下条件:①政府的监管针对的是焚烧征兵卡的非言论性方面(如其对财产的破坏性作用),而不是其潜在信息或其他言论性内容;[36] ②政府对于监管这种非言论性损害所表现出的利益是"重大"利益,这足以证明因禁止表达政治观点的手段(如焚烧征兵卡)而附带产生的对言论自由的损害是合理的;[37] ③政府没有对言论施加比实现这一重大利益所必需的更严格的限制。[38] 在 O'Brien 案中,法院认定政府满足了这项测试:法院表示,禁止焚烧征兵卡的理由是为了保存一份重要记录,而不是噤声反越战抗议者。这份记录对于军事征召来说非常重要,而军事征召又是国家战备的重要组成部分,因此政府保护这些记录的利益是"重大的"。[39] 并且政府并没有比必要情况下更多地限制言论:它只是通过将销毁征兵卡定为非法行为来保护征兵卡不被销毁,而并没有限制任何其他形式的言论。[40]

第二巡回法院在 Universal City Studios v. Corley 案中应用了同样的测试,得出的结论是,政府限制传播可能规避版权保护的解密软件并不违反宪法。政府的目的不是阻止人们阅读和学习软件,而是保护财产。[41] 法院表示,防止侵犯版权是一项重大利益。此外,法院表示,政府使用《数字千年版权法》的规定,在防止此类侵犯方面,并没有对言论进行超出必要范围的实质性限制。[42] 政府称,《数字千年版权法》禁止科利(Corley)等人在自己的网站上发布解密代码的源代码,并禁止链接到发布该代码的其他网站。尽管法院对禁止链接到他人言论的规定表示了一些担忧,但它最终认定此类禁令并不过分,因为那些寻求传播工具以突破版权保护的人,可能会"在任何预防措施被有效采取之前,就使该工具在

---

[34] United States v. O'Brien, 391 US 367 (1968).
[35] Ibid. at 369-70.
[36] Ibid. at 377(法院表示,政府压制这些活动的理由必须"与压制言论自由无关")。
[37] Ibid.
[38] Ibid.
[39] Ibid.(法院还提到了第四个要求,即政府实施的限制必须"在其宪法权力范围内"。但在大多数其他情况下,没有必要提及政府不能超越其宪法权力行事,例如,试图占有私人财产,但并非出于公共用途)。
[40] Ibid.
[41] Universal City Studios v. Corley, above note 30, at 449 n. 24.
[42] Ibid. at 454:"政府在防止未经授权访问加密的版权材料方面的利益无疑是巨大的,而通过禁止发布来监管 DeCSS 显然符合这一利益。"

全球范围内瞬间传播开来"。[43]

可以肯定的是，人们可能会就如何将奥布莱恩测试应用于此类软件案件产生分歧，因为在这些案件中，程序员能够阅读的相同源代码可以很容易地被复制并粘贴到编译器中，然后在计算机上运行以产生非言论行为。

可以推测，法院将对任何其他类型的计算机算法应用相同的分析，这些算法在计算机上执行时会输出某种非言论行为。以计算机程序或文件为例，它们就像柏拉图在《蒂迈欧篇》（Timaeus）[44]中关于世界创造神话中的"造物主"一样，不仅仅向读者或其他受众提供一套用于观看或思考的思维概念，而且当它们与3D打印机连接时，可以将这些概念转化为物质形式。3D打印通常从一个"计算机辅助设计"绘图开始——这是一种打印机可以读取的文件——然后逐层构建设计中描绘的物体，每一层都是由打印机中存储的原材料构建而成。这个过程依赖于计算机算法。源代码是使打印机工作的必要条件，而计算机辅助设计文件则为打印机创建的对象提供了模型。

法院很可能会像第二巡回法院在 Universal City Studios v. Corley 中分析解密程序那样，将第一修正案适用于这种涉及3D打印枪支的程序：源代码和计算机辅助设计文件将构成第一修正案所保护的言论，因为其他程序员可以阅读和学习它。但是，在3D打印机上生产枪支本身并不属于第一修正案的活动（尽管该活动很可能会得到第二修正案某种程度的保护，因为这是个人获得该修正案允许他们"持有和携带"武器的一种方法）。

Universal City Studios v. Corley 案中，使奥布莱恩测试相对容易应用的一个方面是，共享计算机代码的言论性和非言论性维度很容易分离（至少在概念上是如此）：法院表示，当软件以人类读者可以阅读和理解的源代码形式存在时，它就具有言论性。当软件从源代码转换为目标代码，并在机器上执行以产生某种非言论行为（如解密文件）时，它就具有非言论性。因此，这里的软件之所以具有言论性，并不是因为它产生了第一修正案的言论，而是因为源代码本身就是言论。它由单词组成。计算机软件言论性和非言论性维度之间的这条分界线，使得法院更容易应用奥布莱恩测试：为了确定政府法规是针对软件的言论性还是非言论性元素，法院可以通过尝试确定政府的法律是为了防止人类个体理解软件，还是试图防止计算机运行软件以产生非言论行为来区分，如解密文件、控制汽车或电器。

当争议焦点在于计算机的输出本身是否具有言论性时，法院通常面临一个更困难的问题。解锁一个文件或安全设施的电脑控制门，显然可以算作是非言论性行为。生产实用物品（如枪支、刀具或开关）也可能被视为非言论性行为。

但计算机软件所做的其他事情则更难分类。

关于法律和算法的讨论，需要考虑交互式虚拟现实环境。20世纪60年代以来，计算机生成的虚拟现实环境一直在开发中。但直到过去十年，由于 Google 的 Oculus Rift 和 HTC

---

[43] "尽管禁止发布的禁令阻止上诉人向他人传达 DeCSS 的言论部分，但上诉人既没有提出，更没有展示任何能够阻止他们进行这种即时全球分发解密代码（该分发对代码的言论部分限制较小）的技术。"（ibid.）.

[44] 其他人也注意到了3D打印与柏拉图《蒂迈欧篇》中造物者（demiurge）之间的类比，后者按照宇宙形式的模式创造了宇宙中所有的物质存在。See，e.g.，M. Ferraris, From Fountain to Moleskine: The Work of Art in the Age of Its Technological Producibility（Brill，2019）（"3D打印是柏拉图《蒂迈欧篇》中展开的故事的延续，其中的造物主通过思想构建世界"）.

Vive等虚拟现实视频游戏系统的出现，它们才广泛地被消费者所使用。[45] 从本质上讲，虚拟现实环境是对物理环境的模拟，通常是通过将光线投射到头戴式显示器或特殊类型房间的墙壁上，并发出声音来创建的。[46] 有时，手套、紧身衣或其他设备也会模拟人们靠墙或持武器时的触觉感受。[47] 这种计算机生成的虚拟现实技术对第一修正案提出了潜在的挑战：它采用了一种在物理世界中通常不被视为第一修正案言论方式的物理景观或物体，如街道、建筑物或山脉、汽车、飞机或直升机、刀具或机枪，并以数字方式重新创建它们，以便它们可以被融入到更具言论性的行为中，如交互式3D视频游戏、设置在虚拟世界中的沉浸式剧场、教育性立体模型（educational diorama），或旨在帮助人们学习驾驶、射击或攀岩的课程。

关于计算机算法（与其他技术如GPS等相结合）捕获持续的位置追踪信息，然后将这些信息纳入过去一周内个人所到之处的记录，可能会引发类似的问题。这个过程的所有方面都属于第一修正案的言论吗？生成报告的信息很可能属于。正如肯尼迪（kennedy）大法官在IMS Health v. Sorrell案中所写的那样，"事实是推动人类知识和处理人类事务方面最为重要的许多言论的起点"，因此没有理由不保护原始的事实数据。[48] 正如第二巡回法院在Universal City Studios v. Corley案中所说："枯燥的信息，即使没有宣传性、政治相关性或艺术表达性，也受到第一修正案的保护。"[49]

但是，这是否意味着捕获和处理这些位置数据也属于言论？这一点就不那么明确了。并非所有产生言论所必需的活动本身都具有言论性。建造音乐厅不一定是一种言论，即使在那里进行的音乐表演是一种言论。克隆动物或人类几乎可以肯定不是一种言论，尽管这样做可以进行科学研究，为文章或其他科学报告提供基础。[50] 根据阿舒托什·布哈瓦特（Ashutosh Bhagwat）的说法，当第一修正案对言论的保护扩展到那些使此类言论得以产生的非言论行为时，就会出现复杂的问题，即这种保护在何时以及在多大程度上适用。[51] 当人工智能或其他计算机算法从事通常被认为是非言论性的活动，并将其作为后续言论性活动的基础时，就会出现这类问题。

法院还面临着另一个类似的挑战：当人工智能实体或计算机算法扮演专业人士或其他专家顾问的角色时，第一修正案将提供何种保护（如果这种保护存在的话）？从表面上看，

---

[45] J. Dujmovic, Here's Why You Will Be Hearing More about Virtual Reality, Marketwatch (July 15, 2019), www. marketwatch. com/story/heres-why-you-will-be-hearing-more-about-virtual-reality-2019-07-15.

[46] See Virtual Reality, Wikipedia, https://en.wikipedia.org/wiki/Virtual_reality; H. Rheingold, *Virtual Reality: The Revolutionary Technology of Computer-Generated Artificial Worlds-and How It Promises to Transform Society*, Simon & Schuster, 1992, p. 355.

[47] See B. Lewis, Virtual Reality, Haptics, and First Amendment Protection for Sexual Sensation, in W. Barfield and M. J. Blitz, (eds.), *Research Handbook on Law of Augmented and Virtual Reality*, Edward Elgar, 2018, pp. 275-303.

[48] Sorrell v. IMS Health Inc., 564 US 552, 570 (2011).

[49] Universal City Studios v. Corley, above note 30, at 446. See also J. Bambauer, Is Data Speech? (2014) 66 Stan. Law Rev. 57, 61 （认为报告事实数据属于言论）。

[50] See B. P. McDonald, Government Regulation or Other "Abridgements" of Scientific Research: The Proper Scope of Judicial Review under the First Amendment (2005) 54 Emory Law J. 979, 1037 （他指出，禁止克隆"主要是为了防止某些可能由被禁止的科学程序（植入克隆人类胚胎或使用胚胎获取特殊细胞进行医学研究）引起的行为，或已经产生的行为，而不是为了压制与此类研究相关的想法或信息"）。

[51] A. Bhagwat, Producing Speech (2015) 56 Wm. & Mary Law Rev. 1029.

这似乎与计算机生成的活动融合了言论性和非言论性元素所带来的挑战完全不同，但实际上它们非常相似。专业建议通常以文字的形式出现，从这个意义上说，它似乎完全具有言论性。但是，尽管这些来自医生、律师或财务顾问的话语传达了说话者的想法，但这些想法在听众的生活中的地位，与在公共讨论或与朋友或熟人的闲聊中出现的话语截然不同。这些专业话语是个体可以依赖的说话者的想法。例如，他们期望医生的建议能够借鉴医学界的专业知识，并按照定义医学实践的标准给出。只要医生遵守这些专业标准，第一修正案就可能保护他们自由发言的权利。例如，当一位医生说他认为医用药品对健康具有某些益处时，第一修正案会保护他，即使这种医学意见是政府不希望出现的。[52] 第一修正案不保护的是医生做出违背良好医疗实践的建议，从而辜负患者对他们的信赖的行为。这可能构成医疗过失，而第一修正案并不会改变这一事实或使其变得不同。

因此，专业建议——就像混合了言论与非言论行为的情形——横跨了一条界限，这条界限将思想领域（政府必须置身事外，让说话者和听众自由进行他们想进行的对话）与政府有责任保护健康、安全和财产的领域分隔开来。在这里，政府的职责不是保护个人免受焚烧征兵卡、阻碍交通或计算机解密等行为的物理后果，而是保护他们免受无能医疗或其他专业建议的损害。毕竟，我们的健康不仅可能因食用不健康或受污染的食物，或使用不安全的药物而受到损害，还可能因误诊或无法判断特定疾病所需的治疗而受到损害。换言之，我们依赖的专业建议可能会损害我们的健康。因此，政府不仅有理由监督和管理公司生产食品和药品的过程，还有理由监督和管理医疗专业人员向我们提供口头指导的过程。

当人工智能或其他计算机程序取代人类成为专业建议的提供者时，它们也将横跨类似的第一修正案的界限。例如，想象一个人工智能心理治疗师。菲利普·狄克（Philip K. Dick）在小说《帕尔默·埃尔德里奇的三个病征》（*The Three Stigmata of Palmer Eldritch*）已经设想过这样的场景：人们打开手提箱大小的机器，就可以与由更大型计算机生成的人工智能心理学家"微笑博士"进行连接和对话。[53] 科技公司现在正在努力创建这种人工智能的真实版本。有篇文章报道称："多家初创公司已将人工智能和虚拟现实结合起来，创建了一位可以与患者实时互动的虚拟治疗师。"[54]——一家公司"利用机器学习功能，识别出有精神健康问题的患者，并根据他们的病史和行为模式提供定制的治疗方案。"[55] 南加州大学的研究人员开发了一位名叫"艾莉"的虚拟治疗师，其"姿态、动作和言语都在模仿真正的治疗师，但还没有到看起来完全真实的程度"。[56]——一篇关于艾莉的文章写道，"患者承认，他们觉得虚拟治疗师对自己的评判更少，因而自己对虚拟治疗师更敞开心扉，尤其是当他们得知虚拟治疗师是由机器自动操作而不是由远程人员控制的时候"。[57] 法律和

---

[52] See Conant v. Walters, 309 F. 3d 629 (9th Cir. 2002).

[53] P. K. Dick, *The Three Stigmata of Palmer Eldritch*, Houghton Mifflen, 2011, pp. 1-6, 98-100.

[54] A. Asokan, Can AI Be an Effective Therapist?, Analytics India Magazine (March 1, 2019), www.analyticsindiamag.com/can-ai-be-an-effective-therapist/.

[55] Ibid.

[56] A. Tieu, We Now Have an AI Therapist, and She's Doing Her Job Better than Humans Can, Futurism (July 16, 2015).

[57] Ibid.

医学领域也在尝试类似的创新。[58]

对这类人工智能专家依据第一修正案进行分析的起点，可能与分析人类专家在类似主题上的起点相同。只要他们保持在用户依赖其提供的专业知识的范围内，他们就将受到保护，免受政府干预。他们会受到政府监管，以保护个人免受因依赖错误或无用的建议而造成的伤害。[59] 与人类的专业言论领域一样，很可能会出现关于人工智能发言者是否自诩为专业专家，以及人类是否有权依赖它的问题。毕竟，如果人工智能发言者没有邀请人们依赖其专业智慧，甚至可能积极警告用户不要产生任何此类依赖，那么有人可能会争辩说，第一修正案不应允许政府因这种人工智能发言者未达到其从未声称能达到的专业标准而对其进行惩罚。在第一修正案学术研究时经常讨论的一个案例中，法院拒绝让原告从一本"蘑菇百科全书"（mushroom encyclopedia）的出版商那里获得赔偿，因为原告错误地依赖了该百科全书关于某些蘑菇无毒的陈述。[60] 尽管百科全书的作者声称对蘑菇有专业知识，但法院认为，他们并不像医生、律师或其他受托人对待病人和客户那样行事。[61] 相反，他们是以一本广泛流传的书籍的形式提供信息，个人必须用与对待其他书籍或网站相同的怀疑态度来看待这本书，因为在一个自由的社会里，这些书籍或网站很可能同时包含真实和虚假的信息。可以说，一些用于提供医疗、法律或其他专业建议的人工智能程序同样值得怀疑，而不是像专业关系中那样值得依赖和信任。[62]

因此，这在很大程度上将取决于个人与这类人工智能专家互动时出现的特定社会实践，以及他们预期和实际对人工智能建议的反应。在 Commodity Futures Trading Commission v. Vartuli 案中，第二巡回上诉法院裁定，尽管交易指令采取了语言形式，但由计算机发出的交易指令并不构成言论。[63] 法院在描述该系统时指出，"用户被告知"，为了使系统能够运行，他们必须"毫无保留地遵循信号"。当系统显示"卖出"信号时，客户应该卖出；当系统显示"买入"信号时，客户应该买入。法院说，这些指令并不构成言论，因为这些指令是"以一种完全机械的方式被使用的，就好像是对机器发出的启动或停止的指令一样"。[64] 在其他情况下，个人需要思考人工智能专家所说的话，而不是立即按照指令行事。在此，人工智能的建议将构成言论，但可能获得的保护比"网络柏拉图"的言论、人工智能画家或作曲家创作的艺术作品所获得的保护要少。

本章的关键点在于，人工智能和其他计算机算法之所以会引出棘手的第一修正案案件，其原因并非算法领域所独有，而只是一个老问题以新的、技术复杂的形式出现，即某些类型的言论或艺术表达跨越或模糊了第一修正案的一条重要界限。现代第一修正案法律（以及更广泛的宪法法律）的部分内容建立在一种区分之上，正如最高法院在2003年所描述的

591

---

[58] See C. Metz, A. I. Shows Promise Assisting Physicians, New York Times（February 11, 2019）, www.nytimes.com/2019/02/11/health/artificial-intelligence-medical-diagnosis.html; S. Liao, "World's First Robot Lawyer" Now Available in All 50 States, The Verge（July 12, 2017）www.theverge.com/2017/7/12/15960080/chatbot-ai-legaldonotpay-us-uk.

[59] See M. J. Blitz, Free Speech, Occupational Speech and Psychotherapy（2016）44 Hofstra Law Rev. 681.

[60] Winter v. G. P. Putnam's Sons, 938 F. 2d 1033, 1037-8（9th Cir. 1991）.

[61] Commodity Futures Trading Comm'n v. Vartuli, 228 F. 3d 94（2nd Cir. 2000）.

[62] Ibid. at 111.

[63] Ibid.

[64] Ibid.

那样，这种区分将人类活动领域划分为国家通常被允许并预期会大力监管的领域，以及为我们个人自主保留的生活领域，在后者中"国家不应成为主导力量"。[65] 更具体地说，根据美国宪法，政府有权颁布法律，保护个人安全和财产安全，使其免受人身攻击、财产威胁、商业欺诈、疏忽或鲁莽驾驶，以及许多其他危险。但法院表示，这种权力通常并不延伸到"思想、信仰、言论和某些私密行为"的领域。根据第一修正案的言论自由条款，政府不得像宣布某些食品或药品不适合销售、分发或消费那样，正式宣布某些思想不适合我们讨论或思考。像其他活动一样，当计算机程序超越向我们提出可供思考的思想（如人工智能生成的柏拉图式对话或其他文章）的范畴，转而指示3D打印机打印具有实用功能的物品或提供对行动至关重要的医疗建议时，该计算机程序的活动可能至少部分地超出第一修正案的保护范围。

个人自主领域与国家监管适用领域之间的这种二分法，在实际应用中远非简单明了。毕竟，许多无疑受到第一修正案保护的言论，对个人的健康和安全利益或商业福祉都有影响。如一本书或杂志上的文章写道，疫苗会导致自闭症，并且它说服成千上万的人放弃接种疫苗。这种"反疫苗"的论点对政府负责保护的公共卫生利益产生了影响。[66] 但这并不意味着政府可以审查这些论点，因为当它们在公开辩论中出现时，这些论点无疑是受第一修正案保护的言论。因此，我们不能仅仅因为某项活动对个人安全、健康和政府负责监管的商业利益产生影响，就将其定义为非言论行为。[67]

也许正因如此，法院通常会寻求其他测试来划定言论行为与非言论行为之间的界限。对于一些人来说，答案是由社会习俗提供的：某些非言论行为现在被公认为艺术表达——例如，器乐、绘画和雕塑都是艺术家表达自己的公认的方式。[68] 同样，在现代社会，摄影、电影和视频也是如此。我们同样可以问，某些人工智能活动或计算机程序是否"本质上具有言论性"——也许可以通过问它们是否与常见的言论形式相似来得出答案。最高法院在2001年得出结论，电子游戏是一种言论行为，它们拥有许多与电影相同的特征，这些特征使电影被视为第一修正案所保护的言论："与之前的受保护的书籍、戏剧和电影一样，电子游戏通过许多熟悉的文学手法（如人物、对话、情节和音乐）以及通过该媒介的独特功能（如玩家与虚拟世界的互动）来传达思想，甚至是社会信息。"[69] 法院可能会对虚拟现实（VR）的某些用途，或关于3D打印机的不同输出提出同样的问题。

法院可能用来确定计算机活动是否具有言论性的另一项测试是"斯宾塞测试"（Spence test）。即使某项活动不是公认的艺术或其他言论形式，但当个人使用它来向受众传达信息，

---

[65] Lawrence v. Texas, 539 US 558, 573-4（2003）.

[66] See M. J. Blitz, Lies, Line Drawing, and (Deep) Fake News (2018) 71 Okla. Law Rev. 59, 74："……不仅受保护的言论能对安全和财产产生强大影响，目前第一修正案的保护也经常涉及这些利益。"

[67] 正如第九巡回法院在Bernstein案中指出的，言论不会仅仅因为存在"一丁点的'直接功能性'"就停止成为言论。言论可能具有实际影响的事实并不会剥夺其言论维度。See Bernstein, 176 F. 3d at 1142（9th Cir. 1999）.

[68] See Hurley v. Irish-Am. Gay, Lesbian, Bisexual Group of Boston, 515 US 557, 568（1995），（法院指出，如果第一修正案只保护具有信息的口头或非口头行为，它将"永远无法触及确认受保护的杰克逊·波洛克的绘画、阿诺德·勋伯格的音乐或刘易斯·卡罗尔的《飞舞的贾巴沃克》诗篇"）。这表明这些艺术形式本质上是言论性的，即使没有任何信息。M. V. Tushnet, A. K. Chen, and J. Blocher, *Free Speech Beyond Words*：*The Surprising Reach of the First Amendment*, Kindle edn., New York University Press, 2017.

[69] Brown v. Entm't Merchants Ass'n, 564 US 786, 790, 131 S. Ct. 2729, 2733, 180 L. Ed. 2d 708（2011）.

并且这种传达是在信息可能成功沟通的背景下进行的,那么它也可能被视作一种言论。例如,焚烧棒球帽并不是人们通常用来表达自己的方式;如果我们看到小巷里燃烧的棒球帽,我们不太可能去想它要传达什么信息。但是,如果有人点燃一顶印有支持共和党或民主党口号的棒球帽,我们很可能会将其理解为一种抗议。因此,我们可能会采取这样的立场,即当人工智能实体在传达信息时,它们同样是在进行言论。斯图尔特·米诺·本杰明(Stuart Minor Benjamin)支持这一主张:他认为,算法是否参与言论的"试金石",在于该算法是否"在传达实质性信息,而这种信息可以依赖或不依赖算法来传达"。[70]

即使在考虑人工智能的宪法地位时,人们依赖于社会习俗、斯宾塞测试或其他第一修正案涵盖范围的测试,但重要的是不能忽视第一修正案为什么将人类活动划分为这样的二分法。换句话说,至少有一个将人类活动划分为"言论"和"非言论"的主要原因,即为个人自主权保留一定的生活领域,同时仍然为政府提供保护个人安全、健康和其他利益所需的空间。实际上,过去关于计算机活动在第一修正案中的地位的研究已经提出了类似的论点。例如,在考虑计算机生成的虚拟世界是否构成第一修正案的言论时,杰克·巴尔金(Jack Balkin)认为,答案将取决于虚拟世界活动是由戏剧表演或游戏玩法构成,还是由商业活动构成。利用虚拟世界来塑造想象力并不是国家的事务。[71] 这种活动,就像我们写作或阅读的小说,或者我们绘画或观看的艺术品的美学选择一样,应该由个人自由决定,不受国家管理。相比之下,我们买卖商品时遵循的规则是政府监管的合理对象。当3D打印程序生成可用于制造武器的计算机辅助设计文件等时,凯尔·朗瓦特(Kyle Langvardt)在提出反对将其简单归类为"言论"的论点时,也借鉴了类似的直觉。[72] 将此类计算机程序视为"言论性"的,可能会将一种长期以来受到政府严格监管的活动(因为其可能威胁到安全),错误地归类为仅涉及个人构建自己的知识和情感世界的活动,而不是保护公共福利的活动。用朗瓦尔特的话来说,这错误地将一种典型地属于商业"购物中心"的活动——即在商业市场上生产商品——归类为思想"图书馆"领域的活动。[73]

二、在创作和操纵之间的边缘地带

在上面的讨论中,笔者认为人工智能创作或其他由计算机算法生成的作品,可能会引发棘手的第一修正案问题,尤其是当人工智能或算法"创作"的内容(或者与人类发言者"合作创作"的内容)不是散文、书籍或其他公认的言论形式,而是我们在现实世界中采取的非言论行为的某些物质、虚拟对象、环境或模仿行为的时候。在其他情况下,人工智能医生、律师或治疗师可能会产生以文字形式(而非物体形式)出现的言语——这些言语是我们赖以保障身体健康、安全或经济福祉某些方面的言论行为。有人可能会说,这样的言论不仅仅是思想市场的一部分,在这个市场中,我们被期望批判性地评估并可能拒绝他

---

[70] S. M. Benjamin, Algorithms and Speech (2013) 161 Univ. Pa. Law Rev. 1445, 1471.

[71] J. Balkin, Virtual Liberty: The Freedom to Design and Freedom to Play in Virtual Worlds (2004) 90 Va. Law Rev. 2043, 2043-50.

[72] K. Langvardt, Remarks on 3D Printing, Free Speech, and Lochner (2016) 17 Minn. J. Law Sci. Technol. 779, 783-4. 对于相反观点,认为在3D打印中使用的 CAD 文件属于第一修正案保护下的言论, see J. Blackman, The 1st Amendment, 2nd Amendment, and 3D Printed Guns (2014) 81 Tenn. Law Rev. 479.

[73] Langvardt, ibid., pp. 780-5.

人的主张。相反，这样的建议是商品和服务市场的一部分，我们期望政府能像筛选掉危险食品、药品和其他不安全产品一样，筛选掉危险的专业建议。

人工智能的作者身份还可能以第二种方式，偶尔偏离人们熟悉的第一修正案范畴。即使在撰写文章、新闻报道或其他典型的言论作品时，人工智能有时也可能以第一修正案所不熟悉的形式进行创作，并且可能以与第一修正案的关键价值（如尊重听众的自主性）不一致的方式运作。让我们再次思考一下可以模拟多种人类写作风格的 OpenAI 软件，这种人工智能创作有很大的好处。但笔者在关于这个主题的文章中也指出，创建此软件的组织"担心这些出于好意的研究人员所构建的东西很容易被滥用，担心它如果落入坏人之手将很危险……成为大规模生产虚假信息的工具"。[74] 例如，该软件可能会以某位华盛顿邮报著名记者的写作风格撰写文章，然后放任用户将其伪装成令人信服的假华盛顿邮报报道。或者，它可能帮助网络犯罪分子以雇主或亲戚的风格编写电子邮件。与上述"网络柏拉图"程序不同（它不假装其对话真的来自柏拉图），这种人工智能软件以历史或现代公众人物的风格写信、写文章或电子邮件，然后放任其他人将可能有害或冒犯性的内容错误地归咎于该人物。最高法院于 2012 年裁定，第一修正案确实保护某些类型的虚假事实陈述。但尚不清楚这种保护在多大程度上涵盖关于世界的虚假事实主张，在何种程度上还涵盖了对作者身份的伪造（例如，当发言者虚假地自称是政府官员时）。在某种程度上，如果人工智能言论创作允许更加栩栩如生地冒充他人，那么与人类创作一篇文章相比，这种言论可能不受第一修正案的保护，或者受到的保护更少。事实上，计算机程序已经在这种欺骗方面取得了进展。正如伍德罗·哈特佐格（Woodrow Hartzog）所指出的，"社交媒体（如 Twitter）上的自动化软件'机器人'已经越来越擅长欺骗人类，让它们认为自己是由人类操作的。"[75] 计算机不仅变得越来越擅长此类欺骗行为，而且在进行此类欺骗时受到的约束远少于人类发言者。它们不受个人睡眠或营养需求的限制，也不受时间管理的必要性限制，[76] 因此它们可能会不停地创建新的通信（如自动电话和短信）。[77] 根据它们的设计方式，人工智能实体也可能摆脱大多数人类在违反（或被发现违反）社会规范或道德原则时，会感到的羞耻或内疚情绪。[78]

当人工智能作者伪装成人类作者以外的其他自动化流程（人们已经开始依赖这些流程）时，同样会引发第一修正案的问题。例如，去思考一种场景，其中人工智能技术用于创建深度伪造视频片段，这些片段被伪装成是来自安全摄像头的实时反馈画面，但显示的事件并未真正发生。在这种情况下，人工智能正在制作一部描绘虚构而非真实事件的视频。描绘虚构内容的视频通常受到言论自由法的保护。但这是在观众知道视频出自某个特定创作者之手的情况下——他们可以就这位创作者讲述的故事的准确性提出问题，或者质疑用于制作视频的软件是否描绘了非真实事件。然而，在我刚刚想象的场景中，人工智能在创作

---

[74] Pringle, above note 15.

[75] W. Hartzog, Unfair and Deceptive Robots（2015）74 Md. Law Rev. 785, 791.

[76] J. Schroeder, Marketplace Theory in the Age of AI Communicators（2018）17 First Amend. Law Rev. 22, 23（指出"人工智能通信者……不睡觉、不成家、不投票、不动情"）。

[77] Ibid., p. 23.

[78] Ibid.（指出"人工智能通信者……不关心自己的生命或伦理体系"）；Massaro et al., above note 4, p. 2517（"即使是强人工智能也很可能仍然缺乏人类的情感、对社会细微差别的敏感性，或感受羞耻的能力"）。

视频中的作用是看不见的。它正在创建一段看起来很真实的监控视频片段，这些片段似乎并非来自人类作者或其他作者，而是（通过摄像头记录）来自世界本身。

乍一看，这类问题可能与第一修正案完全无关。但是，法院和第一修正案的学者们已经在努力解决某些实体对听众或读者的环境元素进行某种创作的问题，而这些实体（至少可以说）没有第一修正案所赋予的控制权。弗兰克·帕斯夸尔（Frank Pasquale）在描述当像 Google 这样的搜索引擎操纵其搜索结果以产生有利于搜索引擎自身利益或偏好的结果时，写道，在这种情况下，搜索引擎公司实际上是在"帮助它们创造了一个它们声称只是'展示'给我们的世界。"[79] 帕斯夸尔在与奥伦·布拉查（Oren Bracha）合著的另一篇文章中认为，搜索引擎的功能不是以这种方式创建自己的内容。[80] 它不是要产生一个读者可能会觉得"令人愉快或不快，或者觉得有说服力或没有说服力"[81] 的排名，就像杂志评选的史上最伟大的 100 首摇滚歌曲、美国最好的 100 家餐厅或最伟大的七十位哲学家。相反，它的作用是产生读者理解的结果，这些结果是根据某些中立的标准来建立的，以确定与网页搜索者的查询最相关的网站。因此，如果 Google 操纵其搜索结果以降低竞争对手网页的知名度，并在实质上隐藏该网页，那么它就背叛了用户的期望和逃避了自身的责任。根据詹妮弗·钱德勒（Jennifer Chandler）的说法，这种对搜索引擎算法的操纵，破坏了她所提出的应该被理解为第一修正案权利的一个重要组成部分——"免受强加给听众的歧视性过滤器的权利，这些过滤器是听众原本不会使用的。"[82]

这种对搜索引擎的看法与一些法院处理该问题的方式相矛盾。在 Search King v. Google 案中，俄克拉荷马州西区地方法院必须裁决一起纠纷，其中 Google 的竞争对手 Search king 声称 Google 故意降低了其"网页排名"，即决定其在 Google 搜索结果中出现位置的得分。[83] 网页在搜索中的位置，通常对于读者能否找到该网页具有重要意义：如果一个公司的网站被埋藏在搜索结果的深处（在其他数百个结果之后），那么除了最执着的网络用户之外，它很可能会被所有人忽视。Search king 声称 Google 故意降低其排名以损害其竞争服务。[84] Search king 还表示，Google 没有被第一修正案赋予这样做的权利。[85] 法院并不同意这一点：它认为，Google 的网页排名相当于一种"观点"，它没有义务表达除其想要表达的观点以外的任何其他观点。[86] 相反，它有权根据第一修正案表达其选择的观点，即使它

---

[79] F. Pasquale, *The Black Box Society: The Secret Algorithms that Control Money and Information*, Kindle edn., Harvard University Press, 2015, p. 61（着重强调）.

[80] O. Bracha and F. Pasquale, Federal Search Commission? Access, Fairness, and Accountability in the Law of Search（2008）93 Cornell Law Rev. 1149, 1198.

[81] Ibid.

[82] J. A. Chandler, A Right to Reach an Audience: An Approach to Intermediary Bias on the Internet（2007）35 Hofstra Law Rev. 1095, 1103.

[83] Search King, Inc. v. Google Tech., Inc., No. CIV-02-1457-M, 2003 WL 21464568, at *4（WD Okla. May 27, 2003）

[84] Ibid. at *2："Search King 指控 Google 在 2002 年 8 月或 9 月期间，故意且恶意地降低了其之前在互联网搜索引擎 Google 上为 Search King、PRAN 以及某些未指明的关联网站分配的 PageRank 分数。Search King 坚称，Google 在得知 PRAN 与其存在竞争关系，并且 PRAN 通过销售 Google PageRank 系统中排名较高的网站上的广告空间而获利后，降低了这些网站的分数。"

[85] Ibid. at *3.

[86] Ibid. at *4："网页排名是一种意见——对特定网站重要性的意见，因为它们与搜索查询相对应。"

是通过使用算法而不是仅仅通过做出心理判断来产生这种观点的。

一些学者同样支持搜索引擎更像编辑的观点，他们认为搜索引擎拥有第一修正案所赋予的自由，可以按照他们认为合适的方式展示搜索结果。正如埃里克·戈德曼（Eric Goldman）所写："搜索引擎是媒体公司。与其他媒体公司一样，搜索引擎会做出旨在满足其受众的编辑选择。"[87] 尤金·沃洛赫（Eugene Volokh）和唐纳德·福尔克（Donald Falk）也认为，"每个搜索引擎的编辑判断就像其他众所周知的编辑判断一样"——包括报纸编辑委员会或指南手册的创作者的判断。[88] 斯图尔特·迈纳·本杰明（Stuart Minor Benjamin）同样认为，"当人们创建算法并且根据感知到的重要性、价值或相关性有选择地展示信息时"，言论自由原则"表明他们是第一修正案的发言者"。[89] 与电话或短信交谈不同（无论是通过 AT&T、Sprint、Verizon、T-Mobile 还是其他手机服务运营商的线路进行，电话或短信交谈都不会有任何不同），相同的搜索查询在 Google 搜索引擎上几乎总是会得到与 Bing、Yahoo 或 DuckDuckGo 不同的结果（以及结果的不同排序）。

詹姆斯·格里默尔曼（James Grimmelmann）提出了将搜索引擎概念化的第三种方式，这对他们在第一修正案中的地位有着不同的影响。搜索引擎不是简单地将网络搜索者与他们寻求的网站联系起来的"渠道"，也不是拥有无限自由来编辑它们想要的搜索列表，而是像"可信赖的顾问"。[90] 网络用户不可能自己收集和整理他们需要的网络搜索结果，所以他们求助于具有执行此任务专门能力的来源，即搜索引擎，就像他们在需要其他类型的专业帮助时求助于医生、律师或其他专业人员一样。在这个理论模型中，搜索引擎公司拥有一定的第一修正案所赋予的自由。此外，它们在制作排名的方式上可以相互不同意，就像一位有能力的医生可以形成与其他有能力的医生所提供的不同医疗判断和建议一样。但是，即使医生之间存在分歧，他们也不能有分歧的一点是，他们的医疗决策必须受到促进患者健康的责任的指导（而不是为了自己的利润而推荐医疗程序）。格里默尔曼以同样的方式描绘了搜索引擎公司：它们对什么搜索结果对用户最相关的判断可能有所不同，但它们不能假装在为这一使命服务的同时，根据不同的原则（如偏爱自己的业务）对搜索结果进行排序。

鉴于上述论点，人们可能会认为，如果搜索引擎确实有责任以某种方式生成结果，那么这是因为上一节中已经考虑过的原因。笔者之前曾提到，人工智能医疗顾问可能会受到政府的监管，因为它们的言论不仅仅是为了交流思想，而且是为了保证健康，这至少将部分言论置于商品和服务的市场中——在这种情况下，它处于确保人的健康和安全的服务市场，而不仅仅处于思想市场。人们可能会争辩说，搜索引擎也是如此：Google 不仅仅运营一个搜索引擎，它是一家与其他公司竞争的公司。当它在搜索引擎市场利用其非凡的权力打击竞争对手时，可能会违反反托拉斯法，[91] 而且其决定不仅影响我们获取思想，还影响

---

[87] E. Goldman, Search Engine Bias and the Demise of Search Engine Utopianism (2006) 8 Yale J. Law Technol. 188.

[88] E. Volokh and D. M. Falk, Google: First Amendment Protection for Search Engine Search Results (2012) 8 J. Law Econ. Policy 883, 884.

[89] Benjamin, above note 70, p. 1471.

[90] J. Grimmelmann, Speech Engines (2014) 98 Minn. Law Rev. 868, 874.

[91] Pasquale, above note 79.

我们寻找和使用商品和服务提供商的能力，比如 Search king，或其他声称是 Google 反竞争行为受害者的公司。事实上，有人可能会认为，当 Google 决定如何对其竞争对手进行排名时，结果不仅仅是言论，而且还是商业言论。最高法院表示，商业言论是第一修正案在很大程度上使其更容易受到政府监管的一种言论，因为它与"商业安排"有着"千丝万缕的联系"。[92] 换句话说，如果不允许政府对广告和其他商业言论进行监管，就会产生一个不可接受的结果，即政府无法保护消费者免受胁迫性或其他令人担忧的商业行为的影响。人们可能会争辩说，这一允许政府监管的领域，应包括具有支配地位的搜索引擎公司如何呈现与其竞争对手密切相关的言论。

但对于为什么搜索引擎结果可能引发对第一修正案的担忧，还有另一种略有不同的解释。除了影响商品和服务市场良好运作的利益（公司间健康竞争）以外，有偏见的搜索引擎影响了第一修正案的核心利益。它们所造成的危害，就好比信使（无论是人还是机器）用自己想传递的信息替换掉它们本应传递的信息，从而破坏了发言者的言论自由。这种不诚实的信使，使它们本应代表的发言者变沉默了，并欺骗它们的听众（并剥夺了它们未被传达的内容）。当搜索引擎将自己呈现为中介或"值得信赖的顾问"，但实际上是在推送自己的内容而不是最符合听众查询的内容时，也造成了类似的损害。

这与人工智能参与言论传播有什么关系？越来越多的人不是通过屏幕输入查询的搜索引擎获取信息，而是通过"语音助手"检测并回答语音问题来获取信息。一些学者关于搜索引擎在第一修正案中地位的论点，同样可以应用于像 Apple 的 Siri 或 Amazon 的 Alexa 这样的"语音助手"。有人可能会争辩说，它们应该被视为发言者或编辑者，它们的答案应该受到第一修正案的保护，不受任何形式的限制；如果听众不喜欢或怀疑 Siri 或 Alexa 回答问题的方式，她可以求助于其他人工智能或人类发言者。或者，有人可能会说，控制它们的算法应该是中立和客观的，旨在为用户提供符合她查询的信息，而不是引导她倾向于语音助手（或其人类设计者或操作者）偏好的观点及信息。

无论是考虑人工智能助手还是更简单的算法，都会出现一些复杂的问题。政府应该有更大的权力来监管搜索引擎或其他信息中介，这并非因为它们的误导会造成身体或财务上的损害，或以其他方式影响非第一修正案所保护的利益，而是因为这样的误导扭曲了思想市场，并削弱了个人自主浏览该市场的能力。从这个角度来看，即使搜索引擎扭曲的搜索与满足实际需求关系不大，也会造成一种第一修正案意义上的损害。例如，假设搜索"保守主义"或"保守思想"的"介绍"，搜索引擎的算法不是返回符合"保守"标签的哲学家、书籍或思想流派的介绍性信息，而是设计为突出显示批评保守主义并强调其缺陷的网页。或者，一个具有不同政治偏见的搜索引擎对"进步主义"或"进步思想"的搜索也做同样的事情。又或者，个人向语音助手中的人工智能询问这两个主题中的任何一个，而人工智能不是给它们一个一般性的概述，而是给出一个经过计算的概述，让保守主义或进步主义政治看起来都有缺陷且危险。在此，政府应该监管这种有政治倾向的人工智能输出吗？

当然，如果搜索引擎算法和人工智能是发言者或编辑者，那么答案就是"否"。正如第一修正案保护 Fox News 和 Microsoft 全国广播公司在新闻报道中表现出政治保守或政治自由倾向时不受政府监管一样，搜索引擎或算法在结果或给出的答案中表现出保守、自由或其

---

[92] Edenfield v. Fane, 507 US 761, 767（1993）（quoting Friedman v. Rogers, 440 US 1, 10 n.9（1979））.

他倾向时,也将受到保护。[93] 但是,如果搜索引擎算法或人工智能发言者有责任根据某种中立的专业标准做出判断,情况就不同了。这可能是因为用户期望这些计算机中介保持中立——因此任何政治倾向都不会被识别出来。换句话说,这里的问题是缺乏透明度。或者,有时用户可能别无选择,只能依赖而不是质疑某个搜索引擎或语音助手。例如,如果它在某项服务上具有垄断地位。正如布拉查(Bracha)和帕斯夸利(Pasquale)所写,消费者不太可能"避开搜索引擎的力量。虽然相关市场并非完全垄断,但却由极少数参与者主导"。[94] 在任一情况下,第一修正案的价值观可能会支持允许政府对搜索引擎的活动进行监管——不是为了保护健康、安全或财产,而是为了确保个人能够使用必要的工具来行使第一修正案所赋予的言论自由。

然而,即使搜索引擎或人工智能语音助手在显示偏见时确实违背了一些义务,允许政府采取行动来反对这种偏见也存在危险。这与法官和学者抵制政府应该有权惩罚"公众关注的问题"上的虚假信息——即使这些信息可以验证,是出于同样的原因。正如阿利托大法官(Justice Alito)所写,尽管那些了解社会科学或哲学的人可能会确定这些领域中的某些事情是真是假,但"允许国家成为真理的仲裁者是危险的"。[95] 这是因为允许这样的监管"为国家利用其权力达到政治目的打开了大门"。同样,人们可能会担心,尽管让计算机算法制定者加入政治偏见会对思想市场造成危害,但赋予政府权力来决定哪种搜索引擎的结果是充分摆脱这种政治偏见的,情况会更糟。例如,存在一定的风险,即特定的政府监管机构只会寻求对抗对其不利的带有政治偏见的人工智能助手或搜索引擎,而其他人工智能助手或搜索引擎的言论则不受监管。换句话说,允许政府对人工智能中介进行监管,可能会引发一些与政府监管人工智能发言者时出现的相同风险,即政府只会对其反对的观点或其他思想采取特别有力的行动。

不过,可以想象的是,至少对搜索引擎和人工智能助手进行某种形式的监管可以避免这些问题。布拉查和帕斯夸利认为,某些禁止操纵搜索引擎的法律可能是"内容中立"(content neutral)的。[96] 格里默尔曼支持联邦贸易委员会处理 Google 与另一家公司之间争议的方式,联邦贸易委员会曾询问"Google 是否为了将用户引导到相关性较低的网站而调整了算法?"[97] 至少对于法院来说,注意到这一点似乎是有意义的。即除了作为有自己观点的发言者,或作为能够在不同发言者的观点中进行选择并进行批判性审视的听众之外,市场中的一些人工智能和算法实体可能是中介——并且承担着该角色所带来的责任。

当人工智能或其他算法不仅可以改变计算机搜索结果,还可以改变我们更加依赖的通过计算机输出来准确反映的外部现实时,第一修正案就面临着更加棘手的挑战。例如,当计算机向我们展示一篇《华盛顿邮报》的文章时,那其实并不是一篇真正的《华盛顿邮

---

[93] Miami Herald Pub. Co. v. Tornillo, 418 US 241, 256 (1974): "……如果'理智'告诉他们某些内容不应发布,但有人却强迫他们发布,这种行为是违宪的。一个负责任的新闻界无疑是一个可取的目标,但新闻界的责任并不是宪法规定的,而且像许多其他美德一样,它不能被立法规定。"法院确实支持了"公平原则",这是联邦通信委员会的一项原则,要求广播网络为批评他们的人提供回应的权利(Red Lion Broad. Co. v. F. C. C., 395 US 367 (1969))。但目前尚不清楚这样的原则是否适用于有线电视台——尤其是在法院作出 Tornillo 案判决之后。

[94] Bracha and Pasquale, above note 80, p. 1191.

[95] United States v. Alvarez, 567 US 709, 752 (2012) (Alito 法官, 持反对意见) (着重强调).

[96] Bracha and Pasquale, above note 80, p. 1191.

[97] Grimmelmann, above note 90.

报》的文章；或者当人工智能被用来制造一个描绘从未发生过的事件的深度伪造视频时，这比搜索引擎的操纵更加令人不安地扭曲了现实。大多数计算机用户可能都意识到，Google生成的搜索结果需要人类的决策，并可能受到人为的改变。虽然帕斯夸利正确地指出，如果搜索引擎公司"创造了它们声称只是'展示'给我们的世界"，就可能会误导我们，[98] 但计算机用户可能也意识到，如果 Google 愿意，它可以充当创作者或作者的角色——因为必须有人编写程序来决定搜索结果的排序。

当我们观看视频时，人们较少期待这种人为干预。对许多观察者来说，视频就像是一扇通向现实的窗户。我们可能会意识到有人可以决定把摄像机对准哪里，但是除非他们在分阶段的环境中导演一部虚构的电影，否则这个人通常无法对摄像机记录的活动行使类似上帝的权力。因此，当人工智能改变此类视频记录时，它将作者身份扩展到了我们熟悉经验中不适宜的活动领域。这样做不仅可能扭曲我们获取信息的方式（正如搜索引擎可能做的那样），而且可能扭曲我们行使另一种第一修正案赋予的自由的方式——即我们的思想自由。

这是一个法院在处理人工智能言论的其他挑战时，可能不得不超出现有学说的领域。关于言论自由的第一修正案，没有充分注意到新的欺骗技术可以破坏听众和思考者行使思想自由的方式。与可能被审查和惩罚的言论不同，个人的沉默思考过程通常被认为基本上不受外部控制的影响；政府或任何其他行为者都不能惩罚那些隐藏在思考者个人精神世界中、没有表达出来的想法。[99]

然而，新型人工智能干扰我们思维的能力揭示了这一假设中的一个缺陷：我们用来理解世界的认知过程与我们对自身试图理解的世界的感知和互动紧密相连。心智体验绝非仅仅依赖于一个内在的虚拟世界，而是不断地从周围环境中汲取感官证据。[100] 正如深度伪造视频的例子所示，包括人工智能语音在内的一些新兴人工智能形式，能够渗透并控制我们大脑与外界互动、构建外部环境内部认知地图的过程。

深度伪造并非唯一例证。在我们被虚拟现实（VR）或增强现实（AR）环境而非纯物理环境包围的情况下，计算机可以并且确实在重塑我们所处的环境——并不仅仅是我们在其中接收的言论。即使人工智能实体将自身限制在更像传统言论的活动范围内，如采取社交机器人的形式，它也可以通过选择言论的内容和操纵传播过程中受众没有意识到的方面，来改变我们理解这一过程的方式。[101] 例如，一个人工智能软件能够在 5000 个不同的社交媒体账户上发布支持某一特定立场、产品或文化偶像的声明，从而制造出一种有大量支持

---

[98] Pasquale, above note 79（着重强调）.

[99] See, e.g., F. Schauer, *Free Speech: A Philosophical Enquiry* (1982), p. 93（"思想本质上是自由的。思想过程的内在本质在思想和政府制裁的权力之间竖起了一道屏障"）；法官弗兰克·墨菲说，"自由思考，就其本质而言是绝对的；最残暴的政府也无力控制一个人内心的活动"（Jones v. Opelika, 316 US 584, 618 (1942)（Murphy 法官，持反对意见））.

[100] See A. Clark, *Supersizing the Mind: Embodiment, Action, and Cognitive Extension*, Kindle edn., Oxford University Press, 2008. And A. Clark, *Natural-Born Cyborgs: Minds, Technologies, and the Future of Human Intelligence*, Kindle edn., Oxford University Press, 2003.

[101] Hartzog, above note 75, p. 73.

的假象，而背后的发声者只是一个（非人类）实体。[102] 或者想象一下，人工智能在收集和分析比人类在没有计算机的情况下能够收集和分析的更多关于目标受众的信息后，再与个人进行交流的情况。

尽管这些担忧对于第一修正案理论来说是新颖的，但该理论并非完全没有解决这些问题的资源。正如某些作家要求 Google 和其他搜索引擎必须向用户"透明"地展示它们如何生成搜索结果一样，某些立法者和学者也主张为扭曲用户对环境和言论来源的感知的人工智能言论制定披露规则。这样的规则将迫使任何使用"机器人"或其他人工智能生成言论的人通知听众或读者，该言论来自一个人工智能实体。这是加利福尼亚州立法机构最近颁布的一项关于机器人限制法案的特征：它不禁止使用其涵盖的"机器人"（那些推销产品或旨在影响选举的机器人）。它要求避免"误导他人关于机器人的人工智能身份"，并明确指出，"如果使用机器人的人披露它是一个机器人"，那么该人在本节下不承担责任，只要披露"清晰、醒目并且合理设计，以告知与机器人通信或互动的人它是一个机器人"[103]。这种方法的优势在于，它允许读者继续从人工智能技术中受益：希望阅读由"网络柏拉图"撰写的对话的读者仍然可以这样做。他们只需要了解这些对话是由计算机而不是人类撰写的。最近众议院提出的"深度伪造问责法案"（Deepfakes Accountability Act）也要求任何制作深度伪造视频的人指出该视频是伪造的，即通过使用"不可移除的数字水印以及文字予以描述"。[104]

这种强制性的身份识别要求，可以说与第一修正案中长期存在的规则相抵触，该规则禁止政府强迫发言者发表他们不愿发表的言论，至少在商业环境之外是这样。最高法院已经废除了要求学生向国旗敬礼的法律，[105] 也废除了要求司机在车牌上显示政府禁止的信息的法律。然而，要求机器人或其他人工智能发言者被识别出来的法律，与强迫人们发出他们不同意的意识形态信息的法律相比，更类似于要求发言者透露自己身份的法律。例如，某些州已经制定了法律，要求从事与选举相关言论的个人必须表明自己的身份（例如，作为传单的作者，他们散发反对某个候选人或投票措施的传单）。各州制定了此类法律来打击欺诈和诽谤。[106] 最高法院裁定，此类法律可能违反第一修正案：在 McIntyre v. Ohio Elections Commission 案中，法院裁定，第一修正案不仅赋予发言者言论的权利，而且在这样做时，也有权免于被迫披露自己的身份。[107] 实际上，最高法院表示，强迫发言者在谈论政治

---

[102] R. DiResta, J. Little, J. Morgan, et al., The Bots that are Changing Politics, Vice（November 2, 2017），www.vice.com/en_us/article/mb37k4/twitter-facebook-google-bots-misinformation-changing-politics.

[103] Cal. Bus. & Prof. Code § 17941 (2019). See also N. Cohen, Will California's New Bot Law Strengthen Democracy？, The New Yorker（July 2, 2019）.

[104] See H. R. 3230-Defending Each and Every Person from False Appearances by Keeping Exploitation Subject to Accountability Act of 2019, www.congress.gov/bill/116th-congress/house-bill/3230；DEEPFAKES Accountability Act Would Impose Unenforceable Rules-But It's a Start, TechCrunch（June 13, 2019），https：//techcrunch.com/2019/06/13/deepfakes-accountability-act-would-impose-unenforceable-rules-but-its-a-start/；B. Chesney and D. Citron, Deep Fakes：A Looming Challenge for Privacy, Democracy, and National Security, (2019), Calif. Law Rev. 1753；see also R. Green, Counterfeit Campaign Speech, (2019), 70 Hastings Law J. 1445.

[105] Barnette, above note 1；Wooley v. Maynard, 430 US 705 (1977).

[106] McIntyre v. Ohio Elections Comm'n, 514 US 334, 341-4 (1995).

[107] Ibid.

话题时牺牲匿名性的法律需要接受"严格审查"。[108]

这在一定程度上是因为，正如最高法院所说，有些个人和团体"在整个历史上，要么能够匿名批判压迫性的做法和法律，要么根本无法进行批判"。[109] 这种逻辑可能不适用于机器人或其他人工智能发言者：如果它们没有被设计成这样做，它们可能不会"担心"发表不受欢迎的言论所带来的后果。被强制要求披露的信息，包括强制机器人在言论中包含哪些人类程序员设计了该机器人或谁在操作它，很可能会引发一个问题——如果这些参与创造或传播机器人言论的人类，感到其他人（雇主、同事、朋友）会因此言论而报复他们或避开他们，他们可能会避免这样做。此外，法院在 McIntyre 案中给出了匿名言论权的另一个原因，这个原因可能也适用于机器人。法院表示，"匿名为那些可能不受欢迎的作家提供了一种方式，以确保读者不会因为不喜欢信息的提出者而预先对其信息做出判断"。[110] 这种担忧可能适用于机器人言论：听众和读者可能会过快地拒绝来自机器人的言论，或者认为这是在试图操纵他们。当然，在许多情况下，机器人言论就是基于这样一种操纵企图。但是，强制性的披露要求可能会削弱机器人言论的价值（即便它根本没有这样一个目的），因为这样的要求会导致读者容易对其不予理会。它也可能以其他方式影响言论。在像 Twitter 这样的情境中，人们经常寻求（并欣赏）关于政治的简短、巧妙的俏皮话，而他们会发现某些俏皮话总是伴随着更长的有待披露的信息。[111]

这一切并不意味着应该拒绝这种披露要求，在最近的一些案例中，法院只对选举背景下的强制披露要求进行了较低级别的"中度审查"，只要披露要求与"足够重要"的政府利益之间存在"重大关系"，就允许进行披露，或者换句话说，只要政府能够满足"中度审查"的要求就允许披露。[112] 因此，可以想象，政府可以在这里满足这种中度审查要求：如果人们对机器人言论持怀疑态度是合理的，并担心机器人可以比人类更有效地掩盖操纵行为，那么政府可能会争辩说，要求听众知道他们是在与机器人而不是与人类打交道，这并不是不合理的。在 McIntyre 案中，法院认定政府可以在事后查明欺诈行为，而不需要每个发言者（包括许多没有参与欺诈的人）在发言时披露自己的身份。[113] 在这里，政府可能会争辩说，重要的不是执法人员在事后能够识别出机器人，而是与试图销售产品或为候选人辩护的机器人互动的个人，应该在这场对话中知道他们的对话伙伴是一个机器人。

这些理论上的解决方案，应该在更深入思考何时（以及如何）为某些可能具有欺骗性的人工智能言论提供较弱的第一修正案保护的背景下进行。正如前面所述，应用奥布莱恩测试或斯宾塞测试以及其他测试来适用第一修正案的法院，应该明确自己需要保留发言者（和听众）对民主讨论的自治权和控制权，同时让政府有所作为，确保它拥有并一直具有保护个人健康、安全、财务安全以及涉及非言论行为的其他利益的空间。同样，法院在将第一修正案应用于人工智能可能具有欺骗性的用途时，不应简单地为此类人工智能技术的某些选择性监管腾出空间，或要求向读者或听众披露人工智能的言论来源，还应该意识到第

---

[108] Ibid. at 347–8

[109] Ibid. at 342（quoting Talley v. California, 362 US 60, 64（1960））.

[110] Ibid.

[111] 可以想象，未来信息的披露可能会以一种广泛认可的符号形式出现，而不是一个句子或段落。

[112] John Doe No. 1 v. Reed, 561 US 186, 130 S. Ct. 2811, 2814（2010）.

[113] McIntyre, above note 106.

一修正案何时（以及为什么）可能允许政府以不同于解决人类发言者（在没有此类人工智能技术的帮助下发言）欺诈的方式来解决人工智能欺诈。[114]

United States v. Alvarez 案中，最高法院强调，即使是可核实的虚假言论也值得第一修正案强有力的保护。根据法院的多数意见，只有当这种虚假言论造成某种公认的损害，或者可能是为了给发表虚假言论的人带来"物质利益"时，这种言论才会失去第一修正案的保护。[115] 多数人持这一立场的部分原因是他们发现，针对"虚假"言论的法律是基于内容的，因此像所有基于内容的限制一样，推定其违宪——而且虚假言论并不属于（如淫秽或诽谤等）更容易受到政府监管的内容类别。[116] 他们采取这样的立场，也是因为他们发现虚假言论往往具有第一修正案监管的价值。而布雷耶（Breyer）法官在一份附和意见中表示同意："虚假的事实陈述可以服务于有用的人类目标，例如：在社交环境中，它们可以防止尴尬，保护隐私，保护人们免受偏见，为病人提供安慰，或保护孩子的纯真；在公共场合，它们可以在危险面前阻止恐慌或保持冷静。"[117] 其他人也强调，某些对现代民主至关重要的社会实践，如揭露腐败的卧底报道，通常只有在卧底记者可以伪装成别人时才会发生。[118] 多数意见和附和意见都不愿让此类言论全部暴露在政府的限制之下，而只有在政府能够证明言论中的虚假性伴随着某种"法律上可认知的损害"，或者（在多数意见看来）寻求物质利益，并且这种损害没有被政府限制中固有的对言论自由的损害所超过（在附和意见看来）的情况下，才允许这种限制。因此，Alvarez 案的多数意见和附和意见都试图调和以下两点：①保护虚假言论不受政府审查的必要性；②保护个人免受谎言可能造成损害的需要，例如因被欺诈、诽谤或因其他方式受到损害。[119]

603　人工智能言论的兴起对 Alvarez 案的框架提出的挑战是，它使一种新的与欺骗有关的损害变得更为可能。与多数意见将传统损害（或追求物质利益）视为政府对谎言监管的唯一正当理由不同，人工智能欺骗引发了一种新的非传统损害——即笔者之前讨论过的那种损害，它对观众从"扭曲的现实"中感知和处理世界的能力造成了损害。[120] 即使这种扭曲没有给听众或读者带来物质或经济上的损失，它仍然是有害的，因为它威胁到了思想自由（及其所支持的个人自主）的基本条件。它削弱了人们普遍信任他们所感知到的现实的能力，以及基于他们对某些信息来源（如记录的证据或可信赖的新闻报道来源）的信任而做出判断的能力。因此，可以说 Alvarez 案的多数意见并不适合应对人工智能欺骗所带来的挑战。

这并不是说人工智能欺骗应该完全不受第一修正案的保护。首先，当虚假言论在人类

---

[114] See Massaro et al., above note 4, pp. 2516-19（描述人工智能言论可能造成的危害，这可能证明独特的第一修正案学说是正确的）.

[115] See United States v. Alvarez, 567 US 709, 723 (2012).

[116] Ibid. at 717.

[117] Ibid. at 733（Breyer 法官，表示赞同）.

[118] See A. K. Chen and J. Marceau, Developing a Taxonomy of Lies under the First Amendment (2018) 89 Univ. Colo. Law Rev. 655; A. K. Chen and J. Marceau, High Value Lies, Ugly Truths, and the First Amendment (2015) 68 Vand. Law Rev. 1435.

[119] See Alvarez, above note 115, at 719.

[120] A. Ovadya, What's Worse than Fake News? The Distortion of Reality Itself, Washington Post (February 22, 2018), www.washingtonpost.com/news/theworldpost/wp/2018/02/22/digital-reality/? utm_term = . a5582e419cf8. Blitz, above note 66.

发言者中具有价值时，同样的因素有时也可能在计算机发出的虚假言论中具有价值。如果卧底记者有时为了揭露腐败而不得不撒谎，那么人工智能卧底调查人员也同样可以这么做。其次，如果保护思想自由的需要证明了保护个人免受人工智能欺骗的合理性，那么有时也可能证明让他们同意接受这种欺骗行为是合理的。例如，可以想象，人们会挑战自己，参加一场"模仿游戏"，看看自己是否能区分人工智能和人类说话者。[121] 在这种情况下，让政府保护个人免受他们自己寻求的风险是没有什么意义的，除非政府能够指出 Alvarez 案中多数法官担心的那种"法律上可认知的"伤害（例如，"模仿游戏"是一种赌博活动，旨在掠夺那些倾向于轻率下注的人）。或者，他们可能想在明知会经历短暂的不确定性（即他们看到和听到的内容是否准确反映了外部物理世界或该世界中的历史事件）的情况下，进入一款由人工智能生成的虚拟现实冒险游戏，或观看深度伪造视频。

第一修正案中的思想自由，究竟应在何时成为将此类由增强现实（AR）技术生成的欺骗行为免于政府限制的正当理由，这是一个复杂的问题。[122] 在这里，笔者仅仅是提出这个观点，即如果保护我们思想自由的需要，可以证明允许政府对人工智能生成的言论施加比人类言论更严格的限制，那么这样的考虑有时也可能得出相反的结论。[123] 当使用人工智能（通过创造欺骗性或操纵性的言论）塑造（甚至可能是操纵）另一个人的思想时，某些使用方式不值得第一修正案的强有力保护，但当一个人使用它们来塑造自己的思想时，可能值得坚决的保护。[124]

事实上，某些思想自由的行使可能只有在人工智能或其他计算机技术的帮助下才能实现。在这方面，第一修正案对思想自由的保护与对言论自由的保护是并行的。我们不仅拥有说话的宪法权利，还拥有使用现代技术说话的权利。我们不仅在使用声音或书写时受到政府审查的保护，而且在使用计算机在社交媒体网站上发布消息、照片或视频时也受到保护。或者当我们在博客、播客或网页上表达关于政治、艺术或任何其他方面的强烈意见时，也受到保护。如果我们有使用技术表达自己的权利，我们也有使用技术进行思考的权利。计算机软件使个人能够进行他们在其他情况下无法进行的计算。或者通过捕捉视频和其他记录来记忆他们在生活中无法记住的事件。因此，计算机技术可以充当重要的思维辅助工具，甚至被安迪·克拉克（Andy Clark）和大卫·钱莫斯（David Chalmers）形容为我们思想的延伸——这意味着对我们使用的计算机的损害甚至可能构成对我们自身的损害。[125]

因此，赋予政府权力来防止人工智能实体扭曲思想的一个风险是，这样做可能同时赋予政府限制思想的危险权力。最高法院法官和学者们认为，在赋予政府打击说谎的权力时，

---

[121] See D. Geere, How to Pass the Turing Artificial Intelligence Test（June 19, 2012），www.wired.com/2012/06/pass-turing-ai-test/.

[122] See M. J. Blitz, Freedom of 3D Thought: The First Amendment in Virtual Reality（2008）30 Cardozo Law Rev. 1141, 1070.

[123] J. Bambauer, The Age of Sensorship, in R. K. L. Collins and D. M. Skover（eds.），*Robotica: Speech Rights and Artificial Intelligence*，Cambridge University Press, 2018.

[124] Blitz, above note 122; Bambauer, above note 23.

[125] See A. Clark and D. Chalmers, The Extended Mind, in A. Clark（ed.），*Supersizing the Mind: Embodiment, Action, and Cognitive Experience*，Oxford University Press, 2008, pp. 220-32; J. Adam Carter and S. Orestis Palermo, Is Having Your Computer Compromised a Personal Assault? The Ethics of Extended Cognition（2016）2 J. Am. Philos. Assoc. 542-60.

我们有时会发现治疗比疾病更糟糕。如果我们为了对抗私营公司对搜索引擎的操纵，赋予政府过多权力来界定什么是公平的搜索引擎过程，那么这种情况也可能发生。类似地，通过赋予政府权力来对抗我们感知和认知自由的威胁，我们可能会冒着赋予政府对我们的感知和认知行使过度权力的风险。例如，想象一下，政府声称它必须监控人工智能为我们创造的虚拟现实环境，以确保它们不会以误导我们的方式歪曲真实的人或环境。特别是在我们与世界的大部分互动都依赖于这种虚拟现实的世界中，政府如此断言的权力可能会让国家对我们在虚拟现实中所看到和听到的内容拥有太多的权力。虽然我们可能需要政府的帮助来保护我们的思想自由免受新兴技术带来的威胁，但我们必须想出一种方法，既能做到这一点，又不给政府无限的权力来限制相同技术所产生或促进的精神自由。

三、结论

人工智能有潜力改变人类社会。安迪·克拉克写道，我们的世界"正在渗透着越来越多的外来智能（alien intelligences）"，虽然这些人工智能不是"像我们自己一样的智能……但它们最大的潜力之一在于我们与它们合作形成新的混合系统，以发挥每个系统的最佳功能。"[126] 伍德罗·巴菲尔德同样写道，这些人工智能实体或许只是与我们交流（它们可能与我们融合在一起），就像我们使用假肢来使自己更像机器人一样。[127] 随着脑机接口（BCI）的发展，本章中关于第一修正案应如何管理计算机言论的许多讨论，可能需要被对计算机如何思考（以及它们如何改变我们对世界的思考方式，使我们成为不同类型的思考者）的仔细分析所取代，甚至在我们迈向这条道路的早期阶段，人工智能提供的"外来"智能的异质性，可能迫使我们对熟悉的言论自由原则和其他法律原则，进行根本性的重新思考。

但笔者在本章中的论点是，对现在和将来的人工智能和算法发言者来说，对第一修正案的重新思考可以更为谨慎。在某些情况下，人工智能和算法生成的言论并不会对言论自由法律构成太大的挑战。相反，由人工智能实体撰写的文章，将很容易地归入为涵盖人类文章而开发的言论自由类别。人工智能发言者提出的许多挑战，将是法院在算法和搜索引擎案例中已经开始探索的挑战，在这些案例中，计算机通常不会提出全新的问题，而是会产生法院以前见过的难题的新变种。例如，法院长期以来一直在探讨如何区分言论性和非言论性行为的问题，并在这样做的过程中，保留了一个"思想、信仰和言论"的领域，并将其与政府大力监管我们行为的人类事务的大部分领域区分开来。人工智能和其他算法在划定这条边界线方面提出了新的挑战：程序的源代码既可以向人类读者传达思想，又可以触发计算机打印3D物体、加密或解密文件以及控制物联网上的电器、汽车和其他计算机连接设备的操作。新的计算机程序还产生了新的数字环境，其中言论和行动之间的界限可能变得模糊。同样，人工智能和其他计算机程序也引发了一些问题，即发言者不仅能决定其所说的内容，而且还能通过塑造环境来影响个体对该内容的理解——通过在长长的搜索结果列表中找到它，将其与其他非证词证据（如个人的感知或视频记录）进行核对，并确定信息的来源。通过强调这些问题，那些预示着新社会类型出现的人工智能程序，正在促使法院更加仔细地思考一些旧的第一修正案问题，并可能找到新的解决方案。

---

[126] Clark, above note 6. See also Clark, above note 100, p. 121.
[127] Barfield, above note 7, pp. 26–31.

第二十八章

美国宪法第一修正案与算法

斯图尔特·米纳·本杰明（Stuart Minor Benjamin）

引言

如果某人依赖算法与他人交流，[1] 这种依赖是否会改变第一修正案的任何内容，这存在一定争议。[2] 在本章中，笔者认为，根据最高法院的现行判例，答案是否定的。根据第一修正案，任何完全由人类创作的文字或图片，如果是通过人类创建的算法创作的，同样属于言论。只要人类做出的决定是输出的基础，那么人类就在发送某种信息。无论言论是否通过算法产生，将其视为言论的前提是人类进行实质性编辑。如果存在这种实质性编辑，那么根据现行判例，由此产生的通信就是言论。简单地说，如果我们接受最高法院的判例，那么第一修正案就涵盖了大量基于算法的决定——具体来说，就是基于算法的输出结果，而这些输出结果包含了实质性的交流。

这一点意义重大。正如本书其他章节（事实上，这就是本书存在本身的意义）所强调的那样，算法在我们的世界中正变得越来越重要。通过比特进行传输的兴起的一个重要原因就是根据人类创造、机器执行的算法和协议进行传输不断发展。[3] 由于传输协议的存在，信息得以在互联网上传播，编码决定了网站的外观和感觉，算法决定了哪些链接、信息或故事能够在搜索引擎结果和社交媒体推送中名列前茅。每个联网设备都依赖于部分基于算法构建的电子网络。事实上，随着时间的推移，识别不依赖于算法的电子通信形式已

---

[1] 关于"算法"，目前还没有一个公认的定义。维基百科指出"算法没有公认的正式定义"，并讨论了二十多种不同的显著特征。See Algorithm Characterization, Wikipedia, http://en.wikipedia.org/wiki/Algorithm_characterizations. 广义地说，算法是一组旨在产生输出的指令。笔者在本章中使用这一术语的重点是其最常见的用法——由计算机执行的指令或规则。也就是说，笔者想把重点放在非人类过程上，并用"算法"来指代它们。为方便起见，笔者将把协议、算法和其他计算所做出的决定称为基于算法的决定。笔者也可以称它们为"基于代码的过程"或其他不那么熟悉、更难听的术语，但笔者选择"算法"，只是因为它已成为人们更熟悉的速记词。

[2] 笔者所说的"某人"是指第一修正案所指的发言者，最高法院长期以来一直认为，第一修正案所指的发言者包括个人和社团，其中也包括公司。当提及第一修正案时，一般指的是其言论自由条款部分，尽管该修正案还包含其他条款。

[3] 笔者使用"比特"作为通过电子信号传输信息的简写。在计算机和电信中，数据是以二进制位（也称为比特）编码的，但本章并不涉及比特本身的二进制性质。重点只是强调电子通信的性质，而不是老式的纸笔或印刷机。

成为一项更大的挑战。

大约在21世纪初，人们相当关注计算机代码是否属于第一修正案所指的言论，因此对代码传播的监管涉及第一修正案。[4] 政府对某些计算机程序（尤其是那些被认为危及安全的程序）的扩散表示担忧，并试图对代码本身的流通进行监管——代码是对计算机的指令，它将使人们担忧的情况成为现实。[5] 值得注意的是，考虑过这个问题的少数几个法院基本上都认为，对计算机代码的管理属于对言论的管理。[6]

笔者的重点不在于代码的传播，因此也不在于代码本身是否属于言论。相反，笔者考虑的是代码的输出（算法产生的结果）是否属于第一修正案意义上的言论。第一修正案是否适用于对算法输出结果的监管，与算法本身是否属于言论的问题不同。即使算法不是言论，其产品也可能是言论。

对基于算法的决定可能会有什么样的监管？激发最多评论的可能是对搜索引擎结果的监管，特别是（鉴于其巨大的市场份额）对Google的监管。一家公司因PageRank排名过低（影响了其寻找客户的能力）而对Google提起诉讼，指控Google侵权干扰合同关系，Google成功地辩称第一修正案适用于其搜索结果。[7] 另一家公司因其在Google上的排名而感到沮丧，认为Google的搜索引擎是一种"必需设施"，必须开放使用。[8] 而Frank Pasquale认为，Google应被理解为一种新的瓶颈，值得监管部门关注——一种"必需的文化和政治设施"。[9] Oren Bracha和Frank Pasquale也认为，政府应该能够监管搜索引擎构建搜索结果

---

[4] 讨论第一修正案对计算机软件的适用，See, e. g., S. E. Halpern, Harmonizing the Convergence of Medium, Expression, and Functionality: A Study of the Speech Interest in Computer Software (2000) 14 Harv. J. Law Technol. 139, 181; 讨论第一修正案是否涵盖加密源代码，R. Post, Encryption Source Code and the First Amendment (2000) 15 Berkeley Technol. Law J. 713, 716; "开放源码运动的反微软和反好莱坞主张集中在计算机代码可视为一种语言并因此被视为从言论的方式上……", F. Schauer, The Boundaries of the First Amendment: A Preliminary Exploration of Constitutional Salience (2004) 117 Harv. Law Rev. 1765, 1794; "因为源代码是一种想法的实现，而不是它的表达，所以它无权作为一种言论而受到第一修正案的保护", K. A. Moerke, Note, Free Speech to a Machine? Encryption Software Source Code Is Not Constitutionally Protected "Speech" under the First Amendment (2000) 84 Minn. Law Rev. 1007, 1027.

[5] 政府曾多次根据这些担忧采取行动，限制其认为具有危险性的计算机软件的销售或出口，并由此引发了多起诉讼。See, e. g., Junger v. Daley, 209 F. 3d 481 (6th Cir. 2000), 讨论加密软件程序的出口; Bernstein v. Dep't of Justice, 176 F. 3d 1132 (9th Cir. 1999), 根据《国际军火交易条例》分发加密软件; Karn v. Dep't of State, 925 F. Supp. 1 (DDC 1996), 根据《武器出口管制法》和《国际军火交易条例》指定计算机软盘为"国防物品"。

[6] See Universal City Studios, Inc. v. Corley, 273 F. 3d 429, 447 (2nd Cir. 2001), 认为第一修正案涵盖计算机程序，并指出"食谱并不因为要求使用烤箱而不属于'言论'，乐谱也不因为规定用电吉他演奏而不属于'言论'"; Bernstein, 176 F. 3d at 1141, reh'g en banc granted and opinion withdrawn, 192 F. 3d 1308 (9th Cir. 1999), 得出结论认为，"就第一修正案而言，必须将源代码形式的加密软件和密码学领域人员使用的加密软件视为表达性软件"。

[7] 批准Google驳回申请的命令。Search King, Inc. v. Google Tech., Inc., No. 02-1457, 2003 WL 21464568, at *3-4 (WD Okla. May 27, 2003)."PageRank"是一种"衡量……从一个网站到另一个网站的链接数量和质量"的算法。V. T. Nilsson, Note, You're Not from Around Here, Are You? Fighting Deceptive Marketing in the Twenty-First Century (2012) 54 Ariz. Law Rev. 801, 807; see also PageRank, Wikipedia, http://en.wikipedia.org/wiki/PageRank.

[8] "KinderStart声称，Google搜索引擎是'在互联网上创建、提供和交付搜索服务的有效竞争中进行营销和财务可行性的必需设施'"。Kinderstart.com, LLC v. Google, Inc., No. 06-2057, 2007 WL 831806, at *4 (ND Cal. March 16, 2007) (granting motion to dismiss).

[9] F. Pasquale, Dominant Search Engines: An Essential Cultural & Political Facility, in B. Szoka and A. Marcus (eds.), The Next Digital Decade (TechFreedom, 2010), pp. 401, 402, http://nextdigitaldecade.com/ndd_book.pdf.

的能力,第一修正案并不包括搜索引擎的搜索结果。[10] 与此相反,Eugene Volokh 和 Donald Falk 则认为,搜索引擎结果的所有方面都应完全受到第一修正案的保护。[11]

Google 是最大的热点,但这些问题并不局限于 Google。[12] 每一个主要的互联网平台都依赖算法进行搜索和其他操作,其中许多公司都曾因使用允许协调错误信息或宣传活动的算法而受到批评。这些公司往往通过改变算法来应对。例如,YouTube 修改了其推荐算法,以产生实质性不同的结果——特别是那些不太可能宣传阴谋或虚假信息的结果。[13] Facebook 采用了一种略微不同的方法,改变了其新闻源算法,以显示更多来自用户朋友和家人的内容,减少了来自出版商的内容。[14]

如今,算法的利害关系重大。我们越来越多的活动涉及比特,而这些比特经常由算法引导和塑造。基于算法的决定越是完全被视为言论,第一修正案判例的适用范围就越广,这将带来实质性的后果。政府对基于内容的言论进行监管需要经过"严格审查",而这是很难做到的。[15] 内容中立的法规要接受"中等审查",这种审查比较容易通过,但仍比适用于普通法规的"合理审查"严格得多。[16]

"更高等级的审查"提高了监管的成本,既要求事前提供更多理由,又增加了监管因宪法理由被否决的可能性(因为普通立法因宪法理由被否决的可能性接近于零)。在社会中,我们之所以喜欢这种结果,可能是因为我们决定要减少政府对算法相关行业的监管,但笔者在这里想说的只是,当适用"更高等级的审查"时,我们会抑制监管。让每项影响算法传输的监管都接受"中等审查",会产生巨大的后果。

---

[10] 认为正确理解第一修正案并不包括搜索引擎排名。See O. Bracha and F. Pasquale, Federal Search Commission? Access, Fairness, and Accountability in the Law of Search (2008) 93 Cornell Law Rev. 1149, 1193-201 and n. 239;指出鉴于网站的言论自由,"有权接触听众,听众有权根据自己的标准选择发言者,而不受无关的歧视性影响,……搜索引擎不应操纵个人搜索结果,除非是为了处理涉嫌滥用系统的情况"。see also J. A. Chandler, A Right to Reach an Audience: An Approach to Intermediary Bias on the Internet (2007) 35 Hofstra Law Rev. 1095, 1117.

[11] See E. Volokh and D. M. Falk, First Amendment Protection for Search Engine Search Results, White Paper (2012), p. 3, www.volokh.com/wp-content/uploads/2012/05/SearchEngineFirstAmendment.pdf. Volokh 和 Falk 声明:
Google、微软、必应、Yahoo 搜索和其他搜索引擎都是发言者。首先,它们有时会传达搜索引擎公司自己准备或编译的信息(如 Google Places 中出现的地点信息)。其次,它们通过引用搜索引擎认为最符合查询要求的网页标题,以及每个网页的简短摘录,将用户引向他人创建的数据……最后,也是最重要的一点,搜索引擎对搜索结果进行选择和排序,目的是向用户提供搜索引擎公司认为最有帮助和最有用的信息。
James Grimmelmann 的立场更为积极,他将搜索引擎视为用户的顾问。See J. Grimmelmann, Speech Engines (2014) 98 Minn Law Rev. 868.

[12] See T. M. Massaro, H. Norton, and M. E. Kaminski, Siri-Ously 2.0: What Artificial Intelligence Reveals about the First Amendment (2017) 101 Minn. Law Rev. 2481; R. K. L. Collins and D. M. Skover, Robotica: Speech Rights & Artificial Intelligence, Cambridge University Press, 2018.

[13] 称 YouTube "正在重新调整向用户推荐新视频的推荐算法,以防止宣传阴谋和虚假信息"。See E. Dwoskin, YouTube Is Changing its Algorithms to Stop Recommending Conspiracies, Washington Post (January 25, 2019).

[14] See K. Wagner, Facebook Is Making a Major Change to the News Feed that Will Show You More Content from Friends and Family and Less from Publishers, Recode (January 11, 2018).

[15] "政府可以……规范受宪法保护的言论内容,以促进令人信服的利益,如果它选择限制性最小的手段来促进所阐明的利益"。See, e.g., Sable Commc'ns of Cal., Inc. v. FCC, 492 US 115, 126 (1989).

[16] "如果'一项内容中立的法规能够促进重要或实质性的政府利益、如果该政府利益与压制自由表达无关、如果对所谓的第一修正案自由的附带限制不超过促进该利益所必需的程度',则该法规将得到支持。(quoting United States v. O'Brien, 391 US 367, 377 (1968))", See, e.g., Turner Broad. Sys., Inc. v. FCC (Turner I), 512 US 622, 662 (1994).

值得提及的是法院 2011 年在 Sorrell 案中的意见，[17] 该案涉及佛蒙特州的一项法律，该法律限制出售、披露和使用显示医生个人处方行为的药房记录，以此来阻止数据挖掘者对隐私的侵犯。[18] 如果不涉及第一修正案，这样的法律在合宪性上是没有问题的。也就是说，如果它被理解为不会引发第一修正案的审查，那么将很容易通过宪法审查。但是，最高法院在 Sorrell 案中明确指出，"有助于药品营销的言论……是受第一修正案言论自由条款保护的表达方式。因此，佛蒙特州的法规必须接受更高等的审查。该法律不能满足这一标准"。[19]

同样，联邦通信委员会（FCC）对有线电视公司横向集中和纵向整合的限制，如果适用于天然气或电力的分销商，将会受到相当宽松的审查。但由于华盛顿特区巡回法院认为这些规定涉及第一修正案，因此需要进行中等审查，因此法院宣布这些规定无效，并将其发回重审。[20] 即使在发回重审、联邦通信委员会进行了更为详细的分析后，华盛顿巡回法院仍认为联邦通信委员会未能证明其选择的数字是合理的，因此再次驳回了这些数字。[21] 这些限制（法定的限制）处于休眠状态。联邦通信委员会还没有想出如何制定经得起第一修正案更高等的审查的法规。

一、美国最高法院判例及其扩展

（一）广为接受的推理来源和形式

在本章中，笔者希望运用被广为接受来源和形式的法律推理。就第一修正案而言，这主要是指最高法院的判例。这已经是老生常谈的话题，笔者在这里并不是要为这一主张辩护。笔者只想指出，就文本而言，"言论"和"言论自由"可以有多种解释。每个人都可能就某些核心要素达成一致，但这些术语的文本界限并不明显。正如 Leonard Levy 在半个多世纪前指出的那样，"在制定和批准《权利法案》之时，没有任何其他条款的含义像'言论自由条款'那样让我们感到晦涩难懂"。[22] 许多学者依赖于第一修正案的基本理论——

---

[17] 564 US 552（2011）.

[18] Vt. Stat. Ann. tit. 17, § 4631 (d)（2010）.

[19] Sorrell, above note 18, at 557.

[20] Time Warner Entm't Co. v. FCC, 240 F. 3d 1126, 1137, 1143-4（DC Cir. 2001）.

[21] Comcast Corp. v. FCC, 579 F. 3d 1, 10（DC Cir. 2009）.

[22] "审议修正案的州议会或当时的地方报纸或小册子中的评论"。L. W. Levy, *Freedom of Speech and Press in Early American History: Legacy of Suppression*, Belknap Press, 1960, p. 4; see also S. C. Brubaker, Original Intent and Freedom of Speech and Press, in E. W. Hickok, Jr.（ed.）, The Bill of Rights: Original Meaning and Current Understanding（1991）, pp. 82, 85. 这说明，立宪之际的材料表明，与现代法院相比，立宪之际的人对言论自由的概念更为狭隘，立宪之际的许多人坚持 Blackstone 的立场，即言论自由最好理解为免受事先限制的自由。See, e. g., L. W. Levy, *Jefferson and Civil Liberties: The Darker Side*, Belknap Press, 1963, p. 46, "杰斐逊从未抗议'言论自由'。他毫无疑问地接受了他那一代人的主流观点，即政府可能仅仅因为表达了批评意见而对人刑事指控，这些批评意见据称会降低政府在公众心目中的形象，从而颠覆政府"；Levy, Freedom of Speech and Press, p. xxi, "特别是从 1776 年至 1791 年期间得出的证据表明，制定第一修正案的那一代人是：……很难像我们传统上认为的那样自由"；R. H. Bork, Neutral Principles and Some First Amendment Problems（1971）47 Ind. Law J. 1, 22, "在殖民地时代以及革命期间和之后，早期政治领导人表现出一种决心，要惩罚那些被认为对政府有危险的言论，其中许多言论我们认为是无害的，完全在合法言论的范围之内"；G. Edward White, Historicizing Judicial Scrutiny（2005）57 SC Law Rev. 1, 60, "由于第一修正案只适用于国会，这种方法假定联邦政府可以惩罚煽动性、诽谤性、亵渎性、淫秽或下流的言论，而不受惩罚，只要它不事先审查这些言论即可"；see also W. Blackstone, *Commentaries*（Clarendon Press, 1769, Doc. 4, * 151, "新闻自由确实是自由国家的本质所必需；但这包括不事先限制出版物，而不是在出版后不受刑事指控"。

关于言论自由真正含义的学术观点，通常以第一修正案的目的概念为基础。多年来，人们提出的主要概念包括思想市场和寻求真理、自治、民主审议、个人自主、个人自我表达以及政府制衡功能。[23] 无论好坏，第一修正案的任何基本概念都没有被广泛接受为解释或推动第一修正案理论的基础，因此没有一个概念可以被公平地描述为被广泛接受的推理来源或形式。[24]

最著名的概念，同时也是最高法院最常引用的概念是思想市场。[25] 例如，最高法院在 Red Lion Broadcasting 一案中指出（此后多次被引用），"第一修正案的目的是维护一个不受禁止的思想市场，在这个市场中，真理终将获胜。"[26] 但是，思想市场的概念也有许多否定者，最高法院在一些案件中强调了不同的概念，在另一些案件中则避免选择任何特定的

---

[23] 关于思想市场，见下文注 25-27 及所附文字。关于寻求真理，see generally W. P. Marshall, In Defense of the Search for Truth as a First Amendment Justification (1995) 30 Ga. Law Rev. 1. On self-government and democratic deliberation, see generally A. Meiklejohn, Free Speech and Its Relation to Self-Government (Harper Bros., 1948); R. C. Post, *Constitutional Domains: Democracy, Community, Management*, Harvard University Press, 1995, pp. 119-78; C. R. Sunstein, *Democracy and the Problem of Free Speech*, Simon & Schuster, 1995; and H. Kalven, Jr., The New York Times Case: A Note on "The Central Meaning of the First Amendment" (1964) Sup. Ct. Rev. 191. 关于自主，see generally C. E. Baker, *Human Liberty and Freedom of Speech*, Oxford University Press, 1989, pp. 194-224; R. H. Fallon, Jr., Two Senses of Autonomy (1994) 46 Stan. Law Rev. 875; and H. H. Wellington, On Freedom of Expression (1979) 88 Yale Law J. 1105. 关于检查功能，see generally V. Blasi, The Checking Value in First Amendment Theory (1977) Am. B. Found. Res. J. 521. 关于自我表达，see generally M. H. Redish, Freedom of Expression: A Critical Analysis (Lexis, 1984); and D. A. J. Richards, Free Speech and Obscenity Law: Toward a Moral Theory of the First Amendment (1974) 123 U. Pa. Law Rev. 45.

[24] See, e. g., T. I. Emerson, *Toward a General Theory of the First Amendment*, Random House, 1966, p. vii, "尽管判决数量不断增加，评论数量甚至更多，但没有真正充分或全面的第一修正案理论被阐明，更不用说达成一致意见了"; D. A. Farber, *The First Amendment*, 2nd edn., Foundation Press, 2003, p. 6, "有一段时间，人们趋向于在第一修正案法中的单一价值理论，一位学者提出了一个单一的基本宪法价值，然后试图从这一价值中推导出所有的第一修正案学说。这种努力，无论其优点如何，似乎从未说服许多其他学者，而且几乎完全被法院忽视"; R. Post, Reconciling Theory and Doctrine in First Amendment Jurisprudence (2000) 88 Calif. Law Rev. 2353, 2372, 指出最高法院并没有一贯遵循第一修正案的任何一种理论。对第一修正案的某一特定理论缺乏共识并不奇怪：第一修正案的每一种可能概念都可能受到合理的批评，而且对于任何团体而言，无论是大法官还是其他团体，都很难在如此具体的层面上达成一致。因此，最高法院的第一修正案判例是众多理论上未达成完全一致的领域之一。Cass Sunstein 对这一现象作了如下描述：许多法官都是极简主义者；他们想说的话和想做的事都不超过解决案件所必需的……极简主义者试图达成理论不完整的协议，其中最根本的问题仍未决定。他们更倾向于能够吸引具有各种理论立场的人支持的结果和意见，或者不确定哪种理论立场最好的结果和意见。通过这些方式，极简主义法官回避了有关言论自由保障的含义、宪法对"自由"的保护程度或总统作为武装部队总司令的确切权力范围等最大问题。C. R. Sunstein, Minimalism at War (2004) Sup. Ct. Rev. 47, 48 (footnote omitted; emphasis in the original).

[25] Holmes 大法官在 Abrams 案（Abrams v. United States, 250 US 616 (1919)）的反对意见中首次，也可能是最著名的阐述了市场隐喻，该隐喻"不仅彻底改变了第一修正案的理论，也彻底改变了大众和学术界对言论自由的理解"。J. Blocher, Institutions in the Marketplace of Ideas (2008) 57 Duke Law J. 821, 823-4. Holmes 写道：当人们意识到时间已经打乱了许多曾为之奋斗的信仰时，他们可能会相信，甚至比他们相信自己行为的根本基础还要相信，通过思想的自由贸易可以更好地实现人们所期望的最终利益——真理的最佳检验标准是思想在市场竞争中被接受的能力，而真理是安全地实现他们愿望的唯一基础。无论如何，这就是我们宪法的理论。"在此之前或之后，从未有一位大法官构想出一个隐喻，它极大地改变了法院、律师和公众对整个宪法领域的理解。它的影响既是描述性的，也是规范性的，主导了对美国言论自由的解释和论证"。Abrams, 250 U. S. at 630 (Holmes, J., dissenting). See also Blocher, ibid., pp. 824-5.

[26] Red Lion Broad. Co. v. FCC, 395 US 367, 390 (1969).

理论。[27]

一些学者（对最高法院的轻微驳斥）认为，如果没有基本理论，就无法对言论自由条款的文字进行有用的解释，而最高法院（对这些理论家的轻微驳斥）在解释言论自由条款时也没有达成一致的理论。[28] 理解本章第一节的一种方法是，它考虑了在不依赖言论自由条款理论的情况下，被广为接受的推理形式和推理来源能在多大程度上影响我们。

在"言论自由条款"方面，被广泛接受的核心法律权威形式是最高法院的判例。近一个世纪以来，"言论自由条款"案件一直是最高法院备审案件目录的重要组成部分。案件数量如此之多，再加上广泛接受的普通法解释法院案件的方法，使得判例相当丰富。事实上，令人震惊的是法院对言论自由条款范围的解释是如此宽泛，尤其是在最近几年，其结果是，人们可以不依赖任何特定的第一修正案理论，而公平地回答有关算法的大多数问题。普通律师的案件解释工具能让我们走得更远。

（二）扩张与例外

最高法院第一修正案判例的历史一直在扩张。在 New York Times 案之前，诽谤和中伤被认为不属于第一修正案的范围。[29] 商业广告被认为超出了第一修正案的适用范围，直到 Virginia State Board of Pharmacy 案。[30] 言论自由条款范围的扩大仍在继续。在 IMS Health 案中，许多人（包括政府和第一巡回法院）认为数据挖掘者出售、转让和使用处方识别信息是行为而非言论。[31] 但最高法院驳回了这一论点，强调"信息的创造和传播属于第一修正案意义上的言论"。[32]

法院不仅对第一修正案的涵盖范围进行了扩张性解释（或者，如果你愿意的话，属于

---

[27] See above note 24 and accompanying text; see also Hurley v. Irish-Am. Gay, Lesbian & Bisexual Grp., 515 US 557, 573-5（1995），强调自治在第一修正案中的核心地位；Turner I, above note 16, at 641, "第一修正案的核心原则是每个人都应为自己决定哪些思想和信仰值得表达、考虑和坚持"；First Nat'l Bank of Bos. v. Bellotti, 435 US 765, 777 n. 11（1978），"表达自由对政府具有特别重要的意义，因为'正是在这种情况下，国家才有压制反对派的特殊动机，而且往往拥有更有效的压制权力'"（quoting Emerson, above note 24, p. 9）；Mills v. Alabama, 384 US 214, 218（1966），"第一修正案的一个主要目的是保护对政府事务的自由讨论"。

[28] See, e.g., Post, above note 4, p. 716，"Lee Tien 认为他可以'不诉诸第一修正案价值的宏大理论框架'来解释第一修正案的涵盖范围，这从根本上说是被误导了。如果第一修正案的涵盖范围没有扩展到所有的言论行为，那么这样一个框架至少至少是必要的，以便提供标准，据以选择值得宪法关注的言论行为子集"（quoting L. Tien, Publishing Software as a Speech Act（2000）15 Berkeley Technol. Law J. 629, 636）。

[29] See 376 US 254, 268-9（1964），指出尽管"被告严重依赖本法院的声明，即宪法不保护诽谤性出版物……诽谤不能要求不受宪法限制的护身符式的豁免。必须以符合第一修正案的标准来衡量"。

[30] See 425 US 748, 758, 770（1976），承认"在过去的判决中，法院曾在一定程度上表明商业言论不受保护"，但认为"商业言论与其他言论一样受到保护"。

[31] 例如，第一巡回法院指出："处方相关信息法规中受质疑的内容主要是对行为的规范，因为这些规定只是限制数据挖掘者为狭义的商业目的而汇总、编纂和传输信息的能力。我们认为，这是对数据挖掘者行为而非言论的限制。换句话说，在这种情况下，信息本身已经成为一种商品。原告从事的是收获、提炼和销售这种商品的业务，他们实质上要求我们裁定，因为他们的产品是信息而不是牛肉干，所以任何规定都构成对言论的限制。我们认为这样的解释对第一修正案的结构造成了超出任何合理尺度的破坏。

[32] Sorrell, above note 17, at 570. 法院在 Sorrell 案中的讨论很有启发性：美国第一巡回上诉法院将处方识别信息定性为一种纯粹的"商品"，与"牛肉干"相比，并不享有更多的第一修正案保护。相反，下级法院的结论是，禁止销售处方识别信息是一项基于内容的规则，类似于禁止销售烹饪书、化验结果或火车时刻表。法院认为，信息的创造和传播属于第一修正案意义上的言论。毕竟，事实是许多言论的起点，而这些言论对增进人类知识和处理人类事务至关重要。因此，有强有力的论据表明，处方识别信息就第一修正案而言属于言论。Ibid. at 570.

缩小和消除第一修正案涵盖范围的假定例外），而且还揭示了不愿意创造新的例外或在更高的一般性水平上解释现有的例外类别。这一点在近几年尤为明显。在 Stevens 案[33] Brown 案[34]和 Alvarez 案[35]中，最高法院断然拒绝了支持扩大第一修正案适用范围的论点。事实上，Alvarez 案的多数法官拒绝将注重虚假性的现有例外情况（如欺诈和诽谤）理解为将虚假事实陈述排除在第一修正案范围之外的更为普遍的例外情况的一部分。Alvarez 案的以下一段话概括了法院对例外情况的态度，前两段引用了 Stevens 案的话，后一段引用了 Brown 案的话：

> 尽管第一修正案反对任何"宣布新的言论类别不属于第一修正案范围的自由权力"，但法院承认，也许存在着"一些历来不受保护的言论类别……但在我们的判例法中尚未得到具体确认或讨论……"然而，在豁免某类言论不受对基于内容的限制的正常禁止之前，必须向法院提交"有说服力的证据，证明对内容的新限制是长期（如果迄今未被承认的）禁止传统的一部分"。"政府并没有据此证明虚假陈述一般应构成不受保护的言论的新类别"。[36]

笔者之所以强调这一背景，是因为它凸显了大法官们的明显信念，即他们的判例已经为第一修正案的涵盖范围制定了相关基准，只需"有令人信服的证据表明，对内容的新限制是长期（如果迄今未被承认的）禁止传统的一部分"。[37]

二、美国最高法院判例与基于算法的裁决

笔者现在来谈谈与基于算法输出覆盖范围最直接相关的最高法院案例。这些判例提供了有意义的指导。Brown 案是一个很好的起点。法院在开始分析该案的法律问题时明确指出："加利福尼亚州正确地承认，电子游戏符合第一修正案的保护范围"。[38] 在指出"很难将政治与娱乐区分开来，尝试这样做也很危险"并引用 Winters 案[39]之后，法院在结束讨论时明确指出，"电子游戏通过许多人们熟悉的文学手段（如人物、对话、情节和音乐）以及该媒介的独特特征（如玩家与虚拟世界的互动）传达思想，甚至社会信息。这足以赋

---

[33] 559 US 460 (2010).
[34] 564 US 786 (2011).
[35] 567 US 709 (2012).
[36] Ibid. at 722 (quoting, respectively, Stevens, above note 33, at 473, and Brown, above note 35, at 792). Alvarez 案的合议庭早些时候曾指出：一般而言，对基于内容的言论的限制只有在局限于律师界长期以来熟悉的少数历史和传统言论类别时才被允许……在这些类别中，有意图并可能煽动迫在眉睫的违法行为的宣传；淫秽；诽谤；与犯罪行为有关的言论；所谓的"战斗言论"；欺诈；真正的威胁；以及造成政府有权防止的某种严重和迫在眉睫的威胁的言论，尽管最后一个类别下的限制最难成立。这些类别在法院的言论自由传统中具有历史基础。遵守这些类别和规则，我们传统中始终受到保护的广阔的言论和思想自由领域仍能蓬勃发展，甚至更进一步。Ibid. at 717-18.
[37] Brown, above note 34, at 792.
[38] Ibid. at 790.
[39] 333 US 507, 510 (1948).

予第一修正案保护".[40] 在短短的一段话中，法院得出结论：电子游戏是言论，仅此而已。

还有一条重要信息未被关注：法院笼统地指出，第一修正案涵盖了"电子游戏"——不是包含某种互动的特定类型的电子游戏，而是所有的电子游戏。[41] 法院的推理所隐含的唯一可能限制是电子游戏传播思想，但法院的讨论清楚地表明，法院对构成此类传播的门槛要求很低。事实上，Alito 大法官的赞同意见用了相当长的篇幅论证电子游戏与书籍等公认的言论形式截然不同。[42] 这促使多数法官回应说，"即使我们在电子游戏中看不到'任何可能对社会有价值的东西……它们也和最好的文学作品一样有权受到言论自由的保护'"。[43] 未来的最高法院当然有可能对电子游戏进行区分，但 Brown 案中没有任何内容为这种区分提供任何支持。

在 Turner 案中，[44] 法院面临着第一修正案对要求有线电视运营商播放当地广播电视台的法规的挑战。[45] 法院断然拒绝了这是普通的经济监管的说法，更具体地说，法院拒绝了有线电视运营商并没有为了第一修正案而从事言论活动的目的的说法：

> 在一个初始前提上不可能存在分歧：有线电视节目制作者和有线电视运营商从事并传播言论，他们有权获得第一修正案中言论和新闻条款的保护。通过"原创节目，或通过对哪些电台或节目纳入其节目库行使编辑自由裁量权"，有线电视节目制作者和运营商"可以就各种主题以各种形式传播信息"。[46]

这一措辞表明了第一修正案涵盖的两个要素，也是唯一的两个要素：其一，有线电视节目制作者和运营商要么制作节目，要么选择播出的内容；其二，在这样做的过程中，他们试图传达有关各种主题的交流信息。

Turner 一案将重点放在寻求信息沟通上，这与最高法院的判例是一致的，最高法院一

---

[40] Brown, above note 34, at 790. 法院的讨论全文如下：加利福尼亚州正确地承认电子游戏有资格获得第一修正案的保护。言论自由条款的存在主要是为了保护有关公共事务的言论，但我们早已认识到，很难将政治与娱乐区分开来，而且尝试这样做也很危险。"每个人都熟悉通过虚构进行宣传的事例。一个人的娱乐是什么，另一个人的教义就是什么"。(Winters v. New York, 333 U.S. 507, 510 (1948)) 与之前受保护的书籍、戏剧和电影一样，电子游戏通过许多熟悉的文学手段（如人物、对话、情节和音乐）以及该媒介的独特功能（如玩家与虚拟世界的互动）来传播思想，甚至社会信息。这足以给予第一修正案保护。Ibid.

[41] Ibid.

[42] See ibid. at 806（Alito J. concurring in the judgment），"有理由怀疑，玩暴力电子游戏的体验可能与看书、听广播、看电影或电视节目截然不同。"

[43] Ibid. at 796 n.4（quoting Winters, above note 39, at 510）.

[44] Above note 16.

[45] Cable Television Consumer Protection and Competition Act of 1992, Pub. L. 102-385, 106 Stat. 1460（codified as amended in scattered sections of 47 USC）.

[46] Above note 16, at 636（quoting City of Los Angeles v. Preferred Commc'ns, Inc., 476 US 488, 494 (1986)）. 正如内部引文所示，法院在 Preferred Commc'ns 案中提出了相同的检验标准。

直将实质性沟通或自我表达作为适用第一修正案的必要条件。[47] 在法院适用第一修正案的每一个案件中,限制实质性交流都是问题所在。[48] 其中有些限制是内容中立的,但关键在于它们干扰了个人或实体交流内容的能力。法院第一修正案案件的试金石一直是,潜在活动需要一种思想表达,即使它不是"狭义的、简洁明了的信息"。[49] 传播因而似乎至少需要一个试图向能够识别该信息的听者传递某种或某些实质性信息[50]的发言者。[51] 因此,为了进行交流,人们必须有一个可发送和可接收的信息,而且是自己真正选择发送的信息。[52]

选择发送可发送和可接收的实质性信息可能是涵盖第一修正案的必要条件,但这并不意味着这些标准足以涵盖第一修正案。难道它们不完整吗?

如果我们将"言论"的最佳定义视为第一原则问题,答案很可能是肯定的,但这不是笔者在此的目的。这种基础性探究已经"砍伐了许多树木",超出了本章的范围(和字数限制)。

---

[47] See, e. g., Roth v. United States, 354 US 476, 484 (1957), 指出第一修正案"旨在确保不受限制地交流思想,以实现人民所期望的政治和社会变革";F. Schauer, Free Speech: A Philosophical Enquiry (Cambridge University Press, 1982), p. 94, 在所有能够产生"言论自由原则"的论点中,"交流"占据了主导地位;S. G. Gey, Why Should the First Amendment Protect Government Speech When the Government Has Nothing to Say? (2010) 95 Iowa Law Rev. 1259, 1274, "最高法院对第一修正案的要求非常明确,即发言者必须先进行明确的交流,才能获得宪法对言论的保护";F. Schauer, Speech and "Speech" −Obscenity and "Obscenity": An Exercise in the Interpretation of Constitutional Language (1979) 67 Geo. Law J. 899, 920‑1, "法院的意思是思想交流既是第一修正案的基本目的,也是第一修正案的基本属性。没有这一标准,活动不受第一修正案的保护"。

人们有理由问,假设自我表达是一种实质性交流,那么"自我表达"在本案的表达中起什么作用。添加"自我表达"明确纳入已被确认为涉及言论自由的表达形式,即使这些表达形式可以说并不包含明确的实质性交流——特别是公认的艺术和象征主义形式。正如最高法院在 Hurley 案中所指出的:

> 游行中受保护的表达方式并不局限于旗帜和歌曲……因为宪法不仅将书面或口头语言作为表达方式。我们的案例注意到,"象征是一种原始但有效的交流思想的方式",并承认第一修正案保护向国旗敬礼(以及拒绝敬礼)、佩戴臂章抗议战争、展示红旗,甚至"身着展示纳粹标志的制服"进行"行军、行走或游行"等行为。正如其中一些例子所显示的那样,狭隘、简洁明了的信息并不是宪法保护的条件,如果宪法保护仅限于传达"特定信息"的表达方式,那么杰克逊·波洛克(Jackson Pollock)的绘画、阿诺德·勋伯格(Arnold Schonberg)的音乐或刘易斯·卡罗尔(Lewis Carroll)的 Jabberwocky 诗歌就永远不会受到毫无疑问的保护。

Ibid., at 569 (citations omitted; quoting, respectively, W. Va. State Bd. of Educ. v. Barnette, 319 US 624, 632 (1943); Nat'l Socialist Party of Am. v. Village of Skokie, 432 US 43, 43 (1977) (per curiam); Spence v. Washington, 418 US 405, 411 (1974) (per curiam)。

[48] See, e. g., Rumsfeld v. Forum for Academic & Institutional Rights, Inc., 547 US 47, 66 (2006), 指出最高法院"只将第一修正案的保护范围扩大到本质上具有表达性的行为";Spence, above note 47, at 409‑10, 认为展示带有和平标志的美国国旗是一项"充分包含交流元素的活动,属于第一和第十四修正案的范围"。

[49] Hurley, above note 27, at 569.

[50] 在本章的其余部分,为了方便和简洁起见,笔者将使用"信息"一词来指一个或多个信息。

[51] See, e. g., K. Greenawalt, Speech, Crime, and the Uses of Language (Oxford University Press, 1989), p. 54, "当信息是行为人试图做的事情的一个方面,并且被受众理解为是这样的时候,我们可以轻松地说,行为传递了信息,言论自由原则是相关的";M. B. Nimmer, The Meaning of Symbolic Speech under the First Amendment (1973) 21 UCLA Law Rev. 29, 36, "无论言论的其他方面是真是假,作为不可还原的最低限度,它必须构成一种交流。这反过来又意味着传播者和被传播者——发言者和听众";T. Scanlon, A Theory of Freedom of Expression (1972) 1 Philos. Public Aff. 204, 206, "通过'表达行为'……笔者的意思是包括其行为人意图向一人或多人传达某种主张或态度的任何行为"。

[52] 一些下级法院发表的意见可能与该标准有冲突,但最高法院没有这样做,笔者的重点是法院的判例。

相反，为了与最高法院判例作为广泛接受的准则来源保持一致，笔者将提出两个问题，通过最高法院判例的视角来关注可能的不完整性。首先，仅仅依靠上文确定的最小值（选择发送可发送和可接收的信息）以及法院阐明的例外情况是否与法院的第一修正案判例不一致？其次，能否采用第一修正案的竞争性理论中的一种，使基于算法的决定不在第一修正案的覆盖范围之内，但又不与法院的第一修正案判例严重不符？笔者将在下一节讨论第二个问题，但在这里考虑第一个问题。

在提出这个问题时，笔者并不是要问所确定的标准对于解释最高法院对第一修正案的适用范围是否完整。它们并不完整。法院已经阐明了适用于诸如表达行为、[53] 特定种类的交流（如与犯罪行为密不可分的言论）、[54] 和特定环境（如公共论坛）的例外情况和限定条件。[55] 相反，笔者想问的是，适用上述标准加上法院阐明的例外情况是否与法院判例的某些要素不一致。这些标准加例外是否不完整，以至于不符合法院的某些裁决？这个问题看似毫无意义，因为它可以归结为"最高法院的判例是否与自身不一致？"但在一个由多成员组成的法院经常达成理论上不完整的协议，以解决因他人行为而产生的具体争议的情况下，这个问题就有意义了。[56]

狭义的答案是，这些标准和现有的例外情况不会颠覆最高法院的任何现有判例。最高法院的任何裁决都不会受到干扰，最高法院的任何理论都不需要重新制定。[57] 法院从未认定可发送、可接收和实际发送的实质性通信不属于第一修正案的适用范围，除非它属于法院明确规定的例外情况之一。更广泛的答案是，这些标准所暗示的第一修正案涵盖范围的广度可能会促使我们想方设法缩小第一修正案审查的适用范围，笔者将在本章稍后讨论这一话题。

回到上述确定的标准：法院的推理表明，第一修正案涵盖了许多基于算法的操作。例如，有人制作了一个名为"我们的国债"的广告牌或网页，对美国的国债进行统计。[58] 该广告牌或网页的核心特征仅仅是一个由计算机运行专门用于衡量国债的程序所生成的美元数字。除了制作广告牌或网页以及测量债务的程序之外，不需要任何人的参与。但笔者认为，根据最高法院的判例，这样的广告牌或网页构成言论是毫无疑问的。它传达了一个

---

[53] 讨论哪些行为具有表达性并属于第一修正案的范围。See, e. g., Rumsfeld, above note 48, at 65-6.

[54] See, e. g., Giboney v. Empire Storage & Ice Co., 336 US 490, 498（1949）. 关于第一修正案例外情况的最新清单，包括与犯罪行为、淫秽和煽动等不可分割的言论，see United States v. Alvarez, 567 US 709（2012）.

[55] 讨论公共论坛原则。See, e. g., Int'l Soc'y for Krishna Consciousness, Inc. v. Lee, 505 US 672, 678-85（1992）.

[56] 将理论不完整的协议视为"最根本的问题尚未决定"的协议。See Sunstein, above note 24, p. 48.

[57] 下级法院的判例可能并非如此。最值得注意的是，下级法院认为百科全书、如何使用书籍等属于第一修正案的涵盖范围，但却支持对有缺陷的航空图表承担责任，而没有提出此类责任会引起任何第一修正案问题。See, e. g., Aetna Cas. & Sur. Co. v. Jeppesen & Co., 642 F. 2d 339, 341-4（9th Cir. 1981），涉及有缺陷航空图表的责任，但未讨论第一修正案；cf. Brocklesby v. United States, 767 F. 2d 1288, 1295 n. 9（9th Cir. 1985），在一个涉及航空图表的案件中没有触及第一修正案问题，因为该问题是在上诉中首次提出的。也许航空图表最好被理解为属于最高法院阐明的例外情况。但法院的判例很可能会出于第一修正案的目的将这些图表视为言论。

[58] 这当然不是笔者的想象。在曼哈顿有一个著名的广告牌大小的"国债钟"。其核心内容是国债和每个美国家庭的债务统计。（唯一的文字是"我们的国债""你的家庭份额"和"国债时钟"）。时钟只是按照算法计算国债，然后显示结果。还有一些网站也有类似的功能。See, e. g., US Debt Clock, www. usdebtclock. org, 提供持续更新的国债信息及相关数字——国内生产总值、信用卡债务等。

实质性的信息。它对国债总额的连续计算反映了人们对国债规模的关注和兴趣。观众可能并不清楚创作者到底想表达关于国债的什么信息，但如果没有其他内容，那么广告牌或网页传达的国债信息是足够重要并值得关注的。[59]

值得注意的是，许多被最高法院视为言论的交流并没有表达明确的观点，从标有"BONG HiTS 4 JESUS"[60] 的横幅到几乎所有形式的艺术。鉴于几乎每件艺术品都存在固有的模糊性，最高法院将第一修正案适用于艺术品保护的做法，排除了对明确观点或信息的要求。正如法院在 Hurley 一案中所指出的，"狭义的、简洁明了的信息并不是宪法保护的条件，如果宪法保护仅限于传达'特定信息'的表达方式，那么杰克逊·波洛克（Jackson Pollock）的绘画、阿诺德·勋伯格（Arnold Schonberg）的音乐或刘易斯·卡罗尔（Lewis Carroll）的 Jabberwocky 诗歌就永远不会受到毫无疑问的保护"。[61] 在 Hurley 案中，马萨诸塞州最高法院认为，就第一修正案而言，波士顿圣帕特里克节游行不属于言论，因为"不可能发现任何具体的表达目的，使游行有权受到第一修正案的保护"。[62] 但美国最高法院一致驳回了这一论点，指出"游行并不是由各个互不相关的片段组成的，这些片段并非碰巧被一起传播以供观众选择。虽然每个游行单元一般都有自己的标识，但每个单元都被理解为对共同的主题有所贡献"。[63] 法院解释说，"与作曲家一样，管理游行的理事会从潜在参与者中挑选游行的表现单元，虽然乐谱可能不会产生特定的信息，但在理事会眼中，每个队伍的表达都与当天值得庆祝的事情有关"。[64]

设想一个人设立了一个公告栏（老式的实体公告栏），在上面张贴她发现的每一篇使用了某些特定词语的文章。她不是在创作文章，她只是在收集别人写的文章。她的编辑工作并不只是寻找这些词语，而是不加区分地收集所有使用这些词语的文章。但笔者认为，出于第一修正案的目的，我们会将公告栏视为言论。公告栏将向浏览者传达实质性信息。她的观点可能并不明确，但如果不出意外的话，这将以公告栏的形式告诉观众，她认为这个话题足够重要，值得特别关注。展示所有包含上述特定词语的文章并不能传达一个明确的信息；相反，正如在 Turner 案中一样，它构成了编辑自由裁量权的行使，公告栏编辑试图通过它传达一个信息，即包含特定词语字样的文章的重要性。

现在想象一下，这位公告栏编辑姗姗来迟地发现了互联网，她把自己的实体公告栏变

---

[59] 请注意，声称参与言论的个人或实体并不创作基本内容这一事实与第一修正案的适用范围无关。See Hurley, above note 27, at 570，"第一修正案的保护并不要求演讲者作为原创内容创作出传播中的每一个项目……对其他人发表的言论进行编辑汇编是大多数报纸意见版的主要内容，这当然完全属于第一修正案保障的核心范围，即使是简单地选择在日报上刊登付费非商业广告也是如此"；Turner I, above note 16, at 636, 发现有线电视运营商通过选择播出频道"参与和传播言论"；see also D. Sullivan, The New York Times Algorithm & Why It Needs Government Regulation, Search Engine Land（July 15, 2010）http：//searchengineland.com/regulating-the-new-york-times-46521，将 Google 比作报纸。

[60] See Morse v. Frederick, 551 US 393, 397（2007）. 法院根据第一修正案将横幅视为言论，即使"Frederick 的横幅上的信息是隐晦的。毫无疑问，它对某些人来说是冒犯性的，对另一些人来说也许是有趣的。对其他人来说，它可能毫无意义"。Ibid. at 401.

[61] Hurley, above note 27, at 569（citations omitted）.

[62] Irish-Am. Gay, Lesbian & Bisexual Grp. of Bos. v. City of Boston, 636 NE. 2d 1293, 1299（Mass. 1994）（internal quotation marks omitted）, rev'd sub. nom Hurley, above note 27.

[63] Hurley, above note 27, at 576.

[64] Ibid. at 574.

成了虚拟公告栏。她在电脑上搜索特定词语，并发布所有包含这句话的文章链接。后来她意识到，她可以在很大程度上实现这一过程的自动化，于是她创建了一个宏，让她只需按一个键就可以在网上搜索特定词语，另一个宏让她只需按第二个键就可以将任何尚未张贴的链接上传到她的公告栏上。她开始厌倦执行这些搜索，并意识到一只训练有素的猴子也能完成这项任务。幸运的是，她有一只训练有素的猴子，所以她决定让猴子按这两个键。然后，公告栏编辑器会将这些操作合并成一个键，供猴子使用。最后，在猴子厌倦了这些打字工作后，公告栏编辑意识到她可以创建一个程序，自动执行搜索并发布相关链接，而不需要猴子。一旦程序启动，它就会持续搜索网络。在从实体公告栏到自动程序的这些步骤中，最高法院判例中与言论自由覆盖范围相关的内容没有发生任何变化。当公告栏是实体的时候，编辑的公告栏传达了包含上述特定词语字样的文章对她的重要性。当程序自动化时，传达的也是同样的信息。

619 　　同样，请考虑以下进展情况：一位时间紧迫的记者意识到，如果她使用一些标准模板来传达重复出现的信息，她就能写出更多的文章。她一开始是剪切和粘贴，但发现这样太费力。因此，她为标准描述创建了宏（例如，"A 队在第三局得了 7 分，B 队在第三局得了 9 分"）。宏变得更加复杂，使用的语言也更加华丽（例如，"在某一局中，客队在第三局上半段得到了令人印象深刻的 7 分，但主队在第三局下半段回敬了惊人的 9 分"）。宏程序变得如此复杂，以至于记者可以为几乎所有的结果创建一个模板，并通过添加一些事实将文本块拼接在一起，形成一篇连贯的文章。记者的计算机技能变得如此先进，以至于她可以从电子表格中输入一些基本数据（例如，一场棒球比赛的比分），然后运行一个宏，根据这些事实创建整篇文章。最后，她创建一个宏，收集这些事实并撰写文章，将她的创造性投入完全留给程序的创建。

　　这不是一个虚构的例子。算法有时会产生所谓的自动化新闻——"使用软件或算法自动生成新闻报道的过程，无需人工干预——当然是在算法的初始编程之后"。[65]《福布斯》《华盛顿邮报》、彭博新闻社和美联社等刊物都使用此类程序。[66] 工程师、记者和计算机

---

[65] "我们的软件可以查看您的数据并据此撰写报道，就像今天的人类分析师一样" A. Graefe, Guide to Automated Journalism, Columbia Journalism Review Tow Center Report（January 7, 2016）, www.cjr.org/tow_center_reports/guide_to_automated_journalism.php. See also Narrative Science, What Is Natural Language Generation? https://narrative-science.com/what-is-nlg. 事实上，棒球的例子来自一篇文章，文章引用了《叙事科学》的以下内容：弗里欧纳队周一在五局比赛中以 8 比 10 负于男孩牧场队，尽管弗里欧纳队打出 7 支安打和 8 次跑垒。弗里欧纳队由 Hunter Sundre 领衔，他在与男孩牧场队的比赛中以 2-2 的比分与男孩牧场队的投手打平。Sundre 在第三局击出一垒安打，并在第四局击出三垒安打……弗里欧纳队盗垒次数最多，一共盗垒 8 次。S. Levy, Can an Algorithm Write a Better News Story than a Human Reporter?, Wired（April 24, 2012）, www.wired.com/gadgetlab/2012/04/can-an-algorithm-write-a-better-news-story-than-a-human-reporter/all（quoting a Narrative Science article）.

[66] See J. Peiser, The Rise of the Robot Reporter, New York Times（February 5, 2019）, 指出 "彭博新闻社使用的系统 Cyborg 能够协助记者每季度撰写数千篇有关公司财报的文章"，以及 "《华盛顿邮报》拥有一个名为 Heliograf 的内部机器人记者"；WashPostPR, The Post's Heliograf and Modbot Technologies Take First Place in 2018 Global Biggies Awards, Washington Post（March 23, 2018）, 注意到《华盛顿邮报》的 Heliograf 和 ModBot 技术分别获得了 2018 年全球 BIGGIES 奖的第一名，该奖项旨在表彰世界各地媒体公司在大数据和人工智能产品及战略方面的最佳实践"；B. Mullin, The Associated Press Will Use Automated Writing To Cover the Minor Leagues（June 30, 2016）, www.poynter.org/tech-tools/2016/the-associated-press-will-use-automated-writing-to-cover-the-minor-leagues；N. Sahota, A. I. May Have Written This Article. But Is That Such a Bad Thing?, Forbes（September 16, 2018）, www.forbes.com/sites/cognitiveworld/2018/09/16/did-ai-write-this-article；Graefe, above note 65.

语言学家会确定他们感兴趣的事实和角度，汇编相关词汇，然后创建算法来撰写文章。[67]就像公告栏的例子一样，很难说在这一过程中的任何一步是如何跨越了由法院的判例产生的言论与非言论之间的界限。记者/程序员通过编辑决定制作实质性的传播。她设计了模板和将其组合在一起的机制，她这样做是为了传达实质性信息。请注意，在这一过程的所有步骤中，记者/程序员在某种程度上都依赖于她并非专门为这一场合而设计的模板。每走一步，她都会将更多的输入推向前端（创建模板和输入模板的宏程序），而将更多的执行留给她创建的程序。[68]

上述大多数例子涉及的网页都集中在一个特定的兴趣领域。如果没有这个关注点，分析会改变吗？假设有人决定创建一个网站，提供当下最重要的新闻，而创建者的实质性判断是，重要性是流行度的函数：一个项目越受欢迎，它就越重要。因此，她创建了一种算法来识别以新闻为导向的网站，并衡量这些网站上出现的项目的受欢迎程度，这些算法的产物在她的网页上产生了一组不断变化的链接（按受欢迎程度排序）。在这些链接的上方，她的网页上写着："这里是最重要的新闻，我所说的'最重要'是指最受欢迎"。她的网页只是一个自动收集的链接，但在 Turner 案的规则下，这将成为一种言论。

同样，有许多搜索引擎通过过滤成人内容来达到家庭友好的目的，这样做传达了一个实质性的信息，即删除成人导向的链接是可取的。或者，换个角度看，一个聚合器或搜索引擎承诺"先处理网络上最令人发指的色情链接"，这也是在向用户传递一个实质性的信息，而最高法院的判例也会将其视为言论。还有 DuckDuckGo，一个以屏蔽垃圾邮件作为相关性代理的搜索引擎。[69] 这些搜索引擎本身并不产生链接内容，但上述大多数例子（以及 Drudge Report 和其他链接聚合器）也是如此。

尽管如此，这些搜索引擎与上述大多数例子之间有两个区别，可能与第一修正案的目的有关。首先，人们可能会猜测国债网页和前述公告栏链接网页的创建者是出于某种特定的观点（即使人们可能会猜测错误这种观点是什么），但要把垃圾邮件拦截搜索引擎归结为

---

[67] See Graefe, above note 65：自动新闻报道软件依赖于一套针对当前问题的 预定义规则，这些规则通常由工程师、记者和计算机语言学家共同制定。例如，在棒球领域，软件必须知道跑垒次数最多的球队获胜，但不一定是安打次数最多的球队获胜。此外，还需要领域专家来定义新闻价值的标准，算法会根据这些标准来寻找有趣的事件，并按照重要性进行排序。最后，计算机语言学家会使用样本文本来识别潜在的语义逻辑，并将其转化为能够造句的基于规则的系统。如果没有这样的样本文本，训练有素的记者会预先用适当的框架和语言编写文本模块和样本报道，并根据出版机构的官方风格指南进行调整。See I. Titova, Book Written by Computer Hits Shelves, St. Petersburg Times（Russ.）（January 22, 2008），www. sptimes. ru/story/24786. 这并非文章独有的现象，也不是什么新鲜事。2008 年，一家俄罗斯出版公司通过软件编程，以村上春树（他的书被上传到程序中）的风格创作了一本改编自列夫·托尔斯泰《安娜·卡列尼娜》的变体小说。出版社总编辑解释说"如今，出版社采用不同的方法，以最快的速度为读者创作出这种或那种风格的图书。我们的程序可以帮助完成这项工作"；"然而，程序永远无法成为作者，就像 Photoshop 永远无法成为拉斐尔一样"。Ibid.

[68] 据笔者所知，本书其他文章还没有涉及这一点。

[69] See DuckDuckGo, https：//duckduckgo. com. DuckDuckGo 创始人 Gabriel Weinberg 在一次访谈中解释说："你马上就能看到的主要好处是，我们试图获得更好的即时答案，我们对垃圾邮件的打击力度也更大"；"有大量数据显示，当人们点击内容农场的结果时，他们实际上是喜欢这些结果的，因为它们往往与他们的查询完全匹配。但我们认为，从长远来看，你不会喜欢它们，因为它们往往是低质量的内容。因此，这对搜索引擎来说是个难题，因为它们使用的很多相关性指标都显示这些结果非常相关，尽管我认为它们并不相关。" J. Vilches, Interview with DuckDuckGo Founder Gabriel Weinberg, TechSpot（August 21, 2012），www. techspot. com/article/559-gabriel-weinberg-interview/page2. html.

某种观点可能会更加困难；其次，它不是事先收集用户感兴趣的项目，而是根据用户的偏好来搜索这些项目。这两点密切相关。搜索引擎响应用户的查询，并根据这些查询提供信息，而不会筛选或关注特定的观点。

关于第一点，根据现行判例，第一修正案的涵盖范围并不局限于具有特定观点的发言者，甚至也不局限于具有特定价值的言论。[70] 刊载各种政治观点的政治文章的杂志，即使编辑本身没有可识别的政治观点，也属于言论，这是普遍同意的。关于第二点，就第一修正案而言，这似乎是一种没有差别的区别。在此假设两个平台：第一个平台事先编制了一份它认为对家庭友好的所有信息来源的清单，并让用户以各种方式搜索和选择这些信息来源；第二个平台没有事先编制任何信息，而是根据用户的查询选择它认为适合家庭的信息来源。我们可以称第一个平台为"家庭友好型数字有线电视"，第二个平台为"家庭友好型搜索引擎"。它们做出的判断是一样的。唯一不同的是用户的浏览体验，对选择浏览而非简单搜索的用户而言。很难说这种区别会产生什么宪法意义。即使有区别，也不清楚区别的方向。拥有一个已安装的选择库可以让用户被动地浏览（或在数字有线电视环境中进行频道冲浪），而只提供搜索选择则要求用户更积极地参与。其结果是，搜索产品可能较少反映平台的决定，而更多反映用户的决定，但尚不清楚这是否会使这一产品更明显或更不明显地成为"言论"。无论如何，用户的参与程度似乎与此无关，因为根据法院第一修正案的判例，这两个平台最好被理解为在发表言论。

根据最高法院的判例，像 Google 这样的搜索引擎与垃圾邮件屏蔽或家庭友好型搜索引擎是否会有什么不同？笔者认为不会。Google 表示，搜索结果并不是 Google 对搜索的声明。[71] 但 Google 也指出，其搜索强调质量。2017 年，为了回应人们对假新闻的担忧，Google 宣布了"我们对搜索质量的最新改进"，并表示："我们已经调整了我们的标识，以帮助展示更多权威页面，并降级低质量内容"。[72] 2011 年，Google 对其算法进行了修改（被称为"熊猫"），以此来搜出更多高质量的网站。[73]

如果我们假设 Google（或其他基于算法的搜索引擎）并不关心"质量"，而只关心相关性和对用户的实用性呢？根据最高法院的判例，Google 基于其对相关性和实用性的理解而

---

[70] "我们相互之间所说的大部分话都缺乏'宗教、政治、科学、教育、新闻、历史或艺术价值'（更不用说严肃价值了），但它们仍然不受政府监管。即使是'完全中立的徒劳……也受到言论自由的保护。像济慈（Keats）的诗或多恩（Donne）的布道一样'（quoting Cohen v. California, 403 US 15, 25（1971）)." See United States v. Stevens, 559 US 460, 479-80（2010）.

[71] See Search Using Autocomplete, Google, https://support.google.com/websearch/answer/106230：「搜索预测并不是您搜索的答案。它们也不是其他人或 Google 对您的搜索条件的陈述」。

[72] B. Gomes, Our Latest Quality Improvements for Search, Google（April 25, 2017), www.blog.google/products/search/our-latest-quality-improvements-search. 另见上文注 13、14 及附文 "关于 YouTube 和 Facebook 算法的变化，旨在实质性地改变用户看到的内容"。

[73] "我们许多排名变化的目标是帮助搜索者找到能提供良好用户体验并满足其信息需求的网站。我们也希望那些为用户（而不仅仅是算法）提供优质网站的'好人'看到他们的努力得到回报。为此，我们推出了熊猫变更，成功地在搜索结果中返回了更高质量的网站。" See M. Cutts, Another Step to Reward High-Quality Sites, Google Webmaster Central Blog（April 24, 2012), http://googlewebmastercentral.blogspot.com/2012/04/another-step-to-reward-high-quality.html.

进行的算法输出是否属于言论？答案是肯定的，Google 在确定用户需求时会做出各种判断。[74] 对这一结论有一个合理的反对理由，即根据用户需求编辑和传输信息并不是表达发言者自己的愿望，因此不是真正的言论。然而，正如笔者在下一节中所讨论的，最高法院并未采纳这一立场，其判例也与此立场不一致。

根据这一判例，许多基于算法的输出并不构成言论，因为它们没有传递实质性信息。传输控制协议和互联网协议（通常称为 TCP/IP）通过互联网传递信息，但其创造者这样做并不是在传递实质性信息。[75] 但是，当人们创建算法，以便根据其感知的重要性、价值或相关性有选择性地呈现信息时，Turner 案指出，就第一修正案（或最高法院的判例而言）而言，他们是发言者。法院判例中没有任何内容支持依赖算法将言论转变为非言论的主张。试金石是发送实质性信息，而这样的信息可以在依赖或不依赖算法的情况下发送。[76]

最后要说明的是：在 Brown 案判决之前，法院和评论家们就电子游戏是否构成第一修正案所指的言论展开了辩论，"许多树木都被砍倒了"。[77] 然而，法院却将其视为一个答

---

[74] 有关 Google 就如何改进客户搜索进行辩论的例子，see Google, Search Quality Meeting：Spelling for Long Queries（Annotated），YouTube（March 12, 2012），www.youtube.com/watch？v=JtRJXnXgE-A。显示 Google 搜索质量团队在 2011 年 12 月 1 日举行的一次会议上讨论算法决定。

[75] 有关 TCP/IP 协议的解释，see J. Strickland, How Does the Internet Work？, HowStuffWorks（May 7, 2010），http：//computer.howstuffworks.com/internet/basics/internet1.htm。

[76] 吴修铭认为，根据现行判例，关键在于被指控的发言者是否将其提供的信息作为自己的信息，"报纸和有线电视运营商的案例都不支持第一修正案保护类似索引的内容，而不是由发言者采纳或选择为自己的内容。正是这一步——作为发布者采用信息，而不仅仅是指向用户——标志着区别"。See T. Wu, Machine Speech（2013）161 Univ. Pa. Law Rev. 1498, 1530. 笔者同意其观点，即最高法院的判例并不支持将未经编辑的索引视为言论，但我不认为他所阐述的观点来源于该判例，或与该判例一致。法院在 Turner 案（见上文注 16）中认为，有线电视运营商的编辑行为属于言论行为，但没有暗示有线电视运营商确实或需要将其转播频道的传播内容作为自己的传播内容。See above note 16, at 636，"通过'对哪些电视台……行使编辑自由裁量权'"，有线电视……经营者通过'行使编辑自由裁量权，决定将哪些电视台纳入其播放范围'，'以传播信息'……"See also Hurley, above note 27, at 570，指出"即使是简单地选择在日报上刊登付费非商业广告"，"也完全属于第一修正案保障的核心内容"。根据 Turner 案，进行实质性编辑会传递信息，因此会触发第一修正案的适用——无需采纳或认可所传播的节目。修改一下吴的例子，没有人在观看福克斯新闻、MSNBC 或任何其他涉及 X 主题的有线电视频道时会说："看看笔者的有线电视运营商昨天是怎么谈论 X 的"，或者"笔者的有线电视运营商对 X 的看法很有趣"。尽管如此，第一修正案涵盖了有线电视运营商对频道的选择。See Wu, ibid.，p. 1528.

[77] See, e.g., Interactive Digital Software Ass'n v. St. Louis County, 200 F. Supp. 2d 1126, 1133-4（ED Mo. 2002），认定电子游戏不属于第一修正案所指的言论，rev'd, 329 F. 3d 954（8th Cir. 2003）；America's Best Family Showplace Corp. v. City of New York, 536 F. Supp. 170, 174（EDNY 1982）；M. J. Blitz, A First Amendment for Second Life：What Virtual Worlds Mean for the Law of Video Games（2009）11 Vand. J. Ent. Technol. Law 779, 785，认为即使是无叙事性的电子游戏和其他"无交流形式的电子图像"也应受到"坚定的保护"；T. R. Day and R. C. W. Hall, Deja Vu：From Comic Books to Video Games：Legislative Reliance on "Soft Science" to Protect against Uncertain Societal Harm Linked to Violence v. the First Amendment（2010）89 Or. Law Rev. 415, 450，认为电子游戏"与电影、艺术作品和文学作品一样，应受到第一修正案的保护"；P. M. Garry, Defining Speech in an Entertainment Age：The Case of First Amendment Protection for Video Games（2004）57 SMU Law Rev. 101, 122，反对第一修正案对电子游戏的全面保护；P. E. Salamanca, Video Games as a Protected Form of Expression（2005）40 Ga. Law Rev. 153, 194-205，反对将电子游戏视为不受保护的言论；K. W. Saunders, Regulating Youth Access to Violent Video Games：Three Responses to First Amendment Concerns（2003）51 Mich. St. Law Rev. 101-5，认为电子游戏是非交流性的，就第一修正案而言不是言论；A. Ventry III, Note, Application of the First Amendment to Violent and Nonviolent Video Games（2004）20 Ga. St. Univ. Law Rev. 1129, 1131，认为"法院在确定电子游戏是否是受宪法保护的言论时，应采用逐案处理的方法，而不是断然决定所有电子游戏都是（或不是）受保护的言论"。

案显而易见的问题。事实上，该意见令人震惊的部分原因在于法院认为答案是如此简单。[78]

这是否意味着更高等的审查将适用于几乎所有通过算法产生文字的实体的监管？算法必须传递实质性信息。旨在加快传输速度或提高网络运行效率的算法并没有传递任何实质性信息。如果电话公司安装了减少背景噪音的算法，你的固定电话（还记得这东西吗？）可能会更好用，但电话公司这样做并没有传递任何实质性信息。[79] 我们可以拒绝这一限制，但这种拒绝将构成对第一修正案法理的重大重塑。

三、其他答案的建构

正如笔者在前文所指出的，关于"言论自由条款"有许多相互竞争的概念，其中没有一个概念被广泛接受为解释或推动第一修正案的理论。但笔者现在要问的是，在不颠覆现有判例法的前提下，采用第一修正案的竞争性理论之一是否会产生不同的结果。更广义地说，对现行的第一修正案判例制定一个连贯的例外条款，从而使基于算法的决定或更具体的搜索结果不被第一修正案所涵盖，但保留大多数剩余的第一修正案判例，会有多难？这不同于首先询问第一修正案的任何理论是否会将基于算法的决定排除在涵盖范围之外。这个问题的答案是肯定的。也就是说，我们可以依据第一修正案的特定概念，从根本上重新思考最高法院的现有方法，从而将搜索引擎结果和许多其他内容排除在外。例如，我们可以将第一修正案中的"言论自由"限定为核心政治言论，或直接促进民主讨论或自治的有意义的限制性概念的言论，从而将搜索引擎结果作为一个类别排除在第一修正案的范围之外。[80] 不过，我们也会将大多数艺术形式排除在外。[81] 在本章中，笔者的问题是，在不彻底改变我们的第一修正案判例的情况下排除基于算法的决定，或者更具体地说，排除搜索引擎的结果，有多容易？

（一）依据第一修正案的特定理论

最明显的可能性是将第一修正案的分析重点放在个人身上。这可能会导致一种说法，即公司的传播不构成言论。但报纸和杂志是由公司所有的，而修改第一修正案，将这些出版物排除在言论之外，将彻底背离我们现有的判例。

相反，人们可能会试图将公司纯粹为自身利益而发表的言论排除在第一修正案的适用范围之外。问题是，很难有任何关于符合公司利益的言论的表达，可以在不同时排除报纸和杂志的情况下，将基于算法的决定，更具体地说是搜索引擎的结果排除在外。以符合公司利益的言论为基础的区分无法区分报纸和杂志。同样的道理也适用于排除纯粹以增加公司价值为目的的言论。事实上，报纸或杂志的所有者是一个忠实的代理人，其股东希望获

---

[78] See above notes 38-43 及所附文本；see also Sorrell, above note 17, at 557, "有助于药品营销的言论……是一种受第一修正案言论自由条款保护的表达方式。"

[79] See S. M. Benjamin, Transmitting, Editing, and Communicating: Determining What "The Freedom of Speech" Encompasses (2011) 60 Duke Law J. 1673, 1686.

[80] "宪法只应保护具有明确政治性的言论"。See, e. g., Bork, above note 22, p. 20.

[81] 如果我们对"核心政治言论""民主讨论"或"自治"采用一个非常宽泛的定义，我们就可以避免这样的结果，但这样我们又会回到起点。正如 Frederick Schauer 所指出的：基于自治或民主讨论的理论很难解释为什么（当然，错误除外）该理论现在涵盖了色情、商业广告和艺术等——这些都与政治讨论或自治没有太大关系，除非是在"政治"的定义被弱化的情况下，以至于该理由的核心失去了很多力量。Schauer, above note 4, p. 1785.

得尽可能高的投资回报,因此,所有者的所有行为都是为了最大限度地提高股东价值。简言之,搜索结果符合搜索引擎的利益,就像引人注目的内容符合任何内容传播者的利益一样,无论是报纸或是政治网站。更传统的说法是将商业言论区分开来。一些理论家主张将商业言论排除在第一修正案的适用范围之外,[82] 这将是对第一修正案法理的一次相当重大的重构。[83] 排除商业言论也不会影响大多数基于算法的决定。它将适用于搜索引擎(以及报纸)的广告,但大多数搜索引擎结果都不是付费广告。[84]

强调个人的另一种方式是关注他们的表达。例如,注重自我表达的理论强调重要的是个人的自我表达,而基于自主性的理论同样强调个人的自主性。问题在于,许多基于算法的决定同样涉及创作者的自我表达和自主权。根据算法的不同,基于算法的决定很可能构成自我表达,增强自主性,并包含有意义的思考。算法只是收集相关信息的一种手段,但创建者会选择收集什么信息。创建国债网页或公告栏链接网页的人是在表达对这些主题重要性的看法。或者考虑一个使用算法来收集带有其他特定字样的文章链接的网页。与 Drudge Report 相比,这些网页不需要那么多的策划,但它们都反映了自主表达。

搜索引擎是一个比较接近的问题,但将其排除在外的"自我表达"定义将是一个相当蹩脚的定义。先举例一个专注于家庭友好资料的搜索引擎。这似乎是自主表达的编码——"我们重视家庭友好的资料,我们希望让你更容易找到它"。当然,创作者们的实际动机可能更加卑劣——最明显的就是:"我们只想赚钱",但这很可能就是许多报刊杂志和许多艺术家的真实动机。由于自我表达和个人自主理论将艺术完全纳入其对言论的理解范围,那些强调自我表达或自主的人通常并不关注发言者的主观动机,而是关注信息所反映的表面表达。在这种情况下,正如笔者在上文所指出的,有一种显而易见的表达。

从这一表达到 DuckDuckGo 的表达,只是很小的一步。与其说"我们希望避免/找到特定内容,我们希望让您更容易避免/找到特定内容",不如说"我们希望避免垃圾邮件,我们希望让您更容易避免垃圾邮件"。这样就向 Google 的表达方式又迈进了一小步。如上所述,Google 也将质量作为其目标。但是,即使我们只认可其对相关性的关注,用"相关性"代替"质量"也不会使其表达变得不那么重要。在任何情况下,算法创建者都在表达他们对自己所重视的东西的看法。

也许 Google 的情况尤其不同,因为它所传达的信息与其说是"我们重视相关网站",不如说是"我们为你选择你想要的东西"。在后一种表达中,Google 可以说不是在表达自己的偏好,而是在表达它希望满足我们的偏好。

---

[82] See, e. g., C. Edwin Baker, Commercial Speech: A Problem in the Theory of Freedom (1976) 62 Iowa. Law Rev. 1, 3, "鉴于美国现有的社会和经济关系形式,完全否认第一修正案对商业言论的保护不仅符合第一修正案理论,而且也是第一修正案理论所要求的"; C. R. Sunstein, Democracy and the Problem of Free Speech (Free Press, 1993), pp. 123, 127, 认为广告无助于民主讨论,因此对广告保护甚少。

[83] See, e. g., Cent. Hudson Gas & Elec. Corp. v. Pub. Serv. Comm'n, 447 US 557, 561 (1980), 第一修正案保护商业言论不受政府无理监管"; 44 Liquormart, Inc. v. Rhode Island, 517 US 484 (1996), 将第一修正案的审查适用于商业广告监管。

[84] 一些早期的搜索引擎在决定展示内容和展示位置时,严重依赖付费内容。Google 的卖点之一就是它使用了页面排名算法,而且它所拥有的少量付费内容都被明确地划分为付费内容。新的搜索引擎纷纷效仿 Google 的做法。Google 及其新的竞争对手意识到,他们可以通过优先显示相关的优质网站来吸引用户,并从被排在次要位置的广告商那里赚取更多的钱,因为大量的人会被包含相关网站的搜索结果所吸引。

根据 Google 对用户利益的迎合程度来区分 Google 在第一修正案中的适用范围，这将是第一修正案判例的重大转变，因为那些坦率地关注观众或读者利益的出版物和编辑将不受保护。在过去，杂志所有者（或有线电视运营商）仅仅是对市场机会做出反应还是表达自己的主观偏好并不重要，但现在这种差异将是决定性的。如果我们将不受保护的言论定义为包括顺应公众需求的言论，那么只有少数不顾公众利益，[85] 推崇自己观点的出版物才是发言者，而这将颠覆大多数第一修正案法律。

除此以外，这样的区分就显得非常单薄了。我们可以将 Google 的立场重新定性为"我们倾向于为你选择我们认为你认为有价值的东西"。如果我们用"是"来代替"你发现"，或者把这句话改成"我们相信你应该发现有价值的东西"，显然就有了清晰的表达。因此，我们会把创作者的表达放在一个非常重要的位置上，认为它关注的是别人想要什么。

从服务他人的角度来阐述自己的目标，仍然是一种自主权的行使，也是一种自我表达。"你快乐我也快乐"是一种自我表达，即一种向他人寻求快乐的表达，但仍然是一种个人动机的表达。同样，宣称自己以观众的需求为导向的艺术家，其仍然是在作一种自我定义和艺术定义的声明。[86]

同样值得注意的是，关于用户需求的决定类似于有线电视运营商的决定，而法院在 Turner 案中认定有线电视运营商的决定是言论。有线电视运营商在其辩护状中强调，在选择收录哪些频道时，一个重要的考虑因素是他们认为客户想要什么。[87] 事实上，有线电视运营商认为该法规没有充分理由的一个主要论点是，他们声称有线电视运营商会以观众利益为导向，因此无论他们是否拥有这些频道的所有权，他们都会播放最受欢迎的频道。[88] 有线电视运营商在选择播出哪些频道时，无论选择的是什么实质性内容，都是在进行编辑，这些编辑的决定构成了言论。有线电视运营商声称，他们是根据客户的意愿进行编辑的，而 Google 正在做着完全相同的事情。

另一种不同的方法是关注受众。最高法院的一些意见和一些评论都强调了听众和观众获得广泛观点的重要性。[89] 但"接受信息的权利"被明确表达为对发言者权利的补充，

---

[85] 我们通常称之为"虚荣出版物"。

[86] Cf. The Kinks, *Give the People What They Want*, Arista Records, 1981.

[87] See, e. g., Reply Brief for Appellants Turner Broad. Sys., Inc. at 19-20, Turner I, above note 16, (No. 93-44), 1993 WL 664649, "有线电视运营商的存在意义就在于从种类繁多的视频节目源中进行选择，从而组合出一套能够吸引电视观众的节目"; Reply Brief for Appellants Discovery Commc'ns, Inc. and the Learning Channel, Inc. at 6, Turner I, above note 16, (No. 93-44), 1993 WL 664652, 强调市场力量在有线电视运营商选择转播哪些频道中的作用。

[88] 法院意见中没有任何内容表明，第一修正案的任何方面都取决于有线电视运营商在多大程度上纯粹根据机械的受欢迎程度来选择频道。

[89] See, e. g., First Nat'l Bank v. Bellotti, above note 27, at 783, 指出第一修正案赋予公众"讨论、辩论、传播信息和思想的权利"; Va. State Bd. of Pharmacy, above note 30, at 757, "宪法保护接受信息和思想的权利，这一点现已得到确立"; Kleindienst v. Mandel, 408 US 753, 762 (1972), "在各种情况下，本法院都提到第一修正案规定的接受信息和思想的权利"; Stanley v. Georgia, 394 US 557, 564 (1969), "宪法保护接受信息和思想的权利，这一点现已得到公认"; Griswold v. Connecticut, 381 US 479, 482 (1965), 指出言论自由包括"接受的权利"; see also T. I. Emerson, Legal Foundations of the Right to Know (1976) Wash. Univ. Law Q. 1, 2, "一开始就很清楚，知情权很容易与第一修正案相吻合"; T. Scanlon, A Theory of Freedom of Expression (1972) 1 Philos. Public Aff. 204, 认为第一修正案保护听众获取信息和观点，从而保护自主权。

而不是替代，因此不会限制将基于算法的决定视为言论。[90] 但值得注意的是，对受众权利的关注可能会支持某些基于算法的输出（尤其是搜索引擎）的立场。将听众和观众的权利概念化的一种方式是将其视为一种不受限制地获取信息的权利。[91] 这种概念化将支持把个人的搜索结果视为言论自由条款所涵盖的信息的一部分。不同的概念会将听众和观众的权利解释为政府对信息提供者进行监管的正当理由，但将这种论点应用于将信息提供者排除在"言论自由条款"的覆盖范围之外，将是对第一修正案判例的彻底改变。[92] 无论好坏，最高法院的判例已经果断地否决了这一设想。[93]

然而，另一个方向将侧重于关注政府颁布特定法规的目的或动机。一些评论家（包括当时的 Elena Kagan 教授）建议，第一修正案的适用范围应取决于政府的目的或动机，例如，经济动机不应触发第一修正案的适用范围，而审查动机则应触发第一修正案的适用范围。[94] 无论这种方法有什么优点，也无论它是否适用于基于算法的输出，它都与最高法院的大量案例不一致，尽管相关法规具有经济动机，这些案例都适用了第一修正案。[95]

---

[90] "言论自由的前提是有一个愿意发表言论的人。但如果存在发言者，……所提供的保护是针对交流、其来源和接受者的"。See Va. State Bd. of Pharmacy, above note 30, at 756.

[91] See, e. g., ibid.；Sorrell, above note 17, at 577，"人们担心如果得到真实的信息就会做出错误的决定，这不能成为基于内容的言论负担的理由。第一修正案要求我们特别怀疑那些为了政府认为的自身利益而将人们蒙在鼓里的规定"；Edenfield v. Fane, 507 US 761, 767（1993），"商业市场与我们社会和文化生活的其他领域一样，为思想和信息的繁荣提供了一个论坛……一般规则是由演讲者和听众而不是政府来评估所提供信息的价值"。

[92] See Red Lion, above note 26, at 390，建议言论自由包括"公众适当获取社会、政治、审美、道德及其他思想和经验的权利"；J. A. Barron, Access to the Press-a New First Amendment Right（1967）80 Harv. Law Rev. 1641, 1666，"我们希望，对听众在广播中的利益的认识将导致对读者在新闻中的利益的同等关注，并希望第一修正案将承认读者、听众和观众的使用权，以保护读者、听众和观众"。

[93] See, e. g., Pac. Gas & Elec. Co. v. Pub. Utils. Comm'n, 475 US 1, 4, 20-1（1986），裁定州公用事业委员会不能依据宪法强制一家私营公用事业公司在其账单信封中包括由一个反对派团体制作的材料；Miami Herald Pub. Co. v. Tornillo, 418 US 241, 258（1974），认为保障政治候选人通过媒体回应批评的州法规违宪。事实上，最高法院在很大程度上已经放弃了其在 Red Lion 案中的暗示，即第一修正案授权政府赋予听众和观众接触权。事实证明，广播是唯一法院认为有理由赋予接触权的领域——即使在这一领域，法院也认为广播公司享有第一修正案赋予的权利（只是权利有所减弱）。

[94] See, e. g., E. Kagan, Private Speech, Public Purpose：The Role of Governmental Motive in First Amendment Doctrine（1996）63 Univ. Chi. Law Rev. 413, 414，认为"最高法院在过去几十年中制定的第一修正案法律的主要目标是发现政府的不正当动机，尽管这一目标并未明确说明"；J. Rubenfeld, The First Amendment's Purpose（2001）53 Stan. Law Rev. 767, 775-9，在确定适用第一修正案是否适当时，法律的目的至关重要。

[95] See Sorrell, above note 17, at 567，对出于经济考虑的法规适用第一修正案审查，并指出，"虽然 受影响的言论是出于经济动机，但大量重要的表达也是如此"；United States v. United Foods, Inc., 533 US 405, 408, 417（2001），对农业评估要求适用第一修正案的审查，理由是该要求迫使蘑菇种植者资助他们不同意的言论；Turner I, above note 16, at 638，对立法适用第一修正案的审查，同时还发现"国会颁布一项要求有线电视转播当地电视广播公司的法律的首要目标是……为40%没有有线电视的美国人保留免费收看电视节目的机会"；Members of City Council of Los Angeles v. Taxpayers for Vincent, 466 US 789, 804（1984），将第一修正案适用于一项法令，即使"该法令的文本是中立的"，而且"在该市颁布或执行该法令过程中甚至没有一丝偏见或审查"；Minneapolis Star & Tribune Co. v. Minnesota Comm'r of Revenue, 460 US 575, 592（1983），我们早已认识到，即使是旨在适当解决政府问题的法规，也可能不适当地限制受第一修正案保护的权利的行使。最高法院还明确驳回了一个较为温和的论点，即在第一修正案所涵盖的范围内，如果政府有"不正当的动机"，则不应对基于内容的法规进行严格审查。Reed v. Town of Gilbert, Ariz., 135 S. Ct. 2218, 2229（2015），"无辜的动机并不能消除表面上基于内容的法规所带来的审查危险"；ibid. at 2228，"一项表面上基于内容的法律应受到严格审查，无论政府的动机是否良善、是否有内容中立的理由、或是否缺乏'对受管制言论中所包含的思想的敌意'"。

当然，还有其他的关于第一修正案的理论，但所有这些理论要么会任意划定界限，要么会将我们目前认为属于言论的许多内容排除在外。

（二）基于算法的实用线路

如上所述，仅为基于算法的决定制定第一修正案的排除条款将是武断的，而制定一个不武断的排除基于算法的决定的类别将排除我们认为是言论的大部分内容，从而显著改变我们的判例。由于基于算法的决定与根据最高法院现行判例中明显属于言论的通信具有相似性，因此似乎没有任何原则性的区分可以在不颠覆该判例重要方面的情况下将基于算法的决定排除在外。但另一条路线是可行的，即使目前没有任何作用，将来也可能发挥重要作用：将不反映人类决定的输出排除在外。

迄今为止所讨论的一个关键因素是，所有算法背后都有一个人类大脑。有算法参与并不意味着机器在说话。个人正在以他人能够接收的方式发送实质性信息。目前讨论的重点是，在人类仍在创建模板的情况下，增加算法并不会改变对"言论自由条款"的分析。

但是，如果人类不再有意义地创造信息，分析又会发生什么变化呢？也就是说，当人工智能发展到一定程度，一套算法已经摆脱了人类的指导，以至于算法的产物并不反映人类对传播内容的决定，在这种情况下，我们应该如何分析？

计算机科学家已经开发出一些程序，可以进行大量数据分析，这原本需要人类花费数年时间才能完成，但这些程序并不行使任何独立判断。同样，人工智能的输出结果可能是不可捉摸的，但这确实意味着产生这些输出结果的机器是有意志的：不透明和独立判断是两码事。

有些程序使用随机变化作为实验和可能的适配手段。例如，有些程序不仅使用公式，还使用一些规定的随机点，让计算机程序产生一系列结果。The Nietzsche Family Circus 就是一个特别有趣的例子，这个网页每按一次"刷新"按钮，就会将随机化的《家庭马戏团》漫画与随机化的尼采（Friedrich Nietzsche）名言配对。[96] 无论我们从这一随机过程及其结果中发现了什么意义，都要归功于程序的聪明（人类）设计者以及我们对这一设计的反应。毕竟，把印有尼采语录的米粒（用非常小的字母）抛向空中，让它们悬挂在"家庭马戏团"漫画的棋盘上，也能达到同样的效果（约翰·凯奇的风格）。可能会有各种有趣的配对，但我们不会把产生信息的任何机制归咎于米粒。

在离我们稍近的领域，程序员们创建了随机生成论文的程序，其中至少有一篇论文被会议录用。[97] 但是，这些随机过程并没有产生实质性的信息。[98] 人类正在制造关于学术标准的信息，并利用随机性来这样做。正如"后现代主义生成器"的网页（它"生成关于后现代主义、后结构主义和类似主题的外观逼真但毫无意义的学术论文"）所指出的那样：

---

[96] See Nietzsche Family Circus, www. nietzschefamilycircus. com/.

[97] See, e. g., SCIgen-An Automatic CS Paper Generator, http：//pdos. csail. mit. edu/scigen/#relwork, SCIgen 是一个随机生成计算机科学研究论文的程序，包括图表、数字和引文。它使用手写的无上下文语法来构成论文的所有元素。我们的目标是最大限度地提高娱乐性，而不是一致性；timothy, Randomly Generated Paper Accepted to Conference, Slashdot（April 13, 2005）, http：//entertainment. slashdot. org/story/05/04/13/1723206/randomlygenerated-paper-accepted-to-conference, 麻省理工学院的一些学生编写了一个名为 SCIgen 的程序……他们随机生成的一篇论文被 2005 年世界系统学、控制论和信息学多学科会议录用。现在他们正在接受捐款，以资助他们参加会议并发表随机生成的演讲。

[98] 问题的关键在于，即使是在随机的文字和数字集合中，人类也很容易找到信息和意义。

"生成的论文语法完全正确,读起来就像人写的;不过,其中的任何意义都纯属巧合"。[99] 这就是实质性的信息,它来自人类设计者的决定。程序之所以有趣,正是因为我们甚至可以将随机过程的结果赋予意义,无论是随机的文字还是路面上随机的雨滴。事实上,这些雨滴并没有向我们传递实质性的信息,我们只是选择从它们所创造的随机画面中读出一些东西。

其他程序则利用随机性进行实验和调整,以实现既定目标。例如,程序员所创建的程序会分成多个分支,每个分支都有一些决策点,在这些决策点上随机性会发挥作用,从而产生不同的结果。然后,程序本身(或程序员)会决定哪种排列组合最接近于实现所规定的目标(很流行模拟过去的股票走势和预测未来的股票走势,围棋获胜也是如此),这样的排列组合可以有多个,从而实现无指导的目标适配。这也是某些计算机病毒的工作原理:它们被编程在关键点使用随机性(通常是为了应对宿主程序的防御),希望某些版本的病毒在传播和实现程序员目标方面变得更有效。这与人行道上的随机雨滴不同,因为一旦我们发现哪种适配性最能实现我们预测股票价格或赢得围棋比赛的目标,我们就可以选择它。这适用于我们可以识别的适配(例如,将 Facebook 股票昨天的收盘价与前一天西雅图的降雨量相加,再除以前一晚 CBS 晚间新闻的收视人数),也适用于我们无法理解的适配,即我们不知道它们是如何产生输出的(例如,AlphaGo 的故事)。[100] 但是,适配和由此产生的输出本身并没有创造和传达实质性的信息。我们设计了目标和实现目标的方法。我们发现适配是有用的,因为它使我们朝着我们选择的目标前进,是我们提供了意志和所有意义。[101]

这说明,人工智能可以跨越或至少模糊这条界线。[102] 设想一下,人工智能发展到这样的程度,在一定意义上,机器可以选择自己的目标以及实现这些目标的实质性交流方式。正如机器可能在某一时刻满足图灵测试的要求一样,[103] 它也可能在某一时刻表现出与人类无异的选择或意志水平。此时,我们可以说,它与人类创造者之间的联系已被充分削弱,其结果不再反映人类关于生产什么的决定,因此不再有人类在发送实质性信息。人类不会

---

[99] Postmodernism Generator, http://page112.com/iphone/pomo/. "后现代主义生成器"的创建者还低调优雅的补充说明:"不建议将生成的文本提交给期刊或学术课程"。Ibid. 这与自动化新闻程序所使用的过程不同(见上文注 65-67 及随附文本),因为这些实体确实试图通过其所选择的词语传达实质性信息,就像人类作者所做的一样。作家(或法学教授)依靠模板或剪贴模板来撰写文章,是为了传达实质性的信息(只是通过现成的语言可以传达的信息),自动化新闻程序也是利用模板或剪贴模板来传达信息。

[100] See J. X. Chen, The Evolution of Computing: AlphaGo, Computing in Science & Engineering (July/August 2016).

[101] 换一种说法,告诉全世界这个公式或中国茶叶的价格可以预测股市的走势是一种实质性的传播。但这并不意味着这个公式或中国茶叶的价格能够独立地传播任何信息。

[102] See, e.g., S. Chopra and L. F. White, A Legal Theory for Autonomous Artificial Agents (2011),将法律原则扩张到人工代理的进化和日益复杂所带来的独特挑战; Collins and Skover, above note 12, 讨论机器人的话语权; Massaro et al., above note 12.

[103] 关于图灵测试, see D. Dowe and G. Oppy, The Turing Test, Stanford Encyclopedia of Philosophy (January 26, 2011), http://plato.stanford.edu/entries/turing-test, 指出当一个人无法察觉她是在与机器而非与他人对话时,机器就通过了图灵测试。关于能够达到图灵标准的机器的法律意义, see generally J. Boyle, Brookings Inst., Endowed by Their Creator? The Future of Constitutional Personhood (2011), p. 6, www.brookings.edu/research/endowed-by-their-creator-the-future-of-constitutional-personhood, "在未来的一个世纪中,宪法极有可能必须对人工创造的实体进行分类,这些实体具有我们与人类相关联的某些属性,但并非所有属性"。

传递任何信息。如果将第一修正案的适用范围扩大到这种人工智能所产生的信息，就会产生这样的隐忧，即我们会像对待人类思维产品一样对待机器产品。到那时，我们就可以说，"言论"确实是由机器创造的（而不仅仅是传播或辅助）。[104]

四、结论

在本章中，笔者试图认真对待广为接受的推理来源和形式，以及对扩大第一修正案适用范围的担忧。根据这一重点，笔者考虑了这些广为接受的来源（部分是最高法院的判例）将如何适用于第一修正案对基于算法的决定的涵盖，以及我们是否可以在不彻底修改第一修正案判例的情况下将此类决定排除在第一修正案之外。

那些担心"言论自由条款"扩张得太远的人，尤其是在基于算法的决定（或许只是互联网搜索）方面，可能会觉得这无法接受。如果划定非任意的界限，不从根本上调整第一修正案的判例，就能为基于算法的输出提供保护，那么也许我们应该愿意划定任意的界限，或者从根本上调整第一修正案的判例。

我们无法明确反驳这些论点。也许纳入基于算法的决定恰恰揭示了言论自由的法理在多大程度上已经偏离了轨道（使用一个技术术语），以至于我们需要重塑它。又或者，基于算法的决定在纳入第一修正案方面并不吸引人，因此我们应该划出一条任意的界线，将其排除在外。

笔者认为，在基于算法的决定和基于人工的决定之间划定任何界限都是不公正的，因此，在这种情况下，彻底调整方向是两种方案中更具吸引力的。[105] 但这并不能回答对第一修正案的法理进行重大改革是否可取的问题，本章中的论点也都没有正视这个问题。不过，本章的分析确实凸显了其中的利害关系（因为算法在我们的生活中越来越重要），因此可能

---

[104] 当然，这首先假定我们会认为这些机器在物质上与人类不同。正如 James Boyle 所指出的，我们的子孙可能会认为这些机器理所当然地享有人格的所有保护。See Boyle, ibid. 这种情况笔者留待以后再说。

[105] 商业条款判例提供了一个比较点。即使在 Lopez 案之后，最高法院对国会州际商业权的解释也是如此宽泛，以至于几乎所有可以想象的联邦立法都得到了商业权的授权。See 514 US 549, 567 (1995), 拒绝认定"在当地学校区域拥有枪支"反映了上升到州际商业水平的经济活动，因此牵涉到商业权力；see also United States v. Morrison, 529 US 598 (2000)，认为针对性别暴力受害者的联邦法定补救措施违宪，因为它不符合商业条款。Cf. Gonzales v. Raich, 545 US 1 (2005)，根据商业条款，支持《联邦管制物质法》适用于国内非商业性种植和持有大麻的合宪性。一些关注这一发展的人士（尤其是 Thomas 大法官）主张对法院的判例进行彻底调整。See Lopez, ibid., at 584 (Thomas J. concurring)，认为法院"应该对其商业条款判例进行调整"；Morrison, ibid., at 627 (Thomas J. concurring)，批评法院"认为商业条款几乎没有限制"，主张转向"更符合最初规定的标准"。其他人则主张划定特别的、可以说是任意的界限，以限制该权力的扩张。在反对《平价医疗法》合宪性的论战中，这两种立场都得到了阐述（除去对可能的任意性的让步）。一些倡导者主张对商业条款法学进行彻底改革。See, e.g., Brief for Virginia Delegate Bob Marshall et al. as Amici Curiae in Support of Respondents at 11–14, Dep't of Health & Human Servs. v. Florida, 567 US 519 (2012) (No. 11-398), 2012 WL 484059 (February 13, 2012). 主张重新审议法院的商业条款案件，see Wickard v. Filburn, 317 US 111 (1942), and United States v. Darby, 312 US 100 (1941). 更多的人主张区分活动与非活动。他们通常承认这种区分是临时性的，他们更倾向于从根本上重新思考商业条款的法理。但他们认为活动与非活动的区分是限制商业条款扩张的一种可行方法，而不需要对法理学进行彻底的重新定位。See, e.g., R. E. Barnett, Commandeering the People: Why the Individual Health Insurance Mandate Is Unconstitutional (2010) 5 NY Univ. J. Law Liberty 581, 619, "当然，与经济活动和非经济活动之间的区别一样，活动与非活动之间的区别并不能完美地区分默示权力的附带行使和远程行使。但是，无论多么不完美，为了维护第一章的有限权力和列举权力计划，必须划定这样的界限"。无论这一论点在商业条款背景下有何优点，笔者认为，为第一修正案的涵盖目的而在基于算法的决定和基于人的决定之间划一条线是非常武断的，以至于是不可取的。

会对彻底调整现有判例的论点起到推动作用。尽管如此，这只是一个相当小的推动力。将基于算法的决定纳入"言论自由条款"的范畴是一个自然而适度的步骤。大量由人类设计的计算机算法来完成人类曾经做过的工作，这可能会改变我们的经济，[106] 但并不会显著改变第一修正案的分析。只要人类正在作出实质性的编辑决定，将计算机纳入这一过程并不会消除通过编辑进行的交流。[107] 主张彻底改革的论点应基于其他理由。

---

[106] See, e. g., E. Brynjolfsson and A. McAfee, *Race against the Machine*: *How the Digital Revolution Is AcceleratingInnovation, Driving Productivity, and Irreversibly Transforming Employment and the Economy*, Digital Frontier Press, 2011, 认为信息技术的创新，尤其将摧毁许多工作岗位；Andrew Yang's 2020 Presidential Campaign.

[107] 或者说，我们的计算机霸主会让我们相信这一点。See Jeopardy! (ABC television broadcast, February 15, 2011), 记录了有史以来最成功的《Jeopardy!》选手 Ken Jennings 在意识到自己将输给名为沃森的 IBM 电脑时的反应。在最后的回答中，詹宁斯引用了著名的《辛普森一家》："欢迎我们的新电脑霸主"。（ibid.）. See also M. Maerz, Watson Wins "Jeopardy!" Finale; Ken Jennings Welcomes "Our New Computer Overlords," Los Angeles Times (February 16, 2011), https: //latimesblogs. latimes. com/showtracker/2011/02/watson‐jeopardy‐finale‐man‐vs‐machineshowdown. html; Ratzule, Watson the New Computer Overlord, YouTube (February 16, 2011), www. youtube. com/watch? v=Skfw282fJak.

第二十九章

用于画像、排名和评估的社会行为算法分析

尼赞·格斯列维奇·帕金（Nizan Geslevich Packin）

亚菲特·列弗-阿雷茨（Yafit Lev-Aretz）

本章将探讨"个人评分"的全球发展及其影响。与传统的信用评分（用于评估个人的财务信用）不同，社会评分旨在基于社会、声誉和行为属性对个人进行全面排名。社会评分的广泛应用所带来的影响是深远且令人担忧的。偏见和错误、歧视、操纵、侵犯隐私、过度的市场势力（market power）和社会隔离，只是人们在以前的研究中讨论和阐述的部分问题。[1] 本章描述了从财务评分到社会信用的全球转变，并指出美国和其他西方国家与社会信用体系之间的距离并不像人们表面上认为的那么遥远。

一、传统信用

在美国，信用评分是一种在统计上代表个人财务健康状况的数字表达。[2] 与其他许多国家不同，美国的金融体系是以信用评分机制为基础的。信用评分系统通过将潜在借款人的加权值与实际借款人的加权值同等相待，来计算个人或实体给特定交易带来的具体风险水平。[3] 从历史上看，零售业和银行业是最先在美国评估潜在借款人财务信用的部门。[4] 随着时间的推移，这种做法变得越来越普遍，银行开始将贷款决策过程外包给个别专家，后来又外包给将信贷分析作为其核心业务的专门金融机构。[5]

目前，消费者信用的行业标准是基于费埃哲（Fair Isaac & Company，简称FICO）公司的评分公式，该公式于20世纪50年代开发，并随着时间的推移进行了修改和改进。[6] 同

---

[1] N. G. Packin and Y. Lev-Aretz, Big Data and Social Netbanks: Are You Ready to Replace Your Bank? (2016) 53 Hous. Law Rev. 1211; N. G. Packin and Y. Lev-Aretz, On Social Credit and the Right to Be Unnetworked (2016) Colum. Bus. Law Rev. 339.

[2] See H. A. Abdou and J. Pointon, Credit Scoring, Statistical Techniques and Evaluation Criteria: A Review of the Literature (2011) 18 Intell. Syst. Account. Finance Manag. 59, 62, 对于信用评分的不同定义。

[3] See K. O'Neill, *Weapons of Math Destruction*, Penguin, 2016, p.152: "消费者信用评分的计算结果代表了个人消费者在商业交易中所产生的特定风险水平。"

[4] D. K. Citron and F. Pasquale, The Scored Society: Due Process for Automated Predictions (2014) 89 Wash. Law Rev. 1, 8-9（展示了信用评分系统机制的历史）。

[5] See ibid., 指出专家最终被"委托做出贷款决策"，而专业金融机构也"参与其中"。

[6] See N. Cullerton, Behavioral Credit Scoring (2013) 101 Geo. Law J. 807, 810.

样的 FICO 评分蓝图被三大信用评估机构使用：即 Equifax、TransUnion 和 Experian，但每个机构所应用的都是自己修改过的模型。[7] 此外，特定行业使用自己的信用评分版本。[8] 这种针对特定行业模型的一个例子是 VantageScore，它主要用于信用卡承销和某些个人金融应用行业（personal-financial applications industries）。[9]

  所有信用评分的算法评分方法都被视为专有技术，并作为商业秘密受到保护。[10] 对信用评分进行商业秘密保护是为了防止竞争对手复制评分模型，并避免被评分者耍一些花招来控制分数。[11] 然而，缺乏标准的数学模型导致信贷行业缺乏透明度。[12] 现有评分方法的不透明性一直受到批评，因为它阻碍消费者、支持者和监管机构对这些模型提出质疑。[13] 不过，现有的信用评分系统已经成为衡量个人财务健康状况的一种公认方式，并且通常被认为是公平和客观的。

  《公平信用报告法》（FCRA）的颁布，是为了解决信用报告行业高度不透明情况下大规模收集个人信息所引发的问题，进而提高该行业的透明度。[14]《公平信用报告法》要求信用信息库和"消费者报告机构"（consumer reporting agencies），确保信用报告中所包含信息的最大程度的准确性。[15] 消费者也有合法的权利访问他们的信用报告，对其完整性和准确性提出异议并要求更正，且当解决方案无法实现时，对其记录进行标注。[16] 2003年颁布的《公平准确信用交易法》（FACTA），进一步要求上述主体向所有消费者提供补充性的年度信用报告，提供额外的防欺诈保护，并规定了清除身份盗窃受害者信用污点的程序。[17]《平等信贷机会法》（ECOA）禁止基于种族、肤色、宗教、国籍、性别、婚姻状况、年龄或接受公共援助的信贷歧视。[18] 根据《平等信贷机会法》，债权人可以要求个人提供有关上述特征的信息，但禁止在信贷决策中使用这些信息。[19] 而与经常提供信贷的组织或个人（如银行、小额贷款和金融公司、零售和百货商店、信用卡公司以及信用合作社）

---

  [7] See K. Eggert, The Great Collapse: How Securitization Caused the Subprime Meltdown (2009) 41 Conn. Law Rev. 1257, 1270. （需要注意，这三家独立的信贷机构由于其不同的计算模型，会产生不同的分数）。

  [8] See T. Clemans, Foreword (2013) 46 Suffolk Univ. Law Rev. 761, 782 （解释说"有几十个专业版本的信用评分是为特定行业打造的"）。

  [9] See ibid. （描述了 VantageScore 的创建及其竞争对手）。But see O'Neill, above note 3, pp. 172-3 （他认为，由于 VantageScore 的发展，统一信用模式的缺失"在很大程度上被消除了"）。

  [10] See A. Osovsky, The Misconception of the Consumer as a Homo Economicus: A Behavioral-Economic Approach to Consumer Protection in the Credit-Reporting System (2013) 46 Suffolk Univ. Law Rev. 881, 888.

  [11] Federal Reserve Board Releases Staff Paper On Credit Scoring, Consumer Credit Guide (CCH), ¶ 97, 708, 1979 WL 486735 (December 28, 1979).

  [12] See O'Neill, above note 3, p. 172.

  [13] F. Pasquale, Restoring Transparency to Automated Authority (2011) 9 J. Telecomm. High Technol. Law 235, 248.

  [14] FCRA, 15 USC § 1681 (2012).

  [15] Ibid., § 1681e (b)："每当消费者报告机构准备消费者报告时，它应遵循合理的程序，以确保报告所涉及的个人信息尽可能准确。"

  [16] Ibid., § 1681g (a)(1), and § 1681i （"准确性有争议的情况下的程序"）。

  [17] FACTA of 2003, Pub. L. No. 108-59, 117 Stat. 1952 （经修订后编入《美国法典》第15卷各章节）（修订1970年《公平信用报告法》）。

  [18] The ECOA is a US law （codified at 15 USC § 1691 et seq.）; see also Your Equal Credit Opportunity Rights, Fed. Trade Comm'n (January 2013), www.consumer.ftc.gov/articles/0347-your-equal-credit-opportunity-rights.

  [19] See ibid.

打交道的个人,则享有《平等信贷机会法》规定的各种法律保护。[20]

在 2008 年金融危机和随后的经济衰退之后,国会颁布了《多德-弗兰克华尔街改革和消费者保护法》,[21] 为提高信贷评估过程的透明度提供了额外的法律保护。[22] 多德-弗兰克法将联邦贸易委员会对信用评估机构(credit bureaus)的很大一部分执法权,转移给了消费者金融保护局(CFPB)。[23] 然而,两家监管机构对《公平信用报告法》中消费者法规的执法权仍存在一定的重叠。[24] 消费者金融保护局被授权监督"其他消费者金融产品或服务市场的较大参与者",[25] 并颁布了一项规则,将信用报告机构归类为"较大参与者"(larger participants)。[26] 这项规则意味着信用报告机构将接受与银行相同的监管程序。[27]

二、大数据、人工智能和社会信用

(一)数据驱动型贷款

除了当前评分模型的不透明性和监管重叠之外,传统信用评分也在金融包容性(financial inclusion,也称金融普惠性)的战斗中败下阵来。由于传统模型依赖过去的数据来预测未来,因此它们错过了一些重要的群体。这一群体既包括"信用隐形者"(credit invisible),即在任何一家全国性消费者报告机构都没有信用记录的人,也包括那些只有部分信用记录,但信息太少、太旧或不可靠的人。[28] 2015 年消费者金融保护局的一份报告估计,美国有 2600 万消费者是信用隐形者,另有 1900 万消费者的信用记录无法评分,要么是因为信用历史不足(990 万人),要么是因为近期没有信用记录(960 万人)。[29] 尽管政府、国际金融组织和私营部门不断努力扩大"可评分"消费者的数量,但金融包容性仍然是一个问题。[30] 结果是,无法评分的群体(占经济的很大一部分)的经济行为被边缘化了。无法获得评分的消费者很少有机会获得汽车贷款、抵押贷款和学生贷款等贷款服务。他们也无法获得日常或紧急必需品所需的短期信贷。因此,这些人只能使用成本高昂的替代方案,

---

[20] See ibid.

[21] See Dodd-Frank Wall Street Reform and Consumer Protection Act, Pub. L. No. 111-203, § 932, 124 Stat. 1376, 1872-83 (2010).

[22] J. Manns, Downgrading Rating Agency Reform (2013) 81 Geo. Wash. Law Rev. 749, 771.

[23] 12 USC § 5581 (5) (2012). 关于该机构的更多信息,see, e.g., T. J. Zywicki, The Consumer Financial Protection Bureau: Savior or Menace? (2013) 81 Geo. Wash. Law Rev. 856, 860.

[24] See, e.g., 12 USC § 5514 (c)(3) (2012).

[25] 12 USC § 5514 (a)(1)(B) (Supp. IV 2011).

[26] P 151-620 CFPB to Begin Supervising Credit Reporting Agencies (12 CFR § 1090) (July 20, 2012).

[27] See C. Dougherty, Consumer Bureau to Supervise Debt Collectors, Credit Bureaus, Bloomberg (February 16, 2012), www.bloomberg.com/news/articles/2012-02-16/consumer-bureau-to-supervise-debt-collectors.

[28] Data Point: The Geography of Credit Invisibility, The Bureau of Consumer Financial Protection's Office of Research (September 17, 2018), pp. 4-5, www.consumerfinance.gov/data-research/research-reports/data-pointgeography-credit-invisibility/.

[29] Data Point: Credit Invisibles, The CFPB Office of Research (May 2015), https://files.consumerfinance.gov/f/201505_cfpb_data-point-credit-invisibles.pdf.

[30] R. Sanabria, To Bank the Unbanked, Start Using Alternative Data, Center for Financial Inclusion (August 14, 2018), www.centerforfinancialinclusion.org/to-bank-the-unbanked-start-using-alternative-data(除了正在推动这一目标的政府之外,私营部门参与者,如世界最大的银行,以及包括世界银行和国际金融研究所在内的国际金融组织,也在共同合作以促进金融包容性)。

如费用高昂、利率奇高、条款苛刻的发薪日贷款（payday loans）。

由于获得信贷对金融发展和资产积累至关重要，因此对贷款机构来说，未被评分的人群代表着特殊的商业机会。[31] 小额信贷行业很快意识到，为金融服务不足的人群建立创收型贷款方式（revenue-generating loansmethods），将比企业慈善捐赠带来更多的资本回报。[32] 金融服务不足（人群）的市场的巨大经济潜力，促使贷款机构寻求替代性的细分和评分技术，以便让更多的消费者融入金融主流。[33] 大数据分析、机器学习和人工智能等技术进步，为基于传统信用记录领域之外的因素进行信用预测，提供了有希望的替代方案。大数据分析一方面提高了传统模型的准确性，另一方面增加了新的信贷措施以促进金融包容性，从而改变了信贷市场。在认识到有必要满足金融服务不足群体的需求后，FICO 开始提供 FICO Score XD 服务，该服务着眼于替代性数据，如通讯和公用事业数据以及传统信用档案中无法获得的公共记录信息。[34] 据 FICO 称，借助 FICO Score XD 服务，该公司能够对超过 2650 万份以前无法评分的消费者档案进行评分。[35]

除了提供更好的风险预测外，数据驱动型贷款还包含了传统方法从未考虑过的其他评分指标。市场贷款机构超越了严格的金融行为范畴来寻找相关性和见解，利用算法对与个人特征和行为相关的数千个潜在信用变量进行评分。[36] 例如，专门从事人工智能承保的金融科技公司 ZestFinance 发现，用大写字母填写贷款申请的人，比用大小写字母混合填写的人风险更高。[37]

（二）社会信用

一个特别有吸引力的替代数据来源，是从社交媒体和社交网络信息中收集的行为数据。教育程度、职业道路和感知到的社交关系强度等行为和声誉指标，已经成为信用评估的热门指标。这种金融-社会信用（financial-social credit）正在兴起，越来越多的公司试图挖掘在线社交活动的预测能力。总部位于英国的 Hello Soda 公司，提供了一款名为 PROFILE 的产品，该产品通过分析个人在社交媒体上使用的语言来识别其性格特征，并据此为其信用度打分。[38] 总部位于新加坡的 LenddoEFL 公司，其提供的评分"是对传统承保工具（如信用评分）的补充，因为它完全基于客户的社交和在线行为等非传统数据"。[39] 在早期，Lenddo 需要用户授权以访问他们的社交媒体档案，以便不仅评估金融风险，还对违约行为进行惩罚并奖励还款行为。[40] 如今，Lenddo 提供了一款应用程序，债权人可以要求贷款申

---

[31] Packin and Lev-Aretz, Social Credit, above note 1, p. 13.

[32] Ibid.

[33] Ibid.

[34] J. Gaskin, Leveraging Alternative Data to Extend Credit to More Borrowers, FICO Blog（May 22, 2019），www.fico.com/blogs/risk-compliance/leveraging-alternative-data-to-extend-credit-to-more-borrowers/.

[35] FICO Continues to Expand Access to Credit with New FICO Score XD 2, FICO Newsroom（March 29, 2018），www.fico.com/en/newsroom/fico-continues-to-expand-access-to-credit-with-new-fico-score-xd-2.

[36] Packin and Lev-Aretz, Social Credit, above note 1, pp. 14-16.

[37] J. Lippert, ZestFinance Issues Small, High-Rate Loans, Uses Big Data to Weed Out Deadbeats, Washington Post（October 11, 2014），www.washingtonpost.com/business/zestfinance-issues-small-high-rate-loans-uses-big-data-to-weed-out-deadbeats/2014/10/10/e34986b6-4d71-11e4-aa5e-7153e466a02d_story.html?utm_term=.399bda9c05a1.

[38] See https://hellosoda.com/.

[39] Credit Scoring: The LenddoScore, Lenddo, www.lenddo.com/products.html.

[40] Packin and Lev-Aretz, Social Credit, above note 1, p. 17.

请人安装在他们的手机上，以跟踪其在线行为，并回传申请人的准确位置、短信内容和浏览历史等数据。[41] 2017 年，Lenddo 与心理测量信用评分公司"创业金融实验室"（Entrepreneurial Finance Lab, EFL）合并，声称此次合并将使人们"能够利用他们的数字档案和个性特征来增加他们的金融选择"。[42] EFL 使用心理测试，这意味着它会分析申请人在线测验的回答，并考察诸如回答问题所需时间等因素。[43]

2018 年，英国学生贷款公司（Student Loans Company, SLC）因使用社交媒体来确定学生贷款资格而受到批评。这是一家非营利性的政府所属机构，负责管理向英国学生提供的贷款。[44] 德国金融科技贷款机构 Kreditech，通过查看申请人自愿分享在社交网络上的信息，使用丰富的数据集以挖掘借款人潜在的性格特征。[45] 申请人的朋友是否具有财务责任感、申请人如何分配时间、其所在位置以及发布内容的语言复杂度等因素，都会被纳入 Kreditech 的评分模型。[46] 2018 年底，这家数字贷款机构获得印度储备银行的许可，可开展非银行金融公司的数字贷款业务和基于应用程序的融资业务。[47] 尼日利亚一家初创贷款公司 Social Lender，通过观察贷款申请人的移动、在线情况和社交媒体平台上的社会声誉来评估其财务风险。[48] 该公司考虑的因素包括个人在社交网络平台上的活跃时长、与之互动的人、社交网络、所参与的社区等等。[49] 贷款申请者还可以通过添加更多的社交数据源，如 Twitter 或 LinkedIn，来提高他们的声誉得分。[50] 该公司还允许贷款申请者增加社会推荐人，这些人可以为申请者提供担保，以及在违约的情况下作为担保人支付款项。[51]

（三）政府社会评估

将社交信息用于个人评估的做法已经超出了私营部门的范畴。政府也在通过各种大数据分析项目，对包括社交媒体在内的公共和商业数据池进行基于算法的数据分析。

---

［41］ R. Eveleth, Credit Scores Could Soon Get Even Creepier and More Biased, Vice（June 13, 2019），www. vice. com/ en_us/article/zmpgp9/credit-scores-could-soon-get-even-creepier-and-more-biased; and Fintech's Dirty Little Secret? Lenddo, Facebook and the Challenge of Identity, Privacy International（October 23, 2018），https：// privacyinternational. org/feature/2323/fintechs-dirty-little-secret-lenddo-facebook-and-challenge-identity.

［42］ Lenddo and EFL Team Up to Lead Financial Inclusion Revolution, Cision PRweb（October 17, 2017），www. prweb. com/releases/2017/10/prweb14806664. htm.

［43］ Fintech's Dirty Little Secret? above note 41.

［44］ R. Adams, Student Loans Firm Accused of "KGB Tactics" for Assessing Eligibility, The Guardian（October 30, 2018），www. theguardian. com/education/2018/oct/30/student-loans-firm-accused-of-kgb-tactics-for-assessing-eligibility.

［45］ J. Vasagar, Kreditech：A Credit Check by Social Media, Financial Times（January 19, 2016），www. ft. com/content/12dc4cda-ae59-11e5-b955-1a1d298b6250.

［46］ Ibid.

［47］ Kreditech Licensed by Reserve Bank of India to Operate as NBFC, Kreditech Press Release（October 11, 2018），www. kreditech. com/press-releases/kreditech-licensed-by-reserve-bank-of-india-to-operate-as-nbfc.

［48］ See www. sociallenderng. com/.

［49］ L. Olusola, Your Social Credibility Can Get You a Loan, The Guardian（May 10, 2018），https：//guardian. ng/ features/your-social-credibility-can-get-you-a-loan/.

［50］ Ibid.

［51］ Ibid.

1. 税务

部分政府机构负责税务、国家支持款项支付和监管系统管理等工作，据报道，这些机构已经开始分析个人和企业的在线足迹，以更好地了解他们的财务状况和纳税义务。[52] 例如，美国国家税务局（IRS）传统上会使用第三方信息来核实被审计纳税人的信息，该局于2011年成立了合规分析办公室（Office of Compliance Analytics）。该办公室是美国国家税务局的一个部门，旨在建立一个先进的分析程序，以减少税务欺诈和不正当的退税支付。[53] 历史上，允许美国国家税务局从第三方获取记录的法律，是在社交媒体出现之前制定的，即发生在技术发展到今天的阶段之前。"现代技术正在为我们的存在创建'详细记录'，越来越方便对'我们的日常生活进行持续、不间断和不加区分的监控'。"[54]

例如，美国国家税务局利用个人的 Facebook 帖子，来确定他们是否在收入或税务问题上向政府撒谎，比如一个商人把家庭度假当作商务旅行来抵消税款，或者一个雇主"挥霍无度，同时声称他的生意目前无利可图"。同样，企业也不能幸免于这种监视。如果一家公司在网页上展示了新的豪华设备或车辆，同时拖欠工资税或可疑地声称享受商业减税优惠，那么这家公司可能会被调查。[55]

数据经纪商的存在，加上能够轻易地购买到关于大多数人的数据，尤其是各种具体信息，这造成了一个现实，即个人正在失去对谁能获取其私人信息的控制权。当查看者是政府的税务机构时，这一点尤其重要。因此，学者们想知道，如果美国国家税务局不是出于某种恶意目的而汇集纳税人信息，那么这种行为是否会造成任何危害。[56] 而且，至少有一位学者对税务信息广泛流动却未受到严肃隐私批判的情况作出了回应，他将税务隐私称为"一颗等待引爆的炸弹"。[57]

美国国家税务局设立新部门，运用数据分析技术挖掘所有可在线获得的数据，包括来

---

[52] K. A. Houser and D. Sanders（2017）19 Vand. J. Ent. Technol. Law 817（调查美国国税局的大数据分析项目导致的隐私问题以及可能违反联邦法律的行为）。

[53] $3 Trillion Lost to Tax Evasion in Past Decade：Wealthy Cheat Most, Demos（2012），www.demos.org/blog/3-trillion-lost-tax-evasion-past-decade-wealthy-cheat-most；B. Robinson, Wise Practitioner-Predictive Analytics Interview Series：Jeff Butler at IRS Research, Analysis, and Statistics Organization, Predictive Analytics Times（2015），www.predictiveanalyticsworld.com/patimes/wise-practitioner-predictive-analytics-interview-series-jeff-butler-at-irs-research-analysis-and-statistics-organization09022015/6243/.（设立这个部门并不令人意外。美国国税局近年来已经表示，它相信技术创新是未来税务管理的核心）。See, e.g., D. Shulman（前国税局局长），Shulman Addresses Major Trends Affecting Tax Administrations, Tax Notes（May 19, 2014），p.835. 尤其是，美国国税局正在寻求利用"大数据"分析来提高其在多个领域的服务水平，甚至可能实现更具创新性的应用。New IRS Strategic Plan Emphasizes Better IT, "Big Data" to Improve Taxpayer Services, 33 TaxMgmt. Wkly. Rep. 887（July 7, 2014）；J. H. Kahn and G. D. Polsky, The End of Cash, the Income Tax, andthe Next 100 Years（2013）41 Fla. St. Univ. Law Rev. 159, 171（"一方面，电子支付系统的日益普及应该会通过大幅减少税收差距和缓解现金经济造成的扭曲来支持所得税。另一方面，技术创新以及对隐私态度的相应转变可能会使累进的零售销售税变得相当可行，这可能意味着所得税的终结"）。

[54] M. Hatfield, Taxation and Surveillance：An Agenda（2015）17 Yale J. Law Technol. 319, 322, citing D. K. Citron and D. Gray, Addressing the Harm of Total Surveillance：A Reply to Professor Neil Richards（2013）126 Harv. Law Rev. 262；N. M. Richards, The Dangers of Surveillance（2013）126 Harv. Law Rev. 1934.

[55] T. Huskerson, Tax Season 2018—The IRS Is Checking Your Facebook Page, On Tech Street（March 5, 2018），https://ontechstreet.com/2018/03/tax-season-2018-the-irs-is-checking-your-facebook-page/.

[56] See, e.g., A. Thimmesch, Tax Privacy（2017）90 Temple Law Rev. 375, 377.

[57] R. Calo, Privacy and Markets：A Love Story（2015）91 Notre Dame Law Rev. 649, 680.

自社交网络的信息。[58] 然后，它将这些信息添加到现有信息中，用于识别不合规的纳税人行为。同样，在英国，英国税务海关总署（HMRC）是政府中一个负责税务和最低工资相关工作的非部长级部门。近年来该署开发了一种新软件，可以检索数十亿条信息，以搜寻和查找少缴税款的个人。据报道，该系统甚至可以访问更多的数据，这些数据可以与约60个不同的国家共享。[59]

2. 残疾与法律适应

与负责税务工作的政府机构有些类似，美国社会保障管理局（SSA）是美国联邦政府的一个独立机构，负责管理社会保障（这是一项由退休、残疾和遗属福利组成的社会保险计划），也已开始利用社交媒体进一步调查和评估申请人和公民。[60] 特别是，这与社会保障残疾保险（SSDI）有关，这是社会保障管理局负责的一个项目，目的是为在达到退休年龄之前残疾且无法工作的人提供月度福利。基于个人的工作能力以及相关病情的严重程度，社会保障残疾保险会为经过评估并被认定为残疾程度足够严重的个人，提供小额的月度经济支持，平均约为1200美元。[61] 社会保障残疾保险的资格标准极为严格，[62] 许多不能工作的残疾人发现自己需要等待数年才能获得福利。但是，就像所有的援助项目一样，也有人试图欺骗或非法利用该系统。在试图解决超额支付问题时，媒体报道显示，尽管美国社会保障管理局在2011年至2015年期间处理了数十亿美元的欺诈性支付，但这些资金仅占残疾支出总额的1%多一点。[63] 然而，尽管该项目很重要，且超额支付率（overpayment rates）正常，但美国政府还是在2019年宣布决定启动一个新项目，该项目将有助于在Facebook和Twitter等社交媒体上检查索赔人，以根除残疾项目中的欺诈和滥用行为。[64]

这一新的网络监视计划旨在解决一个似乎普遍存在的残疾保险欺诈问题。通过算法，它提高了联邦政府检查各种残疾美国人的社交媒体账户的能力，包括评估在线发布的帖子和照片——笔者认为这些帖子和照片并不总是能提供个人当前身体状况的可靠证据。[65] 该

---

[58] D. Kerr, Tax Dodgers Beware: IRS Could Be Watching Your Social Media, CNet（2014），www.cnet.com/news/tax-dodgers-beware-irs-could-be-watching-your-social-media/.

[59] R. Dyson, What Does The Taxman Know about You, Your Finances and Your Lifestyle?, The Telegraph（June 25, 2015），www.telegraph.co.uk/finance/personal nance/tax/11697816/What-does-the-taxman-know-about-you-your-finances-and-your-lifestyle.html.

[60] See, e.g., M. Miller, U.S. Government Weighs Social-Media Snooping to Detect Social Security Fraud, Reuters（March 29, 2019），www.reuters.com/article/us-column-miller-socialmedia/u-s-government-weighs-social-media-snooping-to-detect-social-security-fraud-idUSKCN1RA12R.

[61] Chart Book: Social Security Disability Insurance, Center on Budget and Policy Priorities（August 27, 2018），www.cbpp.org/research/social-security/chart-book-social-security-disability-insurance.

[62] A. Smith, Long Waits and Long Odds for Those Who Need Social Security Disability, NPR（June 13, 2017），www.npr.org/sections/health-shots/2017/06/13/531207430/people-with-unseen-disabilities-could-suffer-undernew-government-rules.

[63] M. Ye Hee Lee, White House Budget Director's Claim that Social Security Disability Is "Very Wasteful," Washington Post（April 7, 2017），www.washingtonpost.com/news/fact-checker/wp/2017/04/07/white-house-bud get-directors-claim-that-social-security-disability-is-very-wasteful/?utm_term=.6db11d9b19c5.

[64] D. M. Perry, The Trump Administration Wants to Snoop on Disabled Americans, Medium（March 21, 2019），https://medium.com/s/story/the-trump-administration-wants-to-snoop-on-disabled-americans-f2fcaae78ad3.

[65] R. Pear, On Disability and on Facebook? Uncle Sam Wants to Watch What You Post, New York Times（March 10, 2019），www.nytimes.com/2019/03/10/us/politics/social-security-disability-trump-facebook.html.

计划出现在 2019 年社会保障管理局年度预算提案中，[66] 它取决于政府能否找到可以提供更多信息的图片和帖子，以确定个人是否假装残疾，这与政府削减社会保障残疾保险的意图相吻合。[67] 但是，即使有大规模渎职和欺诈行为的证据，试图通过窥探或监视那些涉嫌欺骗政府系统、假装残疾的人的社交媒体账户，以此来判定他们是否残疾，此行为也不能被正面看待。往好了说，这是一种偏见确认（bias confirmation）的做法；往坏了说，这代表着监视国家（surveillance state）概念的扩大，而它针对的是社会中最脆弱的群体。

新计划旨在解决一个问题，即看似普遍存在的残疾欺诈，但一些专家甚至表示这种问题根本不存在。事实上，并没有大规模渎职的证据。试图通过仔细检查和追踪那些被怀疑欺骗系统、假装残疾的人的社交媒体账户来裁定其是否残疾，无论从哪个角度来看都不能被正面看待。这充其量只是一种偏见确认的做法，最坏的情况下，它代表着监视国家的大幅扩张，其目标对准了美国最脆弱、往往身体条件极为有限的公民。[68]

3. 政府贷款机构

如上所述，学生贷款公司被指控监测学生社交媒体账户，作为其反欺诈行动的一部分。[69] 学生贷款公司随机挑选了 150 名疏远家庭的学生，并将他们归类为潜在高风险人群，要求他们提供证据证明自己不再与家人联系。[70] 这场反欺诈行动导致一些学生失去了资助并退出了大学，尽管并未发现他们有违规行为。[71] 在一个案例中，一名学生在 Facebook 上分享的父母的圣诞礼物照片，使其无法被归类为与家庭疏远的学生，进而在未经经济情况调查的情况下，就失去了获得助学金贷款的资格。[72]

学生贷款公司为其从社交媒体收集证据以确定学生贷款资格的行为辩护，称个人 Facebook 账户是可以合理检查和查看的公共信息来源。[73] 当被英国议会成员质询时，学生贷款公司主席克里斯蒂安·布罗迪（Christian Brodie）坚称：“我们有责任确保纳税人的资金得到妥善分配，如果有公开信息来源，且人们申请的条款和条件允许我们查看这些公开信息来源，我们就会这么做。”[74]

4. 金融行为和公民制裁

尽管不是社会信用评分的结果，但在美国，也可以找到有关部门和地方政府如何将个人行为纳入其个人权利和特权评估的例子。一个具体的例子是，自 2013 年以来，纽约州税务和财政部门以及纽约州机动车管理部门，一直在共同努力推进一项驾驶证吊销计划，该

---

[66] See www.ssa.gov/budget/FY20Files/2020BO.pdf.

[67] J. Parmuk, Trump Pledged to Protect Medicare and Medicaid, But His 2020 Budget Calls for Major Spending Cuts, CNBC（March 12, 2019）, www.cnbc.com/2019/03/12/trump-2020-budget-proposes-reduced-medicare-and-medicaid-spending.html.

[68] Ibid.

[69] S. Weale, Student Loans Company "Spied on Vulnerable Students' Social Media," The Guardian（August 2, 2018）, www.theguardian.com/education/2018/aug/02/student-loans-company-spied-on-vulnerable-students-social-media.

[70] Ibid.

[71] Ibid.

[72] Adams, above note 45.

[73] Ibid.

[74] Ibid.

计划将那些根据纽约州法律被认定行为不端的人列入黑名单。[75] 该计划采取的立场是，驾驶是一项特权，如果个人不按照法律规定缴纳州税，他们可能会被相应地标记，并失去某些特权。因此，欠纽约州 1 万美元或更多逾期税款的人，可能会发现自己需要立即开始缴税，否则他们的驾照将被吊销，直到缴清税款或与专员达成令人满意的支付安排为止。[76] 此外，根据机动车管理部门的规定，一旦驾照被吊销，任何持有被吊销驾照的纳税人，在吊销期间驾驶车辆都可能被捕并受到处罚。虽然纳税人可以申请限制性驾照，但这种驾照只允许该人往返于工作单位、学校、医疗机构、机动车管理部门以及与就业或教育相关的儿童保育场所，[77] 之后纳税人必须直接返回家中。[78]

与所有其他排名系统一样，纽约的驾照吊销计划在影响人们的行为和决策过程方面取得了巨大成功。纽约州税务和财政部门报告称，自 2013 年 7 月开始实施，截至 2015 年 12 月 8 日，驾照吊销计划带来的收入已超过 2.88 亿美元。[79] 这一极为成功的行动促使纽约州州长科莫（Cuomo）在 2015 年至 2016 年纽约州行政预算中，启动了两项驾照吊销计划的扩展性举措，这些方案最终并未获得通过，但重点在于：①将吊销税务债务人驾照的税务责任门槛降低至 5000 美元；②将该计划扩展适用于吊销其他必需的专业执照，直至欠税个人在执照发放或更新前支付其逾期税款。[80]

三、超越金融：社会信用

（一）公共领域

1. 中国

与美国相比，许多国家使用不同类型的金融消费者信用评级，近年来与各种在线平台相关的排名系统也层出不穷。例如，新兴的中国社会信用体系（social credit system），努力成为一种基于奖惩机制的统一社会评级体系，并逐渐成为一项到 2020 年几乎所有公民都将参与其中的广泛计划。[81] 基于每位中国公民的数据（包括财务状况、信用记录、税款缴纳、法律事务等），[82] 编码人员致力于开发一种算法，该算法为每个人（包括个人或商业

---

[75] NY Tax Law § 171-v.

[76] 纽约前税务局局长托马斯·马托克斯（Thomas H. Mattox）指出，"驾照是一种特权，而非权利，该项目促使那些原本对债务置之不理的拖欠税款者采取了前所未有的行动"。See M. Godfrey, New York's Unique Approach to Tax Enforcement Working, Tax-News（March 20, 2014）.

[77] 参见《车辆与交通法》（*Vehicle and Traffic Law*）第 530 条。任何根据《车辆与交通法》第 510 条被吊销驾照的人（包括因未支付过期税务责任而被吊销），根据《车辆与交通法》第 510 条第 4 款第 f 项都可以申请有限使用驾照。

[78] NY Vehicle & Traffic Law § 530; See also Press Release, Governor Cuomo Announces Initiative to Suspend Driver Licenses of Tax Delinquents Who Owe More than $10,000 in Back Taxes, www.governor.ny.gov/news/governor-cuomo-announces-initiative-suspend-driver-licenses-tax-delinquents-who-owe-more-10000.

[79] See Tax Section Report on New York State's Driver's License Suspension Program, The New York State Bar Association（May 5, 2016）, n.9（referencing Argi O'leary, Deputy Comm'r, Civ. Enforcement Div., NY St. Dep't of Tax'n and Fin.（December 15, 2015））.

[80] Ibid., fn.11.

[81] B. Marr, Chinese Social Credit Score: Utopian Big Data Bliss or Black Mirror on Steroids?, Forbes（January 21, 2019）, www.forbes.com/sites/bernardmarr/2019/01/21/chinese-social-credit-score-utopian-big-data-bliss-or-black-mirror-on-steroids/.

[82] Ibid.

实体）计算出一个分数，反映出这个人的"可信度"。

作为不同类型的数据收集和计算的产物，人们被分配了一个数字分数，这个分数可以根据个人的财务行为、活动甚至社会互动而波动。就这种社会信用体系的长期影响而言，得分较低的公民在日常生活中会面临一定的障碍，也会对与他们交往和交易的人的生活产生负面影响。此外，中国的社会信用体系可以通过各种方式，惩戒那些被认为行为不端的人。[83] 在新制度下，中国公民的不端行为可能受到的惩戒包括：例如，如果申请报考某个政府部门的人的社会分数过低，则可能影响录取；[84] 再如，分数较低的人可能受到政府宣布的旅行限制，其中包括被阻止购买国内航班机票或商务座火车票，以及被禁止享受豪华旅行选项。[85] 但中国政府不只是在寻求惩戒违法者，它还想奖励那些采取了其认为能反映和促进公民期望的行动的人。

深圳小型电子企业老板黄闻云（Huang Wenyun），被公认为是推动中国信用制度改革的先驱者。她在 1999 年美国之行中首次面临信用评定的重要问题，她意识到："美国人非常重视信用，一个强大的信用体系涵盖了贷款、财产保险、医疗保险、养老保险和再就业。如果一个人有不良的信用记录，其可能找不到工作。"[86] 旅行结束后，1999 年 7 月，黄闻云致信当时的中国国家领导人，建议建立一个类似的管理个人信用的体系，这一建议很快得到认可，并促成了中国最初的个人信用体系的建立。在推动中国社会信用体系发展方面，黄闻云继续贡献自己的力量，她与中国社会科学院世界经济与政治研究所合作，成立了一个专注于中国信用的研究团队。该团队的任务是进一步研究美国的信用体系和欧洲的信用方案，并总结其不同的有益经验。[87]

林钧跃（Lin Junyue）是被招募进研究团队的年轻学者之一，并被指定为总工程师，主要负责研究美国的信用体系。2000 年初，在多次访问美国之后，林钧跃的团队起草了一份题为《建立国家信用管理体系》的报告，提出了建立中国特色的公民和企业信用评级体系。6 年后，中国人民银行正式实施了信用评级体系，该体系受到美国的启发，为中国公民分配了一个数字分数。林钧跃的团队试图通过将更多种类的数据纳入信用计算过程，来进一步推动这一领域的发展，这将需要不同国家部委的合作。[88]

国家发展和改革委员会批准了研究团队的项目提案，2014 年 6 月，社会信用体系项目正式公布。由于中国政府缺少为大多数人编制准确个人信用记录的必要数据，中国人民银行于 2015 年，招募了八家主要商业实体来启动自己的初步消费信贷计划，包括：①腾讯，一个庞大的互联网平台，托管着多个被允许在中国境内运营的社交网络，以及②阿里巴巴，

---

[83] A. Ma, China Has Started Ranking Citizens with a Creepy "Social Credit" System-Here's What You Can Do Wrong, and the Embarrassing, Demeaning Ways They Can Punish You, Business Insider（October 29, 2018），www. businessinsider. com/china-social-credit-system-punishments-and-rewards-explained-2018-4.

[84] Ibid.

[85] Ibid.

[86] M. Li, A Pioneer of China's Credit System, Shenzhen Daily（September 14, 2012），www. szdaily. com/content/2012-09/14/content_7198741. htm.

[87] Ibid.

[88] R. Raphael and L. Xi, Discipline and Punish: The Birth of China's Social-Credit System, The Nation（January 23, 2019），www. thenation. com/article/china-social-credit-system/.

中国最大的网络购物平台，与其独家支付系统支付宝结合使用。[89]

中国人民银行原本计划在6个月试运行期后，正式授权这八家主要商业实体合法经营各自的信用体系，但后来该计划被放弃。管理部门给出的理由是，这些商业实体存在内部利益冲突，导致对消费者的信用评分不公平。但是，尽管缺乏官方许可，由阿里巴巴旗下的关联公司蚂蚁金服开发的、被广泛报道的芝麻信用，却绕过了潜在的法律障碍，成为目前中国公民普遍使用的信用体系。[90] 作为目前支付宝移动支付应用中的一个自愿参与功能，芝麻信用存储了大量的消费者信息，除了他们购买的商品或公共交通费用等数据外，还包括他们在线交易的频率，以计算出一个反映用户可信度的数值分数。该系统自2015年1月推出以来，蚂蚁金服确保了芝麻信用的实际应用，并认为这将使中国消费者更容易获得信用，使他们有机会更容易地申请房贷、车贷，以及获得更多机会。[91]

中国政府表示，中国新的社会信用体系旨在建立和培养一种信任文化，并最终达到提高所有人信用水平的目标。根据政府部门的声明，如果试验期取得成功，该体系将于2020年全面实施，并将要求所有中国公民和在中国经营的企业实体都必须参与。随着政府计划鼓励将消费者的个人数据从信用公司转移到政府手中，该信用体系将通过促进公共和私营部门之间消费者信息的交换而进一步发展。[92]

中国信用体系中持续引人注目的主要分歧因素在于该倡议的"社会性"部分。该体系考虑的不仅仅是金融数据和金融行为记录。在计算每个人的信用评分时，它还会监测个人生活的诸多方面。因此，一个人的信用评分会根据其日常生活方式进行实时调整。

诸如积极配合政府公务、负责任地抚养孩子等模范公民行为，有助于提高一个人的社会信用评分，而不道德的行为，比如过量饮酒、乱穿马路或以负面方式妨碍政府公务等，则会导致分数下降。那些获得高信用评分的人可以享受更多福利，保证他们在社会上更容易向上流动，比如为自己和家人提供更好的优质教育机会和职业机会。信用评分低于一定基准的个人，可能会受到政府部门的惩戒，并被列入相关信用信息库的黑名单，承受网速降低或者贷款受阻等不利后果。[93]

这一过程在金融科技领域无疑具有创新性，但同时也引发了许多不同的道德问题，这些问题可能会对整个社会产生影响。除了能够感知到的全面侵入性之外，一个人可能因为一时的放纵或不当行为（这些行为可能给他们带来短暂的快感，但随后可能引发负罪感），而导致其社会信用评分大幅下降，进而影响其社会地位。随着政府对其公民的在线活动进行严格的全面审查，人们的数字足迹越多，则他们的隐私越少，这在目前这个技术高度发

---

[89] R. Avery, China's Orwellian "Social Credit" System to Be Mandatory by 2020, Human Creative Content（March 9, 2016），www. humancreativecontent. com/news-and-politics/2016/3/8/sypxe6b7dm2o8by6m4cwz1bh2kcszl.

[90] A. Little, Into the Black Mirror：The Truth Behind China's Social Credit System, Radii（January 21, 2019），www. radiichina. com/into-the-black-mirror-the-truth-behind-chinas-social-credit-system/.

[91] Y. Yang, Does China's Bet on Big Data for Credit Scoring Work？Financial Times（December 19, 2018），www. ft. com/content/ba163b00-fd4d-11e8-ac00-57a2a826423e.

[92] A. Mortenson, The Chinese Social Credit System in the Context of Datafication and Privacy, Medium（January 31, 2018），www. medium. com/@ alexanderskyummortensen/the-chinese-social-credit-system-in-the-context-of-datafication-and-privacy-cafc9bb7923b.

[93] P. R. Brian, Here's Why China's New Social Scoring System Matters to Americans, LifeSite（October 17, 2018），www. lifesitenews. com/opinion/heres-why-chinas-new-social-scoring-system-matters-to-americans.

达、联系日益紧密的世界里是不可避免的。

中国对社会信用体系的运用体现了中国文化的集体主义,与许多西方国家的个人主义形成了鲜明对比。将这一体系的中文表述广泛翻译为"社会信用"(social credit),而非同样准确的"公众信任"(public trust),很好地反映了西方社会对这一倡议及其目标的看法。[94] 与美国等通常以财务历史为标准的信用体系相比,中国的信用体系以社会行为为评判标准,这种差异在进行一般性的个人评估时,对于不熟悉中国文化的人来说,可能会引发不满。因为该体系的一个潜在问题是这些算法和标准可能缺乏透明度。[95]

2. 溢出效应

(1) 移民:新加坡,卢森堡和加拿大。中国社会信用体系的影响不仅限于中国国内,还会对世界其他地区产生溢出效应。使用中国社会信用评分作为签证申请的可信度指标,其所造成的直接影响是显而易见的。[96] 2015年5月,阿里巴巴旗下的在线平台支付宝,开始提供基于信用的在线签证申请服务。[97] 社会信用评分在700分以上的阿里出行用户,如果希望前往新加坡旅游,将享受更短的签证申请流程,且无需提交证明文件。一个月后,阿里巴巴宣布,积分达到750分的用户前往卢森堡旅游,将享受同样简便的签证申请流程。[98] 换句话说,像新加坡和卢森堡这样的国家,接受个人芝麻信用报告作为财务能力的证明,而不需要银行记录这样的传统证明文件作为资产证明。

2018年,加拿大加入新加坡和卢森堡的行列,接受阿里巴巴出具的信用报告,作为中国签证申请人财务状况稳定的证明。[99] 芝麻信用允许符合条件的高分用户在支付宝应用内获取个人报告,其中列出了他们的财务、教育、资产信息以及联系方式等信息。[100] 为了验证他们的身份,用户需要进行面部识别扫描并提交补充信息。[101] 只有这样,他们才能打印报告并提交签证申请。[102]

(2) 全球企业。中国的溢出效应也影响在全球经营的企业。《社会信用体系建设规划纲要(2014—2020年)》详细阐述了中国社会信用模式的发展和实施,并将"提升国家软实力和国际影响力"和"建立客观、公正、合理、平衡的国际信用评级体系"作为其目标之一。[103]

---

[94] Little, above note 90.

[95] Mortenson, above note 92.

[96] G. Kostka, What Do People in China Think about "Social Credit" Monitoring?, Washington Post (March 21, 2019), www.washingtonpost.com/politics/2019/03/21/what-do-people-china-think-about-social-credit-monitoring/?noredirect=on&utm_term=.572bd6a6b597.

[97] Alitrip Introduces Credit-Based Visa Application Service for Qualified Chinese Travelers, Business Wire (June 3, 2015), www.businesswire.com/news/home/20150603006726/en/Alitrip-Introduces-Credit-based-Visa-Application-Service-Qualified.

[98] Ibid.

[99] J. Edmiston, Canada Stokes Concerns with Decision to Accept Alipay Credit Reports on Visa Applications, Financial Post (December 12, 2018), https://business.financialpost.com/news/retail-marketing/alipay-and-wechat-push-into-canada-with-mobile-payment-apps.

[100] C. Udemans, Alipay's Sesame Credit Now Accepted by Canada for Visa Applications, Technode (November 23, 2018), https://technode.com/2018/11/23/sesame-credit-canadian-visa/.

[101] Ibid.

[102] Ibid.

[103] Ibid.

世界各地的用户还提出了猜测,即在中国境外运营的中国公司,会成为非中国公民个人数据的进口商。[104] 例如,无桩共享单车服务公司 Mobike 的总部就设在中国。[105] 该应用程序采用一种评分系统,对轻微违规行为进行评分,并将收集到的数据发送到 Mobike 放置在中国的服务器上。[106] 由于隐私政策对进一步共享没有限制,这些数据也可能与多个第三方共享,其中可能包括参与社会信用体系的企业。[107]

(二)私人领域

1. Facebook

美国虽然没有实行类似中国的社会信用体系,但是一种基于私人监视的评级系统已经在美国形成。2015 年,作为美国乃至全球最大的个人数据拥有者之一的 Facebook 获得了一项专利技术,该技术可以根据用户的社交关系批准贷款。[108] 专利文件显示:"当个人申请贷款时,贷款方会检查通过授权节点与该个人相关联的社交网络成员的信用评级。如果这些成员的平均信用评级至少达到最低信用评分,则贷款方将继续处理贷款申请。否则,贷款申请将被拒绝。"[109]

尽管目前没有明确的迹象表明 Facebook 计划使用该专利进行贷款,该公司也拒绝就如何使用该专利发表评论,[110] 但该公司三年后获得的另一项专利同样揭示了潜在的社会信用策略。2018 年,Facebook 获得了一项确定用户社会阶层的技术专利。[111] 该专利计划利用各种数据来源和限定词(qualifiers)将用户分为三类:"工人阶层""中产阶层"和"上层阶层"。[112] 用户的房屋所有权状况、教育程度、拥有的科技产品数量以及使用互联网的频率等因素都会被纳入考虑范围,以此将用户归入特定的社会地位类别。那些只拥有一件科技产品且互联网使用量较低的用户很可能被贴上贫困的标签。该申请进一步解释说,该算法旨在被"第三方用于提高在线系统用户对产品或服务的认识"。[113]

2018 年 8 月,《华盛顿邮报》报道称,为了完成这一过程,并从某种程度上基于财务的评分转向全面的社会信用评分,Facebook 为其用户分配了可信度评分。[114] 评分系统是对

---

[104] A. Hanff, China's Surveillance & Social Credit System Alive & Kicking in Berlin, Medium (December 5, 2018), https://medium.com/@a.hanff/chinas-surveillance-social-credit-system-alive-kicking-in-berlin-6c2b3b10b197.

[105] See https://mobike.com/us/.

[106] Hanff, above note 108.

[107] Ibid.

[108] Authorization and Authentication Based on an Individual's Social Network, US Patent No. 9, 100, 400 (filed August 4, 2015), http://patft.uspto.gov/netacgi/nph-Parser?Sect1=PTO1&Sect2=HITOFF&p=1&u=/netahtml/PTO/srchnum.html&r=1&f=G&l=50&d=PALL&s1=8302164.PN.

[109] Ibid.

[110] T. Demos and D. Seetharaman, Facebook Isn't So Good at Judging Your Credit after All, Wall Street Journal (February 24, 2016), www.wsj.com/articles/lenders-drop-plans-to-judge-you-by-your-facebook-friends-1456309801.

[111] Socioeconomic Group Classification Based on User Features, US Patent Application No. 15/221587 (filed July 27, 2016), http://appft.uspto.gov/netacgi/nph-Parser?Sect1=PTO1&Sect2=HITOFF&p=1&u=/netahtml/PTO/srchnum.html&r=1&f=G&l=50&d=PG01&s1=20180032883.PGNR.

[112] Ibid., Claim No. 5.

[113] Ibid., Background No. 2 [002].

[114] E. Dwoskin, Facebook Is Rating the Trustworthiness of Its Users on a Scale from Zero to 1, Washington Post (August 21, 2018), www.washingtonpost.com/technology/2018/08/21/facebook-is-rating-trustworthiness-its-users-scale-zero-one/?noredirect=on&utm_term=.172ca9bb72af.

用户可信度的一种衡量，但据 Facebook 称，这并不是衡量一个人可信度的绝对指标。[115] 该评分仅仅是 Facebook 用于权衡理解和预测风险的众多行为指标中的一个额外衡量标准。[116] 但该评分系统以及其他行为因素都非常不透明。目前尚不清楚哪些因素会影响用户的信用评分，评分系统是否适用于所有用户，评分是如何使用的，以及评分是否在 Facebook 之外产生影响。[117]

从公司申请的专利以及其内部评分策略中，可以明显看出 Facebook 对评分的兴趣。然而，私人评分无处不在。在这个信息过载的世界里，清晰的评分系统等可靠信号弥足珍贵且备受需求。正如下一节中所解释的，虽然单一的公共评分模式不太可能在美国出现，但美国的社交和商业互动正慢慢向广泛而全面的评分文化发展。

2. 无所不包的评分文化

个人排名或信用评分在现代社会中的广泛应用和深远影响，不仅涉及政府、金融和社交媒体等领域，还可能影响到个人在生活中的各个方面。近年来，个人之间的互相评价变得越来越重要。这些同行排名（peer-rankings）是根据所提供的服务而定的，而这些服务往往是通过单次互动完成的。每当一个人在 Uber 或 Lyft 上叫车，或在 Airbnb 上预订房间时，这个人就参与了俗称的共享经济或"零工"经济。[118] 用户依赖这些排名来预测个人的可信度水平。共享经济定义了数字平台上随机个体之间进行交易的机制类型。现在，人们不再需要打电话叫出租车或预订酒店客房，只需下载应用程序或登录网站，就能与其他愿意提供私家车或公寓使用权的人进行联系。这种新经济之所以被称为"共享经济"，是因为与其他人联系变得简单和相对便宜，个人现在可以与来自世界各地的其他个人"分享"他们的过剩能力。假设达到一定的信任水平，人们甚至可能会邀请其他人来分享他们最私密的空间，例如，通过 Airbnb 分享公寓的额外卧室，[119] 或者通过 Uber 或 Lyft 分享他们的私家车。[120]

但是，今天的共享经济公司的服务与传统公司的服务之间的区别，在于智能手机和其他互联网操作设备的可用性，以及复杂的评级系统等新技术，这些新技术促进了随机各方在相互交易和互动中的信任。[121]

该评级系统已成为声誉经济的一个关键特征，它基本上包括了每个人参与不同在线平台服务的可用社交数据集。评级系统基本上决定了一个人在社会中的价值，获得可用服务的机会，甚至是就业能力。此外，在共享经济中，声誉特别是评级系统，已经成为了一种

---

[115] Ibid.

[116] Ibid.

[117] Ibid.

[118] See, e. g., O. Lobel, The Law of the Platform (2016) 101 Minn. Law Rev. 87, 89.

[119] See About Us, Airbnb, www. airbnb. com/about/about-us. Airbnb 成立于 2008 年，是一家初创公司，在超过 6.5 万个城市拥有房屋或房源。2019 年初，该公司出售了普通股，估值约为 350 亿美元。T. Schleifer, Airbnb Sold Some Common Stock at a ＄35 Billion Valuation, But What Is the Company Really Worth?, Vox（March 19, 2019）, www. vox. com/2019/3/19/18272274/airbnb-valuation-common-stock-hoteltonight.

[120] See, e. g., Our Trip History, Uber, www. uber. com/our-story/.

[121] See, e. g., R. Calo and A. Rosenblat, The Taking Economy: Uber Information, and Power（2017）117 Colum. Law Rev. 1623, 1634.

货币，因为该系统基于简单但有效的星级排名方法，使用起来非常容易。[122] 例如，Airbnb 的评级系统要求房东和房客就各种事项进行互评，包括清洁度、友好度，甚至是彼此互动的"整体体验"。但是，在模糊和主观的类别上"被评级"，比如友好度，到底意味着什么？共享经济平台的复杂评级系统存在以下几个问题。

第一，至少有几位评论员已经表达了对在这些类别上进行排名的担忧，并表示应牢记这些排名会产生寒蝉效应，并微妙地改变人们的行为，[123] 进而影响人们的情绪和决策过程。[124] 这是因为"声誉经济让我们在言行举止上都变得小心翼翼，因为我们必须相互评价"。[125]

第二，研究表明，在 Uber、Lyft 和 Airbnb 等公司，由消费者主导的评价体系可能会助长并掩盖各种消费者偏见。[126] 同样，美国国家经济研究局（National Bureau of Economic Research）的一项研究提供了一些歧视和偏见行为的具体例子，包括非裔美国人在使用拼车应用时等待乘车的时间更长，[127] 或者消费者对具有受保护群体特征的司机评分较低，进而导致他们的工作报酬降低，甚至使他们更容易被公司解雇。[128] 同样，研究表明，非裔美国消费者很难在 Airbnb 上预订住宿，因为他们经常受到在平台上提供房屋或房间的主人的歧视。[129]

第三，共享经济平台复杂的评级系统对用户的信息隐私构成威胁。与其他在线平台类似，共享经济公司可以访问大量关于用户行为的数据。可以说，共享经济公司收集的数据远远超出了其成功实现既定目标（即通过对人们的行为和交易进行排名和评级来降低搜索

---

[122] S. Kleber, As AI Meets the Reputation Economy, We're All Being Silently Judged, Harvard Business Review (January 29, 2018), https：//hbr. org/2018/01/as-ai-meets-the-reputation-economy-were-all-being-silently-judged.

[123] BI 挪威商学院 2017 年发表的一项研究发现，"负面情绪可能对共享经济中的客户忠诚度尤其有害。换句话说，我们在使用应用程序时会感到内疚和焦虑，因为这些应用程序会提示我们对所经历的每一次体验进行评分，而这可能会让我们远离这些应用程序。" See www. unit. no/ vitenarkiv-i-bragekonsortiet.

[124] See, e. g., K. Paul, How Rating Everything from Your Uber Driver to Your Airbnb Host Has Become a Nightmare, MarketWatch（April 7, 2019），www. marketwatch. com/story/how-rating-everything-from-your-uber-driver-to-your-airbnb-host-has-become-a-nightmare-2019-04-01（解释说，"但是当我在衡量是该去睡觉还是该表现得友好时，我不得不考虑另一个因素：我的 Airbnb 评分……如果我拒绝了她的邀请，房东会认为我很粗鲁吗？……简单的姿态和善意的行为都与五星评级系统联系在一起，并且已经充满了数学评估"）；M. Makkar, Romanticising Market Exchange：Unpacking Cultural Meanings of Value in Home-sharing Markets, PhD Dissertation（2019），https：//openrepository. aut. ac. nz/bitstream/handle/10292/12284/MakkarM. pdf? sequence = 3&isAllowed = y（他写到了一种双评价系统，这与消费者以前经历过的任何事情都不同，因为这种关系的亲密性可能会导致某些消费者在评价中不像传统模式那样诚实）。

[125] See the comments of Professor Russell W. Belk in：You Are What You Can Access：Sharing and Collaborative Consumption Online（2014）67 J. Bus. Res. 1595.

[126] A. Rosenblat, K. Levy, S. Barocas, et al., Discriminating Tastes：Customer Ratings as Vehicles for Bias, Data & Society（2016），p. 7.

[127] Y. Ge, C. R. Knittel, D. MacKenzie, and S. Zoepf, Racial and Gender Discrimination in Transportation Network Companies, Nat'l Bureau of Econ. Research, Working Paper No. 22776，（2016），pp. 1 - 2，www. nber. org/papers/w22776. pdf.

[128] See Rosenblat et al., above note 130, pp. 6-9.

[129] See B. Edelman, M. Luca, and D. Svirsky, Racial Discrimination in the Sharing Economy：Evidence from a Field Experiment, Am. Econ. J. Applied Econ.（April 2017），pp. 1, 2, as referenced in Calo and Rosenblat, above note 125.

成本并促进人与人之间的信任）所需的范围。[130]

第四，评分系统也可以部分或完全基于算法的数据选择和分析，而不是基于人为的数据选择和分析。在这种情况下，即使存在算法分析更加准确和灵活的承诺，个人的声誉评分也可能会受到错误或不相关数据来源和数学公式的不公平影响。[131]

四、社会信用的陷阱与挑战

（一）隐私

公共部门和私营部门利用社会信息为个人排名带来了一系列政策和法律挑战，其中第一个挑战涉及隐私问题。隐私侵犯可能在直接或间接层面引发。

在直接层面，个人排名对被排名者的隐私有明显影响。公共和私营部门实体积累和查询数据，以了解人们的婚姻状况、家庭关系、友谊、工作、购物偏好、政治立场等。它们汇总数据，并且不对信息进行匿名化处理，因为每个人获得的具体排名取决于个人身份识别信息。[132] 然而，这种直接的隐私损害通常在被排名者明显同意的背景下被证明是合理的。毕竟，在某些情况下，这可以被视为一种简单或合理的交易：一个人可以接受，甚至允许收集、检查、分析和永久存储其私人生活的细节，以换取一些福利。这些福利可能包括更好的利率、更低的保险费、升级服务、免受审计、在机场或酒店甚至海关等地方获得更好的待遇，以及有资格获得经济援助或改善的残疾援助计划。自我披露和交易个人信息以换取产品或服务并不是一个新现象，长期以来一直是许多其他市场的主导模式。一个典型的例子是行为广告业务模式，其中广告是根据收集和分析的关于特定用户的数据来选择和显示的。[133] 信息的收集通常是基于一种相互同意的交换，其中个人信息被用作货币来支付不同的产品和服务。[134] 批评者对这一假设提出质疑，他们认为用户无法合理估计交易的不利因素以及与数据收集相关的危害。[135] 他们认为，"支付"的形式，即收集的数据，阻碍了用户理解隐私损害的能力，[136] 尽管对一些消费者来说，授权收集和使用个人信息以换取经济利益在经济上是非常有意义的。[137]

在间接层面，隐私损害更令人担忧。这些损害与"第三方"有关，第三方指的是被排名者的联系人、追随者和朋友，他们与被排名者的互动，无论是一次性的还是重复性的，都会被记录、分析，并经常被存储以备现在或未来之需。第三方的隐私损害取决于特定排名算法收集和评估信息的数量和类型，并且通常与被排名者授权的披露和侵入程度相关。最糟糕的情况是，金融机构如保险公司或贷款机构，它们要求获得对被排名者的社交网络等各种账户的无限访问权限。通过同意提供此类访问权限，被排名者实际上将访问和查看

---

[130] Ibid., pp. 1647-8.

[131] See, e.g., Kleber, supra note 127.

[132] See Packin and Lev-Aretz, Social Credit, above note 1, Pt. IV.

[133] K. J. Strandburg, Free Fall: The Online Market's Consumer Preference Disconnect (2013) Univ. Chi. Legal F. 95, 100.

[134] Ibid., p. 106.

[135] Ibid., p. 107.

[136] Ibid., pp. 130-1.

[137] S. R. Peppet, Unraveling Privacy: The Personal Prospectus and the Threat of a Full-Disclosure Future (2011) 105 Nw. Univ. Law Rev. 1153, 1157.

其联系人信息的权利委托给了其正在交易的相对方，通常甚至不需要通知或获得此类权限的批准。因此，各类金融机构可以查看所有被排名者的社交信息、私人通信以及与之连接的第三方相关的其他数据，从而了解他们生活中一些异常私密的方面。[138] 收集到的关于第三方的信息有可能会被保留，并进行交叉引用，以便在未来对间接涉及的某一第三方的可信度做出判断。当个人身份识别信息对于基于社交的排名过程至关重要时，这尤其令人担忧，这使得隐私损害的前景对第三方而言更加重要。此外，先进的算法建模和大数据分析，可以推断出可能从未向在线平台披露的私人信息，使个人以他们无法预料的方式暴露出来。[139]

关于隐私的两种理论进一步说明了收集和使用第三方信息的行为是多么不正当。

第一种隐私理论是海伦·尼斯鲍姆（Helen Nissenbaum）的情境完整性理论（contextual integrity theory），其提供了一个概念框架，该框架将私人信息的保护与特定情境中的信息流规范联系起来。[140] 情境完整性旨在确定将一种新的做法引入特定的社会环境中是否会违反信息管理规范，它区分了两类信息规范：适当性规范（norms of appropriateness）和流动或分配规范（norms of flow or distribution）。[141] 适当性规范决定了在特定情境中披露某种类型或性质的信息是否适当。[142] 在给定情境的适当性问题中，情境完整性还检查信息的分配或流动是否符合信息流动规范。[143] 因此，当这些信息流动规范被侵犯时，隐私就会被侵犯。在间接隐私损害情境中，数据分析的对象是第三方，其仅控制社交网络中的第一个共享点（例如，当第三方注册网络并与其他人互动时，其对隐私有一定的期望）。这些第三方没有或实际上无法设想到他们可能会被评估以用于对他人进行排名，或者他们的信息可能会被收集并保存以供未来未知的目的而使用。[144] 因此，由于第三方通常不知道也不期望这样的数据处理及用途，此时适当性规范和信息流动规范被违反了。

第二种隐私理论是利奥尔·斯特拉希列维茨（Lior J. Strahilevitz）的社交网络理论。[145] 该理论通过应用预测性社会分析来检查原始披露情境下的隐私期望，并主张法院应使用相同的分析。斯特拉希列维茨认为，除了披露主题之外，共享信息的性质也可以决定信息在多大程度上可能在原始接收者群体之外传播，以及这种传播在多大程度上可能合理地引起隐私侵权主张。[146] 斯特拉希列维茨特别指出，某条信息越有趣、越令人惊讶、越新颖或越有娱乐性，人们就越有理由预期它会在网络上广泛传播。[147] 而且，当高度关联的个人（斯特拉希列维茨称之为"超级节点"）披露信息时，接触到信息的人数越多，信息跨越网络

---

[138] See Packin and Lev-Aretz, Social Credit, above note 1, Pt. IV.

[139] 例如，研究人员能够通过分析一组 Facebook 用户的"喜欢"来相当准确地猜测他们的特征。See Z. Tufekci, Algorithmic Harms beyond Facebook and Google: EmergentChallenges of Computational Agency (2015) 13 Colo. Technol. Law J. 203, 210.

[140] See Nissenbaum, supra note 24.

[141] See H. Nissenbaum, Privacy as Contextual Integrity (2004) 79 Wash. Law Rev. 119, 138.

[142] Ibid.

[143] Ibid.

[144] See Packin and Lev-Aretz, Social Credit, above note 1, Pt. IV.

[145] L. J. Strahilevitz, A Social Networks Theory of Privacy (2005) 72 Univ. Chi. Law Rev. 919.

[146] Ibid.

[147] Ibid., p. 972.

并触达初始群体之外个人的可能性也会越大。[148] 根据社交网络隐私理论，将社交信息用于个人排名目的似乎并不能成为有效的隐私侵权主张的依据。[149]

(二) 社会隔离

对个人进行算法排名可能会损害社会开放性和民主言论。通过把人分类并进行排名，这些算法将社会分割成了由志同道合的同伴组成的回声室。[150] 基于这一观察，已经有人提出，社会排名系统造成了社会两极分化风险。[151] 学者们认为，人们在网络上呈现自己的信息时，会考虑到社会对其信息的系统性评估，因此人们愿意去优化和更新他们的在线个人资料，以便获得更高的可信度评分。[152] 当人们追求一个非常有吸引力的"最终产品"时（可能是一份理想的工作、商业机会等），他们会更倾向于采取策略来增加自己成功的机会。[153] 这种策略包括可能减少与某些在线联系或社交群体的互动，即使这样做可能对他们的在线形象造成一定的负面影响。从被排名的个人的角度来看，这种保持距离和进行网络社交清理的做法，在实践上甚至在经济上都是完全合理的。然而，当个体或群体在网络上重新构建他们的社交结构时，这种改变不仅对个人有影响，还可能对整个社交网络产生更广泛的影响。特别是，这可能导致社交网络中的两极分化现象，即人们开始根据他们的可信度或财务风险等因素重新聚集，形成不同的社交群组。那些具有弱势背景的人只会与同样无法摆脱贫困循环的其他人进行互动。同样，常春藤盟校校友只会允许自己与类似的精英同龄人联系在一起。[154] 因此，即使是在线个体，也主要是与具有相似背景、特征、兴趣和位置的人建立联系。[155] 由于人们通常主要与同龄人进行线下互动，社交网络进一步加剧了同质性。[156] 尽管早期关于在线社区的研究假设，在线社交网络用户会与线下社交群体之外的人建立联系，但后来的研究表明，人们使用在线社交网络是为了保持他们原有的线下联系，而不是结识新的联系人。[157] 因此，社交网络保留了早期生活中建立的联系，即使相似点的数量随着时间的推移而急剧减少。[158] 而且，理性人为回应基于社会的私人和公共部门排名而完善自身形象的后果很可能超越虚拟领域，影响人们生活的方方面面，造成进一步的社会两极分化。[159] 诚然，虽然用户可以在没有在线痕迹的情况下维护线下关系，但在现代社会中，这种维护变得越来越困难。大多数人最终只会剩下由地理邻近性所支撑的强

---

[148] Ibid., p. 975.

[149] See Packin and Lev-Aretz, Social Credit, above note 1, Pt. IV.

[150] J. Polonetsky and O. Tene, Who Is Reading Whom Now: Privacy in Education from Books to MOOCs (2015) 17 Vand. J. Ent. Technol. Law 927, 985-6.

[151] Y. Wei, P. Yildirim, C. Vanden Bulte, and C. Dellarocas, Credit Scoring with Social Network Data (2014) 35 Mark. Sci. 234, http://papers.ssrn.com/sol3/papers.cfm?abstract_id=2475265.

[152] See Packin and Lev-Aretz, Social Credit, above note 1, Pt. V.

[153] Ibid.

[154] K. Shubber, SoFi Really Wants You to Think It Isn't a Bank, Financial Times (December 3, 2015), http://ftalphaville.ft.com/2015/12/03/2146561/sofi-really-wants-you-to-think-it-isnt-a-bank/.

[155] M. McPherson, L. Smith-Lovin, and J. M. Cook, Birds of a Feather: Homophily in Social Networks (2001) 27 Ann. Rev. Sociol. 415, 416.

[156] 同质性是指"相似的人之间的接触比不同的人之间的接触率更高"(Ibid., p. 416).

[157] See N. B. Ellison, C. W. Steinfield, and C. Lampe, The Benefits of Facebook "Friends": Social Capital and College Students' Use of Online Social Network Sites (2007) 12 J. Comput.-Mediat. Commun. 1143, 1144.

[158] Ibid., p. 1165.

[159] See Packin and Lev-Aretz, Social Credit, above note 1, Pt. V.

大联系。如果没有社交媒体，与大洋彼岸的人保持联系似乎不太可能，甚至不值得花时间。由社会排名造成的广泛在线隔离可能会使友谊只发生在同质群体中的观念合法化。一旦在网上得到验证，这种观点很容易从网上转移到线下，从而形成第二代"分离但平等"（separate-but-equal）的制度。[160]

潜在的且基于分数的线上和线下隔离可能会产生许多不利后果。其中就包括对在线社交圈的改变，这可能影响人们的社会资本，[161] 而社会资本使他们能够利用其自身网络中的其他成员的资源，如有用的信息、关系或组织团体的能力。[162] 社会资本很重要，有研究表明，拥有更多社会资本与许多积极的社会结果之间存在明显的联系，如更好的公共卫生、较低的犯罪率和更有效的金融市场。[163] 人们还发现，不同形式的社会资本也对心理健康、自尊和生活幸福感产生积极影响。[164] 同样，社会资本的下降也证明了其与社会秩序的混乱有关，并减少了公民活动的参与度。[165]

（三）不透明性

除了隐私和社会隔离的危害之外，社会信用体系很少是透明的。透明度从两个方面来衡量：①系统的技术设计及其可解释性；②自动化系统输入并执行的规则。在技术设计方面，衡量社会信用度的自动化系统很少是完全透明和可解释的。[166] 其原因各不相同，包括技术难题[167]和商业机密问题[168]。在规则结构方面（即评分模型的蓝图、所考虑的因素以及不同分数水平所附带的含义），中国政府的社会信用模型比中国以外的私人开发的信用评分模型要透明得多。

中国的评分模型因其较高的透明度而自豪：个人的可信度信息是公开的，甚至有关部门及其官员的行为和企业合规记录的信息也是公开的。[169] 事实上，一项研究发现，许多支

---

[160] Ibid.

[161] See P. Bourdieu and L. J. D. Wacquant, *An Invitation to Reflexive Sociology*, University of Chicago Press, 1992, pp. 14，19（将"资本"的概念扩展到包括社会、文化和象征资源，并将社会资本定义为"个人或群体通过拥有一个或多或少制度化的相互认识和认可关系的持久网络而积累的实际或虚拟资源的总和"）。

[162] See P. Paxton, Is Social Capital Declining in the United States? A Multiple Indicator Assessment（1999）105 Am. J. Soc. 88，92.

[163] See P. S. Adler and S. -W. Kwon, Social Capital：Prospects for a New Concept（2002）27 Acad. Mgmt. Rev. 17，29-30.

[164] See J. A. Bargh and K. Y. A. McKenna, The Internet and Social Life（2004）55 Ann. Rev. Psychol. 573.

[165] See Ellisonet al.，above note 161，pp. 1144-5（特别是，表明"在线联系导致了面对面的会议"）。

[166] F. Pasquale, The Black Box Society：The Secret Algorithms that Control Money and Information（Harvard University Press, 2015），O'Neill, above note 3；F. Doshi-Velez, M. Cortz, R. Budish, et al.，Accountability of AI under the Law：The Role of Explanation（2017），https：//arxiv.org/pdf/1711.01134.pdf.

[167] Doshi-Velez et al.，ibid.，p. 1："与人们普遍认为人工智能系统是不可解读的黑箱的观点相反，我们发现这种解释通常在技术上是可行的，但有时可能实际上很繁琐——有些解释方面对人类来说可能很简单，但对人工智能系统来说却具有挑战性，反之亦然。"

[168] R. Brauneis and E. P. Goodman, Algorithmic Transparency for the Smart City（2018）20 Yale J. Law Technol. 103，153："专有算法的所有者通常会要求公共机构客户签订保密协议，并对算法及相关的开发和部署过程主张商业秘密保护。"

[169] R. Creemers, China's Social Credit System：An Evolving Practice of Control（2018），p. 26，https：//papers.ssrn.com/sol3/papers.cfm?abstract_id=3175792.

持社会信用体系的公民指出,用于评估社会信用的方法是公平和透明的。[170] 令人惊讶的是,在美国,私人评分模型以及政府对社会信息的使用通常是保密的。除了专利文件中提供的信息或偶尔由媒体披露的信息外,在美国没有关于评分及其影响的清晰而详细的概述。

五、结论

对个人进行评分以表明其财务风险的实际需要,推动了美国传统信用评分的兴起。然而,评分系统通过了解贷款申请者的财务过去来预测他们的财务未来——这种模式使许多出于合理原因缺乏财务历史记录的人被排除在金融主流之外。大数据分析和人工智能技术的兴起,使得这些信用不可见的个体得以被纳入考虑范围,但这是以牺牲隐私、透明度和潜在的、长期的社会隔离为代价的。现在可以询问的是,西方国家是否正在建立一种声誉社会信用体(reputational-social credit system)?目前有关隐私和个人信息的法律,是否足以阻止强大的私人机构提出更加危险且高度保密的社会评分方案?

---

[170] G. Kostka, China's Social Credit Systems and Public Opinion: Explaining High Levels of Approval（2019）21 Media Soc. 1565, 1588, https：//journals. sagepub. com/doi/full/10. 1177/1461444819826402.

第三十章　数据分析隐私的算法阶段
——过程与概率

罗纳德·P. 路易（Ronald P. Loui）
阿尔诺·R. 洛德（Arno R. Lodder）
斯蒂芬妮·A. 奎克（Stephanie A. Quick）

引言

技术不断进步，从各种来源产生有关大众日常生活的海量信息。例如，简单地使用一部智能手机，就能通过电话记录（包括位置数据）、社交媒体活动、互联网浏览、电子商务交易和电子邮件通信产生有关个人的数据。鉴于数据收集、人们对隐私的期望，尤其是消费者的隐私等受到了极大的关注。政府机构如何以及何时收集和使用这些数据来监控个人的活动也备受关注。

在过去的研究中，[1] 笔者讨论了情报机构数据分析的三个重要方面，但往往被忽视：阶段、数字和人为因素。笔者提出了以下看法。首先，算法过程的各个阶段应包括在适用这些活动的法律约束中。其次，法律应考虑到人与机器的区别。最后，法律应更多地考虑数字。尽管上述每个主题都值得进一步讨论，但笔者在本章中将特别关注第一个问题：阶段。

笔者讨论算法的背景是情报机构，特别是国家安全局（NSA）的活动，因此欧盟《通用数据保护条例》（GDPR）并不适用。不过，《通用数据保护条例》作为数据保护的总体框架，已经成为数据保护问题的一个有趣的参考点，其适用范围甚至超过了非欧盟国家。它确实为算法的使用制定了一些规则，尤其是在自动决策和特征分析方面。值得注意的是，《通用数据保护条例》并未考虑算法处理的各个阶段。本章讨论的内容与《通用数据保护条例》同样相关。

当算法处理分为若干阶段时，隐私利益取决于每个阶段的伤害风险，特别是与该阶段所考虑的人数有关的风险。尤其重要的是，不要将某一阶段（如算法过滤的早期阶段）的人数与另一阶段（如人工参与的后期阶段）的风险相混淆。笔者之前已经讨论过这个问题，

---

[1] A. R. Lodder and R. Loui, Data Algorithms and Privacy in Surveillance: On Stages, Numbers and the Human Factor, in W. Barfield and U. Pagallo（eds.）, *Research Handbook of Law and Artificial Intelligence*, Edward Elgar, 2018.

但要进一步证明这种方法的相关性。

此外,人类的正常理解能力与程序、算法或人工智能的分析不同,即使人类对分析或元分析进行监督也是如此;对隐私的关注也因理解能力的不同而不同。两者总体上都不太令人担忧,因为每种方法都会引发不同的问题。这一点与实际的隐私伤害尤其相关,尽管后期的个人伤害最小,大规模的批量收集也会对整个社会产生影响。

程序性授权监控制度的合法性,如美国国家安全局根据《爱国者法案》第215条基于社交网络分析进行的国内电话元数据批量收集和种子搜索,关键在于规模,这可能需要参考数字或数字范围,而不仅仅是区分搜索、怀疑与渗透的类型以及特定算法处理阶段的概念。[2] 有时,数字实际上很重要,因此,不同规模的数量在性质上可能是不同的。这也是平衡国家安全利益和第四修正案保护的一种方式。授权阶段可以对数字施加实际限制,追溯审计也是如此。Sotomayor 大法官在 Jones 案中发表的同意意见是对这一观点的重要支持,尽管该意见涉及多种概念(例如,GPS 信息的精确性和持久性,而不仅仅是数量,而且主要是在第三方披露的背景下)。[3]

本章分为三部分。第一部分阐述算法阶段,特别是某人成为数据集一部分的隐私危害,与算法处理的特定状态有关;第二部分阐述记录问题,第三部分阐述合法性问题。

一、算法阶段

在斯诺登揭露美国 NSA 活动期间和之后,新闻报道中的数字引起了公众的注意。例如,请参阅以下概述:[4]

美国 NSA 每天收集数百万 Verizon 客户的电话记录;[5]

美国 NSA 在全球收集数百万电子邮件地址簿;[6]

在 2013 年 3 月的一个月内,美国 NSA 从全球计算机网络中收集了 970 亿条情报,其中包括从美国计算机网络中收集的 30 亿条情报;[7]

美国 NSA 可根据一个嫌疑人的电话合法获取 25 000 个来电者的元数据;[8]

---

〔2〕 考虑一下授权阶段的实际限制:"政府决定将恐怖分子监视计划纳入《外国情报监视法》,导致外国情报监视法院的文件堵塞,因为授权令申请数量激增"。R. A. Posner, Privacy, Surveillance, and Law (2008) 75 Univ. Chi. Law Rev. 245, 259.

〔3〕 United States v. Jones, 565 US 400 (2012).

〔4〕 4 See, e. g., S. Landau, Making Sense from Snowden: What's Significant in the NSA Surveillance Revelations, IEEE Security & Privacy (August 2, 2013); D. Lyon, Surveillance, Snowden, and Big Data: Capacities, Consequences, Critique, Big Data & Society (2014); M. V. Hayden, Beyond Snowden: An NSA Reality Check, World Affairs Journal (January/February 2014); M. Hu, Taxonomy of the Snowden Disclosures (2015) 72 Wash. Lee Law Rev. 1679; S. I. Vladeck, Big Data before and after Snowden (2014) 7 J. Nat'l Sec. Law Policy 333; D. Cole, After Snowden: Regulating Technology-Aided Surveillance in the Digital Age (2016) 44 Cap. Univ. Law Rev. 677.

〔5〕 G. Greenwald, NSA Collecting Phone Records of Millions of Verizon Customers Daily, The Guardian (June 6, 2013).

〔6〕 B. Gellman and A. Soltani, NSA Collects Millions of E-mail Address Books Globally, Washington Post (October 14, 2013).

〔7〕 K. Rodriguez and D. Kayyali, On 6/5, 65 Things We Know about NSA Surveillance that We Didn't Know a Year Ago, Electronic Frontier Foundation (June 5, 2014).

〔8〕 A. Nordrum, NSA Can Legally Access Metadata of 25, 000 Callers Based on a Single Suspect's Phone, IEEE Spectrum (May 16, 2016).

受到约束的美国NSA2016年仍收集了1.51亿条电话记录;[9]

美国NSA2016年收集了1.51亿条电话记录,尽管监控法有所改变;[10]

美国情报机构周五发布的一份报告称,美国NSA去年收集了5.34亿条美国人的电话和短信记录,是2016年的三倍多。[11]

与此同时,实际审计的查询数量和面临(事后)风险的美国人员数量却完全不同:

2005年,尽管提出了2000多份申请……[12]

2012年,美国NSA查询了288个主要电话号码,并通过联系链分析接触到6000个号码。[13]

"(PCLOB)第702条"的估计目标数量(请注意,只有非美国人才是目标对象):CY2013 = 89 138,CY2014 = 92 707,CY2015 = 94 368,CY2016 = 106 469,CY2017 = 129 080。[14]

如何协调数字比例的差异?一方面,有报告称有数百万条记录,数百万人的记录被收集。另一方面,被当作"种子"的人数要低几个数量级(log10);对处理这些"种子"后的目标人群来说,甚至要低整整一个数量级。

部分原因在于,新闻报道和隐私权倡导者混淆了现在或过去的许多不同计划:最值得注意的是2001年《爱国者法案》第215条授权下针对国内人员的计划,[15]以及2008年《外国情报监视法修正案》第702条下针对外国人员的计划。[16]

《爱国者法案》第215条允许政府向外国情报监视法庭申请法庭命令,要求第三方在被认为与恐怖主义调查相关的情况下提供有形物品(如账簿、记录和文件)。[17]隐私和公民自由监督委员会(PCLOB)在其2014年的报告中描述了存储和访问根据NSA计划收集的电话记录的过程:

> 通话记录经适当格式化后,NSA将其存入数据储存库。此时,技术人员可能会采取额外措施,使通话记录可用于情报分析,包括删除"高容量"电话标识符和其他不需要的数据。美国NSA必须限制谁可以访问其获得的通话记录……NSA必须在收到通话记录5年内将其从存储库中删除。但是,如果通话记录出现在分析员进行的"查询"

---

[9] C. Savage, Reined-in N. S. A. Still Collected 151 Million Phone Records in '16, New York Times (May 2, 2017).

[10] J. Vincent, NSA Collected 151 Million Phone Records in 2016, Despite Surveillance Law Changes, The Verge (May 3, 2017).

[11] D. Volz, Spy Agency NSA Triples Collection of U. S. Phone Records: Official Report, Reuters (May 4, 2018).

[12] R. A. Posner, Privacy, Surveillance, and Law (2008) 75 Univ. Chi. Law Rev. 245, 260.

[13] Center for Strategic & International Studies, Fact Sheet: Section 215 of the USA PATRIOT Act (February 27, 2014).

[14] Office of the Director of National Intelligence, STATISTICAL TRANSPARENCY REPORT Regarding Use of National Security Authorities ~ Calendar Year 2017 (April 2018).

[15] United and Strengthening America-Providing Appropriate Tools Required to Intercept and Obstruct Terrorism (USA PATRIOT) Act of 2001, Pub. L. No. 107-56, § 215, 115 Stat. 272, 287-8 (codified at 50 USC §§ 1861-2 (Supp. II 2002)).

[16] FISA Amendments Act of 2008, Pub. L. No. 110-261, § 702, 122 Stat. 2436, 2438-48 (codified at 50 USC § 1881a (2008)).

[17] See 50 USC § 1861.

中（这一过程将在下文中介绍），则该通话信息在五年后无需销毁。

最初，NSA 的分析人员只能通过"查询"数据库来获取第 215 条的通话记录。查询是通过软件对数据库中的特定号码或其他选择项进行搜索。例如，当分析员对一个电话号码进行查询时，软件会与数据库连接，并向分析员提供结果，其中包括该号码参与的通话记录。分析人员进行这些查询是为了促进所谓的"联系链"——通过个人之间的通话来识别他们之间的联系。联系链的目的是通过未知恐怖分子与已知嫌疑人的联系来识别他们，发现已知嫌疑人之间的联系，并监控嫌疑人之间的通信模式。目前，国家安全局分析人员获准搜索该局数据库中的第 215 条的通话记录的唯一目的是进行上述查询，目的是建立从目标向外延伸到其他电话号码的联系链。国家安全局表示，它不进行基于模式的搜索。相反，每次搜索都从一个特定的电话号码或其他特定的选择项开始。[18]

《外国情报监视法修正案》第 702 条规定，政府可以收集有理由相信位于美国境外的非美国人的通信，以获取外国情报信息。[19] 隐私和公民自由监督委员会对第 702 条的监控过程作了如下描述：

一旦第 702 条认证获得批准，有理由相信位于美国境外的非美国人可能成为获取该认证范围内的外国情报信息的目标……

第 702 条认证只允许通过所谓"选择器"的"任务"来锁定非美国人。选择器必须是被评估为目标使用的特定通信设施，如目标的电子邮件地址或电话号码。因此，用第 702 条的术语来说，人（有理由相信位于美国境外的非美国人）是目标；选择器（如电子邮件地址、电话号码）是任务。任何任务选择器的用户都被视为目标——因此，只有被合理认为位于国外的非美国人使用的选择器才可能被任务选择。目标选择程序同时适用于目标选择和任务分配过程……

虽然锁定目标的决定必须因人而异，但这并不意味着大量人员没有成为第 702 条计划的目标。据政府估计，2013 年有 89 138 人成为第 702 条的目标。一旦根据目标设定程序向选择者下达任务，就会将其发送给电子通信服务提供商开始获取。[20]

尽管《外国情报监视法修正案》自制定以来经过了大量审查和修订，但理想情况下并不直接涉及第四修正案的保护，因此《外国情报监视法修正案》第 702 条规定的活动与《爱国者法案》第 215 条规定的批量收集活动有很大不同。[21]

即便如此，从新闻报道的角度来看，《外国情报监视法修正案》第 702 条所报道的数字可能低得出奇。值得注意的是，外国媒体可能没有什么动力去明确区分针对外国人和针对

---

[18] Privacy and Civil Liberties Oversight Board, Report on the Telephone Records Program Conducted under Section 215 of the USA Patriot Act and on the Operations of the Foreign Intelligence Surveillance Court, January 23, 2014, pp. 25, 26-7, www.pclob.gov/library/215-Report_on_the_Telephone_Records_Program.pdf（hereinafter, PCLOB Section 215 Report）.

[19] See 50 USC § 1881a.

[20] Privacy and Civil Liberties Oversight Board, Report on the Surveillance Program Operated Pursuant to Section 702 of the Foreign Intelligence Surveillance Act, Jul 2, 2014, pp. 32-3, www.pclob.gov/library/702-Report.pdf（hereinafter, PCLOB Section 702 Report）.

[21] 事实上，PCLOB 建议减少第 215 条的活动，同时保留第 702 条的活动，只作少量修改。See PCLOB Section 215 Report, above note 18, and PCLOB Section 702 Report, ibid.

美国人的收集。

　　数字如此不同的主要原因是处理过程中存在不同阶段。从种子查询到个人授权,《爱国者法案》第 215 条使用社交网络分析来确定谁与种子有一跳的联系（直接联系），然后是两跳（与直接联系的人直接联系），然后是三跳（与种子两跳的人直接联系）。任何在三跳范围内的人都会有记录被添加到"公司存储"中，可以根据其他权限进行搜索。[22] 从涉及记录数的角度来看，可以从单个数字开始，然后假设每跳 100 到 1000 个联系人，一跳后扩展到 100 个，两跳后扩展到 10 000 个，三跳后扩展到 100 万个。这是较低的估计值，扇出为 100。对于上限估计，一跳后为 1000 个，两跳后为 100 万个，三跳后为 10 亿个。这是单粒种子的结果。毫无疑问，从三跳减少到两跳是规模的显著缩小。[23]

　　从收集和过滤的角度来看，每天可能会批量收集 1 亿人的 10 条记录，即 10 亿条记录。如果记录保留 100 天用于社交网络分析，那么在任何特定查询中，1 亿人的 1000 亿条记录都有可能与某个种子建立联系。根据国家情报总监办公室 2017 年的 702 条透明度报告数字，有 12.9 万人的记录被列为目标。这是一个不同的项目，针对的是非美国人，而且是奥巴马政府缩减后的项目。但这是一个有用的估计数字，可以用来说明问题。假设《爱国者法案》第 215 条社交网络分析的筛选结果是 100 000 人在 100 天内的 10 条记录。这意味着在处理的第一阶段，即两跳连接阶段，1 亿条记录被缩减为 10 万条，即 1000∶1 的缩减。在第一阶段，99.9% 的记录（1 亿到 10 万或 9990 万人的记录）被丢弃。虽然保留了 10 万人的 1000 条记录，单次查询结果达到了惊人的 1 亿条，但同样惊人的是，有 9990 万人的 1000 条记录被算法宣布为无意义记录，即 999 亿条记录。这是一次大规模的丢弃或排除，至少就该查询而言是如此。[24]

　　这并不是要在是否收集了太多信息，或者是否收集的足够多的信息从未被"使用"，从而使大量人的隐私权几乎没有受到牵连的问题上偏袒任何一方。本章旨在说明一点，即需要从处理阶段的角度来理解这些数字。[25]

　　每个阶段的风险是什么？对个人来说，在第一个批量收集阶段被收录的风险是，该个人可能会被收录到下一个阶段，被储存在"企业仓库"中，并容易在分析师更广泛的搜索下被生成。请注意，第一阶段和第二阶段之间的处理完全是算法处理。在第一阶段被收录的概率可能是 50%，这取决于从美国成年人、美国成年电话用户、在主要运营商有业务记录的美国成年电话用户等不同人群类型开始收集数据。在第二阶段被纳入的概率可能是这

---

[22] PCLOB 第 215 条报告对这一过程进行了权威性的详细描述，see above note 18。

[23] 其他人也注意到了这种生产率过高的现象。例如，见 "这也许没什么问题——除非这 300 多次查询中的每一次查询都能让国家安全局吸入 100 万条其他电话记录。"（J. Roberts, How Feds Use One "Seed" and 3 "Hops" to Spy on Nearly Everyone, Gigaom (December 17, 2013). See also, Nordrum, above note 8.

[24] For similar analysis, see, e. g., D. Storm, NSA Collected 1 Trillion Metadata Records, Harvested 1 Billion Mobile Calls Daily, Computerworld (June 30, 2013). 此外，"2012 年，通过一项名为 One-End Foreign 的计划，截获并分析了约 5000 亿条通信记录，该计划的合法性依赖于《外国情报监视法修正案》。" D. Ombres, NSA Domestic Surveillance from the Patriot Act to the Freedom Act: The Underlying History, Constitutional Basis, and the Efforts at Reform (2015) 39 Seton Hall Legis. J. 27, 32. 然而，这两项都是指第 702 条的活动。

[25] 值得注意的是，在多模式社交网络分析中采用三跳连接的理由是，每跳的生产力可能比较有限。对于共享银行账户或共享飞机航班而言，每天 10 倍的扇出，或每次查询每次跳转 1000 倍，都是一个巨大的高估（例如，共享一套公寓在整个 100 天期间最多只能产生 10 个新连接）。并非所有的跳转都一定是电话连接。

一概率的0.10%，这取决于人们在临时社交网络分析访问期间每天联系人的新奇程度。最初面临风险的1亿人变成了10万个记录被存储的人。当第二阶段中的记录在人工发起的查询中实际生成并被检查时，就开始了第三阶段的处理。这种概率可能是另一种1/10或1/100的筛选，从而产生1000到10 000人的人工检查目标，这与统计透明度报告一致。

事实上，美国情报机构并没有足够的人力来检查大量的记录，而算法"前端"的意义就在于产生数量较少的高度怀疑的嫌疑人，即使不能合理地阐明。

隐私和公民自由监督委员会对《爱国者法案》第215条报告也提出了类似的观点：[26]

将联系链限制为两跳的程序规则……不会过度削弱电话元数据程序的价值……从最初的"选择器"开始，每增加一跳都会使连接更加遥远，并使查询结果中的"误报"数量成倍增加。随着联系链的延长，联系的价值变得更加有限，筛选结果也变得更加困难。

二、从良性的记录到独裁的人工智能

在隐私保护方面，算法观察是否有别于人类观察。如果有区别，那么它在哪些方面可以降低侵犯性，而在其他哪些方面则可能更具侵犯性，这个问题仍有待商榷。

我们看到了对分析和融合不同数据甚至元数据所能产生结果的一致尊重。该结果究竟是已知的，还是仅是概率假设，值得进一步讨论。低概率的声称和归因可能会大大降低对隐私的关注。根据过时的数据得出的可能不持久的结论也是如此。当有正当理由的真实信念被错误地知晓时（"幸运猜测"的不当因果链），隐私利益甚至会降低。《通用数据保护条例》建议对数据进行匿名化或假名化，其中许多认识论方面的问题都得到了重视。[27]

在大数据时代，随着人们对算法推理和人工智能的新认识，隐私的概念和维度无疑在发生变化。理查德·波斯纳（Richard Posner）则认为，隐私问题始于人类的理解能力："因此，搜索顺序是拦截、数据挖掘，最后由人工搜索那些被数据挖掘或其他信息源标记为可疑的拦截信息。计算机搜索不会侵犯隐私，因为搜索程序不是有生命的人。只有人工搜索才会引起宪法或其他法律问题"。[28] 波斯纳继续区分了算法审查的危害和对事后人类利益的危害。

在最初的计算机筛选过程中，只有涉及国家安全的数据才会被情报人员审查。但是，一旦某个人被确定为可能的恐怖分子或外国特工，会成为政府的重点"关注对象"。除了获取联系信息外，政府还想了解他的种族和民族血统；教育和技能；以前的住址和旅行（尤其是海外旅行）；家庭、朋友和熟人；政治和宗教信仰及活动；财务状况；任何逮捕或其他犯罪记录；服兵役情况（如果有的话）；心理健康和其他心理属性；以及一系列消费活动，整个加起来就是一个全面的个人档案。

毫无疑问，以潜在的下游人类理解为目标的收集确实会引发个人隐私问题，这是因为

---

[26] PCLOB Section 215 Report, above note 18, pp. 170-1.

[27] 例如，模糊化："数据模糊化使用数据值的近似值，使其意义过时，并/或使个人身份无法识别"和概括化，降低了精确度，此外还有使精确归属变得不可能的非链接匿名化形式。GDPR Report, Data Masking: Anonymisation or Pseudonymisation? (November 7, 2017). K. Lehrer, The Gettier Problem and the Analysis of Knowledge, in G. Pappas (ed.), *Justification and Knowledge*, Springer, 1979. Lehrer的著作是一个关于错误地知道某些东西但仍是合理的真实信念的哲学问题的例子。

[28] R. A. Posner, Privacy, Surveillance, and Law (2008) 75 Univ. Chi. Law Rev. 245, 253-4.

有生命的人有可能使用这些数据并得出结论。[29] 不过，波斯纳说得没错，有许多计算机查看数据的良性例子通常不会引起隐私问题。例如，互联网是以数据包转发节点为基础的，这些节点被认为只会查看数据头部。一个合理的比喻是邮局处理明信片。即使这些数据包转发节点处理数据包的"有效载荷"内容，如计算"校验和值"并验证数据没有被破坏，似乎也没有人在意。也许这种计算会导致的唯一行动就是请求前一个节点重新传输，完全不需要人工干预。但是，如果错误被记录下来，而人类系统管理员又经常阅读错误日志，那么算法过滤和存储带来的人类理解风险确实会引发隐私问题。互联网服务提供商会定期记录请求，但这些日志可能会被归档和出售，这才会引起人们对记录日志的关注。[30]

算法处理的另一个良性例子是计算异常测试的基线正态性。当机器学习应用于一组正常病例和一组标记为异常的病例时，通常无法将可重新识别的数据归因于其中一个训练集中的个体。对标注为正常的集合中的个体来说情况尤其如此：这通常是一个大集合，当输入被归类为正常时，通常不会做出任何决定，也不会发出警报。在最简单的例子中，训练数据可能只是导致平均值和矩等统计摘要被保留下来。早在机器学习出现之前，就有了信息检索，它需要单词的"反向文档频率"，即汇总了许多个人数据的统计摘要。以这种方式使用的数据很少涉及隐私问题。这正是因为除了汇总信息外，没有人会查看个人的信息。[31]

当然，计算机会不断记录交易以用于计费目的，其中的汇总、通知和付款都是在无需人工理解的情况下完成的，除非触发了错误条件或审计。

有些自主系统并非良性处理器，有些甚至可以被视为恶意行为者，甚至是独裁的人工智能。同样的机器学习程序，如果在训练过程中没有引起隐私方面的担忧，那么它做出的自主决定可能会对个人造成影响，任何人都会认为这是对个人权利的典型侵犯。在大多数情况下，这些权利不是隐私权，而是不受歧视权、言论权、就业权、平等保护权、财产权或其他权利。这将是因为某人或某个团体下放了过多的权利，或者是因为程序出错，或者是因为设备故障。在这些情况下，问题出在控制上，而不仅仅是信息的获取和理解。

可以想象，一个自主系统可以为就业决策而获取学生考试记录或学生考试记录的统计相关数据，其方式无视了《家庭教育权利和隐私法》的保护。即使在这种情况下，刺痛我们的也不是机器对数据的理解，而是作为一种行为：对数据的使用产生了危害或违反了协议。而这一系列行为很可能归咎于程序员。当自我组织、自我进化、自我编程的自动机器开始以明显不允许的方式重新识别《健康保险携带和责任法》（HIPAA）中的匿名数据时，且程序并没有明文规定这样做，那么波斯纳的忠告"只有人类搜索才会引发宪法或其他法律问题"的观点很可能会被忽视。

最重要的是，计算机处理有时是良性的。除非有可能对日志进行进一步处理，最终导

---

[29] See, e.g., O. Tene and J. Polonetsky, Privacy in the Age of Big Data: A Time for Big Decisions (2012) 64 Stan. Law Rev. Online; I. S. Rubinstein, Big Data: The End of Privacy or a New Beginning? (2013) 3 Int. Data Privacy Law 74; or I. Kerr and J. Earle, Prediction, Preemption, Presumption: How Big Data Threatens Big Picture Privacy (2013) 66 Stan. Law Rev. Online 65.

[30] See, e.g., B. Fung, What to Expect Now that Internet Providers Can Collect and Sell Your Web Browser history, Washington Post (March 29, 2017).

[31] 该领域的经典著作是 G. Salton, *Automated Text Processing*, Prentice Hall, 1983。

致人工理解，或导致决策、行动或排除，否则收集日志就只是收集。

许多算法旨在通过去匿名化或去链接化、降低精确度、遮蔽、模糊、泛化、散列、加密或其他方式的假名化来提高数据的私密性。[32] 没有人会介意计算机"看到"它正在加密的数据，这样其他人就看不到了。其他类型的计算机处理可能会违规，尤其是在程序允许不当行为的情况下。大多数情况下，自动化是将无趣的数据丢弃，作为一种预处理，以减少后期的人工工作量。

因此，我们没有先验的理由认为计算机处理数据，甚至是处理大量数据，会触犯隐私权。我们也没有理由认为，计算机处理任何数量的数据都不会引起关注。这取决于算法及其如何嵌入社会决策和社会控制。

三、合法性与算法阶段

Sotomayor 大法官在 Jones 案中就警方使用 GPS 跟踪发表的赞同意见，是将大数据视为有别于可被搜查和扣押的财产和人员的号角。Jones 案中，最高法院认为，根据第四修正案，将 GPS 设备安装在车辆上并使用该设备监控车辆的行驶构成搜查。法院达成了一致结果，但几位法官的推理有所不同。特别是，Sotomayor 大法官解释说，技术进步塑造了隐私预期的演变，特别是在许多形式的监控不需要实际侵入的情况下。她指出，至少"在调查大多数罪行时，较长期的 GPS 监控会影响对隐私的期望"。此外：

> 在涉及甚至是短期监控的案件中，需要特别注意与 Katz 分析有关的 GPS 监控的一些独特属性。GPS 监控对一个人的公共行动产生精确、全面的记录，反映了其家庭、政治、职业、宗教和性关联的大量细节……政府可以存储这些记录，并在未来数年内有效地挖掘其中的信息……而且，由于 GPS 监控与传统监控技术相比成本低廉，而且在设计上是秘密进行的，因此它可以规避制约滥用执法手段的普通检查：基于有限的警察资源和社区敌意。

这里有几个数据方面的问题。①长期收集。②精确性或所谓的精确性。③全面性或所谓的全面性。④数据的推理能力。⑤数据的持久性，这引起了数据的陈旧性问题和欧洲人对"被遗忘权"的担忧。⑥数量问题，由于大规模获取数据的成本低廉，过去与成本有关的实际限制已不再是制约因素。

除了最后一个问题，以及在某种程度上的第四个问题之外，这些问题都超出了本文的讨论范围。笔者认为，在表达司法意愿和指导时算法和每个阶段的数字都很重要。当出现数量问题时，也许立法者和法院应该找到一种方法来表达所允许的数量。与算法各阶段相关的数量可以以各阶段推论的生产率（上述第四个问题）为依据，而不仅仅是实际损害的风险。数量可以用比例来表示，即使没有明线，也可以用建议的标准来表示，范围可以用数量级来表示。算法可按其类型（如"社交网络分析"或"自动分类"）和其高级特征（如事前和事后，相对于某些大规模的过滤、查询或存储）来表示。

在某种程度上，合理数量的问题被委托给了外国情报监视法院，该法院未能将顺序保

---

[32] 关于各种隐私技术的讨论，see, e. g., S. M. Bellovin, P. K. Dutta, and N. Reitinger, Privacy and Synthetic Datasets（2019）22 Stan. Technol. Law Rev. 1；or K. Nissim, A. Bembenek, A. Wood, et al., Bridging the Gap between Computer Science and Legal Approaches to Privacy（2018）31 Harv. J. Law Technol. 2.

留作为个人授权令的附带条件加以限制。Gray 和 Citron 对与隐私相关的数量提出了不同的看法。[33] 到目前为止，捍卫第四修正案在数量隐私方面的利益的大多数建议都集中在一种被称为"马赛克理论"的个案方法上。根据这种方法，只要执法人员在具体调查过程中收集到"过多"的信息，就会牵涉到第四修正案。马赛克理论的批评者理所当然地想知道，在任何特定案件中，法院将如何确定调查人员是否收集了过多的信息，以及正在进行调查的官员将如何知道其努力的总成果是否接近第四修正案的界限。迄今为止，马赛克理论倡导者所能提出的最佳解决方案是，根据官员使用调查方法或技术的时间长短来划定明确的界限，尽管这种界限很武断。这类解决方案无法令人满意，因为它们的包容性不足或过度包容，而且回避了重要的概念和理论问题。在此，我们不问在特定案件中收集了多少信息，而是认为第四修正案对定量隐私方面的兴趣要求我们关注信息是如何处理的。[34]

虽然笔者同意第四修正案的马赛克理论是一个重要的理念，也同意存在根据特定授权令收集过多信息的情况，但他们的结论与我们（显然也与波斯纳）的结论不同。他们关注的重点是第一阶段批量收集的允许性或不允许性，这有可能，仅仅是有可能，在以后的某个阶段产生对特定个人数据的人为审查。事实上，这正是斯诺登事件披露期间媒体关注的焦点，也是导致脱节的原因：一方讨论的是算法处理第一阶段的大数据；另一方讨论的是算法处理最后阶段的小数据。

实际上，限制数据收集可能是一项失败的事业。就像保险业不允许的歧视一样，无论人们是否试图不允许收集数据，数据都是存在的。因此，必须通过切断造成实际伤害的特定推论来确保个人权利。

四、结论

技术创新极大地扩展了个人数据的使用能力：收集、编辑、比较、分发、存储、处理和挖掘数据的能力，这些曾经异常耗时的过程，现在可以瞬间完成。世界各地的国家情报机构都在利用新的信息通信技术开展调查。因此，国家对个人的行踪、财务状况、行为、性习惯和其他对自我定义很重要的个人特征的了解也在增加。各国将大量收集和交换数据作为打击犯罪的一部分，核心问题是如何确保情报机构和执法部门在打击恐怖威胁和调查犯罪活动时，既能肆无忌惮地收集、分析和交换电子信息，又能保护普通公民的隐私。

笔者认为，在讨论情报机构侵犯隐私权的问题时，阶段概念应是不可分割的一部分，并应在今后的立法中加以考虑。我们阐述了算法阶段的特点，以及阶段可能产生的特殊后果。这将有助于明确如何保护有关数据算法处理的价值观。

---

〔33〕 See D. Gray and D. Citron, The Right to Quantitative Privacy (2013) 98 Minn. Law Rev. 62.

〔34〕 这里给出了马赛克理论的另一种解释方式："马赛克理论背后的基本见解是，即使我们对某些数量的信息和数据缺乏合理的隐私预期，我们也可以对该整体的组成部分保持合理的第四修正案隐私预期"。D. Gray and D. K. Citron, A Shattered Looking Glass: The Pitfalls and Potential of the Mosaic Theory of Fourth Amendment Privacy (2012) 14 NC J. Law Technol. 381, 390.

第六部分

法律与算法的应用及未来方向

第三十一章

道德机器：欧盟新兴的"可信赖的人工智能"政策

安德里亚·伦达（Andrea Renda）

制定一个关于可持续和合乎道德地使用人工智能技术的政策框架，已逐渐成为发达国家以及包括七国集团（G7）、二十国集团（G20）、经济合作与发展组织（OECD）、世界经济论坛、国际电信联盟（ITU）在内的国际社会最重要的政策重点之一。有趣的是，在这场日益激烈的辩论中，人们很少关注人工智能的定义、人工智能在现实世界的现象学以及它的预期发展。政客们唤起人们对智能自主机器人即将接管世界的警觉；企业家们宣称人类即将终结，或可以通过大脑上传技术实现永生；而学者们对通用人工智能的前景争论不休，有些人认为这是不可避免的，而有些人则认为这是荒谬的。在这些动荡中，各国政府形成了一种信念，正如弗拉基米尔·普京（Vladimir Putin）最近所说的那样，在人工智能领域处于领先地位的国家将主宰世界。随着人工智能在政府首要任务中的排名不断提升，一场数字军备竞赛也随之出现。这场竞赛在人工智能技术的研究、创新和投资方面产生了深远的影响：人工智能正逐渐成为目的，而非手段，军事和国内安全应用被置于民用案例之上，而后者可能对社会和环境的可持续性做出更广泛的贡献。

在这个背景下，欧洲在对人工智能知之甚少，以及对过度宣传背后的现实情况了解有限且对未知充满恐惧的情况下，开始了关于人工智能的公开辩论。特别是，2016年欧洲议会通过了《机器人民事法律规则》（Civil Law Rules for Robotics）的决议，在第一页就引用了玛丽·雪莱（Mary Shelley）的《弗兰肯斯坦》（Frankenstein），呼吁成立一个机构来监管人工智能，同时提出智能自主机器人应具有法律人格，并享有"权利和义务"。尽管这一开端有些不切实际，但今天的欧盟在关于人工智能及其对经济、社会和环境影响的辩论中，已成为最先进的法律体系之一。这在很大程度上归功于欧洲法律体系的坚实和全面性，该体系建立在既定的价值观和风险监管的坚实基础之上；同时也归功于欧洲组织多方利益相关者辩论以支持公共政策的能力。2017年至2019年期间，欧盟机构努力确保与所有成员国的国家议程相协调；建立了一个人工智能联盟，在本章写作时已有超过4000名参与者；依靠由52名来自学术界、产业界和民间社会的专家组成的高级别小组的建议；并为即将形成的基于风险的"可信赖的人工智能"（Trustworthy AI）方法播下种子。新任命的欧盟委员会主席乌尔苏拉·冯德莱恩（Ursula von der Leyen）承诺，将在她任职的前100天内（2020年2

月19日）通过一份关于人工智能的白皮书，将其转化为关于"人工智能对伦理和人类影响"的政策框架。[1]总体来说，这将使欧盟在如何最大限度地发挥人工智能的益处，同时以适当的方式考虑随之而来的风险这一政策反思中处于最前沿。最重要的是，欧盟委员会成功地使辩论回到了关于人工智能的基本学术反思上，为一种以证据为基础的方法铺平了道路，谨慎但无畏地处理这一强大的技术家族。[2]

本章在全球背景下回顾了欧盟层面前两年的政策制定情况，并说明了未来发展的可能途径，强调了未来几年可能出现的挑战和机遇。因此，第一部分讨论了高级别专家组（HLEG）在欧盟层面制定的人工智能定义，并讨论了人工智能技术当前和未来的发展，以及新兴的应用案例和相关的伦理和政策挑战。第二部分说明了欧盟新兴政策框架的主要特征，特别强调了最近发布的《可信赖的人工智能道德准则》（Ethics Guidelines for Trustworthy AI）以及高级别专家组制定的政策建议。第三部分通过讨论欧盟委员会即将出台的政策举措的可能内容，以及欧洲在引领全球关于伦理道德一致（ethically aligned）、面向可持续发展的人工智能辩论方面的前景，简要作出结论。

一、定义和接近人工智能

事实证明，"人工智能"一词难以捉摸，甚至具有误导性，这可能是导致公众、学术界和政策界在关于人工智能广泛传播所带来的机遇和挑战的辩论中出现混乱的原因之一。首先，"智能"一词，由拉丁语"intus"（内部）和"legere"（阅读）组成，暗示了为机器提供对其运行环境以及行动目的的理解的可能性；然而，这很难与当前研究的发展相匹配，更不必说商业应用了。同样，"人工"（artificial）一词的使用，可能被理解为指代试图复制人类大脑功能的技术，这同样具有误导性，因为大多数人工智能系统所遵循的决策过程，既不寻求复制人类的决策过程，也不寻求复制人类的决策结果。[3]

更具体地说，当前的人工智能系统大多嵌入了所谓的"简单反射型智能体"（simple reflex agents），它们只根据当前状态选择行动，而忽略了历史数据或过去的经验。而基于模型的反射型智能体则有部分不同，因为它们可以通过不断更新对世界的（静态）描述，在部分可观察的环境中行动。进一步的进化是基于目标的智能体，它们被用于那些仅仅了解当前环境状态被认为是不够的情况：这些智能体可以将提供的目标信息与环境模型相结合，选择能够实现既定目标的行动。基于效用的智能体是对基于目标的智能体的另一种改进：它们在权衡收益和成本之后，选择使预期效用最大化的行动，因此它们与经济理论中的"经济人"非常相似。但是，人工智能领域的最新技术已经超越了所有这些类型的智能体，并意味着所谓"学习型智能体"的发展，这是基于艾伦·图灵（Alan Turing）给出的关于人工智能的原始定义。随着智能体变得越来越复杂，其内部结构也变得越来越复杂，从而允许各种形式的内部状态表征。

---

[1] 参见冯德莱恩的纲领性文件，A Union that Strives for More. My Agenda for Europe. Political Guidelines for the Next Commission 2019-2024, https://ec.europa.eu/commission/sites/beta-political/files/political-guidelines-next-commission_en.pdf; and the White Paper, On Artificial Intelligence-a European Approach to Excellence and Trust, COM (2020) 65 final, February 19, 2020.

[2] See A. Renda, *Artificial Intelligence*: *Ethical*, *Governance and Policy Challenges*, CEPS Monograph, 2019.

[3] Ibid.

在信息系统的背景下，人工智能可以根据人类提供给机器的标准做出更复杂的决策，至少在最初是这样。罗素（Russell）和诺维格（Norvig）观察到，人工智能"是指通过分析环境并采取行动（具有一定程度的自主性）来实现特定目标，从而表现出智能行为的系统"。[4] 例如，理性决策可能是人工智能开发者的目标，因此可以在系统中嵌入与给定行动相关的预期收益和成本计算。然而，完全理性似乎并不是人工智能系统的基本要素：人工智能开发人员也可以尝试复制人类理性的偏差，如冲动性、框架效应或双曲线贴现（hyperbolic discounting），以实现与人类更好的互动——例如，在陪伴型机器人或自动驾驶汽车与人类驾驶的汽车互动的情况下。[5] 人工智能系统也可以被教导在信息不完善的条件下决策，因此可以被训练成以"理性无知"（rational ignorance）或更规避风险的方式行事。因此，人工智能的定义似乎不需要理性这一要求，即便确保人工智能机器的行为理性往往是开发者的明确目标。[6]

此外，理性不应被视为一种过程，而应被视为一种结果。没有必要让人工智能系统复制人脑所遵循的相同过程，尤其是基于神经元和突触的过程。[7]虽然神经网络正被用于深度学习过程，但它只是发展人工智能的几种可能方式之一。[8] 如果考虑到我们的大脑功能对神经科学家来说仍相对模糊，那么人工智能应该寻求模仿人类大脑的功能这一假设也将变得复杂。[9] 同时，假定人工智能复制或模仿人类决策的结果，也意味着我们决策中的所有偏见和不完美，都会在人工智能系统中复制，这在很多情况下也是不可取的。

（一）官方定义

在欧盟层面，高级别专家组的任务是给人工智能下一个技术中立的定义。由此产生的定义将人工智能系统称为"通过分析环境和采取行动（具有一定程度的自主性）来实现特定目标，从而表现出智能行为的系统"。[10]

高级别专家组补充说，人工智能系统可以完全基于软件，在虚拟世界中发挥作用，如语音助手、聊天机器人、搜索引擎、图像识别和分析软件；也可以嵌入在硬件设备中，如高级机器人、自动驾驶汽车、无人机或物联网应用。这并不改变人工智能系统的最终范围和功能，其本质是从外部环境中获取数据、处理数据并提供解决方案，或在某些情况下提供最终决策。这一说明也有助于理解人工智能的潜力和局限性，以及它对诸如机器人技术和物联网等互补技术的依赖，这些技术在感知和执行方面都发挥着作用。换句话说，人工智能相当于大脑（至少目前还不具备大脑的可塑性和复杂性），它本身功能强大，但如果没有"血液和氧气"（计算能力）、"神经系统和肌肉"（传感器和执行器）以及记忆和信息

---

[4] S. Russell and P. Norvig, *Artificial Intelligence: A Modern Approach*, 3rd edn., Pearson, 2009.

[5] 一些学者建议将这种品质融入自动驾驶汽车；see A. Renda, Ethics, Algorithms and Self-Driving Cars: A CSI of the "Trolley Problem," CEPS Policy Insights No. 2018/02 (January 2018), www.ceps.eu/system/files/PI%202018-02_Renda_TrolleyProblem.pdf.

[6] 在人工智能中，根据目前的知识，理性代理通常是使其预期效用最大化的代理。

[7] 确实有研究试图用硅胶模拟人类神经系统的某些方面，这样的系统被称为神经形态学。

[8] D. Silver, A. Huang, C. J. Maddison, et al., Mastering the Game of Go with Deep Neural Networks and TreeSearch (2016) 529 Nature 484.

[9] R. Adolphs, The Unsolved Problems of Neuroscience (2015) 19 Trends Cogn. Sci. 173-5.

[10] See the HLEG document, A Definition of AI: Main Capabilities and Disciplines: Definition Developed for the Purpose of the HLEG's Deliverables (April 2019).

（数据和存储），其功能就非常有限。尽管人工智能比人脑更简单，但要充分发挥其潜力，它必须依赖互补技术。

高级别专家组提供的定义还说明了人工智能技术的一个重要演变，明确了推理和决策系统与基于学习的系统之间的概念差异。推理和决策技术包括知识表示和推理、规划、调度、搜索和优化。这些技术需要采用各种形式的数据采集和知识表示，然后进行知识推理并最终做出决策。学习技术包括机器学习（machine learning）、神经网络（neural networks）、深度学习（deep learning）、决策树（decision trees）和许多其他技术，这些技术使人工智能系统能够学习如何解决无法精确描述的问题，或那些其解决方法无法用符号推理规则来描述的问题。特别是当系统需要解释非结构化数据时，机器学习模型尤其有用，因为它们能生成一个数值模型（即数学公式），用于从数据中计算决策。至关重要的是，要避免只关注机器学习技术，尤其是在欧洲，由于严格的数据保护规定，这些技术的应用可能会面临障碍。事实上，机器学习是一个极其数据密集的过程，其更复杂的形式，如深度学习和强化学习，似乎也是一个极其耗费能源的过程。欧盟的定义为其他同样强大的替代技术留出了空间。

（二）人工智能的崛起：效率和代理问题

从轮子发明以来，人类一直在构建技术以实现自动化和改进特定任务的执行。技术通常通过拓展个人的可能性边界来实现赋能的目标——例如，通过执行可能被证明是重复、耗时或体力消耗大的任务；在人类的控制和监督下，将这些活动委托给人类发明的技术，可以使个人将其智力投入到更具生产力的活动中。除其他许多发明外，犁的发明极大提高了生产力；更不用说，从机械到交通的整个工程领域都致力于实现人类研发（R&D）这一核心目标。个人电脑的发明以及网络计算机和互联网的引入，彻底改变了人类沟通、工作和享受人际关系的方式。与此同时，正如下文将详细讨论的那样，关于信息和通信技术（ICT）是否真的带来了预期的生产力提升，这场辩论仍在激烈进行。

如今，人工智能有望提高生产力，将任务委托给机器，并将其提升到一个新的水平。与此同时，考虑到委派的行为更为复杂，且相比单纯的体力劳动执行而言需要一定程度的推理，因此人工智能及其相关技术需要经历一个更具挑战性的适应过程。更具体地说，一些人工智能应用程序可以扩展人类优化流程和识别模式的能力，从而支持更好的决策。例如，在医学成像和诊断领域，人工智能（特别是支持图像识别的机器学习）已被证明可达到与人类相似的精确度。[11] 然而，相较于机器单独操作，人机结合操作能提供更准确的结果。在机器单独操作的情况下，由于"智能"（intelligence）一词在词源学上并不真正意味着系统具有与人类相似的智能，人工智能系统往往会出现非常奇怪的错误，因此需要谨慎的人类监督。同样，农业领域的图像识别（加上传感器和无人机收集的数据），为识别成熟的水果和蔬菜、优化产量和土壤管理提供了独特的机会。[12] 由于能够处理原本难以处理的大量数据，人工智能系统也以前所未有的方式支持预测，拓展了人类的可能性边界。预测

---

[11] X. Liu, L. Faes, A. Kale, et al., A Comparison of Deep Learning Performance against Health Care Professionals in Detecting Diseases from Medical Imaging: A Systematic Review and Meta-Analysis (2019) 1 Lancet Digital Health PE271, https://doi.org/10.1016/S2589-7500(19)30123-2.

[12] A. Renda, The Age of Foodtech: Optimizing the Agri-Food Chain with Digital Technologies, in M. Antonelli, R. Valentini, J. Sievenpiper, and K. Dembska (eds.), Achieving SDGs through Sustainable Food Systems, Springer, 2019.

性维护（predictive maintenance）的整个领域有望在能源、农业、制造业和运输业等领域取得突破并提高生产力，并等待计算技术水平（如边缘计算，以及不久的将来量子计算）的进一步提高，以更充分地发挥其潜力。

但同时，将决策权委托给人工智能系统也极具挑战性，尤其是当对情境的认知是一个必要的先决条件，而让人类专家"参与决策"的可能性又十分有限时。以在全自动车辆中部署人工智能为例，由于可用于做出决策的时间极短，因此无法依赖人类的参与。学术文献深入探讨了自动驾驶汽车在与行人以及人类驾驶车辆互动时，面临所谓"电车难题"的情景；例如，麻省理工学院的"道德机器"实验和关于"肾脏交换"的学术研究表明，当所有情景都意味着至少有一个人死亡时，对人工智能系统进行预编程以做出"生死攸关"的决策是极其困难的，同时也显示了在为系统编程时，个人对于最适合依赖的标准有着各种各样的偏好。[13] 更广泛地说，人工智能系统如果部署在交互性很强和不可预测的环境中，即使在实验室中进行了大量测试，其最终也可能采用次优或不可预测的行为；随着人工智能技术和应用场景的普及，启用人工智能的算法之间的交互，将不可避免地成为一个更加棘手的问题，从法律角度来看也是如此。

更具体地说，将复杂的任务和决策委托给自动化人工智能系统会引发一系列法律问题。许多学者提出，这些问题需要对为应对较不复杂技术而设计的法律机制进行更新。这些问题涉及人工智能发展的各个阶段，从人工智能系统所使用或用于训练的数据的质量和代表性，到训练本身的质量，再到算法的设计特点和开发；还包括在人工智能系统具有一定程度自主性的情况下，是否能让人工智能开发者或供应商对系统造成的损害承担责任。先进的基于学习的人工智能技术，尤其是基于深度神经网络（DNN）的技术，可能会导致推理和决策的发展，而这些推理和决策只有一部分是最初的开发者可以预测的，因此问题就变得更加严重了：这种不可预测性有时被称为"黑箱"问题，是嵌入在过程中的，因为使用这些技术的目的是让机器开发出新的、更有效的方法来解决问题。[14] 例如，DeepMind 在训练人工智能系统玩国际象棋或围棋等复杂游戏的过程中，随着时间的推移，带来了极其有趣但也不可预测的决策路径。[15]

许多法域的政府和学者目前正在分析第一个问题，即责任归属问题。[16] 原则上，这些法律问题大多可以通过产品责任制度来解决，该制度通常依赖于相对严格的责任形式，而不是基于过错的责任制度。特别是大陆法系国家，通常依赖于明确的严格责任规则，这些规则超出了产品商业化的范畴，例如：雇主对员工造成的不公正损害（unjust damages）的严格责任；对危险活动的严格责任；或者对因未成年人或受看护动物造成的损害的赔偿责任。所有这些规则尽管比过错责任更为严格，但通常基于"控制"的概念，即第三方对在

---

[13] E. Awad, S. Dsouza, R. Kim, et al., The Moral Machine Experiment (2018) 563 Nature 59-64; R. Freedman, J. Schaich Borg, W. Sinnott-Armstrong, et al., Adapting a Kidney Exchange Algorithm to Align with Human Values, in Proceedings of the Thirty-Second AAAI Conference on Artificial Intelligence (AAAI-18), New Orleans, LA, United States (2018).

[14] F. Pasquale, The Black Box Society: The Secret Algorithms that Control Money and Information, Harvard University Press, 2015.

[15] 然而，这并不意味着人工智能系统已经变得"智能"：事实上，训练一台机器在做出决策前掷硬币，也会使决策变得不可预测，但这并不会让机器变得智能。

[16] Renda, above note 3.

其控制和监督范围内的人、动物或物体造成的损害所承担的责任。在大多数情况下，赔偿责任仅限于可以合理预测的事件，之所以做出这样的限制，是因为如果个人也要为不可预见的损害承担赔偿责任，那么参与社会公益活动的积极性就会受到极大的抑制。就某些人工智能系统而言，由于使用了深度神经网络，这种可预测性在设计上就受到了限制，这可能对现有的严格责任制度构成挑战。此外，一旦人工智能系统部署完成，就会与其他人工智能系统和外部环境（包括人类）进行交互，而人类往往会做出非理性、不可预测的行为，这使得人工智能责任的法律处理变得更加复杂。例如，"闪电崩盘"或因算法交互而导致的价格突然飙升或暴跌的事件，在很大程度上仍然无法归因。在上述所有情况下，对个人和算法应考虑的最低注意水平几乎没有受到关注，这可能在未来几年成为诉讼的主要问题。另外，人工智能系统保险产品的开发仍处于起步阶段，这也会影响人工智能开发者在近期的法律确定性。

但是，在人工智能系统中，给政策制定者带来困扰的不仅仅是产品责任问题。人工智能或许有两个更深刻和更具颠覆性的方面：一是在讨论其部署和推广时需要超越效率论证；二是人工智能在与人类互动时可能产生的代理问题和自决问题。首先，尽管新发明和创新解决方案的引入在过去通常有助于提高经济效率，并经常因手工劳动被资本取代而产生分配效应，但在人工智能决策的情况下，提高效率的特性很容易与法律和道德考虑相冲突，这些考量还延伸到民间社会对该技术本身的总体接受程度。例如，达龙·阿西莫格鲁（Daron Acemoglu）和帕斯夸尔·雷斯特雷波（Pascual Restrepo）指出，成本效益高的人工智能解决方案与生产流程质量之间可能存在的权衡关系，认为在某些情况下，削减成本的需求可能会促使公司引入降低质量的人工智能系统，同时减少就业机会。[17] 此外，一些人工智能系统可以通过预测分析来提高效率，从而实现精细化的区分。例如，在判断客户的信用度时，如果系统掌握客户的信用历史信息，甚至考虑到客户的种族和相关的偿还债务倾向，以及可能涉及的客户性别、收入水平、过去纳税合规情况和在社交媒体上表达的观点，准确性可能会提高。然而，允许人工智能系统基于这些特征进行区分，可能会违反现有的宪法原则（如果有这样的宪法原则）、法律规则以及更普遍的基本权利。同样，在器官捐献中优先考虑属于特定种族群体或收入阶层的个人，从（新古典主义）效率理由的角度来看可能是合理的，但可能违反了现有的法律原则、规定或社会公认的道德规范。

当涉及到人工智能系统时，这一问题变得更加棘手，因为出现了一个三难困境：最精确的技术（如深度学习）往往是最难以解释的技术，而且往往是最需要数据的技术，这可能会侵犯隐私。这是人工智能政策方面最具挑战性的问题之一：一方面，"纯粹中立"且完全透明的算法可能具有歧视性，因为它们只是复制了社会甚至法律规则中已经存在的偏见；另一方面，高度准确但部分不可解释的人工智能系统，可能包含许多增强公平性的安排和反歧视的功能，但它们最终可能仍然会做出让人难以理解的决定，并可能造成不良结果。产品责任或第三方责任的既有法律制度，与新兴的人工智能世界之间的"细微界限"就在这里：是否应该采用最先进的公平性指标作为排除侵权责任的充分理由，还是尽管采取了这些措施，仍应对不公正的损害进行赔偿？或者，如果损害被认为超出了部署者的控制范

---

[17] D. Acemoglu and P. Restrepo, The Wrong Kind of AI? Artificial Intelligence and the Future of Labor Demand, NBER Working Paper No. w25682（2019），https：//ssrn.com/abstract=3359482.

围，是否应提供其他形式的补偿（例如，通过专项基金）？

人工智能服务和产品的普及，也给终端用户在代理权和自决权方面带来了伦理和法律问题。在这一领域中，最需分析的重要方面包括：偏见和歧视的出现，这可能会剥夺某些个人或群体相对于其他人的平等机会；人工智能支持的算法可能有意或无意地影响消费者的选择，从而减少个人自决的自由（如所谓的"过度助推"）；通过所谓的"深度伪造"技术提前操纵公众舆论和民主进程，而深度伪造依赖于生成式对抗网络（Generative Adversarial Networks，GAN）等先进的人工智能技术；关于人工智能机器人在与终端用户交互时，是否应披露其非人类身份的争论（即所谓的"反验证码"问题）。下文将对这些方面进行更深入的分析。

（三）偏见与歧视

在使用诸如机器学习等对数据有大量需求的人工智能技术时，偏见与歧视问题与生俱来。从数据收集阶段开始，就可能出现两个主要问题。首先，数据本身可能质量不高，或者收集数据的样本不能充分代表社会。典型的例子是，当用户界面仅针对特定种族群体进行测试时，如面部识别系统，这些系统在尝试识别肤色较深的人时往往表现出更高的错误率。[18] 在公共服务、海关或警察检查中广泛部署面部识别算法，最终可能会建立一个双速社会（two-speed society），在这个社会中，不同种族的人被怀疑犯罪、接受检查和最终被逮捕的可能性各不相同。其次，即使数据取样是"无偏见的"，偏见也可能会潜入取样过程，因为现实社会本身就是充满偏见的。例如，有证据表明，在美国的许多地区，非裔美国人比白种人更容易被警察拦下检查，这导致非裔美国人犯罪的记录更加频繁，[19] 这反过来又导致在决定是否给予囚犯假释等问题的算法中，非洲裔美国人在数据中的比例过高。[20] 同样，世界上一些城市对大数据和预测性警务技术的使用，也引发了对种族偏见的担忧。2016 年，许多评论人士认为"人工智能是种族主义的"，因为一场由算法决定的选美比赛，据说使用了面部对称性和皱纹等"客观"因素，却导致黑皮肤选手几乎被完全排除在外。[21] 同样，大型科技公司也出现了问题——例如，Facebook 裁撤了策划"热门"新闻报道的人类编辑，却发现算法立即在新闻推送中推广了虚假和低俗的报道。[22]

使这个问题几乎无法解决的是，根本不存在所谓的中立算法：即使有可能生成中立算

---

[18] See T. Simonite, The Best Algorithms Struggle to Recognize Black Faces Equally, Wired (July 22, 2019), www.wired.com/story/best-algorithms-struggle-recognize-black-faces-equally/.

[19] See M. A. Fletcher, For Black Motorists, a Never-Ending Fear of Being Stopped, National Geographic, www.nationalgeographic.com/magazine/2018/04/the-stop-race-police-traffic/.

[20] ProPublica 的一篇文章比较了两个等待假释的囚犯的故事，展示了机器如何从一开始就融入偏见。A. G. Ferguson, The Rise of Big Data Policing: Surveillance, Race, and the Future of Law Enforcement, New York University Press, 2017.

[21] See S. Levin, A Beauty Contest Was Judged by AI and the Robots Didn't Like Dark Skin, The Guardian (September 8, 2016), www.theguardian.com/technology/2016/sep/08/artificial-intelligence-beauty-contest-doesnt-like-black-people.

[22] See S. Thielman, Facebook Fires Trending Team, and Algorithm without Humans Goes Crazy, The Guardian (August 29, 2016), www.theguardian.com/technology/2016/aug/29/facebook-fires-trending-topics-team-algorithm.

法,在许多情况下中立算法也是毫无用处的,而"过度"有偏见的算法可能是危险和有害的。[23] 因此,重要的是确定哪些偏见是可以接受的,哪些是不可以接受的。这就更加复杂了,因为在许多情况下,什么是可接受的,什么是不可接受的,也会随着时间的推移和技术的发展而发生变化。在准确性与隐私之间也存在潜在的权衡。在某些情况下,更精确的算法可以通过不对人们进行平均计算来消除偏见。例如,一个算法可能不会因为某人属于一个平均偿债率较低的种族群体,就决定不给予其信贷。

(四)影响消费者选择:"过度助推"时代与深度伪造的崛起

即使偏见没有渗入人工智能开发的早期阶段,它仍然可能被纳入算法的设计中,以"助推"个人做出特定决策。简而言之,作为公共政策工具的"助推"实践源于森斯坦(Sunstein)和泰勒(Thaler)的研究,他们的分析基于有限理性和某种程度上的理性无知(rational ignorance)的相关文献。[24] 人类处理复杂信息的能力有限,而且在做出决策时依赖于"代理",因此,"助推"实践依赖于默认选项的粘性、锚定效应和框架效应(或所谓的"禀赋效应")等经验证据,这些证据创造了通过"选择架构"影响人类决策的可能性,即以一个选项比其他选项更具吸引力的方式向个人提供选择。尤其值得注意的是,在公共服务广告中强调收益而非损失,以及选择符合政府偏好或被认为对决策者(例如,避免垃圾食品)或社会(例如,正确回收废物)有益的默认选项,已成为常见做法。然而,这些做法在效果上仍存在争议,同时在合法性和遵循伦理原则方面也备受关注。

在人工智能和大数据时代,数字技术的可塑性使得"助推"变得更加容易且影响深远:因此学者们使用了"过度助推"(hyper-nudging)或"大助推"(big nudge)的术语。一些学者观察到,大数据和人工智能可能会大大扩展"助推"的可能性,使其更加有效:例如,其能够预测或直接观察消费者在一周中不同日子以及一天中不同时间的情绪,可以帮助调整商业和政府信息,以最大限度地实现预期效果。此外,在推荐引擎和搜索引擎中使用大数据和个人数据,已被证明是最有效的:例如,Netflix 公司 60%以上的收入归功于其推荐引擎的有效性(即接下来用户要看什么),Amazon 网站等大型零售商务平台也有类似的发现。正如强大的数字技术经常发生的情况一样,它们拓展现有技术潜力的能力,既带来了机遇,也带来了风险。例如,凯伦·杨(Karen Yeung)认为,"过度助推"比"模拟助推"(analog nudging)更加危险,因为它进一步压缩了个人"不被欺骗的权利,这是道德行为主体受到尊严和尊重对待的基本权利"。[25] 其他作者也提出了类似的观点,但他们强调了过度助推可能会剥夺个人自由的风险。

人工智能再次给政策制定者带来了重大挑战,因为它既可以出于正当目的被使用,也可以出于不良目的被利用。在用户意见和选择被操纵的案例中,最极端的情况出现在信息领域和政治辩论中。例如,所谓的"内容泡沫"(或"回音室")被描述为一种"智识孤立状态",这种状态发生在个人仅与单一新闻来源互动时,该新闻来源由算法驱动,仅根据

---

[23] A. Renda, Searching for Harm, or Harming Search? A look at the European Commission's antitrust investigation against Google, CEPS Special Report No. 118 (September 2015). 本章还作为杜克大学重新思考监管计划的工作文件、基南伦理研究所(Kenan Institute for Ethics)的研究成果出版。

[24] C. Sunstein and R. H. Thaler, Nudge: Improving Decisions about Health, Wealth, and Happiness, Penguin, 2008.

[25] K. Yeung, "Hypernudge": Big Data as a Mode of Regulation by Design (2017) 20 Inf. Commun. Soc. 1.

用户对自身喜好或兴趣的认知来向用户推送内容。尼古拉斯·内格罗蓬特（Nicholas Negroponte）和卡斯·桑斯坦（Cass Sunstein）先后将这一问题描述为"日常我"（the dailyme）问题，它是行为偏见（如"确认偏见"——即我们倾向于喜欢我们已经认同的事物）[26] 和个性化搜索算法的产物，个性化搜索算法基于我们过去的搜索，因此大多从狭小的可用资源子集中选择内容。《华尔街日报》的"Blue Feed, Red Feed"网站[27] 就是很好的例证。这个问题也得到了 Microsoft 联合创始人比尔·盖茨（Bill Gates）的正式承认，在最近的一次采访中他观察到，社交媒体可能导致信息茧房，人们只在自己的信息舒适区内接收和分享信息，并不接触和理解其他不同的观点，而这种现象造成的问题比原先预期的要大得多。[28] 欧盟委员会最近指出，"新技术，特别是通过社交媒体，可用于传播虚假信息，其规模之大、速度之快、目标之精准前所未有，同时还可创造个性化的信息领域，并成为虚假信息传播活动的强大回声室"。[29]

在部分案例中，网络平台上缺乏过滤机制，导致了这些平台的滥用行为，其明显意图在于操纵公众舆论——如在选举期间。例如，罗马天主教教皇方济各（Pope Francis）在美国总统竞选期间支持唐纳德·特朗普（Donald Trump）的消息，就是由完全不可靠的消息来源传播的；但由于信息的泛滥和终端用户的疏忽，导致许多人未能发现像"美国爱国者"这样的消息来源，或像"http://www.endingthefed.com"这样的网站，并非权威和基于事实的信源。其中许多新闻明显是假的，公众对此视而不见。但也有一些新闻传播速度非常快，即使是在边缘地带，也会影响公众舆论，形成一层厚厚的"噪音"，给终端用户带来麻烦和困惑。更令人担忧的是，出于商业或政治动机的操纵策略，已经成为蓄意传播虚假信息的一种变体，而且规模更大。这些行动可能是由国家支持的，目的是影响选举结果或诋毁商业对手，具体做法是购买网络广告的有利位置，并利用这些特权位置传播有意策划且具有战略意义的信息。俄罗斯对美国大选的干预正是以这种方式进行的：根据 Facebook 向美国国会提交的一份书面声明，俄罗斯特工在 2016 年美国大选期间，在社交媒体网络上创建了 129 个活动。33.83 万个不同的 Facebook 账户查看了这些活动，其中 6.25 万个账户标明他们将参加这些活动。2016 年，美国互联网上的竞选广告猛增，自 2012 年以来增长了八倍，达到 14 亿美元的历史新高；预计在即将到来的 2020 年中期选举中，互联网上的竞选广告将增至 20 亿美元以上，至少占所有竞选广告的 20%。Facebook 在审查其记录时发现，2015 年 6 月至 2017 年 5 月期间，大约有 10 万美元的广告支出与大约 3000 个广告有关，这些广告与大约 470 个违反其政策的虚假账户和页面有关；这使得 Facebook 推断出这些账户和页面是相互关联的，并且可能是在俄罗斯运营的。

人工智能的发展，特别是生成式对抗网络的发展，使虚假信息问题上升到了一个新的

---

[26] See C. R. Sunstein, *Republic.com*, Princeton University Press, 2001.

[27] See Blue Feed, Red Feed, Wall Street Journal（August 19, 2019）, http://graphics.wsj.com/blue-feed-red-feed/.

[28] See J. Joyce, Trump, Twitter and His "Filter Bubble," BBC（November 30, 2017）, www.bbc.com/news/world-us-canada-42187596.

[29] 欧盟委员会向欧洲议会、理事会、欧洲经济和社会委员会以及地区委员会传达的信息，Tackling Online Disinformation: A European Approach, COM/2018/236 final, Brussels（April 26, 2018）.

高度，因为生成对抗网络能够开发出完美的克隆体，这些克隆体能够可信地充当其原始版本。[30] 如今，还没有针对深度伪造的有效政策回应，而且由于人工智能复制现实的能力已经完全与现实相匹配，政策制定者可能不得不加强对数据来源可信度以及开发过程的控制，同时增加人工智能开发者和部署者的透明度义务。如下文所述，在"欧盟关于可信赖的人工智能的议程：建立新的法律制度"中，欧盟委员会可能会在 2020 年采取这一措施。

（五）人工智能的更广泛影响：宏观政策挑战

除了上述探讨的问题之外，人工智能还产生了更值得立法者关注的"宏观"后果，这些后果广泛涉及伦理道德领域。这些问题都与人工智能可能以与经济、社会和环境平衡、可持续发展不一致的方式发展有关。在本章中，我们将简要强调一些关键的社会问题，包括人工智能对就业的影响；可能出现的"监视资本主义"（surveillance capitalism）和"监视极权主义"（surveillance totalitarianism）；以及通过使用致命性的自主武器（LAW）从而使战争升级。

二、人工智能、生产力和就业

人工智能对就业的潜在影响在很大程度上仍然是个谜，这在很大程度上取决于人工智能是否会成为少数企业或国家政府手中的一套"小众"解决方案，以及是否会渗透到整个经济和社会中。而这又取决于几个相关的因素：在工作场所内外引入更精密机器的同时，对技能进行足够的互补性投资；引入竞争规则或监管形式，使数据的使用和供应链中的价值分配"民主化"；通过控制自己的数据来赋予终端用户权力，以及采取监管措施，旨在提高个人之间、用户和人工智能产品及服务之间的信任度。

正如布林约尔弗松（Brynjolfsson）及其合作者所指出的，人工智能最令人印象深刻的能力，尤其是那些基于机器学习的能力，尚未得到广泛传播。[31] 更重要的是，与其他通用技术一样，其全面影响只有在开发和实施一系列互补创新之后才能实现。围绕最近总生产率增长模式的讨论凸显了一个看似矛盾的问题。一方面，有一些惊人的例子表明，潜在的变革性新技术可以大大提高生产力和经济福利。[32] 这些技术的前景已经初现端倪，最近人工智能性能的飞跃就是最突出的例子。另一方面，过去十年中可衡量的生产率增长明显放缓。这种减速的幅度很大，在经济放缓之前的十年中，生产率增长减少了一半或更多。这种现象也很普遍，在整个 OECD 国家都有发生，最近在许多大型新兴经济体中也有发生。[33] 因此，我们似乎正面临着一个索洛计算机悖论（Solow computer paradox）的新版本：我们在各处都可以看到变革性的新技术，但在生产率统计数据中却看不到。

目前有几篇论文分析了自动化对欧洲的影响，大多是发现机器人对生产率有积极贡献。

---

[30] S. Agarwal, H. Farid, Y. Gu, et al., Protecting World Leaders against Deep Fakes, IEEE Conference on Computer Vision and Pattern Recognition Workshops (2019).

[31] E. Brynjolfsson, D. Rock, C. Syverson, et al., Artificial Intelligence and the Modern Productivity Paradox: A Clash of Expectations and Statistics, in A. Agrawal, J. Gans, and A. Goldfarb (eds.), The Economics of Artificial Intelligence: An Agenda (National Bureau of Economic Research, 2017), pp. 23-57.

[32] E. Brynjolfsson and A. McAfee, The Second Machine Age (W. W. Norton, 2014).

[33] C. Syverson, Challenges to Mismeasurement Explanations for the US Productivity Slowdown (2017) 31 J. Econ. Perspect. 165-86.

其中格雷茨（Graetz）和迈克尔斯（Michaels）使用了工业机器人数据库，并估计在他们样本中的17个国家中，从1993年到2007年，每小时工作的机器人使用量增加，使得劳动生产率年增长率提高了约0.37个百分点。[34]通过考虑行业-国家面板数据规范，他们发现，相对于中等技能和高技能工人，机器人似乎减少了低技能工人的工作时间份额；机器人没有使劳动力市场两极分化，但似乎损害了低技能工人而非中等技能工人的相对地位。不过，单位小时工作的机器人使用量似乎提高了全要素生产率和平均工资。基亚基奥（Chiacchio）、彼得罗普洛斯（Petropoulos）和皮赫莱尔（Pichler）发现，单位小时工作机器人的使用量似乎提高了全要素生产率和平均工资；但他们也发现，替代效应（劳动力向资本的转移）抵消了生产率效应，导致就业机会减少。[35]

  这种普遍的技术变革对就业创造和就业破坏的影响很难预测。麻省理工学院收集并回顾了迄今为止最权威的研究，显示了预测之间的巨大差异。工作的性质和交付方式也可能发生根本性的变化：日本政府预测，公司将变得更加以项目为基础，而不是等级分明，这将意味着员工可能会根据项目被选拔，或者可能只想申请单个项目。这意味着工作组织方面的哥白尼式革命：传统的以公司为中心的工作方式，即公司的利益和需求被置于首位，而现在这种方式正在转变为以人类为中心，更多地考虑员工的需求和利益。

  对欧洲的研究也表明，自动化对就业有重大影响。如基亚基奥（Chiacchio）、彼得罗普洛斯（Petropoulos）和皮赫莱尔（Pichler）在六个欧盟国家（芬兰、法国、德国、意大利、西班牙和瑞典）研究了工业机器人对就业和工资的影响，这六个国家占欧盟工业机器人市场的85.5%的份额。从理论上讲，机器人可以直接取代工人完成特定任务（替代效应）。但它们也可以通过提高工业生产效率（生产率效应）来扩大劳动力需求。作者发现，替代效应占主导地位：每1000名工人中增加一个机器人，可使就业率降低0.16个百分点到0.2个百分点。替代效应对中等教育水平的工人和年轻群体的影响更为明显。

  研究一致发现，受到自动化威胁的工作高度集中在低薪和低技能的工人中。这将导致雇主对这类工人的需求减少，降低工资并加剧不平等。德勤（Deloitte）公司发现，年薪低于3万英镑的工作被自动化取代的可能性比年薪超过10万英镑的工作高出近5倍，而在伦敦，这类低薪工作被取代的可能性比年薪超过10万英镑的工作高出8倍。公共政策研究所也持此观点——尽管其驳斥了人工智能驱动的自动化将导致失业的观点，反而预测工人将被重新分配到不同的角色，但其坚持认为，如果没有"有管理的加速"（managed acceleration），自动化可能会通过同时侵蚀较贫穷工人的工资和提高高技能工人的工资来加剧财富不平等。

  这有三种可能性：其一，自动化可能导致持续的技能偏向型技术变革——人工智能有利于技能较高的工人，同时替代技能较低的工人。其二，自动化可能会导致资本偏向型技术变革，即随着人工智能吸引更多的技术投资，资本在收入中所占的份额会增加。其三，自动化可能会导致"明星偏向型"技术变革，即技术的利益将流向比高技能工人范围更小

---

[34] G. Graetz and G. Michaels, Is Modern Technology Responsible for Jobless Recoveries? （2017）107 Am. Econ. Rev. 168-73；G. Graetz and G. Michaels, Robots at Work （2018）100 Rev. Econ. Stat. 753-68.

[35] F. Chiacchio, G. Petropoulos, and D. Pichler, The Impact of Industrial Robots on EU Employment and Wages：A Local Labour Market Approach, Bruegel Working Paper, Issue 2 （2018）.

的一部分社会群体。正如英格兰银行和国际货币基金组织所认识到的那样，在这三种情况下，不平等现象的加剧可能会阻碍人工智能对生产力和经济增长的益处。从对劳动关系的影响来看，特定工作技能可能会变得多余，人们可能会更频繁地换工作，工作的不稳定性可能会加剧。在"零工经济"中工作——以自营职业、临时职位和合同工作（临时劳动力）的增加为特征——可能成为越来越多人的常态。这将从根本上改变传统的雇佣关系，并可能限制工人获取生产力和经济增长潜在提升所带来的回报的能力。

一种可能的反应是找到新的方法来将用户数据作为劳动力进行报酬支付。未来，基本收入保障制度将成为许多国家的政策选择，同时也有可能为所谓的"异众自动化"（heteromation）（在网络环境中用户通过其数字活动如点击、浏览、交互等无意识地为他人创造经济价值的过程）[36] 提供报酬。最终可能获得报酬的工作类型包括沟通劳动、认知劳动、创造性劳动、情感劳动和众包劳动。更普遍的是这将导致公共政策的新趋势，如将互联网巨头作为公共事业进行监管，这对其行为施加了更严格的条件，并对其算法规定了透明度义务；以及根据互联网巨头在"数字存在"地区的营业额和利润对其进行征税。

三、人工智能、大数据与监控时代

人工智能发展带来的另一个"宏观"风险是私营公司和政府有可能建立各种系统，这些系统虽然展现出显著的效率与安全水平，但会使终端用户始终处于监控之下，从而剥夺他们的基本自由，并侵犯从隐私到言论自由甚至思想自由等各种基本权利。[37] 在这方面，有必要区分所谓的"监视资本主义"和社会信用评分，前者由肖沙娜·朱伯夫（Shoshana Zuboff）提出，主要指的是大型互联网巨头将监控私有化和集中化；后者则是政府将社会信用评分作为一种工具，以同时实现效率和对公民的控制。

在前一种情况下，监视资本主义最终会声称"人类经验是可以自由转化为行为数据的原材料"，这些数据由大型互联网中介机构持有，并转化为对用户行为的预测，而这些预测反过来又成为吸引广告和额外服务的知识。政策制定者对这些做法采取的相当被动的态度，加上民间社会对数字领域数据提供和聚合价值的认识缓慢上升，加剧了这种现象的严重性。如今，人们越来越认识到有必要将个人数据的控制权交还给终端用户，并限制将个人数据用于监控目的。这种认识受到诸如 Solid 和 MyData 等计划的支持，当然也受到立法倡议的支持，如欧盟《通用数据保护条例》（GDPR），该条例包含一项"数据最小化"原则，并规定了在未获得用户明确同意的情况下，禁止处理可识别个人身份的数据。

在社会信用评分中，对企业和公民都采用了积分制，最终形成了一种"精英统治"的系统，良好的行为可以获得各种预期的利益，从机场的快速通道到公务员的招聘，或者参与政府采购的可能性。事实上，社会信用评分的实施可能会带来一系列负面影响，特别是在机会平等和个人隐私保护方面。社会信用评分可能会导致公民和企业之间多种形式的交叉补贴或"平均化"待遇（如在税收或福利服务的提供方面）的终结，从而导致完全歧视（perfect discrimination），这在机会平等和个人隐私方面尤其成问题。再加上新兴的人工智能

---

〔36〕 H. R. Ekbia and B. A. Nardi, *Heteromation, and Other Stories of Computing and Capitalism*, MIT Press, 2017.

〔37〕 See M. Ienca and R. Andorno, *Towards New Human Rights in the Age of Neuroscience and Neurotechnology* (2017) 13 Life Sci. Soc. Policy 5.

技术，如面部识别和身体识别，这种做法在效率方面取得了卓越的成果，但也极大地损害了个人自由和民主进程（如果存在的话）：只需考虑一下正在进行的个性化情绪分析，这可能会导致给那些对政府倡议和政策提供积极反馈的个人更高的分数。

在试点阶段后，中国全面推出的社会信用评分体系，正在其他法域中以各种方式得到响应。虽然西方国家的社会信用评分到目前为止，主要发生在私人社交媒体领域（通过同行认可），但这些数据已经被一些国家的保险公司用于确定风险和保费水平。[38] 将上述有关偏见、歧视和过度助推的考虑与私人和政府使用社会信用评分所产生的担忧结合起来，我们不难得出这样的结论：政策制定者必须制定足够的保障措施，以保护民主进程、个人自由、隐私和机会平等。此外，公共和私人中介机构在汇总、生成和处理数据方面所拥有的极端权力也引发了"数据主权"甚至"算法主权"的新呼声，即内国应采取行动，避免用户数据和算法设计被外国公司占有，从而使其有可能受到外国敌对势力的控制和干涉。例如，欧盟委员会新任主席乌尔苏拉·冯德莱恩在发给各任命委员的任务书中提出了"技术主权"的目标；此举与欧盟委员会主席的智囊团——欧洲政治战略中心（European Political Strategy Centre）所表达的对"战略自主"的担忧相呼应。

四、欧盟关于可信赖的人工智能的议程：建立新的法律制度

在欧洲，关于人工智能的辩论一开始就带有相当反乌托邦和灾难主义的色彩。2017年，欧洲议会关于《机器人民事法律规则》的决议，为人工智能机器人的广泛出现描绘了一幅相当灰暗的图景；[39] 该文件甚至引用了玛丽·雪莱的《弗兰肯斯坦》，并提议赋予智能自主机器人法律人格以及"权利和义务"。科学界很快以多名学者签名的集体信函拒绝了这种方法。[40] 然而，欧洲议会的这项举措至少在提高人工智能在欧盟议程中的重要性方面是有价值的。1年后，在欧盟数字单一市场战略中期审查的背景下，欧盟理事会邀请欧盟委员会提出欧洲的人工智能（政策）方法，[41] 而欧盟委员会开始为现在正演变为一个多方利益相关、恪守道德、目标宏大的政策框架铺平道路。

不可避免地，欧洲的人工智能政策最坚实的起点之一就是《通用数据保护条例》。虽然《通用数据保护条例》在最初起草时并未提及人工智能系统，但它包含了许多条款，增强了终端用户的自主权，特别是通过引入对影响数据主体私人领域的所有决定进行"有意义解释"的权利；每当数据处理可能对个人的权利和自由造成高风险时，都要进行数据保护影

---

[38] S. Fieldstein, The Global Expansion of AI Surveillance, Carnegie Endowment for international Peace（2019），https：//carnegieendowment.org/2019/09/17/global-expansion-of-ai-surveillance-pub-79847. 报告发现，人工智能监控技术正在以比专家们通常理解的更快的速度向更广泛的国家传播。在全球176个国家中，至少有75个国家正在积极使用人工智能技术进行监控。

[39] European Parliament（EP）（2017），Resolution of 16 February 2017 with recommendations to the Commission on Civil Law Rules on Robotics（2015/2103（INL）.

[40] See the Open Letter to the European Commission on Artificial Intelligence and Robotics, https：//g8fip1kplyr33r3krz5b97d1-wpengine. netdna-ssl.com/wp-content/uploads/2018/04/RoboticsOpenLetter.pdf.

[41] 欧洲经济和社会委员会等其他欧盟机构也发布了关于人工智能的公开信，各成员国也开始制定自己的战略。欧洲议会在2019年更新了其对人工智能的定位。

响评估。[42] 总体而言，欧洲似乎决心在人工智能领域重现与《通用数据保护条例》相同的做法，将数据保护的基本权利放在首位，对机器学习等数据饥渴型人工智能技术不作任何让步：事实上，《通用数据保护条例》提倡"数据最小化"的方法，适用于处理欧洲公民个人数据的任何人，无论其身在何处。[43]

除《通用数据保护条例》外，欧洲还可以依靠大量旨在监督大型数字平台权力的规则，包括《平台业务的规定》（其全称是《关于促进在线中介服务业务用户公平性和透明度的规定》），该规定要求采用公平和透明的（算法）实践来对待依赖该平台接触终端用户的商户。同样，针对大型科技巨头的反垄断调查和法院判决（如关于"被遗忘权"的判决），已经在朝着让互联网中介对其算法决策产生的结果负责的方向发展。更普遍的是，欧洲可以依靠一个非常坚实的法律体系，在这个体系中，基本权利和人权根深蒂固，并受到特定司法管辖和一个专门法院的管辖。在风险监管的相关领域，欧洲基于其预防与试验相结合的方法处于非常先进的地位，尽管其宪法上认可的预防原则（precautionary principle）的应用遭到许多人的谴责，这些人往往基于非常薄弱的实证依据，认为这一原则可能会阻碍创新。[44]

然而，现有的这套规则也往往让人越来越担心欧洲在开发和测试人工智能解决方案方面，能否赶上其他全球超级大国。与其他可比国家相比，欧洲通常被认为在私人研发方面落后于其他国家。欧洲面临着美国和中国在人工智能方面的巨额公共和私人研发支出所带来的挑战，而这两个国家的法律体系在处理数据和测试新解决方案方面似乎不太具有预防性。

在此背景下，欧洲领导人决定将他们的战略建立在两个相辅相成的支柱之上：一是为"欧洲制造"的人工智能制定和实施一个雄心勃勃的道德和法律框架；二是增加对人工智能的公共和私人投资，以提高欧盟的竞争力。[45] 这一蓝图在 2018 年 4 月被转化为一项明确、完整的战略，欧盟委员会通过了《人工智能造福欧洲》（Artificial Intelligence for Europe）公报。[46] 在这份文件中，欧盟委员会表示，它相信欧洲可以"在开发和使用人工智能方面发挥领导作用，为全民谋福利，并以其价值观和优势为基础"；重要的是，为了避免欧盟成员国之间国家战略的不协调性扩大，欧盟委员会创建了协调计划的框架，该框架随后于 2018

---

[42] 特别是在对个人的个人特征进行系统性和广泛评估的情况下，包括对个人进行剖析；在大规模处理敏感数据以及大规模系统性监控公共区域的情况下。

[43] 欧盟法院和数据保护机构对《通用数据保护条例》的域外效力做出了广泛而宽松的解释，欧盟数据保护监管机构最近在其关于条例的域外效力的指南中也确认了这一点。See A. Renda, Regulation and IRC: Challenges Posed by the Digital Transformation, Report for the OECD Regulatory Policy Committee, forthcoming in September 2020.

[44] See For an inspiring view, J. B. Wiener, The Real Pattern of Precaution, in J. B. Wiener, M. D. Rogers, J. K. Hammitt, and P. H. Sand. (eds.), The Reality of Precaution: Comparing Risk Regulation in the United States and Europe, RFF Press, 2011, pp. 519-65.

[45] 重要的是，欧洲决定以加强人工智能领域的竞争力为目标，似乎忽视了（至少在一开始）将发展人工智能作为实现可持续发展的手段这一目标，而这与欧盟 2030 年的议程更为一致，该议程承诺将可持续发展目标纳入欧盟政策各个方面的主流。

[46] Communication from the Commission to the European Parliament, the European Council, the Council, the European Economic and Social Committee and the Committee of the Regions-Artificial Intelligence for Europe, COM (2018) 237 final., COM (2018) 237 final.

年12月获得通过。[47] 该协调计划进一步确定了目标，即"最大限度地发挥欧盟和国家层面投资的影响，鼓励欧盟内部的协同与合作，交流最佳实践，共同确定前进方向，以确保欧盟作为一个整体能够参与全球竞争"。除其他目标外，该计划的目标之一是刺激未来十年里每年200亿欧元的投资，资金来源包括公共和私营部门。

（一）欧盟准则：从符合道德规范的人工智能到可信赖的人工智能

高级别专家组由多达52名成员组成，其中包括独立专家和学者，以及既得利益集团的代表。[48] 显然，这使得达成协议变得困难，而且仅仅停留在道德原则的宣言上是不够的。但无论如何，高级别专家组不仅通过确定符合人工智能发展特点的道德原则来取得成果，而且还通过一系列要求，甚至通过一种评估工具来实施这些原则，以促进人工智能系统与伦理道德价值的真正契合。

最初，高级别专家组主要从"设计伦理""设计中的伦理"和"设计师伦理"的角度来研究人工智能伦理道德的理念。但在2018年12月发布道德准则草案初稿，并通过快速利益相关者咨询收到第一次反馈后，高级别专家组很快认识到，仅仅关注道德层面对一个旨在为未来政策框架做出重大贡献的行动来说过于狭隘。此外，就欧盟而言，大多数道德规范已与植根于条约或特定立法的既定原则重叠，甚至基本权利也经常在立法中得到援引，并受到特别管辖。因此，高级别专家组内的讨论，集中在定义人工智能系统的先决条件的必要性上，这些系统除了符合道德规范外，还应值得所有利益相关者的信任。特别是在剑桥分析丑闻（Cambridge Analgtica Scandal）之后，在与数字技术的互动中恢复足够的可靠性和信任度已成为关键。

2018年12月发布了道德准则的第一份草案，随后进行了快速的利益相关者咨询，其中明确提出需要采取比道德准则更广泛的方法。因此，该准则的最终版本明确提到了对"可信赖的人工智能"的需求，即满足三个累积要求的人工智能：遵守法律、道德规范和社会技术稳健性。因此，与许多公司（通常没有相关的执行措施）、政府（例如，《蒙特利尔宣言》）或非政府组织（如国际特赦组织和Access Now组织起草的《多伦多宣言》）所采用的道德规范相比，该准则已经代表了一种进步。[49] 这是第一次有一份公开文件不仅限于确定道德规范的原则，而且明确提到了法律和人工智能的稳健性是可信赖性的关键因素。人们的基本信念是，法律、道德和稳健性都是必要的，在某些情况下，它们甚至可能相互冲突（例如，当现有立法没有反映技术发展，最终迫使市场参与者从事不道德行为时）；而在大多数情况下，它们将是互补的（即，道德规范可以帮助解释法律，或者可以建议法律没有直接要求或规定的行为）。正如卢西亚诺·弗洛里迪（Luciano Floridi）所指出的，"法律提供了游戏规则，但并没有指明如何根据规则玩好游戏"。[50]

---

[47] Communication from the Commission to the European Parliament, the European Council, the European Economic and Social Committee and the Committee of the Regions-Coordinated Plan on Artificial Intelligence, COM (2018) 795 final., COM (2018) 795 final.

[48] See the composition of the HLEG at https：//ec. europa. eu/digital-single-market/en/high-level-expert-group-artificial-intelligence.

[49] See Montreal Declaration for a Responsible Development of Artificial Intelligence (November 3, 2017). 在人工智能社会责任发展论坛结束时宣布。《多伦多宣言》可见于www. accessnow. org/cms/assets/uploads/2018/08/The-Toronto-Declaration _ENG_08-2018. pdf.

[50] See L. Floridi, Comment, Establishing the Rules for Building Trustworthy AI (2019) 1 Nat. Mach. Intell. 261-2.

在遵守法律方面，高级别专家组指出，任何以人为本的人工智能（政策）方法都需要遵守基本权利，无论这些权利是否受到欧盟条约[51]或《欧盟基本权利宪章》的明确保护。基本权利凭借其作为人类的道德地位而保护个人和（在一定程度上）群体，而与其法律效力无关。更具体地说，高级别专家组观察到，这些权利的核心是尊重人的尊严，而不是将人视为"被筛选、分类、打分、驱赶、制约或操纵的对象"；尊重自决权，包括言论自由和对自己生活的控制；尊重民主、正义和法治；尊重平等、非歧视和团结，这意味着人工智能系统不会产生不公平的偏见输出，特别是损害"工人、妇女、残疾人、少数民族、儿童、消费者或其他有被排斥风险的人"的利益；并尊重公民权利，如选举权、获得良好行政管理或查阅公共文件的权利，以及向行政机关请愿的权利。

尽管如此，准则并没有深入关注法律合规性和社会技术稳健性方面，这些方面被认为是至关重要的，但却不在专家组的工作范围之内。[52] 在道德领域，欧盟准则为可信赖的人工智能确定了四个关键原则（定义为道德"必要要求"）：尊重人类自主性、防止损害、公平性和可解释性。[53] 所有这些原则都是以相称的、基于风险的方式调用的，因为我们相信，并非所有人工智能的使用都会造成同样的风险。高级别专家组承认这四个要求之间可能存在矛盾，并指出在所有权衡取舍引发重大伦理关切的情况下，都需要公民社会的参与，并通过合理、基于证据的评估来解决矛盾。在这些最有趣的条款中，提到了尊重人类自主性的原则，这涉及几种不同的情况：第一种是人类必须"参与"其中（human must be "in" the loop, HITL），就是说要直接介入到人工智能的工作流程中去；第二种是人类"监控"流程（human is "on" the loop, HOTL），就是说人类要在一旁守着，随时准备在需要时出手；第三种是人类"指挥"整个流程（human is "in command", HIC），也就是人类拥有最终决定权，人工智能得听人类的。[54] 专家组还澄清说，"在所有其他条件相同的情况下，人类对人工智能系统的监督越少，就越需要广泛的测试和更严格的治理"：这反过来又表明，人类监督和问责机制是密切相关的。

---

[51] 欧洲联盟立足于保护人类基本和不可分割的权利、确保尊重法治、促进民主自由以及推动共同利益的宪法承诺。这些权利体现在《欧洲联盟条约》第 2 条和第 3 条以及《欧盟基本权利宪章》中。

[52] 在法律方面，该小组主张审查现有的欧盟立法，包括横向、跨领域的立法（如数据保护、产品责任、竞争）和针对特定行业的立法（如金融服务、医疗保健等）。这项活动仍在欧盟委员会中进行，特别是在新兴技术责任领域，这可能导致对欧盟产品责任指令的修订。对社会技术稳健性要素的处理仅停留在表面，但高级别专家组观察到，可信赖的人工智能不仅需要符合法律和道德规范，而且还需要"从技术和社会角度来看都是稳健的，因为即使有良好的意图，人工智能系统也可能造成无意的损害。"这是从技术角度（确保系统在给定的情境中，如应用领域或生命周期阶段，具有适当的技术稳健性）和社会角度（适当考虑系统运行的环境和情境）来看，可信赖性的重要组成部分。同样，大多数稳健性要求都受到或将受到法律的约束，或者受到基于性能的法律和标准的综合约束，这符合欧盟对标准化的态度。See Pelkmans, The New Approach to Technical Harmonisation and Standardisation (1987) XXV J. Common Mark. Stud. 249–69.

[53] 重要的是，与同类文件通常的做法相反，这份清单并不包括"行善"（do good）的要求，也不包括所谓的"恩惠"（beneficence）原则，而这一原则曾被纳入准则的早期草案中。See A. Jobin, M. Ienca, and E. Vayena, The Global Landscape of AI Ethics Guidelines, Nature Machine Intelligence (September 2, 2019).

[54] HITL 指的是在系统每个决策周期中进行人为干预的能力，这在许多情况下既不可行，也不可取。HOTL 指的是在系统设计周期中进行人为干预以及监控系统运行的能力。HIC 指的是监督人工智能系统整体活动（包括其更广泛的经济、社会、法律和伦理影响）的能力，以及决定在任何特定情况下何时以及如何使用系统的能力。这可能包括在特定情况下不使用人工智能系统的决定，在使用系统期间确定人为裁量的级别，或确保能够推翻系统做出的决定。

第二个必要条件是防止损害,但这并没有明确提及预防原则;然而,在随后关于政策和投资建议的高级别专家组文件中,明确提到了一个事实,即总体方法应以风险为基础,只有在风险无法量化并可能导致灾难性后果的情况下,方法才应转向预防原则。"公平"要求是指需要平等和公正地分配利益和成本;提供平等机会;保护个人的选择自由;尊重"手段与目的相称性原则";以及从更程序性的角度来看,提供对人工智能系统和操作人工智能系统的人类所做决定进行有效补救的可能性。这意味着对决定负责的实体是可识别的,决策过程是可解释的。但道德准则并没有要求人工智能在所有情况下都具有完全的可解释性,而且高级别专家组认为,"需要可解释性的程度在很大程度上取决于具体情境,以及如果输出错误或不准确所造成的后果的严重性"。[55]

(二)从原则到要求:接近可信赖的人工智能的政策框架

道德准则远不止罗列和描述这四项原则,它还提出了人工智能系统应遵守的七项具体要求,以便被定义可信赖的系统。这些要求虽然与四项原则直接相关,但最终也融入了可信赖的人工智能的法律合规性和社会技术稳健性这两个维度,从而为人工智能从业者在开发或部署人工智能时所需付出的努力提供了更全面的描述。与之相关的原则包括尊重人的自主性和保护基本权利,这可能需要(在存在损害基本权利风险的情况下)进行基本权利影响评估,考虑可能的缓解措施,以及收集外部反馈的机制。此外,尊重人的能动性意味着用户有权知晓人工智能系统做出的决策,并有权在仅基于自动化处理的决策对其产生法律影响或类似重大影响时,不接受这样的决策。

人工智能从业者被要求采取措施以保护人类的身心完整性,并对风险采取预防措施,以最大限度地减少无意和意外的损害,防止不可接受的损害。人工智能系统必须安全可靠,能够抵御攻击,并包括出现问题时的后备计划。人工智能从业者还应披露人工智能系统的预期准确度,尤其是当其输出直接影响人类生活的决策时。为了进一步提高人工智能系统的稳健性,高级别专家组还呼吁采取措施,确保结果的可靠性和可重复性,呼吁实现可追溯性(即尽可能按照最佳标准记录数据收集和标记情况,以及所使用的算法和所做出的决策)。

为落实防止损害的原则,道德准则要求采取措施保护隐私这一基本权利;[56] 以及采用适当的数据治理安排,包括对所用数据的质量和完整性的要求。在这里,这些规定与《通用数据保护条例》引入的、自2018年以来已在欧洲生效的具有法律约束力的现有要求重叠。不过,道德准则的规定超越了《通用数据保护条例》的范围,指出当人工智能系统对人们的生活产生重大影响时,应提供有意义的解释,这些解释应该是及时的,并且要适应利益攸关方(例如,非专业人士、监管机构、研究人员)的专业知识。这一要求还意味着人工智能系统应该是可识别的:人类应被告知人工智能界面的非人类性质。

道德准则的关键要求还包括尊重多样性、避免不适当的歧视以及贯彻公平原则。这些要求似乎影响深远,因为它们意味着在整个人工智能系统的生命周期中都要采取措施予以保障。这包括在整个过程中考虑并让所有受影响的利益相关者参与进来,通过包容性设计

---

〔55〕 所谓的"关键关注领域"尤其如此,请参见"可信赖的人工智能"和"关键关注领域。"
〔56〕 See A. Renda, Cloud Privacy Law in the United States and the European Union, in C. S. Yoo and J. -F. Blanchette (eds.), *Regulating the Cloud: Policy for Computing Infrastructure*, MIT Press, 2015.

确保机会均等和平等待遇；以及尽可能从不同背景、文化和学科中招聘开发人员，以确保意见的多样性。公平原则要求对人工智能系统使用的数据集（用于训练和操作）进行充分检查，以防范无意中包含的历史偏见、不完整性和不良治理模型的风险，因为人们理解，这种偏见可能导致对某些群体或个人的无意（直接）偏见和歧视，并可能加剧偏见和边缘化。高级别专家组还告诫要防止有意利用（消费者）偏见和算法限制竞争，如通过共谋或不透明的市场使价格同质化。[57] 可信赖的人工智能还要求以用户为中心和具有普遍可及性，并尽可能在整个过程中让各种利益相关者参与进来，以确保在实践中也能有效地感受到可信赖性。

尽管上述"人工智能的崛起"中定义的"微观"问题占主导地位，但道德准则也为以地球为中心的人工智能（政策）方法留出了空间，明确鼓励通过人工智能促进可持续发展目标的实现，包括在指导人工智能开发和部署的"预防方法"中考虑未来几代人。该准则将可持续性列为可信赖的人工智能的关键要求之一，包括对资源使用和能源消耗的严格审查，以及更广泛地审查整个人工智能系统供应链的环保性。除环境之外，还充分提到了社会影响，包括社会机构和社会关系模式的改变、对人们身心健康的可能影响以及民主进程的可能风险。

高级别专家组还指出，可信赖的人工智能必须具备相应程度的问责机制。这需要适当的治理安排，如算法的可审计性（在人工智能系统影响基本权利的情况下进一步加强），识别、报告和积极缓解人工智能系统带来的负面影响，透明和合理地处理权衡问题，以及采取行动确保适当的补救措施。因此，问责机制转化为对持续监测和评估人工智能系统影响的承诺，以及采取措施定期发现和减轻危害、为受影响的用户提供及时的补救措施。换句话说，我们需要的是持续努力，以避免人工智能对用户和社会造成不利影响，而不是在部署时进行"一劳永逸"的自我评估。

（三）可信赖的人工智能的评估清单

除了道德原则外，关键要求的引入已经使高级别专家组在如何鼓励负责任的人工智能这一辩论中处于前沿地位。然而，高级别专家组并没有局限于这一已经引人注目的尝试：道德准则最具创新性的特点也许是试图通过一个由 131 个问题组成的详细评估框架来落实关键要求。该清单引导人工智能从业者了解关键要求，询问他们是否充分考虑了可能存在的风险，或是否制定了程序来降低风险，以防风险发生。该清单仍是初步的，也可以说是粗略的：高级别专家组于 2019 年 7 月开始了试点阶段，该阶段依赖于人工智能联盟网站上的详细调查；与公司、机构和研究组织进行的 50 次"深度"访谈，旨在获取有关评估清单的更详细反馈；以及一系列针对具体行业的研讨会，旨在根据个别行业（如医疗保健或金融服务）的具体需求量身定制清单，包括对与可信赖的人工智能要求重叠的现有行业立法或标准进行评估。这一广泛的试验阶段的结果将是对评估清单的修订，该修订将在 2020 年上半年由高级别专家组完成。此外，修订工作还可能包括根据具体使用情况调整清单，并制定关于法律合规性的额外指导（还包括适当的行业法规），以及如何通过特别程序解决特定风险。

---

[57] See European Union Agency for Fundamental Rights：BigData：Discrimination in Data-Supported Decision Making (2018)，http://fra.europa.eu/en/publication/2018/big-data-discrimination.

评估清单的试行和修订将为国际层面的人工智能伦理设定新的标准。然而，评估清单目前缺乏一个框架来确定某一要求是否已得到充分满足。换句话说，清单通过试图为人工智能从业者提供一套完整的问题来指导和伴随他们的工作过程，但并不能最终确定正在评估的人工智能项目是否足够可信赖。从目前的情况来看，这限制了该清单作为风险评估框架的实用性，甚至限制了其作为基准来确定人工智能从业者在设计、开发和部署其产品时是否采取了必要的保障措施和缓解措施。关于这一点存在一种可能性，即推行一种认证框架，无论是通过行业规范，还是通过立法。

高级别专家组于2019年6月发布的"政策和投资建议"文件中明确呼吁，对于私营部门部署的可能对人类生活产生重大影响（例如，在人工智能系统的生命周期的任何阶段干扰个人的基本权利）以及属于安全关键型应用的人工智能系统，应考虑强制进行可信赖的人工智能评估（即评估清单，将于2020年进行完善）。基于这一声明，很明显，高级别专家组并不认为可信赖的人工智能仅仅是一个"令人向往的目标"，而是一个全新的基于风险的法律体系的基础。在该体系中，不可接受的风险受制于防止损害原则，而可能影响基本权利的关键应用则受制于强制性评估。随着时间的推移，这一建议的后果将逐渐显现。事实上，如前所述，"评估清单"并未附带任何评分系统或阈值，以区分可信赖系统与不可信赖系统。如果欧盟委员会采纳这项建议，那么某种形式的认证和评分将不可避免，这将对欧洲的人工智能市场产生重大影响。有趣的是，这一建议意味着"关键"的人工智能系统应确保适当的"默认"和"设计"程序，以便在出现错误、损害或其他侵权行为时进行有效和立即的补救。然而，这一拟议义务的实际执行和实际轮廓尚不清楚：什么是"有效和立即的"，以及哪些类型的错误符合本规则的目的。

高级别专家组呼吁欧盟委员会考虑建立一个"体制结构"（institutional structure），以比法官、标准和立法者通常能够达到的更灵活的方式帮助收集和传播最佳实践。高级别专家组并未明确这是否会采取专门机构（如欧洲议会2017年最初提出的那样）、委员会（如《通用数据保护条例》）或其他机构形式。如果欧盟委员会决定采纳这一建议，将在未来几个月内考虑这一点。[58] 在高级别专家组的构想中，拟议的体制结构将履行广泛的职能，包括为欧盟的可信赖的人工智能框架和政策做出贡献，确保人工智能合法、合乎道德且稳健，为欧盟机构提供建议并支持它们实施此类框架、为利益相关者提供指导，协助他们应用基于风险的方法，将风险划分为可接受或不可接受，与标准制定组织和欧盟成员国进行协调，建立最佳实践库，并提高利益相关者和政策制定者对不断发展的人工智能领域的认识。

（四）可信赖的人工智能和"关键关注领域"

高级别专家组因对多种新兴的人工智能应用未持批判性立场而受到批评，而这些应用被认为会给终端用户和社会带来巨大风险。最初，道德准则的工作是冒险确定所谓的"红线"，即那些可能对社会造成过大风险而应该被直接禁止的人工智能应用。然而，在欧盟准则的最终版本中，高级别专家组最终只确定了几个"关键关注领域"，包括大规模监控、广泛的社会信用评分和致命性自主武器（LAW）。在这些领域，高级别专家组警告说，发展

---

[58] 从英国的数据伦理中心到法国和德国的类似机构，即使在没有完善的法律体系的情况下，国际范例也开始大量涌现。

可信赖的人工智能将特别困难。

然而，在政策和投资建议中，高级别专家组明确建议政策制定者发布规定，以确保个人不会受到"通过人工智能驱动的生物识别方法（如情绪追踪、共情媒体、DNA、虹膜识别、行为识别、情感识别、声音识别、面部识别以及微表情识别）进行的不合理的个人、身体或精神追踪、识别、建档和助推"，并补充指出，只有在特殊情况下（例如，在国家安全立场紧迫的情况下），如果"有证据支持、必要且相称、以及尊重基本权利"，才允许使用这些应用。此外，高级别专家组呼吁国际社会暂停进攻性致命自主武器的开发，这一提议肯定会受到新任欧盟委员会主席、前德国国防部长的关注。

高级别专家组还建议采取具体行动保护儿童，包括制定一项更完善、更安全的欧洲儿童人工智能战略，旨在增强儿童能力，同时保护他们免受风险和伤害。特别是，欧盟立法机构被邀请设定一个法定年龄，在此年龄，儿童将获得与其童年相关的任何公共或私人存储数据的"清洁数据记录"（clean data slate）；并监测建立在儿童档案基础上的个性化人工智能系统的发展，以确保其符合基本权利、民主和法治。

五、下一步是什么？新的欧盟委员会和即将出台的监管举措

在撰写本章时，冯德莱恩主席所承诺的即将出台的政策措施的轮廓还远未清晰，甚至在欧盟委员会内部也是如此。不过，新政策框架的一些主要支柱还是有足够把握的。这主要归功于2019年2月通过的《人工智能白皮书》（以下简称白皮书），以及预计在2020年底通过的法律文书。

从白皮书中可以看出，委员会将以可信赖的人工智能的概念为基础，特别是以高级别专家组提出的评估清单为基础，制定其拟议法规。评估清单将于2020年进行审查，以确保其对人工智能从业者来说是相称的、可操作的和有意义的。这本身并不容易，因为当前版本的评估清单并没有针对任何特定部门或用例进行定制，也没有提供一个框架来评估特定人工智能项目开发过程中遵循的流程，是否符合可信度的最低要求。

也就是说，欧盟委员会必须紧急解决的另一个问题是人工智能系统的治理，特别是是否会成立一个机构或专家委员会来开始收集最佳实践，并为欧洲人工智能领域的各种从业者提供监管确定性。此外，欧盟委员会将通过一项立法工具，使高级别专家组将准则中确定的原则和要求完全制度化，然后将评估清单作为一个更灵活的文件，可以定期修订，而无需进行立法变更。

第一种选择是除了将清单"制度化"并围绕其建立治理框架外，欧盟委员会还很有可能采取行动，解决具体关切的领域，如普遍存在的对个人、身体或精神的追踪或识别，以及生物识别方法和社会信用评分的滥用情况，白皮书已经明确提到了这一点。紧随其后的是针对人工智能系统的安全性和技术稳健性的行动，这将遵循正在进行的《欧盟产品责任指令》（EU Products Liability Directive）和《欧盟机械指令》（EU Machinery Directive）的修订工作。

然而，欧盟引领实现可信赖的人工智能的雄心并不局限于这些举措，其还将在全球关于负责任的人工智能的辩论中发挥积极作用，即使不是领导作用。这场辩论目前正沿着两条可能的轨道缓慢推进。一种可能性是，加拿大、法国、日本等国家和欧盟集团可以开始就负责任、符合伦理道德的人工智能原则达成一致，进而将这些原则转化为立法，在国家

层面引入风险评估和专门的监管机构。2019年8月在比亚里茨举行的七国集团（G7）峰会上，虽然最初提出了设立政府间人工智能小组（Inter-Governmental Panel on AI）的提议，但并未进行充分讨论。该小组旨在协调各方努力，推动人工智能负责任、可持续的发展，但遭到了有些国家的坚决抵制。不过，未来这样一个联盟可能会壮大起来，特别是如果得到私营部门的支持，并通过域外规则（尤其是在欧盟）作为后盾。

第二种选择是达成更广泛的协议，其中也包括美国，并可能以"经合组织人工智能原则"（OECD Principles on Artificial Intelligence）为模型，该原则于2019年5月由所有经合组织成员国以及阿根廷、巴西、哥伦比亚、哥斯达黎加、秘鲁和罗马尼亚通过。这些原则在2019年6月的二十国集团（G20）"以人为本的人工智能原则"（human-contered AI principles）和2019年11月举行的"人工智能造福人类"（AI for Humanity）大型会议上也得到了呼应。基于这些原则建立"全球人工智能伙伴关系"（Global Partnership on AI）的可能性，可能至少比最初将美国排除在外的联盟更大。然而，这将带来一些后果，因为该协议可能会更松软。与大多数其他人工智能伦理原则一样，经合组织原则缺乏欧盟框架中越来越突出的可操作性和可执行性。

最重要的是，欧盟对全球人工智能辩论的影响力，还将取决于欧盟机构能否在国内达成足够的政策一致性。这意味着要确保人工智能战略的"内部"一致性，成员国至少在"可信赖的人工智能"的定义和实施方面与欧盟保持一致，同时也要确保"外部一致性"：特别是在促进人工智能"向善"方面，从而与以可持续发展为导向的欧盟2030年议程紧密相连。在这一领域，欧洲确实可以尝试填补空白，并努力引领世界其他地区。由于欧洲已在2016年承诺将可持续发展目标纳入欧盟政策的各个方面，现在时机已经成熟，可以践行欧盟领导人所宣扬的理念，在规划所有数字技术如何帮助欧洲和世界实现雄心勃勃的2030年目标方面做出实质性努力。[59] 如果不能认识到并公开宣传人工智能及其相关技术，在更可持续的未来社会中的作用，欧洲和世界其他地区将会错失一个巨大良机。

---

[59] 此项工作也将与欧盟的对外行动产生深刻的共鸣：欧盟外交与安全政策全球战略，为欧盟的对外行动指明了战略方向，并与2030年议程建立了明确的联系。它强调了欧盟对外行动中采取综合方法的重要性，以及欧盟需要采取综合方法来增加欧盟在应对和预防暴力冲突和危机方面的影响，并提高欧盟及其成员国之间的一致性。新的欧洲发展共识为所有欧盟机构和所有成员国提出了一个共同的愿景和行动框架，围绕2030年议程的五个关键主题展开：人类、地球、繁荣、和平与伙伴关系。它特别强调发展的跨部门驱动因素，如性别平等、青年、可持续能源和气候行动、投资、移民和流动，并寻求调动一切实施手段：援助、投资和国内资源，并以健全的政策为支持。

第三十二章

图灵大教堂中的法律
—— 法律世界的算法转向

尼古拉·莱蒂耶里（Nicola Lettieri）

一、图灵的大教堂：数字世界的奇迹与陷阱

我们生活在一个算法世界。目前，我们生活的任何领域都离不开计算、计算语言和计算工具。自20世纪40年代初，由约翰·冯·诺依曼（John von Neumann）领导的一小群人聚集在一起，将通用计算器的愿景变为现实以来，人类正在经历着一场永久性的革命，我们对世界的理解和行动方式正随着我们在处理信息方面所取得的进步而不断发生变化。艾伦·图灵（Alan Turing）在探索人工智能的创始文献之一中生动地描绘了这种状况："在试图制造机器的过程中……我们正在为机器提供大厦……我们是在为灵魂提供豪宅"。[1] 计算机和算法可以被看作是一座不断扩张的新建筑（一座大教堂）的积木，用乔治·戴森（George Dyson）的比喻，[2] 在这座大教堂里，人类的每一项活动都将由承载它的数字架构来塑造。

这一点在我们身边随处可见。算法越来越普及，[3] 所以赋予它们的责任也越来越大。数据分析和机器学习已进入工业和研究的各个领域。它们可以做出日益复杂的决策，从选择投资和医疗诊断到侦查犯罪，甚至是量刑。

然而，并非所有闪光的东西都是金子：由于各种原因，问题也层出不穷。最密切的原因之一无疑是计算工具的日益复杂。我们对计算工具的运行机制了解甚少，因此往往难以

---

[1] A. Turing, Computing Machinery and Intelligence (1950) 59 Mind 433.
[2] See G. Dyson, *Turing's Cathedral*: *The Origins of the Digital Universe*, Pantheon, 2012.
[3] 在此，该术语不仅指自动信息处理，也包括符号和逻辑推理或模式识别，还泛指算法（计算、定量、形式化）方法。In this sense, see P. Michelucci (ed.), *Handbook of Human Computation*, Springer, 2013, Vol. 2.

第三十二章　图灵大教堂中的法律——法律世界的算法转向

把握其使用所带来的所有后果。[4] 算法经常会以自己的创造者几乎无法察觉的方式重塑它们所参与的过程。

另一个问题源于相互竞争的范式的存在。根据实际需要、认识论立场或现有技术，算法可以用于完全不同的目的：协助人类或完全取代人类执行特定任务，预测或支持解释现实世界的现象。在这方面做出的任何决定（从方法论到技术层面）都会产生深远的影响。[5] 例如，在科学领域，选择使用算法不仅会影响研究结果，还会影响认识论的观点。

这在社会科学领域非常明显，不同的算法和计算启发式方法孕育了在目标和理论基础方面大相径庭的科学方法。计算社会科学（CSS）[6] 变体就是一个很好的例子。[7] 基于等式的模型和统计学为演绎法提供了支持，这些方法试图从数学描述的一般假设出发来解释社会现象。分布式人工智能、计算进化和个体为本模型则促进了自下而上的分析，旨在探索宏观社会现象的微观基础。近来，数据挖掘和预测分析又促进了计算社会科学的进一步发展，其重点在于预测复杂社会系统的演变。

在这种背景下，决定如何以及为什么要利用算法是一项非同小可的工作。我们面临的挑战远不止将算法映射到特定领域已有的需求上，而是应该学会如何充分利用算法的变革力量。从有关计算社会科学的例子中可以看出，这不仅关系到创新应用的设计，还可能关系到我们对现实的概念化和理解方式的转变。

仅仅掌握算法世界的技术层面是不够的。用本杰明·布拉顿（Benjamin Bratton）的话来说，[8] 我们需要的是发展一种"新的、从根本上说是跨学科的计算素养"，一套"文化、理论和实践导向的方法"，旨在对算法革命引发的进程"进行批判性和实验性的描述"。在这种情况下，我们不禁要问：法律怎么办？在图灵的大教堂里，法律是如何发

---

[4] 算法容易受到一系列风险的影响，使人对其研究结果的价值及其在现实世界中的推广产生严重质疑。计算启发式得出的结果——无论是模拟模型产生的见解（see U. Frank, F. Squazzoni, and K. G. Troitzsch, EPOS-Epistemological Perspectives on Simulation: An Introduction, International Workshop on Epistemological Aspects of Computer Simulation in the Social Sciences (2006)）或机器学习归纳得出的预测结果（see G. Marcus, Deep Learning: A Critical Appraisal (2018), http://arxiv.org/abs/1801.00631），由于算法和数据中隐藏的偏差，以及验证的错误和困难等原因，可能很容易欺骗我们。正如现在许多作者所强调的那样（see, among others: C. O'Neil, *Weapons of Math Destruction: How Big Data Increases Inequality and Threatens Democracy*, Broadway Books, 2017; F. Pasquale, *The Black Box Society*, Harvard University Press, 2015），计算和数据驱动的分析工具可能会让我们面对扭曲的数据。

[5] 神经科学就是一个例子，正如最近的一项研究，用于 fMRI 分析的软件包中的一个错误被怀疑导致约 40 000 篇科学论文的结果无效。See A. Eklund, T. E. Nichols, and H. Knutsson, Cluster Failure: Why fMRI Inferences for Spatial Extent Have Inflated False-Positive Rates (2016) 113 Proc. Nat. Acad. Sci. 7900. 当涉及到社会科学等领域时，问题就变得更加敏感了，这些领域通常不以定量、形式化和算法的方式来处理研究问题，在一定程度上仍对"计算技术的伪客观性"着迷。T. Vamos, *Knowledge and Computing: A Course on Computer Epistemology*, Central European University Press, 2010.

[6] See, among others: D. Lazer, A. Pentland, L. Adamic, et al., Computational Social Science (2009) 323 Science 721; R. Conte, N. Gilbert, G. Bonelli, et al., Manifesto of Computational Social Science (2012) 214 Eur. Phys. J. Spec. Top. 325; C. Cioffi-Revilla, *Introduction to Computational Social Science: Principles and Applications*, Springer, 2014.

[7] 在这方面，Conte 和 Paolucci 区分了 CSS 的"演绎型""生成型"和"复杂型"变体，并将它们分别与计算和算法启发式的特殊方法联系起来。分析深入阐述了社会科学视角与算法建构之间的关系，揭示了后者如何对特定认识论方案的发展起到决定性的推动作用。R. Conte and M. Paolucci, On Agent-Based Modeling and Computational Social Science (2014) 5 Front. Psychol. 668.

[8] B. H. Bratton, *The Stack: On Software and Sovereignty*, MIT Press, 2016.

展的？

二、算法与数据：法律的计算未来

几十年来，从战后出现的法学范式到今天的法律分析工具，算法在法律领域引发了大量的方法论和科学变革。经过近七十年的发展，法律科学与实践的算法演变轨迹仍然是一个当前的开放性问题。

尽管在实践和理论层面，法律与计算机科学之间的界限取得了令人瞩目的成果，但要回答上述问题却并不那么简单。造成这种说法的原因是多方面的。首先，正如在技术快速发展时期经常发生的那样，我们有可能屈从于一种创新的观点，即主要的研究课题和应用在某种程度上是由现有的工具决定的，或者是由那些在利用计算启发式方面固有特征领先得多的学科使用这些工具的方式决定的。当我们被人工智能和预测分析的神奇魅力所吸引时，我们可能会忽略一些有前景的课题，或者草率地使用我们并不完全了解的工具和范式。其次，算法可以根据技术发展和作为参考的科学框架，以不断创新的方式广泛应用于各种目的。

在上述情况下，我们需要认真思考，以便对算法在法律界的应用做出更好、更成熟的选择。为此，其他研究领域提供的灵感可以成为基础，计算机科学的发展史证明了这一点。例如，目前用于管理互联网流量路由的元启发式方法就源于算法设计与生物学之间的交叉融合。二者的融合不仅提高了应用效率，还催生了全新的（算法驱动的）研究领域。蜂群智能、[9] 生物学、[10] 和生成社会科学[11]只是其中的几个例子。对法律而言也是如此，向其他科学范式的开放可能会被证明是有价值的，不仅能促进开发更先进的法律实践工具，还能开辟创新的研究视角。

下文旨在对一系列研究经验进行反思，这些研究经验与之前的观点一致，汇集了法律界之外众多学科的见解。笔者提出的并不是全面的最新分析，而是对笔者认为最有希望在法律领域利用算法变革力量的一些方法的回顾。本章所讨论的主题之间有着深刻的联系，并且共享大量的科学、方法论和技术基础。为清晰起见，笔者将按照相同的模式对这些主题进行相对独立的讨论：简要介绍、概述以及对一些"实践性"实验活动的描述。

三、算法机器：迈向工具化的法律科学

算法是法学向"工具化"学科模式转变的重要组成部分，在这一模式中，对科学和实际需求的回应越来越多地产生于创造新的信息处理工具。

一般而言，这种变化在社会科学的其他领域处于更高级的阶段，特别是由于计算社会科学研究范式的兴起，该范式在很大程度上依赖于支持数据分析和计算启发式的技术解决

---

[9] See G. Beni and J. Wang, Swarm Intelligence in Cellular Robotic Systems, in P. Dario, G. Sandini, and P. Aebischer (eds.), *Robots and Biological Systems: Towards a New Bionics?*, Springer, 1993.

[10] See D. Helbing, A. Deutsch, S. Diez, et al., Biologics and the Struggle for Efficiency: Concepts and Perspectives (2009) 12 Adv. Complex Syst. 533.

[11] See J. M. Epstein, *Generative Social Science: Studies in Agent-Based Computational Modeling*, Princeton University Press, 2006.

方案的设计。[12] 这种视角也将在法律界获得越来越多的立足点，使学者们更直接地参与到各种形式的法律信息管理和分析工具的开发中来。

（一）从电子科学到法律分析

人类知识的进步一直依赖于我们创造研究工具的能力。几个世纪以来，科学努力一直以日益复杂的人工制品为媒介，提供对现实世界更有洞察力的表述。天文学领域的伽利略望远镜、20世纪初物理学领域的云室，以及今天人类任何知识领域的数据和计算启发式方法，都是如此。

科学正面临着一个由机器驱动的未来：大数据、云计算、人工智能和日益壮大的算法军团正推动着研究人员与机器建立一种更加共生的关系。在过去的二十年里，一系列研究方法应运而生，无论名称如何——"计算科学"[13]"数据科学"[14]"电子科学"[15]以及最近的"机器科学"[16]，其特点都是传统科学实践与数据驱动的启发式方法紧密结合。计算方法不仅在实证研究（主要通过大数据分析和机器学习）中得到推广，而且在理论创建（主要通过计算机模拟模型）中也得到推广。

科学家的工具包正在稳步扩大，研究工作越来越需要新的工具，将数据和计算驱动的科学范式的构件无缝整合在一起。在这种情况下，"分析平台"[17] 正在成为创新实践的基石，其中技术基础设施支持研究路径的所有阶段，从问题定义到交互式数据探索和可视化，从实验建模到数据分析和结果共享。[18]

随着计算科学观点的发展，分析平台也将对社会科学和人文科学产生颠覆性的影响。越来越多的社会生活信息被储存在数字档案中，同时也推动着研究向数据驱动、计算和工具性方法发展。这样，任何社会科学家的工作都将包含努力想象和尝试创新工具，以及成

---

[12] 对社会现象的计算研究从一开始就以科学与技术之间的紧密联系为标志。作为CSS范式的最早和最著名的论文之一，Cioffi-Revilla 指出："就像伽利略利用望远镜作为观察和获得对物理宇宙更深入、更真实的经验性理解的关键工具一样，计算社会科学家正在学习利用先进的、日益强大的计算工具，以超越更传统的学科分析的可见光谱。"See C. Cioffi-Revilla, Computational Social Science（2010）2 Wiley Interdiscip. Rev. Comput. Stat. 259.

[13] P. Humphreys, Extending Ourselves: Computational Science, Empiricism, and Scientific Method（Oxford University Press, 2004）; D. A. Reed, R. Bajcsy, M. A. Fernandez, et al., Computational Science: Ensuring America's Competitiveness, Report to the President（June 2005）, https://apps.dtic.mil/dtic/tr/fulltext/u2/a462840.pdf. 对计算科学及其认识论后果进行了广泛的思考。

[14] See A. J. G. Hey, S. Tansley, and K. Tolle（eds.）, The Fourth Paradigm: Data-Intensive Scientific Discovery（Microsoft Research, 2009）, Vol. 1; G. Boulton, P. Campbell, B. Collins, et al., Science as an Open Enterprise, Final Report, The Royal Society（June 2012）. 15.

[15] See T. Hey and A. Trefethen, The Data Deluge: An E-Science Perspective, in F. Berman, G. C. Fox, and A. J. G. Hey（eds.）, Grid Computing-Making the Global Infrastructure a Reality（John Wiley, 2003）; C. Hine, New Infrastructures for Knowledge Production: Understanding E-Science（IGI Global, 2006）. 16.

[16] See J. Evans and A. Rzhetsky, Machine Science（2010）329 Science 399.

[17] 该术语用于指出由硬件、软件、网络系统和数据管理组件组成的技术基础设施，以执行计算要求较高的任务。

[18] T. Crouzier, Digital Tools for Researchers（2017）, http://connectedresearchers.com. 提出了一种有趣的分类法，详细概述了这些通常可在网上免费获取的工具帮助科学家的多种不同方式：加强对当今日益增长的论文数量的探索；支持对大型数据集和编程代码的管理；促进与同事的合作和在线实验的管理；简化论文的发表和对其影响的分析。

为理论、数据和算法可以汇聚和探索的"地方"。[19]

以上所述同样适用于法律领域。正如过去几年迅速增加的大量文献所强调的那样,计算工具和基础设施正成为深入研究错综复杂的法律世界的关键。使用计算启发式方法预测最高法院行为或评估法律规范复杂性的项目[20]表明,法律界对增强型数据处理基础设施的需求也在增加。

在人工智能及其应用成为法律界头条新闻的同时,"分析机器"的发展也在当今关于法律研究的目的和方法的辩论中若隐若现。实证法律研究[21]和计算法律研究两个蓬勃发展的研究领域,[22] 出于不同的原因,正在推动创造探索法律的新工具。将实证分析更紧密地融入法律学术研究的呼声自然而然地导致了对数据驱动工具和实践的追求,以增强我们对法律这一事实的理解。[23] 同样,计算法律研究的学者为充分利用法律数据所做的努力也增加了对平台的需求,以提高他们从文本和文件中提取可操作知识的能力。

我们并不缺乏参考模式:其他研究领域已经开发出整合电子科学管道不同阶段的解决方案,其方式可能也适用于法律领域。一个特别有趣的领域是VA,[24] 这是一个新兴的研究领域,它将计算分析与可视化相结合,将数据转化为知识,同时使人们能够根据其发现实时采取行动。[25] 从法律的角度来看,VA技术不仅有助于实现更直观的信息检索,而且

---

[19] 正如Kitchin所强调的,新兴的CSS领域提供了一个建立更完善的社会生活模型的机会,使科学家能"从数据稀缺的社会研究转向数据丰富的社会研究,从静态转向动态展开;从粗略聚合转向高分辨率;从相对简单的模型转向更复杂、更精密的模型"。See R. Kitchin, Big Data, New Epistemologies and Paradigm Shifts (2014) 1 Big Data Soc. 1.

[20] 更多细节,see D. M. Katz, M. J. Bommarito, and J. Blackman, A General Approach for Predicting the Behavior of the Supreme Court of the United States (2017) 12 PloS One e0174698; D. M. Katz and M. J. Bommarito, Measuring the Complexity of the Law: The United States Code (2014) 22 Artif. Intell. Law 337.

[21] Among others, see P. Cane and H. M. Kritzer (eds.), The Oxford Handbook of Empirical Legal Research, 1st edn. (Oxford University Press, 2010); J. M. Smits, The Mind and Method of the Legal Academic (Edward Elgar, 2012); F. L Leeuw and H. Schmeets, Empirical Legal Research: A Guidance Book for Lawyers, Legislators and Regulators (Edward Elgar, 2016).

[22] For an overview, see J. B. Ruhl, D. M. Katz, and M. J. Bommarito, Harnessing Legal Complexity (2017) 355 Science 1377; R. Susskind, *Tomorrow's Lawyers: An Introduction to Your Future*, Oxford University Press, 2017; S. Faro and N. Lettieri, *Law and Computational Social Science*, Edizioni scientifiche italiane, 2013.

[23] 与这一观点相关的一项研究, R. A. Berk, S. B. Sorenson, and G. Barnes, Forecasting Domestic Violence: A Machine Learning Approach to Help Inform Arraignment Decisions (2016) 13 J. Empir. Leg. Stud. 94.

[24] See N. Lettieri, A. Guarino, and D. Malandrino, E-Science and the Law. Three Experimental Platforms for Legal Analytics, Legal Knowledge and Information Systems, JURIX: The Thirty-first Annual Conference, Groningen, The Netherlands (December 12-14, 2018).

[25] For more details, see D. Keim, J. Kohlhammer, G. Ellis, and F. Mansmann, *Mastering the Information Age: Solving Problems with Visual Analytics*, Eurographics Association, 2010. According to Keim (see also D. Keim, G. Andrienko, J.-D. Fekete, et al., Visual Analytics: Definition, Process, and Challenges, in A. Kerren, J. Stasko, J.-D. Fekete, and C. North (eds.), *Information Visualization: Human-Centered Issues and Perspectives*, Springer, 2008, VA探索了新的方法:①从海量、动态、模糊且经常相互冲突的数据中综合信息并获得洞察力;②检测预期并发现意外;③提供及时、可辩解且可理解的评估;以及④有效传达这些评估,以便采取行动。

能为法律世界提供新的科学见解。[26]

现有的一些工具侧重于通过可视化和计算启发式方法辅助加强计算机法律研究。[27] 另一些工具则旨在进行更多的经验分析，探索监管政策的优先事项和功能障碍，或支持对在适用法律规则中发挥作用的事实的理解。[28] 无论如何，置于我们面前的似乎不仅仅是在满足法律信息检索的传统需求方面实现更高的效率，而是有可能设计出与法律信息检索的各个方面相关的问题，以及以前根本无法触及的法律现象。[29]

（二）关注法律分析平台

上文介绍了一些将法律数据、计算启发式方法和可视化整合在一起的实验性在线平台，以探索实现不同目标的可能性：加强法律信息检索；扩展对实证分析感兴趣的法律学者可用的方法——逻辑工具；或设计新的方法来识别和测量法律概念的计算相关性（例如，判例法先例的相关性）。

由于与法律、计算机科学和其他研究领域的人员合作，所有平台都是完全从零开始开

---

[26] 利用视觉隐喻来方便管理和理解法律信息的想法在法律史上屡见不鲜。图表和地图的使用可追溯到中世纪，当时出现了所谓的 "arbor"（拉丁语中 "树" 的意思）图表中，人们用图形来举例说明婚姻障碍等法律概念，或描述罗马法的程序阶段。See A. Errera, *Arbor actionum*: *genere letterario e forma di classificazione delle azioni nella dottrina dei glossatori*, Monduzzi, 1995; C. Radding and A. Ciaralli, *The Corpus Iuris Civilis in the Middle Ages*: *Manuscripts and Transmission from the Sixth Century to the Juristic Revival*, Brill, 2007. 几个世纪后，当 Henry Wigmore 提出使用图表（"Wigmore 图表"）来支持对模棱两可的证据进行分析，并促进在法庭上确认或反驳假设所需的推理。See J. H. Wigmore, Problem of Proof（1913）8 Ill. Law Rev. 77. 多年来，人们对图形方法的兴趣不仅导致通过计算工具实现 Wigmore 图表，还导致其他可视化表示方法的出现，如贝叶斯网络，这是一种支持法医学中概率推理的形式化方法。See P. Tillers, *Picturing Factual Inference in Legal Settings*, *Gerechtigkeitswissenschaft*, Berliner Wissenschafts-Verlag, 2005; A. Biedermann and F. Taroni, Bayesian Networks and Probabilistic Reasoning about Scientific Evidence When There Is a Lack of Data（2006）157 Forensic Sci. Int. 163; F. Taroni, A. Biedermann, S. Bozza, et al., *Bayesian Networks for Probabilistic Inference and Decision Analysis in Forensic Science*, 2nd edn., Wiley, 2014; T. Gordon, Visualizing Carneades Argument Graphs（2007）6 Law Probab. Risk 109; B. Verheij, Argumentation Support Software: Boxes-and-Arrows and beyond（2007）6 Law Probab. Risk 187. 近来，越来越强大的技术和有洞察力的计算启发式方法的出现，促使人们对开发先进的法律信息分析工具越来越感兴趣。许多经验都证明了这一点。See R. Winkels, N. Lettieri, and S. Faro（eds.）, Network Analysis in Law（Edizioni Scientifiche Italiane, 2014）; R. Whalen, Legal Networks: The Promises and Challenges of Legal Network Analysis（2016）Mich. State Law Rev. 539. 在可视化、分析和法律之间的边界，我们将其定义为可视化法律分析（VLA）。

[27] 学术和实践两方面的工具都已实现。在法律行业，由于 Lex Machina（https://lexmachina.com）、ROSS（https://rossintelligence.com）和 RavelLaw（https://home.ravellaw.com）等一些商业平台的普及，这些工具的应用范围也在不断扩大。

[28] See, for instance, M. Palmirani, I. Bianchi, L. Cervone, and F. Draicchio, Analysis of Legal References in an Emergency Legislative Setting, in U. Pagallo, M. Palmirani, and P. Casanovas（eds.）, *AI Approaches to the Complexity of Legal Systems*, Springer, 2015. 律师事务所已经采用可视化和人工智能来支持文件审查或在尽职调查中分析成千上万份文件。

[29] 潜在的目标有很多：①分析法律体系中或多或少的广泛领域的结构和功能特点（如立法、判例法、法律文献的复杂程度）；②根据"相关性"概念本身在不同法律背景下的不同含义，确定法律文件和资料来源的相关性；③研究法律现象不同表现形式之间的关系（立法、判例法和法律文献之间的关系，或超国家判例法和国内判例法之间的关系等）；④研究法律体系的演变，以达到预测的目的。

始的。[30] 如果我们考虑临时解决方案的优势，那么这种选择就是合理的。第一个好处是定制化：量身定制的算法和工作流程可以更好地适应所处理数据的性质（结构、特征、错误等）和研究目标。第二个好处是开放性：从零开始的开发可以避免使用专有软件，从而提高算法的可理解性和可比性，以及结果的分析和共享。第三个好处是集成性：定制设计的工具可以更容易地集成功能（例如，不同种类的可视化）和启发式方法（例如，网络分析、机器学习、个体为本模型等），而这些通常不会集成在同一个应用程序中。正如所强调的，实验朝着不同的研究方向发展。下文简要介绍了已经开发的一些工具的原理和特点。[31]

1. 对异构法律资源进行可视化浏览和分析

从法律到行政措施、判例法和法律文献，社会生活受到大量不同的、紧密交织的法律渊源的调节，这些错综复杂的文件构成了一个复杂的整体。要在这个大千世界中找到我们要走的路是一项艰巨的任务：当公民试图了解一个特定问题是如何受到法律约束的，或者学者试图了解一个法律体系的某个领域是如何随着时间的推移而演变的，他们的注意力就不能局限于单一的法律渊源。他们的注意力必须着眼于与该主题相关的所有法律渊源所形成的大局，并且考虑到往往难以在同一背景下识别、检索和收集的一系列复杂信息。[32] 这还不是全部。一旦我们获得了信息，根据用户（学者、专业人士、普通人）和目的的不同，可能还需要采取进一步的步骤：探索法律和法律文献之间的联系；跟踪判例法的演变；查找和恢复论文；确定特定规范对法律体系中哪些部门产生了更大的影响。

在这种情况下，如果有算法工具可以将与特定主题相关的法律资料收集到一个地方，并同时允许对所有信息进行分析和直观探索，那将是非常有用的。KnowLex 是一个可视化分析 VA 工具包，通过利用数据整合、定量分析和交互式可视化来理解异构的法律文件集，从而朝着这个方向发展。该平台的实验产生了一系列解决方案，在法律分析和可视化信息检索之间产生了协同效应。[33]

---

[30] 本章和第三十三章介绍的原型是跨学科研究的成果，涉及法律（学者、律师、检察官）、计算机科学、认知科学、社会学、犯罪学和计算生物学等领域。大部分工具来自两个教席联合开展的活动："法律与计算社会科学"（桑尼奥大学法律、经济、管理和定量方法系开设的一门课程）和"计算智能与技术监管：范式、方法、工具"（萨莱诺大学计算机科学系教授的一门博士课程）。

[31] 由于篇幅限制，我们将不介绍同一研究小组开发的另外两个法律分析平台。EUCaseNet（see N. Lettieri, S. Faro, D. Malandrino, et al., Network, Visualization, Analytics: A Tool Allowing Legal Scholars to Experimentally Investigate EU Case Law, in U. Pagallo, M. Palmirani, P. Casanovas, et al. (eds.), *AI Approaches to the Complexity of Legal Systems*, Springer International, 2018; N. Lettieri, A. Altamura, A. Faggiano, and D. Malandrino, A Computational Approach for the Experimental Study of EU Case Law: Analysis and Implementation (2016) 6 Soc. Netw. Anal. Min. 56）是一个在线分析平台（https://bit.ly/2yVTFNr），以便探索欧洲法院判例法的特点：①通过对其引文网络应用网络分析指标（中心度量、PageRank、社区检测算法），从而研究判例的相关性等；②通过对判例法元数据应用统计可视化分析工具。Argos 是一个模块化在线平台（https://bit.ly/2HQS2qh），以便对大量行政、法律和经济数据进行分析。该项目的目标有两个：①利用信息图表促进与大规模行政数据的互动，使专家和公民更容易、更直观地获取和理解信息；②尝试使用机器学习技术，旨在从交叉阅读的异质（管理性和规范性）数据中提取可操作的知识。See A. Guarino and others, Visual Analytics to Make Sense of Large-Scale Administrative and Normative Data, 23rd International Conference Information Visualisation (IV), IEEE (2019), https://ieeexplore.ieee.org/document/8811918/.

[32] 由于免费提供法律、判例法和法律文献的公共数据库的普及，可用法律文件的数量急剧增加，使情况变得更加困难。此外，由于资料库通常是独立的，用户必须分别访问每个资料库。

[33] Knowlex 的移动版本正在开发中。

第一组模块是"参考规范网络",该模块使用交互式图表来表示与特定立法相关的文件集。该模块从用户选择的规范("根规范")开始,从不同的在线数据集和网站收集材料(修正案、最高法院判决、宪法判决、准备工作、法律文献),并构建一个连接所有材料的图表。该图不仅提供了文件属性和关系的整体视图,而且允许用户通过与节点交互来获取文本和信息。该工具甚至还提供了探索规范行为(引用、修改)之间过去联系的机会,从而有可能从法律体系的历史演变方面得出有趣的见解。

第二组模块是"法理语义导航器",支持法律文献的分析和语义浏览。用户在试图对数量非常大的出版物进行分类时遇到的一个棘手问题是,当他们不考虑具体的论文,而只是记住感兴趣的主题时,如何找到相关资料。众所周知,分类方案可以帮助用户解决此类问题,[34] 使用户只需根据从语义上定义研究范围的术语即可进行查询。Knowlex 通过树状图加强了分类方案的使用,[35] 这种可视化方式特别适合分层结构数据的导航。[36]

用户可以通过点击图上的贴图进行下钻和上卷操作,从而探索与根规范及其特征相关的文档。每个贴图都标识了根据 DoGi[37](本实验采用的参考书目数据库)使用的分类方案归类为涉及特定主题的所有论文。该模块由一个特设算法生成,[38] 它根据论文的特征定义磁贴的属性(尺寸、颜色、位置),并执行不同的功能。信息检索探索树状图上的描述符时,用户可以将相关文档列表与 DoGi 提供的所有其他信息可视化。[39] 其他功能与分析目标有关。显示的树状图和其他数据提供了"根规范"对法律体系不同领域影响的定量衡量,从而有助于更好地了解该理论是如何随时间演变的。[40]

2. 基于网络的推理和人工智能用于计算犯罪分析

近年来,犯罪计算分析备受关注。从数据挖掘到数字取证,技术和不同研究领域的进步为犯罪现象的科学和调查研究提供了新的机遇。

---

〔34〕 有了法律参考数据库中常用的分类方案、分层结构描述词汇表,检索就成了一个基于使用越来越具体的检索键的逐步过程。

〔35〕 在信息可视化和计算领域,树状图是一种使用嵌套图形(通常是贴图)显示分层(树状结构)数据的方法。See R. Blanch and E. Lecolinet, Browsing Zoomable Treemaps: Structure-Aware Multi-Scale Navigation Techniques (2007) 13 IEEE Trans. Vis. Comput. Graph. 1248. 树的每个分支都有一个矩形,然后用代表子分支的更小矩形将其平铺。叶节点矩形的面积与数据的指定维度成正比。通常,叶节点会用颜色来显示数据的一个单独维度。当颜色和大小维度与树状结构有某种关联时,人们往往可以很容易地发现其他方法难以发现的模式。

〔36〕 For further details, see I. Herman, G. Melancon, and M. S. Marshall, Graph Visualization and Navigation in Information Visualization: A Survey (2000) 6 IEEE Trans. Vis. Comput. Graph. 24.

〔37〕 DoGi 是由意大利国家研究委员会(www.ittig.cnr.it/dogi)创建的意大利法律期刊论文参考数据库。论文按照涵盖意大利国内法和国际法所有领域的分类方案进行分类,并按照三级描述层级结构进行结构化。

〔38〕 树状图的每个特征都是根据特定指标定义的,并能传递信息。贴图的大小与之相关的文章占各层次论文总数的百分比成正比。贴图按照从大(左上角)到小(右下角)的降序分布。树状图的每个层级都有不同的渐变色调,这些渐变色是根据发表年份计算出的统计模式选择的。每个板块都会更频繁地使用与出版年份相关的颜色(年份越新,相关调色板中的颜色就越深)。通过观察色块的大小和颜色,用户可以推断出"根规范"在法律文献的哪个部门(因此也可以推断出在法律系统的哪个部门)产生了重大影响。

〔39〕 对于每篇文章,DoGi 都会提供书目信息,其中包括:文章摘要和概要;文章中引用的立法和判例参考资料精选;以及描述论文其他特点的进一步元数据。

〔40〕 例如,如果与某项法律相关的文章中有 70% 标记为"行政法",那么这很可能是对该法律影响最大的领域(领域的颜色根据带有特定标记的文章的日期而变化)。

在这方面,社交网络分析(SNA)技术尤其有前途。[41] 社会性对犯罪有着巨大的影响:从黑客攻击到其他网络犯罪,很大一部分犯罪现象都受到关系动态的强烈制约(抑制或促进)。犯罪分子之间形成团体,在这些团体中可以区分出行为者的不同角色。因此,社交分析网络技术似乎完全符合犯罪研究的需要。[42]

尽管如此,由于以下两个不同因素的同时存在,创新的推广面临着严重困难:即缺乏便于使用的犯罪分析工具;对犯罪研究感兴趣的人员(研究人员、检察官、警官)缺乏计算机科学技能。然而,法律和计算机科学领域的研究人员可以在这方面做出相关贡献。有关犯罪组织的大部分知识都隐藏在审判和调查过程所产生的文件(诉状、判决书、窃听录音)中,如果没有适当的方法,包含隐含信息的资料必然会被闲置。制定创新的启发式方法和工具,从中提取可操作的知识,无疑是近期面临的挑战之一。

事实上,法律信息学在文件分析方面已经取得了显著进步。例如,人工智能和法律界为法律分析提供了越来越先进的法律推理和论证计算模型。[43] 虽然大部分研究都致力于从文本中提取纯粹的法律信息,但较少关注法律分析与其他旨在进行更多经验分析的计算启发式方法的潜在整合。在此背景下,开发工具以尝试整合不同组件是一项值得努力的工作。

CrimeMiner 是一个实验平台,探索如何通过整合异构数据和计算启发式方法来揭示犯罪组织的结构和功能特征。[44] 为此,该工具在不断发展的管道中结合了多种技术:文档增强、信息提取、数据挖掘、网络分析、可视化,以及最近的个体为本模型和机器学习。[45]

所有启发式方法都已在案例研究中进行了测试,测试使用了从真实司法程序的诉状中提取的法律和经验数据(犯罪事件报告、犯罪记录、窃听录音、环境窃听)。[46] 该工具和进行的实验的核心是图分析。从现有文件中提取的实体(个人、犯罪记录、电话数量和方向、环境监听等)已被转化为一系列图的边和节点,这些图除了提供富有洞察力的可视化效果外,还使用社交网络分析指标进行了分析。

窃听图是以个人为节点、电话为有向边的图,通过对窃听图的分析,研究人员可以直

---

[41] 社交分析网络是研究社会现象的一种理论和方法,旨在了解社会生活,重点关注个人、群体或社会机构之间的关系结构。根据这种观点,社会关系被概念化、表述为由节点(参与者)和纽带(参与者之间的联系)组成的图,并以此进行研究。一旦根据给定的标准(如映射友谊、文化交流)生成图,就会使用多种测量方法来分析网络及其组成部分的结构和功能特征。为此,社交网络分析利用了网络和图论提供的计算和算法工具。有关网络分析的文献极为广泛。See D. Knoke and S. Yang, *Social Network Analysis*, Sage, 2008, Vol. 154.

[42] 如今,可获得的数字信息越来越多,使这项任务变得更加容易。数据洪流和日益先进的数据挖掘技术为研究人员和执法机构揭示和了解犯罪网络的结构和动态提供了新的工具和方法。如今,犯罪网络分析(CNA)已成为一个成熟的跨学科研究领域。See C. Morselli, *Inside Criminal Networks*, Springer, 2009, Vol. 8.

[43] See K. D. Ashley, *Artificial Intelligence and Legal Analytics: New Tools for Law Practice in the Digital Age*, Cambridge University Press, 2017.

[44] 该项目的目标是为法律从业人员(检察官、法官、执法机构)和学者(计算社会科学家、犯罪学家)调查犯罪网络及其成员的特征提供有用的解决方案(算法、技术、工作流程、可视化)。该工具既针对科学目的,也针对调查目的,是与检察官合作开发的。

[45] See N. Lettieri, A. Altamura, D. Malandrino, and V. Punzo, Agents Shaping Networks Shaping Agents: Integrating Social Network Analysis and Agent-Based Modeling in Computational Crime Research, in E. Oliveira, J. Gama, Z. Vale, and H. L. Cardoso (eds.), *Progress in Artificial Intelligence*, Springer International, 2017, Vol. 10423.

[46] See N. Lettieri, D. Malandrino, and Luca Vicidomini, By Investigation, I Mean Computation (2016) 20 Trends Org. Crime 31.

观地了解犯罪嫌疑人之间的社会交往，从而获得关于调查网络相关特征的可靠信息。[47] 通过应用中心性度量和其他图算法，[48] 可以深入了解单个个体（领导者、经纪人、中间人等）的社会角色以及网络随时间的演变情况。

更有趣的可能是将网络分析措施应用于多方面的结果，将事实信息（个人、电话数量和方向、当面会面的次数、地点和日期）和法律数据（每个人的犯罪记录的数量、类型和严重程度、起诉书）联系起来。通过对这些数据的分析，研究人员可以推断出只有通过横向解读法律和事实信息才能得出的犯罪网络特征：单个个体的犯罪危险性；涉及群体成员的当面会面的犯罪相关性；犯罪特征之间的相似性；[49] 以及子群体的犯罪专业化。[50]

该项目的最新进展是探索将机器学习功能集成到 CrimeMiner 中。通过分析与每个组织成员相关的特征（网络分析测量值、犯罪记录等），先前训练有素的分类器可帮助领域专家（如负责调查的检察官）评估单个个体的犯罪危险性。用户可以通过与图中的节点交互，向分类器提供反馈，从而动态地改变系统用来评估被调查者犯罪特征危险性"概念"。

四、作为监管手段的算法

算法是规范性的前沿之一。当我们在生活中越来越多地与数字设备和在线平台互动时，软件正在成为人类社会事实上的监管者。在电子商务平台或社交媒体上可以做什么以及不可以做什么，不仅取决于适用的法律，而且更直接地取决于技术基础设施以及实施和控制互动的软件。

依靠技术工具和基于代码的规则来规范社会的想法带来了各种好处，其中大部分与法律及其执行自动化的能力有关。虽然基于代码的规则正逐步成为私营和公共部门的监管机制，但对于法律学者来说，设计特别算法和架构正成为需要应对的挑战之一。

在下一章中，笔者将详细讨论代码驱动的规范性，它是法律与算法交汇产生的成果之一。在简要介绍了所谓的"技术监管"范式之后，[51] 将介绍一些正在进行的项目，这些项目以不同的方式解决了使用算法工具和计算启发式方法来实施和支持法律保障的问题。

（一）技术监管与算法治理

纵观历史，人们经常以各种方式利用人工制品来影响人类行为或支持法律保障措施的实施。自古罗马法律以来，在边界墙边缘放置的玻璃碎片"Offendicula"就是一个历史悠久

---

[47] 从分析中得出的见解在很大程度上反映了意大利最高法院判决中的证据。See Lettieri et al., ibid.

[48] 例如，社群检测算法、PageRank。

[49] 我们应用了 SimRank，这是一种通用图算法，旨在根据对象所嵌入的关系网络来衡量对象之间的相似性。其基本思想是，如果两个对象与相似对象相关，那么它们就是相似的。See G. Jeh and J. Widom, SimRank：A Measure of Structural-Context Similarity, Proceedings of the Eighth ACM SIGKDD International Conference on Knowledge Discovery and Data Mining, ACM（2002），http：//doi.acm.org/10.1145/775047.775126.

[50] 为此，我们使用了"个人犯罪投影"，在这个简单的图中，个人是一个节点，如果他们犯下了同样的罪行（共同犯罪越多，边数越多），那么他们之间就会有一条边相连。投影的用途可以不同。在我们的案例中，社区检测算法（Louvain）的应用使我们能够识别特定犯罪活动中的专业化群体。

[51] See R. Brownsword, What the World Needs Now：Techno-Regulation, Human Rights and Human Dignity, in R. Brownsword（ed.）, Global Governance and the Quest for Justice, Vol. Ⅳ：Human Rights（Hart, 2004）.

但意义深远的例子：通过人造器物保护有形物（果园、房屋的产权）的权利。[52]

在信息社会中，大多数社会、经济和个人互动都以信息与传播技术为媒介，受保护的物品也是非物质的，类似的情况仍在发生。信息与传播技术辅助技术监管的早期形式——如数字著作权管理，[53] 通过限制受著作权保护的人工制品的使用（例如，数字格式音乐的可拷贝数量），将著作权法纳入技术保障措施，或通过隐私设计的发展，[54] 技术正日益成为监管过程的组成部分，其构建模块不是物理的，而是算法的。这种变化的场景数不胜数，从机器人和无人机世界到物联网（IoT）世界不一而足。

在这方面互联网的地位尤为重要，因为它与新兴的算法治理理念有着千丝万缕的联系。对代码驱动监管的理论反思与 Web 2.0 的兴起和演变同步进行，这绝非偶然。[55] 万维网不仅是首次发现计算机代码规范作用的地方，也为法律学者提供了有目的地利用代码和网络技术实施法律保障的可能性。

经过长期的争论，[56] 技术监管可以被视为一种新的规范性形式，泛指任何"通过在技术设备中植入规范来有意影响个人行为的行为"，[57] 感兴趣的原因是不同的。传统的法律规则本质上含糊不清，可以随意解释，而技术规则不同，它高度正规化且几乎没有含糊不清的余地，从而减少了误解和诉讼的可能性。此外，"技术规则"不同于仅仅规定人们应该做什么或不应该做什么的法律，它可以"事前执行，首先确定人们可以做什么或不可以做什么"，"无需任何第三方执法机构事后介入，以惩罚违法者"。[58]

事实上，基于法律与电子技术边界的理论和实验努力，技术监管范式已经转化为各种

---

[52] 最近的一个例子是使用减速带来确保司机遵守限速规定，对超速的影响比交通标志更大。Brownsword, ibid.; R. Leenes, Framing Techno-Regulation: An Exploration of State and Non-State Regulation by Technology (2011) 5 Legisprudence 143; K. Yeung, Algorithmic Regulation: A Critical Interrogation (2018) 12 Regul. Gov. 505.

[53] W. Rosenblatt, S. Mooney, and W. Trippe, *Digital Rights Management: Business and Technology*, John Wiley, 2001.

[54] M. Langheinrich, Privacy by Design – Principles of Privacy-Aware Ubiquitous Systems, in G. D. Abowd, B. Brumitt, and S. Shafer (eds.), *Ubicomp 2001: Ubiquitous Computing*, Springer, 2001, Vol. 2201; A. Rachovitsa, Engineering and Lawyering Privacy by Design: Understanding Online Privacy Both as a Technical and an International Human Rights Issue (2016) 24 Int. J. Law Inf. Technol. 374.

[55] 这场辩论始于最早意识到技术在互联网上发挥监管作用的学者。Joel Reidenberg 提出了"Lex Informatica"的概念，J. R. Reidenberg, Lex Informatica: The Formulation of Information Policy Rules through Technology (1997) 76 Tex. Law Rev. 553; 或 Lawrence Lessig 的"代码即法律"的著名主张，L. Lessig, Code and Other Laws of Cyberspace (Basic Books, 1999); 揭示了网络上的软件、硬件、技术标准和设计选择是如何像制定法律规则一样实际强加规则的。

[56] Roger Brownsword 是最早明确指出支持我们的交易和互动的数字技术将"加入法律、道德和宗教的行列"，成为"社会控制和秩序的主要工具之一"。See R. Brownsword, What the World Needs Now: Techno-Regulation, Human Rights and Human Dignity, in R. Brownsword (ed.), Global Governance and the Quest for Justice, Vol. IV: Human Rights (Hart, 2004). 这场辩论最终以最近提出的"代码驱动法律"概念告终，这一概念旨在确定直接写入计算机代码的"自动执行"法规和合同。根据 M. Hildebrandt, Algorithmic Regulation and the Rule of Law (2018) 376 Philos. TR Soc. A 20170355, 代码驱动的法律产生了一种"全新的规范性"，改变了"法律存在的本质"。

[57] B. van den Berg and R. E. Leenes, Abort, Retry, Fail: Scoping Techno-Regulation and Other Techno-Effects, in M. Hildebrandt and J. Gaakeer (eds.), *Human Law and Computer Law: Comparative Perspectives*, Springer International, 2013.

[58] S. Hassan and P. De Filippi, The Expansion of Algorithmic Governance: From Code Is Law to Law Is Code, Field Actions Science Reports (2017).

工具和原型，从云架构和平台到插件和软件代理，不一而足。根据最新的文献，[59] 我们可以确定各种研究方向，这些方向与技术监管战略的众多（往往是相互交织的）组成部分相对应：

1. 事实检测/分类

第一个研究方向侧重于技术监管转化为工具和启发式方法，旨在确定必须承担监管后果的事实和个人：①发现违反规范的行为（包括私人规定和法律规定）；②确定应受保护的个人；③确定对非法/违禁行为负有责任的个人。[60]

2. 执法

第二个研究方向侧重于开发技术解决方案，从物质上防止被视为有害或非法的行为，[61] 这些工具旨在直接"确定人们首先能做什么或不能做什么"。[62]

3. 技术引导

除了"执行"中提到的工具外，还可以提到其他（有意的）技术影响的"软形式"，其目的是通过有针对性的警告、信息和建议说服或暗示个人，提高其对规则的认识和遵守。[63]

（二）代码驱动型监管的实践

上述分析揭示了技术监管范式的出现所引发的广泛问题。事实上，代码驱动型监管或多或少会产生积极影响，这取决于我们是否有能力将法律层面确定的原则、规则和优先事项与逐渐可用的技术巧妙地融合在一起。

毫无疑问需要的是开展基础性法律研究，调查计算如何改变法律的假设、运作和结果。[64] 与此同时，人们也迫切希望开展跨学科的实践活动，探索技术监管工具。开展密集的实验项目不仅对培养新的技术监管素养至关重要，而且对开始发现信息技术的规范使用所产生的影响也至关重要。技术监管解决方案的设计在形式上是否符合现有法律标准、有效性、可扩展性和技术可行性将在很大程度上取决于此。

在下面笔者将介绍已启动的示范项目，这些项目涉及技术监管的不同层面——从监管范式的选择到支持监管范式的算法开发。

---

[59] T. Kerikmae and A. Rull (eds.), *The Future of Law and E-Technologies*, Springer International, 2016, 提供了一个有趣的概述，其中介绍了一些涉及创建技术监管工具的研究项目。关于同一主题，see E. Bayamlioglu and R. Leenes, The "Rule of Law" Implications of Data-Driven Decision-Making: A Techno-Regulatory Perspective (2018) 10 Law, Innov. Technol. 295; P. De Filippi, *Blockchain and the Law: The Rule of Code*, Harvard University Press, 2018; Yeung, above note 52.

[60] A. Norta, K. Nyman-Metcalf, A. B. Othman, and A. Rull, My Agent Will Not Let Me Talk to the General?: Software Agents as a Tool Against Internet Scams, in T. Kerikmäe and A. Rull (eds.), The Future of Law and eTechnologies (Springer, 2016), 作者提议使用智能软件代理来识别网络诈骗和可疑内容（引起滥用个人数据、欺诈、勒索等风险的警报），从而通过特别警告来帮助用户。

[61] An example is offered in P.-M. Sepp, A. Vedeshin, and P. Dutt, Intellectual Property Protection of 3D Printing Using Secured Streaming, in T. Kerikmae and A. Rull (eds.), The Future of Law and eTechnologies (Springer, 2016). 作者提出了一种技术监管解决方案，该方案整合了基于云的架构、安全流媒体和加密技术，可从实质上防止网络上流通的三维工业模型侵犯版权。

[62] Hassan and De Filippi, above note 58.

[63] Van den Berg and Leenes, above note 57.

[64] See, in this regard, the objectives stated in the recent H2020 project COHUBICOL-Counting as a Human Being in the Era of Computational Law, www.cohubicol.com/.

1. 机器学习促进在线儿童保护

正如联合国儿童基金会（UNICEF）最近发布的《儿童在线保护行业准则》所强调的那样，信息和传播技术的爆炸式发展不仅为"儿童和青少年创造了前所未有的交流、联系机会"，而且对"儿童安全提出了重大挑战"。无论是学校作业和研究，还是游戏和社交，今天的年轻人总是与隐藏着严重威胁的网络世界相连：网络欺凌、诱骗、隐性广告、诈骗、对心理健康仍然有害的非违法内容（暴力和仇恨言论或图像）以及儿童色情材料。对儿童来说，风险甚至更高：他们经常通过谎报年龄等方式规避或卸载家长控制功能，而与此同时，家长并不总是了解他们的孩子可能遇到的潜在风险。在这种背景下，我们不难理解这个问题为何会成为国际和国家在线儿童保护战略的核心。[65]

除法律保障外，其他国际倡议也确定了一些标准，用于指导技术驱动的在线儿童保护领域的试验。其中之一是由国际电信联盟（ITU）和联合国儿童基金会发起的多方利益相关者网络——儿童在线保护（COP）倡议，该倡议推动继续研究互联网过滤技术、工具和技巧，尽管这些技术、工具和技巧很有效，但仍然"容易出现两个固有缺陷：封锁不足和封锁过度"。

上述情况表明，需要"生态系统解决方案"，将传统的法律补救措施（如刑事制裁、治安活动、控制、压制）与技术保障解决方案结合起来。在这最后一点上，尤其有用的是开发工具，使政府能够对受保护方上传和下载危险内容进行智能监管。

事实上，技术监管最令人诟病的局限性之一就是存在一种愚蠢的风险：[66] 与"纸面规则"相比，"技术规则"往往会变得僵化，无法以合理的方式区分人与环境，从而为法定保护提供支持。[67] 数据分析、聚类或监督学习等人工智能技术可以发挥关键作用，通过支持智能识别威胁和需要保护的人员以及实施保障措施来克服这种限制。

"人工智能为儿童服务"是朝这个方向发展的研究项目，重点是儿童保护。该倡议已开始处理技术监管方法的第一块基石，即根据上述建议的分类，确定需要保护的个人。下一步将是开发一个智能儿童保护生态系统，实施与现行法律框架一致的保障措施（例如，智能过滤内容、行为和联系人[68]）。

到目前为止，研究工作主要集中在设计一种方法，利用监督学习的特性，在分析触摸手势的基础上检测用户年龄。[69] 在父母不使用密码或对设备监控不力，或者儿童发现密码

---

[65] 其中值得一提的是 1989 年通过的《联合国儿童权利公约》或 2010 年通过的《欧洲委员会保护儿童不受性剥削和性虐待公约》。

[66] M. Hildebrandt and B. -J. Koops, The Challenges of Ambient Law and Legal Protection in the Profiling Era: The Challenges of Ambient Law and Legal Protection in the Profiling Era (2010) 73 Modern Law Rev. 428.

[67] 这种算法调控范式被定义为"IFTT"（如果这样，那么那样），是一种完全"决定性、完全可预测的决策逻辑，基本上由简单或复杂的决策树组成"（Hildebrandt, 注 55）。

[68] 根据著名的分类法，风险可分为三大类：①不当内容：儿童可能会偶然发现宣扬药物滥用、种族仇恨、冒险行为或自杀、厌食或暴力的内容；②不当行为：儿童和成人可能会利用互联网骚扰甚至剥削他人；儿童有时可能会传播伤害性言论或令人难堪的图像，或者可能会窃取内容或侵犯版权；③不当接触：成人和年轻人都可能利用互联网寻找儿童，目的是说服儿童使用网络摄像头或其他录音设备在网上进行性行为或其他虐待行为。See S. Livingstone and L. Haddon, EU Kids Online (2009) 217 Zeitschrift fur Psychologie/J. Psychol. 233.

[69] 轻扫、点击和按键等触摸手势是与智能设备（智能手机、智能手表等）进行交互的常见模式。主要操作系统提供了各种应用程序接口，允许访问板载设备传感器（如陀螺仪、重力测量仪）并收集有关触摸手势的细粒度数据。开发人员可以利用这些数据来增强用户体验，并对用户进行推断（年龄、性别等）。

的所有情况下，这种智能检测方法都能确保为儿童提供更有效的保护。此外，由于识别几乎可以完全在客户端进行，避免了将个人数据暴露给服务器进行分析，因此与传统的家长控制技术相比，其可以提供更高级别的隐私保护。

这项工作的成果是 AI4C 应用程序，这是一个基于游戏的实验性应用程序，用于收集训练分类器所需的所有数据（特征和标签）。[70] 在 150 名儿童和成人中进行了一系列实验。如果说在技术层面上，监督学习和触摸手势分析已被证明是识别智能设备用户年龄的可行方法，那么最有趣的结果则在于与实施技术监管战略的复杂路径建立了联系，尤其是更清楚地看到了代码驱动规范性的法律和技术组成部分之间的互动。[71]

2. 声誉引导和 DLP

一方面，"引导"将拓宽代码驱动的规范性现象学。这方面的研究前沿之一是设计交互工具和模型，这些工具和模型不是对个人行为进行物质限制，而是以某种方式对其进行引导。另一方面，数字社会由一些具体场景组成，在这些场景中，社会、经济和制度关系的超国家规模等因素受到监管，或者相关行为者之间的权力平衡阻碍了监管者采用自我强化、代码驱动的规范。其中一个代表无疑是"零工经济"（gig-economy），它是数字经济的一个领域，由经营在线平台的组织委托工作，将客户与提供服务的工人直接联系起来。

过去十年间，数字劳动平台（DLP）颠覆了现有的商业模式和经济所依赖的就业模式。它们为匹配劳动力供需提供了新的解决方案，最重要的是，它们利用算法和数据定义了管理劳资关系的创新方法。[72] 尽管具有吸引力，但数字劳动平台也并非没有关键问题。关于保护"零工"的一些争议已经升温。他们不仅容易受到工作保障、低收入和法律地位等问题的影响，而且面临着远程工作关系的特殊性所带来的风险，这种关系发生在网络上，主要由算法管理。[73]

在这种情况下，政策制定者和立法者面临着制定战略的挑战，既要有效保护众包工人，又要实现经济增长的目标。一般来说，传统的法律补救措施有可能不足以管理正在发生的

---

〔70〕 AI4C 应用程序是一款测试/游戏，旨在"强制"用户做出某种触摸手势，包括轻扫、滚动和点击等常见手势。在实验过程中，用户在没有任何支持的情况下在自己的设备上单独玩 AI4C，同时收集有关手势（压力、省略号、转折点、加速度等）的各种数据。

〔71〕 R. Brownsword and K. Yeung, Regulating Technologies: Legal Futures, Regulatory Frames and Technological Fixes, Hart, 2008.

〔72〕 J. Prassl and M. Risak, Uber, Taskrabbit, and Co.: Platforms as Employers-Rethinking the Legal Analysis of Crowdwork (2015) 37 Comp. Lab. Law Policy J. 619. DLP 就服务的时间、地点和完成发出指令，动态决定工作条件，并根据算法参数中嵌入的标准（如位置或服务需求）来确定工资。A. Rosenblat and L. Stark, Uber's Drivers: Information Asymmetries and Control in Dynamic Work (2015) SSRN Electronic J., www.ssrn.com/abstract=2686227.

〔73〕 问题包括评级算法不透明，以及监控工作活动的可能性增加。See V. De Stefano, The Rise of the Just-in-Time Workforce: On-Demand Work, Crowdwork, and Labor Protection in the Gig-Economy (2015) 37 Comp. Labor Law Policy J. 471.

变化。虽然有些问题纯属法律问题，[74] 但另一些问题则与众包的算法管理密切相关，[75] 可以说是在"通过算法和跟踪数据对人类工作进行分配、优化和评估"[76]的环境中，研究使用技术工具来支持有关众包工人保护和数字劳动平台市场管理的监管政策是有意义的。

GigAdvisor 是一个正在进行中的实验项目与最近的一项提案，[77] 该提案推测了通过整合法律补救措施和技术工具来实现对众包工人更高水平保护的可能性。该提案围绕一个模块化的 IT 基础结构（集成众包系统，ICS）展开，它是一种中介，用于实现零工经济参与者之间的所有互动，[78] 旨在加强公众对数字劳动力市场的监督。其目标是，除其他事项外更有效地控制市场经营者遵守劳动法和合同的情况。[79] 为实现这些目标，综合服务系统设想了两个模块：社会保障和合同模块（利用区块链和智能合同技术，实现并跟踪数字劳动力市场中发生的互动）；声誉/透明度模块，该模块应通过移动应用程序（允许工人进入综合服务系统并与之互动）和网站（允许公众访问数字劳动力市场中互动产生的数据）实施声誉机制。

一方面，GigAdvisor 的重点是声誉/透明度模块，该模块可以通过可接受的技术努力来解决，而且不一定涉及架构的所有参与者。另一方面，声誉在影响电子市场经营主体的行

---

[74] 例如，公司结构的超国家规模和技术组件的模块化（通常属于不同的主体）引发了有关潜在交易方和适用法律本身的识别方面的实际问题。在这最后一方面，正如书中所强调的，与平台的全球规模相关的风险之一是"法律和管辖权的选择"，即根据便利标准（如较低的税收负担）选择适用法律的策略的实施。A. Felstiner, Labor Standards, in P. Michelucci （ed.）, *Handbook of Human Computation*, Springer, 2013.

[75] M. Mohlmann and L. Zalmanson, Hands on the Wheel: Navigating Algorithmic Management and Uber Drivers' Autonomy. 文中进行了详细分析，该文发表于《国际信息系统会议论文集》（ICIS, 2017 年），其中区分了算法管理在指导工作和调度之外的不同表现形式：①对工人行为的持续跟踪；②根据客户评价对工人进行持续的绩效评估；③在没有人工干预的情况下执行决策；④工人与"系统"而非人类进行互动，从而剥夺了他们获得反馈或与主管讨论的机会；⑤透明度低，一方面是由于竞争行为使平台无法披露算法的工作原理，另一方面是由于算法的自适应性质，即根据所收集的数据改变决策。

[76] M. K. Lee, D. Kusbit, E. Metsky, and L. A. Dabbish, Working with Machines: The Impact of Algorithmic and Data-Driven Management on Human Workers, in Proceedings of the 33rd Annual ACM Conference on Human Factors in Computing Systems, ACM （2015）.

[77] M. De Minicis, C. Dona`, N. Lettieri, and M. Marocco, Disciplina e Tutela Del Lavoro Nelle Digital Labour Platform. Un Modello Di Tecno-Regolazione, Inapp Working Paper （2019）, n. 6.

[78] 公共行政部门（如部委、劳动监察机构、社会保障机构）；众包工人；数字劳动平台；其他参与者（如劳工和行业协会、潜在客户和众包者、普通公民）。

[79] 该基础设施应具备多种功能：①记录 DLP 与众包工人之间的劳动和经济关系数据；②收集并向公共管理部门公开与工人和平台之间的互动有关的所有数据；③允许规定智能合约；④为工人提供存储和掌握其临时工作的所有财务和社会保障信息的可能性；以及⑤实施声誉机制以保护众包工人。

为方面可以发挥重要作用。[80] 更困难的是,当平台设计只允许请求者和数学劳动平台(而不是众包工人)对零工的体验进行评估时,如何在不对称的关系中具体促进公平与合作?另一方面,最近的历史(例如,Turkopticon的案例)显示了评分的分配如何推动平台修改其行为,以避免不良声誉带来的弊端。[81]

基于这一考虑,该项目最终开发了一款跨平台应用程序,允许众包工人:①通过使用评价网对其工作经验进行排名,[82] 为其所服务的数学劳动平台打分,评价网考虑到了可能违反现行法律规定的约束条件的情况;②与其他众包工人分享经验,这些经验得益于旨在促进和构建互动的解决方案,这也有助于信息的传播,从而扩大声誉机制的影响。通过该应用程序收集的数据将用于基于数据挖掘和可视化技术的后处理,分别用于提取有关数学劳动平台行为的宝贵见解,并更好地对其进行分析。

该系统不久将提供给骑手协会,以启动一项实验计划,目的是测试该系统并为进一步开发收集数据。在这方面,将特别关注模式识别算法的实施,以便识别数学劳动平台的不公平做法,并自动生成声誉警报。

五、算法作为制定政策和规则的工具

法律算法演变的第三个有趣背景是政策和规则制定。长期以来,设计支持立法者工作的工具一直是法律和计算机科学领域的研究课题。多年来,该领域发表了无数文章,涉及的主题包括立法文本解析、[83] 起草支持系统、[84] 以及展示和管理立法文件的技术标准。[85]

近年来,与调查相关联的新视角已经打开,重点不再是对法律文本的形式分析,而是

---

[80] 之前就有文献指出,在不熟悉的人或伙伴之间进行远距离交易的情况下,声誉可以帮助解决与信任和遵守合同有关的问题。它们是"在电子环境中建立信任的较成熟机构(如正式合同)的可行替代方案,因为在电子环境中,此类合同保证无法有效执行"。See R. Conte and M. Paolucci, *Reputation in Artificial Societies*:*Social Beliefs for Social Order*, Springer, 2002, Vol. 6. 另一方面,除了硬编码的、不可避免的法律规则之外,声誉也是技术监管的前沿之一。实际上,法律与技术领域的许多学者都将注意力转向了技术(有意)支持的、温和的劝谏等更柔和的形式,这可以追溯到"引导"(nudge)的概念。M. Hildebrandt, Legal Protection by Design:Objections and Refutations (2011) 5 Legisprudence 223; Leenes, above note 52; M. Goodwin, B. -J. Koops, and R. Leenes, Dimensions of Technology Regulation (Wolf, 2010). 就其本身而言,"引导环境中任何吸引人们注意并改变其行为的微小特征,但改变的方式并不强制"。R. H. Thaler and C. R. Sunstein, *Nudge*:*Improving Decisions about Health*, *Wealth and Happiness*, Penguin, 2009. 其已成为当前有关政策设计前沿辩论的一个参考点。See, among others, A. Alemanno and A. -L. Sibony, Nudge and the Law:A European Perspective (Bloomsbury, 2015).

[81] M. S. Silberman and L. Irani, Operating an Employer Reputation System:Lessons from Turkopticon, 2008-2015 (2015) 37 Comp. Lab. Law Policy J. 505.

[82] B. McInnis, D. Cosley, C. Nam, and G. Leshed, Taking a HIT:Designing around Rejection, Mistrust, Risk, and Workers' Experiences in Amazon Mechanical Turk, in Proceedings of the 2016 CHI Conference on Human Factors in Computing Systems, ACM (2016).

[83] See E. de Maat, R. Winkels, and T. Van Engers, Automated Detection of Reference Structures in Law, in T. M. Van Engers (ed.), *Legal Knowledge and Information Systems*:*JURIX 2006*, IOS Press, 2006.

[84] See W. Voermans and E. Verharen, LEDA:A Semi-Intelligent Legislative Drafting-Support System, in J. S. Svensson, J. G. J. Wassink, and B. van Buggenhout (eds.), Legal Knowledge Based Systems, Proceedings 6th International Conference JURIX '93, Koninklijke Vermande, Lelystad (1993), pp. 81-94.

[85] See M. Palmirani and F. Vitali, Akoma-Ntoso for Legal Documents, in G. Sartor, M. Palmirani, E. Francesconi, and M. A. Biasiotti (eds.), *Legislative XML for the Semantic Web*, Springer, 2011.

立法者想要干预的现象。法律规则的设计是决策过程中不可或缺的一部分，由于历史和科学的原因，决策过程越来越倾向于计算和模型驱动的方法。正如笔者将在下文中简要说明的那样，其结果是法律学者在这一过程中扮演的角色将面临越来越大的挑战。

（一）政策设计与社会研究的计算进化

我们生活在一个复杂的世界，在这个世界里，技术、经济、社会和政治系统之间的相互作用日益频繁和复杂：在一个超级互联的社会里，任何事件都可能产生影响，这些影响通过非线性反馈循环从一个系统迅速扩散到另一个系统，而这些影响是极难预测的，尤其是极难控制的全球金融和经济危机，[86] 使人们对传统的政策制定是否足以阐明社会和经济现象的内在机制以及提供有效的政策处方产生了怀疑。

传统的政策建模方法往往对现实抱有天真而机械的看法，[87] 在这方面显示出巨大的局限性。[88] 仔细研究发现，这种情况在很大程度上取决于对个人决策[89]和社会互动所引发的动态的理解不足。目前主要欠缺的是对非线性、有限理性和不完全知识的估计能力。最近的实验和计算研究证实，[90] 我们需要能够赋予政策充分背景化生命力的方法和建模技术，这些政策不是"离线"发生的，而是"与社会的适应性和自组织动态相互作用的组成过程"。[91]

在过去二十年里，由于各种因素的影响，对社会和经济世界的科学研究在理论、方法和技术层面上都经历了一次强有力的推动。其中之一就是以计算机社会科学[92]为代表——科学范式与行为经济学和经济心理学[93]开始对个人和群体如何决定、互动和应对变化提供新的见解。

计算机社会科学起源于概念框架复杂性理论、数据洪流[94]和科学计算进化之间的交锋，[95] 为我们理解社会现象带来前所未有的飞跃铺平了道路。这种变化的影响超越了纯粹

---

[86] D. Helbing, Globally Networked Risks and How to Respond（2013）497 Nature 51.

[87] As highlighted in F. Squazzoni, A Social Science-Inspired Complexity Policy: Beyond the Mantra of Incentivization（2014）19 Complexity 5, 动态随机均衡模型在政策层面（如预测货币和财政政策的效果或经济增长模式）也获得了发展势头，该模型基于一系列不切实际的假设，如经济行为体的完全知识、完全市场和完全竞争的存在以及非线性相互作用的缺失。采用人们熟悉的、极不现实的传统模式是一种严重的近视，尤其是对于需要"拼凑碎片并理解整个经济体系行为"的政治或金融机构而言。See J. D. Farmer and D. Foley, The Economy Needs Agent-Based Modelling（2009）460 Nature 685.

[88] Squazzoni, ibid.

[89] 个人的行为不一定符合理性选择理论的预测，它仍然是政策制定者的主要灵感来源。即使面对相同的信息或回报，人类也会表现出通常难以预料的行为。See C. J. Samuel and T. J. Fararo（eds.）, *Rational Choice Theory: Advocacy and Critique*, Sage, 1992.

[90] See P. Ball, Why Society Is a Complex Matter（Springer, 2012）; P. Ormerod, Networks and the Need for a New Approach to Policymaking, in T. Dolphin and D. Nash（eds.）, Complex New World. Translating New Economic Thinking into Public Policy（IPPR, 2012）; Farmer and Foley, above note 87.

[91] Squazzoni, above note 87.

[92] N. Gilbert, *Computational Social Science*, Sage, 2010, Vol. 21; Cioffi-Revilla, above note 7; Conte et al., above note 7.

[93] D. Kahneman, Maps of Bounded Rationality: Psychology for Behavioral Economics（2003）93 Am. Econ. Rev. 1449; V. L. Smith, Constructivist and Ecological Rationality in Economics（2003）93 Am. Econ. Rev. 465.

[94] P. Ormerod, *N Squared: Public Policy and the Power of Networks*, RSA, 2010.

[95] C. Anderson, The End of Theory: The Data Deluge Makes the Scientific Method Obsolete（2008）16 Wired Magazine 7.

的科学层面。通过提高我们理解和预测社会动态的能力,计算机社会科学为政策设计的创新方法和更有效的公共选择奠定了基础。计算机社会科学确实特别适合研究非线性现象,[96] 而这些非线性现象既难以用传统的数学和统计工具来把握,也很难被传统的决策程序所理解。正因如此,近年来科学界开始更多地关注计算机社会科学及其见解如何改进政策建模。[97]

(二)把握计算机社会科学与法律之间的微妙界限

计算机社会科学与决策之间的相互作用也对法律提出了挑战。公共政策的设计与法律规范的起草密切相关,当决策变得以证据为基础、以算法为驱动时,甚至法律学者也需要找到新的计算方法,为政策制定做出贡献。这一领域并不缺乏机遇:规则制定过程中涉及的一些活动正朝着新方法发展,尤其是那些旨在提高"监管质量"的活动。[98] 这里的"监管质量"指的是明确确定政策目标并有效实现这些目标的能力。[99]

所有这些活动,从公民参与到事后评估,[100] 都可以在计算机社会科学方法中找到盟友。[101] 计算机社会科学方法可以在多方面取得丰硕成果:从当今的海量数据中提取信息;更清晰地了解法律规范与社会事实之间的相互作用;为假设分析提供工具和预测技术。然而,对政策设计的算法演变构成最大挑战的活动可能是监管影响分析(RIA),旨在评估拟议和现有法规以及非法规替代方案的社会和经济影响。监管影响分析对我们理解和预测复杂社会动态的能力提出了质疑。

在各种计算机社会科学中,计算机模拟是可以在这方面发挥作用的方法之一。长期以来,模拟一直吸引着对决策问题感兴趣的学者的关注。自20世纪50年代以来,系统动力学[102]

---

[96] 计算机社会科学范式包括各种不断发展的研究方法。根据 C. Cioffi‑Revilla, Computational Social Science (2010) 2 Wiley Interdisc. Rev. Comput. Stat. 259,包括自动信息提取、复杂性模型、社会模拟、社会网络分析和地理空间分析。

[97] Helbing, above note 86; Conte et al., above note 7; V. Mayer‑Schönberger and K. Cukier, *Big Data: A Revolution that Will Transform How We Live, Work, and Think*, Houghton Mifflin Harcourt, 2013.

[98] N. Lettieri and S. Faro, Computational Social Science and Its Potential Impact upon Law (2012) 3 Eur. J. Law Technol., http://ejlt.org/article/view/175.

[99] 监管质量是国家和国际机构议程上日益重要的问题。在过去二十年中,经济合作与发展组织(OECD)就这一主题编写了多份文件,并于2012年通过了《关于监管政策和治理的建议》。

[100] 公民参与公共政策的制定,通常是通过各种类型的磋商(特别是通过通知和评论机制)来实现的,包括就有待解决的具体问题征求公众意见。收集和分析公民对某项法规的看法,有助于政府完善政策,从而解决社会认为最重要的问题,并更好地确定优先事项。事后评估本身的目的是评估已经实施的监管措施:其效果、对相关需求的影响以及为规划、设计和实施新政策而使用的资源。

[101] 在公民参与方面,计算机社会科学方法有助于克服影响当今电子咨询的局限性,这种活动与从公民贡献中提取有意义知识的问题有着内在联系。迄今为止,信息提取研究已经产生了几种意见挖掘方法,用于分析网络上发布的判断和评论。所有这些方法——首先是情感分析方法,可能带来创新的解决方案,以评估公民对政策的情感,并提取他们提出的主要问题。See J. Rose and C. Sanford, Mapping eParticipation Research: Four Central Challenges (2007) 20 Commun. Assoc. Inf. Syst. art. 55.

[102] J. W. Forrester, *Principles of Systems*, Wright‑Allen Press, 1968; J. Randers, *Elements of the System Dynamics Method*, Pegasus Communications, 1980; J. Sterman, *Business Dynamics, System Thinking and Modeling for a Complex World*, McGraw‑Hill, 2000, p. 19.

和微观模拟模型[103]一直被用于解决政策问题，如预测税法变化对政府财政的影响。[104] 正如 Squazzoni 所强调的那样，[105] 传统的预测导向模型往往不能达到其目的，因为它们所规定的事前解决方案低估了行为主体对政策决定的反应及其在大时间尺度上相互作用的系统性后果。[106]

在这方面的一个范例是个体为本模型（Agent-Based Modeling，ABM）。[107] 基于将科学解释与被调查社会过程的"硅"再现（即在计算机模拟中）相提并论，ABM 是一种生成性研究方法的基础，在这种方法中，社会宏观动态和结构被解释、描述、再现，然后作为模拟真实个体行为的计算实体（代理）之间微观互动的结果加以解释。[108] 多年来的研究表明，ABM 特别适合研究统计方法难以处理的社会经济动态。得益于这一特点，ABM 不仅在科学界广为流传，[109] 而且深入到参与政策设计的机构。[110]

---

[103] M. Spielauer, What Is Social Science Microsimulation? (2010) 29 Soc. Sci. Comput. Rev. 9.

[104] R. Lay-Yee and G. Cotterell, The Role of Microsimulation in the Development of Public Policy, in M. Janssen, M. A. Wimmer, and A. Deljoo (eds.), *Policy Practice and Digital Science*, Springer International, 2015.

[105] F. Squazzoni, The Impact of Agent-Based Models in the Social Sciences after 15 Years of Incursions (2010) 18 Hist. Econ. Ideas 197.

[106] S. Moss, Policy Analysis from First Principles (2002) 99 Proc. Nat. Acad. Sci. 7267; F. Squazzoni and R. Boero, Complexity-Friendly Policy Modelling, in P. Ahrweiler (ed.), *Innovation in Complex Systems*, Routledge, 2010.

[107] ABM 可定义为"一种计算方法，使研究人员能够创建、分析和试验由在环境中互动的异构代理组成的模型"。N. Gilbert, Agent-Based Models (Sage, 2008)。ABM 与系统动力学、细胞自动机和微观模拟等计算机模拟的先驱不同。与 ABM 不同的是，系统动力学不允许对异质微观方面进行建模，而只允许对宏观变量之间的相互依存和反馈进行建模；细胞自动机将分散的微观实体的交互作用简化为单一的同源参数；而微观模拟则不包括交互作用。有关该主题的概述，see: K. G. Troitzsch, Social Science Simulation-Origins, Prospects, Purposes, in R. Conte, R. Hegselmann, and P. Terna (eds.), *Simulating Social Phenomena*, Springer, 1997; K. Troitzsch, *Multi-Agent Systems and Simulation*, in Multi-Agent Systems, CRC Press, 2009; and N. Gilbert and K. Troitzsch, *Simulation for the Social Scientist*, McGraw-Hill, 2005。

[108] J. Doran and N. Gilbert, Simulating Societies: An Introduction, in *Simulating Societies: The Computer Simulation of Social Phenomena*, Routledge, 1994; R. Conte, R. Hegselmann, and P. Terna, Introduction: Social Simulation-A New Disciplinary Synthesis, in R. Conte, R. Hegselmann, and P. Terna (eds.), *Simulating Social Phenomena*, Springer, 1997, Vol. 456; Epstein, above note 11; Gilbert, above note 107.

[109] M. Buchanan, Economics: Meltdown Modelling (2009) 460 Nature 680; J. D. Farmer and D. Foley, The Economy Needs Agent-Based Modelling (2009) 460 Nature 685; D. Helbing (ed.), *Social Self-Organization*, Springer, 2012.

[110] 2010 年，前欧盟中央银行行长 Jean-Claude Triche 对 ABM 的潜力给予了高度肯定。在谈到传统宏观经济模型在预测经济危机方面的失败时，他说："我们需要更好地处理代理之间的异质性以及这些异质性主体之间的相互作用。我们需要考虑经济选择的其他动机……基于代理的建模允许代理之间更复杂的互动。这种方法值得我们关注"。如今，利用 ABM 探索的政策问题包括从环境资源管理到土地使用决策的影响，从经济政策的影响到退休的影响。See, in this regard, Y. Ma, Z. Shen, and M. Kawakami, Agent-Based Simulation of Residential Promoting Policy Effects on Downtown Revitalization (2013) 16 J. Artif. Soc. Soc. Simul. 2; N. J. Saam and W. Kerber, Policy Innovation, Decentralised Experimentation, and Laboratory Federalism (2013) 16 J. Artif. Soc. Soc. Simul. 7; T. Brenner and C. Werker, Policy Advice Derived from Simulation Models (2009) 12 J. Artif. Soc. Soc. Simul. 2.

第三十二章 图灵大教堂中的法律——法律世界的算法转向

笔者将于下文中介绍一些在 计算机社会科学、政策设计和法律之间游刃有余的实验。[111] 笔者将从与计算社会科学和法律领域的同事合作完成的一系列作品中汲取灵感，[112] 这些作品尤其涉及使用 ABM 来探索规范与社会事实之间的相互作用。其中第一项研究了破坏性行为、惩罚以及学习和模仿的社会机制之间的相互作用。第二项研究涉及社会困境（SD）的核心机制。这两项研究的目标是双重的：熟悉计算机模拟提供的新型实验方法，并开始利用这种方法来阐明社会现象的内在机制，并以创新的方式思考社会如何处理这些问题。

1. 制裁效果的演变模拟

法律在履行其建立和维护社会秩序的职能时，大多会利用制裁来引导公民的行为，阻止损害法律相关利益的行为。然而，制裁的效果可能与通常作为参考的理性选择模型的预测大相径庭：制裁带来的成本超过有害行为带来的好处，且不能保证威慑力。这其中还涉及无数其他因素，它们属于不同的现实层面，并由从社会学到经济物理学等一系列学科加以研究。

如上所述，ABM 是这方面的理想工具。[113] 通过模拟，可以探究影响制裁效果的多种因素之间的相互作用：与法律更密切相关的因素（严格程度、时间安排、实施规则）和事实性因素，如被惩罚对象的个人特征（如经济状况）或认知、文化和社会动态（如文化和行为传播模式）。更好地理解这些过程不仅是一个值得追求的科学目标，也是制定更适合实

---

[111] 多年来，计算机模拟一直被视为支持法律分析的可行工具，see D. A. Degnan and C. M. Haar, Computer Simulation in Urban Legal Studies（1970）23 J. Leg. Educ. 353；J. N. Drobak, Computer Simulation and Gaming：An Interdisciplinary Survey with a View toward Legal Applications（1972）24 Stanford Law Rev. 712；M. Aikenhead, R. Widdison, and T. Allen, Exploring Law through Computer Simulation（1999）7 Int. J. Law Inf. Technol. 191, and the study of social phenomena involved by the functioning of legal systems and institutions（P. H. M. van Baal, *Computer Simulations of Criminal Deterrence*：From Public Policy to Local Interaction to Individual Behaviour, Boom Juridische uitgevers, 2004；T. Bosse and C. Gerritsen, Social Simulation and Analysis of the Dynamics of Criminal Hot Spots（2010）13 J. Artif. Soc. Soc. Simul. 5），especially in the more empirically oriented discipline of criminology；see L. Liu and J. Eck（eds.）, *Artificial Crime Analysis Systems*：Using Computer Simulations and Geographic Information Systems, Information Science Reference, 2008. 然而，ABM 似乎仍然不属于法律科学的范畴。

[112] See N. Lettieri and D. Parisi, Neminem Laedere：An Evolutionary Agent-Based Model of the Interplay between Punishment and Damaging Behaviours（2013）21 Artif. Intell. Law 425；N. Lettieri and M. Vestoso, Simulating the Core Dynamics of a Social Dilemma：Individual Choices, Time and Sanctions in the Tragedy of the Commons, in E. Tambouris, H. J. Scholl, and M. F. Janssen（eds.）, *Electronic Government and Electronic Participation*：Joint Proceedings of Ongoing Research, PhD Papers, Posters and Workshops of IFIP EGOV and EPart 2015, IOS Press, 2015.

[113] 圣达菲研究所的一个大型的多学科研究所开发的现实回顾模拟模型就是一个很好的例子。J. S. Dean, G. J. Gumerman, J. M. Epstein, and R. L. Axtell, Understanding Anasazi Culture Change through Agent-Based Modeling, in T. A. Kohler and G. J. Gumerman（eds.）, *Dynamics in Human and Primate Societies*：Agent-Based Modeling of Social and Spatial Processes, Oxford University Press, 2000, p. 179；R. L. Axtell, J. M. Epstein, G. J. Gumerman, et al., Population Growth and Collapse in a Multiagent Model of the Kayenta Anasazi in Long House Valley（2002）99 Proc. Nat. Acad. Sci. 7275. 该模型旨在解释阿纳萨齐人的历史——在公元前 1 世纪到公元 1300 年之间，他们是生活在美国西南部的一个族群，该族群在短短几年内就从该地区消失了，没有证据表明他们遭受了环境灾难或敌人入侵——该模型整合了考古学家、古气候学家、地理学家和人类学家提供的大量环境、历史和社会实证数据。模拟再现了有关阿纳萨齐人演化轨迹的经验证据，如他们的空间分布和抵御环境变化的能力。模拟结果还否定了环境变化是导致阿纳萨齐人出逃的原因这一假设，转而推崇更多社会政治"拉动"因素的解释力，如领袖的影响力。

际情况的执法和监管策略的起点。[114]

朝着这个方向我们开发了一个ABM，重点研究制裁对遵守规范的影响如何受到实体、模仿机制等因素之间的相互作用的影响，[115] 或者更广泛地说，如何受到推动人类最大化其福祉的适应能力的影响。就现实世界中规范遵守的复杂过程（主要是认知过程）而言，这种模拟是极其抽象的。正如人类学家Adamson Hoebel所指出的，"规范是心理结构"，[116] 由于对认知动态进行了明确的计算建模，人们已经开发了关于规范出现的具有洞察力的模拟模型。[117] 尽管如此，我们还是选择了一种生物启发的建模方法（尤其是遗传算法[118]）来模拟文化学习过程，[119] 从而在个体适应环境的同时形成社会规范。计算进化也为规范与

---

[114] 从这一角度来看，由于其支持理解复杂社会现象微观基础的能力，ABM模拟是研究法律与非法律现象（如社会规范及其动态）之间相互作用的可行工具，这一问题正在引发法律学者越来越多的兴趣。E. A. Posner, *Law and Social Norms*, Harvard University Press, 2000; B. Z. Tamanaha, *A General Jurisprudence of Law and Society*, Oxford University Press, 2001. 这种分析对于法律科学家来说应该具有挑战性，至少对于那些属于法律现实主义或实证法律研究等学派的法律科学家来说是如此，这些学派不仅对法律规则的注释或抽象法律概念的定义和系统化感兴趣，而且还对法律现象背后的经验过程进行跨学科研究。

[115] 这里指的是人造社会中缺乏破坏性行为。

[116] E. Adamson Hoebel, *The Law of Primitive Man: A Study in Comparative Legal Dynamics*, Harvard University Press, 1954.

[117] See C. Castelfranchi, R. Conte, and M. Paolucci, Normative Reputation and the Costs of Compliance (1998) 1 J. Artif. Soc. Soc. Simul. 1; N. J. Saam and A. Harrer, Simulating Norms, Social Inequality, and Functional Change in Artificial Societies (1999) 2 J. Artif. Soc. Soc. Simul. 1; J. M. Epstein, Learning to Be Thoughtless: Social Norms and Individual Computation (2001) 18 Comput. Econ. 9; M. A. Burke, G. M. Fournier, and K. Prasad, The Emergence of Local Norms in Networks (2006) 11 Complexity 65. For an extensive review, see: M. Neumann, A Classification of Normative Architectures, in K. Takadama, C. Cioffi-Revilla, and G. Deffuant (eds.), *Simulating Interacting Agents and Social Phenomena*, Springer, 2010; and M. Neumann, Norm Internalisation in Human and Artificial Intelligence (2010) 13 J. Artif. Soc. Soc. Simul. 12.

[118] 遗传算法（GA）是一种建模和编程技术，试图模仿基于研究和探索的自然学习过程。J. H. Holland, Genetic Algorithms (1992) 267 Sci. Am. 66. 经常用于社会模拟研究，GA允许对适应性代理群体进行建模，这些代理群体并不是完全理性的，因为它们只能通过试验和错误来改进所采取的策略。通过代理的选择性繁殖和不断增加的随机突变，经过一代又一代代理的研究，最有效的策略就会出现。T. Chmura, J. Kaiser, and T. Pitz, Simulating Complex Social Behaviour with the Genetic Action Tree Kernel (2007) 13 Comput. Math. Organ. Theory 355; E. Ostrom, J. Burger, C. B. Field, et al., Revisiting the Commons: Local Lessons, Global Challenges (1999) 284 Science 278.

[119] R. G. Reynolds, An Introduction to Cultural Algorithms, in Proceedings of the Third Annual Conference on Evolutionary Programming, World Scientific (1994).

合作的进化提供了新的视角。[120]

从社会科学的角度来看，我们模拟的最相关的方面——一个代理损害另一个代理的概率的变化，是人工社会不同变量之间相互作用的结果，这些变量将现实世界的现象风格化，我们假定它们在惩罚和损害行为之间的相互作用中发挥作用。这些变量的选择和实施，以及它们相互作用的基本规则，远非任意假设的结果，而是以社会学理论为基础，涵盖了模型的个人和社会两个层面。更详细地说，理性选择理论[121]对个人决策中的个人自私行为以及与制裁的严重程度和概率相关的影响进行了建模；紧张理论[122]对非破坏性行为与其回报之间的关系进行了建模；社会环境理论[123]对社会环境对破坏性行为所起的作用进行了建模。

通过模拟不同的实验条件，对模型进行了测试：①不同程度的制裁严重性和及时性；②代理之间是否存在能够影响行为模型传播的通信网络；③代理是否有能力决定对其他代理造成的损害程度。[124] 尽管该模型很简单，但研究人员还是能够生成相当多的情景，其发展往往与直觉相反，能够揭示在基本层面上控制制裁效果的动态的有趣方面。

在不涉及细节的情况下，该模型产生了不同方向的结果。就目标现象而言，模拟对文

---

[120] R. M. Axelrod, An Evolutionary Approach to Norms（1986）80 Am. Political Sci. Rev. 1095. 该开创性研究综合了 ABM 模拟、博弈论和演化计算来研究社会规范的出现。演化模型已被用于探索从合作开始的各种社会结果是如何产生的（see, among others: R. M. Axelrod, *The Evolution of Cooperation*, Basic Books, 1984; R. Axelrod, *The Complexity of Cooperation: Agent-Based Models of Competition and Collaboration*, Princeton University Press, 1997, Vol. 3; N. Henrich and J. P. Henrich, *Why Humans Cooperate: A Cultural and Evolutionary Explanation*, Oxford University Press, 2007; M. Tomasello, *Why We Cooperate*, MIT Press, 2009 到迁徙动力学（see, e. g., H. S. Barbosa Filho, F. B. de Lima Neto, and W. Fusco, Migration and Social Networks-an Explanatory Multi-Evolutionary Agent-Based Model, in *IEEE Symposium on Intelligent Agent*（IA）, IEEE, 2011），从社会学习（see M. Macy, Natural Selection and Social Learning in Prisoner's Dilemma: Coadaptation with Genetic Algorithms and Artificial Neural Networks（1996）25 Sociol. Methods Res. 103）到网络扩散（see, among others, M. Lahiri and M. Cebrian, The Genetic Algorithm as a General Diffusion Model for Social Networks, in Twenty-Fourth AAAI Conference on Artificial Intelligence（2010））和生存策略（F. Cecconi and D. Parisi, Individual versus Social Survival Strategies（1998）1 J. Artif. Soc. Soc. Simul. 1），可以解释为适应策略的结果。对惩罚的研究尤其利用了演化模型。R. Boyd and P. J. Richerson, Punishment Allows the Evolution of Cooperation（or Anything Else）in Sizable Groups（1992）13 Ethol. Sociobiol. 171; R. Boyd, H. Gintis, S. Bowles, and P. J. Richerson, The Evolution of Altruistic Punishment（2003）100 Proc. Nat. Acad. Sci. 3531; J. H. Fowler, Altruistic Punishment and the Origin of Cooperation（2005）102 Proc. Nat. Acad. Sci. 7047; C. Hauert, A. Traulsen, H. Brandt, et al., Via Freedom to Coercion: The Emergence of Costly Punishment（2007）316 Science 1905.

[121] G. S. Becker, Crime and Punishment: An Economic Approach（1968）76 J. Political Econ. 13; D. B. Cornish and R. V. Clarke, *The Reasoning Criminal: Rational Choice Perspectives on Offending*, Transaction Publishers, 2014.

[122] R. K. Merton, *Social Theory and Social Structure: Toward the Codification of Theory and Research*, Free Press, 1949.

[123] D. Matza and G. M. Sykes, Juvenile Delinquency and Subterranean Values（1961）26 Am. Sociol. Rev. 712; T. Hirschi, *Causes of Delinquency*, University of California Press, 1969.

[124] 在人工社会中，200 个代理根据与环境和其他代理的互动自主做出决定。为了增加自己的资产（适应性），每个代理都可以决定从环境中（"诚实"行动）或从其他代理的资产中（有害行动）获取自己生存所需的东西，而概率是随机分配的，并根据所发生的互动而不断变化。由于代理人的行为，他可以被识别为"诚实"或不诚实，这一特征在模拟行为模型的文化传播过程（执行诚实或有害行为的倾向）时非常重要。在模拟过程中，由于采用了遗传算法，代理人会根据一系列因素的组合，进化出或大或小的损害他人的倾向：①报酬——根据具体情况，有害或诚实行为所带来的资产增加；②惩罚——对实施损害行为的代理所实施的资产减少；③代理在其所属社会网络中的行为。研究人员可以改变模拟的所有参数（制裁的严重程度和概率；诚实和不诚实行为的回报；社会互动水平等），以研究制裁在不同情况下的效果。

化传播机制所发挥的相关作用,甚至对制裁严重程度的相对边际性提供了见解。在更严格的方法论层面上,研究表明[125]模拟在为政策和规则制定者提供有关其行动可能产生的后果的知识方面具有巨大的(但尚未真正开发的)潜力。

值得指出的是,许多类型的模拟都无法对计划政策的结果做出精确的预测,即使能够给出可供选择的路径的可能性,也很可能在很长一段时间内无法做到。唯一可能的是对可能的未来进行大致的描述,从而改善政治决策所依赖的信息。然而,模拟模型不仅可以用来预测或解释现有的经验数据,还可以用来阐明"核心动力""发现新问题"和"促进科学的思维习惯",[126]因为法律领域也非常需要它。

2. 跨期选择与社会困境的核心动力

了解个人行为、环境和制度之间的相互作用如何产生集体现象,对于支持因地制宜的政策设计起着至关重要的作用。如果决策者不考虑社会总体动态与个人决策之间的相互作用,一项看似有效的政策很容易失败。这就是可持续发展问题经常发生的情况,"当一群人必须决定如何分享共同资源,同时平衡短期自身利益与长期群体利益时",就会出现该情况。[127]

可持续发展问题与我们息息相关:它们不仅会引发集体问题、难题甚至灾难,而且无处不在。了解如何应对这些现象对政策制定者来说至关重要,而且由于这些现象正变得越来越复杂和全球化,人们越来越需要了解其核心机理。因此,过去十年来,科学界对可持续发展问题(尤其是人口过剩、资源枯竭和污染造成的可持续发展问题)的兴趣急剧增长:关注点已从纯粹的实验室研究转向跨学科方法,其特点是不同领域之间的合作,旨在开发一个统一的理论框架。

公地悲剧(ToC)是最著名的社会困境(SD)之一,它是一种社会形态,[128]由自主和"理性"(根据自身利益)行事的个人违背了整个群体的利益,耗尽了共同资源。

随着时间的推移,人们已经认识到,从微观(地方)到宏观(全球)层面的不同社会背景下出现的一系列两难情况都以 ToC 为原型。因此,对 ToC 的考虑几乎可以扩展到社会呼吁个人为了普遍利益而克制自己、利用共同资源的任何情况。这就是为什么经济学、政治学、社会学甚至进化心理学的研究人员在考虑从经济增长到环境保护等各种问题时都会考虑到 ToC 的原因。

至于法律界,撇开有关实体法问题的考虑不谈,值得指出的是最近出版的一些著

---

[125] K. Troitzsch, Legislation, Regulatory Impact Assessment and Simulation, in N. Lettieri and S. Faro (eds.), Law and Computational Social Science, Vol XII: Informatica e Diritto (ESI, 2013).

[126] J. M. Epstein, Why Model? (2008) 11 J. Artif. Soc. Soc. Simul. 12;关于模拟的探索性质,see J. L. Casti, *Would-Be Worlds: How Simulation Is Changing the Frontiers of Science*, 1st edn., John Wiley, 1998; T. Grune-Yanoff and P. Weirich, The Philosophy and Epistemology of Simulation: A Review (2010) 41 Simul. Gaming 20.

[127] G. Greenwood, Evolution of Strategies for the Collective-Risk Social Dilemma Relating to Climate Change (2011) 95 EPL 40006. 一般而言,社会困境具有两个基本特征:①无论社会中的其他个体做什么,社会中的每个个体在做出社会缺陷选择(如使用所有可用能源、污染邻居)时,都会比做出社会合作选择时获得更高的回报,但②如果所有个体都合作,则所有个体的境况都会好于所有个体都缺陷的境况。

[128] G. Hardin, The Tragedy of the Commons (1968) 162 Science 1243.

作，[129] 这些著作将对社会困境的监管问题的思考建立在对这一现象的系统性和动态性的更好理解之上，同时充分利用了科学所提供的有关现实世界复杂性的知识。从这个角度看，在上述学科继续从理论角度研究社会困境产生所涉及的不同现实层面的同时，值得开发计算模型，使研究人员能够将有关 ToC 的知识可操作化，并为科学和应用目的对其核心动态进行实验性探索。

Lettieri 和 Vestoso 讨论了朝此方向发展的一项实验，即利用 ABM，将社会互动分析与日益明确的个人决策表述结合起来。[130] 在前几节所述经验的基础上，这项工作试图探索 ToC 的核心机制，尤其侧重于制裁对防止其演变的影响。正如大量不同类型的文献所广泛承认的那样，制裁对于促进社会合作至关重要，[131] 甚至在像 ToC 这样的两难情况下也是如此。[132] 然而，一个仍然艰巨的研究目标是通过实验确定不同种类的制裁如何动态地影响社会困境的进程，同时考虑到它们与个人决策的相互作用。追溯各种原因，[133] 可以发现 ToC 的爆发主要是因为与我们决策方式密切相关的两种机制有关：第一种是自私的理性，根据 Hardin 的观点，[134] 个人倾向于增加其福祉，将个人利益置于社会利益之上。第二种是跨期选择中的时间贴现。正如心理学文献所强调的，[135] ToC 与 Platt 提出的"社会陷阱"[136] 概念密切相关，即导致长期负面影响的行为会带来即时回报。最近一项关于气候变化的研究表明，[137] 人类处理跨期选择的方式起到了关键作用。[138]

---

［129］ F. Capra and U. Mattei, *The Ecology of Law: Toward a Legal System in Tune with Nature and Community*, Berrett-Koehler, 2015.

［130］ N. Lettieri and M. Vestoso, Simulating the Core Dynamics of a Social Dilemma: Individual Choices, Time and Sanctions in the Tragedy of the Commons, in E. Tambouris, H. J. Scholl, and M. F. Janssen (eds.), *Electronic Government and Electronic Participation: Joint Proceedings of Ongoing Research*, PhD Papers, Posters and Workshops of IFIP EGOV and EPart 2015, IOS Press, 2015.

［131］ E. Fehr and S. Gachter, Altruistic Punishment in Humans (2002) 415 Nature 137; S. Gachter, E. Renner, and M. Sefton, The Long-Run Benefits of Punishment (2008) 322 Science 1510.

［132］ J. Jacquet, K. Hagel, C. Hauert, et al., Intra-and Intergenerational Discounting in the Climate Game (2013) 3 Nature Climate Change 1025.

［133］ E. Ostrom, *Governing the Commons: The Evolution of Institutions for Collective Action*, Cambridge University Press, 1990.

［134］ 他说，"作为一个有理性的人，每个牧民都在寻求利益最大化。他或明或暗、或多或少有意识地问道：'在我的畜群中增加一头牲畜对我有什么效用？'这个效用包含 1 负效用和 1 正效用。正效用是一头牲畜增量的函数。由于牧民可以获得出售新增牲畜的全部收益，因此正效用几乎是（+1.2）；负效用是多一头牲畜造成的额外过度放牧的函数。然而，由于过度放牧的影响是由所有牧民共同承担的，因此对任何一个做出决策的牧民来说，负效用只是-1 的一小部分。" G. Hardin, The Tragedy of the Commons (1968) 162 Science 1243. 在这种情况下，将各部分效用加在一起，一个理性的人就会得出结论：对他来说，最好的选择是继续增加牲畜数量。但是，由于这是共享公地的每个理性牧民得出的结论，悲剧就不可避免了。

［135］ R. M. Dawes, Social Dilemmas (1980) 31 Ann. Rev. Psychol. 169.

［136］ J. Platt, Social Traps (1973) 28 American Psychologist 641.

［137］ J. Jacquet, K. Hagel, C. Hauert, et al., Intra-and Intergenerational Discounting in the Climate Game (2013) 3 Nature Climate Change 1025.

［138］ 跨期选择涉及可在不同时间点获得的选择（例如，今天购买昂贵的汽车，或存钱以确保将来获得可观的养老金），而且往往将较小但较快获得的奖赏（例如，手头准备好的适量食物）与较大但延迟的结果（例如，较远但也较丰富的觅食机会）对立起来。根据 Jacquet 等人的公益实验，避免危险的气候变化的困难不仅来自理性自私行为所产生的群体利益与自身利益之间的紧张关系，还因气候变化的跨代性而加剧。这种困境在于"当代人承担合作的成本，而后代人则在当前合作成功的情况下获得收益，或者在当前合作失败的情况下遭受损失"。

上述两个因素之间的相互作用使我们很难控制 ToC 的演变，因此需要引入合作激励机制，如相互胁迫、[139] 惩罚、[140] 奖励、[141] 甚至声誉[142]和羞辱。[143] 因此，政策制定者面临的一个关键问题是了解如何管理激励措施，以有效遏制社会困境的蔓延。在这一理论背景下，模拟研究了决策、惩罚和环境污染之间复杂的反馈回路，旨在确定允许合作行为（不污染环境）出现和建立的条件。模拟学习过程所采用的建模方法和一些技术解决方案，与我们之前利用基于演化的 ABM 来探索惩罚和破坏性行为之间相互作用的工作所采用的方法相似。[144]

简言之，该模型允许研究人员对移动速度过快从而产生更高水平的污染的代理实施"制裁"。这种制裁会降低超过给定速度限制的代理的适应性，其程度可以根据研究人员的目的而变化。模拟参数有很多（代币密度、代理生命长度、限速等），每个参数都会影响实验结果，而且每个参数都有特定的语义值。

我们研究了不同种类的制裁[145]与不同时间情景的结合，以确定如何通过操纵模拟变量影响 ToC 动态的演变。实验结果表明，制裁的延迟与合作行为之间存在系统相关性：制裁的有效性不仅取决于制裁的数量和类型，还取决于实施制裁的时间，同时要考虑环境污染的速度。这些实验还表明，我们需要语义更加丰富的解决方案，以使个人处理 ToC 特征的

---

[139] G. Hardin, The Tragedy of the Commons (1968) 162 Science 1243.

[140] Fehr and Gachter, above note 131; J. Jacquet, C. Hauert, A. Traulsen, and M. Milinski, Shame and Honour Drive Cooperation (2011) 7 Biology Letters 899.

[141] J. Jacquet, K. Hagel, C. Hauert, et al., Intra-and Intergenerational Discounting in the Climate Game (2013) 3 Nature Climate Change 1025.

[142] M. Milinski, D. Semmann, and H.-J. Krambeck, Reputation Helps Solve the Tragedy of the Commons (2002) 415 Nature 424.

[143] J. Jacquet, K. Hagel, C. Hauert, et al., Intra-and Intergenerational Discounting in the Climate Game (2013) 3 Nature Climate Change 1025.

[144] Lettieri and Parisi, above note 112. 100 个代理人在一个包含一定数量随机分配的代币的环境中移动。每吃掉一个代币，另一个代币就会出现在不同的位置，因此代币的总数总是相同的。所有代理都能吃到代币，但吃到代币的速度因代理的基因而异。模拟是由 100 个代理组成的连续世代。第一代代理的基因是随机的，因此每个代理的移动速度不同。基因较好的 10 个代理跑得更快，因此能获得更多代币（适应性），它们各自产生 10 个后代。这些子代继承了它们（单个）亲代的基因，并添加了一些随机变异（基因突变），这些变异可以使一些子代拥有更好的基因，跑得比亲代更快。它们代表第二代代理，模拟将持续五代。当代理在环境中移动以获取代币时，它们对环境的污染程度与其移动速度相当；因此，移动速度快的代理比移动速度慢的代理污染更严重。污染会降低代理的适应性。因此，行为体产生后代的概率不仅取决于行为适应性够收集的代币数量（提高适应性），还取决于环境污染程度。生活在受污染的环境中意味着适应性的下降，而适应性的下降与污染程度成正比。这就导致代理面临一个两难的问题：要么行动更慢，吃更少的代币，避免污染环境；要么行动更快，吃更多的代币，污染环境。这个问题，也就是 ToC 的核心，是所有代理都造成了环境污染。因此，污染的负面影响也会落在那些因其基因而移动较慢、对环境污染较小的代理身上。这就促进了那些移动速度较快、适应能力较强的物种的发展，但也使得环境污染逐渐加剧——对所有物种造成的损害越来越大。

[145] 模型允许不同的制裁"制度"：固定处罚（对每个超速的驾驶员都有相同的固定制裁值）；速度比例制裁（制裁值由驾驶员的实际速度与限速之间的差值决定；适应性比例制裁（制裁值与超速驾驶员的适应性成正比，即 10%）。

交互结构的方式风格化。[146]

从更广泛的意义上讲，我们可以清楚地看到，对制约代理选择的内部过程进行充分建模的重要性。如果没有考虑到解决个人决策语义的算法，就无法对复杂的社会生成结果进行可靠的研究。

六、结论：关于算法和法律的几点思考

前面介绍的研究经验只是算法与法律相遇后发现新的具有挑战性的研究前沿的众多背景中的一部分。很显然，除上述研究课题外，我们还有许多其他研究课题，而且随着科学技术的发展，许多研究课题很快就会出现。区块链、物联网、人工智能和机器人技术的发展等无疑将成为涉及法律与算法关系的进一步研究问题的起点。

尽管上述概述有其局限性，但我们还是可以从总体上对目前正在进行的算法革命的深层含义做一些总结性的评论。在所报告的每个实验中，算法都显示出其变革的力量。出于多种原因，算法的作用变得至关重要：为法律分析提供更有洞察力的启发式方法；实施技术监管战略，支持实现法律规定的目标；更好地了解公共政策所针对的社会现象背后的核心动力，从而改进规则的制定。

算法是变革的催化剂，根据所采用的文化和科学视角，可以通过不同的方式理解这一变革和涉及法律未来的不同方面之问题。算法可以从对象、方法以及与其他学科的关系等方面激发对法律研究视角的彻底反思，基于这一信念，以下将对其进行深入探讨。

第一点，要考虑的是算法的演变对法律科学目标的影响，即对法学家可以关注和研究的现象的定义的影响。我们评论的出发点是，算法实际上是理解现实的日益强大的工具。用科学哲学家 Paul Humphreys 的话来说，算法与数据和计算技术一起，可以被视为"经验的扩展"，[147] 与所有扩展我们感知能力的技术（如电子显微镜或射电望远镜）类似，这些工具模糊了可观察事物与不可观察事物之间的界限。如果说"事实"一词指的是现实世界中可通过某种方式测量并以因果关系联系起来的现象，那么在扩展"观察领域"的同时，算法也扩展了事实的领域，[148] 扩大了实证研究的范围，增加了我们可以处理的主题数量。

如果这是事实，那么法律认识论在算法世界中不可能一成不变就说得通了。算法为法律信息检索提供了更先进的方法来筛选规范和判例法，但算法的影响并没有结束。特别是得益于计算社会科学领域的科学和方法论发展，算法正在重塑我们对社会宇宙的理解，其

---

[146] 为模拟代理的选择而采用的双曲贴现函数并没有考虑到认知动态，而认知动态在决定跨期选择的演变过程中发挥着重要作用。在现实环境中，个人与他人合作的倾向受到各种因素的制约，这些因素超出了对自私行为和制裁所产生的成本和收益的简单评估（即使是时间贴现）。在两难情况下选择合作（在我们的例子中，就是不污染或耗尽公共资源），还受到社会规范的强制力的制约，因此也受到支持其传播和稳定的所有机制的制约。正因如此，我们也从最近一项关于 ToC 认知影响的模拟研究中得出的结论是，必须赋予代理一种认知结构（一种用于智能代理编程的推理软件模型），以说明规范的内化过程。D. Villatoro, R. Conte, G. Andrighetto, and J. Sabater-Mir, Self-Policing through Norm Internalization: A Cognitive Solution to the Tragedy of the Digital Commons in Social Networks (2015) 18 J. Artif. Soc. Soc. Simul. 2.

[147] P. Humphreys, *Extending Ourselves: Computational Science, Empiricism, and Scientific Method*, Oxford University Press, 2004.

[148] 这样的例子不胜枚举，从个人的内部状态（想想自然语言处理、情感分析或神经科学数据的计算分析）到社交网络上发生的动态（想想网络模型上的舆论动态研究），都有可能测量以前无法获得的现实维度。

对社会宇宙的复杂性提供越来越准确的描述。从这个角度来看,算法可以使法律研究的目标发生经验性和复杂性的演变。

目前可用的启发式方法可以为我们所定义的"计算增强型法律实证主义"打开大门,这种法律实证主义不仅利用计算通过统计回归和机器学习来识别判例法中的趋势和相关性,而且可以研究法律现象的其他方面,比如法律产生,应用和发挥作用的复杂的认知和社会机制网络。通过 ABM 对规范的出现和演变进行研究,[149] 是受复杂性科学启发的创新性研究课题的一个有意义的例子,在加强对社会和规范现实的理解的同时,也可以转化为更有科学依据和更有效的法律解决方案。同时,这种演变也符合最近的法律学术趋势,即越来越多的人开始关注通过定量方法对法律进行实证研究。[150]

第二点,与前一点密切相关,涉及算法在促进更多跨学科研究方法方面的潜在作用——这个问题在法律领域似乎越来越受关注。[151] 近年来,[152] 跨学科性受到越来越多的关注——它不仅被视为一种值得商榷的科学选择,也被视为管理现实世界紧迫问题的必经之路,而这些问题"仅靠一个学科的人是无法充分解决的"。[153] 这种说法非常符合我们的分析:对法律科学和实践的诸多问题给出答案(评估法律规范的影响;理解法律制度的深层本质;预测执法策略的演变),这是一项复杂的任务,涉及的学科在很大程度上超越了传统法律学术的界限。我们以新的方式整合不同知识和学科的能力变得至关重要,而算法可以为此发挥相关作用。

与 Domenico Parisi 创造的基于计算机的人工制品类似,[154] 算法可以为属于不同研究领域的科学家提供强大的概念和分析工具包,便于他们针对复杂现象开发综合的非学科方法。本书介绍的实践研究经验在某种程度上试图证明这一点。从社会学到认知科学,从网络分析到生物启发进化博弈论,他们从各种学科和方法论中借鉴概念和方法以探索法律科学和实践问题的解决方案。显然,如果没有算法语言的中介,没有计算的力量,这种交叉融合是不可能实现的。

第三点,也是最后一个考虑因素涉及方法问题。在社会科学领域,为克服所谓的"范

---

[149] See, among others, M. Xenitidou and B. Edmonds, *The Complexity of Social Norms*, Springer, 2014.

[150] See Cane and Kritzer, above note 21; D. E. Ho and L. Kramer, Introduction: The Empirical Revolution in Law (2013) 65 Stanford Law Rev. 1195; F. L Leeuw and H. Schmeets, *Empirical Legal Research: A Guidance Book for Lawyers, Legislators and Regulators*, Edward Elgar, 2016.

[151] See for an overview M. M. Siems, The Taxonomy of Interdisciplinary Legal Research: Finding the Way out of the Desert (2009) 7 J. Commonw. Law Leg. Educ. 5.

[152] See R. Frodeman, J. Thompson Klein, and R. C. Dos Santos Pacheco, *The Oxford Handbook of Interdisciplinarity*, Oxford University Press, 2017.

[153] Mind Meld (2015) 525 Nature 289.

[154] "理论作为以计算机为基础的人工制品,是一个统一的理论和方法框架,是一种'通用语言',可以促进生物学家、心理学家和社会科学家之间的对话,促进人类综合科学的发展"。See D. Parisi, *Future Robots: Towards a Robotic Science of Human Beings*, John Benjamins, 2014, Vol. 7.

式之战"，[155] 逐渐形成了一种多元化视角，[156] 根据这种视角，整合不同的研究方法，[157] 对于增强我们对社会复杂性的理解至关重要。这不仅体现在较为传统的社会研究领域，也体现在计算社会科学和计算法律研究等新兴领域，在这些领域，从数据挖掘到社会模拟或网络分析等不同研究方法的融合越来越频繁。

由于实现算法的工具在技术上的先进性以及应用程序之间的高度互操作性，算法如今已成为能够整合不同研究视角和方法的因素之一。从这些角度思考算法的作用和使用，是突出算法对提高法律科学和实践水平所能做出的贡献的基本步骤。

在1656年的一部著作中，[158] 托马斯·霍布斯（Thomas Hobbes）声称："我所说的计算是指理性思维。"他提出了一个富有洞察力的观点，即理性思维、我们把握现实的能力与广义上的计算（即通过形式化的操作规则进行信息处理）之间存在着深刻的联系。如今，当"计算"这一概念被赋予了无数其他含义时，霍布斯的直觉仍然保持着其鼓舞人心的力量。它提醒着我们，对世界的任何理解以及对世界采取行动的任何能力，都不可避免地与计算信息处理交织在一起。这同样适用于法律，法律应始终不断探索新的方法，利用算法和计算来更好地理解自身，并更有效地履行其应然职能。

不言而喻，解决之道不在于算法本身，而在于算法的使用方式、语境，以及如何满足算法使用者的需求。正如本章引言中所强调的，这一操作不能由法律界之外的技术或计算机科学来主导。法律人必须在其中发挥积极作用，完全接受学习新语言、采用新类别和新视角的挑战。法律的算法演变必须从内部开始。

量子物理学家卡洛·罗韦利（Carlo Rovelli）最近借用奥托·诺伊拉特（Otto Neurath）的一个比喻，提出了一个鼓舞人心的形象，尽管这个形象来自不同的背景。在一篇论述哲学在物理学中的作用的论文中，他说："……科学就是不断寻找把握世界的最佳概念结构……而概念结构的修改需要从我们自己的思维中实现，就像水手在航行时必须重建自己的船一样"。[159] 从这个角度来看，我们还有很长的路要走。尽管算法已经在法律界成为现实，但法律的算法未来还有很大一部分有待思考和构建。无论图灵大教堂多么宏伟壮观、熠熠生辉，它仍在建设中。

七、致谢

本书中提出的想法源于与许多人的长期跨学科合作。作者要感谢意大利认知科学与技术研究所（罗马）的Domenico Parisi以及萨莱诺大学计算机科学系的所有朋友和同事；

---

[155] The term is used in H. Eckstein, Unfinished Business: Reflections on the Scope of Comparative Politics (1998) 31 Comp. Political Stud. 505.

[156] See, among others, D. D. Porta and M. Keating, *Approaches and Methodologies in the Social Sciences: A Pluralist Perspective*, Cambridge University Press, 2008; R. Sil and P. J. Katzenstein, *Beyond Paradigms: Analytic Eclecticism in the Study of World Politics*, Macmillan, 2010.

[157] See C. Teddlie and A. Tashakkori, *Foundations of Mixed Methods Research: Integrating Quantitative and Qualitative Approaches in the Social and Behavioral Sciences*, Sage, 2009.

[158] See T. Hobbes, *Elements of Philosophy the First Section, Concerning Body*, Andrew Crooke, 1656, ch. 1.

[159] C. Rovelli, Physics Needs Philosophy. Philosophy Needs Physics (2018) 48 Found. Phys. 481. 借鉴了奥托·诺伊拉斯（Otto Neurath）首次使用的一个比喻，see O. Neurath, Anti-Spengler, in M. Neurath and R. S. Cohen (eds.), *Empiricism and Sociology*, D. Reidel, 1973 [1921].

Delfina Malandrino、Rocco Zaccagnino、Alfonso Guarino、Antonio Altamura、Armando Faggiano、Luca Vicidomini、Fabio Grauso 和 Antonio Basileo。作者还衷心感谢那不勒斯索尔·奥索拉·贝宁卡萨大学的 Margherita Vestoso 对章提出的独到见解，以及在讨论和校对本文时给予的宝贵支持。

第三十三章

关于算法的争论：揭示"道德"人工智能实操化的固有困境

马里亚诺-弗洛伦蒂诺·库埃拉（Mariano-Florentino Cuéllar）
罗伯特·麦考恩（Robert J. MacCoun）

引言

本章所探讨的问题很容易阐述：相对简单的算法，当被多次复制且并行排列时，会形成一个系统，该系统能够针对现实世界的挑战，生成极具创造性和细致入微的解决方案。问题在于，使这些系统变得强大的自主性及其架构，也使它们难以被控制甚至难以被理解。

这一反复出现的问题也很容易命名。事实上，该问题有好几个名字：

- 设计一种安全、合乎道德的人工智能；
- 管理一家公司；
- 抚养一个孩子。

诚然，这三个挑战在公众中引起了不同的反响，并涉及不同的组织和制度。其中一些区别很重要，笔者将在本章中加以阐述。然而，在实践中，这些追求有着足够的共同点，可以推动一项跨领域的探究，这一探究对我们如何尝试将"道德（伦理）"应用于人工智能的实际操作，以及如何理解使智能——无论是机器、组织还是孩子中的智能——与伦理、道德和风险管理的考量相结合，从而使这种智能符合社会的需求和价值观，都具有重要意义。因此，我们将从一个可以反驳的假设开始，即——至少在关于道德和治理的任何讨论中——相似之处比不同之处更为重要，也就是说：

1. 具有分布式认知架构的系统会分散责任（dilute responsibility），使得人们更难知道行动来自何处以及行动的合理性。

2. 这种系统通过平衡多个目标来发挥最佳作用，如果试图鼓励它们最大限度地追求单一目标——无论是股东财富还是平均成绩——可能会带来不良后果。

3. 如果不削弱这些系统的适应和蓬勃发展的能力，那么试图使这些系统完全透明和可解释的努力就不太可能成功。

虽然从抚养孩子到监管企业等各个领域，这些挑战都可能困扰着社会，但与人工智能相关的由此产生的问题，却让人感觉新鲜且陌生，这在很大程度上是因为人工智能系统并非人类。但是，企业和孩子之所以让人感觉熟悉，仅仅是因为我们使用了一个心理模型——有时被称为"民俗心理学"（folk psychology）——来理解他们，这个模型掩盖了它们的复杂性。[1] 大多数公众的传统观点是，行为主体是基于欲望和信仰而做出有意识的选择的。当被询问时，民俗心理学中的行为主体能够将欲望和信仰转化为"理由"，从而解释自己的行为。

事实上，公司和孩子的创造力和才智，主要是由比民俗心理学复杂得多的并行认知系统（parallel cognitive systems）产生的。而且，公司和孩子有时会做出任性、危险甚至恶意的行为。我们将以控制公司和孩子的同样方式来"控制"算法驱动的人工智能系统，也就是说，这种控制将是笨拙的、部分的，且充满挫折。人工智能、公司和孩子不是我们要解决的问题，它们是我们必须不断应对的挑战。

因此，人工智能以及驱动其性能的算法可能也会如此持续下去。在某些方面，即使是最有天赋的技术专家也会发现，将人类道德融入指导人工智能系统的算法，是一项艰巨的任务。这并不奇怪，因为社会在将道德与实践相协调方面面临着持续的挑战，甚至在孩子和公司中就何为道德行为达成共识也面临挑战。鉴于人类不仅追求创造更复杂的人工智能系统，还追求对道德推理如何发生及其意义的更深入、更微妙的理解，本章的目的是剖析这些困难的根源，并在此过程中阐明一些未来的挑战和可能性。接下来，我们将首先探讨关注人类心理学的这些特征，如何有助于我们理解人工智能和人工智能伦理。我们将评估不同的制度和冲突解决机制，如何在人们之间出现的价值冲突中发挥作用。我们的结论将聚焦在对人工智能研究、政策和法律的实际影响上。

一、并行分布式认知系统

在许多方面，关于合乎道德的人工智能的争论，与关于特定类型算法细节的争论是不相关的。但是有两个原因，让从"经典"人工智能（有时被称为"GOFAI"，即"好的老式人工智能"）向当代机器学习方法的逐渐转变的争论愈演愈烈。首先，经典人工智能的成就平平无奇；随着向新方法的转变（速度和数据访问量的大幅增加也起到了推动作用），性能呈指数级提升。其次，虽然经典的人工智能是在数千行密集的计算机代码中实例化的，但它的基本步骤可以用一页流程图或几段文字勾勒出来。[2] 相比之下，当今的人工智能程序描述起来要复杂得多，几乎不可能用笔和纸来勾勒。

经典人工智能的代码虽然复杂且令人生畏，但并不显得陌生。它通常是顺序的、命题式的和线性的。由于事件是按照特定的可识别顺序一次发生的，在此意义上它是顺序的。从明确声明（"A = x"）或条件指令（"如果 A = x，则执行 B"）的意义上说，它是命题式的。从它产生的输出变化与输入变化大致成正比的意义上说，它通常是线性的。

人类认知有时与经典人工智能相似（或者更准确地说，经典人工智能试图模仿人类有时发生的认知过程）；但这大多只是有限的认知，只涉及以顺序方式进行明确的命题式推理，即在活跃的工作记忆的"狭窄瓶颈（narrow bottleneck）"（意指有限的大脑空间）中

---

[1] S. Stich, *From Folk Psychology to Cognitive Science*, MIT Press, 1983.
[2] 用 LISP 编写的 GOFAI 代码可能看起来晦涩难懂，但它涉及到我们在执行熟悉的任务（如组装拼图游戏）时都会使用的递归步骤。

第三十三章 关于算法的争论：揭示"道德"人工智能实操化的固有困境

发生的推理。但我们现在明白，绝大多数认知处理都发生在这个瓶颈之外，因此也在意识之外。[3]

经典人工智能面临的第一个严峻挑战出现在20世纪80年代中期，当时出现了一系列有力的论证，即"并行分布式处理"（Parallel Distributed Processing, PDP，又称为"连接主义"或"联结主义"）程序，可以执行经典人工智能一直未能完成的认知任务，且其结果往往与人类表现相当甚至超越人类。其中大部分研究出现在鲁梅尔哈特（Rumelhart）、麦克莱兰（McClelland）和PDP研究小组的两本论文集中。[4] 到21世纪初，随着PDP方法趋于稳定，早期的一些热情有所减退，但这只是暂时的。在过去的十年里，该领域取得了迅速进展，部分原因是算法得到了改进，但主要是因为采用了基本的PDP方法，并大大提高了处理速度和能力，使系统能够在更大的数据矩阵上运行。[5]

至关重要的是，通过对遍布组织各部门和单位的并行分布式认知的作用的认识，我们对企业行为的理解也得到了提升。例如，"委托代理问题"的出现，正是因为组织不是遵循单一目标和行动计划的统一行动者。企业认知的分布式特点可能会导致一些病态现象，但它是组织相对于个体人类能力提升的根本原因，亚当·斯密在讨论"劳动分工"时就已认识到这一点。

二、可解释性

对计算机科学家来说，连接主义人工智能意味着更好的工程技术；这些越来越实用的工具使计算机能够大规模地完成实际任务。对认知心理学家来说，连接主义人工智能促使我们对意识在精神生活中有限作用的理解迎来了复兴。这个"新的无意识"与其说是一个弗洛伊德式的被压抑欲望的仓库，不如说是一个巨大的工厂车间，里面有数十个不同的团队在并行工作。[6] 这种新的理解有助于解释尼斯贝特（Nisbett）和威尔逊（Wilson）在1977年发表于《心理学评论》的一篇经典文章所提出的著名谜题。[7] 为什么当我们要求人们解释他们的推理时，他们会给出看似合理的答案，但这些答案却与他们的实际行为不

---

[3] 在区分串行处理和并行处理时，我们并不是在支持认知系统中两种系统（例如"系统1和系统2"）之间的简单二分法。这种二分法曾在帮助学者挑战民俗心理学假设方面起到了修辞作用，但它本身过于简化。大脑有无数种做事的方式，其中大多数都涉及到有意识和无意识成分的某种结合。意识、可控性、速度和准确性是认知的连续特征，而不是二分特征，它们的相关性因任务和背景而异（J. S. Evans, Dual-Processing Accounts of Reasoning, Judgment, and Social Cognition (2008) 59 Ann. Rev. Psychol. 255）。并行处理并非多数认知是无意识的唯一原因。大脑存储其自身工作的表征在解剖学和代谢学上都是高成本的——而且在逻辑上可以说是不可能的（W. James, *Principles of Psychology*, Henry Holt, 1890; G. Bateson, *Steps to an Ecology of Mind*, University of Chicago Press, 1972），因此，大脑似乎存储了目标-刺激-结果的联系，而不是连接它们的认知或运动过程（B. Hommel, Dancing in the Dark: No Role for Consciousness in Action Control (2013) 4 Front. Psychol. 380; T. Wilson, *Strangers to Ourselves: Discovering the Adaptive Unconscious*, Belknap Press, 2002）。

[4] D. E. Rumelhart, J. L. McClelland, and PDP Research Group, *Parallel Distributed Processing: Explorations in the Microstructure of Cognition*, Vol. 1: Foundations, MIT Press, 1986; D. E. Rumelhart, J. L. McClelland, and PDP Research Group, *Parallel Distributed Processing: Explorations in the Microstructure of Cognition*, Vol. 2: Psychological and Biological Models, MIT Press, 1986.

[5] Y. LeCun, Y. Bengio, and G. Hinton, Deep Learning (2015) 521 Nature 436.

[6] R. Hassin, J. S. Uleman, and J. A. Bargh, *The New Unconscious*, Oxford University Press, 2005.

[7] R. E. Nisbett and T. D. Wilson, Telling More than We Can Know: Verbal Reports on Mental Processes (1977) 84 Psychol. Rev. 231.

符，即使在最无害的任务中也是如此？（例如，消费者判断连裤袜的质量时，会受到他们考虑包装顺序的强烈影响，但他们不仅没有提到这一点作为一个影响因素，而且许多人否认这与他们的选择有任何关联。）易立信（Ericsson）和西蒙（Simon）反驳道，当被要求在任务中"大声思考"（think out loud）时，人们可以提供关于他们决策过程的有效信息，但这只在很窄的任务范围内有效，也就是在活跃的记忆瓶颈之内的任务中有效。[8]

随着 PDP 范式的出现，我们为什么对大部分认知缺乏内省变得更为清晰：因为我们的很多思维过程是同时并在多个层面进行的，而这些过程太多、太复杂，无法全部通过活跃的记忆这一有限的"瓶颈"来处理或解释。那么，尼斯贝特和威尔逊的实验参与者是如何解释他们的行为的呢？尼斯贝特和威尔逊认为，我们解释自己的行为就像我们解释我们观察到的某人的行为一样，通过提供一个似乎符合事实或能说服挑剔听众的临时性民俗心理学解释。[9]

这种不透明性通常延伸到道德认知上。海特（Haidt）认为："道德推理，当它发生时，通常是一个事后过程，在这个过程中，我们寻找证据来支持我们最初的直觉反应……人们有时会在'道德上哑口无言'——他们可以凭直觉知道某事是错的，即使他们不能解释为什么。"[10]

早期的一代人工智能研究人员，做出了巨大的努力来开发"专家系统"，这些系统在某些领域是专家，因为它们是基于公认的人类专家知识的明确编码。这些系统在某些情况下已经证明了它们的实用性，但由于各种原因，它们并没有达到最初的预期。早在 1988 年，科茨（Coats）就指出：

> 一个严酷的事实是，从专家那里获取知识构成了一个极其严重的"瓶颈"（再次注意瓶颈的隐喻）。[11] 很多时候，关键知识是如此根深蒂固，以至于专家们会不自觉地运用它，但却无法解释它。他们发现很难将直觉和本能感受转化为文字和规则（代码）。

科茨预测了当今的机器学习方法，并继续建议"这些问题最终可能通过'教'系统使用归纳学习来解决"。但是归纳往往会带来其自身的解释难题。当个人和组织中的单位随时间收集信息并使用归纳方法来理解它，他们便不太可能从其自身的分析中提炼出明确的决策原则，除非法律或制度要求体现某种官僚式理性才需要这样的解释。形式归纳方法，如贝叶斯定理和因子分析，之所以有助于信息分析，部分原因是它们提供了即使是相当博学的领域专家也可能无法察觉的洞见。当数字计算机（通常以大规模并行方式工作）被用来衡量归纳方法如何从信息中识别模式时，观察者就很难理解精确的逻辑，这就解释了为什么一个给定的翻译程序在某种情况下能捕捉到惯用表达方式的细微差别，而在另一种情况下却做不到。如何促进对此类结果的解释，这其中所涉及的二阶分析及用户界面选择，在某些情况下，其重要性不亚于一阶选择，即关于系统设计将如何在各类错误概率或性能属性之间进行权衡取舍的选择。

---

[8] K. A. Ericsson and H. A. Simon, *Protocol Analysis: Verbal Reports as Data*, rev. edn., MIT Press, 1993.

[9] See Nisbett and Wilson, above note 7; see also H. Mercier and D. Sperber, Why Do Humans Reason? Arguments for an Argumentative Theory (2011) 34 Behav. Brain Sci. 57.

[10] J. Haidt, The New Synthesis in Moral Psychology (2007) 316 Science 998.

[11] P. K. Coats, Why Expert Systems Fail (1988) 17 Financ. Manage. 77.

第三十三章 关于算法的争论：揭示"道德"人工智能实操化的固有困境

还值得注意的是，我们在生活中做出的一些最重要的决定——买哪套房子、加入哪家公司、是否结婚——往往与民俗心理学最为相似。对于这些决定，我们通常迫使自己缓慢而谨慎地思考，让自己的思维通过注意力的瓶颈。我们这样做是因为它能帮我们"做对"决定吗？可能是吧。真的能"做对"吗？也许吧。明确的"声明式"推理（"declarative" reasoning）缓慢且费力，但它确实对我们的决策起到了规范作用。它帮助我们放大了我们认可的论点和证据，并过滤掉了一些我们不喜欢的偏见和想法。成为某一领域的专家的一部分是学习识别有用的信息，并忽视或排除一些被误导或被某些规范系统（法律、道德、概率论等）所禁止的信息。通过采访和观察专家，我们通常可以确定应该向新手传授的规则和原则，我们可以制定明确的检查清单，以确保那些有专家判断力的人能够持续保持高水平的表现。[12] 过多的内省几乎肯定会使决策变得复杂或增加决策的成本。

我们的观点并不是说可解释性是不可能的，当然也不是说它是不可取的。相反，我们要警惕这两个假设——非人工智能决策必然是可解释和透明的，以及可以在不损失任何性能的情况下获得可解释性。[13] 我们提倡采用更现实的可解释性方法，这意味着要承认可解释性与其他目标之间的权衡，如技术效率、建立政治联盟以支持决策的便利性，或者在呈现相关信息时的坦率——即使这并不会促进相关决策者理解问题中所涉及的底层逻辑的能力。

当然，如果被忽视的目标在社会上是不恰当的（例如，金钱利益冲突），那么在决策过程中淡化或完全屏蔽某些目标是有价值的；但如果它阻碍了斯特恩伯格（Sternberg）意义上的"智慧"的出现，那可能就是一件坏事。在一系列巧妙的研究中，蒂莫西·威尔逊（Timothy Wilson）及其合作者已经证明了列出自己对一个判断的理由，实际上可能会产生按照各种标准来看更差的判断。[14] 例如，他们表明，分析理由会：

· 使得非专业人士的判断与专家的判断的相关性降低；
· 使得人们在之后的时间里对自己的选择更不满意；
· 使得人们更有可能在以后改变他们之前的判断；
· 导致过度自信和更多地依赖确认性偏见（confirmatory bias），降低了一个人宣布的判断与其随后行为之间的相关性。

因此，威尔逊得出的结论是，分析理由可能会让人们"对那些显著或容易想到的因素给予不成比例的重视——相对于其他本应（通常也应）在他们的判断过程中占有重要权重的因素"。[15]

当我们考虑是否要给出决策的理由时，我们需要权衡提供理由所带来的成本与其所带来的价值。给出理由可以使不透明的决策看起来更符合社会的期望，这些期望通常反映在法律体系中，即要求我们的政策制定者和机构避免任意决策。非任意性如何要求政府决策

---

〔12〕 D. L. Hepner, A. F. Arriaga, J. B. Cooper, et al., Operating Room Crisis Checklists and Emergency Manuals (2017) 127 Anesthesiology 384.

〔13〕 R. J. MacCoun, Psychological Constraints on Transparency in Legal and Government Decision Making, in A. Gosseries (ed.), Symposium on Publicity and Accountability in Governance (2006) 12 Swiss Political Sci. Rev. 112.

〔14〕 Wilson, above note 3.

〔15〕 See also J. McMackin and P. Slovic, When Does Explicit Justification Impair Decision Making? (2000) 14 Appl. Cogn. Psychol. 527.

的正当性？仅仅知道值得信赖的专家验证了算法的使用就足够了吗？可能不会。相反，我们应该问为什么非任意性是一个重要的原则，至少在民主制度中是这样。答案有两方面：其一，我们很少或几乎没有允许仅仅由一个人来做出重要决策，相反，我们强烈建议进行审议，并要求给出一些其他人能接受的合理理由。本章第一作者所在的法院的工作方式就是一个例子：撰写意见的人必须至少获得其他三人的投票。机构也是以这种方式工作的：团队共同证明决策的合理性，他们几乎总是需要向其他实体如法院或立法者进行论证。其二，我们期望知情的非专业人士能够充分审议政府决策，以决定他们是否想要接受或拒绝该理由。这至少需要公共机构实现所谓的"关系型非任意性"，即为知情的非专业人士提供充分的解释，以便他们审议和质疑可能影响决策的数据和算法细节的组合。这需要公开一些架构和数据，可能还需要进行一些基准测试。此外，可能还需要进行一些审计，以确保所讨论的算法和数据实际上是决策的核心内容。

与可解释性的"成本"相比，解释作为非任意性的一个要素，其价值强调了可解释性既不是纯粹的优点，也不是一种无关紧要的消遣。无论是在要求孩子展示她的作品，还是要求公司或公共组织对其决策负责，或是人工智能系统受技术要求的约束，需要给出人类可以理解的解释时，问题很大程度上都是关于管理决策成本的问题：即避免导致瘫痪的、昂贵的要求，这些要求会侵蚀快速、高效决策的好处，同时提供一种对有意义的决策进行审议的手段。人工智能既非这一问题的唯一面对者，也没有能绝对避免由此产生的复杂性的万全之策。

三、为人工智能监管这一迫在眉睫的问题提供"解决方案"

我们认为，管理人工智能不道德或危险行为的威胁，本质上有五种不同的方法。我们将"解决方案"放在引号中有两个原因。

第一类"解决方案"可能会解决问题，但主要是通过避免挑战和放弃利用人工智能可能带来的巨大好处。

卢德主义（Ludditism）认为我们应该禁止人工智能，因为它弊大于利。卢德主义者在过去从未成功过，我们怀疑大多数读者会同意我们的观点，也就是说，即使这种禁令是可能的，它也是基于一种毫无根据的悲观情绪，并且没有认真权衡我们将要放弃的利益。

受限型人工智能（Restricted AI）是一种不那么极端的可能性，我们可能会要求人工智能设计者以某种方式削弱他们所设计的程序，从而将程序可能造成的危害降到最低。原则上，这似乎比卢德主义的立场更可取。它在克里斯蒂安·惠更斯（Christiaan Huygens）和后来的詹姆斯·瓦特（James Watt）发明的"调节器"（governors）中有先例，分别用于控制风车和蒸汽机。在很大程度上，这已经在人工智能中通过使用校验和、哈希和其他计算完整性检查而变得普遍。但是，考虑到人工智能应用领域的复杂性和多维性，这似乎不太可能提供完整的解决方案。

沙盒机制是一个相关的选择；我们不是要削弱人工智能，而是要限制它与世界互动的能力。同样，这有很多先例，但如果执行得太严格，就会放弃人工智能的许多好处。

第二类"解决方案"尽管看起来很有前景且重要，但最好将其视为持续"管理"（managing）人工智能风险的工具。我们认为以下三种方法结合使用效果最佳：说服与社会化（persuasion and socialization）；事前的规则与激励；事后的问责机制。这是我们用来管理公司行为和儿童行为所带来的挑战的主要工具,出于同样的原因,它们也将成为我们用于管理人工智能的主要工具。我们依次讨论每一个问题,然后再重申为什么这些工具——尽管它们在各种情况下都很有价值——往往不能消除或有效解决社会价值冲突。

四、说服与社会化

为人父母的一项核心任务就是努力教导我们的孩子以一种亲社会的方式行事,或者至少不要以一种反社会的方式行事。任何尝试过这一点的人——以及我们所有被父母抚养长大的人——都非常清楚地理解这一父母职责的重要性,以及父母履行这一职责的局限性。

如果我们想要让人工智能社会化,我们想要向它们灌输什么?

1. 价值

将问题定义为价值问题似乎很有前景,因为它与经济学家、工程师和计算机科学家解决问题的方法紧密相连——他们明确地将某些标准操作化,使其在满足某些约束条件下的最大化或最小化。但这有几个缺点:其一,像"仁慈"或"忠诚"这样的价值是高度抽象的,很难以算法可以追踪的方式操作化。事实上,价值观的抽象性会使它们对人类行为的预测能力相对较弱,除非在大量人群和多种行为中进行汇总分析。[16] 其二,人类价值之间存在着固有的权衡。例如,在施瓦茨(Schwartz)的人类价值心理测量分类中,"安全"价值与"自我导向"价值负相关;"刺激"(兴奋、新奇、多样)价值与"传统"和"顺从"价值负相关。其三,虽然大多数人在孤立的情况下支持这些价值中的每一个,但在这些价值的排名上,个体和文化之间存在着巨大而稳固的差异。直接承认和面对这些权衡在心理上是令人反感的,在政治上是尖锐的,所以人类学会了一套丰富而微妙的技能来应对这些权衡,[17] 包括虚伪、否认和合理化。事实上,将价值表述为高度抽象的一个吸引力在于,它有助于掩盖在实施这些价值时所涉及的权衡。

2. 伦理和道德

道德推理有一种"理性主义"传统,它主张采用某种明确的规则或原则。科尔伯格(Kohlberg)提出的道德推理阶段是一个早期的例子。[18] 其主张大致为,在人的一生中,人们会经历一系列不同的道德原则。在最低层次,人们通过行为是否得到奖励或惩罚来判断其道德性。在中间层次,人们把道德与常规(conventionality)等同起来,即看其他人做了什么,其他人容忍或谴责了什么。在最高层次,人们会依据抽象的、基于权利的逻辑来评判某一行为在其背景下的道德性。米哈伊尔(Mikhail)认为,道德推理的运作方式近似于诺姆·乔姆斯基(Noam Chomsky)的语言判断理论。[19] 乔姆斯基认为,人们天生就具备一种普遍的语法,这种语法会产生关于语法性的强烈直觉;而米哈伊尔认为,人天生就具备一种普遍的道德准则,这种准则会让人对某种场景下什么行为是允许的、必须的或禁

---

[16] I. Ajzen and M. Fishbein, *Understanding Attitudes and Predicting Social Behavior*, Prentice-Hall, 1980.

[17] A. P. Fiske and P. E. Tetlock, Taboo Trade-Offs: Reactions to Transactions that Transgress the Spheres of Justice (1997) 18 Political Psychol. 255; J. Robbennolt, J. Darley, and R. J. MacCoun, Constraint Satisfaction and Judging, in D. Klein and G. Mitchell (eds.), *The Psychology of Judicial Decision Making*, Oxford University Press, 2010.

[18] L. Kohlberg, *Essays on Moral Development*, Vol.I: *The Philosophy of Moral Development*, Harper & Row, 1981.

[19] J. Mikhail, *Elements of Moral Cognition: Rawls' Linguistic Analogy and the Cognitive Science of Moral and Legal Judgment*, Cambridge University Press, 2011.

止的产生强烈的直觉。

正如我们前面提到的，还有另一种传统观点认为，道德推理深受情感甚至本能的影响。[20] 这种传统是积极的、描述性的，而不是规范性的；虽然许多人认为我们希望人工智能使用理性主义的道德原则，但几乎没有人会声称我们希望人工智能模仿人类的情绪，至少不希望它模仿厌恶、轻蔑和怨恨等情绪。模仿同情、同理心和怜悯呢？也许吧。与价值相关的文献中，各种价值很容易被单独接受和支持，但是要对这些价值进行相对排名却很困难。然而，就行为的错误性而言，证据表明人们在对行为的错误性进行相对排名上存在相当大的共识，即大家普遍同意哪些行为比其他行为更错误。但是，在判断某一特定行为的绝对错误性或应受责备的程度方面，人们的意见就不太一致了。[21] 此外，许多情况下需要代理人做出"两害相权取其轻"的选择，就像在紧急医疗救援的场合，伤害或损失已经无法避免，但决策者必须决定哪个选择相对来说更加可以接受，或者哪个损失相对较小。现在关于"电车难题"的大量文献说明了这一点，许多人都在寻求该文献的指导，以发展和评估合乎道德的人工智能算法。电车难题代表了两种道德思想流派之间所采用的伦理方法：功利主义和道义伦理。该问题的大致情形如下：有一个人看到一辆失控的电车正冲向主轨道上躺着的五个被绑着的人，另一个人站在控制道岔的拉杆旁边，如果他拉下拉杆，电车将会被改道至侧轨，从而拯救主轨道上的五个人；然而，侧轨上躺着一个人。因此，存在两个艰难的选择：①什么也不做，让电车撞死主轨道上的五个人；②拉下拉杆，使电车改道至侧轨，杀死侧轨上的那一个人。

无论如何，向他人——甚至我们自己——灌输伦理道德的做法都是有局限性的。[22] 正如在孩子和公司这两种不同情境下，伦理道德的社会化方式存在差异，机器学习提炼道德等复杂概念的方法，与我们通常认为的儿童学习道德等社会化行为的方式，可能并不太一样。在孩子的社会化过程中，我们通常期望通过日常互动和教育来传授道德观念，而在机器学习中，提炼道德这种"模糊"且充满争议的概念，可能更加依赖于算法和数据分析。机器是否更容易或更难实现这种社会化，还有待观察。但目前难以接受的观点是，"社会化"这一概念在机器智能伦理道德能力的发展中几乎或根本没有地位。

3. 公平

另一类文献将问题归结为"公平"问题，特别是在关于稀缺商品和服务分配的决策（或至少是辅助决策）算法方面，如医疗分类、招聘决策、大学录取决策等。与关于价值的文献一样，对公平的呼吁也带来了抽象性的问题（每个人都支持公平，但公平到底是什么），以及评估标准之间的冲突。例如，程序公平与分配公平是不同的。在分配公平中，有许多不同的标准来评估一组给定的结果是否公平，正如在涉及亚里士多德、边沁、康德、帕累托、罗尔斯以及许多其他人的漫长对话中所讨论的那样。

---

[20] Haidt, above note 10.

[21] P. H. Robinson and R. Kurzban, Concordance and Conflict in Intuitions of Justice (2006) 91 Minn. Law Rev. 1829.

[22] See M. H. Bazerman and F. Gino, Behavioral Ethics: Toward a Deeper Understanding of Moral Judgment and Dishonesty (2012) 8 Ann. Rev. Law Soc. Sci. 85; Y. Feldman, *The Law of Good People: Challenging States' Ability to Regulate Human Behavior*, Cambridge University Press, 2018; N. Mazar and D. Ariely, Dishonesty in Everyday Life and Its Policy Implications (2006) 25 J. Public Policy Mark. 117.

最近在使用机器学习为"模糊"概念赋予意义方面的进展，无疑会提高我们对道德和公平等概念的理解。[23] 然而，正如对儿童行为总体情况或企业合规的深刻理解本身，并不能保证我们推导出合理的儿童或企业行为规范标准一样，这些进展也不太可能最终解决有关算法的最困难和最重要的争论。根本的困难不仅仅在于构建一个框架，以从行为、自我报告的描述，甚至生理反馈中归纳出诸如"合理性"这类"模糊"概念，或在特定情境下的"公平性"的某种表征。这就是要认识到，我们所观察到的世界的任何特征，无论是人类行为（有些人可能称之为"显示性"偏好）还是功能性磁共振成像（fMRI）数据（即大脑对特定刺激的反应活动），与某些解释性群体所渴望达到的理想世界状态之间，很可能存在区别。人们可以选择以一致的方式行事，即使他们认为这种行为方式不是最佳的，所以我们几乎总是通过机构和它们之间的对话来协商，不仅要讨论现有行为在多大程度上体现了社会期望，还要讨论评判这些期望的适当标准是什么。[24] 正如下面所解释的，尽管我们对如何使用事前规则和事后制裁来塑造行为的理解越来越深，但类似的基础性问题仍然存在。

五、事前规则，事后问责

理想情况下，我们希望算法能够像我们的公司和孩子一样，内化良好的价值和道德指南。但是，当这一点无法实现时，我们会设定事前规则，并通过事后的结果来执行这些规则。[25] 然而，在实践中，就如何做到这一点，达成共识并非易事。即使公众普遍认同保护言论自由或防止无正当理由杀人等广泛原则，但问题往往出在细节上。法院、立法机构和公众对话中经常会出现关于一个人或实体（如孩子或公司），应对违反规范的行为承担多大责任的激烈争论，这反映了这样做的可行性的实践和道德问题。此类辩论可能越来越多地涉及针对特定算法或系统进行直接事后问责等做法的实际影响（或许最终还会涉及道德和伦理影响）。例如，不难想象一个人工智能系统利用巨大的计算能力来推进一种强化学习算法，该算法的目标是在不违反法律的前提下最大化企业收入。如果该系统按设计运行，其性能将受到事后信号的影响，该信号表明其行为（或它推荐给用户的行为）违反了法律规范。

当我们考虑社会如何使用事前规则和事后问责来塑造人工智能系统的行为及其使用者的行为时，值得记住的是，在这个过程中，尽管存在不完善之处，但我们已经在监管机器人和人工智能了。[26] 我们通过以下方式实现这一点：当医生被指控不当行为并寻求自我辩护时，适用侵权法；通过合同法来指导两个自主系统之间达成的协议是否有效；通过刑法来判定那些依赖可疑交易检测系统、却允许洗钱或欺诈行为发生的人，是否可能犯有故意

---

[23] P. S. Thomas, B. Castro da Silva, A. G. Barto, et al., Preventing Undesirable Behavior of Intelligent Machines (2019) 366 Science 999.

[24] M. F. Cuéllar and J. Mashaw, Regulatory Decision-Making and Economic Analysis, in F. Parisi (ed.), *The Oxford Handbook of Law and Economics*, Oxford University Press, 2017.

[25] 有关这些问题的深入分析，see B. Casey, Robot Ipsa Loquitur (2019) 108 Georgetown Law Journal 225, https://ssrn.com/abstract=3337673.

[26] M. F. Cuéllar, A Common Law for the Age of Artificial Intelligence: Incremental Adjudication, Institutions, and Relational Non-Arbitrariness (2019) 119 Columbia Law Rev. 1775.

视而不见的罪行（guilty of willful blindness）；通过知识产权法来指导我们决定谁拥有由人工智能系统制作的歌曲或超凡脱俗的图片的所有权。行政法和宪法规定了公职人员可以在多大程度上委托他人做出关于如何执法、如何分配稀缺利益以及何种理由可作为监管的可接受理由的选择；通过反垄断法和消费者保护法，使那些在开发机器人过程中进行共谋的人和组织，或者在没有告知用户的情况下容任数据泄露发生的人和组织，都要承担相应的法律责任。

在决定如何将事前规则和事后问责联系起来以支持社会期望的人工智能使用时，一个关键问题是如何利用"意图"或任何形式的内部认知与行为表征，这一问题对个人和公司来说同样一直存在。考虑到就业歧视诉讼很少取决于雇主有明确计划以种族主义方式行事的"确凿"证据。相反，原告首先会试图确定"差别性影响"——即受保护的少数群体与其他群体在雇佣或其他结果上的显著统计差异。然后，原告会试图证明这种差异实际上影响了他们的选拔结果。被告则需要证明选拔是基于与工作绩效相关的因素。在审判中，评估这些相互冲突的诉求，涉及对选拔过程中使用的变量的统计有效性进行实证证据评估。预测（或标准）有效性的问题是指，所讨论的变量是否在统计上能预测绩效结果。如果是这样的话，内部有效性问题就在于这种相关性是否是虚假的——也就是说，是否仅仅是由于绩效的某些有意义的因果决定因素（例如，培训、经验）与受保护群体之间的相关性所造成的。此外，还存在一个结构有效性问题，即表面上相关的筛选变量（例如，智力测试分数）是否实际上在衡量它们应该衡量的内容。在某些方面，人工智能算法隐藏了这个问题，因为它们是在没有理论支持的情况下运行的，使用了数十个变量，同时忽略了它们的标签。

事实上，建立歧视模式的更具说服力的方法之一是使用"对应测试"（correspondence tests）——这是一项调查或实地实验，其中雇主、贷款人和市场上的其他行动者会收到来自不同种族、性别或其他表面上不相关的特征的人的申请，但他们在资历和背景特征方面是可以比较的。[27] 这实际上可能是测试人工智能算法的最有效方法，特别是在深度学习系统的情况下，因为直接检查代码可能无法解决关于算法是否以歧视性方式运行的争议。

我们对人工智能的恐惧至少部分归因于其异质的"黑箱"特性，但我们已指出，普通人类和公司也缺乏透明度，而且往往比民俗心理学所暗示的更不透明、更难以解释。这是否意味着我们应该停止担忧，学会爱上人工智能？也许吧，但保持警惕和主动参与似乎是恰当的。人工智能带来的最大威胁可能不是其不可穿透性（impenetrability），而是其潜在的相关风险。我们经常遇到其他人的不负责任、鲁莽甚至恶意的行为（以及公司行为）。但这些事件通常以相当随机的速率出现，一次只发生一个危机。人工智能算法的易复制性使得任何判断错误所导致的危机可能普遍发生，因为每个副本都是由相同的输入条件触发的。

这种风险几乎肯定会成为社会讨论的一个重要部分，即社会将讨论如何利用现有或新的法律安排，以便尽可能使人工智能系统的表现符合社会的利益。然而，我们不仅可以利用某种形式的说服和社会化，还可以利用事后结果（问责）来影响人工智能的性能和使用，但这留下了两个棘手的问题：如何在相互竞争的价值中确定优先级，以及如何在实际操作

---

[27] E. Zschirnta and D. Ruedina, Ethnic Discrimination in Hiring Decisions: A Meta-Analysis of Correspondence Tests 1990-2015 (2016) 42 J. Ethn. Migr. Stud. 1115.

中实现某一特定价值——甚至是一个相对简单且根植于法律体系的价值，如在警察拘留讯问嫌疑人时，必须告知他们有权保持沉默——当它必须应用于一系列具体事实时。

六、价值冲突的持续存在

鉴于影响人工智能性能的各种法律机制本身存在不完善之处，以及与价值问题相关的人类经验和心理过程范围广泛，因此，即便功能强大的公共机构主要只是疏导价值冲突（channel value conflict），而非彻底解决冲突，也就不足为奇了。当人们试图用简单的优化方式来解决复杂的治理问题时，特别是当这种优化方式似乎可以轻易地通过一个公正的人工智能系统来实现时，他们可能没有真正理解公共机构，尤其是最高法院所面临选择的复杂性和深刻性。在面对复杂或困难的决策时，政治理论和实际的信仰或原则经常会交织在一起，使得决策过程变得更加复杂。

在许多社会中，价值冲突持续存在，且制度在缓和由此产生的紧张关系方面发挥着作用。我们认为，这充分说明了对寻求一套统一的伦理原则来规范人工智能表现的热情，应持谨慎态度。事实上，治理往往是疏导价值冲突的一种手段。政府通常更倾向于解决冲突，而非追求最优解，这样的例子不胜枚举。在正常运作的民族国家的历史关键时刻，必须将实际或潜在的暴力冲突纳入制度规范，就像美国20世纪30年代和20世纪40年代的劳工冲突，以及20世纪60年代末和20世纪70年代的公民权利冲突一样。[28] 这一过程并不一定集中在某个特定领域的最优或最有效方面（例如，什么将促进最有效的工业生产），而集中在什么将维持政治体系的稳定。这就是为什么如果仅仅基于现状与基于人工智能的决策过程（假设该算法旨在优化特定的政府职能，并且拥有正确的数据和分析要素）可能提供的结果之间的差异，来评估特定政府流程的有效性，往往会产生误导。如果我们关心某一司法辖区内人民的社会福利，我们也想知道某一部门（例如，药品监管或审前拘留决定）的效率提高会如何影响其他领域的冲突和妥协。这就是为什么政府活动并非完全独立于某些等级结构——例如总统或最高法院——之外，这些等级结构是可问责的，或至少是遵循原则的。

以下是关于治理即管理冲突"（governing is about managing conflict）的一些其他例子：在宪政民主中，立法交易（legislative deals）促进了引入低效或弊端（实施延迟、保留漏洞或困难）的立法的通过；激烈的妥协使政府能够行使巨大权力，但须受到行政约束，这些约束强制要求公开通知和评论，并允许司法审查，但会放慢行动速度；各国都渴望通过听证和裁决获得"合法性"（legitimacy），即使这样做代价高昂；关于公共部门雇员的就业条款和规定，旨在确保公共部门的就业活动在法律和政策的框架内进行；当然，对一些国家来说，威权制度公然（有时甚至是残酷地）阻止冲突。所有这些方法都给政策制定者和利益相关者带来了各种成本，从适应相互竞争的目标到因依赖分散权力的程序造成的延误和体制瘫痪的风险。[29] 然而，旨在利用强制手段限制冲突风险的社会也面临着次生风险，即

---

[28] M. F. Cuéllar, M. Levi, and B. R. Weingast, Twentieth-Century America as a Developing Country: Conflict, Institutional Change, and the Evolution of Public Law (2019) 57 Harv. J. Leg. Legis. 1.

[29] M. F. Cuéllar, From Doctrine to Safeguards in American Constitutional Democracy (2018) 65 UCLA Law Rev. 1398.

他们的强制手段将激起足够的反弹,给政权带来巨大成本。如果存在一种方法,可以利用人工智能在不满情绪激发敌对组织结构之前精准地定位并解决它,或者通过将政治分歧转化为一种类似于消费者追求积分最大化的欲望来驯服这种分歧,那么这种方法将对一些政权具有吸引力。

完全通过共识、代价高昂的妥协或强制手段来寻求缓和冲突的另一种选择是,在更加无序的政治过程中接受一定程度的摩擦、分歧和意外。如果我们能够降低直接暴力或制度崩溃的风险,那么一定程度的社会或政治摩擦实际上可以产生积极的效果。这种摩擦可以促使社会中不平等的利益相关者群体,去深入思考现有做法对那些从当前制度安排中获益较少的人群产生的长期影响。此外,它还可以打破对传统或秩序的固有诉求,为治理创新留出空间,并降低现有权力联盟试图限制异议或政治挑战的风险。[30] 随着我们从专门用于社会保障裁决或证券交易委员会执法的领域特定人工智能系统,转向更全面的系统以辅助社会规划,关于如何平衡不同冲突管理策略的优势,我们可能会面临更多选择,这将促使我们更明确地讨论社会中分歧的价值,以及如何将其融入冲突管理。

在那些有责任为其决策提供正当理由的机构(如政府部门)中,多年来,我们已经在某种程度上成功地将冲突疏导为讨论机构的行为是否随意或任意。这种询问几乎总是"关系性的",从某种意义上说,它围绕着一种论点展开,即利益相关者群体可以充分了解问题,从而允许他们参与关于如何解决问题以及解决成本的对话、辩论和决策。[31]

这意味着,通过以下三个问题,评估我们的机构及其吸纳相关利益相关者价值观的能力是合理的:首先,这一做法是否有我们可捍卫的、非任意性的原则基础;其次,机器或分析工具与人类之间的关系是否传达出了分析中涉及的一些复杂性以及决策中相互竞争的价值观;最后,决策过程是否支持参与或受该决策影响的社群中部分成员对决策进行进一步的审议。

七、结论:并行认知、制度设计和"合乎道德的"人工智能的运作

我们认为,现代人工智能算法的不透明性和并行分布式特性,实际上在很大程度上被企业和普通人所共享。神经科学和认知科学的学者,对关于意识、意图和行动的普通"民俗"直觉,提出了深刻的挑战,但对于这是否意味着我们的问责制度需要做出任何改变,仍存在相当大的分歧。[32] 事实上,有些人甚至认为,意识可能出于社会原因而进化——作为与他人交流和解释自己的一种方式。[33] 反过来,在评判和制裁他人行为时,我们较少依赖"若非"(but for)的因果关系——是什么因果过程导致了这种行为?——而更多地依赖于对"行为者能否做出其他选择?"的评估。[34] 因此,即使其他人的行为是由他们意识之

---

[30] See J. C. Scott, *Seeing Like a State: How Certain Schemes to Improve the Human Condition Have Failed*, Yale University Press, 1999.

[31] M. F. Cuéllar, A Common Law for the Age of Artificial Intelligence: Incremental Adjudication, Institutions, and Relational Non-Arbitrariness (2019) 119 Columbia Law Rev. 1773.

[32] J. Greene and J. Cohen, For the Law, Neuroscience Changes Nothing and Everything (2004) 359 Phil. Trans. R. Soc. Lond. B 1775; D. M. Wegner, *The Illusion of Conscious Will*, MIT Press, 2002.

[33] Mercier and Sperber, above note 9; Hommel, above note 3.

[34] V. L. Hamilton, Intuitive Psychologist or Intuitive Lawyer? Alternative Models of the Attribution Process (1980) 39 J. Pers. Soc. Psychol. 767; S. Nichols, The Folk Psychology of Free Will: Fits and Starts (2004) 19 Mind Lang. 473.

外的因果过程产生的,人们也可能认为这些行为人能够观察到他们行为的后果,并在不适当或不良行为出现后不久采取积极措施来纠正。[35]

事实上,尽管我们取得了令人印象深刻的技术成就,建立了完善的法律和教育体系,但人类在处理价值冲突时,往往不会试图在任何给定的情境中强加单一的正确答案。即使在缺乏对民主全面承诺的政权中,社会也会广泛利用有助于我们达成妥协的制度,至少在它们运作良好的时候是这样。这些冲突往往发生在民主响应性、对待被指控者或需要特别关注者的个体公平性,以及关于社会效率的专业判断之间。我们有相互竞争、不完美的方法来捕捉"道德价值",其中任何一种都不是没有取舍的——包括观察行为、理解人们所说和所写的内容,以及观察他们的行为和所宣称的信仰,如何随着时间的推移而发展变化。将"合乎道德的"人工智能的概念付诸实践,就是要引发这些辩论。

因此,我们怀疑在这一领域最有前途的方式,是假设我们总是能够甚至经常能够捕捉到共识性伦理(consensus ethics)——尽管在某些情况下这是可能的。相反,我们应当努力构建能够考虑到各种竞争压力和想法的系统,这些想法和压力反映在一场有力的辩论中,就像在一场论据充分的法庭案件中,或者当一群见多识广的医生就病人的治疗进行争论时,或者当几种不同的宗教传统讨论如何抚养他们的孩子时一样。这些系统不仅可以被设计用来捕捉辩论的本质,而且能够运用各种原则来寻求关于某些不同的伦理和政策优先级的妥协与和谐,同时保护其他方面的利益不受妥协争论的影响。任何此类努力的核心,都是意识到关键利益相关者之间的价值冲突,以及人类决策的根本不透明性,这长期以来给了社会一个理由,即建立能够疏导冲突并达成不完美、临时解决方案的制度,而与此同时,一定程度的分歧和创新仍在继续。这种相互竞争的价值和利益的遗产,将使大多数社会继续争论算法问题——这是正确的。

---

[35] B. Weiner, *Judgments of Responsibility: A Foundation for a Theory of Social Conduct*, Guilford Press, 1995.

第三十四章

人机交互的嵌入与算法

马里亚诺-弗洛伦蒂诺·库埃拉（Mariano-Florentino Cuéllar）
翁岳暄（Yueh-Hsuan Weng）
何之行（Chih-hsing Ho）[*]

引言

对许多人来说，人工智能（有时被称为智能软件代理）与主要通过人工智能使用算法进行控制的系统之间存在着界限。这种二分法的一个例子是机器人，它们有物理形态，但其行为在很大程度上依赖于指导其行动的"人工智能算法"。更具体地说，我们可以将软件代理视为一个实体，它由算法指挥并执行许多目前需要由人类完成的智力活动。软件代理可以存在于虚拟世界中（如虚拟机器人），也可以嵌入控制机器的软件中（如机器人）。对目前许多由算法控制的机器人来说，它们代表着在物理环境中重复执行任务的半智能硬件。这一观点基于以下事实：自 20 世纪中叶以来，大多数工业用机器人应用都是由支持重复性机器动作的算法驱动的。在许多情况下，工业机器人通常在封闭的环境中工作，如在工厂车间，它们不需要"先进"的人工智能技术来发挥作用，因为它们通过算法来指导末端执行器的重复运动，从而完成日常工作。然而，最近出现了一种新的技术趋势，即人工智能与机器人的结合，通过使用复杂的算法，机器人可以适应复杂的工作方式，并在开放的环境中发挥社会功能。我们可以把这些融合的技术产品称为"嵌入式人工智能"，或者更广义的"嵌入式算法"。

利用算法运行的嵌入式系统为以下方面带来了新的人机交互（HRI）可能性，例如为开发交互界面提供了更广泛的可能性。使用算法驱动的机器使这些新界面成为可能，并开始挑战既有的法律领域。例如，基于算法在不同技术（如互联网和机器人）中的普及，可以设计出一种联网的人形机器人来满足人类的需求。虽然这样的系统乍看起来可能是一个独立的系统，但实际上它的感知和决策能力与它所处的网络化智能环境息息相关。笔者认

---

[*] 本研究工作主要由日本学术振兴会（JSPS KAKENHI）资助（编号：19K13579），并得到斯坦福大学法学院跨大西洋技术法律论坛（Transatlantic Technology Law Forum）关于"医疗保健机器人"（Healthcare Robots）、斯坦福大学法学院跨大西洋技术法律论坛关于"医疗保健机器人：欧盟与美国数据保护比较分析"、台湾地区"中央研究院"项目："数据安全与人才培养项目——子项目：医疗领域的人工智能"的部分支持。此外，还要对伍德罗·巴菲尔德教授就本文提出的宝贵建议表示衷心感谢。

为，这种智能化和网络化的系统将给既有的法律领域，特别是新兴的算法法律所带来的新挑战。例如，当算法驱动的机器人与云计算，[1] 以及当算法利用远程服务器将语音转换为文本[2]（尤其是在无处不在的机器人 Ubi-Bots 的访问控制中）时，数据保护和隐私就有可能面临新的威胁。[3] 在这一点上，笔者注意到，当前的信息隐私保护立法是以数据为驱动力的，但由算法控制的机器人可以通过各种方式（即并非总是以数据为驱动力）执行任务——例如，在收集个人信息或与人类互动时。因此，这类系统正在模糊现行数据保护和隐私法的界限。显然，现行隐私和数据收集法律与算法驱动系统收集个人数据的能力之间存在法律空白——笔者将在本章探讨这一问题。

在本章中，笔者将讨论人工智能实体的嵌入对于算法法律具有特殊意义的观点，因为使用算法的人工智能嵌入形式可能会导致在社会互动中收集用户的个人信息。笔者注意到，"嵌入"作为智能机器人的一个特征，在隐私和数据保护法领域很少被提及。因此，在本章中，笔者将研究由算法控制的嵌入式系统与其对隐私和数据保护法的影响之间的关系。作为一种能突出想要表达观点的技术，笔者将重点关注医疗保健机器人，因为它们可以利用不同类型的社交互动以多种方式与人类互动。本章的目的在于确定算法驱动系统的使用（如提供医疗服务并与人进行社交互动的机器人）将如何影响 HRI 中的隐私和数据保护。

一、算法的应用

我们从一般观察开始。算法不仅用于指导机器人的行动，也是人们日常生活的一个重要特征。例如，指导电子商务推荐系统的算法通过连接具有相似兴趣的其他用户的记录，向用户展示消费者可能感兴趣的不同产品。从社会科学的角度来看，这类系统受到"六度分隔理论"和"社会网络理论"的启发。[4] 此外，定向广告也使用算法，根据特定用户的在线消费行为确定适合个人的广告。此外，加密算法还用于确保电子商务和数字金融交易的安全。算法驱动系统的进步还在需要人类高水平认知技能的游戏中取得了成功。例如，2016 年，DeepMind 的 AlphaGO 人工智能软件击败了围棋传奇人物李世石。[5]

算法设计技术正在使系统具备学习能力，并因此参与到需要与人类进行社会互动的众多应用中。基于计算和互联网技术的进步，如在云计算和大数据收集方面的进步，学习算法正越来越广泛地应用于信息技术领域。例如，芝加哥警察局使用伊利诺伊理工学院开发的"战略主题算法"来创建一个名为战略主题清单（SSL）的风险评估分数，该分数范围

---

[1] U. Pagallo, Robots in the Cloud with Privacy: A New Threat to Data Protection? (2013) 29 Comput. Law Secur. Rep. 501.

[2] J. F. Hoorn, Mechanical Empathy Seems Too Risky. Will Policymakers Transcend Inertia and Choose Robot Care? The World Needs It, in G. Dekoulis (ed.), *Robotics: Legal, Ethical and Socioeconomic Impacts*, IntechOpen, 2017.

[3] Y. H. Weng and S. T. H. Zhao, The Legal Challenges of Networked Robotics: From the Safety Intelligence Perspective, in M. Palmirani, U. Pagallo, P. Casanovas, and G. Sartor (eds.), *AI Approaches to the Complexity of Legal Systems: Models and Ethical Challenges for Legal Systems, Legal Language and Legal Ontologies, Argumentation and Software Agents*, Springer, 2012, Vol. 7639, pp. 61-72.

[4] D. J. Watts, *Six Degrees: The Science of a Connected Age*, W. W. Norton, 2004.

[5] Artificial intelligence: Google's AlphaGo Beats Go Master Lee Se-dol, BBC (March 12, 2016), www.bbc.com/news/technology-35785875.

从 1 到 500 分不等。[6] 在这一算法的协助下，芝加哥警方分配警务资源目的是防止未来可能发生的枪支暴力事件，并将有限的警务资源优先用于高风险地区。根据反映该算法使用情况的数据，芝加哥的枪击率在实施该计划后下降了 39%。[7] 在交通领域，具有学习能力的算法被用于改善自动驾驶汽车对现实世界的视觉感知，而用于医疗领域的算法则提高了对某些疾病的识别率。

虽然上述使用算法的例子导致了对既定法律领域的挑战，但一个不断发展的问题（本章的重点）涉及在社会中使用学习算法可能带来的法律后果。举例来说，替代制裁的罪犯管理分析画像系统（COMPAS）代表了一种利用机器学习算法协助刑事案件法官评估被告再次犯罪风险的软件。自 1998 年开发以来，该算法系统已用于评估 100 多万名罪犯。[8] 在医疗领域，算法正帮助医生分析复杂的数据，并在一个名为"配对肾脏捐赠"的项目中为肾脏移植提供合适的捐赠者建议。配对肾脏捐赠项目的历史不长，始于 2000 年，该项目每年仍在处理更多的病例。例如，2018 年，12% 的活体肾脏捐献来自配对捐献者，[9] 基于算法建议的捐献者和患者之间的匹配。

尽管在过去二十年里，用于决策支持系统以协助许多专业领域的人类专家的算法已显示出巨大的潜力，但最近深度学习算法的发展趋势引起了人们对使用学习算法的责任性的潜在担忧。对深度学习算法的一个主要批评是基于其"不透明"或"黑箱"特性。在自主训练之后（如在无监督深度学习的情况下），深度学习算法会从输入到算法的额外输入中生成新的输出，但输入和输出之间的因果关系对系统中的人或受算法决策影响的人来说可能并不清楚。这种不可预见的情况可能会导致利益相关者之间因设计和使用基于深度学习算法的技术而产生责任差距。例如，在上述例子中，我们如何确保 COMPAS 软件的算法在计算分数时不会出现偏见？关于这一点并结合配对肾脏捐献项目的例子，这也会引发伦理问题。

假设有两个病人 A 和 B 都遇到了紧急医疗危机，而他们的肾脏恰好与捐赠者 C 的肾脏相匹配。此外，假设只有 A 或 B 可以接受 C 的肾脏捐赠，在这种情况下，没有接受捐赠的病人将承受负面的健康后果。从伦理学的角度来看，是否应该用算法（数学）来决定谁接受移植，从而决定谁生谁死？现在再进一步考虑，A 是一位退休的民族英雄，但患有多种严重的慢性疾病，即使接受肾移植，也被认为寿命不长。与此相反，B 是众所周知的惯犯，但他是单亲家庭，有一个 5 岁的女儿，如果移植手术成功，他可能会长命百岁。在这个例子中，社会是否应该委托算法根据其接收到的参数进行计算，决定谁能活下去？算法所表现出的任何偏见、误判或缺乏道德清晰度都可能带来悲剧性后果。这个特殊的例子及其伦理影响，唤起了人们对允许算法在涉及道德和伦理问题的领域执行人类决策这一问题的认

---

[6] Strategic Subject List (SSL), Chicago Data Portal, https://data.cityofchicago.org/Public-Safety/Strategic-Subject-List/4aki-r3np.

[7] J. Gunter, Chicago Goes High-Tech in Search of Answers to Gun Crime Surge, BBC (June 19, 2017), www.bbc.com/news/world-us-canada-40293666.

[8] J. Dressel and H. Farid, The Accuracy, Fairness, and Limits of Predicting Recidivism (2018) 4 Sci. Adv. eaao5580.

[9] C. Purtill, How AI Changed Organ Donation in the US, QUARTZ (September 10, 2018), https://qz.com/1383083/how-ai-changed-organ-donation-in-the-us/.

识，以及更广泛地认为或许应该对算法进行监管的想法。

除此之外，上述例子表明，使用《世界人权宣言》所引发的一个重要辩论是算法涉及对各利益相关者的问责问题。法律学者 Frank Pasquale 和数学家 Cathy O'Neil 用宏观视角分析了当许多社会问题的运作交织在一起并被大数据和算法接管时，如何形成问责缺口。[10] 除了算法的问责制，算法法律的重要问题还包括对算法驱动系统的监管和对人工智能生成作品的法律保护，以及使用算法导致损害时，对言论自由、隐私和损害赔偿责任的挑战。

二、机器人中的嵌入式算法

如前所述，算法法律的另一个重要问题是嵌入式人工智能（本章以医疗保健机器人为例）的隐私和数据保护。在人口老龄化的背景下，特别是在东亚、欧洲和北美，医疗保健机器人将被用于支持老年人行走和独立生活，以及提供非物质支持，如日常交流和提供日常生活所需的信息，包括社交接触以缓解孤独感。虽然医疗保健机器人将为社会发挥重要功能，特别是在人口老龄化的背景下，但从法律的角度来看，有一个重要问题是围绕社交机器人本身的嵌入是否会导致隐私和数据保护问题的产生。在这一点上，本章讨论了社会背景下的机器人嵌入式算法，这个问题在法律学术界，特别是在算法法律中一直被忽视。笔者认为，医疗保健机器人是嵌入 aa 算法驱动系统的一个典型例子，因为它们以嵌入物理机器的形式与人类高度接触，其行为由算法指导。这引起了人们的关注，即当医疗保健机器人（由算法控制）被部署到社会中并在社会环境中与人类互动时，其使用可能导致数据保护和隐私问题产生。

基于人工智能技术的最新进展，由算法控制的机器人在人类社会中越来越常见，这就提出了与医疗保健机器人相关的三个重要问题：①日常使用（如在医疗保健行业）的算法驱动社交机器人的使用将如何影响 HRI 中的隐私？②智能机器人在医疗保健领域的使用将如何影响现行的数据保护法？③我们如何将"隐私设计"的概念应用到医疗保健机器人的设计过程中，以弥补因使用嵌入式医疗保健机器人和数据保护而产生的差距？为了回答这些问题，我们将首先讨论与算法和嵌入相关的哲学和法律。

三、算法与嵌入

我们从历史的角度入手。笛卡尔在 17 世纪提出的"身心二元论"对现代西方社会的思想产生了巨大影响。根据他的理论，身心是存在于一个人身上的两个独立部分。在笛卡尔看来，身心之间唯一的联系是松果体，他认为人的灵魂就存在于松果体中。[11] 西医与中医不同，中医注重以整体观来治疗病人，而西医则系统地发展了身体的许多分部，以系统的方式为病人提供有效的医疗服务。然而，在西医看来，心理和生理失调可能表现为身心的结合，被认为患有某种疾病。这类障碍指的是由于心理或社会因素而表现出的身体症状，如高血压、消化性溃疡或偏头痛。作为一种身心难题，还可以考虑一下失去胳膊或腿的病

---

[10] F. Pasquale, *The Black Box Society*, Harvard University Press, 2015；C. O'Neil, *Weapons of Math Destruction*, Broadway Books, 2016.

[11] R. Descartes, *The Philosophical Writings of Descartes*, J. Cottingham, R. Stoothoff, D. Murdoch, and A. Kenny (trans.), Cambridge University Press, 1984-91. 12.

人所经历的幻肢痛现象——这是身心不可分割的另一个例子。[12] 显然，身心之间的复杂关系并不能简单地用二分法来描述。人工智能研究的早期阶段同样经历了与身心二元论相关的概念困难，即他们专注于通过模仿人类的高级推理和解决问题的能力来创造人工智能，却忽视了身体在现实世界中调解人工智能代理的智力行为的重要性。

20世纪80年代，嵌入问题成为人工智能研究与发展的一个重要课题。笔者在此提供一个来自Rodney Brooks提出的"包容式架构"（subsumption architecture）的代表性例子，他解释说，该架构采用了一种"自下而上"的智能方法，无需使用符号化的知识表示。包容式架构将机器的行为分解为多个子行为，并在此基础上设计不同的反应控制层，以便让机器人对非结构化环境做出实时响应。[13] 嵌入式智能机器人与传统的GOFAI（好的老式人工智能）[14] 应用之间的一个主要区别是，前者的行为没有被明确编程到系统或代理中，因此会出现所谓"涌现"现象。

当一个实体作为一个整体而具有一些属性时，就会出现"涌现"现象，而这些属性是实体的各个部分单独考虑时所没有的。当一个实体的各个部分作为一个组合或集成的对象相互作用时，就会出现这种特性或行为。[15] 当这一概念应用于算法驱动物体的具体形式时，物体的物理特性，例如机器人，可能会单独显示出新的智能特性或行为，而这些特性或行为在控制单个部件的软件中并不存在。

另一位研究智能与嵌入的先驱Rolf Pfeifer认为，"涌现"有三种不同类型，包括①集体行为产生的全球现象；②代理与环境互动产生的个体行为；③从一个时间尺度到另一个时间尺度的行为涌现。[16] 从这三点我们可以看出，嵌入对智能的影响比设计机器人的人最初想象的要复杂得多。除了康奈尔大学生物机器人与运动实验室创造的被动动态行走机器人这一众所周知的例子之外，[17] 人工生命中多代理系统的复杂动态，以及发育机器人学中人形机器人的嵌入认知，都是从个体、集体和时间交叉的角度出现的例子。"涌现"现象还代表了人工智能的另一个方面，即在大脑中心主义的观点下，通过软件代理或没有身体的智能实体来创造智能是无法再现的。正如法律与机器人专家Ryan Calo所讨论的，机器人的出现使人工智能的一种特殊嵌入形式得以实现，在非结构化的环境中做出反应，而不仅仅是重复性的动作。[18] 这种在现实世界中由算法指导的行为的复杂性影响了机器行为的可预见性，从而影响了其与法律的关系。

如前所述，在笔者看来，算法法律这一新兴领域主要是在人工智能治理这把巨大的伞

---

[12] Y. Oouchida and S. Izumi, Imitation Movement Reduces the Phantom Limb Pain Caused by the Abnormality of Body Schema, ICME International Conference on Complex Medical Engineering (CME), Kobe, Japan (July 1-4, 2012).

[13] R. A. Brooks, A Robust Layered Control System for a Mobile Robot (1986) 2 IEEE J. Robot. Autom. 14.

[14] J. Haugeland, *Artificial Intelligence: The Very Idea*, MIT Press, 1986.

[15] Emergence, Wikipedia, https://en.wikipedia.org/wiki/Emergence.

[16] R. Pfeifer and J. Bongard, *How the Body Shapes the Way We Think: A New View of Intelligence*, MIT Press, 2007, p. 85.

[17] Cornell University's Biorobotics and Locomotion Lab, http://ruina.tam.cornell.edu/research/; M., Hoffmann and R. Pfeifer, The Implications of Embodiment for Behavior and Cognition: Animal and Robotic Case Studies, in W. Tschacher and C. Bergomi (eds.), *The Implications of Embodiment: Cognition and Communication*, Imprint Academic, 2012, pp. 31-58.

[18] M. R. Calo, Robotics and the Lessons of Cyberlaw (2015) 103 Calif. Law Rev. 513.

下，延伸出许多分支问题，引发了以下问题：如何让算法决策更加透明？哪些基于机器学习的人工智能应用可用于处理与人权和财产保护相关的问题，如医疗保健、公共安全和国防？我们能否授予人工智能艺术创作者版权？政府是否应该监管由算法生成的在线"言论"？[19] 使用由算法生成的自主功能的信息系统会带来哪些隐私和数据保护问题？迄今为止，法律上还没有正式的方法来解决上述与嵌入相关的问题。笔者认为，这并非因为嵌入本身不是一个重要的法律话题；相反，原因更可能是嵌入式 AI 与算法法律责任之间缺乏问责制的连接。笔者认为，算法法律应考虑嵌入。

第一，考虑一下软件聊天机器人（数字化身）和智能机器人（物理化身）之间的区别，这与各自运行的环境所产生的因果关系有关，而环境反过来又会影响它们的行为。一方面，作为软件代理的聊天机器人存在于数字或虚拟环境中，因此它在 VR 中所说的话与在 VR 中所做的决定之间不存在差距。另一方面，由于物理环境的中介作用，智能机器人的输出行动可能并不等同于其最初的行动计划，这也是出现的一个特征。这些因素会影响机器人决策的最终输出，而机器人的决策又是以物理环境为中介的，因此，如果以大脑中心主义的观点来判断基于机器人侵权行为的法律责任，可能会产生问题。换句话说，要充分实现算法对人和机器的责任，我们不应该仅仅考虑机器人的"黑箱"[20] 和"开放结构"，[21] 还应该考虑算法过程中出现的第三个因素："涌现"。

第二，尽管计算模拟的方法可用于许多应用，如传染病传播动态建模，或民主选举中选民行为建模，但计算模拟不能用于验证自动驾驶汽车或智能服务机器人等自主系统的安全性。这对人工智能嵌入形式的人身安全，即"安全关键系统"的设计产生了影响。笔者认为，计算模拟无法用于验证自主系统安全性的原因在于人为因素和非人为因素。

从人为因素的角度来看，对于算法驱动的实体，我们应考虑在设计安全关键系统时增加更多的测试和认证程序，以确保这些系统足够可靠，能够抵御人类黑客的网络攻击。[22] 至于非人为因素，对安全关键系统的威胁涉及"模块错误"，即同一系统的软件与硬件之间的不一致性。换句话说，从软件的角度来看，系统可能正常运行，但系统在现实世界中的最终表现可能与软件指令不符。造成系统建模误差的原因有很多。例如，一起涉及配备 Eye-Sight 自动刹车系统的智能汽车的事故。Eye-Sight 是一种自动安全系统，它使用摄像头来评估道路上的地面状况，然后在汽车过于接近前方物体或其他会造成紧急情况的物体时决定是否启动刹车。在这个例子中，事故是由于地面上的白雪反射了阳光，从而"迷惑"了汽车的传感器，导致对是否启动刹车的错误判断。[23]

为了确保安全关键系统的责任性，必须对其进行实证测试，就像自主系统的监管沙盒

---

[19] S. M. Benjamin, Algorithms and Speech (2013) 161 Univ. Pa. Law Rev. 6.

[20] B. Waltl and R. Vogl, Explainable Artificial Intelligence-the New Frontier in Legal Informatics, International Legal Informatics Symposium (IRIS), Salzburg, Austria (February 2018).

[21] Y. H. Weng, The Study of Safety Governance for Service Robots: On Open-Texture Risk, Peking University PhD Dissertation (2014).

[22] S. O'sullivan, N. Nevejans, C. Allen, et al., Legal, Regulatory, and Ethical Frameworks for Development of Standards in Artificial Intelligence (AI) and Autonomous Robotic Surgery (2019) 15 Int. J. Med. Robot. e1968.

[23] Y. -H. Weng and D. Hillenbrand, The Intelligentization of Automobiles: Smart-Cars, Robo-Cars and their Safety Governance (2014) 4 J. Sci. Technol. Law 632.

一样。这方面的例子包括日本的"Tokku"[24]特区或美国的"Faux Downtown"。[25] 在创造算法驱动的机器人技术并将其引入现实世界时，因现行法规的存在的冲突是不可避免的。[26] 但是，如果能通过放松管制，适当利用"特区"作为冲击缓冲区，也有助于立法者在制定与安全关键系统设计相关的算法法律时填补责任空白。

第三，嵌入为 HRI 的数据管理和隐私保护带来了新的影响。如上所述，笔者将医疗保健机器人视为智能代理或"嵌入式 AI"的物理延伸。假设用于机器学习训练过程的数据产生了问题，黑客因此能够攻击系统；这可能导致医疗机器人行为异常。在最坏的情况下，受到攻击的系统可能会给病人身体造成伤害。除安全性外，另一个令人担忧的问题是隐私问题；在这方面，一个关键问题是人工智能所在的机构是否会影响 HRI 之间所需的隐私保护。

关于机器人的嵌入，Debora Zanatto 及其同事使用了两种外形类似人类的机器人——iCub 和 Scitos G5（前者的外形更像人类），测试人类与机器人互动时，机器人的可信度是否存在差异。他们发现，当机器人的外形更加拟人化时，受试者更愿意与机器人进行社交互动。[27] 此外，Pavia 及其同事还进行了一项研究，通过比较虚拟代理和机器人代理，探讨了嵌入和移情问题。他们发现，机器人代理要感知用户的情感状态比虚拟代理更具挑战性，因为人类用户坐在显示虚拟代理的屏幕前；而对实体机器人代理来说，用户和机器人代理之间的相对位置可以是开放式的。[28]

为了实现更深层次的人工移情模型，我们可能需要借鉴"认知发展机器人学"领域的观点。"认知发展机器人学"指的是"通过发展建构认知功能的合成方法，对人类高级认知功能如何发展的新理解"。[29] 基于这些因素可以推断出，第一个对隐私产生威胁的是当机器人更加拟人化时，人类有可能在与机器人互动的过程中泄露更多个人敏感信息。第二个对隐私产生威胁的是机器人可能需要更高的感知能力，才能利用人类与实体机器人之间的复杂互动。但是，目前对 HRI 中的隐私问题的研究还处于起步阶段。为了更深入地探讨嵌入因素如何影响算法的发展规律，特别是从隐私角度来看，在下一节中，笔者将仅限于讨论医疗保健机器人，因为它们与人类有着密切的社会接触。

---

[24] Y. H. Weng, Y. Sugahara, K. Hashimoto, and A. Takanishi, Intersection of "Tokku" Special Zone, Robots, andthe Law: A Case Study on Legal Impacts to Humanoid Robots (2015) 7 Int. J. Soc. Robot. 841.

[25] W. Jones, University of Michigan to Open Robo Car Urban Test Track in the Fall, IEEE Spectrum（June 10, 2014），http://spectrum.ieee.org/cars-that-think/transportation/self-driving/university-of-michigan-to-open-robo-car-test-track-in-the-fall.

[26] Y. H. Weng, Robot Law 1.0: On Social System Design for Artificial Intelligence, in W. Barfield and U. Pagallo（eds.），Research Handbook on the Law of Artificial Intelligence, Edward Elgar, 2018.

[27] D. Zanatto, M. Patacchiola, J. Goslin, and A. Cangelosi, Priming Anthropomorphism: Can the Credibility of Humanlike Robots Be Transferred to Non-Humanlike Robots?, in Proceedings of the 11th ACM/IEEE International Conference on Human-Robot Interaction (HRI), Christchurch, New Zealand（March 7-10, 2016）.

[28] A. Pavia, I. Leite, H. Boukricha, and I. Wachsmuth, Empathy in Virtual Agents and Robots: A Survey（2017）7 ACM Trans. Interact. Intell. Syst. art. 11.

[29] M. Asada, Towards Artificial Empathy: How Can Artificial Empathy Follow the Developmental Pathway of Natural Empathy?（2015）7 Int. J. Soc. Rob. 19.

四、医疗保健机器人与算法

人口老龄化增长是许多发达国家面临的严峻挑战，也是近年来讨论的一个话题。例如，在日本，35 152 000人，即27.7%的人口年龄在65岁以上，[30] 因此，日本讨论了许多有关医疗保健机器人的公共政策。例如，"新机器人战略：日本机器人战略——愿景、战略、行动计划"是一项为期五年的大型计划，旨在利用机器人技术掀起一场新的工业革命，并扩大国内机器人工业的产量。在日本政策方针的众多战略应用中，机器人在医疗保健行业的应用已被提及。[31]

不仅是日本，许多国家都在考虑利用机器人技术来缓解日益加剧的老龄化危机，特别是通过开发机器人在医疗保健领域的应用，即所谓的"医疗保健机器人"。由于医疗保健机器人可以执行许多旨在帮助老年人的任务，因此被认为是解决国家人口老龄化问题的可行方案。其中一个例子就是使用医疗保健机器人为痴呆症患者提供服务。Denise Hebesberger及其同事在2016年使用自主人形机器人Scitos为晚期痴呆症患者提供物理治疗支持；他们发现，使用机器人提高了参与者参与治疗的积极性。[32] 除了利用机器人为特定的痴呆症患者提供辅助训练外，医疗保健机器人还可用于陪伴、娱乐、监控、步行支持和老年人导航。然而，文献中对"医疗保健机器人"一词的模糊性提出了质疑。正如Woodrow Barfield所讨论的，对没有受过技术培训的政策制定者来说，准确定义需要监管的技术往往是一项挑战，尤其是当该技术是一种新兴的人工智能和机器人技术时。[33]

不过，在互联网上有许多讨论医疗保健机器人的类似术语，如个人护理机器人、医疗机器人、社会辅助机器人等。因此，在此回顾一下这些术语可能会有所帮助。虽然这些术语看似相似，甚至有些重叠，但从法律角度来看，如果不仔细区分，可能会产生冲突。Feil-Seifer和Mataric所定义的"辅助机器人"一词，是对有能力在护理中心、医院和家庭等广泛环境中为人类用户提供帮助或支持的机器人的一般性描述。[34] 此外，Feil-Seifer和Mataric还提出了辅助机器人和社交互动机器人的通用术语，他们称之为"社交辅助机器人"，利用社交互动方法为人类用户提供帮助。[35] 此外，Armi Ariani及其同事为辅助机器人技术提供了另一个不同的定义。他们将辅助机器人技术分为"康复机器人"，可用作假肢等治疗设备、康复治疗工具和/或身体和行动支持；以及"社交辅助机器人"，可用于与人

---

[30] Statistics Bureau, Ministry of Internal Affairs and Communication (MIC), Population Statistics Report, Japan (2017), www.stat.go.jp/data/jinsui/2017np/pdf/2017np.pdf.

[31] Y. H. Weng and Y. Hirata, Ethically Aligned Design for Assistive Robotics, IEEE International Conference on Intelligence and Safety for Robotics (ISR) (2018), pp. 286-90.

[32] D. Hebesberger, T. Körtner, J. Pripfl, and C. Gisinger, Lessons Learned from the Deployment of a Long-Term Autonomous Robot as Companion in Physical Therapy for Older Adults with Dementia, in Proceedings of the 11th ACM/IEEE International Conference on Human-Robot Interaction (HRI), Christchurch, New Zealand (March 7-10, 2016).

[33] W. Barfield, Towards a Law of Artificial Intelligence, in W. Barfield and U. Pagallo (eds.), *Research Handbook on the Law of Artificial Intelligence*, Edward Elgar, 2018.

[34] D. Feil-Seifer and M. Mataric, Defining Socially Assistive Robotics, in Proceedings of the 9th IEEE International Conference on Rehabilitation Robotics, Chicago, IL, United States (June 28-July 1, 2005).

[35] T. Fong, I. Nourbakhsh, and K. Dautenhahn, A Survey of Socially Interactive Robots (2003) 42 Rob. Auton. Syst. 143.

进行社交互动，包括陪伴和服务。[36]

日本政府还提供了一份医疗保健机器人分类指南，重点关注老年人的日常辅助任务和护理。该指南由日本经济、贸易和工业部（METI）和健康、劳动和福利部（MHLW）提供，包括"移床辅助""行走辅助""排泄辅助""监控和通信辅助""洗澡辅助"和"护理业务辅助"等六种应用。[37] 每一项都有不同的算法要求。这一分类已成为日本国内制造商开发用于医疗保健的机器人产品的指导方针，但目前大多数产品的自主操作能力有限，或只能执行简单重复的医疗保健功能。[38]

考虑到在社会环境中运行的人工智能是本章的主题，笔者还将讨论新兴的医疗保健机器人，预计在不久的将来，这些机器人将在家庭中运行。因此，笔者对医疗保健机器人的定义包括以促进或监测健康为目标的"自主服务机器人"，同时协助完成上述六种护理任务，这些任务目前由于老年人的健康问题或由于难以防止老年人的健康状况进一步恶化而难以执行。[39]

请注意，这里的自主指的是"第三种存在"，即机器在外观和行为上与生物相似，但没有自我意识。[40] 有些人可能会问，机器人手术系统和其他基于人工智能的医疗系统是否属于医疗机器人的范畴。笔者认为，这类医疗设备应符合更高的监管要求，如美国 FDA 对医疗设备的要求。[41] 因此它们不是本章讨论的重点。在下一部分中，笔者将通过上述六种医疗保健机器人的应用，选择三个例子来讨论 HRI 中的嵌入和隐私问题。

五、HRI 中的嵌入与隐私

在不久的将来，当人工智能的嵌入特征与智能医疗服务相联系时，HRI 在法律背景下的重要性就会显现出来。Wainer 的研究小组在 2006 年开始使用实证研究方法来调查 HRI 中的嵌入。通过实验，他们发现与虚拟动画机器人相比，人在与实体机器人互动时停留的时间更长，[42] 也能产生更好的效果。[43] 虚拟机器人与实体机器人的这种区别，也使得人工智能的应用逐渐从虚拟信息空间进入人类的实体生活空间，以各种交互方式为人们提供医疗保健服务。然而，随着机器人进入家庭，用户会不自觉地将自己暴露在更高风险的环境

---

[36] A. Ariani, V. Kapadia, A. Talaei-Khoei, et al., Challenges in Seniors Adopting Assistive Robots: A Systematic Review (2016) 6 Int. Technol. Manag. Rev. 25.

[37] METI and MHLW, Revision of the Four Priority Areas to Which Robot Technology Is to Be Introduced in Nursing Care of the Elderly, Japan (2014), www.meti.go.jp/english/press/2014/0203_02.html.

[38] Robotic Devices for Nursing Care Project, http://robotcare.jp.

[39] H. Robinson, B. MacDonald, and E. Broadbent, The Role of Healthcare Robots for Older People at Home: A Review (2014) 6 Int. J. Soc. Rob. 575.

[40] Y.-H. Weng, C.-H. Chen, and C.-T. Sun, Toward The Human-Robot Co-Existence Society: On Safety Intelligence for Next Generation Robots (2009) 1 Int. J. Soc. Robot. 267.

[41] K. Chinzei, A. Shimizu, K. Mori, et al., Regulatory Science on AI-Based Medical Devices and Systems (2018) 7 Adv. Biomed. Eng. 118.

[42] J. Wainer, D. J. Feil-Seifer, D. A. Shell, and M. J. Mataric, The Role of Physical Embodiment in Human-Robot Interaction, in Proceedings of the 15th IEEE International Symposium on Robot and Human Interactive Communication, RO-MAN, Hatfield, Hertfordshire, United Kingdom (September 6–8, 2006), pp. 117–22.

[43] J. Wainer, D. J. Feil-Seifer, D. A. Shell, and M. J. Mataric, Embodiment and Human-Robot Interaction: A Task-Based Perspective, in Proceedings of the 16th IEEE International Symposium on Robot and Human Interactive Communication, RO-MAN, Jeju Island, Korea (August 26–9, 2007), pp. 872–7.

中，因为他们的个人信息很容易被人工智能以机器人执行智能医疗服务的形式搜索和收集。考虑到机器人的具身对 HRI 中隐私问题的影响常常被忽视，笔者认为有必要重新思考具身人工智能与隐私之间的关系。

Ackerman 曾预言，"社交机器人"未来可能成为人类的宠物，因为它有两个特点：消费者负担得起；与真实动物的情感互动与人类相似。[44] 如果是这样的话，一个重要的问题是，机器人的人类学或动物学外观会如何导致人们在与机器人互动时表达自己的情感。此外，在与机器人互动时，用户的个人信息是否会"有意无意地泄露"？针对这一问题，悉尼科技大学的 Tonkin 团队使用了人形机器人和平板电脑这两种信息界面，对人机交互进行了比较研究。研究人员发现，与平板电脑相比，"人形机器人"更容易从用户那里获取个人信息。[45] Mann 及其同事还指出，在某些医疗保健应用场景中，病人对人形机器人提供的指令或信息的反应比平板电脑更积极。[46] 与 HRI 中的嵌入式 AI 相关的隐私问题，不仅仅是智能系统在诱导用户自我披露其敏感信息时与人类或动物相似的物理外观问题。另一个值得关注的重要问题是，嵌入式 AI 系统可能会在功能上误导用户。例如，Snackbot 是一种先进的服务机器人，配备 360 度全景镜头，可帮助它快速获取现实世界的环境信息。由于用户不了解 Snackbot 的全景视觉感知能力，他们经常在错误的前提下与机器人互动，具体来说，就是认为机器人缺乏看到背后的能力。这种对机器人功能的不了解还会产生其他隐私风险。[47] 除了嵌入式 AI 本身的问题之外，在 HRI 中，其他类型的隐私风险来自人类方面，即用户对其现有环境的隐私感知。这种感知与用户对新兴技术的接受程度有关，并受年龄、[48] 性别、文化、健康等各种因素的影响。[49] 再考虑到 Heerink 评论说，受过高等教育的人通常对作为社会实体的机器人持不那么积极的态度。[50] 此外，MacDorman 及其同事从文化角度分析了日本社会基于神道教信仰使用机器人的社会接受度，发现宗教观点对于人形机器人的社会互动具有价值。[51] 因此，从以上讨论来看，医疗保健机器人的嵌入与 HRI 中的隐私问题的调查与前面提到的一系列变量有关。其中，笔者选择了三个与 HRI 中的隐

---

[44] E. Ackerman, Robots Might Be the Necessary Future of Urban Pet Ownership (2015), http://spectrum.ieee.org/automaton/robotics/home-robots/robots-might-be-the-necessary-future-of-urban-pet-ownership.

[45] M. Tonkin, J. Vitale, S. Ojha, et al., Embodiment, Privacy and Social Robots: May I Remember You?, in Proceedings of the 9th International Conference on Social Robotics, Tsukuba, Japan (November 22-24, 2017).

[46] J. A. Mann, B. A. MacDonald, I. H. Kuo, et al., People Respond Better to Robots than Computer Tablets Delivering Healthcare Instructions (2015) 43 Comput. Hum. Behav. 112.

[47] M. K. Lee, K. P. Tang, J. Forlizzi, and S. Kiesler, Understanding Users' Perception of Privacy in Human-Robot Interaction, in Proceedings of the 6th ACM/IEEE International Conference on Human-Robot Interaction (HRI), Lausanne, Switzerland (March 6-9, 2011).

[48] J. M. Beer, C. A. Smarr, A. D. Fisk, and W. A. Rogers, Younger and Older Users' Recognition of Virtual Agent Facial Expressions (2015) 1 Int. J. Hum. Comput. Stud. 1.

[49] W. Wilkowska, M. Ziefle, and S. Himmel, Perceptions of Personal Privacy in Smart Home Technologies: Do User Assessments Vary Depending on the Research Method?, in T. Tryfonas and I. Askoxylakis (eds.), *Human Aspects of Information Security, Privacy, and Trust: Third International Conference*, HAS 2015, Springer, 2015, pp. 592-603.

[50] M. Heerink, Exploring the Influence of Age, Gender, Education and Computer Experience on Robot Acceptance by Older Adults, in Proceedings of the 6th ACM/IEEE International Conference on Human-Robot Interaction (HRI), Lausanne, Switzerland (2011), pp. 147-8.

[51] K. F. MacDorman, S. K. Vasudevan, and C. C. Ho, Does Japan Really Have Robot Mania? Comparing Attitudesby Implicit and Explicit Measures (2009) 23 AI Soc. 485.

私有关的变量：接近性、欺骗性和安全性。下面将对这三个变量进行分析。

（一）接近性与隐私

个人空间指的是人们与其他人保持的适当距离（因文化而异），以确保一定程度的隐私。更具体地说，个人空间是指围绕个人的空间，任何未经邀请而闯入这一物理空间区域的行为都可能导致不安感，并引起后退或退缩的反应。[52] 自己与他人之间这种无形的界限创造了一个舒适区。然而，这种界限并不稳定，而是动态的，会随着环境的变化而变化。在一项人类学研究中，Edward Hall 在他的近距离理论中提出了四个不同的空间区域，以代表人们在相互交流时使用空间的方式。[53] Hall 将这四个空间区域划分为：亲密距离、个人距离、社交距离和公共距离。亲密距离指的是当人感到舒适和受到保护时产生的物理距离，其范围从 0~6 英寸到 6~18 英寸不等；个人距离是可以建立亲密关系的空间；社交距离（4~12 英尺）指的是发生业务和一般社交接触的空间；公共距离是指与人们相互交流的场合相关的空间。事实上，不同的文化背景下，人与人之间的交流距离可能不同，因此，在不同的文化背景和场景下，与个人空间相关的距离和令人满意的隐私感也可能不同。

对医疗保健机器人来说，它们通过算法了解与人类的适当距离（基于传感器信息）对与机器人互动的人保持令人满意的隐私水平至关重要。因此，在创建医疗保健机器人的设计阶段，必须考虑机器人与人之间可能存在的空间距离方面的"隐私范围"，以便让人感到自己的隐私没有受到侵犯。笔者认为，对机器人专家来说，为医疗保健机器人"设计"具有社会意识的导航系统至关重要。[54] 机器人的社会感知导航框架应考虑人与机器人之间的互动，这可以通过使用算法预测器来估计机器人在接近人类时的移动轨迹来实现。为了最大限度地完成任务和提高技能，机器人通常需要收集和处理大量的真实环境数据。日本国际先进通信研究所（ATR）利用商场中的人形机器人进行了一项实验，该机器人在 Hall 估计的社交距离（4~12 英尺）内接近顾客进行交谈。[55] 对那些以在商场或机场引导人们为任务的机器人来说，有必要让机器人接近顾客和乘客，并占据适当的社交距离空间，以产生善意并鼓励交流。[56] 笔者建议，这些机器人的默认隐私设置应基于机器人以前在测试区调查 HRI 界面时的经验。

对于在医疗保健中心为老年人或残疾人提供服务的医疗保健机器人，笔者的结论是，人与机器人之间的适当距离应基于 1.5~4 英尺的个人距离估计值，甚至在某些情况下是亲密距离估计值（6~18 英寸）。然而，在 HRI 中，医疗保健机器人和购物中心机器人的使用区别不仅仅在于物理距离。医疗保健服务本身就要求护理人员与接受护理者有许多密切的身体接触。如何解决基于近距离的嵌入式机器人的隐私难题，不仅是机器人设计的关键步骤，也是考虑法律合规性时的潜在问题。

---

[52] I. Altman, The Environment and Social Behavior: Privacy, Personal Space, Territory, and Crowding (Brooks / Cole Publishing Co., 1975).

[53] E. T. Hall, *The Hidden Dimension*, Doubleday, 1910, Vol. 609.

[54] S. F. Chik, C. F. Yeong, E. L. M. Su, et al., A Review of Social-Aware Navigation Frameworks for Service Robot in Dynamic Human Environments (2016) 8 J. Telecommun. Electron. Comput. Eng. 41.

[55] S. Satake, T. Kanda, D. F. Glas, et al., A Robot that Approaches Pedestrians (2013) 29 IEEE Trans. Robot. 508.

[56] T. Kanda, M. Shiomi, Z. Miyashita, et al., A Communication Robot in a Shopping Mall (2010) 26 IEEE Trans. Robot. 897.

要应对与机器人形式的人工智能相关的隐私挑战,一种解决方案是在设计早期阶段嵌入所谓的隐私过滤器。[57] 有几个因素需要考虑,如位置、物体和信息,可以利用这些因素来评估一个人的隐私问题。[58] 不同的地点和物体可能会带来不同程度的隐私问题,而信息的性质也与嵌入式 AI 的隐私问题有关——是否是潜在的敏感信息,如健康和医疗信息。这些方面及其互动的复杂性将对隐私过滤器的设计产生重大影响,从而限制向与社交机器人互动的用户提供的信息。另一种解决方案是允许用户明确选择退出视频监控,或对旁观者和对象进行自动视频过滤。[59] 至于隐私过滤器应该删除哪些信息,有必要对用户的信息需求进行进一步调查,然后根据调查结果设计过滤器,既要符合最终用户的隐私偏好,又要对与社交机器人的互动影响最小。就医疗保健机器人而言,适当的过滤器应使机器人有能力评估从不同地点和物体收集到的环境数据,然后区分它们是位于公共领域还是私人领域。此外,还可进一步设计隐私过滤器,根据近距离理论调整不同的空间区域,以启动隐私友好型通信。

(二) 欺骗性与隐私

欺骗性的一个方面来自用户在与类人或拟人机器人互动时可能经历的期望差距或期望丧失。以 ROBEAR(日本理化学研究所科学家开发的新型实验性熊形护理机器人)为例,其能够执行基本的护理任务,如帮助病人站立或将其从床上抬到轮椅上。[60] ROBEAR 采用了低传动比的传动装置,使其关节能够快速移动。它还配备了三种类型的传感器,包括智能橡胶电容式触觉传感器,使 ROBEAR 能够以温和的方式施力,并能在不危及病人的情况下执行动力密集型任务。[61] 虽然小熊功能和类人功能增加了 ROBEAR 用户的接受度和信任度,但与专业的人类护理人员相比,病人在被 ROBEAR 抬起时仍可能感受到护理上的差距;这可能是由于控制 ROBEAR 的算法和 ROBEAR 功能的局限性造成的。在最坏的情况下,这种护理差距可能会影响病人与护理机器人互动时的人类尊严。也就是说,如果因机器人的笨拙行为而把病人当作物品对待,病人可能会感到羞辱。[62] 笔者建议,通过在机器人数据库中添加更多病人的生物识别信息,并利用先进的传感器提高机器人的感知能力,可以减少治疗过程中的这种期望差距。这种方法的一个例子是"情感触摸",它可以通过触摸、轻抚、戳、按、挤和抓等触觉交互方式传达人类的情感。[63] 然而,与此同时,情感触

---

[57] J. M. Janick, H. J. Locker, and R. A. Resnick, *US Patent No. 6,765,550*, US Patent and Trademark Office, 2004.

[58] D. J. Butler, J. Huang, F. Roesner, and M. Cakmak, The Privacy-Utility Tradeoff for Remotely Teleoperated Robots, in Proceedings of the 10th ACM/IEEE International Conference on Human-Robot Interaction (HRI), Portland, OR, United States (March 2-5, 2015).

[59] Ibid.

[60] The Strong Robot with the Gentle Touch, Riken, ROBEAR (February 23, 2015), www.riken.jp/en/pr/press/2015/20150223_2/.

[61] Ibid.

[62] A. Sharkey, Robots and Human Dignity: A Consideration of the Effects of Robot Care on the Dignity of Older People (2014) 16 Ethics Inf. Technol. 63.

[63] R. Andreasson, B. Alenljung, E. Billing, and R. Lowe, Affective Touch in Human-Robot Interaction: Conveying Emotion to the Nao Robot (2018) 10 Int. J. Soc. Rob. 473; J. Sun, S. Redyuk, E. Billing, et al., Tactile Interaction and Social Touch: Classifying Human Touch Using a Soft Tactile Sensor, in International Conference on Human-Agent Interaction (HAI), Bielefeld, Germany (October 17-20, 2017).

摸会导致隐私保护方面的权衡,因为触摸意味着与病人的近距离接触,这会影响病人获得的隐私。[64]

欺骗性的另一个方面来自涉及在日常的 HRI 过程中对隐私进行监督。性别是机器人需要考虑的一个社交线索,关系到机器人与人类的社交沟通技巧。这一点在医疗保健服务中尤为重要,因此机器人需要知道应如何判断一个人的性别。在这一点上,Arnaud Ramey 及其同事为机器人开发了一种判断用户性别的算法。其基本思想是利用机器人的摄像头检测人类上半身的胸部轮廓,并根据收集到的数据判断目标人物是男性还是女性。[65] 然而,对于这种方法,一些用户对隐私表示担忧,认为这是一种"侵入性"的 HRI。另外,对自主移动机器人来说,获取人的位置信息对于实现机器人在真实环境中跟踪或引导人的社会导航是非常必要的。[66] 不过,大多数人在靠近机器人时,并不知道自己已经被机器人定位在环境中。

PARO 是由日本 AIST 研发的一款著名的海豹造型的社交机器人,内置多种不同的传感器和低过敏性皮毛,以支持其与人类的社交互动。它被认为是老年人理想的社交陪伴工具,可以减少他们的孤独感。如前所述,在化身欺骗方面存在的隐私风险是,老年人倾向于向可感知的可爱互动社交机器人进行自我披露。日本 ATR 公司进行的"长期"实验就是这种现象的一个例子。研究人员发现,当他们在护理中心的人形机器人中混合手势和对话功能时,老年人更愿意告诉机器人他们的许多个人事务,如最近的挫折、快乐时刻、人际关系、健康状况等。[67]

一方面,歧视也与嵌入中欺骗行为的隐私问题有关。假设 PARO 机器人的行为模块是通过机器学习创建的,其默认设置允许它学习和进化与人互动的特定方式。换句话说,如果人花更多时间与 PARO 互动,那么 PARO 就会与他做出更亲密的行为。这种设计思路是合理的,因为当机器人在社交场合与人相处的时间越长,人们就会体验到更真实、更有情感的互动。另一方面,在护理中心应用时的隐私问题是,PARO 会努力与有兴趣与机器人交谈的用户互动并做出回应,但在与害羞或与它互动时间不长的人互动时,PARO 可能只是不断重复简单而单调的行为。此外,一些老年人可能会对这种互动模式产生"反应",他们可能会通过与 PARO 的互动在自己的小团体中受到"歧视",从而不得不主动与机器人互动。从长远来看,PARO 鼓励人们向机器人进行更多的自我披露,当然这也是一个隐私问题。

---

[64] M. Coeckelbergh, Health Care, Capabilities, and AI Assistive Technologies, and AI Assistive Technologies (2010) 13 Ethical Theory Moral Pract. 181.

[65] A. Ramey and M. A. Salichs, Morphological Gender Recognition by a Social Robot and Privacy Concerns, in Proceedings of the 9th ACM/IEEE International Conference on Human-Robot Interaction (HRI), Bielefeld, Germany (March 3-6, 2014).

[66] J. Pineau, M. Montemerlo, M. Pollack, et al., Towards Robotic Assistants in Nursing Homes: Challenges and Results (2002) 42 Rob. Auton. Syst. 271.

[67] A. M. Sabelli, T. Kanda, and N. Hagita, A Conversational Robot in an Elderly Care Center: An Ethnographic Study, in Proceedings of the 6th ACM/IEEE International Conference on Human-Robot Interaction (HRI), Lausanne, Switzerland (March 6-9, 2011).

研究表明，嵌入对于建立信任关系以及人类与人工智能代理之间的合作起着重要作用。[68] 最近的一项实验表明，当研究人员测量那些与嵌入式机器人系统和非嵌入式机器人系统互动的人的行为变化时，嵌入可能会提高风险容忍度并减少用户对隐私的担忧。[69] 根据实验结果，用户倾向于提供机密信息，并且由于信任和接受程度，他们更愿意向具身机器人披露隐私信息。[70] 在医疗和保健领域，评估信任条件至关重要，这对用户参与至关重要，尤其是当用户倾向于通过作为朋友，而不是护理人员或助手的方式对待社交机器人来向其披露敏感信息时。

医生与患者之间的保密关系是医疗实践的核心职责之一。医疗保密性限制了患者与其专业护理人员或任何参与提供护理服务的人员之间共享信息的获取。在这个保密圈之外，共享机密信息需要得到患者的明确同意。此外，数据保护规则，如欧盟《通用数据保护条例》（GDPR），禁止处理与健康有关的数据，除非符合某些例外情况；例如，出于医疗诊断或治疗目的的必要处理。[71] 当社交机器人扮演护理提供者或助理的角色时，它们需要遵守保密和数据保护规则。为了减少对信任的潜在影响以及个人因意外使用个人信息而产生的失望情绪，应在设计阶段就构建机器人影响隐私的功能，并将其告知用户，使其在操作能力方面具有透明度。例如，在设计编程阶段，可以在机器人的行为系统中加入人际关系线索，让用户更清楚地了解数据处理的持续活动。[72]

除直接护理外，在医疗实践中，必须在明确说明收集了哪些数据、收集的目的以及谁可以访问这些数据的情况下，给予明确的同意。用户必须意识到，医疗机器人的功能不仅是提供护理，而且是数据处理设备，能够采集大量数据。就后一种功能而言，云服务提供商和制造商等医疗保密圈外人士也有可能访问机器人处理的敏感个人数据。在这种情况下，适当的同意需要满足两方面的要求，包括①同意接受用于医疗和保健目的的机器人协助；以及②授权在医疗保密范围之外收集和处理个人数据，包括但不限于允许其他各方为改善护理而访问数据。[73] 考虑到许多医疗机器人用户的脆弱性，如老年人、残疾人或有认知障碍的人，同意机制需要精心设计，以确保自主、透明和问责原则得到尊重。

医疗保健机器人的一些常见例子是外骨骼或起重机器人。人工智能和深度学习算法依赖大量有关用户移动的数据来优化设备性能。根据《通用数据保护条例》，必须进行数据保护影响评估（第35条），以根据具体情况评估机器人是否以隐私友好的方式设计，是否能够遵守数据保护规则和原则，如目的限制和数据最小化。此外，《通用数据保护条例》第29条工作小组（WP29）发布的指南强调采用隐私设计原则。该指南旨在确保将隐私和数据保护纳入机器人开发的整个生命周期。例如，在设计过程中考虑机器人可能执行的任务

---

[68] S. Herse, J. Vitale, M. Tonkin, et al., Do You Trust Me, Blindly? Factors Influencing Trust towards a Robot Recommender System, in Proceedings of the 27th IEEE International Symposium on Robot and Human Interactive Communication (RO-MAN), Nanjing, China (August 27-31, 2018), pp. 7-14.

[69] See Lee et al., above note 47.

[70] Ibid.

[71] GDPR, art. 9.

[72] S. de Conca, E. Fosch Villaronga, R. Pierce, et al., Nothing Comes between My Robot and Me: Privacy and Human-Robot Interaction in Robotised Healthcare, in R. Leenes, R. van Brakel, S. Gutwirth, and P. D. Hert (eds.), Data Protection and Privacy: The Internet of Bodies (Hart, 2018), p. 104.

[73] Ibid., p. 107.

可能有助于减少后期阶段对隐私的侵犯，通过这样的设计，一个结果是使机器人的监视和数据收集能力只有在允许的情况下才能发挥作用。

（三）安全性与隐私

在比较"隐私设计"和"安全设计"这两个概念之前，有必要分别介绍一下这两个概念。隐私设计指的是"通过先前的技术设计保护数据"。因此，重要的是要确保数据处理过程中的数据保护在技术创建时就已融入其中。一个很好的例子就是《通用数据保护条例》中提出的对数据保护影响评估的重视。然而，如何实施隐私设计仍是一个未知数。[74] 这主要是由于欧盟成员国没有完全执行该规则。

隐私设计原则上要求在设计的早期阶段就确定技术和组织措施。此外，《通用数据保护条例》仍对成员国的立法开放，以决定应采取哪些确切的保护措施。例如，"假名化"被定义为适当的技术和组织措施之一，但《通用数据保护条例》没有给出更多细节。[75] 此外，《通用数据保护条例》第25条确实指出了技术和组织措施，这些措施旨在以有效的方式实施数据保护原则，并在数据处理过程中纳入必要的保障措施，以满足条例的要求，保护数据主体的权利。

可以说，隐私设计试图建立一个适当的监管框架，以防止个人隐私信息被滥用。然而，在彻底保护个人隐私信息方面，另一个值得关注的问题是软件和硬件的协调问题，这也属于安全设计的概念范畴。《通用数据保护条例》对个人数据的关注还强调了软件是如何制造的以及使用了哪些组件。它鼓励企业在设计的初始阶段就考虑软件的安全性。一些学者还认为，《通用数据保护条例》的义务已延伸到硬件选择，[76] 而且《通用数据保护条例》义务应包括为用于处理个人数据的设备选择和维护安全的固件和软件。因此，安全设计的概念已成为隐私领域的一个新兴话题。[77]

与隐私设计相比，安全设计更注重软件和硬件的开发。在一般的系统开发过程中，很难在后期阶段解决现有的漏洞或添加技术和机制来修复系统问题。然而，在实际操作中，要在一开始就设计出一个全面的系统可能也并非易事。"通过设计实现安全"可以进行持续测试，并可通过遵守最佳编程实践来实现。[78] 让用户意识到可能存在的风险，即在系统设计的整个过程中提高透明度，可以帮助用户在计划访问特定设备或使用其服务时做出更明确的决定。这种安全意识也有助于改进系统设计。[79]

因此，"隐私设计"和"安全设计"的主要区别在于，前者强调的是法规所要求的隐

---

〔74〕 A&L Goodbody, The GDPR: A Guide for Businesses (2016), www.algoodbody.com/media/TheGDPR-AGuideforBusinesses1.pdf.

〔75〕 C. Kuner, L. A. Bygrave, and C. Docksey (eds.), The EU General Data Protection Regulation: A Commentary (Oxford University Press, 2018).

〔76〕 W. K. Hon, GDPR: Killing Cloud Quickly?, Privacy Perspective (March 17, 2016), https://iapp.org/news/a/gdpr-killing-cloud-quickly/.

〔77〕 D. Orlando, The Emerging Security by Design Principle in the EU Legal Framework, Master's thesis, University of Oslo (2018).

〔78〕 K. Yskout, K. Wuyts, D. Van Landuyt, et al., Empirical Research on Security and Privacy by Design: What (Not) to Expect as a Researcher or a Reviewer, in L. ben Lothmane, M. G. Jaatun, and E. Weippl (eds.), Empirical Research for Software Security, CRC Press, 2017, pp. 1-46.

〔79〕 S. Wachter, Normative Challenges of Identification in the Internet of Things: Privacy, Profiling, Discrimination, and the GDPR (2018) 34 Comput. Law Secur. Rev. 436.

私评估，而后者则要求对设施进行持续、动态的检查和改进。[80] 此外，隐私设计控制个人信息的使用，确保在适当的法律框架下处理个人信息，而安全设计则不断修改技术，确保个人信息始终受到全面保护。

如前所述，人工智能也是一个安全关键系统。系统集成带来的不必要的系统行为将导致实体安全方面的后果，并对人类造成伤害。[81] 非实体医疗人工智能系统与医疗机器人的区别在于软件和硬件的系统集成。因此，安全设计是医疗保健机器人在设计和开发阶段应考虑的一个重要因素。

日本东北大学智能机器人设计实验室开发的具有机器学习功能的原型站立支持机就是一个通过设计考虑医疗保健机器人安全性的例子。[82] 一般来说，原型站立支持机的主要功能是通过控制机器顶部升降台的上下功能，帮助病人完成从坐到站和从站到坐的动作。虽然目前使用的机器是由人类护理人员控制的，但在这种应用中，为了节约成本，一种技术趋势是使用人工智能来替代护理人员的职责。因此，日本东北大学的团队使用支持向量机（SVM）来训练他们的原型，以便让机器自己决定如何在正确的时间和正确的地点抬起病人。然而，系统设计的难点在于如何在安全和隐私之间保持平衡。为了避免隐私纠纷，该团队尝试了多种方法来抑制机器的感知能力。他们提出了一种用户状态估算方法，只需利用几个廉价而简单的传感器，还利用支持向量机学习算法训练机器分辨不同的用户运动状态，这样机器就能利用机器压力传感器和距离检测传感器收集到的数据，自主地为病人提供支持。虽然这一程序不需要太多的人体生物识别技术，但由于设计简单也减少了硬件和软件之间的协调差距。不过，它的缺点是对人体运动的感知能力有限。原型站立支持机只能理解"站立、起身、坐下"三种运动状态，通过这三种条件来推断用户当前的状态，并据此决定如何调整台面高度。在这里，设计的安全性问题涉及人身安全，如当用户起身过快或时机不对时会导致跌倒或受伤。在这一阶段，机器主要依靠用户手中的压力信息和用户与机器相对位置的距离信息来推测用户的状态。考虑到中心点计算的替代方法允许机器学习推断用户状态，虽然有可能提高 HRI 界面的安全性，但很可能会增加用户的信息维度，对隐私保护构成挑战。

（四）讨论

如今，隐私权已被普遍认为是一项基本人权。然而，隐私权并没有一个通用的定义，它随着不同时空的变化以及技术发展的影响而变化。在日本，隐私权的定义不仅限于 Brandeis 和 Warren 的经典定义，即"独处的权利"[83] 它还包括许多方面，如自主权、信息自决权、个人身份权等。[84] 根据这一思路，信息自决权对医疗保健机器人中的数据保护尤为重要，因为它涉及通过日常的 HRI 来决定对某人个人信息的管理。因此，笔者将利用隐私权这一方面来讨论监管机构如何利用嵌入这一因素来正确检查将嵌入式 AI 医疗保健机器人

---

[80] S. Jacques, Safety and Security by Design (2016) 2 Seek 8.

[81] Y. H. Weng and D. Hillenbrand, The Intelligentization of Automobiles: Smart-Cars, Robo-Cars and Their Safety Governance (2014) 110 J. Sci. Technol. Law 632.

[82] M. Takeda, Y. Hirata, T. Katayama, et al., State Estimation Using the Cog Candidates for Sit-to-Stand Support System User (2018) 3 IEEE Robot. Autom. Lett. 3011.

[83] S. D. Warren and L. D. Brandeis, The Right to Privacy (1890) 4 Harvard Law Rev. 193.

[84] M. Sogabe, S. Hayashi, and M. Kurita, *Information Law: An Introduction*, Koubundou, 2016.

应用到当前数据保护法律（如《通用数据保护条例》）中的不足之处。

第一，就数据主体的权利而言，用户作为数据主体应在适当同意机器人处理数据的情况下受到保护。在本章前一节中，笔者提到了"适当同意"的两个要求，包括接受机器人应用于医疗保健相关目的，以及在医疗保密范围之外收集和处理个人数据。不妨重新审视这种同意机制，以确保自主、透明和问责原则得到尊重。

此外，当个人使用机器人处理个人数据时，数据保护的一个共同主题是向机器人明确传达哪些数据可以被收集，同时要求机器人确保数据是匿名的。[85] 然而，这种"知情同意"的态度在医疗机器人的某些使用情境中会受到嵌入方式的强烈影响，从而造成数据收集方面的漏洞。Hedaoo 及其同事进行了一项实验，让服务机器人在对话中使用客户数据，以了解人们希望如何使用他们的数据。在实验中，他们将机器人的数据使用分为四类：肢体语言分析、对话分析、数据库搜索以及与人类测试者对话的机器人咖啡师的生态分析。研究人员发现，首先是参与者不喜欢在数据库中被搜索；其次是在对话中被分析，但最愿意接受肢体语言分析。[86] 研究结果表明，当机器人处理肢体语言数据时，人们对隐私的期望较低。

肢体语言是指人类的非语言手势、动作或社交暗示，在交流中对人们具有特定的文化含义。正如 Cabibihan 及其同事（2012 年）所说，在机器人设计中应用手势和肢体语言是加强人机交流的有效方法。[87] 虽然大多数人认为，机器人对人类肢体语言的数据处理不会在很大程度上侵犯隐私，但一个主要令人担忧的问题来自机器人收集人类生物特征的感知能力。对于医疗保健机器人来说，收集病人的肢体语言数据是不可避免的，同时也会收集个人数据。例如，如果病人挥手示意机器人停止服务，那么一些不可分割的个人数据，如掌纹或脸部轮廓，也会被机器人收集。此外，另一个令人担忧的问题是，机器人对社交线索的感知有时会侵犯更高级别的敏感个人数据。例如，机器人的算法可以通过摄像头分析人的胸部轮廓来辨别人的性别差异。显然，目前用户对机器人收集肢体语言和生物特征的态度会造成数据保护中知情同意的缺失。考虑到机器人正在逐步增强其感知能力并适应人类的生活空间，这并不是一件好事。笔者建议，解决这一问题的办法是开展一项教育计划，旨在提高人们对新兴技术可能带来的风险的认识。

第二，是隐私设计问题。智能家居技术无处不在，导致人们对个人数据失去控制。[88] 然而，除了数据失控之外，人们还担心医疗保健机器人的欺骗性和接近性。一项研究评估了老年人在家庭环境中使用摄像头、固定机器人和移动机器人时的隐私增强行为（PEB），

---

[85] E. Fosch Villaronga, A. Tamo-Larrieux, and C. Lutz, Did I Tell You My New Therapist Is a Robot? Ethical, Legal, and Societal Issues of Healthcare and Therapeutic Robots (October 17, 2018), https://ssrn.com/abstract=3267832.

[86] S. Hedaoo, A. Williams, A. Fallatah, et al., A Robot Barista Comments on Its Clients: Social Attitudes toward Robot Data Use, in Proceedings of the 14th ACM/IEEE International Conference on Human-Robot Interaction (HRI), Daegu, Korea (March 11-14, 2019).

[87] J. J. Cabibihan, W. C. So, and S. Pramanik, Human-Recognizable Robotic Gestures (2012) 4 IEEE Trans. Auto. Mental Dev. 305.

[88] W. Wilkowska, M. Ziefle, and S. Himmel, Perceptions of Personal Privacy in Smart Home Technologies: Do User Assessments Vary Depending on the Research Method? in T. Tryfonas and I. Askoxylakis (eds.), *Human Aspects of Information Security, Privacy, and Trust*, HAS 2015, Lecture Notes in Computer Science, Springer, 2015, Vol. 9190.

结果显示，在摄像头的监控下，老年人的行为变化更大。[89] 换句话说，老年人可能低估了机器人侵犯隐私的风险。考虑到本章讨论的设计策略可能有助于减少 PEB 在嵌入方面的差距。除了上文提到的隐私过滤器的想法，一个用户菜单可能会帮助用户预测他们可以期望机器人执行哪些任务。[90]

正如笔者已经讨论过的，重要的是要区分安全设计与隐私设计的概念。2018 年 5 月，ISO 成立了一个新的委员会 ISO PC/317，负责起草关于将隐私设计嵌入消费品和服务的 ISO/AWI 31700 标准。[91] 这项提案可能支持并包含隐私设计概念，但当它应用于安全设计概念时，如医疗保健机器人，人们担心数据隐私和机器人安全之间的风险评估会出现差距。此外，ISO 13482（机器人安全标准）[92] 采用 ISO 12100 进行风险评估，并采用三步法降低机械风险。[93] 这与用于数据保护的隐私信息管理系统（PIMS）隐私影响评估大相径庭。对于像医疗保健机器人这样的安全关键系统，需要在机械风险评估过程中认真考虑安全设计，以确保软件和硬件之间的系统集成。

六、结论

在本章中，笔者通过在许多使用场景中的观察，讨论了嵌入型 AI 对 HRI 中隐私的影响，包括接近性、欺骗性和安全性三个方面的问题。笔者的结论是，医疗保健机器人的嵌入因素在一些 HRI 应用中带来了新的隐私风险。虽然目前还很难预测笔者对嵌入型 AI 方面的分析结果将如何重塑未来隐私权的定义，但分析表明，当前的数据保护法可能需要修订，以涵盖智能机器人在医疗保健领域的应用，特别是在数据主体权利和隐私设计方面。至于嵌入型 AI 对 HRI 隐私和算法法律的影响，重叠之处在于用户与机器之间建立可信关系的透明度，以及个人数据流通的透明度。[94] 此外，通过嵌入的视角来研究法律和机器人技术，通常是从侵权的角度出发，这是一种直截了当的方法。然而，隐私和数据保护的重要性长期以来一直被忽视，这也为本章的讨论提供了动力。最后分析聚焦于 HRI 中的嵌入与隐私，这不仅有利于算法法律，也有利于开发隐私友好的医疗机器人界面。

---

[89] K. Caine, S. Sabanovic, and M. J. Carter, The Effect of Monitoring by Cameras and Robots on the Privacy Enhancing Behaviors of Older Adults, in Proceedings of the 7th ACM/IEEE International Conference on Human-Robot Interaction (HRI), Boston, MA, United States (March 5-8, 2012), pp. 343-50.

[90] D. Hebesberger, T. Koertner, C. Gisinger, and J. Pripfl, A Long-Term Autonomous Robot at a Care Hospital: A Mixed Methods Study on Social Acceptance and Experiences of Staff and Older Adults (2017) 9 Int. J. Soc. Rob. 417.

[91] ISO/AWI 31700：消费者保护——消费品和服务的隐私设计。

[92] ISO 13482：2014：机器人和机器人设备——个人护理机器人的安全要求。

[93] ISO 12100：2010：机械安全——设计的一般原则——风险评估和风险降低。

[94] J. Gunther, F. Munch, S. Beck, et al., Issues of Privacy and Electronic Personhood in Robotics, in 2012 IEEE ROMAN: The 21st IEEE International Symposium on Robot and Human Interactive Communication, Paris, France (September 9-13, 2012).

第三十五章

成为超人类：
商用脑机接口和自主性的追求

阿吉罗·卡拉纳西乌（Argyro P. Karanasiou）

希望在未来不太多年里，人类大脑和计算机将实现非常紧密的耦合，由此产生的伙伴关系将以前所未有的方式进行思考，并以我们今天所知的信息处理机器无法接近的方式处理数据。

——J. C. R. 利克莱德：《人机共生》（1960）*[1]

引言：你的想法远不止值一分钱

在 2014 年 7 月，Facebook 通过监测 689003 名用户在省略包含积极和消极词汇的某些内容后的情绪反应，进行了一项关于情绪传染的社会实验。[2] 该项目因未经受试者知情同意就操纵情绪而受到严厉批评，[3] 并引发了人们对用户隐私的担忧。最重要的是，它提出了自动化时代尊重用户自主权的问题。

Facebook 的口号"你在想什么？"——提示用户与他们的数字社交圈分享想法——近年来获得了新的字面意义：定向广告、假新闻和计算宣传（computational propaganda）都是通过利用人工智能进行大规模在线画像分析，从而为了利益或权力而进行心理操纵的例子。在大多数情况下，这涉及对个人数字足迹的详细解读：我们日常在线和离线互动产生的大量数据定义了我们的行为。本章采用了一种略有不同的方法，试图探索利用人工智能检索、分析和预测尚未外部化、但最能定义我们的数据：大脑数据。

事实上，历史上从来没有比现在更适合描绘人类思想轮廓的时代：在过去几十年里，公共和私人资助的研究人类大脑的项目，产生了大量科学论文和发现，这些发现往往在新

---

* 笔者要感谢编辑伍德罗·巴菲尔德（Woodrow Barfield）教授给予的所有支持，也要感谢罗杰·布朗斯沃德（Roger Brownsword）教授对本章初稿提出的宝贵意见。任何遗漏或错误，概由作者负责。

[1] J. C. R. Licklider, Man-Machine Symbiosis (1960) HFE-1 IRE Trans. Hum. Factors Electron. 4.

[2] A. D. Kramer, J. E. Guillory, and J. T. Hancock, Experimental Evidence of Massive-Scale Emotional Contagion through Social Networks (2014) 111 Proc. Nat. Acad. Sci. 8788.

[3] J. Grimmelmann, The Law and Ethics of Experiments on Social Media Users (2015) 13 Colo. Technol. Law J. 219; J. R. Bambauer, All Life Is an Experiment. (有时候这是一场对照实验) (2015) 47 Loy. Univ. Chi. Law J. 487.

闻中被大肆渲染"。解释人类大脑奥秘的宏伟计划尚未完全实现；然而，雄心驱动利益，利用人工智能解码人类大脑的想法，已成为许多科技巨头的快速增长的商业冒险，这些公司一直在研发神经技术相关项目上进行大量投资。因此，2019 年被称为"可穿戴消费者物联网年"也就不足为奇了；这是一个新兴市场，预计将从 2019 年的 6650 万台增加到 2023 年的 1.053 亿台。在顶级新兴可穿戴技术中，有许多脑电图产品（如 NeuroSky、Emotiv、Mindwave）或经颅直流电刺激产品（如 Thync），用于监测用户的脑活动，处理和存储所有相关数据，甚至改变用户的心智状态。与 Facebook 的实验不同，此类做法能够绕过用户的自愿参与，纯粹依赖于生物识别数据（biometrical data）。这将进一步支持通过复杂的人工智能方法（如深度学习）分析大脑活动数据所得出的推断，来确定一个人未来选择的目标。

本章分为四个部分：第一部分"你在想什么？读心术简史"，概述了"读心术"技术的发展历史，为神经技术市场的繁荣以及人工智能在临床领域之外，解开人类大脑之谜的应用提供了一些背景信息。第二部分"脑机接口机制"，对使用商用脑机接口监测、收集和分析脑成像数据进行了技术法律评估。在此基础上，第三部分"法律考量"探讨了脑机接口中用户赋权和代理的范围。这进一步支持了本章其余部分的观点，即商用脑机接口是处理数据的一个特例，似乎游离于《通用数据保护条例》（GDPR）等严格的数据保护法律之外。随着人工智能技术在神经科技领域的广泛应用，自主性（autonomy）的定义也在发生变化，因此本章强调，需要制定相应的数据保护法来适应这种变化，并确保个人的自主性在新的技术环境下得到充分保护。

一、你在想什么？读心术简史

时间定格于 1896 年，地点为旧金山。早在它被亲切地称为硅谷的一部分之前，一家当地报纸就发表了一篇关于"最奇妙的发现"的文章，[4] 这是一种读心机，能够通过电动涂层记录的振动来记录和传达思想。机器的发明者朱利叶斯·埃姆纳（Julius Emner）从当时的另一项发明——留声机中汲取灵感,[5] 希望以类似的方式实现思想记录和转移。如今，报道这项发明的报纸文章读起来仍饶有趣味，这主要是因为文章在讲述这种机器的各种用途时所用的热情洋溢的语调，让我们能够：

……保存自己思想的记录，并可以随时阅读；能够在他人无意识的情况下记录他们的思想；能够洞悉诗人的大脑；能够检查疯子的思维；能够洞悉我们朋友的秘密想法，并能够追踪罪犯大脑中的犯罪活动，这些都是无限广阔的领域，是科学至今几乎还未曾梦想过的操作。

此后信息的缺乏表明这并没有成功实现；然而，它表明了人们长期以来对于捕捉人的思想的迷恋和尝试。在探索人脑奥秘的过程中，伪科学常常在科学的阴影下大行其道，它虽然看起来不那么刺激，但却能带来更多（看似合理的解释或成果）。不过，人们很快就明白，研究人体生理学的能力有可能解释人的意图，并在一定程度上进一步解释人的行为。

测谎仪应运而生。约翰·奥古斯都·拉尔森（John Augustus Larson）于 1921 年发明的

---

[4] The San Francisco Call（April 12, 1895），https：//juxtintime.wordpress.com/2014/04/12/the-mind-reading-machine/.

[5] See https：//chroniclingamerica.loc.gov/lccn/sn84024442/185-08-16/ed-1/seq-6.pdf.

测谎仪，可以通过测量生理功能来检测异常行为，这些生理功能被认为是在宣誓时说谎所产生的压力反应。[6] 作为一种检测欺骗的方法，测谎仪的准确性受到了质疑，在法律程序中的可采性被推迟到该技术"在其所属特定领域获得普遍接受"的时刻";[7] 这也被称为弗莱标准（Frye standard）。简而言之，当时有需求，但技术尚不成熟。[8] 在未来的岁月里，测谎技术的使用将成为一个有争议的问题，[9] 不仅因为它们的准确性受到质疑，[10] 而且因为它们带来的众多法律和道德挑战。[11]

与此同时，随着技术和科学的进步，认知神经科学通过测量大脑功能，为识别精神状态提供了新的方法。测谎技术变得更加复杂，使用了功能性神经成像方法，如功能性磁共振成像（fMRI），这种方法可以通过血流变化来测量神经活动。[12] 与主要关注外周神经系统（peripheral nervous system）的测谎仪不同，fMRI 是测量中枢神经系统（CNS）的一种方法。也就是说，测谎仪依靠呼吸、血压和汗腺活动的波动来推断欺骗行为，而 fMRI 则能够通过非侵入性方式，将血氧与神经元活动联系起来，从而生成大脑图谱：简而言之，基于 fMRI 的测谎方法，将前额叶大脑（负责行为控制）的区域中的高神经活动解释为欺骗行为。[13] fMRI 更像是一种"读脑术"而非"读心术"方法，在测谎方面仍然缺乏转化准确

---

[6] 也被称为基勒测谎仪，以伦纳德·基勒（Leonard Keeler）的名字命名，是他使测谎仪变得便携，并在法庭上作为专家证人，为通过测谎仪获得的证据提供支持。有关基勒测谎仪的更多详细信息，see L. Keeler, A Method for Detecting Deception（1930）1 Am. J. Police Sci. 38; and F. Inbau, The "Lie-Detector"（1935）40 Scientific Mon. 81.

[7] Frye v. United States, 293 F. 1013, 1014, 34 ALR 145, 146（DC Cir. 1923）. For more, see F. Inbau, Scientific Evidence in Criminal Cases: 11 Methods of Detecting Deception（1934）24 J. Crim. Law 1140, 1148-50.

[8] The Polygraph and Lie Detection, Report of the Committee to Review the Scientific Evidence on the Polygraph of the National Academies of the U. S., National Academies Press, Washington, DC（2003）.

[9] 这是一个很好的历史概述，see Marion Oswald's Technologies in the Twilight Zone: Early Lie Detectors, Machine Learning and Reformist Legal Realism（April 7, 2019）, https://ssrn.com/abstract = 3369586 or http://dx. doi. org/10. 2139/ssrn. 3369586.

[10] E. H. Meijer, and B. Verschuere, The Polygraph: Current Practice and New Approaches, in P. A. Granhag, A. Vrij, and B. Verschuere（eds.）, Detecting Deception: Current Challenges and Cognitive Approaches, Wiley-Blackwell, 2015, pp. 59-80.

[11] 有大量的学者围绕在法庭上使用测谎仪的法律问题进行讨论（例如 NA Farahany, Incriminating Thoughts（2012）64 Stan. Law Rev. 351），以及警方（例如 G. Ben-Shakhar）, M. Bar-Hillel, and I. Lieblich, Trial by Polygraph: Scientific and Juridical Issues in Lie Detection（1986）4 Behav. Sci. Law 459）或者在就业环境中。由于这些问题超出了本章的范围，因此仅在此顺便讨论。

[12] S. Ogawa, T. M. Lee, A. S. Nayak, and P. Glynn, Oxygenation-Sensitive Contrast in Magnetic Resonance Image of Rodent Brain at High Magnetic Fields（1990）14 Magn. Reson. Med. 68; K. K. Kwong, J. W. Belliveau, D. A. Chesler, et al., Dynamic Magnetic Resonance Imaging of Human Brain Activity During Primary Sensory Stimulation（1992）89 Proc. Nat. Acad. Sci. 5675.

[13] J. D. Greene and J. M. Paxton, Patterns of Neural Activity Associated with Honest and Dishonest Moral Decisions（2009）106 Proc. Nat. Acad. Sci. 12506. See also D. D. Langleben, J. W. Loughead, W. Bilker, et al., Imaging Deception with fMRI: The Effects of Salience and Ecological Relevance, in 34th Annual Meeting of the Society for Neuroscience, San Diego, CA, Society for Neuroscience, Washington, DC（2004）; S. A. Spence, The Deceptive Brain（2004）97 JR Soc. Med. 6.

性，[14] 因此它并没有达到 Frye 案所设定的高标准，[15] 也未能符合 Daubert 案重申的高标准；[16] 即法官应充当守门人，并有权酌情排除被确定为不可靠的科学证据。[17] 文献中经常提到 2010 年至 2012 年的三起案件，[18] 其中当事人试图将 fMRI 测谎仪的结果作为证据，证明证人或被告证词的有效性。法官裁定此类证据不可采纳，理由是相关技术尚未获得科学界的认可，无法在现实世界中使用。简而言之，需求是存在的，技术也在慢慢赶上，但它的应用需要更多的科学证据，并且需要降低假阳性或误报的风险门槛。

毫无疑问，对于在实验室范围之外使用此类方法，人们提出了许多有效的伦理[19]和法律论点，[20] 这些将在本章的其余部分进行回顾；但与此同时，值得注意的是，fMRI 测谎技术突显了政府机构和企业"强烈且不断增长的需求"，[21] 这种需求转化为一个有利可图的机会，并催生了一个专注于商业神经技术的新市场：自 2006 年以来，Cephos 和 No-Lie MRI 一直在销售 fMRI 测谎仪，"它利用从神经科学的最新进展中开发出来的专有 fMRI 人脑绘图技术，客观、可靠地测量意图、先验知识和欺骗行为"。这两家公司都曾作为医疗诊断领域的初创企业，拥有广泛的应用基础，并有望带来良好的投资回报，因为新兴的情绪检测和识别市场规模预计到 2024 年将达到 560 亿美元。[22]

需求仍然存在。在缺乏明确的市场准入法规[23]或普遍的社会及法律考量的情况下，[24] 技术迅速发展，认知神经科学开始大规模商业化。最重要的是，政府对此表现出浓厚兴趣，并将其转化为资助研究，这将确保获得更好、更可靠的结果：国防高级研究计划局（DAR-

---

[14] M. J. Farah, J. B. Hutchinson, E. A. Phelps, and A. D. Wagner, Functional MRI-Based Lie Detection：Scientific and Societal Challenges（2014）15 Nat. Rev. Neurosci. 123；R. Robinson, fMRI beyond the Clinic：Will It Ever Be Ready for Prime Time?（2004）2 PLoS Biol. e150.

[15] G. Miller, fMRI Lie Detection Fails a Legal Test（2010）328 Science 1336.

[16] J. C. Moriarty, Flickering Admissibility：Neuroimaging Evidence in the US Courts（2008）26 Behav. Sci. Law 29. J. C. Moriarty, Flickering Admissibility：Neuroimaging Evidence in the US Courts（2008）26 Behav. Sci. Law 29.

[17] Daubert v. Merrell Dow Pharm., Inc., 509 US 579（1993）. 对于道伯特标准以及相关法律和认识论问题的精彩分析，see J. R. Law, Cherry-Picking Memories：Why Neuroimaging-Based Lie Detection Requires a New Framework for the Admissibility of Scientific Evidence under FRE 702 andDaubert（2011）14 Yale J. Law Technol. 1.

[18] United States v. Semrau, 693 F. 3d 510, 516（2012）；Wilson v. Corestaff Servs. LP, 28 Misc. 3d 425, 426（2010）；and Smith v. Maryland, 442 US 735（1979）.

[19] F. Schauer, Lie-Detection, Neuroscience, and the Law of Evidence, in D. Patterson and M. S. Pardo（eds.）, Philosophical Foundations of Law and Neuroscience（Oxford University Press, 2016）. 然而，需要注意的是，肖尔（Schauer）并不反对采用复杂的科学方法来为法律提供信息，as posited in F. Schauer, Can Bad Science Be Good Evidence? Neuroscience, Lie Detection, and Beyond（2009）95 Cornell Law Rev. 1191.

[20] 对于主要概念问题的良好解释，see M. S. Pardo, Lying, Deception, and fMRI：A Critical Update, in B. Donnelly-Lazarov（ed.）, *Neurolaw and Responsibility for Action：Concepts, Crimes and Courts*, Cambridge University Press, 2018.

[21] D. D. Langleben, Detection of Deception with fMRI：Are We There Yet?（2008）13 Leg. Criminol. Psychol. 9.

[22] See www.reportlinker.com/p04458257/Emotion-Detection-and-Recognition-Market-by-Technology-Software-Tool-Service-Application-Area-End-User-and-Region-Global-Forecast-to. html?utm_source=GNW.

[23] H. T. Greely and J. Illes, Neuroscience-Based Lie Detection：The Urgent Need for Regulation（2007）33 Am. J. Law Med. 377.

[24] J. Illes and M. L. Eaton, Commercializing Cognitive Neurotechnology-the Ethical Terrain（2007）25 Nat. Biotechnol. 393.

PA)、国防部测谎仪研究所（DoDPI）和美国国土安全部资助了神经科学研究[25]，这些研究产生了 Cephos[26] 和 NoLie MRI 所使用的技术。[27]

事实上，认知神经科学迅猛发展，有望揭开人类大脑的奥秘，加之脑启发计算技术（braininspired computing）的进步，开启了一个雄心勃勃的公共资助项目时代。2013 年，奥巴马政府承诺向"通过创新神经技术推动大脑研究"[28] 项目投入 50 亿美元资金，旨在发现"神经活动的动态模式如何转化为认知、情绪、感知和行动"等，[29] 以期创建一个"集成细胞、回路、大脑和行为的综合科学"。[30] 以类似的方式，几乎同时，2013 年欧盟也宣布"人类大脑计划"，[31] 这是一个为期 10 年的旗舰项目，专注于神经信息学、大脑模拟、神经机器人和神经形态计算。[32] 需求存在，技术存在，资金也存在。神经技术实现商业化的时机似乎已经成熟。

2019 年 7 月，埃隆·马斯克（ElonMusk）的初创公司"Neuralink"在加利福尼亚州举行了一次公开活动，公布了自 2016 年成立以来相关研发的最新进展。这家初创公司的目标是开发使用高带宽机器接口来增强人类智能，但人们经常怀疑它是否能够实现其承诺的目标。[33] 活动现场，Neuralink 公布了其最新成果：一款由神经外科医生监督的机器人，其能够将超细柔性电极植入大脑，以监测神经活动。[34] 目前该项目已在动物身上进行了测试，计划在获得美国联邦药物管理局（FDA）批准后，于 2020 年年中开始对志愿者进行人体测试。

---

[25] J. T. Cohen, Merchants of Deception: The Deceptive Advertising of fMRI Lie Detection Technology (2010) 35 Seton Hall Legis. J. 158 (esp. n. 43). See also S. Silberman, Don't Even Think about Lying, Wired (January 1, 2006), www. wired. com/2006/01/lying/.

[26] F. A. Kozel, L. J. Revell, J. P. Lorberbaum, et al., A Pilot Study of Functional Magnetic Resonance Imaging Brain Correlates of Deception in Healthy Young Men (2004) 16 J. Neuropsychiatry Clin. Neurosci. 295; F. A. Kozel, K. A. Johnson, Q. Mu, et al., Detecting Deception Using Functional Magnetic Resonance Imaging (2005) 58 Biol. Psychiatry 605.

[27] D. Langleben, L. Schroeder, J. Maldjian, et al., Brain Activity During Simulated Deception: An Event-Related Functional Magnetic Resonance Study (2002) 15 Neuroimage 727; D. D. Langleben, J. W. Loughead, W. B. Bilker, et al., Telling Truth from Lie in Individual Subjects with Fast Event-Related fMRI (2005) 26 Hum. Brain Mapp. 262.

[28] See https：//braininitiative. nih. gov/.

[29] Brain 2025: A Scientific Vision, Brain Research through Advancing Innovative Neurotechnologies (BRAIN) Working Group Report to the Advisory Committee to the Director, NIH (June 2014), https：//braininitiative. nih. gov/sites/default/files/pdfs/brain2025_508c. pdf.

[30] Brain 2025: A Scientific Vision, Brain Research through Advancing Innovative Neurotechnologies (BRAIN) Working Group Report to the Advisory Committee to the Director, NIH (June 2014), https：//braininitiative. nih. gov/sites/default/files/pdfs/brain2025_508c. pdf.

[31] See Human Brain Project (HBP) Flagship, European Commission, https：//ec. europa. eu/digital-single-market/en/human-brain-project.

[32] 人脑计划的结构包括以下领域：神经信息学（获取共享的脑数据）、脑模拟（在计算机上复制脑结构和活动）、高性能分析和计算（提供所需的计算和分析能力）、医学信息学（获取患者数据，识别疾病特征）、神经形态计算（开发大脑启发式计算）和神经机器人技术（使用机器人测试大脑模拟）。有关更多信息，see Short Overview of the Human Brain Project, www. humanbrainproject. eu/en/about/overview/.

[33] See C. Towers-Clark, Neuralink Needs Careful Consideration, Not Hasty Commercialization, Forbes (July 25, 2019), www. forbes. com/sites/charlestowersclark/2019/07/25/neuralink-needs-careful-consideration-not-hasty-commercialization/.

[34] 有关 Neuralink 的白皮书，see www. documentcloud. org/documents/6204648-Neuralink-White-Paper. html.

同时记录多个神经元的能力，无疑有望使我们更进一步理解人类认知。虽然企业界对神经技术的兴趣是最近才兴起的，但在过去的18年里，美国国防部高级研究计划局一直在积极支持涉及脑机接口的项目，即双向可穿戴（或植入式）设备，这些设备将大脑通信外部化，并实现"多种国家安全应用，如控制主动网络防御系统和无人机群，或在复杂任务中与计算机系统合作以进行多任务处理"。[35]国防部高级研究计划局最新的N3资助项目，显示了当前对非侵入式脑机接口方法的关注，因为这将使神经技术走出临床应用的狭窄范围，并能够在健全人群中应用。这也许解释了为什么Neuralink的公告会产生如此大的影响：我们目前正在见证商用脑机接口的初步发展。它们是否真的能在神经技术的应用方面兑现所有承诺，还有待观察，但不可否认的是，自朱利叶斯·埃姆纳的"读心术"机器问世以来，我们已经取得了长足的进步。

到目前为止，本章所介绍的案例有一个共同点：便携性。设备越便携，就越容易融入社会结构和商业活动中。新型传感和机器学习技术的应用，带来了曾经看似不可思议的希望：读懂一个人的思想。以下内容将提供一些急需的见解，解释这是如何实现的，并说明这些设备是如何变得便携，从而具有商业开发价值的。然而，最重要的是，它将提供一种关键脑机接口特性的分类方法，这将作为本章其余部分分析的参考点。

二、脑机接口机制：入门知识和关键特征分类

在过去十年中，工业界对大脑解读方法和应用的兴趣急剧上升：神经技术解码大脑活动的相关专利从2012年的400项增加到2014年的1600项，就表明了这一点。[36]鉴于神经技术市场的市值[37]预计将在2022年达到133亿美元，涵盖神经假肢、神经调节、神经康复和神经传感等多个领域的应用，这一增长也就不足为奇了。[38]就本章而言，我们的关注点是这个市场中专注于非临床应用的一个特定领域："普及神经技术"（pervasive neurotechnology）。这是神经科学中的一个新兴领域，致力于开发大脑解读方法，由于其相对较低的成本和有限的安全风险，可应用于多种工业或商业场景：Microsoft和IBM是普及神经技术的关键专利持有者。[39]例如，Microsoft申请了一项专利，该专利是一种测量大脑活动的设备，允许用户免提启动和控制应用程序；[40]又如，在2018年日内瓦车展上首次亮相并于2020年投产的日产新概念车IMs KURO，它使用了大脑车辆接口（B2V），以帮助驾驶员

---

〔35〕 See Six Paths to the Nonsurgical Future of Brain-Machine Interfaces, DARPA, www.darpa.mil/news-events/2019-05-20.

〔36〕 See Market Report on Pervasive Neurotechnology: A Groundbreaking Analysis of 10,000+ Patent Filings Transforming Medicine, Health, Entertainment and Business, Sharp Brains, https://sharpbrains.com/pervasiveneurotechnology/.

〔37〕 为了预测2040年神经技术的发展趋势，see C. Cinel, D. Valeriani, and R. Poli, Neurotechnologies for Human Cognitive Augmentation: Current State of the Art and Future Prospects (2019) 13Front. Hum. Neurosci. 13.

〔38〕 The Market for Neurotechnology 2018-2022, a market research report from Neurotech Reports, www.neurotechreports.com/pages/execsum.html.

〔39〕 Market Report on Pervasive Neurotechnology: A Groundbreaking Analysis of 10,000+ Patent Filings Transforming Medicine, Health, Entertainment and Business, https://sharpbrains.com/pervasiveneurotechnology/.

〔40〕 WO2017196618-Changing an Application State Using Neurological Data, WIPO IP Portal, https://patentscope.wipo.int/search/en/detail.jsf?docId=WO2017196618.

进行规避操作。[41] 严格来说，这两个例子都不是真正意义上的读脑脑机接口，它们并不能直接读取人的思维；相反，它们通过算法解码大脑发送的指令来揭示意图。

考虑到这些方法与可穿戴设备的普及性，它们无疑会对人的自主性产生巨大影响。然而，为了对其进行适当的评估，重要的是先要了解可穿戴脑机接口的机制，及其在临床领域之外的潜在应用范围。为此，我们接下来将依次回顾①记录方法；②目标认知领域；以及③商业应用。这绝不是一个详细的技术分析，但足以帮助我们在接下来的章节中，构建评估消费者所面临法律风险的分类体系。此外，它将为读者构建一个更全面的理解框架，有助于解释如何将脑机接口、可穿戴设备与深度学习算法融合在一起，从而形成一个蓬勃发展的便携式神经技术产业。

三、记录方法：传感器和硬件

脑机接口（BCI）背后的主要原理是，可观察的大脑信号可以在计算机与人之间的双向通信中作为信息载体；[42] 计算机系统记录中枢神经系统（CNS）产生的大脑信号，分析和解码意图，然后将其进一步转化为产生动作的输出。[43] 最终，脑机接口暗示了一种机器作为外层皮层的角色，它捕捉电神经信号，将它们上传到硬盘驱动器上，通过算法将其转化为意图，并将这些代码重写到输出设备上，以增强认知或使行动成为可能。通过这种基于计算机的系统，传统上基于肌肉的功能，现在可以通过观察和分析大脑信号来执行。

本质上，与思维过程相关的神经信号被传感器（硬件）接收，并通过算法（软件）进行进一步处理，以提取和分类特征。[44] 用于记录大脑信号的传感器有三种类型：①侵入式传感器，需要通过手术将芯片或电极阵列植入大脑皮层；②半侵入式传感器，也是通过手术植入，但不直接植入大脑的灰质上；③非侵入式传感器，即将金属电极阵列作为帽子戴在头骨上。鉴于有限的健康风险，尤其是与手术植入的传感器相比，非侵入式传感器在商用脑机接口中极受欢迎，也就不足为奇了，因此它们也是我们此处分析的重点和中心。在这一类别中，最常见且最受行业青睐的传感监测器是脑电图（EEG），[45] 其他还包括脑磁图（MEG）、正电子发射层析成像（PET）、功能性磁共振成像（fMRI）和功能性近红外光谱（fNIRS）。非侵入式传感器（如脑电图仪）所得结果的准确性有限，特别是当它们由未经训练的消费者佩戴时，这是大多数公司在推销此类产品时愿意接受的缺点：开发便携式头戴设备的成本低和健康风险低，这反过来又降低了监管当局对产品进行评估和批准的标准，从而解释了为什么此类方法在商业上具有吸引力。

---

[41] See Nissan IMx Kuro Mind-Reading Concept Presented in Geneva, Auto Evolution, www.autoevolution.com/news/nissan-imx-kuro-mind-reading-concept-presented-in-geneva-124157.html.

[42] 维达尔（Vidal）是这一领域的先驱神经科学家之一，他将脑机接口定义为"大脑和设备之间的合作，使来自大脑的信号能够指导一些外部活动，如控制光标或假肢。该接口在大脑和被控制的对象之间建立了直接的通信路径"（J.J. Vidal, Toward Direct Brain-Computer Communication (1973) 2 Ann. Rev. Biophys. Bioeng. 157）.

[43] J. Wolpaw and E. W. Wolpaw (eds.), Brain-Computer Interfaces: Principles and Practice, Oxford University Press, 2012.

[44] 有关更多信息，see R. A. Ramadan, S. Refat, M. A. Elshahed, and R. A. Ali, Basics of Brain Computer Interface, in A. E. Hassanien and A. T. Azar (eds.), Brain-Computer Interfaces, Springer, 2015, pp. 31-50.

[45] 有关脑电图基本原理和应用的详细概述，see J. C. Henry, Electroencephalography: Basic Principles, Clinical Applications, and Related Fields (2006) 67 Neurology 2092.

四、目标认知领域：处理和软件

接下来，我们回顾一下目标认知领域，以 Emotiv 的 EPOC+为例。Emotiv 是一家生物信息公司，为希望监测自己思想和情绪的消费者开发和销售神经头戴设备。[46] 其旗舰产品 EPOC+是一款无线脑电图头戴设备，零售价为 799 美元，可以提供原始大脑数据访问权限，以提高人体机能和健康水平。据该公司网站称，这款头戴设备收集的数据可以使用多种专有应用程序进行分析，用于各种目的：提高人体机能和健康，实现思维控制技术，辅助学术研究，甚至为消费者提供关于情绪和决策行为的见解。[47] 从本质上讲，Emotiv 正在使用一种无线非侵入式传感硬件（如 EPOC+），它收集神经信号，然后通过六个关键认知指标进行分析：兴趣、兴奋、放松、参与度、注意力和压力。这是通过使用三种机器学习算法实现的，这些算法对捕获的大脑数据的强度进行分类和分级。消费者可以通过几种应用程序提供这些数据并将其作为神经反馈，以训练系统根据其思维指令或对面部表情的反应来采取行动，从而进一步丰富访问和理解自己大脑活动的体验。Emotiv 的网站显示，其技术侧重于从新哺乳动物皮层和边缘系统检索大脑数据，这些区域负责"规划、环境建模、感觉输入的解释（包括你对现实的感知）、记忆处理和存储，并且是驱动你情绪和情感的基本因素"。[48] 然而，有疑问的是，这些区域的大脑活动究竟能揭示什么？认知活动能在多大程度上转化为思想、情绪或意图？

为了回答这个问题，我们首先需要考虑人类大脑的复杂性。当你读到这句话时，你正在使用你的爬行动物大脑（reptilian brain）来控制眼球在页面上的不自主运动，使用你的边缘系统（limbic system）来检索过去关于如何阅读的知识，以及使用你的新哺乳动物大脑（neomammalian brain）来理解这句话的论点。换句话说，爬行动物大脑控制着本能和不自主运动的功能，而大脑的其他两个区域，即边缘系统和新哺乳动物大脑，则负责更复杂的认知任务，如记忆和决策。[49] 来自大脑这些部分的数据提供了关于什么是值得记忆的信息、我们回忆面孔并将其与社交互动联系起来以确定信任的能力，以及推理、决策和任务执行的洞察力。当对刺激进行情绪和认知反应的测量和分析时，[50] 可以定位和解释思维过程，揭示一个人的潜意识意图、自由意志、社交偏好，甚至认知偏见。[51] 因此，对于神经技术而言，大脑数据的价值并不相同，某些区域的活动在解释行为方面具有更大的潜力。

五、临床和商业应用——一种分类体系

在回顾了目标认知领域和收集大脑活动数据的方法之后，我们现在将转向这些可能具有的各种应用，以评估其潜在的商业开发价值。在这样做的过程中，本章提供了一个急需

---

[46] T. D. Pham and D. Tran, Emotion Recognition Using the Emotiv EPOC Device, in *International Conference on Neural Information Processing*, Springer, 2012, pp. 394-9.

[47] See Consumer Insights, Emotiv, www.emotiv.com/consumer-insights-solutions/#.

[48] The Science behind Our Technology, Emotiv, www.emotiv.com/our-technology/.

[49] P. D. MacLean, The Triune Brain in Evolution: Role in Paleocerebral Functions (Springer, 1990).

[50] 关于情感和认知如何相互关联的详尽分析，see J. LeDoux, *The Emotional Brain: The Mysterious Underpinnings of Emotional Life*, Simon & Schuster, 1998.

[51] M. G. Haselton, G. A. Bryant, A. Wilke, et al., Adaptive Rationality: An Evolutionary Perspective on Cognitive Bias (2009) 27 Soc. Cogn. 733.

的分类体系，这将进一步支持下一部分的法律评估。此外，它将把所有这些都置于一个视角，以展示如何将人工智能和神经科学结合起来，这是脑机接口成功的秘诀。如表35.1所示，脑机接口中使用的感官方法的侵入性与其商业应用成反比：高度侵入性的方法（如深部脑刺激）主要用于支持脑部相关疾病的治疗，如帕金森病；半侵入性方法（如脑皮层电图）在神经假体和植入物中有应用，主要用于修复（但也在较小程度上用于自我实验）；非侵入性方法（如脑电图、功能性磁共振成像、功能性近红外光谱）在商业产品中更受欢迎，这些产品被推销为可穿戴设备，用于增进健康和自我提升（"大脑黑客"）。[52] 如今，有相当多的初创公司正在开发非侵入式脑机接口以实现自我提升，例如，有些专注于研发记忆假体（如Kernel公司），有些致力于监测睡眠神经活动（如Dreem公司），还有些在检测与压力相关的心智状态（如Emotiv公司）。

关于此类市售产品的操作和技术方面的可用详细信息是有限的，并且没有揭示太多关于它们的潜在应用或未来配置的信息：在麦考尔（McCall）及其同事的最新研究中，[53] 他们调查了所有市售的脑电图可穿戴"神经设备"，发现这些项目几乎没有科学证据（例如，同行评审的研究或其他形式的研究）。这并不是说此类设备不可靠，而是要强调由于商业机密，存在高度的不透明。要了解它们的潜力，就要进一步探索使用类似非侵入性方法的学术项目的研究结果。以从大脑活动中重建视觉体验为例，这是一个引人入胜的研究领域，已经取得了多项成果：西本（Nishimoto）及其同事[54]使用功能磁共振成像对由电影预告片产生的大脑信号进行解码，而内姆罗多夫（Nemrodov）及其同事[55]使用脑电图，根据受试者的大脑活动重建了他们所看到的面部图像。此外，一些项目受益于使用人工智能所构建的系统来重现捕获的大脑数据：这种方法使科学家能够通过捕获和解码深度神经网络（DNN）中的视觉皮层活动来成功重建主观图像，即通过一种类似于神经元的预训练算法系统，为相同的输入图像生成算法输出结果。[56] 人工智能和神经科学的日益交互作用，有助于提高准确性、更快地处理复杂的神经数据，并改善结构；[57] 同时，神经技术通过将机器学习和临床研究的元素融入到有吸引力的商业包装中，展露出彻底改变蓬勃发展的可穿戴设备市场的巨大潜力。脑电图等方法成本低廉，且科学研究众多，这是商用脑机接口明显偏好非侵入性方法的关键因素。

---

[52] J. Savulescu and N. Bostrom (eds.), *Human Enhancement*, Oxford University Press, 2009.

[53] I. C. McCall, C. Lau, N. Minielly, and J. Illes, Owning Ethical Innovation: Claims about Commercial Wearable Brain Technologies (2019) 102 Neuron 728. 对于认知增强（cognitive enhancement）的精彩法律分析，see also M. J. Blitz, Freedom of Thought for the Extended Mind: Cognitive Enhancement and the Constitution (2010) Wis. Law Rev. 1049.

[54] S. Nishimoto, A. T. Vu, T. Naselaris, et al., Reconstructing Visual Experiences from Brain Activity Evoked by Natural Movies (2011) 21 Curr. Biol. 1641.

[55] D. Nemrodov, M. Niemeier, A. Patel, and A. Nestor, The Neural Dynamics of Facial Identity Processing: Insights from EEG-Based Pattern Analysis and Image Reconstruction (2018) 5 Eneuro.

[56] G. Shen, T. Horikawa, K. Majima, and Y. Kamitani, Deep Image Reconstruction from Human Brain Activity (2019) 15 PLoS Comput. Biol. e1006633.

[57] N. Savage, How AI and Neuroscience Drive Each Other Forwards (2019) 571 Nature S15.

表 35.1 BCI 中的特征、方法和应用的分类体系[58]

传感器/方法	主要优势/劣势[59]	健康风险	商业价值-应用	法律和道德风险-补救措施
侵入式 DBS	高危手术要求/信号质量	高	脑相关疾病的治疗（例如帕金森病、肌张力障碍等） 示例：Boston Scientific、Abbott、Medtronic（提供 DBS 系统产品供临床使用的公司）	高/直接－患者同意（临床/实验室应用）
半侵入式 ECoG USEA	手术要求——批准方法/信号质量的限制	高	恢复性（神经假体、植入物） 示例：波士顿视网膜植入项目、HAPTIX（DARPA 资助的机器人假肢项目）、Paradromics（DARPA 资助的开发语音解码假肢的公司）、通过 ECoG 和深度神经网络进行的语音恢复（Akbari 等人，2019 年[i]，Anumancipalli 等人。2019[ii]） 较小程度上的自我实验和自我提升	高/直接－严格的 FDA/EMA 批准
无创脑电图、fMRI PET、MEG fNIRS	便携性/有限的空间、时间分辨率	低	幸福感（睡眠/注意力/压力/情绪） 增强（认知、情绪、记忆）[iii] 示例：MindWave（NeuroSky）、Mindset、Muse（InteraXon）	低/间接——对以健康为目的销售的低风险设备的酌情监管

在考虑了非侵入式脑机接口在研究和商业方面的潜在应用后，我们得出了一个有些自相矛盾的结论：尽管非侵入式脑机接口的健康风险较低，且医学应用有限，但它们仍然被视为一种普遍的神经技术。事实上，使用"非侵入式"一词，特别是当它与一种用于非临床目的的产品相结合时，似乎暗示着对消费者的风险微不足道；然而，这并没有得到完全

---

[58] 注：
(i) H. Akbari, B. Khalighinejad, J. L. Herrero, et al., Towards Reconstructing Intelligible Speech from the Human Auditory Cortex（2019）9 Sci. Rep. 874.
(ii) G. K. Anumanchipalli, J. Chartier, and E. F. Chang, Speech Synthesis from Neural Decoding of Spoken Sentences（2019）568 Nature 493.
(iii) 韦克斯勒（Wexler）和蒂博（Thibault）提供了一份为健康目的而销售的消费者脑电图设备的详细列表。A. Wexler and R. Thibault, Mind-Reading or Misleading? Assessing Direct-to-Consumer Electroencephalography（EEG）Devices Marketed for Wellness and Their Ethical and Regulatory Implications（2019）3 J. Cogn. Enhanc. 131.

[59] B. I. Morshed and A. Khan, A Brief Review of Brain Signal Monitoring Technologies for BCI Applications: Challenges and Prospects（2014）4 J. Bioeng. Biomed. Sci. 128.

支持，因为它们仍然会对大脑生理产生影响。[60] 此外，与侵入式和半侵入式脑机接口相比，这并不意味着监管门槛会大幅降低。下一部分将解释这似乎是一个重大疏忽，并指出了关键的法律考虑因素。

六、法律考虑：脑机接口、多模态数据融合决策和自主性

翻过这一页后，你决定继续阅读下一句话：这是我们每天做出的 35 000 个决定之一。[61] 这是一个复杂的过程，一直是多个学科的前沿和中心，涉及从认知心理学到神经经济学（neuroeconomics）和哲学等多个领域。为了执行一项微不足道的任务，例如选择要购买的软饮料，我们会使用自身的记忆力、[62] 启发式方法[63] 以及先验知识或产品信息。[64] 无论我们是进一步决定把这种软饮料带到收银台，还是把它放进我们的包里后悄然离开，这都需要进一步的道德推理，使决策符合社会和道德环境。后者是法律和神经科学的交叉点。[65]

要了解神经科学如何能够为法律思维提供信息，同时又能颠覆法律思维，我们必须考虑这样一个场景，即在做出这些决定时，我们可以获取大脑活动的快照：尽管这不足以解释道德推理，但它可以提供生理模式和行为/推理之间的联系。[66] 然而，声称通过阅读一个人的大脑，我们也可以读懂他的思想，这将是一种明显的简化论（reductionism），实际上对法律思维没有任何影响：毕竟，法律的使命不是揭示科学真理，而是恢复社会福利。[67] 因此，尽管心智、意图、自由意志和因果关系这些难以捉摸的概念在法学中经常被提及

---

[60] N. J. Davis and M. V. Koningsbruggen, "Non‐Invasive" Brain Stimulation Is Not Non‐Invasive (2013) 7 Front. Syst. Neurosci. 76.

[61] 该数字来自 Microsoft 的广告（http://www.youtube.com/watch?v=6k3_T84z5Ds），并未在文献中得到证实，因此此处仅用来强调在日常生活中运用认知来做决策。

[62] J. G. Lynch, Jr. and T. K. Srull, Memory and Attentional Factors in Consumer Choice: Concepts and Research Methods (1982) 9 J. Consum. Res. 18.

[63] J. A. Howard and J. N. Sheth, *The Theory of Buyer Behaviour*, John Wiley, 1969.

[64] H. A. Simon, *Models of Bounded Rationality: Empirically Grounded Economic Reason*, MIT Press, 1997, Vol. 3.

[65] 格里利（Greely）将神经科学带来的主要法律挑战分为五类：预测、读心术、责任、治疗和提高。虽然这些领域绝不是相互独立的，但本章的重点是读心术。H. T. Greely, Law and the Revolution in Neuroscience: An Early Look at the Field (2009) 42 Akron Law Rev. 687.

[66] 有大量的神经影像学研究是关于推理和决策过程的，包括解决问题（V. Goel 和 J. Grafman, Are the Frontal Lobes Implaced in "Planning" Functions? Interpreting Data from the Tower of Hanoi (1995) 33 Neuropsychologia 623）、类比推理（J. K. Kroger, F. W. Sabb, C. L. Fales, et al., Recruitment of Anterior Dorsolateral Prefrontal Cortex in Human Reasoning: A Parametric Study of Relational Complexity (2002) 12 Cereb. Cortex 477）、归纳推理（V. Goel and R. J. Dolan, Anatomical Segregation of Component Processes in an Inductive Inference Task (2000) 12 J. Cogn. Neurosci. 110），以及演绎推理（D. Osherson, S. Perani, S. Cappa, et al., Distinct Brain Loci in Deductive versus Probabilistic Reasoning (1998) 36 Neuropsychologia 369; V. Goel and R. J. Dolan, Explaining Modulation of Reasoning by Belief (2003) 87 Cognition B11）.

[67] B. Cardozo, *The Nature of Judicial Process*, Yale University Press, 1921.

(例如，在责任判定中），但在做出基于社会推断的判决时，它们只是作为证据的参考。[68]然而，在从大脑到心智的简化过程中，科学很有可能被"劫持"，以验证基于生理数据的不成熟的推断。这种现象反过来又可能会引发事后的法律反应，表现为一种社会/伦理稳定器；我们感兴趣的是后者，而不是神经科学通常如何颠覆或为法律思维提供信息。因此，这里强调的焦点是自主性而非责任，这是很容易理解的。

更进一步来说，相比于神经科学，脑机接口带来了更为复杂的法律挑战，因为它们的功能不仅限于监测：脑机接口通常被认为是神经工程的关键组成部分，它向消费者承诺能够改变人的行为、感知、记忆甚至情绪。如今，普通消费者似乎依赖于算法驱动的技术来优化决策：从虚拟私人助理到无人驾驶汽车，许多认知任务被外包出去，通过一系列有根据的猜测来做出最佳决策。商用脑机接口在这方面没有什么不同，因为它们大多通过分析个人数据来进行推断。然而，脑机接口有一个关键方面使它们与众不同：它们与我们的身体紧密相连，并且能够通过窥视人类处理器（大脑）的黑箱来激发行动或建议做出改变。这意味着：①神经活动数据是生物识别数据，因此构成了一种特殊的个人数据类别[69]，这些数据可在不同情境下使用（多功能性），同时存在于不同的环境中（大脑可塑性）；②能动性（代理）的程度高于平常，能够有效地将思维状态转化为行动。这本质上构成了操作者（人）和人工代理（机器）之间真正的共生关系；这个想法与维纳（Wiener）的控制论理论[70]或利克莱德（Licklider）关于人机共生的笔记[71]一样古老。考虑以下人工智能支持决策的案例：Netflix建议、Amazon的Alexa个性化音乐播放列表、低碳排放的无人驾驶车辆模式，以及Emotiv的EPOC，一款允许用户使用思维控制来玩游戏的脑机图头戴设备。[72] 如表35.2所示，代理的普遍性与决策制定中的各种角色相关：从单纯的顾问（如Alexa）到全面的推动者（如EPOC+）。

遵循与之前相同的简化论思路，如果要将人脑简化为一台因果机器[73]——剥离任何社

---

[68] "在认定杀人行为出于故意故意时，法官和陪审团并不会把探查被告内心的意图作为先决条件。他们会查看被告的行为证据，并试图从中推断出该行为是否涉及事先计划或其他高成功概率的迹象，是否有掩盖证据或其他可能逃脱罪责的迹象，以及犯罪情况是否表明有可能再犯——所有这些考虑因素都指向危险性，而不是意图或自由意志。法律事实调查者遵循这种方法，因为刑事处罚背后的社会关注是对危险性的关注，而不是对精神状态（无论是邪恶的还是其他的）的关注，并且因为诉讼方法无法使事实调查者能够深入到危险之下的心理或精神层面，这些层面是如此难以捉摸，甚至可能根本不存在。同样，虽然法律关注结果，因此也隐含着关注因果关系，但它并不把'因果关系'奉为神明。它不参与任何关于因果关系的古老哲学争论的任何一方，而是通过基于社会而非哲学考虑来判断责任，从而回避了这个问题。"（R. A. Posner, What Has Pragmatism to Offer Law? (1990) 63 SC Law Rev. 1653）。

[69] 此处适用《通用数据保护条例》第9条，内容如下："处理揭露种族或民族起源、政治观点、宗教信仰或哲学信仰、或工会成员身份的个人数据，以及处理遗传数据、以识别自然人为唯一目的的生物特征数据、有关健康的数据或有关自然人性生活或性取向的数据，均应当被禁止。"

[70] N. Wiener, *Cybernetics or Control and Communication in the Animal and the Machine*, MIT Press, 1965, Vol. 25.

[71] J. C. R. Licklider, Man-Computer Symbiosis (1960) 1 IRE Trans. Hum. Factors Electron. 4.

[72] B. Zhang, J. Wang, and T. Fuhlbrigge, A Review of the Commercial Brain-Computer Interface Technology from Perspective of Industrial Robotics, in 2010 IEEE International Conference on Automation and Logistics, IEEE (August 2010), pp. 379-84.

[73] 关于神经简化论的概念和经验局限性的详细说明，see M. S. Pardo and D. Patterson, *Minds, Brains, and Law: The Conceptual Foundations of Law and Neuroscience*, Oxford University Press, 2015.

会、道德和伦理考虑——这将意味着它可以不受个人意志和自由意志的影响而运作。[74] 如上所述，从法学的角度来看，这不太可能是一个真实的场景。[75] 然而，它确实影响了盎格鲁撒克逊（Anglo-Saxon）法律体系的一个关键支柱：[76] 自主性。

为了展示商用脑机接口对自主性带来的挑战，我们将探讨自主性概念的三种主要表现：作为沟通的自主性、作为自我控制的自主性和作为自我的自主性。这将使我们能够理解脑机接口对消费者的承诺和风险，并强调本章的主题：市场、科学和技术已经到位，但法律仍然落后。

表35.2 人工智能支持决策中的人工代理类型

案例分析	辅助决策的程序阶段和交互	自动化水平	操作员状态	代理的角色
智能流媒体/购买服务	建议	部分自动化	积极的	便利器
虚拟私人助理	建议	部分自动化（需要触发器）	积极的	助手
无人驾驶车辆	助推（道路安全、低碳排放）	人工智能——基于知识的系统	支持	专家顾问
商用脑机接口	微指令	人工智能——启发式/优化模型	被动（选择的认知限制）	赋能器

七、自主性即沟通：迈向思维的互联网

最近，康奈尔大学的研究人员公布了BrainNet：一种脑对脑接口（BTBI），也是"第一个用于直接协作"解决问题的多人非侵入式接口"。此类接口为两只动物/两个人之间的大脑提供了直接通路，使他们能够就特定任务进行沟通/合作。另一个成功的项目是国防部高级研究计划局的Silent Talk，该项目的目的是在战场上实现用户之间的沟通，其中发声的言语被脑对脑接口取代。[77] 这些项目都不是商业项目，但它们显然展现出了未来商业化的强大潜力。有趣的是，这两个项目都基于脑电图，这与那些不太复杂的脑机接口属于同一类别：迄今为止尚未受到太多监管关注的非侵入性、低风险通信方法。这里提出的问题与一

---

[74] M. S. Gazzaniga, *The Ethical Brain*, Dana Press, 2005; M. S. Gazzaniga, *Who's in Charge? Free Will and the Science of the Brain*, Robinson, 2012; A. Noe, *Out of Our Heads: Why You Are Not Your Brain, and Other Lessons from the Biology of the Consciousness*, Hill & Wang, 2010.

[75] 扎基（Zeki）等人的观点以及莫尔斯（Morse）的观点进一步证实了这一点：法律关注的是理性，并通过要求一般最低限度的理性来承认其界限。因此，神经科学不太可能改变这些决定法律假设的因素，例如责任。See S. J. Morse, New Neuroscience, Old Problems: Legal Implications of Brain Science（2004）6 Cerebrum 81; S. Zeki, O. R. Goodenough, J. Greene, and J. Cohen, For the Law, Neuroscience Changes Nothing and Everything（2004）359 Philos. TR Soc. B: Biol. Sci. 1775, 1778.

[76] 除此之外，自主性似乎也是医学伦理的核心。然而，正如"引言"中已经提到的，商用脑机接口不被视为医疗设备，因此监管机构没有考虑这些因素。See also J. Saunders, Autonomy, Consent and the Law（2011）11 Clin. Med. 94.

[77] B. Denby, T. Schultz, K. Honda, et al., Silent Speech Interfaces（2010）52 Speech Commun. 270.

般脑机接口所面临的问题类似，主要集中在隐私、[78] 代理[79]甚至与神经活动相关的知识产权问题上。[80] 然而，相关研究仍然有限，[81]而且似乎忽视了"沟通"这一建立在自主性理论基础上的法律关键领域[82]。

在社会环境中选择传递关于自身的信息，一直是隐私权与言论自由之间进行微妙平衡的结果。然而，美国宪法第一修正案[83]的洛克纳化（Lochnerization，指过度限制言论自由），以及欧洲《通用数据保护条例》所采取的过度主张（权利）的方法[84]，都表明了它们在提供平衡解决方案方面的局限性。正如科恩（Cohen）所说，"援引柏拉图式的所有权、言论、真理和选择的理想，只是回避了艰难的政策问题，并以自由的幌子掩盖了物化（objectification）的政治和实践。"[85] 从本质上讲，我们实际上把作为沟通的自主性所面临的挑战，过度简化为仅仅是为了获得更好的服务而做出的权衡。反过来，这将把消费者视为数据化的物体，而没有进一步考虑他们的自主性。

这种物化现象在可穿戴设备市场上已经愈发严重：马特维申（Matwyshyn）提出的"身体互联网"概念[86]很好地证明了这一点，这是指一个新兴的技术网络，这些技术附着或植入人体。商用脑机接口位于神经技术和人工智能的十字路口，开启了"思维互联网"（IoM）时代，[87] 即一个以真正的控制论方式将智能设备、心智状态和身体功能融合在一起的平台。[88] 这增加了物联网已经对个人隐私构成的挑战。按照佩珀特（Peppet）提出的分类，[89] 这些挑战包括：①"传感器融合"问题，即在各种环境和背景下，传感器收集的原始数据的价值可能会成倍增加，尤其是当这些数据与其他数据集相结合时；②传感器数

---

[78] N. A. Farahany, Incriminating Thoughts (2012) 64 Stan. Law Rev. 351; S. Alpert, Brain Privacy: How Can We Protect It? (2007) 7 Am. J. Bioeth. 70; J. C. Bublitz, Privacy Concerns in Brain-Computer Interfaces (2019) 10 AJOB Neuroscience 30.

[79] A. K. Demetriades, C. K. Demetriades, C. Watts, and K. Ashkan, Brain-Machine Interface: The Challenge of Neuroethics (2010) 8 Surgeon 267.

[80] J. B. Trimper, P. Root Wolpe, and K. S. Rommelfanger, When "I" Becomes "We": Ethical Implications of Emerging Brain-to-Brain Interfacing Technologies (2014) 7 Front. Neuroeng. 4.

[81] S. Kiel-Chisholm and J. Devereux, The Ghost in the Machine: Legal Challenges of Neural Interface Devices (2015) 23 Tort Law Rev. 32.

[82] 另见沈（Shen）的研究，其中顺带讨论了移动消费者神经科学，并强调了潜在的法律和伦理问题：F. X. Shen, Law and Neuroscience 2.0 (2016) 48 Ariz. St. Law J. 1043.

[83] R. Post and A. Shanor, Adam Smith's First Amendment (2015) 128 Harv. Law Rev. Forum 165, 167.

[84] J. E. Cohen, Turning Privacy Inside Out (2019) 20 Theor. Inq. Law 1, 6.

[85] J. E. Cohen, Examined Lives: Informational Privacy and the Subject as Object (1999) 52 Stan. Law Rev. 1436.

[86] A. Matwyshyn, The Internet of Bodies Is Here. Are Courts and Regulators Ready? (2018), www.wsj.com/articles/the-internet-of-bodies-is-here-are-courts-and-regulators-ready-1542039566.

[87] "思维互联网"一词是笔者于2017年在圣克拉拉举行的互联网法律工作进展会议上以及随后于2018年在以色列赫兹利亚举行的社会与法律算法会议上所做的演讲中首次提出的。自那以后，这个短语已用于各种场合，包括一份全球报告（J. Woodhuysen and M. Birbeck, Internet of Things, Internet of Apprehension (2017), www.woudhuysen.com/wp-content/uploads/2017/01/internet-of-things.pdf）。还有一篇自己发表的文章（I. C. Lomovasky, The Internet of Minds (IOM): An Essay (independently published, 2018)）。据笔者所知，这是该术语首次出现在法律同行评审的学术论文中。

[88] 可以说，这构成了人类认知进化的范式转变：W. Barfield, The Process of Evolution, Human Enhancement Technology, and Cyborgs (2019) 4 Philosophies 10.

[89] S. R. Peppet, Regulating the Internet of Things: First Steps toward Managing Discrimination, Privacy, Security and Consent (2014) 93 Tex. Law Rev. 85.

据去标识化的操作难度，因为物联网使得数据能够与其他第三方服务相关联；③物联网（IoT）易受安全漏洞的影响；④难以获得有意义的同意。思维互联网使这些问题更加严重：如上所述，在"脑机接口机制"中，脑机接口采用多模态融合方法来映射和监测大脑数据，将这些数据破译为代码，并将其用于自适应系统的算法训练。当这进一步与数据的可塑性、神经工程中的安全漏洞[90]以及物联网运行的相互关联、无缝的运行方式相结合时，很容易理解法律[91]还没有准备好应对这些挑战。

八、自主性即自控：精神操控和消费者的脆弱性

脑电图（EEG）在市场营销研究中所承载的功能性意义并非新近的发现：克鲁格曼（Krugman）于1971年[92]率先进行了使用脑电图解释消费者参与度的开创性研究，为后续多年的研究奠定了基调，并引发了一系列关于特定时间神经活动如何揭示消费者决策的研究。以"事件相关电位"（event-related potential，ERP）为例，这是一种基于脑电图的消费者神经科学研究方法，用于捕捉对触发刺激的时间特异性神经反应。大脑活动产生的某些模式和频率可以转化为特定的精神状态（例如，做梦、放松、警觉）。[93]当研究这些作为决策前或决策过程中引发的反应时，它们可以提供关于感官和心理过程的宝贵信息：P300是研究最广泛的事件相关电位之一，它关注注意力和记忆；N200表示抑制和认知控制；而P200则针对选择性注意（例如，对威胁的反应）。[94]

毫无疑问，这些方法加剧了信息不对称，并增加了消费者的脆弱性，因为它们使得数据利用更加肆无忌惮，最终削弱了消费者的议价能力。[95]从这个意义上说，这些普遍的方法构成了一种柔和但隐秘的控制手段：正如凯伦·杨（Karen Yeung）所说，这是一种"过度助推"，它暗示了通过"故意利用人类决策中普遍存在的系统性认知弱点，将行为引导向选择架构师所偏爱的方向"来进行微妙的操控。[96]数据保护制度依靠知情同意[97]来处理"过度助推"的失败，很好地表明了需要制定更好的监管工具，来保护人们的有意识选择和认知自由。虽然数据保护为用户提供了一些解决方案，但它并没有在个体和市场之间划清界限，这为企业确保合规性带来了巨大的交易成本。[98]此外，考虑到商业神经技术如今也

---

[90] T. Bonaci, R. Calo, and H. J. Chizeck, App Stores for the Brain: Privacy and Security in Brain-Computer Interfaces (2015) 34 IEEE Technol. Soc. Mag. 32.

[91] 佩珀特（Peppet）从美国的角度出发，讨论了物联网的隐私问题，涉及隐私、数据安全和消费者法。以下是欧盟对同样问题的解释，see S. Wachter, The GDPR and the Internet of Things: A Three-Step Transparency Model (2018) 10 Law Innov. Technol. 266.

[92] H. E. Krugman, Brain Wave Measures of Media Involvement (1971) 11 J. Advert. Res. 3.

[93] 有关一般概要，see B. Zhang, J. Wang, and T. Fuhlbrigge, A Review of the Commercial Brain-Computer Interface Technology from Perspective of Industrial Robotics, in 2010 IEEE International Conference on Automation and Logistics, IEEE（August 2010）, pp. 381-2.

[94] 林（Lin）等人对消费者神经科学中使用的事件相关电位进行了很好的概述，包括其观测数据和功能意义的详细信息：see M. H. Lin, S. N. Cross, W. J. Jones, and T. L. Childers, Applying EEG in Consumer Neuroscience (2018) 52 Eur. J. Mark. 66, 72-3.

[95] R. Calo, Digital Market Manipulation (2013) 82 Geo. Wash. Law Rev. 995, 1034.

[96] K. Yeung, "Hypernudge": Big Data as a Mode of Regulation by Design (2017) 20 Inf. Commun. Soc. 118, 134.

[97] F. Z. Borgesius, Informed Consent: We Can Do Better to Defend Privacy (2015) 13 IEEE Secur. Priv. 103.

[98] F. J. Zuiderveen Borgesius, *Improving Privacy Protection in the Area of Behavioural Targeting*, Kluwer Law International, 2015, p. 33.

被用作临床研究中更便宜的替代方案,基于短视的同意的方法将阻碍科学创新,忽视大数据的经济价值。[99]

九、自主性即自我:选择不透明和黑箱难题

在剖析了脑机接口在沟通和控制个人数据方面的固有局限性之后,我们现在转向自主性的概念核心:将数据视为身份。考虑以下关于记忆操控的一系列研究。在 2012 年和 2013 年发表的一系列论文中,拉米雷斯(Ramirez)和廖(Lieu)详细介绍了他们对小鼠恐惧记忆的实验,并成功植入和激活了虚假记忆,从而创造了历史。[100] 尽管这涉及实验室环境中的高度侵入性方法(光遗传学),因此超出了本章的讨论范围,但它仍然是解释神经科学对个人自我身份影响的一个绝佳例子。

神经技术的这种使用之所以令人不安,不仅是因为某些认知能力在我们没有意识参与的情况下被外部化给了第三方(沟通),或者我们的精神状态可以被外部重新设计(选择性不透明),更是因为我们的自我意识正受到损害。在特定的社会环境中,我们通过与他人的互动来定义自己——我们是谁,不是由基因或生理倾向决定的,而是通过与环境的话语和社会过程形成的。[101] 神经科学和人工智能的融合,以一种可穿戴的商用设备的形式出现,为打开人类思想的黑箱带来了巨大的希望。格林(Greene)和科恩(Cohen)将这一过程描述为将大脑转变为"透明的瓶颈"的过程:

> 影响行为的因素有很多,但所有这些因素——从你继承的基因,到你腰部的疼痛,再到你六岁时祖母给你的建议——都必须通过大脑来施加影响。因此,你的大脑就像一个瓶颈,汇集了过去宇宙中所有影响你是谁和你做什么的力量。[102]

与此同时,这种方法使得与一系列自动化逻辑系统的交互成为可能,从而限制了人类通过社会互动进行的自我塑造。[103] 这揭示了一个悖论,即脑机接口等技术是基于我们的社会经验来设计和运作的,但它们的使用并不一定会增强我们的社交能力或社交活动。反过来,我们面临着算法"黑箱"的复杂性,[104] 这些算法以不透明和深不可测的方式支持自动化决策。[105] 因此,我们面临着一个困境,即法律是否应该努力使算法黑箱变得透明,抑或应该为大脑提供更多的不透明性以恢复个体性(selfhood)。现在看来,监管方法似乎侧重于前者,正如科恩所指出的,[106] 这只会加剧一个恶性循环,即重新优化机器学习系统以符合详细的法律规定。她将此描述为"隐私即控制范式"(privacy as control paradigm),这

---

[99] A. Acquisti, From the Economics of Privacy to the Economics of Big Data, in J. Lane, V. Stodden, S. Bender, and H. Nissenbaum (eds.), *Privacy, Big Data, and the Public Good: Frameworks for Engagement*, Cambridge University Press, 2014, pp. 76, 97.

[100] X. Liu, S. Ramirez, P. P. Pang, C. Puryear, A. Govindarajan, K. Deisseroth, and S. Tonegawa. "Optogenetic Stimulation of a Hippocampal Engram Activates Fear Memory Recall." (2012) 484 Nature 381.

[101] Cohen, above note 84, p. 10.

[102] S. Zeki, O. R. Goodenough, J. Greene, and J. Cohen, For the Law, Neuroscience Changes Nothing and Everything (2004) 359 Philos. TR Soc. B: Biol. Sci. 1775, 1781.

[103] Cohen, above note 84, p. 10.

[104] A. D. Selbst and S. Barocas, The Intuitive Appeal of Explainable Machines (2018) 87 Fordham Law Rev. 1085.

[105] F. Pasquale, *The Black Box Society*, Harvard University Press, 2015.

[106] Cohen, above note 84, p. 7.

注定会失败，因为它将"导致内部监控功能的快速扩散"，以跟上机器学习系统中呈指数级增长的复杂性。

十、结论：对自主性的追求

神经技术与人工智能以前所未有的精密程度相结合，使我们早已远离了读心术被视为骗术的时代。基于推断和大致共识"，[107] 商用脑机接口承诺在用户最少参与的情况下解释、增强甚至改变人类行为。这表明了从范围经济（即商业实体关注收集数据的范围和可扩展性）向行动经济的转变——商业实体现在从行为性剩余（behavioral surplus）的衍生品中获利。祖波夫（Zuboff）称这是监视资本主义的新时代：在这个时代，数字商业从监控驱动转向执行（actuation）驱动，超出了我们感知和意识的极限。[108] 本章开头提到的 Facebook 的情绪感染实验，很好地证明了这种有意逃避个人意识的行为，或者正如祖波夫所说，"这是一种有效的大规模远程刺激形式"。[109] 商用脑机接口的情况为同一叙述提供了另一个维度：针对消费者的生理活体实验。

在讨论神经技术的应用超出临床研究实验室范围时，本章特别强调了市场对读心机器的商业渴望。这些技术的普及性虽然令人担忧，但并非本章关注的重点，也不是使它们与本章第一部分所介绍的代理机构类型中的行为数据处理有所不同的地方。对监管机构来说，这些技术之所以难以捉摸，是因为它们在多个层面（感官层面、算法层面、调用层面）上运作，并采用了一种共生的、数据融合的人机结合方法。本章讨论了脑机接口的运作机制，并概述了它们的关键操作阶段：①传感器监测神经活动（硬件）；②基于获得的数据，使用深度神经网络等精细方法进行算法分析/训练（软件）；③脑机交互，能够指导一些外部活动。本章的最后部分旨在进一步探讨这一理论如何应用于决策优化，并概述了自主决策面临的挑战。从物联网（IoT）到思维互联网（IoM）的转变，已经超出了基于同意的数据保护机制所能应对的范围，而这类机制在欧洲最为普遍，法律似乎还没有准备好应对由此带来的挑战。

超越数据保护框架的视野，大西洋两岸的学者都试图扩大隐私保护的范畴：[110] 美国的学者将隐私视为所有权，[111] 而欧盟的学者则采用公私二分法和身份概念。[112] 其他学者则提出了一种基于神经特殊论的权利本位方法，最终呼吁建立一套新的"神经权利"（neuro-rights）：布勃利茨（Bublitz）和布勃利茨（Merkel）[113] 引入了"心智自决"（mental self-

---

[107] 在提及互联网治理早期技术标准的发展时，对大卫克拉克（David Clark）的名言"我们在可运行的代码和粗略的共识上努力"进行释义。See D. D. Clark, A Cloudy Crystal Ball: Visions of the Future, in Proceedings of the Twenty-Fourth Internet Engineering Task Force (1992), pp. 539-45.

[108] S. Zuboff, *The Age of Surveillance Capitalism: The Fight for a Human Future at the New Frontier of Power*, Profile Books, 2019, pp. 130-8, 159 ff.

[109] Ibid., p. 307.

[110] 就有关辩论的要点进行初步讨论, see M. Scheinman, Protecting Your Brain Waves and Other Biometric Data in a Global Economy (2013), https://papers.ssrn.com/sol3/papers.cfm?abstract_id=2382951.

[111] 参见法拉哈尼（Farahany），他建议对第四修正案进行基于版权的解释，以解释其在新兴技术应用方面的适用性：N. A. Farahany, Searching Secrets (2011) 160 Univ. Pa. Law Rev. 1239.

[112] A. Etzioni, The Privacy Merchants: What Is to Be Done? (2011) 14 Univ. Pa. J. Const. Law 929.

[113] J. C. Bublitz and R. Merkel, Crimes against Minds: On Mental Manipulations, Harms and a Human Right to Mental Self-Determination (2014) 8 Crim. Law Philos. 51, 65-73.

determination）的概念，以保护人们的心智状态免受间接干预。在此基础上，延卡（Ienca）和安德诺（Andorno）[114] 提出了支持认知自由的三重权利，认为认知自由是一项值得特别保护的人权：心智隐私权（即决定向他人公开哪些信息的权利），心智完整权（提供保护以防止"恶意大脑黑客攻击"）[115]，以及心智连续性权利（允许个人感知和意识到自己的个人身份）。我们认为，真相既非如此，也非彼般。我们需要的不是远离隐私，而是对信息隐私进行规范性重构，[116] 以确保和培养[117]作为沟通、控制和身份体现的自主性。[118]

---

[114] M. Ienca and R. Andorno, Towards New Human Rights in the Age of Neuroscience and Neurotechnology (2017) 13 Life Sci. Soc. Policy 5.

[115] M. Ienca and P. Haselager, Hacking the Brain: Brain-Computer Interfacing Technology and the Ethics of Neurosecurity (2016) 18 Ethics Inf. Technol. 117.

[116] 考虑到布朗斯沃德（Brownsword）在此提供的宝贵指导，将信息隐私视为两个同心圆：内部构成"内殿"，仍然是一个固定的概念，而外部圆是灵活的，可以根据惯例、习俗和实践进行调整。R. Brownsword, Regulating Brain Imaging: Questions of Privacy, Informed Consent, and Human Dignity, in S. D. Richmond, G. Rees, and S. J. L. Edwards (eds.), *I Know What You're Thinking: Brain Imaging and Mental Privacy*, Oxford University Press, 2012, pp. 223-44, 232.

[117] "自主个体并非凭空出现。我们必须学会处理信息，并对我们周围的世界得出自己的结论。我们必须学会选择，在能够做出任何选择之前，我们必须学习一些东西。然而，这里的信息论揭示了一个悖论：'自主性'暗示了批判能力的基本独立性和不受影响。但是，就信息塑造行为而言，自主性在很大程度上取决于环境和情况。如果'自主性'没有退化成直销商所追求的简单的刺激反应行为，那么唯一可行的解决方案就是事先不确定环境。在不断变化的世界中，自主性需要相对隔绝外界的审查和干扰——这是一个进行自我有意识构建的操作领域。换句话说，解决偶然性自主的悖论的答案在于第二个悖论：为了在现实中以及理论上存在，自主性必须被培养。"（J. E. Cohen, Examined Lives: Informational Privacy and the Subject as Object (2000) 52 Stan. Law Rev. 1373, 1424）。

[118] 施瓦茨（Schachter）提出的"决策隐私"概念，可以被认为是在这方面的一个极好的应用：M. Schachter, *Informational and Decisional Privacy*, Carolina Academic Press, 2003。

索 引

administrative law, 行政法, 151, 155-156, 162-163
fishbowl transparency, 鱼缸透明度, 162-163, 165
governance, 治理, 165
Transparency, 透明度, 162-163
admitting machine opinions, 认可机器意见, 32
agency law, 代理法, 146-150
Authority, 授权, 150, 164
legal agent, 法律代理人, 146
legal agreement, 法律协议, 144
Restatement (Third) of Agency, 第3版《法律重述》, 147, 149
unsuitability of, 不适用（于）, 146
Algorithm, 算法, 3
Accountability, 问责, 46, 48, 81, 656-657, 662, 667
assigning liability, 分配责任, 4, 8, 483
black box, 黑箱, 47, 85, 106, 117-119, 139, 152, 177, 213, 223, 267, 381, 468, 603
computer science, 计算机科学, 12-13, 117, 251, 272, 327, 352-353, 622, 647
criminal law, 刑法, 400
PredPol, 58, 232, 370
cross examination, 交叉质证/交叉询问, 32-33, 38, 376, 380

definition of, 定义, 4, 48, 115, 133, 134, 277, 335, 466, 506
embodiment, 嵌入, 661, 664
fairness, 公平, 79, 103, 256, 388
functioning of, 作用, 19-21, 49, 198
human bias, 人类偏见, 3, 46, 50-51, 134
human impact statement, 人类影响声明, 84
Legality, 合法性, 103, 595
The Federalist No. 22 109, 《联邦党人文集》第22篇, 104
Limited Liability Company (LLC), 有限责任公司, 145
Probabilities, 概率, 105-106, 394, 398, 431, 436, 588, 641, 651
public administration, 公共行政, 193, 197, 203, 249, 272
regulation of, 规则, 116-117, 245
rule of law, 法治, 200-202, 270
specialized court, 专门的法院, 7
statutory construction, 成文法构建, 5
use of, 使用, 3, 44, 115, 213
algorithmic bias, 算法偏见, 45, 48, 110
predictive models, 预测模型, 256
algorithmic competition, 算法竞争, 183-185
algorithmic contract, 算法合同, 133, 137-138

· 698 ·

applications，应用，160

contract terms，合同条款，136

gap-filler，填补空白，163

algorithmic decision making，算法决策，228，240，450

ADS（algorithmic decision system），算法决策系统，248-250

algorithmic discrimination，算法歧视，46，168

algorithmic governance，算法治理，151，193，195-196，629-630

administrative decision making，政府决策，230-231

ambient law，环境法，210

decision making，决策，234，236

Digital Era Governance（DEG），数字时代治理，194，211

New Public Management（NPM），新公共管理，194，211

regulation，监管，629

role of algorithms，算法的作用，204

authorship，创作，533

computer code，计算机代码，490-491，496

Charter of Rights and Freedoms. 5 Section 2（b），《权利与自由宪章》第2条第b款，510，514，518

Cyber-Plato，网络柏拉图，521-522，531，534，540

Digital Millennium Copyright Act（DMCA），《数字千年版权法》，493-494，525

First Amendment，第一修正案，487-490，495-496，520，550-555

jurisprudence，判例，550

O'Brien test，奥布莱恩测试，527-528

Spence test，斯宾塞测试，541

Free Speech Clause，言论自由条款，548，550，560，563，567

freedom of expression，表达自由，421，423，501，504，507，512，613

functionality doctrine，功能性原则，496，516

Google 535-536

natural language expression，自然语言表达，492

speech and conduct，言论和行为，523

strict scrutiny，严格审查，493-494

Turing，图灵，489，565

Wu and Benjamin theories，吴修铭理论和Benjamin理论，516-517

algorithmic transparency，算法透明，106-107，114，116，224，235，242，468-469

Opacity，不透明，468-469

taxonomy of，分类学，127-138

Alibaba，阿里巴巴，231，577-579

AlphaGo，15，21，37，40，316-317，321

Amazon，39，54，139，178，185，187-188，448

American Civil Liberties Union（ACLU），美国公民自由联盟，44，68

elasticity of demand，需求弹性，95

enforcement，执行/执法，183-184

collusion，共谋，184，185-188

parallel pricing，平行定价，183

price fixing/discrimination，固定价格/价格歧视，184，187-188

artificial intelligence（AI），人工智能，102，114，151，155，173，193，306，364，369，465，471，520，530-531

AI speaker，人工智能发言者，530-531

Artificial Intelligence Ethics Framework，人工智能伦理框架，246，659-660

AGI，304，321

ASI，321

Authoritarian，独裁（的），593

automation bias，自动化偏见，62

Berkman Klein Center，伯克曼·克莱因中心，465

civil rights，公民权利，44-47

connectionist，连接主义，650

definition，定义，619

embodiment，嵌入，661

ethical，伦理，648，655

Partnership on AI to Benefit People and Society，造福人类和社会的人工智能伙伴关系，246

speech，言论，522，524，539-540

Trustworthy，可信赖的，599-600，612，615-617

Association for Computing Machinery（ACM），美国计算机协会，79

algorithm transparency and accountability，算法透明度和问责，80

autocomplete, 自动补全, 70, 408－412, 416－417, 419-424

automated decision making, 自动化决策, 77, 176, 274, 278

Court of Australia, 澳大利亚联邦法院, 244

automated systems, 自动化系统, 109

decision making, 决策, 244-245, 293-294, 444

equality, 平等, 238

legitimacy, 合法性, 109-110

spectrum of automation, 自动化的范围, 229

autonomy, 自主, 427-429

OODA（"Observe"；"Orient"；"Decide"；"Act"）, 观察, 定位, 决策, 行动（OODA）, 429

behavioral targeting, 行为定向, 67-68

Fair Housing Act, 《公平住房法》, 68

bias, 偏见, 52, 53-56, 58-60, 254

cognitive, 认知, 61

statistical and historical, 统计和历史, 52

big data, 大数据, 41, 44, 50, 68, 192, 205, 606, 610

bias and, 偏见, 52

privacy, 隐私, 160

surveillance, 监视, 56, 67, 108, 216-217, 227, 471, 609

training bias, 训练偏见, 52

Biometric Information Privacy Act（BIPA）, 《生物识别信息隐私法》, 8

blockchain 区块链, 140－141, 145, 499, 634, 644

brain-computer interface（BCI）, 脑机接口, 680, 684, 685, 690-691

autonomy, 自主性, 691-694

British Computer Society, 英国计算机学会, 80

Cambridge Analytica, 剑桥分析公司, 45, 613

CAPTCHA, 验证码, 605

Civil Rights, 公民权利, 76-78, 106

US Consumer Financial Protection Bureau, 美国消费者金融保护局, 73

code as law, 代码即法律, 279, 631

Communications Decency Act（CDA）, 《通信规范法》, 414-416

computational social science, 计算机社会科学, 636-637

computer bias, 计算机偏见, 65-67

Computer Fraud and Abuse Act（CFAA）, 《计算机欺诈和滥用法》, 88-89, 244

computer-generated evidence（CGE）, 计算机生成证据, 23, 26-27

COMPAS, 63-65, 90, 219, 232-233, 238-239, 246, 396-399, 401, 404, 470

Consumer Financial Protection Bureau（CFPB）, 消费者金融保护局（CFPB）, 570

Consumer Privacy Bill of Rights, 消费者隐私权利法案, 86

contract law, 合同法, 144

offer, 要约, 144-145

machine learning, 机器学习, 165

copyright, 版权/著作权, 90, 244, 331, 353-355

Infringement, 侵权, 184, 192, 244

criminal adjudication, 刑事审判, 369, 380

bias and errors, 偏见和错误, 370

judicial decision making, 司法决策, 232

recidivism rate, 累犯率, 221

cyberspace law, 网络法, 390

data, 数据, 56-57, 218-219, 292-230

and algorithms, 算法, 622

criminal activity, 犯罪活动, 218, 227

GPS293, 529

protection, 保护, 105

reuse, 重复使用, 218

data driven lending, 数据驱动型借贷, 570

data mining, 数据挖掘, 52-53

deep learning, 深度学习, 15, 19

DeepMind, 316-317, 326-327, 506, 603, 662

Defend Trade Secrets Act（DTSA）, 《商业秘密保护法》（DTSA）, 87, 93-100

digital information and communications technology（ICT）, 信息和通信技术（ICT）, 192, 195

disparate impact, 差别性影响, 75, 102

Title VII（Civil Rights Act）, 《民权法》第七章, 68, 75, 97

Digital Autonomous Organization（DAO）, 数字自治组织（DAO）, 139-142

digital government，数字政府，274

discrimination，歧视，169，172，178，469-479

New Zealand Human Rights Commission，新西兰人权委员会，214

disparate impact，差别性影响，171-172

disproportionally adverse outcomes，不成比例的不良后果，178

lending，贷款，174

DNA and algorithms，DNA 和算法，8-10，36，98，217，369，373-375，382-383，385-386，387-388，500

DoubleClick 公司，409

due process，正当程序，156-158

Due Process Clause，正当程序条款，77，113，378

electronic agent，电子代理，143

definition，定义，137

Electronic Signatures in Global and National Commerce Act（E-Sign Act），《全球和国家商务电子签名法》（《电子签名法》），136

electronic-persons，电子人，426

electronically stored information，电子存储信息，371

embodiment，嵌入，661-662，664-667，669

proximity and privacy，接近性与隐私，671

Emergence，涌现，665

algorithmic society，算法社会，248

surveillance capitalism，监视资本主义，608

European Court of Human Rights，欧洲人权法院，265

Evidence，证据，17，32，371-372

admissibility，可采性，25

Brady doctrine，"布雷迪"原则，378，384

California *Sargon* test，加利福尼亚州的检验标准，33

Federal Rules of Evidence，《联邦证据规则》，372，379，381-382

Frye or Daubert tests，"弗莱"（Frye）或"多伯特"（Daubert）测试，373，376

hearsay，传闻，380-382

Equal Credit Opportunity Act（ECOA），《平等信贷机会法》（ECOA），169

Equal Employment Opportunity Commission（EEOC），平等就业机会委员会（EEOC），44

equal protection，平等保护，158-159

Fifth Amendment，第五修正案，158

expert system，专家系统，18-19，173，229

Facebook，50-51，216，239，255-256，497-498，580-581，607

facial recognition，面部识别，274

Fair Credit Reporting Act（FCRA），《公平信用报告法》（FCRA），118，569

Fair Housing Act，《公平住房法》，168

Fairness, Accountability, and Transparency in Machine Learning（FATML），机器学习中的公平，问责与透明（FATML），473-475

Federal Drug Agency（FDA），美国联邦药物管理局（FDA），13-14，35，166，669，683

Federal Trade Commission（FTC），联邦贸易委员会，70，97

price discrimination，价格歧视，70

Financial Industry Regulatory Authority（FINRA），美国金融业监管局（FINRA），226

civic sanctions，公民制裁，575

FinTech，金融科技，168，178

banking，银行业，174

case law，判例法，171

Equal Credit Opportunity Act，《平等信贷机会法》，168

FICO score，FICO 评分，174，568，571

First Amendment，第一修正案，4，7，531-533，548

FISA Court，外国情报监视法院，595

fMRI data，功能性磁共振成像（fMRI），377，656

Fourteenth Amendment，第十四修正案，6

Fourth Amendment，第四修正案，596

French Code of Higher Education，《法国高等教育法》，257

French National Data Protection Agency，法国国家信息保护局，257

French Data Protection Law，《法国数据保护法》，259

Future of Humanity Institute，人类未来研究所，91

General Data Protection Regulation（GDPR），《通用数据保护条例》，78，83-84，108，114，120，

· 701 ·

242-243，246，268，290，295-296，300，388，418，420，422，474，588，610-611，674

Article 4（1），《通用数据保护条例》第4条第1款，281

Article 8，《通用数据保护条例》第8条，265，286

Article 22，《通用数据保护条例》第22条，122，181，246，266，268，277

Article 25，《通用数据保护条例》第25条，296-297

Chapter III，《通用数据保护条例》第3章，295

Data Protection Officer，数据保护专员（DPO），83

Data Protection Impact Assessment，数据保护影响评估，485

digital legal framework，数字法律框架，274-275

evidence，证据，384

government regulation，政府监管，245-246

human rights，人权，482

machine learning，机器学习，253-254

privacy，隐私法，161，265

Google，49，246，255，304，408，410-411，416-418，420-421，503，511，517-518，528

censorship，审查，422-423

DeepMind，316-317，322，326-327

First Amendment，第一修正案，558-559

Google Earth，371

liability，责任，423-424

PageRank，546

transparency，透明度，418-419

hearsay，传闻，25，27

HLEG，高级别专家组，617-618

human-centered design，以人为本的设计，223

human rights，人权，214-215，258，465，467，479-480

European Commission High-Level Group on Ethics，欧盟委员会成立的高级别专家小组，466

human right based approach（HRBA），以人权为本（HRBA），466，476-479，581，483-483，485-486

international Covenant on Economic, Social, and Cultural Rights（ICESCR），《经济，社会，文化权利国际公约》，（ICESCR）480

right to be forgotten，被遗忘权，421，502，517

UN Committee on Economic, Cultural, and Social Rights（CESRC），经济，社会和文化权利委员会（CESCR），480，483

human-robot interaction（HRI），人机交互，661，667，669，671，678

IBM，316，448

Deep Blue，316

Deep Thought，316

Institute of Electrical and Electronics Engineers（IEEE），电气和电子工程师协会（IEEE），80

inference engine，推理引擎，29

informational privacy，信息隐私，76

intellectual property，知识产权，46-47，352-353

authorship，作者身份，362

Commission on New Technological Uses of Copyright Works（CONTU），版权作品新技术应用委员会（CONTU），355

copyright protection for software，计算机程序的著作权保护，354-355

trademark law，商标法，354

Internal Revenue Service（IRS），美国国家税务局（IRS），573

legal decision-making system，法律决策系统，275，277-278，284

legal person status，法律人格地位，5

liability，责任，225-226

LGBT，同性恋，54，110

machine learning，机器学习，51-53，134，151，

accuracy，准确性，220

introduction，导论，250

legal domain，法律领域，253

online child protection，在线儿童保护，632

reinforcement learning，强化学习，252-253，467

supervised learning，监督学习，53，251-252

unsupervised learning，无监督学习，252

machine opinion evidence，机器意见证据，16

admissibility，可采性，25，28

heuristics，启发式，28

Kelly hearing，Kelly案听证，43

simulation versus animation，模拟和动画，27

validation，验证，40

moral machines，道德机器，599

MIT，麻省理工学院，603

national security decision making，国家安全决策，242

legal exceptionalism，法律例外论，242

neural nets（neural networks），神经网络，15-16，17-18，37，134-135，148，177

 disadvantage，缺点，135

 functioning of，运行，20-22

 juries，陪审团，16-17

 supervised，监督（的），21

 use of，使用，21-23

 validation，验证，38，40-42

Norwegian Public Administration，挪威公共行政部门，272-273

Office of Data Analytics（New York City），数据分析办公室（纽约市），153

Oxford Risk of Recidivism Tool（OxRec），牛津再犯风险工具（OxRec），402

parallel cognitive system，并行认知系统，649

parole board，假释委员会，50

patent law，专利法，4，10-11，303

 Federal Drug Administration（FDA），美国联邦药物管理局（FDA），35

 future predictions，未来的预测，333

 Inventive Algorithm Standard，创造性算法标准，304-307

 level of ordinary skill，普通技术水平，313

 new machine principle，"新机器"原则，337

 non-obviousness inquiry，非显而易见性调查，311-312

 obviousness，显而易见性，303，308-310

 Patent Act of 1793，1793年《专利法》，309

 Patent Act of 1952，1952年《专利法》，311

 person with ordinary skill in the art，在该领域拥有普通技能的人，313

 prior art，现有技术，314

 public policy，公共政策，308

 35 U.S.C. Section 101（subject matter），《美国法典》第35章第101条，335，338，341-342，347

 35 U.S.C. Section 103（non-obvious subject matter），《美国法典》第35章第103条，98，338，340

 35 U.S.C. Section 112（skilled in the art），《美国法典》第35章第112条，350

 skilled person，技术人员，304-305

 software inventions，软件发明，336

 subject matter，主题，337

Patriot Act，《爱国者法案》，589-590

persuasion profiling，说服剖析，68

predictive analytics/coding，预测分析/编码，18，50

policing，警务，58

prosecution，起诉，377

Privacy Act，《隐私法》，160

 Data analysis，数据分析，588

 Driver's Privacy Protection Act，《驾驶员隐私保护法》，161

 E-Government Act，《电子政务法》，161

 HIPPA，《健康保险携带和责任法》，161

products liability，产品责任，425-426，429-430，443-444，

 thinking algorithms，思维算法，431-432

 regulation，监管，47

 reputational harm，声誉损害，407，411

 defamation，诽谤，411-412

 false light，虚假描述，412

 Internet，互联网，407，412

 libel and slander，诽谤和中伤，550

 risk assessment，风险评估，370 392

 fairness，公平，399

 risk assessment instruments（RAI），风险评估工具（RAI），392-395，397-398，400-401，402-406

 sentencing，量刑，395-396

 robots，机器人，6，12，426-427，444-445，601，608-609，662

 civil law rules，民事法律规则，599

 human-robot interaction，人工智能，661

 prison guards，狱警，202

 robo-doctor，机器人医生，433-434，440-441，446，450，454-457，459，461

robo-selling，机器销售，183-185

search engines，搜索引擎，59，70，102，407-410，417-418，424，502，506，534-539，546-547，557，601，606

 case law，判例法，419

 functionality，功能，410

 liability，责任，421

search engine optimization（SEO），搜索引擎优化（SEO），410-411

sensor facts，传感器事实，292

smart contract，智能合约，139-140，145，634

Snowden revelations，斯诺登事件，192，589，596

Social Credit System（SCS），社会信用体系（SCS），230-231，236，575-579

 Sesame Credit，芝麻信用，578

 opaqueness，不透明性，586

 privacy，隐私，580，583

Social Network Analysis（SNA），社交网络分析（SNA），628

Social Security Disability Insurance（SSDI），社会保障残疾保险（SSDI）574-575

social segregation，社会隔离，585

tacit expertise，隐性专业知识，33-34

technology-assisted review（TAR），技术辅助审查（TAR），17-18，20，38

testimony，证词，29

Title VII（Civil Rights Act），《民权法》第七章，75，81，97，112，172

tort law，侵权法，430，443

 design defect，设计缺陷，448

 foreseeability，可预见性，452

 horizontal equality，横向公平，446-447

 liability，责任，149-150，444-445，604

 reasonableness standard，合理性标准，445-446，456-458，460

 thinking algorithm，思维算法，445-446，450，452-453，454-455，457-458

Trade Secret，商业秘密，86-88，90，93-101

tragedy of the commons，公地悲剧，642-644

transformation of legal sources，法律渊源的转换，276

Turing，图灵，467，489，565，600，620

Turing's Cathedral，图灵大教堂，620

Uniform Commercial Code（UCC）（product or service），《统一商法典》（UCC）（产品或服务），7，138

Uniform Computer Information Transactions Act（UCITA），《统一计算机信息交易法》（UCITA），138

Uniform Electronic Transactions Act（UETA），《统一电子交易法》（UETA），137-138，142

Watson，沃森，315-317，320-322，326，328，376，379

Weapons of Math Destruction（Cathy O'Neil），《数学毁灭性武器》（Cathy O'Neil），221

Whistleblower Protection Act（WPA），《告密者保护法》，91